1.“全球化背景下的多元文化教育国际学术研讨会”全体与会人员合影

2.开幕式

3. 中央民族大学副校长宋敏教授在开幕式上致辞

4. 北京师范大学顾明远教授在开幕式上致辞

5. 教育学院院长苏德教授在开幕式上致辞

6. 主席台上的嘉宾

7. 教育部民族教育司张强副司长在开幕式上致辞

8. 世界知名多元化教育的重要开创者、理论家、美国华盛顿大学多元文化教育研究中心主任詹姆斯 · 班克斯（James A.Banks）教授在作题为“全球化时代下的多样性与公民教育”的大会报告

9. 纽约城市大学、全球教育政策中心、世界知名学者乔尔 · 斯普林教授在作题为“全球问题:少数民族文化与语言的学校教育”的大会报告

10. 台湾著名学者陈伯璋教授在作“台湾多元文化教育政策的省思”的大会报告

11. 西南大学西南民族教育与心理研究中心主任张诗亚教授在作题为“发展民族特色职业教育，促民族共生教育体系建立”的大会报告

12. 澳大利亚新英格兰大学戴蒙·布莱恩教授在作题为“论高等教育的全球化与国际化”的大会报告

13. 西北师范大学副校长万明刚教授在作题为“多民族大学生的民族认同、文化适应与心理健康的关系”的大会报告

14. 美国内华达大学拉斯维加斯分校简·麦卡锡（Jane McCarthy）教授在作题为“印第安保留区中纳瓦霍乡村教师的教师教育和职业发展”的大会报告

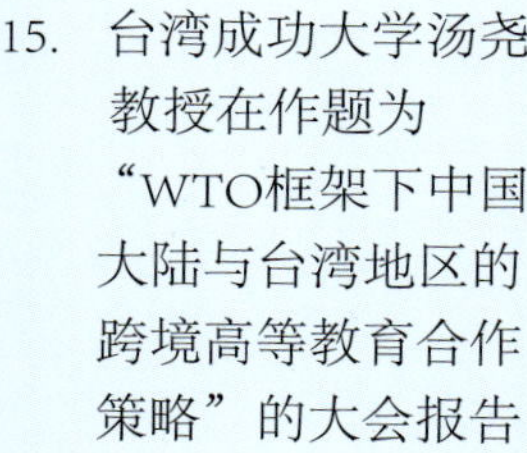

15. 台湾成功大学汤尧教授在作题为“WTO框架下中国大陆与台湾地区的跨境高等教育合作策略”的大会报告

16. 北京师范大学郑新蓉教授在作题为“语言模式、文化认同与教育发展”的大会报告

17. 中国人民大学程方平教授在作“民族教育中‘双母语’或‘多母语’听说训练的教育与文化价值”的大会报告

18. 中央民族大学滕星教授在作题为“论全球化进程中三种认同与中国民族教育的使命”的大会报告

19. 部分与会代表在会场主席台（从左至右分别是：万明刚教授、乔尔·斯普林教授、詹姆斯·班克斯教授、史静寰教授）

20. 主报告会场的听众们

21. 主报告会场上的与会专家（摄影：汤其燕）

22. 主报告会场

23. 第一分会场“多元文化教育的理论与实践研究”的参会人员

24. 西南大学张诗亚教授与三峡大学副校长谭志松教授主持第一分会场讨论

25. 中国人民大学陈立鹏副教授在做分会场发言

26. 第二分会场“民族认同、国家认同与民族团结教育研究”的参会人员，滕星教授在做点评

27. 西北师范大学万明刚教授、浙江师范大学张维忠教授、延边大学张贞爱教授和滕星教授在第二分会场

28. 中央民族大学教育学院苏和平教授在第二分会场做报告

29. 第三分会场“语言文化多样性与少数民族双语教育研究”参会人员合影

30. 苏德教授在第三分会场做发言

31. 崔英锦教授在第三分会场做发言

32. 第四分会场“民族教育历史与文化传承研究”参会人员合影

33. 第四分会场参会人员

34. 天津南开大学陈·巴特尔教授和中央民族大学吴明海教授在第四分会场与参会人员参与讨论

35. 第五分会场“多元文化背景下的教师教育与教学研究”的参会人员

36. 台湾铭传大学刘玉玲教授在第五分会场作题为“运用混合式学习提升中等学校师生之道德意识与同理心”的报告

37. 广西河池学院副院长罗之勇教授在作题为“民族传统文化教育传承研究”的报告

38. 新疆师范大学教育科学学院教育系主任杨淑芹教授在作题为“新疆维吾尔族教师专 业发展有效模式研究”的报告

39. 美国威斯康星大学麦迪逊分校教授托马斯·S·朴朴柯维茨(Thomas S. Popkewitz)教授在分会场与参会人员合影

40. 戴蒙·布莱恩教授在分会场做报告

41. 中央民族大学发展规划处处长李曦辉教授在总结会议上做发言

42. 部分代表在研讨会总结会议上做小组总结发言

43. 部分与会代表在总结会议后合影

44. 詹姆斯·班克斯教授、副校长宋敏教授和苏德教授参与“多元文化教育研究中心”揭牌仪式

45. 王鉴教授、孙杰远教授等与会专家在观看“书展”

46. 杨淑芹教授等与会专家学者在观看“书展”

47. 与会代表合影（从左至右分别是：程方平教授、张诗亚教授、滕星教授）

48. 与会代表合影（从左至右分别是史静寰教授、苏德教授、乔尔·斯普林教授、研究生张文艳、宋敏教授、詹姆斯·班克斯教授、滕星教授、简·麦卡锡教授）

49. 部分与会代表在演出结束时合影

50. 张诗亚教授在会议演出环节题字后，向观众讲解其字的含义

中央民族大学国家『985工程』三期建设项目
中国少数民族教育研究创新基地文库

主编◎苏德

全球化与本土化

多元文化教育研究

GLOBALIZATION AND INDIGENIZATION
MULTICULTURAL EDUCATION RESEARCH

中央民族大学出版社
China Minzu University Press

图书在版编目（CIP）数据

全球化与本土化：多元文化教育研究/苏德主编．—北京：中央民族大学出版社，2013.4

ISBN 978-7-5660-0419-2

Ⅰ.①全…　Ⅱ.①苏…　Ⅲ.①多元文化—文化教育—文集
Ⅳ.①G40-055

中国版本图书馆 CIP 数据核字（2013）第 063449 号

全球化与本土化：多元文化教育研究

主　　编　苏　德
责任编辑　宝　乐
封面设计　汤建军
出 版 者　中央民族大学出版社
　　　　　北京市海淀区中关村南大街 27 号　邮编：100081
　　　　　电话：68472815（发行部）传真：68932751（发行部）
　　　　　　　　68932218（总编室）　　　68932447（办公室）
发 行 者　全国各地新华书店
印 刷 厂　北京春飞无限彩色印刷技术有限公司
开　　本　787×1092（毫米）　1/16　印张：48.5　彩插：16 页
字　　数　1033 千字
版　　次　2013 年 4 月第 1 版　2013 年 4 月第 1 次印刷
书　　号　ISBN 978-7-5660-0419-2
定　　价　128.00 元

总　　序

我国是一个统一的多民族社会主义国家，民族教育是我国教育事业的重要组成部分，民族教育的发展是促进各民族共同团结进步、共同繁荣的重要基础。《国家中长期教育改革和发展规划纲要（2010－2020）》中专门对民族教育作出全面的规划和部署，这无疑为民族教育学科的快速跨越式发展提供良好的契机。

中央民族大学作为党和国家为解决民族问题、培养少数民族干部和高级专门人才而创建的高等学校，在我国民族事务与民族教育事业中占有举足轻重的地位。该校是一所汇聚了56个民族师生，是国家“985工程”和“211工程”重点建设大学。中央民族大学教育学院是一个院、所合一的教学科研单位，是中央民族大学“211工程”、“985工程”项目重点建设单位。

“九五”、“十五”、“十一五”和“十二五”期间，中央民族大学教育学院中国少数民族教育学的学科建设实现了跨越式发展，民族教育学先后被列为中央民族大学“211工程”重点学科建设项目和“985工程”重点建设单位，并专门成立了“985工程”建设项目“中国少数民族教育研究创新基地”。该基地在“985工程”三期建设中主要包括民族教育学、教育人类学和跨文化心理与跨文化教育三个研究方向和四个中心，重点开展“乡土教材收藏与乡土知识传承研究”、“少数民族地区基础教育均衡发展与特色建设研究”、“跨文化心理与跨文化教育研究”、“少数民族双语教育研究”、“少数民族教育思想史研究”、“少数民族地区教师教育研究”等6个子项目的研究工作，可以说中央民族大学教育学院通过“211工程”、“985工程”二期建设和三期建设及其他项目的积累和历练，形成了以少数民族教育为特色和优势的教育学科，凝聚了一支在国内外有影响、团结协作并有奉献精神的少数民族教育学术创新研究团队。

教育学院在民族教育学的学科建设方面取得了许多重要成果，尤其是出版了一系列学术精品著作，如《中国少数民族教育学概论》（孙若穷、滕星主编）、《中国民族边境教育》（王锡宏主编）、《中国少数民族教育本体理论研究》（王锡宏著）、《中国少数民族双语教育概论》（戴庆厦、滕星等著）、《民族教育学通论》（哈经雄、滕星主编）、《文化变迁与双语教育：凉山彝族社区教育人类学的田野工作与文本阐述》（滕星著）、《中国少数民族教育史·达斡尔族教育史》（苏德等主编）、《中国少数民族高等教育学》（哈经雄著）、《民族教育新视野丛书》（哈经雄主编）、《蒙古族儿童传统游戏研究》（苏德著）、《教育人类学研究丛书》（滕星主编）、《族群·文化与教育》（滕星著）、《文化选择与教育》（王军著）、《文化环境与双语教育》（董艳著）、《蒙古学百科全书·教育卷》（扎巴主编、苏德等副主编）、《少数民族传统教育学》（曲木铁西著）、《文化多样性、心理适应与学生指导》（常永才著）等一系列重要学术著作，在国内外核心期刊发表了上百篇学术论文，其中若干成果已获得国家、省（部）级科研成果一、二等奖及国家图书奖，并成为该学科发展的标志性成果。

教育学院还聘请本人以及教育部“长江学者”、国务院学科评审组专家、北京师范大学博士生导师石中英教授，西北师范大学校长、博士生导师王嘉毅教授，广西民族大学党委书记、博士生导师钟海青教授，内蒙古师范大学党委书记、博士生导师陈中永教授，中国教育科学研究院副院长、博士生导师曾天山研究员，中央民族大学博士生导师哈经雄教授，博士生导师滕星教授，博士生导师苏德教授等9人组成“中国少数民族教育研究创新基地”学术委员会，为教育学院的学科建设提出指导意见。

此外，教育学院非常重视国际交流与合作。聘请海外知名学者詹姆斯·班克斯教授（美国著名多元文化教育家、世界多元文化教育研究专家、美国华盛顿大学教授）、杜祖贻教授（美国密歇根大学教育学院原院长和香港中文大学教育学院原院长）、罗伯特·罗兹教授（美国加利福尼亚大学洛杉矶分校教授）、麦德森·乌拉教授（丹麦罗斯基勒大学教授，联合国教科文组织著名国际教育研究顾问）、敏·毕斯塔教授（联合国教科文组织教育项目高级官员）、牧野·笃教授（日本东京大学教育学部教授）担任学院的客座教授，还与台湾台南大学、台湾师范大学教育学院、澳大利亚新英格兰大学、悉尼大学、香港中文大学等海外知名大学及研究机构建立了定期性的学术交流互访制度。为教育学院的本科生和研究生提供交流和发展的平台，为本科生和研究生的培养增添了活力。另外，教育学院还于2012年9月成功举办了“全球化视野下的多元文化教育研究国际研讨会”，该书正是此次会议的一个重要成果。

我们相信，中央民族大学教育学院将秉承注重民族地区教育田野调查的优良传统，大力加强民族教育学的理论研究和应用研究，努力培养优秀的教学和科研人才，达到中国少数民族教育学科建设的一流水平，并为推动少数民族地区教育事业的发展，促进边疆安全、民族团结和国家统一发挥积极作用。

顾明远

序　言

中国自古以来就是一个多民族、多文化的国家，56 个民族共存于一个“大家庭”之中，形成了“中华民族多元一体”、“各民族文化多元共存”的格局。在二十一世纪全球一体化进程中，尊重和保护人类文化多样性是这一时代教育与文化共荣发展的重要主题。多元文化教育具有广阔的研究和应用前景。多元文化教育（Multicultural Education）是当前国际教育研究的重要领域和热点话题。在当下全球一体化的进程中，开展多元文化教育的理论与实践研究，有利于保护人类文化的多样性，有利于更好地传承发展人类灿烂的文化，有利于促进不同族群之间的相互尊重、理解和包容，对促进世界的文化教育发展具有重要的意义。

多元文化教育（Multicultural Education）是当前国际教育研究的重要领域和热点话题。在当下全球一体化的进程中，开展多元文化教育的理论与实践研究，有利于更好地传承与发展人类灿烂的文化，有利于保护人类文化的多样性，有利于促进不同族群之间的相互尊重、理解和包容，对促进世界的文化教育发展具有重要的意义。

中国是一个拥有 56 个民族的多民族国家，民族文化丰富多样。为了适应当今全球多元文化教育的发展，增进中国与世界多元文化教育的相互了解，促进世界不同国家和地区多元文化教育和民族教育的交流及发展，中央民族大学教育学院暨中央民族大学“985”工程“中国少数民族教育研究创新基地”于 2012 年 9 月 22—23 日召开“全球化背景下的多元文化教育国际学术研讨会”（International Symposium on Multicultural Education in the Context of Globalization）。

参加会议的有国际著名多元文化教育大师 James A. Banks 教授，纽约城市大学、全球教育政策中心 Joel Spring 教授，美国内华达州立大学拉斯维加斯分校 Jane McCarthy 教授，澳大利亚新英格兰大学 Brian D. Denman 教授，我国台湾著名学者陈伯璋教授、汤尧教授，中国著名教育家顾明远教授，西南大学张诗亚教授，西北师范大学万明刚教授、王鉴教授，中国人民大学程方平教授，北京师范大学石中英教授、郑新蓉教授，广西民族大学钟海青教授，三峡大学谭志松教授，广西师范大学孙杰远教授等国内外著名专家、学者 200 余人，收到参会论文三百余篇。

同时，在此次大会的顺利召开之际，“中央民族大学多元文化教育研究中心”在学院成立，美国华盛顿大学多元文化教育中心主任 James A. Banks 为中心名誉主任，苏德教授为中心主任。此中心致力于引进国内外多元文化教育研究的诸多资源，将中心建成一个国际化的研究平台，一方面通过联合举办学术会议、合作开展课题研究等形式，使研究成果国际化，另一方面将国际多元文化教育的理论本土化，为我国的多元文化教育实践和政府部门的教育决策服务。这将在我国多元文化教育研究的历史上画上重重的一笔。而此书正是从我国当前的多元文化教育背景和中心职责出发，与更多的读者分享此次会议的优秀成果，通过国内外学者从不同角度对多元文化教育进行研究，力图加深对多元文化教育的广泛关注和深层理解。多元文化教育符合我国的国情。中国自古以来就是一个多民族、多文化的社会，56个民族共存于一个“大家庭”之中，形成了“中华民族多元一体”、“各民族文化多元共存”的格局。在二十一世纪全球一体化进程中，尊重和保护人类文化多样性是这一时代教育与文化共荣发展的重要主题。多元文化教育具有广阔的研究和应用前景。

该书涉及面广，对多元文化教育进行了多视角的研讨。从理论研究到实践研究，从宏观到个案，从历史到现实，以及国内国外和比较研究，提出了许多具有理论和实践价值的创新性见解和值得进一步探讨的问题，异彩纷呈，对多元文化教育研究有引领和启示作用。

该书着重分析了当前我国多元文化教育发展现状问题与展望，强调全球化时代背景下多元文化教育理论的重大意义，强调国家以教育为民生重要内容和在教育公平的核心价值取向下，打破城乡教育二元格局，对西部民族地区文化教育发展给予政策支持和倾斜，逐步缩小差距。

该书从多元文化教育视野探讨了多元文化背景下不同类型的教育研究。强调从学前教育到高等教育各类型学校要充分运用民族资源和民族特色，强调要精心设计安排好文化传承，要以促进学生全面发展为变革取向，探究创新人才培养，努力提高教育教学质量，办成民族地区和少数民族人民满意的教育。

该书从多元文化教育视角研究了少数民族双语教育。从语言教学文化传承民族政策民族团结文化和国家认同经济社会发展和全球化等视角进行研究，使双语教育研究内涵更丰富，对双语教育的认识提到新高度。

该书还从多元文化教育视角探讨了教师教育和师资队伍建设问题。基层创造是教育改革的生长点。基层创造教师是关键，教师是教育改革的主人。要进一步探讨多元文化教育视域下教师教育，特别是探讨教师队伍建设和教师在教育改革中作用的发挥。

我们相信多元文化教育研究中心的成立定能为我国和世界的多元文化教育研究搭建起一座桥梁；而此书的出版定能为致力于多元文化教育研究和实践的专家、学者提供可读资料；同时，也希望更多的专家学者、教师和学生关注我国的文化多样性这一背景，使多元文化教育能为我国的教育理论研究和实践服务！

哈经雄

目　　录

第一篇　多元文化教育的理论与实践研究

第二篇　多元文化背景下的教师教育研究

第三篇　族群认同与民族团结教育研究

第四篇　少数民族双语教育研究

第五篇 少数民族教育史与文化传承研究

第六篇 多元文化课程与跨文化教育研究

第七篇　经验与展望

第一篇

多元文化教育的理论与实践研究

第一章　多元文化教育理论纵横

第一节　全球化时代下的多样性与公民教育

在国际范围内，公民概念以及公民教育面临诸多来自历史、政治、社会以及文化发展方面的挑战。全球范围内的移民、全球化以及顽固的民族主义引发了人们对公民身份以及公民教育的诸多争议和新的思考（Gutmann，2004；Koopmans，Statham，Giugni，& Passy，2005；Torres，1998）。

本节将介绍同化主义者、自由主义者和一些普遍的公民教育观点，并解释这些观点为什么应该受到置疑。同时，提出公民身份以及公民教育的范围应当扩大，使来自不同种族、文化、民族和语言群体的公民的文化权利都能得到保障。同时，也将陈述为什么公民教育应当重视不同群体之间的权利差异（Fraser，2000；Young，1989）。自由同化主义者认为，来自不同群体的个体必须放弃家庭和社区的文化和语言，才能融入并有效参与到国家的市民文化之中（Greenbaum，1974；Wong Fillmore，2005）。按这些观点所说，群体的权利会有损个人权利。但事实恰恰相反，以二十世纪六七十年代的民权运动为例，笔者认为群体可以帮助个体实现权利、把握机遇。

笔者认为，一种有效且富于改革力度的公民教育可以帮助学生获取在文化群体、国家、地区以及全球范围内生活和工作所必需的知识、技能和价值观。此外，这样的教育可以帮助学生形成世界性的思维与价值观，使得他们可以更好地参与到促进公平与社会公正的工作中（Appiah，2006；Nussbaum，2002）。在本节的最后一个部分，笔者认为学校应当实施一种兼具变革性及批判性的公民教育，以促进对所有学生的教育公平。同样，变革性的公民教育可以使学生更好地同那些来自不同种族和民族文化的同辈们进行交流与了解。具体将通过描述一项研究来呈现如何构建公平、严谨而又民主的课堂和学校。

一、公民身份以及公民教育的相关观点

公民是指生活在某一国家之中，具有某些特定的权利和特权，同时也承担着如对政府忠诚等责任的个体（Lagassé，2000）。公民身份是指“作为公民的一种状态和地位”（Simpson & Weiner，1989，p. 250）。Koopmans 等人（2005）将公民身份定义为“一系列将公民同国家联系在一起的权利、义务和身份综合体”（p. 7）。这些基本的定义虽然准确，但并没有揭示现代化民族国家中已发展的公民身份概念的

复杂性。

马歇尔（1964）阐述了公民身份的三个基本特征，即国民性、政治性和社会性。这一阐述在公民身份研究领域影响巨大，且被广泛地引用（Bulmer & Rees，1996）。马歇尔将公民身份抽象为一种变化的概念，并描述了国民性、政治性以及社会性三大特征是如何在之后的几个世纪中出现的。

产生于十八世纪英格兰的公民身份的国民性特征赋予公民以个体权利，例如言论自由、私有财产权以及法律面前人人平等。公民身份的政治性特征在十九世纪得以发展，它给公民提供通过参与政治进程、实现政治权利的特权和机会。公民身份的社会性特征出现于二十世纪，它为公民提供必要的健康、教育和福利，使其能够全面地参与到文化社区生活乃至全国范围内的国民文化中去。马歇尔认为公民身份的三大特征是相互关联且彼此重叠的，公民身份作为一种理想是国家致力于实现却也永远无法完全企及的。

二、文化权利和多元文化的公民身份

同化主义者、自由主义者和一些普遍的公民教育的观点认为公民必须放弃自己的第一语言和文化以全面地参与到国家的国民文化中去（M. M. Gordon，1964；Young，1989，2000）。在二十世纪六七十年代民族复兴运动以前，世界上的多数国家，包括美国的文化、社会和教育政策都是以同化主义政策为指导的（Graham，2005）。

从十七世纪开始，美国的传教士就通过创建寄宿制学校同化印第安青年人，使其称为基督教徒（Deyhle & Swisher，in press）。在二十世纪五六十年代，墨西哥裔美国人因在学校中说西班牙语而遭到惩罚（Crawford，1999）。有关非裔美国人、墨西哥裔美国人以及美洲印第安人的历史和文化内容，都极少出现在教材之中。如果出现在教材中，也是以刻板形象重复出现（Banks，1969）。学校及其他机构中的方针和实践也带有强烈的盎格鲁化倾向（M. M. Gordon，1964）。

自二十世纪六七十年代的民族复兴运动开始，那些边缘化的种族、民族和语言群体意识到，他们有权利在全面参与国家的国民文化和社区的同时，保留自己的文化和语言（Carmichael & Hamilton，1967；B. M. Gordon，2001；Sizemore，1973）。他们要求，诸如中小学、学院、大学等机构应当对其文化身份和经历做出回应，通过课程改革反映出他们的挣扎、希望、梦想和发展潜力（B. M. Gordon，2001；Nieto，1999）。同时，他们要求学校应当调整教学策略，以更好地满足来自不同种族、民族、文化和语言背景学生的文化诉求（Au，2006；Gay，2000；González，Moll，& Amanti，2005）。

二十世纪六七十年代，美国少数民族群体中的领袖及学者借用了一些研究白人群体的学者在二十世纪最初几十年中使用的概念和语言。这些概念和语言的产生时期正值大量来自南欧、中欧和东欧的移民涌入美国。Drachsler（1920）和 Kallen（1924）两位学者本身是移民，也一直在倡导赋予移民群体一定的权利和文化自由。他们认为文化的民主是民主社会的一项重要特征。Drachsler 和 Kallen 认为文化的民主应当同政治和经济的民主共存，民主社会中的公民应当可以自由的参与国家的公民生活并享受经济的平等性。根据 Drachsler 和 Kallen 的观点，公民同时应当具有保留其文化和语言的权利，只要这些文化和语言并没有同全民共享的民主理想相冲突。Drachsler 强调，文化民主是政治民主最基本的组成部分。

在二十世纪的最初几十年间，Woodson（1933—1977）为文化的民主的实行提出了充分的理由，他认为非裔美国学生的课程应当反映他们自己的历史和文化。Woodson 严厉地批判了课程中黑人历史知识的缺失，并认为黑人学生受到了“错误的教导”，因为他们仅学习到了关于欧洲，而不是非洲的文化和文明。在二十世纪八十年代，Ramírez 和 Castañeda（1974）继承了这一观点，认为文化民主要求学校的教学方法能够反映墨西哥裔学生的学习特点，并帮助他们在学习风格和特点上形成双向认知。

加拿大的政治理论家 Kymlicka（1995）和美国人类学家 Rosaldo（1997）提出了一些类似于 Drachsler 和 Kallen 在二十世纪早期以及 Woodson、Ramírez 和 Castañeda 在二十世纪后几十年中所提出的若干观点。Kymlicka 和 Rosaldo 认为移民以及少数民族群体应当在全面参与国民文化的同时保留自己的文化。国家的主流文化应当同这些移民及少数民族群体的经验、文化和语言联系起来，这既能够丰富主流文化，还能够帮助边缘化的群体体验国民文化的公平性与认可（Gutmann，2004）。

三、扩展马歇尔的公民身份类型学

1949 年 2 月，马歇尔在剑桥大学“艾尔弗莱德·马歇尔”讲座中，介绍了其有关公民身份类型学的研究。那时正值第二次世界大战后英国的前殖民地，如牙买加、印度和巴基斯坦等国的移民刚开始大量涌入英国。因此，马歇尔还无法预知这些移民所带来的影响，如作为回应的种族化或是移民对平等与融入主流社会的要求（Solomos，2008）。因而，马歇尔并没有将移民纳入到他的公民身份类型学的研究之中。

马歇尔（1964）将公民身份概念化为一种进化式的概念，随着概念的扩展，公平的程度也就越高。Lipset（1964）称“对公平的设想”是马歇尔公民身份思想最重要的方面（p. ix）。马歇尔认为，公民身份与社会等级是两个彼此对立的概念，公民身份与资本主义社会的等级系统在整个二十世纪都在彼此斗争，因为公民身份概念扩展的同时，公平在不断地被扩大化。

将文化民主和文化性的公民身份纳入马歇尔有关公民身份的相关概念之中，这符合马歇尔“公民身份是不断进化的，以反映时代的历史发展，并更加强调平等性与社会公正”的观点。在世界范围内，各个社会中的少数民族都会因其语言和文化的特点，因历史上的偏见和隔离，因他们认为自身对文化团体的归属是其身份的重要特征，而无法得到完全的公民权利（Castles & Davidson，2000；Koopmans et al.，2005；Kymlicka，1995；Young，1989）。因此，在现代化的民主国家之中，应当将文化的权利以及少数民族群体的权利纳入到公民身份概念的考量之中。

四、多元文化下的公民身份

全球移民以及国家层面的多元化发展不断挑战着自由同化主义者的公民身份观念。他们对于国家如何构建既反映、包容公民多样性，又能够使公民形成一套统一的价值观、理想和目标的国民社会这一问题提出了复杂且有分歧的观点（Banks，2007）。在过去，自由同化主义者的意识形态主导着大多数国家中有关移民和多样性的政策制定。

自由同化主义者认为，个体权利至高无上，群体身份和权利与个体权利相矛盾且危害个体权利（Patterson，1977）。这一观点坚持认为，身份群体主张群体权利高于个人权利，因而在一个现代化的民主国家中，个体应当切断其与原本的或民族的背景关联，从而实现选择的自由（Patterson，1977；Schlesinger，1991）。对民族、种族、宗教或其他身份群体的强烈归属感可能导致社会冲突和严重的社会分离。Patterson 和 Schlesinger 等自由主义学者同样认为，在一个现代化的多元民主社会中，如果那些边缘化的或被隔离的群体得以融入主流社会，那么该群体成员对这一群体的归属感也将自行消亡。从这一观点上讲，社会成员对其原生群体的归属感的残存反映了社会的“病态”，说明那些处于社会边缘的群体并没有被赋予体验大同文化以及社会包容的机会（Apter，1977）。自由同化主义者认为，如果美国的墨西哥裔群体能从结构上被融入主流社会，他们既不愿也不需要去说西班牙语了。

许多的社会科学家以及政治哲学家对于在现代化民主国家中的这种自由主义式的分析及对身份群体的预期提出了疑问。引起这些疑问的因素有很多，它们包括：（1）二十世纪六七十年代的民族复兴运动对国家和诸如中小学、学院和大学等机构同时认同个体权利和群体权利的要求（Banks，2006）；（2）美国和其他的西方国家对诸多种族、民族和语言群体的排斥（Benhabib，2004；Castles & Davidson，2000；M. M. Gordon，1964）；（3）由于全球范围内移民人数增加导致的移民国籍多样化和民族多样化（Kymlicka，1995）。最近的一份预测表明，世界上的 184 个独立国中一共有 600 个语言群体及 5000 个民族。可以说很少有哪个国家的公民能称得上只说同一种语言，或全部归属于同一个民族（Kymlicka，1995，p. 1）。

五、多元文化民主社会中的身份群体

身份群体既能阻碍又能促进民主价值观的实现（Gutmann，2003）。无论是非主流的群体，例如加拿大锡克人以及墨西哥裔美国人，还是主流的群体，例如盎格鲁加拿大人以及美国的童子军，都是身份群体。所谓民主，应赋予个体同等的国民权利和自由（Gutmann，2003）。身份群体试图将群体的价值观强加在个体身上。但是它也能通过帮助个体实现与民主价值观一致的目标使得他们获得个体自由，而且有些目标也只有通过群体行动才能实现。

对群体的鉴别，在于是否能够为群体成员提供从文化和政治角度自由表达和交往的机会（Gutmann，2003）。在政治系统中，集体工作比独立工作获得成功的可能性要大。典型的案例如，通过参加二十世纪六七十年代的民权运动，非裔美国人在政治、文化和教育领域受益很多，这一运动同时也给美国社会带来了许多里程碑式的变革，它使来自其他种族、民族和语言群体的人包括女性和残疾人也都从中受益。

1965年的移民变革法案（1968年生效）是美国民权运动的产物。这一法案摒弃了最初的移民配额制度，并将美国的移民政策自由化（Bennett，1988）。随后，来自亚洲和拉丁美洲的移民人数大量增加。最初，移民变革法案大大改变了美国的种族和民族构成。在1968年前，美国的大部分移民来自欧洲。今天，移民主要来自于亚洲和拉丁美洲，还有相当一部分来自西印度群岛和非洲。目前，美国正经历19世纪末20世纪初以来最大的移民潮。根据美国人口统计局（2000年）的调查显示，美国的有色人种（或少数民族）人口比例将从28%（2008年）增长到50%（2050年）。

美国的边缘化群体一直都在有组织地为其群体权利开展争斗，他们的举动为全部美国民众带来了更大程度的公平和社会公正。美国的民权运动、妇女权益运动和语言权利运动（即促进市民在公共学校中使用自己的语言的权利）就是这些斗争中的一部分。处于美国社会边缘的群体一直是美国的良心，也是实现美国民主理想、消除种族主义与歧视的主战场（Okihiro，1994）。这些运动推进了美国实现公正和平等的步伐，边缘化群体使整个国家向在《独立宣言》、“宪法”以及“权利法案”中声明的民主理想不断迈进（Okihiro，1994）。

六、普遍的和有区别的公民身份

对公民身份的普遍观点中并不包括群体差异这个概念。因此，那些受排斥或者歧视的群体（例如女性群体和有色人种）与主流群体之间的差别就会被抑制。因此，为了帮助边缘化群体在多元文化的民主国家中获得平等和认可，我们有必要提出有区别的公民身份观（Young，1989）。很多问题都源于普遍的的公民身份观，即“公民身份超越了个性化和差异性”，“很多法律和规范都不考虑个体和群体差异”（Young，1989，p. 250）。阶层社会中普遍的公民身份观将使某些群体成员的公民划归为二等公民，因为群体的权利没有得到认可，而平等对待的原则被严格的实施。

当普遍性的公民身份概念被掌权阶层采纳、定义和实施时，当社会边缘群体的利益没有得到申诉或纳入到全民讨论的范围之内时，普遍性的公民身份的概念以及公共利益将依照掌权阶层的利益进行定义。权利阶层会将其利益同公共利益等同。这一现象在中小学、学院和大学的有关多元文化教育的讨论之中出现过。多元文化教育的批评者D’Souza（1991）和Schlesinger（1991）将主流阶层的利益定义为“公共”利益，像非裔美国人和拉丁裔美国人等有色人种的利益定位为危及政体的

“特殊”利益。

七、全球公民身份所面临的挑战

文化和群体认同在多元文化的民主社会中是非常重要的。然而，由于全球范围的移民以及全球化对局部区域以及国家共同体的影响，这些认同对公民参与社会是不够的（Banks，2004）。学生需要学习知识，形成态度与技能，这些将帮助他们在一个全球化的社会中开展活动。全球化影响着社会的方方面面，包括信仰、规范、价值观和行为，同时影响着商业和贸易。全球移民提升了大多数国家的多元化水平，并促使国家重新思考有关公民身份以及公民教育的问题。

国家之间的界限也变得模糊了，因为有上百万的人口生活在多个国家之中，并拥有着多重的公民身份（Castles & Davidson，2000）。一些人拥有着一国国籍却生活在其他国家。还有些人居无定所，譬如上百万世界各地的难民。生活在故土之外的人数从1910年的约3300万增至2000年的1.75亿（Benhabib，2004）。

随着国际人权被欧盟编入欧国际人权宣言（1948），国家间的边界也变得越来越模糊了。宣言细化了个体的权利，无论他们身处何国，或是否为某一国家的公民。宣言称公民拥有言论自由以及宗教信仰自由，拥有隐私权，且即使被控罪但只要未被证实就是无罪之身（Banks et al.，2005；Osler & Starkey，2005）。国际人权与国家主权之间存在着一定的冲突。即使联合国等机构把国际人权编入法案，国家主义的思想还是一如既往地强大（Benhabib，2004）。

八、全球移民：国家和学校的挑战

国家内部与国家之间的移民是一个全球现象。自从国家诞生以来，人口迁移就一直存在（Luchtenberg，2004b），但是从未像现在这样频繁过。而这种来自不同种族、民族、文化、宗教和语言群体的人们的迁移在公民身份、人权、民主和教育等领域引出了前所未有的问题。当今世界的发展趋势给一贯教育国民只为一个国家效力的教育观念带来了莫大的挑战。这些发展包括人们在国家间的来回迁移以及联合国、欧盟等由国家以外机构对权利运动的许可。

在二十世纪六七十年代民族复兴运动之前，大多数国家设立学校主要是给公民灌输国家价值观，介绍国家英雄并且讲授经过粉饰的国家历史。但这些教育目标在现今已经不再适用，因为很多人具有全球身份，他们要往来于各个国家，并要承担起他们对那些国家的责任。然而在国家主义依旧昌盛的今天，这种趋势的不断发展受到了很多国家的质疑。国家主义和全球化也保持着紧张的关系（Benhabib，2004；Castles & Davidson，2000）。

当回应这些由国际移民引起的问题时，多元文化国家中的学校必须解决诸多复杂的教育问题，并同他们的民主意识形态和声明保持一致。西方国家中的民主理想同学校中学生的日常体验之间是有一定的差距的（Banks，2004a）。美国、加拿大、英国、德国和法国（以及其他许多国家）的少数民族学生，经常会因其文化、语言、宗教信仰和价值观的差异而遭受歧视。通常教师和学生们都将这类学生视为“异类”。当少数民族学生，例如德国的土耳其学生和英国的穆斯林学生，在学校遭受边缘化或被视为“异类”时，他们的族群认同往往会加强，而对国家的归属感减弱。

随着学校的学生们在文化、种族、民族和语言方面的多元化程度不断加深，多元文化民主国家必须努力应对一系列突出的问题、范式和意识形态。这些问题主要有：在怎样的程度上国家可以赋予公民多元文化身份，如何缩小少数民族同多数民族之间的成就差距，以及如何实现移民和少数民族群体语言的权利。

许多国家对于一个问题仍未抉择，即是否将自己视为多元文化社会，允许移民享受多元文化的公民身份，还是继续拥护自由同化主义者的意识形态（Kymlicka，1995）？在实施多元文化公民身份的国家之中，移民和少数民族群体可以在保持其语言和文化的同时享受完全的公民权利。世界不同地区的国家对公民身份以及移民和少数民族群体的文化权利做出了极为不同的回应。自二十世纪六七十年代的民族复兴运动之后，美国、加拿大、澳大利亚的许多国家领导和公民都将自己的国家视为多元文化民主社会（Banks，1986）。在这些国家中存在一种理想，即少数民族群体既可以保持他们自身文化的重要方面，又能够成为一名完全的国家公民。然而，这些国家的理想与少数民族群体的真实体验之间存在着巨大的差距。例如在美国、加拿大和澳大利亚等视自己为多元文化社会的国家中，许多少数民族群体在学校和更广的社会范围内受到歧视。

其他国家，例如日本（Murphy - Shigematsu，2004）和德国（Luchtenberg，2004a，2004b；Mannitz，2004），一直极不情愿将自己视为多元文化社会。在这些国家中，生物性的遗传和特点同公民身份紧密相连。尽管在过去十年，这两国有关公民身份的生物性观念已经逐渐消失了，但它的遗留因素依旧对两国有着挥之不去的影响。Castles（2004）指出，德国对待移民采取“有差别地排斥”，即“劳动移民可以部分或暂时性融入社会之中，根据其经济角色的需要被纳入到社会的某些子系统中，如劳动力市场、基本的住宿保障，与工作相关的医疗保险以及社会福利”（p. 32）。

自从二十世纪六七十年代，法国以不同于美国、加拿大和澳大利亚的方式开始处理移民问题。它的目标十分明确，即同化（又称为融合）和纳入（Bowen，2004，2008；Castles，2004；Hargreaves，1995；Scott，2007）。移民可以成为完全的法国公民，但必须放弃他们自己的语言和文化。同化政策自然地认为文化和民族差异应当，也终将消失（Hargreaves，1995；Scott，2007）。

九、为培养国家和世界公民的教育

多元文化社会面临的一大问题就是，如何使国家既能包容公民多样性又能让公民形成一套共有的价值观、理想和目标。在一个民主的社会之中，公民平等和认可是重要的价值观（Gutmann，2004）。这些价值观赋予少数民族以及移民群体一定的权利去保留他们的民族文化和语言，同时参与到国家的公民文化之中。

国家主义者以及同化主义者担心一旦公民被赋予保留其文化群体身份的权利，他们将不会对国家产生强烈的附属感。这样的担忧反映了“身份概念的零和博弈”（Kymlicka，2004，p. xiv）。许多多元文化学者的理论和实践研究表明：所谓身份是一个多重的、变化的、重叠的、具有语境意义的概念，而不是固定的、静止的概念，且体现关怀的、清晰的文化身份划分将促使人们更好地履行国家公民的职责。正如 Ladson – Billings（2004）写道：

在充满变化的现代（或后现代）国家中，一个人“非个人即群体成员”的身份划分很难实现。在实际国家运作中公民将自己同时视为个体和群体的一分子，而不是在二者中选一。一个个体被赋予了公民权利，当这些权利受到侵犯时可以采取法律手段进行维护，同时她也是群体中的一员。人们在多种身份之间转换，而社会应对多重身份的手段通常不是束缚了个体融入国民文化就是把个体与国民文化隔离（p. 112）。

十、统一性与多样性的挑战

平衡统一与多样性的问题是多元文化国家一直以来面临的挑战。没有多样性的统一会导致霸权主义与压制。没有统一的多样性将带来国家的割据甚至分崩离析（Banks，2004b）。在全球范围内，许多国家所面临的一个主要问题是如何承认差异并将其合法化，同时构建一种相对统一的国家认同观，并使其能整合来自不同群体的声音、经历和期望。许多的民族、语言和宗教群体对国家具有微弱的认同感，这既缘于他们被边缘化的身份，也因为他们无法看到自己的梦想、愿景和发展潜力在国家和学校得到体现（Ladson – Billings，2004；Osler & Vincent，2002）。

如英国、荷兰和法国等欧洲国家，前殖民地国的移民为其带来了文化的多样性，也加剧了种族、民族和宗教的冲突（Koopmans et al.，2005）。在法国，穆斯林女孩在国家公立学校中戴面纱的行为备受争议。2004 年 3 月，法国议会通过了一项法案，禁止学生在公立学校中佩戴任何带有明显宗教标志的饰品。尽管这项法案同时禁止了学生带犹太圆顶小帽和基督教十字架，但其最初是针对面纱。法国的这一政策引起了争议和分歧，它带有强烈的同化主义色彩，并试图用同化主义去解决社会公共领域中的宗教问题，而这符合法国一贯的公平、自由和共和主义理想（Bowen，in press）。Bowen（2004）生动地描述了头巾对主流法国人和法国穆斯林人的不同含义：

对于许多非穆斯林法国人来讲，头巾象征着对共和政体的威胁、对妇女的压迫、城市暴力、国际恐怖主义以及穆斯林移民对融入主流社会普遍拒绝。但是对于生活在法国的五百万穆斯林移民来讲，头巾则象征着法国的法律对宗教信仰表达自由保护、对文化多元主义的包容、谦逊朴实的价值观以及对同时成为一名良好的市民和合格穆斯林的重要性（p. 31）。

全球的移民潮不断地加深各个大陆的多样化程度，全球恐怖主义也加强了人们对穆斯林的消极影响。世界上的许多学校都发现很难通过政策或实践活动在兼容学生多样性的同时培养他们国家凝聚力（Banks et al.，2005）。四名涉嫌2005年7月伦敦地铁爆炸案的穆斯林青年都生长在英国利兹，但他们父母都是移民。显然，他们没有很好地融入英国的主流社会，且对英国和其他英国公民存在微弱的认同感。大部分制造恐怖暴力的嫌疑犯和犯罪分子都有移民背景，这加剧了欧洲的“伊斯兰恐惧症”和种族冲突（Suárez－Orozco，2006）。

十一、学生身份的复杂特点

从历史上看，美国、加拿大和澳大利亚等西方民主国家的学校，致力于帮助学生形成对国家的忠诚，而很少关注学生对自己所属地区、文化或者故乡的责任。学校认为，学生们同化到社会的主流文化之中是形成公民身份以及国家认同的必须之举，学生也可以应当放弃他们对其他的群体、文化或国家的责任。Greenbaum（1974）认为美国的学校同时给予移民学生以“希望和耻辱”。学校的教育使这些学生对自己的故乡和文化背景感到耻辱，但同时又给他们一旦接受文化同化就可以融入美国主流社会的希望。文化同化主义确实使大多数白人群体成功融入主流社会（Alba & Nee，2003），但对有色人种作用不大，尽管他们接受了文化上的同化，仍然受到主流社会的排斥。

近年的民族志研究都表明，学校一直以来持有的狭隘的公民教育观，与美国因移民学生复杂身份背景所导致的种族、民族和文化现状不符。有学者对高中的移民学生的研究发现，这些学生拥有更为复杂、矛盾且跨国性的身份认同。这一发现同以下研究结果与El－Haj（2007）对巴勒斯坦年轻人的研究、Nguyen（2008）针对美国高校中的越南裔美国高中生的研究以及Maira（2004）对工人阶级中的印度裔、巴勒斯坦裔和孟加拉裔美国年轻人的研究相一致。这些研究描述了美国的移民青年们微妙且复杂的身份特点。这一研究同样说明，这些移民青年人的文化和国家的身份是有背景关联的、不断进化的和重塑的。

El－Haj（2007）、Nguyen（2008）和Maira（2004）发现，他们研究中的这些移民青年人并不是根据自己的居住地来定义国家身份的，他们觉得自己属于距离美国千里之外的故土。他们仍视自己为巴勒斯坦人、越南人、印度人和孟加拉人。他们认为在其他国家生活并不影响他们作为巴勒斯坦人和越南人对祖国的身份认同。研究中的年轻人，将公民身份和国家身份区别开来。他们将自己视为巴勒斯坦人和越南人，但同时认可并接纳美国公民的身份，因为他们重视这种身份为他们带来的法律上的特殊地位和其他的各种机遇。在Nguyen的研究中，一些越南年轻人说道：“我是一名越南人，也是一名美国公民。”

尽管Nguyen（2008）研究中的移民青年将自己视为美国公民，但他们并不把自己看成是美国人。他们认为只有“白人”和融入主流社会的人才是美国人。而导致这种想法的就是他们在学校和社区中遭受的种族主义、歧视和排斥。El－Haj（2007）和Nguyen都谈到，移民学生在学校甚至更广的美国社会中所体验到的边缘化，正是它强化了他们与遥远的祖国之间的纽带，因为在那里他们能够享受平等和包容。

Maira（2004）在针对南亚学生的研究中，使用文化公民身份的概念来描述学生跨国性的公民身份认同。这些年轻人通过流行文化渠道，例如网络、电影、音乐、电视剧、有线电视和 DVD 等，保持与故乡的文化之间的联系。

十二、多元文化国家中的学校和公民教育

El – Haj（2007），Nguyen（2008）和 Maira（2004）在研究中所描绘的这种微妙、复杂且不断进化的青年身份表明，全球多样性的深化和边缘化移民、民族和种族群体对文化认同和权利的诉求使得公民身份的自由同化主义思想在今日已经行不通了。学校需要致力于实施多元文化的公民教育（Kymlicka，1995），承认学生有对自己的文化群体、跨国群体以及作为合法公民所在国履行责任的权利与需要。

公民教育仍需帮助学生形成对国际社会的认同和归属，同时关注生活在世界各个角落的人类。全球公民身份、归属和责任组成了世界大同主义（Nussbaum，2002）。世界大同主义者将自己视为世界的公民，他们把“是否对人类有益”作为决断和行动出发点。Nussbaum 认为他们忠诚于全人类所共享的整个世界（p. 4）。

世界大同主义者对待来自各种文化的人时都能做到一视同仁。Nussbaum 把狭隘的民族中心主义和内观性的爱国主义观点与世界大同主义者的全球主义以及国际主义相比较。世界大同主义者致力于“扩展公共的概念，他们的忠诚也不仅限于对自己的民族和国家，对于处理远近大小各种差异，他们一向在所不辞”（W. C. Parker，personal communication，July 18，2005）。世界主义者在全球视野下审视社会公正和平等，关注对整个世界可能造成的威胁，如全球变暖、艾滋病蔓延以及战争等。学生在对家庭以及所处的社区文化持有附属和归属的同时，应当致力于成为世界主义的公民。Nussbaum（2002）和 Appiah（2006）认为对局部身份的认知对于形成世界大同主义十分重要。

学校应当帮助学生理解文化、国家、区域和全球的身份概念是如何彼此关联、复杂多元又不断进化的（Banks，2004b）。这些身份概念以动态的方式交互作用。每一种身份都应当在学校中得到识别、重视、公众认可以及深度鉴别。学生应当被鼓励去批判性地考量他们的身份与责任，以此来理解这些概念是如何以复杂方式相互关联和彼此构建的。

公民教育应当帮助学生理解“仅仅做到对本群体的忠诚是不够的，每个人都应当对他人负有责任”（Appiah，2006，p. xvi）。作为世界公民，学生应当深入理解并积极寻求解决世界性难题的办法。他们应当在自己的文化社区、国家、区域乃至整个世界推进民主进程，促进公平和社会公正。

在今日社会，促进全球范围内的多元化，增强对多元化的认知，解决世界范围内的难题，需要重新审视公民教育的目的和手段，从而促进包容、公民平等和身份认可（Gutmann，2004）。二十一世纪，自由同化主义者所宣扬的完全消除文化和

语言多样性的公民教育的理念是行不通的（Friedman，2005）。美国以及其他西方国家的公民教育应当重新改造，以此使学生看到他们的命运是同世界其他地区的人们紧密相连的。公民教育应当帮助学生理解为什么“对公平的威胁一旦存在就不仅限于某个区域，而是针对整个世界的”（King，1963/1994，pp. 2 - 3）。

十三、主流社会与变革性的公民教育

公民教育应通过重新规划和变革使学生可以在二十一世纪成为有用的公民。这一变革想要取得成功，我们就必须把知识建构的核心从主流学术知识转变为变革性的学术知识。主流知识强调社会和行为科学中的传统和已有知识以及国家的学校中流行的知识；而变革性知识的范式和阐释对主流知识的某些关键设想提出了挑战（Collins，2000；Harding，1991；Homans，1967）。变革性知识的一个重要目标在于改善人类的生存条件和环境。女性主义学者以及非白人学者在建构变革性学术知识中处于先锋位置（Collins，2000；Harding，1991；Takaki，1993，1998）。

主流的公民教育基于主流的知识和假设，强化既存现状以及社会主导的权力关系。它在美国绝大多数的课堂中实践着（Parker，2002），并没有对学校和社会中存在的种族或性别歧视产生影响。主流的公民教育没有包含前面所提到的公民身份四要素（公民性、政治性、社会性和文化性）中的任何一点，甚至没有在表面或一定程度与之产生包含关系。它没有帮助学生理解其复杂多重的身份，也没有让学生认清其所处的全球化环境，或者让他们了解自己在世界范围内究竟应当扮演怎样的角色。相反的，它仅仅强调记忆那些写在宪法或其他法律文件中的事实，了解政府的不同分支和职能，培养学生的爱国主义精神等（Westheimer，2007）。无论是批判性思维技能还是决策或行动，都不是主流公民教育的重要组成部分。

如果学生想要获取清晰且具有反思性的有关文化，国家、区域和全球的公民身份概念，就必须在学校中实施变革性的公民教育，同时帮助学生理解这些身份是如何彼此关联、互相构建的。变革性的公民教育同时鉴别并确认学生的文化身份。这种教育根植于变革性的文化知识，帮助学生获得一定的知识、技能和价值观，而这些知识、技能和价值观对于挑战国家乃至世界范围内的不公平，对于形成世界性的价值观和观点，对于采取行动创建民主的多元的文化社区和社会至关重要。

变革性的公民教育帮助学生形成一定的决策制定和社会行动技能，而这些技能对于鉴别社会中的问题、获取家乡和社区的文化和语言的知识、识别并澄清他们的价值观，以及采取深度的个体性或集体性的公民行为是必须的（Banks & Banks，1999）。变革性的公民教育认可学生的文化身份。它使学生能够获得一定的信息、技能和价值观，使得他们能够与群体、国家和世界范围内的不平等作斗争，形成世界大同主义观，并身体力行地建设公平民主的多元化的社区和社会。变革性公民教育帮助学生形成决策能力和社会行动能力，从而使他们更好地认清社会问题，获取与家庭和社区文化及语言有关的知识，弄清自己的价值观，并谨慎地采取个人和集体行为。它同样促进批判性的思维技能，即包含 DeJaeghere（2007）所提到的批判性公民教育。

十四、群体关系研究和变革性的公民教育

在民主的、变革性的教室和学校里，来自不同族群的学生平等地交往和商讨问题。同时，他们对待种族和民族问题也形成了一种积极的态度、知识和技能，并获得了与不同族群学生深入交流的视角。不同群体的公民之间互相商讨问题对于一个民主的国家来说是十分必要的（Gutmann，1987；Parker，2002）。研究表明，在交流的情境中，不同群体之间的平等地位是有效的群体交互与商讨的必要条件。科恩和洛普（1972）发现，中产阶级的白人学生主导着与非裔美国学生的课堂互动，这种情况只有在非裔美国学生的地位得到提高时才可能改变。这种变革性的教室里创造一种氛围，使得来自不同群体的学生能从多角度看待问题，并且平等地商讨问题。

Allport（1954—1970）认为具有以下特征的群体之间的交流有助于改善群体之间的关系：（1）个体之间地位平等；（2）有共同的目标；（3）群体之间存在合作；（4）他们之间的互动获得教师、行政人员、法律或者习俗的批准（Pettigrew，2004）。教师通过使用多元文化教科书和教材（班克斯，2007；Takaki，1993）在课堂上学生了解所有同学的群体历史和生活经历，帮助他们在课堂中创建平等的地位并且体验平等和认同（科恩，1994；古德曼，2004）。

在变革性的课堂里，学生对不同的种族和族群持有积极的态度，在课堂讨论和商讨中，他们拥有平等的地位。同时，老师使用教学策略和教材帮助学生获得民主的种族态度和行为。自二十世纪四十年代以来，大量的课程干预研究被用来确定与学生种族态度和观念有关的教学、教材、角色扮演及其他模拟情景的影响。这些研究表明，多元文化教材及其他相关教材的使用，以及合作性的教学策略能够帮助不同种族的学生发展民主的种族态度，并且以一种平等的地位进行交流。这些教材及教学策略也使得学生从他们自己种族、民族、文化群体以外选择更多的朋友。

这些研究为帮助教师在变革性的教室及学校里提高族群之间的关系、互动和商讨提供了指南。最早进行课程研究的是 Trager and Yarrow（1952），他们仔细研究了民主的多元文化课程对于一二年级学生种族态度的影响。这些课程对于学生和老师的态度都有积极的影响。作者将他们的研究命名为“来自生活的学习”来凸显他们的主要发现，即如果学生感受到了民主，他们就会将其内化在心里。

研究表明，一些课程干预，例如，多民族读者（Litcher & Johnson，1969）、多元文化电视节目（Bogatz & Ball，1971）、模拟（Weiner & Wright，1973）、多元文化社会学习材料（Yawkey & Blackwell，1974）、民族舞蹈、音乐、工艺品和角色扮演（Ijaz & Ijaz，1981）、话剧（Gimmestad & DeChiara，1982）、种族问题的讨论（Aboud & Doyle，1996）以及结合反种族教学的讨论（McGregor，1993）能够对于种族态度和学生之间的交流有一种积极的影响。

十五、有关合作学习和种族间联系的研究

变革性和民主性的教育促进了来自不同种族、民族和文化群体的学生之间的合作而不是竞争。合作促进了种族间的交流和协商。自 1970 年以来，在 Allport 理论的指导下，许多人对族群合作学习和活动对学生种族态度、朋友选择和学业成就的影响进行了累积性研究。

许多著名的学者分析和评估了这些研究，比如 Aronson 和他的同事们（Aronson & Bridgeman，1979；Aronson & Gonzalez，1988）、Cohen 和她的同事们（Cohen，1972，1984；Cohen & Lotan，1995）、Slavin（1979，1983，1985）以及 Schofield 和 Madden（1979）。其中，Schofield 对这项研究进行了充分的评论。这项研究大部分的研究对象是小学生和高中生（Slavin，1983，1985）。

这一研究坚持认为，如果 Allport 描述的情景存在的话，学校中种族之间联系的合作性就会对学生族群间的行为及学生交往有积极的影响（Aronson & Gonzalez，1988；Slavin，1979，1983）。在 Slavin（1985）回顾 19 项合作学习方法效果的过程中，他发现 16 项结果显示合作学习有助于学生形成种族间友谊。他还发现合作小组对种族态度及跨种族交往的态度也是积极的。其他的研究者发现合作学习行为能够增强学生的学习动机和自尊（Slavin，1985），并且能够帮助学生培养同情心。

种族之间的平等地位只有在教师刻意的安排下才会成为可能（Cohen & Roper，1972）。如果来自不同种族、民族和语言族群的学生在没有经过特殊安排的情境中接触，种族或民族冲突和刻板印象很可能深化。来自特权和边缘化群体的学生，他们二者之间的交往方式如果未经干预就可能彰显特权群体学生的优势地位。在一系列精心设计的研究中，Cohen 和她的同事们普遍发现在没有经过特殊干预的情况下让不同族群之间交往，不仅不会提升他们的平等地位以及在他们之间积极的互动，反而会激化群体之间的紧张局势（Cohen，1984；Cohen & Lotan，1995；Cohen & Roper，1972）。

十六、变革性的教师和公民水平

变革性的教师和学校帮助学生获得一个资深公民所应具有的知识、价值和技能。Clarke（1996）指出，一个资深公民不论在他自己的生活中还是在与之相关的其他方面，都能意识到他与其他人生活在同一个世界，自我身份和他者身份是相互联系共同创造的，也十分愿意参与并投入这个世界内的各种活动。

笔者开发了一种类型学，旨在帮助教育者以概念化的方式帮助学生掌握日益加深的公民概念。它包括四个水平，如下图所示。正如所有类型学的分类一样，公民的这些水平有重叠有交叉，但在区别公民身份方面是十分有用的。

法律层面的公民身份（Legal Citizen），这是最低水平的公民身份，指那些在法律上是国家的公民，有一定的权利和义务，但是他们不会以任何有意义的方式参与到政治生活中。

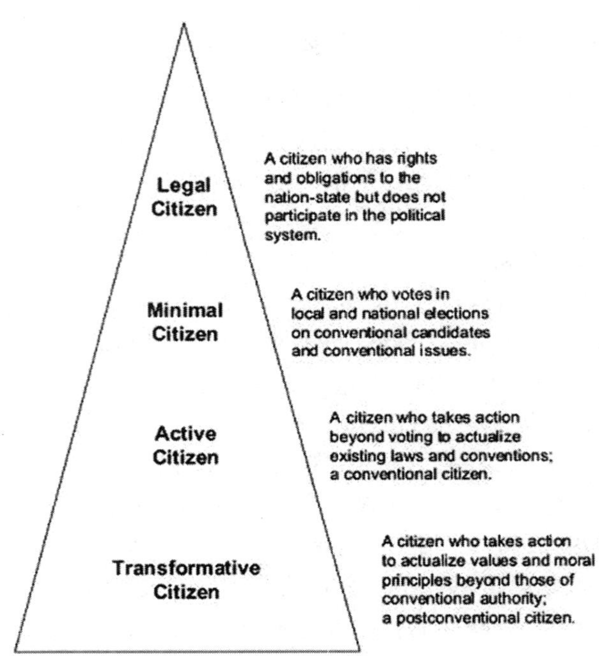

FIGURE 22.1 *Types of citizens, defined by four levels of participation. Transformative, or deep, citizenship is exemplified by Rosa Parks and the students who started the sit-in movement in Greensboro, North Carolina, in 1960.*

最低限度的公民身份（Minimal Citizen），是指那些合法公民，参与地方和国家性的投票选举。

活跃的公民身份（Active Citizen），除投票选举外，会参加一些常规意义上的政治活动或改革，例如抗议示威或公开演讲。他们的活动是为了支持或维护而非挑战现存的社会或政治结构。

变革性的公民身份（Transformative Citizen）是指那些为了实现价值观和道德原则超越现有法律和惯例的公民。变革性的公民采取行动是为了促进社会公正，即使他们的行为有时违反现有的法律，挑战现存的习俗或者瓦解现有的社会结构。

1955 年 12 月 1 日，在阿拉巴马州蒙哥马利市的一辆公共汽车上，罗莎・帕克斯拒绝给白人让座。她的行动在蒙哥马利巴士抵制运动中是关键事件，对于结束南方运输中的种族隔离，推举马丁・路德・金成为国家领导人有重要的意义。1960 年 2 月 1 日，在北卡罗来纳州格林斯博罗的伍尔沃斯商店里，一群非裔美国大学生坐在留给白人的午餐柜台上，他们的静坐示威活动结束了整个南部的午餐柜台的种族隔离。他们就属于变革性的公民，因为他们采取行动来实现社会公正，尽管他们所做的是不合法的，挑战了现有的法律、习俗和惯例。

活跃公民与变革性公民之间最重要的区别在于活跃公民采取的行动符合现有的

法律、习俗和惯例，而变革性公民采取的行动在于促进价值观和道德原则，例如社会正义与公平，这样他们的行动就可能违反现有的公约和法律。虽然变革性教育工作者承认并且尊重具有各个层次公民身份的学生，但其目的在于培养学生成为变革性的资深公民。

十七、结论

当实施变革性公民教育时，学生在教室和学校都可以经历民主。因此，他们更能内化民主的信仰和价值观，学会深入思考文化认同和承担相应的义务。整个学校，包括课程传授的知识，都需要改革以实现变革性的公民教育。在变革性民主的教室和学校里，不平等及社会分层就会受到挑战，甚至不会再出现。变革性的公民教育帮助学生养成反思文化、国家、区域以及全球认同的一种能力，并获得在社区、国家甚至整个世界中促进社会正义的知识和技能。

参考文献：

[1] Aboud, F. E., & Doyle, A. B. (1996). Does talk foster prejudice or tolerance in children? *Canadian Journal of Behavioural Science*, 28 (3), 161—171.

[2] Alba, R., & Nee, V. (2003). *Remaking the American mainstream: Assimilation and contemporary immigration.* Cambridge, MA: Harvard University Press.

[3] Allport, G. W. (1979). *The nature of prejudice* (25th anniversary ed.). Reading, MA: Addison - Wesley. (Original work published 1954).

[4] Appiah, K. A. (2006). *Cosmopolitanism: Ethnics in a world of strangers.* New York: Norton.

[5] Apter, D. E. (1977). Political life and cultural pluralism. In M. M. Tumin & W. Plotch (Eds.), *Pluralism in a democratic society* (pp. 58 - 91). New York: Praeger.

[6] Aronson, E. (2002). Building empathy, compassion, and achievement in the jigsaw classroom. In J. Aronson (Ed.), *Improving academic achievement: Impact of psychological factors on education* (pp. 209 - 225). San Diego, CA: Academic Press.

[7] Aronson, E., & Bridgeman, D. (1979). Jigsaw groups and the desegregated classroom: In pursuit of common goals. *Personality and Social Psychology Bulletin*, 5 (4), 438—446.

[8] Aronson, E., & Gonzalez, A. (1988). Desegregation, jigsaw, and the Mexican - American experience. In P. A. Katz & D. A. Taylor (Eds.), *Eliminating racism: Profiles in controversy* (pp. 301—314). New York: Plenum.

[9] Au, K. (2006). *Multicultural issues and literacy achievement.* Mahwah, NJ: Lawrence Erlbaum.

[10] Banks, J. A. (1969). A content analysis of the Black American in text-

books. *Social Education.*

[11] Banks, J. A. (1986). Multicultural education: Development, paradigms, and goals. In J. A. Banks 33 (8), 954—957, 963. & J. Lynch (Eds.), *Multicultural education in Western societies* (pp. 1—29). London: Holt.

[12] Banks, J. A. (1993). The canon debate, knowledge construction, and multicultural education. *Educational Researcher*, 22 (5), 4—14.

[13] Banks, J. A. (Ed.). (2004a). *Diversity and citizenship education: Global perspectives.* San Francisco: Jossey - Bass.

[14] Banks, J. A. (2004b). Introduction: Democratic citizenship education in multicultural societies. In J. A. Banks (Ed.), *Diversity and citizenship education: Global perspectives* (pp. 3—15). San Francisco: Jossey - Bass.

[15] Banks, J. A. (2006). *Race, culture, and education: The selected works of James A. Banks.* New York: Routledge.

[16] Banks, J. A. (2007). *Educating citizens in a multicultural society* (2nd ed.). New York: Teachers College Press.

[17] Banks, J. A., & Banks, C. A. M. (with Clegg, A. A., Jr.). (1999). *Teaching strategies for the social studies: Decision - making and citizen action.* New York: Longman.

[18] Banks, J. A., Banks, C. A. M., Cortés, C. E., Hahn, C. L., Merryfield, M. M., Moodley, K. A., et al. (2005). *Democracy and diversity: Principles and concepts for educating citizens in a global age.* Seattle: Center for Multicultural Education, University of Washington.

[19] Benhabib, S. (2004). *The rights of others: Aliens, residents, and citizens.* Cambridge, UK: Cambridge University Press.

[20] Bennett, D. H. (1988). *The party of fear: From nativist movements to the New Right in American history.* Chapel Hill: University of North Carolina Press.

[21] Bogatz, G. A., & Ball, S. (1971). *The second year of Sesame Street: A continuing evaluation.* Princeton, NJ: Educational Testing Service.

[22] Bowen, J. R. (2004). Muslims and citizens: France' s headscarf controversy. *Boston Review*, 29 (1), 31—35.

[23] Bowen, J. R. (2008). Republican ironies: Equality and identities in French schools. In M. Minow, R. A. Shweder, & H. Marcus (Eds.), *Just schools: Pursuing equality in societies of* difference (pp. 204 - 224). New York: Russell Sage Foundation.

[24] Bulmer, M., & Rees, A. M. (Eds.). (1996). *Citizenship today: The contemporary relevance of T. H. Marshall.* London: UCL Press.

[25] Carmichael, S., & Hamilton, C. (1967). *Black power: The politics of lib-*

eration in America. New York：Vintage.

[26] Castles, S. （2004）. Migration, citizenship, and education. In J. A. Banks (Ed.), *Diversity and citizenship education：Global perspectives* (pp. 17—48). San Francisco：Jossey – Bass.

[27] Castles, S., & Davidson, A. （2000）. *Citizenship and migration：Globalization and the politics of belonging*. New York：Routledge.

[28] Clarke, P. B. （1996）. *Deep citizenship*. London：Pluto Press.

[29] Cohen, E. G. （1972）. Interracial interaction disability. *Human Relations*, 25 （1）, 9—24. &Cohen, E. G. （1984）. Talking and working together：Status, interaction, and learning. In P. Peterson, L. C. Wilkinson, & M. Hallinan (Eds.), *The social context of instruction* (pp. 171—186). New York：Academic Press.

[30] Cohen, E. G. （1994）. *Designing groupwork：Strategies for the heterogeneous classroom* (2nd ed.). New York：Teachers College Press.

[31] Cohen, E. G., & Lotan, R. A. （1995）. Producing equal – status interaction in the heterogeneous classroom. *American Educational Research Journal*, 32 （1）, 99—120.

[32] Cohen, E. G., & Roper, S. S. （1972）. Modification of interracial interaction disability：An application of status characteristics theory. *American Sociological Review*, 37 （6）, 643—657.

[33] Collins, P. H. （2000）. *Black feminist thought：Knowledge, consciousness, and the politics of empowerment*. New York：Routledge.

[34] Crawford, J. （1999）. *Bilingual education：History, politics, theory, and practice* (4th ed.). Los Angeles：Bilingual Education Services.

[35] DeJaeghere, J. G. （2007）. Intercultural and global meanings of citizenship education in theAustralian secondary curriculum：Between critical contestations and minimal construction. In E. D. Stevick & B. A. Levinson (Eds.), *Reimagining civic education：How diverse societies form democratic citizens* (pp. 293—316). Lanham, MD：Rowman & Littlefield.

[36] Deyhle, D., & Swisher, K. G. （in press）. Connecting the circle in American Indian education. In J. A. Banks (Ed.), *The Routledge international companion to multicultural education*. New York：Routledge.

[37] Drachsler, J. （1920）. *Democracy and assimilation*. New York：Macmillan.

[38] D' Souza, D. （1991）. *Illiberal education：The politics of race and sex on campus*. New York：Collier Macmillan.

[39] El – Haj, T. R. A. （2007）. "I was born here, but my home, it' s not here"：Educating for democratic citizenship in an era of transnational migration and global conflict. *Harvard Educational Review*, 77 （3）, 285—316.

[40] Fraser, N. (2000). Rethinking recognition: Overcoming displacement and reification in cultural politics. *New Left Review*, 3, 107—120.

[41] Friedman, T. L. (2005). *The world is flat: A brief history of the twenty – first century*. New York: Farrar, Straus and Giroux.

[42] Gay, G. (2000). *Culturally responsive teaching: Theory, research, and practice*. New York: Teachers College Press.

[43] Gimmestad, B. J., & DeChiara, E. (1982). Dramatic plays: A vehicle for prejudice reduction in the elementary school. *Journal of Educational Research*, 76 (1), 45—49.

[44] González, N., Moll, L. C., & Amanti, C. (2005). *Funds of knowledge: Theorizing practices in households, communities, and classrooms*. Mahwah, NJ: Lawrence Erlbaum.

[45] Gordon, B. M. (2001). Knowledge construction, competing critical theories, and education. In J. A. Banks & C. A. M. Banks (Eds.), *Handbook of research on multicultural education* (pp. 184—199). San Francisco: Jossey – Bass.

[46] Gordon, M. M. (1964). *Assimilation in American life: The roles of race, religion, and national origin*. New York: Oxford University Press.

[47] Graham, P. A. (2005). *Schooling in America: How the public schools meet the nation' s changing needs*. New York: Oxford University Press.

[48] Greenbaum, W. (1974). America in search of a new ideal: An essay on the rise of pluralism. *Harvard Educational Review*, 44 (3), 411—440.

[49] Gutmann, A. (1987). *Democratic education*. Princeton, NJ: PrincetonUniversity Press.

[50] Gutmann, A. (2003). *Identity in democracy*. Princeton, NJ: Princeton University Press.

[51] Gutmann, A. (2004). Unity and diversity in democratic multicultural education: Creative and destructive tensions. In J. A. Banks (Ed.), *Diversity and citizenship education: Global perspectives* (pp. 71—96). San Francisco: Jossey – Bass.

[52] Harding, S. (1991). *Whose science? Whose knowledge? Thinking from women' s lives*. Ithaca, NY: Cornell University Press.

[53] Hargreaves, A. G. (1995). *Immigration, "race," and ethnicity in France*. New York: Routledge.

[54] Homans, G. C. (1967). *The nature of social science*. New York: Harcourt.

[55] Ijaz, M. A., & Ijaz, I. H. (1981). A cultural program for changing racial attitudes. *History and Social Science Teacher*, 17 (1), 17—20.

[56] Johnson, D. W., & Johnson, R. T. (1981). Effects of cooperative and individualistic learning experiences on interethnic interaction. *Journal of Educational Psy-*

chology, 73 (3), 444—449.

[57] Johnson, D. W., & Johnson, R. T. (1991). *Learning together and alone* (3rd ed.). Englewood Cliffs, NJ: Prentice - Hall.

[58] Kallen, H. M. (1924). *Culture and democracy in the United States.* New York: Boni and Liveright.

[59] King, M. L., Jr. (1994). *Letter from the Birmingham jail.* New York: HarperCollins. (Original work published 1963).

[60] Kohlberg, L. (1971). *Stages of moral development.* Retrieved February 14, 2008, from http://www.xenodochy.org/ex/lists/moraldev.html.

[61] Koopmans, R., Statham, P., Giugni, M., & Passy, F. (2005). *Contested citizenship: Immigration and cultural diversity in Europe.* Minneapolis: University of Minnesota Press.

[62] Kymlicka, W. (1995). *Multicultural citizenship: A liberal theory of minority rights.* New York: Oxford University Press.

[63] Kymlicka, W. (2004). Foreword. In J. A. Banks (Ed.), *Diversity and citizenship education: Global perspectives* (pp. xiii—xviii). San Francisco: Jossey - Bass.

[64] Ladson - Billings, G. (2004). Culture versus citizenship: The challenge of racialized citizenship in theUnited States. In J. A. Banks (Ed.), *Diversity and citizenship education: Global perspectives* (pp. 99—126). San Francisco: Jossey - Bass.

[65] Lagassé, P. (Ed.). (2000). *The Columbia encyclopedia* (6th ed.). New York: Columbia University Press.

[66] Lipset, S. M. (1964). Introduction. In T. H. Marshall, *Class, citizenship, and social development: Essays of T. H. Marshall* (pp. i—xx). Westport, CT: Greenwood.

[67] Litcher, J. H., & Johnson, D. W. (1969). Changes in attitudes toward Negroes of White elementary school students after use of multiethnic readers. *Journal of Educational Psychology*, 60 (2), 148—152.

[68] Luchtenberg, S. (2004a). Ethnic diversity and citizenship education in Germany. In J. A. Banks (Ed.), *Diversity and citizenship education: Global perspectives* (pp. 245—271). San Francisco: Jossey - Bass.

[69] Luchtenberg, S. (Ed.). (2004b). *Migration, education and change.* London: Routledge.

[70] Maira, S. (2004). Imperial feelings: Youth culture, citizenship, and globalization. In M. Suárez - Orozco & D. B. Qin - Hilliard (Eds.), *Globalization, culture, and education in the new millennium* (pp. 203—234). Berkeley: University of California Press.

[71] Mannitz, S. (2004). Collective solidarity and the construction of social identities in school: A case study of immigrant youths in postunification West Berlin. In S. Luchtenberg (Ed.), *Migration, education and change* (pp. 140—166). New York: Routledge.

[72] Marshall, T. H. (1964). *Class, citizenship, and social development: Essays of T. H. Marshall.* Westport, CT: Greenwood.

[73] McGregor, J. (1993). Effectiveness of role playing and antiracist teaching in reducing student prejudice. *Journal of Educational Research*, *86* (4), 215—226.

[74] Murphy – Shigematsu, S. (2004). Expanding the borders of the nation: Ethnic diversity and citizenship education in Japan. In J. A. Banks (Ed.), *Diversity and citizenship education: Global perspectives* (pp. 303—332). San Francisco: Jossey – Bass.

[75] Nguyen, D. (2008). *Becoming American: How Vietnamese immigrant youth construct citizenship.* Unpublished doctoral dissertation, University of Washington, Seattle.

[76] Nieto, S. (1999). *The light in their eyes: Creating multicultural learning communities.* New York: Teachers College Press.

[77] Nussbaum, M. (2002). Patriotism and cosmopolitanism. In J. Cohen (Ed.), *For love of country* (pp. 2—17). Boston: Beacon.

[78] Okihiro, G. Y. (1994). *Margins and mainstreams: Asians in American history.* Seattle: University of Washington Press.

[79] Osler, A., & Starkey, H. (2005). *Changing citizenship: Democracy and inclusion in education.* New York: Open University Press.

[80] Osler, A., & Vincent, K. (2002). *Citizenship and the challenge of global education.* Stoke – on – Kent, UK: Trentham Books.

[81] Parker, W. C. (2002). *Teaching democracy: Unity and diversity in public life.* New York: Teachers College Press.

[82] Patterson, O. (1977). *Ethnic chauvinism: The reactionary impulse.* New York: Stein and Day.

[83] Pettigrew, T. F. (2004). Intergroup contact: Theory, research, and new perspectives. In J. A. Banks & C. A. M. Banks (Eds.), *Handbook of research on multicultural education* (2nd ed., pp. 770—781). San Francisco: Jossey – Bass.

[84] Ramírez, M., III, & Castañeda, A. (1974). *Cultural democracy, bicognitive development, and education.* New York: Academic Press.

[85] Rosaldo, R. (1997). Cultural citizenship, inequality, and multiculturalism. In W. V. Flores &R. Benmayor (Eds.), *Latino cultural citizenship: Claiming identity, space, and rights* (pp. 27—28). Boston: Beacon.

[86] Schlesinger, A. M. (1991). *The disuniting of America: Reflections on a*

multicultural society. Knoxville, TN: Whittle Direct Books.

[87] Schofield, J. W. (2004). Fostering positive intergroup relations in schools. In J. A. Banks & C. M. A. Banks (Eds.), *Handbook of research on multicultural education* (2nd ed., pp. 799—812) San Francisco: Jossey – Bass.

[88] Scott, J. W. (2007). *The politics of the veil*. Princeton, NJ: Princeton University Press.

[89] Simpson, J. A., & Weiner, E. S. C. (Eds.). (1989). *The Oxford English dictionary* (2nd ed., Vol. 3). New York: Oxford University Press.

[90] Sizemore, B. A. (1973). Shattering the melting pot myth. In J. A. Banks (Ed.), *Teaching ethnic studies: Concepts and strategies* (43rd Yearbook, pp. 72—101). Washington, DC: National Council for the Social Studies.

[91] Slavin, R. E. (1979). Effects of biracial learning teams on cross – racial friendships. *Journal of Educational Psychology*, 71 (3), 381—387.

[92] Slavin, R. E. (1983). *Cooperative learning*. New York: Longman.

[93] Slavin, R. E. (1985). Cooperative learning: Applying contact theory in desegregated schools. *Journal of Social Issues, 41* (3), 45—62.

[94] Slavin, R. E. (2001). Cooperative learning and intergroup relations. In J. A. Banks & C. A. M. Banks (Eds.), *Handbook of research on multicultural education* (pp. 628—634). San Francisco: Jossey – Bass.

[95] Slavin, R. E., & Madden, N. A. (1979). School practices that improve race relations. *American Educational Research Journal*, 16 (2), 169—180.

[96] Solomos, J. (2008). *Race and racism in Britain* (4th ed.). New York: Pelgrave Macmillan.

[97] Suárez – Orozco, M. M. (2006, March 13). Commentary: A question of assimilation. *U. S. News & World Report*, pp. 34, 36.

[98] Takaki, R. (1993). *A different mirror: A history of multicultural America*. Boston: Little, Brown.

[99] Takaki, R. (1998). *Strangers from a different shore: A history of Asian Americans* (Rev. ed.). Boston: Little, Brown.

[100] Torres, C. A. (1998). Democracy, education, and multiculturalism: Dilemmas of citizenship in a global world. *Comparative Education Review*, 42 (4), 421—447.

[101] Trager, H. G., & Yarrow, M. R. (1952). *They learn what they live: Prejudice in young children*. New York: Harper & Brothers.

[102] Universal Declaration of Human Rights. (1948). Retrieved December 4, 2007, from http://www.un.org/Overview/rights.html

[103] U. S. Census Bureau. (2000). *Statistical abstract of the United States*

(120th ed.). Washington, DC: U. S. Government Printing Office.

[104] Weiner, M. J., & Wright, F. E. (1973). Effects of undergoing arbitrary discrimination upon subsequent attitudes toward a minority group. *Journal of Applied Social Psychology*, 3 (1), 94—102.

[105] Westheimer, J. (Ed.). (2007). *Pledging allegiance: The politics of patriotism in America's schools.* New York: Teachers College Press.

[106] Wong Fillmore, L. (2005). When learning a second language means losing the first. In M. M. Suárez - Orozco, C. Suárez - Orozco, & D. Qin (Eds.), *The new immigration: An interdisciplinary reader* (pp. 289—307). New York: Routledge.

[107] Woodson, C. G. (1977). *The mis - education of the Negro.* New York: AMS Press. (Original work published 1933).

[108] Yawkey, T. D., & Blackwell, J. (1974). Attitudes of 4 - year - old urban Black children toward themselves and Whites based upon multiethnic social studies materials and experiences. *Journal of Educational Research*, 67 (8), 373—377.

[109] Young, I. M. (1989). Polity and group difference: A critique of the ideal of universal citizenship. *Ethics*, 99 (2), 250—274.

[110] Young, I. M. (2000). *Inclusion and democracy.* New York: Oxford University Press.

作者简介：James A. Banks（詹姆斯·班克斯），世界著名多元文化教育专家、美国华盛顿大学多元文化教育研究中心主任、教授，主要研究领域为多元文化教育。

第二节　语言模式、文化认同与教育发展
——少数民族教育质量提升的路径比较

一、问题的由来

多年来，少数民族儿童或地区的教育质量一直是教育界关注的核心问题，少数民族（地区）教育质量低下也是不争的事实①。与这一核心问题直接相关的解决路径是探讨少数民族地区的不同的双语教育模式，随之而来的是大规模提升少数民族地区教师汉语水平的学历教育和培训。本节把这种做法叫做改进教育质量的“语

① 根据《教育部——儿基会“促进少数民族教育质量”项目基线调研（2009）》以及《中国教育部——联合国儿基会“移动教育资源项目”基线调研报告（2012）》的数据显示：少数民族儿童，特别是母语不是汉语的少数民族儿童学业成绩明显低于当地的汉族，对家庭作业困难的感知也明显高于汉族。

言路径”。无疑，这一提升少数民族地区教育质量的基本战略从长远来看是有效的，但是，这种“语言路径”依赖的解决办法在一定时期内会带来什么样的政治、文化，尤其是教育效果呢？

首先，从少数民族教师的汉语提高或熟练到少数民族儿童主要通过汉语进行学习并提升学业，是一个长时间、多变量的过程，很难在短时间内见效，也很难预见少数民族教师汉语水平的整体提升与教育质量提高内在精致化的逻辑。因为少数民族教师汉语水平提升并不一定能带来教育专业知识和实践能力的提高；另一方面，教育是对每一代儿童个体负责任的事情，不能以牺牲儿童的发展为代价。现有的教师如何教学，如何提升当下的少数民族儿童的教育质量都是必须及时面对的现实问题。

其次，把改进少数民族教育质量的重任全部诉诸于“语言路径”，会产生对“教育路径”的遮蔽。这些年来，在谈及少数民族教育时，教育发展儿童认知的能力让位于“语言学习”或“第二语言的学习”。

此外，随着民族文化和语言保护意识的增强，各民族地区，学校承载文化传递的作用在加强，因此学校的教育功能在某种程度上也让位于“文化传承”。“文化传承”一方面是本地旅游文化资源的开发所需，另一方面也是民族认同的需求，即族群权利和地方经济的诉求所致。因此，基层政府、国内外民间组织、民族精英都通过学校课程、教材、教师培训等强化学校所传承的民族文化的功能。

如果说大规模的汉语言学习和培训的“语言路径”是政府规范国民教育功能和改善民族教育的着力点，那么，学校的民族文化的教材、课程、活动以及教师培训则是基层地方对民族地区教育质量以及学校功能的解释和希冀。这两种路径的努力都在某种程度上改善了民族地区的办学形式和教育质量，也都具有超越教育的政治文化内涵。从这个意义上说，过度的“文化传承”和“语言学习”在一定程度上都遮蔽或架空了教育内涵和功能。

第三，在教育上，近年少数民族地区在撤点并校、寄宿制、绩效考核、校园安全等政策因素的影响下，少数民族学校在形式上的规范化、标准化、绩效化使得少数民族儿童学习远离社区、家庭，缺乏友善、关爱以及与真实生活联结[①]。少数民族儿童的社区和家庭的经验系统过早地并入封闭式的寄宿制学校[②]，也远离了母语[③]活用环境。调研还显示，从村小和教学点合并到寄宿和规范化的中心校的少数民族学生，其学业表现、自信、快乐程度从某种程度上看，低于少数民族聚居村落中村小（教学点）的水平。

第四，我国少数民族教育质量的讨论，已经比较充分地“接轨”了西方发达

---

① 参见《教育部——联合国儿童基金会“促进少数民族教育质量”项目基线调研（2009）》（内部）以及《教育部—联合国儿基会“移动教育资源项目”基线调研报告（2012）》（内部）。

② 相对于走读学校，大规模的寄宿制学校聚集了更多的汉族教师，拥有更强的汉语言或普通话环境，与儿童的原生语言和生活环境基本隔离。——作者注

③ 参见《中国教育部——联合国儿基会“移动教育资源项目”基线调研报告（2012）》（内部）。

国家的相关理论和解释。但是，这些理论并不能很好地解释和指导我国少数民族教育的质量问题。而且，我们在引进和介绍“他山之玉”的过程中，也更多地偏重少数民族教育的文化、身份和语言以及与此相关的权利研究成果。目前看来，诉诸权利、身份和文化价值的西方理论并不能有效地帮助我国少数民族儿童教育质量的提高。

以上这些都是我们理解少数民族儿童教育质量的重要脉络。学校是各国落实语言政策、传承民族文化的最佳场所。学校核心的功能是教育，即以儿童心智、社会情感以及身体的全面发展为本的活动。现代学校教育是以儿童个体适应未来社会为目的而架构和组织起来的。

二、儿童个体认知能力是现代教育质量的核心

教育质量，是衡量教育基本功能实现的表征，在不同的社会生产力和社会发展水平下有不同的涵意。众所周知，现代公共教育制度包含着如下的假设和理论前提：国家对其所确认的社会公共利益和儿童权益的维护高于家长和儿童自由选择，这包含着通过现代国家力量全社会对教育资源的总体配置和保障，对儿童个体身心成长和发展规律的科学运用，对人类有价值的知识的判断和合理精选，以及对教育工作者基本素质和能力的专业要求。

教育质量是依据教育目标而形成的。现代社会的教育目标是使每个人通过学校教育，获得在现代社会生活中理智地处理各种社会、生计、人生问题的知识、技能和态度。具体说来，在读写知识和数字（digit）表征的现代社会，教育的基本功能和价值就是发展儿童超越感性世界和感性经验，借助在儿童已知的经验世界里形成的认知结构以及表征系统（语言），发展超越儿童生活的感性世界、感性经验的更为广大深厚和普遍地适应现代社会和未来生活的核心认知能力。

现代教育是基于儿童个体以认知能力为核心的全面发展。现代社会，无论地域、民族、性别，每个儿童未来是要以个体的、独立的、具有现代人心智的、有竞争活力的社会成员的面貌进入更为广大的社会生活舞台。对于边远的少数民族学生而言，这些舞台或称“科技界”、“主流社会”，或称“内地”、“大城市”或“国际社会”。

认知结构，就是儿童适应现代社会生存的法则。它不但包括数理空间结构、时间概念结构、关于自然认识学科的知识结构，而且还包括社会认知结构，这些结构共同构成现代教育内容，以学科课程的形式进入课堂。所有的学科知识都是帮助儿童在不同的领域里不断由感性经验或具体思维转向在概念上更抽象复杂的思维方式，即帮助儿童形成理解世界的抽象符号系统。语言的重要性正是在这个意义上凸显：什么样的语言才能帮助儿童发展核心的认知能力。在我国，其反映核心认知能力的学科越来越以汉语文为主要载体，例如数学、科学、社会、物理、化学、地理、生物等。

少数民族儿童认知能力的发展的最大困难一方面是母语表征的感性经验和认知

结构难以被教师所知觉，特别是越来越多的非本民族教师主导的教学环境中；另一方面，现有的教师培养、招聘和管理制度①，使得普通教师（除非是本民族本社区的）很难把握少数民族生活、生产的世界，难以彻底了解其历史、文化和语言的特征。少数民族学生的元认知和经验与越来越规范、标准、严格以及汉语化的教育教学模式对接和相融的可能性越来越少。换句话来说，少数民族儿童经验系统提升和认知结构转化的教育没有足够地引起教育专业人员的关注。人们只看到了学校教育输入和产出的两端变化，一端是学校物质环境的改善，另一端是少数民族儿童学业成绩仍然不理想。这其中“教”与“学”是如何发生的？少数民族儿童元认知和母语与汉语言承载的学科知识发生了什么样的联系？教师的教育教学知识和技能起到了什么作用？不会少数民族语言的教师是否能有效地帮助少数民族儿童学习②？这都需要诉诸教育学的路径来解决少数民族儿童教育质量问题。

我们需要了解教学、语言与认知发展的内在关系。同时，还需要回溯我国双语教育模式的演变。

三、双语语言与模式

双语教育模式③在相当长的历史时期内是符合我国国情和政治制度的，并且有效地为各少数民族培养了各级各类人才。在社会主义计划经济时代，我国经典的两类教育模式是在一定条件下才能有效的，一旦这些条件变化，少数民族语言教育模式将越来越多样化，以致很难以“模式”归类命名。这些维持传统双语教育模式变化的条件主要有：在一类模式中少数民族各科教材的稳定开发和使用；有民族语言、民族文字教材的教育支撑的从幼儿园到博士生培养的学校体系；全社会流动性较小；少数民族可以凭借民族语言满足生存和发展，例如在本地找到工作，或通过掌握民族语言接受高等教育；非市场经济交往模式。改革开放以后，以上这些条件都不同程度发生了变化，其中最核心的因素是交往、交通的便利和活跃的市场经济。大众传媒、网络普及、市场经济、劳动力流动、就业压力，必然使得少数民族自愿或不自愿地放弃本民族的语言和文字，以寻找更为适宜的“教育——生计”路径。

近十几年来，少数民族地区超越原来的双语教育模式，各种各样的“双语教育”模式层出不穷，即使是新疆、西藏这样的少数民族集中的自治区，也出现了“一校多模式”、“不同学段不同模式”、“不同学科不同模式”、“同一年级不同班级不同模式”的新型双语模式。越来越多的教育模式说明，在信息化、全球化和市场经济条件下的少数民族教育不能简单的在“双语”的议题下来谈论少数民族

---

① 目前，师范教育系统缺乏文化和语言关照的教育教学知识；越来越重视资质的、以县为主的招聘管理以及这些年实施的教师招聘的特岗计划使得熟悉本乡本土的教师很难进入教师队伍；学校安全制度的严格，教师很难带着学生回到社区村落扩展与生活、生产、文化相关联的活动。——作者注

② 英语在全世界的推广并不是以英文母语教师学会说教国家和地区语言为前提的。——作者注

③ 一类模式是指少数民族语言授课，加授汉语；二类模式是指汉语授课，加授民族语文。——作者注

教育的公平和质量问题。

我国的“双语教育”概念是多样的和复杂的，是随着社会政策语境而变化的，也是符合中国少数民族学校教育发展变化实际的。在当今中国的政策语境中，它既可以指少数民族教师强化汉语学习，成为双语教师，以便帮助少数民族儿童更好地习得国家通用语言文字；也可以指更多的汉族教师教少数民族学生；还可以指微观教学环境中教师运用两种语言帮助学生理解教学内容。它并不一定追求双语双文相同程度地在学校和课堂上的使用和掌握，我国的双语教育基本特点是不求同，即不一定要求两种语言（文字）同时、相同程度的通过学校教育同等习得。在这个意义上，我认为是双语教育概念很多时候是“泛双语”含义的。

因此，重新认识我国少数民族语言的发展和分布以及与汉语相互影响的历史，特别是在与汉族交往密切的少数民族地区，从我国少数民族语言沿革和分布的真实生态中，探寻我国少数民族儿童的“母语”样态以及习得环境，把母语和民族文化作为教育资源来运用是具有现实意义的。例如在西南少数民族地区，我国语言学家发现，在当地汉语一直是诸多少数民族之间的“交际语言”，其实儿童及家庭的母语习得环境就包含作为交际语言的当地汉语的习得①，提出了交际中介语和教学中介语互动的新思路，发展合适的教育和语言学习策略。

在教育中，有价值的语言是能促进儿童认知发展的语言，这里所说的认知，不是简单地通过语言“对现实做出一个形象的摹本”，认知是一个工作过程“它在动作上和思想上转变现实，以便掌握这种转变的机制，并因此把事物与对象同化于运行系统中（或同化于转变的结构中）”②。如何认识儿童入学前的经验世界和认知结构，认真探究儿童母语或第二语言如何在外在活动和思维内在活动中有助于形成和转变认知结构。这里有一个普遍值得注意的现象，如何判断儿童嘴里说的普通话、背诵的课文，包含了多少进一步与原有经验和认知结构的联结，很多人看到儿童能够流利地用汉语进行日常交流，便以为汉语已经成为了“有活力”及促进思维运动的符号。

现代社会的传播技术、交通改进，极大地改变了少数民族儿童入学时的“语言文化的原始样态”，因此，教学不能简单地采用标准化“双语”模式进行教学，少数民族儿童都是带着不同程度的双语或多语言背景进入学校的。

在双语教育方面，我们不得不承认如下事实：我国很多少数民族地区，如果仍然沿用少数民族语言和文字支撑的教育是难以足够支撑现代社会所要求的儿童认知结构深度发展的。目前为传承民族文化和语言遗产而进行“提纯”式的语言和文化教育，可以帮助本民族儿童在当地的生活和生计，但是对于儿童个体走出村落谋求的更大的发展来说，仅仅依靠“提纯”的民族语言和文化是不够的。所谓“提

① 骆小所、王渝光：《西南少数民族地区汉语教学研究》，载《云南师范大学学报》，2007年第2期。

② 皮亚杰单中惠、朱镜人主编：《教育科学与儿童心理学》，见《外国教育经典解读》，上海：上海教育出版社，2007年。

纯”的民族语言和文化，是指为了本民族文化传承和商业等目的，把已经不普遍使用（活用的）的少数民族语言、文字和文化推广进入学校教育。

虽然有很多研究表明，双语双文人的认知能力的发展优于单语学习者，但是，双语教育的成本，特别是家庭和文化资本在其中的影响常常是忽略了的。其实，在现代公共教育之前的历史中，多语言带来的多方面的发展成就是不言而喻的，因为是与家庭、阶层、游历、见识、家庭教师等多因素相关的。我国现代公共教育系统中所面对的双语教育的需求者，一方面是全国统一要求的汉语和英语，更主要的则是边远地区的少数民族儿童，对他们来说，公共教育资源的有限性不可能追求把每一个学生培养成双语双文全面发展的精英人才，而更主要的目的是通过适宜的双语教育，完成基础教育的培养目标。

由此可见，教育可以传承文化，但是教育不止于文化传递，教育基于权利，但是不止于权利获得，教育离不开民族身份认同，但要超越身份认同，这是现代教育的公共性特征所决定的。因此，如何在公共教育系统中，在有限的公共教育资源中，通过整合各种教育因素，促进少数民族儿童最大限度的发展，这是提升少数民族教育质量必须面对和解决的问题。

基于教育的目的和培养目标，运用儿童的语言和文化资源是提高少数民族儿童教育质量的教育学路径。

四、探索“以儿童发展为体，以文化和语言为用”的教育学

这里借用“体用”来表述少数民族教育质量提升的教育学路径，目的是进一步明确基础教育的本质是发展儿童的认知和社会情感能力。其中认知能力为核心，适宜的语言（文字）和与儿童经验相关的文化关照都是促进儿童认知、社会和情感发展的必要条件。

适宜的语言，意味着能帮助儿童更好地发展认知能力的语言，而不是身份标定和权利视角的语言，把语言作为教育和发展认知的资源①，无论是母语、第二语言还是通用语言。

文化关照：一方面尊重儿童在家庭、民族、社区（村落）中所获得的原初文化，另一方面是了解儿童原初文化所包含的认知特点以及价值取向，并有针对性地进行教育教学。

语言适宜和文化关照的教育学（pedagogy）：发展普通教师都能够通过学习并掌握的教育理念、方法和策略，以帮助不同语言和文化背景儿童有效地获得适应现代社会的认知、情感结构，培养身心和谐全面发展社会成员。这种教育学包含如下信念、知识和技能：

1. 价值和信念

◇语言学习，与认知发展相关，语言学习不能代替认知的发展，语言为发展认

① 李宇明：《当今人类三大语言话题》，载《云南师范大学学报（哲学社会科学版）》，2008 年第 4 期。

知服务；

◇所有教师都应该具备语言适切和文化关照的意识，关注和尊重儿童的母语和经验；

◇中华民族多元一体的事实和价值追求，会不断地发展出适宜我国少数民族教育儿童教育的语言与文化学习模式；

◇教师需要拥有社会生活最基本的知识；

◇教师要深刻地理解人类的发展与进步，教育的技术和智慧可以教会不同背景的学习者；

◇教育与周边环境中的语言和文化因素协调统一；

◇教育教学要与儿童最佳的身心发展以及长远利益一致。

2. 基本知识（事实）

◇掌握读写能力（literacy）的基本含义和发展阐释，它既指学生运用学科知识与技巧的能力，又指不同情境下有效提出问题、分析问题和解决问题的认知、沟通和交往能力；

◇个体认知能力的发展是现代教育的基本任务；

◇双语和多语是全球的基本事实；

◇关于母语与儿童认知的知识，母语教学可以维持儿童认知能力的连贯性，母语文化环境中内化了一套认知世界的概念系统和价值系统。隔断母语，是人为地隔断儿童的认知途径。

◇传统和简单的“双语模式”不可能适应学生多样化的语言和认知需求；

◇每一个教师，无论是否熟悉儿童的母语，都可以通过友善和适宜的教学方法促进儿童的学业和发展；

◇儿童的认知图式是多维的，包含着亲属、村落、时空、季节循环等；

◇儿童语词与概念形成的关系知识。

3. 基本技能和能力

◇掌握了解学生母语和多语的测试工具；

◇通过简单有效的工具，快速了解儿童的语言状况和认知水平；

◇运用非语言的教学与学生进行沟通；

◇教师能在教育教学中，能够因时、因地地选择教学双语或多语教学模式和教学资源；

◇能够自主地发展帮助儿童认知发展的教学技能和技巧；

◇重视评价工具的文化意义以及语言文字的适宜性；

◇对不同民族学生的语言、文化差异具有敏感性和关照能力；

◇为不同语言和文化背景的学生提供可选择的、多样的、方便的语言文字适宜考试机会。

4. 教师的培养和保障制度

◇培养大批优质的民兼通的师资，他们必须尊重学生文化、语言及社会经济背景的多样性，接受过关于双语教学与教育的规范训练，在知识、理念、技能上具备双语教学的能力；

◇民族地区教师在养成和培训内容上应涵盖双语教育、文化、社会化、文化沟通、社会控制、差异、冲突、社会融合、多元文化等主要概念和知识；

◇在教师培训形式和机制上，针对性地选择语言和文字对基层教师进行培训；

◇建立国家、省、县三级民汉兼通培训教师网络，形成民族地区的教师支持服务体系，以保障民族地区教师培训的质量；

◇建立民族教育质量监测指标和体系；

◇将定期向社会报告各民族教育的投入、质量以及发展，切实有效地提高各民族基础教育的质量；

◇根据各民族教育现状，参照文化、语言、地理和生态多样特点，分别制定各个民族地区教育发展规划，并依据少数民族地区生产和生活方式进行学校布局、选址以及校历的编制。

论及至此，需明确强调的是：少数民族儿童的教育质量是民族教育的核心，提升质量本质上是以发展认知能力为核心，在信息、市场经济、语言环境、师资等因素不断变化的社会环境中，单纯的语言强化路径以及文化传承的路径都不能真实有效地提升教育质量。主张以认知为核心，以儿童个体发展为本（体），以适宜语言和文化为用，尊重教育教学规律，以切实提升我国少数民族教育质量。

参考文献：

[1] 单中惠、朱镜人主编：《外国教育经典解读》，上海：上海教育出版社，2007 年。

[2] 张公谨、丁石庆:《文化语言学教程》，北京：教育科学出版社，2004 年。

[3] 周玉忠、王辉主编：《语言规划与语言政策》，中国社会科学出版社，2004 年。

[4] [美] John Best 著，黄希庭主译：《认知心理学》，中国轻工出版社，2000 年。

[5]《教育部—联合国儿童基金会“促进少数民族教育质量”项目基线调研报告（2009)》（内部印刷）。

[6] 《教育部—联合国儿童基金会“移动教育资源项目”基线调研报告(2012)》(内部印刷)。

[7] 骆小所、王渝光:《西南少数民族地区汉语教学研究》，载《云南师范大学学报》，2007 年第 3 期。

[8] 李宇明:《当今人类三大语言话题》，载《云南师范大学学报（哲学社会科学版)》，2008 年第 4 期。

[9] 郑新蓉：《试论语言与文化适宜的基础教育》，载《民族教育研究》，2010 年第 3 期。

作者简介：郑新蓉，女，北京师范大学教育基本理论研究院院长、教授、博士生导师，研究方向为民族教育、性别教育等。

第三节　班克斯革新性多元文化教育研究的几个特征

一、班克斯及其革新性多元文化教育研究简介

詹姆斯·班克斯（James A. Banks）教授被美国教育界及社会学界视为“多元文化教育”的主要创始人之一。他于1992年在西雅图华盛顿大学创立多元文化教育中心并担任主任至今。他是美国国家教育研究院成员，美国教育研究会（AERA）和美国社会学研究会（NCSS）前任主席。

班克斯的研究几乎触及了多元文化教育领域的每一个主题。在美国教育资源的数据库ERIC（Educational Resources Information Center）中，班克斯的研究成果比其他同行的著名学者多两倍以上，如Geneva Gay，Carl Grant，Sonia Nieto，Christian Sleeter等学者。班克斯发表了100多篇学术论文并编写了20余本著作。他的著作包括：如《从全球视角看多样性与公民教育》、《民族研究的教学方法》、《文化多样性与教育：基础原理、课程与教学》、《多元文化教育简介》、《多元文化社会的公民教育》等。同时，班克斯教授还编辑了《多元文化教育研究手册》和《劳特利奇多元文化教育国际指南》等。他分别在1995年和2004年完成和修改了《多元文化教育研究全书》，并在2012年6月完成了4卷的《多元文化教育百科全书》编纂工作。这些重要的标志性研究不仅标志了多元文化教育成为一个独立的学科，而且展示了其在美国及世界各国的发展程度。

班克斯的研究在很大程度上定义并影响了多元文化教育的发展，为多元文化教育的体系化做出了很大贡献。他的教育理论被广泛引用，许多教师在遇到以下的议题都会使用班克斯的理论来设计教程，比如社会正义、族群认同的形成阶段；多元及同化的意识形态、有机及系统的多元文化教育课程改革、知识建构及知识类型、少数群体学生的学业成就差距、多元文化教育的维度、民族国家民主及多元社会公民教育及标准制定等问题。班克斯在推动美国多元文化教育的发展中起了巨大的作用，他仍然是影响美国多元文化教育发展方向的持续性的力量。

之所以称班克斯的多元文化教育理论体系为“革新性多元文化教育”（transformative multicultural education），是由于这个理论体系在近四十年的发展中挑战了以往在社会与学校等机构的传统性制度化的主流学术知识范式与概念，创造并发展了革新性知识。班克斯的多元文化教育理论体系是以革新性学术知识（transformative knowledge）为基础的。革新性学术知识包括挑战美国主流学术的知识，扩宽了历史和文学等文化标准的理念、范式和观点。革新性学术知识反映了后现代主义对知识本质和目标的观点，不赞同主流学术知识的宗旨，即知识能够保持中立和客观，不受人类利益和价值观的影响。革新性学术知识认为知识受到了人类利益的影

响，所有的知识都是社会中权利和社会关系的体现，并认为知识建构的一个重要目标就是帮助社会进步，使其更公平和人性化。此外，班克斯的多元文化教育理论体系所具有的实践性、革新课程文化的构建性、研究的规范性与经验性特征都进一步说明了他理论体系的革新性。

二、直指实践的革新性多元文化教育研究

实践研究以教育实践中的“问题解决”为目的，而不以客观地“描述”和“解释”教育现象为目的。如果说实证研究和思辨研究的主要目的都是解释教育世界，那么教育实践研究的主要目的就是改造教育世界。石中英教授在《论教育实践的逻辑》一文中引用了布迪厄的实践理论，并比较系统地阐释“教育实践的逻辑”的概念。他提出，把“各种教育实践共同分享和遵守的一般形式、结构或内在法则称为‘教育实践的逻辑’。它是教育实践工作者身处其中但又未必完全清晰和无法逃脱的文化系统，是各种具体教育实践样式得以存在、得以展开并在交流中走向未来的内在法则”。①

班克斯将多元文化教育定义为一种“理念”、一种“教育改革运动”，或一种“历程”，② 其基本诉求是要拓展所有学生的视野，消除不同的偏见与歧视，以接近真正的教育机会均等或公平。多元文化教育等同于“教育改革运动”，以及对“过程性”的强调都是以实践性为导向的。除了多元文化教育概念与目标的实践性特征外，班克斯的多元文化教育理论始终围绕着文化多样性在教育实践中的作用及应用，并以平等与社会正义等支持其主张的核心伦理价值，体现了多元文化教育的道德性及关怀性。他的教育理论在教育实践上重视课程与教材的设计与应用，与受教者的社会文化背景，强调“平等教学法”（equity pedagogy）的教学与学校环境设计，重视教育工作者的文化知识与对学生的族群敏感度，以及学校与社区的互动，以协助学生认识与理解自己与他人的文化，理解与包容来自不同群体之人的文化，通过多元文化教育提升自身的知识与技能，以能够在不同文化层次中发挥作用，并在生活实践中来改变环境中不公的社会问题。

班克斯的研究明确了多元文化教育的概念、历史发展过程、目标及不同的范式，这些内容清晰地界定了多元文化教育的学科属性及发展地位。此外更为重要的理论建构工作是他的多元文化教育的五个维度理论、课程改革理论及教学策略等领域。教育者们可以直接使用这些理论体系来设计和评价他们的教学实践。班克斯设计了一系列表格（checklist）来帮助教师设计多元文化教育的课程设计策略，并帮助教育管理者评价学校的多元文化教育的实施情况。比如他设计的衡量学校多元文化教育程度的表格，其中有一系列详细的标准，如政策申明、教职员工态度、学校

① 石中英：《论教育实践的逻辑》，载《教育研究》，2006年第1期，第3－9页。

② James A. Banks. *An Introduction to Multicultural Education*. Boston: Allyn and Bacon, Fourth Edition, 2008. p. 54.

人员组成、课程、家长参与、教学策略、教材等。在一项长达4年的跨学科研究中，班克斯和他的团队就学校教育与文化多样性的关系提出了12个基本原则，并依据这些原则设计了包含62个检验问题的表格来供教育实践者设计与检验他们学校的教师教育、学生学习状况、学校的人际关系以及学校的管理、组织和评估状况。①

一些学者和组织根据班克斯的理论进行多元文化教育课程设计与实验，其中班克斯比较认可Vavrus、Ozcan等人的研究。还有教育研究者使用了班克斯的多元文化教育课程理论进行了学校的多元文化教育课程设计与改革，比如宾夕法尼亚州立大学的Andrew Jackson在2001年夏季使用班克斯的多元文化教育课程理论设计了宾夕法尼亚州立大学的夏季教师教育研究课程《研究者话语中的种族、民族、宗教及性别等多样性问题》，其中对学校的150多位师生做了问卷调查，并撰写了博士论文来验证班克斯课程理论对大学多元文化教育课程的帮助。Immaculata大学的博士生Miles A. Edwards对美国宾州东南部的三位社会课教师使用班克斯的多元文化教育理论进行的课程设计进行了研究。此研究表明班克斯的课程设计理论具有很强的现实性，而且容易使用。② 使用班克斯的“课程检验清单”来验证六个学区的社会课课程与教材，发现了在这些教材中没有足够“文化涵化与语言和女性的作用”。而且有些学校的课程属于添加模式，有些已经进入了社会行动模式。③ 学者Christie A. Linskens使用班克斯的多元文化教育课程发展理论来设计Marquette大学1年级法学院的课程，并使用了班克斯归纳的四类知识，即在课程设计上通过发展事实、概念、概括性知识（generalization）和理论的方法来作为课程设计策略。此研究表明班克斯的多元文化教育理论可以被应用于不同的学科教学实践中。④

多元文化教育实践的主要目标是提升有色人种学生的教育水平，促进教育公平，改善学校及相关社会环境中的人际关系，最终使得社会更加人性化。要达到终极性的社会改良目标，不是一个教育家或者某种教育可以做到的。社会的政治与经济改革和学校范围内的教育改革应该同步进行，教育改革始终需要能够切实指导实践的理论。此外，教育家与教育研究者在学校环境外所发挥的作用是有限的，因此他们开展在教育领域的理论研究是必要的，也是可控的。教育理论家的理论也需要经过实践来验证，教育是一个长期的过程，因此这种实践验证是需要时间的，例如

---

① Banks, James A., Cookson, Peter., Gay, Geneva., Hawley, Willis. D., Irvine, Jacqueline. J., Nieto, Sonia., Schofield, Janet W. & Stephan, Walter. G. (2001). *Diversity within Unity: Essential Principles for Teaching and Learning in a Multicultural Society.* Seattle: Center for Multicultural Education, University of Washington.

② Miles A. Edwards. *The Social Studies Curriculum and the Incorporation of the Banks' Multicultural Integration Model*: . Pennsylvania: Immaculata University, 2004).

③ Eryca Neville. *A Case Study of Fifth Grade Social Studies Curriculum for Inclusion of Multicultural Education.* . Missouri: University of Missouri – Columbia, 2006)

④ Christie A. Linskens. . *Law School: A Multicultural Curriculum Design for Living in the 21st Century. Multicultural Education*; Fall, 2009, Vol. 17 Issue 1, 15 – 21.

赞可夫的发展性教学理论就经过20年的实践性验证。班克斯的多元文化教育理论也需要在实践中不断发展并受到验证。

三、革新课程文化的多元文化教育研究

教育是文化实践中的一环，各文化族群都有其教育活动。多元文化教育的重心不仅在教育，更要关注到文化。文化研究通常致力于关注社会中弱势群体的利益，解构支配性权势集团的文化概念，揭穿、批判这些概念与意识形态在不平等社会中的作用。因此文化研究具有重新发现与评价边缘群体文化的研究机制。

班克斯的多元文化教育研究从革新性学术知识（transformation academic knowledge）的角度来强调族群文化研究及使用。革新性学术知识包括挑战了美国主流学术知识，扩宽了历史和文学等文化标准的理念、范式和观点。① 主流学术知识的一个宗旨就是保持中立和客观，不受人类利益和价值观的影响。革新性学术知识反映了后现代主义对知识本质和目标的观点。革新性学术知识认为知识受到了人类利益的影响，所有的知识都是社会中权利和社会关系的体现，知识建构的一个重要目标就是帮助社会进步，变得更公平和更人性化。在学校教育中，知识经验作为被提炼的文化而成为教育的重要内容与载体。因此，文化的多样性在一定程度上表现为知识的多样性。学校教育选取什么教育内容，是在一定知识价值观指导下进行的。就此问题，班克斯的多元文化教育强调了不同族群所具有的文化价值及对他们社会生存所有的工具性意义。学校教育文化选择若不能充分反映文化的多样性，就缺乏考虑学习主体的多样化需求，这将使得学生在获得一种文化价值的同时又放弃了其原生的文化价值，有可能会成为其自身文化群体的“边缘人”，这将付出一定的心理代价。

班克斯的多元文化教育挖掘着少数族群的教育本质、意义与功能，并试图以此为基础来评价和改变学校教育的入学机会、课程、教学与评量或学校环境因素。学校教育的受众均来自不同的文化群体，班克斯的多元文化教育理论包含了主流及少数群体的文化。因此，多元文化教育即为一种基本教育，是提供给所有受教者的，而不是仅适用于少数或弱势者。将教育视为文化实践之一环时，多元文化教育即在唤起少数群体的文化主体意识，并增强对异文化间的权力结构关系的理解，从而进入自我转化的“增能”（empowering）过程。

四、注重规范性研究的革新性多元文化教育

班克斯倾向于研究的规范性（normative），在很多作品中多次提到“应该”（should）这个词。规范性研究探讨应该怎样做才能达到教育公平，涉及道德及价值判断的应然性问题。

---

① James A. Banks. *Race, Culture, and Education: The Selected Works of James A. Banks*. London and New York: Routledge, 2006. 74.

根据德国学者布列钦卡（Brezinka，W.）的见解，教育学对教育实践的规范与指导主要体现在理想规范与行为规范两个方面。① 班克斯对多元文化教育的各个因素都有所规范，具体涉及多元文化教育目的、教育者、教育活动、教育内容的规范等。班克斯在不同时期对多元文化教育以上不同因素有所偏重。他主要通过一些制度性、技术性的规则与建议对教育者和受教育者提出要求，进行指导，告诉人们“怎么办”。班克斯以非常容易理解的方式，为教育组织（学校等）、教育行为主体（学校中的教师、学生、领导者）提供合伦理的、有效的、可转为具体情景中的教育操作技能与方法，比如他所设计的有效多元文化学校的标准量表，非常详细地为教育工作者提供了多元文化学校的改革与评估标准。在《文化多样性与教育》一书的第十五章中，班克斯还详细列举了长达 23 条的多元文化教育的课程指导原则。②

在以上各领域中他最偏重的是多元文化教育的内容，即他所倡导的以革新性知识为基础的课程改革问题。对于不同时代的教育学来说，都需要对 19 世纪英国教育家斯宾塞（Spencer，H.）提出的“什么知识最有价值”（What knowledge is of most worth）以及现代教育学者阿普尔（Apple，M. W.）的“谁的知识最有价值”（Whose knowledge is of most worth）等价值性问题作出回答，对当下的教育知识选择作出规范性要求。班克斯的教育学理论发挥了规范和指导教育实践的功能，在他多年的教学过程中深入到充满矛盾与冲突、具有多样化与丰富性特点的具体的教育实践的基础中不断发展而为多元文化教育实践提供着理论支持。

班克斯的多元文化教育革新性课程理论包含了较强的道德观。学生在掌握跨学科知识的概念与问题时，应该同时进行价值观与道德的探寻，以产生清晰的价值观来引导具有反思性的个人及公民行动。这个过程需要在具有民主气息的课堂中展开，学生能够自由地表达他们的价值选择，了解不同价值观之间的冲突，思考不同价值选择可能带来的结果，并能够在保持人类尊严、平等和美国核心价值观的前提下做出具有道德性的选择。班克斯分析了一个九步价值探寻模式来帮助学生澄清价值并做出反思性的道德抉择。③

革新性多元文化教育的另一规范性层面是提出培养学习者的批判性思维技能，使他们成为能适应多元文化社会的人才，并具备获得参与民主行为的知识、态度、技能和决心，成为拉近社会理想与现实的动力。班克斯具体提出了十步发展批判性

---

① ［德］布列钦卡，胡劲松译：《教育科学的基本概念：分析、批判和建议》，上海：华东师范大学出版社，2001，第 45 页。

② ［美］詹姆斯·班克斯，荀渊，等译：《文化多样性与教育：基本原理、课程与教学》，上海：华东师范大学出版社，2010，第 300—319 页。

③ ［美］詹姆斯·班克斯，荀渊，等译：《文化多样性与教育：基本原理、课程与教学》，上海：华东师范大学出版社 . 2010：p300—319。James A. Banks. *Cultural Diversity and Education*：*Foundations*，*Curriculum and Teaching*. Boston：Allyn and Bacon，2001. 207.

思维技能的方法。[①]

五、强调经验性的革新性多元文化教育

班克斯的多元文化教育理论是一种经验性理论（empirical theory），强调理论的建构须有经验事实的根据，运用科学的方法，客观地验证，以求得精确的理论基础。班克斯从规范性的角度建构其理论，亦有从经验性角度建构其理论，例如公民教育问题。这两种理论基础相辅相成，共同在他的理论建构中发挥作用。

班克斯在《种族、文化与教育》一书中讲述了自己的教育经历，这种教育经历及其体验就使我们理解了教师及教育研究者（尤其是他所提到的革新性学者）的个人化实践知识。这使得阅读他著作的人能够理解他的多元文化教育的独特之处，甚至在教育实践及研究之中能够进行自我反思与自我唤醒。

西方经验主义范式的假设是：经验产生的知识是中立并且客观的，其原理有广泛适用性。这种的经验范式较少探讨研究者与学者的价值、参照系及规范性的立场。[②] 班克斯的经验研究认为经验是受到研究者的文化、利益、价值观的影响的。

班克斯教育理论的转变过程也一直没有经验研究。在20世纪60年代末他由经验主义和理性主义出发来研究黑人教育学及多民族教育学，90年代初转变到具有后现代特征的批判理论导向的多元文化教育学。他的知识建构理论具有明显的后现代主义特征，挑战了实证主义关于人类价值、知识及行为的设想。然而他的这种倾向到20世纪90年代末有所减退，他又转回了他的经验主义。比如他在研究知识的社会学中，对Karl Mannheim之理论的引用。他使用了标准的现代社会研究经验主义的框架来表述他的多元文化教育的核心概念和目标。实际上，他的理论发展一直围绕着一种经验的政治和道德的角度而发展的。这也是他离开后现代主义的一个原因。

费孝通先生提出“文化自觉”，意思是要学者研究自己，研究别人，研究自己和别人在世界当中的角色和贡献，从而清楚地认识自己的群体文化在其他文化层级中的地位。班克斯对自己及一些革新性知识分子的经验性研究就是要看透对自己的局限，看到权力阶层对边缘群体的约束，从而创建革新性知识的理论，以及以此为基础的多元文化教育理论体系，以帮助受压制及处境不利群体通过教育来改变自身状况，并使得自身生存的社会更为人性化。

参考文献：

［1］石中英：《论教育实践的逻辑》，载《教育研究》，2006年第1期，第3—

① James A. Banks. *Teaching Strategies for the Social Studies: Decision – Making and Citizen Action.* New York: Longman, 1999. 128.

② James A. Banks. *The canon Debate, Knowledge Construction, and Multicultural Education*, Educational Researcher 22, No. 5, (1993): 8 – 9.

9 页。

[2] James A. Banks. *An Introduction to Multicultural Education.* Boston: Allyn and Bacon, Fourth Edition, 2008. p. 54

[3] Banks, James A., Cookson, Peter., Gay, Geneva., Hawley, Willis. D., Irvine, Jacqueline. J., Nieto, Sonia., Schofield, Janet W. & Stephan, Walter. G. (2001). *Diversity within Unity: Essential Principles for Teaching and Learning in a Multicultural Society.* Seattle: Center for Multicultural Education, University of Washington.

[4] Miles A. Edwards. *The Social Studies Curriculum and the Incorporation of the Banks' Multicultural Integration Model*: . Pennsylvania: Immaculata University, 2004.

[5] Eryca Neville. *A Case Study of Fifth Grade Social Studies Curriculum for Inclusion of Multicultural Education.* . Missouri: University of Missouri – Columbia, 2006.

[6] Christie A. Linskens. *Law School: A Multicultural Curriculum Design for Living in the 21st Century. Multicultural Education*; Fall, 2009, Vol. 17 Issue 1, 15 – 21.

[7] James A. Banks. Race, Culture, and Education: The Selected Works of James A. Banks. London and New York: Routledge, 2006. 74.

[8] [德] 布列钦卡，胡劲松译：《教育科学的基本概念：分析、批判和建议》，上海：华东师范大学出版社，2001：p45.

[9] James A. Banks. *Cultural Diversity and Education: Foundations, Curriculum and Teaching.* Boston: Allyn and Bacon, 2001. 207.

[10] James A. Banks. *Teaching Strategies for the Social Studies: Decision – Making and Citizen Action.* New York: Longman, 1999. 128.

作者简介：朱姝（1978—），女，北京语言大学讲师，中央民族大学教育学院在读博士。研究方向：英语语言教学，多元文化教育。

第四节　中西多元文化教育比较研究

一、引言：西方不亮东方亮?

多样性始终是人类社会的显著特征。文化是人类群体共享的思想、行动和感觉的方式及其产品，且是人生意义源泉和行动的规范和导向体系，因此人类靠文化安身立命，靠社区体现价值，靠文化机制与自然、祖先、邻人和后代达成互惠合作关系。生态环境和社区经历使人类群体拥有多元多样的文化传统。文化多样性能使人类开发多种环境资源，缓解生存和生态压力，且能促进物质交换和情感交流，保障个体与自然及社会和谐。文化多样性是人类应对社会危机和自然灾害的资源宝库。

任何民族的文化流失或中断，都是整个人类前景的损伤或断送①。

不过，文化多样性这一议题从来没有像在全球化的今天这样显得迫切。2005年11月突尼斯召开信息社会世界峰会（WSIS）期间，UNESCO举行的高级别辩论与会者认为，构建知识社会的四大支柱之一就是尊重文化和语言多样性②。Uneso将2010年定为“国际文化和谐年”，并发布了其成立65年来第一份关于文化的世界报告，即《着力文化多样性与文化间对话》。该报告指出，这种全球化背景下有一种普遍趋势，那就是具有不断变化和多重的身份，各种界限的日益模糊促成了某种游牧精神的出现。这种精神被人们视为当代文化实验的新疆界③。

在西方，现代民族国家社会和政治生活中早已被广为接受的一个要素就是多元化的理念，即公共事务领域中的文化、语言和宗教的多样性是能够积极有效调适的，以致有学者说“我们都是多元文化主义者”。④在当代西方教育界主流话语体系中，从教育政策视角来看，较直接关注文化多样性且较有影响的模式是多元文化教育思潮（multicultural education）⑤。在中国教育学界，有关该模式的研究也算可观，但至今多是评述国外，或过分局限于少数民族教育领域中的机械性套用，而弱于从性别、代际、地域、阶层等角度去充分考察教育中的多样性问题。有不少关注多元文化教育的中国学者甚至没有深入体会文化这一基本概念，并将“文化多样性”似是而非地等同于“多元文化主义”⑥。值得注意的是，在中国，西方多元文化教育简单地被视为先进的模式，其具体得失和理论基础几乎尚未得到深入的考量。那么，其得失何在？

特别要指出的是，中国教育学界还有意或无意忽略了这样一个现实，即该模式的局限在欧美早就遭到质疑，近年尤其日益遭到责难而被削弱甚至放弃⑦。在作为多元文化主义政策主战场的美国，新近有一种思潮认为，多元文化主义政策是美国自己引入的“特洛伊木马”，将使美国毁于这一自己制定的政策⑧。在欧洲落实多

---

① 张海洋：《文化多样性公平传承论纲——寄语人类学民族学第16届世界大会》，2008年2月28日，中央民族大学。http：//blog. sina. com. cn.

② 其余三者是“全民优质教育机会、人人获得信息以及以尊重人权特别是言论自由为基础的开放因特网”。——笔者注。

③ UNESCO：《不同文明联盟论坛：博科娃强调着力文化多样性的建设》。

④ Stephen May, *Critical multiculturalism and education See James A. Banks*. The Routledge international companion to multicultural education. New York, USA: Routledge, 2009, pp. 33 – 48.

⑤ 常永才：《当今国际化态势下我国开展跨文化互动教育的根本：文化自觉》，载《世界教育信息》（教育国际化论坛专刊），2011年第3期。

⑥ 常永才：《当代族群内部文化多样性与族群认同》，北京大学第二届教育社会学国际研讨会，2012年7月。

⑦ 常永才、哈经雄：《试论少数民族高等教育发展中的国际借鉴》，载《贵州民族学院学报（哲社版）》，2008年第6期。

⑧ Schmidt, Alvin J. *The Menace of Multiculturalism: TrojanHorse in America*. Westport, Conn.: Praeger, 1997, p15. Tariq Modood & Stephen May (2001), *Multiculturalism and education in Britain: an internally contested debate. International Journal of Educational Research, Volume* 35, *Issue* 3,, *Pages* 305 – 317.

元文化主义政策最有力的荷兰，目前不少人却主张一种单一文化的国家，政府新近也表示，拟放弃多元文化社会政策①。尤其是欧洲新近极右翼思潮加剧反对多元文化，甚至发展成暴力极端主义。挪威奥斯陆爆炸和枪击案的制造者声称，“我们主要的敌人不是伊斯兰激进分子，而是这些激进分子的帮手——多元文化主义者”。因此，欧陆主要国家领导人，如法国总统萨科齐、英国首相卡梅伦、德国总理默克尔等，近年先后公开承认国家层面多元文化主义的失败②。应该说，除了实际中的利益之争等环境原因外，欧美多元文化主义自身也难免会有一定局限。那么，其局限是什么？

既然多样性应是人类社会常态，有关这方面的智慧，就应天无绝人之路。中国有一句俗话，“西方不亮东方亮”。古老东方文明这方面肯定有其智慧。其实，自古西方也有“光明来自东方”之类的说法。那么，对于文化多样性的养育，东方有何特别的智慧？能否与西洋沟通并进而开发出普世性意义？

本文试图回答上述问题，并在此基础上初步探讨东西方养育文化多样性方面智慧之汇通。下面是笔者学习中外圣贤教诲与学者论述的粗略心得，冒昧草成只为抛砖引玉。

还应说明，鉴于作者见识与素养的局限，下面谈到东方时，权且以中国传统为例。其实，正如张海洋先生所说，中国多元一体的传统可以视为一种有全球意义的发展模式③。

二、当代西洋成就：北美经典多元文化教育理论的历史贡献

尽管多元文化教育的根基——多元文化主义（multiculturalism），在西方早在18世纪前半期就由意大利哲学家维科（G. B. Vico，1668 1744）在《新科学》（Principi di scienza nuova）中论述过④，但作为教育思潮与政策的多元文化主义产生的直接历史背景，却是二十世纪五六十年代的民权运动。该运动关注的是那些在历史上长期受到歧视和压迫的亚文化群体，诸如原住民、少数民族、女性、残障者、同性恋者等，在教育方面所遭遇的机会不平等，以及白人男性文化中心主义等问题。因此，具体流派多样。下面侧重分析20世纪90年代以前较为经典的多元文化主义理论之基本精神。虽然有关学术探讨对其不断反思和发展，出现了“批判性多元文化主义”（critical multiculturalism）之类的发展，但是，对实践较为有影响的还是其经典的基本主张。因此，下面所说的“多元文化教育”是从经典意义上说的。因为，我国多数学者关注的正是这种理论。多元文化主义政策进行得最深

---

① 新华网．荷兰政府称将放弃多元文化社会政策：http：//news. xinhuanet. com/world。

② 定州村：《欧洲：溅血的 多元文化主义》，载北京青年报，2011年7月27日。

③ 张海洋：《文化多样性公平传承论纲——寄语人类学民族学第16届世界大会》，2008年2月28日，中央民族大学，http：//blog. sina. com. cn/s/blog_ 48c6994f 01008rm5. html。

④ A. Portera，2008. *Intercultural education in Europe*：*epistemological and semantic aspects*. *Intercultural Education*，19（6）：481—91.

入、影响最大的领域是在美国的教育和知识界①。据统计，美国主要报刊是在1980年代末才开始使用“多元文化主义”（multiculturalism）一词的，该词在1989年仅出现过33次，两年后增加至600次，到1994年，达到了1500次②。在教育领域，多元文化运动已经走过半个世纪的历程。其成就如何？下面分析的场景主要是北美，尤其是美国。

多元文化教育运动最明显的贡献是促进了少数民族受教育的机会和权益。这里以实现教育公平较为艰难的大学为例加以说明。多元文化教育运动促使大学采取了系列有关措施，例如在招生上实行特别招生计划，增加少数民族学生的入学机会；加大对少数民族学生的财政资助，提高其完成学业的经济能力；加强补习教育，提高少数民族学生的学习能力，降低其辍学率。值得注意的是，该运动重视对文化多样性的运用，例如聘用少数民族教师，开设少数民族研究课程，创办少数民族研究中心，设立少数民族俱乐部，举办少数民族文化活动，营造多元化的校园文化氛围，增加大学对少数民族学生的吸引力③。因此，自1970年代以后，美国大学的学生和教师队伍的组成有了很大的改变。根据美国教育部的统计，1960年美国大学毕业生中的少数民族成员仅占总数的6%，到1988年，少数民族的比例上升至20%；同期的女性大学毕业生在总人数中的比例由35%上升到54%；同期女性博士学位获得者的人数由1112（10%）上升至14538（37%）④。尤其是历史上最受歧视的非洲裔学生接受高等教育，尤其是热门专业教育的机会明显提高。1960至1995年间，25—29岁的黑人的大学毕业率从5.4%上升到15.4%，到法律院校就读的黑人比例从不到1%上升到7.5%，医学院校的黑人比例从2.2%上升到8.1%⑤。

多元文化教育运动促进了对少数民族文化的发掘。多元文化主义直接针对的是白人文化中心性质的文化一元主义，因而大力倡导对美国社会不同种族和族裔的文化和传统的尊重。自20世纪60年代末期起，一些以强调少数民族和妇女研究的学科开始兴起，并随着少数民族研究人员的增加而渐成声势。非裔美国人研究（过去被称为“黑人研究”）、土著美国人研究、拉丁语裔美国人研究、社会性别研究以及亚裔美国人研究（Asian American Studies）等。例如，多元文化教育促使黑人研究正式进入黑人学院以外的主流大学，先后曾有近500所大学建立了黑人学研究中心。这促进了该领域研究的发展，以致到目前为止，加州伯克利大学、耶鲁、哈

---

① 王希：《多元文化主义的起源、实践与局限性》，载《美国研究》，2000年第2期。

② Nathan Galzer, *We Are All Multiculturalists Now*. Cambridge, Mass.: Harvard University Press, 1997), p. 7.

③ 谭志松、常永才：《新时期民族院校人才培养问题研究》，北京：民族出版社，2009，第40—53页.

④ U. S. Department of Education, NationalCenter for Education Statistics, *Earned Degrees Conferred*: *Projections of Education Statistics to* 2008, Table 244. 引自：王希，《多元文化主义的起源、实践与局限性》，载《美国研究》，2000年第2期。

⑤ 巴兰坦：《美国教育社会学》，北京：春秋出版社，1989，第122、124页。

佛等名校都设立了黑人研究的博士学位计划[①]。可见，正如哈佛大学非裔美国人研究系主任亨利·路易斯·盖茨（Henry Louis Gates Jr.）所说，多元文化主义理论的核心是承认文化的多元性，承认文化之间的平等和相互影响，打破西方文明在思维方式和话语方面的垄断地位[②]。

在发掘少数民族文化的基础上，多元文化主义带来了美国大中小学课程教学内容的改革。有关少数民族文化（包括历史、文学、哲学、宗教等）的课程被列为大学课程，这种规定已经成为美国各高校的普遍实践。例如，大学的历史教育中，当代大学美国通史课本中，有关少数民族和妇女的篇幅大为增加，平均占到通史教材总页数的近 1/5。加州大学伯克利分校要求学生必须选修本身文化以外的两个其他文化知识的课程方能毕业[③]。

可见，多元文化教育运动在一定程度上改变了西方各级教育中种族方面的不公平问题，切实地弘扬弱势群体文化的尊严和价值，开始改变西方学校教育中的文化中心主义。还应指出的是，该运动有力表明，族群集体权利的强调必须以族裔文化为基础，文化多样性对教育具有重大意义。的确，正如威尔·金里卡（Will Kymlicka）所说，文化是人的内在规定性，一个人虽然可以自由地做出自我选择，但这种选择从来离不开文化对他的限制，文化为个人进行选择提供了先决条件[④]。在充满文化多样性的现代社会，教育政策若仅仅基于西方自由主义以个人权利为本的“平等的关怀”理论，原住民和其他外来族群的文化传统会遭遇歧视甚至消失。因此，在现实的政治建构中，应重视族群文化差异与集体权利，在国家宪政框架内增加对少数族群权利保护的特别措施。[⑤]进一步看，多元文化主义还切实有助于克服强调西方现代性的局限，例如标准化、划一化、欧洲文明中心主义等，肯定了现代人类发展模式的多样性和文化关联性。

三、北美经典多元文化主义的危机：理论局限视角的分析

如前所述，尽管多元文化教育政策取得了上述成就，该政策的理论基础——多元文化主义在欧美早就遭到质疑[⑥]；到 1990 年代，多元文化教育政策开始萎缩，尤其是在“9·11”事件后，欧美许多国家日益质疑甚至迅速放弃了该政策。多元文化教育政策为何遭遇如此的挑战和危机呢？原因复杂多样。一方面，从社会背景

---

① 王希：《多元文化主义的起源、实践与局限性》，载《美国研究》，2000 年第 2 期。

② Henry Louis Gates Jr.，“*Goodbye，Columbus? Notes on the Culture of Criticism*，” American Literary History No. 3 1991，pp. 711—27.

③ 王希：《多元文化主义的起源、实践与局限性》，载《美国研究》，2000 年第 2 期。

④［加］威尔·金里卡著、应奇等译：《自由主义、社群与文化》，上海：上海世纪出版集团，2005，第 133、146 页。

⑤ Stephen May，*Critical multiculturalism and education*，See James A. Banks. *The Routledge international companion to multicultural education.* New York，USA：Routledge，2009，pp. 33—48.

⑥ 常永才、哈经雄：《试论少数民族高等教育发展中的国际借鉴》，载《贵州民族学院学报（哲社版）》，2008 年第 6 期。

看，由于当代西方社会陷入种种困境，反对多元文化主义的新保守主义、新自由主义等意识形态，在政治主流话语中日益强势①。但另一方面，从多元文化教育运动自身来看，由于其政策的主要目标是克服白人文化中心主义对少数民族文化的歧视、扭曲和压迫，解决弱势族群教育机会不平等和学业成就低下等问题，因此长时期里的政策措施偏重在课程中增添有关这些弱势族群文化和语言要素。这客观上就容易存在对少数民族学生主流文化的认同、不同文化之间的交流和整合等方面重视不够的局限②。

下面基于国外新近成果，运用人类学、政治学和心理学等学科的知识，结合笔者最近对最有影响的多元文化教育学者班克斯（J. Banks）的面谈，下面侧重从理论上进一步分析这些局限。

（一）基本策略方面的局限：片面基于族群文化的群体认同

强调族群认同和群体权利的主张，成为多元文化教育政策的核心思想和基本策略。一方面，著名的多元文化主义思想家认为，现代西方政治的基石——近代自由主义在形式上承认人的平等，但这种平等是一种忽视文化差异的平等，作为多元文化主义的平等应该走出这一局限，应采取一种“差异平等”的立场，承认不同民族或族群的文化都具有同等的价值③。另一方面，多元文化教育政策强调，族群认同不仅有利于保障少数民族受教育权益，而且给人骄傲与欢愉，而且也是力量与信心的源泉，因而有利于弱势族群儿童克服因受歧视而产生的不良自我概念，并提升学业成就。

但是，多元文化教育运动坚持的族群认同策略自身有其局限，甚至客观上可能会挑战社会团结。这种族群认同观假设，可根据某种“单一而又涵括一切的标准”，主要是族群文化，来将世界上所有的人加以分类。这忽视了这样的事实，即现实生活中，个体还会依据居住地、籍贯、性别、职业、政治立场甚至饮食习惯等方面，将自己看做是许多不同群体的成员，同时归属于它们，而其中任何一种归属都赋予个体一种具体的身份。因此，一旦人类复杂多样的种种差异被简化成某一单维度的、具有支配性的分类体系，并在应对战争等问题时这一维度看做是唯一起作用的，那么人类所共享的人性便受到了粗暴的挑战。

实际上，多元文化主义者在强调“多元”的同时，往往忽视或无法兼顾“一元”；而且由于需要强调“多元”，多元文化主义者往往要求摆脱“一元”的影响。尤其是当把多元文化上升到“主义”的层次时，也就把“多元”置于核心地位上。

---

① Stephen May, *Critical multiculturalism and education*, See James A. Banks. *The Routledge international companion to multicultural education*. New York, USA: Routledge, 2009, pp. 33—48.

② James A. Banks 著，荀渊 等译：《文化多样性与教育：基本原理、课程与教学（第五版）》，上海：华东师范大学出版社，2010，第 104—119 页。

③ 常士闫：《超越多元文化主义》，载《世界民族》，2008 年第 4 期。

这可以说是一种“扎好篱笆再做朋友”的策略[①]。加之，对“差异”的过分强调，本身容易形成一种自我封闭或对外排斥。很多情况下，一种强烈的排他性群体归属感往往可造就对其他群体的疏远与背离[②]。因此，多元文化主义甚至被右翼势力指责为一种“新部落主义”（New Tribalism）[③]。

还应说明，西方多元文化教育政策起初针对是一元主义性质的“熔炉”政策、种族歧视和白人文化霸权，故强调少数民族文化及其群体认同，而在长时期里对将群体整合进一个大的整体中却没有计划或机制。加之其相对主义打破白人文化的话语垄断，触动了西方传统文化结构，更为激进的多元文化人士还提出，必须建立新的以非西方文化为背景的新话语。所以，西方多元文化教育政策遭遇前述责难[④]。

（二）基础概念方面的局限：本质主义化的文化观

文化无疑多元文化教育思潮的基础概念。进一步反思该思潮，我们会发现其文化概念存在的局限。

多元文化教育思潮是基于“文化本质主义”（cultural essentialism）这样一种信念体系，在该体系中人类是文化的从属者（在某些条件下，也是领土和民族国家的从属者），即一种文化的承载者，他们生活在有明显界限的区域中，该区域确定他们的身份并把他们同其他群体相区别。该模式强调（的）是，人们认为我属于的或者我自己宣称属于的那种文化确定了我的本质。这就是说，种种文化是静态的、确定的、疆界分明的，并体现为标签化的少数民族语言群体，诸如“法兰西人”“努尔人”。这些文化决定着个体和集体的身份认同，以及从属者在社会和政治框架中的位置。因此文化身份（Cultural membership）事实上与民族性是同义的。定义人们及其种种身份之基本的种种共同体依属关系，都是“民族性的”；种种民族共同体是由其文化定义的；而这样的依属关系、身份和文化是“具有历史意义的”、“根深蒂固的”、“真实可信的”，且“有其传统”[⑤]。

具体说，上述经典人类学文化概念存在若干局限。其一，将文化视为是疆界分明 、内部连贯匀质、稳定不变的静态实体（static entity），因此又被称为是“铁板式文化概念”[⑥]。这严重忽视了文化间的互动。而今天的一体化浪潮正使得世界各地文化经历着流动，日益充满着变换和借鉴，人们的文化认同上也是流变和开放的。其二，过分强调文化的共享性与社会强制性，严重忽视了个体在日常实践中选

① 常士闫：《超越多元文化主义》，载《世界民族》，2008 年第 4 期。

② 阿马蒂亚·森：《身份与暴力》，北京：中国人民大学出版社，2006 年。

③ Michael W. Hughey（ed.），*New Tribalisms*：*The Resurgence of Race and Ethnicity*. MaCmiillan Press LTD.，1998：P7.

④ 王希：《多元文化主义的起源、实践与局限性》，载《美国研究》，2000 年第 2 期。

⑤ R. D. Grillo.（2003）. *Cultural essentialism and cultural anxiety*. *Anthropological Theory*. 2003，Vol 3（2）：157—173.

⑥ 常永才：《何以促进教育人类学发展：美国学者学习领域研究浅析》，载《比较教育研究》，2007 年第 12 期。

择、建构文化的主体性和能动作用，也难以解释文化中显然可见的个体差异。笔者最近当面访谈最有影响的多元文化教育学者班克斯（J. Banks）时，他也反对这种本质主义化的文化概念。

（三）对待多样性态度的局限：有失偏颇的文化相对主义

制定应对文化多样性的教育政策时，必然会面对这个问题，即应该如何看待文化的多样性与人性异同？对此问题，西方多元文化教育政策显然体现出的更多是相对主义。一方面，它较好地克服了过去对少数民族文化的严重歪曲，有助于反对种族歧视，尤其是超越民族中心主义的限制，尊重和保护文化多样性，对异文化的宽容和欣赏。因此，有其特别的历史进步意义。但其相对主义也有其局限，尤其是表现在极端的相对主义里，即肤浅地强调不同文化的差异性，甚至是不可通约性，这就否定人类文化的共通性和人性的普世性方面。

进一步看，上述局限实际上反映了西方文明的基本局限，诸如主客分疏、原子主义、过分崇尚物质利益等。这些局限的弊端在当今时代日益凸现。因此，就是西方多元文化教育研究圈内，针对这些局限，也提出了“批判性多元文化教育”等理念①。

三、文化多样性之保育：东方中国的传统

中国正处于前所未有的社会变迁之际，下面侧重其传统智慧。一方面，今日中国社会虽然面临转型，但其历史积淀的传统，必然如地下暗河，继续流淌，且已经日益见天日，终会伟大复兴而更充分汇入人类文明大海；另一方面，中国目前进步，也多是从传统吸取了智慧。故在此多说中国的传统智慧。其实，中外人士日益认识到中国传统智慧的价值，却尚需进一步发掘和阐释。“人的文化生活是一种世代相承、愈积愈厚的历史联系，谁要想参加到这个历史联系中去通力合作，就必须对它有所了解。”②

（一）基本精神：和而不同，多元共生

中国文明植根于欧亚大陆东端。东亚的复杂生态环境和多元民族孕育的农耕和畜牧两类主要生计构成中国文明的基质。中国多样的生态环境孕育了丰富多彩的文化多样性。采集渔猎经济文化类型中有山林狩猎型和河谷渔捞型。畜牧经济文化类型中，有苔原畜牧型、戈壁草原游牧型、盆地草原游牧型和高山草场畜牧型。就是农耕经济文化类型方面，也极为复杂，包括山林刀耕火种型、山地耕牧型、山地耕

① Stephen May，*Critical multiculturalism and education* See James A. Banks. *The Routledge international companion to multicultural education.* New York，USA：Routledge，2009，pp. 33—48.

② 刘昶：《人心中的历史》，成都：四川人民出版社，1987，第127页。

猎型、丘陵稻作型、绿洲耕牧型和平原集约农耕型。至今各具文化传统的少数民族人口超过一亿，80多种语言方言大多分属汉藏和阿尔泰两大语系，边陲四角也有不少小民族语言还属于南岛、南亚和印欧语系语言。其中20个民族使用30多种文字，并信仰各种宗教。显然，保育文化多样性是古今中国社会治理的基本课题。

可以说，和合精神是中华文明的精髓。注重多样性的和谐共生是中国文化智慧的鲜明传统。根据张诗亚先生研究，“和”的甲骨文象形本意是“很多嘴一起吹竽”。竽是古代的一种乐器，我吹“哆”，你吹“咪”，其他人吹“唆”，同时吹出来便是“和”。虽然每个人都不同，但协调到一起就是“和”，就有了丰富与多彩。所谓的“和”强调的不是“同”，故有“君子和而不同”之说。“和”意味着保持自己的特色并参与到更为宏观的组合中，而“同”是丧失自己的特色[①]。中国的五经之一《礼记·王制》在2000年前就指出，“凡居民材，必因天地寒暖燥湿广谷大川异制，民生其间者异俗，刚柔、轻重、迟速异齐，五味异和，器械异制。修其教，不异其俗；齐其政，不异其宜。中国戎夷，五方之民，皆有性也，不可推移”。（《礼记·王制》）这可以说是中华大地上社会制度设计的理想[②]。

（二）基本框架：儒道释回，有容乃大

稍微具体地说，中华文明的基本元素与框架也呈现出和而不同、共处共荣的基本趋势。一方面，基本根植于本土的儒与道，从外传入、后良性生根繁茂的释与回诸教，都得以在中国各具特色，共存共生，相互交流与借取，美美与共，共同发展，从而有力彰显中华文化有容乃大、生生不息的大家气象。另一方面，这些诸教各自都不同方式地兼容文化多样性。

中华传统文化的主体——儒家特别倡导和合共生的理念。两千多年前，孔子就提出了“君子和而不同”的思想。《易经》上讲：“乾道变化，各正性命，保合太和，乃利贞。”《左传·襄》写道“八年之中，九合诸侯，如乐之和，无所不谐。”其实，“和”是中国传统文化的内在精神和显著特征，强调“以和为贵”，“天时不如地利，地利不如人和”[③]。其仁爱广众、以德治国、“兴灭国、继绝世、举逸民”从而为天地立心、为生民立命、为往圣继绝学、为万世开太平的伟大情怀[④]，则是为举世佩服。

另一中国土生土长的大教——道教。它不同于亚伯拉罕系统一神教的绝对唯一神，也不同于柏拉图的绝对理念，它生养万物（“道生一，一生二，二生三，三生

① 张诗亚：《位育之道——全球化中的华人教育路向》，载《西南大学学报（人文社会科学版）》，2006年第6期，第49—52页。

② 张海洋：《文化多样性公平传承论纲——寄语》，人类学民族学第16届世界大会，2008年2月28日，中央民族大学．http：//blog. sina. com. cn/s/blog_ 48c6994f01008rm5. html.

③ 转引自郭建宁：《中国“和”文化与构建和谐社会》，载《前线》，2005年第2期。

④ 张海洋：《文化多样性公平传承论纲——寄语》，人类学民族学第16届世界大会，2008年2月28日，中央民族大学．http：//blog. sina. com. cn/s/blog_ 48c6994f01008rm5. html。

万物”）又不主宰万物（“生而不有，为而不恃，长而不宰”）；它超越万物（“无状之状，无物之象”）又内在于万物（“道之在天下，犹川谷之于江海”）；它既是价值的源泉、信仰的对象（“渊兮似万物之宗”，“万物莫不尊道而贵德”），又是现象的本体、认知的对象（“无，名天地之始；有，名万物之母。故常无欲，以观其妙；常有欲，以观其徼”）。可见，道教也倡导提倡少私寡欲、道法自然、借鉴柔弱、万物生长、多元通和等高明智慧。值得注意的是，道教在发展中汇合儒佛道三教，兼综诸子百家，集各教修功、各家美德于一身，以体现大公之道①。

就是原本是中土之外而来的佛教、回教，不仅受到中土文化的接纳，而且此两教也因地制宜地吸取中土文化智慧，特别是也体现出兼容并包的品质。例如，佛教扎根中国，后经久发展而成的繁荣与硕果，反而超过其发源地印度。其力去执著小我和诸相、对万物慈悲为本、人文与科学并重、万法归一的伟大情怀，简直是难以被超越。正如爱因斯坦所说，“未来的宗教是一种宇宙宗教。它将是一种超越人格化的神，远离一切教条和神学的宗教。这种宗教，包容自然和精神两个方面，它的根基应建立在某种宗教意义上，这种宗教教义的来源是宇宙万物合一的体验。佛教符合这种特征”。“如果说有哪个宗教可以应对于现代科学需求的话，那一定是佛教”。②就是习俗与中土差异较大的回教，也源于善于学习各种先进文明、提出“学问即是远在中国，也要追求”的伊斯兰教，因此到中国后能既保持自己特点，又适应中土风化，从而传播于大江南北。

（三）族群格局：五十六族，多元一体

历史悠久的中华文明，自古以来是基于众多族群，富于文化多样性，多元共生互动而不断走向一体。正如费孝通先生所指出，最初较为分散孤立存在的民族单位，经过接触、混杂、联结和融合，同时也有分裂和消亡，形成一个你来我去、我来你去，我中有你、你中有我，而又各具个性的多元统一体，经过民族自觉而称为中华民族；至今，中华民族是包括中国政府认定的中国境内56个民族之民族实体，其中的一元——汉族，始终广为借取其他族群，发挥凝聚作用把多元结合成一体③。因此，多民族多元一体是中国的基本国情。

上述多元一体格局中，人口较多、发挥核心凝聚作用的汉族，早期生活在黄河中游，实为一个由若干民族集团汇集和逐步融合而成的被称为“华夏”的族群。该族群一直不断吸收周围的异族，甚至将海外人种融入，滚雪球般地发展，后主要分布在黄河和长江中下游的东亚平原，被其他民族称为汉族。汉族后来继续不断渗入其他民族的聚居区，不仅构成起着凝聚和联系作用的网络，而且通过诸如茶马贸

① 牟钟鉴：《以道为教、多元通和》，《道教之音》http：//www. daoisms. org/article/lundao。

② Albert Einstein：The Human Side，edited by Helen Dukas and Banesh Hoffman，Princeton University Press，1954。

③ 费孝通等：《中华民族多元一体格局》，北京：中央民族大学出版社，2003，第5—15页。

易之类的民间族际互动，以及朝贡、屯田等官方驱动的种种措施，而接纳和习得了其他族群的很多文化智慧。因此，汉族虽主农耕，但其形成和发展都是基于文化多样性，故能够尊重他族，与他族积极互动。汉族之外的50多个族群，人口虽少，却既传承各自传统，又与他族交流，相互学习，共同成长，都为中华文明的组成部分。例如，生计传统与农耕汉族差异显著的蒙古族，虽基于草原游牧文化而发展，但也与汉族马绢互市，共庆春节；虽有远古的萨满，也从藏族大规模引进喇嘛教。蒙古族不仅铁骑横扫欧亚，而且与虽信仰不同的穆斯林共同奋斗，甚至敢于在元蒙宫廷中任用马可波罗之类的海外人士为官。其开放胸怀，造就了历史上最大的多元文化世界。其他民族，无论是较早接触儒家的朝鲜族，宗教信仰特别浓厚的维吾尔族，还是雪域高原的藏族，深山丛林中的拉祜族，天涯海角的黎族等，都始终对文化多样性持开放态度。

还应注意的是，上述文化互动，加之现代社会变迁，今日中国，同一民族地理分布总体上是大杂居，小聚居，特别是很多民族都存在种种复杂居住状况，诸如本民族地区聚居、与他民族杂居、较小规模聚居于另一更大民族自治区之内等。这必然导致族内文化多样性，就是同一区域不同生活场景的同一民族内也存在文化多样性①。

总之，中华各族不仅宗教间、族际间甚至同一民族内部，都充满文化多样性，这使得中华文明不仅善于接纳不同文化，而且和谐共生，多元一体。

（四）历史命运：和则生实，生生不息

在历史长河中，总体上看，多元一体、和而不同是中国文化与政治传统的一个基本精神。它所指是中国有着原生多样的地方民族民俗民间和社区文化小传统，又指次生但绵长丰厚的历史文化大传统。这两类文化传统在运行中互动互化和互补，遂使中国文明生生不息。

在古代中华内部，据此而发展出多元一体的天下体制：其中既有内地的编户齐民，又有边疆少数民族地区的藩国土司，既有新疆历史上的政教分离，又有西藏历史上的政教合一。中国社会文化多元一体的另一范例是语言文字。中国既有多样原生的地方民族语言方言文字，又有一个次生通用的汉字文言传统。形表意的汉字与其他语文相互为用，能保证统一的秩序与多元的民族文化各得其所。在今日中国之外，中国传统文化曾经在古代东亚协和万邦，维系了一个有序和谐的朝贡和贸易区域世界体系，为朝韩、日本、越南等邻邦所借取而发展。

在近代，西方开始全球现代扩张，东亚遭遇三千年未有之变局，天下体制土崩瓦解之际，中国仍能依靠文化力量保持了国家统一，完成了现代化转型，形成多民族统一国家的健全格局，且充满了社会文化创新能力。现代中国已经成功地创建和

① 常永才：《当代族群内部文化多样性与族群认同》，北京大学第二届教育社会学国际研讨会，2012年7月。

实践了民族区域自治、一国两制、和平发展等创新体制。今代中国又能根据全球化和开放世界的迫切需求，及时地倡导构建和谐社会、和谐世界[①]。

当今中华民族努力建设和谐社会、实现伟大复兴历史进程的目标，尽管处于人类发展一体化时代，但领导人也高度重视文化多样性。胡锦涛同志反复指出："随着我国经济、政治、文化和社会的发展，各民族相互学习、相互影响、相互帮助，共同因素会不断增多，但民族特点和民族差异、各民族在经济文化发展上的差距将长期存在。对此，我们要有充分的认识。"2011 年 10 月召开党的第十七届中央委员会第六次全体会议深刻指出，文化是民族的血脉，是人民的精神家园。因此温家宝总理明确指出，要承认和尊重文化的多样性，文化的多样性不仅过去存在，现在存在，将来也会长期存在，不同文化之间不应该互相歧视、敌视、排斥，而应该相互尊重、相互学习、取长补短，共同形成和谐多彩的人类文化[②]。这可以说是我国文化多样性保育传统的发展性回归。

四、进一步讨论：东方传统与西洋新近反思的汇通及其普世意义

在此，本节尝试进一步论述这样一个问题，东方保育文化多样性的传统是否可以与西方汇通，或者更进一步说，中国传统是否具有普世性。这是宏大课题，在此只能粗略探讨。

（一）东西方可否汇通？

进一步说，与西方经典的多元文化主义相比，中国传统的确表现出特别诸多之处。但有意思的是，这些传统不少主张与西方反思后现代的诸多理论，竟然可以相通，甚至所见略同。下面略述一二。

一方面，如上所述，中国传统倡导和而不同，和则生实，故求同存异，以他者为师。不少当代西方理论思潮也强调此点。例如间性理论不仅关注主体间性，而且重视文本间性和文化间性。其主要的哲学理论基础是主体间性观。主体间性观力图克服主客二分等近代欧美哲学思维模式，强调主体与客体的共在和主体间对话沟通、作用融合及不断生成的动态过程；作为主体间性在文化领域具体体现形式的文化间性，也表现出文化的共存、交流互识和意义生成等特征[③]。又如，差异哲学观认为，世界完全诞生于差异之中，存在的基本原则不是统一而是差异，归根到底，存在不是一，而是繁多，故须根据繁多（multiplicity）来理解统一本身。[④] 关于文化的差异理论系统出现在《表征》一书，作者霍尔（S. Hall）认为：差异是意义

① 张海洋：《文化多样性公平传承论纲——寄语》，人类学民族学第 16 届世界大会，2008 年 2 月 28 日，中央民族大学 . http：//blog. sina. com. cn/s/blog_ 48c6994f01008rm5. html。

② 温家宝：《关于社会主义初级阶段的历史任务和我国对外政策的几个问题》，新华网，北京，2007 年 2 月 26 日电。

③ 郑德聘：《间性理论与文化间性》，载《广东广播电视大学学报》，2008 年第 17 期，第 4 页。

④ 蔡熙：《关于文化间性的理论思考》，载《大连大学学报》，2009 年第 1 期，第 43 页。

的根本，没有它，意义就不存在；意义只有在与他者的对话中才能生成。文化取决于给予事物以意义，这是通过在一个分类系统中给事物指派不同的位置而实现的；“他者”是根本性的，无论对自我的构造，还是对性身份的认同都离不开他者。①这些观点与老子《道德经》却有相同之处，即高明地看待多样性的辨证法智慧。

另一方面，中国传统又重视不同文化之间的关联性，尤其是不同文化之间的共同性与普世的基本人性。当今西方学术不少领域，尤其是人类学和跨文化心理学等学科，重视力求主位地研究文化他者，在此基础上进一步进行客位的跨文化比较，较好地克服了原子主义和极端的相对主义之弊端。例如，加拿大著名文化心理学家John Berry 等人认为，大致有三种基本主张：一是忽略民族文化意义的绝对主义（absolutism），二是宣称所有人类行为都是由文化塑造和决定的相对主义（relativism），三是普适主义（universalism），即各文化人们基本心理过程和机能可能是相同的，但是它们实际的表现形式可能受文化影响②。可见，在认识文化多样性方面，普适主义既重视文化影响，把文化作为人类多样性的根源，又看到全人类文化基础上具有的共同性。因此，该立场不但有助于认识人类不同族群的差异性（文化特殊性），也说明不同族群文化的相似性（文化普适性）。这与中国传统中“万法归一”的精神显然是相通的。

（二）中国传统是否具有普世性？

简明些说，答案是肯定的。从当今现实来看，尽管中国固然需要不断完善，但今日中国显然已经比多数发达国家保持了更多的民族文化传统，又比多数发展中国家保持了更为和谐有序的社会环境。因此，正如张海洋先生所说，中国的传统可以视为一种有全球意义的发展模式③。

从理论上看，中国保育文化多样性的基本精神，与当代国际教育界有关共识是较为相通的。这特别反映在新近日益兴起的文化互动教育（Intercultural Education）理念上。该理念认为，多元文化主义将多样性文化机械、静态地并置，甚至单向地突出弱势文化，不利于互惠性文化对话和社会整合，因此应坚持文化互动主义，重视不同文化中存在的普世性，尤其是强调不同文化间的相互尊重和成功交流，促进所有学生的发展与社会团结。总之，文化互动观能够克服多元文化观的若干局限，并适应人类发展一体化对跨文化互动的需要，故日益受到国际社会的重视。④尤其

① 斯图亚特．霍尔、徐亮、陆兴华：《表征》，北京：商务印书馆，2005，第3页。

② J. W. Berry，et al. *Cross – cultural Psychology*：*Research and Application*［M］. Cambridge：Cambridge University Press，2002. pp5—6，324—328.

③ 常永才：《当今国际化态势下我国开展跨文化互动教育的根本：文化自觉》，载《世界教育信息—教育国际化论坛专刊》，2011年3月。

④ 常永才：《当今国际化态势下我国开展跨文化互动教育的根本：文化自觉》，载《世界教育信息－教育国际化论坛专刊》，2011年3月。

是2006年《联合国教科文组织关于跨文化互动教育之指南》[①] 明确指出，文化互动教育的目标则是超越多元文化教育模式所导致的各文化被动共存，因而要通过创造不同文化群体之间的理解、尊重和对话，找到多元文化社会中可持续发展的共存方式[②]。可见，文化互动教育理念不仅看到文化间的差异性，而且重视不同文化的共通性，尤其是强调不同文化间的相互尊重和有效交流；这就不仅保护了弱势文化，而且促进社会团结。因此，前述中国多元一体文化的传统与该观念的基本精神较为接近。

综上所述，东方保育文化多样性的传统不仅可以与西方汇通，而且具有相当的普世性。当然，还需开展进一步深入研究。

五、结语：文化自觉，共同超越

文化多样性之保育，异常复杂，以致有“巴比塔”故事之类隐晦之教。这实乃人类存在就会面对的永恒课题，今日尤其迫切需要高瞻远瞩地无私而明智地面对和深入探讨。

本节以现代西洋经典多元文化主义教育的得失与困境作为引子，多谈了东方中华文化多样性之保育的传统智慧，实望抛砖引玉，只为使其为当今人类贡献新果。其实，在保育文化多样性方面，东西方在不同场景中形成了各自的传统，各有特色，互有长短。例如，东方更重精神与道德，西洋则长于物质与技术方面；东方存异基础上求同一社群性，西方重个性与个体利益。从逻辑上说，东西方文化以及治理文化多样性的智慧，尽管表现形式或内容侧重各有特点，但都是共同人性不同时空中的反映，故东西方智慧是可以相通相助的。

西洋善于大胆进取，重快速进步，捍卫自我；东方始终倡导反思，慎终追远，甚至忘我。我以为，此时，东西方都需要进一步的反思，正如费孝通先生所倡导的“文化自觉”，即“生活在一定文化历史圈子的人对其文化有自知之明，并对其发展历程和未来有充分的认识。换言之，是文化的自我觉醒、自我反省、自我创建。”这无疑是“艰巨的过程，只有在认识自己的文化，理解并接触到多种文化的基础上，才有条件在这个正在形成的多元文化的世界里确立自己的位置，然后经过自主的适应，和其他文化一起，取长补短，共同建立一个有共同认可的基本秩序和一套多种文化都能和平共处、各抒所长、联手发展的共处原则”。[③]

参考文献：

[1] 张海洋：《文化多样性公平传承论纲——寄语人类学民族学第16届世界大会》，2008年2月28日，中央民族大学 . http：//blog. sina. com. cn/s/blog_

① UNESCO. UNESCO Guidelines on Intercultural Education. 2006.

② UNESCO. UNESCO Guidelines on Intercultural Education. 2006.

③ 费孝通：《费孝通论文化与文化自觉》，北京：群言出版社，2007年。

48c6994f01008rm5. html。

[2] UNESCO. 不同文明联盟论坛：博科娃强调着力文化多样性的建设。

[3] Stephen May, *Critical multiculturalism and education* See James A. Banks. *The Routledge international companion to multicultural education.* New York, USA: Routledge, 2009, pp. 33—48.

[4] 常永才：《当今国际化态势下我国开展跨文化互动教育的根本：文化自觉》，载《世界教育信息》（教育国际化论坛专刊），2011 年第 3 期。

[5] 常永才：《当代族群内部文化多样性与族群认同》，北京大学第二届教育社会学国际研讨会，2012 年 7 月。

[6] 常永才、哈经雄：《试论少数民族高等教育发展中的国际借鉴》，载《贵州民族学院学报（哲社版）》，2008 年第 6 期。

[7] Schmidt, Alvin J. *The Menace of Multiculturalism: TrojanHorse in America* [M]. Westport, Conn.: Praeger, 1997, p15.

[8] Tariq Modood & Stephen May (2001), *Multiculturalism and education in Britain: an internally contested debate. International Journal of Educational Research, Volume* 35, *Issue* 3, *Pages* 305—317.

[9] 新华网：荷兰政府称将放弃多元文化社会政策：http://news. xinhuanet. com/world。

[10] 定州村：《欧洲：溅血的多元文化主义》，北京青年报，2011 年 7 月 27 日。

[11] 张海洋：《文化多样性公平传承论纲——寄语人类学民族学第 16 届世界大会》，2008 年 2 月 28 日，中央民族大学。http://blog. sina. com. cn/s/blog_ 48c6994f01008rm5. html

[12] A. Portera, 2008. *Intercultural education in Europe: epistemological and semantic aspects. Intercultural Education*, 19 (6): 481—91。

[13] 王希：《多元文化主义的起源、实践与局限性》，载《美国研究》，2000 年第 2 期。

[14] Nathan Galzer, We Are All Multiculturalists Now. Cambridge, Mass.: Harvard University Press, 1997)。

[15] 谭志松、常永才：《新时期民族院校人才培养问题研究》，北京：民族出版社，2009 年。

[16] U. S. Department of Education, NationalCenter for Education Statistics, *Earned Degrees Conferred: Projections of Education Statistics to* 2008, Table 244. 引自：王希：《多元文化主义的起源、实践与局限性》，载《美国研究》，2000 年第 2 期。

[17] 巴兰坦：《美国教育社会学》，北京：春秋出版社，1989，第 122、124 页。

[18] Henry Louis Gates Jr., *"Goodbye, Columbus? Notes on the Culture of Criticism,"* American Literary History No. 3 1991, pp. 711—27。

[19] [加] 威尔·金里卡著，应奇等译：《自由主义、社群与文化》，上海世纪出版集团，2005年。

[20] 常永才、哈经雄：《试论少数民族高等教育发展中的国际借鉴》，载《贵州民族学院学报（哲社版）》，2008年第6期。

[21] James A. Banks 著，荀渊等译：《文化多样性与教育：基本原理、课程与教学（第五版）》，上海：华东师范大学出版社，2010年版，第104—119页。

[22] 常士訚：《超越多元文化主义》、《世界民族》，2008年第4期。

[23] 阿马蒂亚·森：《身份与暴力》、《中国人民大学出版社》，2006年。

[24] Michael W. Hughey（ed.），New Tribalisms：The Resurgence of Race and Ethnicity. MaCmiillan Press LTD.，1998，P. 7。

[25] R. D. Grillo.（2003）. *Cultural essentialism and cultural anxiety. Anthropological Theory.* 2003，Vol 3（2）：157—173。

[26] 常永才：《何以促进教育人类学发展：美国学者学习领域研究浅析》，载《比较教育研究》，2007年第12期。

[27] 刘昶：《人心中的历史》，成都：四川人民出版社，1987，第127页。

[28] 张诗亚：《位育之道——全球化中的华人教育路向》，载《西南大学学报（人文社会科学版）》，2006年第6期，第49—52页。

[29] 张海洋：《文化多样性公平传承论纲——寄语》，人类学民族学第16届世界大会，2008年2月28日，中央民族大学. http：//blog. sina. com. cn/s/blog_48c6994f01008rm5. html。

[30] 郭建宁：《中国“和”文化与构建和谐社会》，载《前线》，2005年第2期。

[31] 张海洋:《文化多样性公平传承论纲——寄语》，人类学民族学第16届世界大会，2008年2月28日，中央民族大学. http：//blog. sina. com. cn/s/blog_48c6994f01008rm5. html。

[32] 牟钟鉴:《以道为教、多元通和》，载《道教之音》. http：//www. daoisms. org/article。

[33] Albert Einstein，*The Human Side*，edited by Helen Dukas and Banesh Hoffman，Princeton University Press，1954.

[34] 费孝通等：《中华民族多元一体格局》，北京，《中央民族大学出版社》，2003年。

[35] 温家宝：《关于社会主义初级阶段的历史任务和我国对外政策的几个问题》，新华网北京2007年2月26日电。

[36] 郑德聘：《间性理论与文化间性》，载《广东广播电视大学学报》，2008年第17期，第4页。

[37] 蔡熙：《关于文化间性的理论思考》，载《大连大学学报》，2009年第1期，第43页。

[38] 斯图亚特．霍尔、徐亮、陆兴华：《表征》，北京：商务印书馆，2005，第3页。

[39] J. W. Berry，et al. *Cross－cultural Psychology*：*Research and Application*. Cambridge：Cambridge University Press，2002，pp5—6，324—328.

[40] UNESCO. UNESCO Guidelines on Intercultural Education. 2006。

作者简介：常永才（1966—），男（汉族），四川省简阳市人，中央民族大学教育学院教授，主要研究教育人类学、文化心理学等。

第五节　文化互动教育目标的比较研究

一、引言

随着世界民族复兴运动的兴起，20世纪五六十年代的欧洲策划了一场声势浩大的跨文化运动。几乎在同一时间，美洲大陆尤其是美国和加拿大等国则发起了颇具规模的多元文化运动。从历史上看，任何文化变革都会投射在教育领域，跨文化运动和多元文化运动亦不例外，跨文化教育和多元文化教育理念的形成及其实践活动的展开就是跨文化运动和多元文化运动在教育领域的投射，它们因形成背景、策源目的等诸多深层次的原因，在诸多层面上存在着许多差异，但它们都是在文化多样性的背景下为了有效地促进文化单元互动而在教育领域进行的一系列尝试与变革。基于此，笔者认为，可以抛开跨文化教育和多元文化教育之间的种种隔阂，本着求同存异的原则，将其统称为文化互动教育。

所谓文化互动教育，是指在文化多样性的观照下，以各个文化单元为等价物，在文化承载主体之间实现文化有效交互的教育活动。从本质来看，任何形式的教育都是一种有意识有目的的活动，文化互动教育亦应该有其独特的目标。然而，这种目标该如何确立呢？从前文所述不难发现，文化互动教育与跨文化教育、多元文化教育之间形成了系统与要素的关系。笔者认为，在无法确立作为系统的文化互动教育的目标时，完全可以从其要素跨文化教育、多元文化教育的目标出发去探讨和分析文化互动教育的目标，通过分析跨文化教育、多元文化教育的目标，为我们探讨文化互动教育的目标提供必要的前提和基础，为研究文化互动教育目标预示出明确的方向。

二、国内外学者对跨文化教育、多元文化教育目标的研究

在分析前人相关研究的基础上，笔者发现，无论是国内学者还是国外学者对跨文化教育目标和多元文化教育目标的研究都已颇具规模。其中，国外学者的研究深度及其广度都要远远高于国内学者。在国外的研究中，一部分学者认为跨文化教育和多元文化教育可以在一定程度上提高受教育者的跨文化素养，即Intercultural literacy，以及多元文化素养即 Multicultural literacy，一部分学者则认为跨文化教育和多元文化教育可以提高受教育者的文化能力即 Cultural competence，还有一部分学者却认为跨文化教育和多元文化教育可以提高受教育者的文化智力即 Cultural intelligence。大部分国内学者在借鉴国外相关研究的基础上，也指出跨文化教育和多元文化教育的主要目标在于培养受教育者的跨文化素养和多元文化素养，但除此之外，也有部分国内学者从中国本土实际出发指出跨文化教育、多元文化教育可以培养受教育者的国际化素质。为了进一步比较国内外学者对跨文化教育、多元文化教育目标的研究，笔者首先分析国外学者对跨文化教育、多元文化教育目标的内涵和维度，然后分析了国内学者探讨的对跨文化教育、多元文化教育目标的研究，笔者首先分析国外学者对跨文化教育、多元文化教育目标的内涵和维度。

（一）国外学者对跨文化教育、多元文化教育目标的内涵及其维度的研究

如前文所述，国外学者对跨文化教育、多元文化教育目标的研究主要集中在 Intercultural literacy、Multicultural literacy、Cultural competence 以及 Cultural intelligence 等术语上，为此笔者在此通过详细地分析各个术语的内涵及其维度来了解国外学者对跨文化教育、多元文化教育目标的研究。

1. 跨文化素养（Intercultural literacy）和多元文化素养（Multicultural literacy）的内涵及其维度

国外学者对跨文化素养和多元文化素养进行了深入而细致的研究，但是许多学者并没有做出明确的区分，甚至认为二者可以等同，本着因循历史的原则，笔者将这两者的内涵及其维度的分析合二为一，以窥见历史的原貌。

美国军事研究所曾经对跨文化素养进行过研究，其学者将其界定为能使个体在跨文化环境中有效地适应的一系列认知的、行为的有效的或驱动的成分。

维基百科（Wikipedia）在前人相关研究的基础上也对跨文化素养进行了较为系统的研究介绍，认为跨文化素养是成功地与其他文化中的人进行交流的能力，大体上包括三个维度：

（1）多元文化知识，即了解异文化人的行为和思维方式；

（2）多元文化移情，即自觉转换文化立场，有意识地超越本土文化的框架模式，将自己置于目的语文化模式中，感受、领悟和理解目的语文化；

（3）自信，即了解自身的优缺点，不偏不倚地对待文化差异。

维基上还指出具备多元文化素养的人在沟通时，能准确理解异文化者的思维方式和可能会做出的反应，并且能够从对方的角度来表达自己的观点。与缺乏多元文化素养的人相比，他们不会有那么多的偏见，并且更乐于去学习异文化知识。

学者 Brock 则更进一步细化了人们对多元文化素养的认识，他结合教师的工作实践，指出教师的多元文化素养是一种投以复杂社会文化的热忱、以有效方式来使用语言的读写能力。教师具有这种更复杂的语言、素养、文化理解能力，可以帮助教师在压制性的政策主导下从事丰富的教学实践。

2. 文化能力（cultural competence）的内涵及其维度

Jianglong Wang 对文化能力等一系列问题做了较为详细的研究，她比较认同 Hirsch 在 1988 年提出的定义，文化能力指的是个体与大的社会群体中的他人进行丰富多彩的互动而获得的基础知识，获得文化能力就是拥有在现代世界里成功的基本信息。

全美学校心理学会更简明地把文化能力界定为共同作用于在跨文化环境中的组织、机构，或者专业的和可操作的组织、机构，或者那些有效运行的专业机构的一系列适宜的行为、态度和政策。这个简单的定义表明了文化能力存在的场所及其表现形式，为后人的更加深入具体的研究创造了必要的条件。

与全美学校心理学会界定极为相似的是 Jean L. C. 的研究，他在总结前人相关研究的基础上更加详细地解读了文化能力，他指出其可能而且应该存在于个体和组织中，是在跨文化环境中共同发挥有效作用的一系列适宜的行为、态度、结构和政策。同时，他进一步指出文化能力包括五个维度：价值观多元化、进行文化自我评估、意识到并且管理文化差异、文化知识的制度化、为所服务社区的文化多样性提供适宜的服务。

维基百科（Wikipedia）的相关作者则认为，文化能力指的是与不同文化中的人们进行有效互动的一种能力，包括四种成分：（a）人们自身文化的世界观的意识；（b）对文化差异的态度；（c）不同文化实践与世界观的知识；（d）跨文化技能。发展文化能力会形成一种与不同文化的人们有效地理解、交流和互动的能力。[①]

Kikanza N. Robins 等人为了使人们能更好地理解文化能力，他们把文化能力以及与之相似的文化熟练（cultural proficiency）进行了区分，他们指出文化能力的概念主要是看到差异，理解差异所具有的意义。而文化熟练的概念则能理解文化差异，并在各种文化场境中给予有效的反映；对文化保持尊敬，知道如何把握个体所述的文化和组织所具有的文化；在各种文化场境中进行有效的互动。

以上诸位学者在自己的立场上对广义文化能力进行了研究，还有许多学者专门对教师的文化能力进行了研究。当然这种研究是在欧美等国国情的基础上展开的研究，有学者指出，1990 年，加州一半以上小学生是非白裔儿童，而到 2030 年全美的情况都将会如此，对于来自不同文化背景的学生，尤其是有色人种学生，学校是不受人欢迎的地方。他们在辍学和学业成就水平上都比主流群体儿童糟糕，为了应对欧美的人口多样性的趋势，为了解决不同文化背景学生的辍学和学业问题，许多地区开始关注教师的文化能力，截止到 2001 年，美国有 7 个州的教师资格证标准中对文化能力提出了具体要求。

Jerry V. Diller 等人指出，教师的文化能力，最简单地说，就是成功地教育来自与不同文化之学生的能力，它是一种跨文化教学有效进行所基于的综合素养，包括复杂的意识感和敏感性，多种多样的知识体系和一系列的技能。对于技能的内容，Terry Cross 早在 1989 年就提出了实施有效跨文化教学的 5 项基本技能。

（1）对各种文化差异的觉察和接受；
（2）对自己所属文化的意识感；
（3）文化差异之动力性（dynamics）方面的技能；
（4）知晓学生所属文化；
（5）调适自己教学习行的技能。

3. 文化智力（cultural intelligence）的内涵及其维度

自从 Earley 和 Ang 第一次明确提出了文化智力的概念后，人们逐渐展开了相关的研究。Earley 和 Ang 认为，文化智力是反映人们在新的文化背景下，收集和处理信息，做出判断并采取相应的有效措施以适应新文化的能力。后人对这个普适性的定义没有进行太多的修正，一直遵循着其主要的内涵。关于文化智力的维度，目前存在着“三维度论”和“四维度论”两种观点，Earley 和 Ang 认为，文化智力包括三个维度，即认知要素、动机要素与行为要素。其中，认知要素是指文化智力的认知加工方面，运用自身的感知能力和分析能力来认识不同文化的能力；动机要素是指个体融入他文化中去的愿望和自我效能感；行为要素是指采取与文化相适应的有效行为的能力。学者 Thomas，D. C. 也认为文化智力包括三个方面，分别为知识（knowledge）、心智（mindfulness）、行为（behavior），并提出三者为一个相关联的系统，共同产生对不同文化的有效作用能力。[10]根据多元智力理论，Earley 和 Ang 又指出文化智力由四个维度构成，分别为元认知性、认知性、动力性和行为性。这四个维度从智力能力、动机能力和行为能力三个角度表征了文化智力，其中智力能力包括元认知和认知能力，反应的是认知过程和认知知识；动机能力指的是大部分认知都是被激发的，动机能力关注于认知的范围和方向；行为能力则主要关注于个体做什么，而非个体所想所感，更关注的是真实行为的展现。

（二）国内学者对跨文化教育、多元文化教育目标的内涵及其维度的研究

如前文所述，国内学者对跨文化教育、多元文化教育目标的研究主要集中在跨文化素养、多元文化素养和国际化素养等术语上，为此，笔者通过分析上述几个术语的内涵及其维度了解国内学者对跨文化教育、多元文化教育目标的研究。

1. 跨文化素养的内涵及其维度

学者曾伟从当代青年跨文化观教育目标的确立阐述了跨文化素养的具体维度。他认为跨文化素养具体体现在跨文化态度与跨文化交往能力两个方面。其中，跨文化态度指的是形成尊重差异、包容多元的跨文化态度，其特点是开放、平等、尊重、宽容、客观。跨文化交往能力指的是和而不同、求同存异的跨文化交往能力，包括跨文化的认知能力、跨文化的比较能力、跨文化的取舍能力、跨文化的传播能力、跨文化的对话能力。

鲁卫群博士在其博士论文及其他文章中也以跨文化教育的目标为视角具体阐述了跨文化素养。他认为跨文化教育的具体目标即跨文化素养包括知识、态度、能力三个层面，其中，知识层面是指对世界上其他民族文化的知识和人类跨文化实践的

历史与现实的了解，态度层面指的是培养开放、平等、尊重、宽容、客观、谨慎等积极的跨文化态度，能力则包括跨文化认知的能力、跨文化比较的能力、跨文化参照的能力、跨文化取舍的能力以及跨文化传播的能力。

由此看出，以上两位学者均从跨文化教育的目标来阐述跨文化素养，其维度稍有不同，后者在前者的基础上增加了知识的维度，从而更加详细，更具逻辑性，在态度和能力的维度上包含的具体内容也极为相近。

南京师范大学冯建军教授也从跨文化教育的视角分析了跨文化素养，不同的是，冯建军教授认为跨文化素养包括跨文化的理解与交流能力、民族文化的自觉意识两个维度。其中，跨文化的理解与交流能力包括了解文化通性和差异的能力，跨文化沟通、理解与人际互动的能力，认识文化互倚性的能力，公民二元认同的能力；而民族文化的自觉意识主要是指对本民族文化的自知之明，对自己文化的正确估价。

骆银花则从更为具体的视角出发对跨文化素质进行了探讨，她认为跨文化素质是国际化企业对人才的基本要求，是从事跨文化合作必备的基本素质，是在多元社会里取得成功的重要前提。她通过分析跨文化教育的内涵指出了跨文化素养的成分，认为跨文化教育的具体内容就是跨文化素养的成分，主要包括跨文化知识的习得、跨文化意识的形成以及跨文化能力的养成三大关键要素。

2. 多元文化素养的内涵及其维度

郑金洲教授从多元文化教育的目标出发阐述了多元文化素养，他认为多元文化教育的总体目的体现在学生个人、社会、文化三个方面，其中学生层面的目标充分体现了他的跨文化素养观。他认为多元文化教育可以使学生正确认识民族、社会群体间的文化差异，正确判断其他文化与自己文化间的关系及相互间的影响，养成处理不同文化的得当的行为模式，促进个人的自我发展。

周莹洁等人则从多元文化教育的理念出发阐述了多元文化素养，认为多元文化素质包括学习者认识、接受和欣赏文化差异，并形成在民主社会中生活所必需的责任心和公共性，接受和赞赏文化的多元化、尊重人的自尊和人权、对全球社会具有责任感、爱护地球，实现文化多元主义反映的正义、社会公正和公共道德等。

与郑金洲、周莹洁等人宏观的论述不同，陆正东在其硕士毕业论文中，通过对多元文化教育系统的考察，具体、详细地阐述了多元文化素养。他认为多元文化教育的目标即多元文化素养有传授多元文化知识、树立多元文化思想观念和培养多元文化思考能力三个方面，其中多元文化知识指一切社会群体、文化的相关知识，多元文化思想观念包括平等的观念、合作的观念和全球村的观念，而多元文化思考能力则指从多元文化思想的立场出发，对歧视或其他不公正现象进行批判性思考的能力。

同样，刘智力在其硕士毕业论文中通过对美国多元文化教育进行系统的分析，更加系统地总结出美国多元文化教育的宏观层次目标和多元文化的微观层次目标。其中，微观层次目标也就是学校多元文化教育目标与多元文化素养特别相近，主要有以下几个方面：一是帮助学生从另一种文化的角度来审视自身，以获得更好的自我理解；二是使学生通过对其他民族和群体文化的学习，了解这些文化的意义和价值，以此建立对其他民族文化的尊重和理解；三是为学生提供文化选择的机会，保障他们进行文化选择的权利；四是减少少数民族学生成为“边缘人”的无以依附感和受歧视的屈辱感；五是用学生较为熟悉、喜闻乐见的材料帮助他们掌握基本的读写、计算、思维等技巧；六是发展学生跨文化的适应能力，培养所有学生在本民族文化、主流文化和其他民族文化的相互交流中所需要的积极有效的技能、态度和知识。这些具体目标的论述无一例外地体现了教育所要培养之人的多元文化素养。

与以上诸位学者的研究不同的是，南京师范大学金生鋐教授独辟蹊径从多元文化伦理发展的目标出发阐述多元文化素养的内容，其中包括提供不同文化群体的历史、文化及贡献等方面的知识，了解自己族群以及他人族群的文化的历史、传统、价值、道德观等，了解与认同自己的文化，欣赏并认同、尊重他人的文化；发展对不同文化族群积极的态度；引导形成多元文化意识，形成多元文化的行动能力；引导学生形成尊重人类普遍尊严的观念；培养公民的文化多元化的责任感。

以台湾学者为主的一些国内专家从多元文化教育出发侧重探讨了教师，尤其是少数民族地区教师和外语教师多元文化素养的习得。其中，台湾“国立”中正大学教育学研究所助理教授王雅玄认为，教师的多元文化素养可以为其教学提供更好的支持，可以为学生多元文化素养的获得创造不可缺少的条件。教师的多元文化素养提供教师一种得以改变自己与学生跳脱传统或主流的意识形态，具有社会实践行动力，在教学关系中实践多元文化旨趣。台湾学者刘见至也对教师的多元文化素养进行了更为清晰的界定，他认为教师的多元文化素养是对社会中不同文化的了解、欣赏与尊重，肯定多元文化价值，具备多重历史文化观点及文化沟通能力，以消除种族中心主义族群的偏见和歧视，增进族群关系和谐之能力。

马冬虹认为，作为典型的跨文化教育即大学英语教学要注意培养学生的多元文化素养，即培养他们对文化差异的敏感性（sensitivity）、宽容性（tolerance）以及处理文化差异的灵活性（flexibility）。其中，对文化差异的敏感性主要指培养学生对深层文化差异的敏感性，它不等同于对目的语国家文化的了解，它是一种识别文化差异的能力，可以超越民族文化和国家文化。对文化差异的宽容性主要指对异国文化能够采取理解、宽容和尊重的态度。处理文化差异的灵活性即培养学生能够坦然面对模糊、不确定的交际环境，勇敢面对文化冲撞，具有很强的灵活性和适应能力，能够根据不同的交际风格和来自不同文化群体的人们进行有效的沟通和交流。

3. 国际化素养的内涵和维度

学者郑开春认为，在未来人才培养中，“国际化素质”是必不可少的内容，主要包括全球意识、国际化观念和国际交往能力。梁远春则从领导干部培养的视角探讨了国际化素养，他认为领导干部应该具有国际化素养，他认为这种素养应该包括热爱、熟悉中国和中国文化以及本土文化；有宽广的全球化视野，善于把握国际形势发展的趋势和特点；熟悉和了解世界其他文化以及该文化背景下的政治经济文化的基本状况和规则；具有跨文化交流和交际的能力；具有创新能力。

三、国内外学者相关研究对文化互动教育目标的启示

根据文化互动教育的内涵，结合国内外学者对跨文化教育目标和多元文化教育目标等相关研究，发现其对文化互动教育目标的启示体现在如下几个方面：

（一）文化互动教育目标应该以科学的教育理论为指导

从前文所述不难发现，国内外学者对跨文化教育和多元文化教育目标的研究可谓丰富之极，但在这丰富的研究图景背后隐藏着许多冲突，许多学者对目标的阐述上存在重复、矛盾之处。在分析产生这种状况的原因时，笔者发现其原因之一是缺乏科学的教育理论作为支撑，致使目标的研究随意性较大，呈现出自由化的状态。众所周知，科学的理论是实践工作的指导，可以最大限度地确保实践工作的有效性，既可以“正确地做事”，使实践工作“有效率”，又可以“做正确的事”，使实践工作“有效果”。文化互动教育目标的研究就是一项不折不扣的实践工作，为了确保其有效性，必须寻求一种科学的理论作为此项实践工作的理论指导。

（二）文化互动教育目标应该定位于中观层次的教育目标

众所周知，教育目标有不同的层次，可以依次分为微观、中观和宏观三个层次。其中，微观层次的教育目标是具体教学内容、具体课堂教学活动的教育目标，也称为教学目标；中观层次的教育目标是某一学校、具体学科或特定形式教育活动的教育目标，包括一个学校的专门的具体的培养要求，某一学科的专门的具体的培养目标和特定形式教育活动（如心理健康教育、禁毒教育等专项教育活动）的教育目标；宏观层次的教育目标就是一般意义上的教育目的，也可以称作是教育的总目标。从前文相关的论述可以发现，国内外学者所探讨的跨文化素养、多元文化素养、文化能力以及文化智力既不属于教学目标，又不是教育的总目标，而应该归于中观层次的教育目标。依此看来，文化互动教育作为特定形式的教育活动，其目标应当属于中观层次的教育目标。

（三）文化互动教育目标应该是由多维度构建起来的相对完整的有机体系

通过国内外学者的相关研究可以发现，跨文化教育和多元文化教育的目标或是从某一特定的方面展开论述，或是从数个相关的层次进行表述，这些表述无论是单方面的，还是多层次的，虽然在形式上有着明显的区别，但是从实质上看，它们无外乎是知识、认知、情感、动机、态度、观念、技能、能力、行为等维度，这其实就为我们研究文化互动教育的目标指明了方向。启示我们在构建文化互动教育的目标时，不仅要从多维度的视角出发，还要考虑各个维度之间的内在关系，然而，如果我们认真分析这些维度，就会发现它们在某些方面也存在着不同程度的重合，甚至存在着一些逻辑上的错误。按照认知、情感和能力等维度构成的教育目标相对来

说是比较合理的。

四、文化互动教育的目标

20 世纪初，许多心理学家和教育学家开始对教育目标尤其是教育目标分类进行深入的研究，提出了自己的主张和观点以及分类体系，如罗恩特里的目标分类体系、布卢姆等人的教育目标分类理论、加涅的学习结果分类理论、梶田叡一的教育目标分类理论等，其中至今仍然受到广泛肯定和普遍应用的是美国教育学家布卢姆等人的教育目标分类理论。布卢姆等人受到行为主义和认知心理学的影响，将教育目标分为认知、情感和能力三个领域，它们之间具有阶梯关系，依次递进，螺旋上升，共同构成了三位一体的目标体系。鉴于布卢姆等人的教育目标分类理论的科学性和认可度，笔者在此也以该理论为指导探讨文化互动教育的目标。

（一）认知领域的目标

根据文化互动教育的内涵，结合跨文化教育和多元文化教育的相关研究及其启示，笔者认为，文化互动教育在认知领域应该达成的目标是使受教育者获得足够的、科学的、客观的多元文化知识。布卢姆等人的教育目标分类理论认为，知识领域目标的实现为情感和能力领域目标的达成奠定了坚实的基础。具体而言，只有受教育者在文化互动教育中获得足够的、科学的、客观的多元文化知识，才可能形成开放、平等、移情性理解的文化态度以及多元文化互动的能力。根据文化互动教育的特性和跨文化教育以及多元文化教育相关研究的启示，笔者认为这种多元文化知识主要包括如下几个层次：

1. 历史知识

任何一个族群都有自己独特的发展历程。只有了解他们的发展历程，才能窥测其全貌，才能了解其本源。为此，文化互动教育要达成其情感领域和能力领域的目标，既要为受教育者提供本族群的历史知识，还要为其呈现相关族群的历史知识，只有这样受教育者才能客观、公正地对待各个族群的历史，才能恰当、科学地处理族群之间的关系。

2. 政治经济知识

政治经济知识不仅是多元文化知识中最重要的组成部分，而且是多元文化知识中最突出的表象，具有见微知著的价值。正是鉴于政治经济知识这种特殊地位和功能，文化互动教育不仅要求受教育者学习相关族群的政治经济知识，而且要为他们比较、衡量、批判各族群政治经济知识创造条件。只有这样受教育者才能“置身他者”地理解各族群的政治经济知识，才能有开放、平等、移情性理解的文化态度。

3. 风俗知识

一般来说，风俗是族群成员共同遵守的行为模式或行为规范，它的主要价值体现在对社会成员行为引导性和行为制约性。简单地讲，只有熟悉了某一族群的风俗习惯，才能遵循相应风俗习惯，才能在此基础上实现有效的文化互动。正是因为风俗具有这种独特的社会价值，文化互动教育要为受教育者传授相应族群的风俗知识，为有效的文化互动奠定基础。

（二）情感领域的目标

受教育者通过接受文化互动教育已经掌握了包括历史知识、政治经济知识和风俗知识在内的多元文化知识，这些多元文化知识为受教育者客观、公正、科学地认识相应族群提供了不可或缺的条件，也为情感领域目标的达成奠定了坚实的基础。结合文化互动教育的内涵，依据跨文化教育和多元文化教育的相关研究及其启示，笔者认为，文化互动教育在情感领域的目标是使受教育者形成开放、平等、移情性理解的文化态度。

1. 开放的文化态度

鲁卫群博士认为，开放即敞开，是双向的敞开，既是主动的走出去的敞开，也是欢迎走进来的敞开。具体而言，文化互动教育中开放的文化态度就是要使本族群的文化走出去，他族群的文化走进来的心理，既包含主动地弘扬本族群文化的心态，又包含积极的容纳他族群文化的勇气。由此不难看出，这种开放的文化态度必须建立在客观、科学的多元文化知识的基础上，同时，它也为受教育者的文化互动能力的形成奠定了良好的基础。

2. 平等的文化态度

平等是人在实践领域中对自身的意识，也就是人意识到别人是和自己平等的人，人把别人当作和自己平等的人对待。从文化层次上看，尽管人类族群有着不同形态的文化，但是在文化多样性的视角下文化无高低贵贱尊卑上下之分，即文化在本质上是平等的。具体到文化互动教育上来说，文化互动教育要通过相应的教育活动培养受教育者平等地对待各个族群文化的态度，唯有如此，各族群的文化才能在平等的基础上有效的互动。

3. 移情性理解的文化态度

人本主义心理学家罗杰斯在其患者中心疗法中首次运用移情性理解（empathic understanding）这一术语，其意指咨询者要深入了解患者体验到的感情和经历，设身处地地理解、体会患者的内心世界。随后，西方心理学界对移情性理解做了大量研究，许多学者不约而同地指出，咨询者对患者的移情性理解不仅有助于形成良好的治疗者——患者关系，而且为咨询过程顺利的进行和良好咨询效果的取得奠定了坚实的基础。移情性理解也被迁移到教育领域，阿斯皮和罗巴克通过大量的调查表明，当教师具有高水平的移情性理解时，学生很容易形成高水平的自我概念，这不仅促使学生更积极地参与课堂行为，获得较高的成就，而且师生之间的互动频率也会大幅度增加。鉴于移情性理解在心理咨询、教育教学活动中特殊的价值，笔者认为，文化互动教育也应该培养受教育者移情性理解的文化态度。具体来说，移情性理解的文化态度是指受教育者通过心理换位能够客观地站在他族群的角度上审视、体验他族群文化，既要看到他族群文化的不足之处，又要看到他族群文化的优势所在。唯有如此，才能增加文化间互动的频率和水平。

（三）能力领域的目标

受教育者通过接受文化互动教育，不仅掌握了包括历史知识、政治经济知识和风俗知识在内的多元文化知识，而且在此基础上形成了开放、平等、移情性理解的文化态度，但这些并不是文化互动教育的全部目标，文化互动教育还应该在知识领域和情感领域目标达成的基础上，完成其能力领域的目标，即培养受教育者的文化交互能力。所谓文化交互能力就是文化承载主体以各个文化单元为等价物，在不同族群文化之间交流和互动的能力。具体来说，文化互动能力是受教育者通过接受文化互动教育逐步形成传播本族群文化、吸纳他族群文化并在此基础上实现二者交融、互动甚至创新的能力。

参考文献：

［1］ Wikipedia. Intercultural competence，http：//en. wikipedia. org/wiki.

［2］ Brock，C. H. . *Improving literacy instruction for all children*：*Current concerns and future directions*. In Fenice B. Boyd & Cynthia H. Brock （Eds.），*Multicultural and multilingual literacy and language*：*Contexts and practices*. The Guilford Press，2004.

［3］ Jiang，L. W. . *knowing the true face of a mountain*：*understanding communication and cultural competence.* http：//www. ac. wwu. edu/ ~ culture/Wang. html.

［4］ Jean L. C. . *Cultural Competence In A Multicultural Society*：*a checklist.* http. www. selfhelpmagazine. com/articles/cultural/culture. html.

［5］ Kikanza N. Robins，et al. *Cultural Proficient Instruction*：*A guide for people who teach* ［M］，Corwin Press，2006.

［6］ Jerry V. Diller & Jean Moule. *Cultural Competence—A Primer for Educators* ［M］，Thomason Wadsworth，2005.

［7］ L. S. Taylor & C. R. Whittakers. *Bridging multiple worlds*：*Case studies of diverse educational communities* ［M］，Allyn & Bacon，2003.

［8］ Earley，P. C. &Ang，S. . *Cultural intelligence*：*Individual interactions* ［M］，Stanford University Press，2003.

［9］ Thomas，D. C. . *Domain and Development of Cultural Intelligence* ［J］. Group&Organization Management，2006，（1）.

［10］ 曾伟：《当代青年跨文化观教育的意义与目标》，载《社会探索》，2007年第6期。

［11］ 鲁卫群：《跨文化教育引论》，华中师范大学，2003年博士论文。

［12］ 冯建军：《全球思考，在地行动——全球化时代的多元文化教育》，载

《当代教育与文化》，2010 年第 5 期。

［13］骆银花：《探析当代大学生跨文化素质教育的途径》，载《青年探索》，2009 年第 6 期。

［14］郑金洲：《多元文化教育的西方探索与中国实践》，载《教育文化论坛》，2009 年第 1 期。

［15］周莹洁等：《多元文化教育对中国少数民族公民教育的启示》，载《贵州民族研究》，2009 年第 5 期。

［16］陆正东：《美国中学历史学科中的多元文化教育》，上海师范大学，2004 年硕士学位论文。

［17］刘智力：《美国多元文化教育研究》，河北大学 2005 年硕士学位论文。

［18］金生鈜：《多元文化教育与公民的多元文化伦理》，载《当代教育与文化》，2010 年第 7 期。

［19］王雅玄：《进入情境与历史：台湾原住民教师的多元文化素养及其实践》，载《台东大学教育学报》，2007 年第 12 期。

［20］刘见至：《原、汉族群关系课程方案在高雄市国中实施成效之研究》，台湾高雄师范大学教育系 2002 年硕士学位论文。

［21］马冬虹：《教师的理念与学生多元文化素质的培养》，载《辽宁教育行政学院学报》，2009 年第 1 期。

［22］郑开春：《对现行大学英语教学目标的反思》，载《中南大学学报（社会科学版）》，2010 年第 10 期。

［23］梁远春：《论全球化视野下我国干部多元文化素质的培养》，载《四川经济管理学院学报》，2009 年第 3 期。

［24］马克思等：《马克思恩格斯全集》，北京：人民出版社，1957 年。

作者简介：韩雪军（1981—），男（蒙古族），内蒙古赤峰人，呼伦贝尔学院教育科学学院教师，中央民族大学教育学院中国少数民族教育专业 2011 级博士研究生，研究方向为民族文化心理与教育。

第二章　多元文化教育政策研究

第一节　台湾多元文化教育政策的省思

一、前言

台湾历史的发展，历经不同时期的移民乃造就今日台湾多元文化样貌的社会。近一二十年来台湾教育发展则已经过多元文化主义与多元文化教育多年来的洗礼，其中交织的形态与概念也多有所转变。“教育部”这几年来为因应社会环境所制定的政策，虽然部分有响应多元文化发展的需求，但也有部分政策未能针对核心的根本问题加以处理。仅以多元文化片面的角度进行探究，对于文化的本质、文化的意义，及文化的尊严却探讨得不够深入。渐渐地，多元文化教育也沦为政治的另一种口号，在主流价值、文化霸权的支配下，如何重新找回不因性别、种族和社会阶级的差异而能彼此尊重以落实社会正义，并藉由理论的建构、政策的型塑、实务的推展、掌握多元文化教育的本土特性，值得深思。

近年来越来越多的学者对多元文化教育在现今台湾的脉络发展与实践有更进一步的省思，以使西方的多元文化主义在台湾的脉络中与本土脉络逐渐进行对话与磨合。本节在重新思索多元文化教育当前的发展现况，并进一步了解多元文化教育政策推动的困境，最后立基于台湾多元文化教育的基础上，追求社会公义、突破现今发展瓶颈的契机，提出可能的发展方向。

（一）多元文化的浪漫——拉祜族少女的成长与祝愿

拉祜族是中国云南边疆的一个少数民族，人口并不多，那里的教育环境非常贫乏，物质及生活条件差，但是，孩童在一个没有所谓文明社会的教育压力下，可说是非常幸福。没有过多的期待和要求，孩童生活非常的自在，他们与大自然、朋友、家庭和社会，都有一个和谐相处的关系。政府希望给予少数民族更多的优惠，或者更多的教育照顾，纪录片内容大概就是在描写这样的过程；从贫瘠的边区到城市里面的过程，期间充满了矛盾、冲突。虽然他们已成为文明社会的一员，但在这些拉祜族少女内心深处，想回到山区的念头仍然非常强烈。从这个例子中，我们不禁深思，在推展多元文化教育的过程中，有无文化优位的现象，我们是否只站在自己的角度，或者被融入主流文化中，失去了对独特文化的尊重，淡忘了人存在的意义和价值，这都是需要被提醒的。

（二）多元文化的“嘉年华”与多元文化主义的典范转移

反观台湾多元文化教育的发展，由于它本身就是一个移民社会，不同时期的移民，造就了今天台湾文化的多样性，从这个角度看来，多元文化主义就没有那么纯然的西方化；但这也相对的提醒我们，在多元文化教育的应用上，应该不致有其他社会科学理论所产生的社会断裂与隔阂。因此，它和西方的主流学术思想做出正面的对话，建构一个本土的理论论述是可能的。

近年来，政府与民间，常以嘉年华似的活动来展现多元文化，有年度性的，也有季节性的，因为在此方式下进行文化交流可获得某些方面的资助。但事实上，文化的生根，大多应透过教育的方式进行，嘉年华式的活动是否真能达其效果，值得观察。在多元文化教育的推动中可以看到一个景象，即所谓“众声喧哗”的现象。这里所谓的“声”是经过时间的磨合，渐渐变成“众生平等”，但是不是真的落实平等仍值得进一步探讨。

二、台湾多元文化教育的发展

（一）存在已久的现实、终于摆上台面的“新”议题

在台湾，移民文化、性别与族群议题等的多元并存是长期发展并确实存在的集体现实，而非是单纯应政治需要而产生的新议题。在经历台湾 80 年代晚期的政治解严，90 年代的小区总体营造、原住民运动、教育改革和文化与政治民主化运动的改造，并联结台湾社会对族群和谐的期待及结合北美及澳洲的文化经验，形成了台湾的多元文化主义思潮。台湾所发展的多元文化，实具其特性与多样性，并推动台湾自社会至教育界 20 世纪 90 年代起所掀起的以多元文化教育为旗帜的改革思潮。

（二）累积已久的能量、以爆发式的发展力道开启多元文化教育时代的来临

如张茂桂（2002）所述，在多元文化主义尚仅只为风潮，还未见其实践状况时，台湾的国民教育体系早已经开始不断申论多元文化，并已经开始推动多元文化师资培训与制度化数年。解严之后，一连串的多元化、去中心化的运动，更同时指向教育的领域。母语教育并在解严初期，就取得新时代的道德正当性。

紧接着，为响应社会大众对教育改革的诉求，开始进行的是在教育阶段中有关“认识台湾”新课程的编定，并设立教育改革审议委员会。这样进一步肯定并且有助于推动多元文化教育的发展。在总咨议报告书中陈述的“多元文化教育”的理念所代表的是“肯定人的价值、重视个人潜能的发展，使每个人不但能珍惜自己族群的文化，也能欣赏并重视族群文化与世界不同的文化。在社会正义的原则下，对于不同性别、弱势族群或身心障碍者的教育需求，应予以特别的考虑，协助其发展”。（“行政院”教育改革委员会，1996：37）

（三）多元文化发展的极致：台湾以多元文化主义为基本政策

经历19世纪80年代的多元文化论述，逐渐普及与通俗、社会解严所带来的多元族群的自由发声，多元文化早已成为社会惯用认知（但不一定完全了解其中详细内涵）的事实。即如张茂桂（2002）所描述的："就在既缺乏让人惊奇或者惊喜的感觉，也缺乏让人焦虑不安或者愤怒情绪的情形下，多元文化静悄悄地成为基本策（页260）。"此一特定的论述在台湾多元文化主义最终取得优势，成为教育的基本原则，实为一"散漫拉扯、通过思辨进而成为真理的严肃宣告"的过程（张茂桂，2002）。

三、多元文化教育实践的省思

（一）多个"一元"的原子论观点——孤立（隔离）而无法沟通和化解冲突

多元文化论指引人朝向特殊性的僵固类别性思考，不论是族群、性别还是宗教（张茂桂，2002）。从当前多元文化教育的实践来看，多元文化只是多个一元，就是说表面上是多元，但是仔细分析之后会发现都是由各个独立一元所形成的。每个人都站在自己独特的角度、独特的立场，捍卫自己本身的价值或利益，表面上是众声喧哗，也很平等，但事实上，彼此之间好像是各个孤立的原子，并没有沟通和了解。

以台湾原住民政策为例，包含众多已经通过，或拟定中的法律与行政规定。这些福利制度与特殊身份规定，固然将保障族群文化与各种特殊性，赋予他们在大社会中较平等与有竞争力的位置，但因为和福利相互包裹，导致这些制度不断强调特殊性问题，使得社会关系僵固与持续的特殊化（张茂桂，2006；张建成，2007）。甚至促成社会类别标签化、本质化、对象化、自然化的问题，在社会交往关系上，构成软性隔离限制了人们建立有机的社会关系空间，且也不能发明新的交互性（reciprocity），甚至形成新的社会冲突（张茂桂，2006）。例如对花东地区原住民的了解大都以既有的标签作用来判断，认为原住民在体育、艺术方面有较佳的表现。有此偏见，最主要原因在于彼此之间没有真正的沟通。在现阶段，原住民族所要共同面对的应是突破被漠视的困境，进一步建立沟通平台实为关键 。

（二）弱势者抬头的假相

多元文化的发展，可以发现另一种现象，即"弱势者抬头的假象"。多元文化主义变成了政治的修辞和装饰，并未产生实质性的结果。快速取得保障的多元文化的政治正确性，与继续推动的通行无阻，又呈现了与台湾社会常民文化实践相去甚远的困境。换言之，常见于政策宣誓多于实践的多元文化，却不是大众熟悉的概念与经验（廉兮，2010）。对于标榜宽容、尊重、均等、自由等理想的多元文化教育，从政府、学者到执行单位与个人大都抱持敬畏之心，即使偶有不同看法，也无意冲撞多元文化教育的既成地位，而是希望它办得日新又新、越来越好（张建成，2007）。表面上的政治正确并没有给弱势者实质的改善。即如台湾原住民族在社会经济上所受到的不平等待遇，恐怕不会因其一再突显各族群的特殊性而有所差别。就是说弱势者在某种政治动作上变成强势，表面上被尊重，也给予发声的权利，但事实上这些弱势者，始终无法摆脱弱势的地位，在多元文化的烟幕之下，一再地细分你我、划清界线的区隔甚至还可能对被弱势者的团结构成负面影响。

此外，文化是动态发展的过程，不同的时期所呈现的文化意涵有所不同，在全球化社会里，文化本身即有多元意味，掌控多元性论述的权力即掌有政治社会的权力。目前对弱势文化的重视逐渐成为一种“主流的文化”，也成为近年来教育与政治正确的一种价值。弱势文化在强势文化的倡导下，成为强势文化论述的主题，这种主客异位的转换在近几年的教育里尤其明显。此外，我们更要进一步来思考，当“弱势”转变为政治正确的“主流”后，其中是否可能隐含着意识形态的拨弄？若能在探讨多元文化结构的不平等时，一并思考是什么样的社会条件建构了“弱势”的正当性，并在论述的权力架构下成为主导的一方，此种主客易位的辩证历程，才是新多元文化主义可探讨之处。

（三）多元文化“幽灵”的出现——文化代言者的“强势”

关于多元文化的政策、研究甚至实践，目前还有一些“幽灵”存在着，在阻隔着我们对于事实真相的了解，台湾多元文化修辞的政治与人民生活的文化实践脱离的吊诡，实实在在地反映了台湾社会运动的特有路径：政治与知识阶层以夺取现代国家权力为手段，迅及制度化与规范化新的社会价值，以达立竿见影的效果。知识精英阶层扮演替弱势群体争取权利的代言人角色，却陷入“一边代表受害者发言，一边又嫌弃他们不明白自己的处境”的自我矛盾与封闭的困局（丘延亮，2002：35；廉兮，2010）。

本节特别提起文化代言人的角色。学者张茂桂（2002）、张建成（2007）其实都对文化代言的现象做过深入的反省和检讨，思考如何让相对弱势文化的声音与权力表达得恰如其分，兼顾社会权力的平衡与文化的生存。但目前台湾多元文化教育实践的结果是，一方面对本土文化欠缺更深入的论辩，一方面却又迫于形势不得不服从于多元文化教育的政治正确，而不敢稍加质疑。因此，导致大众对于多元文化认识不清，并落入似是而非的窘境。在高举多元文化的旗帜下，只见多元文化的形式与符号，却不见多元文化论述的平台。目前台湾陆续有学者对这样的发展进行反省，思考如何将多元文化教育成为一个论述平台，而非一个代言平台，因为若仅是一个代言的平台，就容易流于张建成教授以“独石与巨伞”所隐喻的过与不及的现象，这应是新多元文化教育必须思考的议题。

张建成（2007）也谈到所谓具有决策权的社会精英，常为弱势者代言，但这样的代言容易产生另一种民粹的想法，即所谓的民粹主义，这是今日社会当中所普遍的现象。就像很多的民意代表都会说他是代表人民发声。但事实上，仔细推敲、解构，就会发现还是那些民粹的声音、民粹的想法，而没有真正符合人民的想法。欧用生曾说："披着羊皮的狼，狼的本质并没有变化，只是披着一个合理的外皮。"换言之，民意代表不论怎么替人民发声，骨子里面还是那种社会精英的想法。如用傅柯"治理"的观点来看多元文化在政策及实践方面的过程，不难发现这些文化代言人呈现傲慢与偏见的态度，而这种态度就是阻碍政府与人民之间沟通的可能。这样的治理表现，产生了一种文化霸权。

从另一种思考角度来看，治理过程的控制，渐渐由过去属于严厉的、强硬的手段，慢慢变成比较柔软的、隐藏的方式在进行，不过仍无法摆脱那种精英的想法。当多元文化教育走向"普遍主义"、"本质主义"的"治理"中，如何将"优势者"代言的角色转化为"文化尊严"的捍卫者，以避免使多元文化成为既得利益者所宰制的"幽魂"，又沦为文化商品化及消费主义的温床，这是在新多元文化教育的可能与建构中必须要注意的。

四、多元文化教育的可能出路

从上述分析对多元文化主义的批判与反省，也包含一种思考新多元文化教育学实践的可能。由上述的分析来看，我们可以从对主/弱势文化的辩证发展、多元文化教育实施的"偏执、沉重负担与反省、谁是文化代言人"等多方面来理解。此外，我们必须推动多元文化教育，强化其落实的可能性。此一过程，可以将之视为新多元文化教育的实践，以响应新多元文化主义发展的需求。以下分别可藉由厘清对多元文化的尊重与意义探究、厘清文化价值与文化霸权、理清文化尊严与文化代言等方式，回归以人为行动主体的新多元文化教育，作为未来努力的方向。

（一）理清对多元文化的尊重与意义探究之双重层次

多位多元文化教育专精的学者均指出（张建成，2007；庄胜义，2007）：现今多数的人对于多元文化教育的讨论或理解，大都根据美国教育学界的说法，及相关大师的相关论著为主。但他国的论述即使再精辟，若无条件地应用与解读台湾脉络中的教育实况，而非对各歧异文化所代表的意义，或与主流文化共存时所产生的异同/新旧诠释，有进一步的探讨。就会落入庄胜义（2007）所述的无历史的（ahistorical）与解脉络化的（decontextualized）理解。

多元文化必须处于一个相互对待的平等制度环境之下才可能发生作用，单纯的文化相对性与尊重差异无法揭露社会阶级、性别、种族等各种形式的压迫。如台湾的多元文化论述，在很多地方，明显的单方面强调了文化保存与语言的问题，但却疏漏了关于社会正义情境的讨论（张茂桂，2006）。如果新多元文化教育能从尊重多元文化的层次，进入对文化他者意义探究的层次，并理清此两者之间的涵义。则在多元文化教育的实践上，能舒缓主流文化与弱势文化在驱逐与抗衡间的紧张关系，并降低因政治正确目的而刻意营造对多元文化教育尊重的假象。在具体策略上，可思考将"传统—转化—创新"三个分类阶段作为深入的探究，历经传统对于多元文化教育的理解后，即必须致力于将多元文化教育作为知识的转化，才能明白其意义的层面，并作为后续理论与知识创新的基础。

（二）理解文化价值与文化霸权

Moshe Tatar & Gabriel Horenczyk（2003）指出，第一线的老师这几年来逐渐受到多元文化教育风潮的影响，无论在教学还是教材的准备上，已有避免将主观之文化以霸权的方式强制灌输于多元背景来源的学生身上，但过度谨慎与防范对文化霸权意识形态的流露，却又陷入刻意隐藏与忽略原有文化价值之困境，成为“多个一元共存”而非“多元”的现象。以 Tatar 与 Horenczyk 所进行的研究来看，基层教师在多元文化教育氛围下所面临的矛盾与不安，已经成为一种教学以外的心里负担。如果让实施多元文化教育变成释教师们的心理负担，则多元文化教育的质量亦将堪虞，所以若能透过对不同文化价值的认识而有不卑不亢之态度，则可避免教师惧怕自己成为散播文化霸权代理人之心理压力。H. Giroux（1998）曾期待教师应成为一个转化型的知识分子，但那是在一个社会实践与改革的层次。本人认为在理清文化价值的意涵中，教师可将流露霸权意识的主流文化，在课堂中转化为一种中性的文化价值，并安置于其他文化之中，这是新多元文化教育可以思考的方向，亦将教师视为——文化的转化者。

（三）分辨文化尊严与文化代言

从研究的数量来看，台湾近几年来多元文化教育的发展日趋蓬勃，就研究的历史脉络而言，早期从原住民族权益的角度探讨，以民族志或叙说研究的方式呈现，是一种偏向微观的分析，后来议题的内容随着环境与思潮的辩证演进，融入了新女性移民的探讨，可看出藉由不同议题逐渐勾勒出一幅多元文化权力的架构，渐有宏观并探讨结构问题的取向。但多年来的研究累积结果，确也看到在多元文化权力架构两相交互作用的结果，我们发现不少文化相对弱视者以被压迫者形态出现，并以文化代言的方式自居，在强调文化差异的独特性下成为相当醒目的一环，张建成（2007）对此已有过类似的分析。但多元文化教育强调的，是建立文化的尊严而非凸显弱势文化后再藉由特定管道发声，这岂不是又制造另一种霸权形式？文化的内涵与存在本就有其社会结构性，但我们目前的现况却如张茂桂（2002）所指出的，现行的多元文化教育长久以来忽略了社会结构与社会正义间应有的联结。本人认为，这个联结不是几个文化的代言人就可以填补的，否则岂不落入傅柯的“治理性”想法中，视教育与文化为权力代言的指控。因此，若能避免文化诠释权以“幽灵”形式隐藏于政治形式中，并能积极地以文化尊严作为后续转化的途径，才能增加新多元文化教育的能动性。

（四）回归以“人”为行动主体的新多元文化教育

新多元文化教育的可能性在于文化多元的新社会的建立（张茂桂，2006）：即指文化多元建构是要把焦点放在所有不同文化承载者的多元面貌中，强调单一文化的多种来源，文化的柔软性、多重情境性以及真正的多元发展上。承认文化的多元共存，是要把焦点放在生活经验、生命历程本来就不能被单纯的族群归类上（张茂桂，2006）。

并且如丘延亮（2002）所指出的“希望的主体就在眼前”之说。要重建我与他者的民主生活与交往关系，首先来自于一种意愿：一种首肯和显身的意愿，一种把他人当作人（包括承认他们的歧异和他们所抉择）的意愿。（丘延亮，2002：11）文化民主的过程需要回到人民生活的文化实践基础与条件。多元文化教育主张知识并非客观独立的存在，知识是个体与社会互动建构而来的。所以在了解学生的处境后，我们应将学生的学习与他们的生命经验相结合（刘美慧，2006）。当个人愿意选择面对自我内在的他者性，同时也肯定他人的主体性时，人我之间的我们才得以成为伦理主体：因为主体追求的是自由与责任，而不是维护既存的社会道德秩序（廉兮，2010）。在这样以人为本位进行主体与社会发展之间的评估时，即如张建成（2007）所述，多元文化教育在现实社会的落实与发展实需进一步透过“肯定差异”以促进平等对待，处理文化上的不公不义，并透过“消除差异”以处理经济或政治上的不公不义，以达社会公平的理想。

诚如 Paulo Freire（2005）所指出的：人类一生的志业是在于恢复其原本人性化的原初设计。每一个人都有其价值与其所具的主体能动性，在《受压迫者教育学》一书的序言中，Freire（2005）即指出：“从此页起，我期待之后的每个字句都能够彰显我对人类的信任，我相信每个男人与女人能够透过在世界上的每一个创新性的行动，使这个世界变得更为可爱。”正当现今多元文化教育发展面临瓶颈与挑战之际，如只限于表达对现状的不满与批判，则将使得人及其所再现的文化价值均被边缘化与模糊化。多元文化主义并非只能被动地被归类成主流/非主流、强势/弱势等而已，当每个人都能够不再被动地只限于容忍与尊重他者文化，而能够积极地创造突破结构限制的可能性，在争取自身权利的过程中唤醒社会对被忽视现况的觉知。

五、结语

“差异”一直是长久以来所强调的，从文字、语言、种族、习俗、性别、阶级、职业等来看比比皆是，所以教育应该做的，是教导学生如何与差异这项既存的事实相处；我们过去所做的，都是极力在避免如何因为差异而产生歧视，或是弥补因为差异所产生的不公平。但是除了这些社会正义理想的实践之外，教育应该在文化的意义、文化的价值以及文化的尊严上面多一些论述，因为教学是实践的层次，而与文化的所有相关论述却是属于较抽象的层次，如何将这两个不同层次意义的面向透过分析而型塑成新的教育元素，是后续可以思考的方向。

差异的另一面是认同，个体透过与他者的互动来形成自我的认同，但在多元文化的社会中，经过族群、种族与小区的迁移，认同与文化发展一样，亦成为一个动态的过程。弱势文化的自我认同，是否因近年来多元文化教育的实施更加深植或是有所迟疑，是值得我们在上述的基础上来继续思索的。多元文化教育是可以积极期待的，但它必须协助学生察觉差异与认同的动态关系，并跳脱普遍主义与相对主义争辩的框架，才能有助于学生辨识文化发展的多元意涵与文化霸权无所不在的影响。

台湾在这些年来推动多元文化教育已有初步的成果，但仍有些盲点，而理论建构方面仍需“再概念化”，在实际推动中，更需要注意社会正义实现的多种层面，不能一厢情愿仅在文化的理想上，必须结合社会和经济上落实的条件，在“弱势”与“既得利益者”的携手合作下，才能在筑梦之外，有踏实的可能。

（本文部分摘自陈伯璋（2010）。当前多元文化教育实践与省思——兼论新多元文化教育的可能。教育与多元文化研究，1，1—16 页。）

参考文献：

[1] 卯静儒主编：《课程改革—研究议题与取径》，台北市：学富文化事业有限公司，2009。

[2] 丘延亮：《希望的主体：杜汉的社会性运动论诘与台湾社会性蜕变》，载舒诗伟等（译），Alain Tourain 著，《行动者的归来》，台北市：麦田出版，2010，第 7—46 页。

[3] 廉兮：《没有理解、何来公义？论主体生成的多元文化教育》，载《教育与多元文化研究期刊》，2010 年第 1 期，第 259—268 页。

[4] 刘美慧：《多元文化教育在台湾成就了什么？》，载《北县教育》，2006，第 30—36 页。

[5] 庄胜义：《机会均等与多元文化两种教育运动的对比》，载《高雄师大学报》，2007 年第 22 期，第 21—42 页。

[6] 张建成：《独石与巨伞：多元文化主义的过与不及》，载《教育研究集刊》，2007，第 103—127 页。

[7] 张建成：《多元文化教育：我们的课题与别人的经验》，台北：师大书苑，2000 年。

[8] 张茂桂：《多元主义、多元文化论述在台湾的形成与难题》，载于薛天栋（编），《台湾的未来》，台北：华泰，2002，第 223—273 页。

[9] 张茂桂：《族群多元新典范的浮现：从认同的历史形成到「后多元文化主义」的催生》，台湾新典范，2006，第 90—135 页。

[10] “行政院”教育改革委员会：《教育改革总谘议报告书》，台北：“行政院”教育改革审议委员会，1996 年。

[11] Freire，P.（2005）. *Pedagogy of the oppressed.* New York：Continuum。

[12] Giroux，H.（1988）. *Teachers as intellectuals：towards a critical pedagogy of learning.* New York：Greenwood.

[13] Grant, C., & Sleeter, C. (2003). *Making choices for multicultural education: five approaches to race, class, and gender.* New York: Wiley.

[14] Kincheloe, J., & Steinberg, S. (1997). *Changing multiculturalism: new times, new curriculum.* London: Open University Press.

[15] Tatar, M., & Horenczyk, G. (2003). *Diversity - related burnout among teachers.* Teaching and Teacher Education, 19, pp. 397—408.

作者简介：陈伯璋，台湾台南大学教育学系讲座教授；卢美贵，亚洲大学幼儿教育学系讲座教授。

第二节　中国古代多民族教育政策文化模式的历史研究

中国自古就是多民族国家。民族问题，尤其是民族文化教育问题，自古以来是中国中央政府必须审慎面临的大问题。纵观古代史，历朝历代中国政府在民族文化教育政策的问题上，能够立足当时民族关系的实际状况以及中国固有的文化底色，承前启后，与时俱进，不断探索，对中华民族的凝聚力以及中华民族多元一体文化格局的形成与发展，一直起到积极的推动作用，总体上是成功的，其历史的经验与智慧值得认真总结与汲取。观今宜鉴古，无古不成今。这对于我国当今的民族文化教育政策的研究与制订有历史借鉴意义；不仅如此，对于世界其他多民族国家也是有启发意义的。

本节将1840年以前的中国历史界定为中国古代史，将对人的身心发展产生积极影响的文化活动界定为教育；从文化模式视角来总结古代中国政府民族教育政策的历史经验。

一、德化怀柔，协和万邦

“德化怀柔、协和万邦”思想产生于尧舜禹时代。据《尚书》载，尧“克明俊德，以亲九族，九族既睦，平章百姓。百姓昭明，协和万邦。”[①]据《韩非子》载：“当舜之时，有苗不服，禹将伐之。舜曰：不可，上德不厚而行武，非道也。乃修道三年，执干戚舞，有苗乃服。”[②]“九族”、“万邦”都是众多部落联盟的意思。这些记载说明，早在国家政权处于孕育时期，处于主体民族地位的炎黄部落联盟，能够修身齐德，通过厚德感化来达到协和万邦的目的。禹创立夏朝，是我国国家政权形成的标志。《淮南子・原道训》载，禹承舜，继续对四周少数民族“施之以德，海外宾服，四夷纳职。”[③]这表明，我国古代最初的中央政府就开始实行德化怀

① 参见《尚书・尧典》，《十三经注疏》上册。

② 《韩非子・五蠹》。

③ 《淮南子》，《诸子集成》第7册，中华书局。

柔、协和万邦的文教政策。这种“德化怀柔、协和万邦”的文治思想对国家形成之后历朝历代中央政府的民族政策尤其是民族教育政策产生极其深远的影响。

周朝将尧舜禹的“德化怀柔、协和万邦”政策继承下来并且发扬光大，一直得到后世称颂。

早在周朝建立之前，周文王就制订了“德化怀柔、协和万邦”的文治政策。韩非讲周文王德化怀柔政策时指出：“古者文王处丰镐之间，地方百里，行仁义而怀西戎，遂王天下。”① 墨子讲周文王的民族政策时说道：“昔者文王之治西土，若日若光，乍光于四方，于西土不为大国侮小国，不为众庶侮鳏寡，不为暴势夺穑人黎稷狗彘，天屑临文王慈，是以老而无子者，有所得终其寿，连独无兄弟者，有所杂于生人之间，少失其父母者，有所放依而长。此文王之事，则吾今行兼矣。”②

周文王的德化怀柔政策在周朝确立之后继续得到实行，成为治国方略。据《淮南子》载，周文王去世后，“武王欲昭文王之令德，使夷狄各以其贿来贡，辽远，故治三年丧，殡文王于两楹之间，以俟远方。”③ 据《尚书·康诰》载，周公旦提出“祇祇”、“敬德保民”的思想，“祇祇”就是尊敬应该受到尊敬的人，这种思想也适用于少数民族。又据《国语》载，西周中期，“穆王将征犬戎，祭公谋父谏曰：不可！先王耀德不耀兵。”④ 周穆王在制订《吕刑》时要求从周朝多民族的具体历史条件出发，审慎运用刑法，以使各民族“唯敬五刑，以成三德”，所谓“三德”，“一曰正直，二曰刚克，三曰柔克。”⑤ “耀德不耀兵”可以说不仅是周朝而且是夏商周三代民族文教政策最突出的特点。

到春秋时期，《论语·颜渊》曰：“君子敬而无失，与人恭而有礼，四海之内，皆兄弟也。”《论语·季氏》曰：“远人不服，则修文德以徕之，既来之，则安之”。《论语》中的“四海之内皆兄弟”、“修文德以徕远人”的思想，可以说与“德化怀柔、协和万邦”一脉相承，在后世尊儒崇文的“文治”时代，对中央政府民族教育政策产生潜移默化的影响。

在汉朝，汉文帝就汉朝与匈奴关系提出“使两国之民若一家子”⑥ 的思想。在隋朝，隋炀帝采纳了裴矩“无隔华夷”、“混一戎夏”的建议并将之作为制订民族文教政策的指导理念。在唐朝，唐太宗提出“推恩示信”、“爱之如一”的思想，这是唐朝民族教育政策总的指导方针。贞观二十一年（647 年），唐太宗对群臣说：“自古帝王虽平定中夏，不能服夷狄。朕不逮古人，而功过之……所以及此者”，其中一个重要原因就是：“自古皆贵中华，贱夷狄，朕独爱之如一，故其种落皆依

① 《韩非子·五蠹》

② 《墨子·兼爱中》

③ 《淮南子·要略》

④ 《国语·周语》

⑤ 《尚书·洪范》

⑥ 《史记·匈奴列传》。

朕如父母。"[①] 针对"非我族类，其心必异"的旧观念，唐太宗不以为然，指出："人主患德泽不加，不必猜忌异类。盖德泽洽，则四夷可使如一家，猜忌多，则骨肉不免为仇敌。"[②] 根据"己所不欲，勿施于人"的推己及人的儒家思想，唐太宗指出："夷狄亦人，其情与中夏不殊。"[③] "岂独百姓（指汉族）不欲，而必顺其情；但夷狄，亦能从其意"。[④] 总之，唐太宗认为，"抚九族以仁"，是"君之体也。"[⑤] 唐太宗"推恩示信"、"爱之如一"的思想对唐朝民族教育取得辉煌成就起着指导性作用。明朝中央政府在继承唐太宗"爱之如一"的基础上，提出"华夷一家"、"一视同仁"的民族观。元朝和清朝以"德化怀柔、协和万邦"作为文治理念，在协调少数民族与汉族、少数民族与少数民族的关系方面，做出了积极的努力，积累了许多有益的经验。

总之，作为中国古代民族教育政策的基本理念，"德化怀柔、协和万邦"源远流长，虽历经沧桑，但历朝历代皆一以贯之、绵绵不绝，有强大的生命力。

二、一核多元，中和位育

中国古代历朝历代都民族众多，各民族有各民族的文化，同时各民族文化之间又有千丝万缕的联系，在历史长河中逐步形成多元一体的中华民族文化格局。这是中国文化多样性的特点。古代中国政府如何针对中国文化多样性的"多元一体"的特点以及"德化怀柔、协和万邦"的文治理念，来具体设计中国的多民族文化教育政策？通过归纳总结历史资料发现，其总的政策实施原则可以用"一核多元、中和位育"[⑥] 八个字来概括。

"一核多元"的观点源于夏朝"五服"的治理理念。夏朝根据距离夏王直接统治和管理的核心地区（称"王畿"、"中邦"或"天子之国"）的远近，对全国广大地区实行"同服不同制"治理政策，这种政策就是"五服"。根据《尚书》和《史记》记载，夏朝的"五服"是："王畿"以外500里甸服，甸服外500里侯服，侯服外500里绥服，绥服外500里要服，要服外500里荒服，"东渐于海，西被于流沙，朔、南暨：声教讫于四海"。[⑦] 专家一般认为，"甸服"、"侯服"和"绥服"是对诸侯国的管理政策，"要服"、"荒服"是夏朝和夏族对四方民族实行的管理政策。"要服"就是"要束以文教"，"荒服"是"因其故俗而治之"；"要服者贡，荒服者王"，就是说，"要服者"可随便贡献些财物给夏王，表示承认夏王天下共

① 《资治通鉴》卷一九八。

② 《资治通鉴》卷一九七。

③ 《资治通鉴》卷一九七。

④ 《册府元龟》卷十八。

⑤ 《帝范》卷一。

⑥ "中和位育"最先出自《中庸》，其开篇说："喜怒哀乐之未发，谓之中；发而皆中节，谓之和。中也者，天下之大本也；和也者，天下之达道也。致中和，天地位焉、万物育焉。"

⑦ 参见《尚书·禹贡》；《史记》卷2夏本纪。

主的地位，“荒服者”只要承认夏王天下共主地位，定期来朝觐即可，来者不拒，去者不禁。[①]“同服不同制”的“五服”思想，说明在服从、服务、认同中央朝廷的前提下，中央根据各地具体情况，因地制宜、因俗而治。这是中国古代多元文化主义的起源、种子与认知模式，对后世产生深远的影响。

《中庸》开篇说：“喜怒哀乐之未发，谓之中；发而皆中节，谓之和。中也者，天下之大本也；和也者，天下之达道也。致中和，天地位焉、万物育焉。”“中和位育”源自《中庸》，也是对中庸之道的高度概括。“中和位育”不仅是中国古人关于宇宙、人生哲学的至高境界，是教育哲学、文化哲学的至高境界，也是教育政策、文化政策、民族政策乃至治国理念的至高境界。就多民族文化教育政策理念而言，“中和位育”我们可以扩充解释为：以中庸之道的哲学理念，以“协和万邦”的文治理念，恰到好处地选择多民族文化教育形式与教育内容，使各民族的人们及其文化各得其所，就如“天地位焉，万物育焉”，遵循规律，得到正常的发育、充分的发展。

中国古代多元文化主义不是文化相对主义，也不是文化进化论，其精神是“一核多元、中和位育”。在中国古人那里，中国的多元文化是一个有机的体系，由“核心”之“一”与“周边”之“多”组成，“一”与“多”之间、“多”与“多”之间关系密切，纵横交错，相互交织。中原文化为核心（尤以儒家文化为核中核），四周的区域文化、民族文化等如众星拱月般地围绕核心文化运动，同时各文化单元之间也交相辉映，相得益彰。具体来说，作为中国古代多民族文化教育政策总原则，“一核多元、中和位育”可分成以下具体原则：核心辐射，边缘内附；因地制宜，因俗而治；多元互动，相互学习。

（一）核心辐射，边缘内附

“核心辐射”是指古代中国政府将自己代表或认为的主流文化积极向周边民族地区传播，不管是汉族朝廷还是少数民族朝廷；“边缘内附”是指古代中国政府“修文德以徕远人”，使边远民族仰慕中土，以负笈中原为平生抱负与乐事。总之，“核心辐射，边缘内附”，意思是说，古代中央政府向民族地区传播中原文化尤其是儒学，周边民族不仅积极欢迎这种文化传播，而且主动到内地尤其是京城留学，学习中原文化尤其是儒学。

“核心辐射、边缘内附”的文化政策的形式有移民实边、兴学、科举等。

（1）移民实边。秦朝在统一中国的过程中，多次移民实边。公元前 214 年，移民 5 万到岭南地区，移民 10 万到河套地区；公元前 212 年两次移民到西北地区；公元前 211 年移民 3 万到榆中地区（今内蒙古鄂尔多斯黄河北岸）。公元前 119 年，汉武帝一次就移民 70 余万口，充实北方诸郡。1860 年清廷批准黑龙江将军特普钦要求对关内移民“解禁”的上奏。随后 50 年间，山东等地的移民“担担提篮，扶

① 翁独健主编：《中国民族关系史纲要》，北京：中国社会科学出版社，2001，第 34 页。

老携幼，或东出榆关，或东渡渤海，蜂拥蚁聚"，关东大地上人口迅速增至1800万。左宗棠于19世纪70年代率湘军西征收复新疆时，就向当地移民，很快出现"大将西征人未还，湖湘子弟满天山"的景象。[①] 移民实边政策有利于边疆巩固，具有政治意义；有利于边疆开发，具有经济意义。大量内地移民带去先进的中原华夏文化，和边疆各少数民族居住在一起，相互交往，利于文化的传播与融合，利于各族人民的大团结，所以还具有文化教育意义。

（2）兴学。这是"核心辐射、边缘内附"政策的主要形式。战国乃至秦朝时期，中原文化通过移民实边等多种形式扩至周边地区，但是没有留下在周边民族地区兴学的记载；有此确切兴学记载的历史自汉朝始即延绵不绝。据《汉书·文翁传》载，汉景帝时，蜀郡太守文翁选小吏十余人至京师做博士弟子，学成后回本地予以重用；又立学官于成都，招属县弟子为学官弟子，以其学业成绩，分授官职。由是，"蜀地学于京师者比齐鲁焉。至武帝时，乃令天下郡国皆立学校官，自文翁为之始云。"[②] 汉武帝时，儒学私学也兴起于西南等民族地区。从汉至清，无论是统一时期还是分裂时期，无论是汉族主政的朝廷还是少数民族主政的朝廷，都采取积极的政策在周边民族地区兴办儒学以及在内地重要城市尤其在京城兴办学校，招徕民族地区学生前来留学。就留学制度而言，唐朝就较为完备，这一制度受到边远民族地区积极的响应。渤海王"数遣诸生诣京师太学，习识古今制度"[③]，学习儒家经典。开成二年（837年），渤海王一次就派遣16人到唐朝学习，其中6人就学长安。国子学向各民族首领子弟开放。史载贞观十四年（640年），国子学"增筑学舍千二百间，增学生二千二百六十员，……于是四方学者云集京师，乃至高丽、百济、新罗、高昌、吐蕃诸酋长亦遣子弟入学，升讲筵者至八千余人"。[④] 宋朝用中央与地方共同拨款的方式为少数民族上层社会子弟设立一种以传播忠孝仁义儒家文化为宗旨的官学——蕃学。蕃学主要分布于今天甘川陕交界的洮河流域、甘肃的临夏地区、兰州地区和青海东部地区。元代在京师设立国子学、蒙古国子学、回回国子学三种中央官学，招收各族子弟，学习以儒学为核心的多种文化；并按照路、府、州、县四级行政区划相应设置地方官学传播儒学。明朝政府鼓励选派或推举少数民族子弟进入国子监读书，并重视在边疆民族地区开设儒学。清朝对汉族子弟继续推行儒学教育；对满族子弟根据"满洲根本"的原则强调"国语骑射"[⑤]，但是在满族弟子学校教育系统中，无论皇室子弟教育系统还是八旗子弟教育系统，儒学学习仍然居于重要地位。从雍正年间开始，清廷在广西、贵州、云南等地大规模推行改土归流运动，以强有力的措施在改土归流的地区兴办传播儒学为

① 徐焰：《"封禁虚边"到"移民实边"》，载《解放军报》，2008. 04. 15。

② 《汉书·文翁传》。

③ 《新唐书》卷二一九：《渤海传》。

④ 《资治通鉴》卷一九五。

⑤ 清朝政府的"国语骑射"政策中的"国语"是指满族语言文字，"骑射"就是骑马射箭等军事本领。清廷认为，"国语骑射"是满族的特色与立足之本，必须保持。

核心的学校：第一，命令边疆各府学、州学、县学、卫学招收少数民族土司贵族入学，入学名额优惠；第二，在云南、贵州、广西、广东等民族地区为苗、瑶、黎等民族贫寒子弟设置社学、义学，在云南边境地区还设立井学。

在民族地方兴学的过程中，各级地方官吏，无论是流官还是土官，多是积极作为的，尤其值得一提的是，很多在中央做事的文官因种种原因贬谪到民族地区后，从权力斗争的泥沼中走出来，以饱满的热情积极讲学、兴学，开辟了一带文风，有力促进了当地文教事业的发展，如唐朝柳宗元在柳州，宋朝苏轼在海南，明朝王守仁在贵州，清朝林则徐在新疆，都是如此，受到当地各族人民的世代尊重。

（3）科举。科举制由隋创建始自唐实施。唐朝科举向少数民族士子开放。溪洞黄生考取进士，人们感叹“峒家未尝无俊才也”[①]。渤海的学生经常参加唐朝的科举考试。渤海国相炤度早年曾经在长安考中进士。自唐至清，历朝中央政府科举取士制度向少数民族及少数民族地区开放，并且因时因地制宜，实行优惠政策。元朝科举仿行宋制，入关前曾经向汉人开考，后时断时续，到仁宗延祐二年（1315年）正式开科取士，不仅对汉人与南人开考，而且也对蒙古人和色目人开考，对后者政策略有优惠。明朝科举不仅对少数民族开放，而且在相同条件下，对少数民族中试者“加俸级优异之”。[②] 清朝科举不仅对满汉开放，而且允许其他少数民族的子弟参加，名额优惠，经济资助。例如，苗瑶等少数民族的应考生统称新童，其试卷称新卷，须在卷面注明，以供阅卷参考，可按府州限额从宽录取。录取后再复核户籍田庐，由考生所在地民族头领具结立案，以资证信。冒名新童者，一经查出，考生和地方官照例治罪。[③] 科举考试是指挥棒，向各族子弟开放，不仅大大促进各民族地区兴办儒学的积极性，促进了中原文化的传播与传承，而且有力地促进了不同民族间的文化交流与相互理解，其积极意义是值得肯定的。

（二）因地制宜，因俗而治

古代中国政府尊重各民族传统文化和教育传统，对其采取因地制宜、因俗而治的策略。这一政策的历史自夏开始。

商朝继承夏朝“要服”和“荒服”政策。《诗经·商颂》曰：“昔有成汤，自彼氐羌，莫敢不来王，曰商是常。”氐、羌等少数民族纷纷来朝觐商王，尊奉商王为天下共主。

周朝将夏商两代的“要服”和“荒服”政策发展为“修其教不移其俗，齐其政不易其宜。”[④] 周武王克商建周之后，对原来商朝统治的东方核心地区，“复盘庚之政”，如对鲁国“启以商政，疆以周索”，就是说顺从当地民俗，奉商之正朔，

① 《太平广记》卷一八四：贡举七《尚书故实》。

② 徐杰舜、韦日科主编：《中国民族政策史鉴》，南宁：广西人民出版社，1992：p349。

③ 顾明远主编：《教育大词典》（第4卷），上海：上海教育出版社，1992，第132—133页。

④ 《礼记·王制》。

而以周代的政制约束他们。对分封于戎狄地区的晋国，“启以夏政，疆以戎索”，就是奉夏代的正朔，沿用当地少数民族习惯法治理。据载，周文王的伯父吴太伯和仲雍率领族人远到荆蛮地区（今江苏南部）建立吴国，仍然尊崇周王的天子地位。吴太伯和吴国公室是姬姓贵族，而当地居民是有“断发文身”的百越，吴太伯遂改用百越生活习俗，还沿用当地民族习惯法治政，受到了百越人的尊敬。周朝还以“要服”和“荒服”的形式与边远民族结盟。如，南方的“蛮族”大国的楚国国君，在周初接受周王的封赐，承认周王为天下共主；远在东北黑龙江流域的肃慎族，向周王贡献弓箭，表示臣服。

秦朝政府在不同的少数民族地区设置不同的地方管理体制。在有的少数民族地区，设置和内地一样的郡县制，如在“南取百越之地”后设置会稽郡、闽中郡、桂林郡、南海郡、象郡，在北“却匈奴七百余里”[①] 后设置九原郡。郡下设县，县下设乡，乡设三老管教化。在其他少数民族地区设置郡道制，“道”相当于“县”。道是中国历史上对少数民族实现羁縻政策的萌芽和发端。[②]

汉朝根据少数民族地区的特点，在少数民族地区建立不同于内地的管理体制；又根据少数民族地区各自的特点设置不同名称的管理体制。总的来说有三种：道、属国和边郡。道的级别相当于县，这是汉朝对秦朝的继承。边郡制和属国制则属于汉朝的创造。为了区别汉族聚居区的郡和少数民族聚居区的郡，称前者为“内郡”，后者为“边郡”。在边郡实行土流双重管制，并且赋税优惠。“属国”的级别相当于“郡”，但“属国”具有“半独立的地位”[③]。所谓“属国”，就是“不改变其本国之俗而属于汉”。[④] 也就是，在承认汉朝中央政府为最高宗主国的前提下，少数民族地区政权可以保留原有的社会政治经济制度，可自主地处理内部事务，民风民俗不变。

汉朝政府设置道、边郡和属国制实际是对少数民族实行羁縻政策。与羁縻政策相配套，汉朝还实行怀柔政策，如封侯拜爵、封册贵族、优惠赋税等。羁縻政策，在少数民族地区“以其故俗治”[⑤]，甚至“不用天子法度”，[⑥] 从文化教育意义上来看，有利于多元文化的保护和发展；怀柔政策，使人心思汉，使多元的文化、多样的民族有一个凝聚和向往的中心。例如，羁縻与怀柔政策，在南越达到“和集百越”的效果；在西域诸国致使“西域思汉威德，威乐内属”。[⑦] 总之，羁縻与怀柔政策对统一的多民族国家的形成和巩固在各族人民中奠定了良好的心理与文化基础。

---

① 《史记·秦始皇本纪·太史公曰》。

② 徐杰舜、韦日科主编：《中国民族政策史鉴》，南宁：广西人民出版社，1992，第 67 页。

③ 聂崇歧：《中国历代官制简述》. 载《宋史丛考》上册，1980，第 221 页。

④ 《汉书·卫青霍去病传·师古注》。

⑤ 《汉书·食货志下》。

⑥ 《汉书·严助传》。

⑦ 《汉书·西域传下》。

魏晋南北朝时期，各个政权都对少数民族实行怀柔、因俗而治的政策。为怀柔匈奴，曹魏政权以礼相待匈奴上层人物，并将他们荐举到地方政府任职，同时鼓励匈奴百姓从事农桑；对岭南“百蛮”，东吴政权实行怀柔政策。诸葛亮不仅以七擒孟获的典故而树立起怀柔的典范，而且在尊重少数民族地区风俗习惯方面也起了模范作用。诸葛亮在南中，鉴于昆明、叟族“征巫鬼，好诅盟”的习俗，亲自作图谱，“先画天地、日月、君长、城府；次画神龙，龙生夷及牛、马、羊；后画部主吏乘马幡盖巡行、安恤；又画夷牵牛负酒、赍金宝诣之之象，以赐夷，夷甚重之”，[①] 此外，诸葛亮还送给他们瑞锦、铁券。[②] 他们因俗、因地制宜，设置民族自治地方政权。南朝设置左郡左县知管理少数民族地区，在僚人地区又称“僚郡”，在俚人地区又称“俚郡”。

唐朝在少数民族地区设置地方行政机构——羁縻府州制。羁縻府州在武德年间就已出现，在贞观年间形成制度，截止到开元年间设置黑水都督府，唐朝政府先后在东北、北方、西南、南方共设置了856个羁縻府州。[③] 唐中央政府对羁縻府州具有行政领导权，但是基本保持各民族的原有统治机构，任命少数民族首领为羁縻府州首领，在维护国家统一的前提下，少数民族拥有相当的自治权，当地的风俗习惯中央政府不予干涉。羁縻府州属于唐朝边州各地方政府领导，唐朝皇帝又时常赏赐少数民族首领，赈济遇灾的当地群众，所以，唐朝的“声威”和“教化”能够传播到这些地区，从而促进了当地政治、经济和文化的发展。[④]

宋朝在其统治的西南、西北民族地区实行羁縻府、州、县、洞制度，通过当地民族首领来实行社会治理，尊重当地风俗，对当地少数民族之间的纠纷以劝解为主，即“和断”，而不是依据内地的法律来处理。

在唐宋羁縻府州基础之上，元朝在西南民族地区建立土官制度，即任用当地少数民族上层人士担任当地地方政权机构的长官；明清继承了这一历史遗产，但在部分地区实行了改土归流的政策。

（三）多元互动，互相学习

中华大地上众多民族插花般地相互杂处，形成“大杂居、小聚居”的地理分布，民族与民族之间从来不是“鸡犬之声相闻，老死不相往来”，而是如走亲戚一样时常走动，礼尚往来，相互通婚，经贸频繁，形成你中有我、我中有你、相互依赖、优势互补的多元一体文化格局。在此基础上形成各民族之间多元互动、相互学习的良好氛围。

这种亲戚般相互走动首先体现在民族间相互联姻的政策上。中国古代各民族之

---

① 常璩：《华阳国志》卷4南中志。

② 翁独健：《中国民族关系史纲要》，北京：中国社会科学出版社，2002，第191页。

③ 徐杰舜、韦日科主编，罗树杰、胡敏副主编：《中国民族政策史鉴》，南宁：广西人民出版社，1992，第186页。

④ 田继周等著：《中国历代民族政策研究》，西宁：青海人民出版社，1993，第166页。

间民间通婚历来自由、普遍，上层社会和亲频繁。鼓励民族之间和亲联姻政策不仅使民族关系形成“血浓于水”的血缘交叉关系，而且为文化交往、互动建立了天然的桥梁。提起“和亲”，大家自然想起“昭君出塞”的故事。汉朝和亲不止王昭君一人，据统计在西汉就有“和蕃”公主8人、宫女7人，各类和亲起码16起。和亲政策也不自汉始，如早在春秋战国时期，华夏诸国和周边少数民族通婚就十分频繁。在北方，晋国公室和戎、狄世代通婚；在南方，楚国和秦国也世代通婚。王室、贵族之间和亲现象普遍，民间通婚更是广泛。汉之后，和亲更是频繁。如唐朝，有唐蕃和亲、回鹘和亲。清朝鼓励满汉联姻，提倡满汉一家，同时也鼓励满族与其他民族联姻。如清初杰出的女政治家清太宗爱新觉罗·皇太极之妃孝庄文皇后（1613—1688）就是蒙古科尔沁部（在今通辽）贝勒寨桑之次女；民间芳名远播的乾隆帝的“香妃”，也就是容妃（1734—1788）就是维吾尔族人。和亲政策不仅能够带来和平，而且能够为促进民族与民族之间友好往来、文化互动架起“鹊桥”。

这种亲戚般相互走动还体现在民族间相互做生意的商贸活动中。中国地域辽阔，所跨经度与纬度都很大，其地势西高东低，呈三级台阶分布，山川纵横交错，使我国的经济文化类型极为丰富，有采集渔猎类型组、畜牧类型组、农耕类型组，每一类型组又包括若干类型，这就使我国经济文化类型之间有极大的经济互补性，为民族之间的贸易奠定了天然的基础。主要经济文化类型组交界地带基本上是民族走廊，那里民族民间互市的走廊。长城沿线是农耕民族与游牧民族互市与文化交往的走廊。河西走廊上居住着汉、蒙古、裕固、藏等民族，是丝绸之路的一部分，是汉族与西北各民族互市与文化交往的友谊之路；青藏高原的东部边缘的藏彝走廊是茶马古道的重要组成部分，是汉族、藏族、羌族、彝族等西南民族经济互市与文化交往的友谊之路。

在中国历史上，各民族民间交往历来密切，这种如亲戚般走动的关系就为中国古代政府采取“多元互动、相互学习”的文教政策奠定了广泛而深厚的社会基础。

各民族文化如孔雀开屏，多姿多彩。各民族从来不是孤芳自赏，而是相互学习、见贤思齐的。华夏族虚心向周边少数民族学习。这里举两个例子。其一是孔子师郯子。春秋末期，周室式微，礼崩乐坏。孔子认为“礼失求诸野”，东夷“仁而寿”，所以他要到东夷寻求“礼”。郯是东夷小国，保留了礼乐文化，其国君郯子对此很有研究且讲仁孝，孔子就向郯子请教古代礼乐制度。其二是赵武灵王胡服骑射。战国时期，赵国武灵王执政，主动让位惠文王，自己深入胡地学习骑兵技术，回来就对部队进行改革，学习穿胡人的短衣皮靴以及骑射技术，大大加强了赵国的军事力量。少数民族也积极向主体民族学习。十六国时期（304—436）和北朝时期（386—581），各个政权基本上是少数民族政权，个别虽是汉族地主政权，但也是少数民族化了的政权。这一时期，北方少数民族，如匈奴、鲜卑、氐、羌、羯等，纷纷内迁，与汉族杂错相处。面对文化比较先进且如汪洋大海般的汉族社会，这些入主中原的少数民族政权顺应民族大融合的历史趋势，在行政体制、生计方式、生活习俗、文化教育等方面主动采取汉化政策，其中以北魏最力。北魏孝文帝于493年迁都洛阳后，次年就颁布改革鲜卑旧俗的制度。主要措施：禁穿胡服，改穿汉装；禁说胡话，改说汉语；改鲜卑贵族姓氏为汉姓，拓跋氏就改为元氏；按照汉族门阀制度确立北魏门第等级；禁止拓跋鲜卑同姓通婚的陋习，鼓励拓跋鲜卑人同汉族通婚。北魏建国初年，即立太学，置五经博士，编审教材，传授经学。492年，孝文帝追谥孔子为“文圣尼父”；496年，孝文帝诏立国子学、太学和四门小学。元朝早期统治者在儒士等影响下，逐步认同儒家文化，入主中原后即祭拜孔子，加封孔子后裔，还遵用汉法，任用汉儒，重教兴学；其中国子学是专门学习汉文化的学校，学生来自不同民族，但以蒙古人居多。在清朝，顺治帝一入关即加封孔子及其后裔，还要求大小官员拜读《六经》。康熙帝曾亲书“万世师表”的匾额赠送全国各地孔庙悬挂，并到曲阜拜祭孔子。乾隆帝曾经九次亲到曲阜祭孔。

少数民族文化在内地深受欢迎，深深影响了中原文化，并与中原文化交相辉映、相互交融，共同组成博大的中华文化。唐朝文化是海纳百川、雍容大度的中华文化的一个缩影。现以唐朝为例。唐代，西域的贵族、商人、乐人、僧侣、技工等纷纷来到中原，带来了西域文化。唐代音乐深受西域影响，唐朝十部乐中就有龟兹乐、疏勒乐、高昌乐三部西域音乐。龟兹人白明达的《春莺传》、疏勒人裴神符的《火风》、《胜蛮奴》、《倾盆乐》等乐曲受到人们的普遍喜爱。在美术方面，于阗人尉迟跋质那、尉迟乙僧父子把绘画中的晕染法传到内地，唐朝画家吴道子、李思训就受到此种画风的影响。[①] 盛唐时期，长安城内云集了数以万计的少数民族人口与外国人口。当时，人们慕胡俗、施胡妆、着胡服、用胡器、进胡食、好胡乐、喜胡舞、迷胡戏，胡风流行朝野，弥漫天下。唐朝人接受来自四面八方的文化，并将之融入生活之中。受吐蕃风俗的影响，长安妇女喜欢面涂赭红；受回鹘文化影响，许多唐朝宫人喜穿回鹘衣服，唐诗描述道：“回鹘衣装回鹘马，就中便称小腰身。”[②] 唐朝文化是一幅多元互动、美美与共的多彩画卷，唐朝也是人才辈出的伟大时代，这与唐朝中央政府开明的民族文教政策与博大的文化包容胸怀有密切关系。

通过上述研究，笔者认为，“德化怀柔、协和万邦”是古代中国政府民族教育政策文化模式的基本理念，是政策的根本出发点与最终归宿点；民族教育政策实践总原则是“一核多元，中和位育”，具体原则是：核心辐射，边缘内附；因地制宜，因俗而治；多元互动，相互学习。这一模式反映了中国古代文化多样性的特点，对促进中华民族多元一体格局的形成与发展发挥了积极的作用，对今天建设有中国特色的多元文化教育理论与实践体系有历史借鉴意义，对世界多元文化教育理论与实践体系也有重要的历史价值。

---

① 翁独健主编：《中国民族关系史纲要》，北京：中国社会科学出版社，2002，第229页。

② ［唐］花蕊夫人《宫词》

参考文献：

[1]《尚书·尧典》,《十三经注疏》上册。

[2]《韩非子·五蠹》。

[3]《淮南子》,《诸子集成》。

[4]《韩非子·五蠹》。

[5]《墨子·兼爱中》。

[6]《淮南子·要略》。

[7]《国语·周语》。

[8]《尚书·洪范》。

[9]《史记·匈奴列传》。

[10]《资治通鉴》卷一九八。

[11]《资治通鉴》卷一九七。

[12]《册府元龟》卷十八。

[13]《帝范》卷一。

[14]《尚书·禹贡》。

[15]《史记》卷二《夏本纪》。

[16]《汉书·文翁传》。

[17]《新唐书》卷二一九《渤海传》。

[18]《资治通鉴》卷一九五。

[19]《太平广记》卷第一八四贡举七《尚书故实》。

[20]《礼记·王制》。

[21]《史记·秦始皇本纪·太史公曰》。

[22]《汉书·卫青霍去病传·师古注》。

[23]《汉书·食货志下》。

[24]《汉书·严助传》。

[25]《汉书·西域传下》。

[26] 常璩:《华阳国志》卷4南中志年。

[27] 田继周等著：《中国历代民族政策研究》，西宁：青海人民出版社，1993年。

[28] 翁独健主编：《中国民族关系史纲要》，北京：中国社会科学出版社，2001年。

[29] 徐焰：《“封禁虚边”到“移民实边”》，载《解放军报》，2008—04—15。

[30] 聂崇岐:《中国历代官制简述》，载《宋史丛考》上册，1980年。

[31] 徐杰舜，韦日科主编:《中国民族政策史鉴》，南宁：广西人民出版社，1992年。

［32］顾明远主编：《教育大词典》（第 4 卷），上海：上海教育出版社，1992 年。

［33］翁独健主编：《中国民族关系史纲要》，北京：中国社会科学出版社，2002 年。

［34］［唐］花蕊夫人：《宫词》。

作者简介：吴明海（1965—），男，安徽繁昌人，中央民族大学教育学院教授，博士，博士生导师，主要研究方向是中国少数民族教育历史与发展研究。

第三节　教育政策制定文化分析的框架与方法

在公共政策领域，一方面以往政策制定模式的不断更新、修改与完善，既反映了政策科学的不断发展、政策理论的不断完善，也反映了政策现实对政策理论的影响越来越大，要求越来越高；另一方面在政策制定理论的不断变化中，单一性因素的影响逐渐减少，多因素的影响逐渐受到人们的关注。从公共政策制定的理论以及不断的变化趋势中，我们可以看到政策制定理论中代表综合性影响因素的文化的影响力在逐渐提升，政策制定的过程对文化的依赖越来越多。

一、文化在公共政策制定中的重要作用

在长期广泛的社会实践和人类世界的人与人之间的关系中，人类一直在不停地改变已有的社会，创造新的社会，继承已有的社会文化，创造新的社会文化。人类把自己活动的对象世界即自然界变成了一种意识的存在物，使“自然界表现为他的作品和他的现实”，从而在自然界之外又创造出一个人类世界。作为人类的意识存在物，社会与文化是紧密相联的。社会文化对人的影响与人对社会文化的影响都十分深远，文化既影响人类活动，人类活动也在不断地改造文化，“文化的意义是由文化在人类活动的体系中所处的地位、所关联的思想及所有的价值而定”。政策制定作为人类诸多活动中的一种，既是人类影响、改造文化的途径与手段，其自身也脱离不开文化的影响。政策是人类活动的一种形式，文化是人类活动的产物。政策的过程会改变并创造文化，文化也会对政策构成影响。制定政策的过程不仅要考虑政治、团体的因素，还应考虑其背后的社会文化。“任何一个地区、时代、集团的文化都在它们的安排中具有决定性的影响”，因为“它决定、标志着任何团体、家庭、氏族、民族、教派、党派、阶级活动的行为式样”。

在政策制定的价值与目标导向中，无论是理性模式、渐进模式还是综合模式，其变化发展过程中对文化因素的重视都是十分明显的。例如政策制定理性模式的实质是依据社会文化的发展而不断提出新目标，解决新问题，追求完美的政策制定模式；渐进模式的实质是依托文化背景和当地场域中人们固有的心理习惯来制定政策的模式；综合模式则是站在“文化”的立场上审视整个政策制定的本质与过程，

倡导政策制定既要遵循文化发展规律，有目标的开展，又不能脱离现有的文化和社会背景，因此才需要把理性模式和渐进模式综合起来。

政策制定"价值与目标导向"实际上就是一种人类的精神活动。因为只有人类才可以"通过理智的思考和推断以及有目的的意识来行动，并渐渐形成习惯，一代传给一代，才产生了各种各样的精神活动"，这些精神活动与社会的"实践哲学、道德、教育、法律的最重要结论有着密切的联系"。这种只有人类才具有的精神活动，是人类主观能动性的主要组成部分，指导着人类活动的方向与目的，对人类活动产生重要影响。政策制定的"价值与目标"实际上就是人类精神和主观能动性对社会问题的指向。政策制定模式的价值目标导向，表面上是一种利益的争夺，实质上体现了人类的精神和主观意志。

在公共政策研究领域，关于政策制定的理论是在不断变化、发展的。从理性模式、渐进模式到综合模式，政策制定中的价值与目标导向经历了从理性到现实再到理性与现实结合的变化过程。人们对政策的价值与目标期待逐渐从理想走向务实。政策制定主体从精英、团体到制度、系统的转变，也反映了从"一元"到"多元"的变化过程。

二、教育政策制定文化分析的框架与方法

作为公共政策下位概念的教育政策的制定，也受到公共政策制定理论的影响。这种影响不再仅仅是政治上的，还是文化上的。在实际的教育政策制定中，一方面，要综合运用教育学、政策学和文化学的知识原理来指导教育政策制定；另一方面，还要看到在影响教育政策制定的种种权力、政治因素的背后，文化以及与之相关的思维、价值观所起的作用。

具体来说，教育政策制定中，在突出公共政策制定理论本质的基础上，还应重点从制定政策的文化环境、组织文化以及政策制定者个人的文化思维等方面加以文化分析。

（一）教育政策制定的文化环境

影响教育政策制定的文化环境主要包括自然环境、社会环境以及与之对应的教育环境。

1. 自然环境

自然环境对教育政策制定的影响主要突出表现在政策的"文化性"上。由于不同地区的自然环境（交通、土地等）、人口流动和信息交流等情况的不同，造成了当前教育中的教育理念更新、教育投入、教育公平等一系列问题。所有这些都构成了教育发展与教育政策制定的自然背景。这就客观上要求教育政策制定要注重"本土性"政策的出台，要符合我国教育发展的实际情况，而不能照搬国外的政策经验和措施。

2. 社会环境

社会环境对教育政策制定的影响主要体现在来自国际国内环境、舆论以及当地

社会传统习俗等方面的影响。国际社会日益频繁的知识、技术、理念、信息上的合作与交流，不仅加快了中外教育之间的沟通和来往，也对国内教育环境产生了重要影响。国际国内舆论对受教育权的关注、人权的维护、公平的追求等，都成了教育发展和教育政策制定的外部社会环境。此外，我国教育的内部环境中，地区的社会、经济发展情况、文化传统、宗教、习俗、观念、信仰等也会对教育发展和教育政策制定构成影响。因此，在复杂的内外环境之下，教育政策的制定一方面要从不同地区的社会文化背景出发，促进地区教育的公平发展，保障社会成员的基本受教育权利；另一方面又要顾及到国际国内大环境对我国教育的冲击和影响，积极寻求新的政策措施，帮助提升教育质量。

3. 教育环境

教育环境对教育政策制定的影响比前两种因素要更为复杂。与自然环境和社会环境的影响相比，教育环境的影响是直接的，就具体的作用方式而言，教育环境对教育政策制定的影响是隐性的。

（1）从影响教育政策制定的教育传统因素划分，有中华民族的整体性教育传统文化和不同地区自身的教育传统文化。

1）中华文化传统集中的表现为一种“整体性”的集体主义特征，是一种集体本位的文化。例如在看待人与自然的关系上，中华文化主要表现出一种“天人合一”、“天地一体”、“万物同源”的思想特征。在对待人与社会的关系上，也要求把社会作为整体来看待，强调立足整体，统筹全局，顾全大局。因此，凡事要以集体利益为重，个人利益为轻。个人利益与集体利益发生冲突，则要求个人牺牲自己利益，成全集体利益。这种文化传统反映到社会生活中，就表现为对待集体态度上的忠诚和顺从，对待集体权威的服从与崇拜，这在封建社会表现的尤为明显。教育上，以儒家思想为代表的“学而优则仕”的观念深入人心：统治者希望通过考试筛选的方法选择统治阶层，公众希望通过学习考试步入仕途，成为集体利益的“代言人”。所以，这种观念指导下的教育政策制定就是以精英为导向的模式，其主要的目标是要通过政策来维持现有的教育秩序和理念，从而保证和维护精英们的特权与利益。

2）从中华文化传统中的集体本位思想出发，中华文化传统的另一个显著特征就是对伦理的重视。自古以来，十分重视个体对家族、集体和国家的依附性、顺从性。在人际关系上，也就必然地强调个体对群体、他人的服从与礼让。中华文化传统也因此而具有明显的“中庸”思想，强调人际交往中“礼”的重要性。人在社会生活中必须要谦虚谨慎，做到“和为贵”，而不要骄奢放纵。总之，在人际交往中，要“扣其两端执其中”、“无过无不及”。此外，“伦理纲常”在中华文化传统中也占有相当重要的地位。所谓“仁者，人也”，人们要做到“礼贤下士”，凡事以“礼”贯之，慎重处理好“君臣关系、父子关系、夫妇关系”。中华文化传统中“尚和”的伦理精神和严格的等级观念，尽管发端于封建社会，目的是维护封建统治政权，但仍有不少积极的地方值得我们学习和发扬。特别是其中的中庸方式、讲究伦理的价值观念，都代表了中国人对“和谐”的追求和人权的尊重。这些伦理价值观渗透到教育中，就是要强调关注、帮助那些弱势群体的教育和发展，要重视人的思想的发展，而不是一味地追求教育发展的经济效益和价值。

3）尽管生存于整个中华文化空间之中，但不同的地区也有自身的文化传统和习俗，它们同样构成教育及其政策制定的教育环境。不同地区有不同的文化传统与风俗习惯，在此基础上形成的教育传统与观念也不一样。不同的教育传统和异样的地区文化，都孕育了不同的教育文化，这些对教育政策的制定都会产生影响。

（2）从影响教育政策制定的教育现实因素划分，有整个国民教育现状和各地区教育发展的现状。

1）就整个国民教育现状来说，主要表现在受到多元文化观念的冲击所带来的传统文化价值观与现代文化价值观之间的交流、融合。一方面在中华传统文化中，重视集体、轻视个人。但随着国际交流的增多，多元文化交流背景下带来的西方文化和价值观念不断地对传统文化构成冲击，中国文化传统受到挑战。带有明显个人主义和市场经济的实用性倾向的价值文化与中华传统文化形成互补，给中国社会文化带来巨大的转变。另一方面不断的国际交流和文化融合也带来了文化内容上的一体多元性。在西方文化的不断冲击下，中国文化表现出一种“多元”的态势，但这并没有造成中华传统文化的消失和被取代，而是形成了以中华传统文化为“主体”，各种思想、文化共同存在的“多元”形式。在这种特殊的文化背景中，人们的思想开始活跃，观念开始转变。在教育上，表现为把价值教育、道德教育和学科教育、实用教育结合起来；把对教师权威的维护转变为对教师和学生“双主体”的重视等，所有这些构成了教育政策制定所面临的国内教育现状。

2）就各地区教育发展的现状来说，主要是指在国内已有的教育背景下，不同地区自身的教育现状。这对地方性、特色性教育政策的制定来说影响更大。例如就目前一些贫困和经济落后地区的教育发展现状而言，由于社会经济发展落后，导致了教育发展的落后。在现代整个国内教育环境的影响下，很多家长经不住市场经济发展的诱惑，认为读书不如外出打工，因而造成了农村和贫困地区学生的辍学现象普遍严重。所以，在教育政策制定中，就必须充分考虑这样一些贫困地区特殊的教育现状，制定特殊的教育政策，解决教育发展中存在的特殊问题和矛盾。

（二）教育政策制定的组织文化

教育政策的制定不仅有来自文化环境的制约和影响，而且更是离不开一个个由人所组成的团体——组织的存在。法国学者莫里斯·拉韦尔热认为，“组织的定义可以概括为一定物质基础（规章、设备、技术、办公室）之上的某类集体成员的角色构成。政党、工会、‘社会运动’、压力集团、行政机构、公共事业和半私有企业等都属于这个范畴”。正是因为有一系列教育管理部门和相关社会组织的存在，教育政策的制定才有了依托。组织文化及其在教育政策制定中的影响很大。对教育政策制定的文化分析还可以从决策组织内部文化和外部相关组织文化两种类型来进行。

1. 决策组织内部文化

决策组织内部文化对教育政策制定的影响主要表现在组织内部的人员构成、共同的价值观以及具体的管理模式等方面。在人员构成方面主要有行政人员、专家学者、一线教师、家长、社区代表等。不同的人员构成反映了不同的教育政策决策模式和思维。共同的价值观则是指决策人员之间能否就决策的价值导向和政策目标达成一致意见，能否可以就彼此之间存在的分歧和利益冲突等进行商讨并共同努力，使政策最大限度地解决教育问题，促进教育发展。管理模式是指决策组织内的人员管理是民主型还是专制型的，能否在决策时广泛听取各方面的意见和建议。

2. 政策决策组织外部（相关组织）的文化

除了决策组织内部文化对教育政策制定产生影响之外，与政策利益以及所处环境相关的其他组织文化也会对教育政策的制定产生影响，主要有宗教文化、社区文化以及学校文化等。

（1）宗教组织文化的影响主要通过向人们传递人生价值信仰实现。例如宗教信仰要求人们与自然、社会和谐相处，积德行善等都对人们的教育观念产生影响，成为生活中道德教育的有效素材，从而在教育政策制定的方式、方法上产生一定的影响和作用。另外，积极的宗教文化在日常生活、生产中的广泛渗透也不断地激励着人们相互和睦共处。这都成为政策制定时所要考虑的问题。政策制定中对宗教组织的考虑，能够确保制定的政策在实施过程中更加便捷、有效。

（2）社区组织文化对教育政策制定的影响是多方面的。长期以来人们生活中所产生的利益观念，对教育的认同与看法等，都构成政策制定中所要关注的因素。此外，社区精英对社区的教育规划和对社区人员教育的期许等也会影响到教育政策制定中的利益表达，甚至会牵涉到政策执行能否顺利开展。

（3）学校组织是教育政策的最终落实点。在政策执行中取得的经验、存在的不足与教训等，都通过学校来进行。通过学校组织在政策制定中的意见反馈，能够及时地修改现有政策中的不足和不合理之处，从而提升教育政策制定的质量。

（三）教育政策制定的文化思维

影响教育政策制定的因素大多来自社会，而且诸因素之间还是相互渗透、共同作用的。但这些因素相互影响和渗透都是借由人作为中介得以实现，通过人来发挥作用。个人的知识、能力、思维等在教育政策制定中的作用是非常大的。有人认为“人的情感的方向性、动力性和感染力；决策者的组织能力、决策能力、反思能力、预见能力；决策者的个人利益等都是教育政策制定过程中的个人影响因素”。人并非单独存在于这个世界上的，人在生活中要与他人交往，人的社会活动一方面影响并改造他生活的环境，另一方面，周围的文化环境又反过来影响个人的思想、情感和能力。因此，探讨个人文化思维在教育政策制定中的作用与影响，也是对教育政策制定的文化分析的重要框架和方法之一。

1. 个体知识水平

个体知识水平对教育政策制定的影响主要体现在个体的教育学知识、政策知识等方面。个体的教育学知识决定个体能否从教育的角度关注教育政策的制定，使政策真正着眼于教育实际问题的解决，而不致成为行政中的一种摆设。个体教育学知识的丰富程度决定了教育政策具体内容的专业化水平的高低。个体的政策知识则决定了教育政策制定的法律程序和规范程度，保障教育政策制定在程序上的科学性以及政治上的民主和规范性，使教育政策具有较强的问题表征能力和对问题的解释力。个体政策知识的多寡，决定了教育政策制定中的技术性的高低。

2. 个体认知方式

个体认知方式主要是由个体知识水平决定的。较高的知识水平、专业素养和技能等都有助于个体形成合理的、科学的认知方式。个体认知水平对教育政策制定的最终作用力是通过其对教育以及教育问题的认知和表征方式体现出来的。丰富各方面的知识，有助于个体形成从多角度分析问题的思维习惯，从而对问题进行更加全面的、科学化的归因，有助于个体从大局、长远出发看待教育中的问题，寻求各方面利益的协调，从而从最大程度上解决好教育发展中的问题。

3. 个体感情因素

个体感情因素同认知方式一样，是由知识水平的高低决定的。高的知识水平有助于形成合理的、全面的认知方式，并最终上升为高尚的、科学的文化感情。带着对传统文化和教育事业的热爱之情参与到教育工作之中，会使人工作充满效率和富有成效。更重要的是，有一颗对教育工作的敬畏和热爱之心，在政策的制定中就会不自觉地以更加积极、向上的态度看待和解决问题，并会尽力通过政策把问题处理好，使问题解决的结果更大程度上有利于促进教育的科学发展。

三、结论

权力的影响是表面的，文化的影响是内在的。尽管当今世界政治、权力对教育政策的影响看起来仍然是占据主导的地位，但并不代表政治、权力已经脱离文化而单独存在。政治与文化之间的关系永远密不可分。对教育政策的研究，更需要把二者结合起来。如史蒂文·卢克斯（Steven Lukes，1974）所言，“教育政策研究需要整体性的理论视角，而这样的视角是在综合多元主义、批判立场以及研究偏见形成的成果的基础上完成的，因而包容了权利的众多侧面”。

以往的教育政策制定理论尽管存在各自的缺点，但为我们进行研究、扩展视野提供了理论上的基础。教育政策制定的过程实际上是政治过程和文化过程的统一。其中政治是表面现象，产生的影响是显性的，文化是内部动力，产生的影响是隐性的。教育政策制定的过程，除了有政治、经济因素的影响之外，还有文化因素的参与。文化环境、组织文化以及政策制定者个人的文化思维等共同组成了教育政策制定中的文化影响因素。要求在教育政策制定中要对这些因素给予持续的关注和重视，从文化环境、组织文化和个人文化思维的角度和框架出发来对教育政策制定进行文化分析，促进教育政策更加富有成效和文化特征，更加符合中国教育实际，提升国民教育质量。

参考文献：

［1］马克思：《1844年经济学—哲学手稿》，《马克思恩格斯全集》，北京：人民出版社，1972年第42卷，第97页。

［2］马林诺夫斯基：《文化论》，北京：商务印书馆，1945，第15页。

［3］杜威：《文化与自由》，北京：商务印书馆，1964，第14、16页。

［4］海克尔：《宇宙之谜》，上海：上海人民出版社，1974，第116—118，122页。

［5］［法］莫里斯·拉韦尔热著，杨祖功译：《政治社会学》，北京：华夏出版社，1987，第139页。

［6］常为、杜朝晖等：《论教育政策制定者个人因素对政策制定的影响》，载《教育探索》，2002年第1期。

［7］［美］弗朗西斯·C. 福勒著，许庆豫译：《教育政策学导论》，南京：江苏教育出版社，2007，第ii页。

作者简介：王平（1986—），男，安徽肥西人。北京师范大学教育学部2012级博士研究生。主要研究方向为教育基本理论。

第四节 民族地区基层官员的政策目标再制定
——以中小学布局调整政策为例

一、问题

政策执行领域通常出现“上有政策下有对策”的现象。这一现象折射的现实到底是什么，以及为何会产生这种现象，则是政策研究者需要深入探析的问题。政策执行过程纷繁复杂，但政策执行研究需将其分解以窥本质。本节主要关注政策目标在政策执行过程中是如何被政策执行者理解并付诸行动的。大多时候，在基层的政策执行者将政策传递至政策目标群体之前，政策只不过是“一纸空文”，因此“不能脱离政策的具体执行方式孤立地理解政策”[1]。笔者试图从基层官员的角度探究政策的执行过程。

在政策规划和决策阶段，政策目标是政策制定者最终要实现或达到的结果或目的。一般来说，为了保证政策的适用范围，政策多表现为“目的描述”，一般比较宽泛。而在政策执行过程中，为了能够将政策文本、上级指示、精神转化为具体行动，基层官员一般会将政策目的转换为政策目标，再由政策目标转化为行动目标。从研究的视角分析，这个过程包含的问题是：基层官员究竟是如何进行政策目标的

“再制定”的。

本计划以青海开和县中小学布局调整政策的执行为例，关注政策在县级层面及以下的真实执行过程，调查基层官员在政策执行中对政策目标的理解及实施行为。

二、中小学布局调整政策脉络及执行概况

要理解农村中小学布局调整的目标，需要理解什么是学校布局。教育大词典的概念中，学校布局也称教育布局或教育分布，是指各级各类教育机构在地理上的分布。学校布局受区域经济、文化、人口等因素的制约，同时又影响区域经济和文化发展。[2]

2001 年颁布的《国务院关于基础教育改革与发展的决定》（国发［2001］21 号文件）[3]中，将调整农村义务教育学校布局列为一项重要工作，并指出应“因地制宜调整农村义务教育学校布局。按照小学就近入学、初中相对集中、优化教育资源配置的原则，合理规划和调整学校布局。农村小学和教学点要在方便学生就近入学的前提下适当合并，在交通不便的地区仍需保留必要的教学点，防止因布局调整造成学生辍学。学校布局调整要与危房改造、规范学制、城镇化发展、移民搬迁等统筹规划。调整后的校舍等资产要保证用于发展教育事业。在有需要又有条件的地方，可举办寄宿制学校”。同年，国务院召开的全国基础教育工作会议也将农村中小学布局调整列入发展农村义务教育当前要重点抓好的六项工作之一。自 2001 年起，各地政府纷纷制定本地区的农村中小学布局调整规划，第二次农村中小学布局调整工作在全国范围内广泛开展。

2002 年和 2003 年，国务院和财政部分别下达了《关于完善农村义务教育管理体制的通知》[4]和《中小学布局调整专项资金管理办法》[5]的通知，从管理体制、经费保证方面进一步推动了农村中小学布局调整工作，各地政府也都大规模地加快了布局调整的步伐。

自 2001 年全国大规模的农村中小学布局结构调整开展以来，部分地区通过因地制宜、实事求是地合理调整中小学布局，集中力量改善了学校的办学条件，实现了一定的规模效益，教师队伍质量与教育教学水平也得以提高。但是，也有部分地区盲目地撤并和减缩当地农村中小学校。如有的地方政府明确提出：“到 2005 年，全市基本完成中小学布局调整学校 1344 所，学校数量要减少三分之一以上”的硬性要求与口号；在大量撤并农村中小学时，有的地方还片面追求办学集中和学校规模的扩大，如“每个乡镇建一所初中，每所初中服务人口为 3—5 万人”，“初中要达到 18 个班，校均 900 人的规模”等目标[6]。此外，部分地区还出现了脱离当地实际，盲目、急速撤减农村中小学校的突出问题。如 2003 年，有的省份宣称：一年内完成全省农村学校布局调整，使“农村中小学校减少了近 5000 所，调减率为 19%，超过了 10% 的调整任务，实现了‘三年任务，一年完成’的目标”[7]。

针对此类现象，教育部办公厅颁发了《教育部办公厅关于切实解决农村边远地区交通不便地区中小学学生上学远问题有关事项的通知》（教基厅［2006］5

号）对某些地区中小学布局调整过程中出现新的学生失学、辍学和上学难问题，要求各地布局调整要“实事求是，因地制宜”，并指示各地教育行政部门要“慎重对待撤点学校”。继而，教育部又发布了《教育部关于实事求是地做好农村中小学布局调整工作的通知》（教基［2006］10号），总结了有些学校布局调整后出现的学生辍学、大班额授课、寄宿条件差及教育资源流失等种种问题，再次重申布局调整一定要“以人为本”，“充分论证，统筹安排，稳妥实施”，要本着“先建设、后撤并”的原则实施布局调整。教育主管部门连续出台两个文件，针对同一个问题进行了指导性意见和要求的重申，可见农村中小学布局调整过程中出现的新问题已经不再是个别现象。[8]

从布局调整和寄宿制的政策文本来看，“小学就近入学，中学相对集中，优化教育资源配置”似乎并没有给各级教育行政部门制定具体任务，那为何各地关于布局调整和寄宿制的报告文件中又几乎都在强调“撤并率”，甚至有的地方撤并的重点是“规模小、效益差”的学校[9]，同时将布局调整工作作为各级政府的政绩考核内容[10][11][12]。

在文献收集中，研究者注意到布局调整具体方案的规划和实施都是由县级教育管理部门负责的，也就是说“县级教育管理部门”是布局调整政策执行中最小的一个单位。因此，研究者决定重点探究布局调整政策在县级层面的执行。

三、基层官员政策执行中的政策目标“再制定”

到2008年底，青海省开和县有各级各类学校284所：完全中学5所，职业技术学校1所，初级中学4所，九年一贯制学校12所；普通小学246所，其中完小114所，初小132所；一贯制小学部12所；特殊学校1所；另设教学点3处。而2009年开和县中小学布局调整的目标设为“将全县现有284所各级各类学校调整减少为128所，撤并156所学校”，并指出“我县布局调整的重点在小学，难点也在小学。根据全县小学教育现状，规划将乡镇政府所在地的中心学校办成全寄宿制小学，并考虑一些现有的校舍条件，合理设置寄宿制学校和完全小学”。

（一）简化目标

基层官员在政策执行中目标的确立往往建立在对问题的认识基础上。开和县布局调整文件中对基础教育问题总结为“问题突出表现在三个方面：一是学校规模总体偏小，小学校均规模97人，初中（含九年一贯制）校均规模440人，高中校均规模593人；二是小规模学校比例高，在校学生不足50人的小学和教学点136所，占小学（点）数的53%，有225所小学校均规模不足200人，全县一师一校有87所；三是地区间师生比例严重失衡，边远山区存在教师数量不足、结构性缺编，教育投入分散、条件得不到有效改善，管理成本和办学成本过高、教学质量难以保证，人民群众对教育的满意度不高的问题。”前两个问题很明显属于同一个问题——学校规模。第三个问题虽然强调了师资的分布失衡，但实际上还体现着同一个目的取向——集中办学，扩大规模。

由此可见，基层官员常常通过简化问题的方式进行着政策目标的简化。在布局调整政策执行过程中，“优化教育资源配置”这一目标简化为“实现规模效益”、“提高办学效益”和“提高教育资源使用率”等。规模效益遵循是经济原则，是指规模的增加带来产量增加或成本降低，可以用货币直接衡量。但是追求规模效益时往往把布局调整等同于“学校合并”。“扩大学校规模”，规模扩大到一种程度的时候，质量必然产生质变。“规模、成本、质量”的铁三角难题向来不能依靠改变一个变量而得以改善。

基层官员简化目标的另外一个原因是出于管理的方便。按照职责要求，教育局局长必须到每一个学校视察。由于分散办学时学校散落在各个乡镇、村寨，所以视察工作便成为基层官员一个负担。开和县教育局长讲过这么一个故事，“自从我担任局长之后，我真是跑了所有的学校，真的跑遍了。我觉得我这是第一个做到这样的教育局长。你知道供东那里吗？从这里（开和县城）开车要 5 个小时。一去一回，一天就过去了。你知道我带着他们去到一所最靠边界的小学——拱东小学。你知道我去了发生什么事情了吗？我到了学校之后，因为没通知，所以开始他们不知道我们是来干什么的。后来说我们是教育局的，校长当时就流泪了。真的流泪了。他说他在这所小学当了 10 年校长了，10 年都没有教育局来过这里。还亲自给我们杀了一头猪，后来吃饭的时候我们都喝高了。当时我去的时候没带什么，就留给他们 1000 块钱。后来你又知道发生什么事情吗？那个校长，发动学校的老师每人捐一个月的工资，把整个校园绿化了，修了房子，修了校园里的路，都是他们自己干的。而且第二年他们学生的平均成绩提高了 15 分。15 分啊，不简单！你知道他们原来的成绩是垫底的”。尽管局长讲这个故事的目的是表达自己对教育的责任和热情，但是也不难看出，到一个偏远的学校视察对于基层官员来说是个工作负担，应该做的事情变成了工作的业绩。

从基层官员的理解出发，要实现方便管理的目标也意味着撤并小学。而且越是偏远、经济落后的地方，学校撤并的数量越多。如开和县扎巴镇原有小学 28 所，保留学校 8 所，被撤掉学校 20 所；扎巴镇位于县境西北部，距县府驻地 32 千米，人口 11270 人，面积 127.6 平方千米，有 26 个村委会，原有学校小学 28 所，保留小学 8 所；而人口与之接近的巴燕镇，县府驻地，面积 25.4 平方千米，原有学校 22 所，保留小学 12 所，撤掉的学校为 10 所。

在不同层级的政策之间，“小学就近入学、初中相对集中”已经变成了“将全县现有 284 所各级各类学校调整减少为 128 所、撤并 156 所学校”，而且这 156 所学校都是在 2010 年内完成；虽然国家层面的政策没有规定如何制定布局调整的方案，但是“农村小学和教学点要在方便学生就近入学的前提下适当合并”从字面理解为可以撤并学校。“只要撤并学校，就是执行了布局调整政策；撤并学校数量越多，对政策的重视程度越高”，这种想法就形成了基层官员的布局调整目标设定的指导思想。在访谈中，基层官员经常提到“撤得慢就落后了”“现在不撤以后就没机会了，谁知道以后的政策有什么变化呢。这就像三伏天的雪糕，不吃就化了”。

（二）量化目标

数字是最直观的目标表征，便于操作。量化目标，是指用准确的数字描述规划目标。基层官员惯常将目标进行量化。比如兰西市基础教育处处长认为，“目标不量化容易责任不明确，谁也不知道自己该做什么，做到什么程度。比如在撤点并校中，我就要负责 5 个镇的小学撤掉 41 所，在 2012 年 12 月之前必须完成……各乡镇也是一样。县里如果不把任务明确到数字，他们根本不做。像我们要控制学校的规模，必须给他们学校的最低人数。”

如开和县十二五规划中对于教育发展设定的目标是“到 2015 年，通过布局调整，整合并改扩建农村小学 128 所，基本普及小学寄宿制教育”。当然，仅有时间和数量的规定还不能具体指导布局调整工作，如如何改扩建农村小学，寄宿制教育又该如何开展。因此，开和县十二五规划又明确规定了五年之内需要达到的目标：“完成中小学布局调整规划。调整后小学 105 所，九年制学校 1 所，初级中学 4 所，民族完全中学 1 所，高级中学 2 所”。教育局在此目标指导下制定了开和县布局调整规划方案，对调减学校的时间期限、数量、经费需求做出明确的规划：“共调减中小学 156 所，调减率为 54.9%。全县中小学布局调整规划实施分五年实施完成”。在中学布局调整目标上具体规定，“计划建设面积 155，359 平方米，投资 23，303 万元。教学设备 1，530 万元，食堂 130 万元，床 6，077 套，444 万元，图书 432，660 册，1，081 万元，课桌凳 5，539 套，110 万元”，小学布局调整目标则为“计划建设面积 249，500 平方米，投资 37，425 万元。教学设备 12，750 万元，食堂 1，575 万元，床 14，612 套，438 万元，图书 592，574 册，1481 万元，课桌凳 2，734 套，54 万元”。

中小学布局调整政策被县级层面重新制定之后，从目标的设定来看基本以数字的形式来体现。目标基层官员在政策执行中需要合作，比如部门内部的合作，以及不同部门之间的合作。因此，为了明确责任主体便将目标进行量化，“目标要素化，要素数量化”。此外，对于基层官员来说，将政策目标量化可以免于解释，因此可以提高工作效率。尤其是基层官员一般都认为自己所在部门人手、时间都很紧张[13]。

尽管量化目标在基层官员工作过程中有着明确的必要性。但是，需要注意的是这些数字是如何推演出来的。如开和县在布局调整规划中明确提到的经费预算为 115，015 万元。这对于一个 2010 年人均收入 2，510 元、元月至十月份全县财政总收入 10，898 万元、教育支出 6，253 万元的地区来说是否合理、是否可行都值得进一步关注。

（三）附加目标

布局调整的主要对象是义务教育阶段的学校分布，但实际上各个地区在执行政策时通常把布局调整的专项经费用来新建校园，改善学校硬件条件，或将义务教育阶段之外的教育也纳入布局调整当中来。这就出现了附加目标的现象。布坎南认为在公共决策中实际上并不存在根据公共利益选择的过程，而是只存在各种特殊利益的选择。行为个体追求特殊利益的时候，往往会出现对政策目的的修改，形成政策执行的偏差。基层官员在布局调整政策执行过程中，也会根据自身利益或部门利益重新制定政策。

对于利益驱动的政策执行，教育政策的基层官员只认可“群众利益”而否决“个人利益”、“组织利益”。开和县教育局局长认为，“政策落实的再好，也只能说明国家政策好。你见过哪个教育局长是因为政绩升迁的？能升迁的都是有背景的人……政绩是我们对老百姓的交代。”实际上，基层官员政策执行过程中，仍然具有明显的潜在个体价值驱动。

如开和县人民政府在十二五规划修改稿中明确规定，开和县十二五发展计划有五大目标：（1）巩固发展基础教育；（2）规范发展学前教育；（3）重点发展高中教育；（4）大力发展职业教育；（5）健全经费保障机制。计划认为基础教育的发展重点是寄宿制学校建设，表示要进一步加强布局调整的力度。这份文件把基础教育放在首位，强化了布局调整的重点是寄宿制学校的建立，布局调整的时间、数量等也都有了明确的规定。教育发展规划的总体目标便成为教育主管部门的任务，在教育局制定的布局调整规划中，对布局调整的方案做了更加明确的规定：

1. 高中教育。在县城将开和一中扩建为高级中学；根据基础教育发展的趋势扩建开和完全中学；围绕新建城区开发普及高中教育，在新建城区新建 1 所高级中学。

2. 职业教育。按照市场需求不断调整专业结构，突出特色，扩大办学规模，将职业技术学校迁建到新区。

3. 初中教育。分别将现有的回族女中、二中、三中、四中扩建单设为初级中学（学校名称、规格、隶属关系、内部设置机构仍保持不变，按完全中学对待）；保留扩建民族中学初中部，设立双语教学，在新城区新建 1 所九年一贯制学校。

4. 小学教育。我县（开和县）布局调整的重点在小学，难点也在小学。根据全县小学教育现状，规划将乡镇政府所在地的中心学校办成全寄宿制小学，并考虑一些现有的校舍条件，合理设置寄宿制学校和完全小学。

5. 学前教育。学校布局调整后，闲置的教育资源优先用于学前教育的发展，在乡镇所在地和人口相对集中的村庄设立学前教育机构。

6. 双语教育。通过中小学布局调整，把全县 5 万多藏族人口的 2600 多名民考民初、高中学生集中在民族完中，以此解决初高中双语教师紧缺、教学质量低下、双语教学体系不完善的问题。

此外，教育局考虑布局调整后教育质量的保障需要教师队伍的建设和稳定，因此，布局调整中专门对教师队伍建设做出了规划目标：

1. 加强师资队伍建设，积极推行教育内部“三制”改革。建设一支数量足、业务精、结构合理、能力强的教职工队伍和校长队伍，加大培训力度，每年投资200万元，培训20%的教师和校长

2. 全面启动“教师安居工程”建设。在城区，通过市场化运作，新建200套商品房，让利出售给城区教师；在乡镇，采取政府补贴、教师筹资的办法，新建“单元式”住房200套；在农村，新建套间式周转房200间。

国家在制定的布局调整文本中指出，布局调整针对义务教育阶段的学校分布进行调整。但是，从开和县制定的布局调整方案和经费使用预算来看，学前教育、高中教育都纳入到布局调整的范畴之中。对此，基层官员也有自己的道理：“国家制定政策就是为了提高教育质量。可是现在我们这里，学前没有老师的编制，义务教育免费也不包括学前班，你要知道没有上过学前班的孩子很难跟得上进度的，老师们也难教。学前教育要是能免费、能有编制就好了”；“现在说哪个地方基础教育质量高，就是看成绩，看考上高中、大学的比例。高中做不好，基础教育做再好也没用。最后大家还不是都回家去了……我们眼光要放长远，既然现在国家出了政策管基础教育，以后肯定会出政策管高中。我们现在就把高中考虑进来，实际上已经走到了国家的前面”。此外，还有中等职业技术教育，也被基层官员及时地纳入到布局调整的规划目的当中来。

根据区域发展现实情况制定布局调整目标。从学校撤并后的区域分布可以看出，中小学越来越集中于城镇及人口分布相对密集的村庄。开和县在城市规划中建设了县城新区，新建学校基本集中在新区。国家布局调整政策规定是义务教育阶段的中小学调整，而县级单位在执行政策的时候要将各项政策统合起来重新制定目标。新区建成之后，老城区原有居民因为交通、教育、医疗、生活等不便为由不愿搬迁。为了进一步加快城镇化建设的步伐，县级政府、教育局将原有的学校撤并，在新城区建立九年一贯制学校，并通过行政权力将优秀师资大量调入新学校。因此，基层官员在执行政策的时候，在原则性的规制和现实状况之间重新制定政策目标。“一台电脑搭售一个硬盘”式附加执行、“断章取义，为我所用”式的选择执行都成为基层官员政策执行过程中的常见现象。

四、小结

在政策执行过程中，基层官员对政策目标以特有的方式进行再制定。一般情况下基层官员会对政策将要达到的总体目标、最终状态以更加简化、具体的方式描述出来。和国务院、教育部颁布的政策相比，县级政府、教育局制定的布局调整文件在政策目标方面有了明显的差异。

通过县政府和教育局制定的文件可以看出，抽象、模糊的布局调整政策目的已经在基层官员的理解下重新阐释为量化、可操作化的目标。基层官员执行政策中政

策目标再制定的分类过程中，有几点特征可以总结：

基层官员政策执行中目标“再制定”

特征	国家层面政策目标	县级层面政策目标
明确程度	宽泛的陈述（优化教育资源配置）	具体陈述（调减率为53.5%）
术语定义	规范性定义（就近入学）	可操作性定义（乡镇总人口在5000人以下的改扩建1所寄宿制学校）
时间规定	不明确（逐步调整农村中小学布局）	明确（2010年为开始规划阶段，2011年开始实施阶段，到2015年全部完成）
评估	非量化的（牢固、实用、够用）	非常量化（计划建设面积162976平方米）
目标群体	宽泛的界定（重点支持农村地区中小学）	具体界定（全县5万多藏族人口的2600多名民考民学生集中在新区中学）

从政策执行研究发展的演进途径来看，政策执行演进领域有两个关键的主题：第一个是规范问题，以政策制定的基本概念为基础，也就是政策执行者确定政策的“目标”，各个层级的组织和官僚必须将政策目标付诸行动。第二个是执行者个体行动演进的实践问题，也就是既有的政策目标能否实现，如何实现，多大程度的实现，取决于各个层面的政策执行者，尤其是基层官员。

本研究试图将两种研究途径结合起来，立足于已有的政策执行研究基础，关注的是中小学布局调整政策执行中“规范”和“实践”中的冲突，重点是对真实的政策过程进行深入考察，尤其是基层官员在政策执行过程中如何理解政策目标、决策并采取行动。

从政策执行个体的视角研究政策执行，则突破政策执行研究自上而下以及自下而上的模式，将政策执行视为以一种演进的行为模式为特征的个体行动。在这样一种情况下，政策目标无法作为行动的唯一准则，目标——结果的政策评估模式往往忽略政策执行的互动过程。因此，政策再制定的基本前提是：承认政策与行动的连续性，政策执行是交互行动、相互议价的过程。很多研究者把没有遵循目标的政策执行视为“政策变通”、“政策偏移”、“政策替代”、“政策规避”甚至于“政策失败”。这些只是现象的描述，从行为演进模式来看，实际上是基层官员出现了政策再制定行为。因此，政策执行研究过程中不能单一的通过目标——结果的研究模式评估政策是否达到了预期目的，而是要从政策执行个体的角度动态地分析政策执行过程。

参考文献

[1] Richard F. Elmore. *Organizational Models of Social Program Implementation* [J]. Public Policy，1978（26）：185。

[2]《教育大辞典（增订合卷本）》，上海教育出版社，1998年第8期。

[3] 国务院：《关于基础教育改革与发展的决定》，2001年。

[4] 国务院：《关于完善农村义务教育管理体制的通知》，2002年。

[5] 财政部：《中小学布局调整专项资金管理办法》，2003 年。

[6] 庞丽娟：《当前我国农村中小学布局调整的问题、原因与对策》，载《教育发展研究》，2006（2B），第 2 页。

[7] 徐光明：《江西一年完成农村学校布局调整，学校调减 19%，教师精简 10.3%》，载《中国教育报》，2003—12—24。

[8]《关于农村学校布局调整问题的回答》，http：//www.moe.edu.cn。

[9]《内蒙古自治区中小学布局调整专题汇报》，http：//www.moe.edu.cn/edoas。

[10] [11]《宁夏以学校布局调整促教育健康均衡发展》，2009—10—3。

[12]《邯郸市“深化布局调整，助推农村义务教育加速均衡”》，http：//www.moe.edu.cn/edoas.2009.10.3。

[13] Lipsky, Michael. *Street – Level Bureaucracy: Dilemmas of the Individual in Public Services*. New York: Russell Sage Foundation. 1980: 75。

作者简介：江凤娟（1980—），女（汉族），山东济宁市人，中央民族大学教育学院教师，研究方向为教育政策、教育技术、远程教育。

第五节　多元文化视角下的民语课程的国家制度性安排

在人们基本能保证温饱生活的前提下，相对于经济存在和政治存在来说，文化存在是一种更根本的存在。语言作为存在之家，承载着文化，关系着文化的存续。少数民族文化的存续关系着民族团结、社会和谐以及国家安全，而少数民族语言（以下简称“民语”）的存续决定着少数民族文化的存续，这就离不开教育，尤其是离不开学校教育。然而，由于中国境内的大多双语教育教学不能从根本上避免民语在学校教育中的缺失，因而，学校应设置双轨双切的民语课程，国家应从民语课程的评价机制上为学校设置民语课程进行制度性安排。

一、文化是更根本的存在

人具有生存特性和超生存特性。具有生存特性的人只是一种追逐生存的高级动物，只具有生存的意义，生命意义很有限，他的一切活动仅仅是为了满足最低的生理需求，保证生物个体能活下去，他始终无法脱离生物机体，挣脱身体的束缚，我们称这种状态下人的活动为生理活动。在这之上，具有超生存特性的人，他生活之处不是纷扰的生理需求世界，而是心理世界和精神世界，他也许直接地生活于最本真的精神世界中，也许在这种精神世界中来肯定自我，寄托自我，否定自我，借助于此，他才让自我与宇宙同在。精神世界中的人进行着精神活动，而文化恰是这样一种精神生活的直接的符号系统，提供给了人生理刺激以外的心理刺激，哪怕它有时占据着物质的外壳，更为贴切地说，人的精神活动就是文化活动。

马克思认为人的本质是“一切社会关系的总和”。[1]社会关系既包括物质的社会关系（即经济关系），也包括精神的社会关系。人的社会关系决定了人独立于动物的特殊性，具有唯一特性的社会关系决定了人之存在。也就是说，社会关系决定了真正意义上的人。我们再来看看文化，我们谓之的文化具有广泛的意义：“文化是人类在处理人和世界关系中所采取的精神活动与实践活动的方式及其所创造出来的物质和精神成果的总和，是活动方式与活动成果的辩证统一”[2]。在人的非自然世界中，实在找不出一样东西，我们不能归结于文化这种东西。不难发现，广泛意义的文化囊括了物质关系和精神关系的总和，也即马克思的社会关系。在这个意义上，社会关系决定了人之存在也即文化决定了人之存在，文化活动也成了人的根本活动。“文化是人的本质的展现和成因，就是说它是人的本质的展开的表现和人的本质的形成的原因”。[3]文化代表了人类的根本性，是人的符号，其永恒召唤了人的永恒，在其存在之地才有了超生存特性的人的存在。

马克思主义理论将社会生活分为三个领域：经济、政治、文化，这是人类所共同拥有的生活。在这里，文化主要具有狭义的意义，主要是观念形态的文化，包括宗教、道德、科学、学术、教育、文学艺术等。[4]按照这三个基本领域，我们将人在社会生活中的存在分为经济存在、政治存在和文化存在。经济和政治更多的是反映了人类机体之外的客观条件。人类一出生就掉进了所处的文化圈，受文化的影响，海德格尔（M. Heidegger，1889—1976）说“人都是存在于即存的文化之中，历史与文化先占有了我们，而不是我们先占有了历史与文化。”[5]文化是人创造的，人又是文化创造的。[6]文化自出生起就伴随了人一生，相比经济和政治，它又更接近于人的内心，尤其是观念形态的文化。因此说，文化相比经济和政治更能区别人与人之间的差异，文化存在是更根本的存在，而在各种有关族群的定义中，文化要素都被作为区分族群的标志之一。

二、语言是存在之家

海德格尔说，语言是存在之家。[7]马克思在提到语言对合作，对人的贡献时说到：语言和意识具有同样长久的历史；语言是一种实践的、既为别人存在并仅仅因此也为我自己存在的、现实的意识。语言也和意识一样，只是由于需要，由于和他人交往的迫切需要而产生的。[8]语言之于合作是必不可少的工具，合作主体的本意通过口头、书面或其他形式的语言传递给其他合作主体，达成了意愿上的统一，于是产生了合作。可以说，语言决定了合作。

在思维层面上，语言是思维的物质外壳，它体现了人的思维，并为人进行思维活动提供了条件和场所，它储存了人类活动所需的传统和历史，人在思维过程中借助语言进行比较、分析、综合、概括、推理和判断。如果没有语言，那么人的思维就不能有效地进行，人也不能表达其思维。

同时，语言，既是文化的一部分，又反映了文化中的其他要素。语言承载了族群文化，使用语言的族群通过语言表达了他们对自身及客观世界的独特看法，是族群普遍心理的反应。

三、民语在学校教育中的缺失

在我国大部分较少民族聚居区的基础教育学校课程中，几乎没有民语语文课程，即使有了双语课程作为补救，但根据笔者及其所属调研组所做的调查结果可知，所谓的双语教学只是凭借民语向汉语过渡而已。在这种过渡的双语教学过程中，存在价值的缺失和能力的缺失。

1. 价值的缺失

根据田野调查可以发现，少数民族教育的文化意义已经被忽视，工具性意义被放大。在很多学校，一般情况是，少数民族的小学生在小学低年级时通过学习民语向汉语学习和科目学习过渡，而到了小学高年级（四年级以后）就一般不再学习民语（即自己的母语）。所谓的双语课程或双语教学也只是将民语作为完全的汉语学习过渡的工具和手段。

然而，民族语言的意义不仅限于它的个体工具性意义，更在于它对文化的意义，语言是族群文化的灵魂，族群从本质上反映了人类与其他动物群体的区别，又从差异性上印证了族群文化的多样性。因此，在学校教育中，民语价值意义的缺失必然引发族群文化的缺失。

2. 能力的缺失

主流社会导向使少数民族语言很少再具有其工具作用以外的意义。为了融入主流社会，许多少数民族师生抛弃了民语，学校教育中不再进行民语能力的培养，因为在学生完全掌握语言后，这种民语将会减少甚至是不再被使用。由此造成了这样一种令人担忧的情况：许多少数民族学生在基础教育阶段结束以后居然无法很好地使用本民族语言。笔者在对中央民族大学部分少数民族学生进行访谈时发现，大民族以外的少数民族学生，多数都无法流利地使用甚至不能使用本民族语言。然而，“双语教育是培养学生以同等的能力运用两种语言的教育”，[9]所以，无论是少数民族双语教育还是民语教育，都该将学生民语能力培养置于与汉语同等的地位。

四、民语课程的双轨双切

学校教育是民语教育的主要实践场所，因此，学校内部需要制订各种措施来保证民语教育的有效进行。

1. 语言思维双轨

汉语作为主流的语言在少数民族学校教育中占有重要的地位，因此，汉语思维和能力的培养一直都占据着学校教育的主流。然而，少数民族的语言思维和能力的培养也应具有与汉语同等的地位，学校教育既要培养学生汉语的思维能力，也要培养少数民族语言的思维能力，并努力促进学生在两种语言上的自由转换使用。因此，这里的民汉双语教学的“双轨”是指民语汉语双语思维并置转换，双语课程或民语的设置是因民语和汉语的并置而设置，民语不再作为一种过渡性工具。

2. 学科课程双切

民汉双语教学的“双切”是指双轨思维的民汉双语切入学校教育的各学科及其各层次。

“双切”分为分科切入和分层切入，这样可以实施更有效的民汉双语教学，提高学生民语思维能力。在学科上，民语课程应该既包括少数民族语言语文课程，也包括语文课程以外的其他学科课程，如历史、地理等。在层次上，民语课程的设置因学生年龄和民语的形式而异。民语课程在年龄上的分层指在学生不同的年龄阶段设置不同程度的民语课程，而不仅仅是在其学前或小学低年级阶段；在民语形式上的分层指针对有文字有口语的民语和无文字有口语的民语，教学内容和形式要有所不同。

如图1所示，双轨的民汉思维能力，双切的学科课程综合上述双轨双切的教学模式，民语学习才能更有效，而不是仅仅以汉替民，抛弃民语，少数民族学生成为既掌握本民族语言，提高本民族语言能力，又能通过汉语融入主流社会，成为真正的双语人才，这才是民语教育应该追求的目标。

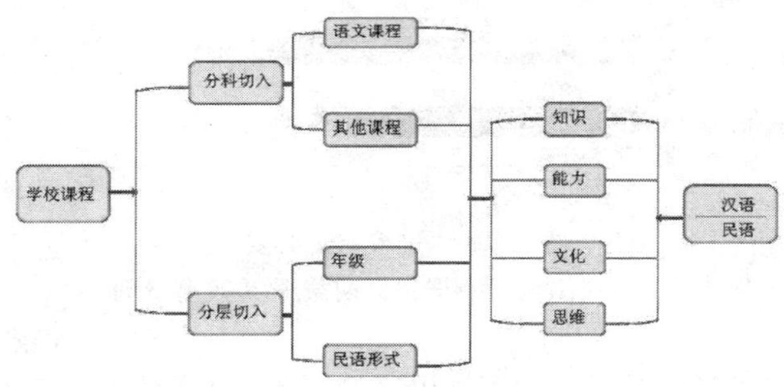

图1　双轨双切的民语教学设计

五、民语课程的国家制度性安排

一直以来，我国都非常重视少数民族的语言教育，在各种立法规定上都表明了支持少数民族语言教育的立场。然而，由于法律法规和制度措施的可操作性问题和现实的功利性导向问题，大多数少数民族的语言教育呈现出一种缺失状态。濒危的少数民族语言需要被挽救，而挽救不仅需要转变观念，更需要制度性安排。要用科学发展观指导民语教育发展，用制度性安排来保障和民语教育的实施。

首先，要明确制度性安排的意义。在这里，制度性安排是指国家政府通过制定法律法规和政策措施来指导社会生产的各种活动；制度性安排以谋求公共利益为主，具有权威性和强制性。第一，谋求公共利益的制度性安排必然具有公平公正的价值取向。在语言上，制度性安排所追求的应该是各种少数民族语言均衡发展，而不是“一家或几家独大的状况”。因此，在政府教育政策出现语言弱势群体的时候，在某些语言相对处于不利地位因而生存与发展处境困难的时候，需要完善现有法律法规和政策措施，以改变民语“弱势”状况，加大支持“弱势民语”的力度。第二，国家政府的制度性安排具有权威性和强制性。这种特点要求活动的公民或组织按照制度进行活动。

其次，要设置民语课程的“自助餐”。在笔者及其所属调研团队对纳西族（宁蒗县）、傣族（景洪市）、德昂族（三台山乡）、白族（鹤庆县）、傈僳族（维西县）、独龙族（贡山县）、阿昌族（江东乡）、基诺族（基诺山乡）、怒族（福贡县）、景颇族（西山乡）、哈尼族（元阳县）、拉祜族（普洱市）和布朗族（勐海县）等十三个民族聚居区的民族学校的调研中发现，有 38.5% = ｛［765 ÷（1997 - 10）］×100%｝的师生认为：C. 有必要也可行。这项选择比其他三项选择至少要高出 283 人次，如图 2 所示。

在您看来，将民语引入公立学校课堂来教授：

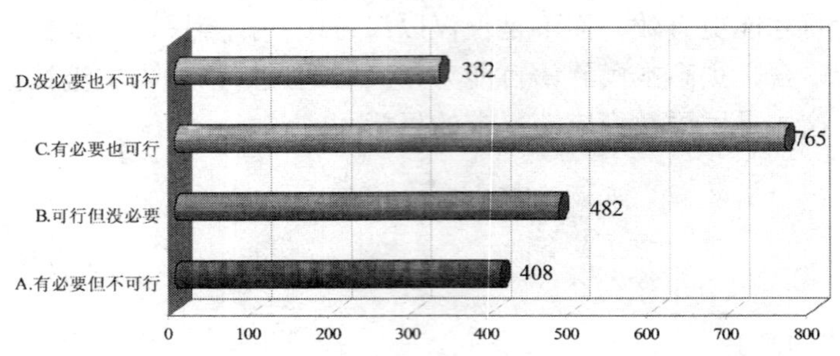

图 2　民语进校有无必要

资料来源：笔者及其所属调研组调研数据，日期截至 2009 年 3 月。

这组数据表达了学生学习少数民族语言的愿望，可惜在很多较少民族地区，根本没有相应的民语课程。少数民族学生享有学习其母语的权利，非母语学生也享有学习民语的权利，但是，在很多学校的教育中，并没有给予学生这种机会。因此，在制度性安排上，应该完善各种法律法规和政策制度促进各学校根据当地实际情况设置民语课程，保证学生至少有学习母语的机会。

最后，要修订高考评价体系。没有完善的评价体系，少数民族语言的发展和进步就很难落到实处。在我国，高考是影响学校教育的重要因素，由于考试内容的制约，许多学校和家长砍掉了一些不在考试成绩计算范围内的课程，于是，不计入高考系统的民语自然被忽略了。

笔者及其所属调研组经调查发现，民族聚居区的许多学生都表达了他们对于民语母语列入高考科目的愿望。当他们被问及中考或高考语言选择时，有 51.85% = ｛［1123 ÷（2175—9）］×100%｝的师生希望有“汉语、民语和外语”三种选择，有 14.87% = ｛［322 ÷（2175—9）］×100%｝的学生希望有“汉语和民语”两种选择，如图 3 所示。

您看来，民族聚居乡的九年义务制学校应该施行双语或三语教学，学生在升高中时可自由选择，在参加高考时也可以自由选择：

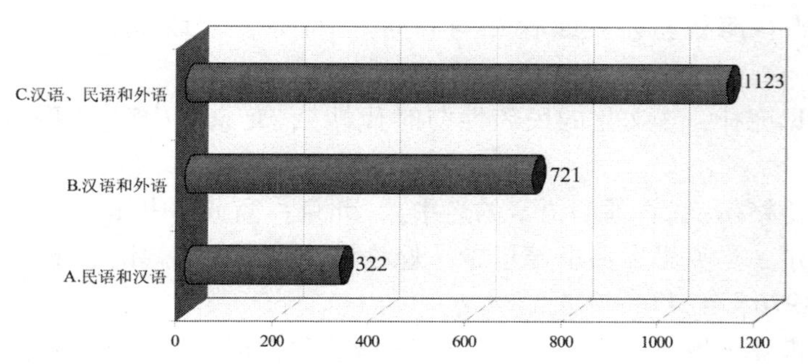

图3　应试语言性向选择

资料来源：笔者及其所属调研组调研数据，日期至2009年3月。

高考评价体系在民语上的修订主要涉及两部分。一是民语语文科目的考核。因为民语语文成绩不在高考成绩范围内，少数民族聚居区的很多学校都不开展民语课程，由此导致了民语课程相关硬件和软件资源的不完善，学生民语能力的减弱和民语的慢慢消失。为了改善这种状况，国家应该修订高考语言，提供给学生自主选择的机会。就全国大部分考生来看，高考语言科目涉及汉语英语，在此基础上，国家可以增设民语一科，学生可以从三科语言科目中择二进行考试。二是试卷书面语言的使用。在我国少数民族的高考学生中，汉语为母语的考生占大多数，考生在答题时使用汉语为考试语言；藏、蒙、朝、维等大民族的部分考生也可以根据自己的实际情况自由选择考试书面语言（母语或汉语）。然而，很多少数民族学生尤其是较少民族学生根本没有这种机会，这样就使得部分少数民族学生因为使用第二语言考试而在高考成绩上处于弱势地位。因此，国家政府的制度性安排应该促进弱势群体提高其最大利益，最大限度地保证高考的公正公平。

综上所述，从少数民族文化存续和社会和谐发展的角度出发，作为文化载体的语言应得到保护和重视。但是，由于现实的功利性导向问题，很多民族语言在学校教育并未占有一席之地，民语的价值和学生的民语能力缺失。因此，代表公共利益的国家应该从设置民语课程和修订高考语言入手，完善一些法律法规和政策措施，促使少数民族学生的利益最大化和民族语言的和谐发展。

参考文献：

[1] 旷三平：《马克思“社会存在论”及其当代价值》，南昌：江西人民出版社，2007，第12页。

[2] 张岱年、程宜山：《中国文化争论》，北京：中国人民大学出版社，2006，第2页。

[3] 庞朴：《文化的民族性与时代性》，北京：中国和平出版社，1998，第71页。

[4] 参见孙美堂：《文化价值论》，昆明：云南人民平出版社，2005，第4页。

［5］［德］海德格尔：《存在与时间》，北京：三联书店出版社，1988，第184页。

［6］参见庞朴：《文化的民族性与时代性》，北京：中国和平出版社，1998，第69页。

［7］海德格尔：《在通向语言的途中》，北京：商务印书馆，1996，第134页。

［8］卡尔·马克思和弗里德里希·恩格斯：《德意志意识形态》，莫斯科：进步出版社，1976，第43—49页。

［9］德雷克·罗文特里：《英汉双解教育辞典》，北京：教育科学出版社，1992，第37页。

作者简介：宗娟（1986—），女，布依族，江苏宜兴人，2011年6月毕业于中央民族大学比较教育学专业，获硕士学位；现任教于江苏省省级机关管理干部学院白下校区，助教。研究方向：比较教育学。

第三章　多元文化背景下不同类型的教育研究

第一节　蒙台梭利教育中的人性图景与教育系统哲学论

一、引言：人类自我认识的危机与教育危机

教育危机既包括教育实践的危机①又包括教育学建构的危机②。自 20 世纪初，教育危机持续至今，历次教育改革屡屡达不到令人满意的效果③。

教育危机在本质上是对人的认识的危机，有关这一观点最早的系统阐述可以追溯到 18 世纪末的康德。康德在《论教育》中指出，“能够对人提出的最大、最难的问题就是教育”④，“教育艺术的一个原理——那些制定教育规划的人士尤其应该注意它——孩子们应该不是以人类的当前状况，而是以人类将来可能的更佳状况，即合乎人性的理念及其完整规定——为准进行教育”⑤。理想的教育方式应该是充满人性的教育，即让人的自然禀赋均衡的发展，“人性中有很多胚胎，我们现在要做的是让自然禀赋均衡地发展出来，让人性从胚胎状态展开，使人达到其本质规定。……人们对于人之天性所能达到的完满性没有一点概念，我们自己也还没有关于这一概念的纯粹的认识”⑥。

在哲学思想史上，众多思想家都曾提出过有关人性的论述，但这些观点似乎都难以满足当前教育哲学发展的需要。例如，苏格拉底将人定义为：人是一个对理性问题能给予理性回答的存在物。亚里士多德把人定义为社会的动物。宗教则揭示了一个有双重特性的人——堕落前的人和堕落后的人。蒙田则认为，人是“不仅不能掌握自己，而且遭受万物的摆弄的可怜而渺小的尤物”。而笛卡尔认为，人不仅是双足动物，而是不朽的神明。拉美特利用试图中一部著作来说明，人是机器。马克思则认为，人是一切社会关系的总和。卡西尔把人定义为符号的动物。不可否

---

① 菲利普．库姆斯，赵宝恒、李环等译：《世界教育危机：八十年代的观点》，北京：人民教育出版社，1990。

② Dieter Lenzen. *Erziehungswissenschaft*：*Ein Grunkurs*，*rowohlts enzyklopaedie*，Rowohlt Taschenbuch Verlag，1997：27。

③ Armstrong D G，Henson K T，Savage T V.《教育学导论》，北京：中国人民大学出版社，2007，第 15—16 页。

④ 康德：《论教育学》，上海：上海人民出版社，2005，第 7 页。

⑤ 康德：《论教育学》，上海：上海人民出版社，2005，第 8 页。

⑥ 康德：《论教育学》，上海：上海人民出版社，2005，第 6—7 页。

认，所有上述论述都有其合理性，但是，却难以综合起来形成关于人性的整体图景。而且随着有关人的知识的大发展，上述认识似乎更显得似是而非，于是在19世纪末开始，人类文明进入了卡西尔所说的“人类自我认识的危机”①。

20世纪40年代，量子力学创始人薛定谔在《自然与古希腊》的系列演讲中，深刻揭示了现代“科学世界图景的严重缺陷”②：“科学家们下意识地、不经意地在他所构建的图景中忽视或排除他自己、他自己的人性，即认识主体，从而对理解自然界这一问题进行简化”，这皆是因为科学尚未严肃的对待意识现象。因此，科学图景的缺陷等同于人性图景的缺陷。为了弥补这一缺陷，薛定谔主张必须重建科学态度，应该从东方文化“输点血”。借鉴薛定谔关于“世界图景”的提法，我们认为“人性图景”比“人的本质”更准确地概括了“人类认识自我”的问题，因为后者往往被抽象为一句话，而历史证明人性是难以用一句话来概括的，人性应该是一幅丰富的图景。人性图景有待于建立，但尚未建立。

20世纪末，联合国可持续发展委员会发起、由联合国教科文组织实施的“关于教育、启发公众和为可行性而进行培养的国际项目”中，联合国教科文组织委托社会学家埃德加·莫兰在“他的‘复杂思想’的观点背景下表达对未来教育的本质的看法”。莫兰在《未来教育所必需的七种知识》畅想了关于人类地位的启蒙教育，他说：“今后人的概念有两个入口：一个生物—物理学的入口，一个心理—社会—文化的入口，两个入口相互依赖。我们以全息点的方式在我们的个别中蕴藏着整个人类、整个生命，甚至几乎整个宇宙和潜藏在人性深处的神秘……它揭示了人类同时归属于世界又异于世界。因此，对于新的科学的启蒙教育同时变成了通过这些科学对于我们人类地位的启蒙教育”③。目前看来，他所期望的这一新的科学还未诞生。

我们认为从康德以来人们对人性图景的关切，反映了哲学、人类学、教育学以及与人有关的一切学科都要共同面对的迫切问题。以卡西尔为代表的“人性”不可知论反映了这一问题的复杂性，必须对认识论、方法论进行重大革新方能有所成就。我们赞同莫兰的态度，需要建立系统的关于人的概念。哲学（包括教育哲学）担负着启动对人类地位的新的启蒙教育的使命。只有对人性产生深刻的认识，我们才能坚持人性化教育，开展人性化管理，只有对人的本质形成深刻的见解，才能造就一批对社会负责、对生态环境负责的人类精英分子。

那么，如何深化对于人性的认识呢？科学地、理性地认识意识，并发展与之相适应的认识论和方法论，创新复杂性科学是一条光明大道。在21世纪的今天，意识已经成为科学探索的主题，意识科学正呼之欲出。复杂系统已经成为科学研究的前沿，我们新近创建的复杂系统哲学正在为研究意识、生命与人体等复杂系统开辟

① 卡西尔、邯阳译：《人论》，上海：上海译文出版社，2003，第30页。

② 薛定谔：《自然与古希腊》，上海：上海科技教育出版社，2002，第84—89页。

③ 埃德加·莫兰：《复杂性理论与教育问题》，北京：北京大学出版社，2004，第127页。

一条新的道路。本文将尝试以这一哲学观来回答“人是什么”这个问题，并从这一视角来观察蒙台梭利教育中的人性图景。蒙台梭利教育有五个显著特点：第一，集西方学术思想之大成，它蕴含着对人性的丰富认识；第二，具有丰富的科学依据①；第三，具有突出的可操作性；第四，在实践中已经取得了突出成果②。最后一个特点是，蒙台梭利教育诞生以来的一百多年时间里，无论在学术界还是在实践领域，都屡遭误解。迄今，这一教育体系所蕴含的有关人性的深刻洞见，尚未引起学术界的重视。

本节阐述的人性图景虽然还不完整，但却是系统的，并且对教育提出了新见解，产生了新实践。希望我们的分析能够激发进一步的学术研究，推动产生新的人性图景，同时推动新的教育实践。

值得指出的是，教育实践与建立对人的完整科学图景是一个完整事物的不同层次，前者是人的技术科学，后者是人的基础科学。两者相辅相成，不可分割。教育实践本身为认识人提供了重要的经验素材，也为检验我们对人的科学认识提供了宽阔的平台。并不存在永恒的理想的教育模式，也无需期望一劳永逸的教育改革，人类就是在这一认识——实践——再认识——再实践的大道上不断完善自己，完善教育，完善社会。这就是复杂系统哲学观。

二、复杂系统哲学本体论对人的认识

在西方哲学思想中，亚里士多德首先明确了本体论问题。他认为哲学研究第一主题就是寻求万物的本原，即探求那个“万物始所从来，与其终所从入者”的存在。从亚里士多德以来，西方哲学普遍认为，研究实体或本体的哲学是高于其他一切科学的第一哲学。本体论是关于世界本原的学说。本体论的第一问题就是，世界本原是一还是多。关于这个问题，在西方哲学史上有三类不同的主张，即一元论、二元论和多元论。这一争论持续了两千多年。经典哲学长期陷入一元论和二元论之间的争执。我们从海德格尔的存在论出发，认为系统的存在性才是其本质一元，而物质论和精神论都是该一元的二面。现代物理学的量子物理场与真空的现代阐述终于弥补了传统认识上的漏洞：传统的可见的物质只是量子真空场涨落的一个侧面，是波函数的振幅的这一面，传统的不可见的精神也是量子真空场的一个侧面，是波函数的相位结构的表征。一个基于量子论和系统论的复杂系统论有如下表述③：

宇宙的基本存在形式是量子，真空（虚空）是宇宙的基态，一切事物是宇宙的激发态（即宇宙的一元性）。宇宙的基本存在显示在两个方面，即实在与过程，两者共同来刻画宇宙，共同来表述宇宙中发生的事物。宇宙基本存在的本质一元是

---

① Lillard A. S. *Montessori: The Science Behind the Genius*. New York: Oxford University Press, 2005.

② Lillard A S, Nicole E Q. “*The Early Years: Evaluating Montessori.*” Science, 2006, 313 (5795): 1893—1894.

③ 佘振苏、倪志勇：《人体复杂系统科学探索》，北京：科学出版社，2012年。

宇宙系统自身，量子是其表现；实在与过程是量子表现的二面，而物质与虚空构成量子表现的另外一个维度。以系统论的术语来表达，宇宙和宇宙中的万事万物都构成系统。系统之一元是系统的抽象本质，这一抽象本质由众多维度上的二面来共同表述。宇宙系统的哲学维度的二面是实在和过程，数学维度的二面是波矢和算符，物理维度的二面是空间和时间等。宇宙本身是一个“一元二面多维多层次”的大系统，宇宙中的所有事物都是宇宙系统的一个个子系统，也构成一个个“一元二面多维层次”的小系统，并与宇宙中其他系统之间保持一种关联。万事万物都是宇宙中发生的事件，都在诸多维度上形成二面。割裂二面、强调其一是导致诸多悖论的根源。

基于复杂系统本体论，我们在《人体复杂系统科学探索》一书中提出了下列人体复杂系统哲学观：

人可以看做是一个开放的复杂系统，遵循着物理宇宙的能量作用原理和生命世界的达尔文进化原理，是以“生命本性”作为本体一元、以形体二面作为表现方式、以复杂多维多层次为运动形式的“一元二面多维多层次”的复杂系统。

关于人的新本体论模型可以这样来陈述：以解剖学为基础的生理学和生物学的大量研究给出了人的体结构，但是，人体内部还存在细胞和组织之间通讯联系所依赖的整体场，即人体的量子波函数的相位梯度场，我们称之为人体量子意识场。人体量子意识场是人体内部大量的细胞和组织之间的“通讯”网络存在的根源。人体量子意识场的存在性来自于系统理论的预设，是细胞量子生物场和原子量子电磁场的自然延伸，只是形式和层次的复杂性远远超过后者。

上述模型构造了这样一个人体生命系统的新图像：人是处于高级量子时空激发态的事物，这些激发态既表现为各种形式的组织和器官，也表现为各种形式的相互作用网络，以量子意识场为现代科学概念。组织和意识合在一起，才构成人体生命活动的完整体现。正常健康状态的人处在一个中性平衡的状态，这时，人体各个部分共同执行着人体生命发育发展所进行的一系列功能——新陈代谢、发育、生长、思维和心灵活动等。当人受到环境的影响偏离健康状态时，人将通过量子意识场的感知功能，并执行一系列的调控指令，以摄取物质、调节思维、规范行为等多种途径来消除外界的影响，保全生命活动的持续和稳定。意识活动是实现人体康复和思维进化的核心机制，对其开展科学研究具有十分重大的意义。

不管人体内部的动力学过程如何复杂，人体作为一个整体，稳定维持在一定的状态，这是大家所共知的。我们把这一稳定状态称之为人体系统的自组织状态。对于人而言，一元是人生命的主体，是人体运动的自组织中心。我们通常说的抽象的人，指的就是这“一元”，这个本体是一个具有复杂多层次激发的量子态。“二面”包括人的生理活动的物质面与心理活动的意识面，两者相依相存，共同维持人体生命的发展。两者都拥有多维多层次的复杂结构，其复杂性随着人本身的进化而进化，具有多个层次的功能。人的最重要的特点是其心理活动世界，由其意识场的复杂度来表征。进一步说，不同思想的人拥有的思维的层次结构数不同，这与具体人所经历的社会轨迹有关，与该具体人在社会上所扮演的“角色”有关。未来，这个表述将会进一步发展为关于人的简单明了的理论，可以对人开展系统的认识，对不同地区、不同习惯、不同文化下成长的人给予科学的说明。

《人体复杂系统科学探索》一书所发展的人体系统科学，以自然科学严谨的逻辑为基础，将“一元二面多维多层次”的哲学本体论作为对人这一高级智能生命系统的基本模型，完整地描述一个从物质（结构）到精神（意识）的多维多层次的人体。这一理论把生命看做宏观大尺度量子场的激发，以多层次模型来解读实验观察现象，理解和解释各种复杂生命现象。由于该思维模型的极大的开放性，最终一定会有一个“较优”的系统模型脱颖而出，成为人们对该现象的阶段性认识。这是这一理论系统的鲁棒性（robustness）所在。这一理论最明显的特点是，它将“与时俱进”，即认识（模型）随着事物的发展和认识目标的发展自动调整，符合人类知识进化的特点。不存在绝对的模型，只存在相对稳定的认识论和哲学观！至此，人体系统科学完成了一个“活”的科学的建构，构建了一个符合薛定谔期望的科学图景①。

在科学研究层面上，新哲学观指导人们凝练科学原理，提出科学问题。我们初步凝练了五大科学原理，即自组织原理、开放性原理、层次结构原理、能量原理和进化原理。这五大原理是人体复杂系统科学的基础科学主体内容。人体系统的自组织原理描述了人这一高级智能的生命体具有多层次维护生存的能力，并时刻在这一能力主导下进行自组织过程。这是人体系统康复的基本能力，深入了解和挖掘人体自组织过程的规律，应该是人体基础科学最重要的使命。人体系统的自组织性突出表现在自修复、自更新、自适应等高级功能。人体复杂系统的开放性原理揭示了人体与外界在物质、能量、信息等方面的多层次相互影响，不仅仅涉及物质，还涉及信息，如人与人之间的交流和文化学习活动，这是人存在的条件，也包含人存在的意义。尤其是人体小系统的自组织中心与社会（自然）大系统的自组织中心之间的相通，从人文意义上对应着人的良知与社会共同价值之间的一致。发现和完整地理解多层次的开放渠道，是深入研究人体开放性原理的内容。人体系统的层次结构原理揭示了人体复杂系统必然存在的多层次性。人体的特殊性正是表现在多层次之间的耦合。开放性原理与层次结构原理的联合运用，揭示了人体生命系统与外界的多层次影响，值得未来的科学研究加以关注。人体系统的能量原理描述了生命活动的能量性。生理运动的能量过程的研究已经有许多积累，但是，对于心理过程、意识场的能量研究还处于初步的阶段。我们建立的意识三层次的能量模型，为这方面的研究提出了供探索的思路。最后，人体系统的进化原理阐述了人体神经系统的可塑性和意识场的动态演化性，将赋予智能进化等新内涵。人体系统的进化原理对于人类健康和教育事业，对于社会进化的前景有关键的指导性意义。在上述原理框架下构成的人体系统论模型，将为提炼和发现新的科学问题提供指导，并给出新的理

① 薛定谔：《生命是什么：物质与意识》，长沙：湖南科学技术出版社，2003，第116页。

论预言、引发新的有待探索的问题，由此便可以促进有关人体的各门学科的发展。研究表明，这一人体的复杂系统观能够指导集成有关人体的知识，并对社会实践活动提供指导。

教育是人类从事的自我塑造活动。在上述人体系统科学原理的指导下，我们对于教育目标的本质一元和多维多层次性可以开展系统的研究，并在人类文明发展史和过去数百年教育实践的基础上，凝练思想，集成智慧，探索新时代的教育之道。复杂系统的思维观将有助于我们及时总结经验，去除偏激，深刻认识人类发展的潜力和当下的不足。尤其，这里所阐述的一整套对人的认识，有利于全面吸收并发展蒙台梭利的人性思想和教育思想。

三、蒙台梭利的自然人性论

蒙台梭利是坚定的一元论者。她认为宇宙的本质是“宇宙意识”或者自然之爱。蒙台梭利在儿童教育中非常重视爱，她对爱有一种超自然的理解，与我们对人的量子意识本质的认识有一定的契合。她指出，“爱只不过是一种相当复杂的普遍力量的一个方面。这一复杂的普遍力量意味着‘吸引’和‘亲合’，它统治世界，使星辰有规律地运行，使原子结合以形成新的物质，使物体保持于地面，它是协调和支配有机物和无机物的力量。这种力量的结合构成了万事万物的本质，好像是对灵魂的拯救和永无休止的进化的指导。总的说来，它是无意识的，但在生活中，有时又可以被意识到。当人们感觉到这种力量时，就称之为‘爱’”①。这里，我们可以看出，有意识的和无意识的爱是自然界的一种永恒的存在，认识到这一点，我们对于儿童的认识就会上一个台阶。蒙台梭利将这一本体一元论的认识融入教育理论并付诸实践。唤醒人性之中的自然之爱就是蒙台梭利教育的主旨，人的发展的精神胚胎发育学说以及向儿童学习、为儿童提供精神营养的教育原则等都是这一主旨的延伸。

从上一节所阐述的人的本体一元的量子本性来看，世界的本源是“宇宙意识”，宇宙中的一切都是由宇宙意识所产生并且支撑和推动的，尤其是具有高度智能的人，是在其整体意识——人的基本存在的一面——的支撑下发展的。以这一观点看待生命，尤其是儿童，那么一切活动就必然是有目的性的，那就是与其环境相适应、相和谐。充分认识人的生命的本质，并将之付诸教育实践，这是蒙台梭利的人性论的精髓。她说②：

人的生活是有目的的。达到更高的精神境界和心灵美还不够。理所当然，一个人可能而且应该总是把目标指向生理和心理完美的最高水准……如果自然赋予我们精神财富、美感和良好意识，它们都不是为了我们自己，而要把这些礼物用来为所有的人造福，而且在整个精神生活过程中发生作用。精神力量是一种宝贵财富。它

① 蒙台梭利，任代文译：《蒙台梭利幼儿教育科学方法》，北京：人民教育出版社，2009，第614页。

② 蒙台梭利，任代文译：《蒙台梭利幼儿教育科学方法》，北京：人民教育出版社，2009，第466页。

们必须不断循环，才能使其他人享受它们；为完成人类关系的循环，它们必须表达出来，并加以利用。即使是最高灵性，如果只为了自己，也是毫无价值的。如果我们的目标只是为了自己，我们就会忽略生活的更多方面及其目的。

在这段话中，蒙台梭利从宇宙的整体性出发，提出了有关人性的最重要的一个命题：人的目的本来是为所有的人造福。在另外一个地方，蒙台梭利又指出，“所有的人都有一种向上的倾向，不管这种倾向多么模糊不清和无意识；他们渴望着某种精神的力量……人的无意识中存在着一丝微光引导着这种内部倾向向好的方面发展”①。比之于康德所说的“人的本质规定”，蒙台梭利的上述观点更为明确。蒙台梭利的这段话已经包含了生命具有高度的自组织性。人的自组织性更为突出。这种自组织性规定了人的生命发展具有自然的目的性，那就是适应周围的环境，并且为宇宙平衡作贡献。

复杂系统哲学认为，自组织是一切系统的性质。自组织是指系统在一定的外部环境下，会自发形成有序结构，无须对系统要素进行特定干预。水在零度时的结晶，就是自组织的例子。无生命系统和有生命系统的区别在于自组织能力的不同。系统多层次结构的出现，是自组织能力的体现。多层次结构之间的相互耦合，对抗不利环境造成系统解体的趋势。当在不利条件下，系统趋于解体，而自组织是系统对环境的适应。人比低等动物更高级，体现在人具有比低等生物更多的层次耦合作用。因而具有更强的适应性。

蒙台梭利认为，儿童成长体现了高度的自主性，人体的自组织性。传统观念认为，有成人教儿童才能学习，有成人的规范儿童才能形成纪律，有成人的塑造儿童才能形成品格。而蒙台梭利从教学实验中发现，只要提供适当的外部条件，儿童能够自发的学习、自发的形成纪律、自发的形成良好的品格。这些适当的外部条件包括三个基本要素：有序整洁的环境、儿童感兴趣的物品和沉静的教师。教育专著《教育中的自发活动》（Spontaneous Activity in Education）就是对儿童发展中自组织现象的细致刻画和深刻阐释。

人体自组织的核心是什么？在蒙台梭利看来，是人的意识，因为它主导着人体的活动。蒙台梭利指出，“精神对于人的整个物质存在产生影响”②，“人的本质是由‘环绕着他的精神光轮’所控制”，“如果人在地球上的工作与其精神，与其创造智能有关，那么他的精神与智能必须是其存在的支撑点。围绕着这个支撑点，人的行为甚至包括其生理系统就被组织起来了”③。因此，“对于人来说，身体的活力依赖于精神的活力。生理学不厌其烦地解释这种现象的机制……道德行为与身体功能的如此精确的对应关系，使得人能够由此体验到各种各样的感情，比如悲伤、厌恶、高兴等 …… 愤怒，使所有的毛细血管强直性收缩，使人的脸色特别苍白，同

① 蒙台梭利，任代文译：《蒙台梭利幼儿教育科学方法》，北京：人民教育出版社，2009，第533页。
② 蒙台梭利，任代文译：《蒙台梭利幼儿教育科学方法》，北京：人民教育出版社，2009，第637页。
③ 蒙台梭利，任代文译：《蒙台梭利幼儿教育科学方法》，北京：人民教育出版社，2009，第392页。

时肝脏分泌出过量的胆汁。快乐，引起血管扩张，血液循环加快，继而促进所有的分泌与吸收功能，显得容光焕发，通过胃液与唾液观察，犹如健康的胃口，食欲很强，口中唾液要求我们为身体提供新的营养，肺的扩张储藏了大量的氧气，它可以烧尽废料，使有毒的细菌灭迹。这时的身体非常健康”①。蒙台梭利以心理学、生理学以及生理心理学的大量科学事实为依据，论证人的精神主导道德行为，并伴随着情绪和生理上的变化。几十年来自然科学的发展，又为这一认识提供了更为丰富的证据②。

从复杂哲学新框架来看，人体自组织的核心是心灵意识，而心灵（如良知）又是属于全社会的甚至全人类的，因为人的意识深层次结构正是人类共同的量子意识结构。如同看不见的气流推动云的运动一样，在人体系统中不可见的意识场主导着人体的物质运动。这个抽象的命题的最显著的证据来自如下事实：人体每天都在进行着“剧烈”的代谢的物质更新，每天有数十亿个细胞凋亡、又有几乎同样数量的细胞再生，经过数个月之后，人类的绝大多数细胞已经更新过了，绝大多数分子已经不再是几个月前的分子了。但是人体仍然保持着与数月前相似的形态。在这整个过程中，物质在人体内剧烈的流入、流出，而形态却基本保持稳定，而形态正是不可见的量子场的外在反映，中国古人称之为“神采奕奕”，就是人的意识场的外显。蒙台梭利所说的“人的本质是由‘环绕着他的精神光轮’所控制”，也表明了她把握了人体自组织的核心。

对于意识的核心结构，蒙台梭利认为，那就是“爱”。蒙台梭利所说的爱，有三个特征：1）爱是“宇宙意识”所赋予的，就像“一颗行星得到来自太阳的光芒”③；2）爱是“一种精神的能量”；3）爱是“一种伴随着创造力的道德美”④。第一个特征指出了爱的来源，来自于宇宙意识，因此是先天的；第二个特征指出爱是具有能量性；第三个特征则指出爱具有道德性，因此人类的道德有先天的成分。可以说，蒙台梭利的爱，是对我们所表述的人体系统意识场的心灵结构的直观表述。

四、蒙台梭利的心理形成论

人的心理发展的核心是什么？蒙台梭利认为是人的品格（或品质）。在一切教学活动中，品格的作用无处不在，“年轻的教师常常抱怨：尽管他们能教科学、文学等科目，却教不了面前的学生，而且这不是由于学生缺乏才智，而是由于缺乏品

① 蒙台梭利，任代文译：《蒙台梭利幼儿教育科学方法》，北京：人民教育出版社，2009，第526页。

② Schwartz，J. M. & Begley，S. *The mind and the brain：neuroplasticity and the power of mental force.* New York：Harper Collins，2002。

③ 蒙台梭利，单中惠译：《童年的秘密》，北京：人民教育出版社，2005，第110页。

④ 蒙台梭利，单中惠译：《童年的秘密》，北京：人民教育出版社，2005，第111页。

格。没有品格就没有‘内驱力’”①。最近的研究发现，人格（人的品格）是人的学业成就、经济水平、身体健康和犯罪活动的最有效的指标②。

蒙台梭利将人的品格分为四个类型（蒙台梭利用红色圆心、蓝圈、白圈和深红色圆环所构成的同心圆表示③）。我们将之归纳为四个层次：第一类是完美型，这类人正直、善良、乐观、慈善、意志顽强、安宁平和等，他们自然的按照良知行事，他们发明、发现、勤劳工作，以及其品格本身，对人类社会作出很大的贡献。第二类是健康型，他们虽不完美，但心理是平衡的，他们乐于向完美方向迈进，同时在各自岗位上作出贡献；第三类是亚健康型，占多数，他们一方面感受到朝向良好品格的吸引力，另一方面却感到有滑向反方向的重力，因此内心是挣扎、痛苦的；第四类是病态型，例如精神病患者或者罪犯等，这些人士的心理是混乱的，成为社会的负担，甚至后者还作出反社会的行为。蒙台梭利关于品格类型的划分是典型的系统论思维。这四种品格类型代表了人的精神层面有序度的四个层次。

那么人格究竟是如何形成的？在蒙台梭利同时代的学者中，弗洛伊德、荣格、阿德勒等人也曾致力于探索这个问题，特别是致力于对儿童的心理研究。从蒙台梭利的教育实践来看，这些探索具有明显的局限性：它们主要以病态儿童为中心，其结论不适用于更广泛的普通儿童。而且，在这些探索中，儿童的性格被孤立出来加以分析，儿童心理的其他层面（例如智力发展）往往被忽略了。而蒙台梭利坚信人“是一个统一体”，在成长过程中，人的统一性特别体现在“人的性格、智力、情感与成长是同步进行的”④。因此，蒙台梭利一方面“努力地理解在儿童活动的背后所隐藏着的一种可理解的原因。没有某个原因，没有某种动机，他就不会做任何事情”，另一方面，她要探索这种动因是如何影响人的整体心理发展的。从人体复杂系统本体论来看，人的意识场是一个整体，意识场的多个层次之间存在丰富的相互作用，人的品格形成与整体的心理发展是同一问题。

蒙台梭利对“品格如何形成”或者“儿童的心理如何发展”的探索引出了“精神胚胎”学说。康德也曾提出了人性的胚胎概念，但并没有阐述人性的胚胎究竟包含哪些要素。蒙台梭利不但将人性胚胎的概念具体化，而且还阐明了它的发育过程，这一学说不但适用于对病态人格的分析治疗，而且可以用于指导对正常儿童的潜能开发。

在蒙台梭利教育思想中，“精神胚胎”的概念来自三类现象和一个类比。首先蒙台梭利观察到婴幼儿普遍展现出的注意集中的现象，她由此推断婴幼儿必定已经具有精神生活，而不是像英国哲学家洛克所说的婴儿的心灵是一块白板；其次，基

① 蒙台梭利，任代文译：《蒙台梭利幼儿教育科学方法》，北京：人民教育出版社，2009，第532—533页。

② Almlund M，Duckworth AL，Heckman JJ，Kautz T. *Personality Psychology and Economics*. IZA Discussion Paper No. 5500. February 2011。

③ 蒙台梭利，任代文译：《蒙台梭利幼儿教育科学方法》，北京：人民教育出版社，2009，第534页。

④ 蒙台梭利，任代文译：《蒙台梭利幼儿教育科学方法》，北京：人民教育出版社，2009，第526页。

于数十年从事幼儿教育的观察，蒙台梭利发现儿童的心理发展普遍经历了一系列的对某类刺激特别敏感并且主动增加相应活动的阶段，她将这些阶段称之为敏感期，例如“秩序敏感期”、“行走敏感期”、“手敏感期”、“语言敏感期”等；再次，有关儿童天性的现象（如上文所述）。于是，为了解释上述三类现象，类比于生理胚胎的概念，蒙台梭利创造性地提出了“精神胚胎”的概念。她认为，“人似乎有两个胚胎期，一个是在出生以前，与动物相同；另一个时期在出生以后，只有人才有”[①]，已经诞生的新生儿“仍然过着一种胚胎生活，这时他所建筑起来的好像只不过是一个‘人的本能型式’”[②]，这种本能型式就是精神胚胎。正是“精神胚胎”指引着儿童的心理发展，并呈现出一系列在儿童中普遍存在的敏感期现象。正是“精神胚胎”健康发育，儿童便展现出了令人惊讶的天性。

基于人类学的知识，蒙台梭利推断人的精神胚胎主要包含三类本能要素。第一种称之为“爱的本能”，第二种称之为“主导本能”，第三种为“工作本能”。我们将之归为三个层次。爱的本能是最内核的。蒙台梭利通过大量的观察指出，婴儿的自然行为中体现出对环境、父母、同伴以及动植物的爱，因此爱是一种本能。她认为，爱是与宇宙意识（cosmic consciousness）相通[③]的。中层的本能，蒙台梭利称之为“主导本能”，决定所有物种的生存。新生儿所拥有的力量能使自己适应于外部世界，并防止外部世界伤害的“自我保护本能”。主导本能包括一系列的子本能，包括探索认知周围的环境的本能、学习本能，也包括“母性本能”等。外层是工作本能。工作是目的性明确的一系列心身操作过程。“人是通过工作构造自己的”，工作本能不仅能使人类更新，而且使人类通过工作来完善他们的环境[④]。幼儿正是通过不断的工作进行创造，使自己得到充分的满足并形成自己的人格。工作本能从一开始就已经在婴儿身上体现出来了。蒙台梭利认为，婴儿在从事一项意义重大的工作，即成为人。婴儿通常表现为全神贯注做事情（看、听、摆弄物品等），这都是工作本能的表现。这三大本能正是儿童行为背后可理解的原因。

蒙台梭利关于精神胚胎，具体而言是三类本能的认识，正在得到越来越多的认知科学的证据支持。例如，近年来人们发现，婴幼儿不但具有考虑证据、得出结论、做实验的复杂推理能力，而且具有道德判断力。这些能力并非习得，而是先天具备[⑤]。从进化论的角度来看，具备上述三类本能的生物更有利于个体和群体的生存。从对生命的量子力学考察来看，漫长的生物进化使得人体的神经系统在出生时就是有序的、有结构的，神经系统的结构在概率密度上表现为显微镜下可观察的结构形态，神经系统的另外一面——不可观测的相位梯度场也必然是有结构的。不可

① 蒙台梭利，任代文译：《蒙台梭利幼儿教育科学方法》，北京：人民教育出版社，2009，第391页。

② 蒙台梭利，任代文译：《蒙台梭利幼儿教育科学方法》，北京：人民教育出版社，2009，第402页。

③ 蒙台梭利：《蒙台梭利幼儿教育科学方法》，北京：人民教育出版社，2009年。

④ 蒙台梭利，单中惠译：《童年的秘密》，北京：人民教育出版社，2005，第183—184页。

⑤ 艾利森·戈波尼克、安德鲁·N·梅尔佐夫、帕特利夏·K·库尔著：《摇篮里的科学家：心智、大脑和儿童学习》，上海：华东师范大学出版社，2004。

见的“精神胚胎”就是对神经系统相位梯度场的刻画。

精神胚胎所包含的三种本能可谓“良知”、“良能”，那么亚健康的、病态的人格又是如何产生的呢？在幼儿期出现的人格偏差应该如何纠正呢？对这些问题的探索引发蒙台梭利提出心理歧变和儿童的正常化的学说。心理歧变包括占有欲、权利欲、神游、自卑、心理障碍等心理缺陷。在心理歧变的儿童身上，人们很难发现儿童本应具有的天性（如第四节所述）。作为一种功能性的失调，心理歧变会使幼儿的心理处于紊乱的状态。而幼儿一旦出现了心理歧变的征兆，也就失去了保护自己并保证自己处于健康状态的敏感性，同时也会引起身体的失调。蒙台梭利认为，对于这种功能性的疾病，必须进行精心的治疗，才能使幼儿正常的心理品质得到发展。蒙台梭利认为，心理歧变的起因并不是先天的，而是儿童在成长过程中精神营养不良（或者“心理生活的营养不足”）。对心理歧变儿童的治疗的根本措施是给予精神营养——成人的适度关怀、有序的环境和儿童感兴趣的活动，实质上就是给予符合人性的正常的教育。在这种富含精神营养的教育环境下，发生心理歧变的儿童逐渐发生了变化，“儿童的这些缺陷显著地消失了。他们发现，在这里，他们可以积极探索环境，可以自由发挥自己的能力，促进心理的发展。因为有许多有趣的事情做，所以他们能够随心所欲地重复这些练习，并且能够不断地集中注意力。一旦儿童达到这个阶段，并且能够工作和专心致志于有趣的事情，那么他们的缺陷就会立即消失。这一结果使我们懂得，他们以前的那些缺陷是习得的，而不是天生的”①。

总之，蒙台梭利认为儿童人格上的偏差主要是由外部环境造成的，“在现实中个体上许多使我们理论上叹为遗憾的‘邪恶’，都可归结为外部原因”②。不良的外部原因首先作用于神经系统，随后形成畸变的人格、沦为社会的边缘，这些受害者遭到排斥、受到冷落，“由于心理缺陷、意志紊乱、性情反常以及缺乏肉体的吸引力，而不为人们所喜爱。从受母亲的虐待、学校的虐待，到受社会的虐待，使他们备尝人间的辛酸”③。人的心理歧变（占有欲、权力欲等）从儿童早期已经普遍出现了，这皆是因为精神营养不良所造成。因此，我们必须对付的不是邪恶，而是病态环境以及社会的错误。社会最大的错误就在于不重视家庭教育、儿童早期教育，“社会就像是一个任意挥霍他的祖传财富的儿童监护人。成人把钱花费在自己身上，并建造他们所需要的东西……这是人类最大的罪恶和错误之一”④。如果全社会联合起来，给予儿童成长所必要的精神营养，那么人类的复兴就是可以预期的了。实践表明，那些已经产生心理歧变的儿童，当被置于合适的环境、有充分的精神营养，这些儿童会再次显现出天性，即经历一个“正常化”的过程。

---

① 蒙台梭利，任代文译：《蒙台梭利幼儿教育科学方法》，北京：人民教育出版社，2009，第523页。
② 蒙台梭利，任代文译：《蒙台梭利幼儿教育科学方法》，北京：人民教育出版社，2009，第859页。
③ 蒙台梭利，任代文译：《蒙台梭利幼儿教育科学方法》，北京：人民教育出版社，2009，第830页。
④ 蒙台梭利，单中惠译：《童年的秘密》，北京：人民教育出版社，2005，第208页。

精神胚胎健康发育所依赖的精神营养是由环境所提供的，更主要的是有赖于环境中的成人（包括教师和家长）。蒙台梭利指出，“人不是动物，而是社会产物，教育过程中个体的社会环境是家庭。如果科学教育不能影响新一代成长的环境，那么，他（她）寻求改良新一代教育的努力也是徒劳！”① 在蒙台梭利早期的教育实践中，贫民区“儿童之家”的教师白天同儿童生活在一起，晚上或节假日经常去拜访儿童的家长和邻居，向他们了解儿童的活动与表现；帮助他们安排家庭生活、布置和美化环境；回答和解释他们提出的种种问题。热心的教师为家长带去了文化科学知识和温暖，因而成为公寓里最受尊敬的人。同时，家长也定期来“儿童之家”和教师共同讨论儿童教育问题，随时欢迎公众来“儿童之家”访问，这就增加了“儿童之家”同家长和社会之间的联系。这就形成了儿童、教师、家长和社会共同进步的局面。有些家长为了关心自己子女的教育和成长，不得不改变不良习惯和嗜好，注意日常的言谈举止和个人及家庭的整洁卫生，主动搞好邻里关系，逐步形成良好的风尚，使整个公寓出现崭新的局面②。从人体复杂系统论来看，人是多层次的存在，人的发展有赖于多层次的耦合作用，家庭、社会是人体的延伸，它们自上而下的影响个体人的发展。因此，教育的一项重要原则是，通过优化儿童的成长环境来促进儿童的健康发展。

基于人体复杂系统本体论，我们将人的意识活动分为三个层次：心灵、心智和心理，分别对应神经系统的内、中、外三个层次。心灵包括人的品格、理想，是意识的内核，具有最大的开放性；心智包含人体的自动化功能；心理则包含各种知识、观念。品格是人对人、对己、对事、对物的基本的思维和行为方式。在人体内部，品格决定着人的动机、思维和行为。在人与其他事物的关系上，正是品格决定着人的意义和价值。意识的三个层次都具有先天和后天的成分。先天是指，人体神经系统含有与生俱来的结构（是生命亿万年进化所产生的），后天是指神经系统受后天环境的调节而发生结构上的变化。蒙台梭利的“精神胚胎”本质上是对人体神经系统先天结构在功能上的系统学分类，三大本能分别对应人体意识结构的三个层次的先天部分。而“精神胚胎”的发育学说，则揭示出后天环境是如何作用于神经系统的先天功能，并演化出后天功能的，这为人体意识结构的演化建立了系统学模型。

五、结论和展望

综上所述，我们运用“一元二面多维多层次”的复杂系统本体论对蒙台梭利教育思想中有关人性的观点进行了梳理。一幅丰富的人性图景正在涌现出来。这幅图景与本文第一节所述的西方哲学家有关人性的论述相呼应。从宇宙意识赋予人类以“爱”的本能，并且人类之爱一旦受到激发可以循环不息的角度看，“人不仅是

① 蒙台梭利，任代文译：《蒙台梭利幼儿教育科学方法》，北京：人民教育出版社，2009，第96页。
② 蒙台梭利，任代文译：《蒙台梭利幼儿教育科学方法》，北京：人民教育出版社，2009，第7—8页。

双足动物，而是不朽的神明”（笛卡尔）。从人类天生具有精确的心理，这种心理可以发展为高度的智慧来看，“人是一个对理性问题能给予理性回答的存在物”（苏格拉底）；由于人具有抽象思维，这种抽象思维可以通过符号表达并可以被“有吸收力的心理”所吸收并在人群间传递，因此“人是符号的动物”（卡西尔）。从人的成长受自然法则的支配来看，“人是机器”（拉美特利），但却是高度智能的机器。从人是多层次的存在（人是宇宙有机体中的一个生命）来看，“人是社会的动物”（亚里士多德），甚至“人是一切社会关系的总和”（马克思），儿童周围成人的对待方式决定了儿童的品格并影响其社会行为。宗教所揭示的一个有双重特性的人——堕落前的人和堕落后的人，也有其道理：儿童有精神胚胎所携带的善良本性，这个本性可以由适当精神营养的哺育而发展为健康甚至完美的人格，也可能由精神营养不良而发展成为心理歧变的成人。蒙田所说的人是“不仅不能掌握自己，而且遭受万物的摆弄的可怜而渺小的尤物”，那是因为人的潜能尚未开发；人性得到充分发展、智力得到合理开发的人，是通向自由之路的人、是能够掌握自身命运并为其他生命负责的存在。

我们认为，蒙台梭利教育之所以能够在不同文化背景的地域得以实施，是因为她的教育思想深刻而系统地揭示了人的本质特征和规律。正如蒙台梭利所说，“只能有一种教育和训练幼儿的方式。如果教育在一出生就开始，那么这时就只能有一种教育。谈论印度婴儿、中国婴儿或欧洲婴儿的不同礼节，谈论那些属于不同社会等级的儿童的礼节是没有意义的。我们只能谈论一种遵循人的自然发展的方法……只有建立起各种法则和决定人在发展过程中的各种需要的自然才能够支配所遵循的教育方法。这是由自然的目的决定的，即要满足各种需要和建立各种生活法则。这些法则和需要一定是儿童本身通过其自发现象以及所取得的进步而表现出来的。他（她）的平静与欢乐、精力的集中以及其自由选择反应的坚定性都证明了这一点”①。第二次世界大战之后欧洲蒙台梭利幼儿教育的复归，以及21世纪前后美国蒙台梭利教育的复归，在本质上都是人性化教育的复归。

本文在复杂系统哲学的指导下，对蒙台梭利教育中人性图景的梳理既为促进蒙台梭利教育思想的系统化，又旨在提出进一步的学术问题。例如，精神营养有哪些类别？是否有能量层次的差异？如何定量研究心理能量？心理能量与意志力是什么关系？心理能量有哪些来源？人是如何运用心理能量的？心理能量是否有能量级？等等。这些问题有待于相关学者进行深入研究。

在东西方教育史上，蒙台梭利教育只是人类教育思想宝库中的一部分。综合集成古往今来的教育思想，为人类未来的教育开辟道路，始终是一项重要任务。但是，长期以来，由于科学排斥意识现象以及“我们似乎还没有找到一种方法来掌握和组织这种（有关人性的）材料”（舍勒），对人性图景的研究进展缓慢。近年来，由于意识科学的发展，实证科学已经开始触及人的内心世界。而且，复杂系统

① 蒙台梭利，任代文译：《蒙台梭利幼儿教育科学方法》，北京：人民教育出版社，2009，第406页。

哲学的发展，使得哲学综合能力迈上新的台阶。我们认为，以此为基础将会出现一种新的教育哲学——教育系统哲学。教育系统哲学以复杂系统哲学的本体论、认识论、方法论和实践论为指导，以人体复杂系统科学原理为基础，对教育哲学问题进行重新审视。而教育系统哲学则有助于人们进一步提炼古今的教育著作中的教育学原理，同时归纳梳理当代相关领域研究的最新科学成果，那么我们就可以期待以人体复杂系统科学原理为基础的新时期教育原理的诞生。

参考文献

[1] 爱因斯坦：《爱因斯坦文集（第一卷）》，北京：商务印书馆，1976。

[2] Randall Curren：《教育哲学指南》，上海：华东师范大学出版社，2011。

[3] Armstrong D G，Henson K T，Savage T V：《教育学导论》，北京：中国人民大学出版社，2007。

[4] 萨瓦特尔，李丽、孙颖屏译：《教育的价值：一位哲学家的教育沉思录》，北京：北京大学出版社，2012 年。

[5] 卡西尔，邯阳译：《人论》，上海：上海译文出版社，2003 年。

[6] 康德：《论教育学》，上海：上海人民出版社，2005 年。

[7] 威廉·詹姆斯：《人的能量》，出自：《詹姆斯集》，万俊人等编，上海远东出版社，1997 年。

[8] 克里斯托弗·武尔夫，张志坤译：《教育人类学》，北京：教育科学出版社，2009 年。

[9] 埃德加·莫兰：《复杂性理论与教育问题》，北京：北京大学出版社，2004 年。

[10] 薛定谔：《自然与古希腊》，上海：上海科技教育出版社，2002 年。

[11] 约翰泰勒盖托，汪小英译：《上学真的有用吗》，上海：三联书店，2010 年。

[12] 埃德加·莫兰：《复杂性理论与教育问题》，北京：北京大学出版社，2004 年。

[13] Lillard A. S. *Montessori：The Science Behind the Genius*. New York：Oxford University Press，2005。

[14] Lillard A S，Nicole E Q. "*The Early Years：Evaluating Montessori.*" *Science*，2006。

[15] Morrison G S ：《当今美国儿童早期教育（第八版）》，北京：北京大学出版社，2001 年。

[16] 蒙台梭利，任代文译校：《蒙台梭利幼儿教育科学方法》，北京：人民教育出版社，2009 年。

[17] E. M. Standing. *Maria Montessori：Her Life and Work*. New York：Penguin Books，1998。

［18］Kramer R. *Maria Montessori*：*A Biography*。

［19］乔伊·帕尔默：《教育究竟是什么：100 位思想家论教育》，北京：北京大学出版社，2011 年。

［20］［美］珍妮·特沃斯、［新西兰］戈登德·莱顿，顾瑞荣等译：《学习的革命》，上海：上海三联书店，1998。

［21］A. S. Lillard，Montessori：The Science Behind the Genius. Oxford Univ. Press，New York，2005.

［22］Dane L. Peters. *Montessori Schools Hit the Century Mark in Stride*，National Assoc. of Independent Schools. 2008.

［23］卢乐山：　《蒙台梭利的幼儿教育》，北京：北京师范大学出版社，1985 年。

［24］霍力岩：《蒙台梭利教育法研究》，北京：北京师范大学，1996 年。

［25］霍力岩，胡文娟：《略论蒙台梭利教育法之精要》，2008 年。

［26］杨莉君：《蒙台梭利教育法需要科学地解读和本土化》，载《人民教育》，2004，第 11 期。

［27］霍力岩，齐晓恬：《当前我国借鉴蒙台梭利教育法的主要误区、关键问题与基本思路》，载《幼儿教育》，2008 年。

［28］佘振苏、倪志勇：《人体复杂系统科学探索》，北京：科学出版社，2012 年。

［29］蒙台梭利，单中惠译：《童年的秘密》，北京：人民教育出版社，2005 年。

［30］O’Connor PJ. *Mental energy*：*Developing a modelfor examining nutrition - related claims*. Nutr Rev. 2006；64（7 part II）：S2—S6. O’Connor P. Mental energy：Assessing the mood dimension. Nutr Rev. 2006.

［31］Schwartz，J. M. & Begley，S. *The mind and the brain*：*neuroplasticity and the power of mental force*. New York：Harper Collins，2002.

［32］Almlund M，Duckworth AL，Heckman JJ，Kautz T. *Personality Psychology and Economics. IZA Discussion Paper* No. 5500. February 2011.

［33］艾利森·戈波尼克、安德鲁·N·梅尔佐夫、帕特利夏·K·库尔著：《摇篮里的科学家：心智、大脑和儿童学习》，上海：华东师范大学出版社，2004 年。

作者简介：倪志勇，男，北京大学博士，北京大学湍流与复杂系统国家重点实验室博士后，主要从事复杂系统基础理论和系统工程研究。与佘振苏教授合作撰写《人体复杂系统科学探索》一书；佘振苏，男，北京大学教授、博士生导师，湍流与复杂系统国家重点实验室主任。千人计划国家特聘专家，“973”重大课题首席科学家，长江学者特聘教授，北京大学周培源讲座教授；袁梅，女，中央民族大学教育学院硕士研究生，主要研究领域为中国少数民族教育。

第二节　少数民族基础教育职能及发展对策

新中国成立以来，党和国家对少数民族教育给予了极大的关怀和支持。少数民族基础教育从建国初期极度落后的状况，迄今已成为国民教育体系的重要组成部分，为巩固民族团结、发展民族地区经济、保障社会稳定发挥了重要作用。当前，深入认知少数民族基础教育职能，进一步推动其教育效能的发挥和强化，不仅是少数民族基础教育科学发展的需要，更是维护社会稳定、建构和谐社会的必然要求。

一、少数民族基础教育职能

少数民族基础教育具有少数民族教育和基础教育的双重属性。它不仅具备基础教育职能的普遍内容，即满足个人发展和社会政治、经济、文化发展的需要，还因其教育特殊性而在各项教育职能中体现出丰富的内涵。具体来说，少数民族基础教育职能主要包括以下内容。

第一，引导少数民族成员社会化。

教育的本体职能是促进人的发展。其中，个人社会化是人全面发展的前提和基础。少数民族成员社会化具有不同于主流民族的特点。这不仅表现在“劳动技能、生活习俗的社会化，道德社会化、信仰社会化和性别角色的社会化”[①] 等社会化方面内容。实际上，由于身处少数民族文化与以主流民族为主的中华民族文化大背景的“双重”文化环境中，少数民族群体成员不仅要吸收并传承本民族文化传统，还要学习并适应更广泛的主流社会环境，从而成为合格的社会成员。因此，基础教育在“实施基本的普通文化知识”、“培养公民基本素质”、“为继续升学或就业培训打好基础”[②] 的教育过程中，不仅要帮助少数民族成员传承与发扬民族优良的历史文化传统，适应本民族社会环境，还要促进民族成员在族际交往中与其他民族文化尤其是主流文化相适应，从而在多民族文化和现代主流文化中，逐渐获得更多更好的生存与发展机会。

第二，维系社会稳定大局。

教育的政治职能是教育的重要战略职能之一。少数民族教育在加强民族团结与稳定、坚持正确的舆论导向、维系国家安全和社会稳定大局等方面都担负着艰巨和特殊的历史使命。对于正处于思想品德与价值观念形成关键时期的基础教育阶段学生来说，少数民族基础教育政治功能不仅在于培养学生的政治认同，即通过社会主义教育、爱国主义教育等思想政治教育形式，正确指导少数民族学生“逐步树立起建设中国特色社会主义的共同理想”，“为终身发展奠定思想政治素质基础”[③]，

① 贾春增主编：《民族社会学概论》，北京：中央民族大学出版社，1996，第220—235页。

② 顾明远：《教育大辞典（增订合编本）》，上海：上海教育出版社，1998，第627页。

③ 引自《初中思想品德课程标准》。

还要通过国民教育、民族团结教育等教育活动，帮助少数民族学生形成对祖国的认同、对中华民族和中华文化的认同，增强国民自豪感和民族向心力，反对民族分裂，维护祖国统一。

第三，促进民族经济发展。

基础教育并不能直接推动经济发展，其经济功能是通过培养劳动者的素质来实现的。民族地区社会经济发展普遍滞后，而少数民族基础教育是各级各类人才成长的根基，是培养社会主义现代化建设人才的奠基工程。少数民族基础教育的质量关系到经济与社会的发展战略，关系到全面建设小康社会和构建社会主义和谐社会的进程。由此可见，少数民族基础教育在民族地区经济发展中的重要作用，对基础教育本身的发展提出了更高的要求。随着教育水平的不断提升，少数民族基础教育应在统一教学体系之内融合民族地区经济文化类型的特殊性，充分利用自身的智力优势和文化优势，承担起培养民族经济人才的任务，并主动尝试为民族经济服务，发挥促进民族经济发展的功能。

第四，建立多元和谐文化环境。

教育的文化功能是显性而直接的。少数民族基础教育担负的文化功能有三个层面：一是传递文化知识。不仅传承少数民族优秀的文化传统，促进少数民族文化的承袭和发展，还要传递多元一体的中华文化体系，推动中华文化内涵的丰富和延展。二是培养文化观念。不仅要培养少数民族个体的文化自觉和文化自省意识，正确认识本民族文化和身处的多民族文化环境，还要构建中华民族的文化主体意识，增强中华民族文化的凝聚力和向心力。三是形成跨文化交往能力。不仅要促进各民族成员在文化实践中建立起尊重、团结、和谐的关系，还要引导少数民族学生在日益频繁的国际交流中建立文化交流能力和文化自信品格。

二、少数民族基础教育发展对策

少数民族基础教育在与社会经济、文化同步发展的过程中，直接或间接地为培养少数民族人才、维护社会稳定、繁荣民族文化、推动和谐社会作出了极大贡献。当前，针对少数民族基础教育的特殊职能和发展机遇，本节提出以下发展对策。

第一，提高对少数民族基础教育的战略认知。

少数民族基础教育任务艰巨，意义重大。国家和地方应站在维护社会稳定、民族团结、国家统一，以及促进少数民族地区的小康社会建设、新农村建设、和谐社会建设的战略高度，以推动教育公平和教育均衡发展为最终目标，在教育投入和教育政策上采取特殊的扶持措施，从而有序、稳妥、有重点地发展少数民族基础教育，始终将其作为民族地区教育发展的重心。

第二，增强对少数民族基础教育的扶持力度。

鉴于少数民族基础教育的重要职能，教育投资已不仅仅是一种消费性支出和投资活动，更是一项事关民族地区民族团结、社会进步的建设活动。因此，国家和地方各级政府在投入教育经费时，应将民族基础教育作为财政支出的重点领域优先保障，充分满足民族基础教育事业的发展需求。在教育经费的投入方式上，可以在中央已经设立的“少数民族教育补助专项经费”基础上，设立地方民族教育补助专项经费，并将专款主要用于少数民族基础教育。在教育经费的投入区域上，要进一步向农牧区和民族地区倾斜，重点支持校舍安全、中小学布局结构调整、义务教育学校标准化建设等工程；支持农牧区及民族地区发展双语教育；切实改善民族地区办学条件，提高民族地区教育补贴，改善教师待遇。同时，要进一步健全社会监督制度，明确民族教育经费的有效投入和合理管理，提高教育经费的使用效益。

第三，积极稳妥开展双语教育。

加强双语教育，实现“民汉兼通”，是少数民族教育事业科学发展的显著特色。少数民族基础学校必须根据当地少数民族分布特点和地域、城乡间差异，在推进双语教育的速度和标准以及途径和方式上，从实际出发，因地制宜，稳步前行；必须尊重宪法和法律的尊严，在学好国家通用语言的同时，切实保障各少数民族学习和使用本民族语言和文字的权利；必须遵循语言学习规律和教育规律，根据各民族学生的文化背景、语言环境和认知水平，在教学过程中有步骤地引入汉语教学，循序渐进，稳健发展；必须处理好少数民族中小学本民族语言教学与汉语、外语教学的关系，建立适应边境民族地区的汉语教学体系，实现“学好母语，强化汉语，有条件的开设外语”；应当建立健全政策体系，规范、指导中小学双语教学工作，定期进行督导，加快双语工作法制化、科学化、规范化步伐。

第四，开发和实施少数民族基础教育特色课程。

在基础教育课程体系中，国家课程强调通过国家统一的教育知识，培养学生形成公民基本素质，树立国家认同和中华民族文化认同。少数民族基础教育必须以国家课程体系为本，通过社会主义核心价值体系的思想道德观念，引导各民族学生的文化价值选择和价值导向，铸造共同的理想和精神支柱，增强民族凝聚力。此外，少数民族基础教育还必须着力开发和实施特色课程：一方面，要充分利用民族地区的课程资源，通过开发地方课程和校本课程传承少数民族优秀文化、增强跨文化理解能力和跨文化交流能力、强化国民意识；另一方面，要关注隐性课程的开发和建构，通过利用学科教材、校园环境、规章制度、课外活动中的隐性教育资源，提高思想政治教育的有效性和持久性。

第五，促进少数民族基础教育信息化。

民族地区优质教育资源不足的局面靠传统方法在短期内并不能得以解决。作为促进少数民族基础教育发展的必要手段和重要途径，现代信息技术对于加快民族地区普及义务教育的步伐，改变师生间的教、学方式，输送先进知识与文化等，具有重要意义。针对民族教育的实际情况，实施农牧区中小学现代远程教育工程，配备现代远程教育设施，建设教育信息网络，拓展以卫星电视和互联网为载体的教育公共服务平台，加快基础教育资源库建设，引进优质数字化教学资源，加强网络教学资源开发，建设双语教育电视频道和教育资源库，实现优质教育资源共享，将推动民族基础教育的现代化进程。

第六，着力加强师资队伍建设。

师资问题是制约少数民族基础教育发展的关键因素。突出问题表现在教师数量短缺和教师专业水平不高两方面。政府应有针对性地建立民族地区中小学任教的鼓励机制和政策导向，鼓励优秀人才到民族地区中小学任教，为少数民族教育事业发展提供人才保证；应建立适宜地区实际的教师培训机制，建立教师培训进修制度，制定出短期培训、中长期培训计划，努力建设一支素质高、能力强且敬业爱岗的师资队伍。要特别注重双语教师的培养和培训，在投入巨资大力开展少数民族教师汉语培训的同时，根据语言学习的规律，制定符合实际的培训目标，以脱产学习和定期培训的形式进行系统学习，切实提高汉语培训的实效性，培养出一批民汉皆通、兼具专业学科知识和教育教学规律的优质双语师资，确保双语教育可持续发展，提高双语教育教学质量。

参考文献：

［1］贾春增主编：《民族社会学概论》，北京：中央民族大学出版社，1996，第220—235页。

［2］顾明远：《教育大辞典（增订合编本）》，上海：上海教育出版社，1998，第627页。

作者简介：达万吉（1981—），女，藏族，青海海西人，中央民族大学教育学院博士研究生，研究方向为少数民族基础教育、双语教育。

第三节　发展民族特色职业教育，促民族共生教育体系建立

长期以来，民族地区以资源消耗或过度开发为主的发展方式不利于其可持续发展。因此，民族地区应转变发展方式，走可持续发展的道路，民族地区职业教育应从属于这一发展方式的转变。

一、民族地区发展方式的转变

占我国国土总面积64.3%的民族地区长期存在着自然、人文资源富集与科技、经济滞后并存的矛盾。这与以往民族地区的发展思路不无关系。长期以来，民族地区的开发是趋向资源攫取式的，或开矿筑坝、或滥砍滥伐、或发展重污染工业、或无序和过度旅游开发…… 如果说破坏山体、水体等自然资源是对自然基因的伤害和毁损，那么文化展演等旅游经济开发便是对文化基因的吞噬和消解。这种涸泽而渔的思路导致民族地区经济进入恶性循环——贫困地区更加贫困。

经济发展方式上，长期以来，中国民族地区经济发展的主要动力就是加速资源开发，实现经济追赶的主要途径是依靠资源特别是矿产等不可再生资源的高消耗来支撑工业化的快速发展，这种发展方式具有以下后果。首先，资源的利用率低。有

研究表明，民族地区自然资源的开发利用对本地区经济增长的贡献率普遍偏低，我国自然资源对我国经济总量的贡献在0.3左右，除内蒙古自治区以外，其他民族省份的自然资源生产对本地区经济增长的年平均贡献率都低于全国平均水平，尤其是新疆、云南、青海以及广西等省区连0.2都不到，有些年份贡献率甚至为负。① 其次，环境污染严重。再者，生态环保形势不容乐观。丰富的自然资源并没有对民族地区经济增长起到应有的作用，资源的掠夺式开采，低附加值的原始产品和初加工产品的异地转移，最终导致“资源拿走，污染留下；财富拿走，贫穷留下”的社会现实。

文化发展方面，在现代化和全球化的冲击下，民族地区的传统文化面临着传承的危机。首先，在利益的驱使下，民族地区的群众更愿意掌握现代科学文化知识，而较少人去关注本民族的传统文化。其次，民族地区的传统节日和民俗习惯由于外出打工者的增多而逐渐被淡忘。再者，当前对于少数民族文化的开发，许多实质是以牺牲民族文化特色，追逐短期利益的功利性开发，这对民族地区文化的保护和传承是非常不利的。如纳西古乐“申遗”失败的主要原因在于迎合旅游开发之需而胡乱、过度包装。泸沽湖摩梭人传统文化中的“走婚”现象，被时下的旅游开发的错误包装、误导，正严重侵蚀摩梭文化的内涵。

社会发展方面，少数民族农村劳动力外出打工，有的甚至夫妻双双外出，造成孩子教育和老人赡养等一系列问题逐渐凸显，不利于提高全民素质、维护社会稳定、推动社会可持续发展。由于家长和孩子长期分离，导致亲情缺失，监护不力，留守儿童在生存发展中面临生活、教育、心理、安全等方面的突出问题。另外，民族地区人力资源流失严重，各民族地区教育培养起来的人才大量涌向城市，使得“江山代有人才出，故乡依然如此穷”的情况没有得到根本好转。

面对民族地区立体富饶的自然生态系统，丰富繁多的动植物基因以及与自然和谐的、共生的、独特的人文资源，必须转变观念，摒弃以前杀鸡取卵的发展方式，构建良性的自然与人文和谐发展的框架。转变民族地区的发展观，调整产业结构，走可持续发展的道路，民族地区的职业教育应从属于这一转变。

二、民族地区职业教育现状分析

通过调查研究发现，民族地区职业教育中存在的问题主要表现在以下几个方面：

1. 价值定位失误

民族地区职业教育大多定位于为发达地区培养劳动者，其培养目就是使毕业生能“走出去”。因此在专业设置、课程开发和人才培养体系上大多是跟随、模仿发达地区。另外，专业设置也极易受市场支配，根据市场的需求一哄而上设置专业，

① 张千友、王兴华：《民族地区：自然资源、经济增长与经济发展方式的转变研究》，载《中央民族大学学报（哲学社会科学版）》，2011，第4期。

往往容易导致专业设置不合理，没有从本地区的文化特色和社会经济发展情况进行办学。

2. 造成了贫富倒置的教育经费补偿机制

发达地区经济的高速发展需要大批量的劳动力，因此，民族地区培养的学生大部分流向发达地区。本来民族地区教育经费已经严重不足，低于发达地区。毕业生的大量外流造成了民族地区有限的教育经费流向发达地区，形成了贫富倒置教育经费补偿机制。在对黔东南民族地区职业学校的田野考察中发现，存在着严重的“出口流失”。调查显示，就业方向以外地输出型（尤其是东部发达地区）为主，离乡倾向明显（如表1）。

表1　贵州省黔东南州中等职业学校毕业生就业去向统计表（2010年12月汇总）

去向	人数	比例（单位:%）
本地	1259	46
异地	1458	54

3. 民族地区技能型人才缺失

目前，民族地区技能型人才，由于基数不足和教育溢出，首先表现为总量性匮乏。有资料显示，我国技能型劳动者占城镇劳动者总数的三分之一，距离发达国家二分之一的水平还有很大差距。同时，目前我国每年都有大量的农村初中毕业生直接进入劳动力市场，既降低了劳动者的素质，也影响了经济发展的质量。据调查，2007年，广西每万人中中等职业学校在校生只有111人，仅为全国平均水平的80%，不及江苏、浙江、山东等东部发达地区的一半；全区职业院校在校生总数不到80万人，输送的人才数量远不能满足经济社会发展需要。经过2008年到2010年3年职教攻坚，到2010年底，全区中职在校生91.7万人，高职在校生30.6万人，但高素质技能型人才短缺依然是产业发展的瓶颈。

调查发现，黔东南州2010年第一、第二、第三产业人才供需关系极不平衡，明显供不应求，尤其是在第三产业上最为明显（如表2）。

表2　2010年技能人才供需情况与产业分布情况表

产业分布	就业（供应）情况（人）	需求情况（人）	供需缺口（人）
第一产业	179	1365	1186
第二产业	992	2480	1488
第三产业	1529	4350	2821

4. 专业设置本土适应性不强

调查发现，民族地区职业教育专业建设上民族特色、地方特色淡化，办学本土适应性不强。职业学校专业建设的薄弱、滞后、被动与趋同的情况较为严重。以黔东南州为例，在所有职业院校开设的所有专业中，具有地方特色的专业只有民间武术和民族歌舞专业开设学校极少，民间武术专业无一在校生。另外，涉农专业，如养殖专业、种植专业和林木加工专业也只有一所学校开设。但是一些市场需求量不大，就业较困难的专业如计算机专业，却是办得最好的专业，开设学校和在校生均最多。因此，很多学校原有专业设置明显老化或同质化，不能满足区域内经济发展的特殊需求。职业教育的办学模式没有脱离基础教育的办学模式，专业设置和课程知识脱离当地生产实际，这样培养出来的学生既不能升学，也不能有效就业。因此，大部分少数民族地区职业教育处在关门和半关门状态。

5. 招生困难

近几年民族地区外出务工人员呈现外出务工低龄化、群体化和长期化的特点，在许多民族地区小学一毕业或者还没有毕业就外出打工，造成了职业教育招生困难。另外，普遍存在着重学历、轻技能的思想，对职业教育的歧视较为严重，对职业学校的认可度不高，也是职业院校招生困难的原因之一。再者，民族地区的职业教育没有地方特色，专业设置与其他地区无异，民族地区的学生不愿意在本地区学习，也造成了招生困难。

总之，民族地区职业教育反映的一个突出的问题是：无论办学模式还是专业设置上都与地方的经济社会发展不相适应，这就容易把民族地区的职业教育定义为向发达地区的廉价劳动力输出。

三、何为民族特色职业教育

针对民族地区职业教育中出现的诸多问题，应该从民族地区职业教育的办学模式来考虑解决出路。随着产业结构调整，近几年在民族地区出现的新产业，如民族地区旅游、民族工艺、民族医药、民族食品的深加工等，都对民族地区职业教育的特色要求越来越高。因此，民族地区发展特色职业教育成为民族地区经济社会发展的必然选择。

何为民族特色职业教育？民族特色职业教育即是指民族地区的职业院校根据本地区的社会经济发展状况，利用本地区的独特的传统文化优势，因地制宜，突出特色，设置专业培养人才，以促进民族地区经济发展战略的转变和社会的可持续发展。如云南省保山学院为传承和弘扬云南翡翠文化，根据地理位置优势和丰厚的民间玉雕基础，利用周边充足的毛料资源、交易市场和加工市场等得天独厚的条件，秉承传统翡翠文化，抓住历史的机遇，创办了宝玉石鉴定与加工专业。民族特色职业教育具有以下几个特点：

1. 特色职业教育是地方的，具有独特性。

世界上不同的文化是客观存在的。不同民族的不同文化都是在独特的天、地、人系统中形成的。这些文化在与别的文化交流、融合中保留了自己的特点，形成了自己的民族个性。各少数民族在社会生活中长期受本民族文化的熏陶，对自己民族的各类文化有着特殊的感情。民族地区特色职业教育是从本民族独特的历史文化传统中选择适合于职业教育传授的内容来培养未来的劳动者。这种教学内容是民族地区学生较熟悉的，能够激起学生们学习的积极性，他们愿学、乐学。在教育中引入各自民族文化的内容，势必会极大地调动各民族学生的积极性，从而极大地促进民族教育的发展。例如，将各民族民间工艺作为职业技术教育的内容之一，可以使学生把理论与实践结合起来。西南少数民族地区中，有不少著名的民间艺术，如苗族的银饰锻造技艺、成都的漆艺、白族的扎染，云南的宝玉石加工，壮、傣族的织锦，阿昌族的刀具、银饰等，都是蜚声海内外的，都能成为民族地区经济良性、独特的发展资源。将这些工艺作为民族教育中的职业教育的内容，既能发扬民族文化，又能使学生学到一门技术以利用就业，有利于少数民族地区经济的发展。另外，与民族地区独特的文化传统相结合的民族职业教育还有利用解决民族职业教育招生难的问题，能极大地提高他们入学的积极性。

2. 特色职业教育的出发点是本地经济的发展。

特色职业教育的出发点是为了解决民族地区人力资源流失和经济发展方式转变等问题。因此，特色职业教育是向内的，是为了民族地区经济社会的可持续发展考虑的，不是为发达地区培养人才，解决了民族地区人力资源流失的问题。另外，不可否认，民族地区教育的发展是开发民族地区人力资源的最佳手段，特色职业教育以其教学内容来自于民族地区传统文化等特点，能为民族地区的发展留得住具有一定素质的人才。特色职业教育能够在民族地区立的住、扎下根并生长起来，从而带动整个民族地区的经济社会发展。民族地区特色职业教育能够为民族地区培养出留得住和掌握特定技能的劳动者。

此外，特色职业教育有利于促进地方经济发展方式的转变。因为民族地区传统文化中适合在学校教育中传授的大多是技艺性和表演性文化，因此经济投入不大。学生毕业后，也大多数适合从事劳动密集型行业。在一定程度上有利于转变民族地区经济发展方式，使之从资源密集型和资金密集型产业转到劳动密集型产业，能有效缓解民族地区资源浪费和环境污染、生态恶化的现状。

3. 特色职业教育在技术上是多样的，是传统与现代的结合。

民族地区特色职业教育不是固守本地传统文化，封闭的教育形式，它可以利用现代的教育教学手段，提高教学的效率。民族地区的传统文化通过与现代职业教育体系的结合，能够利用现代的教育教学手段来培养掌握民族传统技艺的学生，是传统与现代的结合。学校教育利用其制度性保障来传授民族传统文化，这种结合不但有利于传承和保护民族传统文化，还能为民族地区培养一定素质的劳动力，使他们掌握了一技之长，解决了生存问题，促进就业。另外，传统文化的保护和传承还有利于增强其民族认同。

四、民族共生教育体系的建立

民族地区的自然资源和人文资源富集。如西部的地下资源占全国资源蕴藏量的63%，西南少数民族数量有36个之多，不同的文化、不同的类型，其人文资源相当丰富。仅以效益和速度为圭臬的经济模式正在破坏自然和人文资源的富集优势。因此，民族地区的发展应以自然与文化基因的独特，摆脱传统的以牺牲资源与破坏自然与文化基因生态为代价的经济发展模式，创建并依靠特色教育来完成发展观的转变，推进民族地区良性的自然和文化生态的构建，实现民族地区的可持续发展。把自然与人文的资源转化成经济发展的资源，把自然与人文优势转化成经济发展的优势，这一转化主要也靠教育。因此，我们需要什么样的教育成了问题的关键。

我们到底需要什么样的教育？当我们把教育定位在只是“脱贫致富”的手段的时候，我们的教育实际上没有得到应有的发展，因为它没有重视“人”，没有从文化特色和具体情况出发来发展教育。要解决这一问题，需要提出“共生教育”理念。解决问题的思路是，以自然与人文的独特基因来融入现代化的潮流，抓住独特的自然与文化形成的“人”的发展，继而来促进、改善经济和社会发展水平。这种教育就是“共生教育”。所谓“共生教育”，解决两个问题：一个问题是人类自身的生长同它外部世界的良性发展形成一个共生互补的系统；另一个问题是在与其他民族、其他文化相处以及对待本土文化和现代化发展这些问题中形成的文化“共生”。一个是自然“共生”、一个是文化上的“共生”。“自然”共生要求我们不要以所学的知识去征服自然，以所学本事去挖矿、去纯粹地做资源上的攫取。“文化”共生要求我们在尊重和保存传统文化的基础上发展我们的教育，从传统文化中汲取营养，而不应是现代化取代传统。这两个问题解决好了，我们才有可能解决我们的教育问题，进而解决经济和社会发展问题。

民族共生教育体系的建立应注意以下几项原则。首先，民族共生教育体系建立的目的是实现民族地区经济社会的可持续发展，在注重保护自然生态环境的同时，促进民族传统文化的发扬和传承，实现民族地区内源式发展；其次，民族共生教育体系建立的方法是因地制宜，发展特色，利用本地区丰富的自然资源和人文资源发展教育；再者，民族共生教育体系不是固守传统的教育体系，而是一个开放的系统。在注重民族传统的基础上，引进现代的教学技术和手段，在尊重本土文化的基础上，与外来文化和谐相处。最后，民族共生教育关注的不仅是教育的功利性价值，而是着眼于教育促进人的全面发展和地区经济、环境、教育和文化水平的综合提高。民族共生教育体系的建立包括教育的类型结构、教育的学制结构和教育的行政结构等，即民族共生教育体系是贯穿学前、初等、中等、高等、终身教育各学制结构的教育体系，是联系家庭教育、学校教育和社会教育各教育类型结构的教育体系，是需要中央和地方各级教育行政部门密切配合的教育体系。

民族特色职业教育是民族共生教育体系的一部分，这种教育不是简单的贯彻、推广和利用教育自上而下的外来的学校制度，而是把当地的自然与人文的东西融合成一个很好的培养基去培养和发展民族地区的教育。这样培养出来的人对自然是尊重的，对其他文化是尊重的。他既知道自己的特点，又能吸取人家的长处。① 首先，发展民族特色职业教育可以有效地解决人与自然的共生的关系。特色职业教育不是为依靠过度开发资源的经济发展模式培养人才，而是在为发展新型的劳动密集型产业培养人才。这种模式主要不是利用自然资源，而是利用人自身。其次，特色职业教育是在专业设置和教学内容上从传统文化中汲取营养，是在尊重和保存传统文化的基础上发展教育，不是盲目追随发达地区的职业教育，是与传统文化共生的民族教育。其独特优势既发展了民族地区的经济，又保护和传承了民族传统文化。此为民族共生教育体系应有之意。

参考文献：

［1］张千友、王兴华：《民族地区：自然资源、经济增长与经济发展方式的转变研究》，载《中央民族大学学报（哲学社会科学版）》，2011，第4期。

［2］张诗亚：《共生教育论：西部农村贫困地区教育发展的新思路》，载《当代教育与文化》，2009，第1期。

作者简介：张诗亚（1948—），男，重庆市人，西南大学西南民族教育与心理研究中心教授，博士生导师。

第四节　论高等教育的全球化与国际化

尽管我们是多么希望相信，但是博爱与各物种的幸福总的来说与进化基本无关。(Dawkins 1981：2)

与其说利他主义是一种不言自明的真理，不如说是一种行为主义的美德。利他主义的形式可以是对他人的关心或者无私的善行。然而在这个被矛盾、变化与失调定笼罩的世界里，利他主义鲜有人闻。貌似公众期望听到的都是灾难、惨祸、战争和破坏，而好消息都得为之让路。虽然人类本性也有倾向对别人造成伤害以维持自身的生存。但是也有能力通过合作来应对挑战，以使现在和后世的人们都能获得愉快而持久的生活。这也确实需要一种行为上的承诺，实体可以据此认知自我，认知其在世界中的角色。从多边机构到大学，很多组织都宣称已将利他主义确立为自己的目标。但是少数组织的这种自我夸大的行为让世人对其持矛盾和否定的态度。人们会想，他们到底是干什么的，或者他们的“真正”动机是什么。与之相反，很多沉默的合作伙伴匿名为公共利益服务，但他们在减少全球不幸方面所作出的贡献，尤其是在学问和研究领域所作的贡献却很少得到认可与承认。这两种类型的实体在不同水平上服务大众，进行合作。但是很少有研究去了解它们的角色、目标及

① 张诗亚：《共生教育论：西部农村贫困地区教育发展的新思路》，载《当代教育与文化》，2009年第1期。

影响，这些与全球化相关的内容。本节专门针对这一问题进行研究。尽管文献资料显示全球化确实存在，但是高等教育的国际化和全球化之间动态关系需要更深入的研究。根本的问题是，这些全球化的努力是否会有成效。正如吉登斯所说，“我们如何应对关于全球化的讨论将会对本世纪的发展前景产生强烈的影响。”（Giddens 2000：online）。这就提示人们，有一些文化和社会的特点或变化值得深思。

一、什么是国际大学合作？

要下个定义的话，国际大学合作作为一个术语，其概念模糊不清，很难界定。在解构这一概念的过程中，可以用实例去鉴别个体的特征，来获得一个大体的意思。但是这个概念总体上不具有普遍性，也不是某个特定过程的反应。有很多变量需要考虑，规范也会因时间和地点的不同而有所差异。如果我们分别考虑这一概念中的每个词语，就会发现“国际”一词的含义宽泛，既可以指一个通过各种技术手段连接在一起的广袤无垠的数字化世界，又可以指民族国家之间的社会——政治——经济体制。参与层次可能包括两国之间社会和法律上的交流（单边或双边的交流与共识），自由贸易的建立（经济区域化），跨国国有化（某一国家向其他国家提供学术项目和/或机构）①，以及全球合约②（力图解决全球重要问题的多边干预）。关于“大学”一词的含义，也有不同观点。“大学”可以是只提供一个或多个学位的实体，或只致力于教学的实体，或既开展教学又搞科研的实体，还可以是只搞科研的实体。至于“合作”一词，通常被理解成“一起工作”③，但是这个词也时常包括其他含义。如所有人有权在共同的目标下平等工作共事；分担风险和压力，共享时间和资源；并且在这种交流中彼此互惠。矛盾的是，一直以来，人们也认为合作推动了竞争，暗示合作的含义会受到时间、希望、欲望和语境等因素的影响。总之，国际大学合作的概念非常复杂，涉及很多变量，需要这三个词语之间协同作用，多方定义（国际，大学和合作）。往往，当不一致出现的时候，是什么（实践的）和应该是什么（规范的）这两者之间就会产生竞争。

① Altbach 2004：3.

② Please refer to：Karen Mundy “Education for all and the New Development Compact.” *International Review of Education*，vol 52，no 1（March 2006）：pp. 23—46.

③ The etymology of co – operation suggests that the term was first used in 1495 in a version of Trevisa's translation of Bartholomew's *De Proprietatibus Rerum*；borrowed possibly through Middle French *coopération*，or directly from Late Latin *cooperationem*（nominative *cooperatio* a working together（Latin *co –* together，variant of *com –* + *operationem* operation）（The Barnhart Dictionary of Etymology 1988）.

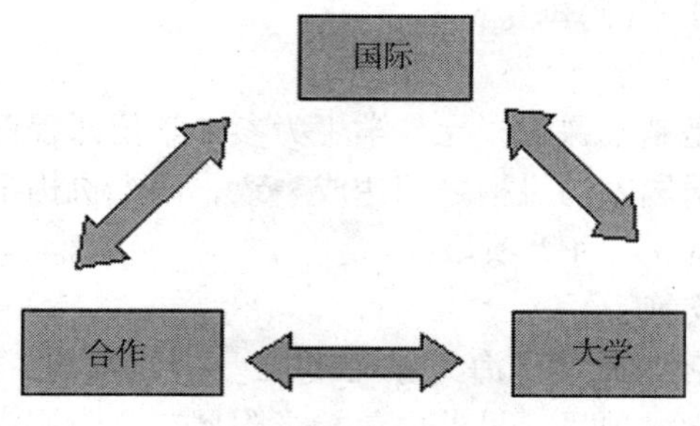

图1　国际大学合作的理论概要

实践的（是什么）	规范的（应该是什么）
基于项目	基于过程
国际发展	参与机会
技术转移	互相学习
教育交流	增加的国际社会网络
关键能力的训练	延伸的世界观

为了实现研究目标，本研究运用了文献分析来描述当今高等教育的全球氛围，同时也已开始对全球大学组织进行具体的实证分析，以证实结论。在此背景下，本研究只对那些包括三个或者三个以上高等院校的国际大学组织进行了分析。因为这种分组更有可能产生更强大的战略效果，更高的可见性与更长的持久性。预期目标一直是初步绘制出各跨境和国际化参与者的图景，展示他们的实践，识别出当前关注的问题，并分析国际化参与的层次。通过尝试建立对比模式，提出依据来区分国际化和全球化并且启发未来的方向。①

二、按照管理模式划分的国际大学合作类型

为了确立目前存在的模式，尝试对1996年到2008年收集的数据进行分析，来帮助定义和分类国际大学合作。通过运用世界范围内的大量资源，我们努力将识别出的600种组织划分成以下几种跨境高等教育的主要类型：

关注世界的大学：

关注世界的大学是授予学位的机构。关注的是和全球相关或者具有全球特征的学术主题。

卫星或延伸（海外）校园：

卫星校园是由一个国家的所属机关主办而在另一个国家创建。这种学校未必会

① 布雷说：“有时，比较被用于为未来的决策提供参考，但是比较也通常用来校正已经做出的决策。”（Bray 2007：16）

吸收主办国的文化特征。（跨国主义）

架桥与成对项目：

架桥项目，也就是基础课程，允许学生为参加学位课程而提前参加一些准备课程。成对项目是指不同国家的机构之间达成一致，两个机构都为学生提供部分各自的学位课程。（如1+3和2+2项目）

海外学习项目与交换：

海外学习项目包括“孤立”海外学习项目。借此项目，国内机构为自己的学生在另一个国家提供学术项目。另外也包括半附属与全附属海外交换项目。在该类项目中，学生在其他国家进行学术学习，取得的学分本国也承认。后者的项目设置可以是单边、双边或多边的学生交换项目。

国际联合：

国际联合是指由三个或者三个以上的大学或其他高等教育机构构成的网络。这些大学或者高等教育机构之间共同合作，对学生提供学位认证并开展学术研究。

国际联盟与中介：

国际联盟包括学术小组、联合会、委员会或者协会。国际中介包括学术中心、机构或者智囊团。

国际远程教育项目：

国际远程教育项目是指本国机构通过卫星、计算机、通信或者其他技术手段为世界上其他地方提供学位认证项目。

公司项目：

公司项目由他国的私营企业提供，并由一所大学或几所大学认可。公司项目也指国际机构与提供者运营商。①

以上以及其他形式的国际大学合作的信息来源包括以下名录和参考资料：

- 国际教育工作者协会（NAFSA）
- 欧洲国际教育协会（EAIE）
- 国际教育学院（IIE）
- 美国教育委员会（ACE）
- 联合国教科文组织
- 澳大利亚副总理委员会（AVCC）
- 无国界高等教育观察组织
- 各地区关键人物会议

尽管在图2中，分布图并没有反映世界范围内跨境高等教育活跃程度的百分比，但是此图确实帮助证实跨境高等教育是可划分的，并且本图也反应了本研究都

① 请参考：*ACE Venturing Abroad: Delivering U. S. Degrees through Overseas Branch Campuses and Programs*, Madeleine F. Green, Peter D. Eckel, Lourdes Calderon, and Dao T. Luu, eds. U. S. Higher Education in a Global Context: Working Paper #1 (May 2007).

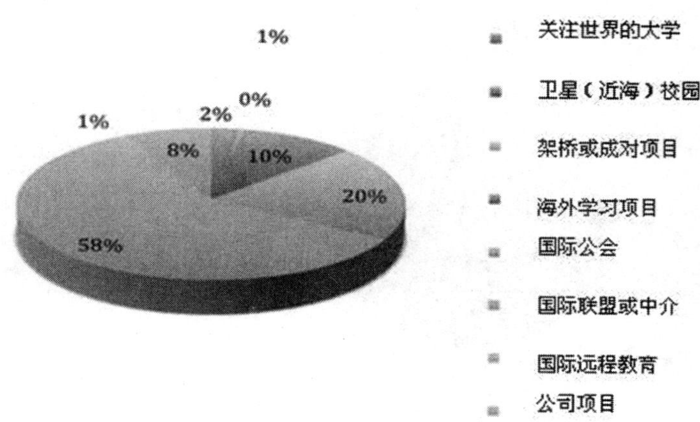

图 2　正式化国际大学组织分布图

对哪些类型的组织进行了调查。学生的总数到 2005 年已经达到 270 万①。按照这一估算，那么保守来说，每个项目有 30 名学生的话，全世界就有将近 9 万个项目。在识别项目类型目前趋势的过程中，就目的而言，研究建议不应该把关注世界的大学与那些将自己划分为世界级的大学相混淆。在国际背景下，他们是相对新的成员。（顺便说一下，很多大学已经为自己贴上了全球性的标签。）卫星（海外）校园，包括那些运转中的学术项目和“资本货物”一直稳步提升。在 2007 年②增加了 843 个。而海外学习继续在世界范围内提供绝大多数项目和交换。澳大利亚的架桥和成对项目，仅在 2003 年一年中就提供了 442 个项目，和另外估算的基于远程教育的 253 个项目。③ 确实，根据收集资料估计，此项研究中包括大概 517 个国际联盟与单独实体中介。图 3 描述的是根据地区划分的国际大学组织来源。

当然，此项估算的效度要看对各个国家的信息是如何收集和解析的。尽管维比克与拉萨诺斯基（2007）已经尝试为教育体系中国家与文化的不同下一个确切的定义，但是仍然有一些模糊的传统实践需要深入思考。比如，远程教育在混合方法学习中应用得更加频繁。而且远程教育本身也会融入到海外学位课程中，成为成对设置，非面对面教学的一种。

三、按照主动权和目的对机构间合作的分类

项目进一步分析了关于国际大学组织的数据，按照管理模式和目的来对组织类型分类。该分析识别出了以下几种合作类型：

---

① （Verbik & Lasanowski 2007：1）

② 这些数字是由美国教育委员会（American Council on Education）（2007：10）以及澳大利亚大学校长委员会（the Australian Vice Chancellors' Committee's）（澳大利亚大学海外项目 2003）所做保守估计数字。

③ 请参考澳大利亚大学校长委员会（Australian Vice Chancellors' Committee's）（澳大利亚大学海外项目 2003）。

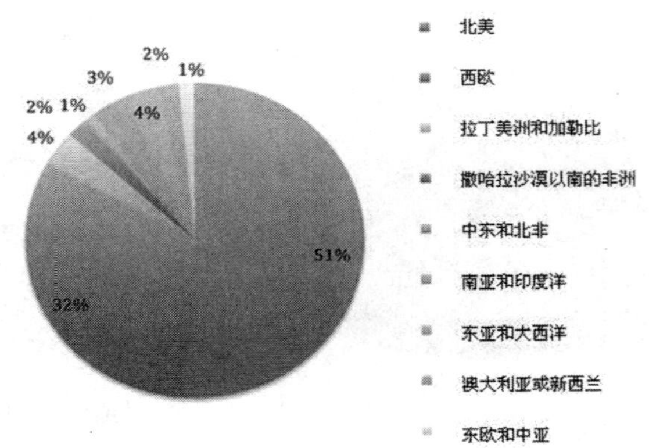

图3　按区域划分的国际大学组织（$n=554$ 代表64个国家）

教员主动型：教研人员占主动性的类型。教员在两个或者更多的国家共同或者合作进行国际研究。大多数教员可能最初是以学术兴趣的形式展示主动性。但是一旦确立了合作关系，就变成了以项目为基础的主动者。比如，某专门领域的研究，语言研究、地区研究、文化研究等学术兴趣集中的研究领域，或发展研究。

机构主动型：国际合作类型是按照机构项目或者项目合作来划分的。项目或者程序为基础的功能倾向于针对单个部门、学校或者教员。也可能会依赖外部资金控制如基金会或者政府支持的“软货币”、短期机构资金或者捐赠者的希望。这种类型也被视作自营的机构间合作伙伴关系。用会费、学费、项目费以及出版的费用来帮助支付项目花销。质量控制措施和标准维持也可能用来确保学术诚信。这样的例子包括针对研究的或者项目为基础的主动性，其目标是推动和发展合作努力。

群集型：此种合作关系重在强调通过资源整合的方式降低管理成本，减少重复。通过交换教师和学生，联合研究，或共享知识建立机构间的关系。该类合作伙伴关系还可以包括“俱乐部”形式的特别会员。可以将合作伙伴的焦点由自愿参与转向特约邀请。

市场驱动型：这种主动性关注的仅仅是国际教育的销售情况，把它当做营利事业或者商品。

进一步确认的话，这些合作关系可以和目的相关。图4是按照目的划分的国际大学组织及其分布。

因为本研究选取的是公认的小样本，所以上面的分布图不一定能反映出世界范围内的情况。然而，此图确实反映出各种各样的国际活动是在大学的围墙内外于不同层次上创设的。此外，伴随着这种机构间的合作伙伴关系从主动性转向项目为基础的活动，一些潜在的金融需求要素也用来证明或者维持它们的存在。国际大学组织的其他富有挑战性的要素也已被识别出来，包括：

- 技术（不同层次的或者依赖技术的变量）
- 优先权的变化（财政帮助；资产；领导层的调整）

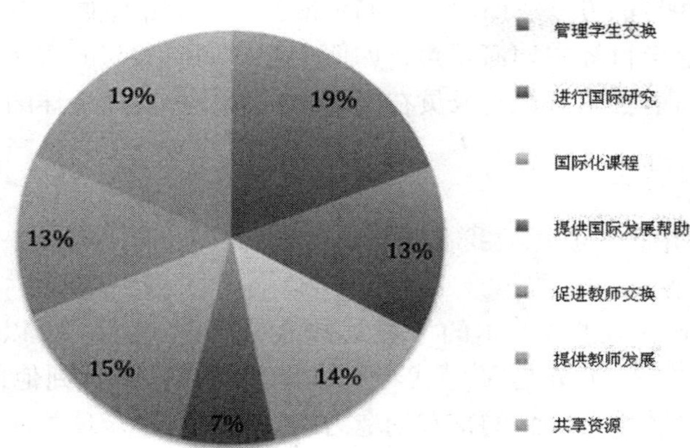

图 4：按照目的划分的国际大学组织（$n = 157$）

- 股份所有权的变化（活跃的成员对不活跃的成员；为新成员所做的营销）
- 交流（文件证据，语言和文化障碍）
- 质量控制（记账规章；签证条例；区分合法政策；课程接合）

看来要把机构间合作关系黏合在一起，更需要依赖人和条件，而未必依赖确定的任务或目标。任务和所有类型的组织目标和人一样随时间改变。此项分析清楚显示，国际大学组织的定义可能会受其管理结构以及一段时间内的目标影响。然而，因为变化的条件，此种关系可能会随变化而动，以满足有形的期望。如果谁在未来研究中跟随这样的组织，那么他会发现识别那些经受住时间考验的关系以及有助于组织长存的因素会非常有趣。这可能不那么容易计量。尤其是从经济角度上来说。但是这样或许可以解释人类和社会资本之间日益增加的相互作用。正如科尔曼所说：

> 社会资本……是通过改变人们之间促进行动的关系而产生的。如果物质资本是完全有形的，体现在可见的物质形式中，并且人类资本是次有形的，体现在个体获得的技能和知识中，那么社会资本是更不可见的，因为其存在于人们的关系之中。(Coleman 1988：S100—S101)

也许在未来的一些阶段，大学并不是因为它们的任务或者其毕业生达到了一些关键的能力而受到认可，而是因为它们扩展社会网络的能力而受到认可

四、这个世界由谁决定？

国际化面临的一个主要问题国际化的规范方法以及反映是否能够在一个竞争日益激烈并且不稳定的环境中推动国际大学合作。如果它可以，国际大学合作对塑造机构结构和决策程序会起到什么影响？回答这两个问题或许可以在以下两个角度去寻找答案：(1）在大学内部国际化是如何定义的。(2）影响它的外在条件是什么。为了实现本研究的目的，高等教育的国际化，尤其是国际化过程是指在全球化各种

不同的环境下，相异的方法或回应。他们可能指的是对自然回应的行为，以及机构和机构的成员在这个世界中如何观察、如何交流、如何参与的实质。

因此有必要试着去了解机构成员在国际化过程中扮演什么样的角色。

五、当今大学生

“在这个体系中……我思故我在”。

——笛卡尔

在这个语境下来阐述笛卡尔的“我思故我在”这句话，可以得出以下结论：大众普遍认为个体——尤其是Y世代与网络世代的人，认识到他们存在于一个不正常的体系，这个体系要求新的富有创造力的方案去解决全球关注的问题。对于一些学生来说，这个体系可能包括一些被动接受该体系的观念和利益的人，自我服务或者是具有职业倾向的人，以及那些认为“这个体系亏欠我”的人。无论是哪种情况，这些观念和期望基本都象征着经济条件。尤其是要考虑到一个机构大概可提供的教育机会，以及关注全球或国际化的课程需求。在精英教育体系中，假设供应条件相同，只有需求条件会因个体不同而不同（Becker 1975）。在平等主义的教育系统中，假设需求条件相同，不平等的唯一原因只是供应条件的差异。这貌似在暗示，只要学生有对机会的需求，尤其是国际教育的机会，那么这个体系就可能会向强化社会的个人主义的方向发展。借此，知识的现实与它所带来的信息就会与某个人相信什么，选择相信什么，以及愿意与谁合作这些问题发生碰撞。如果是这样的话，未来的结果就可能包括自学机会的增加。与之完全相反的是，如果那里可提供的国际教育机会有限，那么学生们就会抱着很强的动机去找寻可能，也会投入到学习中。如果他们获得了机会，就会带着兴趣和活力努力实现他们的目标。因此，学生需求很可能会对精英教育体系中的国际化过程产生更多的影响。在平等主义的体系中，学生们更可能去获取他们能够得到的东西。

六、当今的教授

随着不断增加的强调研究和教学质量的压力，学院面临着两难境地。一边是倡导和保持自己的研究领域。另一边是大学面临的经济需要，他们重塑学位、提高上限、提供弹性教学并且在评分实践中变得更加宽大仁慈。让这种危机加剧的是总体上知识的商业化，以及不断增加的学生费用。此外，学术界也不断地对学院施加压力，要求它们既在自己的领域保持创新，又要有被国际认可的研究成果。尽管对于追求这一使命的人，效度是可以获得的，外在对于学术教授的理解仍然是一个有特权的职位，但是新知识时代的人们对于创新性和原创性驱动力的要求也是日益增多。如克劳曼（Kronman）所言：

但是他（教师）将奉献毕生精力去传授知识的这个世界与他刚敲开大门的世界（一种无限的精神享受的源泉）是一模一样；之前已经有很多像他一样的教师，在同样的保存项目里辛勤耕耘。对于教师们来说，能够同他们立即建立联系的欣喜，简而言之，就是所有托管式的满足，都是老传统。这些老传统带来的愉悦，相比原创性而言，能让他们更真实生动的获益，但是这一点他们却几乎没有认识到。(Kronman 2007：116)

现在的这些情况表明，很多学术人员正在被要求在知识生产和传授中做出权衡，这就影响了他们纯粹追求新知识的勇气。教授们会感到压力，一边要忠诚的为自己的领域服务，一边又要默许作为雇主的机构所赋予的各种要求与期望。刺激教授追求国际主动权的催化剂是需要（在自己的学术领域内）、国际知名度（对某人研究与学问的无形支持）以及在教学与指导中保持个人自主的合理尺度的需要。

七、机构和机构项目

“我们参与故我们在”(Brown 2008)。

尽管大学范围的国际化实践倾向于自我服务，但是国际化意识、能力和竞争的观念在很多中学后机构里变得更加标准。全球的能力与毕业生的特性已经创造了凸显他们国际化教育的主动性与议程的机构任务。无论他们在哪里被限制和定向（无论是国家的、地区的还是机构的层次），都会出现一种全球的对比文化。并且很多曾经反应公众需求的机构现在已经依赖起消费者来。这就导致了机构为达成效果做出努力，要求通过合作来增强国际竞争力，并建立业绩记录，将机构按照世界级、国际化或全球化的前景进行排名。并不是所有的机构都会向“用户付费”的体系带来的压力屈服。但是竞争日益激烈的教育销售，正在凸显一个概念，那就是教育是一种可以用来交易的商品。

很明显，在已经形成了各种类型国际大学合作的机构中，大多数已经在财力、实际情况与有形目标的基础上，而非仅在利他主义趋势的基础上做了基本的努力。学生需求与教学人员的观念也会影响项目的传授与实施。这就表示国际化在大学内部受到各种层次的影响。

在图5中，布朗展示了他对未来教学与学习演变的预测。

特点	教育1.0	教育2.0	教育3.0
教授的基本角色	知识的来源	知识的引导和来源	合作知识创作的编排者
学习活动	传统的论文、作业、测验、一些课堂内的小组活动	传统方法向更加开放的技术转移；在学习活动中增加合作	开放的、灵活的活动，专注于为学生创造力的发展提供空间；传统界限之外的社会网络
机构安排	校园为基础，机构之间存有固定界限；教学、评估与资格认证由一所大学提供	大学之间增加合作	机构联盟和关系松弛；地区和机构边界瓦解
学生行为	很大程度上被动吸收	从被动转向主动，产生在教育过程中产生主人翁意识	强烈的教育主人翁意识，共创资源

图5　布朗对教学和学习实践演变的预测

来源：布朗，约翰·西力，生于数字时代，*Learning Differently*. Retrieved 4 March 2008, http：//www. acenet. edu/Content/NavigationMenu/WhatsHot/ACE2upJohn_ Seely_ Brown. pdf

因此国际化不仅是一个高等教育的“热门”趋势，而且可以说是在高等学习的发展演变中必不可少的一部分。国家教育体系缺少凝聚力，尤其是在精英教育地区。这一现象表示国际化实践不仅会在不同阶段演变（教育 1.0，2.0，以及 3.0），而且，由于外在条件，也会产生不同的结果。请注意这个悖论。

八、应对全球化

全球化是一个现代词语，目前仍不具备确切的定义。自 20 世纪 60 年代诞生之初起，全球化的概念不但在某些环境下被误解，而且它的模糊性通常会在翻译的过程中产生文化偏见。全球化与后现代性二者之前也会产生混淆。尽管很多研究者将综合的市场经济与后现代发展的演变本质联系起来。全球化未必会依所谓的“新资本主义”而定（Cox 1996：534）。这种看法源自一个前提，全球化仍然是在意识形态的基础上，随着时空演变（Holton 1998；Urry 1998）。很多人普遍关心的一个问题是全球化是系统化，它能威胁到某些文化、民族和习俗的生存与保存。尽管系统化以经济收敛的名义可能会带来更高的效率，全球化力量明显地在很多方面施加影响，如果该影响没有覆盖世界的大部分地区，其影响的程度还有待确定。

在特定的教育语境中，全球化的定义是广泛的。为解决新的问题，很多定义已经做了修改，比如新殖民主义、民族主义议程（Enders & Fulton 2002）、劳动和技能（Bassat 2006）、一个包罗万象的国际系统（Malmolejo 2007）、文化均化和促进“世界最佳实践”（Currie 等 2003：9），以及全球跨境高等教育的竞争和机会（van Vught & van der Wende 2002）。无论全球化的定义如何，它都被怀疑主义者视为荒唐和虚构之物（Hirst & Thompson 1996；Neave 1997）。为了在全球范围内战略性地实现上述问题，我们应考虑某些资源的可用性和平均分配（包括知识在内），一个涉及所有问题的统一议程，一个技术先进并兼容的公共设施，以及高于其他一切的学生的需求。就这篇分析的目的来说，全球化已被更多地看做一种理想。图 6 演示了有关全球化的各种理论观点，并引用其影响世界的重要条件。

越来越明显的是，所有这些影响全球化定位的考量都有好处，但是在不同程度上取决于问题的时间、地点、和文化。它通常转换为一个时间、地点以及对于是什么和可能成为什么的文化接纳。对于那些以经济学理论为基础的人，更大的移动人口和金融规则在起作用。对于那些有政治倾向的人，民族主义倾向和区域融合显示了结构性的增长。对于那些致力于全球网络高等教育合作的人，强调的更多是研究、金钱、和人才。

考虑到全球化会影响国际大学间的合作，高等教育的大众化继续在平等的教育系统保持重心，涉及使用权、权益和成本。然而，考虑到构建制度基础设施需要大量的机构资源，很多大学尤其是那些来自发展中国家的大学是无法与西方发达国家的大学竞争的。正如福朗和派尔所述：

我们特别关心的是，发展中国家的大学如何解决由于结构调整政策、困难的社会经济问题、耗尽的预算所造成的紧张局面，以及需要依靠所谓的市场机制来获取

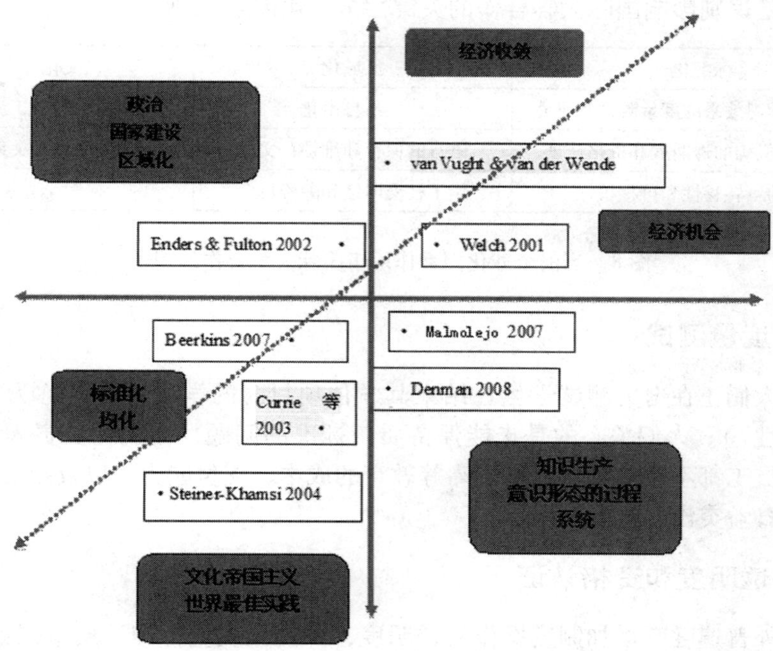

图 6　按各因素绘制的全球化理论立场

重要资源（Forrant &Pyle 2002：260）。

国际财团，作为一种国际大学间合作的形式，提供机会给所有机构合作伙伴进行资源整合，但必须面对的问题是资格认证，标准化，使用方法的目的相同。图 6 列出了按地区划分的主要国际质量保证机构。

区域	机构
北美	高等教育的国际网络质量保证机构，高等教育认证委员会，加拿大认证机构协会
西欧	欧洲教育质量保证协会，欧洲大学联合会，北欧质量保证网络，高等教育质量保障局
拉丁美洲和地中海地区	伊比利亚美洲高等教育网络认证和质量保证机构，加勒比海地区高等教育质量保证网络体系，美国公共行政学会
撒哈拉沙漠以南的非洲	非洲大学联合会，经济互助委员会，南部非洲发展共同体，非洲南部地区的大学协会，南部非洲高等质量管理项目机构
中东和北非	阿拉伯高等教育网络质量保证机构，以色列高等教育委员会
南亚和印度洋	印度大学评估委员会
东亚和太平洋	亚太质量网络组织
澳大利亚/新西兰	澳大利亚大学质量署，新西兰大学学术审计单位
东欧和中亚	中欧和东欧网络质量保证机构
全球	世界贸易组织（服务贸易总协定），国际质量评审项目，联合国教科文组织关于质量保障能力的世界银行项目

图 7　按地区划分的国际质量保证机构

图 8 是识别影响国际大学合作的关键性全球化因素。

标准化	区域化	文化移入
有关学生学习效果的度量测试和研究	贸易自由化	学生和员工流动
海外教育机构的透明度和资格认证	语言的保存和维护；文化	国家间的外交关系；文化
学位的可转移性和可移植性	学术社交网络和融资机会	教学方法

图 8　当前全球化因素作用于国际大学合作的例子

九、度量测试

目前人们正在努力测试学生在结束其学位项目时的学习结果（称为“大学绩效的可靠性”）。人们关心的是未能保持质量标准的问题，而机构负责人则认为学术科目和员工都不符合行业标准。高等教育的成本、支付能力，以及投资回报这些问题变得日益突出并受到置疑。

十、透明度和资格认证

国内外普遍呼吁增加制度操作的透明度，并强调质量标准、质量保证和评估。质量标准是指质量平衡的方法，以及质量指令的维护。根据评估，它越来越多地反映了以责任中心的管理（RCM），对方案执行的成本进行大量的评审来确定财务可行性。质量保证被认为是一种对于指令、交付和评估的兼顾办法。目前，人们还在热烈讨论评估的类型。一方面，对等网络评估提供了一种奖学金制的大学方式，但它通常被称为“一个老男孩们的网络”，会使边际项目的存在合法化。另一方面，政府或机构评估常常产生官僚水平的监管框架，可能会干扰重大和合法的活动。有人认为，虽然监管的增加可能是必要的，但还需要一个平衡的方法。不得不承认的是，如果把过去作为前奏，政府可能会很少提及学校的发展或他们的活动。

十一、学位的可转移性和可移植性

学位的可转移性和可移植性指的是一个学术学位能很容易在单位间转移和学位一旦完成后的有效性和实践性。学位结构的变化正在增加（尤其是学士和硕士学位），来自于团体的其他工具还继续被用于对应的课程，如美国大学登记入学主管协会，欧洲学分转移制度，全国学术信息中心。文凭补充是一个新的倡议，旨在增加跨境学位的可移植性。

十二、语言和文化的保存和维护

语言或文化的保存和维护是指那些涉及文化认同和语言保护的机构所作出的承诺。

十三、学术社交网络和融资机会

学术社交网络和融资机会属于指数使用、ICT 社交网站的应用（Facebook、博客、第二人生）和在线交付。在一般条款的访问中，他们还与高等教育的大众化相关，但正如巴罗等人有关资金的提议所述：认定的合作机会假设金融资源在高等教育中仍将是有限的、稀缺的。政府在某种程度的协作安排上是可以合作的伙伴，它为新项目提供了种子资金，但它不会成为合作合资企业一个初级的或一个永久的资金来源（Barrow et al 2003：183）。

十四、学生和员工流动性

学生和员工流动性指学生和员工以教育、培训或奖学金为目的出国量的增加。

十五、国家间的外交关系

国家间的外交关系是用以构建两国间更好的关系桥梁，他们通常是指建设和平，避免战争，或提高文化理解。

十六、教学方法

高等教育试图通过让学生准备解决问题的方式来处理社会需要，而有人担心某些文化的参与程度是地方性的、兼容包容的，或者可能强调内部持续投资的重要性——而不是从一个国家的外部，换句话说，就是单边方法。在制度层面上，一些大学把“国际化”视为对于校园多样性或促进多样性的敏感度，而不是通过定义它的意图。事实上，在这种背景下的“多样性”，可能会被消极地看做为了促进本国文化的那些文化。

十七、老调重弹的问题

尼夫（Neave）详细阐述了“国际大学合作”的定义,[①] 依此我们可以将其定义为一个为国际发展、技术转让、教育交流和培训提供机会的教育过程。理想情况下，国际大学合作可通过建立国际机构合作或联盟来满足国内机构和主办机构的需求。然而遗憾的是，在大多数情况下，国际大学合作的利他主义观念由于参与者的所受外界压力而变得局限，成为经济上有利可图的、有竞争力的或具有重要战略意义。

就国际化而言，国际大学合作只是一个过程的一部分，但当我们考虑各种方法时，就有必要考虑所有的行动者和他们的动机。毕竟，所有这些行动者代表了人事代理的集体。

---

① “合作应被视为一个过程，一方面在自我定义的需要上、一方面在核心竞争力培养上，为系统提供相互学习的机会。”（Neave 1991：93）

无论什么类型的机构在任何系统中，它所面对的全球经济现实状况表明，“国际化”这个概念正在成为一个必要和至关重要的手段：

- 吸引资产所需的财务可行性；
- 增加机构能见度；
- 为了应对市场变化，提供多元化课程并提高内容的灵活性和适应性。

这个经确定的悖论就是机构间具有日益增加的不一致性，并且这些机构正在努力使财政收支平衡。在这种背景下，国际化过程显然会有所不同，会采取不同的形式。

国际大学合作项目绝不是从母机构那里夺走他们宝贵的资源。作为财务独立、营利性实体的、共同经营的联合机构，合作项目的建立会给他们所扮演的角色进行补充，以提高他们资源和成本的效率。无论是何种形式，国际大学合作将日益增长的高等教育机构间的国际网络和合作付诸实践。事实上，这样的项目会培育新的可以传承的教学方式。

至于全球化，没有单一的全球化模型可以单方面存在。全球化驻留在每个背景中，还有附加的变量影响国际大学合作。旗帜的概念、文化和习俗可以抵制改变。这样，一个放之四海而皆准的想法将变为现实。

全球化和国际化共同分享的重叠属性是超越领土边界和以合作为基础的相互依存。否则，它们的存在就是一个拙劣的模仿，国际化和全球化的概念不但在解释和涵义上没有确定的根据，而且受各种文化背景下的流沙和大学内部的文化困扰。在这种背景下，以下提供他们的区别：

- 国际化是一个发展的并响应国际化潮流的过程；
- 国际化具有文化特性，因此，可以视作要么是充满剥削的，要么是机会主义的；
- 全球化是一种理想，但也可以被视为一个经济理性主义的产品或过程。

十八、结论

高等教育的国际化、全球化进程不一定需要协同工作，但它们确实以经济的迫切需要为基础，通过国际化实践来相互依存。这引出了一个问题：是否国际大学组织的形成是全球化的一个结果或以经济的迫切需要为基础通过国际化实践形成的。基于迄今为止有关国际大学组织的研究，有人推测全球化影响在建立国际大学合作扮演了一定的角色，但是，机构的反应以国际化实践为形式有更多基本的构建块。因此，国际大学组织的结构并不能总是按照其初始目的发挥功效。除了几个行动者参与这个过程，时间和文化也发挥了作用。图 9，以文化方法为据，依靠数据收集简述机构行为，描绘了国际化途径中的文化差异。

从图 9 中看到各行分别代表的是共享资源、教师发展、教职人员交流、国际发展援助、国际课程研究和学生交流。

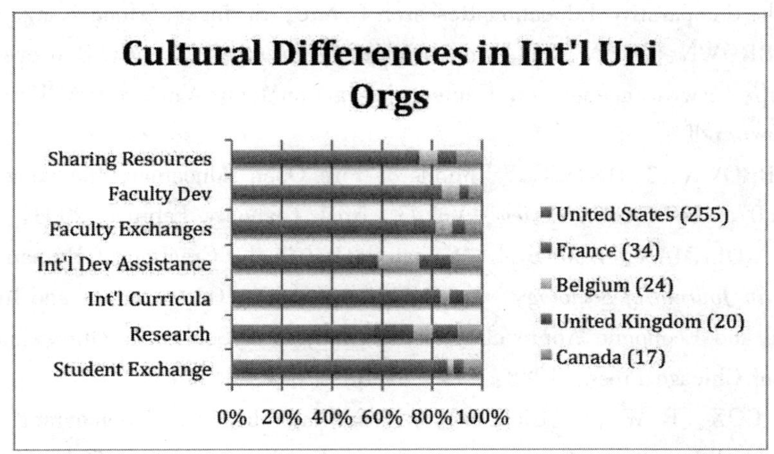

图9　国际化途径中的文化差异

参考文献:

［1］ AMERICAN COUNCIL ON EDUCATION. *Venturing Abroad: Delivering U. S. Degrees through Overseas Branch Campuses and Programs.* Madeleine F. Green, Peter D. Eckel, Lourdes Calderon, and Dao T. Luu, eds. U. S. Higher Education in a Global Context: Working Paper #1 (May 2007).

［2］ AUSTRALIAN VICE CHANCELLORS' COMMITTEE*Offshore Programs of Australian Universities*, 2003. Retrieved 3 March 2008, http://www. universitiesaustralia. edu. au/documents/policies _ programs/international/activities/Offshore% 20Programs% 20 -% 20May%202003. pdf.

［3］ BARROW, CLYDE W., SYLVIE DIDOU - AUPETIT AND JOHN MALLEA, eds. "The Triumph of the Market Model". Globalisation, Trade Liberalisation, and Higher Education in North America. Kluwer Academic Publishers, Dordrecht, The Netherlands, 2003: 165 - 186.

［4］ BASSETT, ROBERTA MALEE*The WTO and the University. Globalization, GATS, and American Higher Education.* Routledge, New York, 2006.

［5］ BECKER, GARY S., *Human Capital.* National Bureau of Economic Research, New York, 1975.

［6］ BEERKINS, ERIC "University Policies for the Knowledge Society: Global Standarization, Local Reinvention". *Perspectives on Global Development and Technology*, No 7, Vol 1, 2008: 15—31.

［7］ BRAY, MARK. "Actors and Purposes in Comparative Education". *Comparative Education Research. Approaches and Methods.* Mark Bray, Bob Adamson and Mark

Mason, eds. Comparative Education Research Centre, Springer, Hong Kong: 15—38.

[8] BROWN, JOHN SEELY*Born Digital, Learning Differently*. Retrieved 4 March 2008, http: //www. acenet. edu/Content/NavigationMenu/WhatsHot/ACE2upJohn _ Seely_ Brown. pdf

[9] BROWN, JOHN SEELY "Minds on Fire. Open Education, the Long Tail, and Learning 2. 0" . *EDUCAUSE Review*, Vol 43, No 1 (January/February 2008): 16—32.

[10] COLEMAN, JAMES S. "Social Capital in the Creation of Human Capital". *The American Journal of Sociology*, Vol 94, Supplement: Organizations and Institutions: Sociological and Economic Approaches to the Analysis of Social Structure. Chicago: The University of Chicago Press, 1988: S95—S120.

[11] COX, R. W. , "Globalization, multilateralism, and democracy". *Approaches to World Order*. Cambridge University Press, Cambridge, 1996: 524—536.

[12] CURRIE, JAN, RICHARD DEANGELIS, HARRY DE BOER, JEROEN HUISMAN, & CLAUDE LACOTTE*Globalizing Practices and University Responses. European and Anglo - American Differences*, Praeger Publishers, Westport, CT, 2003.

[13] DALE, ROGER "Specifying globalization effects on national policy: a focus on the mechanisms" . *Education, Globalisation and New Times*. Ball, Stephen J. , Ivor F. Goodson & Meg Maguire, eds. Education Heritage Series, Routledge, Oxon, 2007: 64—82.

[14] DAWKINS, RICHARD "Selfish Genes Selfish Memes" *The Mind' sI: Fantasies and Reflections on Self and Soul*. Retrieved 2 March 2008, http: // www. iupui. edu/ ~ philosop/dawkinsongenesandmemes. pdf, 1981.

[15] DENMAN, BRIAN D. "The Emergence of World and Offshore Universities and Other Cross - Border Higher Education" . *International Education Journal: Comparative Perspectives*, Vol 8, No 3 (December 2007): 3 - 18.

[16] ENDERS, JRGEN AND OLIVER FULTON "Blurring Boundaries and Blistering Institutions" . *Higher Education in a Globalising World*. Kluwer Academic Publishers, Dordrecht, 2002: 1 - 14.

[17] FORRANT, ROBERT AND JEAN L. PYLE "Final thoughts: portable intellectual currents and sustainable human development" . *Globalization, Universities and Issues of Sustainable Human Development*, Jean L Pyle and Robert Forrant, eds. Edward Elgar Publishing, Northampton, MA 2002: pp. 260 - 266.

[18] FRIEDMAN, THOMAS L. *The World Is Flat. A Brief History of the Twenty - First Century*. Picador Press, New York, 2007.

[19] FUKUYAMA, FRANCIS "Social Capital" . *Culture Matters. How Values Shape Human Progress*. Lawrence E. Harrison and Samuel P. Huntington, eds. Basic

Books, New York, 2000: 98 – 111.

[20] GIDDONS, ANTHONY and LESLIE SKLAIR "Global Interdependence". The Globalisation Debate. Retrieved 4 March 2008, http: //www. fathom. com/course/10701014/session3. html.

[21] GRONDONA, MARIANO "A Cultural Typology of Economic Development". *Culture Matters. How Values Shape Human Progress.* Lawrence E. Harrison and Samuel P. Huntington, eds. Basic Books, New York, 2000: 44 – 64.

[22] HEAP, SIR BRIAN "Higher education, scientific research and social change". Higher Education and National Development. Universities and societies in transition. David Bridges, Palmira Juceviciene, Robertas Jucevicius, Terence McLaughlin & Jolanta Stankeviciute, eds. Routledge, Oxon: 265 – 277.

[23] HIRST, PAUL, & THOMPSON, GRAHAME*Globalization in Question.* Polity Press, Blackwell Publishers Ltd, Oxford, England, 1996.

[24] HOLTON, ROBERT J., *Globalization and the Nation State.* Macmillan Press Ltd, London, 1998.

[25] KEETON, MORRIS "Dilemmas in Accrediting Off – Campus Learning". *The Expanded Campus.* Kyckman W. Vermilye, ed. Jossey Bass Inc., 1972: 39 – 148.

[26] KRONMAN, ANTHONY T. *Education' s End. Why Our Colleges and Universities have given up on the Meaning of Life.* Yale University Press, New Haven, 2007.

[27] MCBURNIE, GRANT AND CHRISTOPHER ZIGURAS*Transnational Education. Issues and trends in offshore higher education.* Routledge, Oxon, [DATE].

[28] NEAVE, GUY*The European Dimension in Higher Education.* Background document to the Netherlands seminar on "Higher Education and the Nation State". Center for Higher Education Policy Studies. Twente, The Netherlands, April 1997.

[29] OCAMPO, JOS ANTONIO "Small Economies in the Face of Globalization". William G. Demas Memorial Lecture Series, Barbados, 2003.

[30] STEINER – KHAMSI, GITA, ed. *The Global Politics of Educational Borrowing and Lending*, Teachers College Press, Columbia University, New York, 2004.

[31] THAMAN, KONAI H. "Education and Globalization: A View from Oceania". *Educating for a Worldview.* Larry Hufford and Teresita Pedrajas, eds. University Press of America, Lanham, Maryland, 2007: 1 – 14.

[32] *The Barnhart Dictionary of Etymology.* Robert K Barnhart, ed. The HW Wilson Company, 1988.

[33] URRY, JOHN "*Contemporary Transformations of Time and Space*". *The Globalization of Higher Education.* Peter Scott, ed. The Society for Research into Higher Education and Open University Press, Buckingham, 1998: 1 – 17.

[34] VAN VUGHT AND "Globalisation and Internationalisation". *Higher Educa-*

tion in a Globalising World. Kluwer Academic Publishers, Dordrecht, 2002: 103 - 120.

[35] VERBIK, LINE AND VERONICA LASANOWSKI "*International Student Mobility: Patterns and Trends*". Published report of *The Observatory on Borderless Higher Education*, United Kingdom, 2007.

[36] WELCH, ANTHONY R. "*Globalisation, Post - modernity and the State: comparative education facing the third millennium*". *Comparative Education*, Vol 37, No 4, 2001: 475 - 492.

作者简介：布莱恩 D. 戴蒙（Brian D. Denman），男，新英格兰大学教育学院，高等教育管理与政策中心教授，研究方向主要是全球化与高等教育。

第五节　成人高等教育中艺术教育专业的课程设计研究

中共中央、国务院1993年发布的《中国教育改革发展纲要》指出："成人教育是传统学校教育向终生教育发展的一种新型教育制度。"我国《教育法》第11条也规定要"建立和完善终身教育体系。"这表明，成人教育和普通学校教育所承担的任务和各自的功能都是终身教育体系中的组成部分，二者有机结合，但又不能互相代替。二者的并存是每个公民在一生当中的不同阶段并且都能享有合理安排的有效教育。

在成人教育中课程设计是影响人才培养的重要环节，本节拟对我国成人教育学中艺术教育的课程建设、现实要求和理论基础进行论述，选取中央民族大学本科艺术教育学士进行案例分析，通过比较提出建议，强调在实践课程、选修课程及论文指导课程上给予众多的关注。

中央民族大学自2004年经教育部批准，建立了艺术教育学士点，其中有根据专业课的需要，分为美术教育、音乐教育、舞蹈教育基本构建了艺术教育的学科体系。然而八年来的风雨兼程之路，我们深感课程建设始终是困扰学科建设层次和人才培养质量的重大现实问题，尤其是通过教育实践与社会需求不断地进行课程的调整和实施问题，更是直接关系到学科目标发展的实现。因此有必要深入地研究和探讨，在实践中发现不足，通过个案分析，为我国成人教育学专业艺术教育专业的创新与发展提供理论基础。

一、成人艺术教育课程设置的思考

从艺术教育的课程设置的时代背景：2006年教育部颁发了《关于在普通高校实施艺术素质教育》的文件，并明确提出了凡是大专以上的普通高校都要开设艺术类的选修课，即《艺术学导论》，又称《艺术学概论》、《美术鉴赏》、《音乐鉴赏》、《书法鉴赏》、《戏剧鉴赏》、《电影鉴赏》、《电视剧鉴赏》。这一举措是根据学界泰斗钱学森先生的建议提出的，是提高国民艺术文学素质的百年大计，但前提要在全国实施需要培养大批的艺术专业教师。艺术素质的培养和教育需要从幼儿做起，要有幼儿园、小学、中学直到大学的连贯性，是提高国民素质的艺术教育的宏伟工程，将以学校教育为平台全面发展。任务的紧迫、师资的不足，使成教艺术教育专业承担起了部分培养师资的重任。相比较其他专业门类，艺术教育还处于摸索和确立阶段，课程设置和教材体系都有待于从头做起和不断完善。同时学科还肩负着培养高质量、高素质、高能力人才的使命和社会责任感。这些都需要通过艺术教育的学科建设来实施，而课程设置需要实现“如何科学地将创新性、灵活性和动态性贯穿起来”的任务。

创新性，即艺术教育专业不同于其他学科的悠久发展历史，它是一门新兴的学科，它的课程体系对于与传统艺术专业的依赖性不是很深，因此在课程的设置上，要更多地根据社会发展的要求，在创新意识的引导下，融合学术前沿的新观念，并与其他专业整合。

灵活性，即刚刚起步、积淀还不深厚，这给了艺术教育学科的课程设置一个充分思考的机会，针对自身的条件，大胆对课程进行改革，可以适时调整培养方案，不拘泥于已有的课程体系。

动态性，即专业属于初创时期，课程的设置和内容处于探索和变更时期，无论是教师还是学生，都对课程设计的理论、观点等抱有不断探索和完善的态度。因此，艺术教育专业课程更多地进行了师生互动讨论的专题研究型课题。

二、成人教育艺术教育专业设置的理论基础

成人教育艺术教育专业的课程设置，要充分考虑到专业培养的特点，避免对本科艺术专业课程设置的简单复制。艺术教育专业的学生，他们需要从理论方面进行广泛的深入和提升，这样才能够主动地选择、调整和适应所学的专业知识。因此此时的课程设置可以更多地考虑到以本专业的前瞻性和构建主义的课程观为理论基础，提倡在理论思考的基础上，将课程设置和开发上升到课程理论的高度。

要提倡尝试超越传统的科别类课程，以“跨学科整合”的创新思维，突破学科界限，同时也需要关注课程的个人视野的独创性、重视个人的发展经验。艺术教育由于发展的历史较短，所以传统的课程科层并不牢固，加之本学科的研究对象，介入教育之中，由于社会经济的发展密切联系，因此构建跨学科的动态课程是十分必要的。艺术教育课程的设置必须体现出学生的工作活动和学习的多种差异，适时形成一批开放课程。

所谓的构建主义课程观倡导，应当在充分了解学生的知识表现和教学目标的基础上，形成一种师生共同构建、不断发展的“演进式”课程，通过前期的专业技能学习。进入本科教学阶段，学生已经具有了强烈的学习和发展的意识，故这个时期的学习有别于传统被动式的学习，更应该强调和体现学生的主动构建，所以在艺术教育课程的设置上，要研究将理论学习和社会互动结合起来，将专题研究与个人的学习与发展联系起来，安排实地展示和考察的课程，使课程的设置更合理、更人

性化、更个性化。

三、成人教育艺术教育专业课程设置的实践意义

在学生的培养过程中，课程的设置十分重要。因为对学生专业培养的要求均在课程的设置中得到体现。因此成人艺术教育的发展时间以及对于学生培养的宗旨和蕴含均体现在了课程设置之中。

面临快速发展的市场经济的崭新形势，常人教育的发展面临不断的挑战和变革的境地，由此引发的成人教育学科课程设置也将面临着社会的转型和经济的转轨。在教育改革大背景下的保留与创新，传承普通艺术教育学深厚的理论基础，同时也具有成人教育开拓进取，勇于面对新情况、新格局、新形势的优良传统，故此更要对现存的课程体现、结构编排、资源整合及社会参与做出符合成人教育学科发展的新建构。

在教育提倡传承和创新的时代背景下，对于成人教育专业的课程设置，更应将提升技能和修炼品性、陶冶情操作为实践理念。在课程设置中要力求既忠实于专业基础又能拓展专业思维的培养课程，而且要坚持“以人为本”的教育理念，培养学生热爱艺术，精于专业，淳厚为人的赤子之心。课程的设置一般统一的公考的课程建设不能体现修身的理念，要把道德修养及人文素养内容融进各类课程，贯穿课程始终。要通过课程的设置，体现人文修养和道德修养，塑造德才兼备的艺术专业的学生，才是社会真正需要的人才。

四、成教艺术教育课程现状分析

本节选取了中央民族大学成教学院艺术教育专业作为个案分析。该校是国家“211”工程和“985”工程重点建设院校。但成教的艺术教育专业在全国成教相同专业中起步较早，基础扎实，自 2004 年建设该专业以来，招生规模每年都居于北京高校中艺术专业的最前列，至今已培养了数万名毕业生。

培养目标为“培养德、智、体、美”全面发展，具有系统的艺术理论修养，专业知识扎实，对艺术问题有较高的敏感性，有相当理论研究和实践指导能力，能够熟练使用艺术语言，进行声音演唱（美声唱法、民族唱法、合唱），器乐演奏（含民族乐器和西洋乐器等），能绘中国画（含人物画、花鸟画、山水画、仕女画），油画（人物画、静物画、风景画），舞蹈表演（以民族舞、民间舞为主），舞蹈编导、幼儿艺术教育等。培养能使用科学的方法研究艺术教育理论与实践问题的专门人才。

从高校艺术教育专业的培养目标可以看出该校成教艺术专业的培养目标体系。该专业着力培养全力发展的、具有扎实的艺术专业技能和系统理论知识的专门人才。而艺术技能培养的环节比起专业艺术技能培养课，又具有很大的弹性和选择空间。比如有的声乐专业的学生，可以整合社会其他高校的教师来多渠道的从事声乐学习，这样可以做到博采众家之长，形成自己独特的风格并早日成才。因为成教学

生皆仅周末双休日上课，平时自由支配的时间较为充裕，他们还可以积极主动的争取各种形式的文艺演出，通过这种活动锻炼、提高自己。有的学生在演出期间，就参加一些全国性的演唱大赛获得了优异的成绩，也为母校争取了荣誉，个人也因此获得了专业发展的好机遇。笔者曾经接触过多为这样的学生，聆听过他们讲述成才的过程，分享过他们成功的快乐。这才是合理的培养目标，创造了好的育人环境而产生的比较成功的原则。

对成人教育艺术教育专业设置现状的分析：中央民族大学成教学院艺术教育专业设置为艺术学概论、美学概论、教育学原理、音乐鉴赏、美术鉴赏、舞蹈鉴赏、戏剧鉴赏、书法鉴赏、中国音乐史、西方音乐史、中国美术史、西方美术史、中国舞蹈史、西方舞蹈史、毕业论文写作等。从上述课程可以看出，是将艺术基本理论的学习放在了重要的地位，但又充分顾及艺术专业内不同专业方向的专业特点，在专业方向上又强调了理论和实践的结合。按照这个模式培养出来的学生在专业体系下比较完整，为学生今后进一步的学习打下了良好的基础。

有的从成教毕业的本科生又顺利地考上了硕士和博士，走上了学术性的道路。有的学生则走上了表演和创造的方向，有的学生选择了出国留学，这些成果的取得与合理的课程学习是密不可分的。由此看出，课程建设和设置对于学生的成长与学习具有重要的意义，充分体现了艺术教育专业的学生培养的基本特色，以专题形式的研究型课程为主，突出了学生自主学习和教师指导相结合的学习方式，使学生对所学的专业产生浓厚的兴趣，不满足于现有的学历，产生要继续学习的愿望和动力。

五、对成人艺术教育专业本科生课程设置的思考

1. 增设课外实践，培养学生应用能力

在今后的培养目标中，要努力做到使学生有相当的实践指导能力，要将“实践”二字写入培养目标，以免在实践课程的设置中造成缺失。当今社会的进程和发展对于艺术教育专业走出象牙塔，亲历社会的变革和教育的改革，是摆在我们面前的一门紧迫的任务。对于不计学分的实践类课程的设置，造成了学生的漠视和老师忽视。如此，如果不能够将专业可设置的理论有效地在实践中运用，就会使学生对艺术理论课程产生错觉，认为与艺术实践无关，这将会成为教育学过程中的难点。为避免此类情况的发生，建议各成教艺术教育学士点，重新审视培养目标和方案，把实践能力的提高与理论学习密切联系起来，充分利用本校成人教育的资源，定期派各班班主任督促和检查学生的社会实践，并形成一种机制，贯穿在今后的社会实践中。

2. 通过增加选修课程的比例，拓展学生的知识面

中央民族大学本科艺术教育与成教艺术教育专业相比较，专业课学生在学习期间要选修大量兴趣所致的跨专业选修课，这些专业涉及文学、历史、哲学，而成教艺术教育专业的学生课程缺少跨专业选修课程，没有涉及这类学分，这样从制度上

就限制了选修课程，使成教学生的知识面与本科专业的学生相比较出现了不足。应该根据课程的比例，适时调整课程群，划出选修课程的比例。

3. 增设科研指导课程，提高学生科研能力

成教艺术教育专业术语文科类课程，在获得学士学位时，要求学生撰写学士论文，及要求学生具有科研能力。虽然中央民族大学成教学院艺术教育专业的培养方案中也明确地将学位论文列为研究生学习期间必须完成的课程任务，但是在课程的设置之中，涉及科研素质的课程显得很弱。尽管设有艺术教育研究方向的课程，但没有真正从实践指导层面开设论文指导课，目前我国各级高校科研素质的培养，主要体现在平常学生与老师之间的简单互动，很多学生对于论文格式的规范，论文写作中的研究方法学术道德等方面知道的很少，许多学生甚至认为论文与科研素养，只是平时所学的专业知识，只需要看书就行了，然而实践证明缺乏必要的科研素，养直接影响了学生的科研能力的形成以及向科研成果的转化，故此，应该建立起系统的论文指导课程，锻炼学生的科研思维。

参考文献：

［1］黄璨主编：《成人教育改革与发展研究》，桂林：广西师范大学出版社，2010 年。

［2］陈信主编：《探索与创新—上海成人高等教育的改革与发展》，上海：华东理工大学出版社，2008 年。

［3］上海市成人教育协会主编：《上海成人教育研究文集》，上海：上海大学出版社，2008 年。

［4］高洪力、李娟华主编：《当代北京成人教育发展史》，北京：北京出版社，2009 年。

［5］赵彦彬主编：《现代成人教育研究》，保定：河北大学出版社，2011 年。

作者简介：苏和平（1956—），女，甘肃兰州人，中央民族大学教育学院少数民族教育专业，研究方向为艺术史研究。

第六节　多元文化视野下的民族院校人才培养质量探析

培养高质量的人才是高校必须履行的社会责任，是高校存在和发展的合法性基础。民族院校是党和国家为解决民族问题而创立的高等院校，是中国高等教育系统中的重要组成部分。在人才培养质量要求方面，民族院校毕业生应有两方面的特质：一是必须要达到普通高校毕业生的基本规格和要求；二是必须具有服务少数民族和民族地区的意识和能力以及具有理解不同文化，并能与不同文化人群进行有效交流合作的素质。这双重特质表明了国家对民族院校的人才培养质量的期望不是降低了，而是附加了多元文化素质的更高要求。因而，探讨民族院校人才培养质量时

必须要全面考虑这双重特质的要求。

当今世界，经济全球化、人才竞争国际化是不以人们意志为转移的客观现实。在这样的时代背景下，如何思考中国民族院校人才培养质量问题是民族教育界必须深入思考的主题。改革开放以来，中国民族院校已经从干部培训机构转向具有民族特色、服务少数民族和民族地区发展乃至服务整个国家经济社会发展的普通高校。在民族院校人才培养质量考量方面，我们应该站在“立足国内、放眼全球”的高度，将普通高校人才培养质量标准与民族院校自身特色标准统合起来，多管齐下，改革创新，努力培养适应全球化、国际化要求的高素质人才。

一、普通高校人才质量标准是民族院校的人才质量的基本要求

高校是一国培养高级专门人才的主阵地，备受政府和社会各界的关注。新中国成立以来，党和政府对高校人才培养质量一直都有明确的规定。教育部 1950 年 8 月 14 日颁布的《高等学校暂行规程》规定：“培养具有高级文化水平，掌握现代科学和技术的成就，全心全意为人民服务的高级建设人才。”① 这个规定较为概况和笼统，但也从德和智两个方面对高校人才培养质量做了总括性要求。新中国对高校人才培养质量的这个要求沿用了十多年。1961 年 9 月 15 日经中央政治局常委通过并颁布试行的《教育部直属高等学校暂行工作条例（草案)》（简称“高校六十条”）对高校人才培养质量进行了维度的拓展和内容的具体阐释。“高校六十条”规定高等学校学生培养目标是：“具有爱国主义精神和国际主义精神，具有共产主义道德品质，拥护共产党的领导，拥护社会主义，愿为社会主义事业服务、为人民服务；通过马克思列宁主义、毛泽东著作的学习，和一定的生产劳动、实际工作的锻炼，逐步树立无产阶级的阶级观点、劳动观点、群众观点、辩证唯物主义观点；掌握本专业所需要的基本理论、专业知识和实际技能，尽可能了解本专业范围内科学的新发展；具有健全的体魄。”② 这个规定从德智体三个方面对高校人才培养质量进行了界定。这个界定是符合新中国教育的指导方针，符合新中国高等教育发展的实际。在实践中，这个“高校六十条”的文件精神也一直指导中国高等教育的发展，直到 1982 年 2 月教育部颁发的《高等学校学生守则》（试行草案)，共计八

---

① 《中国教育年鉴》编辑部：《中国教育年鉴（1949—1981)》，北京：中国大百科全书出版社，1984，第 777 页。

② 《中国教育年鉴》编辑部：《中国教育年鉴（1949—1981)》，北京：中国大百科全书出版社，1984，第 693 页。

条[①]也贯彻这样的指导思想。

1998 年 8 月 29 日第九届全国人民代表大会常务委员会通过并颁布实施的《中华人民共和国高等教育法》对高等教育人才培养质量作了规定。“总则”第四条的“使受教育者成为德、智、体等方面全面发展的社会主义事业的建设者和接班人”和“总则”第五条的“培养具有创新精神和实践能力的高级专门人才”以及“高等教育基本制度”十六条规定：“（一）专科教育应当使学生掌握本专业必备的基础理论、专门知识，具有从事本专业实际工作的基本技能和初步能力；（二）本科教育应当使学生比较系统地掌握本学科、专业必需的基础理论、基本知识，掌握本专业必要的基本技能、方法和相关知识，具有从事本专业实际工作和研究工作的初步能力；（三）硕士研究生教育应当使学生掌握本学科坚实的基础理论、系统的专业知识，掌握相应的技能、方法和相关知识，具有从事本专业实际工作和科学研究工作的能力。博士研究生教育应当使学生掌握本学科坚实宽广的基础理论、系统深入的专业知识、相应的技能和方法，具有独立从事本学科创造性科学研究工作和实际工作的能力。”这是对高等教育人才培养质量做出的新概括，对各级人才质量规格提出了明确的要求。

除了上述政策文件对中国高校人才培养质量进行规定外，学术界也对高校人才培养质量进行了探讨。在《中华人民共和国高等教育法》颁布试行后不久，就有学者提出，21 世纪高校人才的培养质量应该是：注重综合素质培养、创新能力发展和个性的发展。综合素质包括一个目标：努力成为对祖国、对社会有贡献的人；两种健康：身体健康，心理健康；三颗心：事业心、责任心、平常心；四种能力：技术能力、应变能力、组织能力、人际交往能力；五种要求：会管理、懂技术、通外语、善交流、能创新。其中，德育位于各素质之首。[②] 在实践中，中国各高校也提出了自己的人才培养目标和质量标准。如中国农业大学提出：学校长远发展目标是成为一所研究型、综合性、国际化的世界一流农业大学。学校的人才培养目标是培养面向国际竞争，服务农业现代化，服务国民经济和社会建设的，具有宽厚的基础知识、扎实的专业技能、良好的人文素养、富有创新意识的高素质人才。[③] 北京大学在十二五规划中提出到 2018 年建校 120 周年左右率先跻身世界一流大学行列。本科生教育率先跻身世界一流大学行列，研究生教育接近世界一流水平。不断为国

---

① “一、热爱祖国，拥护中国共产党的领导，立志为社会主义事业服务，为人民服务。二、认真学习马列主义、毛泽东思想，逐步树立无产阶级的阶级观点、劳动观点、群众观点、辩证唯物主义观点。三、勤奋学习，努力掌握基础理论、专业知识与基本技能。四、坚持体育锻炼，积极参与体力劳动和军事训练。五、尊敬师长，尊重职工，关心集体，正确开展批评与自我批评。六、遵守社会公德，爱护公共财物，勤俭节约，讲究卫生。七、遵守国家法令，遵守学校规章制度，保护国家机密。八、听从祖国召唤，服从国家分配。”（《中国教育年鉴》编辑部，中国教育年鉴（1949—1981）[Z]．中国大百科全书出版社，1984，第 433 页）

② 田官贵：《略谈 21 世纪高校人才培养质量》，载《江汉论坛》，1999 年第 6 期，第 92—93 页。

③ 马健：《培养具有国际竞争力的高素质人才——访中国农业大学党委书记瞿振元》，载《高校招生》，2008 年第 6 期，第 65 页。

家培养出具有爱国情怀、国际视野、创新精神和实践能力，在政治、经济、科技、文化各领域能够起到引领作用的一批又一批高素质领袖人才。[①] 复旦大学在十二五规划中提出，全面提高人才培养质量，建设世界一流的本科教育和富有活力的研究生教育体系，培养兼具人文情怀、科学精神、专业素质的领袖人才，力争到2015年，50%的合格本科生有机会获派遣赴海外交流。[②] 从中国各高校人才培养质量的追求中，我们可以看出，普通高校对人才培养质量的关注已经从专注国内竞争和国内就业转向兼具国内与国外两个场域两种准备的高素质人才了。这种转变也是民族院校所要努力追求的。整体而言，民族院校在办学实力和条件上比不上普通高校，但民族院校在培养面向全球具有国际竞争力素质的人才方面也有优势。因为，具有国际竞争力的人才有一个基本的素质要求：具有跨文化敏感性和跨文化交流合作的能力，而在培养这方面素质人才上，民族院校更具有优势。民族院校有责任也有信心与普通高校一道为提升我国高校人才培养质量，创建世界人才强国的奋斗目标作出自己的贡献。

二、跨文化敏感和合作能力是民族院校人才培养质量的特色要求

民族院校是中国培养具有国际竞争力的高级专门人才的一支重要力量。党和国家对民族院校的人才培养充满着期待。当前，中国人口占世界总人口的19%，中国接受高等教育的学生规模世界第一，中国人才资源总量非常可观。然而，中国人才的国际竞争力并不令人满意。据《国际组织名人录》统计，2002年英国人在国际组织中担任高级领导职务的有326人，居世界第一。而同一期间，担任国际组织高级领导职务的中国人只有10人，中国不仅与英国有天壤之别，而且也远远不如美（276人）、法（231人）、德（150人）等西方发达国家，甚至不如主要的发展中大国。例如印度（41人），巴西（21人），尼日利亚（28人），即便亚洲小国新加坡也有13人在国际组织中担任高级领导职务。中国参与国际组织的力度明显与我国的大国地位和综合国力不成比例。[③] 这种状况不能不对中国高校人才培养质量做出一定的反思。

造成中国人才的国际竞争力不强的因素很多，但一个重要的原因是我们所培养的人才难以适应多元文化工作环境的高规格、高标准的要求。其中跨文化的敏感性和跨文化的交流合作能力便是我们不可忽视的制约因素。“跨文化敏感是个体理解、欣赏文化差异而产生积极情绪的能力，它促进了跨文化交际中得体和有效的行为”[④]。跨文化敏感有六方面因素：自尊自信（self - esteem），自我检视（self - monitoring），开放性（open - mindedness），移情（empathy），互动投入（interaction

① 北京大学“十二五”规划。[EB/OL]：http：//odp. pku. edu. cn/Item/286. aspx［2012 - 7 - 25］.

② 复旦大学“十二五”发展规划纲要。[EB/OL]：http：//wenku. baidu. com/.

③ 国际组织中的中国人。[EB/OL] http：//news. qq. com/a/20070329/002128. htm.

④ ［美］Chen，G. M. & Starosta，W. J. *The development and validation of the intercultural sensitivity scale. Human Communication*，2000，3（1）.

involvement)，暂缓判断（*suspending judgment*）。[①] 这六种因素尽管不是跨文化敏感独有的要素，但整合在一个人身上便有助于跨文化交流合作能力的形成。我们不妨设想，当我们面临不同于自己文化的群体，是回避设防还是保持开放的胸怀主动接触；是无动于衷还是设身处地思考对方的境遇；是消极等待对方的行动还是积极主动地交往；是先入为主想当然地下结论还是全面了解再做判断。如果一个人在这几种选择中都是选择了后者，那么在非重大原则性问题上，就不会与不同文化的他人和群体发生较大冲突，也不愁在多元文化环境下正常地生活、学习和工作。

在培养学生具有跨文化敏感和跨文化合作能力方面，民族院校具有天然优势：一方面，民族院校汇聚了各民族的精英人才，是中国多姿多彩的文化大观园，各民族的文化都能在这个大观园里相遇相会和展现，几年的熏陶习染，民族院校的学生对差异性文化不再惊讶、回避和抵触，能够以平常心态、恰适的方式与对方交流与合作；另一方面，民族院校在几十年的办学实践中已积累了不少指导学生跨文化交流与合作的方法策略。这些都是民族院校培养能在国际多元文化环境下具有竞争力人才的优势条件，应该充分加以利用，为中国高校整体提升人才培养质量提供可贵的经验。

但客观地说，民族院校所培养的人才在竞争力方面并不占优势，也不具备在国际多元文化环境下胜任愉快工作的素质和能力。在国家大力扶持高等教育繁荣发展的今天，在人才竞争国际化的趋势下，民族院校必须发挥优势，革故鼎新，努力提升人才培养质量。

三、民族院校培养高质量人才的路径

如何培养在国际多元文化环境下胜任愉快地工作的高素质人才呢？首先要从转变人才培养理念入手，在先进理念的指导下，改革完善课程体系，创新组织管理制度，优化校园文化，不断提高人才培养的质量。

（一）树立“培养适应多元文化环境要求的高素质人才”的办学理念

理念是行动的先导，是办学实践的指南针，也是激发学校办学潜能的基础。“民族院校是党和国家为解决国内民族问题而建立的综合性普通高等学校，长期以来的我国民族问题和民族政策构成了民族院校存在和发展的现实基础。”[②] 但是，在经济全球化、竞争国际化的21世纪，民族院校培养人才不能局限于为中国民族问题和民族政策的妥善解决来培养相应的人才，而应该站在中国高校要为世界培养高素质人才，要为我国人才供职于国际组织中的比例达到与我国人口在世界上的比

---

① ［美］Chen，G. M. & Starosta，W. J. *The development and validation of the intercultural sensitivity scale. Human Communication*，2000，3（1）.

② 雷召海：《关于民族院校人才培养模式创新的探索》，载《中南民族大学学报（人文社会科学版）》，2011年第6期，第60页。

例作出贡献。这个艰巨的任务固然是中国所有高校的使命，但民族院校具有天然的优势去培养能在国际组织中工作的优秀人才。这就要求民族院校要具有强烈的历史使命感和责任感，推动中国人才走向国际。为此，民族院校务必要树立起“培养适应多元文化环境要求的高素质人才”的办学理念，引领学校的课程体系变革、管理制度创新和校园文化建设。

本节的“多元文化环境”具有较广的外延，不仅是指国内各民族并存的多元文化环境，而且还指在国际组织中工作的多元文化环境。随着我国西部大开发战略和兴边富民政策的有力推进，西部地区民族地区需要大量的高级专门人才，这就要求民族院校要培养出乐于、善于在民族地区工作的高素质人才，培养学生具有在多样文化环境下工作的素质。随着经济全球化进程的加快，少数民族毕业生愿意到家乡以外的地区工作，这需要少数民族毕业生具有跨文化敏感和跨文化交流合作的能力。民族院校要努力培养学生在国内多样文化和国际多元文化环境下有效工作的跨文化敏感和交流的合作能力。

尽管，当前我国高校，包括民族院校在内，人才培养的规格离这个目标尚有较大距离，但我们有敢于追赶、敢于超越的精神去办我国的大学。其实，民族院校自创立以来一直就有为国家强大和民族振兴而服务的大气魄，具有迎难而上的苦干精神，具有勇于担当的社会责任。民族院校要继续发扬这种精神，引领中国现代高校人才培养的方向。

（二）完善课程体系，促进学生知识、能力、素质协调发展

课程是培养人才的载体。高素质人才离不开合理的知识结构，合理的知识结构的形成又依赖于科学的课程体系。

民族院校要围绕“培养适应多元文化环境要求的高素质人才”的办学理念去设置课程体系，努力培养多元文化背景下所需要的高素质人才，使学生具有过硬的思想政治素质、广博的文化基础知识、专精的专业知识技能、较强的创新意识和能力、跨文化敏感与跨文化合作能力。这五个子目标基本涵盖了全球化背景下民族院校的人才培养目标。民族院校可以按照上述五个子目标去设置课程体系，完善课程的类型结构和学科结构，为学生知识能力素质协调全面地发展奠定基础。

要培养思想政治素质离不开政治学、哲学、伦理学、历史学方面的基本知识和理论；要培养广博文化基础知识，除了有培养思想政治素质方面的课程外，还要开设文学、经济学、社会学、法学等方面基础知识课程；要培养具有专精专业知识技能的素质就不仅要在本专业开设文化课程，还要加大活动课程也即实践教学的比重；要培养勇于创新的意识和能力，就要开设创新课程、心理学课程，同时也要开设有助于创新能力开发的实践活动课程；要培养善于在多元文化环境下有效工作的素质，就要开设民俗学、文化学、传播学、公共关系学方面的课程。具体的培养目标与课程设置见下表所示。

人才培养的子目标	课程设置		备注
	学科课程	活动课程	
过硬思想政治素质	政治学、哲学、伦理学、历史学、民族学	参观、志愿活动	基础性知识和理论
广博的文化基础知识	文学、经济学、社会学、法学、宗教学	课外调查、收集整理文献资料	基础性知识和理论
专精的专业知识技能	本专业基础课与方向课	操作训练、见习、实习、技能比赛	活动课程的课时不少于学科课程的五分之一
较强的创新意识和能力	创意学、心理学	创意大赛	
跨文化敏感与合作能力	民俗学、文化学、传播学、公共关系学	参与不同民族组织的社团活动、欣赏民族类影片	

这样的课程体系，从学科知识到实际操作，从基础性学科知识到专业性学科知识再到拓展性学科知识，循序渐进和系统地训练着潜力无限的青年学生，促使人才培养质量上台阶，上水平。

（三）创新组织管理制度，释放师生潜能

制度是动用和组织资源实现目标的一种重要手段，但它具有一定的路径依赖性。按照“新制度学派”创始人罗纳德·科斯的观点，一种制度意味着一种“路径依赖”，一旦一种制度形成，就是走上了一条无形的“路径”，制度主体会对这一既成“路径”产生“依赖”。① 民族院校在发展过程中形成了一些稳定的人才培养的管理制度。这些制度在过去的人才培养理念下发挥着积极的作用，保障了人才培养目标的实现。但在经济全球化和人才竞争国际化的当下和未来，人才培养目标已有所调整和拓展，这就要求过去的人才培养管理制度要相应变革，要按照新的人才质量标准和培养目标来创新一系列组织管理制度。

首先，创新教学管理制度。有什么样的教学管理制度便有什么样的教学行为。在高校办学制度化过程中，高校已经形成了规范化的教学管理制度。这种制度在规范教师教学行为方面发挥一定的积极作用，但也有不少弊端。比如，教师教学场所只能在教室或实验室，其他场域却不被允许；教学时间只能是课程表拟定的时间，教师不能根据教学内容的需要随机调整；教学效果的考核，必修课只能闭卷考试，并且不少于多少种题型。如此种种的制度规定都会对教师教学行为的创造性和灵活性造成较大限制。想当年，刘文典先生在西南联大任教时，上课不到半小时，就忽然宣布提前下课，改在下星期三晚饭后七时半继续上课，于是便有在周三晚上在月下给学生大讲《月赋》的佳话。西南联大创造了中国教育史上的神话，精英人才辈出，这与西南联大较为宽松的教学管理不无关系。这种情形放在今天，刘文典教

① 蒋蓉华、周永生、唐建民：《高校管理制度创新及用人机制初探》，载《技术经济与管理研究》，2003 年第 1 期，第 86 页。

授的行为早就是重大教学事故而被追究了。教学有法而无成法，管理有度而不能过度。学校的管理干涉过多便是对教师教学创造性的扼杀。因而，要培养高素质的人才首先要创新教学管理制度，让教师在精心育人的前提下，灵活机动地调整自己的教学行为和方式，包括教学场所、教学考核方式、教学时间的自主决定。

其次，完善教师绩效的评价标准。达到什么标准的教师才是好教师。各所高校，包括民族院校对教师绩效评价标准也没有形成科学的体系。好教师的标准尽管较为复杂，不容易确定，但至少要有一个明确的评价维度。一个好的大学教师，必须在教学效果、课下指导和做人示范方面有过人之处。教学效果包括选课人数的饱和度①、课堂学生的参与度、学生对教学效果的评价程度；课下指导包括对所教课程的课下指导、学生社团活动的指导、学生其他方面困惑的指导、教学实习和实践活动的指导。做人示范方面包括高尚的品德、良好的习惯、突出的业绩。这三个维度尽管不能涵盖好教师的全部，但基本上包括了大部分重要的内容。所列这三方面的内容对学生成才发展具有积极的促进和保障作用。民族院校要尽快完善教师绩效的评价标准，促使教师为高质量人才培养作出更大的努力和贡献。

最后，优化对学生的评价制度。如何培养高素质的学生呢？除了从教学管理制度创新和教师绩效评价标准的完善入手来激发教师的积极性和潜能外，还需要从激发学生潜能与积极性着手。从哪些方面来评价学生呢？我们可以从思想素质、课程成绩、社会活动、实践能力、人际交往这五个方面对学生发展进行评价。对学生思想素质的评价包括党团员身份、遵守法律规章状况、诚实守信状况；对课程成绩的评价包括课程所属学科的跨度、课程总数（或学分总数）、课程成绩的平均绩点；对学生社会活动的评价包括参与校内外学术性活动、娱乐性活动、奉献性志愿活动；对学生实践能力的评价包括获得各类奖励、各种荣誉（非课程成绩方面的）；对学生人际交往的评价包括人际交往跨文化程度、与他人关系的和谐程度。在优化评价内容的同时，还有优化评价主体的构成，要确立教师、管理者和同班同学是评价学生发展状况的主体。这三类主体评价结果所占的比重需要是根据不同的评价内容有所侧重和变化。如对学生人际交往状况的评价，同班同学的评价应该占更高的比例；对学生课程成绩的评价，教师应该占绝对的主导地位；对学生思想素质的评价，则需要教师、管理者和同班同学这三者评价结果所占比重均等。

（四）加强校园文化建设，丰富高素质人才成长的营养

校园文化简单地说是指学校全体师生员工在长期的办学过程中培养形成并共同遵循的最高目标、价值标准、基本信念和行为规范。② 校园文化对人才成长所起的作用就像培育生物的营养液一样，供养着具有无限发展潜力的生命体。校园文化影响着人才成长的速度与方向。在某种意义上讲，校园文化对学生的影响比课程内容

① 即选课学生数与额定上课人数的比值，比值越高，反映教师授课越受学生欢迎。

② 沈文青：《校园文化与高校人才培养》，载《辽宁教育研究》，2002 年第 7 期，第 30 页。

所产生的影响更深刻，更持久，也更全面。早在1861年，伊顿公学的校长威廉·约翰逊·科就对学生们说："进一所好学校，最需要学到的不是知识而是艺术和习惯：专心致志的习惯，表达意见的艺术；表示在一瞬间注意到一项新的学术动向的艺术；迅速了解他人思想的艺术；重视细微差别的习惯，准时完成工作的习惯；以及要学会判断，学会鉴别，增强精神上的勇敢无畏并保持头脑清醒。"而所有的这一切更大程度上不是从课堂教学而是从更广泛的校园文化中得到的。一个人在大学里花费许多时间学到的知识中的绝大部分可能都不会被直接运用并渐渐被遗忘，而真正最有效、最持久地作用于这个人的，正是在大学中体验到的那些"艺术和习惯"。一所大学首先要蕴含有这些"艺术和习惯"。其次的要求是把这些"艺术和习惯"最大限度地传授给学生。而这一切都必须通过校园文化来实现。①

在培养高素质的具有国际竞争力的优秀人才的目标指引下，民族院校的校园文化建设要放宽眼界、提高标准、革新举措，在立足国内，放眼全球的基点上努力建设一个尊重创新、尊重差异、尊重劳动、注重合作、追求卓越的校园文化，努力让具有不同文化特质的各族学生在相互理解和尊重合作的基础上奋发进取，全面成才。

如何建设好这样的校园文化呢？民族院校要努力做到如下几点。

1. 校歌校训普及化。校园文化，尤其是精神文化往往集中体现在校歌校训上。民族院校都有自己的校训，但很多院校都没有自己的校歌，这是非常遗憾和不应该的。大学作为一种文化的存在，其独特性需要通过校歌和校训显现出来。民族院校必须要创作出体现自身办学理念和风格的校歌，然后在师生中传唱普及，缺乏这项工作是大学组织管理工作的一大败笔。

2. 多元文化物质化。民族院校是多元文化的集散地，应该充分借助建筑、雕塑、服饰、饮食、美术、音乐、舞蹈等物质化形式再现出来，让各族师生感受不同文化的魅力和风采，从而潜移默化地熟悉、理解和尊重多元文化。这对跨文化敏感和跨文化交流合作素质的培养也具有重要的促进作用。

3. 多元文化学习的活动化。民族院校是多元文化的大观园，熟悉理解多元文化是民族院校师生的一项重要任务。然而，单纯文本学习和聆听讲座都会让人感到视觉疲劳和听觉倦怠，而将多元文化通过各种活动加以体现，让师生参与到体现多元文化的趣味性活动中自然寓教于乐，效果显著。同时，多元文化活动又能增强不同民族学生之间的情感，增进不同民族师生的友谊，一举两得。

4. 资源利用国际化。民族院校的校园文化建设需要围绕国内各民族学生的多元文化特征和民族文化创新发展的需要，开展物质化工作和活动化举措，但这远远不够，还要充分借助外国留学生异域文化的资源，努力在师生之间营造一个关注域外民族和族群的文化氛围，以培养学生国际化的视野和胸怀，形成具有跨文化的敏感性以及与不同文化群体交流合作的能力。

---

① 任友群：《论校园文化的人才培养功能》，载《江苏高教》，1998年第4期，第32页。

概而言之，民族院校在新的历史时期要立志高远，既要向国内一流普通高校人才培养质量的标准看齐，又要充分发挥自身的优势，在培养具有跨文化敏感和跨文化交流合作能力的国际化人才方面作出贡献。民族院校可以从更新人才培养理念、完善课程体系、创新组织管理制度、优化校园文化等方面来不断推进宏伟目标的实现。

参考文献：

[1]《中国教育年鉴》编辑部：《中国教育年鉴（1949—1981）》，北京：中国大百科全书出版社。

[2] 田官贵：《略谈21世纪高校人才培养质量》，载《江汉论坛》，1999年第6期，第92—93页。

[3] 马健：《培养具有国际竞争力的高素质人才——访中国农业大学党委书记瞿振元》，载《高校招生》，2008年第6期，第65页。

[4]［美］Chen，G. M. & Starosta，W. J. *The development and validation of the intercultural sensitivity scale. Human Communication*，2000，3（1）.

[5] 雷召海：《关于民族院校人才培养模式创新的探索》，载《中南民族大学学报（人文社会科学版）》，2011年第6期，第60页。

[6] 蒋蓉华，周永生，唐建民：《高校管理制度创新及用人机制初探》，载《技术经济与管理研究》，2003年第1期，第86页。

[7] 沈文青：《校园文化与高校人才培养》，载《辽宁教育研究》，2002年第7期，第30页。

[8] 任友群：《论校园文化的人才培养功能》，载《江苏高教》，1998第4期，第32页。

作者简介：夏仕武（1972年—），男（汉族），安徽庐江人，教育学博士，中央民族大学教育学院教师，研究领域：大学发展战略、人才培养质量、教师专业发展。

第二篇

多元文化背景下的教师教育研究

第四章　多元文化视域下的教师教育研究（上）

第一节　培养关注文化多样性的教师

21世纪最大的挑战是解决多样化的问题。世界上的大多数国家都有多样化的文化所组成的历史，其社会由不同种族、不同文化、不同语言的群体构成，或者由于移民和全球化的浪潮使其文化多样性愈加丰富。在这种背景下，全世界为保护孩子们接受初等教育的权利而进行的不断努力，其实对教育的多样性也作出了重大贡献。两千年在达喀尔举办的世界教育论坛首次提出了全民教育的理念，从此发起了为让更多孩子走进学校的全球运动。结果，小学适龄儿童辍学人数由一点零八亿下降到六千六百万。其中很多新生在他们家族中是第一代走进学校的人，而且很多是来自以前在种族、文化和语言上被排斥的少数族群。

在课堂中，教师如何应对班级学生多样化的问题，对于学生的学习及其全面发展有着重要影响。研究表明，对文化能够做出积极回应的教师在学生的学习态度和对学校的态度扮演着重要角色，同时对于全体学生的学业成就有着积极的影响。（Richards，Brown & Forde，2006）。教育一群拥有文化多样性特征的孩子需要一套新的教学策略、正确态度和课堂实践。如果教师没有得到针对此问题的专业培训，那么他们很难和这些具有文化多样性背景的学生有效沟通。在传统课堂中，教师的主要目的是教授知识和规范学生行为，而未曾考虑过学生们的个体差异。但为使教师全面履行自身职责，并且保证学习者的权利，这种教学模式必须得到改变。多样化应该被视为社会的财富而非负担。本节主要讨论针对多样化文化方面的教师教育。

一、教师培训

研究表明，许多教师对学生多样化这一点并没有进行充分准备（Roux 和穆勒，2002）。最初的教师培训往往不涉及多元文化，直到现在，人们仍认为由于资源稀缺针对文化多样性的教师培训是“奢侈”的从而无法实施。例如，在 Premier 和 Miller（2010）的报告中提到，在澳大利亚，教师培训课程不关注学校中文化和语言的多样性。数据表明，大部分职前教师对教育不同族群的学生感到并不自信。此外，很久以来多样化常被看作一个有争议的政治问题，教育规划者和教育工作者对此也是保持沉默的。Hickling Hudson 和 Ahlquist（2003）也认为很多教师培训课程在跨文化教学方面存在很多弊端。

无独有偶，联合国教科文组织（2009）在一个对 8 个亚洲国家职前教师培训体系的研究中表明，这些教师培训体系皆不是为促进教育的包容性、文化多样性、人权公平和性别平等而设计的。尽管国家宪法中的一系列条款和法律都对保护各民族权利做出规定，包括文化和语言的保护。但是，教师培训体系并未推动多种语言和文化的发展。研究表明，在国家教师培训课程中并没有提及少数民族、社会、文化多样性，在他们的学习资料中反而强化了对性别和少数民族的刻板印象。一项对巴基斯坦的 B. Ed 课程的研究也得出类似的研究结论：这项课程完全忽略了文化多样性这一要素。(拉赫曼和阿杰马勒，2011)

在美国，尽管旨在让教师更好地解决多样性问题的职前或在职培训不断增加，大量研究仍表明培训合格者们并不想被分配到种族和文化多样的班级（Hui – Min，2007)。这种情况与亚洲一些贫困地区的情况相似。在那里，一些少数民族地区的学校同样面临着师资短缺的问题。

研究同时表明教师和学生的背景差距逐渐拉大。学生群体日益多样化，教师岗位却仍然被社会主流群体所占据。南亚的某些地区中，一些少数民族在教师行业中几乎是不存在的。但是，学生会从视角多样、来自各民族的教师那里受益更多。跨文化的研究表明，与学生相同民族背景的教师更容易把学校的知识与学生的文化生活联系在一起，他们也更容易激励学生成为学习和变革的推动者，并且强化不同群体与学校的联系，同时少数民族的学生更倾向于把本民族的教师看作学习的榜样。

二、课程

许多国家都设有全国性的统一课程，这些课程极少或甚至没有考虑到不同地区的本土适应性。这样为统一学习内容和学习进度“一刀切”的做法不仅不能满足所有学生的需求，而且也脱离了他们的生存背景。为推动多样化的发展，课程应该具备文化适应性、灵活性和包容性。这需要从不同视角、不同观点，以及社会不同种族的历史、文化出发，从而设计出不断改进的适应多样文化和多种语言的课程。当然也有很多不同的方法来对课程设计进行重新构思。

三、国际本土化课程

在全球化和国际移民的背景下，Braslavsky（2003）提出，我们应该开发一种既能满足全球化需求又能满足本土化需求，并且能够敏感地捕捉到二者冲突的新课程，这可以被称为国际本土化课程。它具备 5 种支撑因素：全球综合性、本土开放性、各科教学方法的新颖性、内容与方法的横切性、兼容并包的归属性。

四、文化多样性教育

班克斯（1994）所定义的多元文化教育具备五个维度。第一，内容的整合，即概念、定律和理论与种族、文化等相关因素整合后共同呈现；第二，知识的建构，即学生学习隐性假设、参照标准和观点视角如何影响他们的知识建构；第三，教学的公平，即教师采用不同类型的教学方法以适应不同的学生；第四，偏见的减少，即教师采取健康平等的种族观念来对待不同种族的学生；第五，学校文化的激发，即教师需要促进校园中性别、种族、社会阶级的平等。

但是，Roux 和 Moller（2002）同样争论到教师培训课程中的文化多样性方面只不过是表面化的、碎片化的、象征性的和被局限附加在传统主流的文化导向的课程。正如 Sleeter 和 McLearn（1995）指出的，多元文化教育是一个有关政治、社会和教育的系统性过程。他们认为那不仅仅是简单将少数民族、女性以及其他文化群体的内容包含在内的课程改革。

五、教师能力

教师的态度、知识和课堂表现最终决定了文化多样性教育在学校的实施程度。Darling・Hammond，Wise&Klein（1999）提倡教师们为完成这一新的使命必须掌握完全不同的技能。为解决多样性带来的各种挑战，教师必须清晰地意识到多样性在社会和课堂中的存在，并且认真地反思他们的观点和偏见。

如果教师在课堂上没有为解决多样性问题而采取一些合适的教学策略，孩子们很可能会一无所学。教师应该能够根据他们自身表现、教学策略和课堂实践分析出哪些可以帮助或者阻碍学生学习。同时他们能够反映课堂上多样性的本质，辨别学生的语言、种族、文化或其他背景。例如，当学生的母语和授课语言不同时，教师必须能够或者使用学生母语授课，或者在多语背景下使用这种母语。K，R 和 A（2011）提出教师必须拥有以下技能来处理课堂环境中学生的多样性问题：

1. 对少数民族以及他们在社会中的复杂地位的了解；
2. 对文化多样性的意义和实践的清晰认识；
3. 对少数民族学生及其父母的积极态度以及对他们观点的倾听和领会能力；
4. 对所有学生提供平等机会的能力；
5. 对所有学生提出恰当的期望。

在一个多元社会中要成为多元文化背景的合格教师，职前教师们需要反思，做到学会欣赏学生多样性的价值、能够检验教学本质、了解学生的语言和文化的意义（Hui Min，2007）。对教师来说，调解对任何文化、语言或少数民族的负面情绪是必不可少的工作，因为这有利于给所有学生以及他们的家庭营造出彼此接受、相互信任的氛围（Hui Min，2007）。理查德、布朗和福德（2006）认为教师培训应该训练那些未来的教师们批判性思维和写作，探究他们自身和家庭的历史，获悉他们与社会其他族群的联系，学习不同民族的历史和经验，而且通过家访了解学生的家庭和社区。教师培训应该让教师了解不同背景学生成功的教育方法，这种培训可以通过让他们听公开课以及了解针对不同背景学生的优秀教师的成功案例来实现。

很多人认为解决文化多样性问题最好的方法是建立一个缜密的针对文化多样性教育的教师培训项目。根据 Hickling Hudson（2003）的观点，职前培训应该让教师识别民族主义和文化的民族优越感，并且在教学中提出反对，最后设计出可以创造性地解决共同价值观和多元视角之间争议的新课程。教师应该能够在改善学生的社会关系的同时，促进这种课程的多样化并且肯定其积极意义，而不是忽略或贬低它。HH 提出了以下步骤来设计和实施这种跨文化教师培训项目：

● 首先，教师培训项目必须提供针对跨文化或文化多样性学习的必修课。仅仅在一些选修课中讲一些跨文化知识及视角是远远不够的。相反，它应该在培训项目中的每一部分被重申和强调。

● 其次，在培训中，教师需要通过研究他们自己或他人的自传，深刻思考现有文化体验和本质。他们应当反复思索文化的历史建构，把自己的理解应用到跨文化课程的课程设计中。

● 再次，研究课程的设计应该促进多元视角的形成。学术课程应该在挑战惯例、单一、实证的研究传统的同时，提升跨文化教学的灵活性。

● 最后，在教师培训提供者、学校、政府部门和其他机构之间要建立强烈的合作关系。没有共同的协作，崭新的教学文化和先进的教学理念只会是空谈。

根据 Olstad，Foster 和 Wyman（1983），一个教师培训项目的成功在于它能够促进文化的自我认同；培养对于多样性的欣赏力；提高文化能力；能够同多样化的学生和家长良好地沟通协作。Vavrus（2002）认为针对多样性的教师教育应该让教师掌握这样一种技能，即能够获得对学生文化背景、兴趣爱好、优势特长和自身能力的全面了解。

六、结论

多样性是教师在课堂中必须面对的事实。教师培训机构在针对学生的多样性问题培训教师时，他们应将一系列的标准和对教师的能力要求作为指导。多样性应同最初的以及持续的教师专业性发展联系起来，而且必须与教师发展的各个方面（从政策和课程到教学法和研究）融为一体。

参考文献：

[1] Banks, J. A. (1994). An introduction to multicultural education. Boston: Allyn and Bacon. Chou, Hui - Min (2007). Multicultural teacher education: Toward a culturally responsible pedagogy. *Essays in Education*, *Volume* 21.

[2] Darling - Hammond, L., Wise, A. E., & Klein, S. (1999). A license to teach: Building a profession for a 21st century school. San Francisco: Josey - Bass.

[3] Hickling - Hudson, A. (2003). Teacher education for cultural diversity and social justice. *International Institute for Educational Planning Newsletter*, Vol. XX1, No. 3.

[4] Khatoon, S., Rehman, S., & Ajmal, M. (2011). Teaching in Multicultural Classroom: Assessing Current Programs of Teachers' Training in Pakistan. *International Journal of Humanities and Social Science*, Vol. 1, No. 6.

[5] OECD (2010). *Educating teachers for diversity*: *Meeting the challenge*. Paris: OECD. Olstad, R. G., Foster, C. D., & Wyman, R. M. (1983). Multicultural edu-

cation for pre - service teachers. *Integrated Education*, 21, 137—139.

[6] Richards, H. V. , Brown, A. F. , & Forde, T. B. (2006) . *Addressing diversity in schools: Culturally responsive pedagogy.* Arizona: National Center for Culturally Responsive Educational Systems (NCCREP) .

[7] Roux, J. le & Moller, T. (2002) . No problem! Avoidance of cultural diversity in teacher training. *South African Journal of Education.*

[8] Sleeter, C. E. , & McLearn, P. (1995) . *Multicultural education, critical pedagogy, and the politics of difference.* Albany: State University of New York Press.

[9] UNESCO (2011) . *Synthesis Report of Country Reviews of Teacher Education Systems.* Bangkok: UNESCO.

[10] UNESCO (2012) . EFA *Global Monitoring Report* 2012 *Youth and Skills.* Paris: UNESCO: Vavrus, M. (2002) . *Transforming multicultural education of teachers.* New York: Teachers College Press.

作者简介：敏·巴哈杜尔·毕斯塔（Min. Bahadur Bista），联合国教科文组织北京办事处项目专家、教授。曾担任联合国儿童基金会 Lahore（巴基斯坦）教师教育专家、尼泊尔 Tribhuwan 大学教育学院博士生导师、Action Aid（英国非政府组织）尼泊尔办事处教育主管等职，并被中央民族大学聘为客座教授。主要研究领域为中国基础教育政策、中国、印度、尼泊尔等国家的教师教育等。（李新虹翻译 袁梅校稿）

第二节　面向学生学业成就的多元文化教师认知能力建设

作为一柄双刃剑的全球化在给发展中国家机会挤入现代化进程的同时，也向这些国家提出了挑战。同时，全球化在令南北世界进行控制与反控制、剥削与反剥削的较量的同时，也让发展中国家的各族文化在抵抗文化殖民的过程中得以凤凰再生。在这场文化战役中，教育领域一直都是重要的战场，而教师个个都是这场战役的将军。然而，常不败的将军必须做到知彼知己，才能统帅学生大军稳操胜券，百战不殆。因此，学生应是多元文化的学生，教师应是多元文化的教师。学生用以进行武装的铠甲与兵器是学业成就的体系与情态、知识和技能，而多元文化教师是指能主要在情态、知识和技能三个方面以开放的心态欣赏和利用他文化，忠诚地传承与保护本文化，重视发展学生的潜能，实施文化回应型教育教学的教师。

学业成就是指学生在一定时段内，在他人的指导和帮助下所获得的学习结果，包括文化底蕴、情境态度、言语信息、动作技能、策略技能、智慧技能和创造性①。其中，文化底蕴是人的最根本性的存在，决定并寓于情境态度，即情态，而

① 李剑：《中国西部女童——西部三十名贫困女童学业成就提高的质性研究》，北京：中央编译出版社，2011。

言语信息是陈述性的知识，三类技能是程序性的知识。至于创造性，则是人类个体自由发展所必凭依的潜能。

文化底蕴不仅包括自强不息、矢志爱国、慎独自爱、诚信待人、勤劳节俭、敬老爱幼、贵和尚中和天人协调①八个共性方面因素，还包括各民族文化的特质以及他文化的精粹。文化底蕴最终指向境界，而创造性包括批判性、独特性和想象力，至于情境态度、言语信息、动作技能、策略技能和智慧技能②则是多元文化所要求的情态、知识和技能。多元文化教师所面向的学生学业成就体系亦即多元文化教师认知能力建设的体系构成，如表 1 所示。

一、创造性

创造性是人类创新精神、创新思维和创新能力的核心，是指个体在发现发明过程中解决问题、制造产品和提供服务，从而产生独特价值的生命进化特性，包括个体在体验痛苦、危险和困难时涌流③出的批判性、独特性和想象力。

批判性在本文中专指批判思维，是指抓要领，善质疑和辨析，严格推断，对事物事件的关系和价值进行有一定深度和广度地、充分、清晰和精确④地评估的思维。价值评估往往因为价值观不同而有迥异的结果，关系评估是指对各种关系进行事实判断，包括对自我内部诸关系如身体与心理以及心理与精神的内省判断、物人关系判断和物物关系判断，如表 2 所示。

表 1　学业成就体系⑤

成就维度	指标			
创造性	批判性	想象力	独特性	
智慧技能	辨别→	概念→	规则→	题解↑
策略技能	注意→	编码→	提取→	迁移↑
动作技能	量力→	准确→	敏捷→	流畅↑
言语信息	事实→	表象→	命题→	图式↑
情境态度	环境→	情境→	意境→	境界↑

① 顾明远：《中国教育的文化基础》，太原：山西教育出版社，2004，第 70—79 页。

② ［美］R. M. 加涅，皮连生、王映学、郑葳等译：《学习的条件和教学论》，上海：华东师范大学出版社，1999，第 54—56 页。

③ ［美］M. 奇凯岑特米哈伊，夏镇平译：《创造性：发现和发明的心理学》，上海：上海译文出版社，2001，第 109 页。

④ ［美］. G. M. 诺西，柳铭心译：《学会批判性思维—跨学科批判性思维教学指南》，北京：中国轻工业出版社，2005，第 188 页。

⑤ 李剑：《中国西部女童——西部三十名贫困女童学业成就提高的质性研究》，北京：中央编译出版社，2011，第 2—3 页。

表2　批判性

价值评估①			关系评估		
求是	求诚	求公	内省	物人	物物
敬畏自然	仁义忠恕	公开	内心警觉	是其所是	把握重点
遵循规律	符合规则	公平	情智区分	自就其位	事证举例
尊重生机	尽心尽力	公正	自我理解	顺任而然	条理贯达
彰显本原	益国益民	公共	自我引导	万物齐一	掌握变数

想象力是以表象和联想为主要特征并有抽象思维参与其中的形象思维能力，主要包括数学想象力和文学想象力。数学想象力是指在数理逻辑运演过程中有形象思维参与发散思维或逆异思维并用以解决运算、方程、函数、几何、排序和拓扑等数学问题的能力。文学想象力是情感和意志布满其间的形象思维的能力，包括想象空间、虚构程度、意象丰富和意象生动，如表3所示。

表3　文学想象力

空间	虚构	丰富	生动
家校	内核	一叠	听觉
村乡	核外	二叠	视觉
县城	疆内	三叠	味觉
省城	内疆	四叠	\触觉
外省	交集	五叠	嗅觉
国内	外疆	六叠	关系
国外	外近	七叠	情感
地球	外远	八叠	意志
宇宙	疆外	九叠	生命
天外	虚幻	十叠	妙悟

想象空间是人类个体在想象时的形象思维所及的空间范围，一般用远近来衡量，如由近及远：家校—村乡—县城—省城—外省—国内—国外—地球—宇宙—天外。虚构程度是人类个体在想象时，其形象思维在多大程度上脱离其所属的生活空间，可首先用“约丹曲线”（Jordan curve）② 绕封的闭合空间代表生活空间“A”和非生活空间“A˜”，以确定想象的虚构程度，如图1所示。意象丰富是指想象者的意象在数量上的层叠个数。意象生动取义于席勒的“活的形象”，即客观的审美

① 李剑：《教育审美与教育批判—解脱现代性断裂对人之发展的困扰》，北京：北京师范大学，2005，第56页。

② ［德］库尔特，高觉敷译：《勒温·拓扑心理学原理》，北京：商务印书馆，2003，第91—92页。

对象凝结着主观的生命意志①，是指想象者的意象在质量上活灵了人类个体的生命力、纯绵延和生机盎然，其判断标准是景中有情、情中有景、情景交融、理蕴其中的意境是否惟妙惟肖。

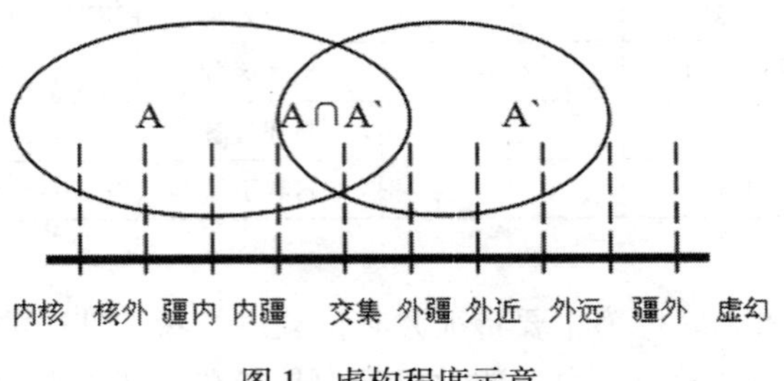

图1 虚构程度示意

独特性包括思维独特性、性格独特性和行为独特性。思维独特性是指人的思维方式导致其思维品质的“和而不同”，其发散思维的变异多向性构成创造性的认知基础②，包括逆异性、发散性和批判性。性格独特性包括个性和民族文化性格，是指人类个体的普遍个性差异。首先要确定自己性格的归属：或红或蓝或白或黄③，红与蓝属于山类（阳），白与黄属于水类（阴）。红属于强阳型，蓝属于弱阳型，白属于弱阴型，黄属于强阴型。每类颜色性格皆有各自的性格优点和缺点，如表4所示。

表4 性格独特性④

性格	优点	缺点
红	勇往直前	争权夺势
蓝	完美主义	情感过剩
白	守护和平	犹豫不决
黄	热爱快乐	放荡不羁

行为独特性是指个体处世做事在表现、交际、探索和制造等方面的既与众不同，又不脱离实际而富有成效的行为特征，其中的表现、交际和探索的指标分别取自加登纳所总结的身体—动觉智能⑤、人际智能⑥和探索自然之智能，如表5所示：

① ［美］L. P. 维塞尔，毛萍、熊志翔译：《活的形象美学——席勒美学与近代哲学》，上海：学林出版社，2000，第220页。

② A. J. Cropley. *Creativity and cognition*: *producing effective novelty* from *Roeper Review* Vol. 21, No. 4, (May/June 1999) pp. 253—260.

③ ［美］泰勒·哈特曼，曾桂娥译：《性格色彩密码》，武汉：长江文艺出版社，2010，第14—19页。

④ ［美］泰勒·哈特曼，曾桂娥译：《性格色彩密码》，武汉：长江文艺出版社，2010，第295页。

⑤ ［美］H. 加登纳，兰金仁译：《智能的结构》，北京：光明日报出版社，1990，第240—248页。

⑥ Howard Gardner: *Creating Minds*: *An Anatomy of Creativity Seen through the Lives of Freud*, *Einstein*, *Picasso*, *Stravinsky*, *Eliot*, *Graham*, *and Gandhi*. New York: Basic Books, 1993, p. 6.

表 5　行为独特性

表现	交际	探索	制造
领会 + 监控	反应得体	热爱科学	好奇 + 耐劳
熟练操纵	善解人意	归一分类	细致 + 精准
身心和谐①	知行统一	比较推论	反复验证
优雅宜人	激励 + 说服	发现	发明

二、情态

情态、知识和技能的构架和内涵主要基于加涅的学习累积论、加登纳的智能多元论和斯腾伯格的智力三元论。情态涵盖并超越"新课标"中的"情感、态度、价值观"，也关涉加涅和斯腾伯格等人的研究成果和东西方各民族国家文化的美学原理。情态是指个体在特定情境中进行适应、选择和塑造的性向。态度具有行为、认知和情感的三个维度特征，但加涅从操作的维度认为态度是一种能够影响个体做出类选择的心理状态。"类"是指情境中的某一类物、某一类事、某一类人。类选择发生在一定情境中，与选择、适应和塑造紧密关联，体现着斯腾伯格意义下的情境智力。具体的情境和个体的性格特征与价值取向共同形成了态度，包括环境、情境、意境和境界，其中，环境、情境和意境是境界的必要条件，分别对应经典性条件反射、操作性条件反射和榜样性条件反射，从环境到情境再到意境，逐渐累积，终到境界。

环境是指自然环境，是没有任何人文干扰的大自然。本着《易经》哲学理念和老庄道家哲学思想，在自然环境中，人要"是其所是、自就其位"、顺任而然并且与万物齐一。自然环境作用于人而产生情境，这里包括由生产关系确定的社会环境和历史间距性决定的历史环境。斯腾伯格认为，人要更好地确定情境与心理功能之间的关系②，针对情境，要有目的地适应、选择和塑造③。意境取自于中国古典文学的景情交融关系，不受经典条件反射和操作条件反射的典型作用，而主要是受榜样条件反射的典型作用，即"类"泛化于审美距离和人生境界，因此，带有意境的学习具有"形真、情切、意远和理蕴"④的情景交融的特色。境界是指人之理想与现实发生心物交感而产生的精神状态和品格，可包括蓦然境界、浩然境界和澄明境界如表 6 所示，其中，含有"美的快乐"、"美的崇高"和"美的超越"等东

① J. D. Anne Bruetsch, *Multiple Intelligences Lesson Plan Book*, Tucson, Zephyr Press, 1995, p. 9.

② Robert J. Sternberg: *Metaphors of Mind: Conceptions of the Nature of Intelligence*, Cambridge University Press, 1990, Canada, p. 268.

③ ［美］斯腾伯格，俞晓林、吴国宏译：《超越 IQ——人类智力的三元理论》，上海：华东师范大学出版社，2000，第 45—46 页。

④ 李吉林：《为全面提高儿童素质探索一条有效途径（上）》，载《教育研究》，1997 年第 3 期，第 33—41 页。

西方美学原理，可作为一种人生韬略和大智慧①。

表6　情态

环境	情境	意境	境界
自就其位	适应	情切	蓦然
顺任而然	选择	志高	浩然
万物齐一	塑造	理蕴	澄明

三、知识

作为言语信息的知识关涉皮亚杰、索尔所等人的研究成果，知识即人们通常所说的基础知识，亦即陈述性知识，主要包括事实、表象、命题和图式。

事实主要包括客观事实、认知事实和学科事实。客观事实是指客观物质世界中的万事万物，即事物和事件，包括时间、空间、物质元素及其排列组合。认知事实是指个体获得或对或错的言语信息的认知本身，属于程序性知识。学科事实是指知识传授中的事实（如数字事实和逻辑事实），属于陈述性知识。在事实学习的过程中，知识结构须与认知结构有效结合。

表象是具体的客体空间关系、细节特征及抽象观念变化特征的表征形式②，是各种意象之所由来的母体和形象思维的基础，包括表征、旋转和意象。表象具有一定层次，能承受各种施加于其上的心理运作，如表象的旋转与扫视或层次的组织与分割。表象旋转包括视觉旋转和空间旋转。视觉旋转可归于表征，可从完整性、精确性和清晰性这三个维度来测试。完整性、精确性和反应时是空间旋转的三个主要测度。表象能统合形象思维与抽象思维，把更多的信息收录在短时记忆中而不超载。由于个体的短时记忆容量具有米勒意义下“7±2”的可信限③，思想者常用表象对短时记忆中的信息做出某种经济表征。情境中的表象，因有景象、情感、意志和意义的加入而成为意象，因此，场景、意义和美感是意象的三个测度。

命题是指推理的范式，但其实质是推理。推理在数理逻辑中表现为连锁推理、系统推理和抽象推理，而抽象推理包括归纳推理和演绎推理。演绎推理有三种范式，即与连锁推理对应的线性三段论、与系统推理对应的范畴三段论和与抽象推理对应的条件三段论④。对命题掌握的评价可在“应对新异性”和“自动化加工”⑤

---

① 李剑：《教育审美与教育批判——解脱现代性断裂对人之发展的困扰》，北京：北京师范大学，2005，第50—51页。

② 吴庆麟：《教育心理学》，北京：人民教育出版社，1999，第66页。

③ 谢利民：《现代教学论纲要》，西安：陕西人民教育出版社，1998，第148—149页。

④ ［美］R. J. 斯腾伯格，俞晓林、吴国宏译：《超越IQ——人类智力的三元理论》，上海：华东师范大学出版社，2000，第176页。

⑤ ［美］R. J. 斯腾伯格，俞晓林，吴国宏译：《超越IQ——人类智力的三元理论》，上海：华东师范大学出版社，2000，第68—72页。

这两个侧度上展开。

图式是皮亚杰意义下的通过同化、顺应和平衡[①]对命题中的信息进行联结或对范畴中的规律进行组织的知识结构，包括算子、格构和清净率（clear & clean）[②]。算子是知识结构中的子系统（逻辑单元）或是操作过程中的子程序（操作单元），无上下限，而格构也是算子，有上下限。图式因具有层阶性和变异性而能促进推理。图式以同化、顺应和平衡的方式，通过运算的动力操作而形成，分为具体运算水平和逻辑抽象水平。同一类算子在一定条件下，按照认知结构规律形成具有一种最低限度和最高限度的同类等级，组合成格构。图式按清净率的要求，即在质上“清清楚楚”，在量上“干干净净”。

表7　言语信息

事实	表象	命题	图式
客观	表征	线性	算子
学科	旋转	范畴	格构
认知	意象	条件	清净

总之，事实是表象的根基，表象有助于概念的形成和命题的组织，而命题的组合构成图式，四者由低到高逐级累积。

四、技能

技能包括动作技能、策略技能和智慧技能，关涉布鲁纳、奥苏伯尔和加涅等人的研究成果。动作技能是指人类个体在其肌肉运动过程中量力、精确、敏捷、流畅地反应和执行的能力，具有三个维度：粗放性—精细性、闭路性—开路性、共时性—历时性[③]，通过实践和练习而能进行理想的高水平技能操作，其特征是精确性、量力性、敏捷性和流畅性，如表8所示。

表8　动作技能

动作技能	举重	射击	跳水	开车	跑步	杂技
量力						
精确						
敏捷						
流畅						

动作技能具有粗放性，是因为个体进行运动要使用大肌肉，如游泳和举重；个

① 施良方：《学习论——学习心理学的理论与原理》，北京：人民教育出版社，1992，第180页。

② 李剑：《教学过程中小学生多重智能发展理论的解析》，北京：北京师范大学，2001，第39页。

③ 吴庆麟：《教育心理学》，北京：人民教育出版社，1999，第124页。

体唱歌和说话则要用声带，如刺绣、写字、敲键盘、射击和击剑等要用小关节，属于精细性动作。闭路性是指动作的进行与完成主要以来自大脑神经和肌肉的反馈为指导刺激，“S－R”链接或循环在个体内部即可完成，类如反思后的自觉行动，闭眼也可执行，如梦游和跳水，而开路性是指动作操作需要依赖外部刺激。动作技能的形成不可避免地同时受到“粗细—开闭—共历”的三维影响，如打乒乓球时的接球。共时性的动作技能是指身体多个部位器官同时并和谐地发挥功能的技巧和能力，如杂技运动员在进行表演时所表现出的技能。历时性的动作技能是指身体某一器官或少数器官所表达出的技巧和能力，如跑步就具有间断性和连续性的特征。

策略技能是人类个体对操作任务的计划和监控的能力，其实质是思维支配技能，具有累积性，包括注意、编码、提取和迁移。

有意注意是指个体选择客体目标并分配自己的认知资源，包括选择性注意和分配性注意①。选择性注意基于瓶颈理论，即在感觉记忆中的信息在向知觉记忆过渡的过程中，情境中的信息或衰减或被选择，通过单通道或多通道抵达知觉记忆。分配性注意基于能量模型理论，即个体有限的认知能量被分配于任务加工的多个方面。用来控制注意的三种能力是脱离（特定刺激）、转移（于目标刺激之间）和锁定（或接近新目标）②。

编码是指对众多的信息加以组织，包括多向性和单向性两种思维编码。如何对信息加以组织而使其简约或精致化，要受情境和经验的制约，可反映出编码技能的高低。被组织起来的信息单元可称为信息组块，主要包括经验组块、规则组块、系统组块和层阶组块。根据个体记忆容量的可信限“7±2”进行有效编码，为的是使信息低于9个单元。

提取是指从短时记忆中提取痕迹信息③，主要包括单元提取、主题词提取和层阶提取。信息提取要凭经验、按规则、按主题词的记忆结构顺序和分下位、同位和上位的层阶的提取，在提取过程中，扫描（平行扫描更快，而系列扫描更准④，并且反应时与记忆集合中的探测项目数成正比⑤）、再现和再认的能力最为关键。

迁移是指个体进行图式移植或穿越空间和对认知结构进行转换并指向问题解

① ［美］J. P. 戴斯、J. A. 纳格利尔里、J. R. 柯尔比，杨艳云、谭和平译：《认知过程的测评——智力的PASS理论》，上海：华东师范大学出版社，1999，第14页。

② M. I. Posner & S. E. Petersen. *The Attention System of the Human Brain.* Annual Review of Neuroscience，1990（13）：pp. 25—42. 转引自［美］M. W. 艾森克 M. T. 基恩：《认知心理学（第五版）》，高定国，何凌南等译，上海：华东师范大学出版社，2009，第188页。

③ ［美］M. 爱森克，阎巩固译：《心理学——一条整合的途径》，上海：华东师范大学出版社，2000，第292页。

④ ［中］王甦、汪安圣：《认知心理学》，北京：北京大学出版社，1992，第163页。转引自R. C. Atkinson & J. F. Juola. *Factors Influencing Speed and Accuracy of Word Recognition*（1973）in S. Kornblum（Ed.），Attention and Performation，Vol. 4. New York：Academic Press.

⑤ ［美］罗伯特·L. 索尔所、M. 金伯利·麦克林、奥托·H. 麦克林，邵志芳、李林等译：《认知心理学（第7版）》，上海：上海人民出版社，2008，第163页。

决，可表现为知识际迁移和向实践迁移。前者是举一反三，后者是学以致用。从知识结构与认知结构有效结合的维度上说，迁移分为内容迁移、程序迁移和规则迁移。当新旧习得材料内容相似时，可能产生内容迁移，其特点是内容重叠越多，迁移量就越大、迁移就越强；当新旧习得程序相似时，可能产生程序迁移，其特点是机械性和抽象性；当新旧学习原则相同时，可能产生规则迁移，其特点是最有利于问题解决，如表 9 所示。

表 9　策略技能

注意	编码	提取	迁移
脱离	语境	扫描	内容
转移	7 ±2	再现	程序
锁定	精致	再认	规则

总之，由事实、表象、命题和图式组成的知识结构须按清净律与认知结构结合，从而形成新的认知结构。

智慧技能是指“使个体通过符号或观念的使用同自身的环境发生相互作用”①的能力，主要包括辨别、概念、规则和题解。

辨别更多地涉及对两个以上的刺激物的区分，即加涅所称的“多重辨别”，可包括情感意境中的表象性辨别、自然环境中的具体性辨别和逻辑领域中的抽象性比较共三个层次，是概念获得的前提。在辨别有效的学习过程中，通常采用“对比练习”的呈现方式和“分化强化”的措施。

概念可首先分为静态性概念和动态性概念。静态性概念包括具体性概念和定义性概念。前者代表一类具有共同物理特征的事物；后者代表一类具有共同关系特征的事物。动态性概念是指概念获得，针对概念界定的概念获得须经三个阶段：归属、定位和提纯。归属是指此概念属于某一知识体系或图式的大类，在类别上不同于彼概念。定位是指在某一知识体系或图式内的此概念的明确的层次位置，一般有上位、同位和下位之分。提纯是指剔除无关维度方面特征而得到概念所指事物的本质或本质特征，即形式逻辑“种 + 属差”中的属差。

规则有低有高，从提炼和识别再到复合。低级规则是通过理解定义性概念、按时间线索或逻辑路径，涤除杂冗，对事物事件进行按规则分类的能力。高级规则是通过若干个已有规则的使用而获得另一新规则，不仅指对构成规则的概念的理解能力，还指个体认识到有意义问题的存在，并凭借对已有的低级规则的综合性掌握来解决同类问题的能力。“规则的发现和解释来自认知结构，而认知结构中充满着完

① transferred from R. M. Gagné，L. Briggs，W. Wager. *Principles of Instructional Design*，1992. p. 43.

整而有意义的、有待理解的事物的心理表征”①，提炼和识别规则是一个充满顿悟的探索过程。高级规则的获得意味着题解的趋于完成②。

题解（解决问题）与制造产品和提供服务，是人类智慧的三大表现，与思维和推理皆属于对现有信息加以利用并产生进一步信息的认知过程③，其基本特征是目的的指向性、子目标的分解和算子的选择。题解基于指向良性问题的问题意识，包括敏感性、及时性④和聚焦度，即“符合逻辑地准确地进行推理，在概念中确定联系，看清问题的所有方面，以最佳方式提出问题，洞察问题核心”⑤，题解者须在一定的问题空间中进行搜索，即在问题情境迷津中搜索节点的分支数、节点深度和题解路径长度⑥。欲出迷津，题解者必须找到作为对各种心理状态加以转换的通路，即解题方法。针对专业领域内语义丰富的良性问题，在解决手段上，主要有类比法、消异法、意象法、手段—目的分析法和产婆术。类比法的关键是规则的迁移，消异法的关键是通过求异来达到求同的目的，意象法的关键是有话不说而用形象的意象或图画来表示抽象的概念或逻辑关系，手段—目的分析法首先要找出尚不能达到的靶目标与目前可达到的子目标之间的差异来消除更难的差异，产婆术的关键是通过“欲擒故纵”，使学生陷入“错误陷阱”，促成认知的矛盾，然后再启发诱导，把学生从“陷阱”中拉出来，使学生认识到自己的错误所在，来达到正确的目的。

表 10　智慧技能

辨别	概念	规则	题解
表象性	归属	提炼	问题意识
具体性	定位	识别	问题空间
抽象性	提纯	复合	解题方法

总之，多元文化教师面向学生学业成就所建设的认知能力发展经由情态、知识、技能和创造性的累积而得到促进。多元文化教师如想作为这场文化战役的常胜将军，就必须拥有和用好自己的利器，高效率地提高其学生的学业成就。

---

① L. Roger, Dominowski & Linda, S. Buyer: *Retention of Problem Solutions: the Re－solution Effect* from *The American Journal of Psychology*, Vol. 113, No. 2, Summer2000, p. 271.

② ［美］R. M. 加涅、L. J. 布里格斯、W. W. 韦杰，皮连生，庞维国等译：《教学设计原理》，上海：华东师范大学出版社，1999，第 73 页。

③ reference to Cropley, A. J.: *Creativity and cognition: producing effective novelty* from *Roeper Review* Vol. 21, No. 4, (May/June 1999) pp. 253－260, from http://www.firstsearch.global.oclc.org/FSIP.

④ ［美］R. J. 斯腾伯格，俞晓林、吴国宏、钱文译:《成功智力》，上海：华东师范大学出版社，1999，第 149 页。

⑤ ［美］斯腾伯格，俞晓林，吴国宏译：《超越 IQ—人类智力的三元理论》，上海：华东师范大学出版社，2000，第 129 页。

⑥ ［中］辛自强，《问题解决与知识建构》，北京：教育科学出版社，2005，第 46 页。

参考文献

［1］［美］R. M. 加涅，皮连生、王映学、郑葳等译：《学习的条件和教学论》，上海：华东师范大学出版社，1999 年。

［2］［美］R. M. 加涅、L. J. 布里格斯、W. W. 韦杰，皮连生、庞维国等译：《教学设计原理》，上海：华东师范大学出版社，1999 年。

［3］［美］H. 加登纳，兰金仁译:《智能的结构》，北京：光明日报出版社，1990 年。

［4］［美］斯腾伯格，俞晓林、吴国宏译：《超越 IQ——人类智力的三元理论》，上海：华东师范大学出版社，2000 年。

［5］［美］R. J. 斯腾伯格，俞晓林、吴国宏、钱文译：《成功智力》，上海：华东师范大学出版社，1999 年。

［6］［美］M. W. 艾森克、M. T. 基恩，高定国、何凌南等译：《认知心理学（第五版)》，上海：华东师范大学出版社，2009 年。

［7］［美］M. 爱森克，阎巩固译：《心理学——一条整合的途径》，上海：华东师范大学出版社，2000 年。

［8］［美］罗伯特 · L. 索尔所、M. 金伯利 · 麦克林、奥托 · H. 麦克林，邵志芳、李林、徐媛等译:《认知心理学（第 7 版)》，上海：上海人民出版社，2008 年。

［9］［美］M. 奇凯岑特米哈伊，夏镇平译:《创造性：发现和发明的心理学》，上海：上海译文出版社，2001 年。

［10］［美］L. P. 维塞尔，毛萍、熊志翔译：《活的形象美学——席勒美学与近代哲学》. 上海：学林出版社，2000 年。

［11］［美］G. M. 诺西，柳铭心译：《学会批判性思维——跨学科批判性思维教学指南》，北京：中国轻工业出版社，2005 年。

［12］［德］库尔特 · 勒温，高觉敷译：《拓扑心理学原理》，北京：商务印书馆，2003 年。

［13］［美］泰勒 · 哈特曼，曾桂娥译：《性格色彩密码》，武汉：长江文艺出版社，2010 年。

［14］［美］J. P. 戴斯、J. A. 纳格利尔里、J. R. 柯尔比，杨艳云、谭和平译：《认知过程的测评——智力的 PASS 理论》，上海：华东师范大学出版社，1999 年。

［15］顾明远:《中国教育的文化基础》，太原：山西教育出版社，2004 年。

［16］吴庆麟:《教育心理学》，北京：人民教育出版社，1999 年。

［17］施良方:《学习论——学习心理学的理论与原理》，北京：人民教育出版社，1992 年。

［18］王甦、汪安圣:《认知心理学》，北京：北京大学出版社，1992 年。

［19］李吉林:《为全面提高儿童素质探索一条有效途径（上)》，载《教育研

究》，1997 年第 3 期。

[20] 谢利民：《现代教学论纲要》，西安：陕西人民教育出版社，1998，第 148—149 页。

[21] 辛自强：《问题解决与知识建构》，北京：教育科学出版社，2005 年。

[22] 李剑：《教育审美与教育批判——解脱现代性断裂对人之发展的困扰》，北京：北京师范大学，2005 年。

[23] 李剑：《教学过程中小学生多重智能发展理论的解析》，北京：北京师范大学，2001 年。

[24] 李剑：《中国西部女童——西部三十名贫困女童学业成就提高的质性研究》，北京：中央编译出版社，2011 年。

[25] A. J. Cropley. *Creativity and cognition*: *producing effective novelty* from *Roeper Review* Vol. 21, No. 4, (May/June 1999).

[26] J. D. Anne Bruetsch, *Multiple Intelligences Lesson Plan Book*, Tucson, Zephyr Press, 1995.

[27] Howard Gardner: *Creating Minds*: *An Anatomy of Creativity Seen through the Lives of Freud*, *Einstein*, *Picasso*, *Stravinsky*, *Eliot*, *Graham*, *and Gandhi.* New York: Basic Books, 1993.

[28] Robert J. Sternberg: *Metaphors of Mind*: *Conceptions of the Nature of Intelligence*, Cambridge University Press, 1990, Canada.

作者简介：李剑（1962—），男，辽宁铁岭人，教育学博士，中央民族大学教育学院副研究员，研究方向为比较教育。

第三节　多元文化教育理念下的西部少数民族地区教师教育

在全球化的经济发展趋势之下，如何保持文化的多样性成为不容忽视的问题。我们所处的时代越来越尊重多元，尊重区域文化与民族文化的问题正在被关注。多元文化的社会环境对学校教育产生了直接的影响，这种影响体现在学校环境的各个方面，使学校自身也成为一种多元的环境。如何在与各种文化要素的广泛联系中发展适应多元文化社会的教育，是学校教育面临的重要问题。而我国西部少数民族地区的多元文化社会特征，使得多元文化教育的重要性日益凸显。

我国西部地区是多民族、多文化、多宗教并存的地区，分布着除汉族以外的 53 个少数民族，且很多民族处于大杂居、小聚居的状态，各民族之间的交往频繁，在宗教仪式、风俗习惯、饮食等方面都有相互的影响和交融。由于地理、经济、观念等多种因素的影响，西部少数民族地区大部分属于经济欠发达地区，基础教育发展较缓慢，教师教育的发展也受到很大限制。

一、多元文化教育理念对于西部少数民族地区的意义

处于这个时代，信念、价值观、宗教信仰、生活条件、理想以及生活方式呈现出多变性、复杂性、多元性，充满了矛盾和冲突。在这样的现实中，儿童的生活成为一种偶发性的经历，是不确定和无法预测的。“教师们正与一群来自多元化的背景和有着不同的广泛经历的孩子们生活在一起”①（马克斯·范梅南，2001）。

在现代社会，各国、各民族之间教育的合作、交流日渐增多，共同的优秀经验被广泛采纳，然而这并不意味着各国各民族的教育趋于同一种模式，相反要扎根于本国、本民族的文化传统，为本国本民族服务。教育的合作与交流更应强调各国各民族自己的特点和多元文化教育的理念。从文化生态学的角度看，在一个多元文化的社会里，教育应具有多样性，教育要适应不同族群、不同层次的人们的多方面需要。多元文化教育因其适应多元文化社会的特性，得到了较大发展。

多元文化教育（multicultural education）始于西方国家民族教育的一场运动，随着各民族“文化自觉”的兴起，多元文化教育逐渐成为世界民族教育发展的一种理念，强调文化的异质性和多样性正成为一种趋势。它的精髓之处在于力图克服人类面临的文化狭隘、民族狭隘、区域与制度狭隘等困境。多元文化教育源于一种追求平等的社会公正。它包含了这样一个理念：所有的学生都应该有一个平等的学习机会，无论他们的性别、社会阶级、民族或文化特征②。这种平等的学习机会显然不只是入学机会的平等，而是能同等地获得学业成功的机会。

英国多元文化教育学者詹姆斯·林奇（James Lynch）认为，“多元文化教育就是在多民族的社会中，为满足各少数民族群体或个体在文化、意识、自我评价方面的需要而进行一场教育改革运动，其目的是帮助所有不同文化的民族群体学会如何在多元文化社会中积极、和谐地生活，保持群体间教育成就的均衡，以及在考虑各民族差异的基础上促进相互尊重和宽容”。

西部少数民族地区普遍的文化多样性特征，使得多元文化教育理念在这一区域具有重要意义。多元文化教育的目标是培养学生的跨文化适应能力，给他们提供文化选择的权利和机会，使他们获得适应本民族文化、主流文化以及全球社会所必需的知识、技能和态度。多元文化教育旨在改变整个学校或教育环境，以使所有学生都能享有平等教育，提高所有学生的学习成绩。“所有儿童都应该有同等机会获得关于‘自己的文化’的全面而适当的知识，也就是那种属于家庭、亲族、邻里和宗教社团等基本参照群体的文化。在现代工业社会中，教育主要是由国家教育机构

① ［加］马克斯·范梅南著，李树英译：《教学机智——教育智慧的意蕴》，北京：教育科学出版社，2001，第8期。

② James A. Banks，Cherry A. Mcgee，*Multicultural Education*：*issue and perspectives*，London：Allyn and Bacon，1989，pp2—23.

实施的，这就意味着儿童必须在国家教育系统内熟悉自己的文化”①。因此，少数民族地区的学校教育应充分地尊重学生的民族特征，而且要在课程中反映和利用这些文化特性，使所有学生都真正享有教育平等的权利。

二、西部少数民族地区的教师教育缺乏多元文化教育视野

多元文化教育需要教师具有多元文化的视野和运作能力，才能帮助所有学生适应学校生活，并培养他们的跨文化适应能力。但目前西部少数民族地区的教师教育没有将培养具备多元文化教育理念的教师教育提上日程。

1. 西部少数民族地区的教师教育停留在技术取向方面

从教师教育发展脉络来看，20 世纪后半期以来的教师教育主要表现出三种取向，即技术取向、反思取向与批判取向。20 世纪 70 年代以前的教师教育秉承的是技术取向。这种取向主张“教师即技师”（teacher as technician）。在这种取向中，教学只是一种传递系统和一种技术性职业，教师只是这个传递系统的中介人，负责传授预定的课程并实现预定的目标，从而发挥着技师的作用。教师所关心的只是对于既定的教学目标和内容，在各种可能的途径中确认和选择那些具有更大效用的方法，以便在实践中运用②。与这种“教师即技师”相适应的教师教育模式就是能力为本的教师教育。在这种模式中，未来的或现任的教师接受各种教学法、课堂管理策略的训练，并被要求忠实地运用这些策略而不需要他们思考这些策略背后的关于教学的假定、学生的思维以及教学行为的后果和替代性方案等问题③。在日常教学中，“无论学生是谁均同样对待”、“好的教学无论在哪里都是好的”等就是接受过这种训练的教师的共同信念④。

西部少数民族地区的教师教育忽略了西部文化的差异性和多样性，职前培养和职后培训仍是以技术取向为主导，以统一的教学理论和教学法对教师进行培训。尤其是教师在职培训的重点基本停留在如何将既定的教学内容教授给学生，以达到提高学生学业成就的目的。对西部少数民族地区教师的评价仍以学生学业成就为主要标准，这导致教师在职业发展中也努力将自己塑造为能教出好成绩的教师。

2. 教师教育课程没有体现西部少数民族地区的多元文化需求

我国目前的师资培养课程包括基础课程、教育专业课程和学科课程，其中很少有关人类学或多元文化方面的科目。教师在职培训课程主要学习教育信息技术的运用、教育改革理论，以及基础教育新课程改革的理念和实践经验。在职培训着力于

---

① 托比亚斯·吕尔克尔：《多文化教育、课程及其改革战略》，《教育展望（中文版）》，1993，（1），VOL. 33：51—62.

② Parker，S. *Reflective Teaching in the Postmodern World.* Buckingham：Open University Press，1997.

③ Valli，L. （1997）. *Listening to Other Voices：A Description of Teacher Reflection in the United States. Peabody Journal of Education*，72（1），67—88.

④ Geneva，G. & Kipchoge，K. *Developing Cultural Critical Consciousness and Self - reflection in Preservice Teacher Education. Theory into Practice*，42（3），2003，181—187.

培养基层教师的教学能力，却较少顾及文化差异的问题，忽略了少数民族地区的教师如何妥善处理多元文化教育情境的能力。西部少数民族的教师教育课程照搬全国主流模式，几乎体现不出作为西部少数民族地区培养教师的特殊性。一些师范大学的定向师范生或者特岗计划的教师招聘，也没有在培养培训方面体现出对教师双语能力、多元文化理解能力等方面的考核。

在西部，尤其是西南少数民族地区往往是多民族杂居，因此民族地区的中小学也是多民族学生共处的校园。缺乏多元文化观的教师处于多民族的文化情境中时，往往没有足够的知识去解读学生的民族文化，可能缺乏正确的态度去建立师生关系，缺乏解决民族文化差异、矛盾与冲突所需要的专业智能。

3. 教师多元文化意识淡漠

西部少数民族地区的教师教育长期以来培养的是熟悉主流文化传统、传播科学真理的教师，而不是具有多元文化眼光，认识不同文化群体、尊重异文化的教师。西部少数民族地区的教师教育中多元文化观的缺乏，致使培养出的教师多元文化意识淡漠，以为多元文化教育就是教少数民族的一些历史文化，而没有认识到多元文化教育是一种理念，是要让所有学生接受平等的教育。很多教师，尤其是理科教师，认为自己与多元文化教育无关。

西部少数民族地区的教师，在农村学校，部分教师来自当地和周边地区，部分教师来自外地。农村学校的教师既有少数民族教师，也有汉族教师。一些汉族教师由于对当地文化的不适应，往往会形成自我封闭的小圈子，排斥所在社区的文化影响。并不自觉地持有文化优越感，认为当地少数民族落后，鼓励学生努力学习离开家乡，进入城市。这容易导致教师自身文化与社区文化的紧张甚至冲突。少数民族教师有的来自当地社区，经过多年的主流教育，又重新回到社区的学校任教。但值得关注的是，这一部分少数民族教师，在经过主流教育洗礼之后，对自己的教师身份和民族身份的认识是分离的。一方面，他们认同自己的民族身份；另一方面，他们以教师的角色要求学生提高学业成绩进入社会流动的竞争序列，比如鼓励学生学习普通话和英语，不允许少数民族学生在校园内讲本民族语或当地方言。

三、在多元文化教育理念下发展西部少数民族地区的教师教育

有多元文化教育观的教师，才可能发展适应多元文化社会的教育。与强调主流文化、强调知识的科学性和真理性的教育不同，多元文化社会中的教育应重视各群体次级文化的价值，以尊重和接纳代替偏见、压制与排斥。教师则是这一理念的最佳实践者。

1. 加强西部少数民族地区教师教育的反思和批判取向

20 世纪 80 年代以来，教师教育出现了一种“反思性转向”，“反思性教学”、“教师即研究者”等观念深入人心，同时也促成了反思性教师教育（reflective teacher education）的形成与发展。

在反思取向中，教学不再是可以放之四海而皆准的单纯方法和原则，而是具有

更多的教师个人特征和考虑教学情境对教学的影响。教师教育的关注范围也大大扩展了。除了要使教师关注教学、学习动机等问题之外，还必须促使他们思考教育目的、课程、教学行为及其后果、教育的伦理等深层次问题。在这种情况下，教师也不再是预定课程的消极的实施者，而成为具有问题意识的探究者或研究者。因此，反思性教师教育必须促使教师成为探究者，并帮助他们形成反思的意识与习惯①。

批判取向的教师教育同样要求唤醒教师的自我反思意识，但与反思性取向不同的是，它更为关注学校教育涉及的种族、经济、政治、道德、文化等更为广阔的社会问题。受到了哈贝马斯（Habermas，J.）、弗莱雷（Freire，P.）等批判理论学者的影响，它将学校教育以及教学知识看作一种政治建构的产物。因此，教师教育的目的不仅在于理解学校教育的目标或教学理念，而且在于发现不同种族、性别、地域的群体之间在经济、文化和政治等社会地位上的不平等，并通过教师的批判性实践提升弱势群体的处境。以提问为例，批判性教师教育不仅要教给学生提问的基本技能，更要让学生意识到这些问题以及提问行为本身将会导致的可能后果。② 如果它易于引起或扩大某种文化上的不平等（而非单纯的学业成绩），教师就应采取其他更为合理的问题或方式。

在发展西部教师教育的问题上，应结合西部少数民族地区的实际情况进行选择和规划。由于西部少数民族地区教师教育的发展还相对落后，农村的基本师资培训还不能普及，因此，技术取向的教师教育必然还将是近期西部教师教育的现状。然而，由于西部是一个多民族、多文化交汇的地区，教师教育也应注重反思和批判取向，培养教师的文化敏感性和社会责任感，这也有利于通过多元文化教育促进多民族平等和繁荣。

2. *教师职前培养中设置多元文化视野的课程*

西部少数民族地区的教师教育要更新观念，要将培养具有多元文化教育观的教师纳入培养目标。少数民族地区的多元文化教育教师，除了必须具备扎实的教育专业素养与学科专门知识之外，还应具备基本的文化人类学素养以及多元文化教育的理念。教师教育必须帮助未来教师更清楚地认识多元文化教育对他们各自学科领域和教学情境的意义，应对少数民族的文化、语言有所认识与了解，发展他们对文化差异的正确认识及尊重多元文化的态度，养成他们设计多元文化教学情境的能力。例如：对学生的生活经验较为敏锐；以学生的母文化来设计课程；配合学生的互动模式组织学习活动；能与学生开放沟通、倾听学生的反应；能仔细检视自己的生活形态和社会认同③。

要适应少数民族地区多元化的社会文化状况，需要培养具备多元文化教育观的

① Valli，L.（1997）. *Listening to Other Voices*: *A Description of Teacher Reflection in the United States. Peabody Journal of Education*，72（1），67—88.

② Valli，L.（1997）. *Listening to Other Voices*: *A Description of Teacher Reflection in the United States. Peabody Journal of Education*，72（1），67—88.

③ 陈勇军：《推动多元文化教育的关键：教师多元文化观》，载《职业技术教育》，2010年第19期。

教师，要从改革新师资培养的课程设置着手。

在师资培养的基础课程中增开文化人类学、民族学等课程，还可开设有关少数民族的音乐、美术及其他艺术形式的选修课，增进未来教师对于不同民族历史文化的了解，奠定未来教师对于不同民族文化及关系的基本认识。

在教育专业课程中增加“多元文化教育”课程，目的在于发展师范生的多元文化观，促进其理解和学习如何面对文化的多元性，并且欣赏和接纳不同文化间的差异。加强教育人类学的研究方法、行动研究的探讨和训练，以增进师范生对学生次级文化、师生关系、班级气氛的观察与理解，协助教师发展处理文化差异的能力。

在教育实习方面，应鼓励师范生到多民族文化背景的学校去顶岗学习3—6个月，以亲身体验多元文化的情境，增强新师资从事多元文化教育的适应能力。

3. 西部少数民族地区在职教师的培训应注重行动研究

教师的专业化发展要求教师成为研究者。教师作为研究者的方式有两种：一是教师将研究者提出的方案用于解决实际问题以便改进自己的教学；二是教师针对某些实际问题改变自己的教学方式，在解决问题的过程中自我监控、评价，教师最初对问题的理解可望在评价的过程中得到修正和改进。多元文化教育的特点更强调教师作为研究者的后一种方式，即行动研究。行动研究强调实际工作者的参与，注重研究的过程与实际工作者的行动过程相结合。其实质是解放那些传统意义上被研究的人，让他们自己对自己进行研究。

多元文化社会中，每个教师所处的具体情境及与学生的文化差异是不一样的，教师要充分考虑自己所处的多元文化背景，学生的次级文化以及社区文化。由于文化差异易造成教师教学方式与学生的学习方式之间的问题，易导致教育处境不利的学生学业失败。因此，教师应对自己的教学方式进行反思，在教学中研究，力图改善教学活动，激发学生的学习兴趣，有效提高学生学习动机。相比被动的教学理论学习，教师在行动研究过程中，集研究、自我反省、实践等角色于一身。作为行动研究者，多元文化教育中的教师应“在教学中研究，在研究中教学”，教师的教学实践为自己的研究提供了具体的观察情境。

在少数民族地区的教育教学情境中，教师面临如何提高不同民族学生的学习成绩。每个学生都有自己唯一的学习方式，教师的教学不但要建立在此基础上，而且要帮助学生发现他们自身特殊的学习方式，以使他们能更有效地学习。“如何提高学生的自我观念，如何促进不同文化背景的学生合作学习，教学如何适应学生的学习方式”等，都是教师在教学行动研究中的着眼点。此外，行动研究在课程领域中的应用也是多元文化教师需要关注的重点。教师要开发综合的指导课程以满足学生的特殊需要，并提供给学生个别而特殊的反馈。目前，基础教育新课程改革中校本课程的深入开发赋予了教师参与课程发展，从事课程行动研究的空间。处于本土社会中的教师可发展一些与本土知识有关的“特殊课程”或“课外活动”，促使学生了解本土知识，热爱本土社会。

行动研究对西部教师教育来说具有特殊的意义。由于西部自然条件的影响和教师教育机构的缺乏，许多教师难以接受正式的职前或在职培训。尽管行动研究仍然需要与教师、与专家合作，但它可以发挥以学校和教师为主体的长处，克服外在支援不足的困难。因此，它被证明是提升西部教师专业能力和课程领导能力的一条有效途径①。

基于西部少数民族地区的教育现状，教师教育有待更新的地方还有很多。培养未来教师多元文化教育的专业能力，亦是一个无止境的过程。由于文化情境等因素的影响，其可行性与操作性有待于研究者和广大西部教师的共同努力与调适。如何采取有效措施发展西部少数民族地区的教师教育，从而克服西部少数民族教育发展的文化瓶颈，仍值得我们进一步深入思考。

参考文献：

[1]［加］马克斯·范梅南著，李树英译：《教学机智—教育智慧的意蕴》，北京，教育科学出版社，2001 年。

[2] 谭光鼎：《原住民教育研究》，台湾，五南图书出版公司，1998。

[3] 高慎英：《教师成为研究者——“教师专业化”问题探讨》，载《教育理论与实践》，1998 年第 3 期。

[4] 陈向明：《质的研究方法与社会科学研究》，北京，教育科学出版社，2000 年。

[5] 陈勇军：《推动多元文化教育的关键：教师多元文化观》，载《职业技术教育》，2010 年第 19 期。

[6] 王嘉毅：《透过行动研究培养课程领导能力——在西北贫困地区农村小学的探索》，第五届全国课程理论研讨会交流论文，西北师范大学（兰州）：2003 年 10 月 8 日—9 日。

[7] 滕星，苏红：《多元文化社会与多元一体化教育》，载《民族教育研究》，1997 年第 1 期。

[8] 黄保勤：《加快西部民族地区经济社会发展对策探讨》，载《贵州民族研究》，1999 年第 2 期。

[9] 托比亚斯·吕尔克尔：《多文化教育、课程及其改革战略》，载《教育展望（中文版）》，1993 年。

[10] 章光洁：《试论西部少数民族教育的课程改革》，《贵州民族研究》，2002 年第 1 期。

[11] 章光洁：《多元文化社会中的教师角色及其对教师教育的启示》，载《西南师范大学学报》，2002 年第 11 期。

① 王嘉毅：《透过行动研究培养课程领导能力——在西北贫困地区农村小学的探索》，第五届全国课程理论研讨会交流论文，西北师范大学（兰州）：2003 年 10 月 8 日—9 日。

[12] Geneva, G. & Kipchoge, K. *Developing Cultural Critical Consciousness and Self - reflection in Preservice Teacher Education. Theory into Practice*, 42 (3), 2003, 181 - 187.

[13] James A. Banks, Cherry A. Mcgee, *Multicultural Education : issue and perspectives*, London: Allyn and Bacon, 1989, pp. 2—23.

[14] Parker, S. *Reflective Teaching in the Postmodern World.* Buckingham: *Open University Press*, 1997.

[15] Valli, L. *Listening to Other Voices: A Description of Teacher Reflection in the United States. Peabody Journal of Education*, 72 (1), 1997, 67—88.

作者简介：章光洁（1977—）云南省，中央民族大学教育学院少数民族教育专业2011级博士研究生，云南大学讲师，研究方向为教育人类学。

第四节　印第安保留区中纳瓦霍乡村教师的教师教育和职业发展

这个报告将展示在美国西南部一个主流的教育学院是如何为美国原住民保留区中的乡村教师提供服务的。通往我们研究工作所处的小村庄是一条条泥泞肮脏的路。学校区包括三所学校——一个小学，一个中学和一个高中，共有1200个左右的学生。那里的气候条件十分恶劣，大部分的学生生活十分贫困，他们中许多人住在当地，没有电也没有自来水。校车要在这些肮脏的路上行驶60英里以上将学生们带到学校。平时，学生住在离学校60英里以外的宿舍中，他们每天要花4个小时以上的时间在路上。有时候天气不好，路变得更加泥泞，学校不得不取消上课。

距离学校最近的城镇也要2个半小时的车程，从泥路开到马路上。纳瓦霍人一般不住在村庄里，他们住在乡村地区中大片的属地中，这样他们就可以和自己的族人邻近地住在一起。有时候那里有很严重的暴风雪灾害，纳瓦霍当局必须要用飞机空降食物给当地的人们和家畜。我们许多的学生住在没有自来水和电的家里，水必须从几英里外的可以打水的水站用大桶搬运到他们家中。尽管有些地方已经开始着手建造这些基本设施，但是大部分的地区仍然没有。一些地方开始使用太阳能，但是费用太昂贵了。土地对于那些住在被资助的公共住房的纳瓦霍人是非常神圣的，因此发展起来常常十分困难。尽管条件很艰苦，但是这些人们热爱他们的土地，他们选择留在这里而不是离开这里去更加方便的城镇或者城市生活。在这样艰苦的环境中找到并留住合格的教师是一个巨大的挑战。

纳瓦霍的学校需要加速学校项目的实施和服务。加速学校项目坐落在拉斯维加斯内华达大学教育学院中，为教师提供培训并促进其职业发展，从而为学生提供帮助，提高学生的成绩。由于学校都距离项目中心很远，因此项目还提供现场帮助。从11年前开始，当这些学校的成绩在本州学校中处于最低时，项目组就为这些学校提供帮助。

加速学校项目的模式是基于整合和重组整个社区每个学校的力量而设计的一种学校改革。调整学校的课程，教学方式，以及组织，从而进一步提高学生的学习成绩（Levin，1987a，Levin，1987 b；1988；Hopfenberg，Levin and Associates，1993）。学生在学习过程中所具备的知识和技能与学校期待他们知道和掌握的知识和技能不匹配的情况经常导致灾难性的结果，将学生置于危险的境地（Hofenberg and Levin，1993）。这种情况尤其会发生在那些不是来自于主流的中产阶级家庭的孩子身上，但是如果学生们的生活经历与州或者学校的课程教材所描述的内容不匹配，学生们也会面临这样的危险。在这里，危险被定义为一种情况而不是一种个人缺陷或学习者的个人特点，这样的定义与纳瓦霍学校的老师们产生了共鸣。

加速学校项目为学校中的老师们提供专业的发展和可以在大学中修得学分的课程。我们也把自己学院中的师范生们派往保留区的学校进行长达15周的田野实习。他们住在当地老师的宿舍，有时田野实习结束时，他们会决定留下来在保留区进行教学。当地学校区为每个月去那里培训和访问的大学教师提供教师住宿。已经有超过15个大学的教职工去过保留区并在那里提供讲习班，培训及课程以使学生获得学分。麦卡锡博士用她七年一次的大学休假在保留区生活了长达六个月，并在那里担任加速学校项目中的导师参与学校的日常生活。

这个项目的一些其他目的还包括为学生和家庭文化带来荣誉，帮助教师提供文化相关的指导。项目会向老师介绍基于当地纳瓦霍学生长处的高效教学的策略，并帮助他们与主流文化下的学生们竞争。尽管许多挑战仍然存在，贫困、高水平教师流失、学生流失、气候及生活条件恶劣，但是结果已经令人欣慰。学生的成绩已经提高了，毕业了也在上升，而失学率在惊人地下降，尤其是在高中。

这个报告将为您介绍最大的美国原住民保留区中生活的冰山一角。您将了解到纳瓦霍人的文化信仰和生活哲学，他们日常生活中面临的挑战，以及为了提高当地学生学习成绩和他们同吃同住的大学教授的工作。您也将了解到大学是如何赢得美国原住民的信任从而成为社区的一员。您还将了解到，在这个多元化的社会中，中国教授对保留区的访问是如何丰富了参与者的生活。

作者简介：Dr. Jane McCarthy（简·麦卡锡），女，美国内华达大学拉斯维加斯分校，教育学院教学系学校加速项目主任，教授。

第五节　美国多元文化背景下的教师教育对我国教师教育的启示

多元文化教育是兴起于20世纪50年代后的西方国家，并在全世界迅速发展的一种教育思潮和社会改革运动，也是当今国际教育界普遍关注的热点领域之一。美国作为一个多元文化并存的典型国家，其多元文化的产生、发展、并存甚至融合有着较为深刻的历史背景和文化根源。为了更好地适应多元文化的大背景，美国采取了一系列的措施和方法来应对。其中重要的一点就是教师教育。而我国也是五十六个民族组成的大家园，民族教育在这种多元文化的背景下如何更快更好的发展，是一个值得深入探讨的话题。二者之间有相似之处也有区别之处。只有从宏观条件，教育行业本身再到教师教育这样一个多维的全方位的视角对二者进行比对，才能更清晰地明确彼此可以互相借鉴的地方。从宏观条件到教育本身来总结中美两国在多元文化背景下教育的主要侧重点和性质，在把握性质的基础上去理解各自教师教育的出发点和侧重点。从而能更加深刻和详细的分析借鉴。

一、宏观层面的对比——中美多元文化背景的客观条件

就社会背景而言，美国多元文化教师教育起源于美国的“民权运动”。那个时代的美国，种族矛盾是社会的一个重大问题。外来移民对美国社会的本土居民产生了方方面面的影响。为了更好地调和这种多文化的矛盾，有“熔炉论”的思想提出。这一思想是希望通过同化或者改造的方式，使外来移民以不同种族的群体文化，融入到美国以安格鲁撒克逊为代表的主流文化及价值体系之中，开始受到少数民族群体的排斥和拒绝。因为这种“熔炉论”的思想，从某种程度上损害了少数民族群体的利益。限制了他们对自己文化认同的保护和发展。迫于压力，美国联邦政府先后于1964年、1965年颁布了《民权法》、《选举权法》从法律层面上全面机制了种族歧视行为、种族隔离政策、废除了“文化知识测试”剥夺黑人选举权的有关规定。“民权运动”的兴起和发展为之后美国多元文化教师的发展准备了客观条件。

我国自古以来就是多民族国家，统一是历史的主流。自建国以来，我国也一直把民族问题放在国家事务的重要位置。民族平等和民族团结是马列主义解决民族问题的基本原则，也是新中国60年所实行的最根本的民族政策。民族平等和民族团结政策的贯彻实施，从根本上改善了我国各族人民之间的相互关系，增强了整个中华民族的凝聚力，为民族共同繁荣和整个中华民族的伟大复兴奠定了坚实的基础。

因此就社会背景而言，美国的多移民的多元文化和我国的多民族的多元文化有着相似之处，为了适应多元文化的必然趋势，虽然美中两国采取了不同的策略或者措施，但是都是为了促成本国和谐稳定的大局而做出的努力。

就经济条件而言，美国作为一个发达国家，经济发展也相对均衡。而我国虽然经济的总体实力在不断提升，但是经济发展不均衡的现象还是很值得担忧的。尤其是少数民族地区，往往地处偏远，经济发展相对滞后。因此很难极具和培养数量多的高水平的师资质量。

政治上，正如上文提到的，美国的多元文化教育的发展，是源于“民权运动”的兴起。多元文化的背景下，广大公民对于公平的呼吁，也带动了教育不均等、不平衡、不公平的改善。而我国的民族教育，一直以来就受到了党和国家的重视。有很多面向少数民族地区的政治优惠政策，这为保证国家的长治久安和实现和谐稳定

的政治局面起到了关键性的作用。

二、教育层面的对比——中美多元文化教育的现实分析

美国多元文化教育与我国少数民族教育，在受教育对象、教育手段的侧重点和对少数民族传统文化的态度和政策上有较大差异。为此，吉林省教育厅民族教育处的黄宗植先生在题为《西方多元文化教育理论及其实践对我国少数民族教育的启示》一文中做了深入而明确的分析。他在“多元文化教育与中国少数民族教育的主要区别”这一部分中，从受教育对象和办学形式、教育手段侧重点、对传统民族文化的态度及政策三个方面做了解析。他指出：

1. 受教育对象和办学形式不同

西方多元文化教育的对象是来自不同文化背景的所有学生，它不仅针对弱势群体学生，还针对优势群体学生。中国少数民族教育的对象仅限于少数民族学生，更准确点说是限于少数民族学校的少数民族学生。

举办独立的少数民族学校是中国少数民族教育办学的主要形式，而多元文化教育的主要办学形式则是多种族多民族学校。

2. 教育手段侧重点不同

西方多元文化教育极为重视文化对应，即对不同文化背景的学生实施不同的教育教学方法，而中国少数民族教育注重政策倾斜和行政手段。

3. 对传统民族文化的态度及政策不同

我国少数民族教育强调保持和发展少数民族传统文化，而多元文化教育虽然强调尊重其他族群的传统文化，但更多是只把它作为对少数族群学生实施教育的桥梁和手段。

从以上的比对不难看出，从总体上看，美国的多元文化教育更注重教育本身的层面。注重从课程、教师队伍建设、教学方式方法的角度来推进多元文化背景下教师教育的发展。如“对不同文化背景的学生实施不同的教育教学方法”、“学生和教师之间缺少跨文化交流技巧会影响课堂教学”。前者可以说与我国古代的著名教育家孔子提倡的教育思想“因材施教”有异曲同工之处。比如，美国的多元文化课堂里，会根据心理学学生认知方式的不同来设置不同的教学。西方多元文化教育学者指出：不同文化背景学生的学习类型有较大差异。多元文化教育理论中引用最多的学习类型是场景依赖型和场景非依赖型。一些学者的研究结果表明：一定的学习类型和一定的文化有关，如墨西哥裔美国人比较倾向于场景依赖学习。当教学方法与学生学习类型相适合的时候，他们的学习成绩显著提高，对学校的态度明显改善，学生违纪现象明显减少。

而我国在发展民族教育方面则更注重从政策倾斜和行政手段来加强少数民族地区教育的发展。对于教学内容、教学方法的研究虽然也屡见不鲜，但是很难形成一个较为完善的系统的体系。加上我国的少数民族种类多，各民族又有着自己独特的民族文化和民族认同。如果仅仅从宏观的角度来开展少数民族教育，那么少数民族

教育的质量和特色很难在没有形成完善体系的教学环境中真正深入地落实。

另一方面，美国的多元文化背景下的教师，往往是一位教师面对着来自不同国家、不同民族背景的学生。而我国的民族教育往往是教师面对同一个少数民族的学生。在民族高校里，部分专业的部分校级公开课里才会面对和美国教师类似的情况。而这种大范围面向众多少数民族的教学机会相机还是较少的。不像美国的高校一样是一种普遍现象。因此我国的民族教育相对美国的多元文化教育来说，有自己的特点，也有自己的复杂性。

三、教师教育层面的对比——中美多元文化背景下的教师教育

教师教育是多层级的教育。教师教育培养教师，培养出来的教师再去培养学生。因此教师教育发展的根本还是要立足于学生，立足于师生关系。这样教师教育的发展才不会流于形式，避免失于实效。

美国多元文化背景下的教师教育主要解决的是跨文化发展的问题，增强教师对学生的理解，以此促进教师与学生之间的沟通，从而满足美国社会的发展需要。在李克军、陈君的题为“美国多元文化背景下教师教育研究”一文中，将美国多元文化教师教育的具体内容总结为以下几点。第一，注重跨文化教师的培养；第二，关注社会的公平公正问题；第三，推崇多元文化的教师职前培养与职后培训；第四，倡导少数族裔教师队伍的建设。

由此可见，美国的多元文化背景下的教师教育是从师生的理解和沟通出发的。而主要的措施是较为宏观的。并非单纯的培养教师，而是在培养教师的同时，不忘巩固和关注社会的公平公正问题。也就是美国多元文化教育的源头。由于美国这个“大拼盘”的国家，民族种类多，现象较为普遍，因此教师教育也在相应的经济和法律等背景下，形成了较为正规和完善的培训制度。对于少数民族裔教师队伍的建设也是在不断地进行中，以补充最新鲜的、最直接的血液。

我国对于多元文化视野下少数民族教师素质的重建也不乏思考和探讨。如内蒙古师范大学教育科学学院的特古斯，就该问题从教师素质构建的几个方面：知识与技能、态度与价值、过程与方法三个微观的层面进行了深入的分析。太原大学教育学院的陈耀玲也对多元文化背景下教师角色进行了重新的认识。提出了教师是学生心灵的守护者、教师是多元文化的欣赏者、教师是多元文化教育环境的创设者和维护者、教师是多元文化教育研究的积极行动者。

由此可见，我国少数民族教育的进一步发展，应该也在优惠政策的有利条件下，多进行教育教师本身的研究。这个方面美国等国家的经验和经历就比较丰富。我们的教师教育自然也不能完全照搬美国。但是美国的几点做法是可以给我们的民族教育发展提供启发和借鉴的。

如倡导少数族裔教师队伍的建设。我国的少数民族教师教育一般来说主要集中在少数民族高校。对于少数民族地区的教育，要想吸引很多非少数民族的教师要同时需要多方面的条件。如教师的待遇、少数民族地区的优惠政策。再加上非少数民

族地区的教师，个人经历上缺乏对少数民族地区的体会和经验。所以笔者认为，少数民族教育的主流教师队伍还应该是少数民族的教师。他们生活在少数民族地区，了解并习惯那里的文化。容易建立起融洽的师生关系。那么对于少数民族教师的教师教育的重点就应该放在对少数民族教师进行的非少数民族文化的传承上。比如国家的概念，民族团结的意识，还要让他们深入地接触先进的科学和文化，为少数民族地区的经济发展培养更多的有识之士。培养出更多既有民族意识又有国家意识，既能保守和传承优秀的民族文化，又能很好地吸收和学习主流文化的能力。为少数民族地区的建设贡献力量。

而对于非少数民族地区的教师的教育，应该注重增加教师的少数民族的体验。多进行实践的锻炼，多参加少数民族的活动、节日。主动了解少数民族的历史。最重要的还是要本着对少数民族文化的热爱和尊重来从事这项工作。

参考文献：

［1］陈耀玲：《多元文化背景下教师角色的重新认识》，载《太原大学教育学院学报》，2011 年第 4 期。

［2］孙燕：《多元文化背景下民族院校教师专业发展研究》，2011 青海师范大学硕士学位论文。

［3］特古斯：《多元文化教育视野中少数民族教师素质的重建》，载《民族教育研究》，2007 年第 10 期。

［4］沈银珍：《论多元文化视野下的课程模式与教师角色》，载《宁波大学学报》，2006 年第 10 期。

［5］李克军、陈君：《美国多元文化背景下教师教育研究》，载《国家教育行政学院学报》，2011 年第 6 期。

［6］富婷：《美国多元文化教师教育的发展历程与现状分析》，2010 西北师范大学硕士论文。

［7］潘旭娟：《民族教育中教师多元文化素质的培养及对策研究》，2011 西南大学硕士学位论文。

［8］黄宗植：《西方多元文化教育理论及其实践对我国少数民族教育的启示》，吉林省教育厅民族教育处。

作者简介：石晶漫（1986—），女，蒙古族，河北省承德市围场满族蒙古族自治县人，中央民族大学教育学院学科教学（语文）专业 2011 级硕士研究生，主要研究方向是基础教育阶段语文教学。

第五章　多元文化视域下的教师教育研究（下）

第一节　文化自觉视域下新疆少数民族双语教师培训审思

文化自觉是生活在一定文化中的人，对其文化要有自知之明，明白它的来历、形成过程、所具有的特色和它的发展趋向，自知之明是为了加强对文化转型的自主能力，取得适应新环境、新时代文化选择的自主地位。文化自觉，既是一种文化自省与自我了解，也是一种文化外查[1]。文化自省与外查是文化主体充分认识本民族文化，获得对文化发展的认识与推动文化发展动力的前提与基础。少数民族双语教师是优秀民族文化的主要承载者和发展的推动者，对少数民族双语教师培训不同于普通的教师专业培训，培训过程是少数民族教师充分认识本民族文化产生历史与发展现状，理清不同文化存在与发展的关系，明确自身肩负的文化责任和文化使命，并在此基础上进一步获得专业知识、发展专业技能的过程。因此，少数民族双语教师培训的内容与过程不能抛开对培训教师的民族文化自觉、教师文化自觉和教学文化自觉的唤醒与关注。

一、文化自觉视域下新疆少数民族双语教师培训现实问题分析

目前，双语教师培训是提高少数民族双语教师专业知识与能力，促进少数民族双语教师专业素养提升的重要途径和手段。2003 年起，新疆维吾尔自治区相继开展了一年制、两年制中小学少数民族双语教师培训。但从培训过程看，参加培训的少数民族教师退学、旷课、迟到、早退现象严重，培训过程参与度有限，少数民族教师对培训缺乏兴趣和积极性，并在一定程度上表现出抵触情绪。从培训结果看，培训后，少数民族双语教师的专业授课水平仍普遍较低，有的仍不能胜任教学工作。相当一部分学员在返回原单位后，在教学活动中仍然完全或基本上使用母语授课。通过与学生座谈，学生普遍反映，大部分少数民族教师使用汉语授课时，无法准确讲授专业知识[2]。少数民族双语培训效果距离培训目标要求尚远，仍不能满足双语教学的需要。事物的变化发展是内外因共同作用的结果，外因是事物变化发展的条件，内因是事物变化发展的根据。综观少数民族双语教师参与培训的过程，培训对少数民族双语教师文化自觉缺少关注，参与培训的教师并没有真正参与到培训过程中，最终影响少数民族双语教师的培训效果。

（一）培训忽视对少数民族教师民族文化自觉意识的关注，培训教师参与培训的积极性和参与度有限。少数民族成员是少数民族文化的主要传递者和继承者，文

化发展创新的主要推动者和实施者。少数民族教师是民族文化传承、发展、创新的主要力量，在培育人的过程中肩负着实现民族文化传承发展的重要使命。教师实现这一使命的前提是对本民族文化的历史、发展现状和未来的发展趋势要有清楚地认识，民族文化的传承是建立在民族文化自觉的基础之上的。然而，对自治区政府推行的双语教育政策，少数民族教师普遍存在困惑、不解和认识误区：认为双语教学模式与本民族的情感需要（民族文化的保存、民族语言的发展）和自身的利益需求不符。当一个民族的语言成为双语社会中的弱势语言时，母语对这个民族的意义就不仅仅是交际的工具，它还具有民族的象征、民族文化的载体、民族情感的依托等功能。少数民族教师认为汉语授课模式试图以汉语取代母语，会导致母语的退化，对民族文化的继承以及相应的民族事业发展会带来毁灭性的灾难。少数民族教师对本民族文化生存状态的疑虑，致使教师普遍对双语教育政策和双语教师培训采取消极甚至是抵触的态度。去除少数民族教师的顾虑，帮助培训教师正确看待双语教育和双语教师培训，决定了少数民族双语教师培训在内容和目标定位上应区别于普通的教师培训。通过调查，新疆目前的少数民族双语培训目标旨在通过在职的进修与培训，使“双语”教师能在原有的知识、能力以及综合素质方面有进一步的提高，其中包括汉语水平的提高、职业道德的升华、专业知识的拓展、教育现代化手段的掌握以及对教育发展形势、信息、动态的了解等。培训课程包括政治理论与职业道德、教育理论与运用、汉语知识、专业知识、双语授课能力、现代化教学技术、教材教法与新课改等。除了有汉语水平的要求以外，少数民族双语教师培训在目标和内容方面与普通的教师培训没有太大差别。不顾培训对象文化情感与态度的差异，简单将目标和内容与普通教师等同的培训最终不能被培训对象接受。

（二）培训忽视对少数民族双语教师的教师文化自觉意识唤醒，教师对培训任务虚假认同。教师文化自觉是指教师自觉地把社会赋予的外部目标转变成内在需要，自觉地参与教育及研究教育，激发从事教育活动的创造力，使教育活动成为教师的创造性活动。少数民族双语教师，既是普适性文化知识的传递者也是少数民族文化知识的传承者，两种文化知识传承需要双语教师具有多元文化观，能够准确理解双语教育过程中不同文化存在的现实状况以及相互联系，将民族文化传承发展的责任与中华民族文化发展的使命联系起来，并最终落实在自身双语教学实践和专业发展的自觉行动中。双语教师多元文化观培养应通过双语教师培训课程实现。目前，新疆少数民族双语教师培训课程开设主要侧重两个方面。第一，基于现代教师专业发展的要求，提升少数民族双语教师教育教学知识与技能。第二，提高少数民族双语教师汉语水平。培训内容中，汉语水平考试由教育厅统一组织，其余课程考核由培训单位自行组织。为了完成培训任务，培训单位将培训的重点局限于为HSK考试做准备。培训侧重考核和汉语水平考试，进一步加深培训教师的文化顾虑，无法将少数民族文化与中华民族文化的多元与一体的并存与发展关系形成链接，双语培训的任务与少数民族教师对文化发展的认识和发展需求不能达成一致，而强化应试的培训活动进一步加剧了教师对培训任务和培训工作本身的不满与疑惑。但在政府推行双语教学的政策要求和就业压力的多重裹挟下，培训教师对双语教育培训任务虚假认同，为暂时的功利性目的掩盖价值观冲突带来的恐慌，借以达到应对双语教育政策对少数民族教师资格和证书要求的短期目标。然而，正是这种临时应对性的培训活动和学习活动，导致培训后的教师虽然持有培训合格证书，但却在真实的教学情境中不愿也不能实施真正意义上的双语教学。

（三）培训忽视对少数民族教师教学文化自觉意识培养，培训教师被动参与培训活动。教师教学文化自觉强调教师确立教学文化自主意识，身处教学文化中能够明确自身的文化处境，反思自身的文化责任和文化抉择，并自觉地在教学活动中对教学内容、教学方式以及教学评价进行选择、加工，创造出适合时代发展需求、学生发展需要的新型教学文化。从民族文化的角度，两种或两种以上的语言以及其所承载的文化在双语课堂教学中共同存在，并且，少数民族教师和学生所拥有的民族文化相对于国家课程所固有的统一文化处于隐形状态，然而，这一隐性文化又在一定程度上左右着教学活动，使教学活动复杂化。因此，在文化多元的教学环境中，双语教师需要对教学中存在的多种文化有清楚地认识，并且能够自觉主动创设民主、开放的课堂氛围，选择满足学生文化自觉意识培养的教学内容、教学方式以及教学评价，促进学生形成多元文化意识和分析能力。双语课堂教学需要打破课堂教学是传递一种文化、一种声音，教学活动仅是标准化、程序化、低水平重复操作的认识。目前，新疆少数民族双语教师培训在培训方式上主要有理论知识授课、专家讲座和组织听课、评课等几种形式，但培训过程中，采用的主要是以语言传授方法为主的灌输式教学，授课教师用预设的知识体系和内容向培训教师灌输知识。但不同的民族文化塑造了不同民族独特的思维特点和行为方式，少数民族双语教师的个人实践知识和专业知识在教学情境中进行建构与重组，形成具有个性特点的教学知识和经验。这些知识和经验是引导培训教师充分参与教学活动、培养教师教学文化自主意识、反思意识的基础。预设的内容以一种权威的姿态凌驾于教师已有的实践知识和经验之上，并通过强化常态化、唯一化。在此过程中，教师成为被动的“知识接受体”，教学活动停留在忽略培训对象实际基础和需要，低水平重复及技术操作层面。缺乏针对性的教学方式无法充分调动培训教师的学习积极性，使之自觉参与到教学活动中，而一维的知识体系及其呈现方式也不利于教师教学文化自主意识和反思意识的培养。

二、文化自觉视域下新疆少数民族双语教师培训工作的若干思考

教师专业发展不仅是专业知识与教学技能的增长，更是一种“文化”的存在，承负着与“文化”息息相关的教育使命。只有在“文化”的基础上才能言及教师的诸种专业能力与专业精神[3]。提升少数民族双语教师专业知识和教学技能，离不开对其生长依存的文化土壤的关注。国际21世纪教育委员会主席雅克·德洛尔说过，没有教师的协助及其积极参与，任何改革都不能成功。少数民族双语教师培训活动，如果没有教师对培训目标的认同、对培训任务的接纳以及对培训方式的接

受，纵然有再好的培训师资、条件也是徒劳。而获得认同和接纳需要少数民族双语教师培训在培训目标、内容、任务以及培训方式上关注少数民族双语教师民族文化自觉、教师文化自觉以及教学文化自觉意识，处理好培训目标、内容、活动的针对性、适应性与少数民族双语教师参与培训的参与度、积极性、有效性之间的关系。

(一) 调整培训目标与课程内容

调整培训目标与课程内容，帮助少数民族双语教师形成对本民族文化的自觉认识，建立对双语教育政策的认同。少数民族双语教师是实现民族文化传承以及民族文化与他文化沟通交流的主要力量，前提是少数民族双语教师必须对本民族文化的历史、现状以及未来的发展趋势有全面、客观的认识、分析和反思，形成对本民族文化发展的自觉。我国各少数民族都有自己独特而丰富的民族文化，在现代化的进程中，各少数民族如果只是一味地接受外来文化而忽视本民族文化的发展，就会导致对本民族的民族虚无主义，丧失本民族发展的文化根脉。反之，如果不能认识到现代化趋势的不可避免性，而只是一味地抱残守缺，缺乏对新环境的适应能力，则又会导致极端的保守与封闭，也不利于本民族文化的繁荣和发展。正如费孝通先生指出的：文化上的唯我独尊和固步自封，对其他文化视而不见，都不是文化的生存之道。只有交流、理解、共享与融合，才是文化共存共荣的根本出路[4]。民族文化自觉是不同文化拥有者消除困惑、走出困境的精神前提，少数民族双语教师对本民族文化的自觉认识是帮助其克服二元对立的文化思维模式、建立积极文化发展观的前提。不同民族文化间的交流、沟通与理解以及民族自身借鉴先进的科学技术实现民族的现代化发展离不开具有多元文化观的民汉兼通的人的培养。我国50多年的双语教育实践证明，双语教育是促进少数民族群体在掌握民族语文基础上，通过学习和掌握汉语文，进而更快地掌握最先进的科学文化知识，了解最先进的科学技术，使自己尽快跟上科技飞速发展的步伐，实现民族现代化的重要举措。因此，少数民族双语教师的民族文化自觉意识可以帮助教师清楚地认识本民族的发展过程，对民族文化的发展有准确地认识和反思意识，进而打消文化顾虑，积极践行双语教育活动。同时，双语教育通过培养具有文化自觉意识的人进一步推动民族的自觉认识和自觉发展。

基于以上的认识，少数民族双语教师培养的培训目标与培训内容应注意教师一般素养与教师特殊需要结合，处理好一般与特殊的关系。培训目标和内容除了注重政治理论与职业道德、教育理论与运用、汉语知识、专业知识、双语授课能力、现代化教学技术、教材教法与新课改等方面以外，应注意引导教师对地区不同民族历史、政治、经济、人文等方面知识的了解和学习。同时，辅之以对双语教育政策发展脉络以及双语教育理论与实践活动的正确解读。在认识方面消除文化顾虑，对双语教育政策准确理解，才能促使教师以开放的心态接受少数民族双语教师培训，积极参与到培训活动中。

（二）调整课程设置

调整课程设置，唤醒教师的教师文化自觉意识，将文化传递任务与自身职责联系，增强少数民族双语教师对培训任务的认同。由于教育主体多样的文化背景，双语教育从其产生之始就承载着丰富的文化内涵和文化意义。双语教育不仅仅是普适性知识的传递过程，同样是通过知识传递实现学生多元文化观的培养，多元文化批判能力形成的过程。实现这一教育目的，教师首先应认识到，少数民族双语教师既是本民族文化的传承者，同时也肩负着传递中华民族统一文化的任务，两者构成中华民族文化的多元与一体的内容。其次，现代学校教育是实现文化传递和多元文化素养的人培养的主要途径，教师需要将不同文化的传承任务统一到学校教育实践中，明确自身的文化使命和教育职责，在教育工作中主动承担不同文化传递的任务，进行教育反思，改进教育观念和教育行为。在教书育人的过程中履行不同文化传递和学生多元文化观培养的目标。面对不同文化与本民族文化的不同以及产生的冲击，教师需要具有多元文化价值观，以一种包容开放的态度对待处于多元文化环境中的本民族文化和其他文化，能够辩证的看待不同文化对本民族文化造成的冲击，建立开放的文化观，在反思和借鉴吸收中发展本民族文化，并积极引导学生在学习与掌握本民族文化的同时，也注意了解和尊重其他民族的文化，从而确立起自己的多元文化的价值观。

要实现将教师的文化传承任务与自身教育职责联系，以及培养教师文化开放意识和多元文化观，应改进培训只注重教师专业知识传授、专业技能提升和教学中偏重汉语知识、应用技能的课程设置，改变以考核定培训的评价方式。教师的教育活动是在教育目的指导下，明确自身教育使命的基础上对教师普适性专业知识和技能的灵活运用。少数民族双语教师的文化使命赋予教师的教育使命以文化内涵。要实现全面认识自身的文化使命以及准确把握教学知识与文化发展的辩证关系，需要教师具备正确的多元文化观和开放的多元文化意识。因此，在培训课程中需要设置多元文化课程，培养教师多元文化意识和多元文化观，形成多元文化批判意识和能力，使教师在学习中逐步明确自身文化使命。在评价方式上，需明确教师的专业发展并不仅仅是停留在知识层面，以某一种知识的达标与否作为教师综合教学能力的考量标准并不能准确反映培训的效果。而对于双语教师培训，以语言过级考试作为评价的主要内容也有失偏颇。对培训效果的评价应注重多种知识、多种能力的综合考量，同时，将态度、认识以及能力的考核与教师的教学实践需要结合。适切的培训内容和合理的评价方式将有利于少数民族双语教师深入认识培训任务，从而真正参与其中。

（三）调整培训方式

调整培训方式，培养教师教学文化自觉意识。确立教师教学文化自主地位和主动性，增强少数民族双语教师参与培训的主动性、积极性。不同民族由于生存条件、生存方式的差异决定了其文化有着不同的特质，最根本的体现为思维方式和价值观念的差异，由此也塑造了教育场境中少数民族双语教师独特的教学文化、教学风格和教学行为方式。在培训中，少数民族双语教师的这部分特质不容忽视。同时也应注意，虽然受不同文化影响，各民族长期形成的教学文化反映某一民族的文化特质，但并不意味着不同教学文化是互相封闭的。如同不同文化之间存在相互借鉴、吸收，不同教学文化之间也存在相互的交流和借鉴，包括中西方教学文化、传统教学文化与现代教学文化、教师文化与学生文化以及学校中心文化与学校边缘文化以及不同民族教学文化等。通过交流，一方面可以使教师站在“他者”的立场来看待分析自身的教学文化，明晰自身教学文化的优缺点；另一方面可以使不同教学文化之间相互借鉴，从而达到共同发展的目标。最终，在交流、借鉴中形成具有本民族特点的发展型教学文化。因此，在少数民族双语教师培训过程中，对先进教学知识和教学文化的学习不应是被动的机械模仿和照搬，而应是在教师对自身教学文化自觉地基础上，明确自身教学文化主体身份的前提下，从教学实际出发有针对性地选择运用，通过借鉴形成适合双语教学情境下的发展型教学文化。在培训中，应树立通过培训唤醒和培育双语教师教学文化自觉意识，构建基于教育教学实践需要的生成性教学文化。

少数民族双语教师教学文化自觉意识的唤醒需要改变培训方式方法的权威性和单一性。以专家的学科思维定义教师的培训需要和以教师的教学实践定位培训内容都不能够满足促进教师专业发展的目的，相反，往往会造成培训活动的错位。因此，少数民族双语教师的培训不应是专家的一言堂，也不应是教师低水平技术层面的循环重复，培训方式上应突破单纯灌输，只强调培训教师单纯接受的教学方式，教师教学知识和技能的学习应是培训者与教师之间的对话式学习，将培训教师已有知识和经验与新的教学理念、方式结合。使教师能够在专家的指导下摆脱“常人”的束缚，不盲目地听从于各种“常人”的标准，能够对自己的教育活动随时作出深刻的反思，时刻保持对教育问题的敏感性与批判意识。自主的对教育教学文化有所取舍，有所体悟，有所成长，在自觉文化意识的统领下自由地驾驭教育知识和教育行为。

参考文献：

［1］余英时:《文化评论与中国情怀》，桂林：广西师范大学出版社，2006 年。

［2］李曙光:《新疆少数民族双语教师汉语培训存在的问题与出路》，载《新疆大学学报》，2007 年第 4 期。

［3］姜勇:《教育人类学的“成长”隐喻与教师的专业发展》，载《教师教育研究》，2009 年第 2 期。

［4］费孝通：《“美美与共”和人类文明（下)》，载《群言》，2005 年第 2 期。

作者简介：于影丽（1980—），女，山东乳山人，新疆师范大学教育科学学院副教授，教育学博士。研究方向为教育基本理论。

第二节　高校教师学术文化自觉：内涵、意义及实践

学术自身的文化属性以及作为文化传递重要载体的双重角色，要求学术发展有适宜的学术文化，现代学术蕴涵着一种深刻的文化自觉，基于学术文化自觉，学术人可以从学术文化的层面来认识、反思和改善长期以来形成的比较稳定的学术思维定势和学术行为习惯，以更好地促进自身学术的发展。

一、学术文化自觉的内涵

大学是学术文化思想最活跃、最具创造力的场所，在传承文化、知识、理念的基础上创造新文化才是高校的根本要求。高校教师是高校创造力量的主体，这是不容争辩的事实。但是无论是自然科学创新还是社会人文科学创新，都在不同程度上存在着局限性。这种局限性有的来自于客观条件的缺乏，有的则来自不自知的主观态度的偏离。要保证科学研究的真理性和严肃性，高校教师就应该时常进行学术反思。费孝通先生认为“学术反思是对个人而说的，文化自觉是学术反思的扩大和发展……学术反思是个人要求了解自己的思想，文化自觉是要了解孕育自己思想的文化。因为要取得文化自觉到进行文化对话，以达到文化交流，大概不得不从学者本人的学术反思开始。学术反思到文化自觉，我认为是一脉相通的。”[1]学术文化就是在长期的学术活动中形成的价值体系和行为方式，以及与之相互影响的环境氛围，其中，价值体系包括学术价值观、学术信念、学术理想以及学术伦理，行为方式主要指学术人的学术思维方式、学术责任和学术习惯。一方面，学术环境氛围影响甚至支配着学术人学术价值体系的选择和确立、学术行为方式的表现，另一方面，学术人的价值体系和行为方式也对学术环境氛围产生反作用，影响环境氛围发展的进程和方向。

学术文化自觉是指从事学术的学术人有“自知之明”，清晰所处的学术文化语境，学术文化发展的现状、发展过程和发展目标，并以此反思自身的学术责任与社会文化和民族文化健康积极发展的社会使命。具体的讲：一是要回过头来看自己的学术成果，自己都做过哪些，为什么要做这些，追本溯源地想一想自己的研究思想是如何产生的，这样的思想指导下的研究做得对不对，到底有哪些价值。做些反思、做些自我批判，再心平气和地看看别人怎么看自己，怎么评价自己的成果，这么做需要有一个平和、健康和无私的心态，唯如此才可以真正起到文化自觉的功效。二是要回头来看看自己的研究目的和价值追求，看看自己在学术上到底是专注于新的事实、新的问题，以研究创新、突破自我、服务社会为乐趣，还是把科研成果看作完成职称评定和在同事以及学生间建立个人威望的资本。希望自己能够在同行中脱颖而出，就要自觉调整研究目的和价值追求。因为只是有着勤奋的工作态度

和斐然的科研成果还远体现不出一个人的科研境界、威望及个人影响力，唯有懂得将独立个性与和谐人格统一起来，在科研领域里追求心灵自由、追求真理的人才能在知识与学术探索中超越现实的桎梏，获得令人瞩目的成就，建立起令人折服的威望。学术文化自觉内涵具有两个核心的特征。

首先，学术文化的主体性。高校教师是学术研究的主体，学术文化生成于高校教师以生命存在的意向性为理由的实践过程，卡西儿的符号文化哲学认为，“人是精神存在物，人的主观精神的伟大能力和独特性的集中表现就在于它创造了相对独立于自我之外的客观精神世界”。客观精神也就是作为整体的人类文化[2]。马克思的实践哲学认为，“文化的本质是人以自己的生命存在的意向性为理由不断地改造他周围的自然世界的、创造性的劳动过程”[3]。与此同时，主体主观世界是外在文化世界的“观念化”和“意识化”，人在为自己建构一个“人化的自然界”作为自己的文化环境的同时，人在为自己建构一个适于自己生活的交往关系、组合方式的“社会”作为自己现实的存在方式的同时，人还以自己的思想活动为自己建构一个内在的精神世界，把自己的生存环境、生存方式“观念化”（即意识化），把外在的文化世界内在化，形成了主体的精神世界。人的精神（思想、意识、观念）活动是与人的外在的文化世界有关（相应）的内在的文化世界，这个内在的文化世界使得外在的文化世界成为可知的、可意向的、可寄情（移情）的，因此，对外在世界的知识、意志和审美态度成为可能。文化对人的精神世界的影响具体体现在人的知识、情感、意志三个方面的文化水平，这种水平使得人给自己规定“应该干什么”和“不应该干什么”的行为区域界限。而人类精神的历史传统和人所处时代的精神文化状态，则是人进行活动的现实文化氛围。所有这些文化要素，并不是外在的同人的实践“并存”，而是已经化为人的实践的内在机制。人的一举手、一投足都表现了他作为一个精神文化存在的实践者的形象。作为学术研究的主体——高校教师，他们的学术实践活动无一不是学术文化的体现，他们的学术理想，学术价值，学术信念更是学术文化环境氛围的内在化的精神世界，在学术实践中指导着什么是有价值的，什么是无价值的。

其次，学术文化的反思意识。学术文化是人创造的，但是当它的价值、功能、意义一旦不能满足人的价值需要的时候，或者当文化世界的价值、意义、功能发生悖谬而阻碍人的价值实现的时候。人就要根据新价值（“应有的世界”价值）改变旧的文化世界，另外创造一个新的文化世界以实现自身的新价值。正是在这个意境上，高校教师的“学术自由”这一“应然”目标一定有其与“既有的世界”相通的通道。而这通道在学术文化世界的表现为具有文化自觉性质的学术人的“对象化”活动，亦即“创造和实现高校教师的价值”的学术实践。在现实学术研究的实践生活中，高校教师对既有学术文化的认识就需要反思，没有反思，学术文化的主体——高校教师——就会随波逐流，就会忙于为职称晋升不停地写论文，做课题，而不去想我做的研究于人有价值吗？甚至忘了自己的学术责任、社会责任。等到有一天，教授评上了，回过头看看自己所研究的，恍恍惚惚自己好像离初入学术研究时的那个理想南辕北辙了。

学术文化自觉是指高校教师在现实的学术生活世界中，自觉认识到自我的文化存在，自觉形成和保持有一种文化准则和文化的价值追求，自觉地反思自我的文化存在，自觉的实现学术文化的内化，并通过主体意识的强化和实践活动的深入自觉的实现新文化生成的动态过程。它表现为一种自觉接受、主动追求和自觉践行的理性态度。

二、学术文化自觉的价值

学术文化自觉的概念和内涵集中反映了人们对学术文化自觉的理性认识，属于学术文化的认识论范畴。基于认识论，我们还需要进一步了解学术文化自觉对学术研究主体的价值和意义。

（一）高校教师文化自觉意识的培养是自我成长和发展的需要

目前，学界对学术文化概念、内涵等方面的界定，使得学术文化自觉成为了一个比较规范的概念系统，依据费孝通先生对文化自觉的定义和阐述，学术文化自觉能锤炼四种思维范式：反思思维、系统思维、多元思维和人本思维[4]。反思思维主要表现为：问题意识，即人们从习以为常的学生问题中超然出来，对其进行反思，将曾经被视为理所当然的道理问题化；“自知之明”即对学术文化的传统、特点、价值发展趋势的反思，目的是认清现在学术文化的优缺点并予以扬弃，为新的学术文化的构建做准备；批判思维，即在文化转型过程中，时刻加强自我批判的自觉性和主动性，更好地促进学术文化的转型。系统思维主要表现为整体性思维，一方面从中国传统文化和西方文化之间寻找学术文化自觉的本土根源与国际理解，另一方面将学术文化分为相互融通并依次递进的三个层次：个体学术文化自觉、群体学术文化自觉和人类学术文化自觉。多元思维，即强调看待放、流动的思维方式对现代人生存方式的揭示，表达了现代人的生存诉求，不仅深刻洞悉与把握自身的历史、传统与现实，更要立足“他者”的视角，全面理解和认识异域的文化，更加宽容、容忍异质性和多样性的思维类型，这正是学术文化自觉所隐含的思维方式。人本思维，即把人本身存在的价值和意义作为学术文化自觉认识和实践的最高准则和目的，追求对专属于人的那些特性的开拓与弘扬，以此推动人们的认识探索活动，去展现人的丰富内心世界，提升学术能力，形成自己的学术风格。

（二）高校教师树立文化自觉意识是高校文化建设的客观需要

在高等教育迅速发展的今天，高校之间的竞争日趋激烈。从根本上说，竞争不仅仅表现在有形的投入和产出上，无形的文化建设的竞争更为重要，其核心竞争力是一种软实力，即文化力。大学文化建设是师生在长期的教育教学实践中孕育积淀而形成的能力，是组织内生的整体能力，是组织的灵魂和血脉。文化建设与创新是高校立命之本，是提升大学之间核心竞争力的根本所在。教师文化是高校文化的重要组成部分，是学校文化中的亚文化。它是指高校教师在教学、科研活动中形成、发展起来的价值观念和行为方式，是一种隐形的、无声的并拥有深厚文化底蕴的精神文化[5]。纵观全球教育改革的实际状况，近些年来由于人们越来越清醒地认识到对教师文化的忽视是造成各种改革项目表面化和低效率的重要原因。因此，教育实施者开始把研究的目光从关注教师有形的、外在的因素转向关注隐性的、深藏于教师内心的文化因素上来，认识到“新时代的教育革新和教师发展的可能空间和限制因素在很大程度上蕴涵于教师文化之中，没有教师文化的深层次支撑，任何教师发展和教育变革都将是肤浅的和临时的。”[6]加强教师文化建设，充分发挥教师文化的整体功效，促进教师文化在认知和情感上与学校文化实现真正的融合，使教师文化成为高校文化建设的积极推动者，全面提升高校综合竞争能力，这是高校改革与发展的客观要求。

三、学术文化自觉的实践

对于学术文化自觉，人们不仅要明晰其概念内涵、价值意义，更要在实践层面知道该如何实施和建构，对我国学术来说，这种实践路向的长期模糊和困惑意味着学术灵魂的缺失。立足我国的国情，着眼于学术文化的发展方向，学术文化自觉的实践路向大致有三种趋势：发掘中国传统学术文化当代意义、探寻国外学术文化的国际理解、建构中国特色的学术文化。这三种路向既各自独立又相互联系，共同朝着学术文化自觉的目标迈进。

（一）寻根固本，发展中国传统学术文化的现代意义

文化寻根是全球化背景下反叛现代性的普遍反应，通过文化寻根，反思我国学术文化发展的历程，构建适宜现代学术发展的学术文化自觉是一明智之举。中国传统文化固然有很多有关学术文化自觉的精神，孔庙里，在孔子塑像的上方，都悬有“中和位育”四字的匾额。什么是“中和位育”？中者，中庸也；和者，和谐也。中庸和谐，才能使任何事任何人成功，大学也是一样。关于位育，潘光旦先生认为，“位育”是一个新名词，却是一个旧观念。《中庸》说：“‘致中和，天地位焉，万物育焉’；有一位学者下注脚说：‘位者，安其所也；育者，遂其生也。’所以‘安所遂生’，不妨叫做‘位育’。”他还进一步说：“地位和发育的缩写，便是‘位育’。”[7]他反对把“位育”理解为“顺应”或“适应”，因为“任何事物能安所遂生，就能位育，就能纠正对位育一词理解的错误。如果把位育理解为顺应或适应，人就是被动的，但是，人之所以为人，就在于他有主动性”。他指出：“一切生命的目的在求所谓‘位育’。”因为“人生问题和社会问题，要用智慧来解决。思想不自由，智慧就不发达，头脑就不清楚。若以头脑不清楚的人来研究问题，一定没有好结果的。要养成头脑清楚的人，人手办法，就是使思想自由发展”。“位育”对于大学而言，同样也是必不可少的。

（二）借鉴外求，探寻国外学术文化的国际理解

费孝通所说的文化自觉的十六字内涵："各美自美、美人自美、美美与共、天下大同"，在全球多元一体化的今天，要求大家的是，不但要懂得自己民族文化，更要去欣赏他民族的文化，他民族的优秀文化我们可适宜的借鉴，以促进本民族文化的发展。

借鉴国外学术文化，首先要树立多元认同的文化意识，70 年代末以来，我国实行的改革开放政策，为西方学术文化的引进，营造了一种如沐春风的时代氛围和客观环境，在西学东渐的历史行程中，从晚明、晚清迄至 21 世纪还从未出现过这样的情景：繁衍不绝的西方学术思潮与流派竞相传入，不胫而走；各种新思想、新理论与新方法相继登台而不乏知音；各学科的代表人物及其著作无论是古典的还是现当代流行的最新作品纷纷问世，在坊间广布，于是在中国出现了"尼采热"、"弗洛伊德热"、"萨特热"、"韦伯热"，流传存在主义、结构主义、民主社会主义、西方马克思主义、凯恩斯主义等新学说，名目繁多，不胜枚举。如此广泛而又大规模的引进西方学术文化的热潮，这是近现代中国学术史上任何一个时期所不能比拟的。即使是发生在 21 世纪 30 年代前后、曾被学人津津乐道称之为"西书中译史的名著时代"[8]，也是与之不能相比的。学术演化的进程告诉我们，它的发展动力除了其内在的原因外，也需要外力的推动。在中国学术文化发展的历程中，借助于外来文化的推动，以借鉴与摄取外来文化的营养来促进自身文化机制的更新，可谓是不绝如缕，在此不拟申论。此处需要略加说明的是，20 世纪 80 年代前后的"西方学术热"在中国学界激起了怎样的回响？这种影响是多方面的：它开拓了中国学术人的学术视野，丰富了他们的研究领域，进而引起了他们对学术研究工作的深层思考。外来文化是学术系统更新的动力，西方学术文化作为一种外力对我们学术的发展具有前导性、示范性与借鉴性。毋庸否认，就其可比的方面或实际的研究成果而言，现代西方社会人文科学成绩不凡，远比我们强大，各学科也比我们的研究要具体深入，而大多处于国际学术发展的前沿。作为一种参照系，它具有某种"范式效应"，这就在相当大的程度上，成了构建中国学术新方向的一种不可忽视的制约因素[9]。西方学术文化的输入，这是一种超越时空的对话，这种积极的对话成为促进中国学术机制的更新和改造传统文化的一种活力，一种以前所未有的速度与规模推动着中国学术文化发展的动力。

（三）走向共通，建构适宜的本土学术文化

本土学术文化的建构是学术的国家民族特色问题，它既是学术文化自觉的实践目标，也是走向学术文化自觉的必然。只有本土的学术文化才最适合中国的学者，才适合中国的学术发展。

对于西方学术的引进，离不开中国学者的主体意识，离不开中国学者主动与自觉的选择，离不开正确思想与理论的指引。我之所求，未必是人之所予；人之所

予，未必是我之所求。

中国学术文化的未来方向是实现社会人文科学各个学科的现代化，那么中西学术文化的结合就势在必然。这种结合应是两个层次的。一是指西学与中国学术文化优良传统的结合。吸收外来文化与发扬本民族优秀的文化传统不是对立的，而应当是并行不悖的。在前几年“文化热”的讨论中，那种全盘否定中国文化传统的意见是不能成立的。我以为，只要处理得当，一个民族的传统文化，尤其是它的精华部分，非但不会成为历史的包袱，还渴望成为一笔丰厚的历史遗产，在现代化进程中起到积极的作用。在这里，夜郎自大或妄自菲薄的观点都是不足取的。离开与民族传统的结合，任何外来文化的移植，都将因找不到合适的生长条件而干枯。这也是为西学引进过程中的种种事例所证明的。另一是指西学与中国当代学者的学术实践（或具体课题）的结合。我国新时期以来，曾出现过这样一些作品，由于未能吃透或弄懂某种西方学术理论与方法的精神实质，以至至今未能取得学术界的普遍认可，这就使得人们有理由怀疑这种理论与方法的正确性与可行性。倘如此，传播、推广与应用它们的价值怎能不受到影响？我们应用西方学术理论或方法，应注重与当代中国学者的学术实践的结合，惟其如此，才能使域外的学术文化获得生机与充满活力。概言之，西方学术文化输入中国成功与否，在某种意义上，应取决于中国学者在他们的具体实践过程中得以体现的程度，并在这一实践过程中检验西方学术文化的优劣，适者生存，从而决定它们在中国的前途与命运[10]。

未来的中国学术文化将发展为何种面貌？它绝不会是一个排外的封闭体系，中国文化在这种与外来文化的对话中，它的传统文化（尤其是其精华部分）渴望经历一次“再发现”的过程，而受到国际学术界的青睐，于是西方也将成为吸收中国智慧来促进自己文化繁荣的受益者。我们笃信，世界文化之发展，当有赖于各民族文化特色之发扬。有道是，越是民族的，就越是世界的。美国耶鲁大学华裔学者余英时教授就未来的世界文化与中国文化的关系，曾说：“今天世界各民族、各文化接触与沟通之频繁与密切已达到空前的程度。面对着种种共同的危机，也许全人类将来真会创造出一种融合各种文化而成的共同价值系统。中国的‘大同’梦想未必永远没有实现的一天。但是在这一天到来之前，中国人还必须继续发掘自己已有的精神资源，更新自己既成的价值系统。只有这样，中国人才能期望在未来世界文化的创生过程中提出自己独特的贡献！”[11]的确，每一个民族要对世界文化有所贡献，就必须发展本民族文化中最优秀的东西，惟其如此，才能知所因承，知所开展，而且也只有以深厚的民族文化为基础，才可能更好地吸纳与借鉴包括西学在内的一切外来的优秀文化。只有这样，中国的学术文化才能生机勃勃，才能傲立于世界学术文化。

综上所述，学术文化自觉是高校教师的学术命脉，也是大学的命脉，发展大学的学术文化自觉，是所有大学都应该为之努力的，更是每个高校教师的责任，这在全球化的当今社会，借助外来力量与自身力量的相互作用，通过中西学术文化的交汇与融合，中国学术文化将步入一个新的境界，呈现出别开生面的新景象，为国际学术界所瞩目，科教兴国才不是一句空话。

参考文献：

［1］费孝通：《论文化与文化自觉》，北京：群言出版社，2007，第216页。

［2］*The philosophy of symbolic forms.* v.3，*The phenomenologyofknowledge/by Ernest Cassirer*. New Haven：YaleUniversity Press，1985：34.

［3］李鹏程：《当代文化哲学沉思（修订版）》，北京：人民出版社，2008，第417页。

［4］张冉：《论文化自觉的思维范式》，载《黑河学刊》，2009年第4期。

［5］马速：《论高校教师文化自觉意识的培养》，载《文化学刊》，2010年第3期。

［6］邓涛、鲍传友：《教师文化的重新理解与建构—哈格里夫斯的教师文化观述评》，载《外国教育研究》，2005年第8期。

［7］杨立德：《西南联大的学术文化当议》，载《抗战文化研究（第三辑）》。

［8］邹振环：《西书中译史名著时代在上海的形成及其文化意义》，载《复旦学报》，1992年第3期。

［9］［10］张广智：《超越时空的对话：我国新时期引进西方学术文化的若干思考》，天津：天津社会科学，1996年第3期。

［11］刘志琴：《文化危机与展望—台湾学者论中国文化（下）》，北京：中国青年出版社，1989，第390页。

作者简介：吴艳梅（1975—），女，汉族，江西省贵溪市人，中央民族大学教育学院中国少数民族教育专业2011级博士研究生，研究方向为文化传承与教育。

第三节　运用混合式学习提升中等学校师生之道德意识与同理心——多元文化观点

一、引言

青少年的霸凌行为被认为是一个严重性的问题；大量曝光的校园暴力事件引起了世界各国的重视。影响霸凌行为的因素复杂，在人际和制度设置中青少年进行着持续的社会交往（Ellis & Shute，2007）。然而，对于应因措施的相关研究并不多，导致师资生对于所学的知识，无法转化成教学现场的实务运用。一些研究显示，师资生在很多非学术技能上不过关，比如解决霸凌问题或有效课堂管理。在教学实践中，很少或者根本不能将理论转化为实践（Korthagen，2001）。培养师资生的应对技能，可以填补理论和实践之间的空白，然后帮助他们尝试和青少年之间建立起联系，创造人性化的学习环境。因此，这就是我们研究的首要动因。

大量的文献显示，道德意识低落与缺乏同理心会影响青少年的霸凌行为。不同的社会对青少年的道德教导是不同的。这是因为不同的文化实践，在传递像身体形象，自由、公平、正义的理想与人类尊严这样的文化价值和态度上存在差异。随着社会变迁，我们发现教室的师生互动越来越多样化，教育工作者和教师不容易找到具有尊重多元文化包容性的课程与教学策略。很多研究者和教育工作者都倡导变革青少年心理学课程，远离传统模式，建立一种更加人性化的，或以学生为中心的模式。故此，我们为了提升师资生的道德意识和同理心，与青少年心理学课程中融入多元文化的概念。

在线学习的迅猛发展让很多教育工作者或教师把技术视为一种优化教学过程的解决方案。新技术的影响力明显可见，很难忽视。新技术已经加快了学习的速度，为合作、洞察力与知识生产创造了无限机会（Zuboff，1995）。每一位学习者的学习需求、学习风格与偏好不同。教学设计者必须用混合式学习的方法对于不同学习者因材施教。混合式学习与多媒体结合，二者互相补充，共同促进学习和运用知识的行为。本研究的目标如下：

1. 运用混合式学习辅助师资生在教师教育中弥补理论和实践之间的不足。
2. 运用混合式学习培养师资生霸凌问题解决技能。
3. 运用混合式学习融入多元文化的概念来促进师资生的同理心。

二、文献综述

1. 混合式学习

高等教育不断变化，从弱化教师指导和现在的强化学习过程，到运用技术，到对学习环境重要性的认知（Rovai & Jordan ，2004）。校舍既不是学校也不是房屋，它也不只是由砖瓦和泥土建造的（Davis & Botkin，1994）。在本研究中，我们希望师资生“感觉到成员是有归属的，感觉到成员对于彼此，对于集体来说都很重要，共同相信通过恪守团结一致的承诺，成员的需要都会得到满足（McMillan and Chavis，1986，p. 9）。混合式学习是搭建新校舍的一块重要的积木。“混合式学习”这一术语在学术和其他领域中运用的频率日益升高（Bonk & Graham，2006）。

混合式学习是传统的面对面学习和在线学习的混合物，并没有完全摆脱面对面联系。这样教师的指导在课堂和网络中都可以进行。混合式学习是两种原型学习环境的持续聚合的一部分。一种是传统的面对面（F2F）学习环境。另一种是在线异步与同步环境。在过去，这两种原型学习环境仍然在很大程度上独立，因为二者运用不同的媒体、方法组合，并且注重不同受众的需求（见图 1）。传统的面对面学习典型发生在教师主导的环境里，是现场同步的面对面互动。另外，远程学习系统强调自定进度学习，是学习——材料式互动。

我们选择混合学习是基于两个原因：（1）改进的教育学；（2）增加的途径/灵活性。（Graham，Allen，& Ure，2003）。很多研究结果显示，当前大多数的高等教

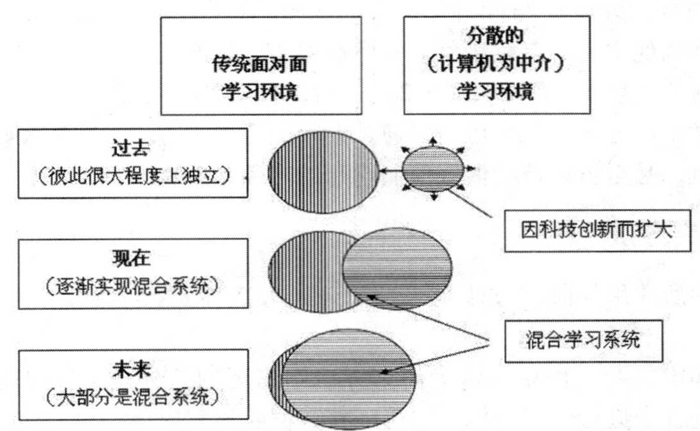

图1　Bonk，C. J，& Graham，C.，R.（2006）. The handbook of blended learning environments：Global perspectives，local designs. In CJ Bonk & CR Graham（Eds.），*The hand－book of blended learning：Global perspectives，local designs.* San Francisco，CA：Pfeiffer Publishing. 120—135.

育教学实践仍然关注传递式的而非互动式的策略。一些人已经看到，混合式学习方法提高了对主动学习策略、对等学习策略与学习者为中心等策略等的应用水平。科里斯（2003）分享了一个模型，展示如何运用混合式学习将正式的课堂学习与非正式的工作场所学习融合在一起。

很多学习者想要分散式环境提供的便利，同时，不想牺牲社会交互和人际接触这些他们在面对面的教室中已经习惯的方式。混合式学习是课程设计的一种灵活方法。支持不同学习时空的混合，提供一些充分的在线课程，也不完全丢掉面对面交流。凡尼（1994）强调学校里对真实群体的需求。这种需求是通过共同的价值、理想和目标将师生联系在一起的纽带。结果既不是传统的学习，也不是完全的在线学习，而是一种更加有活力的教育经历。

2. 同理心

很多研究者和教育工作者都倡导在教师教育方面进行变革。从传统模式转向一个更加人性化的，或以学习者为中心的环境。那些乐于奉献、关心学生的老师也可以带来积极的改变。他们往往对不同学生的需求富有同理心并且不断反思（Cothran，2001）。诺丁斯（1998）认为负责学校的主要目标不只是训练他们照顾学生的实践，而是发展他们关心孩子的能力。同理心的能力被认为是社会责任感发展的本质（Berman，1998）。

奥斯瓦德（2003）建议，可以通过教育项目来增强更高层次的和帮助行为相关的同理心。可以想象，集中的同理心课程与活动可以引领师资生发展更深层次的人文素质，比如关心学生，带着同理心去理解学生。同时这些课程与活动也会对发展他们的人格、培养公民道德有所帮助（Håkansson & Montgomery，2003）。多元文化教育介入的有效性主要与同理心相关（Smith & Constantine，2006）。对于同理心、同情心和利他主义的有意培养，非常有助于实现亚里士多德提倡的、康德所探讨的道德高尚的人生。（Devay，2012）通过对同理心的培养，老师获得了更好的理解和帮助学生的方法。学生也可以通过老师的帮助和支持，减轻失败的恐惧和无助，提高动机，甚至可以帮助促进他们自己的同理心发展。

三、研究方法

此研究中所应用的研究方法是一种混合式方法涉及行为研究、叙事探究和网络志。

巴斯利和埃尔斯（1987）认为研究方法中出现的差异是可以接受的，例如既可以在研究进程中进行数据分析，也可以在数据收集完成后进行。在组织行为研究中，我们发现了典型行为研究进程的循环本质，每一个循环都有四个步骤：计划→实施→观察→反思。

在本研究中，组织行为研究的好处是它在寻找能够促进实习教师同理心和道德意识的方法的同时，能够让教师解决那些和他们最为相关的问题，而通过这些问题的解决，教师们能够做出一些反思和改变（布格，2003）。名川大学教师教育中心有65名学生选修了青少年心理学这门课。

关于研究策略，我们采用的是叙事探究。叙事探究是一种要求具有清醒的思维模式的研究方式。在研究教师教育中的多元文化问题时，叙事法和体验法被运用，我们挖掘这些方法中未曾被开发出的一些潜能。我们不能定义出整个青少年心理学课程中多元文化教育这个范畴，因为这里包含了太多我们无法触及的元素。我们整合了这样一个议题："不能忘记的经历——青少年时期那些正面和负面的事件"。在课程初期，我们要求实习教师通过多媒体形式表现出他们的生活故事，并且在学期末的时候把他们的报告压缩在五分钟内来呈现。他们有足够的时间去思考和准备他们这项具有创意性的任务。展现结束后，他们会把自己的故事上传到课程管理系统或 You Tube 上。

至于混合性学习这方面，要创建一个拥有活跃的学习环境的课程管理体制，课程管理系统允许教师通过和学生互动来提高成绩、传授知识，并且教师要和学生讨论和交流。电子学习资源是一项重要的投资，它与青少年电影、教学影片和青少年生活故事以及传统学习资源的发展有关。实习教师同样可以下载一些材料以供线下学习。在课程管理系统中我们使用网络志来观察实习教师怎样在真实的社团或网上的分享小组中交换意见、相互联络。网络志是民族志的分支，它通过分析网上个体的自由行为以及使用网络研究技术来提供不同的视角和观点（科扎耐克，2010），而且它允许研究者记录这些互动行为。

四、结论

1. 使用混合式学习法帮助实习教师连接教学中理论和实践的鸿沟

有两种课堂互动的方法，一种是“网状”的形式，另一种是传统的一对一的形式。课堂的主要内容是由知识的整合和更新，以及学习者和学习内容的互动、学习者和学习者的互动、学习者和教师的互动来构成。课程管理系统中的可视课堂会在监视学生学习进程和观察实习教师互动行为的同时更新信息和资源来支持更加有效率地学习。

从 2005 年到 2011 年我们已经搜集了很多与青少年有关的议题、个案研究和生活故事，并通过多媒体形式来展现，例如上传到课程管理系统或网络上。

传统心理学教学过于注重抽象概念的理解，从而忽视了个体的意义、形象、情感和需求。本研究中的教学策略是通过在课程管理系统中将人性化特征和网络学习相互整合，来构建知识网中的碎片单元以促进实习教师的专业发展，从而连接理论和实践的鸿沟。

“课程管理系统是如此简单地解释抽象概念，激发指导老师和实习教师的反思性思考和改善教学实践。”（2011，0311，指导老师）

“课程管理系统中有很多相关的新闻、电影、故事和一些青少年的生活片段以及一些个案研究，在这了解与青少年有关的理念、发展和需求一点也不难。反之，我实践了一些理论来帮助 8 年级成绩靠后的学生提高成绩……当我遇到一些问题时，我在这能找到相似的情况和解决办法。”（2011，0412，学生 31）

2. 使用混合式学习法培养实习教师解决霸凌问题的能力

有一个男性的实习教师，他分享了自己的苦难经历，在叙述中发现了新的意义。

“不管怎样，我哭得越多，就越被欺负。对我来说，霸凌行为在小学和初中时更多体现在肢体和语言的形式。而在高中和大学，更多的是心理上的创伤和恐惧……通过叙述，我感谢那些伤害过我的人，他们让我更快地成长。”（学生 24，20110517）

“通过倾听他可怕的霸凌经历。我想我可能也对我的同学做过一些类似的事，比如，我对一些肥胖的女同学和声音轻柔的男同学就不太尊重。”（学生 15，20110521）

“我有机会去理解霸凌问题，也学到了很多方法来面对，特别是一些课程管理系统中的案例分析中提到的方法。”（学生 32，20110603）

霸凌不再仅仅是面对面的恐吓。初中和高中学生表现出一些当前的霸凌情景，包括通过网络、短信和视频等。在这我得以提高网上咨询技能，它给了我勇气来处理这个问题。”（学生 09，20110617）

3. 利用混合式学习法整合多元文化概念，从而提高实习教师的道德意识和同理心

关于教学策略，我们不仅仅在 F2F 中应用个案分析，同样应用到教学管理系

统中。给实习教师机会来展现他们分析和评价怎样运用道德意识与同理心的能力。我们用包含讨论发帖、监考测试和无监考测试或者竞赛的结构性和结论性的网上测评来了解实习教师如何理解霸凌问题、如何将同理心落到实处。

“看了课程管理系统中相关的个案分析和影片之后，我认为加上我之前的学习经历，我有足够的知识来解决这个问题，而此前我知道自己缺乏同理心去了解青少年不稳定的情感状态。”（学生 36 ，20110421）

“往常我熟读教材，取得不错的分数，但是不怎么思考。而在课程管理系统中，我有足够的时间去思考、讨论和反省。”（ 学生 29 ，20110508）

很多以往的研究表明，同理心和道德意识会影响青少年的霸凌行为。侧重于培养同理心的课程和活动可以培养实习教师更深层的人文素质。（霍夫曼，2000）

实习教师通过混合式学习法以不同的视角来理解青少年以及与他们相关的议题，并且将与同理心相关的理论运用到实践中去。能够关心学生，有同理心的教师帮助发展学生人格和道德意识，这是一种“知识就是行动，行动就是知识”的做法。多元文化教育的有效性在于它能够和同理心结合起来。（斯密斯 & 康斯坦，2006）

五、结论和争议

多元文化教育是基于自由、公正、平等和人格的哲学概念。在本研究中，我们利用结合网络和课程管理系统的混合式学习法来改善多元文化教育实践和促进包容性、互动性、合作性教学理念的实际应用。它迎合我们对学生的要求，我们要求学生在相互联系的世界中要清楚认识到自身责任。（布曼费德，2010）

现在看来，霸凌行为在网络上极易实施，也就是众所周知的网络霸凌，青少年通过电子邮件、短信、聊天室、手机和网络恐吓同龄人。这个愈演愈烈的问题在今后的研究中应该受到更多关注。霸凌行为是一个社会问题而且应该放在社会背景下来解决。解决的重点是培养学生的同理心，以致让旁观者发出抗议之声，而且不能沉默地容忍霸凌行为。（诺布，2003）

在这种结论下，我们看到学习者在叙述时加入自己的经历，与此同时，其他同学更加清晰地认识了自己和他人的观点，这种叙述超越时间和地点在复杂性和对话性的背景下相互联系。很少有实习老师不喜欢在众人面前分享自己的情感，但是出于一些个人原因，指导者其实可以修改要求，这是对个人的尊重。实习教师在课堂中或课程管理系统中运用混合式学习法将理论和实践联系起来。根据这样的学习形式，实习教师是他们自己学习经历中的主人公。

参考文献：

[1] Berman, S. (1998). The bridges to civility: Empathy, ethics, and service. *The School Administrator*, 55, 27—32.

[2] Blumenfeld, W. J. (2010). How comprehensive is multicultural education?:

A case For LGBT inclusion. *Journal of Multiculturalism in Education*, 5 (2) . 2 – 20.

[3] Bonk, C. J, & Graham, C. , R. (2006) . The handbook of blended learning environments: Global perspectives, local designs. In CJ Bonk & CR Graham (Eds.), *The hand – book of blended learning: Global perspectives, local designs*. San Francisco, CA: Pfeiffer Publishing. 120—135.

[4] Bonk, C. J, & Graham, C. , R. (2006) . The handbook of blended learning environments: Global perspectives, local designs. In CJ Bonk & CR Graham (Eds.), *The hand – book of blended learning: Global perspectives, local designs*. San Francisco, CA: Pfeiffer Publishing. 120—135.

[5] Boog, B. (2003) . The emancipator character of action research, its history and he present state of the art. Journal of Community and Applied Social Psychology, 13, 426 – 438.

[6] Clandinin, D. J. , Pushor, D. & Murray. , O. A. (2007) . Navigating sites for narrative inquiry. Journal of Teacher Education, 58 (1), 21 – 35.

[7] Collis, B. (2003) . Course redesign for blended learning: modern optics for technicalprofessionals. *International Journal of Continuing Engineering Education and Life-long Learning*, 13 (1/2), 22 – 38.

[8] Cothran, D. J. (2001) . Curricular change in physical education: Success stories from the front line. *Sport, Education, and Society*, 6, 67 – 79.

[9] Davis, S. , and Botkin, D. (1994) . *Monsters under the bed*. New York: Touchstone.

[10] Devay, M. V. (2012) . Empathy : a multidisciplinary approach. Georgetown University.

[11] Håkansson, J. , & Montgomery, H. (2003) . Empathy as an interpersonal phenomenon. *Social and Personal Relationships*, 20, 267 – 284.

[12] Hoffman, M. L. (2000) . Empathy and moral development: Implications for caring and justice. New York: Cambridge University Press.

[13] Korthagen, F. (2001) . *Linking practice and theory the pedagogy of realistic teacher education*. New Jersey: London.

[14] Noble, T. (2003) . Nobody left to hate. *EQ Australia*, 4, 8 – 9.

[15] Noddings, N. (1992) . *The challenge to care in schools: An alternative approach to education*. New York: Teachers College Press.

[16] Noddings, N. (1998) . Teaching themes of care. In K. Ryan & J. M. Cooper (Eds.), *Kaleidoscope: Readings in education*, 8th Ed. , 471 – 477. Boston, Houghton Mifflin.

[17] Oswald, P. (2003) . Does the interpersonal reactivity index perspective – taking scale predict who will volunteer time to counsel adults in college? *Perceptual and*

Motor Skills, 97, 1184 – 1186.

[18] Rovai, A. P. and Jordan, H. M. (2004). Blended learning and sense of community: A comparative analysis with traditional and fully online graduate courses. International Review of Research in Open and Distance Learning, 5 (2). Retrieved March 2, 2004, from http://www.irrodl.org/index.php/irrodl/article/view/192/274

[19] Smith, T. B., Constantine, M. G., Dunn, T. W., Dinehart, J. M., & Montoya, J. A. (2006). Multicultural education in the mental health professions: A meta – analytic review. Journal of Counseling Psychology, 53 (1), 132 – 145.

[20] Sergiovanni, T. J. (1994). *Building community in schools.* San Francisco: Jossey – Bass.

作者简介：刘玉玲，女，台湾铭传大学，教师教育中心，副教授。研究方向是教师教育研究。（翻译：石晶漫、李新虹）

第四节　多元文化背景下民族中学教师的培养

当今世界不同民族、不同文化日益融合，由单一民族构成的国家已不复存在。少数民族的文化与教育问题是世界上任何一个多民族国家都十分关注的问题。多元文化教育是西方多民族国家为在多民族、多种文化并存的国家社会背景下，允许和保障各民族文化共同平等发展，以丰富整个国家文化的教育。主要目的是为来自不同种族、民族、社会阶层及不同文化团体的学生创造平等的教育机会，帮助全部学生获取知识、态度、技能，以满足在多元文化社会进行交往的需要，最终创造一个具有共同利益的公民和道德社会。教师作为其中关键的一环，是实施多元文化教育的重要条件①。

我国一直以来就是一个多民族、多文化的国家，各民族都有其独特的文化。多元文化共存是不争的事实。在这种多元、复杂的背景下，如何才能实现多元文化的并存共生和百花齐放，达到费孝通先生所描绘的“各美其美，美人之美，美美与共，天下大同”的局面，使少数民族既能很好地融入主流社会，顺利实现现代化，又不失本民族的特色，将独特优秀的地方文化和民族传统文化传承和发展？在当今，学校教育是个体社会化和人类文化传承的主要途径和手段，因此，教育必须面临文化多样性的现实，学校教育责任重大，而其关键又在教师。既然如此，民族中学究竟需要什么样的教师？这些教师应该具备什么样的素质？这些问题值得我们思考。本节将从多元视野下民族中学教师的培养目标，及如何构建民族中学教师的多元文化素质两个方面，来探讨这些问题。

① 班克斯，李苹绮译：《多元文化教育概述》，中国台北：“国立”编译馆，1998，第29 – 32、83页。

一、多元文化视野下的民族中学教师培养目标

（一）知识目标

多元文化社会要求教师对来自不同族群、不同文化背景的学生实施教育，这就需要教师具备跨文化的专业教学能力。教师能够辨别学生不同文化的行为模式，使用学生所熟悉的教学模式，同时能够适应不同文化背景的学生的学习特点，以便提高学生的学业成绩。

高尼克（1990）指出，只有当教师具备文化敏感性（culturally sensitive）时，学生才能充分发展学业的、社会的职业成功潜力①。多元文化教学是一种跨文化接触（across – cultural encounter），教师作为教育活动的组织者、引导者，必然面临着与不同文化背景学生的互动，教师本身的文化知识就成为跨文化接触的重要影响因素。如果教师不具备多元文化知识与多元文化的经验，就容易在教育过程中忽视学生的文化差异，产生教学行为与态度上的谬误。盖伊等人 1973 年对西非克佩勒人的研究表明，克佩勒人的学校推行西方教育模式，教师忽视了学生本族文化背景，结果造成严重的文化冲突，导致本族文化与学校文化的间断，引起归属感丧失，产生文化截击问题，从而影响了学生的学业成就②。

因此，教师需要接受多元文化知识的教育，以便对影响学生的族群、性别与阶级等问题更加敏锐。如果教师不具备多元文化知识，那么就无法准确地判断学生的需求所在，无法有针对性地提供帮助。所以说在教师教育的过程中，要给予多元文化知识的教育，让教师了解不同文化，以便培养多元文化教学环境中对学生需求的判断能力。

（二）态度情感目标

文化多样性是人类历史上普遍恒久的特征，任何一种文化，只有在它能够与其他文化相区别时才能被辨识，才能够现实地存在。一方面，相对于不同的环境和条件，文化的起源和演化不可能是统一的；另一方面，人类需要的结构的差异性和欲望的丰富性，只能以文化的多样性来表达和满足。在一个社会或一个国家里，常常会有主流文化、亚文化并存的现象，主流文化是一个社会中更多的人分享的文化，或在政治、经济生活中具有强势地位的文化。代表群体或国家主流价值观、意识形态、宗教信仰、生活方式、语言和习俗的文化就是社会的主流文化。教育的功能不仅使群体成员认同和接受主流文化，同时也要使那些亚文化群体接受主流文化，如少数民族、外来的移民等。只有这样，群体或国家才具有凝聚力，才能保持统一和稳定。

---

① 王鉴：《多元文化教育比较研究》，北京：民族教育出版社，2006，第 187 页。

② 班克斯，李苹绮译：《多元文化教育概述》，中国台北："国立"编译馆，1998，第 29 – 32、83 页。

对于多元文化社会中的教师来说，不但要认同和接受社会主流文化，同时也要尊重、理解众多不同的多元文化，因为尊重和承认多元文化是从事多元文化教育的基础。一个不能尊重和理解不同文化的教师将无法跨越自身文化的樊篱，无法真正走进学生的生活世界。

（三）行为目标

对多元文化有了正确的认识与态度之后，教师才会将多元文化的理念真正落实在课堂内。无论是教室里的情境布置，还是对学生的行为期待，师生互动等方面都必须呈现对多元文化的尊重，要能自觉采用文化敏感性教学能力。

文化敏感性教学能力要求教师知道学生的个性、文化、社会力量、技巧和能力，并依据他们已有的知识与经验考虑如何教学、如何评价学生。教师具有根据不同文化族群和社会阶层学生的特殊要求，适当应用课程和教材，选择教学方法的能力。即教师在发展课程时，应能依据学生的文化经验来设计教材，并将文化多元性的议题融入或统整于课程中。最重要的是，教师应避免呈现及传达对异文化的负面印象。在课堂上，教师对教学内容的解释与举例，也应顾及文化的多样性与差异性。在课堂中，要尽量给每位学生平等参与的机会，而且要经常仔细地自我检查，反省自己是否在对待不同文化、不同性别的学生上有差异。对学生评价时要采用综合性的标准，通过纸笔测验、观察、面试、行为检查、档案评价以及真实情境的应用等正式或非正式的评价策略，才能有效评估不同文化背景学生的学习成效，避免个人期望的干扰。

很明显，多元文化教育理念下教师教育探讨的核心问题是使教师具备一定文化知识、态度及能力，以使课程和教学技巧适合多样性的学生，这是传统培养计划中常常忽视的。正如斯利特所说：“无论是出于公正还是国家利益的考虑，都要求我们转变传统的方法而进行多元文化的教育。培养新教师从事多元文化教育的实践，是教师专业发展的期待。”①

二、民族教师多元文化素质培养的思考

（一）建立多元文化教师教育一体化体系

民族地区社会文化和学校环境呈现出多样性的特点，民族教育要为不同民族的生存和发展创造平等的机会，同时民族教育还要为个体的生存和可持续发展奠定基础，因此要求处于其中的教师具备多元文化素质，从而能够应对日益复杂的多样性。也因此，“为了更好地促进职前教师把握他们将要任教学校的文化多样性，认识教师在面对贫穷、民族认同、民族意识和民族文化心理等问题时担当的角色，必

① Joseph M. Larkin and Christine E. Sleeter. *De - veloping Multicultural Teacher education Curricula*. StateUniversity of New York Press, 1995. 12, 3 - 11.

须将教师教育和多元文化教育结合起来。”[①] 创设适合民族地区的多元文化的教师教育。另外，一直以来，我国民族教育中教师的职前培养与在职培训存在着严重分离的现象，与民族地区师资队伍的建设极不协调，成为影响我国民族地区教师教育培养质量和效益的制度障碍所在。在这种教育体系中，教师培养系统与师范院校相对应，主要任务是培养师资，体现的更多的是一种理念的建构，培养未来教育工作者掌握做教师的知识和理论，使其为将来的入职做好准备。而教师培训系统与教师进修学校相对应，主要任务是对现有师资进行培训。职前培养与职后培训之间缺乏联系和整合，学习内容也缺乏必要的衔接，并且由于教师在职培训形式多样，很多培训机构在规模和质量上都没有保障，更无多大效益。甚至“不少电大在许多条件不具备的情况下也开办教师班，结果是还没上岗就需要培训。”[②] 因而，教师的在职培训很多时候都是流于形式。其结果是，造成教育资源的浪费和闲置，以及教师培养与教育教学实际的脱节。因此需要将教师的职前培养和职后培训结合起来，形成一体化模式。而这种一体化模式的实现主要在于对机构的调整，通过对内部结构的调整和资源的重组，使之整合为一体，使其既能发挥职前培养功能，又能提供有效的在职培训服务。使整个教师教育课程体系既具有阶段针对性，又具有连续性。从而以一体化的教师教育体系取代教师职前培养与在职培训相分离的体系。

（二）多元文化知识的培养——妥善设置教师培训的课程

在课程设置方面，国外对于多元文化教师的培养形成了单独学程模式、整合模式和三阶段模式三种教师教育课程模式。单独学程模式是在现有的师范教育课程基础上，开设相应的多元文化教育课程，以增进教师的多元文化知识与能力。整合模式是不改变现行师范教育的课程框架，只是在课程内容上重新加以组织，将多元文化相关的材料、经验进行整合，融入相关知识学习与实践当中。三阶段模式即学习、发展和参与，通过这三个阶段对未来教师进行多元文化教育。

我国的师范院校一直以来在课程设置上都沿袭学科专业课程、公共基础课程和教育学课程三大板块，具有较高的一致性，少数民族地区的院校也基本上沿用这种课程框架。然而随着时代的发展变迁，这种课程设置已远远不能满足多元文化背景下教师的需求。为了应对未来社会多元化的发展，以及少数民族意识觉醒的趋势，少数民族地区的教师宜摒弃狭隘的文化本位主义，以尊重多元文化的态度来处理教学情境中的族群问题，帮助少数民族学生适应学校生活，改善学习行为，提升其自我观念，促进其文化得以维护和发展。这就要求教师不仅具有专业的教育知识和技能，也要能够具备多元文化的理念和素质，能传授少数民族的历史文化，尊重不同文化的差异。为了达到这一目的，当前师范院校应适应当地教育发展的需要，可以从了解多元文化教育的内涵以及文化差异性、了解未来教师本身的偏见与歧视、敏

① 倪胜利：《西南民族智力资源可持续发展的教育文化战略》，载《民族研究》，2010年第5期。

② 滕星、王铁志主编：《民族教育理论与政策研究》，北京：民族出版社，2009，第507页。

锐觉察到教材中的文化偏见、开展多元文化教学策略这几个方面入手，借鉴国外的课程模式，对多元文化教师培养的课程进行规划。具体而言，应考虑设置几个方面的课程：

1. 增开人类学、文化人类学，或当地少数民族社会与文化的课程，以开阔未来教师的理论视野，奠定其对于族群文化、族群关系的基本认识，或是对当地少数民族社群文化的概括性认识，增强其理论文化素养。

2. 在教育专业课程中增加多元文化教育或少数民族地方性文化的课程，以发展教师的多元文化性，并促进准教师理解和学习如何面对文化的多样性，从而能够欣赏和接纳不同文化间的差异。后者的目的是广泛地探讨当地少数民族的状况、问题与改进途径，借以增进未来教师对当地民族教育的了解。另外，在一些少数民族地区还应开设一些民族语言类课程，以能够从事双语教育，很好地适应当地教育的需要。

3. 利用社会学科和艺术学科（如音乐、美术）开设区域地理、地方史、乡土考察、民族艺术等多种课程，增进未来教师对民族社会文化和生活的认知。从而使教师对当地的历史发展、生态环境、生计方式、文化形态和民族风情等有足够的认识，并形成对多元文化的认同、接纳，以便在教学过程中促进有效教学。

4. 在教学实习方面，应考虑增加民族地区学校的教学实习，或邀请有民族教育教学经验的老师开展讲座，增进教师未来从事民族教育的适应能力。

（三）多元文化行为目标的达成——需要组织多元文化教师在职培训

教科文组织《1998年世界教育报告—教师和变革世界中的教学工作》中指出："大多数国家的师范教育虽然仍把重点放在教师的前期培养上，教师的在职培训或进修在最近30年显得日益重要。某些国家在使用'继续教育'一词。人们逐渐认识到，教学同其他职业一样，是一种'学习'的职业，从业者在职业生涯中自始至终都要有机会定期更新和补充他们的知识、技巧和能力。"因此，教师的在职培训与职前教师培养一样，都应是教师教育发展中应该加以重视的。

1. 加强中小学校与师资培训机构的合作，开展多元文化教育方面的培训

就当前民族地区多元文化教师的培养而言，在职教师培训是职前教师培养之外的另一种方式。在职教师培训通过将中小学校教师聚集到相关高等师范院校或是教师进修学院中进行，这种多民族教师共同学习的方式为多种民族文化的交流提供了一个平台。因此，可以加强与高等师范、非师范院校的合作，充分利用好这种平台，在培训过程中积极引入多元文化观念，辅之以相应的多元文化知识，开展丰富多彩的民族活动，以此为各民族教师参与其中提供机会，从而使他们能够充分感受到各个民族的风土人情和文化内涵，让教师在自身学习的过程中感受多元文化的意义，树立多元文化价值观念，并在教学过程中更好地发挥多元文化教育的作用。

2. 以民族地区中小学为多元文化教师培训的主要基地，促进多元文化教师的发展

学校是学生学习的场所，同时也是教师发展的场所，教师的发展离不开学校。少数民族地区的学校由于地处偏远，交通不便，工作任务繁重等因素的影响，会使教师外出参加学习培训和经验交流的机会少且不现实，所以民族地区可以将当地的中小学作为多元文化教师培训的主要基地，走校本教研之路，开展多种渠道进行多元文化师资的培训。如可以开展对提高教师多元文化素质有针对性和及时性的教研活动，在学校内部组织开展教育对象了解、教材内容研讨、多元文化课程开发、教学方法选择等活动，鼓励教师积极参与，充分发挥教师的能动性，调动大家的研究兴趣。另外，也可以利用现代信息技术，进行远程培训，多方面提高教师的多元文化素质。

参考文献：

［1］王鉴：《多元文化教育比较研究》，北京 ：民族教育出版社，2006，第187页。

［2］班克斯，李苹绮译：《多元文化教育概述》，中国台北：“国立”编译馆，1998年。

［3］Joseph M. Larkin and Christine E. Sleeter. *De – veloping Multicultural Teacher education Curricula*. StateUniversity of New York Press，1995.

［4］倪胜利：《西南民族智力资源可持续发展的教育文化战略》，载《民族研究》，2010年第5期。

［5］滕星、王铁志主编：《民族教育理论与政策研究》，北京：民族出版社，2009年。

作者简介：周利（1982—），男，汉族，北京市人，中央民族大学教育学院民族教育专业2011级博士研究生，研究方向为民族基础教育。

第五节　关于多元文化背景下中小学教师队伍建设的探讨——以延边中小学为个案

当今世界是知识经济的时代，社会的进步离不开教育的进步，教育的的进步离不开教师能力与素质的提升，而教师能力的提升需要一支强大的教师队伍作为支撑。现代社会，世界范围内综合国力的竞争，主要是人才尤其是创新型人才的竞争，而创新型人才的培养主要靠的是教育，教育的竞争主要取决于教师。所以充分了解教师队伍发展现状，努力建设一支强大的符合中国国情的教师队伍理应成为教育的重中之重。在中国这样一个由五十六个民族组成的大家庭中，在多元文化背景下逐渐发展壮大的教育体系中，教师队伍的建设尤其是对延边偏远地区教师的关注

更是不容忽视。因此，加强教师队伍的建设，对于深化教育改革与发展、提高教育质量、培养创新型人才、传承民族文化具有重要的现实意义和深远的影响。

一、吉林省延边朝鲜族自治州中小学师资队伍建设现状分析

（一）教师年龄结构趋于老化，学科结构不合理

在走访的延边小学中我们发现教师的年龄结构存在老龄化问题。主要表现为老教师偏多，年轻教师偏少，新老教师连接不上。很多地方，尤其是农村经济比较落后的地方，教师管理体制不够完善，已经连续多年没有新教师入伍，整个教师队伍开始出现老龄化的趋势。在延边重点高中，每年考入北京高校的学生人数并不少，但很少有人愿意再回到延边发展教育事业，就这样从事教育的人数越来越少，教师的教龄逐渐老化。老教师虽然有较为丰富的办学经验，但知识更新不及新教师快，教学观念也有待于进一步提升[1]。新教师有新的教学理念，有新时期的知识经验，更能适应科技变化日新月异的今天，更有助于新鲜血液的注入，从而培养出更多的创新型人才。

另一方面我们发现在延边朝鲜族自治州中小学中还存在有学科结构不合理的现象。教育局要招聘的是专业对口的老师，然而教师的人数虽然多，但是真正能胜任的却很少，还有很大一部分教师当中表现出学历高，能力低的现象。例如，一些高中缺少音乐教师，教师主要集中放在其他学科。在图们市能够指导高中学生学习的只有高中教师，由此可见教师队伍存在着严重的学科结构不合理现象。从目前朝鲜族学校师资配备情况来看，一方面表现为英语、汉语、音乐、美术等科目的教师短缺；另一方面历史，政治等老师存在有超编的现象。由此发展下去，难以保证教育质量的提升，而且有可能出现功能性萎缩的现象，对教师队伍建设非常不利。

（二）师资的质量结构问题

在延吉市的小学当中不仅有教师短缺现象，而且师资的质量问题仍然面临着严峻的挑战。一方面是教师老龄化，教学观念陈旧；另一方面在仅有的任职教师当中教师的能力也很难适应当今世界发展对教育的需求。从延边范围来看，在小学教师队伍中专科以上学历的占绝大部分，远远超出“小学教师中师以上学历”的学历要求，但在学历背后仍然存在有严重的问题。其中主要表现出来的问题就是尽管达标率高，但是科班出身的却少之又少。在所走访的中小学当中，学历高的教师很多，但是真正科班出身的并不多。大部分教师拥有大专或本科的学历，甚至连幼儿园教师的学历都能达到本科以上学历，达标率很高，但在所有教师当中真正科班出身的人数却很少。大部分教师是没有真正接受大专或者本科的教育，而是成大、函授类毕业生，有其名而无其实。一些学校至今没有学科带头人，甚至没有骨干教师，导致教学水平一直不高。

（三）教师职业心理压力较大

最近几年，延边中小学普遍存在生源不足的问题。中小学的入学人数严重减少，流动人口偏多，其主要原因是毕业出路的狭窄，尤其公务员占据很大的优势。现在的很多朝鲜族孩子，从出生开始就由老人照顾，父母长期在外地打工，孩子缺少家教，没有家教就没有发展。原本很优秀的孩子每天同老人在一起生活，对孩子的发展非常不利。例如，有的中学在开家长会时，仅有几个家长，其余的都是老人代替家长。还有的孩子不是双亲都在身边，只有很少的孩子是父母都在身边，所以导致辍学现象非常严重，由此也给教师带来了很大的压力。

在延吉市一些学校正在开设心理辅导的课程或心理健康工作室，一方面帮助父母不在身边的孩子保持良好的心态，不影响学业；另一方面也减少教师工作的压力。一些教师不仅要承担教学的任务，还要对学生进行心理辅导，长期以来，教师的心理也面临着很大的压力，对教师队伍的建设非常不利。家庭教育的缺失必然会给孩子带来严重的心理问题，然而在有限的能力内，也只能尽量解决有困难孩子的心理问题，并不能从根本上解决问题的根源。

（四）教师素质、教学能力有待进一步提高

教师素质的高低直接影响到教师队伍的稳定，影响到教学质量的提高。当今社会，一些学校一味地追求升学率，不重视教师后备力量的储备，没有及时对新老教师进行卓有成效的培训，导致教师素质较低。其中一部分教师更是教育观念老化，教学方法陈旧，知识结构水平较低，难以适应知识经济时代对人才发展的需求。有些地方教师的实际教学水平长时间没有提升，师德形象严重影响教师的素养，对于教师队伍的建设非常不利。

教师的教学能力直接影响学校的教育教学质量，教学质量的高低直接关系到人才的培养，所以教师的教学能力是影响学校教育发展的关键因素。在延边朝鲜族自治州中，中小学教师的教学能力趋于稳定。基本上是朝汉双语兼学兼用，基本没有培养用朝鲜语讲授汉语的教师，朝鲜族非常重视双语教育。最近几年，朝鲜族教师的汉语教学能力也有了很大的提升，尤其是在听说上都能够比较流畅，但在涉及写作的内容时还会有一定的难度。所以朝族老师的汉语教学的能力有待于进一步提升[2]。

影响教师教学能力的另一个关键因素就是教师的生源。延边地区存在有严重的教师生源不足，这样也导致了教师的素质偏低。长期以来，主要的生源都是延边大学和延边大学师范学院。尽管最近几年国家在大力宣传扩招，但由于延边教师的经济待遇较低和现实发展状况及硬件设备的限制，更是难以将人才留住任教。而且扩招的另一弊端就是学生的素质逐年下降，如此下去，教师队伍的素质将陷入一个恶性的循环当中，对于教育质量的提升非常不利。

教师的科研能力不强。一方面是因为大部分的老教师科研能力不够；另一方面也没有很好的科研氛围，更是没有及时有效地培训，教师的科研意识薄弱。除此之外还有科研硬件设施有限，资金条件的限制都束缚了教师科研能力的提高。

（五）教师待遇偏低，削弱了教师的教学积极性

延边中小学尤其是农村中小学当中，教师的待遇普遍偏低，教师凭借着自身的使命感与责任感，一如既往的坚守在自己的岗位上，但长时间发展下去，教师的教学积极性严重下降，教师队伍很难维持稳定的发展。

二、多元文化背景下加强中小学教师队伍建设的主要对策与建议

（一）提高教师待遇，稳住教师队伍

教师待遇的高低直接影响到教师队伍的稳定。在延边中小学中教师资源短缺的主要原因之一就是教师待遇较低，进而使得在岗的教师出于自身的使命感与责任心在坚持任教，同时由于经济待遇低也使得教师生源单一，难以引进优秀的人才来壮大教师队伍，所以提高教师的福利待遇与社会地位，会直接影响教师队伍的稳定与壮大。在待遇有所提升的前提下，教师的教学积极性会得到提高，教学能力也会受到积极地影响，归根结底教师待遇关系教育发展的方方面面，不仅仅是教师教学水平的提升，教师的社会地位、自身的职业满意度都会得到不同程度的提高。

（二）开展教师培训，提高教师教学能力

在走访的延边中小学当中，能够对教师进行有效培训的学校少之又少。前面提到朝族教师存在有学科结构不合理的现象，一些科目的教师严重不足，还有另外一部分存在超编现象，在这种新鲜血液难以补充的前提下，教师队伍的建设应当首先放在培训的环节上，努力提高教师的整体素质和综合能力。为此，除了要对教师进行正规严格的培训之外，还可以定期的开展讲座，参观考察，与其他院校建立良好的合作关系等。在培训的过程中，应尽量满足教师的实际需求，根据自身的实际情况做有针对性的学习[3]。

（三）完善制度建设，壮大教师队伍

当前延边市的中小学教师不仅不足，而且难以吸纳才学之士。要想卓有成效的壮大教师队伍，不仅要提高教师的经济待遇与社会地位，还要完善制度。切实改革用人机制，扩大招聘的渠道，为实现教师队伍的结构优化可以吸纳非师范类的学生。与此同时也要大胆的改变用人策略，用新的观念与方法，塑造一支知识结构强、教学观念新、教学方法优的复合型教师队伍。同时也要对现有的教师进行合理的奖惩制度，认真地分析总结教师队伍现状，努力完善教师队伍结构，充分开发与利用本土资源，创造教师满意的工作环境。对教师进行公平、公开的奖惩制度，尽量降低教师职业的心理压力，促使教师充分发挥自身的潜能与优势。

（四）调高教育质量，解决生源不足问题

在朝鲜族的大部分中小学当中都存在有严重的生源不足现象，人口流动性大，由此降低了教师的工作积极性。当地教育部门应采取优惠的政策，扶持家庭贫困地区的子女完成学业，减少辍学现象，在有能力上学的孩子当中要保证教学的质量，减少教师及孩子家长的压力。除此之外，也要多与家长沟通，了解孩子的心理需求，并将学校的学习情况如实的向家长予以反馈，以此赢得家长的信任。实际上，朝族的家长对孩子的学业很关心，只是不在身边没有办法亲自照顾孩子的学习，所以学校要采取有效的策略多与家长沟通，政府也要对此事予以重视与支持，努力解决好生源不足的问题，以保证教师队伍的稳定。

参考文献：

［1］张道祥：《当前农村教师队伍存在的问题与建议》，载《教育探索》，2008 年第 9 期，第 103 – 104 页。

［2］陈红英：《小学特级教师专业发展影响因素及途径研究》，2011 年四川师范大学硕士学位论文。

［3］唐松林：《农村中小学教师队伍建设》，2004 年华东师范大学硕士学位论文。

作者简介：魏静（1987—），女（回族），辽宁省沈阳市人，中央民族大学教育学院中国少数民族教育专业 2011 级硕士研究生，研究方向为中国少数民族基础教育研究。

第三篇

族群认同与民族团结教育研究

第六章　族群认同与民族团结教育的理论研究

第一节　历史使命与路径选择：多元文化视野下的民族团结教育

文化是一个民族的灵魂、精髓和血液，是一个民族凝聚力、生命力、创造力的重要源泉。一个民族若丧失了文化，就必然会失去活力、动力与希望。研究、探索民族团结教育问题，就必然应将民族文化问题置于考虑的中心议题，而不能绕开民族文化，更不能回避民族文化。特别是在当前多元文化思潮日益受到关注、重视之时，更是如此。在某种意义上，民族团结教育问题就是促进各民族文化的整合、交融、借鉴与互生进而实现族际关系和谐互动的问题。那么，如何从文化的视角探索民族团结教育？这是本节努力要回答的问题。

一、重视族际团结与和谐：国际的经验与趋势

当下是个文化多元的时代，更是多民族国家日益重视族际和谐以形成民族凝聚力进而促进国家统一稳定的时代。在这特殊的时代里，民族凝聚力获得了新的价值与使命，被普遍看作是与经济实力、科技实力和国防实力等硬实力同等重要的一个国家综合实力的重要组成部分。而且，由于民族凝聚力在使一国经济实力、科技实力、国防实力等成为合力中的不可替代的贯穿、联络作用，而日益被视为构成一国之综合国力的灵魂，成为衡量一个国家潜在或显在综合国力强弱的重要尺度。

多民族国家，不管是移民国家，还是非移民民族国家，也无论是欧美发达国家，还是发展中国家，都非常重视通过各种方式，尤其是通过教育这个特殊渠道，关注少数民族间的权益，并借以加强族际间的团结、和谐并进而巩固和强化国民的国家认同意识、国家安全意识和国家利益意识。例如，美国出台实施一系列关注少数民族教育权利与利益的法案，保证少数民族权益并促进国民对国家的认同。1954年“布朗诉托皮卡教育管理委员会案”吹响了美国教育领域中反对种族歧视的号角。1968 年出台《双语教育法》，以满足“主要语言是非英语国家孩子的需要”，尔后在 1974 年的《双语教育法》修订版中则明确强调政府在促进双语教育实施保障，特别是经费保障、资源保障、组织保障等方面的责任，并将教育对象扩大到了开设以学生母语为教学语言的双语班及发展相关的配套项目等。1990 年出台《美国土著语言法》则标志着美国开始并更多承认、关注少数民族的文化权利，如“维持、保护和促进美国土著居民使用、实践和发展美国土著语言的自由和权利、

鼓励和支持把土著语言作为教学语言、土著的生存和教育机会平等、重新认识土著语言的价值功能与作用等”。有“民族拼盘”之称的澳大利亚政府，意识到学习外语是人的一种基本权利，学习外语有利于消除歧视和增强凝聚力，利于促进澳大利亚多元化的社会发展，国家必须保障这种权利，要支持用英语以外的语言进行教学，并由此于1987年制定《国家语言政策》。在1994年又出台《澳大利亚学校策略亚洲语言研究》，实施“优先语言”教育，规定联邦政府为那些以中文、日语、印尼语和韩国语等亚洲主要教学语言为教学语言的州立教育机构提供各种资助，使澳洲学生的外语学习扩展到除欧洲语言的多种亚洲语言。2000年出台《澳大利亚土著民族教育（目标援助）法案》明确提出要实行拨款援助，发展土著民族教育，保留土著民族的群体文化，用以支持少数民族教育的发展。其他诸如英国、俄罗斯、加拿大等多民族国家，也无一不在通过教育构建各民族的和谐以实现国家的稳定与统一。表面看，上述这些国家并没有搞什么民族团结教育，也没有出台诸如民族团结教育指导纲要等的政策性文件。但实质上，这些国家是以一种特殊的形式、规范和要求（如美国以法律的形式明确规定公立学校的少数民族学生必须达到一定的比例等等），将民族团结教育隐藏于国家的整个行为规范或公民教育之中，从而以一种间接、含蓄的方式实践或达到其民族团结教育的目的。

当前的国际形势非常复杂。尽管和平仍是当今世界的主流，但冲突与战乱仍不时发生。此种背景与形势，促使世界各国对外要努力发展和平共处的外交关系，极力打造融洽稳定的周边环境与周边关系，为本国的可持续发展谋求和平的空间和氛围，对内则要求致力于国内稳定的维护，国家认同关系的确立等。当然，军警、部队等硬实力在维护国家稳定与促进公民的国家认同等方面，无疑仍起着重要的作用，但教育等软实力的作用与力量同样也不可轻视，并日益得到世界各国的认同。因此，世界各国在力求调节不可控制的外部环境的条件下，极力推动和促进族际间的团结和谐，强化公民的国家认同意识，维护国家的稳定与统一。

历史和经验表明：一个多民族国家，没有强大的民族凝聚力，就等于一盘散沙，就会四分五裂。一个多民族国家，没有强大的民族凝聚力，也就不可能自立于世界民族之林。中国与世界上其他多民族国家一样，既面临着民族凝聚力提升的大好机遇，同时也面临西方反华势力、民族分裂极端分子等给民族团结带来的压力。基于此，加强民族团结教育，提升中华民族的凝聚力，无论提高到什么程度都不为过。

二、民族团结教育的历史使命

理念往往是行动的先导。没有理念或者理念不清，行动必然受损——要么走错路或者走弯路，最终导致行动效果远低于预期。民族团结教育也是如此。必须对民族团结教育进行深入的分析和思考，特别是对民族团结教育的神圣使命进行理性追问，并形成正确的价值判断，才能保障民族团结教育走向实效、持续、健康。可以说，对民族团结教育之神圣使命问题回答得正确与否，在很大程度上决定了民族团结教育之路走向何处以及能走多远。

（一）促进国家文化认同，维护国家统一与稳定

通过民族团结教育以实现国家的统一、稳定和繁荣，这几乎是世界各国的普遍共识和共同经验。当然，这一普遍共识和共同经验中蕴藏的特殊性因素即国家文化，是值得深入思考的。否则，如一些学者、官员言民族问题时（包括民族教育问题）必谈美国，并以此为据与国际接轨，最后的结果定然是将民族问题引入混乱甚至倒退。我们认为，任何一个国家也不管其以何种形式开展民族团结教育，其核心思想都在于维护其国家文化或在国家文化的基础上来谈论这个问题的。例如，美国将美国文化融合其民族教育政策之中，澳大利亚将英国文化切入其中，等等。显然，我国的民族团结教育也毫无例外在于将各民族的文化统一到中华民族文化之中，促进国民对中华民族文化的认同，并进而形成对祖国的认同、对中华民族的认同、对中华文化的认同以及对有中国特色社会主义道路的认同。

对一个民族、一个国家的国民而言，文化认同所散发出来的力量是无比强大的。犹太民族多年来尽管居无定所、颠沛流离且命运多舛，但就是因为犹太人对犹太文化的高度认同，才使得犹太人的复国夙愿梦想成真。中华民族文化是中华民族的核心和灵魂，也是整个中华民族得以繁荣发展的重要推动力。民族团结教育实践中，学习民族基本理论和政策，了解民族风土人情等，是非常有必要的，但如果这种学习和理解没有与中华民族文化关联起来，没有充分考虑到民族团结教育之通过认同中华民族文化，进而认同中华民族、认同国家的神圣使命，那么，民族团结教育的效果、持续性显然是要打折扣的。

（二）科学保护民族文化，和谐民族关系，推进民族繁荣发展

强调以中华民族文化为基础的国家文化认同无疑民族团结教育的必然使命，但是，宣传和科学保护各民族的民族文化无疑也是民族团结不可或缺的使命之一。一方面，文化没有高低优劣之分，每个民族在其漫长的历史发展过程中，都形成了具有独特内在价值的民族文化，它们都从不同角度推动着社会的发展。另一方面，各民族的民族文化与中华民族文化是互相依存而非对立的关系。正如费孝通先生在其“中华民族多元一体”理论中所言，在中华民族多元一体的格局中，高层次的认同并不一定取代或排斥低层次的认同，不同层次可以并存不悖，甚至在不同层次的认同基础上可以各自发展原有的特点，形成多语言、多文化的整体。

历史经验和客观现实都表明：中华民族大家庭中的各民族不是孤独的独立发展的，而是在彼此接触、交流、互动、融合的过程中，互尊互信、互助互帮、互通有无，互取优长，实现各民族的发展、壮大和繁荣，形成了你中有我，我中有你的民族融合大格局，建立了“汉族离不开少数民族、少数民族离不开汉族，少数民族互相离不开，中华民族整体发展离不开各民族的发展”的民族关系。我们认为，“各处其中”的民族格局和“互不能离”的民族关系，它们的形成、发展往往是通

过民族文化这个中介来实现的。民族文化在其发展过程中，通过接触、借用、传播、涵化等方式，使得不同民族的文化能够互相影响、相互借鉴，进而促进不同的文化主体即各少数民族对其他民族及其民族文化的理解、尊重、认同。可以说，如果没有民族文化这个中介及其引发的民族文化认同、理解和尊重，和谐共进的民族关系是难以想象的。

重视、发展和保护各少数民族的利益，以实现各民族的共同发展、共同成长，共同繁荣，既是国家民族政策核心所在，也是中国民族政策的优越性体现。从某种意义讲，民族团结教育的使命之一就是通过民族团结教育，促进各民族相互尊重、理解彼此的民族文化。我们认为：任何一个不尊重其他民族传统、民族文化的民族，最终也不会得到其他民族的认可、尊重和理解。民族团结教育就是展现各民族优秀状态及历史贡献，以获得别人的认可和尊重，进而在各民族内部确立彼此理解、相互尊重的民族文化态度。

三、民族团结教育的路径选择

民族团结教育应该走什么样的路才能收获期待的效果，这是明确民族团结教育使命后接踵而来的另一个命题。一般看来，在民族团结教育的路径选择过程中，以下几个方面是必须要注意的。

（一）贯彻落实国家民族政策，强化国家利益

国家政策特别是民族政策是国家对民族问题的高度概括，是党和国家处理民族问题的依据和手段，协调民族关系的规范和准绳。开展民族团结教育的第一要务是贯彻落实国家的相关政策，特别是要将国家关于民族团结教育方面的政策、文件、方针、指示等，以一种务实的态度将之落实到各层面的个体之上。确保民族团结教育过程中，不仅少数民族接受教育，汉族也要接受教育；不仅群众要接受教育，干部也要接受教育；不仅一般干部要接受教育，领导干部也要接受教育。通过贯彻落实国家政策，积极开展民族团结教育，使各民族群众、干部不断加深对国家的民族理论和民族政策的认识，牢固树立马克思主义民族观，不断提高贯彻落实党的方针政策的自觉性、坚定性，践行“三个离不开”思想，坚持“四个认同”观念（即对祖国的认同、对中华民族的认同、对中华民族文化的认同，对有中国特色社会主义道路的认同），秉持“四个不动摇”精神（即坚持中国特色社会主义道路不动摇，坚持共同团结奋斗、共同繁荣发展不动摇，坚持党的民族政策不动摇，坚持维护祖国统一不动摇）。

（二）关注民族文化差异特点，求同存异，科学维护民族利益

由于生产生活条件差异等方面的原因，中华民族大家庭中的各个民族在其发展的历史长河中，形成了与其他民族不同的民族文化特点，有着与其他民族不同的民族文化诉求。无疑，这些有着显著差异性特点的民族文化是整个中华民族文化的有

机组成部分，正是它们才构建了多姿多彩的中华民族文化，并且在很大程度上在各民族文化之间形成了互补。民族团结教育必须要关注到这些民族文化差异，关注各个民族的文化利益追求。唯有如此，才能保证不同的民族各得其所，各安其所，各美其美，最终到达天下大美。

（三）加强民族师资建设，构建民族团结教育人力资源

人是最主要的生产力。建立一支强有力的民族团结教育师资队伍，是有效开展民族团结教育的关键。作为民族团结教育中重要的人力资源，民族团结教育师资极大地影响着民族团结教育的实效性、持续性和深远性。显然，民族团结教育中的教师不同于一般意义的教师，尽管这种教师无疑同时也具有普通教师所应有的职业操守与素质。我们认为，民族团结教育中教师的一种特殊素质在于其文化性。当然，这里的文化不是一般意义上的文化，它具有明显的特指性，即民族文化特质。试想，如果一位教师对其他民族的文化不了解或一知半解，没有形成对其他民族文化应有的尊重、理解，甚至还持某种文化优秀论，还持有一种文化偏见。那么，很难想象这位教师能在民族团结教育中让学生形成对平等的民族文化观点，能胜任民族团结的工作，也很难想象会产生民族共情。无论是历史上还是在当代，由于民族文化偏见造成的冲突和战乱非常之多，这给予我们民族团结教育许多启示。让学生成为具有民族团结意识的人，教师自身首先必须成为一个能够理解、尊重他族文化具有强烈的民族团结意识的人。因此，必须要加大对民族团结教育课教师的培训力度，通过组织开展教学研究、集体备课、教学经验交流与观摩等，培养具有“民族文化”素质和意识的教师，从而为民族团结教育真正做到进教材、进课堂、进学生头脑，提供高素质的教师基础。

（四）营造全员参与氛围，立体推进民族团结教育

民族团结教育是一项系统工程。民族团结教育使命的系统性实现和落实，需要全社会全部动员起来，人人参与，个个行动，才能取得民族团结教育效果的最大化，才能真正实现各民族的伟大团结。当前，民族团结教育多局限于学校教育层面，这导致民族团结教育的影响面和覆盖面非常有限。事实上，即便是在民族院校，民族团结教育的影响面也是非常有限的。例如，一些理工科专业的学生，尤其是汉族理工科的学生，对其他民族的文化就缺乏了解。学校教育内民族团结教育尚且如此，显而易见其他领域的民族团结教育是一种什么样的情况。我们要抛弃那种只要贴上“教育”标签就归属于学校部门的狭隘的思想和观念，将民族团结教育纳入社会教育之中，营造起全社会都来关注民族团结教育，都来参与民族团结教育，都来支持民族团结教育的氛围。正如刘云山同志在深入开展民族团结宣传教育活动电视电话会议上所言，要把民族团结教育贯穿于国民教育全过程，贯穿于公民教育过程，执行于整个社会教育过程。逻辑地看，只有将民族团结教育与学校教育与学校生活、家庭教育与家庭生活、社会教育与社会生活，紧密联系起来，形成

“学校—家庭—社会”之民族团结教育的合力，全方位立体推进民族团结教育，民族团结教育持续深远的影响力才会出现。

作者简介：钟海青（1955—），男，汉族，广西民族大学党委书记、教授，教育学博士，主要研究方向：民族教育、教育经济与管理、教师教育。

第二节 民国时期三民主义教育宗旨中的民族认同研究

一、问题的提出

霍布斯鲍姆曾预言，民族将成为一种历史现象而逐渐消退。①但在全球化浪潮已席卷地球每一个角落的今天，我们看到的却是民族认同表现强烈带来的漫天烽火，“我们的世界，以及我们的生活，正在被全球化与认同的冲突性趋势所塑造”。②当民族认同遭遇所谓的全球普世价值，我们面对着一系列急需在理论上解决的问题：民族认同究竟是认同什么，怎样在多元的价值思潮下保有和维系民族认同，甚至该不该在当今的世界形势下保留这种看似狭隘的归属感和忠诚感。这些问题皆由民族认同问题所引发，自然也要在对民族认同的探讨中寻求出路。学术界对民族认同的研究，虽然早在 18 世纪启蒙运动时期就已出现，却从未像现在这样，成为关心和讨论的中心议题。

目前针对民族认同问题所发表的重要研究，主要由历史学者、社会学者、人类学者等提出。历史学者重视的是历史意识的复兴及其对民族认同、国家形成的影响，民族认同建构的途径（受本尼迪克特·安德森观点的影响，多集中在电影、报纸、文学作品等大众传媒方面），并着重讨论了如何在政治、学术、哲学等领域具体呈现的问题。社会学者、人类学者对民族认同的概念、民族认同的发生、民族认同的要素、民族认同的层次、民族认同的作用、具体民族的民族认同、青少年的民族认同等方面进行了理论和实证的研究。

随着研究的深入，教育界学者也开始了对民族认同问题的研究。1987 年，爱泼斯坦对学校教育在形塑民族认同中的作用进行了探讨。1994 年，恩斯林对民族认同建构是否应成为教育的目标进行了分析。随后，教育史学家也开始研究教育在民族认同的形成中所起的作用。如 1999 年，英国《教育史》杂志第三期发表了“教育和民族认同”专刊，在发刊词中主编勒伍甚至认为，对教育史学家而言，民族认同及其与教育的关系是最为贴切的研究主题。（此主题因而也成为同年英国教

① ［英］霍布斯鲍姆著，李金梅译：《民族与民族主义》，上海：上海人民出版社，2000，第 223－224 页。

② ［英］曼纽尔．卡斯特著，夏铸九译：《导言——认同的力量》，北京：社会科学出版社，2003，第 2 页。

育史协会的年会主题。）进入21世纪后，国外对民族认同和教育问题的研究呈现具体化的态势，开始对一些具体的国家如苏格兰、巴勒斯坦、墨西哥、美国、法国等国家的教育和民族认同的建构开展研究，而且从微观的层面如历史教育、语言教育、教科书、教师、学生等方面进行探讨。我国对教育和民族认同方面的研究，仅局限在人类学、社会学及民族学等学科领域。教育史研究者由于受学术兴趣的影响，至今还未有贡献。

国内外的相关研究成果，一方面为本节的研究准备了丰富的理论条件，提供了富有启发的研究视角，同时也凸显了从教育史的视角对中国教育和民族认同研究的重要意义和价值。

民族认同问题引起国人的关注，始自于清末。梁启超在研究民族产生的诸要素时，特别提到了民族认同："血缘、语言、信仰皆为民族成立之有力条件：然断不能以此三者之分野，径为民族之分野。民族成立之惟一要素，在'民族意识'之发现与确立。何谓民族意识？谓对他们自觉为我。'彼，日本人；我，中华人'：凡遇一他族而立刻有我中华人之一观念浮于其脑际者，此人即中华民族之一员也。"① 梁启超在此处提及的民族意识，即是民族认同。五四运动后，日益加深的民族危机使民族认同问题成为人们关注的焦点，并在抗日战争中得到进一步强化。

"民族认同的形成，有赖于义务的、标准化的公共教育系统来实现的。国家权威希望通过反复灌输来培养对民族的忠诚和有特点的具有内部同一性的文化，在'民族主义有关文化真实性和统一性观念'的影响下，所有的政权都在努力实施这样的教育"②。对于国民民族认同的培养的问题，首先并集中体现在教育宗旨中。因为教育宗旨反映着国家的意志，代表着统治阶级的利益，它"集中体现了不同历史时期国家的教育意志及其关于教育发展的总方向、总目标、总纲领、总政策和总原则"③。

基于上述原因，本文拟对民国时期三民主义教育宗旨中的民族认同问题进行研究，以此窥视二十世纪二三十年代教育变革中的民族认同问题。通过内容分析，探究三民主义教育宗旨中民族认同的存在、内涵等问题；透过文本分析来探究民国时期三民主义教育宗旨中民族认同问题产生的"情境"；借此，对三民主义教育宗旨中的民族认同的内涵、建构等问题进行解析，并由此提出对当前我国培养国民的民族认同的启示。

二、三民主义教育宗旨的内容分析

（一）民族认同教育是三民主义教育宗旨的应有之意

1929年3月国民党第三次全国代表大会通过了《确定教育宗旨及其实施方针

① 转引自张海洋著：《中国的多元文化与中国人的认同》，北京：民族出版社，2006，第57页。

② 马戎：《评安东尼·史密斯关于"nation"（民族）的论述》，载《中国社会科学》，2001年第1期。

③ 瞿葆奎主编：《教育基本理论之研究（1978－1995）》，福州：福建教育出版社，1998，第611页。

案》，4 月，以国民政府令的形式，公布了“三民主义”的教育宗旨：“中华民国之教育根据三民主义，以充实人民生活，扶植社会生存，发展国民生计，延续民族生命为目的。务期民族独立，民权普遍，民生发展，以促进世界大同。”①

三民主义教育宗旨明确宣告了其理论根据是三民主义。三民主义不但是政治建设的典范，也是教育建设的依归。因此，欲探讨三民主义教育宗旨中的民族认同，首先要考察三民主义中的民族认同问题。

“三民主义”作为孙中山建设民族国家的指导理论，首先强调的是“民族主义”。民族主义作为对本民族的“一种思想、一种信仰和一种力量”②，必然以“对自己民族归属的认知和感情依附”③ 为前提。可以说，民族认同是民族主义的基石。

民族认同不仅是民族主义的前提和基石，而且民族认同是构成民族主义的决定性条件。孙中山认为，民族的构成是基于血统、生活、语言、宗教和风俗习惯等自然因素，民族主义情操乃是与生俱来的天性，“我们研究许多不同的人种，所以能结合成种种相同民族的道理，自然不能不归功于血统、生活、语言、宗教和风俗习惯这五种力。”又说：“譬如一个人，见着父母总是认得，决不会把他当做路人，也决不会把路人当做父母……这是从种性发出来，人人都是一样的……这就是民族主义的根本。”但是，他又表示“民族主义之范围，有以血统宗教为归者，有以历史习尚为归者，语言文字为归者，琼乎远矣；然而最文明高尚之民族主义范围，则以意志为归者也。如瑞士之民族，则合日尔曼、以太利、法兰西三国人民而成者也。”④ 所谓民族意志，即指民族意识，乃个人对民族产生认同感。孙中山举瑞士为例，证明历史、血源、语言相异者，依然可以主观意志建造一个民族。从孙中山的论述中我们可以获知，经验上可指出的属性（如共同的语言、宗教等）并非构成民族主义之决定性条件，主要的条件是主观的，也就是由人民对团体之过往、目前与（最重要的）命运之自我认同（self - identification）所构成的⑤。

三民主义以民族主义为前提，而民族认同又是三民主义中的民族主义的基石和决定条件，因此重视民族认同的培养是三民主义教育宗旨的应有之意。

而这在三民主义教育宗旨的八条实施方针中得到明确而具体的呈现：“以史地教科，阐明民族之真谛”，“社会教育，必须使人民认识国际情况，了解民族意义”⑥。

---

① 教育部编，《第一次中国教育年鉴》甲编，开明书店，1934，第 8 页。
② 孙中山：《三民主义之民族主义》，http：//bbs. huanqiu. com/thread - 422791 - 1 - 1. html。
③ 孙中山：《三民主义之民族主义》，http：//bbs. huanqiu. com/thread - 422791 - 1 - 1. html。
④ 孙中山：《三民主义之民族主义》，http：//bbs. huanqiu. com/thread - 422791 - 1 - 1. html。
⑤ 于蕙清：《孙中山民族主义学说新诠》，http：//www. docin. com/p - 15579667. html。
⑥ 《第一次中国教育年鉴》甲编，第 16 页。

（二）三民主义教育宗旨中民族认同的内涵

在汉语中，“民族”一词的涵义非常广泛，在不同的语境和不同的层面，其内涵和所指不一样。根据当代学者的研究，“中国语境中的民族认同大致包含三层含义：一是国内各民族的内部认同，是为族群认同；而是国内各民族之间的整体认同，是为国民认同；三是跨国的中外籍人士（包括海外华人）对中国历史文化或文明的认同，是为文化认同。”[①] 三民主义的教育宗旨，强调民族认同的培养，那么，这种民族认同的具体内涵是什么呢？是民族国家认同，族群认同，还是文化认同？

孙中山认为，“民族主义就是国族主义。中国人最崇拜的是家族主义和宗族主义，所以中国只有家族主义和宗族主义，没有国族主义。”[②] 相应的，民族认同也就可以理解为国族认同。

那么，究竟什么是国族？据考证，最早将 nation 译为“国族”，就是孙中山[③]。国族是随着民族国家的出现而出现的，英文里的“nation”一词，本身就兼有“国族”和“国家”两层意思。民族国家是西方政治发展的产物，从本质上讲，它是对封建割据、外来权威及王权专制的一种反动，其最为核心的内容是“统一”——国家政权的统一，政权之下国民（或民族）的统一，国家利益和民族利益的统一，它的基本特征是国家的发育和以全体国民为基础的民族因素的形成基本处于同一过程。因此可以说，民族国家原本指的是那种相对于前资本主义社会的教权国家、诸侯国家和封建专制王朝而言的，建立在新兴的、统一的、以国家为标识和认同核心的民族（国族）基础上的主权国家。[④] 因此，三民主义中的民族认同，就是这种民族国家认同。

孙中山自述的一段经历，亦可作为一个佐证。“前几天我到乡下进了一所祠堂……看见右边有一个孝字，左边一无所有，我想从前一定有个忠字。像这些景象，我看见了的不止一次，有许多祠堂或家庙都是一样的……由此便可见，现在一般人民的思想以为到了民国，便可以不讲忠字。以为从前讲忠字，是对于君的，所谓忠君。现在民国没有君主，忠字便可以不用，所以便把他拆去。这种理论，实在是误解。因为在国家之内，君主可以不要，忠字是不能不要的……我们在民国之内，照道理上说，还是要尽忠，不忠于君，要忠于国，要忠于民，要为四万万人去效忠。”[⑤]

清朝皇帝退位，建立了共和民国，可是人民认同的对象仍在帝王个人身上，而

---

① 张海洋著：《中国的多元文化与中国人的认同》，北京：民族出版社，2006 年。

② 孙中山，《三民主义之民族主义》，http：//bbs. huanqiu. com/thread－422791－1－1. html。

③ 于蕙清：《孙中山民族主义学说新诠》，http：//www. docin. com/p－15579667. html

④ 张永红：《试论族群认同和国族认同》，载《中南民族大学学报》（人文社会科学版），2005 年第 2 期。

⑤ 孙中山：《三民主义之民族主义》，http：//bbs. huanqiu. com/thread－422791－1－1. html。

无近代西欧产生的主权在民的观念，于是引起无国家可忠的困境。因此孙中山强调，在民国，“要忠于国，要忠于民”，也就是要有民族国家认同。

（三）三民主义教育宗旨中民族认同的建构

民族国家的建立，需要借助国民的民族认同。但民族国家认同作为一种抽象的民族归属的认知和感情依附，不是原生的，取得的，也就是说，民族认同不是从世代遗传及其文化的传承与融合而来，不是有了共同的血缘、语言、宗教、文化传统等即自然产生民族认同。因此，民族认同的建构是三民主义中的必然之意。虽然民族认同是后天建构出来的，但却不能凭空建构，建构的基础是能引起共鸣的、认为是真实的客观存在，如共同的祖先、语言、历史、土地等。

孙中山认为，“中国国民和国家结构的关系，先有家族，再推到宗族，再然后才是国族。”[①] 基于这种认识，在谈到如何建构民族国家认同时，特别强调建立在血缘关系基础上的家族、宗族观念。

“中国人对于国家观念，本是一片散沙，本没有民族团体。但是除了民族团体之外，有没有别的团体呢？我从前说过了，中国有很坚固的家族和宗族团体，中国人对于家族和宗族的观念是很深的。譬如中国人在路上遇见了，交谈之后，请问贵姓大名，只要彼此知道是同宗，便非常之亲热，便认为是同姓的伯叔兄弟。由这种好观念推广出来，便可由宗族主义扩充到国族主义。我们失了的民族主义要想恢复起来，便要有团体。要有很大的团体。我们要结成大团体，便先要有小基础，彼此联合起来，才容易做成功。我们中国可以利用的小基础，就是宗族团体。此外还有家乡基础，中国人的家乡观念也是很深的，如果是同省同县同乡村的人，总是特别容易联络，依我看起来，若是拿这两种好观念做基础，很快可以把全国的人都联络起来。要达到这个目的，便先要大家去做。中国人照此做去，恢复民族主义比较外国人是容易得多。因为外国人是以个人为单位，他们的法律，对于父子、兄弟、姊妹、夫妇各个人的权利都是单独保护的。打起官司来，不问家族的情形是怎么样，只问个人的是非是怎么样。再由个人放大便是国家，在个人和国家的中间，再没有很坚固很普遍的中间社会。所以说，国民和国家结构的关系，外国不如中国。”[②]

“敬祖亲宗的观念，入了中国人的脑，有了几千年。国亡他可以不管，以为何人做皇帝，他总是一样纳粮。若说到灭族，他就怕祖宗血食断绝，不由得不拼命奋斗……若是给他知了外国目前种种压迫，民族不久即要亡，民族亡了，家族便无从存在……在每一姓中，用其原来宗族的组织，拿同宗的名义，先从一乡一县联络起，再扩充到一省一国，各姓便可以成一个很大的团体……到了各姓有很大的团体之后，再由有关系的各姓，互相联合起来，成许多极大的团体。更令各姓的团体，都知道大祸临头，死期将至，都结合起来，便可以成个极大“中华民国”的国族

① 孙中山：《三民主义之民族主义》，http：//bbs. huanqiu. com/thread－422791－1－1. html。
② 孙中山：《三民主义之民族主义》，http：//bbs. huanqiu. com/thread－422791－1－1. html。

团体。有了国族团体，还怕什么外患，还怕不能兴邦吗?"①

哈贝马斯认为，法国大革命动员了所有法国人民的爱国心与同胞手足之情，使得“民族”政治化，“国家”民族化，产生一种“国家以民族为基础”的崭新组织形态。更重要的是，这时“民族”的意识彻底转变，不再注重血缘文化属性，而是强调公民共同实践政治权利的集团意志。因此公民对国家的认同基础，也由血缘文化因素转变为宪政制度因素。② 按照哈贝马斯的说法，“中华民国”真正成为民族国家后，公民对国家的认同基础，也将由血缘文化因素转变为宪政制度因素。因此不能简单地将三民主义的民族认同建构中对血缘文化因素的注重理解为一种传统文化认同，其认同的实质是民族国家，是一种政治认同。

（四）三民主义教育宗旨中的民族认同与世界主义

三民主义教育宗旨的近期目标是“延续民族生命”，远期目标是“促进世界大同”。可以看出，在三民主义教育宗旨中，民族认同与世界主义并不是截然对立的。对于民族认同和当时流行的世界主义的关系，孙中山曾有过详细的论述。

孙中山认为，对于世界主义，“不能说是好不好，只看他是合我们用不合我们用”。在民族国家建立的过程中，我们首先要强调民族认同，“我们今日要把中国失去了的民族主义恢复起来，用此四万万人的力量为世界上的不公正打不平，这才算是我们四万万人的天职”。“我们要知道世界主义是从什么地方发生出来的呢?是从民族主义发生出来的。我们要发达世界主义，先要民族主义巩固才行。如果民族主义不能巩固，世界主义也就不能发达。”“这种不讲打得好道德，就是世界主义的真精神。我们要保守这种精神，扩充这种精神，是用什么做基础呢？是用民族主义做基础。像俄国的一万万五千万人是欧洲世界主义的基础，中国四万万人是亚洲世界主义，一定要先讲民族主义，所谓欲平天下者先治其国。把从前失去了的民族主义重新恢复起来，更要从而发扬光大之，然后再去谈世界主义，乃有实际”③在三民主义中，民族认同或民族主义是实现世界主义的基础。

如前所述，三民主义教育宗旨中的民族认同的建构是以家族、宗族这种原始的联结关系为基础的，在一定意义上，这种原生民族认同对民族国家的政治动员有支持作用。但是正如霍布斯鲍姆所指出的，“单靠原型民族主义并不足以创造出民族性、民族，更遑论国家”④。原生主义民族认同论述中的基本元素恶性膨胀发展，更容易导致造成民族个体或群体对基于自身血缘、地域、语言、历史叙事、宗教与风俗习惯等元素的静止性、偏狭性、封闭性与排外性认同，进而生成民族冲突甚至

① 孙中山：《三民主义之民族主义》，http：//bbs. huanqiu. com/thread－422791－1－1. html。

② 张永红：《试论族群认同和国族认同》，载《中南民族大学学报》（人文社会科学版），2005 年第 2 期。

③ 孙中山：《三民主义之民族主义》，http：//bbs. huanqiu. com。

④ 江宜桦：民族主义的国族认同理论，http：//wenku. baidu. com/view 。

是分离主义因素，它是宪政认同建构的基础性障碍之一①。世界主义要求一种新的一体化方式，一种新的认同概念。三民主义教育宗旨把民族认同为基础的三民主义和世界主义的关系处理为近期目标和远期目标，应该说理论上是通融的。

三、三民主义教育宗旨的语境分析

作为凝固了的话语的三民主义的教育宗旨，究竟传达了怎样的意蕴？话语有明显和隐含之分，话语的含义远远超出字面符号所指。福柯曾说，话语是一种如此复杂的现实，以至于我们应当从不同层面用不同的方法来接近它。福柯强调在语境中分析和思考话语，因此，我们要获知话语的真实涵义，必须探讨何时、何人有此之说，为何有此之说。②

早在民国三民主义教育宗旨出台之前，1902 年，梁启超就发表了《论教育当定宗旨》一文，第一个明确提出了教育宗旨问题。1906 年，中国第一个由政府正式颁布并实施的教育宗旨，内容为“忠君、尊孔、尚公、尚武、尚实”。前二者为“中国政教之所固有，而亟宜发明以距异说者”；后三者为“中国民质之所最缺，而亟宜箴砭以图振起者”，体现“中学为体，西学为用”思想。此宗旨沿用至民国初年。1912 年，根据蔡元培的《对于教育方针之意见》一文，形成了中国近代第一个资产阶级教育宗旨——民国元年教育方针。1915 年，袁世凯出于他复辟阴谋的需要，颁布了《教育宗旨》，内容为“爱国、尚武、崇实、法孔孟、重自治、戒贪争、戒躁进”。五四时期，由于受实用主义的影响，教育界曾提出“废止教育宗旨”、“宣布教育本义”的主张。1922 年的学制，只有 7 项标准而无教育宗旨。

1925 年前后，随着民族危机的加深，民族主义思想在中国弥漫。在教育领域，人们开始对近代以来模仿移植的教育进行反思，教育宗旨问题又被重新提起。1924 年 12 月，高卓在《今后中国教育应取的方针》中指出：“民国以来，西洋的新教育思想、制度和方法曾大量涌入中国，但它们不久又烟消云散。这其中固然有从事教育的人缺乏研究的因素，但不先定教育方针也不能不说是一个重要原因”。③

1926 年，中华教育改进社依据国家主义明定教育宗旨案提出：中国现时教育，以养成爱国国民为宗旨，其要点如下：（1）注重本国之文化，以发挥民族精神；（2）实施军事教育，以养成健全体格；（3）酌施国耻教育，以培养爱国情操；（4）促进科学教育，以培养基本知识。

在民间人士和团体对教育宗旨问题进行讨论的同时，国民党也注意到了教育宗旨的重要性。为推进国民革命运动，1926 年 8 月，国民政府教育行政委员会委员兼广东省教育厅长许崇清拟订《党化教育之方针——教育方针草案》。1927 年大革

① 涂少彬：《宪政认同：民族认同的现代性转向》，载《河南省政法管理干部学院学报》，2009 年第 4 期。

② 参见杨春芳：《福柯话语理论的文化解读》，载《安康师专学报》，2005 年第 4 期。

③ 高卓：《今后中国教育所应取的方针》，载《教育杂志》，第 16 卷第 12 号（1924 年）。

命失败，国民党政府同年提出了“党化教育”的方针，其实质是加强对教育界的思想控制，党化教育成为国民党独裁统治的工具。后来，“党化教育”引起很多人的非议，要求以“三民主义教育”的提案来代替“党化教育”。

1928年，中华民国大学院第一次全国会议通过的《三民主义教育宗旨说明书》，规定三民主义教育“就是以实现三民主义为目的的教育，就是各级教育行政机关的设施，各种教育机关的设备和各种教学科目，都是以实现三民主义为目的的教育”。其具体内涵为：“我们的教育，应当恢复民族精神，发扬固有文化，提高国民道德，锻炼国民体格，普及科学知识，培养艺术兴趣，以实现民族主义；灌输政治知识，培养运用四权的能力，阐明自由的界限，养成服从法律的习惯，宣扬平等的精神，增进服务社会的道德，训练组织能力，增进团体协作的精神，以实现民权主义；养成劳动习惯，增高生产技能，推广科学之应用，提高经济利益之调和，以实现民生主义；提倡国际主义，涵养人类同情，期由民族自决，进于世界大同。”①

对于这一决议，国民党中央执行委员会训练部存有异议，认为它“对于三民主义教育之真谛，既无所阐明，而于教育与党之关系，尤乏实际联系”，② 于是训练部将《党义教育大纲提案》提交国民党中央执行委员会常委会审议，后交由国民党中央执行委员会第五次全体大会审议。最后以训练部提案为基础，提出一个修正案：“中华民国之教育，以根据三民主义，发扬民族精神，实现民主政治，完成社会革命，而臻于世界大同为宗旨。”③ 直到1928年底，经过多次修正，国民党的教育宗旨蜕变为国民党中央宣传部提出的《确定教育方针及实施原则案》，交由国民党第三次全国代表大会审议。

1929年3月，国民党召开第三次代表大会，把制定教育宗旨和政策作为会议的重要议题。经大会讨论议决通过了《确定教育宗旨及其实施方针案》，三民主义教育宗旨由国民政府通令公布，成为具有强制性的、全国一体遵守的教育目的。至此，“三民主义”教育宗旨终于形成。

通过对三民主义教育宗旨形成的语境的考察④，我们可以发现，最终确定的三民主义教育宗旨不是以知识界的提案为基础，而是以国民党中央执行委员会训练部的提案为基础，充分强调三民主义的理论指导地位，强调三民主义教育与国民党的关系，是国民党意志的言说。

但1928年的国民党虽然在结构上承接的仍是1924年国民党改组后的形式，但其内容已发生根本变化。国民党的所谓“革命”已经变质，“革命”成了国民党“一党专政”的代名词，排斥任何带有革命进步意义的变革。

---

① 《第一次中国教育年鉴》甲编，第10页。
② 《第一次中国教育年鉴》甲编，第10页。
③ 《第一次中国教育年鉴》甲编，第10页。
④ 参见于述胜著：《中国教育制度通史第七卷》，济南：山东教育出版社，2000，第67－75页。

南京政权建立之初，国民政府的权力实际上只限于沿海沿江数省，国民党的权威遭到中国共产党、国民党地方军事实力派和日本这三个方面的严峻挑战。面对这三方面的严峻挑战，国民党内以蒋介石为核心的统治集团急需赋予新政权以合法性。而民族认同“最重要的政治功能是赋予法制机构制定的有关法律的权利和义务为合法性，它确定了一个民族特定的价值和特征，反映人们的传统习俗和道德观念。”① 因此，民族认同常常成为各种群体争取自己权益的武器。在中国，自清末以来，一直存在着民族生存危机。当代学者指出，“在现代中国的变迁过程中，民族主义就成为现代化的最有效的社会动员，成为凝聚人心，整合社会意识形态的象征。谁抓住了民族主义这面旗帜，谁就占据了领导现代化的精神的至高点，掌握了统治中国改朝换代的合法性资源。”② 在这种情况下，三民主义教育宗旨中对民族认同突显成为一种必然。但此时的民族认同重点已不是民族国家的建立，而是政党、政权地位的稳定，因此，民族认同的内涵从民族国家认同转向政党、政权的认同。

三民主义虽然仍是国民党政权的意识形态，但为了维护其现实统治的“合法性”，国民党垄断了三民主义的解释权。举凡一切不利于国民党现实统治的思想和行为，均在排斥之列。“1927 年后，蒋介石对孙中山的三民主义作大幅度的修正，完全抛弃了使三民主义得以恢复活力的‘联俄、联共、扶助农工’三大政策，彻底破坏了三民主义作为一种动员型意识形态的结构完整性。”③

三民主义抛弃了孙中山的革命精神，而沦为国民党“以党治国”的意识形态，三民主义教育沦为实行一党专制的工具。三民主义教育宗旨中的民族认同，也就成为国民党政权、政党的认同。

四、结语

通过内容分析，我们发现，南京国民政府的三民主义教育宗旨，以三民主义为理论根据，突显民族认同问题，并以家族观念等血缘性原生因素作为构建民族认同的基础，旨在构建一个想象的共同体——中华民族这个民族国家。因此，三民主义教育宗旨中的民族认同的内涵不是族群认同和文化认同，而是民族国家认同。三民主义教育宗旨重视民族认同问题，但并不否定世界主义，民族认同是实现世界主义的基础。

然而，透过语境分析，我们却发现，作为南京国民政府和国民党意志体现的三民主义教育宗旨，为赋予其政权和政党以合法性，内涵已不再是民族国家的认同，而是政权和政党的认同。

对三民主义教育宗旨中的民族认同问题的研究给我们以下启示：

---

① 马戎：《评安东尼·史密斯关于" nation"（民族）的论述》，载《中国社会科学》，2001 年第 1 期。

② 许纪霖、陈达凯主编：《中国现代化史（1840—1949）》第 1 卷，上海三联书店，1995 年，第 7 页。

③ 高华：《南京国民政府权威的建立与困境》，http：//www. 21ccom. net/articles。

一，在民族没有消失，民族国家仍然作为普遍的政治共同体而存在的今天，我们的教育目的应突显民族认同问题，而不是泛泛地对受教育者的身心素质作出规定。

二，民族认同是一个内涵复杂的概念，我们不能笼统地说民族认同，而应区分族群认同、国家认同、文化认同或政权、政党认同，这种概念上的清思工作，有助于指导我们的实践。

三，在民族认同建构方面，我们不能完全诉诸于共同的血缘、地域、语言、宗教、文化传统等原生性因素，这些基本元素的恶性膨胀发展，容易造成民族个体或群体对基于自身血缘、地域、语言、历史叙事、宗教与风俗习惯等元素的静止性、偏狭性、封闭性与排外性的认同，进而造成民族冲突；注重宪政制度因素，保障发展权才是建构民族认同的理性选择。

参考文献：

[1]［英］霍布斯鲍姆著，李金梅译：《民族与民族主义》，上海：上海人民出版社，2000 年。

[2]［英］曼纽尔．卡斯特著，夏铸九译：《认同的力量》，北京：社会科学出版社，2003 年。

[3] 马戎：《评安东尼·史密斯关于"nation"（民族）的论述》，载《中国社会科学》，2001 年第 1 期。

[4] 瞿葆奎主编：《教育基本理论之研究（1978－1995)》，福州：福建教育出版社，1998 年。

[5] 教育部编：《第一次中国教育年鉴》甲编，开明书店，1934 年。

[6] 孙中山，《三民主义之民族主义》，http：//bbs. huanqiu. com/thread－422791－1－1. html。

[7] 于蕙清：《孙中山民族主义学说新诠》，http：//www. docin. com/p－15579667. html。

[8]《第一次中国教育年鉴》甲编。

[9] 张海洋著：《中国的多元文化与中国人的认同》，北京：民族出版社，2006 年。

[10] 于蕙清：《孙中山民族主义学说新诠》，http：//www. docin. com/p－15579667. html。

[11] 张永红：《试论族群认同和国族认同》，载《中南民族大学学报》（人文社会科学版)，2005 年第 2 期。

[12] 涂少彬：《宪政认同：民族认同的现代性转向》，载《河南省政法管理干部学院学报》，2009 年第 4 期。

[13] 参见杨春芳：《福柯话语理论的文化解读》，载《安康师专学报》，2005 年第 4 期。

［14］高卓：《今后中国教育所应取的方针》，载《教育杂志》，第16卷第12号（1924年）.

［15］江宜桦：民族主义的国族认同理论，http：//wenku. baidu. com/view。

［16］《第一次中国教育年鉴》甲编。

［17］参见于述胜著：《中国教育制度通史第七卷》，济南：山东教育出版社，2000年。

［18］许纪霖、陈达凯主编：《中国现代化史（1840—1949)》第1卷，上海三联书店，1995年。

［19］高华：《南京国民政府权威的建立与困境》，http：//www. 21ccom. net/articles。

作者简介：吴冬梅（1972—），女，汉族，江苏省铜山人，副教授，中央民族大学教育学院，研究方向为中国教育史。

第三节　民族团结进步教育的必要性

一、关于“民族”

关于“民族”的概念学术界尚未达成统一的认识，在苏联和我国民族学界曾长期坚持斯大林的民族定义，即认为“民族是人们在历史上形成的一个有共同语言、共同地域、共同经济生活以及表现于共同文化上的共同心理素质的稳定的共同体”①，但这个定义越来越受到学术界的质疑，如大家提出共同语言、共同地域是民族形成的条件而不是民族的特征等。我国学者何叔涛教授对汉语“民族”概念进行了分析，指出汉语“民族”概念，可以作三种理解：（1）单一民族，如中国的56个民族；（2）单一民族的集合体，如中华民族；（3）民族内部的支系，如金秀瑶族中的盘瑶、山子瑶、茶山瑶、坳瑶、花蓝瑶，三者之间的关系如同花园、花朵和花瓣②。

在本节中，笔者采纳何书涛教授的观点，结合系统论思想，将“民族”看作一个有层次的系统，并将“民族”扩展到“世界民族”的范畴。关于“系统”，一般系统论基本思想的提出者贝塔朗菲认为，它可以确定为“处于一定的相互关系中并与环境发生关系的各组成部分（要素）的总体”③。系统具有五个特征，即整体性、有机关联性、动态性、有序性、目的性，其中整体性是其基本特征。之所

① 斯大林：《马克思主义和民族问题》，见《斯大林全集》中译本第2卷。

② 何叔涛：《汉语“民族”概念的特点与中国民族研究的话语权——兼谈“中华民族”、“中国各民族”与当前流行的“族群”概念》，载《民族研究》，2009年第2期。

③ 贝塔朗菲：《普通系统论的历史和现状》，载《国外社会科学》，1978年第2期，摘自：尹协理：《未来的哲学》，载《青岛海洋大学出版社》，1991年第1期，第16页。

以可以将“民族”看作一个系统，是因为它同样具备上述特征：

首先，民族具有整体性。世界民族由中华民族、犹太民族、德意志民族等有机组成，而中华民族、犹太民族、德意志民族等自身又都具有复杂的结构，如中华民族又由藏、蒙、回、壮、苗、彝、瑶等56个具体民族有机组成，并且56个具体民族内部也有着复杂的结构，拥有不同的分支或存在地域差异，像云南石林的彝族就有阿细和撒尼之分，还有前面提到的金秀瑶族五支系等（如图1所示），当然不同支系内部可能也有自己复杂的结构，在此我们不做深究。

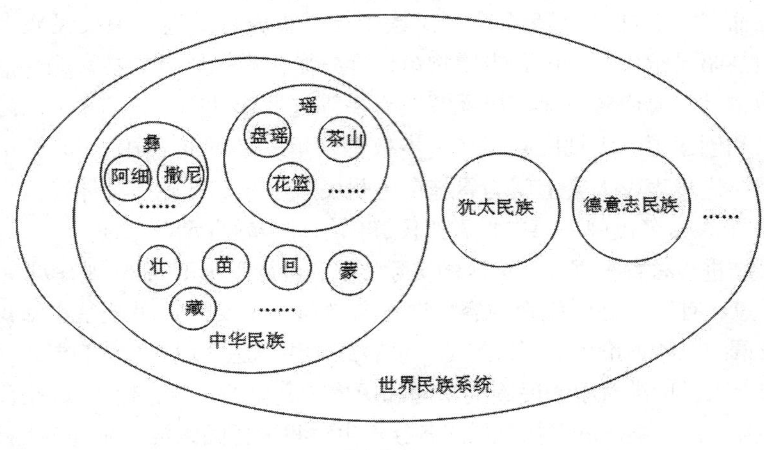

图1

其次，民族具有有机关联性。一方面，构成世界民族的各民族之间、构成中华民族的56个具体民族之间、各具体民族的分支之间都是有机联系的，存在相互作用、相互影响的关系；另一方面，世界民族、中华民族、56个具体民族等都可以自成系统，并且在全球化的影响下，越来越朝向开放系统发展，他们与外界环境会发生实物、能力和信息等交换，即与环境也存在有机联系。

然后，民族具有动态性。民族的有机关联性是处于不断的运动变化之中的，如中华民族在唐朝时，对外开放程度较高，与周围其他国家间商贸文化交流频繁，盛况空前，但在清朝晚期的时候因“闭关锁国”政策，与世界其他国家和地区交流沟通十分有限，与周围环境的有机联系被严重阻断。十一届三中全会以后，实行“对外开放”政策，中华民族与世界其他各民族之间的交流逐渐增多，并在全球化的推动下，相互之间的联系越来越密切。

此外，民族还具有有序性和目的性。其中，民族的有序性表现在民族的有机关联性所表现出的层次、结构以及民族的动态性所表现出的方向性；民族的目的性表现在人类对发展目标的预见。

二、民族团结进步教育

民族团结进步教育是根据国家统一要求列入地方课程实施的重要专项教育，是学校教育的组成部分。从1994年起，根据原国家教委和国家民委的统一部署，我国开始在天津、北京、辽宁、吉林、四川、河南和山东等地的中小学开展民族团结教育试点活动。1999年2月13日，教育部办公厅下发《关于在全国中小学开展民族团结教育活动的通知》，按照《通知》要求，开展民族团结教育活动试点的地区增加到21个省、自治区和直辖市，到2000年，全国中小学都正式开展此项教育活动①。目前，民族团结进步教育已经纳入各级各类学校教育之中，从小学到初中、高中、大学，从普通教育到师范教育、职业技术教育、成人教育，民族团结进步教育全面展开。同时，国家已命名了三批共计75个全国民族团结进步教育基地，中央民族大学民族博物馆、兴山县昭君纪念馆、内蒙古博物馆、青海循化撒拉族自治县喜饶嘉措大师纪念馆、西藏博物馆、海南省三亚市凤凰镇槟榔乡等先后获此殊荣。各省（市、直辖市）也各自命名和创建了一大批民族团结进步教育基地，如湖北省在2011年8月召开第五次民族团结进步表彰大会上就为恩施市施州民族小学、恩施市个体经营户马苏娥等10个单位和个人命名授牌了第二批省级民族团结进步教育示范基地。

民族团结进步教育根据不同地区的实际状况和各族学生不同年龄阶段身心发展的特点制定有重点、有针对性的教育内容、课程与教材，主要涵盖民族基本知识、民族常识、民族政策与民族理论等。其目的是“使各族学生思想认识和行为自觉地统一到党和国家的要求上来，增进对中华民族的认同和历史、文化的了解，促进56个民族优秀文化传统的相互交流、继承和发扬；增进各族学生对我国各民族共同缔造伟大祖国历史的认识，增强各族学生维护民族团结、维护国家统一、反对分裂的责任感和自觉性；认识和理解马克思主义关于民族问题的基本理论及党和国家的民族政策；在社会交往中，具备正确对待和处理民族问题的基本素质；自觉维护我国各民族‘平等、团结、互助、和谐’的社会主义关系，促进各民族的共同进步和祖国繁荣昌盛”②，不断增强中华民族的向心力、凝聚力，提高中华民族抵御外部风险和挑战的能力。

三、民族团结进步教育的必要性

自古以来，我国就是一个多民族国家，开展民族团结进步教育具有重要的现实意义和必要性。下面将结合系统性论的观点对开展民族团结进步教育的必要性进行简要分析：

（一）世界民族的发展和进步需要进行民族团结进步教育

一方面，中华民族是世界民族系统的组成要素；另一方面，中华民族同犹太民族、德意志民族等为平行子系统，存在子系统间的相互作用。

---

① 赵沁平：《团结求实 开拓进取 不断开创民族团结教育工作的新局面》，在全国中小学民族团结教育先进集体、先进个人表彰会上的讲话。

② 参考：教育部办公厅 国家民委办公厅关于印发《学校民族团结教育指导纲要（试行）》的通知，2008年。

先看前者，世界民族是中华民族的上层系统，中华民族是世界民族系统的要素。根据系统理论的观点，在系统发展的过程中，若各子系统发展不平衡，可能会出现局部薄弱环节，而局部薄弱环节对整体功能的限制是不容忽视的，如同人的身体，无论哪个器官出现问题，整个身体健康都会受到影响。世界民族是一个有机整体，且在全球化的推动下，世界民族系统同各子系统之间的联系不断加强。中华民族作为世界民族的构成要素，理应积极、主动的维护世界民族的整体利益，为世界民族的稳定和发展做出自己的贡献。开展民族团结进步教育，通过增强学生对我国民族历史、民族知识、民族政策法规等的了解，有利于提高学生的民族认同和国家认同，增加中华民族的凝聚力和民族合力，避免使自己成为世界民族系统的薄弱环节。同时，在此基础上，可以进一步形成学生对世界多元文化的正确认识，理解和包容世界文化多样性，从而怀着开放的心理、友好的态度对待世界其他民族，为世界民族系统的良好发展和运行提供支持。

再看后者，根据系统理论，各子系统之间存在相互作用和相互影响。这种相互作用和影响大多数时候都是积极的，但也可能存在不良情况，如渗透性、蚕食性、吞食性等。所谓渗透性，如甲系统对乙系统人民灌输腐朽思想或进行宗教文化渗透等；所谓蚕食性，如甲系统对乙系统人才的抢夺；所谓吞食性，如甲系统对乙系统进行同化，将其转化为甲系统的一部分。这些不良作用在目前还具有存在的可能性，各子系统还需要加强系统的抵御作用。民族团结进步，利于增进中华民族的向心力和凝聚力，使各要素紧密联系在一起，共同抵御可能存在的来自其他子系统和环境的不良影响。

（二）中华民族的稳定和发展需要进行民族团结进步教育

中华民族是世界民族的构成要素，但其自身也具有复杂的结构，可以自成系统，56 个具体民族则是这个系统的组成要素。根据系统理论的观点，系统的要素结构是形成系统功能的基础，而元素结构的形成起源于元素之间的相互作用，当各元素的协同作用比较协调时，社会就会出现繁荣、安定的局面。元素的协同规律又可分为三种，对立协同关系、差异关系和同质协同关系[①]。

我国各民族之间属于差异协同的关系，各民族间不存在相互对立、相互排斥的关系，只是存在差异。也正是因为这种差异的存在，使各民族之间形成互动的必然性，在很多方面相互依赖，谁也离不开谁，共处于中华民族大家庭之中，共同促进中华民族的稳定和发展。如面对外敌入侵时，各民族团结起来、同仇敌忾，共同抗击敌人，并取得了最后的胜利；在社会主义改造时期、全面建设小康时期，各民族互帮互助、优化组合各种人、财、物资源，共同发展、共同繁荣进步。

民族团结进步教育，通过传授学生民族基本知识、民族常识、民族政策理论等，可以促进 56 个民族优秀文化传统的相互交流、继承和发展，帮助各族学生牢

① 尹协理：《未来的哲学》，青岛：青岛海洋大学出版社，1991 年。

固树立“三个离不开”的思想，形成正确的祖国观、民族观和文化观，增进对中华民族的认同，加强各民族的了解与合作，促进各民族友好共处，优化元素结构，共同增强中华民族的向心力、凝聚力。

（三）56个具体民族的稳定和发展需要进行民族团结进步教育

这点同样可以从两个方面来看：一方面，56个具体民族是中华民族系统的构成要素；另一方面，56个民族又都自成系统，具有复杂的结构，拥有不同的分支。

先看前者，根据系统理论的观点，系统中各元素的最优组合是形成最优系统的基础。同时，系统与元素之间的作用绝非单向的，而是双向的。当系统优良时，对其构成元素具有保护和支持的作用，各元素能够在系统中得到充分而良好的发展。56个具体民族相互协同，共同形成中华民族的最优功能时，实际上也是在为自己创造良好的发展空间。这一点可以从社会阶层理论得到印证，不同的阶级为了抵御外界的冲击、维护本阶级成员的利益，往往组建各种各样的组织，如工会等，形成内护力。此外，在原始社会，人类祖先为了抵御野兽的袭击等，往往群体而居，也是为了获得集体的保护力，为自身赢得生存和发展的机会。又如，改革开放以来，我国社会稳定，政治、经济、文化等快速发展，在这样的大形势下，56个具体民族的各方面事业也得到了快速的发展和进步。因此，开展民族团结教育，不仅仅符合中华民族的利益和需求，也是56个具体民族自身发展利益的诉求。

再看后者，各具体民族也都具有复杂的结构，有的还具有众多分支，它们作为构成各具体民族的要素，其结构也会影响各具体民族的系统功能，当它们团结协同、结构优良时，有利于实现各具体民族的稳定和发展，反之，则会产生破坏作用或负面影响，对各民族的发展和进步构成威胁。民族团结教育通过对少数民族基本知识、民族政策法规的介绍等，在增进中华民族整体认同时，实际上也有利于增强各族学生对自身民族的了解和热爱，增加其对本民族的认同，提高本民族自尊心和自豪感，增进各民族的向心力和凝聚力，维护各民族的稳定、促进各民族的和谐发展，同时也可为各支系的发展提供良好的上层环境。

（四）整个国内外大环境需要进行民族团结进步教育

根据系统理论的观点，系统与环境间存在着十分复杂的立体网络关系，任何系统都处在立体网络关系之中，存在实物、能源和信息等方面的交换。因此，环境对系统的影响是不可忽略的，环境为系统提供支持，同时，系统也会根据环境提供的实物、能源、信息等对自身进行一定的调整。

从国内来看，由于历史、地理等原因的影响，我国各民族间发展不平衡，存在一定的差距；同时，各民族之间由于交流与沟通不足，再加上语言、文字等的差异，相互之间不了解，往往容易产生误会。这些问题如果不解决，很难形成各因素的优化组合。民族团结教育实际上是为解决这个问题搭建的平台，通过为各族学生提供中华民族的发展历史、各民族的基本知识，为各民族学生提供交流和了解的机会，使各民族学生不再感到其他民族离自己很遥远，或是认为相互之间的文化存在不可逾越的差异，从而抱着各不相碰两相安的思想。从而让各族学生深刻的认识到相互之间是一体的，你中有我、我中有你，不分彼此。

从国际来看，依然有民族分裂分子对我国存在不轨企图，他们往往混淆视听、制造事端，如西藏拉萨“3·14”和乌鲁木齐“7·5”，充分暴露他们破坏民族团结、煽动民族仇恨、制造民族分裂的险恶用心，充分说明反分裂斗争的严峻性、复杂性和长期性①。开展民族团结教育，有利于在我国各族青年学生中牢固树立民族团结的信念，提高我国各族学生在民族问题上的是非辨别能力，坚持做到“四个维护”，从而抵制不法分子的不法行为，维护中华民族的团结与稳定。

四、总结

民族可以看作是一个有层次的系统，世界民族是最上层系统，中华民族、德意志民族、犹太民族等是其子系统，又分别是其各自构成要素的上位系统，同时其各自构成要素内部也可能存在复杂的机构，自成系统。总的来说，不同范畴的民族处于一个大的有机结构之中，相互之间存在着紧密的联系，当各部分达到最优协同，并与环境相互协调时，整个系统能实现最大效益。

中华民族是世界民族系统的重要组成部分，开展民族团结进步教育，不仅是中华民族自身稳定和发展进步的需要，同时也是世界民族稳定和发展进步的需要，符合世界民族的利益、中华民族的利益、56个具体民族的利益及国内外大环境，具有现实性和必要性。

参考文献：

［1］斯大林：《马克思主义和民族问题》，见《斯大林全集》中译本第2卷。

［2］何叔涛：《汉语“民族”概念的特点与中国民族研究的话语权——兼谈“中华民族”、“中国各民族”与当前流行的“族群”概念》，载《民族研究》，2009年第2期。

［3］贝塔朗菲：《普通系统论的历史和现状》，载《国外社会科学》，1978年第2期。摘自：尹协理：《未来的哲学》，载《青岛海洋大学出版社》，1991年第1期，第16页。

［4］赵沁平：《团结求实 开拓进取 不断开创民族团结教育工作的新局面》，在全国中小学民族团结教育先进集体、先进个人表彰会上的讲话。

［5］尹协理：《未来的哲学》，青岛：青岛海洋大学出版社，1991年。

作者简介：王静（1988—），女（汉族），湖北宜昌人，中央民族大学教育学院中国少数民族教育专业2011级硕士研究生，研究方向是少数民族教育。

① 参考：中宣部、教育部 国家民委关于在学校开展民族团结教育活动的通知，2009年。

第七章　族群认同与民族团结教育的实证研究

第一节　语言对藏族中学生族群认同发展的影响

一、前言

个体族群认同（ethnic identity）的发展是发展心理学与社会心理学交叉研究的内容之一。所谓族群认同，是指个体所持有的对自己所属特定族群的信念、价值观和态度的认同（Bernal 等，1990）。它是理解个体是否以及到底在多大程度上了解所属族群文化价值观的重要途径（Fisher & Moradi，2001；Phinney，1992）。

族群认同的研究最早可以追溯到 Clark 等人（1950）对非洲后裔的美国儿童种族偏好的研究。在此后的半个世纪中，心理学家针对非洲裔的美国人、拉丁美洲裔的美国人以及欧洲白人的认同发展进行了大量研究并构建了多种理论模型（如，Arce，1981；Cross，1991；Helms，1990）。

在青少年族群认同的量化研究中，越来越多的心理学家认为，个体族群认同的发展是一个动态的过程（如，Grotevant，1987；Stephen 等，1992，Marcia，1993；Phinney，Horenczyk，Liebkind 和 Vedder，2001）。以中学生及以上群体为被试，Eschbach 和 Gómez（1998）研究了西班牙裔的大学二年级和大学三年级的族群认同的稳定性。结果发现，只有 68% 的个体保持着稳定性。Tovar 和 Feliciano（2009）以墨西哥裔的美国移民儿童为被试也得到了相似的研究结果。另有一些研究者（如，Hitlin，Brown，&Elder，2006）认为，对来自多民族文化环境下的青少年而言，族群认同也许更为灵活多变。青少年对族群认同的灵活性同时受情境因素的影响（如，Eschbach & Gómez，1998；Harris & Sim，2002）。以美国青少年健康的研究数据为依据，Harris 和 Sim（2002）探查了学校和家庭情境中的族群认同。结果发现，学生在学校比在家中更多地表现族群特征。

相较于国外族群认同的研究，我国对这一主题的研究起步较晚。万明刚（2002；2004）、王沛等（2006）、张庆林（2007）研究了少数民族大学生的族群认同。秦向荣、佐斌（2007）在认知、评价、情感和行为等 4 个维度对 11 –20 岁的不同民族的青少年的族群认同进行了研究，结果发现，青少年的族群认同族群认同存在情景凸显性。胡发稳等（2010）探查了哈尼族中学生的学校适应与的关系，结果表明哈尼族中学生的族群认同与学校适应受民族接纳、社会俗约等因素的影响。台湾黄振彰、钟凤娇等（2007）使用客家族群认同量表和自我概念量表，对六堆地区青少年族群认同与自我概念的现况进行了调查，研究发现，在中学生族群认同中，以“族群行为”表现最佳，是否具有良好的客语能力与个体的整体族群认同存在显著相关，且中学生族群认同与自我概念具有显著正相关。上述研究奠定了我国族群认同的研究基础，但是，无论是研究数量还是研究的主题都远远不够。

在一个开放的环境中，只有当不同族群在一段时间内相互接触时，族群认同才具有意义（Berry，2003）。基于多元文化视角的心理学家开始关注涵化（Acculturation）对个体族群认同的影响，并由此建构了发展与涵化的生态模型（Ecological Model of Development and Acculturation）（Phinney，Horenczyk，Liebkind 和 Vedder，2001）。研究者认为族群认同是由超越个体特征的社会网络如家庭与同伴、社会（包括族群、社区规模和多样化的移民以及特定族群的政策）所决定的（Ghazarian，Frabutt，Plunkett& Sands，2006）。他们关注以语言、生态文化环境为主要涵化方式的社会情景的变化学生族群认同的影响。

我国是个多民族国家，社会变迁与文化交流使得各民族的族群认同带有明显的时代烙印。然而，回溯已有的文献发现，我国少数民族儿童族群认同是如何发展的，这一研究主题至今仍然缺少相关实验证据的支持。基于此，本研究拟以我们西藏拉萨地区儿童为研究对象，以语言为主要变量探查其对中学生族群认同能力发展的影响，实为抛砖引玉。

二、对象与方法

（一）对象

在我国西藏拉萨以及林芝地区随机选取仅会藏语、仅会汉语的藏族初中一年级、初中三年级和高中二年级学生参加测试。被试的自然分布如下表所示。

表 1　被试的自然分布

<table>
<tr><th rowspan="3">组别</th><th colspan="3">仅用藏语</th><th colspan="3">仅用汉语</th></tr>
<tr><th colspan="2">N</th><th rowspan="2">平均年龄</th><th colspan="2">N</th><th rowspan="2">平均年龄</th></tr>
<tr><th>男</th><th>女</th><th>男</th><th>女</th></tr>
<tr><td>初中一年级</td><td>30</td><td>30</td><td>13 岁 ±3 个月</td><td>30</td><td>30</td><td>13 岁 ±3 个月</td></tr>
<tr><td>初中三年级</td><td>30</td><td>30</td><td>15 岁 ±4 个月</td><td>30</td><td>30</td><td>15 岁 ±3 个月</td></tr>
<tr><td>高中二年级</td><td>30</td><td>30</td><td>17 岁 ±5 个月</td><td>30</td><td>30</td><td>17 岁 ±3 个月</td></tr>
</table>

（二）方法

1. 研究工具

该研究采用问卷调查法。以 Phinney 族群认同量表为依据，研究者自编《青少年族群认同量表》作为本次研究的工具，在族群身份识别、族群文化认知上对用藏语和用汉语的被试进行了研究。以汉语的测试版本为基础，建立对等的藏语测试题本。为保证测题的公平性，请5位熟练运用双语（藏语和汉语）的心理学专业研究生对2个版本的测验进行了同质性评价，评分者一致性信度为0.98。

对《青少年族群认同量表》的效度检测的初步结果表明，该量表和中国心理健康量表（青少年版）（方格，2007）高相关，总体相关系数为r=0.71，和其中的适应分量表的相关系数高达0.87。据此，可以认为，该研究工具在探查中学生族群认同上是有效的。

该量表题长为33题（含3道测谎题），测试时间为20分钟。要求被试真实作答。在族群身份识别维度如族群归属感、族群荣誉感上，题量为10题；在族群文化认知维度如族群历史发展、族群生态属性上，题量为15题；在对他民族如汉族的认知维度上，题量为5道题。

2. 计分方法

该量表为5点式等级评定量表。在数据处理时，采用1－5分的计分方法对等级数据进行了等距转换。

3. 数据处理方法

对所收集的数据采用SPSS13.0进行统计处理。

三、研究结果

（一）语言对藏族中学生族群身份识别的影响

操不同语言的藏族中学生被试在族群身份识别能力维度上的得分如下表所示。

表2　操不同语言的藏族中学生的族群身份识别能力

组别	藏语被试				仅用汉语			
	N		M±SD	%	N		M±SD	%
	男	女			男	女		
初中一年级	30	30	37±3.27	74.00	30	30	24±1.29	48.00
初中三年级	30	30	38±3.08	76.00	30	30	35±2.34	70.00
高中二年级	30	30	43±4.56	86.00	30	30	40±5.00	80.00

由上表可知，初中一年级学生已基本能对本民族的族群身份进行识别，其在族群身份识别维度上的通过率为74.00%；而对用汉语的藏族中学生而言，及至初中三年级时，在这一维度上的通过率为70.00%。操不同语言的不同年级学生族群身份识别能力的发展如下图所示。

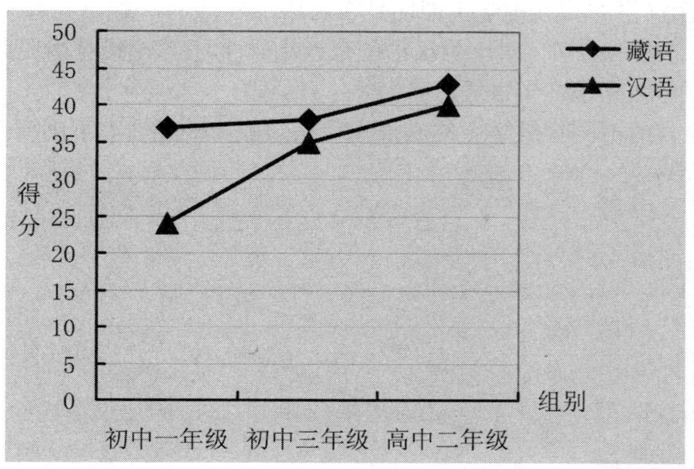

图1　不同年级学生族群身份识别能力的发展

1. 运用藏语的藏族中学生的族群身份识别能力

方差分析的结果表明，不同组别的用藏语的藏族中学生在族群身份识别上无显著差异，$p>0.05$。

2. 运用汉语的藏族中学生的族群身份识别能力

方差分析的结果表明，用汉语的藏族中学生在族群身份识别上差异显著，$p<0.05$。进一步的两两比较发现，初中一年级学生与初中三年级学生差异显著，$p<0.01$；初中三年级学生与高中二年级学生显著差异，$p<0.05$。

3. 运用不同语言的藏族中学生的族群身份识别能力的发展比较

方差分析的结果表明，用藏语的藏族中学生在族群身份识别能力显著高于用汉语的同龄藏族学生，$p〈0.01$。

（二）语言对藏族中学生族群文化认知的影响

运用不同语言的藏族中学生在族群文化认知上的得分如下表所示。

表3　操不同语言的藏族中学生的族群文化认知能力

组别	藏语被试				仅用汉语			
	N		M ± SD	%	N		M ± SD	%
	男	女			男	女		
初中一年级	30	30	36 ±3.07	44.80	30	30	32 ±3.38	42.67
初中三年级	30	30	52 ±6.64	69.60	30	30	38 ±5.75	61.33
高中二年级	30	30	60 ±4.93	80.00	30	30	51 ±5.01	68.00

由上表可知，用藏语的高中二年级学生已经具备族群文化认知能力，通过率为

80.00%；而用汉语的藏族中学生即便是在高中二年级时，在这一维度上通过率也仅为68.00%，可以推知，对于用汉语的藏族中学生而言，其对本民族族群文化认知能力的发展是在高中二年级之后。

用不同语言的不同年级学生的族群文化认知能力的发展如下图所示。

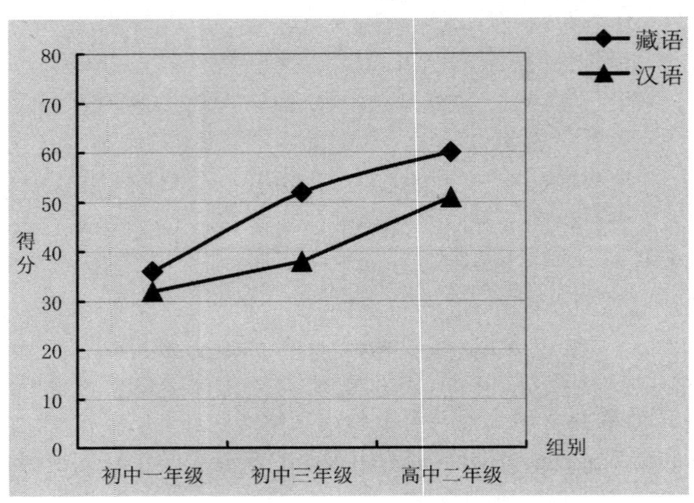

图1　不同年级学生族群文化认知能力的发展

1. 运用藏语的藏族中学生的族群文化认知能力

方差分析的结果表明，用藏语的藏族中学生被试在族群文化认知能力上的差异显著，$p<.05$。进一步的两两比较发现，初中一年级学生与初中三年级学生之间差异显著，$p<.01$，初中三年级与高中二年级学生之间差异显著，$p<.05$。

2. 运用汉语的藏族中学生的族群文化认知能力

方差分析的结果表明，用汉语的藏族中学生被试在族群文化认知能力上差异显著，$p<.05$。进一步的两两比较发现，初中一年级与初中三年级无显著差异，$p>.05$；初中三年级学生与高中二年级学生差异显著，$p<.01$。

3. 运用不同语言的藏族中学生的族群文化认知能力的比较

方差分析的结果表明，用藏语的藏族中学生在族群文化认知上显著高于用汉语的同龄藏族学生，$p<.01$。

四、分析与讨论

（一）运用不同语言的藏族中学生族群认同能力的发展

如表2所示，用藏语的藏族中学生的族群身份识别能力在初中一年级（13岁）至高中二年级（17岁）之间有所发展，尽管统计检验表明，二者之间无显著差异，这一现象说明，在13－17岁阶段，儿童的族群身份识别能力趋于稳定发展。

青少年期是儿童身份识别和发展的关键期（Erikson，1968）。在此阶段，个体的同一性开始分化（Harter，1999）并最终稳定下来（Erikson，1968；Marcia，1966）。表2所示的研究结果与上述研究一致。具体来看，在初中一年级时，用藏语的藏族中学生的族群身份识别能力已基本接近成熟水平（74%），这一现象说明，对于用藏语的藏族儿童而言，其族群身份识别能力的快速发展可能在13岁之前。而对于用汉语的藏族儿童而言，其族群身份识别能力的快速发展是在15－17岁之间，至17岁时，用汉语的藏族儿童的族群身份识别能力达到成熟水平（80%）。

如表3所示，用藏语的藏族儿童的族群文化认知能力在初中三年级（15岁）至高中二年级（17岁）快速发展，统计检验表明，二者差异显著。在17岁时，儿童已具备族群文化的认知能力（80%）。这一结果提示，15－17岁是用藏语的藏族儿童族群文化认知能力发展的快速期。类似的结果在用汉语的藏族儿童中亦有发现。上述结果表明，15－17岁是儿童族群文化认知能力的快速发展期。

在对儿童族群认同感快速发展的时间段的认识上，Aboud等人研究发现，8－10岁儿童已经具有理解族群认同感的认知能力（Aboud，1987；Quintana，1998）。本研究的结果与上述结果不一。无论是在族群身份识别还是在族群文化认知上，用藏语或汉语的藏族儿童所获得的族群认同能力相较于这一时间均有滞后。

就族群认同能力的认知成分的发展来看，比较表2和表3的研究结果，我们发现，用藏语或用汉语的藏族儿童的族群文化认知能力的发展水平低于族群身份识别能力。而Cross、Phinney等人认为，能够理解个体的族群背景是进一步研究族群认同的前提（Cross，Parham，&Helms，1991；Phinney，1989）。换言之，在发展的先后顺序上，族群文化的认知能力应该先于族群身份的识别能力。而本研究的结果与上述结果不一。其原因也有待进一步研究的分析研究。

（二）语言对藏族中学生族群认同能力发展的影响

对表2和表3结果的比较发现，相较于用藏语的藏族儿童，用汉语的藏族儿童无论是在族群身份识别还是族群文化认知的发展上均显滞后。具体而言，用汉语的藏族儿童的族群身份识别能力在高中二年级（17岁）时趋近用藏语的同龄儿童；而在族群文化认知上，及至17岁时，用藏语和用汉语的儿童的认知差异显著（$p<.01$）。上述现象说明，采用本民族语有助于提高儿童族群认同的发展水平。

在相同的地理环境中，用不同语言的藏族儿童的族群认同能力的差异也进一步验证了发展与涵化的生态学模型。所谓涵化，指个体因接触异质文化而引起的原有文化模式的变化。如Trimble和他的同事（2007）认为，个体的族群认同是由关键的社会化实体如家庭、学校和同伴所塑造的。在青少年期，青少年花费更多的时间和同伴在一起，而且，更为重视和同伴的相互作用（Brown & Klute，2003；Simmons & Blyth，1987）。访谈发现，用汉语的藏族儿童其父母及同伴的民族成分组成与用藏语儿童有较大差别。因而，可以推知，儿童倾向于使用的语言规定了儿童的人际交往环境，进而影响了儿童的族群认同。

五、结论

在本研究条件下，我们拟得出如下研究结论：

（一）藏族儿童对族群身份的识别和族群文化认知能力在青少年期快速发展，至 17 岁时，用藏语的儿童已具备族群身份识别和族群文化的认知能力。

（二）是否使用本民族语言是藏族儿童族群认同的重要影响因素。运用藏语被试对象在族群身份识别和族群文化认知水平上均高于运用汉语被试对象。

参考文献：

[1] 胡发稳、李丽菊：《哈尼族中学生学校适应及其与民族文化认同的关系》，载《中国健康心理学杂志》，2010 年第 10 期，第 1214 – 1217 页。

[2] 秦向荣，佐斌：《民族认同的心理学实证研究》，载《湖北民族学院学报（哲学社会科学版）》，2007 年第 6 期，第 37 – 41 页。

[3] 万明刚、王亚鹏、李继利：《藏族大学生民族与文化认同调查研究》，载《西北师大学报（社会科学版）》，2002 年第 5 期，第 14 – 18 页。

[4] 万明刚，王亚鹏：《藏族大学生的民族认同》，载《心理学报》，2004 年第 1 期，第 83 – 88 页。

[5] 王沛、赵国军、喇维新：《回族大学生的民族认同与心理健康的关系》，载《西北师大学报》，2006 年第 5 期，第 38 – 41 页。

[6] Amir Y. *Contact Hypothesis in Ethnic Relations. Psychological Bulletin*, 1969, (5): 319 – 341.

[7] Barújas L, Hicks D, Lyde M, Ríos D I, García B F, Farris K R, & Page M S. *Links Between Race/Ethnicity and Cultural Values as Mediated by Racial/Ethnic Identity and Moderated by Gender. Personality and Society Psychology*, 1997, 72 (6): 1460 – 1476.

[8] Branch A, Young R. *Ethnic Identity Development of African Americans: Experiences in Search of A Paradigm. Black Studies*, 2006, 30 (3): 160 – 170.

[9] Cokley K. *Critical Issues in the Measurement of Ethnic and Racial Identity: A Referendum on the State of the Field. Counseling Psychology*, 2007, 54 (3): 224 – 234.

[10] Doucet F. *Identities and Their Complexities: AReview Essay of Trends in Ethnic Identification among Second – generation Haitian Immigrants in New York City by Flore Zéphir. Race and Society*, 2003, (6): 75 – 82.

[11] Erikson E H. *Identity: Youth and Crisis. Oxford*, England: Norton, 1968.

[12] French S E, Seidman E, Allen L, Aberdeen J L. *The Development of Ethnic Identity During Adolescence. Developmental Psychology*, 2006, 42 (1): 1 – 10.

[13] Kelman H C. *Interests, Relationships, Identities: Three Central Issues for Individuals and Groups in Negotiating Their Social Environment. Annual Review in Psychology*, 2006, 57: 1-26.

[14] Nesdale D. *Developmental Changes in Children's Ethnic Preferences and Social Cognitions. Applied Developmental Psychology*, 2000, 20 (4): 501-519.

[15] Nishina A, Bellmore A, Witkow M R, Nylund-Gibson K. *Longitudinal Consistency of Adolescent Ethnic Identification Across Varying School Ethnic Contexts. Developmental Psychology*, 2010, 46 (6): 1389-1401.

[16] Phinney J S, Rotheram M J. *Children's Ethnic Socialization: Pluralism and Development.* Newbury Park, CA: Sage, 1987.

[17] Phinney J S. *Ethnic Identity in Adolescent and Adults: Review of Research. Psychology Bulletin*, 1990, 108 (3): 499-514.

[18] Phinney J S. *Stages of Ethnic Identity Development in Minority Group Adolescents. Early Adolescence*, 1989, 9: 34-49.

[19] Quintana S M. *Children's Developmental Understanding of Ethnicity and Race. Applied and Preventive Psychology*, 1998, 7: 27-45.

[20] Rodriguez J, Umaña-Taylor A, Smith E P & Johnson D J. *Cultural Processes in Parenting and Youth Outcomes: Examining a Model of Racial-Ethnic Socialization and Identity in Diverse Populations. Cultural Diversity and Ethnic Minority Psychology*, 2009, 15 (2): 106-111.

[21] Sabatier C. *Ethnic and National Identity among Second-Generation Immigrant Adolescents in France: The Role of Social Context and Family. Adolescence*, 2008, 31: 185-205

[22] Seaton E K, Scottham K M, & Sellers R M. *The Status Model of Racial Identity Development in African American Adolescence on the the Self-System and Perceived Social Context of Poor Urban Youth. Child Development*, 1994, 65: 507-522.

[23] Stephan C W, Stephan W G. *The Measurement of Racial and Ethnic Identity. International Intercultural Relations*, 2000, 24: 541-552.

[24] Syed M, Azmitia M. *A Narrative Approach to Ethnic Identity in Emerging Adulthood: Bringing Life to the Identity Status Model. Developmental Psychology*, 2008, 44 (4): 1012-1027.

[25] Trimble J E. *Prolegomena for the Connotation of Construct Use in the Measurement of Ethnic and Racial Identity. Counseling Psychology*, 2007, 54 (3): 247-258.

[26] Utsey S O, Chae M H, Brown C F & Kelly D. *Effect of Ethnic Group Membership on Ethnic Identity, Race-Related Stress, and Quality of Life. Cultural Diversity and Ethnic Minority Psychology*, 2002, 8 (4): 366-377.

[27] Waterman A S. *Identity Development from Adolescence to Adulthood: An Exten-*

sion of Theory and a Review of Research. Developmental Psychology, 1982, 18: 341 –358.

[28] Waterman A S. *Issues of Identity Formation revisited: United States and the Netherlands. Developmental Review*, 1999, 19: 462 –479.

作者简介：陆小英（1975—），女，江苏姜堰人，中央民族大学教育学院教师，研究方向为儿童青少年跨文化认知发展与教育。

第二节　多民族地区初中生涵化策略使用现状
——云南西双版纳M镇中学实地调查

一、引言

涵化（acculturation），又称文化适应。这一概念最初为人类学所用。美国人类学家雷德菲尔德（R. Redfield）、林顿（R. Linton）和赫斯科维茨（M. Herskovits）提出了人类学涵化概念最经典的定义，即“涵化指的是这类现象：具有不同文化的数个群体的个体之间，发生持续的、直接的接触，结果导致一方或双方原有文化模式发生变化……”（常永才，J. W. Berry，2010）。而生活在多民族地区的各民族之间就身处这样一个涵化过程之中，所以，有必要关注多民族地区各民族对待己文化与他文化的态度，这一态度也就是下文详述的涵化策略。

著名跨文化心理学家贝理（J. W. Berry，1990）较为系统地提出了涵化与个体心理的概念框架，尤其是心理涵化的解释。他明确指出，涵化概念应包括两个或两个以上文化群体成员因接触而发生文化和心理变化的双重过程。他认为，完整的涵化概念必须包括两个层面。一是在文化层面或群体层面（cultural / group level）上的涵化，即文化接触的群体在社会结构、经济基础和政治组织等方面发生的变迁。这不属于个体心理，但它决定涵化的性质，并且是个体心理涵化的起点和舞台；一是在心理层面或个体层面（psychological / individual level）上的涵化，即卷入文化接触的个体在言谈、衣着、饮食等行为、价值观念、态度乃至认同等方面发生的变化。

涵化的双维度理论模型认为，文化接触中的个体差异，除了与个体的人格特征、文化知识和接触程度等因素有关以外，更主要的是与个体因文化认同而采取的涵化策略之差异有很大的关系。涵化策略指的是个体基于本群体文化和其他群体文化之喜好的取向，而对涵化互动所持的态度倾向，以及在应对日常跨文化事件中反映出的行为方式（常永才，J. W. Berry，2010）。贝理认为，涵化中个体文化认同包括两个维度，即保持本群体传统文化的倾向性以及和其他群体文化交流的倾向性。这两个维度是相互独立的，也就是说，对某种文化的高认同并不意味着对其他文化的认同就低。根据个体在这两个维度上的不同表现，贝理区分出了四种不同的涵化策略：整合（integration）、同化（assimilation）、分离（separation）和边缘化（marginalization），如图2所示：

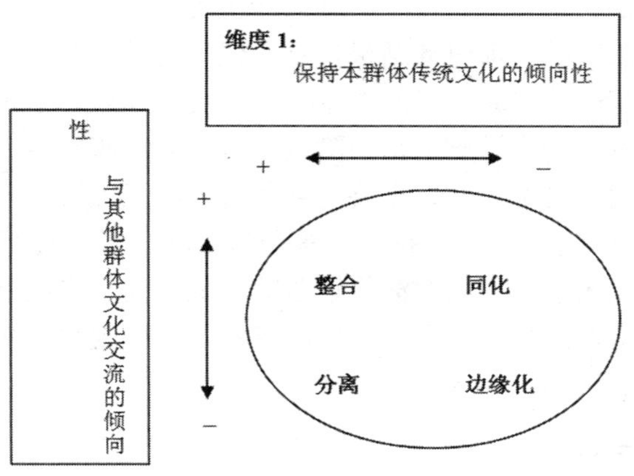

图1　二维框架上的四种涵化策略

图表来源：常永才，John W. Berry. 从文化认同与涵化视角看民族团结教育研究的深化——基于文化互动心理研究的初步分析．民族教育研究，2010（6），18－22.

由图1可知，当文化接触中的个体既重视保持他们原有的文化，也注重与其他文化群体进行日常的交往时，他们所采用的策略就是“整合”；当个体不愿意保持他们原有的文化，却与其他文化群体有经常性的日常交流时，他们所使用的策略就是“同化”；当个体重视他们原有的文化，却希望避免与其他文化群体进行交流时，就出现了“分离”；最后，当这些个体对保持原有文化，和对其他文化群体进行交流都没有什么很大倾向性，也缺乏兴趣时，这时的策略就是“边缘化”。

关于涵化策略的实证研究在Berry的双维度框架上发展起来。Lee等人（2003）在此基础上对韩裔美国人的涵化现象进行了研究，找了三种涵化策略：整合、同化和分离。结果表明，采用分离策略的移民最适宜生活在韩国的文化背景中；采用同化策略的被试主要是那些年龄很小就移民到美国的人以及出生在美国的第二代韩裔，这些人最能适应美国社会的生活；而整合组的被试虽然参加美国主流文化的活动，也有美国主流文化的社交圈子，但他们同时也保持了参加韩国文化群体活动的习惯，也有韩国人的朋友圈子。

最为系统的有关涵化的实证研究当属理论提出者Berry和Phinney等人（2006）所做的研究。Berry等人（2006）在对13个国家的移民青少年（年龄13－18岁）的涵化研究中指出，要从以下几个方面来考察移民青少年的涵化态度，即首先考察他们处理新文化的态度，具体而言，即他们希望保留自身族裔文化的程度，以及希望参与更大社会的程度；其次是他们与同龄人的社会交往、语言的精通和使用。这里的涵化态度就是涵化策略。其研究结果表明，在四种涵化策略中，移民青少年表达了对整合最强烈的偏好。在移民中，第二个最受支持的涵化策略是分离，但对分离的支持大大低于对于对整合的支持，且男生的分离分数普遍高于女生（n^2 = .01）。排在第三的涵化策略是同化，也是男生的分数高于女生（n^2 =.01）。最不受支持的涵化策略是边缘化，且男生的分数高于女生（n^2 =.01）。

以上有关涵化策略的实证研究结果丰富，但都是基于国外的研究场景得出。我国历史上有着不同于欧美国家的民族关系，当代更加和睦。但是，由于各民族传统文化与心理的多样性，加之历史上统治阶级曾有过的民族压迫现象，今天各民族在交往和共处仍有一定的跨文化性，需要相互尊重、相互理解、彼此适应和借取，即发生涵化现象（常永才，2007）。我国是一个多民族国家，有着研究不同文化群体的涵化过程的真实土壤，但我国对涵化策略的实证研究几乎没有。所以，笔者欲以我国的多民族地区为研究场景，实证性地研究我国多民族地区初中生的涵化策略使用现状。

二、对象与方法

（一）研究场景描述

本研究选择我国云南西双版纳的M镇中学为研究场景。M镇有傣、哈尼（爱尼）、布朗、拉祜、彝等16种少数民族和汉族一起，以大杂居、小聚居的形式共同生活着。截止2011年9月，全镇常住人口95796人，其中汉族约占27%；傣族约占43%；哈尼族占22%；其他少数民族占8%①。其中，傣族是最先到此、居于平坝河谷的传统主体民族，有自己民族的语言和文字；稍后迁徙、居于山上、处于弱势的主要为哈尼族，他们有自己的语言而没有文字；另外，居住在山上的还有布朗、拉祜等人口较少的山地民族。汉族，则是近代才开始进入此地。大批到此定居则是20世纪50年代后的农垦人员与知青，改革开放后到此的则是主要为汉族的流动人口。基于M镇民族成分的多元化，M镇中学学生的民族成分也呈现出多样性，对于能接触到不同民族学生的初中生而言，他们处在一个己文化与他文化共存的环境中，在这一环境中，他们的涵化策略如何？这正是笔者想要探讨的问题。所以，笔者欲以当地人数较多的傣族、哈尼族和汉族初中生为研究对象，探讨傣族、哈尼族以及汉族初中生使用涵化策略的现状。

（二）研究方法

问卷法与访谈法相结合。

1. 问卷样本

采用整群抽样在云南西双版纳M镇中学选取初一、初二、初三三个年级共289名被试，其中有效问卷285份（有效回收率为98.6%）。其中初一96人，初二103

① 云南省西双版纳傣族自治州景洪市M镇概况.2011－10－03取自http：//www.ynszxc.gov.cn/szxc/model/ShowDocument.aspx？Did=1063&DepartmentId=1063&id=2073769

人，初三 86 人，年龄 13－15 岁，平均年龄为 14±0.5 岁。被试样本的性别和民族的人口统计情况见表 2－1：

表 2－1 性别和民族的人口统计情况

	傣族	哈尼族	汉族	合计（人）
男	43	33	29	105
女	101	45	34	180
合计（人）	144	78	63	285

2. 访谈样本

傣族、哈尼族、汉族男女生各 1 人，共 6 人。

（三）研究工具：涵化策略问卷

根据 Berry（2006）的涵化策略问卷改编而成，由 16 个项目组成，包括四个维度：整合、同化、分离和边缘化，各维度又包括文化传统、语言、社会活动和朋友四个方面。以朋友为例，四个维度的表达分别为：我既喜欢与本民族交朋友，也喜欢和其他民族交朋友（整合）；我只喜欢与本民族的交朋友（分离）；我只喜欢与其他民族交朋友（同化）；我既不喜欢与本民族的交朋友，也不喜欢与其他民族的交朋友（边缘化）。问卷采用五点计分，从完全不同意到完全同意记为 1－5 分。

（四）统计分析

全部数据采用 SPSS17.0 软件进行统计分析。

三、结果

（一）涵化策略使用现状的民族差异比较

以单因素方差分析考察涵化策略各维度上的民族差异，结果如表 3－1 所示。结果表明：整合和分离策略得分在 0.01 水平上存在显著的民族差异。

表 3－1 涵化策略各维度在民族差异上的单因素方差分析

维度	傣族		哈尼族		汉族		*p*	*F*
	M	*SD*	*M*	*SD*	*M*	*SD*		
整合	16.21	3.10	17.64	2.14	17.19	2.67	0.001	7.481
同化	8.42	2.80	8.10	2.88	8.36	2.94	0.720	0.329
分离	10.20	3.24	8.79	3.33	8.60	3.07	0.001	7.651
边缘化	8.75	2.42	8.37	2.75	8.14	2.63	0.250	1.392

事后检验表明：在整合维度上，傣族与汉族、哈尼族存在显著差异，即傣族在

整合上的得分显著低于哈尼族和汉族；在分离维度上，傣族与哈尼族、汉族存在显著差异，即傣族在分离上的得分显著低于哈尼族和汉族；汉族与哈尼族在各维度上不存在显著性差异。

（二）涵化策略使用现状的性别差异比较

以独立样本 t 检验考察涵化策略各维度上的性别差异，结果如表 3－2 所示。结果表明：男生、女生在整合、同化和分离三维度的得分在 0.05 水平上差异显著，即在整合维度上，男生的得分显著低于女生；在同化和分离维度上，男生的得分显著高于女生；在边缘化维度上差异不显著。

表 3－2　涵化策略各维度在性别差异上的 t 检验

维度	男		女		*p*	*t*
	M	*SD*	*M*	*SD*		
整合	16.36	2.96	17.08	2.74	0.038	－2.084
同化	9.10	3.12	7.87	2.58	0.000	3.570
分离	10.31	3.79	8.97	2.89	0.001	3.378
边缘化	8.80	2.90	8.34	2.34	0.148	1.449

（三）涵化策略使用现状的年级差异比较

以单因素方差分析考察涵化策略各维度上的年级差异，结果如表 3－3 所示。结果表明：分离策略得分在 0.01 水平上存在显著的年级差异，整合、同化与边缘化策略上不存在显著的年级差异。

表 3－3　涵化策略各维度在年级差异上的单因素方差分析

维度	初一		初二		初三		*p*	*F*
	M	*SD*	*M*	*SD*	*M*	*SD*		
整合	16.80	2.95	16.86	3.02	16.78	2.48	0.977	0.23
同化	7.99	2.67	8.32	2.91	8.70	2.94	0.247	1.407
分离	8.79	3.14	9.30	3.26	10.41	3.36	0.003	5.793
边缘化	8.18	2.43	8.73	2.68	8.63	2.57	0.281	1.274

事后检验表明：在分离策略上，初三与初一存在显著差异，即初三在分离策略上的得分显著高于初一；初一在分离策略上得分低于初二，初二在分离策略上的得分低于初三，但差异不显著。

四、讨论

（一）涵化策略使用现状与发展特点

第一，涵化策略的选择上存在民族差异。统计结果表明：在整合维度上，傣族的得分显著低于汉族和哈尼族；在分离维度上，傣族的得分显著低于汉族和哈尼族。这一结果可用访谈内容来进行解释，傣族之所以在整合维度上得分显著低于汉族和哈尼族，这与各民族学生的感知和认识有关，如在问到你对这里的主体民族和主流文化的认识时，一个傣族同学谈到，“我们这里是傣族自治区，我们傣族人占多数，所以，我觉得我们是这里的主体民族，虽然我们主要学汉语，课本上的知识也是汉字传授的，但在这里，大家都过傣族的节日，我们傣族的文化气息很浓厚，所以，我认为这里的主流文化也是傣族文化。”

同样一个问题问到哈尼族时，其中一个哈尼族学生说到，“我认为这里的主体民族是傣族，因为他们人数比较多，但要说主流文化，我还是觉得是汉族文化，因为我们在学校都讲汉语，学的知识好多也是关于汉族文化的，像那些著名诗人、英雄人物更多的都是汉族的，比如李白、杜甫，岳飞、林则徐，我们民族也有英雄人物，但我不是很清楚，而且书上也没有，老师也不会讲。”

另外，汉族同学在回答这一问题时，说法又不一样，如一个汉族学生说到，“我觉得汉族是这里的主体民族，因为汉族总的来说在我们中国是主体民族啊，在这里也不例外，我们学的东西也差不多是汉族文化，所以，汉族文化也是这里的主流文化。”

从傣族、哈尼族、汉族对当地主体民族和主流文化的认识中可以看到，各民族的认识几乎都不一样，这一认识直接影响到他们的涵化策略，因为几乎所有民族的同学都认为各民族应该保留自己的文化传统，而不应该改变自己去适应主流的文化传统，所以，认为傣族文化是当地主流文化的傣族学生在分离策略上会比其他民族得分更高，而认为汉族文化是当地主流文化的哈尼族和汉族则较傣族更多地选择整合策略。

第二，涵化策略的选择上存在性别差异。统计结果表明：男生在整合维度上的得分低于女生、在分离和同化两维度上的得分显著高于女生，在边缘化维度上无显著性差异。这一结果与国外涵化策略的研究结果并不完全一致。Berry 等人（2006）研究了 13 个国家移民青少年的涵化策略，其研究结果表明：男生在同化、分离和边缘化策略上的得分都普遍高于女生，在整合策略上无显著差异。本研究的结果与国外研究结果的不完全一致正好提示了我国民族关系的特殊性，如在边缘化维度上，男生、女生的得分都很低，且不存在显著性差异，这一点说明我国多民族地区的民族学生更愿意选择有利于民族团结的涵化策略，而不是表现出对民族关系的漠不关心。至于本研究中男生比女生在整合策略上得分低且于国外研究结果不一致，主要与我国民族地区男女生性格特点的独特性有关。从笔者对当地学生的参与观察和访谈来看，民族学生当中，男生表现出比女生更害羞的一面，与女生相比，男生普遍有些不善言辞，汉语表达能力稍微比女生差，这些因素影响着男生与其他民族朋友的交往和沟通。而且女生性格普遍较男生随和，广于结交朋友。所以，由于本研究对象的特殊性，研究中表现出女生较男生更多地与各民族朋友交往，即多采取整合的策略。

第三，涵化策略的选择上存在年级差异。在分离策略上，初三与初一存在显著差异，即初三在分离策略上的得分显著高于初一。另外，初三在分离策略上的得分高于初二，初二在分离策略上的得分高于初一，只是在统计上未达显著性差异。这一结果大致与国外族际友谊研究的结果相似。在美国与英国所做的研究表明，随着年龄的增长，民族排他性会变得更强烈（Hallinan & Teixeira，1987a，1987b；Jelinek & Brittan，1975）。本研究中，涉及的年龄增长从初一到初三，虽然跨度不大，相差三岁左右，但也是一个发展趋势，这与国外研究结果一致，随着年龄的增长，个别地意识到自己的民族身份，也意识到与其他民族存在的区别，这样的认识是个体意识发展的必然结果，但也正是这样的认识，使个体能更明确地区分自己与他人、本民族与他民族，民族排他性的增强可能与这一认识的发展存在关系。

五、结论

根据本研究，主要得出以下四点结论：

（1）傣族、哈尼族和汉族使用最多的是整合策略，说明各民族都互相尊重彼此的文化且又重视保持自己的文化。

（2）傣族较哈尼族和汉族更少地选择整合策略，更多地选择分离策略，主要是因为傣族学生认为当地的主流文化是傣族文化而不是汉族文化。傣族学生对本民族文化的重视应该保持，同时也需要更多地接纳其他民族文化。

（3）男生在整合、同化和分离策略上的得分都高于女生，这主要与男生表明态度时不像女生那样选择中立有关。

（4）初三学生较初一和初二学生更多地选择分离策略，这一点应该引起教育者的重视，及时给予正向的引导，选择正确的涵化策略，从而使避免其民族排他性的增强。

参考文献：

[1] Hallinan, M. T. , & Teixeira, R. A. （1987a）. *Students´ interracial friendships: Individual characteristics, structural effects, and racial differences. American Journal of Education*, 95: 563 –583.

[2] Hallinan, M. T. , & Teixeira, R. A. （1987b）. *Opportunities and constraints: Black – White differences in the formation of interracial friendships. Child Development*, 58: 1358 –1371.

[3] Jelinek, M. M. , & Brittan, E. M. （1975）. *Multiracial education*: 1. *Inter – ethnic friendship patterns. Educational Research*, 18: 44 –53.

[4] J. W. Berry. （1990）. *Psychology of Acculturation*, in J. J. Berman （ed.）, Nebraska Symposium on Motivation, 1989: Cross – cultural Perspectives, Boulder: *West view Press*, *pp.* 201 –234.

[5] J. W. Berry. , J, S, Phinney. , D. L. Sam. , & P. Vedder. （2006）. *Immigrant youth in cultural transition*: *Acculturation*, *identity and adaptation across national*

contexts. Mahwah, NJ: Lawrence Erlbaum Associates.

[6] Lee, S, Sobal J, & Frongillo, E, A. (2003). *Comparison of models of acculturation: the case of Korean Americans. Cross-cultural Psychology*, 34 (3): 282-296.

[7] Redfield, R., Linton, R., & Herskovits, M. (1935). *Memorandum on the study of acculturation American Anthropologist*, 38, 149-152.

[8] 常永才、J. W. Berry:《从文化认同与涵化视角看民族团结教育研究的深化——基于文化互动心理研究的初步分析》，载《民族教育研究》，2010，第18-22页。

[9] 常永才:《民族村寨儿童进入中学心理适应研究新进展:涵化视角》，中青会第十六届学术年会交流论文，2007年。

作者简介：谢丹（1986—），女（汉族），四川省南充市人，中央民族大学教育学院比较教育学专业2010级硕士研究生，研究方向为跨文化心理与教育；常永才（1966-），男（汉族），四川省简阳市人，中央民族大学教育学院教授，主要研究教育人类学、文化心理学等。

第三节　综合性大学少数民族本科生学校归属感状况研究——以北京师范大学为个案

一、问题的提出

随着少数民族教育的发展，越来越多的少数民族大学生到综合性大学接受高等教育。少数民族大学生已经成为民族地区经济发展、社会进步的新生力量。但是由于受历史文化、地理环境、宗教习俗、生活方式等诸多因素的影响，少数民族大学生在综合性大学的生活中出现了学校适应难的问题。少数民族大学生对学校是否能适应，直接体现为其对学校归属感的高低。

大学校园是少数民族大学生智力发展、人格发展、能力发展的一个重要发展环境，让其在大学里体会到支持、温暖和归属感非常有利于他们的成长。国内外相关研究表明，学校归属感与一个学生的不良行为如厌学、退学等有密切联系，“当一个学生的学校归属感特别高的时候，大部分同学都感到了很强的归属感，而那些没有感到归属感的少数学生就更容易出现问题行为。从侧面来看，如果学生感到了较高的归属感则不会出现这样的问题”；同时，以往研究也表明：学校归属感和学生对成功的渴望以及重视学业任务的程度有显著相关：“有更高的归属感的学生更可能建立亲社会目标及行为，在班级中也会更好的遵守班级的各种纪律。因此，当学生感到自己是被学校接受的，他们会倾向于遵守学校、班级的规章制度，表现出更好的行为。”总之，学校归属感对于少数民族大学生的学业成就、心理健康以及良好的行为表现等都具有一定的影响，因此，必须努力从各个方面来提升少数民族大学生的学校归属感。

二、研究设计

（一）研究对象的选取

北京师范大学是教育部直属重点大学，是一所以教师教育、教育科学和文理基础学科为主要特色的著名学府。该大学时面向全国各个省市进行招聘，许多少数民族的学生顺利进入学校就读。仅 2009 年就共有少数民族同学 306 人入学，占了新生总数的七分之一。同时，北师大也十分重视少数民族管理工作，努力促进少数民族同学的身心发展，使其尽快融入学校大家庭当中。基于上述原因，选择北京师范大学作为少数民族大学生学校归属感现状研究的对象。

1. 问卷调查的样本选取

本调查研究的主要对象是学校本科阶段的少数民族学生，根据性别、年级、民族、专业类型等变量进行抽样，运用分层抽样法和随机抽样相结合的方法，共发放问卷 125 份，回收 118 份，回收率为 94.4%，其中有效问卷为 105 份，有效率为 89.0%。调查对象的结构特征如下表所示：

表 1　调查对象的分布情况

	性别		年级				专业类型		生源地		
	男	女	大一	大二	大三	大四	人文	理工	城市	小城镇	农村
N	42	63	24	29	18	34	52	53	25	30	50
Σ	105		105				105		105		

2. 访谈对象选取

访谈的对象主要是根据研究的需要从问卷调查样本中选取的。根据可接近性的程度进行选取，同时照顾到性别、年级、民族等影响因子，以保障访谈对象的典型性。由于时间精力有限，本研究只选取了 6 位少数民族本科生进行访谈，其结构分布如下表所示：

表 2　访谈对象的分布情况

	性别		年级		民族			专业	
	男	女	大二	大四	藏族	维吾尔族	哈萨克族	人文	理工
N	3	3	2	4	2	3	1	5	1
Σ	6		6		6			6	

（二）核心概念阐释

学校归属感：学校归属感是学生把自己归入所就读的学校以及由学生和教师所组成的集体的心理状态，这种心理既有对自己学校成员身份的确认，也带有个体的感情色彩，包括对学校的认同、投入、喜爱和依恋等，对自己能够成为学校或班级的一员感到高兴，认同学校的教学及其各种发展目标，愿意通过参与学校的各种活动来促进其发展。在本研究中学校归属感主要包括以下几个维度：学校认可、班级归属、师生关系、校园同伴关系、自我地位认可。其界定如下：

学校认可：是指少数民族本科生对所就读的大学为其营造的学习生活环境的认可程度，具体包括：对学校物质条件（如教学设施、生活设施、运动设施等）的认可程度、对学校及院系的规章制度管理措施的认可程度、对学校校风、学风等文化氛围的认可程度。

班级归属：指少数民族本科生对其所属专业班级在情感上和行为上的认同程度，具体可分为：作为班级成员的认可程度、班级活动参与程度等。

师生关系：指少数民族大学生对在与大学教师交流过程中形成的师生关系的认可程度和满意程度，包括与教师关系的亲密程度、对教师学业生活支持的认可程度、对教师素质的认可程度等。

校园同伴关系：特指少数民族本科生与不是本民族的同学在日常的学习生活交流过程中所形成的关系。

自我地位认可：指少数民族本科生作为学校、院系以及班级的一名成员，感觉自己被认可、被重视、被接受的程度。

（三）研究工具的说明

1. 调查研究工具

采用自编少数民族本科生学校归属感调查问卷进行实测。

本调查问卷是结合研究被试少数民族本科生的独特性，参考对少数民族大学生的文化适应方面的文献，自己编制而成的。编制正式调查问卷经过了三个阶段：一是查阅相关文献并对个别少数民族本科生进行开放式的访谈，拟定量表的维度，形成初稿；二是预测，考察问卷内在一致性系数以及内在效度；三是咨询少数民族学生，在题目措辞和表达上做最后的修改，形成最终问卷。

（1）预测问卷的信度和效度分析

本研究用内在一致性系数（Cronbach’ Alpha 系数）和折半信度系数作为问卷的信度指标。除了“自我地位认可”信度系数比较低为 0.463 之外，学校认可、班级归属、师生关系、同伴关系的内部一致性系数虽然没有达到值 0.8 以上，但都在 0.63 以上，并且总量表的信度系数为 0.852，因此该问卷量表基本符合对内部一致性信度的要求。此外，从上表亦可知，各维度的折半信度在 0.596 至 0.764 之间，并且总量表的折半信度系数为 0.687。总体而言，信度检验表明学校归属感的问卷基本符合统计学上对信度的要求。

本研究采用调查量表的总分与各维度层面的得分之间的相关系数作为衡量问卷结构效度的指标。学校认可、班级归宿、师生关系、同伴关系以及自我地位认可等五个维度之间彼此的相关系数在0.506至0.246之间，各维度与总量表之间的相关系数在0.568至0.777之间。因此，总体而言，学校归属感问卷具有较好的内在效度。

2. 个人访谈法研究工具

采用自编个人访谈提纲作为访谈法的研究工具。个人访谈内容主要包括以下四个部分：一是被访谈者基本信息的收集，如性别、年级、专业、普通话水平、家庭情况等；二是学校归属感方面的问题，分别从上述五个维度进行提问，期待深入回答；三是关于学校适应方面的问题，包括困难、障碍、对策及效果等；四是平常一天的学习生活安排，考察其生活中心和交际圈等。

三、数据分析及其结论

（一）数据分析结果

1. 少数民族本科生学校归属感总体特征

调查被试在学校归属感各维度上的得分情况以及总量表得分情况，如下表所示：

表3　被试在学校归属感量表总分及各维度上的得分情况

	学校认可	班级归属	师生关系	同伴关系	自我地位认可	总量表
N	105	105	105	105	105	105
Mean	3.3963	3.2857	2.9700	3.4698	3.0214	3.2591
Std. Deviation	.47822	.56243	.65779	.57120	.61052	.39622
Minimum	2.46	1.86	1.62	2.17	2.00	2.21
Maximum	4.69	4.43	4.38	5.00	4.75	4.11

从上表的结果可知，少数民族大学生被试在学校归属感总量表上的平均得分为3.259，处于中等水平。在学校认可、班级归属、师生关系、同伴关系以及自我地位认可等五个层面上，少数民族本科生的平均得分均在3分左右，处于中等水平。

2. 学校归属感的差异检验

（1）性别差异对学校归属感的影响

运用独立样本T检验的统计方法，对不同性别（男、女两个水平）的少数民族本科生在五个不同维度上以及学校归属感总得分的情况分别进行差异显著性检验，所得结果如下表所示：

表 4　不同性别在学校归属感量表总分及各维度上的得分情况

	性别	N	Mean	Std. Deviation	T
学校认可	男	42	3. 2326	. 45540	－2. 970 *
	女	63	3. 5055	. 46498	
班级归属	男	42	3. 1395	. 56748	－2. 216 *
	女	63	3. 3832	. 54176	
师生关系	男	42	2. 8095	. 58516	－2. 438 *
	女	63	3. 0833	. 54901	
同伴关系	男	42	3. 2659	. 65027	－3. 110 *
	女	63	3. 6058	. 46979	
自我地位认可	男	42	2. 9881	. 70916	－0. 455
	女	63	3. 0437	. 53982	
总量表	男	42	3. 1059	. 38761	－3. 500 * *
	女	63	3. 3613	. 35168	

* P < 0. 05； * * P < 0. 01

从上表可以看出，在各个维度以及总量表得分上，不同性别的少数民族本科生的平均分均在 3 分周围变动。至于差异的显著性，在学校环境认可、班级归属、师生关系、同伴关系四个层面上，少数民族女生的得分在 0. 05 水平上显著高于男生的得分；在总量表得分上，女生的得分在 0. 01 水平上极其显著地高于男生得分。至于在自我地位认可层面上的得分，女生要高于男生，得分差异并不显著。

（2）年级差异对学校归属感的影响

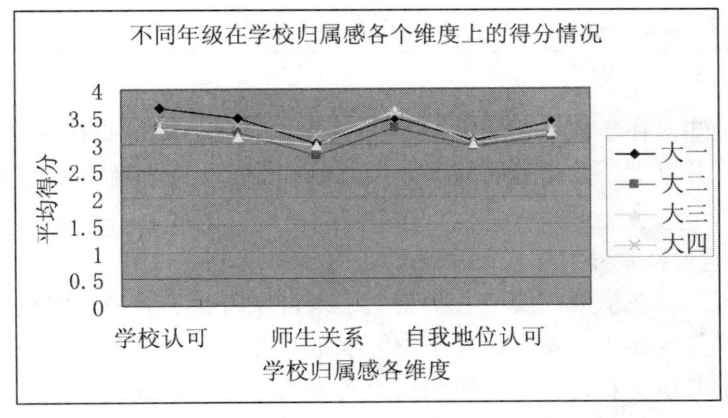

图 1　不同年级在学校归属感各个维度上的得分情况

从图 1 可知，在学校归属感的各个维度上，从大一到大四的少数民族本科生的平均得分均在 3 分左右，处于中等水平。同时，在学校认可维度上的平均得分，大一 > 大四 > 大二 > 大三；在班级归属维度上的平均得分，大一 > 大四 > 大二 > 大三；在师生关系维度上的得分，大四 > 大一 > 大三 > 大二；在同伴关系维度上的平均得分，大三 > 大四 > 大一 > 大二；在自我地位认可维度上的平均得分，大四 > 大一 > 大二 > 大三；在总量表得分上，大一 > 大四 > 大三 > 大二。

由于年级有四个水平，无法用 T 检验来对差异进行分析，而要进行方差分析。本文运用单因子独立样本变异数分析（ANOVA 分析）的统计方法，对不同年级的学生（大一 - 大二 - 大三 - 大四四个水平）在五个维度上及总量表的得分情况分别进行了差异显著性检验，所得结果如下：

表 5　不同年级得分情况的方差分析差异检验结果

	学校认可	班级归属	师生关系	同伴关系	自我地位认可	总量表
F	3. 379	1. 571	1. 995	1. 768	. 388	2. 511
Sig.	. 021 *	. 201	. 120	. 158	. 762	. 063

* P < 0. 05

从上表可以看出，在学校认可层面上，不同的年级在 0. 05 水平上有显著的差异；在其他层面及总量表的得分上则没有显著的差异。接下来，需要对不同年级的差异影响进行事后比较检验，本文采用 Scheffe 法，结果如下：

表 6　年级差异事后比较检验法结果（Scheffe 法）

Dependent Variable	（I）年级	（J）年级	Mean Difference （I - J）	Std. Error	Sig.
学校认可	大一	大二	. 37102 *	. 12766	. 043
		大三	. 36645	. 14425	. 098
		大四	. 25509	. 12334	. 240
*. The mean difference is significant at the 0. 05 level.					

从表 9 可知，在学校认可层面上，大一大二年级的得分直接在 0. 05 水平上有显著的差异，并且大一的得分明显大于大二的得分；至于其他年级彼此则没有显著的差异。

● 生源地类型差异对学校归属感的影响

从图 4 可知，在学校归属感各维度上，来自城市、小城镇、农村的少数民族本科生的平均得分均在 3 分左右，处于中等水平。并且，在学校认可维度上的平均得分，城市 > 小城镇 > 农村；在班级归属上的平均得分，小城镇 > 城市 > 农村；在师生关系上的平均得分，小城镇 > 城市 > 农村；在同伴关系上的平均得分，城市 > 小城镇 > 农村；在自我地位认可上的平均分，小城镇 > 农村 > 城市；在学校归属感总得分上，小城镇 > 城市 > 农村。

本文运用单因子独立样本变异数分析（ANOVA 分析）的统计方法，对不同生源地的学生在五个维度上及量表总分上的得分分别进行了差异显著性检验，所得结

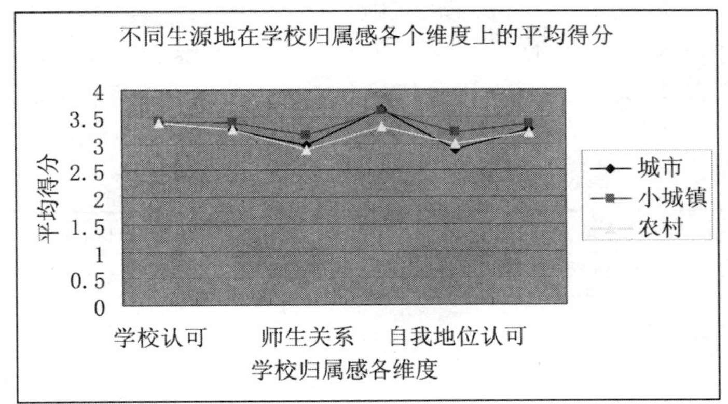

图2　不同生源地学生在学校归属感各个维度上的平均得分

果如下：

表7　不同生源地的学校归属感得分的差异检验分析结果

	学校认可	班级归属	师生关系	同伴关系	自我地位认可	总量表
F	0.073	0.725	2.3000	4.135	2.321	1.840
Sig.	0.930	0.487	0.105	0.019 *	0.103	0.164

* $P<0.05$

从上表可知，在同伴关系层面上，不同生源地的少数民族学生的得分情况有显著性的差异，在其他层面得分则没有显著性差异。因此，仍需进行事后比较检验，结果如下表：

表8　事后比较检验法结果（Scheffe 法）

Dependent Variable	（I）生源地	（J）生源地	Mean Difference（I－J）	Std. Error	Sig.
同伴关系平均分	城市	城镇	.01556	.15022	.995
		农村	.32000	.13588	.067
	城镇	城市	−.01556	.15022	.995
		农村	.30444	.12811	.064
	农村	城市	−.32000	.13588	.067
		城镇	−.30444	.12811	.064

从表10可得，经过事后比较检验后，最终不同生源地在同伴关系层面上的得分并无显著性的差异。因此，我们可以得出最后结论，不同生源地的少数民族学生在所有层面及总量表的得分并没有显著的差异。

（4）专业类差异对学校归属感的影响

运用独立样本T检验的统计方法，对不同专业类型的少数民族学生在五个不同维度层面上以及学校归属感总得分情况分别进行差异显著性检验，所得结果如下表所示：

表9　不同专业类型的少数民族生的得分情况

	院系专业类型	N	Mean	Std. Deviation	T
学校认可	理工科	52	3.3536	.48153	−0.907
	人文社科	53	3.4383	.47576	
班级归属	理工科	52	3.1538	.60533	−2.436*
	人文社科	53	3.4151	.48870	
师生关系	理工科	52	2.8726	.58078	−1.799
	人文社科	53	3.0731	.56086	
同伴关系	理工科	52	3.3397	.57067	−2.361*
	人文社科	53	3.5975	.54737	
自我地位认可	理工科	52	2.9856	.58455	−0.594
	人文社科	53	3.0566	.63859	
总量表	理工科	52	3.1746	.40518	−2.269*
	人文社科	53	3.3421	.34980	

$*P<0.05$

从上表可知，在学校认可维度上的平均得分，人文社科＞理工科；在班级归属上的平均得分，人文社科＞理工科；在师生关系上的平均得分，人文社科＞理工科；在同伴关系上的平均得分，人文社科＞理工科；在自我地位认可上的平均得分，人文社科＞理工科；在学校归属感总分上，人文社科＞理工科。在班级归属、同伴关系以及总量表得分上，不同专业类型的少数民族学生的得分情况在0.05的水平上有显著的差异。并且，均为人文社科的得分高于理工科学生的得分。在其他几个层面的得分差异则不显著。

（二）数据分析后所得结论

根据上述对所得数据的分析，可将少数民族大学生的学校归属感的特点归纳如下：

（1）少数民族本科生的学校归属感总体上处于中等水平。在学校认可、班级归属、师生关系、同伴关系以及自我地位认可等五个层面上，所处的位置也大体在中等水平。因此，我们可以得出结论，少数民族本科生对学校的归属感并不强烈；对学校认可的程度并不深；班级归属感也不强烈；对师生之间以及同伴之间的关系并不十分满意；在学校中自我地位认可程度并不深。

（2）少数民族女生的学校归属感总体上比少数民族男生的归属感强，在学校认可、班级归属、师生关系、同伴关系以及自我地位认可五个层面上，女生的认同程度也比男生高。至于显著性差异，在学校环境认可、班级归属、师生关系、同伴关系四个层面上，少数民族女生的得分在0.05水平上，显著高于男生的得分；在总量表得分上，女生的得分在0.01水平上，极其显著地高于男生得分。至于在自我地位认可层面上的得分，女生平均得分高于男生，只是得分之间的差异并不显著。

（3）少数民族大一学生对学校的认可程度比大二的学生要高。在学校认可层面上，大一的少数民族本科生得分在0.05的水平上高于大二的少数民族学生。而在其他层面上，不同年级的少数民族本科生的平均分差异并不显著；在学校归属感总分上也并不显著。

（4）虽然来自不同生源地（城市、小城镇、农村）的少数民族本科生在学校归属感总分以及学校认可等五个层面的平均得分存在差异，但是这些差异彼此并不显著。

（5）人文社科的少数民族本科生的学校归属感总体上明显强于理工科的少数民族学生；人文社科的学生在班级归属以及同伴关系层面上的归属感明显强于理工科学生。不同专业类型对其他层面上的平均得分差异并不显著。

四、分析与讨论

前文已经对少数民族学校归属感的特征做了详细描述，接下来将在学校归属感理论以及多元文化教育的理论范围内，并结合归属感的辅助研究——少数民族大学生学校归属感的六个个案访谈——所获得的个案资料，对数据统计所得的结果做一个简单的分析。此外，如文献所述，少数民族本科生学校归属感的调查研究比较少；因此，对结果的讨论同时也会借鉴类似学校归属感或少数民族学校适应方面的已有的研究成果。

（一）少数民族本科生学校归属感总体特征的分析

1. 关于少数民族本科生在学校认可维度得分的分析

如数据统计分析显示，少数民族本科生在学校认可维度上平均分为3.396，处于中等水平。这与国内一篇论文对普通大学生的学校认可程度的测量结果一致。根据本文对学校认可的定义，这表明少数民族本科生对学校为其营造的学习生活环境并不十分满意，处于中等水平。结合访谈获得的材料，导致这种结果的原因可能是：一方面是因为学校的硬件和软件建设普遍不理想，另一方面是少数民族本科生认为其特殊需求没有得到满足。

首先，学校的环境原本就不理想。在对六个少数民族本科生进行个人访谈中，他们都不约而同的抱怨学校的宿舍环境、自习室环境以及之前学校处于大规模动工时期环境的混乱等。有2个少数民族本科生认为，其在北京邮电大学读预科时的宿舍等环境相对要好很多，落差比较大。另外，有被访谈者认为学校学生人数过多，

“人满为患”，导致舒适度有所降低。

其次，少数民族生对学校环境有着特殊的需求。3 个受访谈的维吾尔族学生和 1 个哈萨克族学生均表示对学校清真食堂无法容忍，食堂的菜色太少，大学四年来基本没有什么变动，吃着乏味。而且，由于学校只有一家食堂，是由回族人开的，形成垄断，里面工作人员的态度极差。同时，对于图书馆的藏书，有受访谈者说没有或较少有他们本民族语言的书籍。

此外，有 2 个受访谈者提到学校对少数民族本科生的学习要求比较低，这是符合事实也是切实关心的表现，但是这种学习上降低要求的规定也使得部分少数民族学生特别是文科学生，不努力学习，不积极进取，只是得过且过。一个哈萨克族的受访谈者说道：“我原先刚上本科的时候，我们的辅导员就称呼我是预科生，让我心里感觉很不是滋味。我是本科生而不是预科生了啦；而且你也知道，我们少数民族只要 45 分就能过了，这对于我们还是比较简单的，特别对于我是文科生来说。所以我的很多同学也就比较懒了，当然我也是。”

2. 关于班级归属维度上得分的分析

少数民族本科生在学校认可维度上平均分为 3.286，处于中等水平。根据对班级归属感的定义，这表明少数民族本科生日常并没有积极参与班级活动，自己作为班级一名成员的感受并不是很强。

这可能由于少数民族本科生的语言障碍以及交流沟通能力有限，使得其难以融入本班的各项活动中去。有 4 个受访谈者就提到，由于普通话水平不高，与其他民族的同学交流比较受局限，这样也就越来越不想参与班级的活动，久而久之就陷入恶性循环。此外，少数民族的风俗习惯与汉族同学不同，汉族同学可能觉得在与其相处过程中必须要小心翼翼，如果一不小心犯了对方的民族禁忌，会使双方都很尴尬，这样就比较少的主动和少数民族交流。而且由于风俗习惯不同，特别是饮食上问题就很难解决，使得大部分活动很难组织起来。

值得一提的是，有 2 个受访谈者提到尽管大部分的班干部在组织活动的过程中均会主动询问其特殊的民族偏好和习惯，为了让他们能参加活动，尽量迁就他们；但是，他们觉得如此并不太好，迁就一次两次还行，但是长此以往会使得其他同学无法进行自己喜欢的活动。所以，他们最终还是选择不积极参加班级的活动。

以下是一个同学的访谈内容节录：

问：那你希望班级在组织活动的时候多照顾你们是吗？

答：也不是。这个比较难解决。其实你们在组织活动的时候就有问过我们，上次某某就有问我要不要去聚餐，应该去哪里之类的。但是，最后就不了了之了。出去玩也一样，吃饭是一个比较重大的问题，尤其是对于我们维族同学来说。所以，有时候我反而觉得不好意思让班委你们来多照顾我们。而且其他同学有可能也会不高兴啊。

3. 关于师生关系维度上得分的分析

数据统计分析显示，少数民族本科生在学校认可维度上平均分为 2.9700，处于中等水平。根据对师生关系的定义，这表明少数民族本科生在与教师的交流过程中，对师生关系的评价并不十分满意。一方面这可能是因为当前大学师生关系普遍就处于比较冷淡的水平，少数民族本科生也不能例外；另一方面，这也是少数民族本科生的自身特点导致的。

由于少数民族本科生的汉语水平没有那么流利，使得其不能特别主动与老师进行交流，交流比较费劲。至于教师对少数民族的特殊关爱，大部分受访谈者均感到比较满意，因为教师会由于其少数民族身份而降低学习要求或有心让其他同学多多帮助。此外，有2个受访谈者认为，教师应该在大部分方面把少数民族和汉族同学同等对待，而要适当照顾的部分只能是在少数民族本科生独有的语言不通等问题上。

以下是对一个藏族女同学的访谈内容节录：

问：你觉得你和任课老师们和辅导员的关系如何，他们给你的帮助多吗？

答：我觉得我和老师们的关系都还挺好的，没有什么矛盾和不满之类的。他们在学习上给我的帮助还是挺多的，特别是在考试之前。呵呵。记得大一的时候，我们的大学数学课比较难，某某某老师主动问我听课有什么困难，考试能不能过之类的问题，叫我们复习的时候可以先去找她一下。我想老师都知道我们藏族同学可能基础比较差，所以有可能会跟不上吧，都挺照顾的。

问：你觉得你和老师的关系与汉族和老师的关系相比有没有什么差异呢？

答：这个还是比较明显的。不知道是不是因为我比较内向吧。（你在与本民族同学交流时也内向吗）呵呵，也是吧。一般来说都不主动向老师交流沟通，一般是老师主动找我们，特别是我们的辅导员老师。而且和老师交流也会比较紧张，不轻松啊。我看一些汉族同学和老师交流都比较主动和自然。

4. 关于同伴关系维度上得分的分析

少数民族本科生在学校认可维度上平均分为3.470，处于中等水平。根据对同伴关系的定义，这表明少数民族本科生与其他民族同学的交往的并不密切，主要还是集中在自己本民族的圈子里。

对六位受访谈者关于日常生活内容的访谈中发现，六位受访谈者平日的交流都集中在本民族圈子里，很少和汉族同学、甚至其他少数民族同学有深入的、亲密的交流和沟通。有一个受访谈者提到其与宿舍同学之间的摩擦和矛盾，虽然表面上相安无事、互相招呼寒暄，但是很难有深入的交流，很难成为真正的朋友，真正的朋友只能是本民族的同学。还有1为受访谈者认为是由于自己的性格特质决定自己一般都生活在本民族的圈子里，而其他性格外向的同学会和汉族同学打成一片。

此外，所有受访谈者都认为自己在交朋友方面或多或少还是会考虑对方的民族。但是，也许是因为本民族的朋友圈子原先就很固定，并起着良好的作用，自己并不觉得有必要和汉族同学多做交流和沟通，成为朋友，只要保持友好的关系即可。试想一下，如果是单个少数民族同学周围没有其他本民族同学，那么，即使刚开始有困难，他和汉族学生的交流和沟通也是难以阻挡。所以，可以说，对于某些少数民族本科生来说，本民族的朋友圈子是对汉族朋友圈子形成了竞争关系，并且因共同文化属性而获胜。

以下是对一名维吾尔族男生同学其平日交际圈子的访谈内容的节录：

问：你平日学习生活中都和哪些同学接触呢，本民族的多还是其他民族的多？

答：平日我的生活比较单调，不是在宿舍就是在自习室。我不太想呆在我现在的寝室，生活习惯太不一样了；所以我就自己搬到现在的西楼寝室，和两个维族的同学住在一起。所以在宿舍的话基本上都是和本民族同学交流。至于去上自习的话，都是和本民族的同学一起去的，没有和其他同学一起去过。（问：除了见面之类的，短信息或QQ聊天呢?）主要还是和本民族的同学，我的生活的圈子主要就是本民族的同学。

问：你刚才说你调了寝室，和本民族同学住在一起，你觉得学校在安排寝室的时候，是把你们本民族的安排在一起呢，还是混住呢？

答：呵呵。因为在以前的寝室大家习惯都不一样，我觉得不太适应。所以有机会我就自己出去了，和本民族同学一起住。但是，我还是觉得混住可能会好一点吧，虽然对我来说心理上比较难以接受，会遇到一些问题。

5. 关于自我地位认可维度上得分的分析

少数民族本科生在学校认可维度上平均分为3.021，处于中等水平。根据本研究对自我地位认可的定义，少数民族本科生并不觉得自己被十分的理解、接受和重视。

其中有一位受访谈者提到在宿舍自己的声音总是很难被听到和重视，他提到了一个情景，下面为引用口述：“自己在睡觉的时候比较容易被吵醒，所以通常请他们不要大声说话之类的；但是他们根本没有当一回事，还是会大声说话，没有顾忌；但是，如果是另外的汉族同学睡觉时，他们就能够保持很安静，而且有时我不小心发出声音，他们就会很直接地叫我别发出声音，说别人在睡觉呢。我觉得这不公平……我感觉我在宿舍是被忽视的存在。”这个案例也许只是个别情况，但是仍然可以从中看出少数民族学生自身觉得自己不太被接受、被重视。

造成这种状况的原因可能是少数民族本科生一定的挫败感，在汉族环境中觉得自己在很多方面都不如同学，因此不太敢于发表自己的意见：“自己觉得和汉族同学的差距太大了，不论是汉语水平还是学习成绩以及各种技能上来讲，我都比不上他们，因此我在他们中间总是都会保持沉默，并不会多发言，也不会主动交流……而且，我在预科阶段，我的普通话水平比其他人都还要高，但是上了本科之后，周围同学汉语是他们的母语，我就不太敢和他们交流，久而久之，汉语水平也就下降了。”

（二）少数民族本科生学校归属感性别差异分析

在学校认可、班级归属、师生关系、同伴关系四个层面上，少数民族女生的得分在0.05水平上显著高于男生的得分。少数民族本科女生的学校归属感总体上高于男生。

形成这一特点的原因可能是因为女生总体上来说比较温顺柔和，对于学校各方面的硬件设施和管理措施都能够以适应的态度来看待，而不会有太多的抱怨和不满。相关的研究也表明女生对于学校和班级的依恋程度要明显高于男生。而且，不论民族，女生性格上比较细心，其他民族女生更能体会到少数民族女生的所思所想，更会主动和少数民族女生接触交流。如此一来，少数民族女生的学校归属感也相应会比较高。

而男生一般来说比较独立自主，并不会有依赖于别人的想法和行为。此外，从语言能力上来讲，女生的语言天赋大体高于男生，其普通话的交流能力和沟通能力也强于少数民族男生，这在访谈中与他们的交流中就能看出来。而且从交流的意愿和能力来看，少数民族女生更愿意和他人交流不管是不是本民族的同学，而少数民族男生在交流上一般比较被动；女生的交流沟通能力也比男生强许多。

从个案访谈中也可以看出来少数民族男女生的许多不同。其中有一位少数民族男生说道"我们宿舍都是自己做自己的事情，如果没有什么特殊的事情的话，大家彼此都不会主动询问或关心，我想这也是男生交流的一种方式吧，即使关心，隐藏得也比较深。"另外，访谈中能发现少数民族女生不仅普通话水平相对高一点，而且交流的意愿也比较强，提一个问题而不用追问，她就能说出很多来；而男生访谈比较简单而快速，必须得一点一点提示才能深入。

在遇到学校或文化适应困难的情景下，少数民族男生和女生的应对方式可能也会有很大的差异，男生比较直接和冲动；相比之下，女生会比较柔顺、善于寻求帮助一些。下面一维族男生和一维族女生在遇到适应困难时的反应方式的对比：

问：伊斯兰教上的禁忌比较常见的就是关于"Pig"的问题，你会介意吗?

男生答：我挺介意的。我们宿舍的大家也都知道，所以会特别注意。有些时候，我还是挺生气的，比较郁闷就是了。他们经常会不记得我在宿舍，就不小心提了，不过宿舍的同学事后会主动道歉的。

女生答：只要不在我面前吃啊、提起啊之类的，我都是可以接受的。我们宿舍的都很注意，其实，我还是没那么介意的，只要不是故意提的话，我基本上都不会生气之类的。我觉得，这也是你们的习惯吧，我也不好说什么。

（三）学校归属感的生源地类型差异分析

在学校认可维度上的平均得分，城市 > 小城镇 > 农村；在班级归属上的平均得分，小城镇 > 城市 > 农村；在师生关系上的平均得分，小城镇 > 城市 > 农村；在同伴关系上的平均得分，城市 > 小城镇 > 农村；在自我地位认可上的平均分，小城镇 > 农村 > 城市。总之，虽然差异并不显著，但是可以看出来自农村的少数民族本科生的学校归属感明显低于来自城市和城镇的少数民族本科生的学校归属感。这一结论和相关类似研究基本符合。"但乡村大学生在学校认可和校园同伴关系认可两个维度上得分相对城镇大学生较低。"

可能的原因是，城镇较之乡村更为开放，城镇学生更善于表达感情、更愿意与人接触，而乡村学生受地理、文化和教育的影响，不善于与人沟通和表达自己的真情实感，较之城镇学生更不善于与人接触、较难融入新的环境和集体。而且，对于少数民族本科生来说，来自城市或城镇的学生，由于周围环境以及家庭教育的结果，汉语水平一般都比较高，这就扫清了与汉族同学交流的首要障碍。

在六个受访谈的对象中，有 2 人是来自于城市，分别是乌鲁木齐和克拉玛依。访谈中来自乌鲁木齐的哈萨克族学生说道，“在预科阶段，我的汉语水平是最好的，可能是因为家庭的影响，家里一般都比较注重我的汉语教育，而且我们乌鲁木齐的汉族也比较多，有时候也会遇到。”

（四）学校归属感的专业类型差异分析

人文社科的少数民族本科生的学校归属感总体上明显强于理工科的少数民族学生；人文社科的学生在班级归属以及同伴关系层面上的归属感明显强于理工科学。其他层面上的得分差异并不显著，但人文社科的少数民族本科生的得分仍然略比理工科学生来得高。

这可以从人文社科专业和理工科专业所具有的特点来解释。人文社科专业诸如中文、教育和历史等都是关于社会发展、关于人的发展的问题，专业的特质会尽可能要求学生具备交流沟通的能力，而且知识面关注点都会比较广阔，对各种事物必须保持敏感性。而与此相反，理工科专业对学生要求更要严谨，因此，有时候理工科学生显得沉闷寡言。相比较而言，人文社科专业的学生会更容易和别人交流沟通，因此其归属感会比较高。

正如，一个理工科专业的受访者是来自化学学院的，他说道“我们专业的同学大部分都是男生，从大一都大三的课业负担都比较重，除非有什么重大的事情，一般都很少有交流。而且，他们大部分时间都在实验室里啊，自习室里啊，在宿舍时间比较少，很少有机会交流。”

五、意见和建议

1. 对学校以及院系学生工作的建议

（1）本科阶段继续加强部分少数民族学生的汉语学习，有必要增设汉语课程，并侧重口语对话。在调查和访谈中，强烈地感受到汉语水平特别是口语水平是隔在少数民族同学与汉族同学之间的鸿沟，也感受到少数民族本科生提高汉语交流能力的渴求。建议学校可对少数民族学生进行入学汉语水平考试，特别是考察其口语交流能力，并且可以充分利用学校这方面的师资、教材、课程等。

（2）在本科低年级阶段，增设关于学校适应和文化适应的专门辅导课程，对少数民族本科生如何处理日常生活中所遇到的学校适应障碍和文化适应困难进行专门的指导。与普通本科生不同的是，少数民族大学生面临的是一个文化特性完全不同的新环境，经常会在与他人交往过程中出现困难和卡壳。虽然少数民族本科生自身的性格特质对其归属感有影响，但是学校能够通过帮助他们建立起文化适应的合理策略，排除适应方面的困难和阻碍。此外，学校雪绒花心理辅导中心也可以提供关于学校适应方面的专业咨询，进行心理疏导。

（3）在学校层面或学院层面建立起制度化、固定化的少数民族本科生与汉族本科生之间的交流沟通的平台；同时，可以采取少数民族学生与汉族本科生“结对子”的方法促进交流。

（4）学校应该对汉族学生进行多元文化教育，让其认识少数民族、包容尊重少数民族文化习惯、学会如何对待少数民族同学、如何交往等问题。

（5）团委以及学联、校学生会等可以创造出一种方式在全校宣传我国少数民族的文化和风俗习惯，例如少数民族文化节之类的活动。这样既可以丰富学校生活，也能让少数民族本科生获得更多的关注和重视，提高其参与学校各种社团活动的积极性。

2. 对任课教师及辅导员的建议

任课教师与辅导员对待少数民族本科生应该采取“区分对待”与“同等对待”相结合的态度和方式。所谓区分对待是指任课教师和辅导员应该充分认识到少数民族本科生的特殊性，了解其特殊的需求等，例如其汉语水平普遍不是很好、听课比较吃力等。

同时，又在其他方面，则要没有区分地对待少数民族本科生，不能形成一种少数民族大学生比较特殊的感觉，这样会使他们没有集体归属感，感觉自己是“城外人”。这也是在访谈中，多数少数民族本科生提到的。

3. 对汉族本科生的建议

汉族本科生应该充分认识到少数民族的存在对于大学多元化的发展是很有利的，不应该持有排斥或漠视的态度。众所周知，美国是一个多移民的国家，其优秀的大学每年从全球各地吸引了很多优秀的学子就读，目的之一就是为了保持大学的开放性和多样性。

而我国大学由于自身实力不足难以吸引其他国家的学生就读，但是少数民族大学生作为文化经历相当不同的一个群体，他们融入大学的生活，这也同样能活跃学校风气、保持学校的多样性和开放性，对于有强烈求知欲的学生来说都是一件幸事！而多元文化教育的目的之一就是为了让人养成文化包容的思想，让所有人获益于多元文化的交融。

4. 对少数民族本科生的建议

（1）少数民族本科生应该多在学校及院系活动中表达自己的声音，证明自己的存在。数据和访谈显示，部分少数民族本科生觉得自己在学校被忽视。尽管有很多客观原因存在，但是最重要的还是少数民族本科生自身并不积极主动发出自己的声音。例如，学校鼓励学生参加社团或根据自己兴趣组建社团，但是目前还没有一个由少数民族自己成立并宣传自己的社团或协会。通过组建社团或协会，进而举办各式各样的活动，如此有助于其他同学的了解和接触。

（2）不能囿于本民族的人际社交圈子，到综合性大学来学习的目的之一就是与各式各样的人接触。如果交往的对象局限于本民族同学，那么视野将受到限制、学习和生活的经历大打折扣，与在民族院校学习无异了。访谈中，有不少少数民族同学提到自己因为汉语水平以及学习成绩跟不上，所以比较自卑，不太敢于和其他同学主动进行交流和沟通。其实，每个人都会不知不觉把目光集中在具有某些特质的人身上；少数民族学生具有不同的文化经历，汉族同学应该是很有主动交流的意愿的，所以大可不必妄自菲薄。

（3）结合自己的性格等其他特征，探寻合适的文化或学校找到适应方式和策略。在访谈中，可以发现一些少数民族同学的性格比较内向、沉默寡言。文化适应的策略或方式其实并没有绝对的正确或错误之分；面对冲突或矛盾或者不适感，不同特质的少数民族本科生应该要找到适合自己的反应方式，减轻心理压力和矛盾情绪。当然，选择合适的方式或策略的前提是：必须要勇敢、自信地与其他非本民族同学交流沟通。

参考文献：

[1] 冯增俊：《教育人类学》，南京：江苏教育出版社，1998 年。

[2] 于辉：《朝鲜族大学生民族认同文化适应和心理健康的关系研究》，延吉：延吉大学，2008 年。

[3] 王晓玲：《论族群认同和族际交往对跨文化交际的影响》，上海：上海外国语大学，2007 年。

[4] 张劲梅：《西南少数民族大学生的文化适应研究》，重庆：西南大学，2008 年。

[5] 金学官：《中国少数民族文化适应问题研究》，北京：中央民族大学，2002 年。

[6] 杨玉芊：《云南少数民族大学生学校适应问卷的编制和相关问题研究》，重庆：西南大学，2008 年。

[7] 哈正利：《族群性的建构和维系》，北京：中央民族大学，2005 年。

[8] 包克冰等：《中学生学校归属感及其与自我概念的关系研究》，载《教育科学研究》，2006 年第 1 期。

[9] 徐坤英：《中学生学校归属感及其与心理健康的关系研究》，重庆：西南大学，2008 年。

[10] 鞠燕：《初中生班级归属感现状及其特征研究》，上海：华东师范大学，2009 年。

[11] 郝佳：《大学生学校归属感现状与心理健康水平的关系研究》，吉林：辽宁师范大学，2008 年。

[12] 阳泽：《论学校归属感的教育蕴意》，载《中国教育学刊》，2009 年第 7 期，第 31 – 34 页。

[13] 杨胜才：《少数民族大学生非正式群体的研究》，载《民族教育研究》，1998 年第 2 期，第 67 – 71 页。

[14] 长召：《浅谈少数民族大学生教育管理工作》，载《西南民族大学学报》，1998 年第 12 期，第 175 – 176 页。

[15] 吴文玉、高向东：《上海高校在校少数民族大学生调查报告》，载《社会》，2004 年第 8 期，第 20 – 24 页。

[16] 王颖：《美国多元文化教育的形成与发展对中国民族教育的启示》，西安：陕西师范大学，2001 年。

[17] 包克冰、徐琴美：《学校归属感与学生发展的探索研究》，载《心理学探索》，2006 年第 2 期，第 51 – 54 页。

[18] Goodenow, C. *School motivation, engagement, and sense of belonging among urban adolescent students.* Paper presented at the Annual Meeting of the American Educational Research Association. (San Francisco, CA, April 20 – 24, 1992).

[19] Karen F. Osterman. *Students' Need for Belonging in the School Community. Review of Educational Research*, Vol. 70, No. 3, 323 – 367 (2000).

[20] Eric M. *Anderman Motivation and Schooling in the Middle Grades Review of Educational Research*, Vol. 64, No. 2, 287 – 309 (1994).

[21] Tierra, & Freeman, J. M. *Jensen Tierra Sense of belonging in college freshmen at the classroom and campus levels. Experimental Education*, 2007, 75 (3): 203 – 220.

作者简介：王晓芳（1988—）男，汉族，北京市海淀区，北京师范大学教育学部教育基本理论研究院 2010 级硕士研究生，研究方向为教育政策与法律。

第四篇

少数民族双语教育研究

第八章　双语教育的理论研究

第一节　全球问题：少数民族文化与语言的学校教育

在同时具有主流或者官方语言（在本节里，笔者用占主导地位的语言、多数人讲的语言以及民族语言等术语指代同一意思，并且在整篇文章里交替使用这些术语。）与少数民族语言的国家里，少数民族语言和文化的教育是一个有争议的话题。在下面的几个部分，将列举一些有关这些问题的实例与相关国家的解决方案。在本节的最后一个部分，将概述全球教育如何应对少数民族语言和文化的学校教育问题。

一、少数民族文化与语言的学校教育问题：乌克兰与俄罗斯化

通常，语言和文化问题往往涉及国家认同、政治权利、历史传统与经济实力等方面。例如，2012 年 7 月，乌克兰议会通过了一项法案，允许局部的或者区域性的政府授予俄语及其他语言以官方语言的地位。至少 10% 的乌克兰人讲俄语和其他语言。在这个原苏联加盟共和国里，数百万人继续使用俄语。这项法案的通过导致了那些反对允许俄语在乌克兰的任何地方都视为官方语言的人们产生了暴力抗议，甚至与警察发生了冲突。支持将俄语作为官方语言的人们期望建立一个与俄罗斯更紧密的联盟，并且保护俄语。相反，许多反对该项法案的人们试图建立与欧盟更紧密的联系而非俄罗斯。①

这个有争议的乌克兰法案折射了全球语言与教育的许多问题。这个问题可以追溯到布尔什维克革命前的俄罗斯语言政策。沙皇俄国的帝国主义政策包括“俄语化”，所谓“俄语化”就是在整个俄罗斯帝国扩大俄语的使用范围及俄罗斯文化的影响。俄罗斯帝国扩张到太平洋，并且带入了大量不同的文化和语言。其目的在于使俄语成为整个帝国的通用语言。布尔什维克革命后，苏联继续“俄罗斯化”的政策。这一政策的成功仅仅局限在农村地区的少数学校和教师当中。大多数的农村学校是简单的一个房间的校舍，并担负多种功能。例如，前苏联总理赫鲁晓夫的妻子（妮娜．赫鲁晓夫于 1900 年出生在乌克兰的一个村庄里），她回忆道：“在村庄里人们讲乌克兰语，但是村庄的行政管理区域迈纳却是优先讲俄语的。在学校里孩

① 大卫．赫尔斯霍姆（Herszenhorn）：《乌克兰议会采用俄语法案》，载《纽约时报》，2012 年 7 月 3 日。

子们学习俄语，尽管回到家里并不讲俄语。纵观历史，我们的俄罗斯王国政府奉行人口俄罗斯化的政策。”①

十月革命之前，“俄罗斯化”受到了质疑。弗拉基米尔·列宁认为少数民族学生在学校里应该使用他们自己语言，俄语并不需要强制学习，因为现代化会导致出现学习俄语的自然需求。② 还有一些人则认为，在教室里可以使用少数民族语言，但是教学用语应该是俄语。亚历山大波格丹诺夫认为应该采用世界语言授课，这样有助于十月革命的国际化。事实上，他建议把英语作为教学语言。根据俄罗斯宪法的121条规定的“以母语教学”，允许在教室里使用少数民族语言，并且将俄语作为苏维埃社会主义联盟的官方语言。③

所以，这个新的乌克兰法案提出了可以追溯到俄罗斯帝国时期的历史问题。思考以下有关语言法案支持者与反对者的原因：

1. 反对新的乌克兰语言法案中允许有关地区选择俄罗斯语作为官方语言的原因：

（1）对此前的俄罗斯及苏联“俄罗斯化”的反应

（2）族群认同与乌克兰

（3）渴望与欧盟而非俄罗斯建立更紧密的联盟

（4）宗教：支持乌克兰希腊天主教会

2. 支持新的乌克兰语言法案允许有关地区选择俄罗斯语作为官方语言的原因：

（1）地方性使用俄语的历史

（2）族群认同与俄罗斯

（3）渴望与俄罗斯而非欧盟建立更紧密的联盟

（4）宗教：俄罗斯的东正教

二、世界语：一个避免语言冲突的实例

乌克兰有关语言的法案所导致的暴力冲突是关于语言政策问题的实例。如何避免这些暴力反应呢？一个解决方案是创建全球性语言，即世界语。1887 年柴门霍夫以匿名方式首次出版了他的第一本有关国际语言论述的小册子，提到寻求一种能够团结人类的语言而不引起社会阶级冲突和政治动乱的设想。Lazar Ludwik 柴门霍夫生活在 Bliasystok 这个城市，然而这个城市有时候归属波兰，有时候又归属立陶宛，他经历了这个城市由于四种不同的语言——德语、俄语、波兰语和意第绪语所导致的宗教、经济以及政治的社会分裂。他说：“如果我不是来自贫民区的犹太人，我永远也不会有团结人类的想法，就算有，也不会变成我一生的追求。世界上

① 《谢尔盖．赫鲁晓夫、妮娜赫鲁晓夫与超级大国的建立》，宾夕法尼亚：宾夕法尼亚州立大学出版社，2000，第6页。

② w·约翰·摩根：《共产主义者论教育和文化 1848—1948》，纽约：帕格雷夫麦克米兰出版社，2003年。

③ 奈杰尔·格兰特：《苏联教育》，英格兰：企鹅图书公司，1970，第17页。

再没有哪个民族像犹太人那样强烈的渴望一种没有国籍界限的语言。因为他们只能用消失了很久的语言向上帝默默祷告，而以反对并且镇压他们的一个民族的语言接受教育，并且在全世界范围内，有很多的同病相怜者，可惜他们彼此又无法沟通。①

柴门霍夫担心全球性语言可能带来的社会及政治影响。因此，他的努力为全球性语言的实施提供了宝贵的经验。从16世纪到20世纪，前后有50多个国家为了意识形态、民族主义及政治目的而推行世界语。

柴门霍夫想创建一种人工语言，这种语言不会冒犯那些支持民族语言的沙文主义者（盲目的爱国者）。他主张所有的少数民族语言都是平等的。其目的在于让学生同时接受母语及世界语的教育。关于语言的平等问题，他希望国家认同既不能过强，也不能太弱，既不处于优势地位，也不处于劣势地位。任何人都不能受到屈辱，感到不安。我们应该保持中立的地位，所有人的权利都是平等的，应该感到自己是一个大家庭的一员。

他认为世界语应该是简单易学的，这样就不会导致社会阶级划分。在他看来，深奥难懂的世界语只会有利于那些花费大量的时间与金钱参与培训的人们。他认为，如果一种自然语言，例如英语、汉语、俄语成为全球性的语言，我们不会有真正含义的国际语言词汇，而仅仅是一种更高阶层的国际语言。相反，开发一种简单的人工语言就会消除自然语言在全球范围内使用而带来的社会阶级的划分。然而对于这种人工语言，不仅是聪明富有的人，而是整个人类社会范围内，即使是最贫穷，受教育最少的农民在几个月内也能掌握它。

世界语：语言、文学与社区，皮埃尔总结了一下几个世界语的目标：这种语言能够被穷人和未受过教育的人们习得，并服务于大众文化与交流。预设的世界语的目的在于允许大众间进行直接的沟通，而不需要精英或者统治阶级作为媒介。总之，至少就语言而言，大众可以脱离特权阶级而进行自由的表达。

然而，世界语言的提倡者期待一种人工语言，这种语言不依附于任何特定的经济或者政治意识形态，例如，法西斯主义、共产主义或者资本主义。他们认为共同的语言是世界和平，是形成兄弟姊妹友谊的关键。将之成为语言的意识形态，在这种意识形态里，政治目标的中心——和平是通过一种中立的人工语言在全球范围内的使用或培训实现的。这种语言意识形态于1905年第一次世界语国际大会上发表的“世界语的实质”中被提出。

世界语的使用旨在通过全世界范围的努力传播中立的人类语言，这种语言“不干涉不同民族或国家的内政，也并不消除现存的民族语言。”这种语言能够实现不同国家人们互相理解的可能性；这种语言可以在那些因为语言发生争论的国家里作为平息语言争论的公共机构，在那里可能发布那些惠及所有人利益的作品。所

① 皮埃·詹顿（Janton）：《世界语：语言、文学、和社区》，奥尔巴尼：纽约州立大学，1993，第24页。

有其他的依附于世界语倡导者的个别的世界语学者的观点和志向纯属私人问题，与世界语的使用无关。

然而，世界语作为一种全球性的语言支持、为创建一种民族语言提供指南从而减少社会冲突的观点从未获胜。以下是世界语作为全球性语言的理由：

（1）语言应该简单易学，这样不会被上层的社会或经济阶级所垄断。

（2）语言不应该依赖于任何的文化和国家。

（3）语言不应该依赖于任何的经济或政治的意识形态。

三、学校中的少数民族语言与全球英语

当今，全球通用的商业、贸易与科学的语言是英语。英语教学增加了民族语言的复杂性。教育政策必须处理好少数民族语言、文化与英语教学的关系。乌克兰暴露了民族语言法案潜在的问题，而世界语代表了努力创建一种全球语言。今天，英语作为一门全球化的语言，使得世界各地的人们为了参与全球经济都争先恐后的学习它。因此，英语知识是全球经济成功的关键，这就意味着不懂英语的人可能处于不利地位。

英语教学的增加以及考虑少数民族的语言就会又出现一系列的问题。今天，英语作为参与全球经济的工具，人们选择英语作为一种语言进行主动的学习，而并非外界的强迫。此外，英语这种语言也符合当地语言学家的传统，构建了“英语族”。全球英语与工业消费经济的传播有关。

能够说明英语的全球性作用的一个很好的例子就是 Viniti Vaish 所做的研究。该研究是关于印度的德里贫民窟区一个小学学习英语的情况。Vaish 发现这里的英语教学不再仅仅是英语文化的传播，而是与全球经济息息相关。印度学校的教科书主要是基于印度神话故事的印度传统。家长把学习英语看作是他们的孩子能够找到更好工作的一种谋生手段。

Vaish 发现在全球经济结构中，英语作为一种语言在上层流动。阿拉斯泰尔认为，那些声称英语不再依附于任何文化，因为它现在是“世界的财产”的说法其实忽略了英语教学中隐性的价值。这些价值与全球的经济发展有关。毕竟，许多人学习英语，正如 Vaish 所指出的有关印度的例子，其目的在于参与全球经济。

然而，英语的全球使用又助长了社会阶级问题，而这是世界语提倡者所期待修正的。尽管，英语知识使人们参与到全球经济，同时它也划分了经济阶级。那些不懂英语的人怨恨英语的习得者，在参与全球经济的过程中，那些习得英语知识的人又比不懂英语的人占据优势。

再来看一下马来西亚的英语使用情况。前英国殖民者歧视马来文化和语言，相反引进大量的印度和中国的劳工。今天，马来政府正在试图纠正这个由于历史原因所造成的错误，通过给予马来语言与文化特殊的优惠政策，而相对的限制印度及中国的少数族群。为了全球的贸易而学习英语使得这一问题在马来西亚变得日益复杂化。

自 18 世纪英国的统治到 1957 年马来西亚宪法的批准，马来西亚语言和教育的政策是为了帮助土著马来西亚人从事传统的农业和渔业的工作，而对少数的印度和中国人的教育则是为了服务殖民政府。在 19 世纪，英国殖民统治者运往大批的中国和印度劳动力到马来西亚的锡矿场和橡胶种植园工作。为了实现他们的教育政策，英国殖民政府建立了英语和本地语言的学校。英语学校专门为了贸易公司和政府职能部门培养人才。英语学校使得英语成为上层阶级的主流语言，并且英语知识也在马来西亚的社会发展中起着至关重要的作用。大量的华人和印度人进入英语学校学习，而马来人则是少数，这样就会为以后可能出现的华裔、印裔人与土著马来人发生种族冲突埋下了隐患。

英国政府开办了马来语方言学校激化了社会阶级与种族的分裂。这些学校仅仅提供少量的教育知识，正如 1906 年由总督弗兰克先生解释的那样，“政府从未真正的想给予学生有用的或者能使他们生活幸福的知识，学生就读于这些学校的重要意义在于教会他们有秩序、守时和顺从的习惯。”他补充道：“教育的目的在于让渔夫农民的儿子变的比他们的父亲更有智慧。”

独立后，1957 年的宪法建立了君主立宪制并且规定了马来语为官方语言。因为主要是那些英国帝国主义者和受过英语学校教育的有经济实力的华人在使用英语。所以，将马来语作为民族语言既是民族国家主义的体现，也试图为土著马来西亚人获得经济上的平等的体现。然而，由于在 1957 年之前，政府颁布的各项法案以及法院的决议等都是以英文的形式，所以宪法规定政府职能的工作语言由英语转为马来语允许有十年的过渡期。

在 1969 年，由经济不平等引发的民族关系紧张进一步激化导致了马来人与华人之间发生了种族暴乱。与经济力量密切相关的英语成为这次暴动的导火索。为了平息种族间的紧张关系，促进国家民族主义和经济平等，政府制定了一项计划，逐渐在早期的小学教育中引入马来语的教学。直到 1983 年，规定大学里的第一年的课程由马来语教授。由于认识到了种族间的紧张关系，中小学也开设泰米尔和中文课。尽管这些新的语言政策对马来语充分保护，但在大多数的贸易企业，尤其是那些与国际贸易有关的商业中，英语仍然是最重要的语言。当前英语教学的需求与全球经济密切相关，然而，人们一直认为英语往往与特权社会阶层相关。

四、新加坡：少数民族语言与英语

新加坡为我们提供了一个为保护少数民族语言而整合英语教育计划的实例。由于新加坡的多元文化及多语言的人口，建立整个国家的民族感是很困难的。在全球化的进程中，出现了典型的大规模的移民民族，英国人从中国、印度、马来西亚引进劳工导致在新加坡出现了四种主流语言的族群：英语、汉语、印度语和马来语。为了铭记 1964 年发生的种族暴力骚乱，政府将每年的 7 月 21 日奉为“种族和谐日”，足以说明种族和谐在新加坡是个非常重要的问题。

起初，新加坡教育界解决这个问题的方案在于减少这四个语言族群之间的摩擦，构建整个国家的集体归属感，从而培训工人。1955 年，当时新加坡仍然是马来西亚的一部分，人们呼吁政府政策通过建立三语或双语的政策平等对待四种语言。到 1959 年独立后，新政府提倡在学校里平等对待这四种语言，将马来语作为官方语言，强调技术和职业教育，并且颁布了所有语言的、共同的教育大纲。1962 年，新加坡大学成立，1963 年，形成了正式的教育体系：小学 6 年，中学 4 年，大学预科 2 年。

新加坡教育系统中的多语言政策旨在缓和民族关系的紧张而非促进非英语语言的使用。英语是高等教育中的使用语言。语言学家罗伯特·菲利普森认为："从官方层面看，新加坡施行的是实用的多语言政策，但是实际上，英语似乎已经成为最有影响力的语言。"

为了国家的团结与统一，新加坡的教育努力平衡语言和文化的权利，其结果就是基于国家的民族文化，在一定程度上，允许国家的多样化。因此，统一的元素就在于在形成这个民族或国家时，认同其他多种语言文化的并存，这就是所谓的多元一体。

马来人最不易接纳其他民族。在新加坡的建立过程中，英国人仅仅接管了马来西亚的土地。同时马来民族是一个同质宗教群体。相类似的，同世界其他各地的土著群体，他们的收入是处于最低层面的。倘若给予他们足够的经济地位，他们就不会承认佛教及印度教的合法性。在马来人看来，他们有理由憎恨日益占经济主导地位的华裔族群。为了努力构建多元一体的格局，1995 年，新加坡颁布的法案旨在保护马来民族及他们种族和宗教团体。

第 152 条款：少数民族及处于特殊地位的马来人。

（1）政府应该保护少数的族群和宗教团体在新加坡的利益。

（2）政府在行使其职能时应该认识到马来人的特殊地位：他们是新加坡的土著居民，相应的，政府应该保护马来人的政治地位；维护马来族群的宗教团体和社会地位；加强经济建设；发展教育事业；保护文化利益；推广马来语的使用。

同时，1995 年新加坡宪法的有关教育权利的部分承认宗教多元化的教育。第 16 项条款"教育的权利"公开支持由宗教团体建立的私立学校。第 16 项条款的第二部分规定："每个宗教团体都有权利建立和维护对儿童进行教育的机构，并且可以将自己的宗教信仰作为教学的内容。不应该对任何宗教持有歧视的偏见，只要他们都在法律允许的范围内。"第 16 项条款的第一部分规定了新加坡政府为这些宗教学校提供财政支持。明确规定："新加坡的公民不能因为宗教信仰、种族、血统或出生地而遭到任何的歧视和偏见……对于任何教育机构的学生都提供经费的支持（这种资金来源于公共机构或者国内外的其他机构。）"

为了履行宪法的规定——"维护新加坡少数种族和宗教的利益"，政府支持在学校使用多种语言。新加坡最广泛使用的语言，普通话（35%）、汉语（23.8%）、英语（23%）、马来语（14.1%）、泰米尔语（3.2%）。在小学里同时使用四种语言（普通话、英语、马来语和泰米尔语）。

尽管在学校里促进多语言的使用，但是在教育和商业领域，英语仍然是主流语言。目前，小学四年级的能力测试主要考察他们的英语、母语（汉语、马来语或泰米尔语）及数学水平。有了这三种能力的基础后，学生继续学生母语和英语，并且花更多的时间学习英语。根据官方的课程指南，33% 的课程用于英语教学，27% 的课程用于母语教学。基于小学毕业考试，学生要求分别用英语和母语的教学语言学习不同的三门课程。

五、保护少数民族语言：欧盟与文化统一

1992 年 2 月 7 日签署的欧盟条约——“马斯特里赫特条约”正式宣布欧盟政府的成立。欧洲语言的多样性是建立文化统一的一个主要问题。从某种意义上讲，所有国家的语言都随着国家加入欧盟而成为少数民族语言。类似于新加坡，欧盟也面临着说不同语言的多样化的人口。克服这个问题的理想办法就是建立或者认同在欧盟内部统一的语言交流机制。然而现有的民族主义抵触这种单一的语言。但是令人费解的是法国人和意大利人会接受英语作为共同的语言。因此，加强语言与教育之间的平等就会强调多语言的使用。这种语言政策体现在欧盟条约及欧盟教育政策中。

在欧盟条约的第七章的条款规定接受多语言的政策。其中第 S 项条款强调语言之间的平等。该条约以丹麦语、荷兰语、英语、法语、德语、希腊语、爱尔兰语、意大利语、葡萄牙语和西班牙语起草。各种语言的版本同等有效。我重点想说的是这些版本应该存入意大利共和国的档案室里，这将会将这种有效的证明传递到给其他的签约国。

欧盟委员会在 1996 年的“教育培训白皮书”中重申了多语言政策。白皮书指出：“1996 年在欧洲层面上主要的行动目标是培养精通欧洲的三种语言。欧盟统一在学校设立三门语言供学生学习。”

鉴于这种多语言政策，文化的统一必须依赖于翻译基金会和多语言教育。所以，根据上述的文化政策，成员国之间依靠文学作品的翻译和对翻译经费的支持实现欧洲文化的统一。关于教育政策，欧盟支持语言项目：为了语言学习，鼓励不同成员国之间的学生交流。根据该项目，由欧盟制定的学生学习条例如下：

如果你超过 14 岁，你将有资格在该项目下参与语言交流学习，可以参加一个你校与其他欧盟成员国之间联合教育项目。这就包括以一种外国语言参与你感兴趣的主题和交流访学。

但是令人怀疑的是通过对译者的支持以及为该项目提供经费，能否在欧盟内部保持语言的平等。由于英语在全球经济中的广泛使用，很有可能英语成为欧盟的共同语言。也许，欧盟成员国的大部分学生将会把英语作为他们语言培训的一部分。在最近纽约市新学校的欧盟学生聚会上，据我的女儿的参与了解，最常用的沟通语言是英语。例如，许多的意大利和法国学生不学习荷兰语或丹麦语，大部分的学生都学习英语。帝国主义残留的影响可能让英语在欧盟的语言中占主导地位。

六、少数民族文化与语言的学校教育之全球反映

由前面的例子所提到的乌克兰、俄罗斯、马来西亚、新加坡和欧洲联盟的语言政策以及试图构建全球性的世界语言，不同国家政府对于多元文化及多语言族群的教育有不同的回应。如下所示：

1. 将少数民族的文化渗透到国家主流民族的语言和文化中

（1）课堂教学的语言只使用国家主流民族的语言。

（2）具有少数民族语言和文化背景的学生在学习主流语言时并不给予特殊的帮助。

（3）并不鼓励少数民族的学生讲自己的母语。

（4）教室里使用的语言应该是主流语言或者占人口占主导地位的语言。

（5）课程主要体现主体民族的历史和文化。

2. 少数民族语言和文化的寄宿制学校

（1）将少数民族学生从家庭或社区中迁移出来。

（2）在寄宿制学校里，学生不允许讲少数民族语言。

（3）在寄宿制学校里，学生不允许穿传统服装和举行传统文化活动。

（4）在寄宿制学校里，学生不允许举行传统的宗教活动。

（5）在寄宿制学校里，进行的语言与文化（包括课堂教学）都应该是主流民族的语言与文化。

3. 同化

（1）通过特殊的课程与项目帮助具有少数民族语言与文化背景的学生学习主体民族的语言。

（2）双语教育的项目主要是为了帮助学生学习主流语言而非保护少数民族的语言和文化。

（3）课程以及对其他文化的教学其目的在于保持社会的凝聚力，而非为了传承少数民族的文化传统。

4. 通过多样化实现统一

（1）对于拥有少数民族语言和文化背景的学生，学校可以教他们少数民族语言和文化的知识。

（2）课堂教学语言可以使用本族语言。

（3）教授主流民族的文化从而实现民族统一。

（4）教材可以包括多样的文化视角。

5. 宗教学校

（1）在政府的资助下，家长可以选择宗教学校。

（2）每个宗教学校要反映当地宗教信徒们的语言和文化。

6. 文化自制与控制

（1）每个文化群体决定自己的教学内容与方法。

（2）每个文化群体决定自己的教学语言。

7. 世界大同主义

（1）全球公民的教育。

（2）教育为了世界公民能够在世界范围内轻易流动。

（3）教育为了世界公民能够理解全球的语言和文化的差异。

（4）效忠于人类而非某个特定的国家。

如上1所述，“将少数民族的文化渗透到国家主流民族的语言和文化中”，与之相应的一个可能的学校教育政策就是将少数民族的语言文化渗透到主体民族的语言和文化当中。这就可能出现在学校的教育中不会尽力保护少数民族的语言和文化传统。这可能是由国家的政治领导人制定的，他们主张整个国家的公民应该共享并忠于主体民族的语言和文化。不鼓励学生讲母语，所有的课堂教学用语都应该使用主流语言。学校教育中也没有对少数民族语言、历史和文化的教学。

如上2所述：“少数民族语言和文化的寄宿制学校”，少数民族学生从他们的家庭或者社区中迁移出来进入寄宿制学校。在那里禁止学生讲母语、穿传统服装、举行传统的文化和宗教活动。教学用语使用主流民族的语言，教学内容主要教授主体民族的文化。这种主张认为这通过将学生从家庭和社会分离出来更容易用主体民族的语言文化取代少数民族的语言文化。

如上3所述：“同化”政府及学校提供特殊的项目和课程帮助少数民族文化融入到主流民族当中，帮助少数民族的学生学习主体民族的语言，包括一些双语教育项目。这些双语教育的项目并非为了传承少数民族的语言和文化，仅仅在于帮助学生学习吸收主体民族的语言和文化。课程所包含的对其他文化的教学目的在于缓和文化群体之间的紧张关系。

对其他文化的教学目的也并非试图传承不同的文化。其目的也不在于保护少数民族的传统文化，而是维系社会凝聚力和缓和社会紧张局面，在于维护主体民族语言文化的主导地位。

如上4所述：“通过多样化实现统一”。学校教育维护少数民族的语言和文化，同时通过共享主体民族的语言和文化实现统一。双语教育一方面是为了保护少数民族的语言，同时教授主体民族的语言。家长有权利将孩子送到可以学习母语的学校里，这一点类似于新加坡。学校使用母语教学会将课程集中在文化背景方面。同时要求教授主体民族的语言与文化，包括这个国家的历史、政治以及文化等。这种方法可以被称为多元一体的教学方法，使学生通过共享习得的语言文化、从而试图理解国家，并维护一个多元文化的社会。

另一种方法，如上5所述：“宗教学校”。政府支持宗教学校。父母可以选择将他们的孩子送到一个特定的宗教学校。当一个国家同时拥有佛教、基督教、印度教和穆斯林的宗教团体时，人们的传统文化往往体现在他们的宗教活动中。基于宗教选择学校也是体现多元文化社会的一种方式。当然，语言仍然是一个重要问题。是否每个宗教学校使用他们特定的宗教语言进行教学？这得依赖于不同宗教团体的具体情况，是否每种宗教团体之间有语言和文化差异。

如上6所述："文化自制与控制"。每个文化群体控制他们自己的学校，并且在教学中使用他们自己的语言，使用渗透他们文化的传统的教学方法。这就是联合国所提倡的保护土著人的权利。学校课程需反映该族群自治的文化，竭力保持他们的文化传统及宗教传统。这样，教育系统的目标就是保持一个多元文化及多种语言的社会。

控制也是一个问题。各国的政府是否应该控制教学内容，还是应该由学校或当地社区决定呢？另一方面，与宗教社区有关的学校是否有课程的决定权？

上7中所述"世界大同主义"，其教育的目的不在于从属某个特定的国家，而是能够作为世界公民，他们能够接受各种语言和文化的不同从而能够在世界范围内轻易流动。在这种情况下，教育不再试图确保忠于一个特定的民族国家，而是建立一个效忠人类为所有人谋求福祉的大同世界。

七、结 论

各个国家对多元文化教育的讨论涉及选择（地方控制还是国家控制）、宗教在教育中的作用、主体民族希望确保他们的语言和文化占据主导地位的愿望等。现在尚不清楚如何解决这些问题。那些致力于发展全球性教育文化的人们认为各个国家最终会变成一个具有多元文化与语言的统一体。然而，不同国家的历史和条件表明，可能没有一个单一的政策可以适合所有的情况。在世界大规模全球移民的背景下，每个国家必须寻找自己的发展道路来解决多元文化教育的问题。

作者简介：乔尔·斯普林（Joel Spring），美国纽约城市大学皇后学院和研究生中心全球教育政策中心，教授。（翻译：胡迪雅）

第二节　美国双语教学模式综述与评析

美国是双语教育历史比较久的国家，从1968年双语教育法案通过到现在其双语教学在联邦政府支持下已经系统开展近40年了，引起了各国学者和教育政策制定者的广泛关注。但是总体来说，我国学者对美国双语教学模式的理论与实践了解不多，并且由于美国双语项目的类型繁杂，各种双模式的名称有时不止一个，加上翻译的不统一，我国学者在国外双语教育研究方面普遍存在概念上的混淆和指代不明确。讨论双语教学模式的文章有时因为术语使用不当或不准确，造成了理解上的误差，使这方面的研究严重滞后。本节根据作者对美国双语教学实践的亲身参与①，力图系统梳理美国当前存在的双语教学模式，把各种不同的名称统一起来，对它们进行分析，并作为对我国开展少数民族双语教学的借鉴。

一般来说，在美国及世界上双语教育开展历史比较长的国家，如加拿大，新西兰，新加坡等，双语教育都是针对少数民族学生开展的，指的是由少数民族学生的母语（一语）和社会主流语言（二语）共同进行的教学模式，表达了对于母语是非主流语言的少数民族族裔学生以及他们特殊教育的需要的重视。在美国，双语教育常常针对美国的外来移民，如印第安土著人，以及在美国短期居住的外国人子女开展。然而双语教育不同于普通的语言课，它倡导的是一种教育理念，也就是语言观的问题，即如何对待少数民族的语言和文化。少数民族语言的地位和保持，少数民族语言和社会主流语言的关系，少数族裔学生的文化认同与社会融入等都是双语教育者需要认真对待的问题。这些远远超出了语言教育本身的范畴，更涉及到不同文化间的融合，家庭学校的联系，以及不同的民族种族之间的关系等关乎社会安定的重大问题。

一、美国双语教学模式的概念梳理

美国的双语教育与其移民历史密不可分，从18、19世纪开始，欧洲早期殖民者到达美洲之后就自发开展了双语教育，主要是欧洲各国语言与英语的双语教育，如德语、英语的双语项目。20世纪60年代以后，在联邦政府双语教育政策的推动下，美国的双语项目更是蓬勃发展起来②，双语项目的种类和数量大大增多。目前美国几乎每所为移民学生服务的学校里都提供某种双语项目。但是正如美国学者Colin Baker所讲：双语教育看似简单，实则是一个囊括多种语言项目的概称。包括在“双语教育”大的名称下面有很多不同的双语教学模式，这些林林总总的双语模式有时界线不分明，难以区分，并且由于术语不统一，容易出现混淆。比如有些学者用保持性双语教育（maintenance bilingual education）指母语口语的保持，另一些学者却用其指口语及读写能力的保持；有时保持型双语项目（maintenance bilingual programs）与丰富型双语项目（enrichment bilingual programs）有所区别，有时却又指同一种双语项目；浸入式（immersion）有时与沉浸式（submersion）、结构浸入式（structural immersion）严格区分，有时却又被看作是一种类型的变体。“保护”一词（英文shelter）被用于两个截然相反的双语模式名称里：保护性英语（shelter English）指以简化了的英语进行授课；而语言保护（language shelter）又指的是母语的保持，即保持型双语项目的另一种叫法。完全不同的语言课程仅仅因为涉及到两种语言就可能被称为双语项目，甚至有时针对少数族裔语言学生开展的

① 笔者于2000－2005年在美国宾夕法尼亚大学教育学院师从美国著名双语教育学者Nancy Hornberger教授，并与Rebecca Freeman教授一起参与费城学区双语项目的建设，因而对双语教育从政策到实践都掌握了第一手资料。

② 关于美国双语教育的历史，详见张东辉：《美国双语教育的历史演变与政策反思》，载：《比较教育研究》，2008年第5期。

纯英语授课项目，如英语作为第二语言（ESL），也被称为双语教育。

另外，一种双语教育模式又可能有多种名称。如过渡型双语教育（transitional bilingual education）与补偿型双语教育（compensatory bilingual education）指的是同样的类型；保持型双语教育（maintenance bilingual education），发展型双语教育（developmental bilingual education）与语言保护（language shelter）指的是类似的项目，而双向双语（dual - language）又称为双向浸入式（two - way immersion）。鉴于美国双语教育研究领域存在的概念交叉和指代不明现象，本节在这里先对各种主要双语教学模式的中英文名称进行统一，并对每种模式作出解释。见表一：

表一　双语教学模式名称（中英文对照）

Mainstream	主流式
Segregation	隔离式
English Monolingual	英语单语式
Submersion	沉浸式
Immersion	浸入式
Structured immersion	结构浸入式
Sheltered English	保护性英语式
English as Second Language（%SL）	英语作为第二语言
Transitional bilingual education	过渡型双语教育
Compensatory bilingual education	补偿型双语教育
Language shelter	语言保护式
Maintenance bilingual education/developmental bilingual education	保持型双语教育/发展型双语教育
Enrichment bilingual education	丰富型双语教育
Dual - language	双向双语式
Two - way immersion	双向浸入式

从学校的具体教学模式来看，主流式指的是对主流学生以主流语言进行的教学。隔离式正好相反，指的是对少数民族族裔学生以少数族裔语言进行的教学。英语单语式则不分学生种类，都实行英语（或其他主流语言）教学，英语单语式是一个统称。沉浸式类似英语单语式，但是它强调的是让少数民族族裔学生沉浸在主流语言中，也就是在学校的项目中没有任何语言多元化的因素，对少数民族族裔学生不提供特殊的语言项目，该模式也称之为“自生自灭”（sink or swim）模式。

浸入式指的是首先对学生进行第二语言的教育（L2），然后逐渐地引入第一语言（L1）。该模式分为全部浸入式和部分浸入式。前者指的是对学生在头几年只使用第二语言，不使用第一语言，后者指的是在使学生浸入到第二语言的同时也使用第一语言授课。该模式是由加拿大首先发起，在学英语的学生中间先以法语授课，然后再慢慢引入英语，该模式因在加拿大获得巨大成功，从而开始向美国及全世界推广。

结构浸入式虽然称为浸入式，但是更像沉浸式，指的是对少数民族族裔学生进行主流语单语教学，不使用学生的母语（L1），但是与沉浸式不同的是，教师使用的主流语言（L2）是一种简化体的，并且教师可以理解和接受学生使用 L1 作出的回答。

保护性英语和英语作为第二语言这两种项目都是只使用英语作为教学语，但是保护性英语对操非英语的学生使用简化性的语言和特别的教学方式授课，如通过合作式学习，视觉、触觉辅助材料等提供学科内容教学。英语作为第二语言是一门纯语言课，讲授英语语言本身，不涉及任何其他学科内容。

上述语言项目（浸入式除外）虽然归在双语教育的旗下，但是实际上根本不使用两种语言教学，因而并不是真正意义上的双语教育。尽管有些项目里少数民族族裔学生可能会把自己的母语带到教室里并使用这种语言，但是该语言并不是授课语言，学校不鼓励（有时甚至是禁止）使用该语言。因而这些项目被称为世俗意义上的双语项目，并非严格意义上的双语项目（popular and technical sense of bilingual education）。

与前面的类型相比，后面的几种双语项目是名副其实的双语项目，因为它们都涉及到两种语言的教学，即主流语言和少数民族族裔语言。过渡型双语教育（或称补偿型双语教育）是以少数族裔学生的一语（母语）和二语共同作为授课语言，但是一语的作用在于帮助少数族裔学生迅速掌握二语，以期从双语班转到主流班；保持型双语教育、发展型双语教育，与语言保护是类似的项目，即该种双语项目以保持、发展、保护少数族裔语言为目标，在帮助学生学习英语和学科内容的同时力图使其不损失母语能力。丰富型双语项目比保持型双语项目更重视少数族裔学生的母语，它要求操主流语言的学生与少数族裔学生一起上课，共同学习两种语言，最终的目标是这两类学生都能较好地掌握两种语言。最后，双向双语，也就是双向浸入式（two - way immersion），是丰富型双语项目的一种具体形式，它源于浸入式双语项目，即对少数族裔学生以主流语言（二语）和少数族裔语言（一语）授课，对主流语言学生也以少数族裔语言（二语）和主流语言（一语）进行授课，并且使这两种学生在同样的班级学习，共同受到这两种语言的“浸润”，达到双向双语的目的，即不仅是少数族裔学生掌握双语，而且主流学生也掌握双语。可以看到，双向双语项目实际上把传统的双语教育与外语教育结合起来了。

从上述对美国双语教学模式的回顾中，我们看到目前美国双语教学领域存在林林总总的教学模式，但是对于哪种双语教学模式更有效，更能帮助学生应对母语和主流语言的挑战，语言教育学者间也存在争议，并且近年来的实证研究也没能得出确定的答案。笔者认为产生争议的原因在于各种不同的双语教学模式背后都代表着特定的模式目标和特定的社会情境，以及更深刻的特定语言取向和语言意识形态。当教育者和研究者在语言取向和模式目标上存在分歧时，对双语教学模式的优劣和成败就自然是各执一词了。在下面对双语教学模式的分类讨论中，本文具体考察各种双语教学模式背后的理论依据，模式目标和语言取向。

二、美国双语教学模式分类：语言取向的视角

目前我国较为系统探讨国外双语教学模式的文章只有一篇，即张璐、赵若英的“国外双语教学模式的比较研究”，文中把双语教学模式分为6类，隔离式语言补救模式，过渡型双语教学模式，母语发展型双语教学模式，综合性丰富双语教学模式，双向式双语沉浸教学模式，新殖民式双语教学模式。该文章是对国外双语教学模式介绍的一个勇敢尝试，但是文中出现了一些理解上的误差，一是由于作者并没有参与国外双语教学模式的亲身经验，二是作者对双语教学的社会情境理解不深，尤其是母语、二语和外语的关系。并且该文中使用的模式类型名称略显冗长和重叠，不便于记忆、区分和比较。当然国外学者对双语教育项目的分类也存在不同的看法，并存有争议。如有些学者认为双语项目可以笼统地分为两大类：同化型和多元型（Kjolseth 1972），大众型和精英型（Gaarder 1976），补偿型和丰富型（Crawford 1989），世俗型和严格型（Cazden & Snow 1990）。另有些学者则把它们分为四大类，即英语单语型，过渡型双语，保持型双语，和浸入式（Grosjean 1982），还有些学者把它们按照教学模式细分为六类：沉浸式，抽离式 ESL，过渡型，保持型，浸入式，双向式（McKay 1988）。具体分类见表二。

表二　双语教学模式的几种分类法

二分法	四分法	六分法	张璐、赵若英
同化型/多元型 大众型/精英型 补偿型/丰富型 世俗型/严格型	英语单语型 过渡型双语 保持型双语 浸入式	沉浸式 抽离式 ESL 过渡型 保持型 浸入式 双向式	隔离式语言补救模式， 过渡型双语教学模式， 母语发展型教学模式 综合性丰富双语教学模式， 双向式双语沉浸教学模式， 新殖民式双语教学模式

应该说这些分法都有其合理性，是从不同的角度看待双语教育。如同化型/多元型的分类是按照双语教学项目的教育目标来分的，即该项目的目的是使少数族裔学生尽快被同化还是使他们保持自己的语言文化以期达到社会多元的目的；大众型/精英型的分类则关注的是双语教学项目所面向的学生群体和普及程度，即该项目是满足少数社会上层学生的需要，让他们实现双语，还是满足社会大多数没有掌握主流语言学生的需要，让他们实现双语；补偿型和丰富型是从对母语的态度来区分，即学习主流语言的目的是补偿少数族民族裔学生的语言能力不足丰富他们已有的语言知识。然而，从另一个方面来说，这些分法有时又造成了混淆，因为这些分法把具体的双语教学模式与其背后的教育目标和语言取向混为一体。如六分法中沉浸式、抽离式 ESL，浸入式，双向式以及四分法中的英语单语型都是描述具体的教学语言使用情况，而过渡型、保持型则从双语教育的目标和语言取向来分类（即对待母语的态度是支持还是反对），这样就出现了分类内部标准不一致的现象。为

了克服这个问题，本文把这两种标准分开，形成两种分法①。

1. 按照母语与主流语言在教学过程中出现的顺序和教学模式，把双语项目分成5类。这里L1指的是少数民族族裔学生的母语，L2指的是英语（或其他主流语言）。

英语单语：L2 ➔L2，即教学语言自始至终都使用英语（或其他主流语言）。

过渡型双语：L1 ➔L2，即教学语言从少数民族族裔学生的母语过渡到英语（或其他主流语言）

保持型双语：L1 ➔L1 + L2，即教学语言从母语开始，逐渐转向母语加主流语。

浸入式：L2 ➔L1 + L2，即教学语言从主流语开始，逐渐转向母语加主流语。

丰富型双语：L1 + L2 ➔L1 + L2，即教学语言自始至终都使用两种语言。

2. 任何一种双语教学模式实际上都隐含着背后的模式目标，语言意识形态，社会目标，和文化目标等。这些“隐藏课程”和“隐藏目标”更能说明不同教学模式之间的区别和联系。本文的另一种分法就是试图把这些因素纳入到分类标准里面来，把双语教学分为4种类型。见表三。

表三　以语言取向为基础的双语教学模式分类

	英语单语	双语		
模型名称	同化模型	过渡模型	保持模型	丰富模型
语言使用	L2 ➔L2	L1 ➔L2	L1 ➔L1 + L2	L1 + L2 ➔L1 + L2
语言取向	语言即问题	语言即问题	语言即权利	语言即资源
语言目标	英语熟练	语言转移	语言保持	语言发展
文化目标	文化同化	文化同化	文化身份加强	文化多元
社会目标	社会融入	社会融入	权利重申	社会独立
教学模式	主流式 英语作为第二语言（ESL） 沉浸式 保持型英语 结构浸入式	补偿型双语，过渡型双语	发展型双语，保持型双语	双向双语式，双向浸入式

美国学者Ruiz（1984）认为不同的双语教学模式背后反映了三种不同的语言取向，语言即问题（language as problem）、语言即权利（language as right）和语言即资源（language as resources）。语言即问题取向认为少数民族的语言是社会应该克服的问题，以帮助少数族裔尽快地学会英语和美国化，融入到主流社会中；语言即权利取向认为少数民族有权利保持和使用他们自己的语言，因而学校应该为少数

① 本文的分类法参考了Nancy Hornberger（1991）的分法，并加以改进。见Hornberger，Nancy.（1991）. Entending Enrichment Bilingual Education：Revisiting Typologies and Redirecting Policy. In Ofelia Garcia.（ed.）. Bilingual education in honor of Joshua A. Fishman on the occasion of his 65th birthday. Vol. 1. Philadelphia：John Benjamins Publishing Co.

族裔学生提供双语项目，使他们在学习英语的同时继续保持自己的民族语言；语言即资源取向则认为少数民族的语言不仅是少数民族成员应该保持的，而是对于主流语言学生和整个社会都有益的资源，因而持这种取向的人鼓励主流语言学生和少数族裔学生一起学习少数民族语言。

虽然双语教学模式林林总总，但是不外乎这三种语言取向，英语单语式模型，不管采用主流式，沉浸式，英语作为第二语言，结构浸入式，还是保护性英语的教学模式，实际上都只使用英语作为教学语言，不涉及少数族裔语言，其本质是持语言即问题取向的，其语言目标是为了让少数族裔学生达到英语熟练的程度，文化目标是实现文化上同化少数族裔群体，社会目标是让少数族裔群体彻底融入到主流社会中来。双语教学的过渡式和补偿式虽然授课语言使用少数族裔母语和英语，但是其语言取向、语言目标、文化目标、社会目标与英语单语式一致，少数族裔母语的使用只是一种手段，为了帮助少数族裔学生尽快掌握英语（L1 ➔L2），因而这两种教学模式可归为过渡模型。发展型双语和保持型双语的授课模式也是以少数族裔的语言出发，但是其语言目标是 L1 ➔L1 + L2，即希望少数族裔学生在学习英语的同时能够保持其母语的能力，其语言取向是语言即权利取向，文化目标是使少数族裔学生的文化受到尊重和认同，社会目标是少数族裔学生的各种社会权利得到重视和认可，类似这样的双语模式可归为保持模型里。最后一种丰富模型，背后隐含的是语言即资源取向，如双向双语和双向浸入式教学模式，都强调少数族裔学生和主流语言学生共同学习两种语言（L1 + L2 ➔L1 + L2）。少数族裔学生的母语不仅被认为是他们的权利，更被认为是全社会可以利用的资源。这种模型的语言目标是发展少数族裔语言，文化目标是实现文化多元，社会目标是实现少数族裔群体的社会独立权。

三、美国双语教学模式对我国少数民族双语教学的启示

美国双语教学的尝试已经进行了一个多世纪，就是政府资助的公立学校里正式开展的双语教学也有近 40 年了。在这个过程中涌现了不同的双语教育理论，积累了大量的双语教学经验，尤其是针对少数族裔学生的语言学习需要。但是关于哪种双语项目最有效却一直存在着争议。双语教育者和研究者的实证研究并不总是指向一种双语教学模式。根据教学目标、语言取向和学生群体不同，双语教育的模式也应该有所不同。正如 Diane August and Kenji Hakuta 在美国国家研究委员会报告中指出的那样："评价哪种双语项目最优其实是没有多大意义的。我们的任务不是要找到一种能够适合所有儿童和任何情况下的完美模式，而是要找到一系列项目的主要因素，根据特定社区的目标，人口分布，和资源而言对该社区下的孩子是最合适的。"[14]。因为语言教学是一个很广泛的领域，它涉及的不仅仅是学习一种语言，更包括这个语言在社会上所处的位置以及该语言在现实生活中的使用情况。Nancy Hornberger（1991）曾经总结过可能影响双语教学成败的因素，包括情境因素和结构性因素。结构性因素涉及学校里的双语项目是单向的还是双向的，是全校范围内

的还是有目的性针对某一群体的，课程中教学语言使用的顺序，口语和读写能力的培养，课程的分布，课堂上语言的使用是混合的还是交替的等等。情境因素又包括学校内和学校外的情境。学校内的情境因素涉及学生数量，稳定性，参与积极性，评估和分班情况，学生的社会经济地位，少数族裔的地位，母语的背景，教师的民族身份，双语程度，培训，和课堂中所处的角色等。学校外的情境因素涉及大环境下的社会语言情况，如家庭、社区、国家里的语言使用，少数族裔的经济与结构性融合情况，家长的参与等[15]。

因而在学习和借鉴美国双语教学模式时，尤其是考虑移植到我国特有的教育土壤中来的时候，教育者和政策制定者需要对上述因素加以考虑，以选择最适合的教学模式。下面是对我国开展少数民族双语教育的几条具体政策建议：

1. 我国少数民族教育机构和教育政策制定部门应该转变语言取向，接受语言即权利、语言即资源的语言观，重视和发展少数民族的语言。目前我国少数民族地区开展的民族学校和双语项目主要是过渡型的双语教育，其目的是使少数民族学生通过双语的学习尽快掌握汉语，并转到汉语班。对待少数民族语言的态度也基本上是语言即问题的取向。这种语言取向的结果是使我国很多少数民族语言处于濒危状态。从美国双语教学模式的分类中我们可以看到，语言即权利，语言即资源的取向有利于发展少数民族语言。因而在少数民族聚居地，可以考虑开展保持型和丰富型双语教育，即努力使少数民族学生在学习汉语的同时，保持和发展自己的语言。

2. 对于某些语言适用范围较广的少数族裔，如朝鲜族，蒙古族，哈萨克族等，可以开展双向浸入式教学，即发展双向双语项目，鼓励居住在少数民族聚居地或汉族少数民族混居地的汉语学生加入到学习少数民族语言的队伍中来，创造多元语言和文化的环境。一方面可以促进民族之间的相互了解和沟通，另一方面汉语学生与民族语言学生共同学习不仅有利于民族语言学生汉语能力的提高，也有助于少数族裔语言为更多的汉语学生所接受和学习。

3. 双语教育的研究表明：母语的掌握能够为二语的学习打下基础，因而应该鼓励少数民族学生在学习母语一段时间之后再过渡到二语的学习（即 L1 ➔L1 + L2），而不是从一开始就是采用同化模型的汉语浸入式。

参考文献：

［1］袁平华：《中国高校双语教学与加拿大双语教育之比较研究》，载《高教探索》，2006 年第 5 期，第 39 页。

［2］［4］周玉忠：《美国的语言政策及双语教学简述》，载《语言与翻译》，2002 年第 4 期，第 26 – 29 页。

［3］寇福明：《美国双语教育及其对我国英汉双语教学的借鉴价值》，载《内蒙古民族大学学报（社会科学版）》，2006 年第 2 期，第 86 – 88 页。

［5］周瓦：《美国双语教育发展历程探析》，载《教育研究与实验》，2005 年 a 第 2 期。.

［6］吴剑丽，袁锐锷：《试析美国双语教育政策的演变》，载《比较教育研究》，2003 年第 6 期。

［7］陈纳：《美国双语问题的两派之争》，载《华东师范大学学报（教育科学版）》，2007 年第 1 期。

［8］郑新蓉：《美国的语言教育政策：学校内外的争辩》，载《西北师大学报（社会科学版）》，2005 年第 1 期。

［9］强海燕，Linda Siegel：《加拿大第二语言浸入式教学发展概述》，载《比较教育研究》，2004 年第 7 期，第 1 –7 页。

［10］黄小丹：《美国外语浸入式教学现状》，载《比较教育研究》，2004 年第 7 期，第 8 –12 页。

［11］赵琳：《我国幼儿园英语浸入式教学研究报告》，2004 年第 7 期，第 19 –22 页。

［12］张璐，赵若英：《国外双语教学模式比较研究》，载《当代教育科学》，2003 年第 16 期，第 26 –27 页。

［12］熊建辉：《双语教育研究与实践》，上海：上海社会科学院出版社，2005 年。

［13］张谦：《中小学双语与双语教学：理念与模式》，载《教育科学》，2002 年第 5 期。

［14］Hu，Guangwei. *English Language Education in China*：*Policies*，*Progress and Problems*. *Language Policy*. 2005（4）：5 –24.

［9］Zhang，Donghui.（in press）. *Home language maintenance and acculturation among second – generation Chinese children*. New York：LFB Scholarly Publishing.

［10］王登峰：《语言文字工作是建设强大国家的基石》，载《中国教育报》，2007 年 7 月 24 日 .

［11］Baker，Colin.（2001）. *Foundations of Bilingual Education and Bilingualism*. 3rd Ed. Clevedon：Multilingual Matters.

［12］［15］Hornberger，Nancy.（1991）. *Extending Enrichment Bilingual Education*：*Revisiting Typologies and Redirecting Policy*. In Ofelia Garcia（ed.）. *Bilingual education in honor of Joshua A. Fishman on the occasion of his* 65th *birthday*. Vol. 1. Philadelphia：John Benjamins Publishing Co.

［13］Ruiz，R.（1984）. *Orientations in Language Planning*. NABE Journal，8（2），15 –34.

［14］August，Diane and Kenji Hakuta，eds.（1997）. Improving Schooling for Language – Minority Children：A Research Agenda. Washington：National Academy Press.

［16］Zhou Minglang.（2001）. *The Politics of Bilingual Education in the People's Republic of China since* 1949. *Bilingual Research Journal*. 25（1 & 2）：Winter and Spring 2001.

作者简介：张东辉（1976—），女，吉林榆树人，美国宾夕法尼亚大学教育学博士，现任中国人民大学教育学院副教授，研究方向：比较教育，跨文化教育等。

第三节　以多语教育促进和谐社会与文化建设
——兼论少数民族双语教育研究范式新探

2010年7月，党中央、国务院召开了进入21世纪以来第一次全国教育工作会议，印发了《国家中长期教育改革和发展规划纲要（2010－2020年）》，其中第九章对我国民族教育事业的改革和发展进行了专门部署，从促进民族地区各级各类教育协调发展、大力推进双语教学、加强对民族教育的对口支援等方面具体指明了全面提高民族教育发展水平的着力点，从而确立了新时期我国民族教育发展的指导思想、发展目标和方针原则。由此可见，少数民族教育，尤其是少数民族双语教育，已成为全国教育工作的重要内容。

少数民族教育是我国整个教育事业和民族地区社会发展事业的重要组成部分，大力发展民族教育是民族地区社会主义两个文明建设的重要前提，又是实现民族平等的重要手段。然而，少数民族教育又是一个复杂的大系统，其内部各个子系统既相互依存，又彼此独立，既具共性，又有个性，因而少数民族双语教育改革和发展变化往往因时、因地、因民族而异，并无单一模式可言。也正因为这个原因，我们在研究探讨少数民族的双语教育改革和发展时不能套用单一的范式。尤其是在少数民族双语教育发展的新时期，双语教育研究必须不断探索研究方法和理论观点。

一、多维视野下的双语教育研究观

一门理论学科的研究和建设，既要有独特的研究对象，完整的理论体系，还要逐渐形成独特的研究方法。以往，我们运用教育学、语言学的理论原理和方法研究少数民族双语教育问题，这是很有必要的，也是基本的研究规范。因为少数民族双语教育作为民族教育的核心问题，属于教育系统中的一个子系统。民族教育学是教育科学的一个分支学科，教育学原理无疑也是民族教育学的重要理论基础。但是，传统的教育学原理一般是从普通中小学的实践基础上发展起来的。因此，只从普通教育学的观点认识民族教育，往往容易忽视民族教育的特殊性与复杂性。

哲学和心理学是传统教育学的两大支柱，普通教育学所重视的是世界观、伦理观、儿童心理学以及由少年儿童年龄特征所形成的教育心理学。当然，世界观、伦理观、教育心理学等原理，都是民族教育科学同样应该重视的；而民族教育科学，尤其是少数民族双语教育更加重视的是认识论、方法论、语言心理学、心理语言学、民族语言学、跨文化心理学等。这些原理与方法，对于研究双语教育的本质、功能、价值以及教育对象的特点与规律，都有其特殊的必要性。同时，研究双语教育，局限于哲学与心理学的观点，还不能掌握民族教育同经济、政治、文化、科技复杂的关系。民族教育同社会的方方面面的关系是密切而又复杂的，因此，还必须从心理学、社会学、民族学、政治学、文化学、人类学、政策学等角度高度审视民族教育。同时，纵向的历史学观点和横向的系统科学与比较分析方法也有特殊的必要性。可见，民族教育的基本理论，不论是宏观的外部关系或微观的内部结构的研究，都涉及诸多学科，需要诸多学科的支持，从多学科、多视角进行审视、探索，才能比较全面和深入理解民族教育，尤其是双语教育的本质、功能、价值，从而更好地掌握民族教育的内外关系规律。

“横看成岭侧成峰，远近高低各不同。不识庐山真面目，只缘身在此山中。”对于民族教育来说，既要横看，看到它的逶迤壮观，又要侧看，看到它的千仞雄姿；既要入山探宝，洞悉其奥秘，又要走出山外，遥望它的全貌。但是，不论横看、侧看、山中、山外，都只能看到其中的一部分。也就是说，不同的学科观点考察民族教育，都有其局限性。如果以为某一学科的观点是唯一的，以偏概全，就会从正确的观点出发，引出错误的结论。这类例子确实举不胜举。每一门社会科学的研究对象和范围，仅是社会系统中的特定因素或部分。从某一门学科的观点考察民族教育，只能看到民族教育的一个侧面。在研究民族教育的过程中，对某些问题可以而且必须着重就一门适当的学科观点进行深入探讨，不能眉毛胡子一把抓，但不要忘记同其他学科观点的联系。只有把多门学科观点的研究成果综合起来，比较分析，才能获得比较全面的认识。从这个意义上说，多学科的民族教育研究或双语教育的研究，对于民族教育理论体系的建设，是一项重要的准备工作。

这一准备工作之所以重要，不仅是各门学科研究成果的积累，更在于具有方法论的意义。民族教育学的独特的研究方法可能就是多学科研究方法。众所周知，开创这种研究方法的是伯顿·克拉克（Burton R. Clack）。他于 1984 年出版了《高等教育的观点：八个学科的比较观念》（Perspectives on Higher Education：Eight Disciplinary and Comparative Views）一书。在该书中文版序中，他特别强调这本书的方法论意义：“各门社会科学及其主要的专业所展开的广泛的观点，为我们提供了了解高等教育的基本工具，不管这个学科是历史学、经济学或政治学，还是其他社会科学，都给我们提供了考察世界的方法，我们可以把它应用到高等教育部门。”①

作者非常赞同著名高等教育学家潘懋元教授、王承绪教授主张的，以多学科的观点研究高等教育的观点。多学科观点的高等教育研究，同样适合于民族教育研究，同样具有如下的方法论意义：

首先，研究角度新颖，研究领域宽阔。对于多学科交叉的民族教育学科领域而言，“没有一种研究方法，能揭示一切：宽阔的论述必须是多学科的”②，“教育家

① 伯顿·克拉克，王承绪等编译：《高等教育新论——多学科的研究》，杭州：浙江教育出版社，1988，第1—1、111页。

② 伯顿·克拉克，王承绪等编译：《高等教育新论——多学科的研究》，杭州：浙江教育出版社，1988，第2页。

们可以在这些观点中自行转换，利用不同的观点解决不同的问题，或进行不同的争论”[①]。例如社会学可以研究社会分层与民族教育机会的关系，民族教育促进社会阶层的流动等问题；经济学从人力资本理论研究民族教育的经济效益；文化学研究民族文化的传承与创新，文化传承与教育选择；心理学研究民族教育教学改革中的跨文化心理适应与心理调适问题；哲学从人与社会两个方面研究民族教育的办学理念；如此等等。民族教育每个方面的问题，适合于运用某一门或某几门学科观点进行研究。但是，包括教育学在内的传统意义上的几个学科，都不可能包揽民族教育方方面面问题的研究。只有聚合多种学科观点，才能获得较完整的认识，这种分析与综合相结合的方法，对民族教育的研究具有其特殊的实际意义。

其次，开拓研究者的视野与思路，促进学科间的相互理解。减少自以为是的“井蛙之见”，提倡学术研究的谦虚谨慎作风。长期以来，一些学科专家，总以为自己所从事的学科是最重要的，自己的观点是最正确甚至是唯一正确的。多学科研究有利于打破严格的学科疆界，在民族教育问题的研究上看到自己所从事的学科观点的不足，重视相关学科的研究成果，从而加强学科间的理解与合作。

最后，多学科研究方法提供了一种崭新的思维方式。这种新的思维方式符合人类认识的发展，即从单义性到多义性、从线性研究到非线性研究、从绝对性到相对性、从精确性到模糊性、从单面视角到多维视角、从单一方法到系统方法等。伯顿·克拉克著作出版之后，由于“在研究方法上进行了新的突破”[②]，广为流传在欧美各国。在中国，由王承绪教授主持翻译的中文版于1988年出版之后，对中国高等教育的研究也起到了积极作用。同样，我们也坚信，这种研究范式对民族教育研究将会起到重要的推动作用。

二、大力加强少数民族双语教育研究的重大意义

少数民族双语教育是我国少数民族教育事业和民族地区社会发展事业的重要组成部分，也是当前少数民族双语教育研究领域中的一个重要课题。新中国成立以来，国内少数民族双语教育取得了举世瞩目的巨大成就。不论是北方的蒙古族的双语教育，东北朝鲜族的双语教育，还是西北、西南地区的维吾尔族双语教育，藏族的双语教育，和西南各少数民族的双语教育，均取得了优异成绩。但是，各省自治区各少数民族的双语教育的发展极为不平衡，先进与落后差别亦显著。其中，内蒙古自治区作为西部地区一个重要的省份，其双语教育在多年的发展中取得了骄人的成绩。而在新的历史时期下，“蒙—汉”双语教育已逐渐成为内蒙古民族教育改革与发展中的重点和难点，关系到内蒙古民族教育的改革和发展的突破口，以及内蒙

① 伯顿·克拉克，王承绪等编译：《高等教育新论——多学科的研究》，杭州：浙江教育出版社，1988，第2页。

② 伯顿·克拉克，王承绪等编译：《高等教育新论——多学科的研究》，杭州：浙江教育出版社，1988，第4页。

古民族教育质量的切实提升。认真研究少数民族双语教育，有几个方面的重要意义和作用：

第一，我国是一个多民族的国家，少数民族在中华民族的历史上都做出过自己应有的重要贡献，少数民族曾对中华民族的发展产生过深远的影响。因此，科学的保护少数民族语言文字、认真研究少数民族双语教育，对于我们继承和弘扬中华民族的优秀文化传统，促进民族教育科学事业的发展，推动社会主义精神文明建设，促进文化大繁荣大发展，保障社会和谐，具有重要的理论和现实意义。

第二，双语教育问题解决得好，能够大力推进少数民族文化教育水平的提高，能够使少数民族更有效地投入现代化建设，更顺利地进入主流社会，从而顺利实现民族现代化。所以，双语教育是保存民族文化、语言多样性的最好办法。各少数民族双语教育研究将为如何保持语言和文化多样性提供可借鉴的典型个案，以供制定民族政策、教育政策、语言政策和经济政策时参考。

第三，双语教育研究领域是国内外有影响的学术研究领域。在这一领域内，人们对双语教育的历史及现实，理论与实践问题等都进行过比较宏观的研究，并取得了显著的成果。但由于种种原因，对双语教育这一问题进行微观层面的实际研究甚少。因此，加强少数民族双语教育的个案研究，一方面可以填补双语教育研究领域中的空白，另一方面也可以开拓新的研究领域。

第四，深入开展少数民族双语教育的个案研究（如蒙古族、藏族、朝鲜族、哈萨克族、维吾尔族等具有传统语言文字的民族），可以填补蒙古学、藏学、韩学等研究领域中的空白。这些研究领域同双语教育研究领域一样，也是国际上有影响的学术研究领域。在这一领域内，人们对少数民族的历史、政治、经济、军事、语言、文字等问题，进行过深入的研究，并且取得了可喜的成果。但由于种种原因，对少数民族的双语教育这一问题仍未进行系统的研究。此外，少数民族双语教育的研究对丰富和发展我国民族教育科学、民族理论、区域经济理论问题研究，提高少数民族的整体素质，具有重要的理论和实践意义。

第五，全面、深入了解少数民族双语教育现状，并在此基础上提出有利于民族基础教育发展的政策建议，从而为地方及上级政府和教育行政部门制定决策提供理论和实践依据。与此同时，还有助于建立具有可操作性的少数民族学校双语教学模式与评价标准，促进我国民族教育事业的健康、快速、持续的发展，为语言和文化的多样化做准备，促进和谐社会和文化建设。

第六，实施少数民族双语教育具有多方面的意义和功能。表现在保持语言和文化的多样性；促进不同民族间的了解与合作；少数民族儿童具备与语言多数民族儿童平等的生存技能；培养学生对不同文化的积极态度；维护国家统一；实施多元文化教育的最佳途径。

三、少数民族双语教育研究的理论基础

在多学科研究方法论的指导下，主张综合运用教育学，尤其教育人类学的理

论，文化人类学的理论，民族语言学的理论、“中华民族多元一体格局”理论和心理学及语言心理学的理论，作为少数民族双语教育研究的理论范式。从广义的双语教育研究的基础理论看，主要有早期的平衡理论（the balance theory）、思想库模式（think tank model）、阈限理论（the thresholds theory）（或起始点理论、临界理论）、依存理论（interdependent hypothesis）、兰伯特的态度—动机模式（Lambert attitude - motivation model）、加德纳的社会—教育模式（Gardner - social - educational model）、斯波尔斯基的双语教育评价模式（Bernard Spolsky）、输入—输出—情景—过程双语教育模式、卡明斯的双语教育理论框架（Jim Cummins）等。其中卡明斯的双语教育理论框架是非常重要的理论。它不是单纯地把少数民族语言学生的学业失败归咎于学生个人，而是站在社会、经济、政治、心理、教育、课程、教学法、家长参与等角度，审视和探讨少数民族语言学生学业成败的根源。

第一，建立在新发展观之上的当代功能教育（functional education）理念。这种新发展观强调的是，发展的整体性；发展的内生性；发展的综合性（F. Perroux，1983）。功能主义认为，任何一种社会文化对其社会都是有功能的……通过有机地、整体地把握文化诸要素的功能，把文化作为一个合成体来理解。所以，马林诺斯基的理论框架有三个系统层次：生物的、社会结构的和符号的。人们能识别在每个文化层次上的基本需要或生存的必要条件。以此为基础的教育理念，要求教育考虑受教育者自身情况，并达到为其职业目的而能付诸应用的最低程度。

第二，教育人类学的民族学实地调查的理念和文化人类学的社会文化变迁理论：社会变迁和文化变迁是同一发展过程的重要部分，两者紧密关联着；传播或借取是极为普遍、重要的创新方式，但一种新文化被接受或排斥，取决于它在借取者文化中的效用、适宜性和意义（伍兹，1989）。

第三，跨文化教育理论：跨文化教育是对呈现某一文化的人类群体的受教育者进行相关于其他人类群体的文化教育活动，以引导这些受教育者获得丰富的跨文化知识，养成尊重、宽容、平等、开放的跨文化心态和客观、无偏见的跨文化观念与世界意识，并形成有效的跨文化交往、理解、比较、参照、摄取、舍弃、合作、传播的整个人类社会的发展。

第四，多元文化教育理论：多元文化教育始为西方国家民族教育的一种价值取向，旨在多民族的多种文化共存的国家社会背景之下，允许和保障各民族的文化共同发展，以丰富整个国家的教育。在全球化时代，国际性与民族性的内在统一形成了民族和文化交往中的“多元主义”价值观。在民族和文化的交往中，多元主义价值观意味着基于多元价值标准对待民族和文化的差异，与此同时在不同民族和文化之间展开持续和深入的交往，设身处地地理解异民族、异文化。因此，双语教育的发展必须从民族地区的实际出发。民族基础教育是一项复杂和浩大的系统工程，其发展不可能一蹴而就，而是应该有目的、有计划、分步骤的逐步实施。既要确定近期目标，又要确定长远目标，使民族基础教育的发展遵循因地制宜、量力而行、循序渐进、稳步发展的原则，只有这样才能使民族基础教育的质量和效益得以真正提高。

四、双语教育研究的主要策略

第一，系统论的策略。从不同层面、不同角度具体分析影响民汉双语教育形成和发展的各种制约因素。即运用文化人类学整体观方法论，既系统地分析民族地区社会、经济、文化传统、地理环境等外部因素与民族教育的互动，又全面探讨有关民族中小学双语教学的理论研究、课程设置与开发、教材编写、教学方法、师资培训、经费筹措等民族教育的内部因素。其中既有现实的，亦有历史的。在研究过程中，共时和历时相结合，从共时研究历时，从历时解释现状；既考虑到语言因素，包括语言文字的功能、语言观念，又顾及社会对语言的影响，如民族关系、支系关系；既看到局部，又注意整体；既重视现实利益，又考虑长远利益；既研究境内，又联系境外。

第二，跨学科的策略。由于双语教育问题是一门综合性学科，与语言学、教育学、心理学、民族学、社会学、人类学和历史学等多学科有着密切的关系，因而在探索其规律时要综合运用教育学、人类学、社会学、民族学、语言学（民族语言学）、心理学（语言心理学）等学科的理论，尤其充分运用民族教育学、文化人类学、语言心理学及跨文化心理学、民族语言学、社会文化变迁、双语教学等领域的先进成果，进行系统深入地分析。坚持理论研究和实地考察相结合，定性研究和定量研究相结合，宏观与微观相结合。

第三，行动研究的策略。即以切实有效地服务和促进民族教育实践革新为宗旨，面向实践，深入实践，与民族地区教育管理人员、教师合作，广泛征求学生、家长、用人单位和社会各方面意见，共同反思实践，尤其是针对现实中存在的重大问题，积极采取创新性试验，从而探索建设性改革措施，以有效地促进民族教育实践发展。

第四，民族志研究的策略。民族志（ethnography 也称“人种志”）不仅能为特定情境中的现象提供完整和科学的描述，还可以使研究者发现需要研究的重要问题，“也许是解决教育问题的最好方法”（维尔斯曼，1997）。民族志方法论的基本主张包括：（1）研究视角相对性与互补性，即将站在实践者角度“自观”，与从研究者立场“他观”相结合，尤其要重视基层群众对培训的感受。（2）研究内容之全貌性，既系统分析社会、经济、文化等培训的外部制约因素，更要全面探讨项目选择、示范实验、教材编写、内容传授、培训后咨询与服务、开发与推广等培训项目本身的系列环节。（3）数据与结论来源的自然主义，通过实地调查，尤其是参与观察等技术，以去掉研究者局外感和偏见，在此基础上分析与试验，得出结论。（4）方法与技术的多样性，务实运用各种方法，尤其是努力运用深度访谈、现场体验、个案剖析等质的研究技术。

对于双语教育研究范式和研究策略的探讨、分析，不仅对于少数民族双语教育的健康、发展有重大的现实意义和重要战略意义，从长远来看，能够推动我国现代化教育可持续发展，并能够为我国语言和文化的多样化做贡献，进一步促进我国和谐社会和文化建设而努力。

参考文献：

［1］［加拿大］W·F·麦凯、［西班牙］M·西格恩著，严正、柳秀峰译：《双语教育概论》，光明日报出版社，1989年。

［2］伯顿·克拉克，王承绪等编译：《高等教育新论——多学科的研究》，杭州：浙江教育出版社，1988年。

［3］戴庆厦、滕星等著：《中国少数民族双语教育概论》，沈阳：辽宁民族出版社，1997年。

［4］戴庆厦著：《语言和民族》，北京：中央民族大学出版社，1994年。

［5］高丙中、纳日碧力戈等著：《现代化与民族生活方式的变迁》，天津：天津人民出版社，1997年。

［6］顾明远主编：《民族文化传统与教育现代化》，北京：北京师范大学出版社，2001年。

［7］孙若穷主编：《中国少数民族教育学概论》，北京：中国劳动出版社，1990年。

［8］滕星：《中国少数民族双语教育研究的对象，特点，内容与方法》，载《民族教育研究》，1996年第2期。

［9］庄锡昌、顾晓明等编：《多维视野中的文化理论》，杭州：浙江人民出版社，1987年。

［10］顾明远主编：《教育大辞典·民族教育卷》，上海：上海教育出版社，1992年。

［11］王锡宏：《中国少数民族教育本体理论研究》，北京：民族出版社，1998年。

［12］哈经雄、滕星主编：《民族教育学通论》，北京：教育科学出版社，2001年。

［13］林耀华主编：《民族学通论（修订本）》，北京：中央民族大学出版社，2001年。

［14］［美］乔纳森.特纳著：《社会学理论的结构》（上、下），北京：华夏出版社，2002年。

［15］滕星著：《族群、文化与教育》，北京：民族出版社，2002年。

［16］苏德：《少数民族双语教育研究——历史与现实》，载《内蒙古师大学报》，2004年第11期。

［17］扎巴主编，苏德等副主编：《蒙古学百科全书教育卷》，呼和浩特：内蒙古人民出版社，2009年。

［18］苏德：《“蒙—汉—外双语教学模式”——内蒙古地区“蒙－汉－外”

双语教学研究与实践》，载《教育研究》（大陆版），2005年第5期。

[19] 苏德主持的联合国教科文组织项目《中国少数民族基础教育政策研究》系列成果。

作者简介：苏德（1961—），男（蒙古族），内蒙古锡林郭勒人，博士研究生毕业。中央民族大学教育学院院长、教授、博士生导师，主要研究方向：教育人类学、民族教育学、少数民族双语教育、民族教育史、跨文化心理。

第四节　少数民族地区学前双语教育的几个理论问题

《国家中长期教育改革和发展规划纲要（2010－2020）》（以下简称《规划纲要》）的发展任务中的第三章是学前教育，第九章是民族教育，将这两者均专列一章在国家教育政策中是前所未有的，足见国家对学前教育和民族教育的重视程度。在民族教育中提出要“大力推进双语教学。尊重和保障少数民族使用本民族语言文字接受教育的权利。全面加强学前双语教育。”在学前教育的发展任务中明确提出“到2021年要基本普及学前教育的发展目标。要重点发展农村学前教育。支持贫困地区发展学前教育。”我国广大的少数民族地区大都地处农村、偏远、贫困地带，学前教育的发展相对滞后，“据统计，2007年，全国城镇学前三年毛入园率为55.6%，农村只有35.6%，民族地区只会更低。2008年，西藏农牧区学前一年教育和城镇学前三年教育的毛入园率分别为30%和15%。”[①] 1可见，要实现基本普及学前教育的战略目标，重点和难点在中西部的农村地区，其中很大一部分就是民族地区。学前双语教育是制约民族地区发展学前教育的瓶颈之一，因此，在学前教育阶段，推进幼儿园双语教育成为迫切需要解决的问题。

一、民族地区学前双语教育的界定及其依据

（一）双语教育与民族地区学前双语教育的界定

《国际教育百科全书》中认为双语教育定义的最低标准应该是“一种在教学过程中至少使用两种教育语言的教育。”我国学者戴庆夏认为“双语教学，是指在少数民族地区用两种语言文字进行教学。”哈经雄教授认为“双语教育不仅包括是否开设两种语言的语文课，还包括其他科目教材的教学媒介的使用。”由此可见，我国少数民族双语教育的内涵包括两层：第一层含义是在学校教育中开设两种语言课：少数民族语言和汉语言。在实践中通常又有三种具体做法：一是从小学一年级开始开设民族语文课和汉语文课；二是先开设民族语文课，在小学三年级再开设汉语文课；三是到初中一年级才开设汉语文课。当前，随着国家双语教育政策的推行

① 1《卷首语：抓住机遇，大力发展民族地区学前教育》，载《中国民族教育》，2010年第12期。

和民族地区语言环境的变化，特别是现代媒体的发展、交通的便利、各民族之间交往的增多，现在通常的做法是在小学一年级同时开设两种语言课。第二层含义就是教学用语的选择和使用，在我国实践领域通常也有三种模式。一是教学语言主要使用母语，同时加授汉语文课，这种模式俗称为“民加汉”。这种模式通常适用于少数民族聚居区，居民在日常生活中主要使用少数民族语言，儿童习得的第一语言往往也是母语，此模式中，汉语言主要定位为一种交往或未来交往的工具。二是教学用语主要是汉语，同时加授民族语文课，这种模式俗称“汉加民”。这种模式主要适用于民汉杂居地区或者民族地区县城、市区，大部分儿童出生后在使用汉语的环境中长大，而本民族的语言则可能有所欠缺或根本不会，因而，在学校或日常生活中少数民族儿童主要使用汉语，学校则会开设本民族的语文课，此模式中，民族语文课不仅仅作为交流的工具来学习、使用，更重要的是赋予这种语言更多的文化内涵，希望能够通过本民族语言的学习，继承本民族特有的文化与传统。三是在教学中同时使用母语和汉语两种语言，这种模式适用于有“双语人”担任教师的学校中。

我国民族地区学前教育的发展相对落后，民族地区的幼儿园主要存在于城市和部分乡镇，因此，幼儿园开展的双语教学也因当地实际存在两种不同的模式。一种是在民族地区县城、市区的幼儿园，由于县城或市区往往是民汉杂居，当地通用语言也就以汉语为主，因此，幼儿在入园之前就能使用汉语却未必习得母语，比如，甘肃省甘南藏族州幼儿园和裕固族自治县肃南县幼儿园使用的教学语言主要是汉语，并同时加授民族语文课。另一种是乡镇幼儿园，这类幼儿园大多位于少数民族聚居区，日常生活中居民所使用的语言主要是少数民族语言，幼儿在入园之前习得的也是母语，汉语的水平相对较低，甚至有些幼儿根本没有接触到汉语，在这类幼儿园少数民族语言就会成为主要的教学语言，并同时加授汉语文。

由于在少数民族地区入园率还相对较低，特别是居住比较偏远、分散的民族聚居区，很大一部分幼儿主要在家庭中养育，只有部分幼儿有机会进入幼儿园、学前班接受学前教育，而且，民族地区幼儿园应该使用何种语言目前也还没有政策上的明确规定。在少数民族聚居区，幼儿在生活中使用的语言主要是母语，如果在幼儿进入幼儿园时失去了使用母语的环境与条件，将会对儿童的认知发展、双语能力的发展造成极大的伤害，因此，在少数民族聚居区幼儿园、特别是乡镇、村一级的幼儿园的双语教育应该以母语为主加授汉语，绝不能在损失母语的前提下学习第二语言。

（二）民族地区以母语为主的学前双语教育的主要依据

1. 民族地区以母语为主的学前双语教育的政策依据

我国是一个多民族的社会主义大国，双语教学是民族教育的重要途径之一，也是教育领域贯彻国家民族政策的重要内容。《中华人民共和国宪法》规定：“各民族都有使用和发展自己的语言文字的自由。”《中华人民共和国民族区域自治实施纲要》规定“自治机关得采用各民族自己的语言文字，以发展各民族的文化教育事业。”两部法典中关于民族语言文字使用的权利规定的非常具体，核心观点是在充分尊重少数民族使用和发展自己语言文字的基础上，学习和使用汉语言文字。《规划纲要》提出“大力推进双语教学。全面开设汉语文课程，全面推广国家通用语言文字。尊重和保障少数民族使用本民族语言文字接受教育的权利。全面加强学前双语教育。”政策上明确了两种语言的先后关系，先学习母语，再学习汉语言。在考察历届全国少数民族教育会议可以看到：从 1951 年召开的第一次民族教育会议，到 2002 年的第五次民族教育会议，历次会议对语言文字的规定都是明确的，即“充分尊重少数民族语言文字权利的同时，大力推进汉语文教学，完善双语教学体系，有条件的地区可推行三语教学。”因此，不管在什么情况下，什么背景下，在我国少数民族地区推行双语教学的顺序只能是母语在先，汉语学习在后。随着年级的增高，双语教学的重心可以从以民族语言为主转向以汉语言主，但绝对不是在入学之初、甚至学前教育阶段就要实现这种转向。

2. 民族地区以母语为主的学前双语教育的科学依据

语言学习的心理学依据。知识建构理论认为，儿童的学习并非机械被动地接受信息，而是以其原有的知识经验为基础，对新接受的信息进行重新编码、理解和有效建构，是一个主动建构知识体系，实现自己理解的过程。在语言学习过程中儿童已经获得的语言，包括词语、语法、语用技能是学习新语言必不可少的前提与基础。

第二语言学习理论依据。学者普遍认可的阈限理论把学生的双语水平分为三个层次，各层次与学生认知发展之间的关系是：两种语言都不熟悉，对认知发展产生负面效应；熟悉其中一种语言，对认知发展既不产生正面效应也不产生负面效应；熟悉两种语言，对认知发展产生正面效应。[①] Cummins 在 1978 年提出的‘相互依存’理论认为“儿童的第二语言能力部分地依赖于已经掌握的第一语言能力。”[②]第一语言越发达，发展第二语言能力也就越容易，如果第一语言处于较低的发展阶段，第二语言学习也就会更为困难。可见，母语的学习有利于第二语言的学习，母语的学习并不妨碍第二语言的学习、更不会阻碍儿童认知能力的发展。

教育学研究的依据。课程论与教学论的研究表明，在多民族背景下，多语言环境中，教学方法、学习内容、教学语言的使用与教学效果是密切相关的。不同民族教师的教学方式、师生互动也存在显著差异，这种差异影响到学生的学习与发展。研究表明，“汉族、藏族、回族、维吾尔族师生课堂互动各有特点，存在着多方面的差异，这与民族文化有密切关系”[③] 这种差异也影响着第二语言的学习效果。

---

① 范钛、陈小凡：《双语教学的理论与实践研究》，载《西南民族大学学报（人文社科版）》，2003 年第 10 期。

② 科林·贝克著，翁燕等译：《双语与双语教育概论》，北京：中央民族大学出版社，2008，第 175 页。

③ 王鉴等：《不同民族文化背景下师生课堂互动的比较研究》，载《教育研究》，2011 年第 9 期。

社会文化学研究的依据。民族文化和民族认同的一个重要特征就是语言的学习与掌握，学习了一种语言，就能在更广的范围与他人进行沟通和交流，进而就会对该民族的文化产生更多的认识与理解，民族情感也就相应而生，相反，隔绝就会产生误解、隔阂，因此沟通和交流是解决民族歧视、民族偏见的主要途径。

3. 民族地区以母语为主的学前双语教育的实践依据

双语教育从理论上来讲，要研究它的理论基础、科学依据，从实践上来讲，在各地方要探索适合当地实际的多样化教学模式。以甘肃省肃南裕固族自治县为例，裕固语的特点是有语言没有文字，以前在学校里主要采用的是“拐棍式”双语教学模式，即以民族语言为辅助工具，逐渐过渡到使用汉语学习各种学科内容。时至今日，汉语成为了很多裕固族儿童的第一语言，母语则成为了儿童需要学习的第二语言，此时，就要用已经熟练掌握的汉语来带动母语的学习。甘肃省的甘南藏族地区由于儿童第一语言的不同就存在着“民加汉”、“汉加民”以及“民汉同用”等三种模式。当前，由于时代发展和政策导向的双重影响，双语教学模式出现了单一化的趋向，单一化的双语教学模式往往就考虑不到民族地区的特殊情况，因此，特殊的情况就需要不断探索，不断尝试特殊的双语教育模式。

在上述背景下，我们提出在少数民族聚居区采用母语为主开展学前教育。具体的设想是：学前阶段以母语为主开展教学活动，到小学发展为两种语言的教学，最终达到民汉兼通。这种设想既对少数民族成员学习母语，提升母语的掌握水平有所帮助，也有助于进一步提升汉语的学习水平。

二、民族地区以母语为主的学前双语教育的重要性

（一）民族地区学前双语教育是民族教育的起点与准备

我国理论界对民族教育有了更为深刻的理解：从民族教育的主体与对象上，改变了过去那种对汉族以外的其他少数民族实施教育的狭隘观点；从教育的内容上改变了过去只注重现代教育而忽视本民族文化教育的单向性观点，“开始将民族教育理解为民族地区教育的同时，充分考虑民族传统文化及民族特点，即民族教育在我国是指民族和民族地区的教育。”民族学前教育是民族教育重要组成部分，是民族教育的基础，也是整个民族教育事业的起始阶段，“少数民族学前双语教育的实施，一方面为保护、传承和发扬各少数民族的文化传统，提高各民族语言的水平提供了从内容到形式上的基础保证，另一方面还可以帮助少数民族儿童在日后接受更高层次的民族教育打下坚实的语言基础，从而有利于在今后的成长中获得更多的成功机会，从更高层次说也有利于实现各民族之间教育权力的真正平等。”① 我国的教育实践证明，“学前教育的普及程度、教育质量，与义务教育的普及程度与教育

① 哈经雄、腾星：《民族教育学通论》，北京：教育科学出版社，2001，第103页。

质量密切相关，凡是学前教育发展快的地区，义务教育的普及率也高。”① 少数民族聚居区幼儿的生活场域是当地，使用的语言是母语，因此，学前阶段以民族语言为主要教学语言，以本土知识作为主要内容，将最有利于发展儿童的民族性，也将为幼儿立足本民族，走向全国、放眼全世界奠定坚实的基础。

（二）民族地区学前双语教育是培养幼儿学习民族文化兴趣的起点

传统上，人们认为知识是对世界的描述和解释，因而学习知识就是知觉、记忆、理解独立于自己之外的客观对象的过程，新的知识观认为知识的本质是一种关系体系，知识的学习是建构的过程，是“主体通过与其环境相互作用而获得的信息及其组织。”② 面对知识观的变革，作为基础教育重要组成部分的幼儿园教育的使命必然发生重大变化，“满足人的基本学习需要，培养终生可持续发展所需要的基本素质”“为幼儿一生的发展打好基础”。③ 这个基础不仅包括基本知识以及获取和读、写、算的能力，更重要的是幼儿学习兴趣的培养，为了培养幼儿的学习兴趣，需要让他们有机会探索他们感到好奇的事物，在学习中获得惊讶、兴奋等愉快的体验和成功感，并感受到他们周围的人都爱学习，因此，选择的学习内容应该有趣、基于儿童的经验并对儿童具有一定的挑战。采用母语为主要教学语言，以地方性知识为主要内容，更有利于儿童在自己原有的经验基础上，在自己擅长的领域中获得这种积极的体验，从而形成对本民族文化的喜爱、好奇、探索、认可，兴趣和愉快的体验将成为他们积极参与本民族的文化传播与创造活动的长远动力。

（三）民族地区学前双语教育是民族文化传承、民族认同的起点

民族认同是社会成员对自己归属于某一民族及其文化的一种认知和情感依附，民族认同也是每一个社会公民所必须完成的社会化任务之一。现代社会公民所面临的文化认同任务是“立足本民族，面向民族国家，放眼全球多元文化”的分层认同模式，其中“族群认同是使民族成员顺利地完成民族文化背景下社会化过程的必经阶段。”④ 民族认同是建立在对民族文化认识、理解、喜爱的基础之上。语言的获得则有助于个体更深入地认识本民族文化，“语言有助于信息的传递，语言有助于加入并属于一个特定的社会群体，语言可以展示人的情感、思想和个性。Schumann 坚持认为，当语言能力发展到一定程度时，便试图利用该语言去加入某个社会群体。”⑤ 我国学者万明钢、王鉴对藏族双语人的调查表明“母语具有民族

---

① 《卷首语：抓住机遇，大力发展民族地区学前教育》，载《中国民族教育》，2010 年第 12 期。

② 邵瑞珍著：《教育心理学》，上海：上海教育出版社，1997，第 58 页。

③ 教育部基础教育司组织编写：《幼儿园教育指导纲要（试行）》解读，南京：江苏教育出版社，2002，第 67 页。

④ 王鉴、万明钢：《多元文化与民族认同》，载《广西民族研究》，2004 年第 2 期。

⑤ 科林·贝克著，翁燕等译：《双语与双语教育概论》，北京：中央民族大学出版社，2008，第 127 页。

征、民族文化的载体、民族情感的依托等功能。"① 因此，少数民族幼儿学习和使用本民族语言和文字是既是民族文化传承和发展的需要，也奠定了个体传承民族文化，发展民族认同的起点。

（四）民族地区学前双语教育是儿童适应多元社会现实的起点

我国是一个多民族、多文化的国家，各少数民族都有自己独特的民族文化，传承、保护、发展、创新本民族文化是少数民族成员责无旁贷的责任，也是各少数民族和谐发展的基础。在现代化社会的背景下，各民族也要通过不断加强与其他民族的交流与共享，与不同文化的接触过程中实现民族文化的革新与整合，达到促进自身文化的发展。与此相对应，在少数民族人才的培养上，"民族教育也不仅仅是在培养适应本民族文化社会活动的人才，而是在面向本民族、面向全国、面向世界培养各级各类人才。"历史的经验告诉我们"母语是基础，是和民族文化、民族心理不可分割的民族特征之一，第二语言是民族之间交往、民族自身发展的需要，任何一个民族不主动学习别的民族的语言和文化，它的发展就会受到限制。"② 因此，民族地区学前双语教育既为儿童学习、继承、创新本民族文化打下基础，也是儿童将来能发展为适应多元文化社会的人才的基础。

三、民族地区学前双语教育的内容与方法

（一）民族地区学前双语教育的内容及选择原则

《幼儿园教育指导纲要（试行）》（以下简称新《纲要》）实施10年以来，很多幼儿教师、特别是经济不发达地区的幼儿教师最大的困惑之一仍然是课程的问题，在近期举行的幼儿教师国家培训需求调查中，很多幼儿教师提出："市场上教材很多，不知道挑选哪一套好！""按照挑选的教材内容按部就班的实施活动，发现有很多内容是为城市幼儿编制的，不知道如何去上，上的时候很费劲！"这种做法既违背了学习发生的规律"先前习得的性能构成了学习的必要内部条件"，也与新《纲要》所倡导的"贴近幼儿的生活""选择幼儿感兴趣的事物和问题"的课程精神背道而驰。民族聚居区幼儿园存在的问题除了上述问题以外，更为棘手的是有些课程是翻译照搬内地汉语课程，明显的注重学前教育的现代性而忽视了本土性，重视了普适性的知识而忽视了特殊性知识。民族地区的学前双语教育的任务不仅是学习本民族语言和第二语言语言，更重要的是应该以语言为依托传承民族文化和地方性知识。为了发挥各少数民族文化和地方性知识的作用，民族地区幼儿园课程的内容就应该把传承民族文化和地方性知识作为自身的主要任务。接下来需要解决的就是在广泛的民族文化和地方性知识中，选择什么样的内容，以什么样的结构

① 万明钢，王鉴：《藏族双语人双语态度的调查研究》，载《心理学报》，1997年第7期。

② 王鉴：《当前民族教育领域需要重新理解的几个理论问题》，载《当代教育与文化》，2011年第1期。

来构建民族地区幼儿园课程？以藏族地区为例而构建的小学低年级《藏族文化》的地方型课程的结构值得我们借鉴，“地方课程内容包括生态环境、生产生活、民风民俗、社会历史、传统科学、民族艺术和语言文学等七个方面。”① 结合幼儿的年龄特点和发展需求我们认为从丰富的地方性知识中选取的幼儿园课程内容有：

1. 语言文学知识中的传说、民谣、故事、格言、俚语、谚语、谜语、绕口令、儿歌、小说、笑话与幽默等。特别是每个民族里广为流传的道德教育、启发智力、价值取舍、培养主见、培养友善、尊重父母、尊重朋友的故事应该成为幼儿园课程中的重要组成部分。

2. 民风民俗知识中的服饰、礼节、饮食。

3. 生态环境知识中的山川、江河、草原、动植物、矿产等的名称、分布、功用等。

4. 社会历史知识中的寓言、历史名人、名胜古迹、姓氏、轶事等。

5. 生产生活知识中的饮食、待人接物、生产方式、劳动工具的名称及其制作、仪式等。

6. 传统科学知识中的天文、动植物的识别、推测天气等。

7. 民族艺术知识中的绘画、建筑、陶瓷、泥塑、器具、民歌、刺绣、彩绘、雕刻、舞蹈、戏剧、手工艺、歌曲等。

8. 民族传统游戏中棋类游戏、纸牌游戏、运动游戏、竞技游戏、角力游戏等。

在上述众多的民族文化和地方性知识中，在具体选择的过程应该遵循以下的几个基本原则。

1. 趣味性原则。新《纲要》中明确指出教育活动的内容选择应体现“贴近幼儿的生活来选择幼儿感兴趣的事物和问题”，在幼儿园教育的目标表述中也较多使用了“喜欢”“乐意”等词汇，这些都突出地表达了我国幼儿园教育在情感、态度等方面的价值取向，这正契合了国际上认可和对幼儿一生发展最有价值的取向。幼儿喜欢、乐意学习的倾向正是在有趣、有意义的内容和情景中发展起来的，因此，趣味性应该成为选择民族地区学前双语教育内容的第一原则。

2. 地方性原则。“民族地区学校教育的根在民族文化，民族文化的魂魄在学校、在学校对它的传承与保护之中。”② 学前双语教育作为民族教育中的一种重要组成部分也不例外，应该扎根于民族文化、村落文化之中。很多仍然仅仅存在于当地老人的头脑当中，过去是通过口耳相传的方式传承的地方性知识，将会随着这些老人的逝去而消失。口耳相传的方式已经远远满足不了新时代文化传承的需求，因此，需要及时采用多种形式将零散的、个别的、口头的知识收集、整理并形成系统，成为开发学前双语教育课程的重要资源。

3. 活动性原则。幼儿身心发展的特点使得他们不可能像中小学生一样通过

① 王鉴：《我国民族地区地方课程开发研究》，载《教育研究》，2006 年第 4 期。

② 王鉴：《当前民族文化与教育发展所面临的主要问题及对策》，载《民族教育研究》，2010 年第 2 期。

“端坐静听”“抽象的言语讲授”来进行有意义的学习和获得发展，而只能通过积极主动地与他人交往、动手操作实物、在与环境的互动中体验、建构自己知识与经验。所以，在内容选择时必须遵循活动性原则，引导幼儿在活动中生动、活泼、主动地学习与发展。

（二）民族地区学前双语教育的方法与途径

1. 在幼儿的一天生活中渗透两种语言的学习。“语言能力是在运用的过程中发展起来的，发展幼儿语言的关键是创设一个使他们想说、敢说、喜欢说、有机会说并能够得到积极应答的环境。”① 在民族聚居区以民族语言为主的幼儿园的一天生活中应该创设让幼儿有机会学习汉语的环境，在以汉语为主要教学语言的县城、市区的幼儿园中也有让幼儿有机会学习本民族语言的环境。

2. 在教学中整合地方性知识和民族文化。新《纲要》将幼儿园的教学内容相对划分为健康、语言、社会、科学、艺术等五大领域，各领域内容都从不同的角度促进幼儿在情感、态度、知识、能力、技能等各个方面的发展。在各领域中均提出了该领域的目标、内容要求和指导要点，但并没有列出老师应该教什么的知识清单，相反，强调的是教师引导幼儿在既有经验又有一定挑战的学习过程中变得越来越爱学习、形成每个领域中的关键能力、点燃智慧的火花。因此，发展民族地区学前双语教育要在新《纲要》的理念指引下，根据幼儿发展的目标有效整合民族文化和地方性知识，找到适合实现每个领域发展目标的民族文化和地方性知识，既满足儿童发展的普遍性要求，也要实现发展儿童民族性的特殊性要求。

3. 选择民族特色游戏活动。我国历次颁布的学前教育政策文件中都强调“游戏是幼儿园基本活动形式”。游戏在我国幼儿园教育中的实现途径主要有两种：一种是教师根据幼儿的发展目标，通过创设适宜环境和投放适宜材料，让幼儿在自己经验与兴趣的基础上自主选择不同类型的活动，从而在与环境、材料、同伴、教师的互动中获得发展的创造性游戏，其主要的表现形式是区角活动，这类游戏其组织形式主要是个体游戏或小组游戏，二是教师根据幼儿发展目标，编制将发展目标巧妙隐藏在游戏的玩法和规则之中的教学性游戏，儿童在积极参与教师选编的游戏过程中自然地获得了发展，这类游戏的组织形式主要是小组游戏或集体游戏。在各民族文化和地方性知识中蕴含着丰富的游戏材料、游戏形式。在角色区可以投放富有民族特色的娃娃、服饰、生活用品，让幼儿在角色扮演的过程中体验文化；在建构区可以投放充满智慧的藏族砌墙术、工艺独特的木工、喜闻乐见的雕刻等，让幼儿在微型操作的过程中体验民族工艺之精妙；在植物区可以投放当地特有的植物、药材，让幼儿在养殖的过程中知道它们的名称、功用、习性等；在语言区可以投放富有民族特色的故事书、磁带、录像等，在观看、倾听、阅读的过程中领略民族文化

① 教育部基础教育司组织编写：《幼儿园教育指导纲要（试行）》解读，南京：江苏教育出版社，2002，第32页。

之精髓。在教学游戏中也可以借助儿童喜闻乐见的语言游戏、猜谜游戏、手指游戏、运动游戏、民族音乐游戏活动实现幼儿的普遍的发展目标，同时掌握母语，参与本民族文化的传承与创造。

四、民族地区学前双语教育的管理

（一）多渠道、多形式举办幼儿园，真正实现有园可入

国务院印发的《关于当前发展学前教育的若干意见》中提出，“大力发展公办幼儿园，提供‘广覆盖、保基本’的学前教育公共服务”。这种广覆盖、保基本的学前公共服务体系的建构一定要结合少数民族聚居区居住特点与文化特点，“必须坚持因地制宜，从实际出发，为幼儿和家长提供方便就近、灵活多样、多种层次的学前教育服务”。少数民族聚居区大都在“边”、“山”、“散”、“宽”地区或祖国的边疆地区，这些地区普遍气候恶劣、生产落后、交通不便、村落分散。正如甘肃省甘南藏族自治州一位教育局长所总结的居住特点是“大山深处有人家、草原深处有人家、白云生处有人家”。在这样的居住特点下，相对集中的乡镇中心幼儿园就不能够很好的满足幼儿就近入园，家长方便接送的需要，“广覆盖、保基本”也就成为一句空话。国务院总理温家宝在 9 月 30 日主持召开国务院常务会议中决定要大力“支持中西部农村扩大学前教育资源，‘十二五’期间，中央财政将安排 500 亿元，重点支持中西部地区和东部困难地区发展农村学前教育”。采取多种形式扩大学前教育资源“包括利用农村闲置校舍改扩建幼儿园、依托农村小学富余校舍增设附属幼儿园、在偏远农村地区开展学前教育巡回支教试点等”，从而真正实现少数民族地区幼儿有园可入。

（二）多种渠道招聘幼儿园教师，实现有师能教

高素质的幼儿教师队伍是实现学前双语教育的核心要素，民族地区目前主要通过两种途径来加强幼儿教师队伍建设，一个是通过面向社会招考的形式，结合最近颁布的《幼儿园教师资格考试标准》和熟练掌握少数民族语言这两类标准，选择适合、安心在民族地区从事学前教育的幼儿教师。另一种重要的途径就是转岗培训。仅仅依靠现有的民族师范院校培养懂幼教又精通双语的幼儿教师还不能满足学前教育大发展的需求，“2011 年起，将中西部地区农村幼儿教师培训纳入‘中小学教师国家级培训计划’”，因此，可充分利用在农村学校资源整合、学校合并过程中，原来在村小学、镇小学从事教学而又懂民族语言的教师，借助于“国培计划”进行转岗培训，使其掌握幼儿园教育基本的特点和规律，树立正确的儿童观、教育观，充实民族地区幼儿教育的师资队伍。

（三）开发地方性课程，实现有适宜的内容可教。

目前，很多民族地区幼儿园所使用的教学材料都是以城市、汉族幼儿的学习与

发展为背景而开发的。因此，无论从内容上还是语言上都不能满足当地幼儿发展和教师教学的需求。王鉴教授提出了基础教育地方性课程开发的两种路径：一是国家专门机构统一协作下，经多省区联合开发的民族地区地方课程及其教材，二是开发校本课程，对于学前双语教育来讲，这两种途径都是可以借鉴的。值得注意的是与中小学教育不同，在学前教育阶段应该更注重后者，在广泛收集蕴含在当地的生活中、储存在头脑中、用自己的语言表达出的民族文化和地方性知识，并根据幼儿发展的年龄特点和学习规律，选择、整理、开发成适合民族地区幼儿和教师的地方性课程。只有这样，才能扎根于民族文化的土壤，符合传承民族文化和发展民族地区的需要。

（四）实施母语为主的双语教学，实现扎根村落、面向未来。

民族地区双语教育的推行不是一朝一夕之功，需要长期的坚持不懈的努力才能日趋完善，也不能单凭一人或一园之力，至少需要两个层面力量的支持。一个是来自政府的支持。省、市、县教育行政部门要依据国家有关幼儿园课程的法规和政策，结合本民族地区的实际，制定双语教育的政策、规划或实施管理等，并积极争取"中央财政设立专项经费，支持中西部农村地区、少数民族地区和边疆地区发展学前教育和学前双语教育"的优惠条件，确保国家相关法规和政策能与本地的实际相结合，并得到贯彻和落实。另一方面从幼儿园教育内部来讲，实施以母语为主的学前双语教育，一则可以让幼儿在自己熟悉的语言环境中学习，愿意来园接受教育，更重要的是富含文化的本族语能够让广大的农牧民从心底里认可幼儿园，可以调动他们参与幼儿园建设与发展的积极性，让学前教育的根能真正扎在基层的村落。

参考文献：

［1］《卷首语：抓住机遇，大力发展民族地区学前教育》，载《中国民族教育》，2010年第12期。

［2］范钛、陈小凡：《双语教学的理论与实践研究》，载《西南民族大学学报（人文社科版）》，2003年第10期。

［3］科林·贝克著，翁燕等译：《双语与双语教育概论》，北京：中央民族大学出版社，2008年。

［4］王鉴等：《不同民族文化背景下师生课堂互动的比较研究》，载《教育研究》，2011年第9期。

［5］哈经雄、腾星：《民族教育学通论》，北京：教育科学出版社，2001，第103页。

［6］邵瑞珍著：《教育心理学》，上海：上海教育出版社，1997年。

［7］教育部基础教育司组织编写：《幼儿园教育指导纲要（试行）》解读，南京：江苏教育出版社，2002，第67页。

［8］王鉴、万明钢：《多元文化与民族认同》，载《广西民族研究》，2004 年第 2 期。

［9］万明钢、王鉴：《藏族双语人双语态度的调查研究》，载《心理学报》，1997 年第 7 期。

［10］王鉴：《当前民族教育领域需要重新理解的几个理论问题》，载《当代教育与文化》，2011 年第 1 期。

［11］王鉴：《我国民族地区地方课程开发研究》，载《教育研究》，2006 年第 4 期。

［12］王鉴：《当前民族文化与教育发展所面临的主要问题及对策》，载《民族教育研究》，2010 年第 2 期。

作者简介：王鉴（1968—），男，甘肃通渭人，教育部人文社会科学重点研究基地西北师范大学西北少数民族教育发展研究中心主任、教授、博士生导师。龙红芝（1972 –），女，甘肃山丹人，教育部人文社会科学重点研究基地西北师范大学西北少数民族教育发展研究中心副教授，博士生，主要从事学前教育研究。

第五节　藏民族学校双语教育文化建设

藏汉双语教育是藏民族学校教育的特色。藏汉双语教育饱含着藏汉两种文化的理想与追求，规定和影响着藏民族学校教育的改革与发展。《国家中长期教育改革和发展规划纲要》指出："大力推进双语教学。全面开设汉语文课程，推广国家通用语言文字。尊重和保障少数民族使用本民族语文接受教育的权利。重视加强学前双语教育。国家参与双语教学的师资培养培训、教学研究、教材开发和出版给予支持"[①]。勾勒出了双语教育文化的基本框架。

一、藏民族学校双语教育文化的体系结构

藏民族学校双语教育文化是在藏民族学校教育现代化建设中不断建构的。缘于藏汉民族文化的历史渊源关系，在藏民族地区现代学校教育制度建立初期，政策设计者就把藏汉双语教育作为沟通藏汉两种文化的桥梁予以高度重视的，其基本的价值取向就是认为双语教育有利于民族之间科技、文化间的互相交往，促进民族经济社会的发展与进步。1951 年 9 月，全国第一次民族教育大会关于少数民族教育中的语言问题规定："凡有现行通用文字的民族如蒙古、朝鲜、藏、维吾尔、哈萨克等，小学和中学的各科课程必须用本民族语言教学。有独立语言尚无文字或文字不完全的民族，一面着手创立文字和改革文字；一面得按自愿的原则，采用汉语文或本民族所习用的语文教学。关于少数学生学汉文的问题，会议一致同意各少数民族的各级学校得按当地少数民族需要和自愿设汉文课。"[②]这是国家层面对双语教育文化的认可，在新型的民族教育制度设计中，国家就给民汉双语教育以一定的位置，

为双语教育文化的产生和发展注入了强烈的国家意志，并成为民族学校藏汉双语教育文化体系结构建设的指导思想。

随着藏民族地区经济社会的发展，教育地位不断得到强化，双语教育文化体系结构初步形成。从纵向来看，双语教育文化覆盖从学前教育、义务教育、高中教育到大学教育各个学段，双语教育文化与各学段教育文化相辅相成，以教育文化为生成的基础，形成了同生共长的双语教育文化特征。从横向来看，双语教育文化辐射到民族学校的学校教育制度、学校政策及学校发展愿景、教学模式及教材内容、教师的教学及学生的学习等层面，形成了普通学校迥异的多元文化特征，如果说普通学校的多元文化隐含在课程体系结构中的话，那么，以双语教育为其主要特征的民族学校，双语文化就渗透到学校教育的方方面面，构成了民族学校的文化结构性特征。

把文化作为体系结构分析，虽然在学术界还存在着种种争论，但对文化存在的形态进行分析，却有着方法论上的重要意义。文化人类学功能学派的代表人物马林诺夫斯基认为："社会是一个有机的整体，应当重视研究社会结构及其相互之间功能的发挥。"[③]在马林诺夫斯基看来构成文化的要素有它的永久性、普遍性及其独立性。"譬如，要分析一打猎用的标枪，我们就得考究到这文化中所有打猎的形式，更须说明这些打猎上合法的权利，猎队的组织，所用的技术，所有巫术的仪式，这种打猎形式和其他形式的关系，以及打猎在部落经济上的重要性。"[④]根据马林诺斯基的意见，一种文化因素只有从它赖以存在的体系结构中才能说明其意义。沿着这条思路前进，藏汉双语教育文化只有在藏民族学校教育构成的极其复杂的网络关系中才能证明其存在的公理性。

毋庸置疑，藏汉双语教育文化表现在藏族学校教育的各个阶段，缘于各学段教育功能的差异，就形成了不同学段的藏汉双语教育文化特色。一是学前教育阶段的双语教育文化特征。学前阶段的双语教育文化是以两种语言的学习为核心因素构建起来的，在这一过程中，个体通过观察学习以及参与，从而实现了集体文化在个体身上的重构。[⑤]尽管双语文化与学前儿童心理发展的机制尚未得到充分的揭示，但根据人类学文化心理学派的研究表明，文化对塑造人类童年的人格有着决定性的作用，个体生活的经验就是适应他的社会世代相传的生活模式。基于文化适应理论的考察，在学前教育阶段，建设具有引导意义的双语文化，为双语人格的健全发展奠定基础。二是中小学教育阶段双语教育文化特色。"儿童在由集体文化调节的语言环境下不断发展"。[⑥]在中小学教育阶段，语言文化环境发生了质的变化，中小学教育阶段的双语教育文化是在教育文化和语言文字文化双重价值引导下建构的，据此，我们可以从广义和狭义两个层面把握中小学教育阶段双语教育文化。广义而言，是国家为了在藏民族中小学推行藏汉双语教育而制定的方针政策，涉及藏汉双语教育的发展规划，藏汉双语教育制度安排，藏汉双语教师培养体系建设，藏汉双语教育的财政支持政策，藏汉双语教育教材建设等宏观方面，核心是建构体现国家意识的双语教育文化。基于双语教育在促进人们的跨文化理解方面具有重要意义，在多民族多语言文化存在的国家，如何建立各民族团结一致的社会，是国家政策价值取向的重要选择。从全球范围来看，人们希望教育政策应担负起消弭族群冲突的责任，无疑，双语教育在多民族国家的现代化建设中，“应当有助于一种可以说是新型的人道主义的产生，这种人道主义应有主要的伦理标准，并十分注重了解和尊重不同文明的文化和精神价值，这是对只从经济主义和技术主义观点理解全球化的必要性的抗衡力量”。[⑦]在这个意义上，我们希望通过双语教育文化建设，构建族群间相互理解，相互尊重的新型社会文化。狭义的双语教育文化单指实施双语教学的学校所形成的文化。具体而言，就是以招收藏族学生为主的学校，在国家双语教育政策的指导下，为了培养既适应主流文化，又能保持本民族文化传统的新型公民，建立健全学校双语教育制度，开发藏汉双语教育课程，培养藏汉双语教育教师，开展藏汉双语教研活动，研究藏汉双语课堂教学规律，营造双语教育的良好的社会环境，从而形成具有特色的多元文化特征。从世界范围来看，在多民族多语言的国家和地区，都在积极的探索双语教育文化问题，虽然尚未形成可供借鉴的统一模式，但是，“有一点是可以肯定的，即在双语甚至三种语言课程中，应将学习广泛使用的语言与学地方语言结合起来，这种做法在世界上一些地区已成为一种规范”。[⑧]人类学家里弗斯把文化分成物质文化、社会结构、语言和宗教四种类型。当然，人们可以从不同的维度划分文化类型，但不论怎样认识和把握文化，语言文字都是构成文化不可或缺的因素。所以，我们有充分地理应认为，当一种更便于族际交流的语言文字出现时，新的文化类型便孕育其中。文化一旦产生，就有着积累、传承和创新的需要，学校教育文化就被赋予了不断建构的动力，在这个意义上说，民族学校双语教育文化是存在的，并且是与教育文化紧密联系的，需要不断赋予功能的新型文化体。三是大学阶段的双语教育文化特色。双语教育对大学文化的介入，是一个有意义的话题，因为大学永远是对人类知识不断探索的组织机构。在多元文化视野中，大学“不仅是人类诸文化的保管者，而且是理性进程的监护人。”[⑨]这是芝加哥大学校长爱德华 利瓦伊的名言，揭示了人类创造的所有文化成果在大学并行不悖存在的大学文化精神。以此为前提，承载着两种群体文化使命的双语教育就成为大学文化建设的应有之意。因为藏民族学生进入大学的渠道是多样的。所求学的大学也是多样的。因此，想在大学层面提出藏汉双语教育文化的模式是不可能的。即便是位于藏民族居住地方的民族院校，也体现出生源多文化及多学科性的基本特征。因此，依据藏汉两种文化来构建藏汉双语教育文化模式也是非常困难的。可行的选择是引入多元文化教育的理念，理解民族大学双语教育文化的内涵。加拿大是奉行多元文化的国家，加拿大社会普遍认识到：“大学的研究对加拿大人的生活也有着广泛的影响。研究为促进社会的包容和凝聚力提供了手段和方向，帮助我们了解和欣赏社会的多元性。大学毕业生是建设更加公平和包容性的社会领导人……大学还领导推动着超过 50 个文化研究机构，学习和推广加拿大的文化多样性。”[⑩]在多民族多元文化并存的国家中，增强不同族群之间的凝聚力，一直是多元文化追求的目标，并成为大学文化建设的内涵，值得注意的是，多民族国家大学的文化使命与双语教育的价值取向存在着惊人的一致性，同时，这一认识为藏发族居住地区大学双语文化构建提供了切口。藏民族居住地区大学文化的构建，以藏汉双语教育为依据，充分发挥大学在双语知识传递、双语人才培养，双语科学研究，双语社会引领方面的功能，构建一个族际公平、文化包容、富有凝聚力的特色大学文化。

二、藏民族学校双语教育文化的功能

每个文化系统都有其特定的功能，而功能又是文化体系存在的理由。一般来说，文化系统具有自组织活动的特点。“是指在没有外部指令的条件下，其内部各个子系统（因素）之间能自行按照某种规划形成一定的结构与功能，并以其特定的方式协同的朝某一方向发展的客观过程”。[11]当藏民族学校赋予双语教育文化以教育功能的时候，双语教育文化体系便对来自各方面的信息予以整合，表现出其他教育形式所不具备的功能。

（一）藏汉双语教育的跨文化理解功能

在多民族多元文化存在的国家和地方，“不同的民族、部落、宗教和种族和睦地生活在同一个城市、同一个国家，甚至同一条街道，这是一个既古老而又非常现代的问题”。[12]其实，凡有族群存在的地方，族际冲突和族际和谐是族群社会建设面临的两大难题。从历史的纵向度来看，人们为了缓解族际冲突和增强族际和谐进行着不懈的探索，从而解决的手段也多种多样，涉及到社会的经济，政治、宗教、文化等各个方面。但是，缘于族际关系的复杂性，族群现象的长期性，解决问题的艰巨性等原因，人类社会尚没有找出保障族群间和谐稳定的长效机制。

事实上，多民族多文化并存的国家，始终没有停止对族群间和谐机制的探索，人们发现族群间的冲突，大多是由于相互间不了解所造成的，其中也存在着强烈的经济和政治利益的诉求，但是，加强民族之间的沟通、理解、包容是解决族群冲突的最有效途径。沿着这条思路前进，就可以得出这样的结论：语言文字是族群间相互沟通的桥梁。因为，“当使用不同语文字的群体彼此之间相互接触与交流时，双方都试图把对方用以划分群体的概念术语翻译成自己使用的语言词汇，并竭力在这些外来概念术语与本群体所长期习惯使用的概念术语之间建立起某种相互对应的关系”。[13]语言文字是民族文化的载体，也是引导进入民族文化深处的途径，在不同族群之间的沟通与理解的过程中，语言文字有着不可替代的功能。

语言文字在不同族群沟通功能的充分发挥，决定于人们在经济社会发展中的需要。随着经济社会的发展，单凭在文化接触过程语言文字自然状态的借鉴的文化认识功能是极其有限的，正是基于这种社会发展的内在需求，就产生了双语教育这种新的教育形式。因为教育的目的性、计划性、组织性等特点，双语教育就被赋予了强烈的跨文化理解功能，甚至跨文化理解教育成为世界范围内教育改革与发展的趋势之一。联合国教科研组织在《教育——财富蕴藏其中》的报告中提出：“教育应该使每个人都能够通过对世界的进一步的认识来了解自己和了解他人”。[14]通过教育来了解自己和了解他人，这是现代教育的使命之一，而这一使命的完成，无疑要依赖双语教育的改革与发展及其相关课程的进一步完善。

（二）藏汉双语教育的跨文化整合功能

在多民族多元文化并存的国家中，族群关系始终与国家的历程纠结在一起。我们无意梳理民族与国家的关系，但是我们应该清楚地认识到："那就是出现人类文明之后，当居住在不同地区的人类群体一旦开始相互接触往来以后，即出现了群体之间的交流、竞争、冲突、协调，既有战争与相互杀戮，也有通婚与血缘融合，这些互动构成了族群关系最基本的内容。"[(15)]族群社会学为我们勾勒出了族群关系的历史图景，虽然，其中许多的因素已沉淀为民族的共同记忆，影响着现代民族关系的构建。

从漫长而繁杂的历史长河中，挖掘和整理有利于现代和谐的族群关系建立的因素，就成为现代社会面临的迫切需要解决的问题。文化学把文化的整合作为学科研究的主要命题，并从文化整合的程度、文化整合的方式，文化整合的方向的不同角度出发，提出了不同的文化整合类型。把教育置于文化变迁的宏观背景中考察时，就会出现，"文化整合的诸多形态，直接或间接地影响着教育如何利用其自身条件来进行文化整合"。[(16)]基于此，我们可以从纵横两个方面来考察教育的文化整合。纵向的文化整合，"即通过传递前代的文化传统，使受教育者在传统与现实之间自觉或不自觉地达到一种平衡"。[(17)]横向的文化整合，即在承认人类创造的所有文化类型都是教育的宝贵资源的基础上，通过课程体系建设，吸纳他文化中的优秀成果，使受教育者在他文化与本文化之间形成跨文化的理解。

在教育的文化整合中，双语教育具有无可替代的作用。其实，双语教育是在主流文化与非主流文化的相抵抗中不断获得发展动力的。早期的同化理论因其无视非主流文化的历史传统、宗教信仰、价值观念、语言文字、行为习惯而受到人们的强烈批判，尤其是同化论主张通过教育制度的安排，"迫使各民族团体的人们在行为上统一到主流文化中来"。[(18)]这种教育文化霸权理论，与人类社会追求的公平理想是相悖的，理应受到主流文化与非主流文化的共同反对。在此基础上，双语教育因具有对本民族文化与他民族文化同时关照的价值，为自身的生存与发展取得了合理性。据此，我们可以认为，双语教育的文化整合功能，就是依据教育的整合力量，把本民族文化和他民族文化中有利于个体及群体的因素挖掘整理出来，整合到教育的体系结构中，渗透到课堂与课程的构建过程，从而使受教育者达到"可以适用自己本民族文化的语言和传统，成功地参与一种以上的文化，而同时又不抛弃主流文化"。[(19)]由于经济、政治、宗教等与教育存在着千丝万缕的联系，正是这些因素对教育的介入，双语教育在文化整合过程中就很难构建出一个让方方面面都接受的模式，而只能在各种利益诉求中及各种关系联接中寻求相对的均衡状态。

（三）藏汉双语教育的跨文化创造功能

创新是人类文化进步的不竭动力，教育创新与文化创新存在着相辅相成的关系。“教育是一切文化创新的基础，教育创新是文化创新的根本动力”。[20]在这个意义上说，任何一种新的教育形式出现，必须相伴而生教育文化。随着经济社会的发展，满足跨文化交流的双语教育应运而生，人们就赋予双语教育极其丰富的文化部分，双语教育的跨文化创造功能得以彰显。

在多民族多元文化国家的教育发展历程中，同化主义教育思潮曾流行一时，在同化主义者看来，“同化的文化维度意味着一个族群采取别的族群的文化特征——语言、宗教、饮食等……文化同化的最终结果是，原本不同的文化群体不再能够通过其行为和价值观加以区别”。[21]文化同化试图用主流文化统辖非主流文化，以消弭各种文化群体之间的边界。在多元社会文化变迁的过程中，即就是再弱小的文化群体，都有其生存和发展的需求，在这个意义上说，处于相对劣势的文化群体对优势文化群体存在着天然的抗拒力量，并且，这种力量的累积会导致社会的冲突，甚至会引起社会的分裂。这种结果的发生，是与同化主义的主张的初衷相悖的。在多民族多元文化的国家中，应抛弃同化主义，寻找一种新的、被所有文化群体认可的，新型的人道主义关系。

双语教育在新型的人道主义关系建立中具有不可替代的作用。基于现代社会个体与个体之间、个体与群体之间、群体与群体之间、群体与国家之间关系处于极其复杂的变化之中，人们迫切需要建立一种 新的文化，在这种复杂的关系中架设相互了解的桥梁。联合国教科文组织认为：“教育不但应致力于个人意识到他人的根基，从而使他掌握有助于他确立自己在这个世界中的位置的标准，而且应致力于使他学会尊重其他文化”。[22]在纷纭复杂变化的世界中，任何群体中的个体，只有充分认识到自己生于斯，长于斯的文化根基，才能在变化莫测的文化世界中找到自身存在的合理性。但是，在多民族多元文化存在的国家中，对处于相对劣势的文化群体而言，不论是群体还是个体，都存在着认识他文化、承认他文化、包容他文化的问题，从而产生双重文化意识。“不但意识到自己的文化的独特性，而且意识到自己的文化的独特性，而且意识到人类共同遗产的存在”。[23]双重文化意识是新的文化构造，其产生、发展、功能的赋予与发挥，都依赖于双语社会文化环境的形成，而在双语社会文化环境的形成过程中，双语教育由于具有跨文化包容的胸怀，在对两种文化的累积的基础上，创造出一种既兼有两种文化特色，又与两种文化有区别的新型文化。这种族群文化的价值取向是尊重不同族群文化所创造的精神价值，建立超越狭隘族群认同的，充分体现人类理性与道德的，满足不同族群发展需要的文化体系。

三、藏民族学校双语教育文化建设措施

在多民族多元文化存在的状态下，尽管各种文化之间存在着相互依赖的关系，但缘于文化的功能、地位及发展程度的差异，文化可以分主流文化、亚文化、多面文化和文化飞地几种形态，由于双语教育文化在主流文化与亚文化的张力中获得了存在的理由，又像文化飞地那样是各种文化因素集合的产物，因此，双语教育文化

是需要不断建构的文化。

（一）藏民族居住地区学校双语教育制度文化建设

制度文化是文化体系结构中的核心要素。按照对学校教育制度的一般理解："学校教育制度指规定各级各类学校性质任务、入学条件、修业年限以及它们之间相互关系的制度，包括办学体制、升学考试制度、招生制度、学校衔接制度、有关学校性质的制度、学位认定制度等"。[24]就藏族学校双语教育制度而言，因限于篇幅的关系，只能在显性的学校教育制度框架内构建藏汉双语教育制度文化。

在学校教育制度的框架内，藏汉双语教育在学校的目标任务、办学体制、升学考试等制度层面有鲜明的变化。一是民族区域自治制度要求民族学校开展藏汉双语教育。藏民族居住地区普遍实行民族区域自治制度，为自治区域内民族学校的改革与发展提供着坚实的制度保障，自治地方的自治机关根据宪法、法律和国家的教育方针，决定本地方的教育发展规划和各级各类学校的设置、办学形式、教学内容、教学用语和招生办法。玉树藏族自治州自治条例还进一步规定："自治州内以招收藏族学生为主的中、小学校，以藏语教学为主，开设藏汉文课，用双语授课，具备条件的开设英语课。推广全国通用的普通话和规范字"。[25]据此，我们完全可以断定，藏民族地区的中小学的藏汉双语教育，是受国家政治制度保障的。二是国家通过升学考试引导民族学校开展藏汉双语教育。长期以来，中学承担着向高一级学校输送合格人才和向社会输送合格劳动者的双重任务，不论人们在这双重任务中做出何种选择，但对藏汉双语的掌握是必备的基础。缘于教育本身选拔功能的赋予，社会及个体强烈的流动的需求使中小学教育向高一级学校输送人才的任务不断得到加强。在藏民族居住地区的学校教育过程中，对学生藏汉双语的教育就成为学校教育教学的重要内容，藏族学生的升学就业取决于藏汉两种语言掌握情况。从就业的角度看，"自治州自治机关教育和鼓励各民族的干部职工相互学习语言文字。藏族干部职工在学习使用本民族语文文字的同时，应当学习普通话和规范汉字，提倡汉族和其他少数民族干部职工学习藏语文"。[26]

可见，在藏民族居住地区，藏汉双语是个体职业适应与发展的重要因素。从升学来看，双语要求贯穿到各个学校。预科是国家为少数民族学生设计的从高中到大学的过渡学段，其中双语在这一学段的培养方案中占有很大的比重，教育部民族司曾组织专家，"根据普通高等学校少数民族预科的教学计划，制定了普通高等学校少数民族预科基础汉语、阅读与写作、数学、英语四门课程的教学大纲（试行草案），并编写了这四门课程的教材"。[27]预科培养方案蕴含着高中毕业和进入本科学习的双语要求，因此，我们可以看到，藏民族地区中，小学的双语教育因考试制度的安排而受到高度的重视。三是国家通过教师资格制度建设加强藏汉双语教育。教师教育制度是国家教育制度的有机组成部分，教育政策的执行，教育模式的选择，教学方法的采用，这些关乎学校教育制度文化建设的因素取决于教师的价值判断与选择。因此，努力造就一支师德高尚、业务精湛、结构合理、充满活力的高素质专业双语教师队伍，是民族地区教育改革与发展的关键。就藏民族地区中小学双语教师队伍建设而言：首先，严把教师的入口关，在目前“国标、省考、县聘”的政策框架内，把具有藏汉双语教育教学能力作为教师入职的必备条件。其次，重视教师在职培训。依托“国培计划”、“省培计划”，对在职教师有计划地进行藏汉双语教育理论、藏汉双语教学技能、藏汉双语教学策略的培训，使双语教育教学能力成为教师职业发展的核心因素。最后，落实教师优惠政策。在藏民族地区中小学的管理中，对于藏汉双语教育教学突出的教师以奖励，在考核评优、职称职务晋升中采取优惠政策。

（二）重构藏汉双语教学模式

藏民族地区的中小学，形成了行之有效的双语教学模式。“即以藏语文为主兼学汉语文和以汉语文为主加授藏文的‘双轨制’，前者是广大藏族聚居的农牧区坚持以民族语文为主的教学体系，后者则是有使用汉语言的环境，孩子从小已经掌握汉语言的城镇、农村、多民族聚居区，可实行以汉语文授课为主加授藏语言的模式”。[28]缘于地区之间的语言环境，教育水平的差距，这两种模式都有其存在的合理性，并有来自实践经验的支持。但是，这两种模式存在的问题仍然没有得到很好的解决。一是民族语言文字教学和汉语言文字教学在中小学培养方案中的比例；二是汉语言文字教学进入的具体时段；三是语言文字教学与其他学科教学之间的关系。这三个问题构成了藏汉双语教学模式构建的核心因素，因为教学模式把教育者、受教育者及教学材料紧密结合在一起，是教育文化最集中的表现形态。

基于藏汉双语教学模式内部因素的复杂性，而其内部因素的组合搭配又有受民族文化传统、教育政策及不同群体教育需求的影响，因此，要建立一个被普遍接受的教学模式是比较困难的。尽管如此，双语教学还是可以作为教育文化的组织予以把握的。“从社会学的角度看，教育过程乃是文化的正式传播，它具有保持、传播和创新的因素……在工业社会中，当教育表现出传播与创新功能时，它被精心设计成一种满足社会需要的组织”。[29]在这个意义上，我们可以认为，教学组织形式既是学校教育制度发展的产物，也是人们不断构建的结果，从藏民族地区中小学藏汉双语教育模式构建的层面来看：一是随着藏民族地区经济社会的发展，一个既保持本民族文化传统，又包容其他民族文化的新型双语社会文化即将形成，藏汉双语教学模式目标应与这种区域社会发展的趋势紧密结合。二是在藏汉双语教育模式的设计中充分考虑个体的需要。尽管人才培养模式主要的表现为相对稳定的教育教学组织形式，但这种组织形式及运行机制无不是在特定的人才培养观念指导下进行的。因此，要通过双语教育使少数民族学生“一方面适应现代主流社会以求得个体的更好生存和发展，一方面继承和发扬本民族集团的优秀传统文化遗产”。[30]直言之，满足个体适应主流文化及本民族文化的需要，应是双语教育模式构建的核心价值。三是在藏汉双语教育模式的设计中处理好语言文字教学与学科知识教学表面上存在着矛盾现象。如何把双语教育理念贯彻到学科教学中去，这是一个亟待解决的重大理论问题，即通过本民族语文教学有利于学科知识的掌握，还是双语教育有利于学科知识的掌握。科学技术发展史告诉我们，科学技术的创造发明都与一定的文化背景有着紧密的关系。由于种种缘由，非主流文化民族在科学技术创造发明中的贡献也相对较少，在这个意义上说，要掌握他民族先进的科学技术，须掌握这个民族的语言文字，所以，从一般意义上看，双语教育比单一民族语言教学更有利于科学技术的传播。

（三）藏民族居住地区双语教育文化环境建设

学校教育文化是通过强烈的氛围营造，潜移默化地影响教育主体，引导着受教育者向既定的目标前进。依据文化的分层理论，文化可分为精神价值层面、制度层面和物质层面，其实，文化是以整体发挥其教育功能的，只是人们为了方便论述才对文化进行分层划分的。

藏民族居住地区双语教育文化环境建设，就是从文化的物质层面来考虑问题的。如果我们把藏民族地区双语教育文化看成一个存在体的话，那么藏汉双语教育文化就表现在学科教材、教学计划、教学手段与技术、学校建筑及师生活动的组织形式。总而言之，是藏汉双语教育活动的一切物质实体，是可知可感的存在形式，是双语教育文化得以实现的物质基础。

美国教育家杜威认为："学校是一种特别的社会环境，它用专门的设备来教育孩子"。(31)在这个意义上，藏汉双语教育是藏民族地区中小学教育的特色，学校环境建设就要为体现这一特色而展开。一是藏汉双语教育文化氛围建设。藏汉双语教育文化氛围是一种软环境的建设，它通过学校双语教育制度安排，双语教学条件建设等基本因素的优化组合，生成一种浓厚的双语教育文化氛围，使受教育者浸入其中，受到双语教育文化的感染和熏陶。二是藏汉双语教育硬件建设。教育生态学认为，学校是体现教育志趣的生态系统。"在学校环境中，学校建筑负有教育使命，它可以作为一种造型艺术，象征某种精神和理想，合理安排的学校建筑可以提供适当的学习环境"。(32)也就是说，在藏民族地区中小学基本建设中，要含有跨文化的设计理念。三是藏汉双语教育的师生活动。师生间的活动是学校文化环境建设中最积极、最活跃的因素，共同的教育目标把师生之间紧密的组织起来。人的语言能力是在应用中不断的。在藏民族地区的中小学双语教育活动中，从课堂教学到课外活动，从教师活动到学生活动，构建一个促进儿童双语养成的立体的文化环境。

参考文献：

［1］《国家中长期教育改革和发展规划纲要》（2010－2020）［N］．北京：中国教育报，2010－7－30。

［2］中国教育年鉴编辑部编：《中国教育年鉴》，北京：中国大百科全书出版社，1984，第396页。

［3］冯增俊、万明钢：《教育人类学教程》，北京：人民教育出版社，2005，

第 396 页。

［4］马林诺夫斯基：《文化论》，《费孝通译文集（上）》，北京：语文出版社，2002，第 215 页。

［5］瓦西纳著，孙晓玲、罗萌等译：《文化和人类发展》，上海：华东师范大学出版社，2007 第 213、327 页。

［6］由雅克·德罗尔任主席的国际 21 世纪教育委员会向联合国教科文组织提交的报告《教育——财富蕴藏其中》，北京：教育科学出版社，2000，第 30、34－36 页。

［7］教育部中外大学校长论坛领导小组：《中外大学校长论坛文集》．北京：高等教育出版社，2003，第 106 页。

［8］*Building on Our Strength*：*Higher Education and Research for Canada's Future*，Association of Universities and Colleges of Canada，2004：10.

［9］张铁明：《教学信息论》，南京：江苏教育出版社，1990，第 167 页。

［10］马戎编著：《民族社会学——社会学的族群关系研究》，北京：北京大学出版社，2004，第 1－3 页。

［11］郑金洲著：《教育文化学》，北京：人民教育出版社，2003，第 206、207、211 页。

［12］冯增俊、万明钢：《教育人类学教程》，北京：人民教育出版社，2005，第 206 页。

［13］马丁·N·麦裕著，祖力亚提·司马义译：《族群社会学》，北京：华夏出版社，2007 年。

［14］由雅克·德罗尔任主席的国际 21 世纪教育委员会向联合国教科文组织提交的报告《教育——财富蕴藏其中》［M］．北京：教育科学出版社，2000，第 35、36 页。

［15］康永久：《教育制度的生成与变革——新教育制度学论纲》，北京：教育科学出版社，2003，第 106 页。

［16］青海省人大常委会法制工作委员会编：《青海省地方性法规汇编（2003－2007）》，西宁：青海人民出版社，2008，第 288、400 页。

［17］教育部民教司编：《民族教育文件汇编（1991－2001）》，北京：红旗出版社，2004，第 345 页。

［18］夏铸、刘文璞主编，李延恺副主编：《藏族教育的改革与发展》，西宁：青海人民出版社，1993，第 291 页。

［19］鲁洁主编，吴康宁副主编：《教育社会学》，北京：人民教育出版社，1999，第 4、289 页。

［20］滕星：《民族教育概念新析》，载《民族研究》，1998，第 2 页。

作者简介何波（1957－），男，汉族，陕西乾县人，青海师范大学校长，教授，教育部人文社会科学重点研究基地西北师范大学西北少数民族教育发展研究中心兼职研究员，从事民族教育理论研究。

第六节　民族教育中“双母语”或“多母语”听说训练的教育与文化价值

多年前，在关注中国少数民族地区双语教学、三语教学的过程中，我提出了“双母语（twin parent language）”、“多母语（multi - parent language）”的概念。[①]意思是，在一个人的语言学习经历中，如果学习的方法得当，可以使两种或多种语言的学习具有母语学习的优势，使掌握多种语言，进而掌握多种文字并非难事。其主要参照的依据是，在国际化的大背景下、在人口大量流动的中国现实中，一方面由于官方（法定或通用）语言文字的广泛推广和使用，少数民族的语言在大面积地迅速弱化和消失；而另一方面由于教育和培训的发展，人们掌握多种语言的潜能也得到了大面积的开发，相关的实验、探索极为丰富。前者的直接后果是，多元一体的文化格局遇到了在传承方面前所未有的巨大困难和挑战；而后者则可以提供应对和解决这些困难和挑战的重要启示和支撑案例。

一、语言的消失会直接影响民族文字和多元文化的存续

在全球一体化的今天，数千种语言的传承面临危机，由其承载的多元文化也在急剧地减少和消亡。在中国，拥有数百万、上千万人口的蒙古族、回族、满族、壮族等，本民族语言的使用已大打折扣、渐行渐远；一些文化教育基础较好的民族，如朝鲜、布依、锡伯、彝族等，本民族语言文字的实用，也相对出现急剧弱化的现象，这不能不引起人们的高度关注。

根据1949年以来的调研，中国少数民族语言文字的使用情况十分复杂。当时所有的少数民族都使用一种或一种以上的本民族语言（有差异的民族方言）；已有文字的民族则包括：蒙古族、藏族、维吾尔族、朝鲜族、哈萨克族、锡伯族、傣族、乌孜别克族、柯尔克孜族、塔塔尔族、俄罗斯族、彝族、景颇族、傈僳族、拉祜族等少数民族。主要使用官方文字（汉文）的民族有：满族、畲族。除此之外，没有文字，但有语言或方言的有34个民族，包括：壮族、布依族、侗族、白族等。

① 2005年在内蒙古民族高中校长的培训会上，笔者提出这一概念，并发表了与双语、多语教育相关的设想。认为“母语”本身就可能有两种，或两种以上，如父母分属不同民族、使用不同的民族语言，孩子在幼年时便可较容易地掌握两种或两种以上的语言听说能力，为后来的文字学习打下较好的基础。另外，“母语”也并非只局限于父母所用的语言，而是孩子出生后环境给予的语言信息类型，最极端的例证便是印度狼孩。而且我们也通过长期的观察、研究发现，在北京居住的各国儿童中，不少人能用2－3种语言交流，一些小语种国家的孩子甚至可使用6种语言交流。这说明一个人的母语可以有多种，其水平与只具有一种母语的儿童不相上下，而且，以听说能力为主要表现形式的母语特点也可以为双语、多语教学的改善提供重要的参照。

在当今的55个少数民族中，除回、满（回族学习阿拉伯文、满族学习满文也有重要的文化价值）几乎很少使用自己的文字外，有29个民族有与自己语言一致的文字，由于一些民族使用一种以上文字，如傣族使用4种文字，景颇族使用2种文字，所以29个民族共使用文字达54种。见下表：

民族名称	使用文字的名称	民族名称	使用文字的名称
蒙古族	传统蒙文、托忒文	藏族	藏文
维吾尔族	维吾尔老文字、维吾尔新文字	苗族	老苗文、黔东苗文、湘西苗文、川黔滇苗文、滇东北苗文（后4种为新创）
彝族	爨文、规范彝文	壮族	方块壮字、壮文（新创）
布依族	布依文（新创）	朝鲜族	朝鲜文
侗族	侗文（新创）	瑶族	门方言文字、勉方言文字
白族	老白文、白文（新创）	土家族	土家文（新创）
哈尼族	哈雅文、碧卡文（均为新创）	哈萨克族	哈萨克老文字、哈萨克新文字
黎族	黎文（新创）	傣族	老傣仂文、新傣仂文、老傣那文、新傣那文、傣绷文、金平、傣文
佤族	撒拉语、佤文（新创）	傈僳族	老傈僳文（大写拉丁字母的拼音文字、格框式拼音文字、表音的音节文字）、新傈僳文
拉祜族	拉祜文	纳西族	东巴文、哥巴文、玛丽萨文、纳西文（新创）
水族	水书	景颇族	景颇文、载瓦文（新创）
柯尔克孜族	柯尔克孜文	土族	土文（新创）
羌族	羌文（新创）	锡伯族	锡伯文（ 通老满文）
俄罗斯族	俄文	独龙族	独龙文（新创）
基诺族	基诺文（新创）		

为了使少数民族的语言和文化能良好地存续和发展，在20世纪50年代，中国政府曾组织语言学专家、少数民族知识分子等进行过广泛深入的调查研究，先后为壮、布依、彝、苗、哈尼、傈僳、纳西、侗、佤、黎10个少数民族制订了14种拉丁字母形式的文字方案，其中，分别为苗语的不同方言制订了4种文字方案，为哈尼语的不同方言制订了2种文字方案。后来又为景颇族的载瓦支系制订了拉丁字母形式的载瓦文方案，为土族制订了拉丁字母形式的土文方案。到20世纪80年代，根据部分民族的要求，又为白、独龙、土家、羌、基诺等民族设计了拼音文字方案，使民族教育和民族文化的传承有了重要的载体和基础。藏、彝、蒙古、维吾尔、哈萨克、柯尔克孜、朝鲜、傣等民族都有自己的传统文字，有的文字如藏文、彝文已经有千年以上的历史，其他文字也都有几百年的历史。其中大部分都有比较规范的语言文字习惯用法，使用范围和影响都比较广泛。苗文和壮文虽然创制时间

不长，但使用人数也较多。

中国政府对少数民族语言文字的调查、整理、创制可谓功不可没。不仅使不少少数民族的文化传统得以记载、传承和保护，使民族地区的整体发展能与本土的民族文化相得益彰，也使半个多世纪的少数民族教育教学等有了少数民族群众认可和欢迎的双语或多语模式，并有全国和各民族地区的相关立法和研究给予了多方面的重要支持和改善，相应的教学探索积累了丰富的经验，取得了良好的效果。[①]

但是，随着信息化、市场化、都市化、国际化，以及普及义务教育等的发展，特别是通用语言文字的普及，使得少数民族的语言文字教育及其文化的传承遇到了前所未有的冲击和挑战。自2000年以来，仅在内蒙古、广西、新疆等民族自治区，少数民族语言文字的教学和实用状况已开始出现了较大的滑坡。一方面，以民族语、双语教学为主要特色和功能的各级民族学校的比例在相对减少；另一方面，少数民族民众熟练掌握本民族语言文字的水平，以及需求等也在下降，除少数比较边远的民族地区外，使用本民族语言文字的人越来越少。其主要原因是越来越多的人认为只学习和掌握官方通用语言成本低、用途大，而兼学和保持对本民族语言文字的学习又缺少行之有效的方法，时间长、用处少，因而需求也在急剧减小。

其连带的结果是，中国原有的多元民族文化在明显弱化，甚至濒临消亡，一代一代、越来越多的年轻人已经不再熟悉本民族的文化传统，不能使用本民族的语言文字交流，中国的文化生态也将因此而出现严重的问题，少数民族在融入以官方通用语言文字为载体的文化的同时，在民族心理、文化认同、精神寄托、和谐发展等方面也将出现更多新的深层问题。要解决和改善这些问题，仅靠现有的学校教育系统和现有的双语教育模式是难有实质性和明显效果的，必须要找到问题的症结和关键所在，并对相应的教育教学模式加以改造。

文字和文化的存续与消亡，关键在于作为交际工具的听说语言是否仍在使用。世界上的一些古老民族的文字，包括古埃及、古印度的文字和中国古代的突厥字、回鹘字、契丹字、女真字、西夏字、高昌字等，今天在字义上虽很难破译，但因其语言交际功能已被彻底破坏，所以不可能再恢复了。越南在20世纪50年代，原有的方块文字被进行了拉丁化的取代，致使现代多数越南人对50年前使用老越南文字、汉字记载的文献已不能阅读，但因为语言的使用没有根本变化，所以，还能在一定程度上延续其民族的传统。

以色列早在建国之前，就根据犹太民族自己的历史，看到了民族语言复兴和使用对于自身团结和发展的重要价值，并从19世纪开始，提出了“一个民族，一种语言”的口号。他们意识到，《旧约圣经》是用希伯来文写成的，千百年来一直在流传，但是犹太人流散到世界各地后，他们在日常生活中逐渐接受并使用了所在国的语言，以致希伯来语的使用逐渐风光不再，维系民族感情、传承民族文化最重要的工具和基础丧失了，希伯来文字几乎变成了“死文字”。100多年来，以色列人

---

① 戴庆厦等著：《中国少数民族双语教育概论》，沈阳：辽宁民族出版社，1997年。

通过学校教育和各类社会学习，使希伯来语复兴为一种表现力强、词汇丰富的“活语言”、官方语言，其民族文化的存续又回到了正常的轨道，并昭示世界：在民族文化传承的过程中，语言的使用是最为关键的。

相比较而言，一些文字出现较晚或没有文字的民族和国家，其文化的传承长期以来主要靠语言听说进行的，在传承的过程中其内容虽有损耗，但主体是绵延不断，甚至可以再创造的。所以，比之有形文字对文化的传承，语言的作用要更为广泛和深入。起码在现阶段以至将来一段时间，其价值和功用不可小视。有了各民族语言的传承和使用，再有相关文字的学习加以巩固和补充，定会使民族文化的特色延续和光大，使世界多元文化的生态更加和谐与充满活力。

二、重视和改善民族语言学习有着多方面的科学实验为依据

在中国，对少数民族语言文字教育的重视，在理论上和政策的导向上都可谓相当到位，但是与整理创制文字、出版民族读物、编写民族文字教材、设立民族学校、提倡双语或多语教学、开展相关的实验研究①相比，我们对语言功用和价值的认识还存在较大的偏差。致使在中国的各级各类学校教育中，包括仅学习官方通用文字的大多数学校和兼学多民族文字的少数民族学校，都存在因听说语言的训练不充分、对学生已有的“母语”基础不重视而普遍存在的低效率现象。

对于这一问题的关注，首先始于20世纪80年代中国人对“哑巴英语”的关注，继之也发现在通用语文教学、民族语文教学中也普遍存在相同的现象。在上小学之前，多数学生已经具有了一种以上“母语”的基本听说能力，但在进入学校之后，由于教学方式的讲话，这些重要的基础不仅没有得到充分的重视和利用，使之有效地向读写能力迁移，使其听说读写四项能力的发展相辅相成；相反，在整个教育过程中，主要偏重的是识字和阅读，绝大多数学生在学校缺少运用一种或多种语言进行学习和生活交流的氛围，听说读写四种语言文字能力的培养被割裂，教学的效果不可能很理想。

2000年以来，随着社会的发展和教育的进步，人们已开始意识到，早期的学前教育虽然不应该“小学化”，不应该偏重文字的学习，但是在语言的发展，以及由此生发的儿童早期的性格、行为、情感等的发展上，还是大有可为的。从以往自然状态的“母语”学习到有意识的培养和训练，将会为各民族儿童的常用语言（一种或多种）能力的提高，以及全面发展（包括理解能力、表达能力、交际能

---

① 到2005年，中国共有1万多所民族中小学使用21个民族语言开展“双语”教学，接受教育的在校学生达600多万。有的地方正在开展民、汉、外“三语”教学实验。拥有众多民族的新疆维吾尔自治区，近年来大力促进“双语教学”和少数民族、汉族合校，鼓励少数民族、汉族学生混合编班。目前，自治区实行“双语教学”的学校已经超过105所，在校学生超过3.3万人。为确保民族语文授课的顺利进行，国家和地方财政设立了民族文字教材专项补助经费。同时，全国每年编译出版的少数民族文字教材达3500多种，总印数达1亿多册。

力、行为能力、道德能力、自我保护能力、自主学习能力等）带来更多的益处。①

根据教育学、心理学和脑科学等的研究实验成果证明，人在0－13岁之间是学习和掌握语言的最佳时期。若方法得当、环境适宜，运用三种，甚至六种语言②随机交流是可以实现的，并能为后续的文字学习打下重要的基础。母语教学或母语学习，首先应注重的是语言，而不是文字，所以对听说的训练要更为关注。以往，我们多数人都认为，母语学习是自然成型的过程，要在特定的母语环境中熏陶，甚至不必专门地学习。其实，环境的影响是可以营造的，这种营造可以是无意识的，也可以是有意识的，关键看施教者对母语环境作用的认识。在学前可以较多地偏向对自然母语环境的适应，而在中小学则应在“母语环境”的营造方面有更多的作为。

根据常理，语言学习的首要途径是听说，其次是读写。但在我国的早期教育，包括学前教育和大学前的教育中，对听说能力的培养是极不充分、极不受关注的。不仅缺少语言表达方面的训练，没有讲演、论辩、朗诵、话剧等相关课程的设置，在上小学以后，学生说话的权力就被极大地限制了，许多学生平均每节课说话的机会不到一分钟。久而久之，不仅极大地限制了学生思维能力、交际能力、表达能力的提高，也使学生本已有之的多种语言学习的潜能受到了极大的局限，甚至逐渐退化。

根据乔姆斯基的语言学研究和皮亚杰等人的儿童语言学习研究，③ 从20世纪中后期开始，世界上陆续涌现出一批行之有效、历久不衰的语言文字教学经典范本，包括最初的《英语900句》，以及随后出现的《德语2000句》、《法语2000句》、《汉语500句》等。这些教材的一个共同的特点和优势就是，将活的语言运用和规范的语言表述与文字学习有机地结合了起来，并将长期以来学习者最为头痛的语法学习巧妙地蕴于其中。由于这些成功案例的影响，笔者在1997年就在拉萨的寺庙中看到了用藏文注音的英语口语读本，所以，当后来得知不少藏族青年的英语水平有较大提高时，我并不感到奇怪。

检索20年来有关少数民族双语和多语教育的著述和论文，偏重文字和阅读的倾向也比较明显，即便是有关双语双文的研究与实验，最后的关注点也都以识字阅读的效果为目标。早在上世纪80年代，著名民族学专家马学良先生曾特别强调过

---

① 关于这一问题，笔者曾提出在早期教育中“听说第一”的观点，认为这不仅是语言能力的培养问题，也是学习者从小自主性培养的重要和深层的问题。

② 根据20世纪50年代以来的部分调查，在居住北京的外国孩子中，能用两种以上语言进行交流的很多，一些小语种国家的孩子，甚至能用5－6种语言自如地交流。再以80年代的新疆伊宁为例，当地杂居的维、汉、回、哈、乌兹别克、锡伯、满等十多个民族的孩子，不少人除了能熟练掌握本民族的语言外，还能较熟练地使用1－2，甚至4－5种其他民族的语言。可见，不仅母语可以有多种，在母语阶段掌握多种语言也是有可能的。

③ 包括乔姆斯基的“结构生成语法（或称‘转换生成语法’）”和皮亚杰的《儿童的语言与思维》等思想的影响，以及后来脑科学对儿童语言发展优势阶段的发现等；以及诸如《英语900句》、情景教学等实验或教材建设探索，都从不同角度印证了儿童语言听说能力的培养在其发展过程中的重要和关键作用。也证明国外的不少权威性研究与实验，都对儿童语言听说训练这一发展的关键问题予以了度的关注和研究。

“双语研究中的‘双言’问题”，看到了双语或多语教学中“双言”或多言听说训练的重要教育价值。①

在相关研究和试验的探索方面，中国的内蒙古、吉林（延边朝鲜族）、云南、广西等地都曾开展过通用语（普通话）和民族语、外语（以英语、日语、俄语为多）共同授课的尝试。虽然各地的教学语言根据地方情况，有的在小学先使用民族语或通用语，再向其他语言过渡；有的则同时使用多种语言。因而产生出“双语单文”、“三语单文”、“双语双文”、“三语双文”、“三语三文”、阶段性双语（仅在小学阶段或在义务教育阶段运用，此后或偏向民族语、或偏向通用语）等多种教学类型。仅从进入和展开方式来看，听说语言的训练都是必要的和基础性的。也就是说，有了听说语言能力的支撑，后面的识字阅读将会更加有效。

至于双语或多语听说的能力的培养，除了大量从小学开始的各种实验外，1986年在黔东南南麻江县白午小学进行的提前到学龄前阶段探索，就证实了苗语、苗文、普通话和通用文字的同时使用，即双语双文在学前进行是可行的。类似的实验在贵州雷山的县幼儿园也进一步证实，学前教育注重语言、而不是注重文字，对儿童后续的文字学习与全面发展都是非常有利的。②

在20世纪60年代和后来的70－80年代，中央教育科学研究所（现在的“中国教育科学研究院”）的吕敬先研究员曾在北京市的门头沟、宣武区等不少小学和幼儿园实验过专门关注儿童听说能力训练的教育实验，试图通过教导学生观察，并进行听话、说话、读话、写话锻炼，使小学生在学前获得的听说等母语能力能为其语文能力、学习能力、思维能力、交际能力、实践能力的全面提高作重要的基础，并取得了很好的实验效果。该实验“以发展思维和语言为中心，促进语文学习能力整体发展”，在小学一年级每周开两节说话、写话课，着重锻炼儿童的观察、想象、分析概括、表达等能力，依据就是儿童学前形成的“母语”能力有基础，需要加以充分利用。通过实验，不仅教育科学出版社出版了《教儿童观察说话写话》、《小小百花园》等系列教材、读本，在城乡不同类型的学校和学生中展开的探索，以及相应的教材、实验记录都是很有说服力的。

如果承认儿童在学前的听说训练可以使其所掌握的一至多种语言具有“母语”那样的学习优势，则吕敬先的上述实验在民族语文或双语教学中就同样有借鉴的价值。我们以往总以“学外语”的传统模式来审视民族教育中的双语教学问题，而在今天，由于传媒和市场的变化，学习者接触各类信息的力度和环境的变化，都使双语或多语学习的基础逐渐接近以往母语形成的条件和氛围。因而，在今天推进双语和多语教学，应特别考虑“母语”的问题，早期教育中加强对语言听说能力的训练。

① 马学良：《双语研究中的“双言”问题》，载《民族教育》，1986年第6期。

② 参考戴庆厦等著：《中国少数民族双语教育概论》，沈阳：辽宁民族出版社，1997年。

三、在双语和多元文化教育中，加强听说训练是改革的突破口和增长点

本节所说的早期教育，主要是指0－3岁的家庭与社会环境影响、3－6岁的幼儿教育和生活背景影响，以及小学阶段的学校正规教育和家庭、社会的熏陶。所以，仅有学校的努力是不够的，还要通过学校使家庭和社会能改变观念、大力配合，营造出类似于母语发展的“双母语”或“多母语”生长环境和条件。

在上小学之前，学习的任务主要是语言的熟练使用和基本理解，并在总体上对文字、书籍、知识、问题等有一个一般性的概要了解。因为，一种或多种语言的熟练掌握在小学毕业之前是不困难的，甚至可以在短期内完成。比如在日本的小学，一个10岁左右、未有日语学习经历的中国孩子，在教师的辅导下，经过2个月左右的时间就可融入到日本的班级之中，像日本的孩子一样学习。类似这样的案例，在中国接受外籍学生的不少学校中也屡见不鲜。笔者在2010年新疆地区的考察中发现，不仅乌鲁木齐、阿克苏、吐鲁番等地的维吾尔族、哈萨克族、塔吉克族、俄罗斯族、锡伯族等的青少年，在双语环境下能较好地掌握和运用普通话，在当地的汉族青少年也能较熟练地运用少数民族语言交流，甚至会写民族文字。成为比较典型的“操双语者”或“操多语者”。而其拥有的这些能力多得益于所谓的“双母语”、“多母语”环境，而非正规的学校教育。

我们现行的教育，不仅双语、多语等少数民族教育存在着效率低下的问题，就是大面积普遍开展的国语文、普通话的教育也因存在着忽略听说训练的严重问题而迟迟未见提高效率的改革。早在20世纪80年代，中国教育界就意识到，英语教学培养的“哑巴英语”事倍功半。今天我们再看语文学习，“哑巴语文”的现象也极为严重，极大地影响了中国学生在本国官方语言学习方面的效率，同时极大地挤压了双语、多语学习和改革的时间与空间。

值得担忧的是，目前一些原来在双语教育、三语教育方面成绩比较突出、效果较好的民族或地区，如内蒙古自治区、新疆维吾尔自治区、广西壮族自治区和延边朝鲜族自治州等，近年来的双语、三语学习需求在明显减弱，教学质量也出现了不同程度的滑坡。究其原因，既有外部的市场、文化、经济、就业等方面的消极影响，也有语言环境缩小、语言文字无处使用、双语或多语学习成本增高等现实问题，更是相关的教育教学方式陈旧低效，以至学习者及其家长不胜烦恼所致。

在上小学之前，在体现人们语言文字能力的听、说、读、写四方面，学生们已有了较好的听说基础，这是非正规教育中的母语环境所致，而在进入到正规教育之后，由母语影响提供的基础和优势并没有得到充分的迁移和利用，读写教育依旧在从零开始，甚至根本无视学生听说基础的作用，所以其效率低下是意料之中的。

在目前中国的许多民族地区，创造双母语、多母语环境的条件已经大大地超过了以往。不仅电视、广播、各类纸质媒体可以提供双语或多余的音像和文字学习资源，频繁的国内外交流、各种语言文字的数字化资源、各种形式的语言文字培训

等，都将大大地优于以往自然形成的母语环境和影响力度。许多少数民族地区的语言文化环境已经是两至三种语言文字并行，培育“双母语”或“多母语”的环境和资源都相当充分。

一般来讲，影响双母语、多母语环境建设和教学改革的因素很多，作为义务教育阶段的学校，可以有所作为的，就是加强对学生双母语、多母语基础的利用，而不是听任其退化和消亡。2008 年前后，笔者到云南的弥勒、文山等地考察，发现当地的一些少数民族小学教师，在课外活动和校本课程的内容中加入了一些当地少数民族语言的训练，介绍了本地少数民族的文化传统，效果很好。经过这些活动和专门训练的学生，重新拾起了他们本有基础的母语资本，在感受、传承与弘扬多元文化方面，拥有了以往被长期忽略的重要能力。

相比较而言，2000 年以来，即便是在大城市的普通学校，单一通用文字和普通话教学，也在关注学生听说能力的培养。不少中小学校已将培养学生的听说能力作为促进学生自主学习的重要途径和方法，并通过“小组合作学习”的形式使更多的学生有更多的机会锻炼其听说能力，效果在大范围内普遍显示良好。

在青海省的玉树，一所建于 1994 年，名叫“吉美坚赞福利学校”的民族学校，近年来在三语（藏语、普通话和英语）学习和多元文化传承方面的成功探索引起了文化教育界的广泛关注。这所学校与其他民族学校的差异在于，他们能有效地运用了中外教育传统，特别是藏传佛教的“辩经”方法、记诵方法、演唱方法、对话方法等，使学习者（10－40 岁）不仅不用死记硬背就深入牢靠地掌握了知识，还可通过表达、思辨、争论等语言运用形式，高效地锻炼了学生运用多种语言文字思维、阅读、反思和做事的能力。在学习效率和效果明显提高的基础上，该校又增加藏医、唐卡（以佛教题材为主的藏画）、因明（逻辑）、藏族传统建筑等课程，使民族语言文字的学习与运用有了更为良好的环境和更广远的用武之地。在学制没有延长的同时，该校的“三语三文”教育教学实验受到了学生、家长、教育界、学术界和社会的广泛肯定，高效的语言学习生发出文字掌握、知识学习、文化传承、比较分析、综合能力提高等多方面的硕果。

综观上述各类教育教学的研究与实验，两种或多种语言文字教学的改善，不能缺少学习者自身听说能力的培养，不能缺少对“双母语”、“多母语”的养成和运用。对少数民族语言文字及文化习俗的尊重，应从加强早期语言听说能力的培养开始，应从语言教学和培训的各类务实探索开始。

参考文献：

[1] 国务院：《国务院关于深化改革加快发展民族教育的决定》。

[2] 国家民族事务委员会：《在中国特色社会主义道路上共同团结奋斗共同繁荣发展——改革开放 30 年民族工作成就》，北京：民族出版社，2009 年。

[3] 费孝通：《中华民族多元一体格局》，北京：中央民族大学出版社，1989 年。

［4］林耀华主编：《民族学通论》，北京：中央民族大学出版社，1990 年。

［5］朴胜一、程方平:《中华人民共和国民族教育史》，海口：海南出版社，2001 年。

［6］哈经雄、滕星主编:《民族教育学通论》，北京：教育科学出版社，2000 年。

［7］滕星：《族群、文化与教育》，北京：教育科学出版社，2001 年。

［8］张诗亚：《西南民族文化教育溯源》，上海：上海教育出版社 1994 年。

［9］余惠邦：《双语研究》，成都：四川大学出版社，1995 年。

［10］戴庆厦等:《中国少数民族双语教育概论》，沈阳：辽宁民族出版社，1997 年。

［11］何俊芳：《中国少数民族双语研究：历史与现实》，北京：中央民族大学出版社，1998 年。

［12］陈涛：《文化背景与民族教育》，贵阳：贵州民族出版社，1992 年。

［13］戴庆厦、赵益真：《我国双语研究的现状与展望》，载《民族教育双语专辑》，1989 年第 3 期。

作者简介：程方平，祖籍浙江衢州，教育学博士，原为中央教科所研究员、学术委员会主任、博士后工作站导师，现为人民大学教授、博士生导师，兼任中国民主促进会中央教育委员会副主任、什刹海书院副院长等职。长期从事教育、历史、民族文化和书道、篆刻研究。

第七节　因地制宜发展少数民族双语教育

麦凯和西格恩指出“双语教育是以两种语言作为教学媒介的教育系统，其中一种语言常常是但并不一定是学生的第一语言”。在人类的发展过程中，不同语言的民族的联系和交往越来越密切，随之产生了双语现象，双语教育现象是指某一语言社团或部分成员同时使用两种语言的现象。世界上有 200 多个国家，多数是多民族、多语言国家。每个国家的国情不同，其双语的教育情况也各不相同，同一个国家不同的时期在不同区域实施的双语类型也不尽相同。于是，产生了过渡双语教育、保持双语教育、二元语言双语教育、浸没（淹没）双语教育等不同的双语教育模式。

中国是一个统一的多民族、多语言的国家，少数民族语言及其所承载的少数民族文化是中华民族文化重要的组成部分。选择双语教学，是我国国情决定的，是推动国家统一，民族和谐的有效途径，也是少数民族同胞发展繁荣、不断适应发展的社会的重要过程。不同时期在不同地区中国先后实施过民族语授课加授汉语课的一类双语教学模式、汉语授课加授民族语课的二类双语教学模式、部分使用民族语授课和部分使用汉语授课的三类双语教学模式以及低年级使用民族语授课高年级使用汉语授课的四类双语教学模式，这主要由于我国各地区的民族聚居情况、语言使用情况千差万别，所以无论使用何种双语教育模式必须考虑地区语言文化生态环境、民族心理、可利用资源、地理与生态环境等各方面因素，因地制宜、实事求是，不能“一刀切”地简单推行某一种双语教育模式。

一、语言文化环境对双语教育的影响。

（一）语言文字环境

双语教育的不同类型和模式一般根据语言文化环境而合理选择。我国的少数民族双语教育依据不同的标准课划分为不同类型，但总体上可分为两类：一类以北方若干个语言文字较完备、历史文献较丰富、语言文字统一性与普及性较高、语言文字使用人口较多、语言文字使用区域较大的少数民族为代表的长期保持性双语教育。另一类是以南方一些少数民族为代表的人口相对较少，有语言无文字或文字不完备、历史文献相对不丰富、语言文字统一性和普及性相对较低、语言文字使用人口相对较少、使用区域较小的少数民族过渡型双语教育。要充分考虑语言文化环境的差异，从而选择适合该民族的双语教育模式。

（二）语言人口数量、质量及分布对双语教育的影响

麦凯和西格恩在《双语教育概论》中指出：“在描述一个双语环境时首先要考虑的因素是，作为第一语言所拥有的使用人数。原则上说，说某种语言的人数越多，它的社会地位就会越高，尽管不是所有的情况都是这样。在某些因素的影响下，说一种语言的个体数量和所在人口总体中的比例终将要发生变化。其中一种因素就是生育率，它在所有语言群体中可能并不相同。另一种因素是移民，它可能有利于一个群体而不是另一个群体。最后，双语环境中的社会压力的相互作用可能改变不同语言习得的速度，增加或减少使用每种语言的个体数量。这些情况放在一起，能随时显示语言的分布状态并能进行预测。还应该记住，不同语言的使用人数在地域或各种社会层次上的分布并不均匀，它能够并且经常发生这样的情况，即每种语言使用人数在地区之间、城乡之间等都有极大的不同，不同社会层次之间也同样各不相同。”

在我国的少数民族双语教育中，少数民族持双语者的人口数量占该群体总人口的比例对双语教育有着很大的影响；持某种语言族群群体与个体的人口质量，即受教育程度的高低也制约着双语教育；持某种语言的人口分布类型包括语言聚居区、杂居区、城镇与乡村、不同社会阶层等对双语教育都有影响。随着社会的发展，民族融合和人口流动成为影响双语教育突出的因素。

对于不通或基本不同汉语的民族地区或少数民族聚集地应实行民族语授课加授汉语课的一类双语教学模式；在民族语使用较少或少数人说民族语的地区或少数民族聚集地实施汉语授课加授民族语的二类双语教学模式。具体实施哪种类型应充分

考虑该地区的人口使用民族语言的数量、质量及分布等。

二、民族心理对双语教育的影响

（一）双语学习者的年龄对双语教育的影响

美国语言学家乔姆斯基认为少儿有一种受遗传因素决定的“先天语言获得机制”，它是少儿获取语言的直接渠道，在0－6岁非常活跃，随年龄增长逐渐弱化，12岁后，其作用将日渐消失。按照乔姆斯基的理论，儿童是主动生成与发展语言的主人，而不是只会对刺激做出被动反应的模仿者。这也就解释了为什么通常情况下任何一位四五岁的儿童都能无师自通地基本掌握母语中日常交流所需的语言，同时说明在这个年龄阶段语言能力发展的必要性，包括母语能力和第二语言能力。越来越多的教学实践和研究似乎都在表明，学习语言应该从低龄化做起。

在我国双语教育模式的选择上，要尽可能早的让儿童接触第二语言，并为学生营造良好的教学环境及口语交际环境。对于新接触汉语的少数民族儿童，要尽可能早接触汉语，为更好的实施低年级民族语授课，高年级汉语授课的第四类双语教育模式奠定基础。

（二）双语学习者的学习态度

语言不仅是交际工具，也是语言群体认同的符号。它与其负载的传统文化以及这种传统文化的核心——价值系统紧密相连。另外，它也是语言群体和个体自我认同的重要标志之一。因此，双语学习者在两种语言学习的过程中对两种语言的态度，对双语学习有重要影响。

语言文字学家马提亚斯·布伦金格尔指出：“使用人数很少的那些语言，其生存受到双重的威胁，既有来自外部的威胁，也有来自语言社团内部的威胁。在一些小的社团中，有些父母可能决定其孩子讲的是否是他们的本族语，并可能危及到他们的语言的代代相传，况且还有少数人迁居城市，以及与其他部族通婚，这些更使他们的语言雪上加霜，促使其迅速走向衰落。”对于人口较少的民族而言，应增加其对本民族的认同感，增强学习本民族语言的态度，以更好的保存好本民族的语言文化财产。同时应增强中华民族的国家认同感，除了学习本民族语言也要学习汉语普通话。

（三）双语学习者的学习动机

动机是个体发动与维持其行为的一种心理状态。在第二语言学习过程中存在着两种动机即工具性动机和综合性动机。工具性动机与个体的学习和利用某种语言潜在的应用效果的认识有关，掌握这种语言有利于个人的学业。综合性动机则是希望与操这种语言的群体交往，或者想得到这一群体的赞赏并被这个群体所接纳。马斯洛认为，人有从低到高排列顺序的五种不同需要，这就是生存的需要、安全的需要、尊重的需要、交往的需要和社会成就的需要。对于贫困的少数民族地区或群体而言，首先是满足生存的需要，学习哪种语言并不重要，其学习动机主要来自以哪种模式学习能让学习者摆脱贫困。对于已经解决生存、安全需要的少数民族地区或群体而言，他们更多的是对尊重和社会成就的需要，这就要尊重他们的选择，从而提高学习的工具性动机和综合性动机学习的潜力。

三、可利用资源对双语学习的影响

（一）双语教育的经费

双语教育经费的投入涉及许多方面，如双语师资与管理培训，双语教材的翻译与编写、印刷与出版、双语教育的研究与评价等。双语教育经费一方面受国家财政与教育投入以及当地经济发展的制约，另一方面受人们头脑中对教育和属于教育的认识的影响。我国各族各地经济发展不平衡，各地政府对教育经费投入也不同。对于经济较好、双语教育经费投入较多的少数民族地区或少数民族群体，可以较早、多年龄段的开展双语教育，双语的教育模式的选择可相对灵活。

（二）双语教育的师资队伍与管理队伍

师资是教学中的重要因素。合格的双语教师既要具有满足教学的学科专业级别素质，又要满足教学的两种语言和文字能力的基本素质。一般经济文化落后的少数民族地区的双语教师，不仅数量上匮乏，质量上也很难满足。教育管理队伍包括各级教育行政部门及学校的教育行政管理人员，他们在政策制定和教学管理过程中具有重要作用，其水平高低直接影响当地双语教育成就。

双语教育模式的选择需要管理人员依据师资情况合理选择，充分利用好现有师资，积极培养师资队伍，增加数量，提高质量。如缺乏合格的师资，可选择简单易行，灵活性较大的保持型双语教学模式。

四、地理与经济生态环境对双语教育的影响

（一）地理环境对双语教育的影响

我国的少数民族历史上多形成分布于山区、高寒地区、荒漠干旱及草原地区，基本形成了与外界隔绝的地理分布特征。文化体系多成封闭性，不利于民族间的交流。随着社会的发展，交通的改善，民族地区的地理环境也在不断改善。这都为双语教育的开展提供了有利的资源。

（二）经济生态环境对双语教育的影响

科林贝克曾说过："双语教育除非与经济联系在一起，否则这种教育就会失去它的意义。"麦凯和西格恩在谈到双语教育的费用时讲到：双语教育在师资招聘与

培训、教材编制及出版、双语教育的研究和实验，都比单语教育更昂贵。我国少数民族多出在经济相对落后的西部地区，经济的落后严重制约着教育的发展，影响着双语教育政策的实施。

由于许多双语教育模式都还处于试验、探索阶段，双语教育模式的选择需要在实践中不断发展和完善。各种语言教学模式有着殊途同归之处。至于到底哪些模式更适合中国的国情，还有待于我们进一步去研究，去实践。为了使语言的学习和学科知识的获取更有效，应当从一定要从实际出发，选择适当的模式以取得更好的试验效果。当然，不管采用哪种模式，都不要偏离双语教育的目的："不仅为了培养双语人才或追求共同的语言，而且大多数是源于种族同化、文化认同、社会稳定等社会和政治的需要，甚至基于民族和谐共处、避免国家分裂的考虑。"

参考文献：

［1］滕星：《文化变迁与双语教育》，北京：教育科学出版社，2001 年。

［2］王斌华：《双语教育与双语教学》，上海：上海出版社，2003 年。

［3］方晓华：《少数民族双语教育的理论与实践》，北京：学苑出版社，2010 年。

［4］袁振国：《当代教育学》，北京：教育科学出版社，1999 年。

［5］科林·贝克：《双语与双语教育概论》，北京：中央民族大学出版社，2008 年。

［6］哈经雄、滕星：《民族教育学通论》，北京：教育科学出版社，2001 年。

［7］W·F·麦凯、W·西格恩：《双语教育概论》，北京：光明日报出版社，1989 年。

［8］戴庆厦、何俊芳：《语言和民族（二）》，北京：中央民族大学出版社，2006 年。

作者简介：李品（1980—），男，安徽省，中央民族大学教育学院少数民族教育专业 2010 级博士研究生，研究方向为语言文化与教育。

第九章　双语教育的实证研究

第一节　内蒙古“蒙－汉”双语教学问题研究

一、蒙古族“三语”学生外语教育中的文化冲突及对策研究

（一）引言

中国是一个统一的多民族的国家，在55个少数民族中，有53个民族有自己的语言，汉语是少数民族的第二语言，外语成为他们掌握本民族语言和汉语之后的第三语言。中国少数民族学生“三语”教育是我国少数民族教育体系中的一个特殊的组成部分。与汉族学生相比，少数民族学生在英语学习中遇到的困难更多。其根本原因是什么？如何有效促进他们的外语学习是当前我国外语界、教育界和民族界共同关心的问题。有学者认为，“少数民族学生长期在英语水平和能力上的差别，很大程度上是由于在本民族文化中养成的心理、文化价值观、民族情感、行为态度及语言形式与主流文化和外语的目的语文化之间的冲突所致。”[1]在语言教育中，语言与文化有着紧密的联系。对少数民族学生来说，其固有的语言方式和文化立场，使得他们要真正理解本民族以外的语言和其他文化是非常困难的。在学习英语过程中，他们同时面临着来自英美文化、汉文化与其本民族文化的冲突，这种文化冲突势必增加了少数民族学生的英语学习难度，继而成为少数民族学生英语学习兴趣下降、排斥外语学习的重要因素之一。

（二）蒙古族“三语”学生外语教育中存在的文化冲突

相对稳定且具有特点的文化是一个民族区别于其他民族的最基本标志，而不同的语言则是不同文化的载体。在蒙古族“三语”（蒙古语－汉语－英语）学生外语教育过程中，学习者面对的不仅仅是本族语、第二语言（汉语）和外语这三种语言的迁移问题，同时还要面对语言背后文化冲突的多样性。这些冲突主要表现在以下几方面：

1. 本民族文化与主流汉语文化的冲突

在多民族国家的教育体制里，主体民族的文化是国民教育的核心内容。在这种教育模式下，教育内容往往出现单一化的趋势，宣扬的是主体民族的思想观念和价值体系，对于其他少数民族的文化往往是轻描淡写，甚至忽略。[2]

首先，目前蒙古族学生外语教育中依然使用全国统编教材，从教材内容上看，基本是以汉文化为主来编写的，教材反映的概念、行为方式、价值观念很容易被生活在汉族文化背景中的学生所接受，他们可以利用已有的知识经验以同化的方式接受知识，而蒙古族学生的文化、宗教、风俗习惯以及传统生产生活经验等方面的文化知识内容却很少在教材中得到体现，可以说，在某种程度上全国统编教材的内容并不适合他们的心理和文化背景。

其次，在蒙古族“三语”学生外语基础教育阶段所采取的教学方法和手段与主流汉文化下的学生相同，而忽视了蒙古族学生的双语特点和文化差异，在教学内容方面没有很好地体现出民族文化的多样性和差异性。

此外，蒙古族“三语”学生的外语教育是在双语教育基础上开展的，双语教育是指民族中小学生有计划的以民族语言文字和汉语言文字两种语文作为教学媒介的教学系统。外语教师授课通常用汉语来解释外语语言与文化，这样一来，汉语与蒙古语背后的文化冲突也无疑增加了外语教育的难度。以蒙古语中的“Bahxie”（老师）一语为例，无论语境如何，只用“Bahxie”一词。而教师在用汉语解释英语“teacher”一词是可能根据英语的不同语境采用汉文化中“教师”、“老师”、“先生”、“师傅”（师父）等不同用法。

2. 本民族文化与英美文化的冲突

一个民族固有的思想观念与行为方式使得它与其他民族区分开来，具有独立的社会文化意识和精神状态。[3]蒙古族自古就形成了自身的传统宗教信仰和独特的文化习俗，具有独特的民族思维方式和民族心理。蒙古族“三语”学生的外语教育如果单纯强调外语语言知识的传授，而忽略学生自身文化背景和目的语文化背景的差异，就会导致他们在外语学习过程中“文化冲击”现象的发生。

美国文化人类学家奥伯格把“文化冲击”定义为“一个人在新的文化环境中，由于失去了自己所熟悉的语言及社会习俗所产生的不安感。”[4]“三语”学生在接受外语教育时，会接触到外语语言负载的渊源不同、思维方式不同、价值取向各异的目的语文化，在适应这种新的文化环境时，他们会因失去熟悉的社会符号及规约而产生心理上和行为上的不适现象。例如，蒙古人信崇“狼”图腾，视自然界的猛兽“狼”拥有凝成一股绳的聚合力、坚强奋发的强大力量和勇者无畏的精神。而在英语文化中“wolf（狼）”是凶残、狡诈的形象，如英语谚语中的“wolf in sheep's clothing（披着羊皮的狼）”，“He who keeps company with a wolf will learn to howl.（跟狼在一起，就会学狼叫；近墨者黑）”等。而这种“文化冲击”可能使学生表现出“文化茫然”，即面对与本民族文化存在巨大差异的外语文化而表现出来的心理茫然，进而发展为对外语文化充满抵触。

3. 英美文化与主流汉语文化的冲突

接受“三语”教育的蒙古族学生在外语教育过程中普遍都是借助第二语言汉语来进行学习的，对汉语文化的理解程度会直接导致他们对中西文化差异的认知。生活在民族杂居区域的蒙古族学生接触汉语言和汉文化较多，在外语学习中对中西文化的差异有较强的敏感性和鉴别能力，基本不会体会到明显的“文化冲击”，而来自少数民族聚居区的学生接触汉语言文化的机会相对较少，这种主流汉语文化与外语文化的冲突会造成比来自民族杂居区域蒙古族学生更多的“文化冲击”现象，对主流汉语文化的理解障碍也会直接导致外语文化的输入效果。如英语教师在用汉语解释“I wanted mother's present to be a secret，but my sister let the cat out of the bag（给母亲的礼物我本想保密，可是妹妹却泄露了秘密）”的句意时，用了汉文化中常用的“露了马脚”（来自明朝皇帝朱元璋与其马皇后之间的典故）这一俗语来取代与之文化相冲突的英语表达“let the cat out of the bag（把猫从袋子中放了出来）”，然而却忽略了某些蒙古族学生对此项汉文化缺失的情况，这样反而会导致更多的文化冲突，从而使学生对该项英美文化认知产生抵触甚至放弃。

（三）蒙古族“三语”学生外语教育中的文化教育对策

“三语”学生的外语教育是在体验由三种文化之间的差异造成的冲突中进行的。而在文化教育中一味地强调文化差异性也是不可取的。高一虹提出的“跨文化交际悖论”认为，为了帮助不同文化背景的人们相互了解，就必须概括文化差异，在概括的过程中，就必然会建立某种文化定型，然而，这些文化定型对于文化差异的“标签化”或“过分概括”有可能人为地制造交流的屏障，妨碍跨文化交际的顺利进行。[5]可见，在文化教育中仅仅使“三语”学生了解汉语和外语文化并注意各文化之间的差异并不能从根本上解决文化冲突问题，也不能达到培养其跨文化交际能力的外语教育目的。从另一方面看，文化差异性恰恰是文化多样性的体现，“三语”学生在经历文化冲突的同时也能体验文化多样性，从而更好地了解和欣赏本民族的文化，在平等看待不同文化的基础上，促进多元文化间的相互尊重和相互理解。所以，我们可以针对上述文化冲突采取有效的文化教育对策来降低文化冲突对“三语”学生外语教育的消极影响，充分发挥其积极作用的一面。

1. 根据少数民族地区多元文化特点制定科学的文化教育标准

英语教育所培养的跨文化交际能力是一种双向的文化交流能力，既有文化输入，又有文化输出。文化输出与文化输入同等重要，缺少了文化输出，跨文化交际就变成了文化引进和文化侵略。少数民族地区的外语教育执行的是与其他非少数民族地区相同的国家外语教育标准。而我国新修订的《全日制普通高级中学英语课程标准》和《大学英语课程教学要求》虽然都强调了“文化意识”的培养，但都把重点放在了英语国家人文知识如历史、风俗习惯等方面，忽略了少数民族地区民族文化和主流汉文化在英语教学中的重要地位。因此，有必要制定与少数民族地区民族性和文化多元性特点相适应的外语教育标准，把少数民族文化和主流汉文化作为教学重要内容纳入教学计划，将提高少数民族文化和汉文化的英语表达能力作为跨文化交际能力培养的主要目标之一，教会学生用英语介绍民族文化的语言技巧，提高少数民族外语学习者的民族文化意识，在了解西方文化的同时，传承并弘扬本民族文化传统，增加民族文化自豪感和自信心，实现在了解认同母语文化和尊重包容异文化基础之上的平等的文化交流。

2. 提高少数民族地区外语教师的文化自觉意识

少数民族地区的外语教师除了要具备语言及语言教学知识外，还需要掌握本民族的语言文化知识。作为英语知识与文化的直接传播者，他们的少数民族文化、汉文化知识修养和文化自觉意识在很大程度上影响学生的外语文化学习。教师要从文化的角度讲授语言，不仅要注重语言在一定社会文化环境中的得体使用，还要有意识地进行文化间的对比，通过课堂文化交际活动促进学生体验文化差异和交际中语言的文化内涵，使学生明确英语课程中的文化背景和价值取向与民族文化价值取向的差异，培养学生的文化自觉意识，在跨文化交际中形成正确的民族意识和对多元文化的反思能力。

3. 加强体现少数民族地方性知识的英语教材建设

外语教材的功能不仅是帮助“三语学生”了解异国文化，还要培养他们借助外语表达自身民族文化，正确运用语境传递文化信息的跨文化交际能力。否则，教材非但不能促进交际，反而会阻碍交际能力的形成。少数民族地区使用的全国统编外语教材虽以汉语作为媒介语，其中仍缺乏能反映优秀中国文化的相关内容，而引进的原版英语教材附带的更是全盘的西方文化。由于少数民族地区的民族性和文化多样性，“三语”学生更加需要能够结合其生活经验的，包含地方性、民族性和中国文化信息以及文化对比内容的教材，从而满足少数民族地区学生跨文化理解力和交际能力培养的需要。因此，开发适合少数民族地区特色的英语教材已成为当务之急。

4. 在“三语”学生外语测试中融入文化测试

作为传统教学法和语言观的产物，传统的测试观念认为外语测试中应避免文化偏见，这里所谓的文化偏见，是指需要懂得某些文化知识才能答出的试题。在测试中应避免这种试题的存在，因为对于那些不了解该具体文化项目的学生来说，这类试题是不公平的。在目前各类英语考试中，几乎都以考查语言技能为主要内容，缺少考查语言应用能力和语言社会文化知识方面的内容，更缺少文化比较的相关内容。这样就将语言和其所使用的文化环境分割开来，造成了学生只会考试却不能够使用英语的普遍现象。而测试的后效作用会促进或阻碍教学，测试对文化内容的忽略必然导致文化教学内容的缺失。教学中大力提倡文化因素的导入必定要求在测试中加大对文化知识的考察力度。针对少数民族地区的“三语”学生，其外语测试中的文化知识既应包括英美国家的文化，也应包括本民族和汉民族文化内容。如设计以本民族文化为主题的外语写作测试项目，或在口语测试中增加用外语谈论具有民族文化特色事物方面的内容等。测试方法应侧重主观试题，考察学生分析文化现象的认知能力和应对文化差异的策略能力等方法。通过测试方式的变革引导学生真正重视文化的学习和交流。

（四）结语

在多元文化背景下，伴随语言学习而来的文化冲突是不可避免的。蒙古族"三语"学生在从民族聚居区到民族杂居区，从本民族文化环境到汉族文化环境，再接触英语语言学习带来的西方文化环境，各种文化间的差异会直接或间接地影响外语教育效果。如果任其发展，教育中的文化冲突会变得更加尖锐。我们应该运用有效的文化教育对策，利用文化差异的积极因素来实现外语教育培养跨文化交际能力的目标，从而降低文化冲突的消极作用。

参考文献：

［1］何克勇、徐鲁亚：《民族高校英语教学研究》，北京：中央民族大学出版社，2007 年。

［2］陈兴贵：《多元文化教育与少数民族文化的传承》，载《云南民族大学学报》，2005 年第 9 期。

［3］哈经雄、滕星：《民族教育学通论》，北京：教育科学出版社，2002 年。

［4］陈俊森、樊葳葳、钟华：《跨文化交际与外语教育》，武汉：华中科技大学出版社，2006 年。

［5］高一虹：《"文化定型"与"跨文化交际悖论"》，载《外语教学与研究》，1995 年第 2 期。

作者简介：呼和塔拉，女，蒙古族，内蒙古呼伦贝尔人，中央民族大学教育学院少数民族教育专业 2011 级博士研究生，研究方向为民族心理与教育。工作单位为内蒙古师范大学外国语学院，副教授。

二、对内蒙古双语教学模式选择的思考

所谓的"教学模式"是在一定的教育理念指导下，为了实现一定的教学目标而设计、组织教学活动的结构性流程。本节探讨的双语教育模式是指在一定教育思想或理论指导下，针对民族地区制定的较为稳定的教育教学计划。学校各门学科教学语言和文字教材的不同选择，是双语模式分类和选择的主要标志。

双语教学模式的选择，受到各种复杂因素的制约。既受少数民族居住与分布特点的制约，又受少数民族语言文字的影响，更摆脱不了现行教育体制中双语教育系统的完备性的限制。在少数民族聚居区，双语教育可能更偏重于国家通用语的推广；在散杂居住区，双语教育可能更重视本民族语言的传承。有语言文字的民族和只有语言没有文字的民族的双语教学模式有很大的差别，相对来讲只有语言没有文字的少数民族双语教学的模式比较单一；而既有语言又有文字的民族的双语教学的模式比较多元。双语教学体系比较完备的民族，在教育中重点关注两种或三种语言并行和课程设置等问题；双语教学的体系并不十分健全的民族，重点放在对两种语

文课程的开设与双用语的选择上，即加强双语教学的基础性工作。在选择双语教学模式时，要基于本民族的双语教育实践，在探索中不断完善实践中的双语教学模式。

（一）内蒙古双语教学模式选择中存在的问题

在蒙古族悠久的发展历史中，既酝酿了完备的语言体系，又积淀了相应的文字系统，这为内蒙古双语教育的开展奠定了蒙古语基础。在内蒙古的双语教育实践中，形成了从幼儿园、小学、中学到大学的完备的双语教学体系。因此，内蒙古在选择双语教学模式时，往往选择以蒙古语授课为主加授汉语的一类模式。随着社会经济的发展和对外开放的要求，外语教学受到越来越多的重视，内蒙古自治区从20世纪90年代中期开始了“蒙—汉—外”双语教学的实验，至今已有十余年。在推行“蒙—汉—外”双语教学过程中，虽然取得了可喜的成绩，如汉语教学和外语教学质量不断提高，越来越多的蒙语授课的学生升入区外重点大学等，但仍存在一些问题。

1. 地方经济支持“蒙—汉—外”双语教学的后劲不足

我国少数民族多处于边远落后地区，经济发展与沿海地区有一定的差距。因此，地方经济对民族教育的投入不足。同时，民族双语教学与普通学校教育相比，所需教育资源更多，所以民族地区双语教学一直存在经费不足的问题。内蒙古自治区作为边疆少数民族自治区，经济欠发达，地方财力不足，地方财政对双语教育的投入往往不能满足双语教学的特殊需要。语言的学习，包括听说读写4个方面，在内蒙古，由于大部分地区缺乏汉语交流和外语学习的语言环境，因此要提高蒙古族学生的汉语和外语水平，就需要相应的教学资源和教学设备，特别是在现代语言教学中，图书资料、音响设备、声像教材起到了越来越重要作用，在推行“蒙—汉—外”双语教学地区，教学中所需的硬件和软件设备未能相应配套，致使“蒙—汉—外”双语教学成了“耗时长、见效慢”的“软肋”，成为民族教育关注的焦点问题。

2. 双语师资队伍的建设问题

内蒙古地区民族教育师资队伍建设问题主要表现为整个队伍数量够甚至超编与结构性缺失的矛盾，也就是说能够胜任双语教学的教师补充不进来，而一部分由于双语教学改革而不能胜任双语教学工作的教师急需转岗或再培训。

双语教师队伍建设的问题，突出表现在学历和职称结构偏低、年龄结构偏高等方面。以通辽市为例，表1反映了通辽市蒙语授课中小学专任教师学历的基本情况。从中可以看出，在学历结构上看，小学蒙语授课专任教师学历以专科为主，本科学历居第二位，专科以上学历占83.67%；初中、高中蒙语授课专任教师学历以本科为主，专科次之，初中、高中本科以上学历分别占63.64%和94.48%。从表1中的数据中可以看出，通辽市蒙语授课中小学专任教师的学历水平整体有待提高。

教育的发展越来越要求小学具有一定数量专科以上，初中具有一定数量本科以上，高中具有一定数量研究生学历的教师，目前我们还有相当的距离。除此之外，蒙语授课中小学仍有部分教师是非师范生，相当一部分教师“合格学历"都不是原始学历，而通过各种形式和途径后续取得的，这些教师需要通过各种形式的教育培训来提高教学水平和教学能力，才能胜任教学工作。

表 2 反映了通辽市普通小学专任教师专业技术、职称、年龄结构的基本情况。从职称结构上看，具有中、高职务的教师比例偏低，特高职务的更少。从年龄结构上看，年龄老化比率偏高，40 周岁以上教师占 60.29%，30 到 40 周岁教师占 25.76%，30 周岁以下教师占 13.95%。教师的年龄结构呈现“倒三角”形，与理想的“梯形”年龄结构正好相反，这不利于教师队伍的更新和发展。

表 1　通辽市蒙古族中小学专任教师学历情况

	小学	初中	高中	合计
大学本科毕业及以上	4312	4174	3557	12043
其中：师范专业	3635	3887	2986	10508
师范专业比例	84.29%	93.12%	83.95%	87.25%
大学专科毕业	6752	2314	199	9265
其中：师范专业	5767	2194	156	8117
师范专业比例	85.41%	94.81%	78.39%	87.61%
中专毕业	1826	56	7	1889
其中：师范专业	1671	43	1	1715
师范专业比例	91.51%	76.79%	14.29%	90.79%
高中毕业	327			327
高中毕业以下的	7	15	2	24

表 2　通辽市小学专任教师专业技术、职称、年龄结构

	合计	25 岁以下	26－30 岁	31－35 岁	36－40 岁	41－45 岁	46－50 岁	51－55 岁	56－60 岁
合计	17664	492	1972	2301	2250	2735	3372	3360	1182
中学高级	1907			7	148	409	725	503	115
小学高级	9745		107	907	1371	1769	2202	2497	892
小学一级	4927	129	1427	1269	659	508	429	347	159
小学二级	334	81	143	52	24	7	8	9	10
小学三级	28	7	11	4			4	2	
未评职称	723	275	284	62	48	42	4	2	6
少数民族	10155	289	1208	1475	1367	1678	1884	1753	501

造成上述诸多问题的原因是多方面的，有历史的原因，如原始学历不高的多数是民转公的教师，这部分教师年龄都偏高，接受新的教育理念、技术、方法比较缓

慢，难以适应教育改革与发展新形势的要求。有的是由于政府部门之间工作缺乏协调与密切合作，缺乏执行上级政策的统一口径和步调造成的，如教师的培训，晋级与继续教育问题。有的属于在改革与发展中出现的还需要在改革与发展中逐步完善解决的问题，如基础教育阶段的“双语”师资等。

3. 担忧加强“蒙—汉—外”双语教学会冲击母语教学

加强“三语”教学，不同的人有不同的看法和态度，支持者们认为，加强“三语”教学可以让更多的少数民族学生考入区外的高校，使民族教育的发展更加的开放和多元。但是也有一部分民族教育教学工作者和一些专家、教授，他们对本民族语言有强烈的感情，担忧本民族语言受到功能强大的语言的影响和冲击，从而对少数民族地区开设并加强汉语和外语教学持以排斥的态度，甚至出现有个别人拒绝使用其他民族的语言和文字的现象。特别是实施“蒙—汉—外”双语教学改革以来，“蒙—汉—外”双语教学实验班与普通班所学习的蒙语有所不同，实验班学习的是蒙语文乙类，相对简单；普通班学习的是蒙语文甲类，相对难度大些。同时，由于实验班和普通班高考计分方式的差异，实验班蒙语以 50% 计入总成绩，这就造成实验班的学生投入在蒙语文方面学习的努力大大减少，有的蒙语文教师反映，“有的实验班的学生不好好学蒙语，就吃初中的老底。”

4. 关于开设“蒙—汉—外”双语教学起始年级的争议

内蒙古自治区蒙族学校学习本民族语言从小学一年级开始，无任何争议。但是，从小学还是初中何时开始学习汉语和外语，至今争论不休。争论的焦点是，如果开设汉语和外语太早，将对学生学习母语造成冲击；如果开设太晚，民族学生学习语言负担过重，学生终究会因学习效果不好而放弃。据不完全统计，目前，内蒙古自治区“三语”开始情况如下：小学 1—3 年级开设汉语文；开设英语课的时间，一部分学校从小学 3 年级开始，一部分从初一开始。

5. 社会实践方面带来的影响

经过十几年的探索，“蒙—汉—外”双语教学虽然已经取得了一些成果，但仅有呼市和东部地区的赤峰、通辽市取得了可喜的成绩。于是，受地域文化和传统的影响，有些家长开始质疑汉语和外语教育的重要性，他们认为虽然有很多民族语授课的专家和学者们没有学过汉语和外语，但也为民族教育的发展做出了重要的贡献。

（二）发展“蒙—汉—外”双语教学的思路

1. 合理分配汉语和外语的开启时间

在蒙古族中小学实施“蒙—汉—外”双语教学过程中，首先，结合蒙古族中小学“蒙—汉—外”双语教学的规律和特点，在选择第二或第三语言教学的引入时间时，一要必须注意儿童语言发展的最佳期；二要必须注意儿童语言实践的优势期；三要必须注意儿童智力发展的快速期；四要必须注意儿童语言习得的临界期。儿童心理学、社会语言学、心理语言学的研究结果都表明：个体语言发展的这

“四期”，从年龄上看均处在三、四岁至十一、十二岁时期。因此，在这个时期引入第二、第三语言教学，其效果最好，最容易掌握，一旦错过这一年龄阶段，难度就大，效果就差，不易掌握。根据国外学者们的分类，双语现象可以分为接触型双语和非接触型双语，接触型双语现象是在两个民族共同的生活条件下产生的，第二语言环境较好，相对而言比较容易形成，蒙汉双语就是属于接触型双语现象；经过专门学习而掌握一种外国语是非接触型双语，由于缺乏外语语言环境，掌握非接触型双语，相对而言难度大，蒙外双语就是属于非接触型双语现象。因此，在确定汉语、外语学习的起始时间排序问题时，一般来说，三语学习起始时间按蒙语→外语→汉语这种顺序安排为宜。

2. 加强双语教师队伍建设

（1）加强队伍管理。研究制定幼儿园、中等职业（技术）学校教职工编制标准，落实城乡中小学统一编制标准政策。全面实施教师公开招聘制度，严把教师入口关。做好教职工岗位设置和专业技术职务评聘工作。继续实施和开展“农村牧区义务教育学校教师特设岗位计划”和城镇教师支援农村牧区教育工作活动。加强中小学校长队伍管理，严格执行校长队伍选任、考核、退休等制度，促进校长专业化建设。启动旗县（市区）范围校长的交流试点工作。逐步推行中小学校长职级制改革。加强师德建设。

（2）切实提高培训质量。进一步加强校长和教师培训工作。继续实施中小学教师培训计划，认真落实好年度培训任务。继续实施中小学教师教育技术能力培训和普通高中新课程师资培训。中等职业教育切实加强“双师型”教师队伍建设，民族中小学切实加强“双语”教师培养培训，进一步增强教学能力。高等学校以培养选拔学科带头人和中青年骨干教师为培养重点，努力造就一批高水平的教学科研创新团队。

（3）稳妥推进绩效工资制度改革。巩固义务教育学校绩效工资前期改革成果，指导各地切实做好绩效考核和奖励性绩效工资分配工作。根据国家统一部署，推进非义务教育学校绩效工资制度改革。

3. 加强设备、环境建设

鉴于少数民族学生学习双语、三语课程多，任务重，一些地区的学习条件差，按照民族教育“优先、重点”的原则，根据现代语言学习教学策略，优先给蒙语授课学生配备汉语和英语教辅设备：（1）配备汉语、英语原版或简易名著；（2）配备汉语、英语报纸、杂志；（3）对蒙语电影、电视节目加印汉文字幕；（4）创设一定条件，让牧区的学生利用寒、暑假时间，到旗县或盟市结对学校或学生家中，进行蒙、汉语的相互学习；（5）优先配备多媒体汉语、英语教学软件，如清华大学同方教育技术研究所研制、开发的汉语、英语教学软件；（6）引进社会英语培训模式，提高幼儿园、小学和初中学生英语水平。

4. 注重提高学生的文化素养

外语教学作为教育的组成部分，具有跨文化的人文性，对培养学生的思想和文化素质有十分重要的作用。培养学生的跨文化意识、交际能力和思维能力，提高学生对中外文化差异的敏感性与鉴别能力，提高学生的文化素养，这是我们教育、教学工作者所关注的焦点。学习外语不仅是掌握语言的过程，也是接触和认识另一种文化的过程。因此，要有意识地结合语言教学向学生传授所学语言国家的社会文化等国情知识，同时增强学生对两种文化差异的敏感性，使他们逐步具备文化比较能力，以便提高文化素养并得体地进行语言交际。

参考文献：

[1] 嘉央扎西：《关于藏区双语教育模式选择的思考—从阿坝州的双语教育模式选择谈起》，载《中国民族教育》，1999 年第 1 期。

[2] 郭天翔：《以语言学理论和实践为基础，指导我区“双语”、“三语”教学改革》，载《前沿》，2000 年第 12 期。

[3] 苏德：《内蒙古地区“三语教学”理论研究与实践》，载《内蒙古师大学报》，2000 年第 1 期。

作者简介：杨志娟（1984—），女，蒙古族，中央民族大学中国少数民族教育专业在读博士生，研究方向是民族地区学校教育。

第二节　青海省“藏－汉”双语教学问题研究

一、藏族 A 聚居区两类双语教学模式的比较研究

（一）研究的缘起

中国藏族人口有 541.6 万（2000 年），主要分布在我国西藏自治区和青海、甘肃、四川、云南等省区。本研究以藏族 A 聚居区（简称 A 区）为调研点，该地藏族人口占总人口的 52.36%。

藏族 A 聚居区目前有两种双语教学模式：双语教学一类模式（简称一类模式），各门课程主要以民族语为教学用语，汉语文作为一门第二语言的课程；双语教学二类模式（简称二类模式），用汉语授课，全部课程使用全国通用的教材，民族语文作为一门课程开设。“普通类”学校（班），指使用全国通用教材，用汉语文授课，在民族地区常被称为“汉校”（汉班）。

近几年在 A 区，两种双语教学模式更迭变化剧烈，一类模式比例明显上升，二类模式比例下降，不少二类模式学校正在或已经转为一类模式。与此同时，普通学校也在招收着少数民族生源。因此，需要我们探讨不同教学模式的博弈局面及其影响和制约因素，提出教育对策。

（二）调查的数据与结果

A 区藏族学生多集中于民族中小学或综合学校中的民族班。本研究共选取 3 所学校，其中有 A，B 两所民族小学。A 小学藏族学生约占学生总数的 87%，学校有一类模式和普通类两类班级。B 小学是完全的一类模式学校，学生全部为藏族。样本 C 中学是完全中学，初、高中合校，有一类模式、二类模式和普通类三种班级，藏族学生约占学生总数的 80%。

本研究深入三所样本学校，采取了问卷和访谈的方法，对藏族学生、教师、校长等进行了调查。

1. 生源地与教学模式的选择

除普通类班级外，大部分学生来源于农村、牧区和半农半牧地区。普通类的中小学班级来自城市和乡镇的藏族学生相对所占比例相对较高。但是，使用 spss 对学生的生源地和择校（选择教学模式）原因做相关性分析，显示，两者并无相关性。因此得到结论，尽管选择就读普通学校的藏族学生较多，但生源地并不是学生选择教学模式的原因。

2. 学生双语态度与教学模式的选择

（1）一类双语教学模式的学生的双语态度

在统计中发现，一类模式的中小学生的双语态度存在较大差异。

绝大多数一类模式的小学生（95% 以上）希望能够精通藏、汉两种语言，只有共 5% 的学生希望精通一种语言，另一种语言能够基本交流即可。

一类模式中学生的双语态度较小学生有非常大的差距，仅有 38% 的人希望精通两种语言，而希望精通藏语的比例接近 50%。这种变化的产生，可能由于中学生相对小学生对两种语言文化有了一定深度的认识，开始形成自己的语言文化观念。此外，高考升学的压力也是导致这一变化的重要原因，能够熟练使用民族语文在高考中具有一定的优势。

（2）二类双语教学模式的学生的双语态度

对二类双语教学模式学生的双语态度以 C 中学为例的调查统计，67% 的二类双语教学模式学生希望精通两种语言。在三种教学模式中以二类双语教学模式的中学生希望掌握双语的人数最多。另外，二类模式中 15% 的学生希望精通藏语，汉语能基本交流，18% 的学生希望精通汉语，藏语能基本交流。

（3）普通类学校（汉校，汉班）藏族学生的双语态度

尽管普通类学校不属于双语教育的范畴，但是对普通类学校藏族学生双语态度的调查有助于对两类双语教学模式实施现状的归因分析。即便选择进入不学习藏语的普通类学校的藏族学生，依然有 47% 的学生希望精通藏汉双语，21% 的学生希望精通藏语，汉语能基本交流，32% 的学生希望精通汉语，藏语能基本交流。多数进入普通学校学习的藏族学生依然对本民族语言具有深厚的情感，渴望学习民族语言。然而他们为什么不进入双语学校学习？这是本研究要探讨的一个问题。

从调查可以看出，无论进入哪种模式学习的藏族学生，尽管对两种语言学习的倾向性有所不同，但希望掌握藏汉双语的学生在各自教学模式群体中都占最高比例，这反映了当地藏族学生的语言掌握意愿。

通过对各类模式学生的双语态度和选择教学模式进行相关性分析，发现两者呈现出明显的正相关（学生的双语态度与其教学模式选择间的皮尔森相关系数为0.189），就是说，学生对藏汉两种语言学习的倾向性与他们选择的教学模式是一类双语教学、二类双语教学或者普通类有相关性。

本研究在对学生的问卷调查中发现，学生的双语态度与其家长的双语态度几乎完全一致，对两者的相关性进行检验，也反映出两者间很高的相关性。

3. 学生入学前汉语水平与模式选择

（1）各类小学生学前汉语水平与模式选择

一类模式和普通类学校的小学生选择入学前“会说很多汉语”的比例相近，分别为12%和15%，但入学前“会说简单的汉语”比例，一类模式和普通类小学生分别为35%和69%，在学前“不会说汉语”的一类模式和普通类小学生比例分别为53%和16%。小学生的学前汉语水平与其择校类型间的皮尔森相关系数为0.230，呈正相关。就是说，由于不懂汉语而选择了一类双语教学模式是学生选择教学模式的原因之一。

（2）各类中学生入中学前的汉语水平与模式选择

一类模式中学生入中学前听说读写都没有问题占2%，“听说读写都不好”占68%，“听说没问题读写不太好”占30%；二类模式中学生分别为40%，30%，30%；普通类学校藏族中学生分别为41%，42%，17%。

中学生入中学前汉语水平与其择校类型间的皮尔森相关系数为0.365，呈正相关。就是说，升中学前的汉语水平，是学生选择上何种类型中学的原因之一。

4. 其他因素与模式选择

（1）升学考试的驱动

升学考试因素集中体现在对小学教学模式的选择上。学生选择一类模式小学或普通小学最主要的原因是希望毕业时考入该类中学，分别占80%以上和60%以上的比例，是小学教学模式选择的首要原因。

（2）对母语的情感

非常值得注意的是，尽管在小学阶段，藏族儿童择校的首要动力是“升入同类中学”，而在小学毕业时选择就学中学类型时，选择最重要的原因已转变为“希望掌握母语和母文化”。因为喜欢藏语而选择一类模式的中学生占42.4%，在四项原因中所占比例最高。选择二类模式中学生有55%的学生是出于希望在汉语水平较高的同时掌握藏语。学生从小学到中学择校原因发生的变化反映了藏族儿童随着对本民族语言文化不断地深入了解，民族情感不断加深。

（3）汉语水平限制

汉语水平是藏族小学生在选择中学类型时的客观限制。因未通过升学的汉语文考试、自己汉语基础差、无法在汉语授课学校学习等原因，而选择一类模式的合计占40.7%，与民族情感因素十分接近。可见，汉语水平是限制藏族小学生自由选择何种类型中学的非常重要的因素。

（4）教学质量

出于考虑教学质量而选择就读普通类中学的学生达58%，占影响选择何种学校的诸因素之首。

基于以上四点的分析，在A藏族聚居区，藏族学生在对两类双语教学模式和普通学校三者进行选择时，并不注重生源地与目标学校的空间距离，而更加依据自己的双语态度和现有汉语水平，综合考虑自己下一步的升学目标、升学难度、学校教育质量，并从情感上满足自己对语言文化的偏好。

（三）两类双语教学模式的实施情况

1. 一类模式的教学语言和学生语言水平

一类双语教学模式除了汉语文课使用汉语授课外，其他科目全部使用藏语上课。

接受调查的62名一类模式教师教学情况看，汉语文课教师中有二分之一的教师完全使用汉语上课和辅导学生，其余基本上使用汉语教学、藏语辅助，只有个别教师使用藏语上课或课下辅导。也就是说，在一类模式的汉语课教学中，用母语辅助教学较为常见。对汉语课用民族语辅助教学问题，接受访谈的3名校长一致认为，不使用藏语辅助教学有利于学生的汉语文水平提高。而接受访谈的全部汉语文课教师却有不同的观点，凡是汉族或回族教师，都认为不用藏语辅助授课效果好；凡是藏族教师，都认为用藏语辅助教学效果更佳。由此可以推测，能否使用藏语辅助取决于任课教师的藏语水平，只要是藏族教师教授汉语文课，在其认为有必要时，一定会使用藏语辅助教学。在汉语课堂上使用民族语辅助授课，是否有利于藏族学生对汉语的学习？由此看来，这一争论，无论是理论界还是一线教师，都尚未取得一致的看法。

在接受调查的19名藏语类教师中，也有将近一半的教师在藏语课教学中使用一定的汉语辅助授课，这种情况在《藏数学》课教师和史地政类任课教师中也占约一半的比例。在访谈中了解到，一类模式教师在非汉语文课上使用汉语帮助讲解，一般是因为教材或授课内容所涉及的概念或信息较新和独特，藏语中没有对应词汇，教师则使用汉语帮助学生理解。

一类模式学生的语言掌握情况：对一类模式学生的语言掌握情况重点应放在学生的汉语掌握情况上。一类模式学生的汉语水平整体较差，主要表现在考试成绩尤其是中考成绩上不去，汉语成绩成为学生中考升学择校的最大障碍。对于在每次学校组织的期中、期末考试的成绩分布，尽管整体分数较低，甚至有一半以上学生不及格，但教师们认为还是属于正常的“有好有差”，学生成绩分布在各个分数段，上至九十几分，下至几分。

一类模式学生汉语文考试成绩差的原因可以概括为以下几方面：

（1）学生基本都能使用汉语进行日常交流，但是读写、尤其是作文水平差。教师们认为，这主要是因为藏语和汉语在语法结构上是相反的。在口语交流中，即便存在语法错误也不影响信息的表达，但是在书面运用，尤其是造句、作文时，学生们往往“颠三倒四”，词不达意。

（2）教材与考试的严重脱节。一类模式学生使用的汉语文教材难度很浅，多数课文呈现的是日常交际用语，但是中考题目的难度却远远高于教材所教内容，同时，由于没有可以配套的辅助教材，课本中没有涉及却可能考到的内容只能由教师根据情况自行补充。不仅中考难度与教材脱节，教育局每学期统一编制的期末考试试卷也与教材不符，“教的知识考不到，课本中没有的反倒考多道题”。

（3）使用汉语时间少。一类模式的学生全部是藏族，每天在校内接触和使用汉语的时间就是汉语文课的40分钟，以及课下写作业和与汉语文老师简单的交流时间，除此之外的时间都在使用藏语。

2. 二类模式的教学语言和学生语言水平

对二类模式的教学语言和学生语言水平的分析以C中学的样本统计数据作为依据。二类模式除了藏语文课使用藏语授课外，其他科目全部使用汉语上课。由于C中学是一所完全中学，所以除了藏语文教师外，其他二类模式的教师全部兼任普通班的授课教师，接受调查的21名教师，除了汉语文和数学个别教师在课堂上会用藏语辅助讲解外，其他教师均使用汉语作为教学和辅导语言。实际上，教师使用的教学和辅导语言并无绝对性，有双语能力的教师，在学生遇到语言困难时，都会根据情况用藏语辅助教学。

二类模式学生的语言掌握情况：二类模式学生的语言掌握情况与一类不同，由于授课语言是学生的第二语言，学生的大部分时间浸入在汉语环境中，学生使用藏语的时间远远少于一类模式的学生。因此，对二类学生语言掌握情况的分析，就必须分析其两种语言的掌握程度。就考试成绩来说，二类模式学生的汉语文水平不如普通学校的学生，藏语水平不如一类模式学校的学生。在升学考试时，对二类模式学生没有单独的试卷，他们的汉语考试使用普通学校的试卷，藏语考试则使用一类模式学校的试卷。

据调查，二类班62.5%的中学生毕业于二类模式小学，因此他们现在的语言水平在很大程度上能反映二类模式学生的双语掌握程度。

二类模式学生的汉语水平：被调查学生认为上中学后自己的汉语水平有了一定提高，认为自己的汉语水平听说读写都没问题的学生不到总数的一半，半数以上学生认为自己至少在听说读写一方面上存在问题。

二类模式学生的藏语水平：有32.5%的学生认为自己听说读写都没问题，其他学生都认为自己在读写上存在一定问题，更有35%的学生不能使用读写。

二类模式的学生语言掌握程度与其他模式学生比较时，认为自己汉语与普通类藏族学生差不多的占45%，不如普通类的占34%，比普通类好的占21%；认为自己藏语不如一类藏族学生的占45%，与一类学生差不多的占33%，比一类好的占22%。可以看出，二类模式学生对自己的汉语水平比对自己的藏语水平明显地有自信；69%的二类学生希望提高藏语水平。调查结果反映了二类模式不利于藏族学生对母语的掌握。

3. 普通学校的藏族学生对自己藏语水平的期待

在接受调查的68个就读于普通学校的藏族学生中，仅有9%的人（6人全是中学生）认为自己听说读写都没问题，40%以上学生只能用藏语交流，不能用藏文读写，另外30%以上的人几乎已经不会藏语了。90%以上就读于普通学校的藏族学生希望提高自己的藏语水平，其中近50%的人愿望强烈。

选择上普通学校的藏族学生虽然强烈希望提高自己的母语水平，但仍旧宁愿牺牲自己的藏语能力选择普通学校，而不选择双语教学模式班级，这是否说明了两类双语教育模式都存在一些本身的弊端和外界客观因素的限制？

（四）两类双语教学模式此消彼长的背后原因

近些年来两种双语教学模式在A区此消彼长，藏族学生也不断地选择进入普通学校学习，原本的二类模式学校正在转为一类，原打算办的二类模式班因生源不足而放弃，曾经一度火热的二类模式如今处于尴尬消退之势。什么原因呢？

1. 从课业负担看各类模式

课业负担不仅包括学生的学业负担，而且也包括学校的授课负担。

从学生的学业负担来看，两类双语教学模式都面临学习三种语言的负担，学生从进入小学起，就要开始学习两种语言，到三年级时加开英语，学生负担显然比普通学校重。同时，从语言环境来说，藏族儿童入学前的汉语基础较差，如果选择二类模式学校或普通学校，用汉语上课，学业负担相对较重。如果家长希望孩子用藏语第一语言上课，用熟悉的母语早启蒙发展认知，那么首选一类模式；如果儿童汉语基础较好或家长希望孩子直接接受汉语教育又要避免学业负担过重，那么普通学校是首选。

从学校的负担来看，在一所学校中如果要同时开设二类模式班级，势必在教材准备，教师的备课进度和学生的考试方案上都要两种模式并行，使学校的管理负担加重了许多。因而，从课业负担的角度看，家长和孩子不愿意就读二类模式，而学校管理者也不愿意开设二类模式班。

2. 从母语保存的角度看各类模式

对母语学习的重视也影响着学生和家长对双语教学模式的选择。理论上说，这两种双语教学模式的设置在语言方面偏向两个极端，单从教学模式来说，学生无法达到精通两种语言的目的。因而选择双语教学模式，实质上就是在选择自己更倾向于精通哪种语言，更希望以后使用哪种语言工作和学习。如果仅从保存母语的角度出发，实际上两种模式都能起到这一作用，区别在于是否能够熟练运用该语言。在接受调查的教师中，约有40%的人认为二类模式不受欢迎的原因是由于藏族学生对母语学习的重视。

3. 从升学考试的角度看各类模式

实际上，二类模式不受欢迎最重要的原因就在于在高考中没有优势，有55%的学生这样认为。这也是二类模式学校最致命的弱势。

中国从小学升初中、中考到高考，为民族类考生准备的试题只有两套：民语类试题和普通类试题。在高等院校升学考试中，为少数民族学生只准备了两套考试方案：民族语类考试和汉语类考试。民语类考试就是所谓的“民考民”，学生用民族语受教，用民族语参加考试。汉语类考试就是普通学校考试，少数民族学生参加此类考试也就是所谓的“民考汉”。二类模式的学生参加高考，只能从“民考民”和“民考汉”中选择一种。显而易见，选择用民族语考试，他们与一直使用母语学习的一类模式学生相比没有竞争力；选择用汉语考试，他们与没有民族语学习负担，汉语环境好，汉语水平高的普通学校的民族学生相比，也没有竞争力。只有一小部分学习成绩优异的二类模式学生，才能跨入高校的门槛。

人们曾经认为，一类模式和普通模式分别代表精通民族语和汉语的典范模式，二类模式教学尽管不能做到两种语言使用比例对等，但相对于一类模式和普通模式来说，更有益于对两种语言的掌握相对均衡。但事实并非如此，由于二类模式的学生需要至少一年的双语接受期、认知转变期。用第二语言授课的少数民族儿童，往往从一年级开始先落后于单语儿童，至五六年级才能追赶上单语儿童的学习进度。也就是说，二类模式学生的潜力需要较长的时间才能体现出来。

所以，当二类模式学生参加升学考试时，其成绩往往出现汉语文成绩不如普通类学生，藏语文成绩不如一类模式学生，升学率最低。所以，往往是学生和家长不愿选择二类模式、一些二类学校转型为一类学校的首要原因。

4. 从学生的长远发展看各类模式

“藏族儿童自从入学起就背上了沉重的学习负担，学生必须同时学习两种语言……然而，由于学生今后参加升学、招工、招干都以汉语考试为主，加上众多学科均以汉语为载体，所以学校教学语言不得不以学习汉语为最终的语言目的（除极少数大学、中专藏文专业所招学生以外）。”① 这既透露出双语甚至是三语学习给藏族学生带来沉重负担的无奈，也表明了一种不可逆转的趋势——汉语掌握的熟练程度在很大程度上决定藏族学生的发展前途。

从学生长远的角度看，当地学校的校长和大部分教师几乎一致认为，对于藏族学生来说二类模式是适合其长远发展尤其是终生发展的教学模式。

首先，从社会生活的角度看，汉语使用最普遍，已经成为中国的通用语而非“汉族的语言”。对汉语的掌握程度实质上代表着对信息资源的获取潜力。通过接受更好的教育获得更广阔的生活和就业渠道，往往取决于学生的汉语水平；在社会生活中，能够熟练地使用汉语的人无疑能够获得更多的学习和工作机会，熟练掌握

① 巴登尼玛：《藏族教育之路探索》，载《教育研究》，1998年第10期，第51页。

“普通话”已经成为所有单位对就职人员的基本要求。当然，对一些生活在少数民族人口稠密，民族语是当地主要甚至唯一通用语，而并不打算扩大其生活交往范围的人来说，掌握本民族语就足以适应当地的社会生活，是否会说汉语对其并无影响。

其次，从高考的报考条件来看，少数民族学生对学校、专业的选择也受其汉语水平和双语教学模式的限制。参加汉语考试的学生在高考录取时不受学校和专业的限制，但是参加民族语考试的一类模式学生除了本地学校和民族类学校外，基本不可能被省外普通大学录取，并且他们能够报考的专业也多限于民族语言类相关专业，接受民族语考生的理科类专业更是屈指可数。因此，与没有单独考试渠道的二类模式学生相比，一类模式虽然在分数上占优势，但报考专业的限制不仅限制了其升学人数，并且规定了他们的毕业去向。通过“民考民”进入民族语言类相关专业的学生，在毕业时如果不选择从事民族语言类研究或教育工作，就几乎没有其他的就业渠道了。近年来，国家针对一类模式招生政策放宽后，一些普通高校的普通专业面向一类模式招生，可是，这些专业全部使用汉语授课，一直使用民族语作为学习工具的一类模式毕业生，即便通过“民考民”进入普通高校，也基本无法正常学习。在现在的考试制度下，二类模式学生在分数上处于劣势，录取率较低，但过线考生可以报考任何普通院校的普通专业，入校后可以使用汉语继续深造，并与其他同学一样，有同等的就业机会。

最后，民族语类高校对口专业的有限不仅给一类模式的毕业生带来升学就业压力，并且造成了一类模式中小学师资紧缺的局面。例如，招收藏理科相关专业的学校在西北地区只有青海省师大等两所院校，根本不能满足一类模式中小学对藏理科教师的需求，一类模式中小学的教学质量由此受到影响。如此一来，便形成了一类模式的升学就业的恶性循环。

因此，从学生的长远发展来看，二类模式的毕业生在升学、就业时的选择范围远远大于一类模式学生。在这种情况下，更看重升学率的学生和家长往往倾向于一类模式，而更希望获得更多发展空间的学生和家长则直接选择负担更轻的普通学校。一些想开办二类模式班的学校，往往在几经动员学生、家长但仍没有生源的情况下放弃二类模式。一些本是二类模式的学校，在升学压力和学生、家长的呼声中开始转为一类模式。在近几年教学模式的此消彼长中，二类模式处于尴尬的夹缝状态。但是，接受调研的校长们都表示，二类模式实际上应当是双语教学模式的大势所趋，对学生的长远发展有利，只要有生源，学校愿意开设二类模式班级。

（五）调查后的思考与建议

1. 双语教学模式的语言目标极端化

目前，A区两类双语教学模式本身存在的最严重的问题就是语言选择的极端化。双语教学应该是两种语言在所有课程中作为教学语言的使用频率应基本均衡，以使学生达到能够熟练掌握两种语言的双语水平。但是一、二两类双语教学模式，实质上是用双语中的其中一种语言授课，再加开另外一种语言的语文课，并非严格意义上的双语教学。因此，这两种模式下藏族学生，往往只是对授课语言掌握情况较好，但对另一种语言，基本只能用于日常生活的交流和简单读写。

2. 升学考试制度加剧了模式选择的两极化

双语教学模式语言选择的极端化造成培养出的学生只能使用一种语言学习深造。在升学时，藏族学生也只好选择自己的授课语言参加考试和继续学习。一类模式学生有配套民族语高考试卷；二类模式学生由于民族语差，一般只能选择和普通学校的学生同样汉语试卷，在分数上可以得到一点优惠政策，而且这种优惠是针对学生的民族身份，普通学校的藏族学生也可以同样享受，二类模式学生多年来所学的藏语文在高考中无法体现。这势必会导致学生生源两极分流，一些学生流向一类模式，一些学生流向普通学校，二类双语教学模式的生存空间越来越小。

3. 教材与师资状况严重影响双语教学质量

二类模式一般以乡村小学居多。这些二类且模式学校的教学质量难以提高，更多的原因不仅在于双语教师的语言能力问题，而在于学校地理位置偏远、经济发展滞后、生活水平较低，因而教学设备落后，难以吸引高质量的师资。

一类模式学校除上述情况外，师资方面的问题更集中地体现在缺少合格的藏语类教师，尤其是藏理科类教师。一类模式所需的教师必须能够使用藏语进行学科教学。一类模式的毕业生一般也只能升入同模式的高一级学校。可以招收“民考民”毕业生的专业非常有限，多集中于藏族语言文化类。有些普通理科专业毕业的藏族教师，尽管能用藏语熟练的交流，却不能用藏语教授专业课。因为师资紧缺，有些一类模式学校的藏数学教师由有数学特长的藏语文教师兼任，或一个教师执教几个班级；有些中学则只能把不合格的毕业生由老教师培训，边学边教。现在仅有的藏理科专业培养出的毕业生，远远不能为藏族地区大量的一类模式学校提供可以胜任教学任务的藏理科教师。

一类模式的藏文教材自 1982 年藏、青、川、甘、滇五省（区）协作以来，各类藏文教材基本做到了从小学到高中与普通教材配套。但藏语类配套教学参考书、练习和其他教学资料奇缺，试用的教材除了以“人教版”数学新教材为蓝本，五省区协作办公室主持编译的藏语数学教材外，再无其他翻译教材。有些教材在翻译时内容与原版存在差距，教师不得不想办法对照汉语教材备课，教师负担很重。

除藏文教材外，一类模式的汉语文课本与升学考试严重脱节，课本难度与考试难度相差很多，导致学生成绩难以提高。

4. 多种原因导致双语教学模式的决定权与选择权的游离

藏族学生的双语态度和入学前汉语水平对其选择双语教学模式有很大的影响，而且大多数接受调查的学生希望自己能“精通双语”。而目前现有的两种双语教学模式无法满足学生对自己的双语水平的期待和未来发展的需要。这两种既定的双语教学模式，在确定时并非来自学生和家长的意愿；从校长和教师们对一类模式资源紧缺的不满和对二类模式缺少生源的无奈，也可以推论这两种模式的确定也似乎并非来自学校和教师的意愿。

在现在的两类双语教学模式中，学生是否能够按照自己的意愿选择教学模式？A 区双语学校是按照该区域的人口分布情况确定教学模式的，学龄儿童就近入学，这就会出现一些没有汉语基础的藏族儿童不得不上汉语学校，而一部分非藏族的儿童又不得不上一类模式学校。以现有情况而论，当地政府没有能力为少数该类学生单独办校，学校没有能力为其另设一种适合的教学模式。能否选择教学模式，实质上完全取决于孩子的家庭。家庭必须有足够的经济条件和闲余的劳动力送孩子去距离远的适合的学校学习，没有这种经济能力的家庭的儿童，只能努力适应该模式或付出学业上更大的代价。

双语教学模式的确定还涉及到教材、考试题编写和师资配备等相关一系列问题，学校也没有能力自行推出某种模式，必须由政府自上而下推行。

双语教学模式由谁来确定？由谁来决定选择何种教学模式？专家、政府、校长、市场、高考制度、高校、家长、学生？这些因素交错在一起，一只只看不见的手左右着双语教学模式的选择。

5. 变革双语教学模式，实行真正的“双语教学”，达到两种语言平衡发展

从根本上解决两种模式存在的问题的办法就是模式变革，改变语言选择的极端化，使两种语言在教学语言中达到均衡，也有人称之为“三类模式”。部分课程（数学、物理、化学、生物及英语）用汉语授课，部分课程（语文、思想品德、历史、地理等）用母语授课；借鉴浸没式双语教育的经验，藏汉两种语言逐渐过渡转换，即各科教师在学生低年级时先多用藏语教学，随着学生汉语学习的深入和学科知识的掌握，逐渐在课堂上增加使用汉语的比例，直至学生可以完全接受两种语言授课，可以相互转换应用。

但是，目前为止这种双语教学模式不仅在藏族地区，就是在其他少数民族地区都只是一种比较理想化的模式。从根本上说，制约双语教学模式变革，并且在模式确定和选择时也不可逾越的核心因素和最大的困难只有一点，就是双语教师的语言水平。这种新的双语教学模式必然要求任课教师可以自如地用两种语言授课，在所教授科目的范围内，能够视情况双语相互转换。而目前我国的双语教师中年龄较大的多数只能使用藏语，用汉语交流都比较困难；年轻教师则来自于目前两种教学模式，藏语类授课教师虽然能用双语交流，但只能用藏语授课，二类模式教师则只能用汉语授课，个别能用藏语交流。而这一因素，恰恰成为双语教学模式变革的致命瓶颈。在目前，如何短期内培养合格的新模式的双语教师？

改进升学考试制度，应根据二类模式学生对两种语言的实际掌握程度，为其准备专用试题。在各级考试中，藏语文试题的难度应比一类模式试题难度降低，而汉语文试题则在普通汉语文试题基础上适当降低难度。在高考中，藏语文列入二类学生“民考汉”的考试科目并按比例计入高考成绩。此外，在各级汉语文考试中，对双语模式学生应增加口语考试，着重考查其使用汉语交流和学习的能力，并将成绩计入汉语文成绩中，改变以往单一注重藏族学生对汉文而非汉语的掌握程度。

对于藏语类教师的紧缺，当地政府可在深入了解学校的师资需求的基础上，并与民族师范类院校对建立联系，对口培养中小学所需专业人才，增加一类模式合格师资队伍。

在教师聘用方面，教育主管部门要与学校积极沟通，落实学校的用人需求；放宽教师聘用权限，给学校一定的自主权聘用符合教学需求的教师人选。

6. 改善教材与师资以提高双语教学水平

教材和教辅用书的落后是造成一类教学模式教学质量长期难以提高的主要因素。应由政府或相关教育主管部门组织编写一类模式教辅用书，加快教材更新；修订汉语文课本，适当增加其难度并与升学考试难度相衔接。

参考文献：

［1］巴登尼玛：《藏族教育之路探索》，载《教育研究》，1998 年第 10 期，第 51 页。

作者简介：王斯达，女，中央民族大学 2012 届教育学原理专业毕业生，研究方向是双语教育。董艳（1963），女（侗族），中央民族大学教育学院教授，博士生导师，研究方向：双语教育，文化传承与教育。

二、青海地区藏汉双语教学问题探究

藏族是一个历史悠久的民族，据考古发现早在 4000 多年前，藏族的祖先就在雅鲁藏布江流域繁衍生息了。现今藏族主要聚居在西藏自治区及青海海北、海南、黄南、果洛、玉树等藏族自治州和海西蒙古族藏族自治州、海东地区；甘肃的甘南藏族自治州和天祝藏族自治县、四川阿坝藏族羌族自治州、甘孜藏族自治州和木里藏族自治县以及云南迪庆藏族自治州和新疆维吾尔自治区。① 藏族有其自己民族的语言，藏语属汉藏语系藏缅语族藏语支，从藏语的语言结构和发音节等各方面来看，藏语被分成三大方言，即卫藏方言、康巴方言和安多方言。

（一）现代化进程中的青海基础教育中藏汉双语教学

1. 藏汉双语教学及模式

藏汉双语教学是指以培养学生运用藏语、汉语两种语言的同等能力，在教学中运用藏语与汉语两种语言为主要的授课语言的教育形式。双语教学不仅是指开设藏语、汉语两门课程，还包括在所有课程的教学中运用两种语言帮助学生理解课程内容，同时帮助学生更加迅速地掌握两种语言技能，从真正意义上实现藏语、汉语熟练和正确地运用。

目前，我国现行的藏汉双语教学模式有三类：一类模式，开设汉语文课程，其

① “藏族”，百度百科 http：//baike. baidu. com/view/2700. htm，访问日期 2012 年 8 月 15 日。

他课程均用藏语文授课；二类模式，开设藏语文课程，其他课程均用汉语文授课；三类模式，部分课程用汉语文授课，部分课程用民族语文授课。青海省内基础教育中（基础教育仅指学前及小学阶段的教育），海南藏族自治州、海北藏族自治州、玉树藏族自治州和海西蒙古族藏族自治州天峻县各民族小学、基层寄宿制学校一类教学模式与二类教学模式并存（即以藏语文授课为主，单科加授汉语文和以汉语文授课为主，单科加授藏语文）。黄南、果洛州的各民族小学、基层寄宿制学校基本采用一类模式，即以藏语文授课为主，单科加授汉语文的教学模式。①

2. 现代化进程对于民族语教育的影响

"现代化"是一个高频的词汇，就个人理解，现代化是一个西方的词汇，意味着机械代替人工，人工智能普遍应用……究其根本，现代化就是一种社会的极速变迁，这种变迁最大的加速器就是计算机与互联网的产生与发展。现代科技对于人们生活的各个方面产生了极大的影响。② 网络技术的普遍应用，不仅加速了人类之间的沟通及信息的共享，更是从一定程度上改变以社会结构及分工。网络实现个体之间的有效沟通及信息共享是建立在网络语言的标准化之上，只有使用统一标准的语言才能在同一平台上实现便捷的沟通，这就要求不同的国家及族群都需要用相同沟通工具来实现信息共享，文化之间的差异就是在这种信息共享及便捷沟通中逐步缩小。由此可见现代化进程不仅改变了整个社会的生产方式，同时还削弱了各个国家与族群传统信仰与习俗的影响力，尤其是网络语言使用的标准化更是促使通用语的普及与民族语的弱化。但是也不能忽视现代化进程中科学技术在民族文化传承中的应用，尤其是民族语言的教学资源的共享及民族文化共享的便利。

3. 青海基础教育中藏汉双语教学的现状

青海省是一个多民族聚居的省份，境内的少数民族有藏、回、蒙、土、撒拉等，总面积72万平方公里，全省总人口为538万人，少数民族人口251.3万人，占全省总人口的46.71%，其中藏族人口119.1万人，占22.13%，主要分布在六个藏族自治州。③ 截至2006年，青海省用民族语文授课的小学859所，在校学生120585人，占小学少数民族学生总数的43.12%，其中用藏语文授课的学校859所，在校学生119190人。④ 以下将从影响藏汉双语教学的主要因素即双语政策、双语教材、双语师资三个方面了解青海基础教育中藏汉双语教学的现状。

藏汉双语教育政策方面：2003年青海省根据省情出台了《关于加强和改进民族中小学双语教学工作的指导意见》。⑤ 另外，为了协调小学和中学阶段双语教学计划，全省以藏语文授课为主，单课加授汉语文的中小学统一执行原国家教委转发的《五省区义务教育全日制藏族小学、初级中学及中学教学计划》；以汉语文授课

① 青海教育科学研究所：《青海藏汉双语教学调研报告》。

② "现代化"百度百科，访问日期2012年8月6日。

③ 索南嘉：《青海藏汉双语教学情况调研》，载《青海民族研究》，2004年第4期。

④ 青海教育科学研究所：《青海藏汉双语教学调研报告》。

⑤ 索南嘉：《青海藏汉双语教学情况调研》，载《青海民族研究》，2004年第4期。

为主，单科加授藏语文的民族中小学，均执行原国家教委颁布的《义务教育全日制中小学初级中学课程计划》和原国家教委印发的《现行普通高中教学计划的调整意见》。目前，《国家少数民族汉语等级考试大纲》已颁布执行，青海省在进行了为期两年的试点工作的基础上，制定了《青海省部分少数民族学校推行中国汉语水平考试试行方案》。①

藏汉双语教材方面：双语教材是影响双语教学实施的主要因素，尤其是双语教材的质量更是直接影响双语教学的效果。2004 年之前，青海省已编译出版九年义务教育课改藏文教材 57 种，547.7 万字，平均每年编译教材近 40 种，800 多万字，共审定各级各类各科藏文教材 385 种；规范名词术语 35 万条，基本消除了教材中出现的三大方言差异，实现了民族语文名词术语的规范和标准化。所编译的教材品种有教学大纲、课本、教师教学用书、课外阅读、同步练习、假期作业等，基本满足了广大藏族中小学“双语”教学的需求。在青海民族学校中藏汉双语教材的使用率还是较高的，尤其是藏语文的教材，大多数的民族学校都在使用藏语文的教材，其中有部分小学同时还使用藏语数学教材、藏思想品德及藏自然教材；有少数几所学校还会使用藏社会、藏劳动教材；基本没有学校使用藏音乐、藏美术教材。部分小学，汉语文教学主要采用五协版《汉语文》，也有部分学校采用全国统编的汉语文教材，甚至还有用《汉语会话》（项目试验学校试用）作为汉语文教材的。②

藏汉双语老师方面：藏汉双语老师是藏汉双语教学的实施者，是双语教学实现的主导因素。截至 2006 年，青海省的双语教师基本情况如下，在六个民族自治州中，共有 859 所中小学采用民族语文授课，其在校生达 17.5 万人，专任教师 8850 人，其中藏文小学专任教师 6469 人，蒙文小学专任教师 196 人；藏文中学专任教师 2150 人（初中 1507 人，高中 643 人），蒙文中学专任教师 122 人（初中 67 人，高中 55 人）。③ 在这些老师中兼通两种语言文字的约占教师总数的 40%，而在牧业县实施双语教学的学校中，有近 43.5% 的教师不会用双语进行教学，而实际情况有可能还要远远高于这个比例。④

（二）对于青海基础教育藏汉双语教学现状的反思

应当坚持“分类指导、分区规划、双语并进、优势发展”的原则，审视自身的发展形势，落实好政策，灵活掌握，为民族地区的经济振兴和社会进步，培养数量更多、质量更好的少数民族人才，全面推进藏族教育的整体改革。

在藏汉双语教学的过程中，既要适应社会经济的发展，同时又要保护并传承藏

---

① 青海教育科学研究所：《青海藏汉双语教学调研报告》。

② 索南嘉：《青海藏汉双语教学情况调研》，载《青海民族研究》，2004 年第 4 期。

③ 索南嘉：《青海藏汉双语教学情况调研》，载《青海民族研究》，2004 年第 4 期。

④ 青海教育科学研究所：《青海藏汉双语教学调研报告》。

民族的优良传统文化及文字，要平衡这个难点需要认真思考并妥善处理以下几点：正确处理民族语文授课与国家通用语授课的关系；实现教学用语同学生母语基础及全国语言环境的双向衔接，从而消除教学语言障碍，达到提高教育教学质量和民族传统文化的传承。通过对于近些年有关青海藏汉双语教学方面学术观点的梳理对于当前青海基础教育中藏汉双语教学的现状进行反思，为青海藏区建立符合民族地区实际情况的双语教学模式，实现多元文化教育提供一些借鉴。

1. 在双语教育政策制定方面

对于少数民族地区的双语教育政策制定方面，不能操之过急，更能实行一刀切，要在同一教学目的及基本原则之上根据地区的实际情况在实施中进行调整。尤其是对于农业、牧业地区应当根据区域实际情况而采取不同的藏、汉双语教学模式。在以牧业为主要经济生产生活方式的牧区以及相对偏远、闭塞、流动人口少缺乏双语环境的区域，实施一类模式并逐步过渡到三类模式，这样不仅符合儿童的语言认识规律同时还有助于学生更好的理解和掌握课程内容；而在汉语言环境较好的、交通便利、外来人口较多的乡镇，实行三类模式并逐步过渡到二类模式，这不仅有利于学校提高教学质量，同时有利于藏族学生在迅速掌握、巩固国家通用语，真正实现两种语言的熟练使用。

2. 教材的选用和编译方面

尽管当前已经出版了一定数量的藏汉双语教材，但是在现代化进程中知识更新的频率加速，很多藏汉双语教材已经无法满足当前的双语教学需要。在针对原有教材名词术语不统一、译文表达不清，不易理解等问题进行调整、修订、完善的同时还需要开发新的、符合当前现代科技时代发展的藏汉双语教材，尤其是开发、制作集文字、图象、声音于一体的多媒体教材，不仅能够将先进的视听技术运用到藏汉语教学中来，有利于藏汉双语教学资源的共享，为藏汉双语教学的实施拓展更宽的渠道，同时还有利于对于传统藏族文化与语言更好的保存，让更多的人了解少数民族文化，真正意义上实现多元文化教育。另外，语言不仅仅是交流的工具，同时更是文化的载体，在藏汉双语教学中，尤其是双语教材的编译方面，不能仅仅把重点放在字面的翻译，更要注重于文化的翻译，同时对于藏语文的编订在参照国家通用语教材的同时应当融入更多本民族的文化。国家通用不仅仅是一门语言工具课，更是其他多门学科的基础性用语，只有实现藏汉双语熟练转化，能够实现双语双思维的水平才能适应当前社会发展的需要。

3. 双语师资队伍建设方面

近些年随着现代化进程的加速，知识更新和人才流动的频率也随之加快，在民族地区尤其是地域相对偏远闭塞的区域存在很大一部分老师无法胜任双语教学的任务，教材内容的变化，现在有很大一部分教师不能胜任双语教学岗位，尤其是在牧业县，许多教师由于对于现代科技的不了解、进修机会有限，所以自身掌握的知识有限，无法对教材内容深刻理解，造成了藏汉双语授课的困难。而新进的非少数民族教师大都不懂藏语言，对于藏族文化背景了解不深入，也无法实现真正意义上的藏汉双语教学。由此可见，青海地区藏汉双语教师队伍的建设还需要继续加强，要有计划、有步骤地提高和培养民族教师掌握运用汉语文的能力、同时采取对口支援办法，分年限选派一些州属学校的汉语骨干教师下基层学校挂职任教，培训非藏族教师的藏语使用能力。另外，还要充分发挥现代远程教育技术的作用，建立以现代教育技术和信息传播技术为依托，以远程教育为主体的开放型教师培训网络。

4. 加强藏汉双语教学理论研究建立完善地评估体系

为了更快的找到双语教学的最佳模式和方法，应当着重进行双语教学模式的研究，尤其是基础阶段藏汉双语教学存在的问题，因为基础教育阶段是儿童发展的重要阶段。要加强国家通用语、藏语两种语言的对比，针对藏汉双语教学中的影响因素、迁移干扰问题及解决方法等方面进行研究，揭示国家通用语和藏语各自的内在规律特点；同时还要针对加快藏族学习掌握国家通用语及思维转换的方法、藏汉双语教法、双语课程设置及衔接等方面的问题进行研究。此外，还应当建立科学完善的考核和评估体系。把掌握双语的能力作为教师应具备的基本素质，藏族老师以普通话考试作为监测手段，而非藏族老师以藏语使用水平作为监测依据。教材编写、考核的标准要以学生藏汉双语的听说、阅读能力，接受语言知识和语言交际能力，对于藏汉双语文化思维能力等方面的培养为目的。

总之要通过不断的研究和努力，尽快的找到最佳的方式以改善青海省内藏汉双语学校的教学条件，培养藏汉双语师资，加强藏语言文字教材的编译、审定和出版工作，多方面推动少数民族中小学藏汉双语教学的改革，建立符合民族地区实际情况的藏汉双语教学模式，为国家培养青海民族地区需要的实用双语人才。在推广国家通用语言的同时，也保护好少数民族传统文化及民族语言，实现真正意义上的多元文化教育。

参考文献：

［1］戴庆厦、滕星、关辛秋、董艳：《中国少数民族双语教育概论》，沈阳：辽宁民族出版社，1997 年。

［2］索南嘉：《青海藏汉双语教学情况调研》，载《青海民族研究》，2004 年第 4 期。

［3］李海明：《刍议藏族学生汉语文学习与民族双语教育》，载《青海师范大学学报》，2007 年第 5 期。

［4］青海教育科学研究所：《青海藏汉双语教学调研报告》。

［5］康建文：《青海省化隆县民族教育发展状况及思考》，载《基础参考》，2007 年第 12 期。

［6］卓玛草：《藏汉“双语”教学模式初探》，《西北民族大学学报（哲学社会科学版）》，2003 年第 5 期。

［7］张秀琴、刘军、朱韶晖、索太加、索南嘉：《对青海现行〈藏语文〉教材的一项研究报告》，载《民族教育研究》，2004 年第 6 期。

［8］马应福：《化隆县东部四乡藏汉双语教学问题与对策》，载《青海教育》，2004 年第 2 期。

［9］何波：《藏汉双语教育政策的基本内涵》，载《青海师范大学学报（哲学社会科学版）》，2010 年第 6 期。

［10］才让吉：《对少数民族地区双语教学的思考》，载《青海教育》，2006 年第 11 期。

［11］李延福、拉本、项青朝加：《文化的多元性与少数民族双语教学》，载《青海民族研究》2002 年第 3 期。

［12］才让措：《青海省同仁地区藏族小学生藏汉双语教学实验研究报告》，载《中国藏学》2000 年第 3 期。

作者简介：杨俐俐（1980）女，回族，青海省，中央民族大学教育学院中国少数民族教育专业 2011 级博士研究生，研究方向为中国少数民族基础教育研究。

三、西北藏族聚居区高等师范院校“双语”教学优化策略

西北藏族聚居区高等师范院校“双语”教学，指的是位于西北藏族聚居区的高等师范院校在使用藏族学生的母语教学的同时，用国家通用语言进行部分或全部非语言学科的教学，并采用其中的一种语言作为主要教学用语，另一种语言作为辅助教学用语的教学活动。

（一）研究的缘起

西北藏族聚居区高等师范院校“双语”教学承担着为本地区及周边地区培养各类藏汉“双语”专门人才的重任，是藏族地区各项事业发展的奠基工程，对提高藏民族整体科学文化素质、促进藏族地区经济社会各项事业的发展和文化变迁等起着不可替代的独特作用。

中共中央国务院关于加快四川、云南、甘肃、青海省藏区经济文化社会发展意见的传达提纲中指出：“……建立健全适合藏区的教材、师资、教学模式相结合的‘双语’教育体系，完善教师培训体系，依托现有资源，推进‘双语’教育师资基地建设，实施定期轮训制度，提高义务教育师资质量和‘双语’教学能力。”《甘肃省教育厅关于进一步加强少数民族“双语”教育工作的意见》指出：“提高高等院校服务‘双语’教育的力度，高等院校尤其是高等师范院校力争在 3 – 5 年内，使少数民族师范类毕业生达到汉语等级标准，切实提高‘双语’教学能力，使更多合格的‘双语’师资充实到基层一线‘双语’教学岗位。”

近些年来，西北藏族聚居区各高等师范院校的“双语”教学在实践探索中取得了一定的成绩，为这些地区的基础教育发展、民族团结和社会进步做出了重要贡献，得到了社会各界的普遍认可和充分肯定，同时也存在着一些不容忽视的问题。这些问题在一定程度上变成了制约西北藏族聚居区各高等师范院校更好地落实中共

中央国务院对藏区经济文化社会发展意见、实现省级主管部门提出的“双语”师资培养目标的瓶颈。因此，基于所存在的问题，有针对性地探讨并提出西北藏族聚居区高等师范院校“双语”教学的优化策略显得尤为重要。

（二）现状及问题

通过我们对青海师大民族师范学院和甘肃民族师范学院这两所位于西北藏族聚居区的样本校的研究发现，近些年来西北藏族聚居区高等师范院校的“双语”教学在实践探索中取得了一定的成就，初步形成了适合自身实际的“两个为主”、“分类”、“分层”等“双语”教学模式，构建了个性化的、独具特色的“三大模块”、“九个系列”的“双语”教学课程体系，拥有较高水平的师资队伍，学科建设取得了初步成就，教材建设取得了质和量的突破等。同时，也存在着一些制约这类院校藏汉“双语”教学发展的一些瓶颈问题，这些问题主要集中表现在：“双语”学科专业建设发展不平衡、“双语”教学评价体系有待进一步完善等方面。

1. “双语”类学科建设发展不平衡

由于藏语文学科专业起步较早，学科发展日趋成熟，尤其是近些年来，西北藏族聚居区高等师范院校的藏语文学科专业无论从专业建设还是科学研究方面都取得了一定的成就。但其他学科建设却相对滞后，不同程度地存在学科发展不平衡现象，对于藏物理、藏化学等学科的发展还需进一步努力。本课题在青海和甘肃藏族聚居区的研究发现，藏族聚居区中小学“双语”教师专业结构不合理的问题十分突出，相对于藏汉“双语”类中小学的课程设置，西北藏族聚居区高等师范院校的专业门类不全，导致了毕业生专业单一，藏物理、藏化学、藏生物、藏历史、藏政治和藏地理等专业“双语”教师奇缺，上述紧缺专业教师基本都是在上岗后经校本培训跨专业、跨学科任教，难以成为本专业教学的行家里手。同时，能自如运用藏汉两种语言进行课堂教学的“双语”教师严重不足，课题研究选取的样本学校所在地—藏族自治州，全州有“双语”教师2492名，能自如运用藏汉两种语言进行课堂教学的仅493名，不足20%。例如，某藏族中学藏化学教师有11人，专业教师只有2人；藏物理教师6名，没有专业教师；藏政治教师8人，专业教师只1人；藏历史教师9人，专业教师只2人；其余的都是由藏语文教师兼任，其他学校也普遍存在此问题。各门学科由于现有“双语”教师专业基础不牢，学科知识不精，教师的专业素质无法满足“双语”教学发展的要求，影响了西北藏族聚居区“双语”教育教学质量的提高。

2. “双语”教学评价体系有待进一步完善

我们在研究中发现，西北藏族聚居区各高等师范院校在“双语”教学评价方面做了一定的尝试，除了开展常规的课堂教学评价外，还根据分类教学的特点，考虑到以汉为主的学生在考核中不可以完全采用传统的试卷考核的特殊情况，尝试了综合课业成绩的评价方式，通过布置操作性较强的课业内容来考核学生的阅读能力、获取知识信息量的多少、听力和表达能力、写作能力、专业知识的巩固等综合评定学生成绩。但是，“双语”教学评价只是停留在对“双语”教学的课堂教学效果等微观层面的评价，而且评价大多侧重于教师与学生互评教学效果，评价主体单一，对“双语”教学的师资、“双语”教学的教材、学生的基础、社会效用等宏观层面涉及甚少；在评价目标上，以学业分数为核心，注重能看得见的智力因素，忽视了创新意识、创新精神和实践能力等非智力因素；在方法上，注重总结性评价，强调评价的鉴定作用，忽视评价的形成过程以及评价信息的反馈和激励作用，忽视对教学的改进和指导作用等。

针对西北藏族聚居区高等师范院校藏汉“双语”教学存在的问题，我们尝试从两个方面、三个纬度（学科、教师和评价）提出优化西北藏族聚居区高等师范院校藏汉“双语”教学策略。

（1）加强西北藏族聚居区高等师范院校“双语”类学科建设

学科是高等院校承载教学、科研和社会服务的基本单元。原清华大学校长王大中在第一届中外大学校长论坛上谈到大学学科建设与专业结构调整的实践和体会时强调，学科建设是高等院校发展中具有战略性的基础建设，学科和专业设置及水平在很大程度上决定了高等院校的办学特色和水平，加强学科建设是高等院校发展的一个基础性的又是根本性的环节。[①] 因此，西北藏族聚居区高等师范院校应当加强“双语”学科建设，提高“双语”教学办学的水平，找准为社会服务的突破口。

学科建设是集学科方向、学科梯队、科学研究、基础条件和人才培养于一体的综合性建设。[②] 因此，我们认为西北藏族聚居区高等师范院校学科建设的内容，应主要包括学科方向、学科梯队、科学研究等方面。

应以基础教育“双语”教学发展需求为导向，调整“双语”学科建设方向。大力发展学前“双语”教师教育，培养学前“双语”教学师资。

西北藏族聚居区藏族人口占的比例大，特别是在牧区，藏族幼儿比例达到了100%，但是，现有的幼儿园中，学过藏语言的幼儿教师不多，开展“双语”教学有一定的困难，个别幼儿园只是以藏语兴趣班和藏语班的形式开展。针对目前的状况，西北藏族聚居区纷纷抢抓国家大力支持发展学前“双语”教育的机遇，决定加大对“双语”类幼儿园的建设力度和“双语”幼儿园教师的培养培训力度，根据各县市的实际情况，在州、县市、乡镇幼儿园中全面开展学前“双语”教学，在农牧区普及学前“双语”教学，把藏、汉“双语”教学纳入幼儿园常规教育范畴，此举必将需要大量的学前“双语”教学师资，这为西北藏族聚居区高等师范学院开设学前“双语”教育专业提出了客观要求。因此，西北藏族聚居区高等师范学院应及时调整专业方向，积极争取并扩大学前“双语”教育专业的招生规模。

还应打破传统专业设置模式，探索适合藏区“双语”教育的学科设置模式。

针对西北藏族聚居区“双语”教师队伍数量不足、专业结构不合理，数量型

① 王大中：《关于在中国建设世界一流大学的若干问题》，载《清华大学教育研究》，2000 年第 1 期。

② 马建：《关于学科建设的几个问题》，载《中国高教研究》，2001 年第 7 期，第 20—21 页。

短缺和结构性紧缺同时并存的现状，西北藏族聚居区高等师范院校应当本着协商、协调、协作的原则，优势互补，在深入研究藏族地区经济社会与文化教育的发展需求的基础上拓宽专业渠道，强化为社会服务、为藏族地区基础教育服务的意识，在教学方法、新课程改革、人才培养、教学管理、教材建设和师资培训等方面与藏区基础教育开展广泛合作与交流，通过动态调整各“双语”专业的招生比例来扩大藏汉“双语”数理化、历史、政治、地理、生物、音乐、美术、体育等专业的培训规模。

由于西北藏族聚居区有些高等师范院校部分院系（系部）为非“双语”类专业，以甘肃民族师范学院为例，该学校共有14个教学系（部），设有33个普通本、专科专业，但是“双语”类系部仅为2个系部，“双语”类专业仅有7个。为了培养各个专业“双语”类人才，可以尝试从其他非“双语”系（部）招收“双语”类考生，强化国家通用语言课程的学习，专业课用汉语授课，全校各系部此类学生共同选修藏语课，采用藏语课大集中，其他专业课分散学习的模式，培养藏汉“双语”人才。

有些不具备独立“双语”专业招生与培养条件的高等师范院校，可以尝试以某一个已经成熟的专业为主体，实行主辅修制，在对西北藏族聚居区基础教育阶段的师资需求状况进行调研和论证的基础上，进行专业结构调整，以优势学科如藏语言文学专业为主体实行主辅修制，在主修藏语言文学专业课程的基础上，开设历史、文秘、法律和英语等方向性辅修课程。通过较为系统地学习，使学生的专业知识结构迅速地得到优化，成为既能熟练掌握藏语言文学专业的基础知识和基本技能，又掌握所涉专业方向学科的基本知识；既懂汉语文，又懂基础英语，并且藏汉兼通的“双语”人才，极大地缓解西北藏族聚居区基础教育阶段部分学科“双语”师资短缺的问题，也为行政事业单位输送“双语”文秘人才和“双语”法律人才。同时，要积极创造条件开办藏理科专业。

（2）加强“双语”教学学科梯队建设

学科梯队，是指为适应高等院校某一学科的教学、科研、服务工作的需要而发展起来的有形或无形的教师组织形式。学科梯队建设是在学科建设发展规划指导下进行的有组织、有计划、有重点的师资队伍建设工作，是师资队伍建设的“龙头工程”，也是事关高等院校学科建设乃至整个学校高水平、高层次的重要建设内容。学科梯队建设是学科建设的关键，而要建设高水平的学科，首先要拥有一支职称结构、学历结构、年龄结构和学缘结构都较合理的学术队伍。①

学科梯队建设的内容，主要包括学科整体队伍建设和梯队结构优化两个方面，前者又包含两方面的内容：其一是对整体队伍进行调整和配置，使其数量、素质更

① 马建：《关于学科建设的几个问题》，载《中国高教研究》，2001年第7期，第20—21页。

趋合理；其二是对学科带头人进行遴选及培养、引进。[①] 后者是指不论对学科整体队伍还是就学科带头人而言，都要就其年龄结构、职务结构、学历结构、知识结构等显结构和其成员的思想素质、业务素质、心理素质、性格与气质等潜结构状况进行整合优化。

①“双语”学科整体队伍建设

培养和引进学科带头人。

学科带头人是高等院校教师队伍中具有高尚的职业道德，严谨正派的学风，学术造诣深厚，学术思想活跃，取得了创造性的教学、科研成果，能够组织并带领本学科成员促进学科建设与发展的教授或相当职务的人员。学科带头人是高等院校学科建设的领导者和组织者，担负着学科梯队建设和学科建设、发展的重任，是高等院校师资队伍中的骨干和核心，代表着高等院校师资队伍的水平。因此，通过培养和引进的方式造就一支高素质的具有创新意识和创新能力的“双语”学科带头人队伍，是西北藏族聚居区高等师范院校学科建设和学科梯队建设的关键。

注重教师个体的基本素质，提高学科梯队的整体质量。

教师本身的素质和基本条件，在一定程度上决定着学科梯队的质量和素质，决定着学科梯队的整体功能，教师本身的素质和基本条件是建立合理的学科梯队结构的基础和保证。因此，西北藏聚居区高等师范院校“双语”教学必须注重教师个体的素质和条件，如教师的引进、补充，不仅要注重其学历，更要注重其能力和水平；不仅要注重业务能力和学术水平，更要注重其政治思想、道德品质，看其是否具备从事教师工作的心理素质、性格与气质素质；对教师的培养和培训，不仅要注重提高其学历层次，更要注重提高其思想政治水平、实际工作能力，改善他们的心理素质、性格与气质。

②学科梯队结构优化

保持学科队伍的相对稳定及梯队结构的不断优化是学科建设发展的基础。为了保持学科梯队的稳定，一定要选好学科后备带头人，后备带头人除设第二梯队外，还应设第三梯队。在年龄结构上要拉开档次（第二梯队年龄一般在50岁以下，第三梯队年龄在40岁以下）。在知识结构上要充分考虑学科交叉渗透的特点，一个学科可兼容相关学科人员，注意发挥梯队成员的整体作用。[②]

人才引进周期短，见效快，但投入大，风险也较大，自主培养人才的针对性强，规模效益明显，但周期较长。因此，西北藏族聚居区高等师范院校要在加大“双语”教学人才引进力度的同时，抓好中青年“双语”学科带头人和青年“双语”骨干教师的自主培养工作，应本着从实际出发、实事求是的原则，目光“内

① 北京高校教师队伍建设研究课题组：《加强高校教师学科建设的几个问题》，载《辽宁高等教育研究》，1996年第1期，第8页。

② 刘敏：《关于加强重点学科建设的几点思考》，载《黑龙江高教研究》，1995年第5期，第82—84页。

视”，将工作和资源配置的重点转向中青年“双语”学科带头人和青年“双语”骨干教师内生机制的建设上。运用正确的政策导向，使思想政治工作与激励手段相结合，调动“双语”教师的积极性，提高“双语”教师队伍的整体素质，促进“双语”骨干教师队伍的稳定和发展，保证满足“双语”专业学科发展对学科梯队成员水平所提出的要求。

（3）明确研究方向，加强藏汉“双语”教学科学研究

学科发展最主要的表现是科研水平的提高。科学研究对学科内部发展具有能动性，对学科外部扩展起主导作用，是学科建设与发展的重要手段。只有取得了高层次的研究项目和由此产生的高质量成果及良好的社会效益，才能从根本上实现学科的培育与成长。科学研究在学科建设中对学科优势与特色的形成，拓展学科的发展方向，培养学科梯队，造就出类拔萃的带头人，争取科研项目与经费，掌握学科最新学术动态和发展趋势，具有不可替代的作用。因此，科学研究是学科发展的基础，也是学科实现知识创新的生长点，没有科学研究的优势，就无法形成学科优势。科学研究是学科建设层次、质量和水平不断提高的根本途径，学科优势的形成依赖于高水平、高层次、具有特色的科学研究。

科研方向是科学研究发展和奋斗的目标，是科学研究工作的出发点和根本归宿，是学科学术水平提升的基础和关键，是培养高质量人才和高水平成果的保证，也是高等院校学术水平和办学特色的集中体现，因此，西北藏族聚居区高等师范院校“双语”教学要进一步厘清科学研究方向。科研方向一方面要具有前沿性，确保在较高层次上开展“双语”教学科学研究；另一方面要具有独特性，树立特色意识，把科研特色的培育作为学科特色培育的出发点和根本。同时，要立足于具有研究基础的“双语”教学科研方向进行重点扶持，促进研究水平的不断提升和培育新的学科生长点。

3. 进一步完善西北藏族聚居区高等师范院校的“双语”教学评价

所谓“双语”教学评价，主要指依据一定的客观标准，通过各种项目和相关资料的收集，运用可行的评价技术和方法，对“双语”教学中的相关情况进行客观衡量和价值判断，得出较为科学的结论，以指导“双语”教学的实践。“双语”教学评价是影响西北藏族聚居区高等师范院校“双语”教学发展的关键环节，因此，重视“双语”教学评价工作并构建“双语”教学评价体系是西北藏族聚居区高等师范院校的又一重要任务。

（1）高度重视“双语”教学评价

“双语”教学评价对高校“双语”教学起着导向和监督的重要作用，基于客观事实的价值判断具有很强的激励、标准、依据和凝聚功能，有助于引导我们探索出一条“双语”教学发展的正确途径。“双语”教学评价是“双语”教学领域中的一个崭新而又重要的课题，也是影响西北藏族聚居区高等师范院校“双语”教学发展的关键环节。但在研究中查阅的大量资料显示，藏汉“双语”教学评价还未进入国内研究者的研究视野，因此，必须引起高度重视。

（2）构建科学的“双语”教学评价体系

由于“双语”教学的特殊性，在许多方面不能直接搬用现有的一般性的教学评价标准，因此，建立一套适合于西北藏族聚居区高等师范院校“双语”教学的评价体系是十分必要的。构建“双语”教学评价体系，有利于做好“双语”教学质量监控工作，帮助教学管理部门更好地制定相关政策，维护良好的“双语”教学秩序，进一步提高“双语”教学质量。

①构建促进学生全面发展的“双语”教学评价体系

构建促进学生全面发展的评价体系应包括以下四个工作环节：首先，要明确促进学生全面发展的“双语”教学的评价内容。从“双语”教学的培养目标和要求出发，从思想政治素质和道德修养、专业理论素质、文化素质、身心素质、创新精神和实践能力等五个方面作为评价体系的基本内容，分项对学生进行评价，这样既与培养目标一致，又符合学生个性素质发展的基本内涵和表现；其次，要建立评价标准。在课程标准的指导下，制定可以操作的评价标准。再次，要设计评价工具；然后，搜集和分析反映学习情况的数据和证据；最后，明确促进学生发展的改进要点，并制订改进计划。

采取科学多元的评价方式，将形成性评价和终结性评价结合起来，关注学生的学习结果，更要关注学生的学习过程。例如，为考查学生的综合能力，采用平时成绩与期末考试相结合的考评方法。将学生平时的作业、课堂讨论、发言、课外读书笔记成绩、案例分析考核等计入成绩总评中，以此来鼓励学生的参与积极性，提高他们的专业能力和语言表达能力。教师还应创造机会让学生进行自我评价，促进他们对自己的学习过程进行回顾、反思和评价，培养他们学习的主动性和自觉性。

②构建科学的“双语”教师专业发展的评价体系

对于“双语”教师的评价，主要考察的是“双语”教师的学科专业和“双语”水平，以及教师的教育专业水平和能力。要能充分地发挥评价的导向作用和反馈作用，通过观察、访谈、检查教师的各种教学资源和文件以及听取反馈信息，对“双语”教师的业务素质进行全面的了解，作出客观的评价，尽可能公正的反应教师的综合素质和业绩贡献，从而起到激励和正面引导的作用，为教师的自我发展和努力提供标准和依据，从而促进高水平“双语”教学师资队伍的建设。

③构建科学的“双语”教学社会效用评价体系

西北藏族聚居区高等师范院校进行“双语”教学，是为了满足西北藏族聚居区对“双语”人才的需求。因此，有必要从社会效用的角度来评价西北藏族聚居区高等师范院校“双语”教学的效果。

用人单位是“双语”教学社会效用评价中的不可忽视的评价主体。“双语”教学培养的毕业生是否适应民族地区用人单位的要求，是否适应民族地区经济社会发展的需要，是衡量西北藏族聚居区高等师范院校“双语”教学的重要指标。西北藏族聚居区高等师范院校要了解这些毕业生的情况，需要定期向用人单位发放毕业生跟踪调查表，了解用人单位对毕业生的专业知识和技能、“双语”技能、工作能力和态度以及综合素质等方面的评价，并参考这些评价，及时调整“双语”教学培养规划、专业设置和学科设置，改善“双语”教学管理体系和模式。

作为西北藏族聚居区高等师范院校“双语”教学的最终受益者之一的毕业生，也是“双语”教学社会效用评价的不可忽视的评价主体，毕业生在经过工作之后，对西北藏族聚居区高等师范院校“双语”教学有着更成熟的评价，提出的意见也更切中实际。西北藏族聚居区高等师范院校可以根据毕业生的工作情况和毕业生所提的意见，分析开设“双语”教学的专业、“双语”教学的课程和比例是否合理，并做出必要的调整，以使培养的复合型专业技术“双语”人才更加符合社会需要。从而实现学校培养的学生适合社会需要——学生就业率高——学校社会声誉提高——学校生源更好的良性循环，促进学校更好的发展。

（3）加强“双语”教学评价理论研究

由于我国高校“双语”教学尚处于试行探索阶段，对“双语”教学效果、教学质量的标准、教学模式、“双语”专业教师资格等目前尚未统一规范，现阶段高等院校的“双语”教学还采用常规的评价机制，西北藏族聚居区高等师范院校“双语”教学评价尚未形成特色化模式和规范化的路径。对“中国期刊全文数据库”、“中国重要报纸全文数据库”以及“中国重要会议论文全文数据库”1980 年至 2010 年的文献进行检索，篇名包含“高校‘双语’教学评价”的只有 14 篇，且全部集中在高校英汉“双语”教学评价方面，民族高等院校“双语”教学评价的综合、系统研究尚属空白。因此，西北藏族聚居区高等师范院校今后要在民族高等院校“双语”教学评价这一领域加强研究，探索出适合这类高等院校实际的“双语”教学评价的理论。

西北藏族聚居区高等师范院校的藏汉“双语”教学，对贯彻党的民族政策，落实科教兴国战略与西部大开发战略，促进民族地区经济建设、社会稳定、民族团结进步事业具有非常重要的意义。因此，西北藏族聚居区高等师范院校要在肯定已经取得的成就的基础上进一步探讨并实践优化“双语”教学实践之策，更好地为西北藏族聚居区的基础教育及经济社会发展提供服务。

参考文献：

［1］王大中：《关于在中国建设世界一流大学的若干问题》，载《清华大学教育研究》，2000 年。

［2］马建：《关于学科建设的几个问题》，载《中国高教研究》，2001 年。

［3］北京高校教师队伍建设研究课题组：《加强高校教师学科建设的几个问题》，载《辽宁高等教育研究》，1996 年。

［4］刘敏：《关于加强重点学科建设的几点思考》，载《黑龙江高教研究》，1995 年。

作者简介：虎技能（1978—），女，甘肃庆城县人，中央民族大学教育学院

2011 级博士生，甘肃民族师范学院教育系副教授，研究方向：教育人类学。

第三节　“朝－汉”双语教育问题探析

一、少数民族双语背景与三语教育研究——以朝鲜族为研究对象

（一）少数民族双语背景

我国是一个多民族的国家，由于语言、习俗、信仰、地域的不同，造就了形态多样、各具特色的少数民族文化，即使是同一民族，在不同的地域也创造出了不同的地域文化。值得一提的是，国家的民族政策保证了少数民族语言及其文化的可持续平衡发展，进而为多元文化的平衡发展提供平台。与此同时，长久的共存与磨合，使少数民族文化与汉族文化、少数民族文化之间不断地相互渗透与融合。更为重要的是，在中华民族的大环境下，作为弱势群体的少数民族适应、学习和理解主流文化是其生存与发展的必要条件。以上诸多的自然以及社会历史条件造就了我国少数民族双语双文化建构的天然特征。不可否认，少数民族双语双文化建构特征存在民族、地区以及教育程度上的差异，但其本质上是由复杂多样的历史和社会环境造成的，这是我国少数民族所共有的普遍特征。

我国的少数民族政策一直致力于少数民族特有文化的保护、传承与发扬，为少数民族多元文化建构的形成提供了有效的政策支持。就语言而言，在我国 55 个少数民族中，52 个少数民族有自己的语言，有的民族有两种或两种以上的语言，共有民族语言 80 多种。少数民族中，除满族、回族使用汉文字外，其他少数民族分别使用 39 种少数民族文字。针对这种多民族多文化背景及民族语言文字复杂的情况，新中国建立后的近 60 年中，少数民族的双语教育经历了初创阶段、曲折阶段和发展阶段，确立了“民汉兼通”的双语教育方针。我国从 20 世纪 50 年代起开展了民汉双语（少数民族语与汉语）教学实验，蒙古族、维吾尔族、朝鲜族等北方少数民族开展的双语教学已形成了自己成熟的教育体系。“文化大革命”期间，民汉双语教学中断。

自 20 世纪 80 年代，我国又大规模开展民汉双语教学实验，著名的有藏汉、壮汉、彝汉等多个双语教学实验。也就是说在我国超过 1.05 亿的少数民族人口中大部分能够使用自己的母语和汉语两种语言，而且相当数量的人能够使用自己本民族文字和汉字两种文字。然而，我国少数民族的这种双语双文化建构处于既不完善又不稳定的状态。其不完善在于少数民族的这种双语双文化建构在某种程度上可以说是由各种环境、政策等因素的推进而促成的，并未经过系统地整理与科学地研究，还没有进入最佳发展状态，仍存在着很多的不足和有待开发的部分。其不稳定在于，这种双语双文化建构在本质上是少数民族语言文化“熔入”主流语言文化历史过程中的一个过渡时期，若不能对其进行合理科学的引导，可预见的最终结局便

是少数民族语言文化的消亡。所以，少数民族双语双文化建构的优势与弊端并存。

（二）少数民族双语背景下的第三语言教育

改革开放以来，日趋完善的全球经济一体化进程，拉近了地域间的距离，淡化了族际、国际间的界限，人才的现代化和国际化特征日益凸显。2001 年国家教育部决定在民族地区加强外语教学，把英语课作为 21 世纪初基础教育课程改革的重要内容。部分少数民族学校从小学开始开设外语课程，有些民族学校从初中开始提供外语教育，确立了民、汉、外三种语言教育的课程体系，为少数民族三语人才的培养，为每一个少数民族学生拥有三种语言能力，提供了政策和教育体系上的保障。从此，少数民族人才面临的已不仅是民族语言、汉语的双语教育，实际上他们面临的是三语教育，即民族语言、汉语和外语教育问题。少数民族地区要与时代同步发展，就必须正视三语教育现实，重视外语教育，开发少数民族多元语言文化人才资源。

我国少数民族外语教育是全国外语教育体系中的一个组成部分。各少数民族的外语教育作为这个组成部分中的各个分支，又形成了横向组合关系。我国少数民族外语教育的共同特点是在民汉双语双文化基础上开展外语教育。这个共性特点使得我国少数民族外语教育拥有不同于主流民族外语教育的特殊性。

从语言与教育的角度上，中国少数民族外语教育是民汉双语基础上的外语教育，即双语基础上的第三语言教育①，实际上是在母语教育和第二语言教育之后接踵而来的第三语言教育。民汉双语基础上的外语教育有两种语言系统的支持，即民语和汉语两种语音系统，两种词汇系统，两种语法系统。

从语言认知与语言习得层面上，中国少数民族外语教育是在学习者已具有的母语“习得”经验和第二语言“学习”经验基础上进行的第三语言教育。其特殊性体现在学习者的语言学习经验和认知潜能上②。民汉双语人不仅经历了母语的习得过程（相对于学习而言，这是一个无意识的自然成熟过程），而且也经历了第二语言学习过程（相对于语言习得，这是一个有意识的教育过程，是系统学习一种语言体系、语言规则，培养语言能力的过程）。

（三）少数民族三种语言教育定位

1. 基础教育阶段朝鲜族学校民、汉、外三种语言课时分配

就吉林省延吉市而言，2001 年 9 月份，延吉市普及了小学英语，除少数从三年级开设外，大多数学校都从小学一年级开始开设英语，从此开启了朝鲜族三语教

① 张贞爱：《朝汉双语人与英语教育》，载《延边大学学报（社会科学版）》，1998 年第 1 期，第 152－155 页。

② 张贞爱：《朝汉双语人与英语教育》，载《延边大学学报（社会科学版）》，1998 年第 1 期，第 152－155 页。

育时期。

2002年10月8日，中共延边州委、州人民政府颁布了《关于朝鲜族教育改革与发展的若干意见》（以下简称《意见》），指出“深化改革，努力提高朝鲜族教育教学整体水平”，“尤其要在‘双语’教育为重点的整体改革上实现新的突破”，“积极进行‘双语’教育改革，逐步实现朝鲜族学校教材、教学用语‘双语’化”；提出了“精化朝语，强化汉语，优化外语”的总的要求。“精化朝语”就是要改变和克服原朝鲜语文课程内容“繁、难、偏、旧”以及与汉语教材重复的现象，改进教学过程和方法，使学生学得精，学得实用。汉语是朝鲜族学生终生学习、生存和发展中必须熟练掌握的语言学科。“强化汉语”就是应致力于汉语教材改革和教学改革，改变学习方式，实施部分学科用汉语授课，积极创设校内外良好的语言环境，注意学生实际运用汉语的能力。外语是学生学习所需的必修学科，学习外语是面向世界、面向未来的需要。“优化外语”，要优化外语语种结构，优化学习外语的语言环境，拓展学生接触外语读物条件和渠道，规范教学行为，提高教学质量。

在《意见》的指导下，2002年延吉市朝鲜族中小学英语、汉语（文）、朝鲜语的课时分配如下：

表1

	小学（周课时）						初中			高中		
	一	二	三	四	五	六	一	二	三	一	二	三
英语	3	3	3	4	4	4	5	5	6	5	5	6
汉语（文）	6	6	6	6	6	6	6	5	5	4	4	4
朝鲜语	6	5	5	4	4	4	4	4	4	3	3	3

注：小学每课时为40分钟，初中、高中每课时为45分钟。

从表1中可以看出，小学阶段，朝鲜族学校英语课时一至三年级均为3课时/周，四至六年级均为4课时/周；汉语课时朝校一至三年级为6课时/周；四至六年级朝校和汉校均为6课时/周；朝鲜语课时，小学阶段一年级为6课时/周，二、三年级为5课时/周，四至六年级为4课时/周。

初中阶段，朝校英语课时一至二年级均为5课时/周，初三为6课时/周；汉语课时初一为6课时/周，初二至初三为5课时/周；朝鲜语课程一至三年级均为4课时/周。

高中阶段，英语课时一至二年级为5课时/周，三年级为6课时/周。汉语课时，一至二年级为4课时/每周，朝鲜语课时三个年级均为3课时/周。

可以看出，朝鲜族学校，从小学一年级至高中三年级，英语课时比例呈逐年上升趋势，而朝鲜语课时比例呈逐年下降趋势，汉语课时比例从小学一年级至六年级一直保持42.8%的比重，从初一开始呈逐年下降走势。图1为朝鲜族学校中三种语言课程课时比例的变化图。

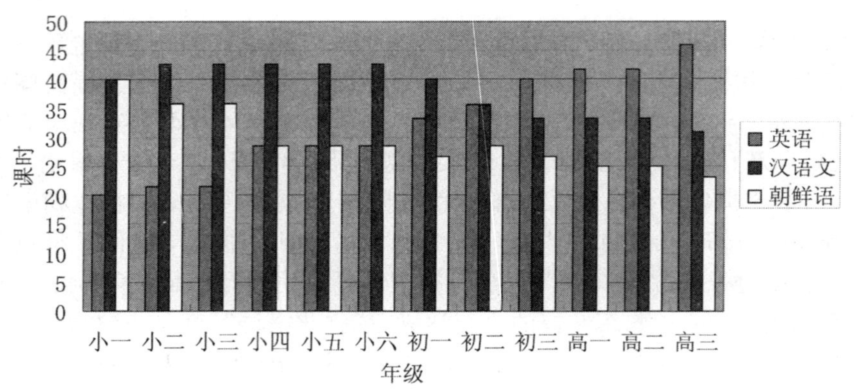

图 1　2002 年朝鲜族学校中三种语言课程间的课时比例

经过三年的实践证明，朝鲜族小学从一年级开始同时开设三种语言课程不合适，会造成学生学习负担过重。所以在 2004 年，吉林省对朝鲜族义务教育课程计划作出了调整，将开设英语课程的起始年级修改为小学三年级。表 2 为 2004 年朝鲜族学校小学阶段三种语言课时分配情况及各个语言所占的课时比例。

表 2　2004 年朝鲜族小学阶段三种语言课时分配情况及课时比例

		年级					
		一	二	三	四	五	六
英语	周课时			3	3	3	3
	年课时			108	108	108	108
	课时比例			20%	20%	20%	20%
汉语文	周课时	6	6	6	6	6	6
	年课时	216	216	216	216	216	216
	课时比例	50%	50%	40%	40%	40%	40%
朝鲜语	周课时	6	6	6	6	6	6
	年课时	216	216	216	216	216	216
	课时比例	50%	50%	40%	40%	40%	40%
语言课程总计		512	512	540	540	540	540
		3184					

从表 2 中可以看出，尽管 2004 年小学阶段学生语言课程的总课时数比 2002 年多 1024 课时（见表 2），但三种语言间的比例分配比 2002 年更为合理。

此后，延边州所有朝鲜族学校均从小学三年级开始开设英语课。2009 年延吉市朝鲜族中小学中三种语言课程的课时分配情况见表 3。

表 3　2009 年朝鲜族中小学三种语言课程的课时分配情况（周课时）

	小学						初中			高中		
	一	二	三	四	五	六	一	二	三	一	二	三
英语			2	2	3	3	4	4	4	6	6	6
汉语（文）	7	7	5	5	5	5	5	5	5	4	4	6
朝鲜语	7	7	6	5	5	5	4	4	4	4	4	4

注：小学每课时为 40 分钟，初中、高中每课时为 45 分钟。

从表 3 中可以看出：小学阶段，朝鲜族学校的英语课时三、四年级为 2 课时/周，五、六年级为 3 课时/周；汉语课时，朝鲜族学校一、二年级为 7 课时/周，三至六年级为 5 课时/周；朝鲜语一、二年级为 7 课时/周，三年级为 6 课时/周，四至六年级为 5 课时/周。

初中阶段，初一至初三，英语 4 课时/周，汉语（文）5 课时/周；朝鲜语课程一至三年级均为 4 课时/周。

高中阶段，英语课时一至三年级均为 6 课时/周，汉语课时一至二年级为 4 课时/每周，三年级为 6 课时/周。朝鲜语课时三个年级均为 4 课时/周。

从表 3 中可以看出，朝校从小学三年级至高中二年级，英语课时比例呈逐年上升趋势，但到了高三有所下降；朝鲜语课时比例呈逐年下降趋势，汉语课时比例呈波动走势。图 2 为朝鲜族学校三种语言课程课时比例的变化图。

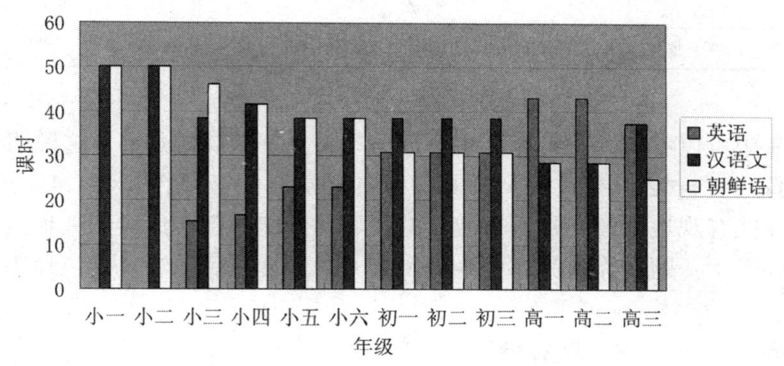

图 2　2009 年朝鲜族学校中三种语言课程课时比例的变化图

2. 高考中的语言考试科目设置及分数分配状况

2003 年公布的《延边朝鲜族自治州自治条例》中第五十五条规定："自治州内朝鲜族中、小学校，要加强朝鲜语文和汉语文教学及外国语教学，为学习使用多种语言文字奠定基础。"

第五十六条规定："自治州内高等院校、中等专业学校入学考试时，各民族考生可以用本民族语言文字答卷。用朝鲜文答卷的考生，语文考试应当包括朝鲜语文和汉语文。"

根据本规定，延边朝鲜族自治州内的中、高考语言考试科目分为汉语文和英语，其中英语150分，汉语文150分（包括汉语和朝鲜语，各占75分）。这为自治州内朝鲜族学生的多语能力发展奠定了基础。

综上所述，半个多世纪以来，在党的民族政策及民族教育政策的指引下，朝鲜族基础教育阶段三种语言教育教学已基本具备了制度化的发展模式。

（四）少数民族对三种语言教育的态度

随着少数民族三种语言教育的普及，涉及三语教育的研究也崭露头角。但关于少数民族师生对三语能力及三语教育的态度研究却不是很多。作为三语教育的教育者和受教育者，他们对三种语言能力和三语教育的态度将直接影响着三语教育的质量和推广。因此，2007年8－9月间，笔者对延边州部分朝鲜族中学的部分教师和学生做了问卷调查。以下是有关朝鲜族学生对三语教育认同态度的相关问卷分析。

1. 朝鲜族学生对三语教育的整体认同

学生问卷第三题：你认为你是（　　　）

A 愿意学习民、汉、外三种语言

B 应该学习民、汉、外三种语言

C 必须学习民、汉、外三种语言

表4

民族	学校名称（有效卷）	第三题					
		A		B		C	
朝族	延边一中＋龙井市高中（189）	42	22.22%	70	37.04%	77	40.74%

从表4中可以看出，朝鲜族学生所选的答案比率最高的是C，这说明学生对三种语言教育持有肯定态度，认识到了三种语言学习的必要性。40.74%选择了C，说明朝鲜族能客观地理解三种语言教育的必要性，能够理性地接纳三种语言教育。

学生问卷十一题：你认为作为少数民族人才，具有民、汉、外三种语言能力是（　）

A 优势　　　　　　　B 劣势

表5

民族	学校名称（有效卷）	十一题			
		A		B	
朝族	延边一中＋龙井市高中（195）	183	93.85%	12	6.15%

从表5的选项结果上看，93.85%学生认为具有民、汉、外三种语言能力是一种优势，这说明少数民族学生对三语人才有客观和稳定的认识，并在潜意识中有一种崇尚和追求。而只有6.15%的学生认为这是劣势。通过个别访谈得知，这部分学生回

答问题时，心存顾忌，即三种语言学好了是优势；学不好，不如不学三种语言。

学生问卷十二题：你认为你可以成为三语或多语人才吗？（ ）

A. 是　　　　　B. 否

表 6

民族	学校名称（有效卷）	十二题			
		A		B	
朝族	延边一中 + 龙井市高中（196）	178	90.82%	18	9.18%

从表 6 中可以看出，超过 90.82% 的朝鲜族学生均认为他们可以成为三语或多语人才。同时也说明了少数民族学生对三语教育和对自己已有的三种语言能力持一种肯定、积极的态度，对拥有三语能力有自信和决心。但 9.18% 的学生选了“否”。通过访谈得知，他们对自己缺乏自信，对成为三语人才的难易程度有所意识，认为成为三语人才难度高，自动放弃。

综上所述，大部分朝鲜族学生对他们所接受的三种语言教育持肯定态度，能够理性地接纳三种语言教育，认为自己可以成为三语人才。

2. *朝鲜族学生对三种语言间内在联系的认同*

我国少数民族的外语教育，实质上是民汉双语基础上的外语教育①。民、汉双语基础上的外语教育是指具有自己民族语言和文字，同时拥有本民族基础教育阶段学校教育体系的我国少数民族外语教育的共性特征。当目的语为英语时，就称其为双语基础上的英语教育。在基础教育阶段，大部分少数民族学生是在熟练使用母语和第二语言——汉语的情况下开始学习英语的，因此，在英语学习过程中，民汉双语人有两种语言系统的支撑，即民、汉两种语音系统，两种词汇系统，两种语法系统的支撑。问卷调查的结果充分证明了，民汉双语人在英语学习过程中自觉不自觉地利用原有民、汉两种语言知识作支撑。

学生问卷第五题：英语元音学习过程中，在你脑海中出现的参照语言是（ ）

A. 民语　　　　B. 汉语　　　　C. 民汉双语　　　　D. 没有参照语言

表 7

民族	学校名称（有效卷）	第五题							
		A		B		C		D	
朝族	延边一中 + 龙井市高中（196）	45	22.96%	60	30.61%	63	32.14%	28	14.29%

学生问卷第六题：英语辅音学习过程中，在你脑海里出现的参照语言是（ ）

① 张贞爱：《朝汉双语人与英语教育》，载《延边大学学报（社会科学版）》，1998 年第 1 期，第 152－155 页。

A. 民语　　　　B. 汉语　　　　C. 民汉双语　　　　D. 没有参照语言

表 8

民族	学校名称（有效卷）	第六题							
		A		B		C		D	
朝族	延边一中 + 龙井市高中（196）	35	17.86%	72	36.73%	51	26.02%	38	19.39%

表 7 和表 8 中，大多数朝鲜族学生在学习英语元音和辅音系统时，都会利用原有语言中的语音知识做支撑，如英语语音系统同母语接近，则选择母语为参照语言；如同汉语接近，则选择汉语；或者利用民、汉语做双支撑。这种选择支撑语言的过程也是学生潜意识中在三种语言间的对比过程。较之单语基础上学习英语的学生，少数民族学生民汉双语基础上的外语学习因有两种语言系统的支撑而更具有优势。

问卷第七题：英语词汇学习过程中，在你脑海里出现的参照语言是（　）

A. 民语　　　　B. 汉语　　　　C. 民汉双语　　　　D. 没有参照语言

表 9

民族	学校名称（有效卷）	第七题							
		A		B		C		D	
朝族	延边一中 + 龙井市高中（196）	26	13.27%	72	36.73%	62	31.63%	36	18.37%

从表 9 中可以看出，大多数朝鲜族学生在学习英语词汇时，会利用民汉双语或汉语做参照语言。这说明，民语和汉语的词汇系统对外语词汇学习起着支撑作用，既可以产生正向迁移作用。

学生问卷第八题：英语基本句型学习过程中，在你脑海里出现的参照语言是（　）

A. 民语　　　　B. 汉语　　　　C. 民汉双语　　　　D. 没有参照语言

表 10

民族	学校名称（有效卷）	第八题							
		A		B		C		D	
朝族	延边一中 + 龙井市高中（196）	15	7.65%	88	44.90%	44	22.45%	49	25%

表 10 中，B、C 选项所占的比例最高。这说明，朝鲜族学生在英语基本句型学习过程中同样会参照已有的语言知识。

学生问卷第九题：英语写作时，你用什么语言进行文章构思？（　）

A. 民语 – 英语　　B. 汉语 – 英语　C. 民语 – 汉语 – 英语

D. 汉语 – 民语 – 英语　　　　　　E. 英语

表 11

民族	学校名称（有效卷）	第九题									
		A		B		C		D		E	
朝族	延边一中 + 龙井市高中（196）	18	9. 19%	131	66. 84%	22	11. 22%	11	5. 61%	14	7. 14%

从表 11 中的选项结果来看，朝鲜族学生中的大多数在英语写作时主要以汉语为构思语言，进行汉→英语码转换。这说明，朝鲜族学生在语篇写作时同样会借助民语和汉语来构思。

综上所述，朝鲜族学生在学习第三语言的语音、词汇、语法和写作时，都会借助已有的民语和汉语知识来支撑，下意识地将三种语言联系起来学习。那么如何合理建立三种语言之间的关系，有效促进第三语言的学习？这对教师的能力和素质提出了特殊要求。

3. *少数民族学生对外语教师能力的需求*

学生问卷第十题：你认为懂得民汉两种语言的少数民族学生的外语教师应该是（　）

A. 只懂汉语的汉族外语教师

B. 只懂民语的少数民族外语教师

C. 懂得民汉两种语言的少数民族外语教师

D. 懂得民汉两种语言的汉族外语教师

表 12

民族	学校名称（有效卷）	第十题							
		A		B		C		D	
朝族	延边一中 + 龙井市高中（195）	12	6. 15%	1	0. 51%	95	48. 72%	87	44. 62%

从表 12 中可以看出，选择 C 的比例最高。这说明大多数朝鲜族学生还是希望自己的外语老师是兼通民汉双语的。这些学生或许说不清楚自己为什么一定需要民汉兼通的外语老师。但他们对师生间的文化认同、情感距离、语言距离的感觉还是准确的。他们认为，和自己一样民汉兼通的外语老师最起码能保证师生间有效的沟通，而且教师也能够更准确地理解学生是如何学习三种语言的。就外语教育而言，尽管这只属于语言因素以外的教育环境因素，但对有效的教育而言是不可忽略的重

要因素。

4. 朝鲜族教师对三语教育的认同

作为三语教育的实施主体之一，外语教师对三语教育的态度将直接关系到三语教育的质量。因此，笔者通过问卷调查，获得了关于外语教师对三语教育看法的一手数据，以下是问卷调查分析。

（1）朝鲜族外语教师对三种语言内在联系的认同

教师问卷第十三题：您认为学生已有的民族语言对汉语学习有帮助吗？（包括您自己在内）（ ）

A. 有很大帮助　　B. 帮助大于负面影响

C. 负面影响大于帮助　　D. 没有帮助，只有负面影响

表 13

民族	学校名称（有效卷）	第十三题							
		A		B		C		D	
朝族	长春朝中＋ 延吉三中（68）	31	45.59%	22	32.35%	11	16.18%	4	5.88%

从表 13 中可以看出，认为已有的民语知识对汉语学习具有正向作用的教师占绝大多数。这说明第一语言的学习经验和知识结构对第二语言学习有着正面影响，即“正迁移”大于“负迁移”。

教师问卷第十四题：您认为学生已有的民族语知识和汉语知识对他们的外语学习起什么作用？（ ）

A. 只有正面作用　　B. 只有负面作用

C. 没有任何作用　　D. 既有正面作用，又有负面作用

表 14

民族	学校名称（有效卷）	第十四题							
		A		B		C		D	
朝校	长春朝中＋ 延吉三中（64）	20	31.25%	2	3.12%	3	4.69%	39	60.94%

教师问卷第十六题：您认为少数民族学生的民族语学习经验和汉语学习经验对他们的外语学习产生何种作用？（ ）

A. 正面作用　　B. 正面作用大于负面作用

C. 负面作用大于正面作用　　D 负面作用　　E 不产生作用

表 15

民族	学校名称（有效卷）	第十六题									
		A		B		C		D		E	
朝校	长春朝中＋延吉三中（66）	24	36.36%	29	43.94%	5	7.58%	4	6.06%	4	6.06%

表 14 中，选择答案 B 的比例接近于 0%。【表 15】选择答案 D 和 E 的比例少于 7%。这说明大部分少数民族能够对民汉双语基础上的外语教育持客观的态度并予以认可。

教师问卷第十八题：您认为民族语、汉语和外语，这三种语言教育是否有内在联系？（　）

A. 没有　　　　B. 似有似无　　C. 有

表 16

民族	学校名称（有效卷）	第十八题					
		A		B		C	
朝校	长春朝中＋延吉三中（67）	7	10.45%	5	7.46%	55	82.09%

从表 16 中可以看出，77% 以上的教师认为民语、汉语和外语教育有着内在的联系。这说明，少数民族外语教师在教学中，已经意识到了三种语言之间存在内在联系，应帮助学生合理建立联系，利用已有的两种语言促进第三语言（外语）的学习。

（2）朝鲜族外语教师对自身能力的要求

教师问卷第二十题：您认为在基础教育阶段，民汉双语学生的最佳外语教师应该是（　）

A. 外籍教师（只有外语）

B. 同民族的外语教师（民汉双语＋外语）

C. 汉民族的外语教师（汉语＋外语）

表 17

民族	学校名称（有效卷）	第二十题					
		A		B		C	
朝族	长春朝中＋延吉三中（66）	6	9.09%	44	66.67%	16	24.24%

从表 17 中可以看出，朝鲜族教师中超过半数的教师选择了 B 项。这说明，大多数朝鲜族外语教师认为民汉双语学生的最佳外语教师应该是兼通民汉双语的教师。这与上述学生的需求达成了一致。

综上所述，从以上调查问卷中可以看出，朝鲜族学生和教师对三语教育整体上持认可态度，承认三种语言间存在内在联系，并在潜意识中利用已有的两种语言知识和学习经验支撑第三语言（外语）的学习。在这种情况下，就需要民汉兼备的外语教师来正确引导学生，合理建立三种语言间的联系，有效促进第三语言的学习。

调查数据统计分析结果也说明，朝鲜族学生对三语教育和三语能力培养普遍具有了理性的、客观的和正确的认识，绝大部分学生认为自己应该懂得民语、汉语和外语，主观上愿意接受这种教育，把自己培养成具有三种语言能力的人。“多元一体”的时代特征比以往任何时候都需求大量的多语人才，这赋予了少数民族多语人才以更强的竞争力和更大的自信心。

（五）结论

全球范围的“一体多元”给人类文明带来了全新的发展契机。“全球经济一体化”示意着人才概念的国际化；“多元文化并存”需要多种语言能力者架起沟通的桥梁和交流的平台。因此，在当今国际舞台上，多语能力是最具竞争力的人才特征之一。在这全新的发展时期，我国少数民族双语双文化建构是天然的人力资源宝库，为培养三语或多语能力者提供了不可多得语言基础。

三语教育是我国少数民族发展的必由之路，是少数民族教育教学改革中的新的创建，新的尝试。构建适合少数民族自身语言文化建构特征的三种语言教育体系是一项非常复杂的系统工程。它应以少数民族教育理论体系为基础，既要遵守一般教育规律，又要遵守特殊教育规律；既要遵守语言习得与语言运用规律，又要顾及三语之间的内在联系；既要考虑学习者的语言习得经历、语言学习能力、知识结构，又要建设具有三种语言教育理念的教师队伍。

全球化背景下的少数民族三语教育必将使我国少数民族教育迈上新台阶，为少数民族培养多元语言文化人才提供教育平台，使少数民族更快更好地适应当今世界多元文化环境。

参考文献：

[1] Cenoz, J., Hufeisen, B., Jessner, J. (2001). *Cross – linguistic influence in third language acquisition.* Multilingual Matters Ltd.: Cleverland.

[2] Cook, V. (1992). *Evidence for multi – competence. Language Learning*, 42 (4): 557 – 591.

[3] 张贞爱：《朝汉双语人与英语教育》，载《延边大学学报（社会科学版）》，1998 年第 1 期，第 152 – 155 页。

[4] 张贞爱：《朝汉双语人的英语教育潜能所在——中小学英语竞赛试卷探析》，载《延边大学学报（社会科学版）》，2000 年第 4 期，第 72 – 75 页。

[5] 张贞爱、安丰存：《双语基础上英语教育的起始阶段研究》，载《延边大

学学报（社会科学版）》，2001 年第 4 期，第 73－77 页。

[6] 张贞爱等：《中国朝鲜族英语教育研究》，延吉：延边大学出版社，2004 年。

[7] 张贞爱：《少数民族多语人才资源开发与三种语言教育体系构建》，载《延边大学学报（社会科学版）》，2007 年第 6 期，第 71－74 页。

[8] 张贞爱：《中国朝鲜族英语教育研究综述》，载《延边大学学报（社会科学版）》，2008 年第 6 期，第 71－77 页。

[9] 张贞爱：《北方少数民族师生三语教育认同研究——以维吾尔、蒙古、朝鲜、哈萨克族师生为例》，载《民族教育研究》，2012 年第 1 期，第 16－23 页。

[10]《延边朝鲜族自治州自治条例》，2003，第五十五条。

[11]《中国的民族区域自治》白皮书（全文）。

[12] 中华人民共和国国家通用语言文字法，第二条。

[13] 中华人民共和国民族区域自治法，第三十七条第三款。

[14] 中华人民共和国宪法，第四条。

作者简介：张贞爱，女，朝鲜族，延边大学外国语学院，教授，英语教育研究所所长，博士生导师，研究方向为少数民族英语教育，多语对比，语言习得，形式句法学。温丽婷，女，汉族，延边大学外国语学院英语语言文学专业博士研究生，研究方向为形式句法学。

二、黑龙江省朝－汉双语教育学生语言背景探析

中国朝鲜族百余年来通过双语教育卓有成效的培养了大批朝汉双语人才，是我国少数民族双语教育的典型代表。自改革开放以来，市场经济浪潮推动了朝鲜族社会经济产业结构转型，向海内外大量输出劳动力，加快了朝鲜族城市化的脚步。与此同时，朝鲜族社会面临着由人口流动和低出生率带来的人口减少、空巢家庭及留守儿童增多、传统文化传承艰难等困境，造成了朝鲜族教育生源萎缩、教师流失、资金投入不足、传统文化教育匮乏等诸多困难，在一定程度上削弱了朝鲜族基础教育，成为朝鲜族中小学双语教育实施与发展面临的重大挑战。在此背景下，为深入了解黑龙江省“朝－汉双语教育”[①] 现状，课题组采用教育人类学的田野调查法，反复深入黑龙江省哈尔滨、牡丹江两个地区的朝鲜族中小学展开调查，以期掌握朝鲜族散居区双语教育发展的新动态。

① 本节中的朝汉双语教育是指以朝鲜语和汉语进行学科教学的朝鲜族中小学的教育体制。具体说来，是指黑龙江省朝鲜族中小学实施的朝鲜语、汉语两种语言教学，另外，朝鲜族中小学开设的三语、四语教育（朝鲜语文、汉语文、英语、日语）亦包含在本研究的范围之内，以真实反映朝鲜族中小学双语教育随着社会发展而出现的新变化、新特点。

（一）黑龙江省朝汉双语教育现状调查

本研究中参加问卷调查的学生来自哈尔滨和牡丹江两个地区的15所中小学校，小学生489名，其中朝鲜族441名，占90.2%，汉族及其他（韩国籍、满族）19人，占3.9%；中学生474名，其中朝鲜族383名，占80.8%，汉族及其他（韩国籍、满族）91人，占19.2%；参与问卷调查的教师共123名，来自黑龙江省的17所朝鲜族中小学，其中朝鲜族108人，占87.6%，汉族及其他少数民族15人，占12.4%。

（二）黑龙江省朝鲜族中小学双语教育概况

截至2009年，黑龙江省有朝鲜族学校87所，其中小学39所、初中31所、高中17所，学生18203人，教师2211人。① 目前，黑龙江省朝鲜族中小学均实施朝鲜语文授课加授一门汉语课，再设一门外语课（日语或英语）的双语教育模式。

（三）黑龙江省朝鲜族中小学学生的语言背景

学生的语言背景是双语教育如何实施的依据，本研究主要从学生的第一语言、在家庭和学校的语言使用情况、语言态度三个方面展现黑龙江省散居区朝鲜族中小学学生的语言背景。

1. 学生的第一语言

第一语言是指个体出生以后首先获得的语言，② 又称为母语。但是，当一个人从小就不在自己的本族语言环境中长大时，他可能不会或不甚懂自己的母语，却习得了其成长环境中的外族语时，那么外族语就是他的第一语言，或者同时获得本族语和外族语，那么就称为“多语第一语言”。③ 黑龙江省朝鲜族散居区的很多朝鲜族儿童从小首先学会汉语，可称汉语为他们的第一语言，随后因接受双语教育才学习的朝鲜语，就称之为第二语言。如表1所示，中学生的第一语言为朝鲜语的比例高于小学生，但是第一语言是汉语的比例远低于小学生，说明随着时间的推移，黑龙江省朝鲜族学生自幼习得民族语言的比例逐渐降低，汉语及以汉语为主的汉朝双语逐渐代替本族语成为朝鲜族年轻一代的第一语言。

表1　中小学生第一语言习得情况

学生类别	各项指标所占百分比（%）			
	朝鲜语	汉语	朝汉双语	其他④
小学生	33.3	38.6	27.6	0.4
中学生	50.5	16.0	33.7	.0

① 朴泰秀：《黑龙江省朝鲜族中小学双语教学情况及原则问题探讨》，载《黑龙江民族丛刊》，2010年第5期。

② 哈经雄、滕星：《民族教育学通论》，北京：教育科学出版社，2001，第201页。

③ 哈经雄、滕星：《民族教育学通论》，北京：教育科学出版社，2001，第201页。

④ 主要是韩国籍学生，上学前先学会韩语。

2. 学生在学校及家庭的语言使用情况

中小学生在家庭和学校的语言使用情况统计数据显示（见表2），接近60%的中小学生在家庭中使用朝鲜语和以朝鲜语为主的朝汉双语，60%以上的中小学生在学校使用汉语和以汉语为主的朝汉双语。由此可以大致估计，目前，黑龙江省朝鲜族中小学的朝鲜族学生所处的家庭语言环境以朝鲜语为主，学校语言环境以汉语为主，并且学校语言环境的汉化程度从小学到中学呈现上升的趋势。

表2　小学生在家庭和学校的语言使用情况统计表

学生类别	环境	各项指标所占百分比（%）			
		朝鲜语	朝汉混用，以朝鲜语为主	汉语	朝汉混用，以汉语为主
小学生	学校	15.1	16.8	36.0	31.1
	家庭	30.9	27.8	17.8	22.3
中学生	学校	21.1	17.1	36.5	24.5
	家庭	32.7	22.4	30.0	15.0

3. 学生的语言态度

语言态度是指“人们对自己语言或他人语言的感情”。① 朝鲜族中小学学生对所学语言的态度往往决定其学习动机的强弱。图1显示60%以上的中小学生认为朝鲜语和汉语“同样有用”，说明尽管身处汉语的社会功能大于朝鲜语的散居区，但是多数学生并没有唯汉语独尊，而是体现出双语并重的认知观念，此种语言态度成为朝汉双语教育顺利实施的重要思想基础。

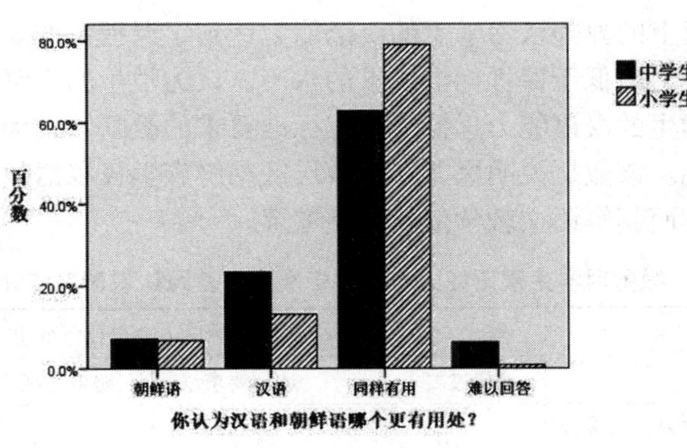

图1　中小学生对语言功用的认知

① ［英］戴维·克里斯特尔编：《现代语言学词典》，北京：商务印书馆，2000，第198页。

（四）黑龙江省朝汉双语教育课程实施现状调查

1. 学生对双语教育课程的态度

学生学习双语课程的难易度和对双语课程的喜欢程度是展示双语教育实施现状的直观方式。将表3统计的数值从高到低排列，发现小学生最喜欢的课程是朝鲜语文、其次是汉语、最后是英语，他们认为学习英语最困难，朝鲜语文和汉语学习的困难程度相当。可见小学生对课程的喜欢程度与该课程学习困难程度成正比。中学生最喜欢的语言课程是朝鲜语文，其次是汉语，再次是日语，最后是英语；课程学习困难程度从高到低依次是英语、日语、朝鲜语文、汉语。进一步调查得知，中学生认为自己最喜欢朝鲜语文课的原因是“我是朝鲜族”、“朝鲜语是我们的民族语言”、“朝鲜语是我们的母语”……，说明处于世界观人生观初步建立阶段的中学生已形成较成熟的民族认同感，是朝鲜族学生学习民族语言的重要动力。

表3　学生对语言类课程的喜欢程度和学习困难程度统计表

课程类别		各项指标所占百分比（%）			
		朝鲜语文	汉语	英语	日语
喜欢程度	小学生	33.7	33.3	32.9	——
	中学生	26.9	25.9	24.9	22.3
学习困难程度	小学生	33.0	33.0	34.0	——
	中学生	26.2	26.0	26.6	26.4

2. 朝汉双语教育效果

表4中半数以上的教师认为学生的汉语能力达到了课程标准要求的水平，认为学生的朝鲜语文能力略低于课程标准要求的水平，认为学生的朝鲜语能力超过课程标准要求和认为学生的汉语能力远低于课程标准要求的教师数均为零，这两个认识形成了鲜明的对比。该数据说明黑龙江省散居区朝鲜族学校双语教育的汉语教学取得了一定的效果，而朝鲜语文教学依然任重道远。

表4　教师对学生双语能力与课程标准要求差距认识情况统计表

问题题目	各项指标所占百分比（%）			
	超过要求	达到要求	略低于要求	远低于要求
您认为学生的朝鲜语能力达到课程标准要求的水平了吗？	.0	41.2	54.9	3.9
您认为学生的汉语能力达到了课程标准要求的水平了吗？	5.9	70.6	23.5	.0

（五）黑龙江省朝汉双语教育现状的文化生态环境分析

上文在黑龙江省朝鲜族中小学双语教育现状调查中反映出的这些问题的根源在哪里？如何正确认识朝鲜族双语教育发展中面临的这些问题？文化生态学理论可以

为我们提供有益的借鉴。

1. 文化生态学的界定

自从20世纪50年代美国人类学家、著名的新进化论者朱利安·斯图尔德首次提出“文化生态学”的概念以来，文化生态学理论广泛受到国内外专家学者的青睐。概括地说，文化生态学主张社会、文化和环境都是生态圈的一部分，强调文化与环境之间相互的影响以及生态系统内部各种因素的互动和彼此协调的关系，主要分析和研究各种文化生态环境及生态因子对文化的作用和影响。

借助文化生态学研究作为生态环境要素的文化与教育之间的关系，有利于我们考察不同文化区域下的教育差异。斯图尔德指出：“具体文化形式是对具体的生态环境适应的结果，各种文化只能根据它与‘小生境’的关系来评价，不存在什么统一的标准。”①因此，探讨黑龙江省朝汉双语教育必须立足于其所处散居区的具体文化生态环境特点，在其文化生态环境中各种要素互动的动态关系中才能准确理解和把握散居区朝汉双语教育的特点和问题。

2. 黑龙江省朝汉双语教育所处的文化生态环境分析

从文化生态学视角看待黑龙江省朝汉双语教育现状，必须将其置身于散居区的社会文化生态环境，本研究是从社会经济、语言生态环境、社会文化心理、教育资源四个方面分析黑龙江省朝汉双语教育所处的少数民族散居区文化生态系统。

（1）朝鲜族社会经济对朝鲜族中小学双语教育的影响

黑龙江省朝鲜族散居区的社会环境历来是以汉语为主的语言文化生态环境，朝鲜族成员在工作、购物等日常生活中与汉族交往频繁，多数生活在散居区的朝鲜族学生自幼习得汉语。随着改革开放的深入，越来越多的散居区朝鲜族儿童学前已较好地掌握汉语，相比之下掌握民族语言的学生数量急剧减少，相当多的学生因为民族语言的障碍流失到汉族学校，接受双语教育的朝鲜族学生数量一度大幅减少。进入21世纪以来，中韩两国的经济交流日益活跃，韩国文化对中国社会产生了强大的吸引力，国内学习韩国语的人数大增。这不仅提升了国内朝鲜族的民族自觉性和自豪感，也在一定程度上抑制了朝鲜语文使用环境缩小的倾向。越来越多的朝鲜族家长将孩子送进朝鲜族学校学习本民族语言，部分学校开办了以朝鲜语零起点的汉族学生为主的汉族班，有效稳定了朝鲜族学校生源。此外，朝语热不断萎缩的民族图书出版业重获生机，保证了双语教育教材的编写出版工作。

（2）语言生态环境对朝鲜族中小学双语教育的影响

语言生态环境与使用一种或多种语言的人口结构相关，其中，主要包括语言人口数量、质量与分布三个方面。首先，黑龙江省使用朝鲜语言文字的朝鲜族人口大量减少。据人口普查数据，1990年黑龙江省朝鲜族人口占全国朝鲜族人口的23.61%，2000年占朝鲜族总人口的20.19%，十年间降低了三个百分点。除了人

① Steward. J. H. *Theory of Culture Change*: *The Methodology of Multilinear Evolution*, Illinois University Press, 1955.

口出生率下降之外，不断迁居内地和移居韩国也是本地朝鲜族人口呈现负增长态势的重要原因。散居区使用民族语文的朝鲜族成员数量不断减少，民族语文的语言生态环境十分脆弱。其次，散居区朝鲜族师生的朝鲜语文能力显著下降。在处于强势地位的汉语和汉文化的影响下，散居区越来越多地出现朝鲜族子女不懂民族语言的现象。使得散居区的汉语教学相对轻松，朝鲜语文教学日益困难，甚至出现朝鲜语文像“外语”的尴尬处境。最后，黑龙江省朝鲜族农村由于人口大规模流动造成传统的对聚居区的语言生态环境失衡。由于大量的朝鲜族农民外出经商和务工，村屯中使用朝鲜语的人口比例大大下降。从整体上看，无论在城市还是乡镇，朝鲜语文已代替过去的汉语文成为双语教育的重点和难点。

（3）朝鲜族社会文化心理对朝鲜族中小学双语教育的影响

民族文化决定了一个民族的思维方式、心理素质及精神规范，是其成员观念形成、转变的基本背景。各民族迥异的文化特征决定了文化传递中的传递者和受教育者在价值观、动机、认知、语言态度等方面的差异。首先，朝鲜语作为朝鲜族的母语，是民族成员人际交往、交流思想的重要工具，是维系朝鲜民族的纽带。迁居我国的朝鲜族经历百年、数代之后仍完好地保存了民族语言，这种强烈的民族语言传承意识，是朝鲜族双语教育的基本出发点。其次，朝鲜半岛文化在历史上与汉族交流频繁，深受汉文化的影响，高度认同汉文化。朝鲜族对汉文化的认同是其主动学习汉语文，并且双语教育富有成效的重要内驱力。最后，朝鲜族在生育观念上并不认为孩子生得越多越好，目前，多数朝鲜族家庭只有一个孩子，避免了其他一些民族由于人口增长过快而陷入的教育困境，有利于朝鲜族学校基础教育水平的提高。但是人口负增长造成的生源大量减少也给朝鲜族教育带来了难以解决的发展瓶颈。学生少，甚至没有学生已经成为部分朝鲜族学校被迫关闭的主要原因。

（4）教育资源对朝鲜族中小学双语教育的影响

正所谓“巧妇难为无米之炊”，教育资源对教育实施起着至关重要的作用。双语教育实施与成效受到教育资源的限制，经费、师生规模、教材等教育资源的匮乏会对双语教育的质量产生直接的影响。首先，黑龙江省朝鲜族学校的教育经费中国家财政性教育经费占绝大部分。朝鲜族学校反映国家下拨的办学经费以学生人数为基准，现实中朝鲜族学校生源少，此种经费拨付方式极不适合生源规模小的民族教育。其次，师生数量和结构对黑龙江省朝汉双语教育的影响巨大。朝鲜族学校经过布局调整后，截至2009年黑龙江省仅剩87所朝鲜族中小学，其中小学39所、初中31所、高中17所，学生18203人。目前，黑龙江省朝鲜族中小学的教师队伍中汉族教师和不能使用朝鲜语授课的朝鲜族教师已占相当比例，能够使用双语教学的教师数量逐年下降。对于散居区的朝鲜族学生而言，学校是他们学习和习得朝鲜语的主要环境，师资汉化严重显然不利于学生朝鲜语水平的提高。最后，双语教材尤其民文教材薄弱问题亟待解决。双语教材主要面临着以下问题：一是教材编写、印刷经费短缺。尤其是校本教材编写和印刷受编写力量和资金不足制约的现象非常突出；二是许多朝文教材是全国统编教材的翻译版，教材的文化背景与朝鲜族学生文化心理脱离；三是少数民族文字读物严重不足，难以满足学生的民族文字阅读需求。

综上所述，黑龙江省朝汉双语教育并不是一个孤立前行的个体，它的生存与发展置身于朝鲜族城市化的社会发展背景之中，其内部教育主体、教学过程、教育资源与文化生态环境中经济、文化、语言生态等各个因素形成了多元互动的关系，构成了朝鲜族双语教育的整个文化生态系统，只有不断调整和完善该系统的各组成要素，在整体的和谐、统一之中才能实现黑龙江省朝鲜族双语教育的均衡发展。

（六）进一步发展黑龙江省朝鲜族中小学双语教育的对策

在散居区多元文化的生态环境下，如何实施双语教育以实现传承民族传统文化和促进少数民族成员顺利融入主流社会的教育目的，这是摆在我国朝鲜族乃至世界各少数民族面前的一个共同问题。基于上文的分析，笔者在此探讨如何在各种生态因素的互动中保证黑龙江省朝鲜族学校双语教育所处的文化生态系统均衡可持续发展，使双语教育成为提高朝鲜族整体素质、推动朝鲜族社会不断向前发展的文化动力。

1. 完善双语教育政策法规与制度建设

黑龙江省朝鲜族学校普遍面临的双语教育办学资金不足、硬件设施落后、师资数量和结构失调、民文教材匮乏等问题归根结底有赖于民族教育相关政策法规的不断完善与落实到位。只有政府及各级教育主管部门严格落实各项民族教育政策，使民族学校经费投入制度化，保证民族教育专项补助经费专款专用，同时完善办学资金的多元筹措机制，充分利用社会各界资本发展少数民族双语教育。针对朝鲜族中小学双语师资紧张和结构失调的现状，提高教师的工资及福利待遇是稳定现有的优秀双语教师的重要途径。政府还应进一步加大对民族学校教师编制的倾斜力度，为民族学校补充合格的双语师资提供方便。另外，改进公务员考试和事业单位录用考试以及教师资格考试等此类社会考试政策，允许使用民族语文答卷，不断扩大、提高少数民族语言文字的使用范围和功用价值，以增强少数民族成员学习本民族语言文字的信心。

2. 重视与推动朝汉双语教材建设

充足、丰富、高质量的双语教育教材，是双语教育的重要物质和文化条件。黑龙江省朝鲜族散居程度高，缺乏民族语言的使用环境，学生的汉语水平普遍较高，但民族语言能力底子薄、基础差。对于黑龙江省朝鲜族中小学而言，建设符合本地区语言生态环境的双语教材是提高民族教育教学质量、稳定教学秩序、培养朝鲜族人才的一个关键因素。黑龙江省朝鲜族中小学的双语教育除依靠延边教育出版社编纂的适应不同程度的双语教材以外，还应充分重视校本双语课程对于提高双语教育质量的积极作用。应放弃建设校本课程与开发校本教材是“做样子”的错误思想，组织教师因地制宜地开发地方和校本双语教材，增强双语教材对本地区、本校学生的适用性，提高双语教育的效果。

3. 积极挖掘朝鲜族学校的优势，保障和稳定生源

尽管黑龙江省朝鲜族学校与本地区的汉族学校相比，在资金投入、硬件设施、学生规模、师资力量等方面存在一定的差距，但是朝鲜族学校有许多“人无我有”的优势，比如韩国语、日语教学可为学生提供更多的语言学习机会、小班额教学能够有效地保证每名学生的个性和全面发展，等。朝鲜族学校要想谋求更好的发展，不能局限于自身的劣势，必须积极转变办学思路，走一条依靠自身特色发展的新路子。例如，牡丹江地区朝鲜族 A 中学，自 2006 起开始招收汉族班学生，第一年招收学生 50 多名，随后几年稳定在 30 多名。这些汉族学生进入朝鲜族学校学习正是看中了朝鲜族学校教授韩国语的优势，为日后到韩国留学或增添就业砝码打下语言基础。牡丹江地区朝鲜族 A 中学开办的汉语班不仅扩大了学生规模，也提升了民族教育在当地的知名度。

4. 注重培养学生的语言实际运用能力

2003 年以来朝鲜族学校新编双语教材的陆续出版和新课程的实施，改变了以往朝鲜语文教材“繁、难、偏、旧”和以语言知识为中心内容、忽视语言运用能力等不足之处，坚持朝鲜语文学科的工具性和人文性；改变了原汉语教材重文轻语、识字量不足、阅读量少、内容陈旧的弊端，提高识字量、增设听说课、增加阅读量。双语教材的改革和新课程的实施给朝鲜族双语教育提供了难得的发展机遇。黑龙江省朝鲜族学生在入学前多已习得汉语，朝鲜语文的各项语言技能均明显弱于汉语。这与散居区以汉语为主的社会语言环境有莫大的关系。哈尔滨地区朝鲜族 A 小学校开创性的将朗读纳入到教学评价中，强化学生的双语口语训练，探索“先语后文”的新型双语教学模式，重点培养学生语言的实际运用能力。这应是少数民族散居区双语教育未来的发展趋势。

（七）结语

从文化生态学视角考察朝鲜族中小学双语教育，我们会发现其实质就是朝鲜族与所处的多元文化生态环境不断地互动协调的发展过程，如果双语教育的实施不能与文化生态环境中各个要素的变化相协调，必然导致双语教育所处的文化生态系统失衡，进而阻碍双语教育传承民族传统文化和促进民族社会现代化功能的实现。朝鲜族中小学双语教育作为一个重要的民族社会文化内容，要基于文化生态环境，立足于本民族优秀的传统文化，积极改进和适应社会变革带来的新的社会文化需要，不断地协调、变革与适应，促进民族社会各文化生态要素的均衡协调。朝鲜族中小学双语教育文化生态系统的良性发展是朝鲜族社会文化生态平衡的重要影响因素，它是建构朝鲜族富有生命力的文化生存机制的必经之路。

参考文献：

［1］朴泰秀：《黑龙江省朝鲜族中小学双语教学情况及原则问题探讨》，载《黑龙江民族丛刊》，2010 年第 5 期。

［2］哈经雄、滕星：《民族教育学通论》，北京：教育科学出版社，2001，第201页。

［3］［英］戴维·克里斯特尔编：《现代语言学词典》，北京：商务印书馆，2000，第198页。

［4］Steward. J. H. *Theory of Culture Change*: *The Methodology of Multilinear Evolution*, Illinois University Press, 1955.

作者简介：覃明，女，汉族，中央民族大学教育学院2012级博士研究生，研究方向是双语教育，教育学原理。

第四节　云南省双语教学现状与问题研究

一、云南省双语教学现状与问题探究

《中华人民共和国宪法》中明确规定“各民族都有使用和发展自己的语言文字的自由”。这表明中国政府充分尊重少数民族使用本民族语言和文字的权力，尊重少数民族学习和使用本民族语言文字的自愿选择权，倡导语言平等，消除语言歧视，促进民族团结和国家统一。这样的双语教育政策另一方面也鼓励少数民族学习国家通用语言文字，加强同国家各个民族沟通和交流的语言能力，了解其他非本民族的文化。而双语教学正是践行双语教育政策的教育活动，基本原则是根据民族地区的实际，尊重少数民族群众的意愿，因地制宜，分类指导。双语教学在民族教育体系中扮演着十分重要的角色，尤其是对于有本民族语言和文字的少数民族，双语教学质量的高低在很大程度上决定着其民族教育质量的高低。但是双语教学的质量在全国发展并不平衡，例如蒙古族和朝鲜族等少数民族已经形成从幼儿园到高中甚至到大学的比较完善的双语教育体系，推动着其整体教育质量的提高。但是，在西南地区一些有语言和文字的民族的双语教育体系并不完善。本节即以处于西南地区的云南省这样一个拥有24个少数民族的多民族省份的双语教学为例，从傣族和景颇族以及阿昌族这三个云南世居民族的双语教育的现状为例，研究云南省双语教学目前存在的主要问题，分析问题产生的原因，分析双语教学所受到的多重限制，为云南省的双语教育的发展提供一些对策和建议。

（一）云南省语言教育政策和双语教育简介

《云南省国家通用语言文字条例》根据《中华人民共和国国家通用语言文字法》结合该省语言文字工作的实际情况制定。此法于2005年1月1日正式实施。其中第二条写道，“在本省区行政区域内应当依据国家通用语言文字的规范和标准，推广普通话，推行规范汉字”，此外，第四条规定“各民族都有使用和发展本民族语言文字的自由”。2005年修订的《云南省德宏傣族景颇族自治州自治条例》

第五十一条中提到："自治州内以招收少数民族学生为主的民族小学，应当推行双语或者双文教学。普通中学和中等专业学校的民族班可以开设民族语文课程。"同时，第十九条规定，"自治州的自治机关在执行职务的时候，可以分别或者同时使用汉族、傣族、景颇族的语言文字及其他民族的语言。自治州的国家机关和事业单位的印章、牌匾同时使用汉族、傣族、景颇族的文字"。这都充分肯定了双语教育政策，对两种语言的学习遵从民族自愿原则。

根据以上政策法规，云南省一直在开展双语教育，从双语师资和教材上给予了配套保障。截至2007年，全省有双语单文教师10635人，其中，具有本科学历126人，专科学历2737人，中专学历6259人；双语双文教师2301人（其中具有本科学历24人，专科学历368人，中专学历1484人）。据2008年统计，云南省开展双语教学的有15个州市，74个县市，学校总数为4056所（其中双语双文学校893所，双语单文学校3163所），班数7612个（其中双语单文6505个，双语双文1107个），在校生157979人（其中双语双文在校生36508人，双语单文在校生121471人），双语教学学生总数157979人，占74个县市在校小学生2489662人的6.3%（其中双语单文学生占4.9%，双语双文学生占1.4%），双语教师总数9361人。截止2011年，"云南省已投入1600余万元用于少数民族语文教材的编译、审查和双语教师培训，先后编译审定了彝文、傣文等14个民族18个文种不同年级的民族文字教材300多种，免费发行到各民族地区'双语教学学校点'供学生使用，'双语'教师已占小学专任教师的5.2%"。[①]

但是，由于云南省是多民族聚居省份，一个班里经常有来自几个民族的学生，加上少数民族双语双文教师缺乏，为少数民族学生单独编班不具可行性。有的小学开设"双语实验班"，也就是"双语教学学校点"。如一些县城民族小学，开设的双语教学比较系统，在招聘教师时就会有明确规定，"双语双文教师要会讲民语，会写民文"，而对于村小或乡镇学校的教师则不作任何要求。但是，大多数教师并不具备使用两种或三种语言的教学能力，甚至连少数民族教师都使用汉语作为教学语言，从客观上来说，实施双语教学存在着一定的困难。

（二）个案素描下的双语教学现状

1. 双语教学模式

以德宏傣族景颇族自治州的傣族、景颇族和阿昌族的双语教学为例。双语教学模式基本属于双语教育的二类模式，即以汉语学习为主，加授一门民族语课程。其中因为云南省是多民族聚居省份，有的较少民族并无文字，所以双语教学模式又分为三小类模式，分别是"双语型"、"双语双文型"和"传承型"。"双语型"要求教师在教学过程中以汉语教学为主，用少数民族语言辅助教学。"双语双文型"则是在符合条件的小学，在四、五年级加授一门民文课。而"传承型"教学是为传

① 杨峥：《双语教育在读学生超16万》，载《云南日报》，2011年10月4日，第04版。

承少数民族文化而开展的一种民语教学模式，以民族语学习为主，汉语学习为辅。此类模式又相当于一类模式，即以民族语言文字学习为主，加授一门汉语学习课程。

以芒市风平镇那目小学的傣族双语教学为例。那目村的傣族平时以傣话为主，文字是“傣那文”。该小学学前班开设傣文，一、二年级不开设，三年级试点开设双语文（汉语文和民语文），四、五年级因为没有教材并不开设。而勐约乡的景颇族（勐约乡景颇族属于小山支系，所以民文课主要是景颇族的载瓦文）双语教学模式是，四、五两个年级开设民语民文课，四年级每星期开设一节，五年级每星期开设两节。而阿昌族是有语言没有文字的一个民族。以户撒阿昌族自治乡的明社小学为例。该小学按照县级政策要求，在 2005 年开设了“民语学前班”。目的是为了紧抓民族幼儿的汉语学习，重点解决学生的听说能力，尽早过语言关。但是明社小学并没有阿昌族教师，以前有几个汉族年轻教师初到学校时还有兴趣学几句阿昌语，但是时间长了，渐渐失去了学民语的兴趣。在学前班课堂上和日常与学生交流时，都是用汉语作为沟通语言。碰到很多学生都不会的词，教师说使用的是“翻译法”——让民语和汉语较好的学生翻译给双语不好的学生。但是笔者在课堂观察中并没有发现“翻译法”，因为教师讲课是按课本讲解，并没有安排时间和空间实施“翻译法”。所以，明社小学的双语班并没有实施双语教学，也不能称其为“双语班”。

综上来看，双语教学模式并未达成统一，各学校根据自己的情况各自为战，缺乏统一指导和监管，双语教学模式较为混乱。

2. 双语师资

从双语师资现状来看，双语双文教师所占教师整体比例并不高，与少数民族学生的比例并不成正比。县级教育部门在为学校招聘双语双文教师时，并未对村小双语教师的选拔专门定制定策，对双语教师没有单独设编，但是在招聘县级民族小学的双语教师时有较为特殊的政策，要求双语双文教师必须懂两种语言和文字。在培训双语教师时，缺乏相应的双语教育方面的培训政策和内容。在培养双语教师方面，在 2008 年前德宏师范专科学院还设有民文班，招收少数民族学生，开设民族语言类相关课程。但是后来不知为何原因该民族班被撤销。于是双语双文教师在培养上受到了一定的限制。一些教龄较长的双语双文教师正逐渐退居教学一线，而后续的双语双文教师不能及时补充，对云南省民族教育的发展十分不利。

3. 民文教材及评价

2008 年以前云南省还在出版民族文字教材，但是在 2008 年民族文字教材就不再出版，有条件的地区自己组织教研室编写，没条件的地区循环使用老教材（如勐约乡九年一贯制学校），或者干脆不再开设民文课程，如那目小学的四五年级就不再专门开设民文课（该校双语实验班除外）。缺乏教材给双语教学的实施带来了很大的困难。究其原因，州教育部门的领导认为，这是因为 2008 年实施免费义务教育之后，民文教材并不在国家提供的免费教材之列，因为资金等方面的限制，省里不再出版，交由州、县负责。但是县教育部门对民文教材的资金更是缺乏。缺少了统一的民文教材和双语教师，县级教育部门对双语教学则不能统一评估，只得由任课教师自出试卷，双语成绩并不计入小升初成绩。

4. 对双语教育的态度及评价

从不同群体对双语教学的态度上看，那目小学的校领导感到为难，因为上级对双语教育的态度不一，使得教师难以作出决定。笔者在调研中的问卷结果显示，该学校 4 –6 年级的小学生希望教师“以少数民族语言”或者“同时使用少数民族语言和汉语”讲课的学生比例高达 53.4%，而参与问卷作答中的傣族学生更希望教师用少数民族语言来讲课。因为使用本民族自己的语言听课，能更快地理解和吸收课本知识和内容。

笔者在访谈明社小学高年级学生时，相当多的学生表达自己的思想都很困难。在提到学习情况时，更是低头不语。但是，笔者在访谈中所发现的事实和假定与学生们所反映的情况形成一种张力。这种张力来自民族语和汉语何者应成为教学语言。如表 2 所示。

表 2　学生对问题“你希望老师用什么语言上课”的回答情况

语言 民族	汉语	少数民族语言	汉语和少数民族语言都用	总计
阿昌族	41（56.9%）	6（8.3%）	6（8.3%）	53（73.6%）
景颇族		1（1.4%）		1（1.4%）
汉族	17（23.6%）			17（23.6%）
傈僳族		1（1.4%）		1（1.4%）
总计	58（80.6%）	8（11.1%）	6（8.3%）	72（100.0%）

从表 2 中可以看到，在调查的 72 个学生中，“希望老师用汉语讲课”的占到 80.6%，其中阿昌族学生中有 41 个，汉族学生是全部都希望教师用汉语讲课。而唯一的一个傈僳族和一个景颇族学生希望用少数民族语言讲课。他们给自己的选择写出了原因（来自问卷的开放性问题）。阿昌族学生希望教师用汉语讲课的原因：①听汉语比听少数民族语言清楚（大约 15 人）。比如，“用汉语说话清楚一些”，“因为我很好弄明白”。②授课语言应该让全班同学都能听懂（大约 10 人）。在这里，他们认识到了汉族学生在民族语言方面的困难，“汉语各个同学都听得懂”，“因为我们班有不同的少数民族，有汉族的，老师在讲少数民族语言的话，汉族学生就听不懂了，如果用汉语的话，每个同学都听得懂”。③能提高汉语水平（约 14 人）。“因为用汉语说话能提高我们的说话能力”，“因为我们少数民族都希望自己也学会讲汉语”，“我长大了去别的地方都在说汉语”，等等。④其他。“因为我们会汉语”，“因为老师用傣族或其他民族的话我听不懂，希望老师说汉语”。还有一个同学写“因为老师是汉族人，不会讲阿昌语”。一个同学这样写道，“因为汉语有字，少数民族语言没有字”。从这里可以看出，阿昌族学生希望教师用汉语授课

的原因非常多，一般都出于汉语实用的目的。当然还有学生从少数民族语言和汉语相比较的角度来看，阿昌语没有文字限制了文化的传承，所以，有的学生因此学习汉语，开阔眼界。这还可能与阿昌族学生所处的社区有关。户撒乡的阿昌族双语人非常多，学生接触到的汉语环境多，听起汉语课时并不十分吃力。而问卷中唯一的一个傈僳族学生和唯一的景颇族学生更希望用本民族语言作为授课语言，理由是听不懂汉语，这与学生所处的社区环境有关。学生上学之前接触的汉语环境少，在学校接受几年的汉语教学后，仍然不太适应单纯以汉语授课的课堂。

部分阿昌族学生希望教师用汉语和少数民族语言共同授课的理由主要是“不仅能发扬我们的民族语言，还让我们少数民族学会汉语”，“因为有些词语我们不知道”。也有只希望教师用单一的少数民族语言授课的阿昌族学生，理由是“有些学前班的小同学听不懂汉语，所以对于学前班的人应用少数民族语言”，“因为我们是少数民族的人，我们喜欢自己的语言”。

访谈中，大多数阿昌族学生希望教师用汉语和少数民族语言上课，这与问卷中显示的“大部分阿昌族学生希望汉语是授课语言”的学生比例不符。

（三）云南省双语教育存在的问题深剖和建议

云南省未形成自身独特的双语教育体系。学校各自为战，从双语教师的招聘到培养、从教材的出版到使用，双语教学的模式到双语教学的评价，都未能促进双语教育的发展。

究其原因，一方面是因为云南省是一个多民族聚居的省份，25 个民族“大杂居、小聚居、交错杂居”，一个班级中有多个民族学生，对教师授课语言的选择构成阻碍。正如有的阿昌族学生提到选择授课语言为汉语的原因，正是因为班级里的汉族听不懂少数民族语言，为了满足其他学生的语言要求，认为教师应该使用汉语讲课——毕竟大家都能知道一点儿汉语，而其他民族语言，听不懂的人数就多了。所以，云南省多民族聚居的特点构成了双语教学开展的客观障碍。另一方面，从更深的角度来看，双语教育直接与政策密切相连，从双语教师的培养到招聘，从教材的出版到使用，都由上级的先行政策和措施做保障。没有上级对双语教育的政策保障和相关有力措施，学校领导层和教师则没有相应指导来展开双语教学工作，学校就无法招聘到双语教师，无法根据有效的双语教学规律安排课时和双语课程，学生也就无从选择能说双语教师。因而也就有阿昌族学生说，因为老师是汉族不会说民语，所以才选择教师用汉语授课。而这个答案只是学生“无奈”的选择。

所以，云南省政府和教育部门首先要通晓双语教育的重要性和法制性。各级政府都要明白双语教育政策是国家宪法都在维护和提倡的语言平等政策，在教育上双语教育能发挥学生多方面的能力，调动学生学习的热情。如果学校单纯用汉语讲课，势必影响少数民族学生学习的积极性，因为单纯的第二语言——汉语无法调动学生母语的思维系统。因为语言和思维是紧密相关的。语言是思维的载体，思维是语言的重要呈现方式。在授课过程中，学生能依靠自身已发展的母语思维学习汉语表达，锻炼汉语思维。只有明确了双语教育的重要性，政府才能有所行动和作为。一定要以“科学引领教育”，以“科学发展观”指导双语教育。

其次，双语教学是加强国家双语教育政策的深入贯彻。要高度重视并加强双语双文的教育教学工作。从省、州、县到校级都要建立起双语教育政策的联络网，组织教学专家到各民族的双语教学实验教学点进行实地调研，构建适合各民族自身特色的双语教学的经验系统，整体把握双语教学进展，统一规划和布局。在此基础上，深化双语教育的内涵，认识到双语教育不仅仅是语言教育，更重要的是相应语言思维水平的养成和语言背后的学科学习。失去了学科内容为依托的双语教育，双语教育就会失去生命力，失去发展的动力。不以各学科内容作为双语教学内容的双语教育必定不能长远发展。

最后，要发挥自身优势，弥补劣势，变障碍为特色。云南省是一个多民族聚居省份，25 个民族在这里繁衍生息，世世代代和谐相处，为我国的民族团结做出了很大的贡献。作为面向西南开放的桥头堡的云南省，应发挥自身多民族的优势，在学校教育中深入研究自身多民族的特点，利用学生多民族背景、多语言的背景，力争将学校建设成为具有多民族文化背景的和谐校园，打造多元的校园文化，将学校建设成为多民族相互学习、相互交流的社区。这不仅能够带动多民族学生相互学习彼此的语言，更重要的是使学生相互学习彼此的少数民族文化，建构和谐校园。这需要领导层高度重视自身的多民族优势，变客观障碍为可利用的资源优势，充分尊重各族学生的语言和文化背景，尊重学生使用本民族语言文字的权利。这需要省级领导加强双语教师的培养和培训力度。建立少数民族教师的定向培养制度，尤其要关注较少民族双语教师的定向培养，在师范类高校继续开设民族班，培养一批不仅能说双语写双文的双语教师，还要注重双语教师运用民族语言的授课能力的培养；合理配置双语教师，根据教师自身的语言和文化背景配置教师；加强教育资源的均衡性，优惠政策向村小倾斜；加强对双语教师的定期培训，将双语教育培训与新课改和素质教育联系起来做，不能一味地只注重语言单方面的学习，更重要的是加强授课语言和内容的联系。同时，要加强民语民文教材的编辑和出版。设立专项双语教材基金，出版与民文教材相配套的辅导资料和课外读物，满足教师和学生的教学和学习需要。同时，还要加强与外省的联系，加强对双语教育的交流和合作，吸收别省的双语教育教学经验，尤其是延边朝鲜族双语教育教学的经验，加大对双语教学的改革力度，将双语教育变成自身的教育特色，带动整体教育质量。这对于多民族聚居的云南省来说，十分关键。

（四）结语

双语教学是践行我国双语教育政策的教学实践活动，是我国民族教育的重要特征，在很大程度上决定着民族教育的质量。重视和规范双语教学，使其体系化将是云南省改善目前双语教育现状的对策和民族教育发展方向。但是在发展过程中，难免会受到一些障碍，诸如受教育对象的多语言、多民族的背景使教师配置较难等，云南省政府和领导应大力研究符合自身特点的双语教学，变劣势为优势，构建“特色加质量”的双语教育体系，在学校中构建多元的学校文化，使多民族在其中相互学习彼此的语言和文化，构建和谐校园和社区。

作者简介：王渊博（1987—），女（汉族），河北省新乐人，系中央民族大学教育学院2012级博士研究生，研究方向是民族地区学校教育，多元文化课堂研究，农村教育等。

二、丽江地区小学生纳西母语课开设及教材使用情况
——以古城区四所小学为例

语言是一个民族的重要标志，根据《中国的民族政策与各民族共同繁荣发展》白皮书显示：目前，我国少数民族约有6000万人使用本民族语言，占少数民族总人口的60%以上，约有3000万人使用本民族文字。然而，在经济社会高速发展的今天，许多民族的语言和文字受到了汉语文化的强烈冲击，面临消失的危险，为抢救濒危少数民族语言，中国政府在教学和使用上尽量为其创造有利条件。据了解，中国实行民汉双语教学的中小学校已有1万多所，使用21个民族的29种文字开展双语教学，使用民族语文进行教学的各类扫盲班、培训班共有2500多所。① 但是，各民族在积极吸收汉文化的同时，怎样才能保证自己民族文化的独立性，有效地保证本民族文化的传承和发展已经成为一个亟待解决的问题。纳西族作为云南丽江地区人口最多的少数民族，其母语的传承也面临这种困境。尽管丽江政府也开始重视纳西语的传承和保护，把纳西语纳入到小学的教学课程中，同时也出版了一些配套的教材，培训了一批教师。但是，纳西语在具体的教学过程中也出现了一些问题，阻碍了纳西母语的传承和发展。

（一）丽江地区及其语言使用概况

丽江地区位于云南省西北部，金沙江中游，面积20600平方公里，总人口为1092528人，有纳西、彝、傈僳、白、普米等22种少数民族，少数民族人口为61.5万人，占总人口的57.3%。其中主要少数民族有纳西族22.85万人，彝族19.54万人，傈僳族10.47万人，白族4.47万人，普米族1.49万人。纳西族是丽江地区人口最多的少数民族，世代以纳西语为母语，并将其作为主流语言在丽江及其周边地区得到广泛使用。纳西语可划分为东部方言区和西部方言区。东部方言区以云南和四川交界处泸沽湖畔摩梭人的语言为代表，使用人口约5万人。西部方言区以云南省丽江市古城区的语言为代表，使用人口约25万人。到目前为止，在丽江传统的纳西族家庭中，基本上使用的都是纳西语。另外，丽江地区的纳西族一向重视汉语的学习，自古就有学习汉语的传统。因此，在丽江地区，纳西族使用的主

① 中国少数民族语言现状［EB/OL］. culture. china. com. cn.

要语言有纳西语和汉语，形成了纳西语、汉语并行使用的现状。根据纳西族年龄结构可以估算出：占人口约 24.5% 的少年儿童（0—14 岁）已开始大量使用丽江方言，比重占68% 的劳动年龄人口（15—64 岁）基本上可在家庭中保持使用纳西语，但对子女（更多的是孙辈）或同事交谈中更倾向于使用丽江话（汉话），占人口 7.5% 的 65 岁以上的老人则是纳西语最频繁、最熟练、最地道的使用者。①

（二）丽江地区（古城区）母语教学开展概况

在 2003 年 1 月 29 日，丽江县第 12 届人大常委会第 32 次会议通过了《关于在全县小学教育中开设纳西语言传承和普及教育的决议》，自此，纳西族语言及东巴文化正式纳入丽江县小学教育课程。在丽江古城区所调研的兴仁小学、黄山小学、白龙潭小学、大研中心小学四所小学中，都开设了母语课。在这些学校，开设母语课的主要是 1—5 年级的班级，6 年级的学生因为有升学的任务，所以没有开设母语课。在开设母语教学的学校，每周都会安排一节课的时间学习母语，一年级的时候主要教学生歌谣，到二、三年级才开始学习纳西拼音，继而学习母语课的主要课程内容，把音乐和母语教学结合起来；也有的学校把理论学习和实践结合起来，1—4 年级主要是课本的学习，教授一些字词，到 5 年级的时候开始进行实践，如走访古城，在实践中体验纳西文化；教学方法上主要采用的是对比的方法：对比发音相近的词，易读错和比较难读的音等，用拼音来表示教他们读和认；考核的方式主要是唱歌谣、手抄报、故事会，或是用纳西语进行造句，形式比较灵活。

在教学过程上，几所学校虽然不尽相同，但是却有相似之处。如，按照学生的心理规律，学校并不会从小学一年级就开始教学生枯燥的拼音和字词，有的学校在一年级开设的课程主要是歌谣，到二年级之后才开始教授拼音和字词；有的学校根据纳西拼音只比汉语拼音多几个生母和韵母的实际情况，在 1—2 年级的时候先教学生学习汉语拼音，学生有了一定的汉语拼音基础之后，再学习纳西语的拼音，这样就避免了混淆。

教材方面，丽江古城区现已出版的小学使用的教材主要有《纳西文化诵读本》、《纳西象形东巴文》、《纳西东巴象形文字应用》、《纳西东巴古籍选读》、《通俗东巴文》，2009 年的时候又出版了诵读本。但目前这几所学校使用的教师用书主要是《纳西母语诵读本》，这本教材由汉语、拼音和东巴文编写，且一一对应；还有的学校自己编写适合自己的教材，如白龙潭小学编写的《纳西歌谣》；还有一些老师收集了一些儿歌、歌谣等适合学生学习的内容。这些教材的选题内容健康，读起来朗朗上口。但是，在实际教学过程中，许多老师认为这些出版的教材比较笼统，不具体，只是简单的从东巴经中摘抄出来，并不适合小学生学习，也不能体现实际生活，而且比较程式化。

丽江古城区开设母语课的学校中，基本上保证每周一节课的课时。但是，纳西

① 王耀芬、和悦：《纳西语使用现状及其维护》，载《学术论坛》，2008 年第 20 期，第 165 – 166 页。

母语的学习除了学习歌谣之外，还要学习拼音等。另外，语言是一种交流的工具，有的学校还开设了实践课程，每周一节课的时间来学习这些繁杂的学习内容是远远不够的。

走访中发现，四所学校中学生数量不小，基本上每个班50人，每个年级2—3个班，但是在这些学生中纳西族学生不是很多，只占全校学生的近50%，甚至更少；其他以汉族学生为多，还有白族、纳西等的学生。在这些学校中，教授母语课的老师的人数在三到十几人不等。然而，在这些学校母语课的任课老师中，只有一部分是经过专门的培训和训练之后上岗的，而有一部分老师并没有参加过任何形式的培训或训练，只是会说纳西语，并没有实际的教学经验。教师对于一门课程是非常重要的，因此，如果要提高纳西语的教学水平，任课老师必须经过专门的培训，有了教学资格才能进行任教。

（三）调研概况

此次调研是在2011年9月份进行的，调研持续了15天，主要的调研地是云南省丽江市，因当地古城区在双语教育方面比较典型，成绩比较突出，所以将调研的具体地点放在了古城区随机选取的四所小学中。

在15天的调研中，笔者首先走访古城区教育局，与该地区负责母语教学的老师了解情况，基本摸清了古城区在母语教学方面的主要情况；接下来随机选取了古城区的四所小学——兴仁小学、黄山小学、白龙潭小学、大研中心小学的学生和教师进行问卷调查和追踪访谈，并且与校长或教务负责人访谈，了解学校在开展母语教学中，特别是教材方面遇到的问题和困境；特别是在黄山小学和白龙潭小学，笔者还进入课堂随堂听课，通过这样直接地观察了解学生学习纳西母语的情况以及纳西母语教学过程中存在的问题；此外，笔者在调研期间还有幸拜访了当地东巴文化传习院的负责人，了解到不少关于当地纳西语使用和学习的情况，这对于此次调研都很有帮助。

（四）调研设计

1. 主要研究方法

（1）问卷调查法

主要通过前期的预调研的结果，采用自编的调查问卷对当地古城区四所小学的学生进行基本情况的调查。问卷共分为三种，学生调查问卷、家长调查问卷和教师调查问卷。其中，为了了解学生在家庭中语言的使用状况及家长对于学生学习纳西语的态度等情况，学生问卷与家长问卷是对应发放与回收的。学生与家长问卷各发放130份，采用随机抽样的方法，选取各学校的某一个班发放；教师问卷共30份，向4所学校的母语课授课教师发放，了解教师在教学中发现的问题和感触、教学基本情况等问题。

（2）访谈法

主要采访四所小学的校长和教育局相关老师、学校纳西母语课任课教师，了解当地纳西语课教学的基本情况，教师在教学中发现的一些问题以及从教师的角度如何看当地的纳西语。在当地教育局相关老师的推荐和帮助下，我特别有幸地对当地东巴文化传习院的黄老师进行访谈，了解到当地开展纳西母语教学的问题与困境。

（3）文献资料法

在调研前期，通过“纳西、新创文字”“纳西、双语教育”“民族语文教材”等关键词在CNKI上进行文献检索，共检索到相关文献40篇，除了对每篇文章的内容进行学习外，还对这些文章进行归类，对纳西新创文字、纳西母语教学、民族语文教材的状况有了一定的了解。此外，在当地的调研过程中，从教育局得到了一些关于母语课开展情况的资料，从各个学校得到了一些纳西母语课教材，既包括该地区普遍使用的《纳西文化诵读本》，也包括学校自编的母语课教材、校本教材等，在对这些文本的分析中了解到了关于当地母语教材编写、母语课程开展的实际情况和存在的问题，对调研的主题有很大帮助。

2. 问卷设计

本研究在参考相关文献及其问卷的基础上，通过对当地情况的预调查，自编了针对小学生、家长、教师的三套调查问卷。三套问卷的结构基本相同，共分为四部分，包含五个维度。第一部分包含两个维度，即主要了解调查对象在不同场合使用语言的状况以及对于纳西语的掌握水平；第二部分包含一个维度，即调查对象对学习纳西语、东巴文的态度和学习过程中出现的问题（家长问卷在这一部分主要是了解家长对学校开设纳西母语课的态度）；第三部分包含一个维度，即了解调查对象对纳西拼音文字（新创文字）的看法以及用拼音文字编写教材是否可行的看法；第四部分是开放性题目，包含一个维度，分为两部分，小学生及其家长问卷主要想了解他们学习纳西语的动机及认为学习重要的原因，教师问卷主要想了解他们对于纳西拼音文字的看法及对母语教学的建议（侧重于教材）。

3. 调查对象及其抽样

了解到当地的母语教学基本上均在小学中开展，所以我们在调查对象的选取上主要集中在小学生这个群体。在小学生这个群体中又以五年级的学生为主，有少量四年级和六年级的学生，这是因为考虑到小学中高年级的学生对于问卷中的问题能有较好的理解，另一个重要的原因就是这个年级的学生基本已经经历了整个纳西母语教学的全过程。据了解，当地小学的母语教学基本分为三个阶段，1－2年级主要学习拼音，3－4年级主要学习纳西拼音和儿歌、课文、东巴文等，5－6年级主要了解纳西的文化、习俗等，而6年级的学生要面临升学，所以母语课基本结束，所以说5年级的学生是经历过整个母语教学的过程的，相比较其他年级的学生来说更有“发言权”。对于家长问卷的调查对象，本研究主要采取对应的办法将调查学生与家长的问卷对应起来，不再另选取家长群体，这样便于更好地了解学生与家长对于母语学习的态度和问题的看法。

在确定了研究抽样的范围及抽样框之后，在这个抽样框中，本研究随机选取了四所学校五年级的四个班的130名学生及其家长进行学生和家长的问卷调查。关于教师问卷，本次研究随机选取调研的四所小学从事一线母语教学的30位教师，他们对于教学中的问题、所用教材的局限都有直观且深入的了解，且对如何改进教材以及纳西拼音在教材编写中的应用都有自己的看法，这对于我们的研究并提出相关建议都有重要的参考价值。

关于访谈，本研究主要访谈了四所学校的校长和教学负责人、古城区教育局负责母语教学的老师，以及东巴文化传习院的民间热心于此的人士，他们可以站在更宏观的角度去看这个问题，给出的建议也是站在一定的高度上提炼出来的，所以十分必要。

4. 问卷回收及研究工具

本研究共发放学生及家长问卷各130份，回收有效问卷110份；发放教师问卷30份，回收有效问卷26份，具体构成如表1：

表1　有效被试的主要构成（%）

调查对象	性别		民族		籍贯		母语	
	男	女	纳西族	其他民族	城镇	农村	纳西语	其他语言
学生	35.5	64.5	56.4	43.6	50	50	60	40
家长	47.3	52.7	57.3	42.7	42.7	47.3	61.8	38.2
教师	7.7	92.3	92.3	7.7	38.5	61.5	92.3	7.7

（五）调研数据及其分析

本研究发放问卷获得的数据，经过筛选和编号后输入电脑，以SPSS19.0软件、Excel软件作为主要工具对这些数据进行整理和分析，得出最后的结论。因为本研究主要针对的是纳西语，因此在收集和比较数据时是以纳西语和汉语（不包括方言）为主的，数据分析也仅在纳西族调查对象范围内，不包括其他民族。具体的分析结果如下：

1. 关于语言使用状况

在对学生、家长和教师提出关于语言使用情况的问题中，主要包含了家庭内部、社区、与同伴交流、工作或学习、休闲娱乐这五个场合，其中学生问卷中不包含休闲娱乐这个场合。评分采用1—5分，依次为“从不”“有些时候”“一半时间”“很多时间”和“所有时间”这五个等级。

（1）家庭内部的语言使用状况

通过问卷调查发现，在家庭内部的交流中绝大多数的孩子都在使用汉语，其中选择“很多时间”和“全部时间”，只有9.1%的学生所有时间都在使用纳西语；而家长和教师则多数使用的是纳西语，有些时候会用到汉语。从这些分析中我们不难看出，在家庭这个场合中，学生使用汉语的时间远远长于纳西语的使用时间，而家长和在家庭中扮演家长角色的教师正好相反，如图1和图2所示。

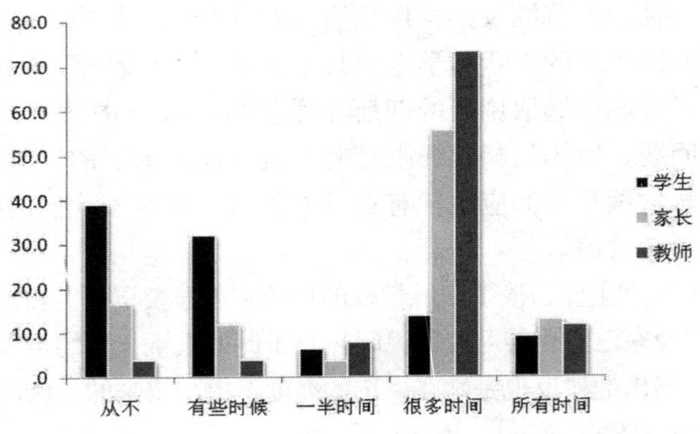

图1　纳西语在家庭中的使用状况（%）

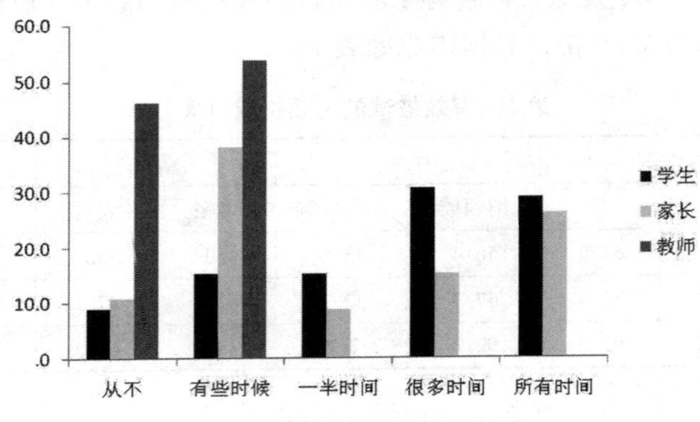

图2　汉语在家庭中的使用状况（%）

（2）社区中的语言使用状况

通过问卷调查发现，在社区中有51.8%的学生和36.4%的家长选择从不使用纳西语，比例较高，而57.7%的教师选择很多时间使用纳西语；汉语使用方面，有63.4%的学生和50.9%的家长选择“很多时间”或“全部时间”使用汉语，而教师中没有人选这两个选项。

（3）同伴交流时的语言使用状况（见表2）

表2　同伴交流时的语言使用状况（%）

使用状况	纳西语			汉语		
	学生	家长	教师	学生	家长	教师
从不	58.2	38.2	7.7	10.0	30.0	73.1
有些时候	25.5	10.0	—	10.9	32.7	26.9
一半时间	6.4	1.8	—	5.5	2.7	—
很多时间	4.5	21.8	38.5	30.0	7.3	—
所有时间	5.5	28.2	53.8	43.6	27.3	—

通过表2我们可以看出，在与同伴的交流中，学生使用汉语的时间要比纳西语长，特别是纳西族的孩子在一起时也很少使用纳西语，多数使用汉语；家长基本上是多数时间使用纳西语；对于教师而言，在与同伴交流时都基本使用纳西语，从不或很少使用汉语。

（4）工作或学习时的语言使用状况

在对问卷数据的分析中我们不难看出，无论是学生还是家长或者教师，他们在学习或者工作中使用汉语的时间要比使用纳西语的时间长。家长多数使用汉语的情况主要集中于向领导汇报工作时、正式会议发言时；教师则多集中于与学生交流、课堂教学、正式会议发言等场合。而在与同事交谈、非正式的小组讨论中家长和教师多数使用的是纳西语。

（5）休闲娱乐时的语言使用状况

在分析教师问卷与家长问卷数据的过程中我们发现，在休闲娱乐时有59.1%的家长和34.6%的教师表示从不使用纳西语，有89.1%的家长和80.8%的教师或多或少都会使用汉语。通过分析可见，汉语已经成为该地区普遍使用的语言，而纳西语的使用范围仅仅局限在非正式的场合，在正式或者公共场合中纳西语的使用不及汉语使用的那样普遍。

2. 关于语言掌握情况

就总体而言，调查对象的汉语掌握水平普遍高于纳西语，这与当地历史上重视汉语、开化程度高、学校采用汉语教学有关。其中教师和学生掌握汉语的程度要高于家长，这主要是因为教师和学生在学校都会接受汉语教学，而家长并没有这样接受汉语教学的机会，受教育水平低，特别是在农村的家长汉语程度更低。相反，在这些汉语水平较低的家长中，纳西语的掌握水平就比学生的要高。关于教师掌握纳西语的状况，因为我们调查的对象就是教授纳西母语课的老师，所以教师掌握纳西语的情况也比较好（如图3和图4所示）。

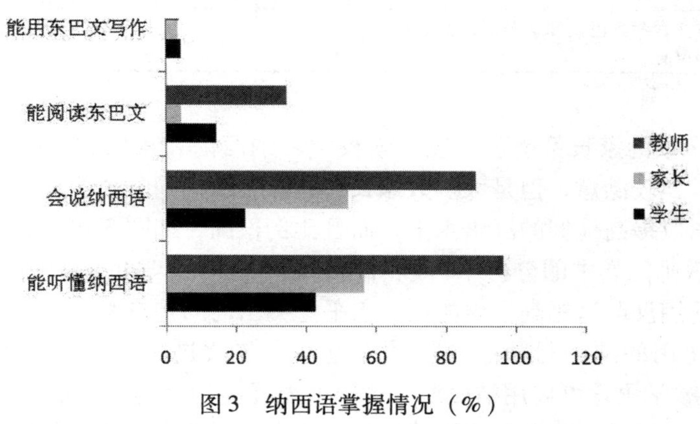

图3　纳西语掌握情况（%）

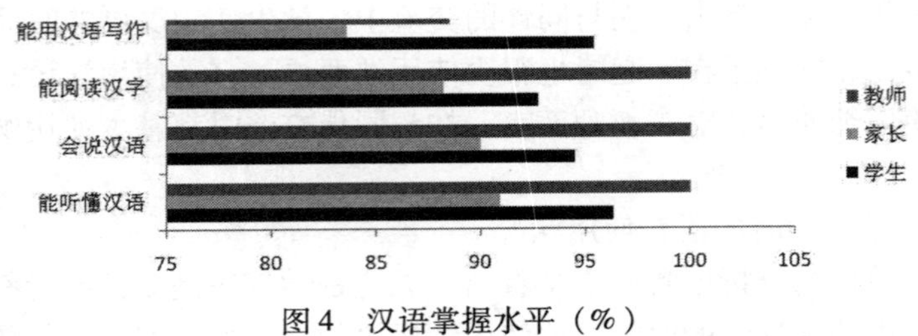

图4　汉语掌握水平（%）

3. 关于对纳西母语学习的态度和看法

相同的问题中，在“我认为学习纳西语很有用”这个问题上，同意该观点的学生占总学生的90.9%，家长为89.1%，教师为100%；认为“在幼儿园阶段就应该学习纳西语和东巴文”的学生有70%，家长有61.8%，教师有73.1%。由此可见，大家普遍认为学习纳西语是十分有用而且必要的，而且认同“在孩子早期就应该学习纳西语，这样能使孩子更好地掌握语言”这样的观点。

（1）学生非常喜欢上纳西母语课，希望学习纳西语来结交更多的朋友，且他们能掌握课堂上的内容，学习上没有困难。但是值得注意的是，有近35%的学生认为自己在学习纳西语方面有困难且无法掌握老师课上讲的内容。在了解这背后的原因时这部分学生说是因为他们无法掌握纳西语的一些发音，用汉语拼音拼读也没有多大用处，久而久之他们就对这门课失去了兴趣。

表3　学生关于纳西母语教学的态度及问题（%）

态度	完全不同意	基本不同意	不确定/无所谓	基本同意	完全同意
我觉得学习纳西语可以和更多人交朋友	2.7	2.7	6.4	31.8	56.4
我非常喜欢在学校里学习纳西语和东巴文的课	5.5	2.7	9.1	39.1	43.6
我能掌握老师在语言课上讲的所有内容	9.1	10.9	14.5	43.6	21.8
老师用现在的方法教我东巴文和纳西语，我觉得学起来一点困难都没有	14.5	20.0	5.5	35.5	24.5

（2）大多数的家长希望孩子能在学校学习纳西语和东巴文，而且对于学校的纳西母语教学比较满意，但是大多数家长在这样表示的同时也希望孩子在大多数情况下多说汉语以提高他们的汉语水平，而且比例很高，如图5所示。

（3）在教师问卷中的分析中可以看出，教师在希望学生学习纳西母语的同时也尽量多地使用汉语以提高学生的汉语水平。突出的问题有两个，一是有一半的老师认为目前使用的纳西母语教材不太合适，需要改进；另外一方面，在问到对“我觉得课堂教学语言可以用纳西语，这样就能提高学生的纳西语水平了”的看法时有近三分之一的教师不同意这样的说法，认为不可能实现教学语言全部使用纳西语。后文中对这个问题进行了分析，这里不再赘述。在第四部分开放题中向学生和家长提出了“认为学习纳西语、东巴文重要的原因”这样的问题，答案集中于

图5　“我希望孩子在大多数场合里能多说多用汉语，以提高他们的汉语水平”（%）

“希望可以结交更多的朋友”、“对了解纳西文化有帮助”“对自己家里经营的生意有帮助”等方面，可见家长和学生认为学习纳西语东巴文的原因和动机是多元化的。

4. 关于对拼音文字的看法

（1）在“我听说过拼音文字”“我听说过纳西族也有拼音文字”“我认为学习纳西拼音文字很有用”这三个问题上，学生、家长和教师的回答都比较集中，即听说过拼音文字且纳西族也有自己的拼音文字，并且认为学习纳西拼音文字很有用处（如图6所示）。

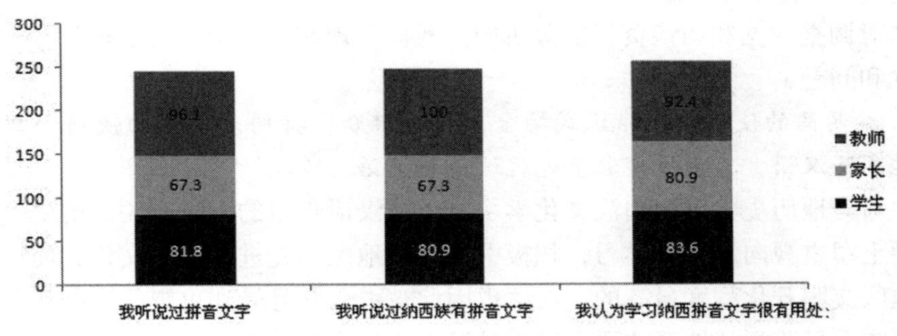

图6　学生、家长、教师对于拼音文字的看法（%）

（2）在运用纳西拼音教学是否能提高学生学习纳西母语的效率的问题上，如表4所示，多数的学生、家长和超过一半的教师认为用拼音文字来作为学习纳西母语的工具，是可以提高学习兴趣及效率的。但是值得注意的是仍旧有三分之一的老师认为纳西拼音文字的运用并不能提高学习效率，在之后的访谈中他们表示纳西拼音文只能作为一种学习纳西语的工具，而提高课堂学习效率需要更多综合因素，单纯运用纳西拼音文来教的话提高效率可能不是很明显。

表4 学生、家长、教师对于拼音文字提高纳西母语学习效率的看法（%）

调查对象	完全不同意	基本不同意	不确定/无所谓	基本同意	完全同意
学生	5.5	5.5	12.7	40.0	36.4
家长	6.4	6.4	24.5	25.5	37.3
教师	3.8	26.9	15.4	38.5	15.4

（3）在运用纳西拼音编写教材是否可行的问题上，一半的学生认为如果改成全部是拼音文字的教材他们会很喜欢；家长对此问题没有太多关注；对于教师而言，有一半的教师认为现有教材需要改进，但是全部改成拼音文字的话只有64.3%的老师认同这样的做法且认为很必要，其余的老师则认为目前的教材中也涉及到拼音文字，而且在教学过程中教师基本都在用拼音文字来教授，所以教材是否全部用拼音文字编写都无所谓。

5. 关于对母语教学的建议

这一内容主要来自教师问卷中的第四部分开放题，老师们主要从教材难易程度、课时量、教材趣味性、纳西语及新创文字的使用范围、教学形式等方面给出了自己的建议，具体的内容及其分析将在下文对策与建议部分呈现，这里不再赘述。

（六）调研发现与讨论

从对调查数据和访谈资料的分析中，我们发现在当地纳西母语教学存在着如下的现状和问题：

1. 纳西语的使用仅在非正式场合，当地群众，特别是学生的使用和掌握水平都远远不及汉语，其受重视程度也远远低于汉语

这与当地历史上重视向汉文化学习、重视汉语学习的背景有关。历史上该地区的木姓土司重视向汉文化学习，积极引进中原地区的先进技术和文化，使得当地成为该地区文明开化程度最高的。汉语也因此被引入并且受到重视，这种状况一直延续到现在。目前丽江地区的语言情况是汉语成为当地使用最为普遍的语言，而纳西语仅仅作为族际间通用语在非正式场合中使用。特别是现在的学生，很少有学生能用纳西语流利地与人交流，因为在学校中教学语言都使用汉语，而家长也不够重视纳西语的学习，因此造成了纳西语在当地适用范围小、受重视程度低的现状。

2. 纳西拼音文字（新创文字）作为母语教学辅助工具，地位难再提高

众所周知，纳西族有着本民族的语言和文字，即东巴文。作为最古老的象形文字，东巴文因其神秘性在近几年中越来越受到重视，研究也越来越多；而纳西族的拼音文字（新创文字）是在新中国成立后由语言学家为纳西族编写的，使用的范围小，而且纳西族同胞对其认同也不高。在调研中发现，在现在的母语教学中教师都在使用纳西拼音文字，但只是作为一种语言学习纳西语的辅助工具，就像我们学习汉语最初时用的汉语拼音一样。因东巴文在纳西族文化中的重要地位，纳西拼音

文字根本无法取代其位置，而只能是学习纳西语的一种辅助手段和工具，其地位难再提高。

3. 纳西母语教学具有非典型性的特点，母语课未得到应有的重视

正是因为当地这样的语言背景，使得纳西母语教学不同于其他民族的双语教学。我们通常所说的民族地区双语教学是指在民族地区的学校中运用汉语和民族语教学，主要是民—汉兼通的双语现象，是在使用民族语的学生中间融入汉语教学，根据汉语和民族语不同的介入时间和分配比例分为一类模式和二类模式。但是丽江地区的纳西母语教学却不一样，不是融入其他教学中，基本是开设专门的一节课来进行母语教学，有的学校表示这样的课时作为校本课程、地方课程开展的，而且是在学生掌握汉语十分好的背景下进行的，因此说纳西母语教学并没有双语教学的典型特点，具有非典型性。

另外在调研中发现，该地区的学校基本都有母语课，范围也覆盖了 1－6 年级，每个班都有母语课。但是每周只有一节课，相对于其他课来说课时是很少的，这也正说明目前母语课在当地学校里是不受重视的。由于目前丽江有许多的外来人口，学校中学生的组成也变得多元化，纳西族的学生不再是学生中的大多数，而更多的是汉族和其他民族的学生。因此，在班内开展母语教学就比较困难了。因为原本开展母语教学是为了使纳西族的学生会说本民族的语言，了解本民族文化，加深民族自豪感。但是就现状而言，这样的班级构成使得开展母语教学的初衷不能很好地实现，再加上没有使用的语言氛围和环境，学生学习的自觉性很难调动，学生对母语学习的必要性也产生质疑，多半是因为好玩，所以母语教学只能是用趣味性的课堂教学来吸引学生，提高学生学习的兴趣。但是上文提到目前使用的教材缺乏趣味性，因此学校中的母语课很难得到应有的重视。另外，母语教学的开展形式也有待于改善，由于上述班级学生构成与经费的原因，在班级内开展母语课有一定的困难。有些学校提出将母语课改成集中教学形式的设想，即把纳西族学生或者对学习纳西语、东巴文有兴趣的学生召集在一起，利用活动课的时间，以课外活动、兴趣小组的形式开展教学，这样固然能够提高学生学习的自觉性，但是集中起来对学生的管理是很困难的，且难以操作。这是因为，尽管学生都对纳西母语比较感兴趣，但是每个人的层次不一样，对母语教学的需求也因人而异，所以难以在一个班中满足这么多的教学需求。

4. 母语教学的开展缺乏国家和政府的支持，既包括资金的支持，也包括行政干预

东巴文化传习院的黄老师讲，由于缺乏资金的支持，目前已由原来的两所学校缩减为一所学校中进行东巴文化的传习和学习，教材开发也面临困境，缺乏资金使得新教材得不到开发，原有的教材也无法印制，教材量远远不够。目前只能靠在昆明写一些文章来引进一些资金，但仍是紧张，资金来源并不稳定。国家和政府并不重视，只能靠热心于此的个人来维持现状。

5. 缺少应用环境，学生学习动机需引导

很多老师和学生都反映，学习纳西母语只是在学校里或者上母语课的时候说一说，回家之后根本不用，或者说离开学校之后就没有了将母语课学到的东西应用于实际的环境和氛围。这样的情况对于纳西族的学生来说还好一些，因为家人会说母语，所以他们回家之后还可以跟家人用母语交流。但是那些其他民族的学生，特别是汉族的学生根本不可能实现课外的应用，他们家人也不会说纳西语，周围的交流环境中也用不到纳西语，也由于学生年龄普遍偏低，所以这些学生对于学习纳西语的动机非常模糊，只能是靠教师在课堂上逐步的引导或者融入到教学中。这也是目前纳西母语教学中存在的问题。

6. 教师培训不正规，面临教师断层的险境

目前在古城区，已经很少有专门培训母语课教师的培训班，这其中的一部分原因在于经费的限制，另一方面的原因就是学校和教师没有将母语课放在一个重视的位置上。许多教师都是凭着自己已有的经验在教授母语课，没有太多的专业知识，特别是在纳西拼音的讲授，绝大多数的老师因为自己会说，所以就把自己平时说话发音的经验用在课堂教学中，传授给学生，正是接受过母语课培训的老师很少。因此，整个纳西族的母语教育陷入了教师断层的危机中。

7. 目前使用的教材存在一定的问题

（1）目前使用的《诵读本》内容有一定难度，不太适合儿童学习

在走访四所学校的老师后，大家普遍认为目前比较普遍使用的《诵读本》对于小学生来说有一定的难度。因为其内容是从东巴经中节选的，有着丰富的教育意义，但很多都是意思比较深奥的，孩子们学起来懵懵懂懂，不能理解，或者理解起来有一定的难度，并不适合学生用来学习。另一方面，其内容过于笼统，不具体，所以只能是再结合其他教材，或者教师自己找资料相结合的学习才能使学习简单化。在访谈中有老师就提出：语言是交流的工具，是在社会生活中进行使用的，所以，在教材内容的编写上应该加进去更多的体现学生实际生活的内容，而不是学习枯燥的经文的内容，脱离现实生活；教材的编写应该简单一点，朗朗上口一点，这样才能顺应学生的需求，提高学生学习的积极性；教材的翻译比较笼统，缺乏直接性，如果把母语教学和语文教学结合起来，寻找二者的共通性，会提高母语学习的效率和成果。

（2）教材因校而异，缺乏统一全面的教材

在走访中发现，每个学校使用的教材并不是统一的，每个学校都有自己使用的教材或者是自编教材。多数学校采用的是《诵读本》，但是因为其内容不够具体，太过笼统，所以在教学时老师通常会借鉴其他教材的内容，或者直接将语文课本上的古诗、符合儿童兴趣的内容用纳西拼音翻译成母语再教给学生们。还有一些学校采用的是自编的母语课本，如兴仁学校根据《诵读本》和其他材料自编的一套既教拼音，又教母语和东巴文的教材；白龙潭小学则是通过挖掘当地童谣，用拼音文字编写了一本《纳西童谣》并作为学校母语课的教材。因此，在丽江地区，小学

母语课缺乏统一的教材，造成了母语教学参差不齐的局面。

（3）趣味性差，内容不全面（文化传承与适合儿童相矛盾）

在调查中发现，教材内容多为东巴经中的诗歌、经文，对于儿童了解东巴文化有着重要的意义，但是因为距离儿童的实际生活比较远，所以难以引起学生的共鸣，也就引不起学生学习的兴趣；而能够贴近儿童生活的诗歌、童谣、学生感兴趣的课文却多是汉语，没有翻译成纳西语，仅有的翻译过来的诗歌也只是冰山一角，这就造成了教材是文化传承与保护多一些还是适应儿童趣味性多一些的矛盾。因为大多数学校使用的《诵读本》以及《纳西童谣》等教材，基本上都是从纳西文化经典中选取的内容，因而这样的教材对于纳西文化的传承与普及是有好处的，但是从另一个侧面讲，这些内容对于儿童来说理解起来有一定的难度，而且不能很好的贴近学生的生活，趣味性也不高。因此，如何将传统文化传承与贴近学生生活有机的结合在母语教学和教材编写中是我们应当重视的问题。

（4）教学语言全部使用纳西语难实现

在问卷调查中发现，有近三分之一的教师认为不可能实现教学语言全部使用纳西语这样的假设。主要是因为一方面很多学生都不能使用纳西语流利的交流，也能听不懂，所以没法用纳西语去教授课程；另一方面，目前纳西语教材仅仅是在母语教学这一部分，其他县也有将语文课本用纳西拼音改编后使用的，其他学科没有纳西语教材，因此教材的缺乏也是重要的原因。因此当地的双语教学以其特有的形式进行着。

8. 评价手段灵活，但缺乏规范性

通过走访东巴文化传习院和四所小学的老师们，我了解到目前母语课的评价手段非常灵活，如有的学校采取课堂完成诗歌、歌谣的背诵，有的学校是完成画报、手抄报作为考核办法，有的教师还会举办歌咏大赛，等等。所有学校都没有考试等硬性评价手段，因为教师在课上教授的东西也不是很深，所以考核时也不会太难。其实这也从另一个侧面影响到学生学习的积极性和效果，或许正是因为考核手段的简单，导致学生在学习过程中不重视，又因为不是本族人，所以提不起学习的积极性和兴趣。

（七）思考与展望

1. 加大资金投入，保证政府的行政支持

东巴文化作为一种独具传承性的民族文化，是值得大力保护和传承下去的。在少数民族地区，由于地理环境，历史文化等问题导致的经济落后是个普遍存在的现象，但在这些地区流传的宝贵的民族文化是极其值得保护的，东巴文化也不例外。纳西母语课的开设，新创文字的使用作为一种能帮助文化传承的很好途径是应该得到社会和国家政府的大力支持的。通过调查，由于扶持资金的欠缺，这对东巴文化的学习和传承已经造成了一定的影响，例如将两所学校缩减合并为一所来进行学习，教材开发、教材印制等因为经费的不足而无法全面展开等等。资金的短缺在教学上的影响是很大的，作为一种教育手段，作为一种宝贵文化的传承和发展，政府应该加大资金的投入，以保证该课程的顺利实施和进行。

2. 教材编写增加趣味性，贴近儿童生活

市区的学校应该增加学生实际接触东巴文化的机会，例如一些传统的节日盛典，集中体现东巴文化的时候，让学生实际参与到其中去，并把这些实际的所见所闻编录到教材中，这样孩子们在学习的时候才会有种实际与理论结合的认同感，这样接受起来也就更为快捷些。此外，由于东巴文化的传授是从基础教育为出发点，教材在编制上要更多地考虑到小孩子需要的趣味性，一些深奥难懂的文化内涵最好利用一种简单别致而又引人入胜的方式来带领小孩子循序渐进的进入自己民族的文化世界。

3. 拼音文字附有拼读方法，提高拼音文字的地位

在纳西母语拼音的设置上，虽然有拼音的认读，但是却缺少诸如音标功能的辅助认读工具，这在自学和复习上造成了一定的难度，从而也减少了母语拼音认读的实际应用性。所以，在纳西新创文字母语拼音的设置上最好能更进一步的完善。此外，当地人民应该有意识地常用、多用纳西拼音，从而在新生代中得到更广泛的普及，让他们自然而然地接触到这种有意义而且有辅助功能的文化学习方式，也只有努力提高拼音文字的地位，才能让更多的当地人更加地重视文化学习，重视自己的民族文化，从而保证自身民族文化得到永久的传承和保护。

4. 增加实际交际氛围

在课堂教学内容中，通常都是老师教小孩子们念读歌谣，而大多数学校使用的《诵读本》以及《纳西童谣》等教材，基本上都是从纳西文化经典中选取的内容，这些内容在小孩子眼里大都深奥莫测，即使背下来了也是似懂非懂，并且缺乏实际的功能性，因此，在教学内容的设置上，最好加入一些孩子们常用到的通俗的日常用语，既保证了民间文化的传承，又提高了孩子的学习兴趣，更为他们提供了很多实际生活中要用到的各种用语，更具有实用性。

此外，社区的普及教育也是极其重要的，语言和文化主要是体现在日常生活中的，并不仅仅局限于课堂教育，除了课堂上的学习以外，有意识地运用母语拼音学习教育更应该无时不刻地体现在孩子们的日常生活中，家长作为孩子家庭教育的重要角色应该做好敦促和言传身教的义务，这样才能让这种语言自然地融入到孩子的正常学习和生活中去。

5. 加大教师培训力度，规范教师教学，不断改进相关教学机制

在教育过程中，担任最大任务的当属一线的教师，老师自身水平的高低以及是否合适的教学方法直接地影响到学生的学习效果。纳西母语拼音，作为一种辅助性的新创文字本身就具有一定的时代性，在教学历史上来说自然还属于不成熟的新秀，因此，奔赴在一线的教师们必然需要经过不断的培训才能挖掘到该门课程的讲授精要，才能更好地实施和运用到自己实际的教学课程中去。由于课程的不成熟以及其他各方面的影响因素，一线老师们应该定期举办相关的讨论会议来探讨自己在

实际教学中发现的问题，并与该领域的专家们不断地进行汇报和探讨，只有这样才能在问题中发现不足，在共同的努力中找到出口，从而为此门课程的建设发展赢得更大的进步空间。

6. 在不改变其灵活性的基础上规范考核形式

通过实地的调研，我们了解到目前各个学校对纳西母语课的教学评价手段颇具灵活多样性，如对诗歌、歌谣的背诵进行抽查，完成画报、手抄报等发散个人思维的形式，甚至有的教师还会举办歌咏大赛来巩固教学内容等。各所学校都没有设立考试等硬性评价手段来进行教学成果评估，这样在一定程度上减弱了学生对该门课程的重视，这也使得纳西母语的学习停留在了一个简单的层面上，这对于孩子们日后理解更多深奥经典的东巴文化来说是不利的。因此，该课程的教研员们应该集思广益，在不改变各学校灵活的评价方式的基础上适当的增加一些标准化的评估方式，把纳西母语的学习提升到一个必要的平台，让孩子们能够真正的对自己的母语文化产生敬重和神圣感。

7. 继续用纳西拼音文办报纸

报纸作为一种独具时效性的信息载体对于网络相对不够发达的纳西地区来说是一个很好的传媒工具。在采访中有位老师曾提到，在当地有利用纳西拼音文字办报纸，但由于经费等原因在发行的频率上还不是很高。但作为一个大众化的传播工具，报纸新闻等对语言的学习是很有帮助性的，利用报纸来进行语言学习很具有普及型和大众性，所以，政府等相关部门应该重视纳西拼音文的报纸并给予一定的扶持和帮助，让该报能很好地继续办下去。此外，采用纳西拼音的各种媒介也应该得到很好的重视，只有在日常生活中得到很好的宣传，人们才能更好的接受它。

作者简介：殷皓（1987—）女（汉族），内蒙古呼和浩特市人，中央民族大学教育学院教育学原理专业2010级硕士，研究方向为民族双语教育研究。

三、多民族班级中的语言差异与合作学习
——语言人类学视角的分析与对策

今天是第三天在这个班级中担任班主任助理，第二节英语课结束之后，坐在我旁边的彝族小男孩仍旧没有离开他的座位，而是在那里翻看着自己的书。这时，我有些忍不住了，不禁问他：“怎么不出去透透气呢?”他懒散地抬起头来，说道：“我不喜欢和他们一起玩。”我不禁更好奇了，他们指的是谁呢？便顺势问了下去。小男孩说，班级里基本都是傣族学生，其余的就是哈尼族、拉祜族、彝族、布朗族以及为数不多的汉族学生。平时，虽然在和其他民族同学交流的时候，会讲当地的西南方言，但是只要几个傣族同学或哈尼族同学聚在一起，他们就会用自己的民族语交流。这时，非本民族的同学就会感到很不舒服，感觉是故意不让自己听懂的。因此，渐渐地，这个彝族男生也并不十分愿意去与其他民族的同学一起玩了，而更喜欢和本民族的同学一起玩。同时，上课时只有在英语课上，偶尔他会与任课教师

进行学习互动，基本不会与其他同学进行学习上的沟通学习。看到这样的情景，我的心情也为之一震，是什么样的原因使得这个有着多民族构成的班级变得似乎缺少了初中孩子应有的对学习的热情和渴望？带着这样的问题，笔者开始了进一步的探索。

当然，这个彝族男孩的例子只是个案，我们并不能因此而下结论说非本民族的学生之间沟通会产生隔阂，也不能说所有的多民族班级都会面临这样的授课状态。但是，作为我国这样一个统一的多民族国家，少数民族语言，作为民族成员之间相互交流、沟通、传播文化的媒介，促使成员之间在认知、行为和认同方面都具有很强的一致性；但同时，如何恰当地使用通用语汉语进行有效地沟通也是一个十分重要的方面。语言多样性除了是文化多样性的载体之外，还是文化多样性交流的桥梁和中介，在文化多样性交流中具有不可替代的作用。特别是西南边疆少数民族地区，例如西双版纳，其民族构成成分十分复杂多样，聚居着傣族、哈尼族、拉祜族、布朗族、基诺族等13个少数民族，占全州人口的74%①，因而在一个班级中自然有着来自不同文化背景、不同民族语言的各民族学生。本民族内学生之间更倾向于用本民族语言交流，而与其他民族同学进行交流时，才会使用西南的官方普通话。因此，这样的多民族构成的班集体无疑就为授课教师增加了上课的难度。

通过与当地中学教师的交流，了解到该校中绝大多数的学生为傣族和哈尼族，拉祜族和布朗族的学生较少，同时还分布有少数的汉族、彝族等学生。而教师群体中，少数民族的教师仅占到1/4，大多数教师为汉族。学生们平时下课时，不同民族间的同学还是较为融洽的。他们不会有意区分不同的民族。但是，我们仍然发现大部分的傣族学生是较为活跃的，而哈尼族学生总体来讲较为内敛。同时，大多数班级中的布朗族和拉祜族学生活跃度较傣族学生低。在课堂参与度方面，不论是平行班还是实验班，都是前排的学生与教师的互动较多，这些较为活跃的学生没有显著的民族差异；相反，后排的学生较少会参与到课堂活动与互动中来，大部分学生只有在教师提问时才会被动式地参与。同时，经笔者观察，尽管现在该校已使用人民教育出版社编写的新课改教材，但是教师们在教授英语课时基本很少采用合作学习等模式。这一点令笔者十分困惑，因此，为了弄清楚其原因，笔者与该校的教师进行了访谈，试图了解教师们的看法，并从语言人类学的角度来分析这一教育现象，力求找到解释的方法。

（一）语言人类学的界定

语言人类学是人类学和语言学的交叉学科，是人类学的一门重要分支。它是一门综合运用语言学和文化人类学的理论和方法，探求文化理解的解释性学科。在《社会学人类学新词典》中，语言人类学是指："从语义出发研究语言的社会文化功能，以内在的认识体系和外在的使用方法为基本的研究课题。"语言人类学主要

① 郭家骥：《文化多样性与云南的多民族和谐社会建设》，载《云南社会科学》，2006年第5期。

研究语言结构、语言变化和社会文化结构的关系，语言在更为广阔的文化环境中的地位，以及它在塑造、保持文化行为及社会结构中所发挥的作用。它从一个崭新的角度，即文化角度去挖掘隐含在语言背后的深层含义，语言的误用以及语言的不同形式，语域和文体。语言人类学始于20世纪初期，20世纪50年代发展起来，是北美学术体系的产物。美国人类学家弗朗兹·博厄斯（Franz Boas，1858—1942）以及他的学生爱德华·萨丕尔（Edward Sapir，1884—1939）是语言人类学这一学科的奠基人。美国对于语言的系统研究，首先始于伯恩斯。博厄斯在印第安人文化的调查与研究中认识到，要真正了解一个民族或部落的文化，就必须学习他们的语言。他在《民族学与语言学》一文中指出："不论从时间还是从理论角度看，语言研究都应视为民族学研究最重要的分支之一。"他本人就懂得17种印第安人的方言。博厄斯从人类学的角度，调查和描写了上千种没有文字的材料的印第安语言，为描写语言学指明了道路。他的弟子萨丕尔受到博厄斯的影响，对美洲印第安人的文化和语言产生了极大兴趣，主要研究语言学和人类文化学上的有关问题，重视语言和文化、语言和思维的联系，提出"语言影响人类关于现实世界概念系统的形成"这一设想，经他的弟子沃尔夫（B. L. W horf）发展，形成语言相关性的学说，被称为"萨丕尔－沃尔夫"假说。"语言结构制约着思维模式，因而也决定着对外部世界的认知"的观点是这一假说的核心①。即人类不仅生活在自然和社会中，也生活在由语言所构成的观念世界里，在认知世界的过程中，一切世界现象都已同化于语言。人们用语言所领悟和表象的现实已经是观念现实而并非严格意义上的客观现实。现实世界通过语言得到反映，也因之受到扭曲。当时这一假说引起了极大的争议，但不可否认每一项不同意见中的讨论都有助于对人类语言在形成人类思想认识过程中的作用的深入探讨。在某种意义上说，正式沃尔夫对人类"世界图景"的深层模式的语言性的深刻洞察，推动了20世纪对语言的积极思考，促成了广泛的泛语言主义思潮。这一假说也成为了人类文化语言学的基础。

（二）语言人类学视角下的多民族班级语言差异

首先，我们需承认，语言是民族文化认同的基础，对不同地区同一民族的多样性文化交流产生了积极的作用。分布在不同区域的同一民族不同群体之间，存在着文化上的一些差异，构成该民族文化的多样性。他们在交流中，语言具有强烈的内部认同感和亲和力。例如，在同一个学校中，有来自不同村寨的傣族学生，由于他们的语言相通，因而在交流过程中就会拉近彼此的距离，因而当学生们在回答问卷中的提名好友时，大部分傣族学生选择了本民族学生作为自己的好友。

但是，我们同时会发现杂居是民族分布的一种普遍形式。在同一区域内杂居的民族群体，势必会发生文化间的接触和交流，相互将各自承载的文化输入到邻近的异文化群体中，这个过程的实现需要语言间的相互学习借鉴为重要前提，以语言信

① 申小龙：《语言与文化的现代思考》，郑州：河南人民出版社，2000，第26页。

息的流动来推动文化信息的流动。例如，在学校这样一个拥有多民族学生的组织中，不同的民族之间就不可避免地会有频繁地接触，在接触过程中逐渐了解对方的语言和生活习俗，族际之间逐渐开始互通语言，语言多样性的并存促进了文化多样性的全面交流。在该校中，我们就不难发现，有傣、哈尼、布朗、拉祜、彝、汉、回等7种语言。但是，学生们依然可以较为融洽地相处，他们会共同参与学校组织的各类活动。下课时，同学们也不会特意区分不同民族的同学，而是会一起玩。但是，该校实行寄宿制，因此在住宿分配上，当地的教师也坦言还是会考虑民族语言和民族习俗的差异，尽量将同一民族的学生分到一个宿舍里。

从语言人类学的角度看，这种语言的差异既丰富了当地文化的多样性，但是也需在文化传承与文化交流之间找到一种平衡，即在确保本民族文化得以延续的前提下提高学生的汉语交流能力，帮助学生开拓视野。但是，在教学中如何平衡这种语言的差异，却仍旧是一个值得教师思考的问题。为此，笔者特意了解了当地合作学习的一些情况，希望可以通过这样一种新课改的模式来平衡多民族班级中的语言差异问题。

（三）对合作学习的界定

合作学习（cooperative learning），又有称协作学习或共同学习，是目前世界范围内被广泛使用的可让教学组织形式之一，是一种富有创意和实效的教学理论和策略体系。国际21世纪教育委员会在向联合国教科文组织提交的报告中，把“学会学习，学会劳作，学会与他人共同生活，学会生存”列为21世纪四大教育支柱①，在世界各国教育界引起了强烈反响。因此，在现代教育发展和人才培养的目标上，学习者学会获取知识，学会适应未来发展需要、塑造健全人格，学会合作生存与发展成为创新型人才的基本要求。

合作学习更加强调课堂教学的组织，强调学生个体在其中的作用、交往。但目前，我国中学阶段的教育缺乏合作意识，特别是少数民族农村中学的英语课堂中鲜有此类模式的应用。取而代之的是集体授课为主，学生实践活动比较少。这种教学模式既制约了学生英语能力的提高，同时也不利于不同民族学生之间的广泛交流与理解。

随着新的英语课程标准的颁布于试验，教学目标与内容的变化，英语课的授课形式随之改进，教师必须在开放、自由的教学氛围中实现有时效性的教学，在多民族班级的英语课堂中引入科学、系统、具有创新性的教学方法，因此开展英语课堂中的合作学习，具有重要意义。

（四）语言人类学对多民族班级语言差异和合作学习的启示

笔者在与教师的访谈中也多次提到了有关合作学习的问题，当地的教师谈到，

---

① 李咏吟：《教育原理：最新教学理论与策略》，台湾：远流出版事业股份有限公司，1986年。

他们也十分愿意采用新课改中较为提倡的教学模式。但是，很多学生学习的积极性并不高，特别是坐在后排的同学，课堂参与的热情就更加不高。这也是让当地老师感到十分棘手的一个问题。同时，合作学习在很大程度上不仅依赖于课堂的讨论、沟通，更依赖于课后对上课所学内容的准备与完善。据了解该校教师在课后很少会为学生布置很多作业，主要由于很多学生在周末回家后还要帮助家长分担家务；同时由于该区域傣族盛行种植橡胶，许多家庭纷纷争相种植，因此从部分家长的角度而言，他们更希望孩子能够在家帮助务农，且部分少数民族学生的学习热情还不够高，这无疑就与学校教育形成了矛盾，这也是当地教师十分困扰的一个问题。从语言人类学的角度看，如何让多民族班级中的孩子重拾学习的热情，并通过与其他民族友善接触的方式学习，是当前比较重要的问题。因此，笔者从语言人类学角度出发，提出了以下几点设想：

1. 有助于语言平等观的建立

共同的语言极易唤起共同的民族情感，每一种民族语言都在一定程度上反映了该民族的人们对于事物的认识水平，凝结着人们经过长期实践所积累起来的认知、行为模式，思维的流变与趋向、文化的继承与内化的过程。有了共同的语言，民族的社会历史、社会制度、社会变迁、社会群体的互动等一切，才能代代传承下去，并在传承的过程中不断发展完善。但是，我们需注意的是每种语言都是平等的，它都是本民族的一个标志，因此无孰优孰劣，应当平等地对待。特别是在多民族学生的班级中，更需要注意在保持民族语言传承完善的前提下，促进各民族学生之间的友好交往，建立各民族平等互助的友好相处模式。

2. 多维发展的文化共生理念

语言是人类交际和思维的工具，是人类文化的载体。人类在文化传承过程中通过独特的媒介手段——语言，将已有的知识经验、认知方式、情感体验等传授给下一代，而学校教育则是将人类社会积累的经验有目的、有计划、有组织地传递给年青一代的实践活动。因此，语言和文字是教育活动的主要媒介，它把人类社会文化转变为教育的内容。

在多民族学生的班级中，教师应对来自不同文化背景学生持多元文化共生的态度，为学生树立正确的民族意识导向。例如，教师可以讲解历史的过程中，在课堂中可以穿插一些环节，让学生回家查找本民族在某一阶段的历史，进而在课堂上交流，以促进不同民族学生间的互动与理解。同时，据当地的教师介绍，大多数傣族学生都能歌善舞，在艺术方面都有积分天赋。基于此，教师可以充分发挥学生的这一优点，在举办新年联欢晚会或是学校的大型活动时，鼓励傣族学生积极参与其中，同时也可以带动其他同学一起参与到集体活动中去。

3. 综合技能的培养

通过合作学习，学生们在思想交流、情感的沟通方面会比之前有所加强。因此，当学生们遇到问题时，首先就会咨询身边的同学，从这个角度说明学生之间的交流与合作是比较普遍的了。同时，合作学习有助于学生积极地参与课堂教学合作，在课上注意力集中于学习，可以大为提高多民族班级学生的课堂合作参与率。此外，从语言人类学的角度看，在合作学习的过程中，学生之间的距离感缩小了，不同民族的学生通过英语或汉语普通话搭建起了沟通的桥梁，使学生们在学习中增强了兴趣，培养了彼此的团队意识，这些方面都对初中生的人格发展具有重要的影响。

我国56个民族的平等、合作、团结一致是中华民族强盛发达的心理基础和内部动力。各民族之间互相尊重，和谐共处，才会使我们的中华民族形成强大的民族凝聚力。这种心理趋向力和心理动因有利于解决在民族的文化相融与接纳、排斥与吸收过程中的价值冲突与矛盾，有利于形成多元文化共生的心理，有利于社会的稳定与团结。因此，为促进西南边疆少数民族地区的多民族班级的良性发展，我们需要践行多元共生的思想：一方面加强民族学生对本民族文化的认同感，一方面有效促进不同民族学生的交流与合作学习，唯有这样才能促进边疆地区多民族班级的良性发展。

参考文献：

［1］崔英锦：《语言人类学视域透视我国少数民族双语教育》，载《中国建设教育》，2006年第12期。

［2］刘晓虹：《试论“合作学习”对学生外语交际能力的提高的作用》，载《广东教育学院学报》，2000年第6期。

［3］刘志鹏：《探中学英语研究性学习》，载《中小学教学研究》，2003年第1期。

［4］纳日毕力戈：《语言人类学阐释》，载《中央民族大学学报（哲学社会科学版）》，2003年第4期。

［5］唐春吾：《如何在英语教学中有效运用合作学习法》，载《湖南工业职业技术学院学报》，2002年第3期。

［6］夏建中：《文化人类学理论学派》，北京：中国人民大学出版社，1997年。

［7］庄孔韶：《人类学通论》，北京：中央民族大学出版社，1997年。

作者简介：刘槟（1988—）女，内蒙古自治区，中央民族大学教育学院比较教育专业2011级硕士研究生，研究方向为跨文化心理学。

第五节　21世纪初越南少数民族双语教育发展及特色探析

少数民族双语教育是双语教育中的一种特殊形式，特指在一个多民族国家里以少数民族学生为教育对象，使用其本民族语言和主流语言进行教学的教育体制。越南是一个多民族、多语言、多文字的国家，少数民族双语教育是越南民族教育的重要内容和形式，对于保存和发展少数民族语言文化的多样性，帮助少数民族学生提升学业成绩以顺利融入主流社会，提高少数民族教育发展水平具有深远的影响。当前，由于越南经济社会条件的变化，少数民族双语教育出现了一些新动向，这些新动向对发展我国少数民族双语教育具有一定的参考价值。

一、越南少数民族双语教育开展的背景

越南是一个多民族国家，共有54个民族，人口约90，549，390人，其中京族为主体民族，占总人口的90%，其他53个民族为少数民族。54个民族使用90种以上的语言，分属全球九大语系中的三大语系，即汉藏、南亚、南岛语系，其中南亚语系又分为越—芒语语系、孟—高棉语系、岱依—泰语系、赫蒙—瑶族语系和卡代语系。26个民族有自己的民族文字，其中岱族、侬族、傣族、华族、高棉族、京族、占族、佬族有古代传统文字，其余文字为法国或美国人创制的罗马文字。越语作为越南的官方语言，是国家规定的各级学校教育的教学用语。傣语、岱—侬语、赫蒙语、高棉语、占语、埃地语、巴拿语、嘉莱语都作为主要的少数民族语言在学校中辅助教学。

在少数民族语言问题上，越南党和国家主张尊重各民族语言，保证各民族语言文字的自由和平等发展。不同时期，越南党和国家制定的宪法、法律、指示、议定等政策文本都对保护民族语言文化，适切、有效地使用民族语言文字，改善和编制少数民族文字等内容做了详细的规定。1951年《越南共产党政治纲领》记载[1]："越南各民族具有平等的权利和义务，国家保障各民族在参加政治事务和教育活动中使用民族语言的权利。"1946年《越南民主共和国宪法》[2]第15条规定："在各地方基础学校，少数民族学生具有使用本民族语言学习的权利"。1960年修订的《越南民主共和国宪法》[3]、1980年《越南社会主义共和国宪法》[4]以及1992年修订的《越南社会主义共和国宪法》[5]都提到："越南各民族具有使用本民族语言和文字、保持民族本色和发挥民族风俗习惯、优秀文化和传统的权利"。1969年政府第153—CP决定以及1980年政府第53—CP决定对少数民族语言文字的编制、修善以及民族语言文字的适用范围和使用程度等内容做了统一部署。进入21世纪，越南政府高度关切民族语言文字的教学工作，先后组织山区、少数民族地区的管理干部、公务员、少数民族语言教师开展民族语言培训工作，2006年教育培训部颁布了一系列对在山区、少数民族地区工作的管理人员、教师培训少数民族语言的章程，如嘉莱语、埃地语、占语、高棉语、朱鲁语、麻语、赫蒙语等少数民族语言培训章程。在学校教学中，政府高度重视少数民族学生越语学习的同时，强调要抓好民族语言教学工作，将少数民族语言作为一门课程独立开设。对此，国家统一颁布了高棉语、嘉莱语、巴拿语、占语、赫蒙语、埃地语、华语等少数民族语言教学章程，保证了教学工作正常、有序的开展。以上法规政策的出台，为更好地实行民族语言教学提供了有力的政策支持，充分表明越南政府有决心保存和发展好少数民族的语言文字，高度重视少数民族学生的双语教育。在这种多民族、多语言和文化并

存，政府高度关切，民众积极参与的背景下，越南少数民族双语教育事业稳步开展。

二、21 世纪初越南少数民族双语教育的特色

在坚持民族平等、语言平等和各民族都有使用和发展本民族语言文字自由的政策指引下，越南少数民族双语教育自 1954 年起逐步在越北少数民族山区开展教学。由于受不同时期政治、经济、文化以及语言不统一等因素的影响，少数民族双语教育发展历程并非一帆风顺，总体讲是在曲折中不断前进，先后经历了初创和发展、逐步衰退和停滞、全面恢复和繁荣三个阶段。回顾六十多年的发展历程，结合当前少数民族双语教育发展的新动向，21 世纪初越南少数民族双语教育呈现出以下特色。

（一）保护少数民族语言，体现语言多元化的教育战略

少数民族语言是民族文化的一部分，透过一个民族的语言，可以了解该民族的文化特点和民族精神。保留一种语言对增强本民族的向心力和凝聚力，传承和发展民族文化至关重要。在世界上许多民族语言濒临消失，国家通用语及国际通用语广泛运用，文化多样性受到冲击的背景下，2007 年 5 月 16 日，第 61 届联合国大会通过“语言多元化”教育战略，旨在将语言、文化和社会发展融为一体，保护语言多元化进而发展文化多样性。面对少数民族语言面临消退和濒危的现状，越南政府积极响应 UNESCO“语言多元化”教育战略，在不断的探索中认识到双语教育是保存民族语言的最佳方法。对少数民族语言教学工作的开展，正是“语言多元化”教育战略的集中体现。回顾越南双语教育的发展历程，1955 年，傣语首先在莱州、山萝、老街、安沛、清化、和平省的民族小学教学；1961 年岱—侬语、赫蒙语在岱依族、侬族、赫蒙族聚居区小学试行教学；1975 年，高棉语在高棉地区开展教学；1976 年，占语首次在顺海省开始试点教学；1989 年，华语在胡志明市普通学校教学。截止 2011 年，已有 7 种少数民族语言在小学和基础中学教学，即高棉语、嘉莱语、巴拿语、占语、赫蒙语、埃地语、华语。在践行语言多元化理念的实践中，为推动少数民族双语教育事业的发展，规范民族语文在小学和基础中学的教学工作，2010 年 7 月 15 日，越南颁布《少数民族语言文字在普通教育学校和日常教育中心教学的规定》[6]，这项法令明确规定了教育培训部、财务部、民族事务委员会等部门对组织少数民族语言教学的职责。2011 年 11 月 3 日，教育培训部、财政部和内务部联合发布实现上述决定的《联席通知》[7]，进一步明确了民族语言文字教学的适用对象，语言教学的章程、教科书及学习资料的编撰工作，教学内容、方法和计划的制定，实现教学的组织形式，文凭证书的颁发，教授民族语言的教师待遇及培训等内容。2005 年到 2012 年间，教育培训部先后颁布了在小学、基础中学开设少数民族语言课程的决定，将少数民族语言作为一门独立课程在民族地区小学和基础中学开设，包括嘉莱语、埃地语、占语、高棉语、华语、巴拿语、赫蒙语。

少数民族语言课程作为传承和发展民族语言的重要形式，在保护语言多样化和发扬文化多样性中发挥着举足轻重作用。

（二）以法律形式保障双语教育在国家教育发展中的重要地位

越南政府历来重视少数民族语言文字的保护和发展，越南宪法、教育法律和法规中都对使用少数民族语言文字开展教学等内容做了规定。《宪法》是越南的根本大法，历史上共历经了三次修改补充。1946 年《越南民主共和国宪法》第 15 条规定："在各地方学校，少数民族学生具有使用本民族语言学习的权利"。1960 年修订的《越南民主共和国宪法》第 3 条规定："各民族具有维持或修改本民族风俗习惯，使用本民族语言文字，发展民族文化的权利"。1980 年以及 1992 年修订的《越南社会主义共和国宪法》第 5 条都规定："越南各民族具有使用本民族语言和文字、保持民族本色和发挥本民族风俗习惯、优秀文化和传统的权利"。此外，教育法律也为开展少数民族双语教育提供了直接的法律依据。1991 年《普及小学教育法》[8]第 4 条规定："在小学实行越语教学，同时各少数民族有权利使用本民族语言文字与越语一起进行教学"。2005 年《教育法》[9]第 7 条规定："越南语是学校和其他教育机构的正式语言。国家为少数民族学习本民族的语言文字创造条件以保持和发挥民族文化的特色，帮助少数民族学生在学校和其他教育机构学习时更容易接受知识"。宪法及教育法律的颁行，为切实保障少数民族学生学习民族语言，学校开展双语教育活动提供了法律依据，维护了双语教育的正常教学秩序，促进了民族教育事业的健康发展。

（三）多种双语教育模式并存，继承和丰富了世界双语教育模式

科林・贝克的双语教育分类法是目前世界上普遍认可的双语教育分类法。按照这种分类标准，依据越语和少数民族语在教学中的使用情况，越南少数民族双语教育属于保留性双语教育。保留性双语教育是指儿童入学前使用本民族语，入学后，某些课程逐渐改用学校使用的非本族语讲授，某些课程则用本民族语授课。这种双语教育目的是保护和发展儿童的少数民族语，增强他们的民族认同意识，确认少数民族团体在国家中的权利[10]。目前，越南在小学和基础中学教授的高棉语、巴拿语、埃地语、占语、嘉莱语和赫蒙语就属于此类。2004 年 2 月 11 日，教育培训部次长邓莹梅在越南—挪威"提升贫困地区儿童教育质量"研讨会上介绍，目前民族地区开展的七种少数民族语言教学形式分为两种，一种是将民族语作为一门独立课程单独教学，另一种是作为辅助教学语教学，少数民族学生在 1—3 年级用民族语辅助学习其他课程，4—5 年级转入越语教学。此外，根据越南少数民族双语教育活动的特点，从两种语言的相互关系划分，少数民族双语教育可分为并行性双语教育和辅助性双语教育两种。并行性双语教育特指华越双语教育，即为保存和发扬越南华族的优秀民族文化，国家允许在华族聚居地区的中小学校为华族学生在学习越语的同时开设华语课程，使华族学生有机会学习华语。辅助性双语教育即指高棉

语、巴拿语、埃地语、占语、嘉莱语、赫蒙语与越语的双语教育。根据教育培训部颁布的一系列少数民族语言教学章程的指示，越南小学和基础中学的少数民族语言教学时间安排是每学年33—35周，每周开设4节民族语文课，由于各地方双语教育开展的实际情况不同，国家仅对少数民族语言的教学年限做了规定：高棉语、华语在小学和基础中学开设；巴拿语在小学开设3年；埃地语在小学1—3年级开设；占语在小学1—5年级开设；嘉莱语自2年级或3年级起在小学开设3年；赫蒙语在小学3—5年级开设。对少数民族双语教育模式的清晰认识，有助于有效地推进双语教学，推动民族教育的全面发展。

（四）双语课程着重发展学生的认知能力，促进学业成绩提升

平衡双语人是一个特殊的双语群体，特指在各种场合都能近乎同样流利地使用两种语言的人。Cummins 和 Clarkson 等学者的研究表明，儿童越是接近平衡双语水平，获得认知优势的可能性越大。[11] 1976年，Cummins 首次将门槛理论运用于认知与双语水平研究。这种理论部分地解释了儿童第一语言和第二语言的掌握程度对认知能力的影响。如果儿童的两种语言能力尚未得到足够发展或相对能力不足，可能带来消极的认知影响；在尚未达到平衡双语水平时，儿童有与其年龄相当的一种语言能力，不可能获得积极或消极的认知结果；当儿童达到平衡双语水平，有与其年龄相当的两种语言能力，可以获得积极的认知优势。这一理论部分地解释了少数民族学生在第二语言未能充分发展之前存在的学业上暂时落后的现象，同时也阐明了发展好双语教育有助于帮助少数民族学生提高认知能力，取得学业上进步的道理。越南政府重视提升少数民族学生的双语能力，尤其关注越语能力的发展。1986年起，国家逐步统一民族地区小学越语教学章程，规定在学前教育阶段为准备进入一年级的少数民族学生提前讲授越语基础知识，为少数民族学生顺利适应小学一年级越语学习做准备。2009年，教育培训部颁布第8114号决议，决定自2009—2010学年起，在民族地区7省开展小学一年级越语增加课时量的教学试点工作，选取老街、山拉、西宁、坚江、安江、崑篙、广平省各县部分学校一年级的部分班级作为试验点，试行将越语教学课时量由过去的350节增至500节。在教学内容设置上，依照越语和少数民族语言教学章程，课程内容围绕提高少数民族学生听、说、读、写和认知能力的教学目标，根据各年级具体的教学要求选定教学材料，通过由上下文固定的具体情境教学逐步过渡到上下文减少的抽象教学来培养学生的课堂思维能力。另外，学校积极开展丰富多彩的课外活动，鼓励少数民族学生用越语交流，以提高他们的语言交际能力。少数民族学生双语能力的逐步提高，将有助于帮助他们应对其他课程学习的能力，取得良好的学业成绩。

（五）全方位提高少数民族双语师资质量

双语教育中师资的数量和质量是决定双语教育质量高低的核心因素，越南政府高度关注双语师资队伍建设，制定了一系列旨在提高现有教师队伍整体素质的培训

方案。在教师招聘方面，严格考核新任教师的双语教学能力以及对民族文化、风俗习惯的掌握程度，通过提高双语师资待遇，增加教师编制数量，改善工作环境等激励措施保证双语教师数量充足。在师范生培养方面，2011 年教育培训部颁布《2011—2020 年发展各师范院校和师范专业的章程》[12]，规定有计划、按步骤、分阶段地实施师范生培养计划，其中一项内容是："建设一些师范院校的少数民族语言教师队伍，以培训、培养在地方基础教育学校教授少数民族语言的教师和在少数民族地区工作的教师。尤其是培养教授如占语、高棉语、嘉莱语、赫蒙语、傣语、埃地语、巴拿语、色登语的少数民族教师。"在教师培训方面，1997 年教育培训部颁布的《指导少数民族语言文字教学的通知》以及 2010 年越南总理颁布的《少数民族语言文字在普通教育学校和日常教育中心教学的规定》都提到，在高等师范学校、师范大学和大学的师范专业设立少数民族语言教师培训点，为教授少数民族课程的教师讲授少数民族语言及民族传统文化知识，培训双语课堂教学技能，保证学习者具备熟练运用少数民族语言以及教授少数民族语言课程的能力。2006 年教育培训部颁布《少数民族语言教师培训章程》[13]，规定："少数民族语言培训采取集中授课形式，共 600—750 课时，培训内容涉及少数民族语言知识、民族文化知识、民族语言教学方法等，培训结束后要求教师达到熟练运用少数民族语言交流、能够读懂民族语文书籍、运用民族文字撰写文章的程度，待教师顺利完成课程学习后颁发合格证书。"在培训章程编撰方面，为提高双语教师培训质量，教育培训部已要求各师范院校着手编制培养具备高等学校和大学水平的少数民族语言教师培训章程，至今，已颁布用于培训具有高等和大学水平的高棉语、占语、赫蒙语、嘉莱语教师培训章程。教师队伍整体质量的提升，将是越南双语教育稳步发展的重要保证。

（六）营造良好的语言环境，推动双语教育的开展

为保护少数民族语言文字，提高少数民族学生熟练运用双语的能力，越南在学校开展双语教学之余，注重提供良好的语言环境，在社会生活领域通过电视、广播、电影、报纸、杂志等传媒使用越语和少数民族语言，不仅为少数民族语言文字创造了更多的应用空间，增强了少数民族语言文字的生命力，而且扩大了少数民族学生在日常生活中学习越语的机会。越南的少数民族地区除了可以收到越南中央电视台和越南之声广播电台的越语节目外，在不同的民族地区还可以收到民族语广播和电视节目，如凉山、高平、北傣、河宣省有岱—侬语广播；北原、太原、高平、河江、宣光省有瑶族语与赫蒙语的广播；林同省有格贺语广播。越南之声广播电台设有赫蒙语、高棉语、巴拿语、嘉莱语、埃地语等少数民族语的广播。芹苴电视台每晚都播放 15 分钟的高棉语新闻；林同省电视台每周 3 次用格贺语播出时事新闻。[14]2006 年至今，越南相继开展了 2006—2010 阶段民族语电视节目发展计划，制定了 2011—2015 阶段民族语电视节目发展规划。目前，越南已经形成以国家民族语电视台（VTV5）为中心，涵盖 41 个地方电视台以及各相关单位的民族语电视网络体系，这一体系在保存和发展少数民族语言中发挥着主力军的作用。新世纪，

越南文化通信部公布了为少数民族地区和山区出版的17类报纸和4种杂志，旨在帮助少数民族地区和山区发展社会经济、农业、交通、卫生、文化、教育事业。为少数民族小学生和基础中学学生出版的《儿童报》和《少年先锋报》，丰富了少数民族学生的课外越语读物，提高了少数民族学生学习越语的兴趣。

三、21世纪初越南少数民族双语教育实施的成就与不足

半个世纪以来，越南少数民族双语教育在党和国家诸多政策和措施的惠泽下取得了显著的成绩，办学规模和办学质量都有明显改观。许多少数民族如高棉族、巴拿族、埃地族、占族、嘉莱族、赫蒙族、华族等，在学校教育中使用本民族语和越语教学，建立了符合越南国情的双语教育体制。许多少数民族地区形成了较稳定的双语教学格局，对促进少数民族与京族的文化发展与繁荣，加快民族大团结，培养新时期双语人才做出了重要贡献。越南民族教育局统计资料显示[15]，2010—2011学年，少数民族语言教学已在全国20个省市中688所学校的4764个班级开展，其中有学生108329人，教师1543人，比上一学年增加了137个班级和2489名学生，增加最多的是学习赫蒙语和巴拿语的学生。全国各地方省市双语教育活动开展迅速，朔庄省已经在省内所有的基础中学开展高棉语教学，多乐省已经在省内全部县级和省级寄宿制民族普通学校教授埃地语，胡志明市、金瓯、坚江、朔庄、芹苴、后江省已经开展华语教学。随着教学规模的日渐扩大，双语教学质量也逐步得到提升，学生学习少数民族语言达到优秀成绩的比例逐年上升，最高的是华语73.2%，其次是高棉语53.8%，最低的是赫蒙语38.2%。与上一学年相比，达到优秀成绩的小学生数量增加了4.4%，初中生增加了6.6%。

越南双语教育在取得可喜成绩之余，仍然存在诸多影响双语教育质量发展的关键因素，如少数民族双语教学仍旧处于试点教学阶段；双语师资匮乏，教师培训体系还不完善；双语教材编撰开发工作尚未形成完整体系。总体上讲，越南双语教育仍然处于探索发展的进程中。在试点教学方面，2000年起，国家逐步在少数民族集中聚居的省市开展少数民族语与越语的双语教学试点工作。如嘉莱语在嘉莱省开展为期五年的试点教学；初中华语在南方部分省市进行试点教学；占语在安江、西宁省试验教学；埃地语在多农、多乐省进行初中三年的试点教学；越语在老街、山罗、西宁、坚江、安江、崑嵩、广平省实行增加一年级越语课时量的试点教学。在双语师资方面，问题突出表现在双语师资短缺导致师生比例不平衡，教师培训体系不健全影响教师质量。2011年，教育培训部在芽庄举办少数民族语言教学总结大会[16]，在大会上，嘉莱省教育培训所副所长介绍，目前嘉莱省有90202名嘉莱族学生（占全省学生数的30%），但是仅有244名嘉莱语教师；巴拿族学生有36233人（占全省学生数的11%），仅有32名巴拿语教师。朔庄省教育培训所代表称，朔庄有高棉族学生37744名（占全省学生数的28%），仅有316名高棉语教师，且他们多是师范中学毕业。多乐省克龙阿那县教育培训办公室室长介绍，该县有近700名埃地族学生，有19名教师懂得埃地语，但是仅有6名教师能够胜任埃地语

教学工作。义安、安沛省教育培训所代表称，几乎省内所有赫蒙语教师都未曾接受过正规师范培训。在双语教材开发方面，目前越南尚未出版一套完整的针对本民族语言学习教材，各少数民族语言教材都在试用阶段，如嘉莱语、占语、高棉语、赫蒙语教材正在试行，埃地语、巴拿语教材还在探索试用，小学华语、赫蒙语教材有望在2012年完成修订工作，色登语教材编撰工作正在启动中。

回顾越南双语教育发展历程，在多年的试点教学工作中，越南逐步探索出一条符合本国多民族、多语言、多文字背景下的双语教育发展之路，尽管发展中尚存在诸多影响双语教育质量的问题，但是在实践中不断积累的宝贵经验，将会引领越南双语教育走向更加辉煌的发展道路。此外，对越南少数民族双语教育的探讨和研究，将为我国今后制定更加完善的少数民族双语教育政策提供一些思路。

参考文献：

[1]［越］阮善甲．各时期越南的语言政策。http：//ngonngu. net/index. php? p =172，2006 -12 -9.

[2]［越］越南民主共和国宪法。http：//moj. gov. vn

[3]［越］越南民主共和国宪法。http：//moj. gov. vn/bpq/Lists

[4]［越］越南社会主义共和国宪法。http：//moj. gov. vn/

[5]［越］越南社会主义共和国宪法。http：//moj. gov. vn

[6]［越］少数民族语言文字在普通教育机构和继续教育中心教学的规定。http：//moj. gov. vn/.

[7]［越］少数民族语言文字在普通教育机构和继续教育中心教学规定的联席通知。[EB/OL]．ttp：//vanban. moet. gov. vn.

[8]［越］普及小学教育法。http：//moj. gov. vn/vbpq/Lists.

[9]《越南社会主义共和国教育法》，河内：国家政治出版社，2005年。

[10] 董艳：《浅析世界双语教育类型》，载《民族教育研究》，1998年第2期，第42页。

[11]［越］2011—2020年发展各师范院校和师范专业的章程。http：//thuvienphapluat. vn/archive.

[12]［英］科林·贝克著，翁燕珩等译：《双语与双语教育概论》，北京：中央民族大学出版社，2008，第172页。

[13]［越］少数民族语言教师培训章程。http：//www. babylonlaw. com.

[14]［越］邓青芳：《发展我国少数民族双语：从政策到实践》，载《民族学杂志》，2006年第6期，第46页。

[15]　[16]　［越］普通学校少数民族语言教学的积极转变。http：//vietbao. vn.

作者简介：尚紫薇（1987—），女，山西太原人，广西民族大学教育科学学院

2010级硕士研究生，主要从事少数民族教育政策研究；欧以克（1965—），男，广西柳江人，广西民族大学教育科学学院教授，主要从事少数民族教育研究、民族高等教育研究。

第六节　浅析民族地区双语教材建设存在的问题

双语教育是少数民族教育的重要组成部分。《教育中长期发展规划纲要（2010—2020）》第九章民族教育中对双语教育有专门的论述："大力推进双语教学。全面开设汉语文课程，全面推广国家通用语言文字。尊重和保障少数民族使用本民族语言文字接受教育的权利。全面加强学前双语教育。国家对双语教学的师资培养培训、教学研究、教材开发和出版给予支持。"① 发展双语教育，除了加强双语师资的培养，完善教材体系，优化教材内容也是一项不可忽视的工作。

一、少数民族教材出版现状

新中国成立以来，党和国家十分重视使用和发展少数民族语言文字，在人力、物力、财力等方面给予了大力支持。新中国成立之初，先后成立了东北延边、新疆、内蒙古三家民族文字教材专业出版社；四川、云南、贵州、广西、青海成立了民族出版社；西藏成立了人民出版社。经过六十年的努力，这些出版社，从无到有，从小到大，已经具备了一定规模。除此之外，还相继在西藏成立了教材编译局（现为编译中心）、四川成立了彝文教材编译室、青海成立了藏文教材编译处、广西成立了壮文教材编译室。目前，全国已有1000余人精通本民族语文、汉语文、外国语和具有专业知识的专职编译队伍，承担着几十种少数民族文字各级各类学校的教材编译出版任务。全国每年用21个民族的29种少数民族文字编译、出版少数民族中小学教材近3000种，总印数达一亿多册。20世纪90年代末，以省区协作的方式开展的教材编写方式，如八省区协作蒙古文教材，五省区协作藏文教材，东北三省协作中小学朝鲜文教材，推动了民族地区教材建设的发展。

二、少数民族教材存在的问题

在民族教材编写取得巨大成就的同时，也存在很多问题：

（一）少数民族教材编译、出版、审查的经费问题

少数民族教材的编写机构主要有两类：一类是由政府和财政部门拨款的事业单位，一类是以盈利为目的的民文出版单位。随着市场经济的发展，很大一部分民文编写机构都是自负盈亏，国家和地方财政补助减少，加上民文教材的使用群体固定，很多机构经费严重不足，制约了民文教材编写的数量和质量。其次，多省区协

① 《国家中长期教育改革与发展规划纲要（2010—2020年）》，第九章（二十七）。

作教材，由于各省区的财政补贴不同，带来同样教材在不同省区价格不一致的问题。再次，1986年，根据《全国中小学教材审定委员会工作章程》的有关规定，分别成立了《全国蒙古文、朝鲜文、藏文教材审查委员会》，由国家教委、民族教育司和有关省、区教委共同领导，负责审定协作编写的朝鲜文、蒙古文、藏文中小学教材。原国家教委规定“中小学教材必须经过审定后方可供学生使用”，但由于民文出版单位大多经费不足，审查经费更是紧张，很多地区的民文教材编写后未经审查直接发给学生使用，导致民文教材质量不高。

（二）少数民族教材的编写问题

主要集中在少数民族教材编写的内容、形式和人员队伍几个方面。民文教材编写内容，本民族生活和文化在教材中所占的分量不足，脱离民族地区实际，弱化了民文教材对本民族文化的传承作用。在翻译名词和术语时，由于民族语言中没有相对应的词，在编译过程中基本用音译和意译的方法，教师和学生无法完全理解其含义。教材内容陈旧，缺乏时代性，实践性不足，地方性特色不明显。教材形式单一，缺乏配套的辅导材料和延伸材料，学生很难拓展自己的知识面。少数民族教材的编译队伍也影响着民文教材的编写。大部分民文教材的编写已经克服了编译人员不足的困难，但是一些小语种的民文教材的编译人员只出不进，编写人员严重不足。突出表现在锡伯文教材、柯尔克孜文教材和新疆蒙文教材的编译人员队伍上。编译人员中基本上无人参与过中小学的教学工作，对基础教育的具体情况很不熟悉。编译人员缺乏外出学习和进修的机会，对国内外教材和课程改革不熟悉。以上因素都制约着民文教材的编写，导致民文教材质量不高。

（三）教材出版、发行方面的问题

近几年民文教材征订数严重滑坡，受升学、就业压力的影响，民族中小学学生学习汉语的积极性提高，民文教材覆盖率逐年降低，很多少数民族学生转到汉语学校，学习民文的学生人数降低。很多偏远的民族地区社会经济落后，很多使用民文教材的学校中，民文教材的征订数往往少于甚至大大低于实际在校生数。虽然国家实行“两免一补”政策，但是对于很多贫困地区，学生的教材仍面临困难。新华书店的独家发行以及学校和新华书店之间的摩擦，主要集中在教材征订与不能及时付清教材款项之间的矛盾，少数民族学生对教材的印刷的需求和供给教材单一化之间的矛盾。

（四）教育评级体系单一和升学竞争的压力

自2001年新课程改革以来，国家已经对教育评价体系进行了改革，但是仍然以成绩为主的评价模式制约着民族地区教育的发展。单一的评价模式遏制了民族地区学生学习民族语言、文化的热情。很多学生和老师迫于升学压力，忽视民族语言、文化的学习和传承。有些地区在中考和高考时采取民族语的语文试卷、汉语的理科试卷，导致民族语的理科教材征订量下降，同时也加重了学生的学习负担。

三、完善少数民族教材建设的相关举措

少数民族地区教材建设不仅关系着少数民族文化的传承与发展，也影响着我国文化的多样性。新中国成立以来，民文教材取得的巨大成就为民文教材的发展打下了良好基础，在国家相关政策法规的指导下，各地应该因地制宜，突出优势，弥补短处，在少数民族地区逐渐完备教材建设。

（一）认真落实党和国家的少数民族文字政策

认真落实党和国家的少数民族文字政策，各地因地制宜，确立民文教材管理办法 2012 年颁布的《国家教育事业发展十二五规划》中指出："开发双语教育教材、课外读物、多媒体等教学资源，开展教学方法的研究。"明确了十二五期间少数民族地区教材建设的前进方向。民族文字教材的编译很难有统一具体的标准，但指导思想是统一的。即必须坚持办学的社会主义方向，增强民族团结，维护祖国统一，立足于本地区本民族的经济、文化发展水平，从本民族现状出发，以基础教育为重点，全面贯彻党的教育方针，遵循统一的教学大纲和教学计划，充分考虑学生的实际状况，在突出民族文字教材个性的同时，体现全国统编教材的共性，处理好二者之间的关系。少数民族地区也应该根据本地区经济、社会、文化的特点，有针对性、有代表性的制定相应的教材编写政策，完善教材编写、发行的管理体系。内蒙古地区在民文教材的编写、出版、发行等方面已经建立了一套相对完整的管理体系，民文教材的编写质量逐年提高。

（二）民文教材在内容、形式、发行等方面的改革

当前，我国基础教育由应试教育向素质教育转轨，各科教材内容应进行及时调整。民族文字教材也要适应转轨的需要，对教材内容进行调整和改革。吸收借鉴先进文化、弘扬传承本民族文化，充分体现现代性、民族性、包容性。教材的形式应丰富多彩，不能拘泥于一种形式，传统教材文字为主的表现形式，已经无法满足学生们的学习需要。加大开发与教材内容相关的教辅、多媒体等材料，使知识的呈现方式多样化，提高学生学习的积极性。在民文教材的发行方面，国家和地方除了加大扶植力度，确保经费以外，还应该引入市场竞争机制，多渠道筹措资金，保证民文教材的出版发行。促进民文教材出版发行的立体化开发，最大限度满足民族地区教育教学需求，满足民文教育市场需求，创建民族教育教材品牌。

（三）优化民文教材编写队伍

民文教材编写队伍是保障民文教材质量的根本，因此提高民文教材编写人员的素质至关重要。首先，民文教材编写人员应该深入教育教学第一线，了解教师的教学情况和学生的学习情况，开发学生感兴趣的内容，让教材更贴近学生实际，有利于学生的吸收理解。其次，组织民文教材编写人员进行定期培训，了解国内外民族教材编

写的情况，去其糟粕，取其精华，提高民文教材的编写质量。再次，加大民族文字教材编译工作的科研力度。目前，与之相关的科研机构几乎没有，科研项目也少之又少。甚至很多地方连必备的工具书和参考资料都严重缺乏。因此，依托民族高校，多方合作，进行民族文字教材编写的科研活动，可以促进民文教材质量的提高。

（四）对双语教材的编写

少数民族地区的教材编写不仅包括民文教材的编写，还包括汉语教材的编写。对于以民族语为第一语言的少数民族地区，汉语教材的编写也应该受到重视。人教社承担着大部分少数民族地区汉语教材的编写工作。少数民族地区汉语教材的编写应该以《全日制民族中小学汉语教学大纲（试行）》为标准，以提高少数民族汉语交际能力为目的，科学地、有针对性地编写少数民族地区汉语教材。2006 年 6 月 19—21 日，八省区蒙古族学校汉语教材研讨会在兴安盟乌兰浩特市召开。类似活动的召开，能够有效促进民族地区汉语教材的编写。同时，汉语教材的编写要充分考虑民族地区社会、经济、文化的特殊性，少数民族学生学习汉语的优势和劣势，由浅入深，循序渐进。

影响民族地区教材编写既有外部因素，也有内部因素。因此，推动民族地区教材编写既要有外部力量，也要遵循教育的内部规律。国家、地方相关政策法规的完善，出版、发行、审查的资金保障，编写队伍的建设等都从外部保障了民族教材的编写工作。同时，教材的内容和形式，要充分考虑教育基本原理，知识体系脉络，学生的身心发展状况等教育内部因素。只有内外部因素结合，才能保障民族教材的编写工作，推动民族教材质量向更好、更高水平发展。促进少数民族双语教育持续、健康发展。

参考文献

[1] 哈经雄、滕星主编：《民族教育学通论》，北京：教育科学出版社，2001 年。

[2] 何俊芳著：《中国少数民族双语研究历史与现实》，北京：中央民族大学出版社，1999 年。

[3] 戴庆厦、滕星等著：《中国少数民族双语教育概论》，沈阳：辽宁民族出版社，1997 年。

[4] 沙玛·加甲：《民族语文教学的重要保证——谈我国中小学民族文字教材建设问题》，载《中国民族教育》，1998 年。

[5] 王鉴：《我国少数民族教育课程本土化研究》，载《广西民族研究》，1999 年第 3 期。

作者简介：石梦（1989—　），蒙古族，中央民族大学 2011 级教育硕士（语文教学），主要研究方向是少数民族教育，语文教学等。

第五篇

少数民族教育史与文化传承研究

第十章　少数民族教育史与文化传承研究

第一节　重要历史人物的多元文化教育思想研究

一、元朝和清朝少数民族教育比较研究

公元1206年，成吉思汗建立大蒙古国，1271年改国号为元，1276年，灭南宋。1368年，明军攻入大都，元实亡。元代实现了全国的统一，是少数民族建立的第一个全国性政权。元太祖忽必烈统一蒙古以后，推行民族分化和民族压迫政策，将民众划分为四等，在文化教育上制订了相应的民族教育政策，重点培养蒙古族贵族子弟。公元1616年，努尔哈赤即汗位，国号为金，史称后金。1636年，改国号金为清。1911年，清帝退位，清朝灭亡。清朝是我国少数民族建立的最后一个全国性封建政权。清朝政府建立后，统治者认识到了少数民族种类繁多和风俗各异的现实，把发展民族教育作为其政府文化教育工作的一项重要内容。

（一）元朝和清朝少数民族教育机构比较

元朝建立后，教育机构设置在沿袭传统的基础上，增添了不少少数民族教育的职能和内容。元朝设立中央官学，中央官学重点加强皇室蒙古贵族教育，地方官学针对不同民族也采取了一些特殊政策。元朝国子学分为两类：一类是普通国子学（国子监），采用汉语和汉族教师开展教学；第二类是特殊的国子学，亦即具有少数民族教育职能的国子学（国子监），这类国子学又分为两类：蒙古国子学和回回族国子学。前者创立于1271年，主要招收蒙古族子弟，“但也选取朝中汉人、色目人、南人百官的子弟入学”①，以蒙文和蒙古族教师开展教学，主要培养译员；后者创设于1289年，“入学资格为公卿大夫及富民子弟”②，以回回语和回族教师开展教学，“训练通晓亦思替非文、波斯文和阿拉伯文的翻译人才”③。地方政府开展的学校亦相应在普通的路学－州学－县学－社学的基础上设立了具有少数民族职能的诸路蒙古字学并设立有视学性质的蒙古学政。④“元朝广设地方官学，平均2800

---

① 冀文秀：《元朝蒙古族教育的异彩华章》，载《阴山学刊》，2010年第4期。

② 吴明海主编：《中国少数民族教育史教程》，北京：中央民族大学出版社，2006，第30页。

③ 吴明海主编：《中国少数民族教育史教程》，北京：中央民族大学出版社，2006，第30页。

④ 喻本伐、熊贤君著：《中国教育发展简史》，台北：师大书苑出版，1995，第373页。

人就有1所"[①]，"元世学校之盛，远披遐荒，亦自昔所未有"[②] 可见，学校设置分布广，大大超过前代。由此可以推断，元朝在发展少数民族教育方面的规模和盛况。

清朝在中央和地方分别设立官学，同时设立私学。清代的民族教育机构从教育对象上看主要由以下两类构成：第一类是重点加强满洲贵族和旗人的教育机构。这类机构重点在于保持满洲贵族固有的民族风格和尚武精神，避免被汉族同化。如，清政府于顺治元年（1644年）除在北京设立国子监，招收满蒙贵族子弟入学外，还设立了满族学校性质的八旗官学和宗学。八旗官学"其制分八旗为四处，各立官学一所，设满汉教习及伴读若干人，教授八旗子弟……，康熙三十年（1691年）又设立盛京八旗官学左右两翼各2所，其性质、课程大致相同；雍正元年（1723年）及七年（1729年）更设八旗教场官学、八旗蒙古官学、八旗学堂与满蒙清文义学，这均是为八旗子弟设立的学校。"[③]为了加强宗室贵族教育，清政府于顺治十年（1653年）设立京师（北京）宗学，乾隆二年（1737年）设立盛京（奉天）宗学。宗学主要招收年满18周岁的未封宗室子弟入学，后每族均设立了宗学。在设立宗学的基础上于雍正七年（1729年）设立觉罗学，教授皇族内觉罗子弟；为了加强亲贵以外的旗人子弟教育于顺治元年（1644年）设立八旗官学，同时设立八旗义学。为了加强满族皇子皇孙教育，清政府于康熙年间设置了上书房。第二类是旨在加强其他少数民族教育的办学机构。清政府认识到，分布于边疆的少数民族"自古王法不能绳"，如何"广布教化，多方训迪"成为维护统治秩序的关键。因此，清政府非常注重其他少数民族的教育并设立了相关的办学机构。该类教育机构从地域上又主要分为以下几类：

1. 北方蒙古族的教育机构

清政府从清初到清末，从中央到地方，均非常重视蒙古族的教育。清初，八旗官"分满洲馆、蒙古馆和汉馆教授学生"，"下设的教习也是满文、蒙文、汉文、弓箭各一名"。[④] 后在京师设立专门的蒙古官学并在地方设立了蒙古官学。清末，理藩部曾经在北京设立蒙古学堂，培养蒙古贵族子弟。清政府直辖的蒙古族学校有"国子监、国子学、八旗学、满蒙高等学堂等；地方性教育机构有蒙古义学、蒙古八旗学堂、蒙古清文学等。"[⑤]

2. 西北少数民族的教育机构

西北地区民族关系复杂，清政府亦非常重视该区域的民族教育。如，产生于明末清初的西北回族的经堂教育在清朝获得了长足的发展。1695年之后，清政府在

---

① 孙培青主编：《中国教育史（修订版）》，上海：华东师范大学出版社，2000，第203页。

② 冀文秀：《元朝蒙古族教育的异彩华章》，载《阴山学刊》，2010年第4期。

③ 伍振鷟著：《中国大学教育发展史》，台北：三民书局，1992，第149页。

④ 花文凤：《清朝科举体制下少数民族教育公平问题及其解决策略》，载《徐州师范大学学报（教育科学版）》，2011年第2期。

⑤ 吴明海主编：《中国少数民族教育史教程》，北京：中央民族大学出版社，2006，第37页。

新疆等地相继设置各类八旗学校，凡八旗子弟愿入学者，由各旗协领保送，学习清文骑射。清政府曾在国子监下设立俄罗斯学馆招收俄罗斯子弟和军中哈萨克族子弟。晚清时期，清政府在新疆兴办学校，特别为“维吾尔、蒙古、哈萨克等少数民族设立学塾学堂，还开办了面向南疆维吾尔族的职业教育学堂和军事学校”①，培养西北少数民族各类人才。

3. 东北地区的少数民族教育机构

东北地区是满洲的发起之地，是清朝的大后方，清政府亦非常重视东北地区的少数民族教育。康熙年间“清朝统治者在墨尔根城设立了满文八旗学，招收黑龙江地区的满族、达斡尔族、鄂伦春族、锡伯族四个少数民族的学生入学读书教习书艺”②。“清末光绪二十二年（1907），在毕拉尔路创办了鄂伦春历史上的第一所学堂，招收20名学生，教授满文和汉文。”③

4. 西南和东南地区的少数民族教育机构

西南和东南地区，少数民族众多，清政府从早期就注重这两个区域的少数民族教育。如，鉴于土司势力的强大，为了推行其“愚黔首”政策，“顺治十五年（公元1658年），清政府设立土苗学，凡土司子弟有向化愿学的，令立学一所，由地方官选取一人为教读，训督猺童。”④ 在西南和东南设立“义学”和“社学”，它们曾一度成为教化少数民族的教学机构，为当地少数民族子弟入学提供条件。“从雍正到乾隆年间，设土义学18所；设苗义学24所”⑤。1705年，清政府曾在湖南苗族聚居地区设立苗学。后期在傣族、壮族、布依族、藏族聚居地区均曾设立各种具有现代学校雏形的学校，开始现代化办学的探索。清朝在理藩院下设唐古特学，培养藏语人才；晚清，藏族在北京亦曾设立“殖边学堂”。1906年，清政府在四川设立藏文学堂，以培养藏区师资。⑥ 光绪三十四年（1907年），学部奏请朝廷在京师设立了满蒙高等学堂。学堂除设满蒙文科之外，并附设藏文科。满蒙高等学堂的设立，拉开了中国近现代民族院校发展的帷幕。

由此可见，在少数民族教育机构设置方面，元朝和清朝均在大力兴办学校上不遗余力。两朝都办理了中央和地方两级学校发展少数民族教育。这些教育机构均重点发展本民族教育，也包括其他少数民族的教育内容。两朝少数民族教育的设立是政权统治的需要，促进了民族之间的交流和融合，在文化传承方面发挥了重要作用。相对于元朝的民族教育机构，清朝在民族教育方面不但涉及的民族数量多，覆

---

① 吴明海主编：《中国少数民族教育史教程》，北京：中央民族大学出版社，2006，第115－116页。

② 孙东方：《论清朝达斡尔族双语教育的发展》，载《内蒙古师范大学学报（教育科学版）》，2006年第7期。

③ 花文凤：《清朝科举体制下少数民族教育公平问题及其解决策略》，载《徐州师范大学学报（教育科学版）》，2011年第2期。

④ 伍振鷟著：《中国大学教育发展史》，台北：三民书局，1992，第152页。

⑤ 彭永庆：《论清朝湘西民族地区教育的发展》，载《民族教育研究》，2007年第1期。

⑥ 《中国近代学制史料（第二辑，下册）》，上海：华东师范大学出版社，1989，第824页。

盖的区域广，并且由不同的层次构成，可以说民族教育体系更加完备。清朝后期，资本主义获得了一定发展，加上帝国主义的不断入侵，使得民族矛盾和阶级矛盾不断激化。在内弱外侮的情势下，推动社会变革，学习西方办新学成为一种潮流，中国少数民族教育也不断受到冲击。随着不可阻挡的变革，中国的少数民族教育机构顺势过渡到了满蒙高等学堂这一初具民族院校风格的教育机构。可以说，两朝的前期探索和实践为近现代的少数民族教育发展奠定了基础。

（二）元朝和清朝少数民族教育内容比较

元朝政府在推行民族分化和民族歧视的同时，也在推行其蒙古化政策，大力开展本民族传统教育与民族语言、文字教育。一方面，元朝设立的学校教育在传授儒家文化的同时注重蒙古族固有的民族传统的教育。比如：以北方民族“尚武”精神和游牧民族特色的骑射武艺的训练和学习等；另一方面极其重视以蒙古族语言为主的少数民族语言的教学。早在元初，元世祖就把蒙古字定为“国字”，把蒙古语定为“国语”，制蒙古新字并诏令颁行。为了配合其语言文字政策，元朝统治者特在中央和地方设立蒙古国子学和蒙古字学两类学校，后又创建蒙古翰林院，把蒙语翻译的汉语经史典籍列为修读课程，加强蒙古族语言和文字的教学。除了蒙古文字和语言的教学之外，在教学内容和教学语言上也重视其他民族的语言的教学。如，在中央的蒙古国子学的教学内容选用用蒙古语翻译的《通鉴节要》；回回国子学的教学内容则为回回文字的《亦思替非》。元朝设立的学校不但要求本民族成员学习蒙古语，“同时也招收汉族学生学习蒙古语”[①]。元朝地方官学除了对民族传统和民族语言进行教学之外，“还设有具有民族特点和科技教育性质的医学、阴阳学。”[②]

满清在尚未入关时，皇太极就极其重视保持满洲旧俗的重要性，曾告诫后世子孙勿从汉俗。入关后，历代皇帝亦铭记“祖宗之训”，注重保持本族的传统。在先祖的告诫下，清朝统治者注重传承满洲风俗习惯，大力推广本民族的骑射传统与技艺，把国语骑射视为“满族之本务，旗人之要务”，把它当成凝聚族群势力，维护其统治的有力措施而加以推广。皇太极曾推动老满文改革，在老满文基础上加圈点，以区别同音词；清高宗还曾主持编纂大型满语辞书，颁行满语书籍，翻译儒家经典，对旗人的满语严加考核，以其促使对满语进行教育和标准化工作。在其坚持“国语骑射”（坚持说满语，保持骑射传统）的政策指引下，透过八旗官学和八旗义学讲授满族自己的语言并开展满族骑射等传统教育。如：八旗官学“课程除满语满书及蒙语蒙书外亦授经书文艺。”[③] 宗学设立以后，清政府曾于顺治十一年（1663 年）极端地下令永远停止汉字诸书。宗学课程有“满书及汉书，而特重骑

① 冀文秀：《元朝蒙古族教育的异彩华章》，载《阴山学刊》，2010 年第 4 期。
② 吴明海主编：《中国少数民族教育史教程》，北京：中央民族大学出版社，2006，第 30 页。
③ 伍振鷟著：《中国大学教育发展史》，台北：三民书局，1992，第 149 页。

射。”[①] 清朝中后期，随着国力的衰微，在开展满语教学的同时，也认识到了汉语的重要性，无论是官学还是私学都加强了汉语的教育教学，出现了大规模的满语和汉语的双语教学现象。[②] 同时，清政府出于联合蒙古族以稳固统治的需要，在推行满语教育的同时，还加强蒙文教育。据呼伦贝尔志略记载：光绪三年，达斡尔部设私塾于南屯，由齐齐哈尔调任教师，教授本部子弟十余人以汉满文字，这是蒙古人学习汉文的开始。清朝“进入八旗官学学习的学生，主要学习满文，有的学堂还加学蒙文。呼伦贝尔地区的学校针对那里是蒙古族集聚地的特点，招收学生学习满蒙文。”[③] 除了官学之外，私学亦曾加强蒙文的传授，“据记载，在齐齐哈尔市梅里县达斡尔区的霍多台村里曾办过蒙文私塾，当然这只是个别现象。”[④] 私塾中使用的教材也有满、蒙、汉三种文字的。在考试中，加强对这三种语言的考核，天聪八年(公元 1634 年)，“初命礼部，考取通满洲、蒙古、汉文义者为举人。”[⑤]

民族传统是反映一个民族特质和风貌的重要文化形式，是一个民族区别于其他民族的重要表征；民族语言是了解异族政治、经济、文化、技术的重要工具，掌握不同的语言可以获得本民族更大的发展。民族传统和民族文字的教学对于培养民族认同感，促进民族形成乃至凝聚族群实力具有很重要的现实意义。元朝和清朝统治者都非常重视本民族的传统和语言的教育与传承并把其作为学校教育的一项重要内容，为中华文化的传承、创新和繁荣做出了不可磨灭的贡献。相对与元朝的语言教学，清朝所开展的双语教学和多语教学的探索为多元文化的发展搭建了平台和通道。

（三）元朝和清朝少数民族教育的考试考核比较

元朝建立之初对科举考试不是很重视，但后来在汉族儒臣的建议下，于黄庆元年（1312 年）建立了科举制度，延续了这种选拔人才的举措。元代科举考试同样分为地方的乡试和中央的会试及殿试。但是，元朝的科举考试科目分为左右榜。右榜供蒙古人应考，乡试只需要考两场且相对简单；左榜供汉人、南人应考，乡试考三场且要求相对严格。“录取时，得中进士委派官职，蒙古人、色目人比汉人、南人从优。”[⑥] 与此同时，蒙古族的录取名额亦分配到各地，相对于汉人、南人，蒙古人的及第率很高。

清朝的科举考试采取了向少数民族倾斜的政策。首先，优先照顾满族和蒙古族

---

① 伍振鷟著：《中国大学教育发展史》，台北：三民书局，1992，第 150 页。

② 注：其实，从满清入关前，八旗贵族子弟接受的教育就是满汉双语的。例如，康熙年间上书房的皇子们就同时接受满汉师傅的授课。只不过在中后期规模上超前。

③ 孙东方：《论清朝达斡尔族双语教育的发展》，载《内蒙古师范大学学报（教育科学版）》，2006 年第 7 期。

④ 孙东方：《论清朝达斡尔族双语教育的发展》，载《内蒙古师范大学学报（教育科学版）》，2006 年第 7 期。

⑤ 《清太宗实录（卷十）．天聪五年闰十一月及子条》，北京：中华书局，1985，第 146 页。

⑥ 吴明海主编：《中国少数民族教育史教程》，北京：中央民族大学出版社，2006，第 31 页。

的利益。清政府在科举考试时，在采取诸多向满族、蒙古族倾斜的政策。“清朝政府一方而特开‘八旗考试之场’，单独录取满族和蒙古族，并增加录取名额，使蒙古族中举者不断增加。“汉人参加童生考试，录取率约为50:1，满蒙八旗子弟童生录取率，远远高于此数。录取率若按5:1计算，是汉族童生录取率的10倍。”① 另外，为蒙古族专设“翻译蒙古文字之场”，“为蒙古族生员中举提供稳定的渠道”。② 其次，对其他少数民族采取了特殊照顾。清政府在科举中“广设义学和允许少数民族参加科考”③，提倡少数民族应试科举。除此之外，通过分配学额以示鼓励。清政府在科举考试中，“对少数民族聚居区增加进士的录取名额……，以鼓励少数民族子弟参加科举的积极性”④。对土苗学生在科举考试中予以照顾。“苗童赴县厅府院试者，无论书院正课及小考，前十名是否取到，均各给银一两。苗生赴乡试者，无论书院正课及科考之正案录取与否，均各给银十两”⑤，“苗举人如有愿赴京会试者，照本省举人之例，给予公车银两，仍严禁书吏需索，严令踊跃观光”⑥。

以“科举领导教育”并笼络人才是封建统治者的一种统治策略。科举考试既是封建社会的一项重要的人才选拔机制，同时也是一项重要的教育考核方式和教育促进方式，国家通过科举控制和引导教育发展。元朝和清朝的科举考试，无论是元朝的“双轨制”还是清朝的“举额分配”，都注重对本民族的优先照顾，并且都对少数民族教育发展产生了深远的影响。相对于元朝，清朝的科举考试公平性大大提高，并且照顾到了更多的少数民族的利益。

（四）比较研究结论

元朝和清朝都是由北方少数民族入主中原而建立的政权。在以汉族为主导的封建社会进程中，它们都要面临着相似的社会环境和教育需求，两个政权在少数民族教育机构设置、少数民族教学内容改革乃至考试考核方面都采取了一系列措施，具有很大的相似性；另一方面，由于两个朝代是由不同的民族建立的封建政权，并且两个朝代处于封建社会的不同发展阶段，在发展民族教育方面具有相似性的同时亦具有很大的不同。

1. 两朝民族教育相同之处

由于两个朝代都是由少数民族建立的统一封建政权，因而，两个朝代的教育发展自然具有少数民族教育的特性和特质，其教育的少数民族特性是不可避免的。同时，两个少数民族政权在建立以后，都需要面对一个以儒家文化占据主导、以汉族

---

① 张杰：《清代八旗满蒙科举世家述论》，载《民族教育研究》，2002年第1期。

② 余梓东：《论清朝少数民族教育政策》，载《民族教育研究》，2003年第3期。

③ 徐杰舜、韦日科：《中国民族政策史鉴》，南宁：广西人民出版社，1992，第494页。

④ 余梓东：《论清朝少数民族教育政策》，载《民族教育研究》，2003年第3期。

⑤ 《乾州厅志．光绪三年序修．同治十一年本．卷之七．苗防志一》。

⑥ 《古丈坪厅志．光绪三十三年铅印本．建置．卷七》。

为主体的社会环境。一方面要适应儒家文化，尊孔崇儒，统治多数的汉人；另一方面要维持其自身民族传统，稳固统治，发展本民族教育，并加强对自身统治有利的其他少数民族的教育。这个共同的课题促使两朝统治者认识到，欲求长治久安，必须大力发展以传承推广本民族文化并培养本民族人才为主要内容的教育事业。两个朝代的少数民族教育阶级性强，是统治阶级培养本族人才的一种举措，在入学门槛和生源上具有一定的限制，可谓普及性不高。然而，两个朝代的少数民族教育都实现了对少数民族的启迪，稳定了其社会秩序，促进了民族间文化的融合与交流，达到了统治的目的。

2. 两朝在民族教育方面的不同点

元朝和清朝处于封建社会的不同发展阶段，所处的社会环境自然不同。同时，两个当时社会的阶级矛盾和民族矛盾亦不相同，因而，两朝在发展少数民族教育方面具有很大的不同。第一，着力点和倾斜度不同。教育工作的重点和方向直接体现统治阶级的意志。元朝把蒙古族作为权贵阶层，为了达到其统治目的，把回族作为同盟特权阶层开展相应的教育活动；其他少数民族和汉族大致划分为南人和汉人，其教育工作的力点和倾斜度大致向权贵和特权阶层倾斜。清朝把满族作为权贵阶层，而把蒙古族和藏族作为特殊阶层进行相应的教育安排，特别是与满族同处于北方的蒙古族结成亲密联盟，在教育活动中予以重视。相对于元朝，清朝也照顾到其他少数民族的利益。第二，公平性和包容度不同。少数民族教育政策是民族政策的重要组成部分和体现，其民族政策的公平性和包容度在少数民族教育政策中有着明显的体现。元代的民族政策具有明显的歧视性，最明显的就是其族群被分为阶级等级明显的四等人，他们在文化教育和政治上权利明显不同。清朝在入关之前，实行明显的民族压迫政策；入关后其民族政策有所调整，拉拢汉族和其他民族，民族矛盾得到缓和。清代的民族政策虽然具有一定的压迫性，但是更加注重怀柔政策。元朝民族压迫和民族矛盾相对于清朝政府更为尖锐。清朝的少数民族教育是在继承了元朝的基础上有所发展的。无论怎样，清朝统治者在民族教育政策的制定中具有很强的包容性。第三，发展程度不一样。由于两个朝代的少数民族教育具有其鲜明的时代性和逻辑上的先后关系，社会经济发展程度不一致，因此其少数民族教育发展程度亦不同。相对于元朝的少数民族教育发展，清朝举办的民族学校层次深、形式多、规模大。特别是清朝末期，随着工商业的发达和资本主义的发展，加上西方文化的东渐，无论是经济基础还是文化氛围，无论外部环境还是社会需求，均出现了有利于民族教育发展的外部环境。加上清朝统治者相对开明和包容的民族政策，少数教育在清朝获得了长足的发展。清朝前期以封建教育为主，后期又过渡到了反帝反封建的近代教育，从而成为了向现代民族教育过渡的重要时期。从总体上看，清朝的民族教育更具有进步性。

（五）余论

元朝和清朝的少数民族教育都在已有的封建教育制度的基础上获得了一定的发

展，其实质都在于培养统治阶级所需要的精英人才和本民族权贵，落脚点都在于维护其政权的稳定，维护其统治。教育内容上旨在保持本族子弟的传统精神，并以本民族为主要教育对象，不具有普及性和平民性的特点。即使开展了对其他少数民族的教育，也是为了加强对少数民族的精神教化和启迪训示，功利性色彩浓厚。但是，不可否认的是，两个朝代的民族教育都培养了一批少数民族知识分子，为民族文化的传承与创新做出了重要的贡献，同时也有利于各民族之间文化的交流与融合，为中华文化的多元性态势做出了自己的贡献。更为重要的是，两个朝代在民族教育方面却进行了积极的探索，积累了一定的经验并获得了一定的发展，为后期的近代乃至当代的民族教育发展奠定了基础，在民族教育发展历史上具有非常重要的地位。两朝代的少数民族教育发展实践证明，只有各民族不分大小，一律平等，才能促进少数民族教育的公平公正和繁荣发展。两朝的少数民族教育政策对于今天我们的民族教育事业的发展具有一定的历史借鉴作用，具有重要的历史性和现实性的意义，需要我们客观地看待和评价两朝的民族教育，并值得我们去研究和思考。

参考文献：

[1] 冀文秀：《元朝蒙古族教育的异彩华章》，载《阴山学刊》，2010 年第 4 期。

[2] 吴明海主编：《中国少数民族教育史教程》，北京：中央民族大学出版社，2006，第 30、115 – 116 页。

[3] 喻本伐、熊贤君著：《中国教育发展简史》，台北：师大书苑出版，1995，第 373 页。

[4] 孙培青主编：《中国教育史（修订版）》，上海：华东师范大学出版社，2000，第 203 页。

[5] 伍振鷟著：《中国大学教育发展史》，台北：三民书局，1992，第 149 页。

[6] 花文凤：《清朝科举体制下少数民族教育公平问题及其解决策略》，载《徐州师范大学学报（教育科学版）》，2011 年第 2 期。

[7] 孙东方：《论清朝达斡尔族双语教育的发展》，载《内蒙古师范大学学报（教育科学版）》，2006 年第 7 期。

[8] 彭永庆：《论清朝湘西民族地区教育的发展》，载《民族教育研究》，2007 年第 1 期。

[9] 《中国近代学制史料（第二辑，下册）》，上海：华东师范大学出版社，1989，第 824 页。

[10]《清太宗实录（卷十）．天聪五年闰十一月及子条》，北京：中华书局，1985，第 146 页。

[11] 张杰：《清代八旗满蒙科举世家述论》，载《民族教育研究》，2002 年第 1 期。

[12] 徐杰舜、韦日科：《中国民族政策史鉴》，南宁：广西人民出版社，

1992，第494页。

［13］余梓东：《论清朝少数民族教育政策》，载《民族教育研究》，2003年第3期。

［14］《乾州厅志．光绪三年序修．同治十一年本．卷之七．苗防志一》。

［15］《古丈坪厅志．光绪三十三年铅印本．建置．卷七》。

作者简介：陆继锋，男，汉族，1980年3月出生，山东嘉祥县人，山东科技大学文法学院（马克思主义学院）讲师，中央民族大学教育学院2010级博士研究生，研究方向：中国少数民族教育的历史与发展。

二、元太祖教育思想的内容及其对教育的影响

元太祖，讳铁木真，蒙古孛儿只今部人。其出生时，天赋异禀，手中握凝血块①如卵。这样的传说给铁木真以及其家族带来一丝神话色彩和“君权神授”的舆论基础。在铁木真出生时，正逢其父也速该攻打塔塔尔部，并以所俘获塔塔尔部族长铁木真名号为其新子名，志在标其武功。在铁木真出生时，当时的蒙古草原正面临着频繁的部落之间的吞并战争，当时的蒙古草原：“天下扰攘，互相攻劫，人不安生。”② 同时，也面临着来自于东南方向的女真、南宋，西部的西辽和花拉子模等外在势力的威胁。蒙古诸部在经历了常年的内乱与外侵的态势下，急切希望早日结束动荡不安的局面。铁木真此时的出现，恰似“适运而生”，从铁木真十三岁失去父亲③时便为了自己家族的生存开始同周围部落进行抗争，在1189年（金大定二十九年）被部落推举为大汗，后经过一系列的兼并战争，形成了一个幅员辽阔的蒙古汗国，尊号“成吉思汗”。此间，成吉思汗在治理国家以及对外战争中形成了一些具有指导性的教育思想，但主要体现于成吉思汗对于教育的一些训令、圣旨、必里克（训言）中，现简要概述之。

（一）军事教育思想

蒙古族作为一个马背上的游牧民族，其传统的生计方式就是依靠放牧以及狩猎为生。在蒙古族早期的诗歌中，就有着期盼山神给以猎物的祷词《昂根仓》：富饶的阿尔泰杭爱山呵！在您那山谷的阴面，在您那群山环抱的摇篮里，楱居着鹿貂和猞猁，养育着灰狼、山豹、松鼠和黄羊，请赐给我吧！浩瑞！浩瑞！浩瑞！④

所以，蒙古人从小就很重视结合在劳动生产中的军事技能教育。宋人彭大雅在

① 《元史·太祖一》：“宣懿太后月伦适生帝，手握凝血如赤石。”《蒙古秘史》：“（成吉思汗）降生时，右手握着髀石般的血块。”《史集》载：“他（成吉思汗）的右手掌心里握着一小块干肝块似的凝血。他的额头上有着征服世界、掌握世界的明显标志……”。

② 《元朝秘史》

③ 拉施特：《史集》，第二编，《成吉思汗纪一》载：“父亲（也速该）去世时，成吉思汗才十三岁。”

④ ［宋］彭大雅：《黑鞑事略》，北京：中国社会科学出版社，1983，第18页。

出使蒙古汗国的过程中，对蒙古人的骑猎技能深感惊讶，写道："其骑射，则孩提时绳束以板，络之马上……三岁以索维之鞍，俾手有所执，从众驰骋。四、五岁挟小弓短矢。及其长也，四时业田猎。"

在铁木真少年的岁月里，同其他的蒙古少年一样也学会了一些军事技能。儿时[①]由于父亲的去世，铁木真在其母亲的带领下，和自己的另外三个兄弟合撒儿、别克贴儿、别勒古台在斡难河上游依靠打猎以及采集来度日，并在艰苦的生活中磨炼出自己顽强、勇敢的性格。

《蒙古秘史》中这样记载：

美丽的夫人，用韭、野韭养育的挨饿的儿子们，将成为卓越的豪杰。将成为杰出的男子汉，斗志昂扬的与人搏斗……他们（铁木真与其众兄弟）坐在母亲斡难河的岸上，整治钓钩，钓取有残疾的鱼。他们把针弯成钩子，钓取细鳞白鱼和鲹条鱼。他们结成拦河渔网，去捞取小鱼、大鱼。他们就这样奉养自己的母亲。[②]

《蒙古秘史》又载：

（铁木真）骑上那匹秃尾甘草黄劣马，循着草上踏过的踪迹，去追踪银灰色骟马。……（铁木真见）有许多人从后面陆续追来，铁木真对（孛斡儿出）说，我怕你为我而受到伤害，我去射他吧。[③]

从这段叙述中可以看出，铁木真不仅会骑术、箭术，而且还会从繁乱的线索中寻找马离开时的路线。铁木真对于军事教育的思想，一方面接受了来源于蒙古传统生产劳作中所包含的军事技能和素质等多因素之影响，并使这种来源于传统生产劳作中的技能上升为军事素质训练；一方面来自于铁木真多年来对军事战争艺术的实战总结，铁木真出神入化的战争指挥艺术通过铁木真的言传身教使得蒙古军队迅速成为一支不容忽视的军事力量。

1. 重视军事技能及素质的培养

铁木真正是由于幼儿时期接受了来自于蒙古族传统生产生活中的军事技能训练，才造就了其卓越的军事技能。对于狩猎，铁木真十分重视其中所包含的军事教育价值。但凡蒙古族人狩猎，既有个体独自进行的单独狩猎，也有举部落甚至数个部落共同进行的围猎。进行围猎时，需要对所要猎取的兽类进行觅踪、驱赶与合围，类似于进行一场战争，强调个体对于整体策略的服从，重视对个体纪律性的培养。同时，其妻女、老弱进行后勤供应，进行一次围猎，几乎可以动员一个部落甚或几个部落的资源来完成围猎任务。这种类似模拟战争的围猎，可以提高部落整体的应战素质和水平。他甚至把狩猎当做一个真正的军人所应有的职责。在训令中，他说道：

行猎是军队将官的正当职司，从中得到教益和训练是士兵和军人应尽的义务。

① 肖万源等著：《中国少数民族哲学史》，合肥：安徽人民出版社，1992，第759页。
② 余大均译注：《蒙古秘史·第75节》，石家庄：河北人民出版社，2007，第75页。
③ 余大均译注：《蒙古秘史·第90节》，石家庄：河北人民出版社，2007，第93页。

（他们应学习）猎人如何追赶猎物，如何猎取它，怎样摆开阵势，怎样视人数多寡进行围捕……并且鼓励他们的军队从事这一活动。这不但为的是猎取野兽，也为的是习惯狩猎训练，熟悉弓马和吃苦耐劳。①

通过这种狩猎的训练，铁木真希望将兵们能够迅速地提高军事素质和技能，“在平和时，士卒处人民之中必须温静如犊；在战时击敌，应如饿鹘之搏猎物。”②“平时动作，要像牛犊般和顺；挑起搏斗，要像鹞鹰般猛冲；……敌我交战，要像鹰鹘般冲锋；平时闲坐，要像牛犊般温顺；战斗中，要像鹰隼般飞翔。”③ 并训诫将官们，要通过狩猎知道成为一名蒙古士兵的工作职责。

还如，“就像我们的商人带来织金衣服和好东西，并坚信能从这些布匹织物获得巴里失那样，军队的将官们应当很好的教会儿子们射箭、骑马、一对一的格斗，并让他们练习这些事。通过这样的训练把（他们）训练的勇敢无畏，使他们像坚毅的商人那样掌握他们所知道的本领”。④

铁木真甚至把狩猎活动上升为法律。在其扎撒（法令）中规定，每年冬初实施大狩猎，为达成狩猎的目的，并规定从三月到十月禁止任何人猎取各种禽兽⑤。对于军事技能突出的人才，铁木真也十分赏识，甚至是敌人也能得到铁木真的赏识。在同泰亦赤兀惕人进行战争的时候，铁木真的马匹被一支箭射断了颈脊，当查明是只儿豁阿歹从远处的山脊射下那支箭后，不仅对前来投诚的只儿豁阿歹免罪，而且封其名号为“哲别”，《元史语解》把“哲别”译为“梅针箭”，神射手之意，哲别由此成为铁木真的伴儿⑥。

2. 重视纪律意识的培养

蒙古人在铁木真的领导下，很快地把在狩猎中掌握的军事技能和素质运用到战争中，蒙古军队在蒙古部落同诸部落之间战争，灭金、西夏、西征以及灭宋的战争中都充分利用了围猎中所使用的手段。在同塔塔尔部落进行战争的时候，铁木真训令手下的众将士，不能为了眼前的利益而忘记掉整体战略意图，要以顽强的精神和严明的纪律以完成对敌人的分割包围，对于不遵守训令的将士要以严惩。在训令中，铁木真道：

战胜敌人时，不可贪财。战胜了敌人，那些财物都是我们的，我们共同分配。如果被敌人打退，退到最初冲出去的原阵地，就要反攻；退到最初冲出去的原阵地，而不反攻者，处斩！⑦

当阿勒坛、忽察儿、答里台没有遵守命令，不顾大局擅自把财物收纳囊中时，

---

① 志费尼．何高济译：《世界征服者史》，呼和浩特：内蒙古人民出版社，1980：29－30.
② 多桑、冯承均：《多桑蒙古史》，上海：上海书店出版社，2000，第157－158页。
③ 罗桑丹津著：《蒙古黄金史》，呼和浩特：蒙古学出版社，1993年。
④ 拉施特：《史集》，北京：商务印书馆，1986，第357页。
⑤ 那顺巴图：《成吉思汗的教育思想》，《内蒙古师范大学学报》，1992，第16页。
⑥ 余大均译注：《蒙古秘史·第147节》，石家庄：河北人民出版社，2007年。
⑦ 余大均译注：《蒙古秘史·第153节》，石家庄：河北人民出版社，2007年。

铁木真为严明军纪，派人将其俘的财物、马匹等全部没收①。

有一次，兀忽儿台人失烈门没有按照规定，在值班宿卫时擅离职守，按律当斩。当时察阿歹主张杀一儆百。失烈门于是历数自己在追随察阿歹时立下的功劳，成吉思汗听后，一方面训斥了察阿歹不顾恤属下的做法，同时也强调察阿歹的秉公执法的行为是正确的，要身边的人以此为鉴②。

3. 战争指挥艺术的言传身教

成吉思汗通过不断的征战，总结出自己的一整套战争指挥哲学艺术。这些系统的战争指挥艺术是在不断的实践检验与总结的基础上形成的。对于这些经过了实践检验的战争艺术，成吉思汗主要通过自己的言传身教来对自己的子女及近臣进行教育。《蒙古黄金史》载，成吉思汗在对金章宗进行战争时，对自己的儿子们说：

“今后，你们，越高山，渡大河，踢开铁镫，进行征服战争。征服各国，不是征服其人民，要征服其人心。人心服了，才算真正征服了他们。”③

这确是成吉思汗自青年时期就已经领悟的军事哲理。当成吉思汗同札木合进行十三翼之战后，札木合由于诛杀了本已投降的成吉思汗部众，造成了众叛亲离的局面④，许多札木合族属部落前来归附成吉思汗。《元史·太祖卷》载：“（十三翼之战后）时帝功德日盛，泰赤乌诸部多苦其主非法，见帝宽仁，……若赤老温、若哲别、若失力哥也不干等诸人，若朵郎吉、若札剌儿、若忙兀诸部，皆慕义来降。”

成吉思汗在常年的征战过程中，使得越来越多的蒙古草原的人民对其产生了依附心理，至少在一定程度上产生了希望，希望成吉思汗能够尽快地结束纷乱的战争局面。由于当时蒙古草原因为不同的利益产生了不同的部落集团，一些部落贵族不愿意交出手中固有的特权而委身于成吉思汗政权，部落之间征伐不休，但成吉思汗却很少对部落所属民众进行屠戮，这一点甚至赢得了敌对部落的民众人心。

当王罕准备邀请成吉思汗赶赴鸿门宴似的“不兀勒札儿”（汉译婚宴）时，其部落属民巴歹以外获悉王罕的意图，并告诉了同伴乞失里黑，两人连夜把这个消息告知了成吉思汗，对成吉思汗说：“若蒙成吉思汗恩赐，请不要怀疑我们所说的

---

① 《元史·太祖一》载：“岁壬戌，帝发兵于兀鲁回失连真河，伐按赤塔塔儿、察罕塔塔儿二部。先誓师曰：‘苟破敌逐北，见弃遗物，慎无获，俟军事毕散之。’既而果胜，族人按弹、火察儿、答里台三人背约，帝怒，尽夺其所获，分之军中。”

② 《蒙古黄金史》，第十四章，《成吉思汗对家属亲人的训谕之三》：“察阿歹听了此话（铁木真指责其不该如此对待自己的贴身侍从）便拂袖而去。之后，成吉思汗对众人说，察阿歹是正确的，失烈门，你确有过失。你曾屡建奇功，为国出力，这回，我饶你，众人，你们不要学他啊。”

③ 罗桑丹津著：《蒙古黄金史》第十三章《成吉思汗对家属亲人的训谕之二》，呼和浩特：蒙古学出版社，1993年。

④ 《蒙古秘史》载：“战斗中，成吉思汗不敌札木合，躲进了斡难河旁边的哲列捏大峡谷……札木合用七十口大锅煮死了赤那思氏所有青壮年，并砍下赤那思氏·察合安兀阿的头，拖在马尾后扬长而去。”有学者指出，尽管在军事上，札木合取得了胜利，但失去了民心；而成吉思汗却由此得到了更多的民众的支持，并成为最终战胜札木合的关键因素。

话，他们已经议定，要来包围捉拿您了。”① 由于成吉思汗早已获悉王罕的阴谋，所以及时地转移宿营地，避免了被歼灭的命运。对此，成吉思汗认为，要想赢得战争，不仅要取得军事上的胜利，更在于如何赢取敌对方的人心，并把这来自于军事斗争检验的军事思想以训谕的形式对自己的子孙进行教育。

在具体的军事战术的运用上，成吉思汗善于团结有着共同敌人的部落集团和国家，使其与成吉思汗结为盟军，一方面壮大了己方的力量，同时也能达到出奇兵的效果，以此获得战争的胜利。在同札木合结盟如是，同王罕结盟如是，最集中体现其这一战术思想的就是成吉思汗临终时对自己子女的训谕。《元史·太祖卷》中载：

“（太祖）临崩谓左右曰：‘金精兵在潼关，南据连山，北限大河，难以遽破。若假道于宋，宋、金世雠，必能许我，则下兵唐、邓，直擣大梁。金急，必征兵潼关。然以数万之众，千里赴援，人马疲弊，虽至弗能战，破之必矣。’”

在具体的战术选用上，成吉思汗注意采用迂回穿插、大范围运动，为了达到战略目的，且置其他目标于不顾，并鼓励自己的将领在临阵时可以采用灵活的战术手段，一切以完成战略目的为出发点，积极发挥将领的军事才干。在西征的过程中，成吉思汗欲借道西夏，但西夏出于己方安全考虑，不仅毁弃自己同成吉思汗达成和解时所做的承诺，并讥讽道：“你们自己没有能力，做什么可汗？”成吉思汗对此回应道：“（我们）绕道过去，这并不困难。我们的目标是讨伐另一个地方。永恒的苍天会保护我们，胜利回来以后再消灭他（不迟）。”② 同时，成吉思汗注重对于新军事技术的采用，并成立了蒙古草原的第一支砲兵部队。在军事征战中，成吉思汗特别注重对于有特殊才能工匠的收罗，不断采用新的军事技术为战争目的服务。其中军事匠人中唵木海就向太祖进言，攻城略以地砲石为先，成吉思汗采纳了他的建议，命他为砲手。后来“唵木海选五百余人教习之（砲石技术），后定诸国，多赖其力③”。成吉思汗征伐花剌子模时也使用了喷射石油的器械④，焚烧了街区。这都说明在成吉思汗的军事教育中军事科技占一定的位置。

（二）团结教育思想

在纷争的战争中，成吉思汗很重视蒙古各部之间的团结，只有团结，蒙古族各部落之间才能从一盘散沙聚合成一个威震四方的高塔，才能摆脱蒙古各部被外族侵凌的耻辱。在成吉思汗成长的过程中，逐渐认识到不仅自己的至近血亲要团结、和睦，并把这种友善和睦推广到自己的宗族、部落，甚或推广到蒙古其他部落中去，

① 《蒙古秘史》，第169节：“两人商量好后，……连夜赶到成吉思汗哪里，从（成吉思汗的）帐庐后面，巴歹、乞失里黑两人把也客·扯连所说的话，他儿子纳邻·客延所说的话，……话语，全部都（向成吉思汗）报告了。”

② 罗桑丹津著：《蒙古黄金史》第十七章《成吉思汗西征》，呼和浩特：蒙古学出版社，1993年。

③ 《元史·唵木海传》

④ 拉施特、余大均译：《史集》，北京：商务印书馆，1992，第298页。

使成吉思汗在军事崛起的初期，获得了来自蒙古诸部民众的人心，奠定了成吉思汗统一蒙古高原的民心基础。

在成吉思汗成长的过程中，曾经发生兄弟间的争执，并导致一个兄弟在争斗中死于非命。在纷争开始的时候，其母就对成吉思汗及其他兄弟训诫道：

不要这样！你们兄弟之间，怎么可以这样互相不和？咱们（如今形单影只，孤苦无靠，正所谓）除影子外再也没有朋友，除尾巴外再也没有鞭子。咱们怎么能报复泰亦赤兀惕氏兄弟们所加给的苦难呢？你们为什么要像阿兰·豁阿母亲的五个儿子那样地不睦呢？你们不要这样。①

然而，成吉思汗和合撒儿并不服气另外两个兄弟的所作所为，两人商量定后，准备教训他们。别克帖儿看见成吉思汗和合撒儿的举动，劝说他们不要手足之间相残，并恳请他们不要对别勒古台下手，并盘腿引颈待死②。但别克帖儿的一番话并没有使成吉思汗和合撒儿回心转意，成吉思汗和合撒儿一人从前，一人从后，箭杀了自己的兄弟。回到家中，其母诃额伦痛心疾首，训斥道：

冤孽啊！从我的热肚皮里猛冲出来时，你手里握着黑血块而出生。而你则像咬断自己胞衣的凶狗……你们像那疯狂的禽兽！正当除影子外别无朋友，除尾巴外别无鞭子的时候，正当受不了泰亦赤兀惕兄弟加给的苦难的时候，正说着谁能去报仇，怎么过活的时候，你们怎么能这样自相残杀？③

在其后的成长过程中，成吉思汗逐渐认识到至近血亲之间团结的重要性，其在训谕中不断告诫自己的子孙，要团结、友睦，惟如此，才能使得黄金家族有能力延续下去，成吉思汗奠定的荣誉才能得以维持。只有家族至亲相互团结，才能克服面前的困难，不至于面对困难手足无措。成吉思汗训谕自己的子女时以箭做比，说：

一支脆弱的箭，当它成倍的增加，得到别的箭的支援，哪怕大力士也折不断它，对它束手无策，因此，只要你们兄弟相互帮助，彼此坚决支援，你们的敌人再强大，也战不胜你们。④

为了消除兄弟之间为了汗位而手足相残，成吉思汗在未去世的时候就反复训诫自己的儿子，要团结友睦，并根据各子之能力，分配各自的工作。在进行利益分配的同时，成吉思汗也强调诸子之间应当服从最有能力者的领导，并以千尾蛇与千头蛇为喻，说：

如果你们当中没有一个领袖，让其余的兄弟、儿子、朋友和同伴服从其决策，听其指挥，那么，你们的情况就会像多头蛇那样了。⑤

---

① 余大均译注：《蒙古秘史·第76节》，石家庄：河北人民出版社，2007年。

② 《蒙古秘史·第77节》：别克帖儿（对成吉思汗和合撒儿）说，“我们正受不了泰亦赤兀惕氏兄弟加给的苦难，正在说谁能报仇的时候，你们为什么把我当做眼中的毛，口中的梗呢？在除了影子别无朋友，除了尾巴别无鞭子的时候，你们为什么想要这样呢？请不要断绝灶火，不要撇弃别勒古台。”

③ 《蒙古秘史·第78节》：“（诃额伦夫人）引用旧辞古语，训斥儿子们，非常生气。”

④ 志费尼、何高济译：《世界征服者史》，呼和浩特：内蒙古人民出版社，1980，第45页。

⑤ 志费尼、何高济译：《世界征服者史》，呼和浩特：内蒙古人民出版社，1980，第46页。

如果出现这样的情况的话，那么黄金家族就会面临分崩离析的危机。“衣服破了就会刮在草丛上，若黄金家族离析，可汗与黔首等同。新衣服破了，就刮在篙子上，若黄金家族分裂，可敦与婢女等同。①”所以，成吉思汗希望诸子在其过世后，仍然能够保持团结，“我殆至寿终矣，赖天之助，我为汝等建一广大帝国。自国之中央达于诸方边极之地，皆有一年行程。设汝等欲保其不致分解，则必须同心御敌，一意为汝等之友朋增加富贵。汝等中应有一人承大位。将来我死后应奉窝阔台为主，不得背我遗命。察合台不在侧，应使其无生乱心。”②

成吉思汗把对子女之间团结友睦的要求推及自己的宗族部落，要求自己的子女要同其他的宗族部落之间做好友善的举措，以有利于蒙古族部落整体之间的团结。成吉思汗训谕道：

雪花从南方飘来，山阳下的土会保护它。战斗中，生命攸关时刻，老幼亲人回来救护啊。太平岁月里注重友好和睦，紧急时刻会得到好处，要珍惜（友好和睦）。③

只有做好同宗族部落之间的关系，才能在危机的关头得到宗族部落的支持，否则面临困难，会导致整个帝国出现危机。而正确处理黄金家族同其他宗族部落之间的关系，成吉思汗也作出训谕：

尽管我们自己精心饲养着役使的公牛，还须鼓励我们的宗族亲人优先饲养公牛。当我们自己精心饲养着公牛时，骤然间一声雷响，风云突变，你必须走到自己的宗族亲人中间求救，赶来他们精心饲养的公牛使用。我们的宗族亲人有公牛的好处就在这里。尽管我们自己精心饲养着可乘用的牲畜，还要优先训练我们宗族亲人的牲畜。当我们自己精心饲养着乘用的牲畜时，你必须走到自己的宗族亲人中间，赶来他们训练好的可乘用可驾车的牲畜。我们的宗族亲人有牲畜的好处就在这里。④

在成吉思汗看来，导致部落之间纷争不断的主要是利益之间的纠纷，而纠纷的结果只能导致部落之间关系的分裂。要避免这种局面的出现，维护蒙古族之间的团结，唯有作为领导者的黄金家族自己保持一种低调的态度，一种有所牺牲的精神，才能使得黄金家族以及整体蒙古族的利益得以保全。

为了加强同其他蒙古诸部以及其他部族之间的关系，成吉思汗采取了以女下嫁的方式，同许多的部族结成血亲同盟，使黄金家族同其他部族之间的利益紧紧的联系在一起。形成家族式的联盟有助于蒙古族内在凝聚力的合成。“畏兀儿的亦都兀惕派遣使臣到成吉思汗处，……愿作（成吉思汗）第五个儿子，为您（成吉思汗）

① 拉施特、余大均译：《史集》，北京：商务印书馆，1992，第315－316页。

② 多桑、冯承均：《多桑蒙古史》，上海：上海书店出版社，2000，第152页。

③ 罗桑丹津著：《蒙古黄金史》第十四章《成吉思汗对家属亲人的训谕之三》，呼和浩特：蒙古学出版社，1993年。

④ 罗桑丹津著：《蒙古黄金史》第十四章《成吉思汗对家属亲人的训谕之三》，呼和浩特：蒙古学出版社，1993年。

效劳。”成吉思汗由此把自己的女儿阿勒屯·别乞下嫁给他。在下嫁的时候，成吉思汗对女儿说：“有教养的女人有三个丈夫，是哪三个丈夫呢？第一个丈夫是黄金的朝廷，第二个丈夫是你自己的贞洁的名声，第三个丈夫才是娶你的男人。”① 此中，成吉思汗表达出一种出于政治意愿而把自己的女儿远嫁给亦都兀惕，要求女儿要服从黄金朝廷的安排，如果接受了朝廷的安排，那么就会得到好的名声，而有了黄金朝廷的支持以及由此而来的好名声，即使远嫁到千里之外，那么丈夫也不会随意的抛弃你。

兔儿年（南宋开禧元年，金泰和五年，公元1207年），成吉思汗长子拙赤征讨林木中的百姓，而斡亦剌惕人忽都合别乞首先归降。由于得到其帮助，拙赤作为成吉思汗的长子，成为林木中百姓的管理者。为了加强同林木中百姓的关系，成吉思汗把自己的女儿扯扯亦坚下嫁给斡亦剌惕人的亦纳勒赤，并把拙赤的女儿下嫁给亦纳勒赤的哥哥脱裂勒赤。在其女儿出嫁时，孛斡儿出那颜宣读成吉思汗的训谕道：“……因为你是汗父亲生的女儿，就叫你去镇抚斡亦剌惕地方。你要早起晚睡，不要外待你婆家的长上。不分昼夜要一心一意的苦干；说话时要有智慧，持身必须贞节。……与斡亦剌惕百姓的关系必须修好。”②

对于其他林木中的百姓，如恩古惕部人兀仁·常贵、瑞林固特部的那林汗等，成吉思汗也采用了下嫁女儿的办法，使之与成吉思汗部结成儿女血亲部族。通过这种联姻，有效地保证了成吉思汗所创建蒙古汗国政权的稳定性，加强了黄金家族同其他部族之间的联系，成吉思汗在分封儿子与众将士时说：“从那日出的地方，我，战斗到日落的地方。收抚了多少个国家、百姓；把许多心肝各异的人，使他们心肝合一；把许多头脑不同的人，使他们的认识统一……”③ 此中，有效的部族之间的联姻是使得取得统一认识，达到同一利益目的，加强不同部族之间团结的有效手段。

成吉思汗的训谕在窝阔台、贵由以及蒙哥三个汗政权期间都得到了较为彻底的执行，《世界征服者史》中对于诸位蒙古汗同其他国家的政权过续作出对比，认为恰因为蒙古汗位没有出现其他国家之间的纷乱斗争，始终保持着团结友睦之目标，才使得蒙古汗国注定成为世界的征服者。“成吉思汗的子孙超过万人，他们各有自己的职位，禹儿惕、军队和装备。他们之间融洽一致。幸此与别的国王的事相比较，看看兄弟如何相互残杀，子如何谋害其父，迄至他们注定被击败，被征服，权势土崩瓦解为止。但成吉思汗子孙中继他为汗者，依靠相互协助和支持，征服全世

① 罗桑丹津著：《蒙古黄金史》第十三章《成吉思汗对家族亲人的训谕之二》，呼和浩特：蒙古学出版社，1993年。

② 罗桑丹津著：《蒙古黄金史》第十三章《成吉思汗对家族亲人的训谕之二》，呼和浩特：蒙古学出版社，1993年。

③ 罗桑丹津著：《蒙古黄金史》第十三章《成吉思汗对家族亲人的训谕之二》，呼和浩特：蒙古学出版社，1993年。

界，彻底消灭他们的敌人。”①

（三）知识文化学习的教育思想

除了重视对儿子们的军事技能训练外，成吉思汗对于子女的文化知识教育也很重视。在成吉思汗统一蒙古高原之前，蒙古诸部一直处在原始奴隶制社会，其语言深受临近各族之影响，形成不同方言。而直至成吉思汗统一之前，蒙古族尚无文字，对于子女之教育，多采用言传身教的方式进行。在同其他民族征战的过程中，蒙古族逐渐接触到较为先进的其他民族文化，并认识到统一语言以及创建文字的重要性。统一语言和创建蒙古族自己的文字是成吉思汗主要的功绩之一，由于成吉思汗统一了不同的方言和创建了属于蒙古族自己的文字，使得蒙古族随着统治区域的扩大，其政令得以有效地贯彻实施，也从一个方面促进了蒙古族教育的发展，摆脱了蒙古族长期的有语言而无文字的愚昧状态，标志着蒙古族步入了一个全新的发展阶段。

公元1204年，成吉思汗在征战乃蛮部后，俘获了太阳汗的掌印官塔塔统阿，得知其“深知本国文字”时，遂命其“教太子诸王以畏兀字书国言。”② 由此，塔塔统阿领旨用畏兀儿文字加以改造，创造了畏兀儿体蒙古文，自此，蒙古族有了自己的文字，随着文字的出现，蒙古族教育的形式也出现了变化。原先代际相传、言传身授的传统蒙古族教育形式逐渐出现以能者为师，以文字知识学习为主要学习内容的教育新形式。对于知识教育，成吉思汗认为，只有怀着谦虚的心，不断学习，才能成就一番事业。在对其子女的训谕中，成吉思汗道：

我的子子孙孙啊，亲人啊！切忌妄自尊大，要虚心积累知识。你们要有智慧，与其空谈（理想），罔立大志，莫如正确行动，注重治国安邦……你们不要好高骛远，幽思遐想……任何一种学问，你们同样尊重它，努力学习它。从事任何一种事业，你们想功成名就，必须有智慧的知音者做你的帮手。③

而如果放弃了对知识的学习，在成吉思汗看来，就如同空有躯壳的行尸走肉一般，“不辨阴阳没有智谋，胯下的羔羊都不能杀吃。识别阴阳有智谋，山上的盘羊也不难杀吃。”④ 并鼓励属下向其积极引荐知识人才。“各位长老，谋士啊，你们不要考虑个人得失，为着国家利益，要直言敢谏啊！发现贤明的能人，你们不要疏远他们。如果你们发现贤明的能人，用财宝换取他们的信任，你们就对国家做出了

---

① 志费尼、何高济译：《世界征服者史》，呼和浩特：内蒙古人民出版社，1980，第46页。

② 《元史·塔塔统阿传》：“帝曰：‘汝深知本国文字乎？’塔塔统阿悉以所蕴对，称旨，遂命教太子诸王以畏兀字书国言。”

③ 罗桑丹津著：《蒙古黄金史》第十三章《成吉思汗对家属亲人的训谕之二》，呼和浩特：蒙古学出版社，1993年。

④ 罗桑丹津著：《蒙古黄金史》第十三章《成吉思汗对家属亲人的训谕之二》，呼和浩特：蒙古学出版社，1993年。

贡献。”①

为了使自己的子孙接受到完好的知识智慧教育，成吉思汗留意征召知识文化精英，请其为蒙古诸王讲学。如畏兀儿人哈剌亦哈赤北鲁，成吉思汗得知其为西辽太子师时，即“令诸皇子受学焉。”而回鹘人岳璘帖木儿被质于成吉思汗后，成吉思汗也命其“训导诸王子。”② 同时，在征战过程中，成吉思汗也有意对知识分子进行招募，元太祖十二年（公元1218年），耶律楚材被成吉思汗征召觐见，耶律楚材认为自己就是因为怀有特殊的文化知识技能才能得以进入黄金朝廷，实现自己的政治抱负。其在《湛然居士文集》中写道：“自天明下诏，知我素通蓍。”③

由于成吉思汗创制了文字，使得蒙古族的诏令、法律能以书面的形式固定下来，这对于蒙古汗国的依律统治，对于蒙古本族历史文化的记载和传承都有着决定性的影响。成吉思汗在分封忽秃忽时说：“把全国领民的分配情况和所断的案件都写在青册上面。凡是失吉·忽秃忽与朕议定而写在青册白纸上的规定，直到子子孙孙，永远不得更改，更改的人要治罪。”④

随着蒙古汗国统治区域的扩大，越来越多的饱读经书的文化知识精英受聘到蒙古诸王等贵族院邸从事教学工作，同时也扮演着为各自雇主出谋划策的“幕僚”角色。这些文化知识精英往往会影响到蒙古汗国的政令制定，作用甚大。在对于其他民族的语言文字的态度上，成吉思汗较多采用的是包容政策，基本是其统治思想“因俗而治”在文化领域的延伸，即依据不同的民风民俗采用合理的文化手段。比如，其在西征的时候，就使用当地人普遍接受的波斯文来传达命令⑤，对于汉地的民众则采用汉文，同时也十分注重保护蒙古族自己的语言文字，其蒙古族自己书写的历史多是采用蒙文著就。《蒙古族简史》载，蒙古建国时已开始使用畏兀儿体蒙文。当时曾用这种文字书写公文、信件、玺书、碑刻和牌札。著名的历史和文学作品《蒙古秘史》也是在窝阔台时代采用畏兀儿蒙文写成的一部不朽的巨著，是蒙古族优秀的文化遗产。

（四）教育方法讲究即时诱导

对于子孙以及其他亲人的教育，成吉思汗特别注意教育的方式方法，对于犯错的，仅以言语告诫，希望其以此为警，以戒后行。有一次，兀忽儿台人失烈门没有按照规定，在值班宿卫时擅离职守，按律当斩。当时察阿歹主张杀一儆百。失烈门于是历数自己在追随察阿歹时立下的功劳，成吉思汗听后，一方面训斥了察阿歹不顾恤属下的做法，同时也强调察阿歹的秉公执法的行为是正确的，要身边的人以此

① 罗桑丹津著：《蒙古黄金史》第十三章《成吉思汗对家族亲人的训谕之二》，呼和浩特：蒙古学出版社，1993年。

② 《元史·哈剌亦哈赤北鲁传》：“（太祖）一见大悦，即令诸皇子受学焉。”

③ ［元］耶律楚材：《湛然居士文集》，卷一二，《怀古一百韵寄张敏之》。

④ 余大均译注：《蒙古秘史·第200节》，石家庄：河北人民出版社，2007年。

⑤ 多桑、冯承均：《多桑蒙古史》，上海：上海书店出版社，2000，第159页。

为鉴[①]。《多桑蒙古史》载：失吉·忽秃忽率领军队与札兰丁作战失利，成吉思汗对此仅说道："（失吉·忽秃忽）由于常胜，未受挫折，今遭此败，当以为戒。"[②]

成吉思汗往往根据即时情景来对自己的子女进行教诲。在进行酒宴的过程中，成吉思汗问他的儿子察阿歹说，你认为什么才是上宴呢？察阿歹看着父亲回答道，他认为的上宴就是辞旧岁迎新春，用以祝贺新年的才是上宴。成吉思汗针对察阿歹的回答，说："你说的不对。你降生以后，还未给命名；你离开母胎，还未见光明，过什么新年，又给谁命名；今后你须知，父母生你们的日子，恭敬地举行生日酒宴，才是你们的上宴。[③]"像这样的教育方法，在《蒙古秘史》、《蒙古黄金史》中不胜枚举，结合具体生活情景，从中对自己的子女进行积极诱导并使其产生对问题的深刻认识，使子女可以深刻领悟到其中的哲理。

为了使子女诸弟能够明了处世的道理，成吉思汗常常引用浅显易懂的比喻，比如在对诸子诸弟的训谕中，成吉思汗希望他们在执政的时候要谦逊、要平易近人，不可时时刻刻以自己是当权者自居。在训谕中，成吉思汗道：

我在密林中行猎，为你们捕获了一头公猪。公猪的后代你们饲养不当，公猪的子孙心怀不满，逃回密林中，会对你们造成无穷的后患。[④]

所以，成吉思汗认为，守住其打下的江山甚至比打下江山来得更为不易。"创业难啊，如不清醒，如不谨守，瞬间就会崩溃啊。如果溃崩、灭亡，创业有何用？要知道，守业比创业更加重要啊！"

作为成吉思汗江山的守护者，要时刻保持谦逊、平和，因为"别看针尖细，刺破过多少贵妇人的手指，使她们泪流不止。别看鲹鱼儿细小，刺破过多少个渔夫的手指，使他们血流不止。休要耍威风，要运用智谋，众人头上，你可充当君主。"[⑤] 要不断地向有智慧的人学习，因为"从事任何一种事业，你们想功成名就，必须有智慧的知音者做你的帮手。"要懂得克服自己暴躁的脾气，暴躁的脾气对于解决问题于事无补，如果"能够控制自己的愤言怒语，胜过打死一头雄狮。"所以，成功的君主要着眼于用行动解决实际中的问题，而不是仅仅依靠愤怒的言语来表达自己的不满。

---

① 《蒙古黄金史》，第十四章，《成吉思汗对家属亲人的训谕之三》："察阿歹听了此话（铁木真指责其不该如此对待自己的贴身侍从）便拂袖而去。之后，成吉思汗对众人说，察阿歹是正确的，失烈门，你确有过失。你曾屡建奇功，为国出力，这回，我饶你，众人，你们不要学他啊。"

② 拉施特，余大均译：《史集》，第一卷，第二编，载："（成吉思汗）虽然十分痛心，却不动（声色）的说道：'忽秃忽以前老是打胜利，没有受过挫折；他收到这次挫折后，就会谨慎起来，从中取得经验，获得（活生生的）作战知识。'"，商务印书馆，1992，第305页。

③ 罗桑丹津著：《蒙古黄金史》第十二章《成吉思汗对家属亲人的训谕之一》，呼和浩特：蒙古学出版社，1993年。

④ 罗桑丹津著：《蒙古黄金史》第十三章《成吉思汗对家族亲人的训谕之二》，呼和浩特：蒙古学出版社，1993年。

⑤ 罗桑丹津著：《蒙古黄金史》第十三章《成吉思汗对家族亲人的训谕之二》，呼和浩特：蒙古学出版社，1993年。

我的亲人啊，子子孙孙啊，你们切忌高傲自大，不要像高山，高不可攀。山岳虽然巍峨峥嵘，野兽仍可爬到它的顶峰。你们不要好高骛远，幽思遐想，心志不能像汪洋大海浩瀚无边，大海虽然宽阔深远，人们也会横渡彼岸，平安无恙。①

（五）量才是用的人才观

成吉思汗根据其子女展现出来的才能加以是用。成吉思汗根据人的性格，把人分为智勇兼备、活泼矫健和生性愚钝的人，对于这三类性格的人，成吉思汗按其性格特点进行不同种类的分工。“智勇兼备者，使之典兵。活泼矫健者，使之看守轴重。愚钝之人则付之以鞭，使之看守牲畜。②”尤其在汗位人选上，成吉思汗通过对于四个儿子平时的言行，最终选择了窝阔台作为汗位的继任者。当成吉思汗听取了四个儿子关于什么是幸福和快乐的讨论后，说道：“拙赤从小就喜欢牲畜，所以他说了那样的话③。察阿歹从小跟随我南征北战，所以说出那样的话。拖雷年幼无知，还不甚懂事。惟有斡歌歹（窝阔台）心怀大志，他说的很正确。”其后，关于汗位之事，成吉思汗齐聚四个儿子，让其表明对汗位的态度，虽然拙赤和察阿歹都有意于汗位，但最终决定让性格敦厚、怀有大志的窝阔台继承汗位，并表示要极力效力于窝阔台④。

成吉思汗在翁古答阑忽都克之地得梦，预知死期将届。便密语窝阔台、拖雷二子曰：“我殆至寿终矣，赖天之助，我为汝等建一广大帝国。自国之中央达于诸方边极之地，皆有一年行程。设汝等欲保其不致分解，则必须同心御敌，一意为汝等之友朋增加富贵。汝等中应有一人承大位。将来我死后应奉窝阔台为主，不得背我遗命。察合台不在侧，应使其无生乱心。”⑤

对于属下的选用上，成吉思汗一贯以个人之能力作为人才使用的标准。他首先看重一个人治理家庭的能力，认为一个人如果可以把家管理得很好的话，就可以放心地交给他一个国家。而一个人如果可以带领好一个十人队的话，那么，完全可以托付这个人一个千人队或一个万人队。而没有能力者，即便是作为万夫长，也应把位置让与他人⑥。在人才使用上，只有选择正确了合适的人，才能使得政令通畅、

① 罗桑丹津著：《蒙古黄金史》第十三章《成吉思汗对家族亲人的训谕之二》，呼和浩特：蒙古学出版社，1993年。

② 多桑、冯承均：《多桑蒙古史》，上海：上海书店出版社，2000，第153页。

③ 《蒙古黄金史》，第十三章，《成吉思汗对家属亲人的训谕之二》载：“拙赤先说：‘什么是人生最大的幸福和快乐？按我的理解，精心放牧庞大的马群，把每匹马都饲养的肉肥膘满。建筑一所宽敞的住房，（终日）摆设美酒的宴席，自由自在的过富裕生活。我想，这才是人生最大的幸福和快乐啊。’”

④ 余大均译注：《蒙古秘史·第225节》，石家庄：河北人民出版社，2007年。

⑤ 多桑、冯承均：《多桑蒙古史》，上海：上海书店出版社，2000，第154页。

⑥ 拉施特：《史集》，载，“能治家者即能治国；能率领十人作战者，即可委付以千人、万人，他能率领千人、万人作战。”“十夫长不能统率其十人队作战者，将连同其妻子、儿女一并定罪，然后从其十人队中另择出一人任十夫长，对待百夫长、千夫长、万夫长们也是这样。”余大均译，商务印书馆，1992年版，第353页。

国事太平，否则，国家就会陷入危机之中。成吉思汗对自己的子女训谕道：

把公驼当骟驼用，会把穿鼻绳挣断。奴才若是升了官，会把自己的后路卡断。把潮湿的树根当柴烧，会把炉火熄灭，无知的恶棍做使臣，会把国事毁灭。河岸上的青草虽然茂盛，羔羊会把它啃尽。①

对于可堪使用但又存在某些能力不足的人才使用上，成吉思汗则通过任命各具才能的人才与之辅佐，以弥补其能力的不足。在封察阿歹时，成吉思汗说察阿歹性格暴躁，需要性行仔细的阔阔搠思常伴左右。在分封众将士时，成吉思汗命令："忽必来知掌全军事务。"又说，"别都兀性情执拗，未封他做千户那颜。（他听你的话）你指点他，你和他共同管理千户。"②

成吉思汗对于人才的选用上不以出身门第为标准，而以个人能力为依据，任人唯贤，唯才是举，使得许多杰出的人才脱颖而出。由此打破了当时贵族对于上层职位的垄断，许多出身于下层的牧人、手工业者成长为成吉思汗时代有名的将领。同时，成吉思汗在人才的选用上也打破了民族界限，对于外族优秀的人才，成吉思汗向来予以重用，充分体现了成吉思汗作为一名优秀的执政者的治国能力和宽阔胸怀。

（六）元太祖教育思想的影响

元太祖铁木真建立的蒙古汗国由奴隶制社会跨入封建社会，作为开启一个帝国时代的王汗，铁木真的功绩不仅在于完成了对于蒙古各部的统一，建立起一个疆域辽阔的蒙古帝国，同时，其最大的功绩在于吸收其他民族文化的基础上，奠定了蒙古帝国的一系列的经济、宗教、文化、法制、军队等在内的制度，其对于教育的有关思想直接奠定了蒙古汗国时期对于教育的基调。由于蒙古族在经历从奴隶制社会到封建社会的转型过程，其对于教育的思想，更多的来源于蒙古族传统教育观念的影响，注重蒙古族的家庭教育，注重结合劳动生产等生产生活来传授给儿童生活知识与技能，培养儿童在艰苦的自然环境中勇敢、顽强、团结、友善的精神品格。

1. 教育方式上由元太祖始出现以家庭教育到延师教育的过渡

蒙古族在未获统一以前，其主要的教育形式是以家庭教育为主体的，以生产生活技能为主要内容，以培养下一代团结友睦、忠信孝敬、勇敢顽强的精神品质为主要的道德教育目的，注重结合蒙古族传统的神话传说和古训，结合下一代的特点进行的教育。这一时期的教育主要是通过上一代的言传身授为主要的教育形式，通过在生活劳动实践、军事战争实践中完成对于下一代的教育与培养。随着蒙古族对于其他民族先进文化的吸收，其逐渐创建文字，并在此基础上，开始出现新的教育形式，即通过延请具有较高知识水平的学者担任诸王和大臣子女的教师，《元史·太

① 罗桑丹津著：《蒙古黄金史》第十四章《成吉思汗对家属亲人的训谕之三》，呼和浩特：蒙古学出版社，1993年。

② 罗桑丹津著：《蒙古黄金史》第十章《成吉思汗分封功臣》，呼和浩特：蒙古学出版社，1993年。

祖》中载，太祖命塔塔统阿教授诸王与大臣子女，窝阔台汗期间，“命收太常礼乐生及召名儒梁陟、王万庆、赵著等使直释《九经》，进讲东宫。又率大臣子孙执经解义，俾知圣人之道。”① 这一教育方式的改变在以后各蒙古皇帝中都得到了很好的继承和发展。在窝阔台汗时期，对于学校教育这一新的教育形式开始认识，“古昔张置学校，官为廪给，养育人才。②”认为学校教育是培养国家需要人才的主要场所，并依照汉法，设置官学。《元史·选举一》中载：“太宗六年，设国子总教及提举官，命贵臣子弟入学受业。”同一年，“以冯志常为国子学总教，命侍臣子弟十八人入学。”窝阔台时期对于学校教育的认识使得蒙古族传统的教育形式出现了根本性的改变，其教育目的主要是培养适合蒙古汗国自身发展需要的文化精英，其主要的教育内容已经从蒙古族传统的生活生产知识与技能转移到如何学习“治国之术”、“圣人之道”，并由此对于传道授业的儒士群体开始逐渐重视，蒙古汗国不仅注意收集大量儒士为其所用，并对儒士的税赋采取了减免的政策，使得儒士在窝阔台汗执政时期其社会地位获得了一定的改观。元朝建立后，元世祖身边始终围绕着各族文化精英，同时对于皇太子的东宫教育十分重视，延请著名儒士进宫为皇太子讲学。为了满足培养本族政治文化精英的需要，元世祖朝开始设置蒙古国子学，正式设立学校培养蒙古族子弟。可以说，元太祖对于教育的态度直接推动了蒙古汗国时期乃至元朝整个教育的发展。

2. 教育内容上由生产劳动技能的学习到文化知识方面的学习

元太祖铁木真宴请塔塔统阿对诸王进行教育，其教育内容主要是“教太子诸王以畏兀儿字书国言。③”表明了元太祖铁木真时期，由于其不断接触到周边民族先进的文化教育思想，开始注重教育内容从生产生活知识技能的学习转向对文字语言方面的学习。通过对文字语言的学习，不仅可以更好地继承本民族传统的文化知识，同时可以更好地吸收周边民族先进的文化，此后，他多次令畏兀儿知识分子担任蒙古贵族以及子弟的教育工作。太宗五年（公元 1233 年），窝阔台汗以燕京夫子庙为国子学，选派蒙古子弟学习汉语。在蒙哥汗即位前一年，当时由海迷失皇后执政，其颁布诏谕，专门就蒙古子弟的学习内容进行了规定。

诏谕很好地说明了当时的蒙古统治者为了更好地掌握中原汉地的文化，让蒙古子弟学习汉语言文字，以便能够学会汉字写作技能，从而能够更深一步地接受“先哲格言熏陶德行④”，从而具备治理国家的知识与能力，并把蒙古子弟接受汉地文字语言的学习当做一件立身的大公事，可见当时蒙古统治阶层对于文字语言学习的重视态度。

从整体来看，自元太祖铁木真开始，蒙古皇帝为了适应经济、文化等方面发展

① 《元史·耶律楚材传》。

② 《元史·庙学典礼·卷一》。

③ 《元史·太祖》。

④ ［元］苏天爵：《国朝文类》卷六零《中书左丞姚文献公神道碑》，北京：北京图书馆出版社，2006年。

的需要，开始采用新的教育形式，即学校教育来为汗国提供治国的人才。同时，在教育内容的选择上，从蒙古族传统的生产生活知识和技能的学习转为对语言文字方面的学习，通过此种语言文字方面的学习，使得大量的异族文化，诸如畏兀儿文化、儒家文化等开始进入到蒙古族的教育视野内，从而培养了一批既熟悉本民族文化，同时也精通中原汉地文化的蒙古族知识精英，从而促进了蒙古族教育体制等方面的发展，也同时促使了元世祖忽必烈乃至其后历代皇子皇孙相关教育思想的形成。

元太祖铁木真作为一名处于战乱纷争年代完成蒙古高原统一的领导者，其教育思想的形成不仅要考虑到当时蒙古整体社会的发展情况，也应考察他个人生活之体验。他在统一蒙古高原的过程中，不断积极吸收外来文化，使得蒙古整体社会的经济、文化、军事都得以迅速提高。而他教育思想中虽然包含着朴素的辩证法和唯物论思想，但其对于军事教育、对于语言文字知识教育以及道德伦理教育的重视等等不仅很好地解决了蒙古族在面临统治领域不断增加所带来的国家治理过程中出现的问题，也集中代表了当时蒙古社会发展对于教育的要求。尤其是元太祖铁木真对于蒙古文字创建以及对待先进文化包容的态度，使得蒙古族社会的教育形式和教育内容发生了一些质的改变，这些都对蒙古社会教育制度的发展起到重要的作用。

参考文献：

[1]《元朝秘史》。

[2]［宋］彭大雅：《黑鞑事略》，北京：中国社会科学出版社，1983，第18页。

[3] 肖万源等著：《中国少数民族哲学史》，合肥：安徽人民出版社，1992，第759页。

[4] 志费尼．何高济译：《世界征服者史》，呼和浩特：内蒙古人民出版社，1980，第29－30页。

[5] 多桑、冯承均：《多桑蒙古史》，上海：上海书店出版社，2000，第157－158页。

[6] 罗桑丹津著：《蒙古黄金史》，呼和浩特：蒙古学出版社，1993年。

[7] 那顺巴图：《成吉思汗的教育思想》，载《内蒙古师范大学学报》，1992，第16页。

[8] 余大均译：《蒙古秘史》，石家庄：河北人民出版社，2007年。

[9]《元史·唵木海传》。

[10] 拉施特、余大均译：《史集》，北京：商务印书馆，1992，第298页。

[11]《元史·塔塔统阿传》。

[12]《元史·哈剌亦哈赤北鲁传》。

[13]［元］耶律楚材：《湛然居士文集》。

[14]《元史·耶律楚材传》。

［15］《元史·庙学典礼·卷一》。

［16］《元史·太祖》。

［17］［元］苏天爵：《国朝文类》卷六零《中书左丞姚文献公神道碑》，北京：北京图书馆出版社，2006 年。

作者简介：谷成杰（1979—），男，安徽萧县人，云南师范大学高等教育区域发展研究院讲师，研究方向为中国少数民族研究。

三、王阳明心学与乐教思想略论

王守仁（王阳明）(1472—1529)，字伯安，浙江余姚人，哲学家、教育家。因曾在绍兴城外阳明洞读书、讲学时自号“阳明子”，故世称阳明先生。

明弘治十二年（1499 年）王阳明中进士，踏入仕途，先后任京都刑部、兵部主事。正德元年（1506 年）因疏救言官曾铣等人，要求惩治宦官刘瑾，受廷杖，谪贵州龙场驿丞。瑾败，迁庐陵知县。正德十一年，任右佥都御史，巡抚南康、赣州，因镇压福建、江西各地农民起义有功，晋升为都察院右副都御史 。正德十四年，又以平定朱宸濠叛乱有功，授南京兵部尚书，封新建伯，嘉靖六年（1527 年）兼左都御史总督两广军务，卒溢文成。

王阳明虽为朝廷要员，然一生从未停止过教育活动，自 34 岁（1505 年）起便开始在京师“授徒讲学”，提出“先立必为圣人之志”（《王文成公全书·年谱》[1]以下凡引《全书》文字均只注篇名）“是年先生门人始进。学者溺于辞章记诵，不复知有身心之学。先生首倡言之，使人先立必为圣人之志。闻才渐觉兴起，有愿执贽及门者。至是专志授徒讲学。”谪居龙场后，他在当地民众协助下建龙岗书院，后应贵州提学副史席书之聘，在贵阳主讲“文明书院”，始以“知行合一”教人。在庐陵知县任上，他推广其学，以德化民，使全县大治。至江西后，他倡立社学，制订《南赣乡约》，规定“凡尔同约之民，皆宜孝尔父母，敬尔兄弟，教训尔子孙，和顺尔乡里……善相劝勉，恶相告诫……务为良善之民，共成仁厚之俗。”（《与杨仕德，薛尚谦书》）并修濂溪书院，收纳各地学子，又集门人于白鹿洞书院讲学。嘉靖三年（1524 年）在绍兴建稽山书院，次年其门人又立阳明书院，并在余姚龙泉寺中天阁讲学，明确提出“致良知”之学。1527 年他总督两广军政时，又建思田学校、南宁学校、敷文书院。可见，他一生所到之处都在设院办学，以提高士风。

（一）论“致良知”

王阳明的“致良知”说，是其整个教育思想的哲学基础，也是其一生讲学的宗旨。《寄正宪男手墨二卷》：“吾平生讲学，只是致良知三字。”“良知”一词最早出自孟子语，《孟子·尽心章句上》：“人之所不学而能者，其良能也；所不虑而知者，其良知也。”[2]而王阳明的“致良知”，正是取自孟子的“良知”和《大学》

中的“致知”。《大学》：“欲修其身者，先正其心。欲正其心者，先诚其意。欲诚其意者，先致其知。致知在格物。物格而后知至，知至而后意诚。意诚而后心正，心正而后身修。”[3]他说：“致吾心之良知者，致知也。”（《答顾东桥书》）又说：“致者，至也，《易》言‘知至至之’，知至者知也，至之者致也。致知之者，非若后儒所谓充广其知识之谓也，致吾心之良知焉耳。”（《大学问》）他认为“良知者心之本体”、“性无不善，故知无不良，良知即是未发之中，即是廓然大公，寂然不动之本体，人人之所同具也”（《答陆原静》），“心之本体即是天理”（《启问道通书》），良知是人先天就固有的本性，是天理在人心中的体现，《答欧阳崇》：“良知是天理之昭明灵觉处，故良知即是天理”，凡人均有同圣人一样的禀赋，《传习录中》：“良知之在人心，无间于圣愚，天下古今之所同业”，所不同者，只在于本身的修养。《致魏师孟卷》：“自然而致之者圣人也，勉然而致之者贤人也；有蔽自昧而不肯致之者，愚不肖者也。愚不肖者虽其蔽昧之极，良知未尝不存也，苟能致之，即与圣人无异矣。此良知所以为圣愚之同具，而人皆可以为尧舜者，以此也。”人之间之所以会有不明本心，不识自我良知者，是因受到私欲的困扰，使良知障蔽，因此，他提出要去欲弊，“正人心”，“息邪说”，保存每个人固有的天理良知，完善道德品行。《别黄宗贤归天台序》：“君子之学，以明其心。其心本无昧也，而欲为之蔽，习为之害，故去蔽与害而明复”，“使天下人，皆知自致其良知，以相安相养，去其自私自利之蔽，洗谗妒胜忿之习，以济大同”，如此“则自能分是非，同好恶，视人如己，视国犹家，而天地万物一体。”（《答聂文尉》）

那么如何才能做到呢，王阳明主张通过内省于心的“自得”与“解化”之法。《答罗整庵少宰书》：“夫学，贵得之于心。求之于心而非，虽其言之出于孔子，不敢以为是也，而况其未及孔子者乎？求之于心而是也，虽其言出庸常，不敢以为非也，而况出于孔子者乎。”“自得”一词原出自孟子语，《孟子·离娄章句下》：“君子深造之以道，欲其自得之也。”[4]其意是，学习应有所取舍和应有自己的体会，才能更好地掌握所学的知识，即所谓“资之深，则取之左右逢其源”。王阳明承孟子言发挥说，“夫君子之论学，要在得之于心。众皆以为是，苟求之心而未会焉，未敢以为是也；众皆以为非，苟求之心而有契焉，未敢以为非也”（《答徐成之》），人要有不囿于圣人、前人之见的独立看法，要通过独立思考，内心体悟的方式，来以明真道，完善品操，而不应受他人错误观念的影响。《书石川卷》：“先儒之学有浅深，则其为言亦不能无异，学者惟当反之于心，不必苟求其同，亦不必苟求其异，要在于是而已。”他认为当时的学人大多缺少一种自求自得的主动性，和一种从实践中体验真知的主体精神，所以他倡导学人遇事要勤于思考，勇于实践，敢于体验，常于积累，要养成一种“反求诸已”的能动精神，通过内省之法实现“致良知”之宗旨，不应总是被动接受知识。《传习录下》：“学问也要点化，但不如自家解化者，自一了百当。不然，亦点化许多不得。”《答徐成之》：“学也者，求以尽吾心也，是故尊德性道问学。尊者，尊此者也，道者，道此者也，不得于心，而惟外信于人以为学，乌在其为学也？”

“致良知”之学的内容究竟是什么呢？王阳明认为即是发展“心学”和“明伦”之学。所谓“心学”就是尽心之学，如他在《紫阳书院集序》中所说的：“心外无事，心外无理，故心外无学。是故于父子尽吾心之仁，于君臣尽吾心之义，言吾心之忠信，行吾心之笃敬，惩心忿，窒心欲，迁心善，改心过，出事接物无所往，而非求尽吾心以自慊也，夫圣人之学心学也。学以求尽其心而已。”所谓“明伦”之学，即他在《稽山书院尊经阁记》中所言：“是故明伦之外无学矣！外此而学者谓之异端，非此而论者谓之邪说。”由此来看，“致良知”之学，就是以伦常道德为目的，教人“明人伦”之学。《答罗整庵少宰书》：“其教之大端则尧、舜、禹之相授受，所谓‘道心惟微，惟精惟一，允执厥中’。而其节目，则舜之命契，所谓‘父子有亲，君臣有义，夫妇有别，长幼有序，朋友有信’，五者而已。唐、虞三代之世，教者惟以此而教，而学者惟以此而学。……农、工、商、贾之贱，莫不皆有是学，而惟以成其德行为务。”他认为上古盛世，人之间所以能保持和谐的伦常关系，社会所以能稳定、发展，关键在于一切学问和教育都是致良知或明人伦之学与教，无论是士大夫，还是农、工、商，由于同做此学问，同受此教育，所以促进了社会的稳定和发展，这便是实施致良知教育的本质所在。

（二）论“知行合一”

王阳明的“知行合一”说，是其教育方法论的哲学基础，也是其立言的宗旨，因此在其教育思想体系中占有十分重要的位置。《传习录下》：“我今说个知行合一，正要人晓得，一念发动处，便即是行了；发动处有不善，就将这不善的念克倒了，须要侧根侧底，不使那一念不善潜在胸中。此是我立言宗旨。”“知行合一”是王阳明承孔子“言之必可行也”《论语·子路》[4]思想，针对程朱学派的“知先行后”论，即把理论与实践相分离，把道德认知与道德行为“分作两件”提出的。朱熹的“知先行后”教育论主张对学人应先进行道德知识的传授，认为学人只有全面系统掌握了所学的知识后，才有可能在实践中将道德行为体现出来。王阳明则认为此教育论在实践中的弊端是，易使人言行不一。如许多人平日手口不离儒家经典，然实践中却不能自觉践行儒家伦理规范，表现出知行脱节现象。对此，他竭力倡导他的“知行合一”学说，认为知行是合一的，是一个相互渗透的过程。《传习录上》：“知是行的主意，行是知的工夫；知是行之始，行是知之成。若会得时，只说一个知，已自有行在；只说一个行，已自有知在，知行如何分得开?”。知是行的计划或开始，行是知的实践或完成，在知中有行，在行中亦有知，所以，知行是一个并进的，相互渗透的过程。《答顾东桥书》：“知之真切笃实处即是行，行之明觉精察处便是知”，即“真切笃实”的“知”，必会导致“真切笃实”的“行”，而那种“明觉精察”的“行”，就是来自于“明觉精察”的“知”。《答顾东桥书》：“真知即所以为行，不行不足谓之知。”真知识都是能实践的知识，不能付诸实践的知识，就不是“真知识”。具体到治学和教学中，王阳明主张“着实躬行”，既反对“不能思维省察”的“冥行妄作”，也反对“不肯着实躬行”的“悬空思索”；既强调“知”的重要性，认为只有知的指导，“方才行得是”；又强调“行”的重要性，认为离开行，知就是“悬空思索”。《答顾东桥书》：“古人所以既说一个知又说一个行者，只为世间有一种人懵懵懂懂的任意去做，全不能思维省察，也只是个冥行妄作，所以必说个知方才行得是。又有一种人茫茫荡荡悬空去思索，全不肯着实躬行，也只是个揣摸影响，所以必说一个行，方才知得真。”并举例：“如言学孝，则必服劳奉养，躬行孝道，然后谓之学，岂徒悬空口耳讲说，而遂可谓之学者乎？学射，则必张弓挟矢，引满中的；学书，则必伸纸执笔，操觚染翰；尽天下之学，无有不行而可以言学者，则学之始固已即是行矣。”（《传习录中》）说，道德教育过程，实际上是一个知德与行德并进的统一过程，二者是不可分离的。否则，道德教育就会演化为一种片面的知识化教育，使人走上“知而不行”之路。如食味的甘苦不入口品尝就不能知，路途的险夷不身亲履历就不能知。所以，学人要全身心地投入到道德实践中去，只有明确了道德实践在人道德观念的形成，和道德人格培养中的重要作用，才能成为一个知“良知”者。王阳明的这一“知行合一”理论，在中国古代德育思想史上具有重要意义，其影响不仅对当时，对其后的士阶层和普通民众来说，影响也是颇为深远的。美国著名学者德巴力说：“王阳明最大的才干与其说是个哲学家、学者或官吏，不如说是个教员。作为教员，就其学生的数目之多，师生建立的学派之众，和当时思想教育的广泛影响来讲，也许在中国历史上没有任何人比得上他具有如此直接的个人影响（除孔子外，我们对孔子了解的太少了），当时恰恰是在教育领域，王阳明把个人主义表现得最清楚，最真实。”[6]

王阳明自弘治十八年开始授徒讲学起，其文章就被门人刊刻，其后，门人又将其著作编定为《王文成公全书》，共计三十八卷，其中也有颇多论及音乐教育方面的内容，主要体现在三方面。

（三）论乐以中和之德为本

王阳明在《传习录上》中，曾针对朱熹得意门生蔡元定的乐论观，发表了自己的不同看法。蔡元定在其所著的《律吕新书》中对乐律与气候的变化作了深刻分析，大意是说古人用黄钟律管能够测定节气的变化，如把芦苇之灰放进律管里，冬至来时，阳气上升，管中的灰就会飞扬。此论深得朱熹赞赏。然王阳明则认为：“学者当务为急，算得此数熟，亦恐未有用，必须心中先具礼乐之本方可。且如其书说，多用管以侯气，然至冬至那一刻时，管灰之飞或有先后，须臾之间焉知那管正值冬至之刻？须自心中先晓得冬至之刻始得，此便有不通处。学者须先从礼乐本原上用功。”学者首先应从礼乐之本之源上下功夫，而不是先确定乐律之法。那么何为乐之本，乐之源呢？《传习录下》先生曰：“古人为治，先养得人心和平，然后作乐。比如在此歌诗，你的心气和平，听者自然悦怿兴起。《书》云‘诗言志’，志便是乐的本；‘歌永言’歌便是作乐的本；‘声依永，律和声’，律只要和声，和声便是制律的本。何尝求之于外？”曰：“古人制侯气法，是意何取？”先生曰：

“古人具中和之体以作乐，我的中和原与天地之气相应，侯天地之气，协凤凰之音，不过去验我的气果和否。此是成律已后事，非必待此以成律也。今要侯灰管，先须定至日，然至日子时恐又不准，又何处得准来。”隋唐以前歌与诗尚未分家，填词之风尚未兴起，歌曲多为应“志”而作；所以王阳明将“志”视为“乐本”，将“歌”视为作乐之本，将“和声”视为制律之本。认为“志”乃心所为，故乐本人心，心和则乐和，“先养得人心和平，然后作乐”，就能使“听者自然悦怿兴起”，产生情感上的共鸣。他把音乐看作是人心的一种观照，一种本原，所以采用了乐本人心的说法，意在强调学者首先应涵养心性，即道德品性。《传习录中》：“孔子云‘人而不仁，如礼何？人而不仁，如乐和’？制礼作乐，必具中和之德，声为律而身为度者，然后可以语此。若夫器数之末，乐工之事，祝史之守。”只有具备了良好的道德品性，能以身正而不邪为准则，以声和而不淫为律度的人，然后才能制礼作乐。至于掌握礼器乐器，通晓礼仪乐律者，则是乐工、祝史之责。

（四）论郑声与古乐

王阳明虽承传统儒学乐教观，推崇古乐，厌恶郑声，然对流行于民间的民歌和戏曲，却有不同先儒的看法。他在回答门生徐爱关于《诗》为什么不删《郑》、《卫》时说：“《诗》非孔门之旧本矣。孔子云‘放郑声’、‘郑声淫’，又曰‘恶郑声之乱雅乐也’，‘郑声之音，亡国之音也’。此是孔门家法。孔子所定三百篇皆所谓雅乐，皆可奏之郊庙，奏之乡党，皆所以宣畅和平，涵泳德性，移风易俗，安得有此是长淫导奸矣？此必秦火之后，世儒附会以足三百篇之数。盖淫泆之词，世俗多所喜传，如今闾巷皆然。‘恶者可以惩创人之逸志’，是求其说而不得，从而为之辞。”（《传习录上》）这是他赞同“郑声淫”、“放郑声”的一面，认为只有纯正典雅的音乐，才可在祭祀天地、祖先的场所和乡村演奏，才能起到“宣畅和平”涵养品德，移风易俗的作用，而郑、卫之声，虽世俗喜传，然终会助长淫泆、导致亡国。至于《诗》里为何会有郑、卫之声，他的解释是，秦皇焚书坑儒后，造成《诗经》中内容的失缺，故后世儒士为其增补时，将《郑》、《卫》之音收录其中。他的另一面是，并未简单否定和排斥民间流行的民歌和戏曲，而是主张只要将其中有悖于人伦道德方面的妖淫词调去掉，换成百姓通晓的孝悌忠信内容即可。如此则可激发“愚俗百姓”的“良知”，达到“化民善俗”，“反朴还淳”之功效，实现社会的和谐稳定。《传习录下》先生曰：“古乐不作久矣！今之戏子尚与古乐意思相近。《韶》之九成便是舜的一本戏子。《武》之九成便是武王的一本戏子。圣人一生实事俱播在乐中，所以有德者闻之，便知他尽善尽美，与尽美未尽善处。若后世作乐，只是做些词调，于民俗风化绝无关涉，何以化民善俗？今要民俗反朴还淳，取今之戏子，将妖淫词调俱去了，只取忠臣孝子故事，使愚俗百姓人人易晓，无意中感激他良知起来，却于风化有益，然后古乐渐此可复矣。”王阳明把《韶》、《武》和民间“戏子”（剧本）等同起来，认为对于民众所喜闻乐见的具有通俗性和观赏性的民歌、戏子，只要经过去芜存菁，删去其中不利于民风教化内容的词调，而保存符合伦理纲常内容的故事情节，同样可以起到教化民众，改良风俗之功效。可见他是赞赏并支持民间歌舞音乐的，体现了他主张通过乐舞来“风化”民众的音乐教育思想。

（五）论童蒙之乐教

王阳明主张人应从儿童起，就接受多方面的教育，不仅要“习礼”（德育）、“读书”（智育）、还要“歌诗”（美育），用音乐教育来陶冶、净化心灵。为此他专门写了一篇文章，阐述了音乐教育在青少年教育中所具有的特殊意义。《传习录中·训蒙大意示教读刘伯颂等》：

古之教者，教以人伦。后世记诵词章之习起，而先王之教亡。今教童子，惟当以孝悌忠信礼义廉耻为专务，其栽培涵养之方，则宜诱之歌诗以发其志意，导之习礼以肃其威仪，讽之读书以开其知觉。今人往往以歌诗习礼为不切时务，此皆未俗庸鄙之见，乌足以知古人立教之意哉？大抵童子之情，乐嬉游而惮拘检，如草木之萌芽，舒畅之则条达，催挠之则衰痿。今教童子必使其趋向鼓舞，中心喜悦，则其进自不能已。譬之时雨、春风沾被，卉木莫不萌动发越，自然日长月化；若冰霜剥落，则生意萧索，日就枯槁矣。故凡诱之歌诗者，非但发其志意而已，亦所以泄其跳号呼啸于咏歌，宣其幽抑结滞于音节也；导之习礼者，非但肃其威仪而已，亦所以周旋揖让而动荡其血脉，拜起屈伸而固束其筋骸也；讽之读书者，非但开其知觉而已，亦所以沉潜反复而存其心，抑扬讽诵以宣其志也。凡此皆所以顺导其志意，调理其情性，潜消其鄙吝，默化其粗顽，日使之渐于礼义而不苦其难，入于中和而不知其故。是盖先王立教之微意也。若近世之训蒙稚者，日惟督以句读课仿，责其检束而不知导之以礼，求其聪明而不知养之以善，鞭挞绳缚……彼视师长如寇仇而不欲见，窥避掩覆以遂其嬉游，设诈饰诡以肆其顽鄙，偷薄庸劣，日趋下流，是盖驱之于恶而求其为善也，何可得乎？

王阳明说教育的宗旨在于“教以人伦”。而传统教育中，他认为存在内容单一，重注入、轻启发；重背诵、轻理解；重技艺、轻兴趣的现象，不仅没有把青少年的能动性发挥出来，相反损害了其自尊心，使其产生了逆反心理。因此，他主张利用音乐教育来“启迪其智慧，引发其兴趣”，使青少年的身心得到全面和谐的发展。他根据青少年生理和心理上的特点，指出要顺应青少年“乐嬉游而惮拘检”的天性，要采取“诱之歌诗”、“舒畅之”，使其“趋向鼓舞、中心喜悦”。他认为“歌诗”既可激励学生志向，又可满足其生理上的需求，使其内心的忧郁情结化解于“歌诗”活动中。所以，他特制定出“九声四气歌法”，要求学生或成人共同学习。《稽山书院志》卷四《院规》：“歌咏以养性情，乃学之要务。夫诗不歌，不得其益。子与人歌，而善取瑟而歌。圣人且然，况于学者？今后同志相会，须有歌咏，无论古乐，即阳明九声四气歌法，其意亦甚精深。”[7]通过“歌诗”特有的使人愉悦的情感体验方式，逐渐将外在的伦理道德规范内化，人格得到完善。《稽山书院志》卷四《乡约仪·歌诗》：“歌诗须会众齐声和歌者，以宣畅人之心和气也。

凡我百姓，无论老幼，俱要熟读乡约诗，家常无事；父子兄弟相与按法而歌，感动一家；良心稍镕大小邪念，莫切于此。若以歌诗为耻，何不思量；轻之唱曲何如？今天下人未有不知唱曲者，何独不肯歌诗？昔日尧舜也，曾赓歌；孔子也与人歌。大帝大圣，岂不可法？凡我百姓，肯依吾言者，便是良善人也。”[8]

王阳明不仅对歌诗的内容有明确的要求，而且对歌唱时音色、节奏、气息、容貌等方面也有具体、明确的规定。他在《传习录中·教约》中说：“凡歌（诗），须要整容定气，清朗其声音，均审其节调，毋躁而急，毋荡而嚣。毋馁而摄，久则精神宣畅，心气和平矣。”他还要求学生间通过观摩和竞赛，在实践中相互学习、相互促进，以提高自身的亲和力和艺术表演、艺术欣赏水平。《教约》：“每学量童生多寡，分为四班，每日轮一班歌《诗》；其余皆就席，敛客肃听。每五日则总四班递歌于本学。每朔望，集各学会歌于书院。”在歌诗的时间上，他也有规定，他认为“诵书”、“讲书”是一门须学生精力集中、专心致志的“静”的课程，故时间一长，就容易引起学生走神和疲倦，而“歌诗”、“习礼”则是一门能够调动学生热情和兴趣的“动”的课程，所以他把后者安排在前者之间，意在通过动静相结合的教育方式，使学生身心都能够得到健康的发展。《教约》：“每日工夫，先考德（即每日清早先检查学生前日之视听言动是否符合‘人伦之学’），次背书、诵书，次习礼，或作课仿，次复诵书讲书，次歌《诗》。”

此外，王阳明还特别注重校外音乐教学活动的开展，自弘治十八年至嘉靖四年，二十余年间他行教东南，育出桃李无数，且所到之处皆歌声四起。或“夜无卧处，更相就席，歌声彻昏旦”（《传习录下》）；或“月夕则环龙潭而坐者数百人，歌声振山谷，诸生随地清正，踊跃歌舞”（《年谱》）；或“百余弟子聚于天泉桥，诗酒唱和。或鸣琴品箫，或投壶聚算，鼓棹而歌，远近相达，其乐融融……”（《传习录中》）；尤以阳明讲学之盛地绍兴，更是“尚讲诵，习礼乐，弦歌之音不绝。”[9]可见、音乐在王阳明的教育思想体系中占有着非常重要的位置，正因此，其教育思想在当时及其后产生过重大影响。明史载：“守仁既卒，桂萼奏曰：‘守仁事不师古，言不称师。欲立异以为高，则非朱熹格物致知之论；号召门徒，互相唱和。才美者乐其任意，庸鄙者借其虚声。传习转化，背谬弥甚’，守仁弟子盈天下，其有传者不复载。”（《明史》一百九十五卷）

参考文献：

［1］［明］王守仁撰：《王文成公全书》，台北：台湾商务印书馆股份有限公司，2011 年。

［2］［5］杨伯峻：《孟子译注》，北京：中华书局，1960，第 134－307 页。

［3］［4］刘俊田等：《四书全怿》，贵州：贵州人民出版社，1988，第 5－189 页。

［6］李国钧：《中国书院史》，长沙：湖南教育出版社，1969，第 691 页。

［7］［8］赵所生主编：《中国历代书院志》第 8 册，南京：江苏教育出版社，

1995，第 73－82 页。

［9］黄宗羲著，沈善洪编校：《黄宗羲全集》第 7 册，杭州：浙江古籍出版社，2005，第 245 页。

作者简介：田小军，男（蒙古族），内蒙古呼和浩特市人，中央民族大学教育学院讲师、硕士。主要从事少数民族音乐及美育的教学与研究工作。

四、满族形成和发展过程中的皇太极教育思想研究

在君主制国家中，统治者对其臣民进行的教育对于整个社会生活会产生巨大影响。对于以满族为主体的地方割据政权（国家）而言，皇太极在其辖区内所实行的、旨在推行其统治思想的教育对满族文化的形成和发展起到了重要作用。“作为政治的核心的国家政权，其职能不限于直接或间接组织调节、干预经济生活，主要是维护统治阶级所需要的内外秩序。因而它对教育有特殊需求，并以其特定的手段与方式组织、调节、干预教育系统与教育过程。”① 努尔哈赤建立的后金政权，从一开始便注意对辖区内人民社会活动加以规定和引导，努尔哈赤采取了一系列措施，约束、规定着人民的社会生活。作为后金（大清）的第二任最高统治者，皇太极即汗位后对众贝勒、大臣及全体国人进行教育，以建立符合其统治需要的社会秩序。为了达到这一目的，他采取了一系列教化社会的措施。

（一）建设文化，推行教育

皇太极注重满族文化建设，组织力量翻译汉文典籍并号召诸王、贝勒、大臣读书学习，同时大力推行对儿童的教育。

1. 完善满文

满族文化从一开始就具有包容性和学习精神。努尔哈赤本人就精通满（女真）、蒙、汉三种语言，也可以说他是在三种文化的熏陶中，吸取了三种文化的精髓，形成了他的文韬武略。他在武力征服女真各部的同时，学习汉族的儒家思想，同时借鉴蒙古族文字的字形，结合满语（女真语）的发音创制了“老满文”。在其后的三十三年中，满文作为书面交流的介质和教育的工具发挥了极大的作用。与此同时，在这三十多年的学习和使用“老满文”的过程中，人们也发现这种创制不久的文字存在诸多问题。天聪六年（1632 年）三月，皇太极谕巴克什达海曰：“国书十二字头，向无圈点，上下字雷同无别。幼学习之，遇书寻常语言，视其文义，易于通晓，若至人名、地名，必致错误。尔可酌加圈点，以分析之，则音义明晓。于字学更有裨益矣。”② 可以看出，此次对满文的完善是为了避免同音字造成的歧解，更是为了有利于儿童的学习。于是，“达海巴克什奉汗命加圈点，以分晰之。

① 陈桂生：《教育原理》，上海：华东师范大学出版社，2000，第 125－126 页。

② 《清实录》第二册太宗实录，卷一一，页一五六下，中华书局，1986 年。

将原字头，即照旧书于前。使后世智者观之，所分晰者，有补于万一则已。倘有谬误，旧字头正之。”“缮写十二字头颁布之。”① 但是，关于对老满文进行改进的时间史料记载颇有矛盾之处，张佳生教授等综合分析《满文老档》、《清实录》、《八旗通志》等文献的相关记载，得出结论：“老满文改革的时间应是始于天命八年。”② 本文以《满文老档》、《清实录》记载为准。

2. 推行教育

(1) 命儿童读书，定读书年限

皇太极越来越意识到政权的稳固不仅要靠铁骑硬弓，而且还需要统治集团占据文化的制高点。如果只有勇猛的攻击能力，而缺少坚毅忠贞的精神和高超的智慧，即使已经占领的城池也会再丢失，已经俘获的百姓也会逃亡，已经建立的政权也可能被他人推翻。要使八旗子弟尤其是众贝勒、大臣子弟，具有“忠君亲上”的品质和高超的智慧，就要让他们接受教育，掌握知识。

天聪五年（1631 年）闰十一月，皇太极降汗谕：“朕令诸贝勒大臣子弟读书，所以使之习于学问，讲明义理，忠君亲上，实有赖焉。闻诸贝勒大臣有溺爱子弟，不令就学者。得毋谓我国虽不读书，亦未尝误事与？独不思，昔我兵之弃滦州皆由永平驻守贝勒失于救援，遂致永平、遵化、迁安等城相继而弃。岂非未尝学问，不明理义之故乎？今我兵围明大凌河城，经四越月，人皆相食，犹以死守。虽援兵尽败，凌河已降，而锦州、松山、杏山，犹不忍委弃而去者，岂非读书明道理为朝廷尽忠之故乎？自今，凡子弟十五岁以下，八岁以上者，俱令读书。如有不愿教子读书者，自行启奏。若尔等溺爱如此，朕亦不令尔身甲出征，听尔任意自适，于尔心安乎？其咸体朕意，毋忽。”③ 首先，他开宗明义，说明“令诸贝勒大臣子弟读书”的目的是“习于学问，讲明义理，忠君亲上”。他办教育的最终目的是使这些儿童从小养成“忠君亲上”的品质，而“习于学问，讲明义理”只是实现“忠君亲上”的途径。他又分析了诸贝勒、大臣不愿送子读书的原因。“不令就学”是因为“溺爱子弟”；也是因为他们认为“虽不读书，亦未尝误事”。紧接着他把弃守滦州、永平、遵化、迁安四城的阿敏贝勒与死守大凌河城的明朝军队作比较，指出丢失城池的根本原因就在于“未尝学问，不明理义”，而明军能做到“人皆相食，犹以死守”则是由于“读书明理”，因而能“为朝廷尽忠”。最后，皇太极作出规定：“凡子弟十五岁以下，八岁以上者，俱令读书。”他同时暗示了违反此项规定的惩处措施——“不令尔身甲出征”。虽然他是以假设的口吻说出，但诸贝勒、大臣都明白这话的潜在含义，即革职或不再任用。在那个年代，披甲出征既是男子建功立业的机会，同时也是获取财富重要途径。“不令出征”则意味着断了财路，更无升迁的可能。

① 《满文老档》（下）第八函，第四十五册，北京：中华书局，1990，第 1197 页。

② 张佳生等：《满族文化史》，沈阳：辽宁民族出版社，1999，第 260 页。

③ 《清实录》第二册太宗实录，卷一〇，页一四六上、下，北京：中华书局，1986 年。

皇太极对诸贝勒、大臣子弟读书的规定，得到了汉官们的赞许，其中以胡贡明的奏疏最具代表性，而且受到了皇太极的恩准。[①] 奏章说："皇上谕金、汉之人都要读书，诚大有为之作用也。但金人家不曾读书，把读极好的事反看作极苦的事，多有不愿的。若要他们自己请师教子，益发不愿了。况不晓得尊礼师长之道理乎？以臣之见，当于八家各立官学，凡有子弟者，都要入学读书，使无退缩之辞。然有好师傅，方教得出好子弟，当将一国秀才及新旧有才而不曾作秀才的人敕命一、二有才学的，不拘新旧之官，从公严考，取其有才学可为子弟训导的，更查其德行可为子弟样子的，置教官学。顺设养廉之典，供以衣食，使其无内顾之忧。尊以礼貌，使其有授教之诚。崇以名分，使其有拘束之严。小则教其洒扫应对，进退之节；大则教其子、臣弟、友、礼、义廉、耻之道。诱掖奖劝，日渐月磨，二、三年必将人人知书达礼，郁郁乎而成文物之邦矣。况考校乃历代之大典，不行考校，则人不读书，而真才无上进之阶。举孝廉，乃汉朝之美政，不举孝廉，则人不学好，总有才学，为政必乖。伏乞皇上并法行之。一则，可为我国取材济世之明制；二则，可以昭我万世不朽之盛事也。"[②] 在这一奏章中，胡贡明首先肯定了皇太极要求八旗子弟读书的命令是"大有为之作用"。他又分析了满族人对待读书学习的心理状态，并提出了"八家各立官学"的建议。他还就教师的资格及聘用、教师待遇、教学内容以及教学目标等问题进行了较为详尽的论述，这些论述完全符合皇太极所设定的教育目的。胡贡明还论述了科考取士对送子读书的促进作用。

（2）开科取士，促进教育

通过科举考试选拔人才，是中国封建社会国家的一个创举。这一制度始自隋唐，一直延续至清朝末年。皇太极借鉴了汉族统治者通过考试选拔人才的方法，把知识分子纳入其统治机构，是满族统治者治国理政方面的进步。它改变了以战功擢升官员的唯一标准，标志着满族政权逐步走向文官体制。同时，以科考擢用官员，可激发读书学习的积极性，对教育发展具有极大的推动作用，因为读书学习成为社会底层人民向上层浮动的通道，是扩大教育规模的政策推力。

满族所建立的地方政权，其治下的人民包括满、蒙、汉等多个民族，因而它的官僚体系中肯定要由来自三个的民族官员构成，它的科举考试也必然是多民族、多语言的，所录用的官员也有着不同的民族身份。不仅如此，所录用的生员也有语言特点。天聪八年"考取通满洲、蒙古、汉书文义者为举人，取中满洲习满书者刚林、敦多惠，满洲习汉书者查布海、恩格德，汉人习满书者宜成格，汉人习汉书者齐国儒、朱灿然、罗绣锦、梁正大、雷兴、马国柱、金柱、王来用，蒙古习蒙古书者俄博特、石岱、苏鲁木，共十六人俱赐为举人。"[③]

① 张丽梅：《试论皇太极对满汉文化的态度》，载《满族研究》，2001 年第 4 期，第 31 页。

② 《天聪朝臣工奏议》卷上，《胡贡明陈言图报奏》，辽宁大学历史系，1980，第 11－12 页。

③ 《清实录》第二册太宗实录，卷一八，页二三九上，中华书局，1986 年。

（3）重用生员，助推教育

生员，是对知识分子的称谓。皇太极重视文化、教育事业，还表现在他对知识分子的善待和重视。天聪六年（九月）皇太极下令“八旗教习汉文生员（每旗二人），报汗获准后，各免二丁之徭役。”① 给作为教习的汉文生员（即教师）每人免除二丁徭役，是极大的恩惠，使这些教习的经济负担大大减轻。

皇太极重视教育及教师，还改善被裁撤教师的待遇。天聪六年十月，“正黄旗刘生员、邵生员，因超额被除名。彼遂告于汗曰：‘教习汉文之生员四人，我等教授两旗子弟已十二年矣。我等所教授之二木拜、巴敦、恩德依三人均被录用。新入两旗诸大臣之子弟，亦共同教授两年矣。丑年（天命十年，1625年）屠戮生员时，蒙汗眷顾，择而养之，命我等教授汉文，并将被戮生员家中诸物，悉赐我等。凶年赐银命购粮而食。今又蒙汗眷顾，命教授汉文之生员等，各兼男丁二人，免徭役。而正黄旗因生员超额，仅命董生员、黄生员教习，而将刘泰及邵生员我等二人革除，充当差役。更将我等所教授之镶黄旗新旧子弟，命镶黄旗新进生员教授。今特将我等教授十二年之苦，报知于汗。’汗遂命二生员各免二丁徭役。”② 从这段史料不难看出，“丑年屠戮生员时”，皇太极保护了一部分汉族生员。同时可知，教授汉文的汉族生员受到优待，“免二丁徭役”，“因超额被除名”的二位生员也受到了皇太极的优待。这可以视为皇太极重视“教师”，重视汉族“教师”的例证。

皇太极不仅善待自己统治区内的读书人，就连明朝辖区内的汉族生员也表现出垂爱之心。天聪三年（1629年）皇太极亲率大军入略中原。“十二月初一日，大军起行，西趋良乡，行猎南苑。遂渡浑河，至良乡城东山岗驻营。是夜，招城主知县降，不从。初二日卯刻，正蓝旗先登，即克其城。尽诛军士大夫。收养之生员六人。”③

正是由于皇太极实行对读书人的优待政策和准许上奏自陈制度，处在民间的归降生员才敢于直接向皇帝陈述自己的情况。崇德元年六月，正白旗佟三牛录下生员刘奇遇、刘弘遇上奏，自陈由明朝归附有功，“伏乞圣汗轸念穷困，豁免差役”。皇太极看过奏章，命大学士范文程、希福、刚林等“考试刘奇遇、刘弘遇兄弟之优劣”。“三大学士以刘弘遇可用为文职入奏，遂授为弘文院副理事官，免其兄弟徭役各三丁。”④

（4）强化民族意识，弘扬民族文化

从皇太极实行的种种政策看，他对汉文化持接纳和学习的态度。但是，面对汉文化的强大影响力的冲击，他时刻保持着警惕。他力求吸取汉族文化中的精髓，尤其是教化人民，治理国家，巩固政权等方面的历代帝王的经验。与此同时，他又非

① 《满文老档》（下）第十函，第五十八册，中华书局，1990，第1338页。

② 《满文老档》（下）第十函，第五十九册，中华书局，1990，第1345－1346页。

③ 《满文老档》（下）第三函，第二册，中华书局，1990，第963页。

④ 《满文老档》（下）第十三函，第十八册，中华书局，1990，第1519页。

常坚定地维护以“国语骑射”为显著特色的本民族文化，坚决抵制汉族习俗，防止被汉化。

①官名、地名满语化

以本民族语言命名官职、地名是一个民族文化走向成熟的表现。从原始社会一路走来的满族共同体，自从建立了本民族的政权以后，在吸收融合外来文化的同时，其各部落的文化习俗逐渐趋于统一。经过八年的探索，皇太极即位以后，对内建章立制，调整国家机构，发展经济，壮大军队。对外进行武力扩张和掠夺，既扩大了版图，增加了人口，也增强了国力。至天聪八年（1634 年），基本完成了作为一个以女真（满洲）人为主体的国家建设。作为一个新兴的民族共同体——满族的文化体系——基本形成。正是在这样的背景下，皇太极发布训谕，创立属于自己的制度，保持本民族文化，以求政权“能垂之久远，永世弗替”。他采取的第一个措施便是把官名、地名“易以满语”，而且明确规定，“仍称汉官旧名者，是不奉国法，恣行悖乱也，察出决不轻恕。”①

②拒绝汉俗

皇太极熟读史书，常常借古喻今，教育众王、贝勒、大臣，使其认识保持本民族传统风俗的重要性。他时常以金朝习染汉族习俗导致灭亡的教训警告众王、贝勒、大臣，以放弃传统则国亡的历史观教育众人。他命令满洲八旗子弟要谨遵祖制，常习骑射。崇德二年四月，他专门发布圣谕，告诫众王、大臣：“此本国衣冠、言语不可轻变也。我国家以骑射为业，今若不时亲弓矢，惟耽宴乐，则田猎、行阵之事必致疎旷，武备何由而得习乎？盖射猎者，演武之法；服制者，立国之经。朕欲尔等时时不忘骑射，勤练士卒。凡出师、田猎，许服便服，其余俱令遵照国初之制，仍服朝衣，且谆谆训谕者，非为目前起见也。及朕之身，岂有习于汉俗之理？正欲尔等识之于心，转相告诫，使后世子孙遵守，毋变弃祖宗之制耳。朕意如此，尔等宜各陈所见。”② 他认为“本国衣冠、言语不可轻变”。他强调指出满族“以骑射为业”，服制为立国之经。只有“时时不忘骑射，勤练士卒”，经常习练“弓矢、田猎、行阵”，“武备”才不致荒疏，军队才能永葆战斗力。这就是入主中原之后，清朝一代皇帝都恪守的“国语骑射”教育思想。

（二）建章立制，化民成俗

1. 民间法规

为了使民间纠纷案件得到及时有效的审理，避免大小案件都送交刑部，天聪五年（1631 年）七月癸巳，皇太极下诏令，对民间可能出现的纠纷规定了具体解决办法，并规定像借粮、狗咬伤牲畜、牲畜毁坏庄稼等小纠纷，“俱令各该牛录额真

① 《清实录》第二册太宗实录，卷一八，页二三七上、下，中华书局，1986 年。

② 《清实录》第二册太宗实录，卷三四，页四四六上、下，中华书局，1986 年。

即行审结。事有大于此者，送部审理。”① 这一诏令不但规定了民间因琐事而出现纠纷的解决办法和程序，也为民间的彼此交往活动提供了准则，把许多可能出现的民事纠纷案化解在了萌芽状态。因此，它具有更大的社会教育意义。

2. 婚娶制度

联姻是部落间结盟、笼络大臣的一种重要途径。努尔哈赤就曾把自己的女儿嫁给何和礼；为了与乌拉结盟，对布占泰更是“妻以三女，三为我婿”；明将李永芳来降，立刻招为额驸。到皇太极时代，这种出于政治需要而缔结的姻缘仍然盛行。基于此，天聪九年（1635 年）三月，皇太极通过户部贝勒德格类传谕：“嗣后，凡官员及官兄弟、诸贝勒下护卫、护军校、护军骁骑校等女子、寡妇，须赴部报明。部中转问各该管诸贝勒，方准嫁。若不报明而私嫁者，罪之。其小民女子寡妇须问明该管牛录章京，方准嫁。凡女子十二岁以上者许嫁，未及十二岁而嫁者，罪之。其专管牛录与在内牛录皆同此例。”②这样，女子出嫁的法定最低年龄为十二岁；出嫁需得到牛录章京或该管贝勒的批准。

天聪六年三月，皇太极说“前禁不许乱伦婚娶”“乃古圣王之成法”，“今仿而行之”。③ 我们可以推知至少在天聪六年三月之前就已经下令禁止“乱伦婚娶”。崇德元年（1636 年）四月，皇太极改元称帝伊始，再次下令：“自今以后，凡人不许娶庶母及族中伯母、婶母、嫂子、媳妇。凡女人若丧夫，欲守其家资、子女者，由本人，（家）宜恩养；若欲改嫁者，本家无人看管，任族中兄弟聘与异姓之人。若不遵法，族中相娶者，与奸淫之事一例问罪。汉人、高丽因晓道理，不娶族中妇女为妻。凡人既生为人，若娶族中妇女，与禽兽何异。我想及此，方立其法。我国若有淫乱之人，欲娶族中妇女者，其夫死后不许哭。心内既欲娶其妻，外则虚哭之何为？此言欲令愚鲁之人晓之，今禁革，不许乱娶。”④ 此次禁止乱伦婚姻的命令较前更为严厉且具体明确，规定了丧夫妇女选择守寡或改嫁的条件。在这个规定中充满了摆事实，讲道理的教育内容。

3. 牲畜使用制度

天聪元年九月，皇太极颁布诏书，规定各种牲畜的用途：“马骡以备乘骑之，牛驴以资负载，羊、山羊、豕、鸡、鸭、鹅等供食用。嗣后，汗及诸贝勒，以至小民，凡祭祀及筵宴、殡葬、市卖所用牛马驴骡，永行禁止之……明国、朝鲜及蒙古人等勤牧善养，遂以致牲畜繁盛。而我国之人若不善养牲畜，一味宰杀，则牲畜何由得蕃。嗣后，务须勤加牧养。”⑤ 他首先讲各种畜禽对于人的功能，强调马、骡、牛、驴等大牲畜的战争资料和生产资料功能。然后作出规定：不许宰杀大牲畜，不许屠杀母猪。特殊情况下必须宰牛时，也要用小牛。另外，皇太极号召满族人民要

① 《清实录》第二册太宗皇帝实录，卷九，页一二六上，北京：中华书局，1986 年。

② 《清实录》第二册太宗皇帝实录，卷三三，页二九九上，北京：中华书局，1986 年。

③ 《清实录》第二册太宗皇帝实录，卷一一，页一五七上，北京：中华书局，1986 年。

④ 《清太宗实录稿本》，辽宁大学历史系，1978，第 6 - 7 页。

⑤ 《满文老档》（下）第一函，第八册，北京：中华书局，1990，第 867 - 868 页。

像汉、朝鲜、蒙古人那样“勤加牧养”，以使“牲畜繁盛”。

马匹是满族人的重要交通工具，也是战略物资。天聪五年（1631 年）九月，针对马匹再次做出明确规定，即使阵前受伤马匹也不得任意宰杀。“阵前受伤马匹，本无任意屠宰之例。受伤马匹中，将有死者，有活者，奈何任意屠宰耶?”只有“主人解去鞭辔，确实废弃之马匹，可准屠宰。若妄行屠宰，则罪之，”“盗取马匹治以双重盗窃罪”。①

4. 严惩盗窃与禁止烟、酒、赌博的制度

皇太极即汗位后采取一系列措施整顿社会秩序，革除陋习，移风易俗。严厉打击偷盗行为，对吸烟、酗酒等不良嗜好予以禁止。

虽颁布严厉法令，且三令五申，但偷盗现象却屡禁不绝。因此，皇太极颁布更加严厉的法令，即“枭首示众”。天聪六年十月，皇太极对众官员等说：“我国人中曾下法令，凡出兵行猎时，有为盗者，或杀、或鞭，但竟不惧。闻此番行猎，仍有盗鞍、辔、鞧屉、笼头、绊镣等物者。”于是，命诸贝勒大臣亲督搜捕为盗者。“查获为盗者，若就地执法，恐众人不知，遂携至沈阳城枭首示众。”②

烟草在明万历年间传入中国，崇祯皇帝曾重法禁止，但率军与后金作战的洪承畴却上奏说“辽东士卒，嗜此若命”。皇太极也认为应该禁止吸烟。天聪八年（1634 年）十二月他问和硕贝勒萨哈廉：“烟之为禁已久，民间仍有不遵而擅用者，何故?”萨哈廉认为“此禁止行于众人，而不禁诸贝勒”，因此未能禁绝。“若欲永行禁止”，应该由禁止贝勒吸烟开始。皇太极说：“朕所以禁烟者，毋见穷乏之家，其仆从衣服不周，犹市此不已，无益妄费，故禁之耳。”③ 可见，起初皇太极禁止吸烟是出于减少百姓的生活开销。

因烟草盛行，众贝勒、大臣中吸烟现象普遍。皇太极曾下令禁止吸烟，对“种者与用者俱行申饬”，但仍有大臣“用之，以致小民效尤”。崇德六年二月戊申，皇太极对户部官员说：“前所定禁止用烟之令，其种者与用者俱经屡行申饬矣。近见大臣等犹然用之，以致小民效尤违禁。嗣后，凡欲用烟者，惟许各人自种而用之。若出边货买者处死。”④ 崇德六年二月，“甲喇章京刘廷聘盗取义州青草一千三百束，又藏烟私用，为家下五人首告。”皇太极裁定刘廷聘“革职，追草束，原告准离主”。⑤

必须一提的是，烟草通过朝鲜进贡和归降后金的明朝将士传入后金后，迅速成为八旗各阶层人士的嗜好。八旗贵族中嗜烟者众多，其中包括代善、莽古尔泰、多尔衮、德格类等重要人物。⑥ 正是由于众位贝勒吸烟才使得皇太极的禁烟令未能

① 《满文老档》（下）第七函，第四十二册，北京：中华书局，1990，第 1159 页。

② 《满文老档》（下）第十函，第五十九册，北京：中华书局，1990，第 1341 页。

③ 《清实录》第二册太宗皇帝实录，卷二一，页二八三下，北京：中华书局，1986 页。

④ 《清实录》第二册太宗皇帝实录，卷五四，页七二八上，北京：中华书局，1986 年。

⑤ 《清实录》第二册太宗皇帝实录，卷五四，页七二九下至七三〇上，北京：中华书局，1986 年。

⑥ 程大鲲：《皇太极时期禁烟政策探析》，载《满学研究》，2009 年第 1 期，第 111 页。

落实。

努尔哈赤一生不饮酒，而且反对饮酒。因为饮酒误事，馀酒过量致死，酗酒伤人等现象屡有发生，努尔哈赤曾多次教育诸贝勒、大臣不要饮酒。皇太极延续其父的政策，并且加大了对酗酒者的教育和处罚的力度。天聪九年（1635）七月“以牛录章京石尔胡纳克纵饮致死革其世职。”① 世职是指可以世袭的职位，革除世职，意味着他的子孙不能承袭其职位。

皇太极注意到，饮酒不但使人“年未老而先衰”，而且因酒而“荒惰弃业”，导致贫穷。崇德六年二月，皇太极把诸王贝勒大臣召集到笃恭殿，就饮酒问题发布训谕：“牛录下人多有贫乏者，皆因牛录章京及拨什库等耽嗜饮酒，不办理牛录之事，晨醉则至暮不醒，夜醉则日中不起，荒惰弃业，职此之由。昔皇考太祖时，太祖素不饮酒，因而群臣庶民，凛遵教训。故太祖国势振兴，诸臣迄今殷富。皇叔贝勒嗜酒，其部下臣民俱效之。故皇叔之政渐衰，而部下臣民渐贫。自正蓝旗莽古尔泰、德格类在时，耽于麴（qū）蘖（niè），其部下之臣及本旗下人皆相习成风，以致败亡。镶红旗王、贝勒、公等亦惟酒是嗜，其部下本旗人，其相仿效，故瓦尔喀什之族，年未老而先衰。镶蓝旗郑亲王先时嗜酒，一旗人皆效之。今郑亲王戒饮，而部下之人积习已久，不能禁止。似此沉湎废事，致令牛录贫穷者，诸王、贝勒、贝子、公等，何不查明议处？”②他以努尔哈赤、舒尔哈齐二人为例说明上行下效的道理，以此来教育众王、贝勒。他又以莽古尔泰、德格类、吉尔哈朗等王、贝勒嗜酒，以致“一旗人效仿”的事实为例说明王、贝勒饮酒对百姓的重大影响。他历数了饮酒的害处之后，要求八旗官员率先戒酒，对因饮酒而致属下牛录贫穷的王、贝勒等高级官员予以惩处。

赌博是文明社会所不容的陋习，是危害社会的行为。皇太极认为赌博者“行止不端”，因而严令禁止。天聪六年二月，皇太极命刑部贝勒下书：“诸凡以钱及货物赌博者，概行禁止。若有赌者，则依律罚之。”③ 对于有赌博行为的官员更是严惩不贷。最具代表性的是深受皇太极赏识的大学士宁完我。宁完我“原系萨哈廉贝勒家奴仆，因能文史，汗擢置文馆，参预机务，授为二等甲喇章京，准袭六次，赐庄田奴仆。”因嗜博，“革其职，凡汗所赐诸物，悉数夺回，解任，仍给萨哈廉为奴。”④ 天聪十年（1632 年）二月，宁完我因屡次赌博而被革甲喇章京职、解文馆大臣任，重做奴隶。与他一同赌博者也受到了相应惩处。

（三）信奉萨满，虔心礼佛，打击邪教

1. 信奉萨满教，严惩自称萨满者

萨满教是流行于我国北方少数民族中的一种原始宗教，也是满族及其先世所信

① 《清实录》第二册太宗皇帝实录，卷二四，页三一四上，北京：中华书局，1986 年。

② 《清实录》第二册太宗皇帝实录，卷五四，页七二九上、下，北京：中华书局，1986 年。

③ 《满文老档》（下）第八函，第四十九册，北京：中华书局，1990，第 1232 页。

④ 《满文老档》（下）第十一函，第四册，北京：中华书局，1990，第 1395 页。

仰的原始宗教。它起源于远古时期，是没有创始人和特定组织的宗教形式。其内容主要是自然崇拜、动物崇拜、祖先崇拜及与之相应的祭祀活动仪式。“在皇太极的统治下，萨满教发生了重大的变化，最终形成具有满族民族特色的原始宗教。”①关于皇太极对萨满教的态度，目前学术界存在着信与不信之争。笔者认为皇太极信奉萨满教，因为《满文老档》《清实录》中都记载，每逢重大活动，皇太极总是率诸贝勒、大臣“拜堂子”。而“拜堂子”则是萨满教的一种形式。再者，作为满族的民族领袖，皇太极不可能不信仰满族及其先世广为信仰的萨满教。

“萨满”一词源自通古斯语，“萨”意为“知道”，“满”意为“……的人”。《三朝北盟会编》载：“珊蛮（萨满）者，女真语巫妪也。以其通变如神。”萨满“能道神语，甚验”。② 因此，“萨满”的意思为“知者”。萨满巫师们凭借自己的宗教威力，在宫廷中占据一席之地，甚至参与了不少重要的宫廷斗争。③“萨满的产生有神授、世袭、族选、许愿等多种途径，但神授萨满常常被视为最有神通的萨满。”④ 只有通过特定方式的鉴定确定某人有当萨满的资格，并通过艰苦的学习和特定的考验仪式才能成为萨满。⑤ 正是由于萨满有“通神”的本领，所以，自称萨满者对老百姓具有欺瞒和蛊惑能力。作为后金汗和大清皇帝，皇太极必须控制萨满教，使之为自己的统治服务，因而他所打击的是自称萨满的人。崇德元年六月，皇太极对都察院承政阿什达尔汉等说：“民人中有自称萨满，书符读咒，诳骗民人，行邪术以欺国之人，当即行奏闻。”⑥ 此举，旨在保持社会的安定。

2. 虔心礼佛，整顿寺院

“皇太极所确定和推行的佛教政策表现出强烈的为现实政治利益服务的实用主义色彩”⑦，他优待本国僧人，盛情邀请并隆重厚待西藏喇嘛等举措都是出于政治考虑，为安抚蒙古诸部，使佛教成为维护其统治的工具。

崇德二年三月，他还特意“召诸喇嘛至崇政殿赐宴”。⑧ 蒙古察哈尔部墨尔根喇嘛载古帕斯八喇嘛所代嘛哈噶喇佛像至，皇太极命令“于盛京城西三里外建寺供之”，崇德三年八月竣工，“殿宇弘丽，塑像巍峨，层轩延袤，永奉神居”，“赐名‘实胜寺’，铸铜钟”，“悬于寺内”，“东西建石碑二”，镌满、汉、蒙、图白忒四字碑文，记载此寺由来，并称建此寺不“惟寒暑调，雨旸（yáng）若”而受一时之福，而是要“将世弥积而功宣，身逾远而名劭（shào），行将垂示于无穷”。⑨

① 周喜峰：《皇太极与萨满教》，《历史教学》，2002 年第 1 期，第 11 页。

② 王宏刚：《满族与萨满文化》，北京：中央民族大学出版，2002，第 4 页。

③ 色音：《论萨满教对中国少数民族宫廷祭祀的影响》，载《西北民族研究》，2000 年第 1 期，第 76 页。

④ 郭淑云：《原始活态文化——萨满教透视》，上海：上海人民出版社，2001，第 77 页。

⑤ 王宏刚：《满族与萨满文化》，北京：中央民族大学出版，2002 年。

⑥ 《满文老档》（下）第十三函，第十七册，北京：中华书局，1990，第 1512 页。

⑦ 刘庆宇：《皇太极佛教政策探研》，载《社会科学辑刊》，2008 年第 4 期，第 132 页。

⑧ 《清实录》第二册太宗实录，卷三四，页四四〇下，北京：中华书局，1986 年。

⑨ 《清实录》第二册太宗实录，卷四三，页五六五下至五六六下，北京：中华书局，1986 年。

皇太极亲莅该寺，并率群臣于佛像前行三跪九叩头礼。崇德四年正月，皇太极率诸王、贝勒、贝子、公等临幸实胜寺礼佛，布褚喇嘛献彩缎、纪匹，推却未受。[①] 崇德五年正月，皇太极“率和硕亲王以下梅勒章京以上幸实胜寺礼佛毕，则诸王大臣等宴，赏住持喇嘛僧人有差。”[②] 他对众僧人说：“尔等既奉佛教，务讲明经典，洁治身心，克守清规，方为有益。若口宣佛号，身多败行，有玷清规，究何益哉?”[③] 针对当时出家人中有假借僧人名义违法妄行的现象，皇太极要求寺庙中的僧众“讲明经典，洁治身心，克守清规”，切不可“口宣佛号，身多败行，有玷清规”。他以包容的心态接纳佛教，并厚待僧人，其主要目的是为了“讲明经典”，教化百姓。

为了更好地弘扬佛法，皇太极遣使赴西藏延请佛教大师。崇德四年十月，皇太极派遣察汉喇嘛等致书于图白忒（西藏）汗：“大清国宽温仁圣皇帝致书于图白忒汗。自古释氏所制经典宜于流布，朕不欲其泯绝不传。故特遣使延致高僧，宣扬法教。”[④] 又与喇嘛书曰：“朕不忍古来经典泯绝不传，故特遣使延致僧宣扬佛教，利益众生。唯尔意所愿耳。其所以延请之意，俱令使臣口述。”[⑤] 崇德五年正月，他又遗书于喇嘛诺木汉，表达迫切心情。

在皇太极的盛情邀请下，崇德七年十月，西藏达赖喇嘛的特使千里迢迢来到盛京。皇太极亲率诸王、大臣迎接图白特部落（西藏）达赖喇嘛特使。“上率诸王贝勒大臣出怀远门迎之，还至马馆前，上率众拜天，行三跪九叩头礼毕，进马馆。”[⑥] 图白忒部落达赖喇嘛遣使在大清国滞留八个月。期间，皇太极盛情招待，命八旗诸王每五日宴请一次，赐予多种礼物。到返回时，皇太极亲率诸王贝勒送至演武场，设大宴，为他们饯行。命睿亲王多尔衮等送至永定桥，再设宴饯行。皇太极赠与达赖、班禅礼物及书信各一封。给达赖的信说：“大清国宽温仁圣皇帝致书大持金刚达赖喇嘛：今承喇嘛有拯济众生之念。欲兴扶佛法，遣使通书，朕心甚悦……”[⑦] 从迎接和送别图白特部落（西藏）达赖喇嘛特使的规格可以看出皇太极对佛教的虔诚程度。在达海翻译的汉文典籍中就有《大乘经》，这说明皇太极本人对佛教已较有深刻的认识。

3. 打击犯戒喇嘛和假僧人

在大力弘扬佛法，厚待喇嘛的同时，皇太极严厉打击假借喇嘛名义从事违法活动的人员。作为后金（大清）君主的皇太极对僧人的活动作出了一些限制性规定，不许单个喇嘛外出讲经，不许俗家擅自容留喇嘛等。违者，将受到惩罚。崇德三年

---

① 《清实录》第二册太宗实录，卷四五，页五九一下，北京：中华书局，1986年。
② 《清实录》第二册太宗实录，卷五〇，页六六二上，北京：中华书局，1986年。
③ 《清实录》第二册太宗实录，卷三四，页四三八下，北京：中华书局，1986年。
④ 《清实录》第二册太宗实录，卷四九，页六五一下，北京：中华书局，1986年。
⑤ 《清实录》第二册太宗实录，卷四九，页六五一下至六五二上，北京：中华书局，1986年。
⑥ 《清实录》第二册太宗实录，卷六三，页八五八下至八五九上，北京：中华书局，1986年。
⑦ 《清实录》第二册太宗实录，卷六四，页八八七下至八八八下，北京：中华书局，1986年。

七月辛巳，“多罗饶馀贝勒阿巴泰违法擅留喇嘛于家，理藩院以奏，下法司审实”，“上命罚阿巴泰银一百五十两。”①

尽管再三对出家僧众进行“治身心，守清规”的教育，但是仍有一些喇嘛不遵戒律。于是，崇德三年十一月丁巳，皇太极遣人谕席图、绰尔济曰：“今闻尔等不遵喇嘛戒律，任意妄行。朕若不惩治，谁则治之？凡人请喇嘛诵经者，必率众喇嘛同行，不许一二人私往。且尔喇嘛等又不出征从猎，何用收集多人？”他认为既不从军出征，又不参加围猎，不需要过多僧人。他发现寺院中闲人很多，于是，从中“择有用壮丁能随征行猎者”充实到军队中。把“内齐讬音喇嘛及诸无行喇嘛等所私收集汉人、朝鲜人俱遣还本主，给以妻室”；“以土谢图亲王下一喇嘛、扎鲁特部落青巴图鲁下一喇嘛不遵戒律，令之娶妻又不从，阉之。”②

对于伪装成喇嘛潜奸妇女、骗人财物的人深恶痛绝。他教育众人不要上当受骗：“喇嘛等口作讹言，假以供佛持戒为名，潜奸妇女，贪图财利，常悖逆造罪，索取生人财物牲畜，声称使人免罪于幽冥。诞妄莫过于此者！”③ 他认为，这种骗人钱财的人是“妄人”，而“不宜称为喇嘛”。

天聪五年（1631年）十一月，皇太极下令整顿寺庙，清查僧人。对假冒僧侣、私建庙宇等不法者，以严厉打击。谕令说：“奸民避差徭，多相率为僧。旧岁已令稽察寺庙，毋得私行建造。今除明朝汉官旧建寺庙外，其余地方妄行新造者，反较前更多。该部贝勒大臣可再详确稽察，先经察过，准留者若干，后违法新造者若干。其违法新造者，务治其罪。至于喇嘛、班第、和尚，亦必清察人数，如系真喇嘛、班第、和尚，许居城外清净寺庙焚修……嗣后，若有违法擅称喇嘛、和尚及私建庙宇者，依律治罪。”④

4. 取缔邪教，惩处巫觋

在积极支持本地佛教发展并主动延请藏传佛教大喇嘛来讲经传教的同时，皇太极对邪教、巫术采取措施，严厉打击。

（1）取缔“善友”邪教

崇德七年（1642年）五月，皇太极“令严禁善友邪教。”⑤之后，他通过礼部向全国发布“禁止邪教”训谕：“自古僧以供佛为事，道以祀神为事。近有善友邪教，非僧非道，一无所归，实系左道也。且人生而为善，则死亦无罪。若无罪戾，何用立善友之名。既有罪戾，虽为善友何益？与其积恶而为善友，何若行善之为愈乎？语云：‘行善者天降以福。’善原在心，非不食肉之谓也。今因善友康养民、李国梁等合群结党，私造印劄，惑世诬民，紊乱纲常，凡列名于籍者三百余人，法司俱拟死罪。朕加宽宥，止诛为首十六人。自今以后，除僧、道外，凡从善友邪教

① 《清实录》第二册太宗实录，卷四二，页五五八上、下，北京：中华书局，1986年。

② 《清实录》第二册太宗实录，卷四四，页五八九上、下，北京：中华书局，1986年。

③ 《满文老档》（下）第十一函，第五册，中华书局，1990，第1406页。

④ 《清实录》第二册太宗实录，卷一〇，页一四六下至一四七上，北京：中华书局，1986年。

⑤ 《清实录》第二册太宗实录，卷六〇，页八二五上，北京：中华书局，1986年。

者，不论老少男妇，尔部永行禁止。如有不遵禁约者，或被他人首发，或经衙门察获，杀无赦。该管各牛录章京、拨什库及本主不行察究者，一例治罪。”①

（2）严惩“巫人”

皇太极不但严厉打击邪教，而且极刑惩处“巫人”。“多罗安平贝勒杜度有疾时，福金以其病由气鬱（yù）令石汉招巫人荆古达至家祈祷。荆古达剪纸作九人，由太监捧至北斗下，半焚半瘗（yì）之。又禁福金不令出外，至第三日福金昏仆。”皇太极下令，“巫人荆古达照议正法。”②

他还严惩信巫、行巫之人。崇德三年八月，已故固山额纳穆泰妻带着女巫去祭其子。皇太极以“纳穆泰妻听信邪巫，擅违国制”，“纳穆泰妻并女巫皆正法；牛录章京安朱及牛录拨什库均坐以应得之罪。”③

不仅如此，皇太极下令追究相关官员的责任。“此等满洲蒙古汉人（巫觋、星士）岂无本主该管？何以不加禁止，任其妄行。嗣后，若不严行禁止，有被获者，将此妄行之人，必杀无赦。该管牛录额真章京及本主，各坐以应得之罪。”④

正是由于皇太极“扶正黜邪”的宗教政策，使得这个新兴的民族共同体具有了趋于一致的精神信仰，也使得当时的满族社会更加稳定。

皇太极继承汗位后大力发展农业，采取措施保证粮食的生产和供给，使后金（大清）的经济基础不断增强。他建章立制，在尊重传统文化的基础上移风易俗，教化百姓，使满族这个新兴民族形成了自己的特色文化。他在坚持传统文化的同时接纳外民族传入的儒家学说与佛教文化，并使之健康发展。但是他对邪教、巫术以及假借佛教名义诈骗百姓的行为予以坚决打击。他颁布行法令，发展文教事业，完善满文，翻译汉文典籍并加以推广。他颁发上谕规定八至十五岁的八旗贵族子弟必须入学读书，同时举行科举考试招录满、汉、蒙三个民族的知识分子充实后金（大清）的官吏队伍，提高国家机构的行政效率。开科取士的政策极大地激发了八旗子弟的学习积极性，促进了教育事业的发展。

参考文献：

[1] 陈桂生：《教育原理》，上海：华东师范大学出版社，2000 年。

[2]《清实录》第二册太宗实录，卷一一，页一五六下，北京：中华书局，1986 年。

[3]《满文老档》（下）第八函，第四十五册，北京：中华书局，1990，第 1197 页。

[4] 张佳生等：《满族文化史》，沈阳：辽宁民族出版社，1999 年。

① 《清实录》第二册太宗实录，卷六〇，页八二五下，北京：中华书局，1986 年。

② 《清实录》第二册太宗实录，卷六三，页八七〇上、下，中华书局，1986 年。

③ 《清实录》第二册太宗实录，卷四三，页五六三上，中华书局，1986 年。

④ 《清实录》第二册太宗实录，卷一〇，页一四六下至一四七上，中华书局，1986 年。

［5］《清实录》第二册太宗实录，卷一〇，页一四六上、下，北京：中华书局，1986 年。

［6］张丽梅：《试论皇太极对满汉文化的态度》，载《满族研究》，2001 年第 4 期。

［7］《天聪朝臣工奏议》卷上，《胡贡明陈言图报奏》，辽宁大学历史系，1980 年。

［8］《清实录》第二册太宗实录，卷一八，页二三九上，北京：中华书局，1986 年。

［9］《满文老档》（下），北京：中华书局，1990，第 1338 页。

［10］《清实录》第二册太宗实录，北京：中华书局，1986 年。

［11］《清实录》第二册太宗皇帝实录，北京：中华书局，1986 年。

［12］《清太宗实录稿本》，辽宁大学历史系，1978，第 6－7 页。

［13］《满文老档》（下），北京：中华书局，1990，第 867－868 页。

［14］程大鲲：《皇太极时期禁烟政策探析》，载《满学研究》，2009 年第 1 页。

［15］周喜峰：《皇太极与萨满教》，载《历史教学》，2002 年第 1 期。

［16］王宏刚：《满族与萨满文化》，北京：中央民族大学出版，2002 年。

［17］色音：《论萨满教对中国少数民族宫廷祭祀的影响》，载《西北民族研究》，2000 年第 1 期。

［18］郭淑云：《原始活态文化——萨满教透视》，上海：上海人民出版社，2001 年。

［19］王宏刚：《满族与萨满文化》，北京：中央民族大学出版，2002 年。

［20］刘庆宇：《皇太极佛教政策探研》，载《社会科学辑刊》，2008 年第 4 期。

作者简介：戴猛强（1962—），男，2011 年毕业于中央民族大学教育学院中国少数民族教育史专业，师从吴明海教授，获得法学博士学位；现为渤海石油职业学院副教授。

五、彝族毕教教育思想试析

“每一个民族，不论其大小，都有它自己的、只属于它而为其他民族所没有的本质上的特点、特殊性。”① 毕教就是彝族特有的、几乎全民信仰的宗教。它所提供的一套宇宙观影响着古代彝族文化的各个方面，直至今天，毕教的许多思想还在影响着彝族人民的生活方式，并表现出一定的特色。我们研究古代彝族教育必然不能绕过毕教而谈，一方面毕教关于灵魂和生死的论述，奠定了彝族人的宇宙观、人生观，这是指导教育活动的总方针，决定了教育的出发点、方向和目标；另一方

① 斯大林：《马克思主义与民族、殖民地问题》，北京：人民出版社，1953，第 381 页。

面，毕教中有许多关于教育具体问题的思考，譬如：教师、学生、教与学的方法、教育原则等。本文就毕教中的教育思想进行初步的探析。

（一）毕教“生死相续”的生死观奠定了彝族的人生观

1. 毕教与毕教的四因素

“毕教是在彝族奴隶制社会中产生的一种宗教体系，是由彝族前阶级社会的原始宗教发展而来的文明社会的神学宗教。”① 在原始社会，彝族先民的信仰从万物有灵到图腾崇拜，再到英雄崇拜和多神崇拜，这些是毕教信仰体系的基础。阶级社会的形成过程中，产生了与之相适应的毕教。之所以称之为毕教，是因为毕教具备了以下几个条件：第一，有完整的信仰体系，毕教以祖先崇拜为核心，信仰多神；第二，有专门的神职人员——毕摩；第三，形成了系统的宗教教义；第四，有严格的宗教仪式。

首先，毕教是以祖先崇拜为核心，信仰多神。其中天神是众多神中的“君主”，在很多毕教经书和史诗中都有“天君策耿纪”、“格兹天神”的记载；格兹天神之下就是土主神，土主神是管理一方安宁和太平的神；土主神之下是祖先神，毕教认为人有三魂，死后其中一魂附于灵牌之上，待日后子孙为其超度后，便可以成为祖先神，有荫庇后代，保佑子孙福禄的作用。祖先神是彝族人民在日常生活中经常祭祀的神，是毕教信仰的核心。

其次，毕教专职的神职人员——毕摩。毕摩是从事法事的神职人员。在“国之大事，唯祀于戎”的阶级社会初期，由于毕摩所代表的是神灵的意志，所以他们拥有的权力是至高无上的，有时候甚至超过君主。毕摩还可以脱离劳动并拥有田产，其田地是由百姓负责耕种。《百解经》中说：“来时赠牛马，去时衡白银，持以赠毕摩……毕田毕不管，毕地毕摩不管。”② 毕摩在拥有权力的同时，也承担着传承毕摩文化和创造文化的重任，他们不仅要熟练诵读毕教经籍，保证仪式的程序不出差错，更需要博览群书，拥有丰富的经史知识。正如毕教经典《指路经》所说：“经书为史诗，呗理深无止。经书卷数多，耄词诵不终。”③

再次，毕教有着卷帙浩繁的毕教经典。毕教兴盛时期，由于毕摩可以专门从事宗教文化事业，因此产生了许多宗教典籍。包括“祭祖经、殡葬祭经、祭神经、招魂经、祈福纳祥经、消灾除秽经、驱邪送鬼经、诅咒盟誓经、占卜经、祭祀神座图谱等十种。”④ 值得一提的是，由于当时毕摩掌握着各种科学文化知识，所以当时的毕摩所著并不止宗教经典，还包括历史、哲学、文学、伦理道德、天文历算、医药、军事、译著等方面的书籍。这些经典为我们研究古代彝族文化提供了丰富的

① 普同金：《彝族信仰的毕教》，载《云南民族学院学报》，1996年第3期。

② 吉尔体日：《彝族毕摩百解经》，成都：巴蜀书社，2010年。

③ 楚雄彝族自治州人民政府编：《娄彝族指路经》，昆明：云南民族出版社，2008年。

④ 楚雄彝族自治州人民政府：《彝族毕摩经典译注》，昆明：云南出版社，2008年。

材料。

最后，毕教有着严格的宗教仪式。《赊豆榷濮》说："做斋按规矩，礼节不离规，斋完规得行，规行斋得固。"[1] 强调宗教仪式仪礼的重要性。

2. "生死相续，向死而生"的毕教生死观

对人类来说，最大的问题就是生死的问题，解决了生死问题便是解决了对人以及人以外的世界的认识问题，也就是宇宙观的问题。宗教，就是要为人类提供一种宇宙观。而生死问题中，最需要说清楚的问题就是人"死"的问题，因为生死之际便是天人之际，天人之问题就是宇宙观了。毕教非常重视人"死"的问题，认为："世上所有人，历有三魂佑，三魂各东西，人逝分别祭祀。头魂所在地，高高树林密……心魂在冢地……脚魂在灵堂。"[2] 在毕教中"三魂"的聚散就是决定人生死的关键，三魂聚则生命在，三魂去则生命终。不过这三魂即使在人去世以后也并不会消失，而是各有去处：一魂附于家中灵牌之上，享受祖先供奉，是为祖先神；一魂留在墓地；而一魂死后到处游荡，后世子孙需要做斋将其指引到祖先居住的地方，并且延续他生前的生活，正是"自古亡逝者，各自有归宿。君逝归君列，臣逝归臣列，呗死归呗列，匠亡归匠列。汝逝分几支，逝后分几支，秩序永不违。德布与德施，在阳分支居，入阴分列住。"[3] 毕教所持的这种生死相续的观念来源于人们对祖先怀念的强烈情感，他们一方面希望逝者能够过上与生前同样的生活，由此而创造出一个祖先聚居的世界，那里有着与现实世界同样的秩序，可以说是现实世界的再造。另一方面，他们又希望亡故的先人能时刻陪在自己身边，因此有一魂附于家中的灵牌之上，日夜守候家人、保护家人的福禄。毕教中灵魂不死的观念形成了彝族以祖灵崇拜为核心的多神崇拜的信仰体系。"三魂说"解决了人"死"的问题，告诉人们死与生没有多大的区别，死生是相续的。在这种"向死而生"的观念下，很多人"生"的问题是根据人"死"的问题来解决的，所以生的时候努力实现生的价值，死也没有什么好畏惧和顾虑的了。

（二）毕教教育概念解析

毕教教育包括两点，一个是毕教教义中所包含的教育思想，一个是毕教本身的传承过程，我们这里姑且称之为"毕摩传授的教育"。

1. 毕教教义的教育

毕教教义有对世人的教导、约束或劝谏作用，主要体现在毕教的宗教典籍、仪式或禁忌中。尤其是毕教经典，多为学识渊博的毕摩所作。经典中不仅包含大量的文史知识，更有许多伦理道德思想蕴含其中，具有重要的教育价值。正如钱穆先生

---

① 云南省少数民族古籍整理出版规划办公室：《赊豆榷濮》，昆明：云南民族出版社，1987 年。

② 同上

③ 楚雄彝族自治州人民政府编：《罗婺彝族指路经》，昆明：云南民族出版社，2008 年。

所说："宗教所信仰者纵非真理。而宗教信仰之本身，则确有真理寓乎其中。"①

2. 毕摩的传授教育

毕摩传授就是指以培养新毕摩（毕教仪式的主持者）为目的的教育活动。首先，从教学对象上来看，毋庸置疑，只是对新的毕摩接任者传授知识的教育。毕摩传授教育对"学生"的身份具有严格的规定。毕摩一般只限于男性，且大多出身毕摩世家。这与彝族长期以来的血亲意识有关。因为在彝族古代社会中，家支是彝族人赖以生存的基础，因此血缘亲疏远近在他们的观念中是十分重要的，正如彝谚所说："鸡蛋是肉又非肉，女儿是自家人又不是自家人。"② 所以彝族历史上的女毕摩非常少，就算是有，也必须要在举行仪式的时候女扮男装。而世代从事毕摩行业对一个家族来说是莫大的荣耀，因此非毕摩家族出身的毕摩只占非常少的部分，而且他们是没有机会主持大型的祭祀活动的。其次，毕摩教育的形式，主要是师徒式的教育，一个师傅可以带多个徒弟，没有固定的场所，教材主要是经书，师傅要从识字教起，然后是熟读、背诵经书，再抄写经书。此外，跟随师傅参加仪式祭典也是他们通过实践进行学习的方式。最后，毕摩教育的内容广博。包括神鬼知识、经书知识、家谱和历史知识、指路所需的地理知识、祈福占卜用的历法天文知识、祛除病痛的医药知识、祭祀程序所遵从的礼仪程序等。学习的内容非常丰富，非普通教育可以相比。

（三）毕教教育思想

1. 毕教教义中的终身教育思想

首先，对"人"的认知能力的认识是实施教育的前提。毕教认为人生来就具备学习的潜能。《赊豆榷濮》说："人生气一口，有气出智慧。天地有万物，智者是人类。"③ 这里的"智慧"指的就是认识事物的能力，而非知识。也就是说，毕教认为人具有"可学"的天质。其次，毕教又强调通过教与学而获得知识的重要性。毕教典籍《夷僰源流》说："教学最重要，学习不可少，非学难成材。获取生存技，受益到终身。"④ 最后，也是最重要一点，毕教认为知识的获取并不是一劳永逸的，因为人生不同阶段所需要的知识是不同的，所以人的一生要不断的学习。《贵州大方指路经》说："人生三次幼，为子女时，依靠其父母。年老一次幼，死了一次幼。"⑤《威宁指路经》也说："人生三次幼，出生后一次。二是年老后。三是死了后"⑥ 对应这"三次幼"，《武定指路经》说："一生学三遍，小时学一遍，

① 钱穆：《中国思想史》，北京：九州出版社，2011 年。

② 巴莫阿依：《试论彝族毕摩的传承和教育》，载《民族教育研究》，1994 年第 3 期。

③ 云南省少数民族古籍整理出版规划办公室：《赊豆榷濮》，昆明：云南民族出版社，1987 年。

④ 楚雄彝族自治州人民政府编：《夷僰源流》，昆明：云南民族出版社，2008 年。

⑤ 果吉・宁哈，岭福祥：《彝文〈指路经〉译集》，北京：中央民族学院出版社，1993 年。

⑥ 果吉・宁哈，岭福祥：《彝文〈指路经〉译集》，北京：中央民族学院出版社，1993 年。

父母来教导。长大学一遍，君臣来教导。老来学一遍，亡魂学阴鬼，恒荣呗来教。”① 可见前面所讲的“幼”即无知的意思。既无知，便要学习。毕教又将人的一生分为三个阶段，第一阶段是儿童时期，这一时期生活在父母身边，因此启蒙教育是由父母来进行的，可见毕教对家庭教育的重视。第二阶段是成年期。这一时期的人要由自然人转变为社会人，需要接受新的教育，而彝族奴隶制社会中，君、臣、师都是彝族社会文化资源的占有者，因此说“君臣来教导”。第三阶段便是死后的教育，毕教认为生死相续，亡灵的无知会导致它无法到达祖先居住的世界。因此对亡灵的指导由能通人神的毕摩来进行。关于人生每个阶段的学习内容，毕教也做了规定：“人生在世间，到老学无止。少时学做事，父母悉心教。年轻学一次，朋友来教导，种地放牧忙。老来学一次，君臣来教导，行事与纳粮。死后学一次，阴间礼规多。”② 总之，毕教认为人生而有智慧，并且需要长者或君师的教育以获得知识，这种教育贯穿人的一生，并且根据人生的每个阶段特点不同，所要学习的内容也不同，我们不妨将这种思想归纳为毕教的终身教育思想。

2. 毕教教义中的道德教育思想

彝族人一生所经历或旁观的不计其数的出生礼、命名礼、成年礼、婚礼、丧葬礼、各种名目的祭祀、节庆使得宗教教育已经成为其生活的一部分。毕教所持的“向死而生”的理念，认为生前所为皆是为死后能延续生前的荣耀并福泽子孙。正如《指路经》所说：“人间你做官，阴间仍做官。人间做呗耄，阴间仍然做。人间是好人，阴间心更善。”③ 因此，毕教认为人应当具备良好的道德品质才能在生前身后都能享受到好的福禄。具体说来毕教最为重视的道德品质在于以下几个方面：

（1）不忘本职，辛勤劳动。“君主可悠闲，朝政不能废。臣僚能安逸，理政不能怠。毕若清闲啊，念经礼仪在。庶民无闲日，放牧和耕织，季节不可忘。”④ 这是云南弥勒《指路经》中开篇的一句话，教导人们做好自己的本职工作，不可贪图安逸。路南《指路经》也说：“雄鸡展开翅，啼声唤人起。君长闻啼声，起来理政事，君长审理案，衙役声声吼，臣起理政务，孜孜政务声，毕摩闻声讯，起来念经文，念经声朗朗，悠悠传远方，阿喽工匠闻，工匠闻声起，起来做工艺，工匠做工忙。今日别离去，你到阴间后，不要睡懒觉，白天莫懒睡，白天懒睡者，像似贼一般。夜莫懒睡，夜间懒睡者，像得伤寒病。”⑤，这段经文通过对忙碌而有序的“阳界”的生动描绘教育死者到了“阴间”也一定不要偷懒，不过，当经文被毕摩吟诵的时候，实质上已经成为教育生者的“教材”。毕教认为辛勤劳动是创造财富的必要条件，也是人类社会活动的基本特征，因此“生无所息”是为了死后不仅自己能延续生前的幸福生活，也能福及子孙：“君王死去时，好君魂不死，好君施

① 果吉・宁哈，岭福祥：《彝文〈指路经〉译集》，北京：中央民族学院出版社，1993 年。
② 果吉・宁哈、岭福祥：《彝文〈指路经〉译集》，北京：中央民族学院出版社，1993 年。
③ 果吉・宁哈、岭福祥：《彝文〈指路经〉译集》，北京：中央民族学院出版社，1993 年。
④ 果吉・宁哈、岭福祥：《彝文〈指路经〉译集》，北京：中央民族学院出版社，1993 年。
⑤ 果吉・宁哈、岭福祥：《彝文〈指路经〉译集》，北京：中央民族学院出版社，1993 年。

仁政，君位传后代。臣僚死去时，不能再办事，留下好政绩，臣位传后代。毕摩死去时，身死魂不死，留下毕摩杖，传毕摩后代。平民死去时，五万大牲畜，留下猪马牛，山羊和绵羊，留在家里面，传给后代人。”①

（2）做人要善良，万事遵礼仪。毕教中有大量称颂善良品质的文字：“善者呵善者！好心善良人，遇长你磕头，见小你作揖，饥饿你给食，寒冷你给衣，有你谁不敬?”② 可见毕教认为，“遇长磕头”和“见小作揖”等这些礼仪，是善良的品质的外在表现，这种由内而外产生的礼仪是彝族自古以来十分重视的传统美德，他们认为善良的人是值得所有人尊敬的。同时毕教通过对死后灵魂归祖过程的描绘告诉人们，只有生前心地善良，对周围人以礼相待，死后回到祖先的世界才不会经历磨难：“做人心要善，要尽人情礼，要互爱互敬。为人不心狠，归祖才顺心。”③ 因为毕教认为，死者在到达阴间的时候会有很多障碍，比如阴蚊挡路，阴间白狗挡道等，而死者需要述说生前之事：“吾活人间时，居屋建成排，生活居屋中，祖孙相伴依，父子不相离，婆媳相和睦，三代同一堂，人间天伦享。邻里和睦住，忙闲皆相顾……居屋友常聚，挚友九十九，不够添舅表亲，舅表添则百。异姓友亦多，嫌少添奴仆，奴仆添愈百。对酒当歌饮，笑谈世间事，吾曾拥有过。道出荣耀史，再献应酬礼。阴犬服你唤，乖乖喜摇尾，主动让开路。”④ 这里道出了人与人之间美好关系的全部，家庭和睦、邻里互助、友相亲等等，皆因人善良，懂礼仪，有了这些，不论什么艰难险阻都会顺利克服。

（3）不忘父母恩，孝道要遵守。以祖先崇拜为核心的毕教信仰体系中十分强调孝道，认为好儿女应当祭祀祖先，应当孝顺父母。“母雀展翅飞，飞到树顶端。小雀羽未丰，仿佛窝边转。儿可忘母思，可母未忘儿。鲜花遍地开，蜜蜂勤采花，母蜂能采蜜，飞到花蕊上，蜂儿不知采，只会花边转。若儿忘母形，切莫忘母恩情。”⑤ 以这种拟物和情理结合的方式，对世人循循善诱，谆谆教诲，劝谏世人切莫忘记父母的恩情。

3. 毕摩传授教育过程中的教育思想

（1）教师观：“师贤靠知识”

毕摩在古代彝族社会中充当了教师的职能。而作为教师，首先应当具有高尚的品德。“属君则爱民，属臣则英明，属师则高洁。”⑥ 其次，应当有渊博的知识，“先生也要学，照着书本做，照着书本学。书中有道理，书本都亮明，先生都要学。”⑦。最后，教师也要不断的学习。《指路经》中说：“经书与史诗，呗理深无

---

① 楚雄彝族自治州人民政府 编：《吾查》，昆明：云南民族出版社，2009 年。

② 果吉·宁哈，岭福祥：《彝文〈指路经〉译集》，北京：中央民族学院出版社，1993 年。

③ 果吉·宁哈，岭福祥：《彝文〈指路经〉译集》，北京：中央民族学院出版社，1993 年。

④ 果吉·宁哈、岭福祥：《彝文〈指路经〉译集》，北京：中央民族学院出版社，1993 年。

⑤ 楚雄彝族自治州人民政府编：《罗婺彝族指路经》，昆明：云南民族出版社，2008 年。

⑥ 陈长友：《彝族指路经丛书贵州卷》，成都：四川民族出版社，1997 年。

⑦ 云南省少数民族古籍整理出版规划办公室：《洪水泛滥》，昆明：云南民族出版社，1985 年。

止。经书卷数多，耄词诵不终。”①

（2）学生观：“要做好徒弟”

毕摩教育中要求学生在师傅传授知识时要专心致志，不能三心二意。“要做好徒弟，用心把书念，心如平原马，师傅讲古今，毕摩教彝经，难以牢记清，先师亡故后，念经想翻书，识字不如意，空留遗憾心。”② 学习要发挥自己的主观能动性，遇到疑难要虚心求教。如：“勤学又苦练，起早要睡晚”③，“读书求知人，有疑难要问，如是怕羞呢，学不到知识。”④ 这种既强调教师在教学过程中的主导作用，又强调学生在学习过程中的主体地位的先进理念，直到今天也不落后。

（3）教学方法论：理论与实践相结合

如前所述，毕摩教育的目的是培养能够主持各种仪式的新一代的毕摩接班人，因此注重培养学生将理论知识运用于实践的能力。“毕摩除了利用仪式间隔教授生徒以外，更为重要的是在仪式活动中传授做毕摩的知识和技能。学习期间，生徒跟随毕摩四处游毕做法，在仪式中担任助手，随时请教老师，观察仪式程序，体会仪式内涵。”⑤ 这种理论和实践相结合的教学方法，使得学生所学习的理论知识能有效的加以巩固。

（4）学习方法论：“温故而知新”

除了前面所提到要求学生勤奋学习、虚心求教以外，毕摩教育认为知识只有时时巩固，才能到达掌握和融会贯通的地步。“常回忆知识，知识才渊博”、“反复探索知识，反复记忆见闻。”这种巩固旧识与探索新知相结合的说法与孔子的“学而时习之”、“温故而知新”的说法有异曲同工之妙。

虽然彝族支系众多，各地社会经济发展状况也存在差异，但是毕教是彝族人共同的信仰。正如《赊豆榷濮》所言：“彝语天地语，彝中尽不同，黑彝和白彝，缟彝和濮彝。不居一地方，语言也不同，同行一斋理，彝斋祈祖先佑。”⑥ 毕教在彝族社会深远的影响力，决定着它仍然以种种方式影响着今天彝族的教育。我们希望学校教育能发挥对文化的选择和创造功能，摒弃毕教中落后的观念，让传统的教育思想重现光华，让今天的彝族教育在传统教育的根基上长远、健康的发展。反观中国当下的学校教育，基本上以传授普适性的知识为主，而鲜有真正维系着民族情感与记忆的地方性知识进入学校教育课程。毕教就曾一度被囫囵贴上“封建迷信”的标签而受到贬损和打压，甚至今日仍处于被“冷落”的地位。“被冷落”是因为“不了解”。毕教经典中有浪漫的神话、生动而耐人寻味的故事、智慧的格言……

---

① 楚雄彝族自治州人民政府编：《罗婺彝族指路经》，昆明：云南民族出版社，2008 年。

② 云南省少数民族古籍整理出版规划办公室：《裴妥梅妮—苏嫫（祖神源流）》，昆明：云南民族出版社，1991 年。

③ 云南省少数民族古籍整理出版规划办公室：《尼苏夺节》，昆明：云南民族出版社，1985 年。

④ 云南省少数民族古籍整理出版规划办公室：《尼苏夺节》，昆明：云南民族出版社，1985 年。

⑤ 巴莫阿依：《试论彝族毕摩的传承和教育》，载《民族教育研究》，1994 年第 3 期。

⑥ 云南省少数民族古籍整理出版规划办公室：《赊豆榷濮》，昆明：云南民族出版社，1987 年。

那些或细腻婉转或大气磅礴的文字都曾无数次地触动着笔者。这些应该成为培养学生情感和道德的珍贵的养料，应该成为很好的教材！如今，学校培养出的“文化边缘人”已经让人们开始意识到地方性知识的重要价值。笔者认为，将地方性的知识，比如地方史、地方文学、乡土知识等内容有机地融合到中小学课程中，不仅可以培养学生的乡土情怀，增进学生对本民族文化的认同，也能为日后他们重返家乡，建设家乡奠定基础。

参考文献：

[1] 巴莫阿依：《试论彝族毕摩的传承和教育》，载《民族教育研究》，1994年第3期。

[2] 云南省少数民族古籍整理出版规划办公室：《尼苏夺节》，昆明：云南民族出版社，1985年。

[3] 楚雄彝族自治州人民政府编：《罗婺彝族指路经》，昆明：云南民族出版社，2008年。

[4] 云南省少数民族古籍整理出版规划办公室：《裴妥梅妮—苏嫫（祖神源流）》，昆明：云南民族出版社，1991年。

[5] 楚雄彝族自治州人民政府编：《罗婺彝族指路经》，昆明：云南民族出版社，2008年。

[6] 陈长友：《彝族指路经丛书贵州卷》，成都：四川民族出版社，1997年。

[7] 果吉·宁哈，岭福祥：《彝文〈指路经〉译集》，北京：中央民族学院出版社，1993年。

[8] 楚雄彝族自治州人民政府 编： 《吾查》，昆明：云南民族出版社，2009年。

[9] 云南省少数民族古籍整理出版规划办公室：《赊豆榷濮》，昆明：云南民族出版社，1987年。

作者简介：张晓蕾（1989—），女，安徽六安人，中央民族大学教育学院中国少数民族教育专业硕士研究生，研究方向为中国少数民族教育史。

第二节 少数民族史诗的教育思想研究

一、柯尔克孜族英雄史诗《玛纳斯》中蕴含的教育思想研究

《玛纳斯》被誉为中国的“荷马史诗”，是一部柯尔克孜族传记性英雄史诗，也是柯尔克孜族语言、历史、民俗、宗教等方面的一部百科全书。它和蒙古族的《江格尔》、藏族的《格萨尔王》并称为中国少数民族三大英雄史诗。从教育学的角度研究《玛纳斯》，从史诗中发掘其蕴含的教育思想，是对少数民族教育思想史

尤其是柯尔克孜族教育思想史学科理论上的尝试和完善。

（一）《玛纳斯》产生的历史背景和流传现状

《玛纳斯》主要以描写柯尔克孜族传奇英雄玛纳斯家族八代英雄反抗异族侵略压迫，争取自由幸福生活的故事。《玛纳斯》是一部思想性和艺术性很高的文学作品，是柯尔克孜族精神文化的巅峰。

史诗《玛纳斯》产生的年代，有很多不同的说法，我国的史诗研究者从史诗所反映的历史、民俗、地理、宗教等资料出发，普遍认为史诗《玛纳斯》最初产生于9—10世纪，后来在流传过程中经过天才歌手们的不断加工增添，才形成了今天的巨著。[①] 柯尔克孜族从历史上来看一直处于被统治的地位，但是柯尔克孜人非常勇敢坚强，从来不向侵略者屈服，练就了勇武善战、顽强不屈的民族性格，涌现出许多可歌可泣的故事和民族英雄。这与柯尔克孜族人民心目中理想化的英雄玛纳斯的影响力和作用是不可分割的。

《玛纳斯》是柯尔克孜族在长期的生产实践中流传下来的英雄史诗，主要通过口头演唱的方式传播，说唱史诗《玛纳斯》的人被称为“玛纳斯奇”，一般都是年长的老人，每当柯尔克孜族传统节日来临的时候，“玛纳斯奇”都会进行这种表演，艺人身旁会围聚很多柯尔克孜族的群众，聚精会神地听艺人的演出。这种流传方式也是一种教育过程，听众在观看演出的过程中，逐渐接受了史诗所传递的精神。在表演过程中，听众和艺人也会交流，这种表演过程同时也可以被看作《玛纳斯》的创作过程。《玛纳斯》的故事也就以这种传统的民间艺术形式一代一代地流传下去。

（二）《玛纳斯》的教育目的

教育目的是教育活动的出发点和最终目标，讨论的是把受教育者培养成什么样的人。史诗《玛纳斯》的教育目的是合二为一的，既要培养符合人性本身特点，遵循个人发展规律的个体，又要培养适合当时时代环境需求，为社会所提倡的英雄般的人物玛纳斯这样的模范标本，从而维护国家民族的稳定团结。笔者认为史诗《玛纳斯》的教育目的就是培养像玛纳斯这样的人。《玛纳斯》的主人公是英雄人物玛纳斯，但是史诗中描述的形形色色的人物不下几百个，他们中间有的是忠实的战士，如玛纳斯身边的四十勇士，有的是足智多谋的老人，有的是品行恶劣的敌人，还有温柔善良的女性角色，这些人物性格特色不一，展现出一幅幅生动逼真的场景。笔者这里所定义的英雄，不仅仅是包括玛纳斯，还有许许多多的玛纳斯身边的仁人志士们，他们杀敌制胜，冲在前线，他们身上所具备的英雄的品质是值得后人学习的，也是史诗《玛纳斯》所体现的教育思想中很重要的一个方面。

---

① 居素普·玛玛依演唱，刘发俊、朱玛拉依、尚锡静翻译整理：《柯尔克孜族英雄史诗〈玛纳斯〉》，乌鲁木齐：新疆人民出版社，1991，第10页。

史诗《玛纳斯》中蕴含的教育目的分为两个层次。首先，史诗隐含的表达了自身对生活在社会中的“人”的想象的要求，其次就是构建史诗中柯尔克孜族的美好家园，不受外来侵略，人民安居乐业、生活幸福。以史诗中的众多英雄角色为代表，这部史诗试图使人们认识到，唯有德智体美劳多方面健康发展的人，才是杰出的、能够为社会和平安定和继续发展作出贡献的人。在跌宕起伏的故事情节之后，史诗中不变的主题是对英雄的歌颂，而这些英雄，就是史诗所欲培养的人的典型化身。随着史诗的流传，这一意欲培养全面发展的人的教育思想也逐渐深入人心。在此之上，史诗进一步勾画了一幅外无忧，内无患，不同部落团结互助，人民安居乐业的美好社会图景。这个理想的社会是由一个个具备完美品质的个体来形成并维护的。正如史诗中所描述，玛纳斯等英雄是整个柯尔克孜族人的领袖，对外抵抗侵略，对内制定规则。培养全面发展的个人和形成理想社会，这是这部史诗的教育目的的两个层次。

（三）《玛纳斯》的教育内容

1. 道德教育

（1）爱国主义教育思想

《玛纳斯》中爱国主义教育思想是贯穿始终的，而且充分体现了柯尔克孜族人民热爱家乡的情感和保卫家乡的决心。爱国主义思想在不同的时期也具有不同的表现形式，其中一种便是对祖国山川的热爱之情，这种感情在《玛纳斯》中就有多次表现，充分体现了柯尔克孜族人民的民族自尊心和自豪感。《玛纳斯》中的英雄以玛纳斯为代表，他是正义和勇敢的化身，为了民族的利益，鞠躬尽瘁，死而后已，直到生命的最后一刻，仍不忘对抗敌人，保卫家乡和亲人。这种做法和精神对后代的教育意义是不言而喻的，这种将个人利益置之脑后，将国家和民族的利益看作高于一切的精神是整本《玛纳斯》史诗贯彻的主题思想，这种爱国主义教育思想也通过史诗和史诗表演艺术家一代代传承下去。

爱国主义教育思想首先表现在热爱家乡。史诗《玛纳斯》中，曾多次有过对于柯尔克孜族美丽家乡的描写，每一处描写都深深印刻了柯族人民对于家乡的热爱，在“玛纳斯奇”演唱这些部分时，对听众传播的爱国主义教育思想是显而易见的。柯族人民也在一代又一代的接受这些教育思想的过程中把《玛纳斯》这部史诗流传至今。爱国主义教育思想有很多方面的表现，比如维护国家统一、团结对抗外族侵略等，在《玛纳斯》中，爱国主义教育思想史是贯穿始终的，尤其是集中表现在热爱祖国的壮丽河山上，这种爱国情感极大地激发了民族自豪感和民族凝聚力，对于培育民族精神具有重要意义。爱国主义的另一个表现形式就是当祖国和民族的利益受到外部威胁时，本国的人民所表现出来的强大凝聚力，对祖国的尊重和忠诚，并团结一致抵抗外敌侵略。

（2）民族团结教育思想

“柯尔克孜”在柯语中的意思是“四十”、“四十个部落”等意思。《玛纳斯》

中经常出现的四十个英雄分别代表来自大大小小的四十个部落，集中体现了在大敌当前的关键时刻，各民族团结一致，不分你我的精神，这种精神对于民族团结教育无疑是最好的例证。

在《玛纳斯》中经常出现这样的场景，那就是很多仁人志士齐聚一堂，就某一件事或某一场战争事先进行商议讨论，最后群众的力量结合在一起，拿出一个合理科学的方案，问题迎刃而解。雄狮玛纳斯也是一位礼贤下士的英雄，他常常召集大臣们汇聚在一起，商议大事，勇士们分工明确、各司其职，而且按照每个人的性格和特长负责不同的部分，自发的互相帮助，互相协调，共同完成一件任务，可谓是智勇双全。民族团结教育思想表现在不同民族之间携手奋进，战士们情谊深厚，这样的战斗力是强大的，是无坚不摧的，也只有各民族团结一致，才能取得最后的胜利。

（3）宗教教育思想

宗教与教育有着千丝万缕的联系，宗教教育思想已经深深融入柯尔克孜族人民的日常生活中，宗教教育也在柯尔克孜族的风俗习惯中体现出来。史诗《玛纳斯》中所涉及的宗教教育，是广义上的宗教教育，柯尔克孜族人民信仰的萨满教、伊斯兰教等宗教活动都融入在平常的生活实践中，尤其在庆典、婚嫁等习俗中体现了宗教色彩。这种原始传统的宗教行为在当时科学技术不发达的情况下成为人们相信并且认为合理有效的预知未来的手段，这种宗教行为在当时是被社会和人民所认可的，人们对这种宗教行为所预测的结果或者带来的反应深信不疑。所以，占卜和法术等宗教行为虽然在现代社会看来是原始甚至落后的，但是这种宗教行为所反映出的对于神灵的信仰和崇拜在当时乃至现代社会都是意义深远的。萨满教的核心在于强调与自然力量的和谐相处，相信万物有灵论，而非追求人类自身利益而违反或者破坏自然界的规律。这种教育思想在现代社会被大力提倡，人类在追求自身发展的同时不能以破坏自然界的规律为代价，应该遵从大自然的规律，这样才能达到人与自然的真正和谐，这在当时以传统的朴素的原始宗教活动形式反映出来，其教育思想不言而喻。

史诗在演唱过程中具有浓厚的宗教色彩，史诗的表演艺术家“玛纳斯奇”，常常被赋予萨满巫师的意义。这一点表现在两个方面，首先是玛纳斯奇表演史诗的过程中的种种行为举止有浓厚的宗教色彩。其次表现在玛纳斯奇在获得史诗知识内容的这一方面，也就是有关玛纳斯奇史诗“梦授”这一说法，根据玛纳斯奇的描述，通常是在玛纳斯奇睡梦中突然梦见有关史诗《玛纳斯》的故事情节，于是醒来后就不由自主地会演唱史诗了，或者有神灵引领学会演唱史诗。不论从玛纳斯奇表演史诗的过程还是如何获得史诗的内容这两方面来看，玛纳斯奇身上都折射出萨满的灵光，玛纳斯奇和萨满教里的巫师萨满的身份是重叠的，而对于史诗本身来说，玛纳斯奇是史诗的创作者和首唱者，玛纳斯奇的个人经历也影响史诗的内容，史诗的演唱者都有或多或少从事巫师、进行占卜的经历，用演唱《玛纳斯》来救治病人、消病救灾也是玛纳斯奇中十分普遍的现象，这些不同于常人的宗教经历也在玛纳斯奇演唱史诗的过程中表现出来。玛纳斯奇一方面是史诗传承者，演唱史诗；另一方面是柯尔克孜族人民信仰的萨满教中具有超自然力的萨满。玛纳斯奇发挥着两种职能，这两者之间具有不可分割的双重性和重叠性，也说明玛纳斯奇这一群体的特殊性。[①]因此，玛纳斯奇和史诗本身的宗教影响是相互的，或者说是不可分割的。也由此可见，教育的传播作用是相互的，史诗作为知识内容的载体，在传播故事内容的同时也在影响着传播者和被传播的听众，就像现代学校教育中的教学相长的思想，教育者和受教育者之间的作用是相互的，不仅影响教育内容，而且影响教育活动本身。这种广义上的教育活动就以这种朴素的方式传承下去。

2. 美育

（1）美育内容——塑造美好形象

史诗中有关玛纳斯的外在形象的描述有很多，例如在玛纳斯征战空托依时，史诗中是这样描述的：

“天仙佑护的英雄玛纳斯/你看他这会儿的威仪/雄狮玛纳斯的前额/显示着蛟龙的勇猛/雄狮玛纳斯的头顶/好像神鸟似的庄重/雄狮玛纳斯的前身/有豹子般的威风/雄狮玛纳斯的后身/有猛虎般的神勇。”[②]

史诗中常用雄狮、猛虎、豹子等词语来形容玛纳斯的勇猛无敌。史诗中英雄人物的外在形象都是威猛英勇的，这些对于英雄人物的崇拜和敬仰表现在史诗的语言和情感上都给人以美感，对于听众和受教育者都有着感染力，能够唤起人们的共鸣。

史诗中有很多女性角色，比较突出的是玛纳斯的妻子卡妮凯，还有阿里曼别特的妻子阿茹凯，都是传统美德中的女性形象，温柔善良，通情达理。阿里曼别特的妻子阿茹凯也是一位貌若天仙的女子，史诗中的女性形象不仅有传统意义上的贤妻良母，也有英姿飒爽、征战沙场的女英雄，例如女英雄卡尔迪阿奇，她也是玛纳斯的姐姐，“这位发辫俊美的绝代佳人，真正是位巾帼豪杰”，[③]还有兑汗的女儿卡拉别尔克，也是一位女中豪杰，“她高超的武艺人人钦羡，倘若她不是个红妆女子，定然胜过英雄的男子汉”。[④]这些女性角色给史诗增添了另一道风景，使本来都是男人主导的战场和社会有了更加丰富的内容，这种阴阳互补，刚柔相济的审美教育思想使得社会达到和谐平衡。

（2）美育方法——修辞手法

史诗中的修辞手法大致有对比、比喻、夸张和排比等。对比是修辞手法之一，

① 阿地里·居玛土尔地：《玛纳斯奇的萨满“面孔”》，载《民族文学研究》，2004 年第 2 期。

② 居素普·玛玛依演唱，刘发俊、朱玛拉依、尚锡静翻译整理：《柯尔克孜族英雄史诗〈玛纳斯〉》，乌鲁木齐：新疆人民出版社，1991，第 121 页。

③ 居素普·玛玛依演唱，刘发俊、朱玛拉依、尚锡静翻译整理：《柯尔克孜族英雄史诗〈玛纳斯〉》，乌鲁木齐：新疆人民出版社，1991，第 193 页。

④ 居素普·玛玛依演唱，刘发俊、朱玛拉依、尚锡静翻译整理：《柯尔克孜族英雄史诗〈玛纳斯〉》，乌鲁木齐：新疆人民出版社，1991，第 231 页。

是指把具有明显差异、矛盾和对立的双方安排在一起，进行对照比较的表现手法，把对立的意思或事物、或把事物的两个方面放在一起作比较，使人们分清好坏、明辨是非。史诗中阿里曼别特在阔克确遭奸计所害时，正义的阿里曼别特和邪恶的哈萨克比官、别克的形象描述使用的是对比的手法。“青鬃狼般愤怒的阿里曼别特，嘴里喷出一股股火焰。他朝别克们大吼一声，吓得别克们不停的打战，英雄盖世的阿里曼别特，他的威武震慑住别克和比官”。对比之下，比官和别克胆小如鼠，“个个呆若木鸡浑身打战，他们脸色苍白，心惊胆战，畏畏缩缩，不敢上前。”这些描述表现出小人的做贼心虚，丑恶嘴脸，正面人物的光明磊落，正义凛然。史诗塑造人物形象是二元性的，在史诗中对比手法主要用在形容正面人物与反面人物的形象时，例如智慧与愚蠢、正义和邪恶等，随之而来有明显的褒贬倾向，就能够说明史诗的价值取向，这种价值观的确立也是教育的形式之一。

比喻是最常见的一种修辞手法，比喻的修辞手法在史诗中随处可见，“黛眉似的曙光透出云端，万道朝霞似燃烧的火焰”，[①]形容阿里曼别特的黄花骏马时，“浑身上下的棕黄毛，像海狸的绒毛般柔软，额顶上一撮白毛，像明媚的月光闪闪”，[②]“猛虎般的英雄”、“蚁群般的敌兵”等都是用比喻的手法给听者更加深刻生动的印象。

夸张的修辞手法在史诗中颇为常见，史诗中形容敌人空吾尔巴依的外形使用了夸张的修辞手法，“魁梧的身躯像座大山，深深的眼睛像个湖泊，血盆大口像要把人活吞。巨大的脑袋像口铁锅，浓密的胡须像湖边芦苇，两条眉毛像卧着的猎犬，脑后的辫子像一根毛绳”，[③] 史诗中的夸张用法用来充分表达作者对事物的感情色彩，引起听者的共鸣，从而达到教育的效果。

排比的修辞手法使得史诗的语言具有音乐性的特点。由于史诗是说唱艺术，通过口口相传和吟诵表现出来，所以排比的修辞可以让节奏和谐，条理分明，层次清楚，感情洋溢，行文朗朗上口，增强表达效果，也使得玛纳斯奇在表演过程中节奏感加强，令人印象深刻。

史诗中使用各种修辞手法，构成了史诗独特的语言艺术，这种语言艺术为史诗增色不少，语言在审美教育中有着重要作用，为了增强感情色彩，形容正面人物和反面人物的不同语言代表了价值取向，通过这些美育的方法给受教育者审美教育的效果。史诗的语言凝练精美，听众在聆听故事情节的同时也能感到语言艺术带来的美的享受，这种古朴精练的语言也使得史诗能够不因时间的推移而消亡，终能代代相传，历久弥新。

---

① 居素普·玛玛依演唱，刘发俊、朱玛拉依、尚锡静翻译整理：《柯尔克孜族英雄史诗〈玛纳斯〉》，乌鲁木齐：新疆人民出版社，1991，第738页。

② 居素普·玛玛依演唱，刘发俊、朱玛拉依、尚锡静翻译整理：《柯尔克孜族英雄史诗〈玛纳斯〉》，乌鲁木齐：新疆人民出版社，1991，第738页。

③ 居素普·玛玛依演唱，刘发俊、朱玛拉依、尚锡静翻译整理：《柯尔克孜族英雄史诗〈玛纳斯〉》，乌鲁木齐：新疆人民出版社，1991，第785－786页。

3. 军事教育

在人类社会早期，军事教育一度成为教育的主要形式，典型代表就是古代斯巴达的教育。柯尔克孜族是个骁勇善战的民族，在史诗《玛纳斯》中，就包含有一定的军事教育内容，这些教育内容形成于柯尔克孜族人民长期反抗外来侵略的斗争过程中，是民族经验的传递和积淀。

（1）战略战术

在史诗《玛纳斯》中，智慧的英雄们就非常善于因地制宜，灵活应用各种战术安排，每次出征前英雄们都会在宏观上安排作战计划，这种谋略对于战争的胜利有决定性意义。大将们运筹于帷幄之中，决胜于千里之外，从而所向披靡，最终夺取胜利。

《孙子兵法》中有“知己知彼，百战不殆”的说法，在史诗《玛纳斯》中，就有着类似的事例：玛纳斯远征别依京之前，因为对敌人一无所知，雄狮玛纳斯就召开会议，询问各部落的首领，询问他们有谁去过那里，熟悉那里的路程，见过那里的人民，熟悉他们的脾性。阿里曼别特主动请缨，因为他去过别依京，了解那里的地形、路程、敌人的特点等。汗王们都十分欣喜，老人巴卡依也高兴地把执掌远征的大印交给了阿里曼别特。这对打赢即将到来的战争非常重要。就像史诗中的老英雄巴卡依所说：“放牧羊群要懂得羊的脾气，进攻敌人要知道敌人的秘密”①，知己知彼，才更有把握取得战场上的主导权，并进而赢得胜利。在塔什干之战中，玛纳斯的队伍没有贸然进攻，而是先派四十勇士的首领克尔额里，单枪匹马到敌人防区刺探军情。这种军事思想在史诗中充分体现出来，通过教育史诗中参战的将领们还有史诗的听众们，让柯尔克孜族古老的智慧传承下去并发扬光大。此外，还有很多军事案例，比如兵不厌诈、缓兵之计、离间计等。这种战略战术在史诗中有很好的体现，也通过史诗对听众及受教育者有了很好的教育意义。

（2）战争精神

史诗中虽然大大小小战役很多，但是玛纳斯发动的都是正义战争，或者在受到敌人侵略时反抗保卫的战役，目的不是掠夺财产土地，更不是抢夺金银财宝，而是为了人民的利益发动的正义战争。这种正义性的价值取向鼓舞了战士的斗志，同时得到了人民的支持和拥护。

在《玛纳斯》的众多战争中，影响最大、数量最多的战争，则是反抗侵略、反对邪恶势力的正义战争②。而且史诗中英雄们的军事思想都是和平解放思想，即如能采取和平方式解决争端决不挑起战争。不得已之下才会采取必要的正义反抗。这一点在史诗中多次有体现。例如玛纳斯和平解放浩罕的森奇别克就是一个很好的例证，四十勇士中的包孜吾里捉拿了敌方的哨兵，威胁哨兵回去转告雄狮玛纳斯的

---

① 居素普·玛玛依演唱，刘发俊、朱玛拉依、尚锡静翻译整理：《柯尔克孜族英雄史诗〈玛纳斯〉》，乌鲁木齐：新疆人民出版社，1991，第931页。

② 郎樱：《玛纳斯论》，呼和浩特：内蒙古大学出版社，1991，第29页。

威严，劝森奇别克趁早归降玛纳斯。森奇别克在听取众人意见之后决定归降玛纳斯，森奇别克的诚意打动了玛纳斯，玛纳斯教育士兵对森奇别克以礼相待，最终化干戈为玉帛，避免了一场战争。史诗中玛纳斯远征别依京城时，由于阿里曼别特的明智之举，善待敌方四十勇士的孩子并放回四十孩子，成功离间敌军，使得四十将军强烈要求空吾尔巴依停战，空吾尔巴依在不得已的情况下同意与玛纳斯和谈，柯尔克孜人热诚地接待前来和谈的使臣，在辽阔的草原进行谈判，艾散汗放弃了别依京城，最终兵不血刃，谈判在和睦的气氛中结束。史诗中的军事和平解放思想通过一个个生动的例证表现出来，并通过史诗本身起到很好的教育影响。

4. 体育

体育指的是以身体活动为手段的教育，原始社会的人类为了自身的生存和发展的需要，必须发展锻炼自己的肢体能力，以应付残酷的自然界。中华民族传统体育是中国体育事业的重要组成部分，是中华民族宝贵的文化遗产。许多优秀的民族传统体育项目，不仅具有很强的健身价值，而且还有很高的艺术价值和丰富的娱乐、教育功能。柯尔克孜族是一个逐水草而居的民族，古老传统的游猎教育在史诗中也有很好的体现，这种游猎教育，不仅在培养游猎知识技能，并且要培养游猎生活中的道德品质，例如热爱劳动、豪迈勇敢、遵守纪律、团结互助等。

史诗《玛纳斯》中多次提到丰富多彩的体育项目，除了摔跤、拉力，还有赛马等项目，雄狮玛纳斯带头把赛马所得奖品惠赠给穷苦人家，充分表现出体育活动带来的品德的培养与教育。这种以游猎活动为主要表现形式的传统体育，既是当时社会体育文化发展的缩影，也为后来由此延伸的现代竞技体育和全民健身之路提供了良好的基础。体育运动的教化使人筋骨强健只是其一，强健的体魄带来的自信、自立、自尊才是根本，即体育虽然是肉体的，但其灵魂是精神的，经过体育锻炼后获得勇敢、顽强、战胜自我的意志品质。这对当代学校体育教学具有重要的启示。①史诗中体现的教育思想也表现在这一方面，各种传统体育活动在使人强身健体的同时也塑造了受教育者刚强的意志力和奋发拼搏、团队协作、勇于进取等精神。

(四)《玛纳斯》的教育方法

1. 说理法

说理法就是以讲道理的方式使受教育者明辨是非、分清善恶，提高其道德水平的一种教育方法，说理法是史诗《玛纳斯》中常见的教育方法，在玛纳斯长大成人要立志做一番大事业的时候，老人巴里塔谆谆教诲玛纳斯，不能一意孤行，要团结群众的力量："孩子啊，我的话你要牢记！如果你没有人民的援助，就难以完成

① 李杰、李龙洙：《简论梁启超的"尚武"体育思想》，载《湖北经济学院学报（人文社会科学版）》，2010年第1期。

英雄的业绩。”[①]玛纳斯按照智慧老人的话，最终成就大业。

说理法在史诗中既表现为智者老人对英雄玛纳斯的说理教育，也有玛纳斯对旁人的说理。同时，从广义上来看，说理教育思想也体现在整部史诗中，由玛纳斯奇向听众传播正确的价值观念，所采用的方法即是说理教育法。

2. 榜样示范法

榜样示范的方法通常是列举正面人物的优秀品质或模范行为，用榜样人物或典型事例来把抽象的道德标准具体化、形象化，从而使受教育者从中更深切地体会到相应的道德要求，从而判断现有差距，明白努力方向。史诗中有这样一个情节，塔什干的卡尔洛夫汗王收养了逃亡的多鲁斯汗，两人狼狈为奸，大肆掳掠柯尔克孜人的财产，并且封锁消息，一位名叫阿布里塔依的老人不畏危险，独自一人前来给玛纳斯报信，玛纳斯得知消息后，一方面对恶人的行为表示愤怒，另一方面又感动于老人的所作所为，于是说道：“你不顾年老力衰送来消息。谢谢你的一片赤诚心意，你是柯尔克孜人的楷模，苦难的人民不会把你忘记！”[②]玛纳斯把阿布里塔依视为柯族人民的楷模，可见榜样的重要性。而作为柯尔克孜族人民的领袖，玛纳斯也以身作则，清正廉洁，“虽说玛纳斯是尊贵的汗王，简陋的住宅和百姓的一样，大门外没有守卫的武士。”[③]可见，虽然贵为汗王，玛纳斯也从来不搞特殊化，甘愿同人民群众同甘共苦，这种精神在当今社会也是难能可贵的。

3. 情感陶冶法

所谓情感陶冶法，是通过为受教育者创设某种特殊的教育情境、成长氛围，使受教育者在这种情境中受到潜移默化的影响，于不知不觉中逐渐提高受教育者道德品质的一种道德教育方法。情感陶冶法也是美育中常用的一种方法，史诗中通过对壮丽河山、优美风景的描绘，抒发对本民族的热爱之情，这种爱国主义教育思想贯穿史诗的始终，柯尔克孜族人民一方面陶醉于本民族的土地富饶辽阔，资源丰富，激发民族之情，另一方面痛恨外来侵略者的压迫欺辱。通过情感陶冶法提升受教育者的道德情感，这种方法也用在史诗本身对于柯尔克孜族的影响。此外，史诗的悲剧的审美效果也通过情感陶冶法体现。通过史诗正面人物的悲惨遭遇来引发人们的情感共鸣，产生崇高感，从而化悲痛为力量，激发爱国主义情感。

综上所述，各种教育方法不是割裂的，而是相互联系的，而且需要在一定的环境中进行。

---

① 居素普·玛玛依演唱，刘发俊、朱玛拉依、尚锡静翻译整理：《柯尔克孜族英雄史诗〈玛纳斯〉》，乌鲁木齐：新疆人民出版社，1991，第75页。

② 居素普·玛玛依演唱，刘发俊、朱玛拉依、尚锡静翻译整理：《柯尔克孜族英雄史诗〈玛纳斯〉》，乌鲁木齐：新疆人民出版社，1991，第242页。

③ 居素普·玛玛依演唱，刘发俊、朱玛拉依、尚锡静翻译整理：《柯尔克孜族英雄史诗〈玛纳斯〉》，乌鲁木齐：新疆人民出版社，1991，第328页。

参考文献：

[1] 居素普·玛玛依演唱，刘发俊、朱玛拉依、尚锡静翻译整理：《柯尔克孜族英雄史诗〈玛纳斯〉》，乌鲁木齐：新疆人民出版社，1991 年。

[2] 贺继宏主编，克孜勒苏柯尔克孜自治州党委史志办，新疆维吾尔自治区民间文艺家协会编：《柯尔克孜民间文学精品选·玛纳斯·其他变体精选》，北京：中国文联出版社，2003 年。

[3] 哈经雄、滕星：《民族教育学通论》，北京：教育科技出版社，2001 年。

[4] 顾明远：《教育大辞典》，上海：上海教育出版社，1990 年。

[5] 张焕庭：《教育辞典》，南京：江苏教育出版社，1989 年。

[6] 吴明海：《中国少数民族教育史教程》，北京：中央民族大学出版社，2006 年。

[7] 韩达：《中国少数民族教育史》，昆明：云南教育出版社，1998 年。

[8] 郎樱：《玛纳斯论》，呼和浩特：内蒙古大学出版社，1991 年。

[9] 胡振华：《柯尔克孜语言文化研究》，北京：中央民族大学出版社，2006 年。

[10] 阿地里·居玛吐尔地，托汗·依莎克《〈玛纳斯〉演唱大师居素普·玛玛依评传》，呼和浩特：内蒙古大学出版社，2002 年。

[11] 阿地里·居玛吐尔地：《〈玛纳斯〉史诗歌手研究》，北京：民族出版社，2006 年。

[12] 吴式颖：《外国教育史教程》，北京：人民教育出版社，1999 年。

[13] 阿地里·居玛吐尔地：《玛纳斯奇的萨满“面孔”》，载《民族文学研究》，2004 年第 2 期。

作者简介：刘苒（1986—　），女，汉族，安徽省六安人，2012 年毕业于中央民族大学教育学院，硕士，现工作单位为故宫博物院。

二、藏族史诗《格萨尔》中蕴含的教育思想研究

（一）《格萨尔》史诗教育思想产生的社会背景

藏族是中国 56 个民族之一，青藏高原这一特殊的自然地理环境和占主导地位的农牧经济造就了藏族这一独特的民族群体，同时也形成了演绎远古时代藏族先民生活历史的一部伟大瑰宝——《格萨尔》。

根据降边嘉措对史诗这一民间文学性质的传承性和变异性进行分析后，认为《格萨尔》的产生、发展和演变经历了几个重要阶段，即处于藏族民族社会开始瓦解，奴隶制的国家政权逐渐形成的历史时期，大约在纪元前后，即公元 5、6 世纪；吐蕃王朝时期，即公元 7 至 9 世纪前后，史诗基本形成；在吐蕃王朝崩溃，即公元

10世纪以后，进一步得到丰富和发展，并开始广泛流传。[①] 本文依据这一时间范围和历史背景，认为格萨尔时代处于公元5世纪到13世纪这一历史时期。这一时期，藏族社会经历了史前社会时期和奴隶制王朝——吐蕃王朝的发展阶段。吐蕃王朝时期，领土不断扩大，政治经济大发展。但是，处于战乱中的人们对和平、安定的生活寄予期盼，于是《格萨尔》史诗应运而生。藏族英雄史诗《格萨尔》的产生与发展依托于所处社会政治、经济和文化的发展。

在政治方面，根据史学界对原始社会的划分，格萨尔时代的藏族社会主要经历了原始藏族氏族社会末期即父权制社会时期和由原始社会向阶级社会过渡的军事民主制时期[②]。格萨尔时代的藏族社会，部落为社会的基本组织，战争为主题。父权制社会时期和军事民主制时期的表现已日益凸显。男性主体地位的稳定在战争中发挥着强有力的重要作用。作为军事首领的格萨尔和作为氏族部落酋长的总管王绒察查根分别充当了格萨尔时代的英雄形象和道德启发者，在指挥部落作战和道德教化中发挥着关键作用。以部落长老和各个部落首领组成的议事会扮演着最早的智囊团的作用，由部落联盟所有成员组成的公民大会则在一定程度上实现着成员平等民主的自由权利。在这些条件的具备下，藏族社会由血缘部落向统一的民族发展。

在经济方面，根据摩尔根对古代社会的分期，格萨尔时代主要处于从野蛮社会的高级阶段到文明社会过渡的时期。而这一时期的主要标志是冶铁术的发明和铁器的使用及标音字母的发明和文字的使用等。[③] 格萨尔时代，藏族社会的经济发展水平有了明显的提高。起初，为满足部落的基本生存需要，人们通过狩猎、饲养动物来获取衣食来源和御寒保暖。随着冶铁术的发明和铁器的使用及部落间军事战争的展开，人们对武器装备和粮食的需要增加。因此，以河谷地带为主的农业生产和满足生活生产及作战需要的手工业逐渐发展起来。伴随经济类型的日益丰富和部落地域的不断扩大，不同部落之间的关系日益密切，商业活动逐渐兴起，并开始了最初的书信往来和文化交流。

孕育于格萨尔时代独特社会制度和经济基础上的藏族原始初民创造出丰富多样的藏族文化，它们有力地推动了当时社会的发展和进步，至今仍潜移默化地影响着一代又一代藏族人民。而史诗是藏族文学的重要组成部分，它以其特有的口头传承方式展现了藏族古代社会的文化内涵。格萨尔时代的藏族文化以格萨尔在岭部落的降生作为分界点，经历了由史前的原始信仰到苯教文化再到藏传佛教文化的发展过程。同时，人们的思想意识也经历了由“万物有灵”和“灵魂不死”的观念到以信仰“大师”在连接天地人神之间关系的作用，[④] 再到以崇拜“格萨尔”为代表的英雄形象作为价值评判标准的过程，即经历了由崇拜“神性”向崇拜“人性”

① 马学良、恰白次旦平措、佟锦华：《藏族文学史》，成都：四川民族出版社，1994，第186页。

② 吴式颖、李明德、单中惠：《外国教育史》，北京：人民教育出版社，1999，第6－8页。

③ ［美］路易斯·亨利·摩尔根著，杨东莼、马雍、马巨译：《古代社会（上）》，北京：商务印书馆出版，1977，第11－12页。

④ 葛兆光：《中国思想史（第一卷）》，上海：复旦大学出版社，2010，第29页。

的转变。在这一过程中，格萨尔作为藏传佛教的象征在传播佛教的思想和影响人们价值观念的转变方面起着不可忽视的作用。但是，建立在原始信仰和苯教文化基础上的藏传佛教并不是将二者完全抛弃，在保留苯教的思想和仪轨方面体现了藏传佛教文化的包容性和开放性。

通过以上的探讨，我们已经认识到人们思想意识领域发生的变化，这一变化反映在教育上，则会引起与教育相关的一系列内容的变化。格萨尔时代的教育特指一种影响，具体指在特定文化背景下社会和个体之间的相互影响。

马克思和恩格斯指出："一切人类生存的第一个前提也就是一切历史的第一个前提，这个前提就是：人们为了能够创造历史，必须能够生活。但是为了生活，首先就需要衣、食、住以及其他东西。"[①] 因而，为满足人们生产生活而进行的物质资料的生产活动就成为人们的首要之选。并且根据马斯洛的需求层次理论，最基本的也是最底层的需求就是生理上需求的满足。格萨尔时代，由于生产力发展水平的低下，人们为了满足最基本的衣食住行的需要而进行生产生活经验的一代一代传授。而这种生产经验传递的具体表现是部落首领或家庭中的长辈、父母等向幼小的一代或其他的人进行生产知识和经验传递的活动。在这一活动的进行过程中无形地产生了传递知识和经验的主体和接受知识和经验的客体，既然有了主客体和他们之间交互的活动，最初的教育活动诞生了。而这种教育被称为一种无形的教育，是在人类为了生存，在和自然斗争、生产斗争中出现的，这是经过漫长时间的。[②] 其中，被称为传递知识和经验的主体的是教育的主体，接受知识和经验的客体就是教育的对象。但是，二者在格萨尔时代都是不固定的。而且，教育的对象并不是被动的接受，而是积极主动地习得，它既是传递经验的对象（客体），又是接受经验的主动者，具有双重的身份。教育源自于一种人与人之间的知识、文化、思想的影响和启发。在这种传递生产知识和经验的过程中，教育思想也逐渐产生。虽然史诗中没有直接有关"教育"的论述，但是从"教化"、"教诲"、"上师"、"教法"、"弟子"等与教育有关的字眼中，我们可以追寻最初教育思想的萌芽。

（二）《格萨尔》史诗中的教育思想

1. 教育目的

目的是指人们对自己的行为或活动所期望达到的最终结果。[③] 个人和社会之间的相互促进作用决定了教育目的应关注社会所处特定的历史背景，关注社会的发展和个人的发展相促进的部分，最终将指向"培养什么样的人"的问题。格萨尔时代的文化背景决定了我们也应强调这类人与这个社会和文化体系之间的距离，即一

① 转引自《马克思恩格斯选集》第1卷，北京：人民出版社，1972，第32页。引自胡德海：《教育学原理》，兰州：甘肃教育出版社，2008，第118页。

② 石中英：《教育哲学导论》，北京：北京师范大学出版社，2007，第56页。

③ 梁忠义、车文博：《实用教育辞典》，长春：吉林教育出版社，1989，第132页。

种神秘性（或者说神性）的内涵。那么，教育目的是指在一定的社会历史背景下，培养一定社会所需要的高于现存社会和文化体系中的一种理想化的人物形象，而这种人物形象最终将能够适应并促进这个社会的发展。这也就是格萨尔时代英雄形象的突出体现。格萨尔时代的教育目的是指培养像格萨尔那样，德、体、劳、智等方面发展的神性和人性兼具的伟大的英雄形象。这一英雄形象既具有神的特质，神通广大，又具有人的本性，真性情、理性。它主要表现在神性和人性两个方面。格萨尔的神性，从精神到行动，都表现得淋漓尽致。既具有关于神的观念的内心渗透、神的体质的外部表现，还有能展现通神的行为，即在任何时候与神达到心有灵犀的同一。格萨尔所具有的这种神性特质表明教育的作用倾向于使人们对神灵爱意的萌发，并进一步地崇拜神、敬仰神、信任神和依赖神，受神的支配与役使，将神作为自己的精神支柱、将神的意志作为自己内心的行为准则。格萨尔的神性是纯粹精神方面的，看不见、摸不着的，而不是实实在在地存在于人们的现实生活中，缺乏感性的支撑，是需要通过人这个实体表现出来的。因而，格萨尔不仅仅是神，他也是人格化了的神。人是神的摹本，人们按照自身的形象创造了神，但是人并没有具备神的各种完美的特性。[①] 于是，史诗中所追求的完美的人格即是普通的人向神的靠拢和趋近。那么，格萨尔除了具有神性的完美的特征外，也具有在人性方面展现的情感和理智的兼容。这也是作为肉身的格萨尔所具有的人性表征。格萨尔的人性不仅表现在格萨尔所具有的面部特征、体态特征等肉体特征及衣食住行等自然性特征以外，如史诗中对格萨尔的描述，“英雄生得齿白如玉，面色黑红，身材魁梧。虎腰像金刚般坚实，双足如大象踏地。”[②] 在征服魔王鲁赞时格萨尔享用秦恩为其提供的肥牛和美酒等饮食方面的生物特性。同时，格萨尔的人性还表现在其社会性的特征，既具有一般人所具备的劳动、语言、思维、道德性等的共性特征，还具备格萨尔他自身特殊的理想信念、价值观念和完美的性格、能力、气质及心理特征等方面。格萨尔是天界降临到岭地的君王，这一特殊身份的规定性促使他必须时刻谨守自己内心“降妖除魔、拯救众生”的理想信念和价值观念，并具体付诸实践其所肩负的伟大重任。这一理想信念是一个航标，时刻警示、鼓励、促进格萨尔责任意识的内化。它是建立在整个岭部落社会发展的基础上的，它是崇高的、神圣的，这一点也是格萨尔个性中最突出的体现。史诗中还有对格萨尔所具备的德才兼备、高贵气质、和蔼慈善、忍辱负重、公正无私等完美道德品质和心理品质的描述。这些描述可以从他在作战中表现出的谋略和智慧、对臣民和其他部落的温和友好的态度、在被岭部落驱逐后的卧薪尝胆、在降伏妖魔后分配宝物时的君王风范中一一看出。

上述神性和人性的特征在格萨尔的身上体现得比较明显，但并不能说明它们仅仅是格萨尔一个人所具备的特征。我们要培养像格萨尔这样的一类英雄形象，这一

① 石中英：《教育哲学》，北京：北京师范大学出版社，2007，第77页。

② 降边嘉措、吴伟：《格萨尔王全传（上）》，北京：宝文堂书店出版，1987，第298页。

"类"的属性在史诗中也有较为完整而详细的阐述。如史诗中对老总管的周密谨慎、嘉察的直爽宽容、丹玛的耿直坚强、辛巴梅乳泽的忠诚宽厚、秦恩的谋略识人、扎拉的有勇有谋、阿达萨姆的胆大勇敢等为主的正面人物形象的描写。实质上，格萨尔也是这一类人的代表，他是理想英雄形象的象征，是所有千千万万优秀的人所具有的所有优秀品质的组合。因此，这一英雄形象的所指发生了扩展和延伸。由格萨尔这一特定的人向一类人的转变，也是由个别的、特殊的人向一般的、普遍的人的转变。然而，史诗中也出现了以晁通的心狠手辣和卖国求荣、霍尔白帐王的一意孤行、祝古国国王宇杰托桂的自吹自夸、萨丹王的狂妄不羁和门国辛赤王的冲动浮躁等为主的反面人物形象，这些反面形象的存在是为了进一步烘托或突出正面人物形象的特征。并教育人们要以格萨尔为主的英雄人物形象的典型代表为榜样，他们所具有的一些优秀的道德品质和高尚的思想情操成为人们纷纷效仿的示范。

2. 教育内容

（1）德育

道德是以善恶评价为标准，依靠社会舆论、传统习惯和内心信念的力量来调整人与人、人与社会、人与国家之间关系的意识形态和行为规范。[①] 道德的形成过程是由知、情、意、行这四个步骤组成的。同时，一定社会的思想、意识形态的形成、发展与演变离不开社会所处历史阶段的文化土壤。道德作为一种社会意识形态也同样如此。道德教育的实施与格萨尔时代藏传佛教文化的联系甚为密切。格萨尔时代，由藏族本土的苯教和从印度而来的佛教相互融合而生成的藏传佛教在很大程度上主宰着藏族传统道德教育的思想和内容。藏传佛教通过对人们进行道德观念和道德理想的传达和启发，触动人们心灵道德意识的内化，进而规约人们实践活动中的道德践履。道德教育便是实现从道德意识向道德实践转化的重要环节和步骤。同样，藏传佛教通过对人们进行道德理念和道德理想的教导和渗透，从而对人们的道德实践行为起到规范和约束的作用。

因此，本文中的道德教育是指在藏传佛教文化的影响下，教育者按照一定的教育目的，通过对受教育者情绪的感化而使人们的心灵接受高尚品德的熏陶和教化，受教育者通过自身的内省和约束来形成规范的意志和行为。当然，格萨尔时代的道德教育侧重指一种影响，[②] 是教育者在社会实践生活中将一些意识形态及行为规范潜移默化地渗透到受教育者的思想意识中并使之逐步内化以指导自身的行为。它主要包括自我道德教育、婚姻家庭道德教育和社会公德教育。这三个方面从自身延伸到社会，范围依次扩大，内涵依次递进，将自身的道德理想一步步落实到家庭生活甚至社会生活的道德实践中，从而进一步指导自己对道德理念的自省和内察，一直循环不止。

① 袁振国：《当代教育学（修订版）》，北京：教育科学出版社，1999，第218页。

② 袁振国：《当代教育学（第4版）》，北京：教育科学出版社，2010，第202页。

自我道德修养教育在史诗中主要有三种表现形式，分别是自求、自省和自制。自我道德修养教育首先是通过“自求”主动专研并寻找到藏传佛教中的道德理念，如史诗中天神推巴噶布所教导的“普通人也要常把佛经念”、总管王平日念五万遍六字嘛呢真言的行为、还有各种格萨尔、鲁赞和晁通等人修的各种佛法的行为；然后，通过“自省”的方式来将这种道德理念内化为自己的行为准则，如史诗中格萨尔去霍尔国降伏霍尔三王，遇到辛巴梅乳泽后，辛巴对格萨尔的忏悔和对自己所作行为的内省，还有在岭军与雪山国交战中，驻守东门的雪山国大将亭雪楚杰从大局出发，为两国兵士的意愿和安危着想，对自己听从国王兴兵岭国的行径深感后悔，愿意归降格萨尔大王并保全两军兵将的性命。并通过“自制”的方式来时刻约束自己某些不符合道德要求所推崇的行为，防止造成更加恶劣的影响。如在岭国与大食国之战中，阿达娜姆想要继续追杀大食国的其他将士，大辛巴梅乳孜却劝诫说要适可而止，适时自我约束。另外，史诗中因为晁通偷了大食国的宝马，大食国的大臣朗卡托贝说道，人对行为或食物的过分贪婪、过分的要求将会招致权势、财富和身体自由的丧失等更加惨痛的代价。

格萨尔时代的婚姻家庭道德教育是指教育者通过言传身教的方式对受教育者传授一些有关调整家庭内部成员之间各种关系的伦理和规范。这些道德伦理和规范主要包括夫妻和睦和相互尊重、尊老爱幼和邻里团结这三方面。史诗中的“夫妻和睦”潜在地渗透在夫妻对婚姻的忠贞和矢志不渝、夫妻之间的相互尊重和体谅、夫妻拥有共同的信念这三个方面。尊老，是指尊敬和爱戴长辈并赡养长辈。如格萨尔从北方魔国返回岭国变身牧羊人，晁通命森伦王向格萨尔征收水钱和草钱，“格萨尔一见父王沦落成这般模样，强忍住心头的酸楚，把虎皮坐垫铺在地上，请老汉坐。然后又拿出自己的圆满吉祥碗给老汉喝茶，又用白把水晶刀给老汉切肉。”①格萨尔使用和缓的语气和父亲对话，并细心地请父亲坐好、给父亲喝茶和切肉，由此可以看出格萨尔对自己父亲的无限尊敬和爱戴，细致入微、不厌其烦地照顾自己年迈的父亲。爱幼是指疼爱和保护幼小，表现在父母要爱护并抚养幼儿健康成长，使其免遭身体或心理的各种伤害。如松巴国的二公主被晁通抢回去后，国王贡赞赤杰落了泪，“亲自爬上宫顶，狠狠地擂起法鼓，将法旗四面招展。”从上述例子中可见，松巴国王对幼女的疼爱和关切之情，不忍心让幼女受到任何的委屈。邻里团结，从表面上看是密切邦国内部成员之间的关系，但从实质上讲，更加体现在对待外部敌人方面，这也符合格萨尔时代的背景，因而，其重要的意义在于捍卫领土、保护百姓、一致对敌。如在岭国进攻阿里之前，格萨尔对大家的教导：“古谚说：‘众人乘船过大江，和衷共济心一条；众人携手创大业，同心协力共逸劳。’”② 这句话中格萨尔特别强调在进攻阿里时，岭国众将要团结一致，为着降伏阿里的妖魔、拯救百姓脱离苦海这一共同目标而努力奋进。

---

① 降边嘉措、吴伟：《格萨尔王全传（上）》，北京：宝文堂书店出版，1987，第283－284页。

② 降边嘉措、吴伟：《格萨尔王全传（下）》，北京：宝文堂书店出版，1987，第158页。

史诗中的社会公德教育主要表现在礼仪教育、责任心教育和民族和睦教育这三个方面。礼仪教育是指教育者将人与人之间的上下、亲疏关系赋予内在的、业已形成的规定性，并通过外在的各种仪式表现出来，受教育者在仪式的进行中习得表示人与人之间关系的各种礼节。格萨尔时代，这种礼仪教育主要发生在长幼、君臣、主客人之间，首先以座位安排的秩序性和规定性表现出来。如当老总管绒察查根得到岭地要降临大英雄的预言后，马上召集岭地六部落举行盛大的庆祝仪式，在仪式上：

"前排金座的最上首，请大修士汤东杰布上师坐；右排的银座，请总管绒察查根坐；左排的螺座，请杰唯伦珠大人坐；前排的檀木座，请色吉阿噶坐；斑纹虎皮的软垫座，请达绒长官色彭坐……德高望重者坐上面，年幼的晚辈坐下面。人有头、颈、肩三部，牛有角、背、尾三部。少者从长，是寺院的法规。违反法规要受上师的处治，王法的惩罚。"①

上述这段话中对不同身份、地位的人的座次的细心安排，按照尊卑长幼的次序排列，深入体现了一种井然的秩序的象征，也体现了"礼仪"在人们日常生活中的制度安排。同时，在仪式进展的过程中，受教育者也得到了隐性道德知识的感染和熏陶。此外，人们之间还通过敬献哈达、献礼品和行大礼等方式表现礼仪在人们日常生活中的重要性和普遍性。

责任心教育，从狭义角度理解，是对自身职责的坚守，要守好自己的本分，是对完成自身应尽义务这一理念的教导；从广义的角度来讲，是对自己所在的部落或者邦国应尽的责任，要时刻考虑邦国的利益，是一种大局意识、集体意识的培养。格萨尔时代，邦国之间频繁的战争，使得责任心的具备变成一种应有的品格特征，它同时对各类不同的人群有不同的要求。对于格萨尔来说，天母时刻警戒他要牢记自身的重任，"降妖除魔、拯救众生"。而臣子作为君王的得力助手，也应起到他应有的作用。史诗中提到祝古王的大臣霞赤梅久的一段话："是浓云就要下雨，不下雨青苗靠什么？是国王就要保护国家昌盛，不这样让百姓们去靠谁……骏马要在驰骋时死去，只剩下破鞍烂鞯也觉不怨悔；男子汉要为国捐躯，虽粉身碎骨也愿意。"② 以上这两段话均道出了"在其位，谋其政"的道理，君王和臣子都应该有自身的责任意识，君王的责任就是要誓死保卫疆土、促进邦国强盛；保护臣民，关心百姓疾苦。而臣子的责任就是要贤良勇猛，战死沙场，为国献生。如果没有责任心，不能尽到自己应尽的责任，就失信于一个君王、一名臣子的称号。

最后，民族和睦教育则是指教育者在战争过程中向受教育者传授一些关于以和为先，各民族之间友好往来、互相帮助、共同尊重和理解彼此的文化内涵，在不断的文化冲突与包容中达到和谐与共荣。它首先体现在邦国的大臣对大王不义行为的主动劝诫，请求与岭国的议和，这也是他们主动请和的重要表现。如霍尔国的大臣

① 降边嘉措、吴伟：《格萨尔王全传（上）》，北京：宝文堂书店出版，1987，第36－37页。

② 降边嘉措、吴伟：《格萨尔王全传（中）》，北京：宝文堂书店出版，1987，第267页。

辛巴梅乳泽劝诫白帐王“要与岭国和睦相处，不要大动干戈”[①]、下蒙古老臣白玛洛珠劝诫大王“不如先议和，免得两国动刀枪”[②] 和卡契老臣贞巴让协劝大王“还是与岭军议和吧”等，这些话语都说明了他们“以和为先”的道德原则。和解有成败，若和解不成，则使用武力来讨伐。虽然神灵们给格萨尔预言攻取蒙古马城的时间已到，但上蒙古王娘赤拉噶要遵循神灵的指示好好迎接带给他们无量功德和佛法的格萨尔大王，并且很虔诚地接受格萨尔关于佛法的教导和普度众生的理念，但蒙古王的王子拉吾和仁钦却认为岭军的到来是敌人的挑战，应该攻而击之。于是，格萨尔得知王子们的不良企图后，通过宣扬佛法击破王子设的幻寺，并进而击败王子们的军队。

（2）体育

体育是指教育者根据当时部落社会发展的要求，在对受教育者实施一些基本的身体保健和专门竞技活动中身体的锻炼的同时，还对其进行军事体育过程中各项作战技能技巧的培养，使之能够积极投入战争过程中，在战争中锻炼自己强健的身体素质和坚强心理品质的一种活动。它不仅包括简单的身体教育、还包括军事体育中选兵、练兵和作战技能技巧的教育这两个方面。

身体教育是指教育者将关于保护身体的一些措施和加强身体协调能力的一些活动要求传授给受教育者，使其具备健康的身体、增强体质、愉悦身心，促进其身心健康发展。它主要包括对身体的保健和身体协调能力的培养和锻炼。身体的教育除了需要保证基本的卫生安全和饮食合理进而促进生长发育外，还应该注意适当的身体锻炼，进一步提高身体的免疫力、增强自身的体质，促进身体协调能力的发展。

格萨尔时代的军事体育是与战争过程相交融的，是指为了保卫本邦国的土地和臣民，教育者（格萨尔或年长的将领）通过亲身的示范对士兵们实施的一些关于优秀兵种的选择和使用、练兵上的教育和兼具身体和心理两方面相结合的作战技能的训练，以增强士兵的身体素质和整个部队的军事战斗力。在人才的选择上，格萨尔时代，将士健康的身体素质、惊人的谋略和良好的思想品德不仅是提高军事战斗力的基础，同时也是决定战争胜负的关键。在练兵上，军事体育告诉人们要将身体动作技能的训练和体能的锻炼奉为圭臬。格萨尔时代，军事战争的发生具有突发性和应急性，而一些平时已经习得的身体技能只有真正到了战场上通过与敌人面对面的拼杀才能一一发挥出来并得到进一步地熟练，同时它也是协助战争得以顺利开展的必备武艺。这些体能训练主要包括两方面，一方面是一些赤手空拳的肢体动作，如跑、跳、抓、跃、揪、扔、拉、扑、举、扭、拽、甩、摔等。这些肢体动作的伸展具有先天决定性，是人们与生俱来的，也是人们为了基本的生存发展和自身的防卫而做出的一种本能的表现。但是，在战场上，这些肢体的活动却具有了特殊的情境意义，是在没有战马与武器作为辅助的时候，与敌人的赤手相搏，这其间还包括

① 降边嘉措、吴伟：《格萨尔王全传（上）》，北京：宝文堂书店出版，1987，第 242 页。

② 降边嘉措、吴伟：《格萨尔王全传（中）》，北京：宝文堂书店出版，1987，第 86 页。

一些拳法的意味。因而，士兵在这些动作技能上的掌握程度如何会直接影响到个人的生死。与此同时，它也是人们在解决矛盾或纷争时或在战场上首先或最初使用的武力较量，并主要通过人的力量、握力、耐力等身体内部的能力来完成，是对身体素质和体能的基本训练和提升。不仅如此，格萨尔时代，冶铁术的发明和铁器的广泛使用促使人们开始制造和使用各种各样的武器装备，并随着部落社会的发展在军事战场上得到普遍的应用。至此，在战场上人们不再赤手搏斗，而是将武器作为战争的重要工具，借助武器攻击敌人，诸如用斧劈、用刀砍、由弓箭射、用剑刺、用飞索套等等。在使用武器作战的过程中，人们必须做到心、眼、手等肢体动作的一致配合，做到身体和武器的合二为一，这样人们的身体得到了很好的锻炼，身体技能也得到了较快地增长。

在战略战术的技能教育上，史诗更侧重于指心智技能教育。心智技能是指为认识某项事物或解决某个问题，人的心理活动借助内部语言，按照一定的方式，完美而合乎逻辑地在人脑中进行的思维活动。① 心智技能和身体技能是密切联系、相互配合的。心智技能通过身体技能表现出来，心智技能指导着身体技能的每一个眼神、动作，更为重要的是，心智技能在军事战争中具体战略战术的施展。这些心智技能教育主要包括战前、作战中一些战略策略的习得。

（3）生产劳动教育

格萨尔时代的生产劳动教育主要通过对劳动观的强调、对劳动成果的共享及劳动技能的锻炼和习得来表现。

在劳动观的教育方面，格萨尔时代，人们中间流传着“尊重劳动、热爱劳动”、“人人都要参加劳动生产”、“不劳者不得食”等等的观念。这些观念均道出了生产劳动在人们意识形态中所占据的举足轻重的地位，也是当时格萨尔时代每一个社会成员必须谨守的义务和责任，生产劳动渗透在人们日常生产和生活的方方面面。从日常家务中的背水、烧茶做饭、磨炒面、打扫房间、搭帐篷、修宫殿到参加生产活动中的挤牛奶、狩猎、割草拾柴、伐木再到军事战争中的各种武器的制造，如铸造铁链、制造飞船、锻造宝刀、编织马鞭和套索等，无一不存有生产劳动的痕迹。劳动，是一项很神圣的事业，人们对生产劳动充满敬意，认为只有通过自己的双手、通过自己的亲身体验创造出的果实才是最有意义的、最有价值的。因此，对一些不劳而获的人，人们将予以斥责和鄙视，以表示对这种行为的不认可。同时，人生来是不平等的，但在生产劳动面前，人人平等。不参加生产劳动，就会被剥夺收获成果和享用成果的权利。因而人人都要参加生产，人人都要自食其力。这不仅是一种道德准则的规约，更是格萨尔时代不言自明的隐喻。即使是最伟大的、最受到人们崇拜和敬仰的雄狮大王格萨尔也必须参加劳动生产，通过自食其力来满足基本的需要。如在格萨尔前往霍尔国的路上，碰到了吉尊益西便随她一起回家去，帮

① 袁振国：《当代教育学（修订版）》，北京：教育科学出版社，1999，第115页。

助亲王烧火、打铁、烧炭，[①] 他通过辛勤的劳动来获得满足自身物质需求的各种食物，并进而获取噶尔柏纳亲王和吉尊益西的认可，吉尊益西帮助他降伏了霍尔三王。

在劳动成果的共享方面，史诗中提到更多的是关于实物性劳动成果的共同享有。格萨尔时代，部落社会的基本组织下，人们形成了一种集体主义的意识和观念，大家“有福同享、有难同当”、“苦乐一致，采樵无尊卑，大海汹涌，取水无上下。”大家共同劳动，共同享用劳动成果，通过劳动获得的物品是不能独自占有的，应该分配给所有的人。如在岭军到达碣日珊瑚城外扎下大营，由于柴草不多，晁通带领兵士前去伐木，但却不愿意将所得柴草分给其他部落的成员，于是丹玛教导他“要平均分配，他便把干柴湿柴一起分了。”[②] 这里丹玛劝导晁通不能独自享有劳动成果，岭国是一个整体，所取得的劳动成果应由成员共享，不能占为己有。还有在岭国攻下大食后，获得了牛和各类珍宝，格萨尔大王命令总管王将宝贵的牛全部分给各个属国和众英雄，将各种珍宝财物也分给众百姓。[③] 从与他人的共享行为到总管王代表岭国整体分配劳动成果的行为，都体现了格萨尔时代一种朴素的劳动理念，即劳动成果的共享，并在此基础上，培养了人们关心他人、服务他人的道德意识。

在劳动技能的习得方面，史诗中也有详细的论述。格萨尔时代，生产劳动技能的传授是通过教育者的示范与引导、口头的语言提示和受教育者仔细观察、揣摩、模仿和不断练习而完成的。在受教育者的初学过程中，这两个动作是在一个过程中完成的。在此教育过程中，受教育者并不是被动的配合者，而是具有主观能动性、积极的参与者和探索者。在没有任何人指导和帮助的前提下，劳动技能的习得首先表现在受教育者的自主思考、自主探索、自我行动和自己解决问题。起初，受教育者对他所未知的领域是充满疑惑的，一旦进入某一生产劳动领域，他们就会对一切的事物产生强烈的好奇心和求知欲，于是，为了完成劳动任务，他们开始主动摸索劳动规律，应该采取怎样的措施一步步达到目的，怎样能够尽快地熟悉每一个生产步骤和掌握具体的实施方法，并在不断的模仿和练习中逐渐自动化。如史诗中格萨尔将要去北方魔国降伏鲁赞，吩咐侍女背水烧茶，这里提到了两人烧柴的方法和诀窍：“黄刺是乌鸦，应当摞着烧；刺鬼是魔神，应当压着烧；羊粪是饿鬼，应当撒着烧；劈柴是英雄，应当堆着烧；柏树是好友，应当挑着烧；麦秸是青年，应当摆着烧。”[④] 而此方法的习得最重要的一点是受教育者在劳动过程中的不断自我探索和发掘。他们在不断的劳动实践中熟练掌握了烧柴的技能，“摞、压、撒、堆、挑、摆”这些动词的使用说明了应根据柴草的特点和性质采用不同的烧法，才能

① 降边嘉措、吴伟：《格萨尔王全传（上）》，北京：宝文堂书店出版，1987，第294－295页。

② 降边嘉措、吴伟：《格萨尔王全传（中）》，北京：宝文堂书店出版，1987，第232页。

③ 降边嘉措、吴伟：《格萨尔王全传（中）》，北京：宝文堂书店出版，1987，第46页。

④ 降边嘉措、吴伟：《格萨尔王全传（上）》，北京：宝文堂书店出版，1987，第207页。

够达到预期的最佳效果。此外，劳动技能是在具体的生产劳动实践中习得的。在受教育者还没有具备关于各项劳动步骤的基本常识时，主要是跟随长辈的指导和模仿过程来完成劳动过程的。因而，父母及长辈对受教育者的言传身教也是格萨尔时代劳动技能习得的重要途径。正如出身富贵、家有九群骏马的森姜珠牡在长辈的教导下懂得怎样识别马的优劣等。

（4）孕育中的智育

格萨尔时代的智育是指在部落社会的生产劳动和战争活动中，教育者通过各种方式向受教育者传授一些关于品德言行、身体卫生、军事作战、生产生活等方面的知识和技能，提高人们的各种智力因素，即判断能力、观察能力和思维能力等，以促进人们智力的发展、人格的健全。智力最重要的意义在于启迪人的智慧，丰富人的知识，增长人的才干。同时，格萨尔时代智育的发展与所处的变动不居、随机应变的战争环境紧密相连，人们为了完成某一任务而同时展开品德、身体、生产劳动的训练，在特定的活动中不断沉思、揣度，建立头脑的模型，应用持续不断地实践活动来积累经验，增长见识，形成这一时期特定的思维模式和认知方式。因而，智育渗透在德育、体育和劳动教育之中，并潜在地发挥着支配人们行为活动的主要作用。正如史诗中日常生活和作战中随处可见的数字，“三”、“五”、“六”、“八”、“九”、“十二”、“十三”、“十八”、“二十一”、“二十五”、“五万”等这些数字的出现都体现了当时的人们最朴素的数字教育，对数字的大小比较和计数方法建立了比较清晰的认识，并用这些数字帮助人们解决日常生活和军事作战中的实际问题。此外，在史诗中，当人们遭遇未能解决的难题时，便请巫师、卦师施法术（巫术）或算卦来祈求上天的帮助，通过梦兆对各种征兆进行预知和推测，这些仪式和行为也正酝酿着人们最原始的科学文化知识教育的萌芽。通过与上天沟通的各种仪式，实质上说明了人们对各种与天地鬼神沟通的技巧和方法的精通，运用对天文历算知识的理解来观测天象，体悟神的旨意、天的运行、真正的道的力量。[①] 这些知识和方法也在支配着人们认知的增加、智力的发展，不仅促进人们在知识储备上更加丰富，而且促进其人生观、价值观、世界观的逐渐树立。

3. *教育方法*

格萨尔时代的教育方法是指在一定社会文化背景下，为了达到一定的教育目的，满足一定的社会需求，传播隐性存在于生产生活中的各种知识经验，教育者所采取的作用于受教育者身上的一些手段和步骤。这些手段和步骤包括训诫法、劝说与感化法、惩罚法、及时奖励法和示范法。

（1）训诫法

训诫法是指教育者通过对受教育者进行说教和警诫使受教育者的内心发生变化，通过自身的反省来指导和规约自己的思想和行为，使自己的思想与行为更加自觉。这种方法不仅表现在教育者对受教育者行为发生前的警示，而且更多地表现在

① 葛兆光：《中国教育思想史（第二卷）》，上海：复旦大学出版社，2010，第28－29页。

受教育者犯错之后，教育者对其的斥责。它具有强烈的警示性质、命令性质和责罚性质，一般发生在长者和幼者之间。如在赛马大会上，总管王绒察查根迟迟看不到觉如的身影，语气略带责怪地对他说："这半日你到哪里去了？你若再不快些赶上，晁通就要抢下王位了。"在听到觉如满不在乎的话语之后告诫觉如道："觉如，不可把赛马当儿戏，快跑吧。不然天神也不会保佑你。"[①] 于是，总管王打了下觉如的马屁股，觉如离他而去。这里绒察查根通过责怪的神情和生硬的态度表示对觉如言语行为的不满，并训导和告诫格萨尔要重视赛马大会，抓住难得一遇的机会努力。他用一种冷淡的消极态度对格萨尔不正确的行为表示提醒和制止。但它是一种消极的教育方法，所以，在带来积极意义的同时，也可能会对受教育者造成消极的影响，使受教育者产生反叛的心理。因此，我们应该正确使用这种教育方法，注意使用这一教育方法的条件，在受教育者行为发生前进行警戒，在受教育者错误行为发生后进行及时地纠偏和教导，并辅之以一些温和的规劝（即下文将提到的劝说与感化法），使其从内心真正深受感染，进行反省和自察，为了部落社会的责任和发展而监督和实践自己的行为，完善自己的人格和心理。

（2）劝说与感化法

劝说与感化法是指教育者通过口头语言对受教育者实施委婉的规劝和情绪的感染以促进受教育者心理和行为发生改变。劝说是以道理的说服为主，感化是以情感的共鸣为主，二者的目的是相同的，都是促使教育对象发生由外向内、从心理到行为的改变。劝说和感化就是我们通常所说的"晓之以理、动之以情"。它是一种既带有规劝性质又带有安抚性质的教育方法。通过采用这种教育方法，教育者与受教育者进行心灵的沟通与交流，并试图对受教育者的身心施加影响。天母因为没有人愿意下界做祝古王的妃子以帮助格萨尔完成使命，于是她对天行母噶姆多吉进行劝说和感化：

"天母见噶姆多吉不肯下界，立即讲了一番道理。告诉她，空行母下界并非只她一个。魔国的阿达娜姆，岭国的梅萨绷吉，姜国的王妃，都是空行下界。现在为了帮助格萨尔完成降魔大业，请她务必不要再推脱。

天母的一番话使噶姆多吉心中豁然，立即应允下凡，但她要求要好迎好送才行。"

从上述这段话中可见，天母以阿达娜姆、梅萨等人作为生动的例证给噶姆多吉讲解下界做祝古王妃子的目的，即辅助格萨尔完成降魔大业的重任，而不是过一种艰苦的日子。这种机会也是非常难得的。让她逐渐认识到这一角色的重要性，噶姆多吉听完天母的劝说后深受感动、心胸开阔，并答应下凡帮助格萨尔大王。

劝说与感化法是一种容易使人听从并比较有效的教育方法。但是，在使用这一方法时，应该注意一些基本要求。首先应该提供一些例证（或称为间接经验），这些例证的目的是为教育者给受教育者讲授知识和道理时提供极具说服力的素材和支

① 降边嘉措、吴伟：《格萨尔王全传（上）》，北京：宝文堂书店出版，1987，第182页。

撑，从而引起受教育者的感同身受，在情绪上受到感染并开阔自己的思维，积极采纳和接受他人的意见；其次，要采用适当的语言和语气。使用这种教育方法时的语气一定要温婉而和气，语速较慢、娓娓道来，用一些受教育者能够接受的、通俗易懂的词语来对他进行劝说；第三，需要明确教育者劝说感化的目的。教育方法是为教育目的服务的，教育者通过劝说与感化法希望受教育者能够听从自己的建议，实际上也是在潜意识地传达给受教育者关于完善人格和完美道德品质的一些知识和条件。

（3）惩罚法

惩罚法是指教育者运用一定的消极手段对违反集体某种规则的受教育者进行身体或心理的处罚，以制止行为者的不良行为或使其不再发生。惩罚是最严厉的一种教育方法。惩罚一般表现为体罚。除体罚外，教育者还通过对与受教育者联系比较紧密的事物施加影响、对他们的人身自由加以限制来对受教育者违背集体利益的行为进行惩戒或者责罚，促使他积极遵守预言或命令，更正自己的错误行为。如格萨尔因为违背天神的旨意，对天母降下的攻取蒙古马城的预言置之不理，于是天神降诸多恶兆于蒙古马城，然后马城通过巫术的方式降灾于岭地，岭地遭到了报复，一些凶兆和噩梦的出现都是因为格萨尔没有履行天母的预言而导致的，天神们通过这样一种消极的破坏性的手段来制止格萨尔的错误行为，使其认识到预言的重要性和自身行为的好坏对岭部落人们生活的重要影响，消除其不良行为发生的可能性。它是一种消极的、严厉的教育方法，有轻微与严重之分。但无论怎样，我们都应该尽量少使用这种教育方法，避免对受教育者的身体或心理造成不可挽回的消极影响。只有合理使用惩罚法，才能对受教育者遵守社会既定的法则、身心健康发展和良好品格的养成产生积极的作用。

（4）及时奖励法

及时奖励法是指当受教育者的良好行为发生后，教育者通过立即给予受教育者一些物质形式的奖励或者通过表扬、赞许、摆庆功宴等精神奖励的方式公开肯定受教育者的行为，并激励他继续发扬这种行为。史诗中，及时奖励法主要发生在攻取敌军的城堡后、打败或俘虏敌人后、获得降伏敌人的宝物后等情况下进行。奖励主要包括金币、哈达、绸缎、珠宝等的物质奖励。如在岭部落与碣日的作战中，格萨尔由于丹玛和晁通攻破碣日大营而对他们进行奖励，“主将一死，大营即刻被攻破。丹玛和晁通得胜回营，雄狮王立即赐予金币作为奖励，丹玛十三枚，晁通父子十二枚。”① 格萨尔通过奖赏金币的方式来赞扬他们勇敢作战、对抗敌人的行为，并希望他们继续保持这种行为。它是一种积极的教育方法，教育者通过内外部的奖赏方式使受教育者得到物质和精神方面的双重满足，在这一过程中，将教育者所要传达的保卫祖国、英勇作战等理念一一传授给受教育者，藉此激励受教育者和其他人将这种理念进一步内化为实际的行动。这种教育方法有两方面的作用：一是对受

① 降边嘉措、吴伟：《格萨尔王全传（中）》，北京：宝文堂书店出版，1987，第209页。

教育者自身作战能力的肯定和赞赏，二是对其他受教育者的激励作用。但是，这种方法使用的频率不易太多，否则会造成受教育者的依赖心理，为了奖励而行动，并且形成恶性的循环，这样则不能达到教育的目的。

（5）示范法

示范法是指教育者通过对所要传授的知识或技能的整个过程进行演示，让受教育者借助于眼、心、脑的一致始终跟随这一发展过程直至完成，在此过程中，受教育者习得相应的知识和技能。示范法是一种直观性较强的教育方法。它主要应用于一些仪式的进行中，让人们目睹仪式的程序并在仪式氛围的熏陶下接受一些知识。史诗中主要表现在以煨桑敬神为主的宗教仪式、施巫术、占卜或算卦的过程中。如在征服姜国之前，格萨尔依照天母的预言命辛巴梅乳泽出战制服姜国王子玉拉托琚，辛巴受到命令后来到霍尔的最高山上举行煨桑敬神仪式，还有由于蒙古马城降灾于岭国，于是格萨尔命令晁通施法术消灾的仪式等。示范法既有无声的演示，又有有声的言语表达。通过这种动静结合、演示和言语相生的方式给受教育者进行一些关于包括煨桑敬神在内的祭祀仪式、巫术和占卜的整个过程的展现，经过受教育者视觉、听觉和触觉等多种感官的感知、悉心的观摩和仔细的研究后对这一类知识和观念就会有深刻的理解和把握。示范法主要适用于解决这样的问题，即怎样寻求得到神灵的护佑、怎样借助神灵获得问题解决的具体办法等。

4. 教育环境

教育环境是教育活动实施的重要场所。教育环境的优劣在一定程度上影响着教育活动进展的方向和成败。格萨尔时代的教育环境主要包括家庭教育环境和社会教育环境。

（1）家庭——承载格萨尔梦想的教育摇篮

虽然格萨尔时代是以部落这一社会基本组织为基础，但是家庭作为教育环境的首选，具有其他诸如社会、学校等环境所不具备的天然优越性。儿童出生在家庭中并在父母等长辈潜移默化的熏陶和影响下，逐渐学会自立、认知、修德以具备基本的生存能力、养成良好的道德品质和建立健全的人格。因此，家庭教育环境的选择尤其重要。史诗中，即将降临人间的推巴噶瓦对家庭环境提出了要求：

“俗话说得好，牲畜虽有棚圈，但要长膘还得靠饲草。长官要靠属民来壮大声威，上师要靠僧众来装饰自己，有钱人要靠福分来帮助，勇士要以武器来制敌。辽阔的天空虽能覆盖一切，但也要预防乌云遮蔽蓝天；稳固的大地虽无所不生，但还要山神、地方神不起妒意。我要降生人世，若没有一个各方面没有缺陷的父母、族姓、部属和臣民，纵然我发下大愿，恐怕也难施行教化众生的大业。”①

从推巴噶瓦的这段话中可见，包括地理位置、父母、族姓和部落在内的家庭环境在儿童成长发展中所占据的关键地位。于是莲花生大师为神子推巴噶瓦选择了一个十善俱全、权势兴盛、土地肥沃、属民善良的地方，就是藏区下面朵康六岗的中

① 降边嘉措、吴伟：《格萨尔王全传（上）》，北京：宝文堂书店出版，1987，第40－41页。

心，有一个叫岭的地方，介于中岭和下岭交界处的岭部落。这样的地理环境便于形成格萨尔慈善、威严、正义的性格特点。在父母选择方面，莲花生大师排除没有教化的最古老的六个氏族，在藏族最著名的九个氏族中选择穆布佟族姓的人家中最小女儿的二子森伦作为格萨尔的父亲，由于他天性善良、器量宽宏、性情温顺。排除王族、婆罗门、庶民和贱民，在龙族中选择龙王邹纳仁庆的小女儿梅朵娜泽作为格萨尔的母亲。由于她会得到战神九兄弟和马头明王的保护。通过对族姓、部落和父母的细致谨慎地挑选体现了格萨尔时代的社会已经具有了等级差别。这种等级差别成为判断族姓优劣的重要标准。同时，作为家庭环境主体的家长，他们自身修养的良好与否会对儿童的身心以无形的示范，对儿童良好道德的养成与否产生深远的影响。特别指出的是，史诗中提到选择受到神灵保佑的母亲，这一选择更加凸显格萨尔时代人们对于神灵的敬重和依赖，同时，也决定了格萨尔所具有的神性特质。然而，家庭不仅通过优越的环境培养儿童的性格特质，还通过在恶劣环境下的生存考验增加儿童劳动方面的知识，锻造儿童坚强的身心意志。如史诗中格萨尔因遵照上师的旨意而被岭地人们驱逐后，来到土壤贫瘠、强盗横行、妖魔众多的黄河下游玉隆改拉松多，[①] 在这样严酷的自然环境中，格萨尔毫无畏惧，降伏各类强盗和妖魔，并通过自己辛勤的劳动来获得食物，不仅掌握了劳动方面的知识，而且在与恶劣环境的斗争中，在自己坚强意志的支撑下变荒芜的大地为牛羊成群的美丽草原。

格萨尔时代家庭教育环境的作用不仅是为儿童提供接受一般知识和技能的场所，更重要的是，赋予儿童一种重要的使命和责任。这种赋予，不是经过特定的步骤、以特定的形式来完成，而是生来就有的。在格萨尔未降生人间时，在天界的教导者莲花生大师等诸神对推巴噶瓦进行灌顶和授记，即进行佛教的洗礼，使其具备举世无双的无限功德后（即具备音律、武器和权力后），并委托他以普度众生的责任和使命。[②] 这一责任和使命也是格萨尔毕生的梦想所在。这一梦想是格萨尔未出生前就注定要完成的任务。待格萨尔降临岭地后，四处征战、降妖除魔、拯救百姓于水火之中。在这些过程中，无论是在天界，还是在人间，家庭这一环境时刻影响着和规约着格萨尔为实现这一梦想而不断的实践，并一直与莲花生大师委托的这种信念相伴相生。

（2）社会——塑造格萨尔秉性的教育土壤

如果将家庭看作格萨尔儿童时期的成长摇篮，那么，社会便是格萨尔成年后的征战舞台。如果说家庭教育环境只是赋予格萨尔一种责任，而社会教育环境则是实践这种责任并将它内化为自己的社会准则的重要场所。格萨尔时代，由于人们生产力水平和认识水平比较低，没有特定的教育场所——学校，特定的受教者和教育内容来实施教育活动，只能通过参与社会劳动和生产过程来传递各种经验和知识。但是，不言而喻，以部落为基本组织形式的社会最大限度地满足了大多数人们对于各

① 降边嘉措、吴伟：《格萨尔王全传（上）》，北京：宝文堂书店出版，1987，第85页。

② 降边嘉措、吴伟：《格萨尔王全传（上）》，北京：宝文堂书店出版，1987，第14－19页。

种知识和技能的需求，并且人们之间不同的知识基础可以相互得以补充并进一步完善。因此，它必然成为人们接受教育的主要场所。

人们通过社会这个大环境，学会了怎样扮演好自己的各种社会身份和承担角色赋予的各种社会行为，顺利完成个体社会化的过程。就是这一社会环境始终影响着成员的行为变化和心理变化。格萨尔时代，生存于部落社会生活中的格萨尔通过与其他成员的互动来确认自身扮演的各种社会角色和实践各种社会行为。无论是作为拯救众生的神子、威严高贵的君王，还是有责任的丈夫或总管王的侄子，格萨尔通过在部落社会中对不同社会角色的认知、扮演和行为表现，对人与人之间关系的深刻洞察，逐渐完成部落社会这一环境对他的社会化过程。

同时，部落社会这一教育环境也通过既定法则来限制和约束成员的不良行为、规约成员认同社会的总体目标和价值观、增强社会的凝聚力和促进社会的安定和团结。也就是说，一旦人们违背了部落社会的基本法则，就会受到相应的责罚。如在岭部落与蒙古马城之战中，格萨尔对天母降下的攻取蒙古马城的预言装聋作哑，昏昏欲睡，不愿意听从并积极行动。于是天神降天灾于蒙古马城以惩罚格萨尔与岭部落人民。受灾的蒙古马城又通过使用巫术降灾难于岭地。这时格萨尔和岭部落遭到了报复。① 格萨尔未听从天界天母的预言而造成岭部落的灾难。这一预言虽然是天界的法则，但却是一项神圣而又富于权威的命令。格萨尔作为从天界降临到人间的神子，必然受到这一不成文规定的限制与约束。而众神降灾难于岭地就是要惩罚格萨尔不对的行为，并告诫他要时刻要有全局意识并全力为实现部落社会的总体目标而努力。同时，这一命令也是部落社会凝聚力和团结力的象征。通过这一命令，格萨尔认识到，作为部落社会的领导者和部落战争的指挥者，任何时候都应该带领整个部落的成员朝着社会总体目标的实现而努力。这一社会目标就是降妖除魔、拯救众生。有了这一目标，整个部落社会成员就有了一致的认同标准和价值追求，进而对维持部落社会机制的健全和稳定，加强社会团结有重要的促进作用。同时，格萨尔在这一部落社会目标的约束和指引下，也完成了从非理性向理性的自我转变过程。

参考文献：

[1] 葛兆光：《中国思想史（第一卷）》，上海：复旦大学出版社，2010，第29、73－84页。

[2] 葛兆光：《中国教育思想史（第二卷）》，上海：复旦大学出版社，2010，第28－29页。

[3] 国家教育基金会：《道德伦理与婚姻家庭教育演讲集》，北京：国家教育基金会，1998，第56页。

[4] [美] 路易斯·亨利·摩尔根著，杨东莼、马雍、马巨译：《古代社会

① 降边嘉措、吴伟：《格萨尔王全传（中）》，北京：宝文堂书店出版，1987，第47－48页。

（上）》，北京：商务印书馆出版，1977，第11－12页。

［5］梁忠义、车文博：《实用教育辞典》，长春：吉林教育出版社，1989，第132页。

［6］马学良、恰白次旦平措、佟锦华：《藏族文学史》，成都：四川民族出版社，1994，第186页。

［7］石中英：《教育哲学导论》，北京：北京师范大学出版社，2007，第56页。

［8］石中英：《教育哲学》，北京：北京师范大学出版社，2007，第77、150页。

［9］吴式颖、李明德、单中惠：《外国教育史》，北京：人民教育出版社，1999，第6－8页。

［10］袁振国：《当代教育学（修订版）》，北京：教育科学出版社，1999，第115、218、359页。

作者简介：郝亚静（1987—　），女，汉族，山西省祁县人，现工作单位为北京交通运输职业学院。

三、教育学视角下的史诗《江格尔》研究

（一）史诗与教育

史诗一般含有丰富的社会和历史文化含义，然而由于其表现形式的特殊性，导致对其深刻内涵的解读较为困难。蒙古族英雄史诗《江格尔》就是这类史诗的典型代表。《江格尔》是蒙古族人民创造的伟大文化成果，在蒙古族人民曾经创造的众多史诗中，篇幅最长，情节最丰富，流传最广，艺术成就最高的，当属史诗《江格尔》。

对于史诗，虽然人们早已意识到了它独特的文化传承功能，然而，直至目前，少有人明确地从教育的角度进行研究。根据《教育大辞典》中的定义，“广义的教育，泛指影响人们知识、技能、身心健康、思想品德的形成和发展的各种活动”，毫无疑问，作为一个民族的文化精粹，史诗在其流传过程中，必然会影响人们的心理与行为。史诗《江格尔》与蒙古族人们共同经历了漫长的历史过程，在这一过程中，史诗被这个民族的人们按其集体的意志和愿望而塑造，而同时，这个民族的血脉中也确定无疑地浸染了史诗的气息和精神。这种相互作用和影响，显然可以看作是广义的“教育”的一种体现，进而可以从教育方法、教育内容和教育目的三个方面，对其过程进行分析。

（二）史诗《江格尔》的教育内容

教育内容是指为实现教育目标，而被选择纳入教育活动过程的知识、技能、行

为规范、价值观念、世界观等文化总体[①]。实际上的教育内容往往是协调个人和社会发展两方面要求的结果。

史诗《江格尔》的主要教育内容为道德教育，这种德育以崇尚力量、勇气和荣誉的英雄主义精神为主要内容，还包含有蒙古族传统美德和风俗习惯教育。由于持续多年的战争，反映人民愿望的史诗中最多的是对英雄主义精神的赞颂，以及对于信义、友爱、团结、善良等传统美德的宣扬。英雄对外，能够保家卫国，而传统道德足以保证民族内部的和谐有序，这样的教育内容，是与当时历史形式紧密关联的。

1. 英雄主义教育

英雄主义是指在完成具有重大意义的历史任务时而表现出来的英勇、坚强和自我牺牲的精神与行为。在特定历史时期，英雄主义教育能够产生巨大的正向作用。如前文所述，史诗《江格尔》产生的主要社会背景是战争。史诗真切地反映了广大人民对战争的厌恶和对和平的渴望，人们迫切希望有如江格尔和他的勇士们一般的英雄出现，带领人民保卫家园，维护和平。英雄主义教育，是史诗的主要教育内容之一。

（1）勇敢智慧

英雄气质的重要组成部分之一就是其勇敢无畏的品质，以及永不改变的忠诚。以洪古尔为例，他的勇敢毋庸置疑，智慧的老人阿拉谭策吉称颂他“在千百个国家里技能出众”、“在千百万勇士中百战百胜”[②]。有一次，可怕的芒乃可汗的使者前来，要求江格尔接受五个侮辱性的条件，否则就“填平你的宝木巴海，毁灭你的佛教，毁灭你的信仰!”，江格尔手下的六千又十二名勇士默默无言，他的右手第一勇士、智慧的先知阿拉谭策吉支支吾吾想要投降，连江格尔也就快要屈服，只有无畏的洪古尔一个人深入敌营作战，他的勇气最后终于打动了宝木巴的勇士们，众勇士一起出征，打败了芒乃可汗。

随着时代的发展，单纯以“勇敢”为主要内容的英雄主义精神的内容也逐渐发展，智慧的作用逐渐为人们所看重，并成为英雄不可或缺的品质，史诗《江格尔》中塑造的智慧型英雄形象，就是这种观念的反映。史诗中的英雄，固然力量过人，勇猛无匹，但他们却并不是有勇无谋的莽汉。他们的战斗充满力的较量，也闪耀着智慧的光彩。

江格尔的儿子、阿拉谭策吉的儿子和洪古尔的儿子三位小英雄，想要活捉敌人巴达玛·乌兰时，决定“只能智取，不能力敌”[③]，他们先假扮善于歌功颂德的秃头儿迷惑敌人，取得敌人的信任，然后里应外合，一举成功。

类似的事例充分表明，史诗《江格尔》所崇拜的，并不是只有蛮力的莽汉，

① 顾明远：《教育大辞典》，上海：上海教育出版社，1992，第1817页。

② 色道尔吉译：《江格尔——蒙古族民间史诗》，北京：人民文学出版社，1983，第54—55页。

③ 色道尔吉译：《江格尔——蒙古族民间史诗》，北京：人民文学出版社，1983，第461页。

作为一名英雄，智慧也是必不可少的特征。

（2）珍惜荣誉

史诗《江格尔》中，英雄们的一个突出特点就是对自身荣誉的极度重视，以及由此而来的对骄傲和尊严强烈维护。荣誉感一般来源于保卫国家和维护个人尊严。在战争中，英雄因其能征善战而给个人和部落带来实际利益，在受到部落众人的赞誉和敬佩的同时，个人也能体会到一种自豪和满足感，这种自豪感和满足感会逐渐成长为为部落和个人荣誉而战的使命感和荣誉感。

在英雄看来，对荣誉的追求和维护是至高无上的，个人的尊严和荣誉高于一切，包括生命。史诗《江格尔》中也有相应的描述：因为荣誉和骄傲，重伤的萨那拉要抢在伙伴萨布尔到来之前打败敌人①；当江格尔不恰当的言词伤害了勇士萨布尔的自尊，他甚至因为生气而离开了宝木巴，投奔沙拉·裕固三汗，要让江格尔等人“在我的斧下发颤”，然而，这毕竟只是英雄的荣誉和骄傲遭到忽视时的赌气之语，当沙拉·裕固三汗真的入侵宝木巴之后，萨布尔却彻夜难眠，因为对江格尔和宝木巴的感情，他终于“跨马向宝木巴飞翔”，关键时刻力挽狂澜，打败敌人，拯救了江格尔和众勇士。

对荣誉的尊崇是英雄们的普遍特征，甚至超越了正义与邪恶的判定，而成为英雄气质的重要组成部分，也是英雄们生命的组成部分。崇尚在沙场厮杀中展现个体的勇气和力量，视荣誉重于生命，这是史诗《江格尔》中众英雄荣誉观念的真实体现。

2. 传统美德教育

传统美德是指在产生于旧时代的道德观念中，经过历史发展的过滤之后被认为依旧适合于当前时代的、具有普遍价值的部分，受到人们的一致认可和普遍接受的品德观念。传统美德教育是道德教育的重要组成部分。在史诗《江格尔》中，除了浓墨重彩着重刻画和宣扬的英雄主义精神之外，也包含和传承了更多蒙古人民的传统美德，如尊老爱幼、热爱家乡等美好品德，在史诗中均有体现。

（1）尊老爱幼

蒙古族向来具有尊敬长者的优良传统，表现在日常生活中，就有许多特殊的礼仪要求，例如在吃饭时，长者先动筷子之后，其他人才能开始吃饭。在制定于17世纪初的《卫拉特法典》就有规定，遗弃老人将会受到制裁。

蒙古人民尊敬老人，不仅是对长者一生辛劳及所作贡献的感恩，更是因为他们把老人看作经验和智慧的代表，老人一生所积累的知识和智慧，是促进社会发展的宝贵财富，长者的指点能够让年轻人避免错误。例如在史诗《江格尔》中，智慧的老人阿拉谭策吉，因为他能预知吉凶祸福的超人智慧而成为江格尔座下的右手第一勇士。在古代社会，蒙古族就有礼敬长者的传统，每当集会时，年轻人都要聆听长者教诲；当部族有大事需要商量时，必定要请长者出席；史诗《江格尔》中也

① 色道尔吉译：《江格尔——蒙古族民间史诗》，北京：人民文学出版社，1983，第94页。

多次提到，当江格尔举行宴会的时候，在他的华美的宫殿中，在江格尔和他的身经百战名声显赫的英雄们的席间，必定“还坐着一圈须发银白的老人”①。

除了尊敬长者外，关怀晚辈、扶持幼弱也是蒙古族的传统美德。成吉思汗在战场上，曾经先后收留了四名弃儿，并让自己的母亲抚养他们。在史诗《江格尔》中，好汉洪古尔也曾变作可怜的秃头儿，被一对善良的老夫妻收养。另外，江格尔的宴会中，除了邀请老人入席外，“还有一席是天真可爱的儿童”②。

（2）热爱家乡

史诗所体现的另一种美德是对家乡、对民族的深深的爱，其表现之一就是史诗的主题：“为保卫宝木巴而战，至死不渝”，家乡的安宁美好重于生命。

此外，对家乡的热爱也表现为对家乡不遗余力、满怀深情的赞美：美丽的宝木巴家乡，那里有广袤的草原，威武的白头山。朝阳升起，露珠在翡翠般的嫩草上闪光，到了中午，太阳光辉灿烂，禾苗茁壮成长。这里万古长青没有死亡，人人都是二十五岁时的年轻模样，这里没有贫穷和饥饿，人人都幸福快乐。宝木巴地方的人美物也美，圣主江格尔坐在宫殿，明亮如十五的月亮，他的夫人阿盖，是两百个美女的太阳。而美男子明彦，见到他的每一个人，都会为他的容颜所倾倒……

这些赞美的语句在诗中不断出现，真切地传达了史诗角色对家乡宝木巴的热爱，同时，创造了这部史诗的蒙古族人民，他们对家乡的深切感情，也随之被传承下去。

3. 风俗习惯教育

史诗《江格尔》中，也包含蒙古民族特有的风俗习惯，在史诗的传承过程中，这些风俗习惯也在一定程度上被传递了下去。

（1）婚嫁

《江格尔》中包含有关于婚嫁风俗和礼仪的教育内容。根据史诗描述，婚姻可以以两种形式开始，其中之一是抢亲。抢亲这一风俗在史诗中是受到赞扬的，能够与其他男子的争夺中获得胜利，这也是英雄们的荣耀。而且，在历史上，女子一度被看作财富的一部分，英雄的行为目的之一则是占有财富，例如掠夺奴隶、占有土地等。因而，在史诗中，英雄以抢亲的形式得到妻子这样的情节并不鲜见，而且这也是对英雄形象所具有的个性和品质的丰富。例如，圣主江格尔就是在杀死了大力士包鲁汉查干，击败诺敏·特古斯可汗之后，才娶到了可汗的女儿，天仙似的美丽的阿盖。

除抢亲之外，另一种缔结婚姻的形式是提亲。一般由一个德高望重的人来充当媒人，向对方父母表达希望与其子女缔结婚姻的愿望。江格尔可汗就曾两次为洪古尔提亲。提亲时要备足彩礼，更重要的是，求亲者要仪表才能都非常出众，这样，当遇到竞争者时，才更有可能占上风。当不同的人向同一个姑娘提亲时，最重要的

① 色道尔吉译：《江格尔——蒙古族民间史诗》，北京：人民文学出版社，1983，第13页。

② 色道尔吉译：《江格尔——蒙古族民间史诗》，北京：人民文学出版社，1983，第13页。

仪式就是新郎间的比武，这时所比试的一般是蒙古族传统的好汉三项：赛马、射箭和角力。只有真正的英雄好汉，才能在比试中胜出，得到心仪的姑娘。

最后，婚嫁礼仪中，还包含举办盛大的宴席，以及全体奴隶前来新房，给主人贺喜的活动。

史诗中包含的婚嫁习俗，首先是英雄的求胜精神和荣誉意识在战场之外的体现，是对英雄主义教育内容的丰富；其次，婚嫁习俗中也体现了具有时代特色的等级和门户观念、财富观念以及相关礼仪要求，这些内容伴随史诗传播而在人群中传递，是一种隐性的教育内容。

（2）征战

作为史诗《江格尔》中着力刻画的场面，可以看到，对于战争，也有一系列约定俗成的，独具游牧民族特色，并受时代背景影响的习俗。

战争的开始，一般是一方向另一方下战书，其中包含有一些具有侮辱性和侵略性的条件。如果对方不接受这些条件，那么战争就会展开。这样的情节是对当时历史时代中，以争夺物质财富为主要目的的战争起因的简单化描述，而且，以挑衅的方式挑起战争这种做法在当时也是可以接受的，这种深入敌营进行威胁的做法被看作英雄们勇敢精神的表现，充分展示了对自身力量的自信、对敌人的轻视以及对生死的蔑视。

另外，史诗中描述的战争还包括一些其他风俗，例如：英雄出战前，会请喇嘛念经，并会接受己方伙伴的祝福，出门后会骑马绕行庙宇或宫殿三周，遇到敌手在战斗前会互通姓名。战胜国一般不会侵占战败国的土地，而是掠夺它的奴隶和牲畜，把对方的国民当作自己的属民，有时还会打上标识己方所有权的火印等。其中，带有宗教意味的习俗反映了在当时历史背景下宗教在人们的社会生活中所具有的地位，宗教观念在现实生活中的形成和传播有一定作用；其他的战争礼仪和风俗则与英雄主义气质相关，确立和丰富了英雄主义的表现和内涵。

（三）史诗《江格尔》的教育方法

根据《教育大辞典》，所谓教育方法是指："为实现教育目的和内容而采用的各种方式，运用的各种手段和程序的总和。包括教育者施教的方法和在教育者的指导下受教育者领教及自我教育的方法。"① 史诗《江格尔》的教育作用发生在它的传承过程中，主要是在《江格尔》的演出过程中。对于《江格尔》来说，它的教育方法是指，使人们理解该史诗内容，认可史诗传递的观念与思想，接受并进一步内化为自身相应的思想和行为准则的方式。

1. 情感陶冶

情感陶冶法是指，为受教育者构建有感染力的教育氛围，使受教育者在情感层面受到感染和影响，进而在潜移默化中接受相应的教育内容。情感陶冶教育方法具

① 顾明远：《教育大辞典》，上海：上海教育出版社，1992，第1767页。

有间接性和一定程度的隐蔽性，受教育者在无意识的情况下被影响，但这种影响同时也是非强制的，并能给受教育者带来愉悦感的。

在史诗《江格尔》中，情感陶冶教育方法具体表现为艺术熏陶的形式。史诗用极具表现力和感染力的语句，逼真地描绘了一个美好的理想世界，以及在这个世界中生活着的人们的一言一行，塑造了一个个个性鲜明的人物形象。再加上江格尔齐高超的艺术造诣，能够保证把每一个听众都带入“宝木巴地方”，江格尔齐的每一次表演对观众来说都是一次心灵的熏陶。有记录说，江格尔齐穆·巴桑戈夫用朗诵式的曲调演唱《江格尔》，有着极强的表现力：“……在说罢开场白后，他讲到了洪格尔统帅如何迎战敌人。说唱者被他所讲述的内容激励着卷起黑绸棉袄的袖管，从自己的衣兜里掏出了一块鲜红的丝手帕，高高扬起，就像诗歌里洪格尔所做的那样。挤得水泄不通的卡尔梅克剧院演出厅里欢声雷动：‘对，对，就这样’”。[①]史诗的巨大感染力，可见一斑。

2. 榜样示范

榜样示范是指以别人的高尚的言行，美好的品德，熟练的技能，杰出的成就等作为主要教育内容，有目的地对受教育者施加影响的一种教育方法，在榜样面前，受教育者更能够认清自己的不足，了解彼此的差距，明确自身的奋斗目标，激发学习的动力，从而积极主动地接受教学内容。

榜样示范法主要试图引发受教育者内心对榜样人物的崇拜、敬佩等思想感情，在这些积极思想的推动下，受教育者能够自觉主动地理解榜样人物所代表的精神实质，用以指导自身行为，并逐渐内化为自身思想系统的一部分。

具体的榜样可以是英雄人物，也可以是某一方面具有示范作用的普通人。史诗《江格尔》塑造了一系列光辉灿烂、受人喜爱的角色形象，包括荣耀的江格尔、赤诚的洪古尔、智慧的阿拉谭策吉、铁臂萨布尔、好汉萨纳拉、美男子明彦、大力士库恩伯等。这些英雄形象之间既有共性也有个性，力量、英雄气概是他们共有的特质，再加上如阿拉谭策吉的预言能力，明彦的相貌等特点，又使得各位英雄活灵活现，各具特色。

史诗《江格尔》所塑造的这些艺术形象，以及他们所表现出来的理想化的能力和美德，在史诗流传过程中，毫无疑问，发挥着巨大的榜样力量。

3. 说理教育

说理教育法是指以讲道理的方式影响受教育者，使之能够较快接受教育内容，进一步提高自身思想道德水平的教育方法。说理教育方法能够帮助受教育者明辨是非，提高受教育者的思想认识水平和道德判断能力。

史诗《江格尔》的说理教育法，主要表现为谚语形式的、以及史诗角色口头说出的训诫。

《江格尔》中包含有一些通俗、精练的谚语式的语句，具有明显的教育意义。

---

① 额尔敦：《故事歌手“江格尔齐”》，载《内蒙古大学艺术学院学报》，2010年第2期，第42页。

例如："你既是勇士，言必信，行必果。"[①]，"你虚无缥缈，犹如空谷中的回声，你先天不足，好像老骆驼生出的幼羔。"[②]，"逢哭你要教训，逢笑你要询问"[③]。

另外，史诗角色的某些语言也是说理教育的实例。例如，江格尔打算给洪古尔娶一位美貌的姑娘，阿拉谭策吉试图劝阻这件事，他说："她的容貌美丽，举世无双，她的内心肮脏，妖魔一样，美丽的姑娘何止千万，不要招惹那凶恶的娇娘。"[④]这是一位长辈的择偶观教育，经过阿拉谭策吉这位智慧型英雄的口说出，具备非比寻常的说服力。

4. 品德评价

品德评价法是指根据一定标准，对人物的思想和行为做出明确的评价，使受教育者能够准确感知什么样的行为会受到鼓励，什么样的行为不被接受。

品德教育是史诗《江格尔》的主要教育内容，其中不少地方使用了品德评价法。史诗歌颂正义、勇敢、善良、忠诚和忠贞等美好品质，对于这样的人物，史诗进行了不遗余力的颂扬，例如说江格尔"万有的至高主宰者，光辉灿烂，好像十五的月亮"[⑤]，智慧的阿拉谭策吉"足智多谋，眼明心亮，他是所向无敌的英雄，是勇士们的兄长，是人民爱戴的首领"[⑥]；

与对英雄的赞扬相对，对于邪恶，史诗进行了毫不留情的贬斥，例如，黑心的暴君黑那斯可汗"骄傲又狂妄"；形容被魔鬼侵略的宝木巴圣地"巍峨的白头山被夷为平地，浩瀚的宝木巴海被黄沙填满"[⑦]，面对这样的恶魔，怎能不激起人们心中的仇恨？

史诗《江格尔》有着明确的品德评价的标准，这一标准又是被整个蒙古民族所发自内心的认同和接受的。通过这种爱恨鲜明的品德评价法，人们对于是非对错有着更清晰的认识，具备重要的教育意义。

（四）史诗《江格尔》的教育目的

教育目的指培养受教育者的总目标[⑧]。一般说来，教育目的应当是一切教育实践活动的出发点，教育目的直接影响教育方法和教育内容的选择，教育方法和教育内容必须以实现教育目的为前提。鉴于教育内容和教育目的之间的关联，对于史诗《江格尔》这样相对特殊的研究对象，可以根据教育内容来推断其教育目的。

影响教育目的的最重要因素是社会发展状态。不同发展状态的社会，对人在社

① 色道尔吉译：《江格尔——蒙古族民间史诗》，北京：人民文学出版社，1983，第40页。
② 色道尔吉译：《江格尔——蒙古族民间史诗》，北京：人民文学出版社，1983，第42页。
③ 色道尔吉译：《江格尔——蒙古族民间史诗》，北京：人民文学出版社，1983，第273页。
④ 色道尔吉译：《江格尔——蒙古族民间史诗》，北京：人民文学出版社，1983，第114页。
⑤ 色道尔吉译：《江格尔——蒙古族民间史诗》，北京：人民文学出版社，1983，第8页。
⑥ 色道尔吉译：《江格尔——蒙古族民间史诗》，北京：人民文学出版社，1983，第202页。
⑦ 色道尔吉译：《江格尔——蒙古族民间史诗》，北京：人民文学出版社，1983，第244页。
⑧ 顾明远：《教育大辞典》，上海：上海教育出版社，1992，第1815页。

会中的角色有不同的要求，因而教育目的也不相同。具体到理想社会宝木巴，根据史诗《江格尔》，重要的社会角色有以下几种：

1. 领袖

领袖应当是全社会的统帅，他选拔优秀人才，聚集众人的力量，对内维护社会稳定，促进发展，对外则抵抗侵略，保卫社会安宁。领袖人物是一个特殊的社会角色，除具备社会所要求的基本品质之外，还有自身特点。

宝木巴地方需要的领袖人物，应当具备的最重要特质是强大的凝聚力，以及快速准确的决断能力。只有具备强大的凝聚力，才能使众多英雄好汉团结一心，为了宝木巴的利益而集体战斗，如果领袖缺乏足够凝聚力，就将导致宝木巴地方领导团体的崩溃，随之而来的结果就是国势衰弱，难免外敌入侵的结局。史诗中，江格尔独一无二的凝聚力有两个来源：卓越的个人能力和神秘的天命，而且作为某种古老的与宗教相关的因素在史诗中的体现，后者似乎比前者更加重要。

在史诗所描绘的战争社会背景下，江格尔有着卓越的个人能力，勇敢、无畏、武力强大。在史诗的描述中，他从三岁开始战斗，攻城略地，降妖伏魔，到七岁的时候就已经“打败了东方的七个国家，英名传遍四方，威震天下”①，这样的战绩，在史诗中是极为杰出的。即使到史诗后期，这位圣主在战场上依然所向披靡战无不胜，唯一可能在武功上与江格尔相媲美的便只有好汉洪古尔。然而，最重要的是江格尔所具备的神秘的天命，阿拉谭策吉早就预言了江格尔所能取得的成就和业绩并主动归附，其他众多的英雄好汉也被江格尔一一降伏，比如萨纳拉，他“数了江格尔头盔中的头发，数了江格尔肉中的骨头，认出江格尔是阳光下万物的主宰，看出江格尔是洪福齐天的可汗”②。这种神秘的天命，是江格尔作为宝木巴的领袖的最重要的特质。

2. 智者

智者也是宝木巴的重要社会角色，智者的主要职责是运用自己的智慧，对当前形式作出判断和预测，来辅助领袖人物作出决策。智慧是智者最重要的角色特质。在史诗《江格尔》中，宝木巴地方的第一智者当属阿拉谭策吉，他能够“洞悉未来九十九年的吉凶，牢记过去九十九年的祸福”，这样一位先知一般的智者，他多次预先掌握了魔王的阴谋，从而抢得先机克敌制胜，当己方将士遇险，他也能及时察觉，禀报江格尔，进而及时救援。这样的智者当然不可能在现实中存在，然而，就史诗描绘的理想社会宝木巴而言，似乎也只有这样的智者才能满足社会对智者这一角色的要求了。

史诗《江格尔》中另有一名智者，根据史诗描述，他似乎比阿拉谭策吉更为强大。他是扎拉干可汗的右手第一勇士，能够“预知未来一百零八年的祸福，又熟知过去一百零八年的吉凶”，也正是因为这位智者的建议，考虑到双方力量对比

① 色道尔吉译：《江格尔——蒙古族民间史诗》，北京：人民文学出版社，1983，第3页。

② 色道尔吉译：《江格尔——蒙古族民间史诗》，北京：人民文学出版社，1983，第47页。

的江格尔才放弃了征服扎拉干的打算，转而与之结盟。扎拉干也是史诗中唯一一个与江格尔发生冲突后未被征服而是与江格尔结为盟友的可汗。

3. 战士

根据史诗描述可以判断出，宝木巴地方人数最多的社会角色就是战士。战士的社会职责是保证宝木巴一方在战争中获胜，无论是反侵略的自卫性战争，还是江格尔发起的对别国的侵略战争。在一个以战争为主旋律的世界，强大的战士的重要性不言而喻。对战士这一社会角色来说，最重要的品质就是勇武，以一敌百，战无不胜。他们有着对胜利的强烈渴求和信心，对身为一名勇士的荣誉无比珍惜，对自己的国家怀着深深的感情。对战士来说，个人生命的重要性远远低于荣誉、胜利和家园的安宁。宝木巴地方在那个混乱世界中的一片乐土，以江格尔、洪古尔为首的战士们则是这片乐土的保护神，没有了这些优秀的战士，美好的宝木巴地方也将不复存在。

（五）总结

总的说来，史诗《江格尔》与教育之间存在某种关联，可以在教育学理论的指导下对史诗的传承及其影响进行考察。但同时必须意识到的是，《江格尔》之教育，与一般教育活动相比，无论从教育背景来看，还是从教育活动本身来看，都有明显特殊性。根本原因在于，教育功能产生于史诗的传承过程中，它是史诗的一种附属属性，而不是史诗从形成之初就具备的功能，也不是史诗最根本的功能。因而，对于史诗《江格尔》来说，教育学理论应当发挥的是验证性和解释性作用，而不一定要具备指导性和可操作性，史诗《江格尔》之教育，不可能也不应当在细节上完全符合教育学相关理论框架，只能是作为一种研究对象，尽可能发掘和利用其价值。

参考文献：

［1］关巴、马雄福整理：《〈江格尔〉故事梗概》，乌鲁木齐：新疆人民出版社，2006 年。

［2］韩达：《中国少数民族教育史》，昆明：云南教育出版社，1998 年。

［3］贾木查著，汪仲英译：《史诗〈江格尔〉探源》，乌鲁木齐：新疆人民出版社，1996 年。

［4］仁钦道尔吉：《〈江格尔〉论》，北京：方志出版社，2007 年。

［5］石中英：《教育哲学》，北京：北京师范大学出版社，2007 年。

［6］吴明海：《中国少数民族教育史教程》，北京：中央民族大学出版社，2006 年。

［7］罗布桑丹津注、乔吉校注：《黄金史》，呼和浩特：内蒙古人民出版社，1983 年。

［8］顾明远：《教育大辞典》，上海：上海教育出版社，1992 年。

作者简介：左奇（1985— ），男，2012年毕业于中央民族大学教育学院中国少数民族教育专业，研究方向：少数民族教育史。吴明海（1965—），男，安徽繁昌人，中央民族大学教育学院教授，博士，博士生导师，主要研究方向是中国少数民族教育历史与发展研究。

第三节　国外少数民族教育史研究

一、“被偷走的后代”——澳大利亚原住民强制同化教育始末

根据2006年统计，世界上原住民人口达到3.5亿，有5000多个持有不同语种的族群，分布在世界上70个不同国家中。在1500年前，原住民的文化处于自然发展状态，而其教育旨在传承他们的传统文化。1500年后，随着西方殖民者的到来，不仅破坏了他们社会的自然进程，而且使其文化经历了巨大的变迁。之后，随着移民国家的建立，这些国家的原住民面临着全球化与国家一体化的双重挑战。在这种背景下，原住民教育失去了其传承本土文化的原生职能，转而成为西方殖民者消灭原住民文化、同化原住民的工具。20世纪60—70年代，随着国际环境的变化和原住民自我意识的觉醒，原住民教育呈现自治发展趋势。步入新世纪，各国原住民教育从赋权自治走向能力构建，开启了其内涵式发展的新篇章。

澳大利亚是大洋洲最大的国家，是一个由来自120个国家的140个民族组成的多元文化的国家。土著民是澳大利亚的最早居民，大约在6万年前，他们从东南亚乘独木舟来到这里，由北向南逐渐扩展，散布于现今澳大利亚大陆各个地方。2006年，澳大利亚总人口为2070万，原住民人口约为45万人，占全国总人口的2.4%。澳大利亚现在的原住民主要聚居在南部的大城市，和一些地理位置偏僻的北部地区。

“被偷走的后代”是澳大利亚殖民当局强制同化原住民政策的产物，指在1869—1969年期间，殖民当局将十万原住民孩子强迫带离其父母、家庭、社区，从而对他们实施强制同化教育的行径。从词源学角度来看，“被偷走”（stolen）这个词出现在20世纪初，澳大利亚新南威尔士国会议员 Hon P. McGarry 在反对当局于1915年实施的“原住民保护修改案”时，称保护局官员从原住民家庭带走他们孩子的政策是一种从父母身边偷走他们孩子的行为；Peter Read 博士于1981年发表题为《被偷走的后代：1883—1969新南威尔士州原住民儿童被强行带走》调查报告，原住民儿童被强制同化问题开始引起人们的注意。而1997年澳大利亚人权与机会平等委员会发布的《带他们回家：关于原住民及托雷斯海峡岛民儿童与家庭隔离的国家调查报告》，原住民被偷走的后代问题引起广泛的关注。2008年2月13日，澳大利亚总理陆克文正式就“被偷走的后代”问题向原住民道歉，标志着这一术语正式为世人所接受。

（一）原住民儿童强制同化教育的始末

在欧洲殖民者到达澳大利亚之前，原住民就在这片古老的大陆上繁衍生息了几万年，形成了与自己的生存环境和生活方式相适应的社会组织、本土宗教和传统文化。1788 年 1 月 26 日，大英帝国舰队在今天的悉尼湾登陆澳大利亚，把它作为流放犯人的地方，从而揭开了英国在大洋洲殖民的帷幕，同时也开始了欧洲白人和当地原住民这两种持不同生活方式的民族及文化间交往接触的历史。在 19 世纪 20 年代前，由于殖民规模有限，双方还能相安无事。随着殖民规模扩大，尤其是殖民者对原住民土地及资源（打猎与捕鱼场所）的剥夺，波及原住民的生存，两种文化的矛盾，两个民族冲突不可避免。白人凭借其军事及技术上优势开始对原住民实施屠杀与驱赶政策。在新南威尔士（1824 和 1838）、范迪门地（1828）、西澳大利亚（1834）不断有原住民被白人屠杀，甚至整个社区土著人全部被杀害的事件发生，而塔斯马尼亚的原住民在 19 世纪 30 年代则被驱赶出家园并最终灭绝。“有的人估计在白人到来的时候土著人口为 75 万，大约有 60 万土著人在白人占领的年代里陆续死去”（杨洪贵，2007）。与此同时，许多原住民孩子离开家庭被殖民定居者当作廉价劳动力。1809 年，Lachlan Macquarie 被英国任命为总督，一些教会和殖民政府为原住民儿童举办的教育机构开始出现，最早的是于 1814 在 Parramatta 附近建立的学校。由于原住民父母意识到其目的是让他们孩子远离他们的家庭和社区，不再送孩子到这一学校，1820 年，这一学校倒闭。到了 19 世纪中期，白人驱赶屠杀原住民政策引起英国本土注意，遭到人道主义及慈善组织的反对，殖民者认为作为“注定灭绝的种族”的原住民将自行消亡，于是转而实行所谓的“保护”和“隔离”政策，阻止原住民的自由流动，将原住民与外界社会隔离起来，其最终的设想就是让这些残留的原住民自生自灭。而对于原住民的后代则实行强迫带离其父母、家庭、社区的同化政策。1837 年英国特别委员会对其殖民地的原住民状况进行了调查，认为澳大利亚原住民遭到不公待遇，建议实行“保护”制度。在这种制度框架下，有两种政策被采纳。其一为“隔离”，建立保留地，强迫原住民社区迁移到保留地；其二为教育，关注原住民年轻一代，涉及其生活的各个方面。维多利亚州成为第一个建立保护制度的州，1869 年维多利亚州议会通过《原住民保护法》，建立原住民保护局，授权保护局控制原住民生活的方方面面。根据保护法，原住民必须居住在保留地里，而任何看来被其父母忽略或者处于未被保护状态的原住民儿童将被与其家庭隔离，带到教堂、技工学校或保护站寄养；允许保护局把原住民 14 岁以下男孩和 18 岁以下女孩带离保留地，安置到任意其他地方。此后，其他各州竞相效法陆续出台了将原住民孩子强迫带离其父母的法律。1883 年新南威尔士州建立原住民保护局以管理 9000 多名原住民的生计；1879 年昆士兰州颁发《原住民保护和限制鸦片销售法》，根据这一法律，不管孩子父母是活着还是去世，保护局局长都拥有这些孩子的法定监护权，有权将原住民儿童带离其家庭，安置到住宿点或者相关机构。将孩子带离父母很少因为这些孩子遭到父母忽略，更多的是靠保护局官员们威胁父母，或者以物质利益相诱惑，整个过程没有履行法律程序，也不用征得孩子父母的同意。从 1939 年开始，原住民福利部部长拥有这一权力，直到 1965 年之前，福利部部长一直拥有剥夺原住民父母抚养其子女权利的权力，成为原住民孩子的法定监护人。南澳大利和北方地区也参照昆士兰州的做法制定了相应的法律；1901 年澳大利亚联邦建立，但是原住民没有公民权，不被包括在国家人口统计之内，一直到 1967 年宪法修改为止，原住民事务依然归各个州自行管理；1905 年西澳大利亚通过《原住民保护法》，根据法律，保护局局长是所有 16 岁以下包括混血儿在内的原住民孩子的法定监护人；1911 年南澳大利亚的《原住民保护法》使保护局局长成为 21 岁以下纯血和混血原住民孩子的法定监护人，他们还有权决定这些孩子在哪里生活；同年联邦政府通过了《北方地区原住民条例》，保护局局长拥有所有 18 岁以下原住民儿童和混血儿的监护权，任何原住民可以被强制带到教堂或定居点，而原住民孩子可以被强迫带离其父母；1915 年，新南威尔士州授权原住民保护局可以不经过任何法律程序，随意将原住民儿童带离其家庭和父母。

20 世纪上半叶，随着澳大利亚社会从分散的殖民地向统一联邦国家过渡步伐的加快，原住民问题呈现出国家化的趋势，即原住民事务管理由过去完全由各州自行负责转为国家和各州联合协商解决。另一方面殖民者所预期的原住民将注定灭绝没有成为现实，20 世纪 30 年代以来原住民人口不断增长，1921—1947 年全澳大利亚的原住民人口从 60479 增长到 73817 人（黄源森、陈弘，1991）。这些状况促使当局改变之前的保护政策，转而实行全国性的同化政策，认为只有将原住民尽快地同化到白人主导的主流社会中来，才能最终解决原住民问题。1931 年成立原住民种族保护协会，面对种族隔离政策的明显失败，会议建议采取基于原住民不能自行消亡的积极政策；1937 年，第一次全国范围内的联邦 - 州原住民福利会议召开，会议认为纯血统的原住居民终将消失，麻烦的是原住民混血后代的问题。会议提出一套双管齐下的同化政策，对纯血种原住民继续加强隔离，而对混血原住民后代加强同化教育；1939 年，联邦政府正式宣布实行同化政策，各州纷纷修改过去的与保护隔离政策相关的法律。第二次世界大战爆发推迟了这一政策的实施。战后，联邦政府继续与各州代表会晤，召开会议讨论日益紧迫的原住民问题，重申结束隔离政策，推行同化政策。1951 年建立联邦原住民福利部，各州建立相应的机构负责实施强制同化政策。对原住民混血儿童的强制同化是同化政策实施的主要内容和措施。在澳大利亚的许多地方，几乎所有的混血原住民儿童都被原住民福利局巡视员从他们的家里强行带走，送到教会或政府新建的定居点抚养成人，其中，也有一部分儿童分送到白人家庭去接受同化教育。直到 1969 年，新南威尔士才停止将原住民儿童和他们的父母强制隔离的做法，而在某些州，这种对原住民混血儿童强制实行欧化教育的措施，一直持续到 20 世纪 70 年代。这样，无论在隔离时期，还是在同化时期，在长达 100 多年的时间里，大多数澳大利亚原住民儿童被强制带离其赖以生存的父母、家庭、社区，离乡背井，被强制接受欧化教育，其身心受到了极大的伤害。这些儿童被称为“被偷走的后代”，这种强制同化教育无异于文化灭绝，对人类文化多样性发展造成了恶劣的影响。

（二）澳大利亚原住民强制同化教育的影响及其反思

根据 Peter Read 博士的研究，估计有 10 万原住民孩子被强迫带离其父母，最终沦为“被偷走的后代”，而 1997 年澳大利亚发布了由政府委托全澳人权与机会平等委员会起草的《带他们回家：关于原住民及托雷斯海峡岛民儿童与家庭隔离的国家调查报告》，报告指出，在 1910—1970 年期间，有三分之或十分之一的原住民孩子被强迫带离他们的家庭和社区；而整个 20 世纪大约有 4 万原住民儿童被强迫带离家庭。在当时，几乎无一家庭幸免孩子被强迫带离父母的悲剧。该调查进行了广泛的取证，共收到 777 份取证材料，其中，原住民个人和组织的材料有 535 份，教会组织的材料有 49 份，政府部门的材料有 7 份。通过对这些调查材料的研究表明这种强制同化政策给原住民家庭、社区、个人造成极大的伤害。“成百上千个原住民后代不知道自己出自哪个家庭，来自哪个社区，他们被各色白人以各种理由带离自己的家庭。他们不知道自己来自什么地方，甚至有许多人不知道自己是原住民的后代。当他们长大时，被要求像白人一样思考，像白人一样行事，最终成为十足的白人。”（Peter Read，1981）这种强制带走孩子的政策及其实施对原住民家庭造成了长久的伤痛，对原住民社区造成了消极的影响，对那些身受其害的原住民当事人来说，意味着永远失去了与家庭、土地、文化及语言的联系。尤为严重的是他们所遭受的创伤影响其后的几代人。

许多被偷走的后代缺乏能证明自己身份的个人记录。由于在出生、父母婚姻、被抚养情况等方面没有完整的、连贯的、详细的官方登记和个人情况记录，这些孩子在长大后在获取驾驶执照、结婚证书等证件时会体验到羞耻、悲伤、失落等心理感受，在获得社会服务方面遇到困难。同时，在当地社区内很难得到自己作为原住民的身份证明。

夹在白黑两个世界中，许多孩子经历身份冲突。这些孩子自小被迫远离自己的家庭、社区、语言和文化，在非原住民机构或白人家庭长大，他们身为原住民，而在行为上体现出白人的特点，身心处于分裂或者不一致状态。他们常常不能为两种文化所接受，处于非此非彼的边缘状态。因为自己的原住民印记而不能为主流社会所接受，同时也因为自己不够土著而为后来生活的原住民社区所排斥。

被偷走后代代际之间的影响。对于被偷后代而言，这种不良影响不止限于其本人，其后代、乃至后代的后代也受到影响。由于在被抚养机构、学校、白人家庭受到不公待遇，他们不仅自己身处那种缺乏安全和爱的氛围中，无法将自己的境遇告诉自己的后代，而且更担心自己的孩子被强迫带离，遭受同样的伤害。

身体和情感方面的问题。根据统计，这些当事人的寿命要比同年龄的非原住民少活 10—12 岁。由于这些人被强迫带离家庭后，其衣、食、住等生活条件和卫生保健条件很差，他们普遍患有糖尿病、心脏病、肾病等疾病，他们吸烟、早产、吸毒、嗜酒的比例很高。许多孩子还遭到保护局及福利局官员、抚养机构、教会及学校工作人员的身体和性方面的虐待。由于不良的早期经验与各种身体健康问题相伴，使他们在心理和情感方面存在大量的问题，相当比例的人群患有诸如焦虑、抑郁、恐惧、强迫等精神疾病。

学业成就低和就业机会少。这些孩子从家庭被带走后，被送到教会、慈善机构收养站、政府定居点或白人家庭，缺乏正规而稳定的学校教育条件，他们很少能完成中学学业。他们如果讲自己的母语，将受到惩罚。殖民当局强迫隔离的目的是把他们同化到白人社会当中，把男孩培养成为农业劳动力，把女孩培养成为家庭女佣。学业成就低和缺乏安全的成长环境导致他们无法得到好的就业机会。久而久之，产生自卑感和沮丧心理，加上早期所受的不公正待遇，于是滋生违法动机，导致犯罪行为。与非原住民的同伴相比，他们犯罪记录要高出三倍，他们吸毒的比例高出两倍。

总之，澳大利亚殖民者及其联邦政府实行的强制同化是一种种族灭绝政策，从父母、家庭、社区中强迫带离孩子的目的在于使原住民族最终消失。被偷走的后代虽然在人口上没有彻底灭绝，但是这种强制同化政策的结果使他们的文化遭受巨大灾难。这一历史教训应该引起我们的反省与思考。

由于生存环境与生业方式的不同，人类社会孕育了多样的文化和众多的民族。文化多样性是人类社会的主要特征，不同民族拥有不同的文化。据估计，世界上有近6000种文化，而世界上的各个民族是这6000种不同文化的载体，原住民族文化占世界文化多样性的一大部分。在6000种文化中，有4000—5000种文化是原住民民族文化。但是，自1500年以来，由欧美引领的全球化和现代化运动使原住民族文化在不断丧失，大多数原住民文化处于濒临消失的危险境地，澳大利亚珍贵的原住民文化不可避免地成为西方发起的全球化与现代化的牺牲品。因此，在人类社会提倡文化多样性和各民族文化公平传承的21世纪，我们有必要认真反思西方殖民主义对原住民实施的强制同化教育及其影响，构建一种基于各民族文化传承的原住民及其少数民族教育体系。我们中国是由56个民族组成的统一的多民族国家，在长期的历史发展过程中形成多元一体的文化格局。由于国情的不同和族际关系的差异，我国不存在像欧美移民国家那样的原住民问题，但是处于全球化与国家化双重背景下的我国少数民族文化及其教育，在许多方面与这些国家的原住民存有共性。我们的民族教育改革应该认真反思主流话语系统中那种认为“少数民族文化原始、少数民族传统知识落后”的思想观念，在教育实践中把传承少数民族传统文化与本土知识作为发展少数民族教育的重要基础和宝贵资源，为世界人类文化的多样性发展做出我们中国独特的贡献。

参考文献：

［1］Read，Peter（1981）. *The Stolen Generations*：*The Removal of Aboriginal Children in New South Wales* 1883 *to* 1969. Department of Aboriginal Affairs（New South Wales

Government）. http：//www. daa. nsw. gov. au/publications/Stolen Generations pdf.

［2］Australia Human Rights and Equal Opportunities Commission. "*Bring Them Home*"：*Report of the National Inquiry into the Separation of Aboriginal and Torres Strait Islander Children from Their Families*. http：//www. hreoc. gov. au/pdf/social_ justice/bringing_ them_ home_ report. pdf

［3］Julie Cassidy. *The Stolen Genarations – Canada and Australia*：*The Legacy of Assimilation*. Deakin Law Review，Volume 11 No 1，2006

［4］Haebich，Anna. *Broken Circles*：*Fragmenting Indigenous Families* 1800 – 2000. Fremantle，Australia. Fremantle Arts Centre Press，2001

［5］Haebich，Anna. "*Between Knowing and Not Knowing*"：*Public Knowledge of the Stolen Generations*，Aboriginal History，25，2001

［6］杨贵洪：《澳大利亚多元文化主义研究》，成都：西南交通大学出版社，2007 年。

［7］阮西湖：《澳大利亚民族志》，西宁：青海人民出版社，1987 年。

［8］刘晓燕：《澳大利亚土著人：历史变迁与发展》，载《内蒙古大学学报（人文社会科学版）》，1998 年第 5 期。

［9］杨洪贵：《白人殖民对澳大利亚土著社会的破坏》，载《西华大学学报（哲学社会科学版）》，2009 年第 4 期。

［10］汪诗明：《多元文化政策前的澳大利亚土著政策》，载《淮阴师范学院学报（哲学社会科学版）》，2011 年第 5 期。

作者简介：陈・巴特尔，男，蒙古族，内蒙古乌拉特中旗人，南开大学高等教育研究所教授，博士研究生导师，教育学博士，从事原住民及少数民族教育、教育管理、比较教育研究。

二、美国少数民族教育：挑战与机遇

美国是一个典型的多民族国家，其民族来源包括本地土著和外来移民两部分。根据美国人口普查局 2010 年人口普查统计表明，到 2010 年 4 月 1 日，美国少数族裔的人口为 1. 11 亿，占全国人口（3. 08 亿）的 36. 04%，面对如此庞大的少数民族群体，其教育问题早已成为影响美国未来发展的重要因素[1]。

（一）发展少数民族教育的诉求

在过去的几十年，美国的少数民族在教育上取得了很大的进步，但是这些群体仍然在很多方面落后于其他主流族群。为了深入地探讨美国少数民族教育的发展问题，对美国社会的人口状况及政治背景进行了解就显得很重要。

从人口统计的角度看，美国社会的少数族裔人口在 2000—2010 年 10 年间增加了 1520 万人。2010 年白人是 1. 96 亿，占总人口的比例是 63. 64%，而 2000 年时的比例是69.1%。在目前1.11亿少数族裔人口中，人数占第一位的是拉美裔，为5050万人，占全国总人口的16%。也就是说，现在每6个美国人中就有1个是拉美裔。少数族裔中居第二位的是非洲裔黑人，总计3890多万人，与2000年相比则增加有限。居第三位的是亚裔，总计1470万人，占总人口的近5%，十年间增加了440万人，增幅达43%。到2020年，少数族裔人口预计将增加32%，而白人的人口可能只增加4%。在2020年，少数族裔人口将占到美国总人口的39%[2]。

同时我们也要看到，目前美国的政治环境对于少数民族教育的发展应该是优于美国历史上任何一个时期的。一方面，2008年11月民主党候选人奥巴马当选美国第44任总统，成为美国历史上第一位非裔美国总统。另一方面，教育改革是民主党政府的优先政策之一。早在奥巴马当选总统之前，在民主党控制的国会的推动下，2007、2008年相继通过的《大学成本降低与机会法》（The College Cost Reduction and Access Act）和《高等教育机会法》（The Higher Education Opportunity Act）都提出了一些教育改革的措施。在诸多有利因素的支持下美国的少数民族教育发展必然会遇到很多机遇，同时也会迎来相应的挑战。

（二）并存于教育体系内部与外部的挑战

在本研究中所提及美国少数民族教育发展所面临的几方面挑战并不是伴随着美国社会的进步刚刚显现出来的，其实很多问题是早已根植于美国社会之中，只是在新的社会背景下更加的引人深思。

挑战之一：如何提高公众对少数民族教育的关注。

美国政府及其公众对少数民族教育关注的淡漠有其历史的和现实的原因。众所周知，美国联邦政府并没有把教育问题置于特殊的地位，甚至在美国的宪法中也未涉及相关教育条款。而直到1976年卡特政府执政时期才通过成立了联邦教育部的议案。在此之前，教育事务有联邦卫生、教育、福利部所属的教育局管理。教育部是由联邦卫生、教育、福利管辖的教育办公室。到里根和老布什政府时期，对教育漠视态度不断从政府高层渗透到基层。里根政府时期一度质疑教育部设立的必要性，甚至向国会提议取消教育部这个机构[3]。教育部的设立都经历如此多的波折，更何谈少数民族教育如何能够更多地获得政府和公众的关注与支持。

不容乐观的经济形势也是影响美国公众对少数民族教育关注的因素之一。美国经济在经历2008年第四季度的大幅度下跌后，随着奥巴马政府经济振兴政策陆续推出，个别指标开始出现回暖迹象，但整体经济情况仍然不尽人意。在这种情况下，美国公众及政府更倾向于在房屋止赎、失业、信用危机、缩减退休金方面给予更多的关注和财政上的支持，而对于教育问题特别是少数民族教育问题则很难引起公众的关注。

挑战之二：少数民族教育教学力量薄弱。

目前，美国师资储备问题比较严重，而少数民族师生比更是严重失调。每年，大量的教师离开他们最初工作的学校转到其他学校或者重新选择其他的职业，特别是少数民族教师的流动量要远大于白人教师。以非洲裔和拉美裔师生情况为例，全美共有14，000个公立学区，其中有25个规模大且比较受关注的学区，在这25个学区中少数族裔学生的入学率在1993年至2003年10年间，增长了9个百分点，由34%增加到了41%，其中拉美裔学生增长最快（增长了6%），非洲裔学生人数与以往持平。非洲裔、拉美裔或者具有二者双重族裔的学生人数达到了70%，非洲裔教师只有不到6%，拉美裔教师的比例更是少得可怜[4]。

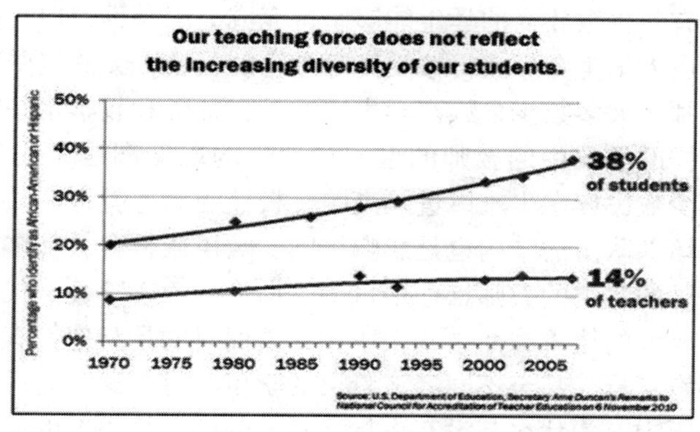

图一　1970－2005年美国非洲裔和西班牙裔师生比情况

资料来源：U. S. Department of Education，Secretary Arne Duncan’s Remarks to National Council for Accreditation of Teacher Education on 6 November 2010

虽然师生比是影响美国少数民族教育发展的重要问题，但是少数民族教师自身的教学质量问题也是无法忽视的。在中心城市学校工作的少数民族教师自身由于社会原因都会存在着各种各样的问题，从而影响了教学质量。例如在底特律、华盛顿和亚特兰大等城市工作的非洲裔教师中，有相当数量的人存在着教学能力不尽人意，同时还要承受着巨大的社会压力，从而造成了非洲裔教师教学积极性差的一些问题，这些问题必然会影响到教学质量。

受制于经济因素少数民族教师队伍建设问题重重。一些处于城市边缘或者经济欠发达地区的公立学校在办学经费上比较困难，而这些学校为了降低教育成本，就在本区内聘用一些未达到教师聘用资格的人员或者是一些刚刚获得教师资格的大学毕业生，一方面这样的人员对薪水要求不高，另一方面考虑到经济不发达地区教师的流动性大的问题，而这些在当地招聘到的教师的流动性要相对小很多，学校便于管理。年轻的教师在教学经验、授课技巧方面很难在短时间内得到提高，那么这种情况下学校的教学质量是很难得到保障，因此必然会影响到学生的学业成绩。

挑战之三：如何构建多元化的教师队伍。

多元化的教师队伍是保证所有学生包括白人学生在内有机会学习到多元化的文化知识的重要途径。美国的社会是一个多元化的和民主的社会，学生只有在学校中接受更多的多元文化的教育才能更好地适应未来社会的发展。

美国的校园中有1/3的学生来自不同民族、不同语言环境、不同文化背景，在这样一个多元化的学校中教师队伍的组成却显得过于单一。全美教育研究中心的数据显示在2000年美国教师队伍中白人教师的比例为88%，而在有些地区高达99%[5]。为什么越来越多的少数族裔大学毕业生选择进入高收入的行业而不是加入到教师行列呢?

一方面，不断严格的教师准入制度是阻碍少数民族人群从事教师行业的门槛。另一方面，虽然有些少数族裔的学生能够坚持完成高中课程，但是他们受到教学质量的限制很难和白人学生竞争获得接受高等教育的机会，无法接受高等教育就没有可能成为专业教师。大多数少数族裔学生通常是在师资和教学水平一般的学校中完成的学业，在这样的学校中的教师的水平和课程的难度都是无法与白人学校相比的，从而导致了少数民族学生难以进入高等院校接受高等教育。

另外，师资培训队伍的结构也是影响美国少数民族教育教师多元化问题的因素之一。目前在美国的各类的教师培训项目中，白人、中产阶级、仅掌握一种语言的女性学生占有非常大的比重，而这些人毕业后要面对的是与他们有着不同文化、不同民族、不同语言背景，甚至不同经济阶层的学生。对于这种充斥着文化同质性现象的预备教师队伍中，为什么却没有人指出它的弊端?最主要的原因就是，参与新教师培训的教师们同样是以白人为主。作为新教师培训的教师多是大学或专业学院的教师，而且几乎都是白人，他们对各个学区的少数民族学生和他们的家庭背景并不了解，那么他们所传授给被培训者的教学知识和教学技巧就很难满足实际情况的要求。就会造成白人教师培训的白人预备教师去教授那些来自不同民族具有多重文化背景的学生，因为白人教师对少数族裔学生的不了解从而导致少数族裔学生在学业成绩上不尽人意从而无法获得接受高等教育的机会。

（三）政治、经济、社会的发展所带来的机遇

1. 政治机遇

2008年美国大选时，奥巴马获得了95%非洲裔选民的支持，西班牙裔选民支持率为67%，白人选民为43%。2011年美国总统支持率调查显示，非洲裔对奥巴马的支持率为85%，西班牙裔为54%，而白人的支持率较2008年大选时仅下降了4%[6]。2012年是美国的大选年，奥巴马政府如果想要连任就需要获得少数族裔选民的支持，只有通过为少数族裔解决更多的实际问题以兑现其在2008年大选中就教育、医疗、社会福利等方面做出的承诺。而少数族裔在这些方面都是美国的弱势群体，特别是少数民族教育问题是美国社会比较突出的问题。

早在2010年初通过奥巴马总统签署的《卫生保健和教育协调法》（The Health Care and Education Reconciliation Act，以下简称《协调法》）就可以看出奥巴马政府实施其教育改革的端倪。《协调法》包括两大部分，第一部分为卫生保健，第二部分主要为教育方面的内容。在其教育方面的内容中明确地提出了，在未来10年（2010—2019）中每年将为传统黑人学院（HBCUs）以及少数民族教育服务机构

(MSIs）提供2.55亿美元强制性资金，用于更新、改革、扩充传统黑人学院及少数民族教育服务机构，确保这些机构能为少数族裔学生提供充分的学习机会，全面激发少数族裔学生的潜能[7]。

传统黑人院校是美国历史上专门为黑人接受高等教育而开办的两年制初级学院或提供学士学位教育的场所。绝大多数黑人院校创立于1964年之前。当时由于种族主义的存在，黑人院校成为美国黑人接受高等教育的唯一场所，在相当长一段时间里代表了黑人高等教育的发展状况。直到种族隔离制度被废除，黑人高等教育才突破了“黑人院校”的局限。然而，不少黑人院校仍然承担着为少数民族学生提供高等教育机会的重任，有60%的少数族裔大学生仍然就读于传统黑人学院和大学以及其他少数民族教育服务机构，这类院校招收中低收入家庭学生的比例也比较高，并且拥有较高的办学效率，占美国所有学位授予机构的1/3左右。这些教育机构在美国的少数民族教育体系中占有重要的地位，为少数族裔学生实现获得高等教育的机会、提高职业技能等，从而为少数族裔群体融入主流社会具有不可或缺的意义。

2. 经济机遇

美国目前的经济形势并不乐观，更多的是通过消费和出口来拉动经济的增长，其实教育在拉动经济增长、减少失业人口方面的作用也是不可忽视的。从长期投资预期效益的角度看，发展教育是拉动经济增长最基本的动力。投资教育事业所获得的效益远非投资其他项目所获经济效益能比的，而更多的是应该看到发展所带来的长期的社会价值。无论是从失业人口和贫困人口的数量美国少数族裔的问题都是美国经济社会发展的一大顽疾。截止2011年年底，有15.8%的非裔美国人无法还清贷款。非裔美国人目前还是美国最大的少数族裔，而且该族裔的失业率全美最高。拉丁裔美国人的失业率在10.5%左右，亚裔失业率在6.7%左右，而全美的平均失业率是8.5%[8]。同时少数族裔聚居区的经济发展水平也远低于主流人群聚居区。因此将发展少数民族教育作为带动经济发展的重要措施之一，不仅会使大多数的少数族裔学生受益同时也会成为经济发展的新增长点。通过发展教育带动地区经济增长的例子在美国的经济发展过程中还是比比皆是的。斯坦福大学与硅谷间盘根错节的关系就引证了教育的发展带动经济的快速发展。

3. 多元化的社会

越来越多元化的美国社会，要保障和促进少数族裔学生更好地融入主流社会，并保障他们能够在学校教育中取得成功，是美国社会需要考虑的重要问题。社会的多元化，对人才的需求已不是传统仅重视主流民族教育模式所能满足的，随着社会的发展需要更多的接受过高质量教育的少数族裔人群进入到各个领域。美国政府只有不断推进少数族裔学生平等接受各层次教育机会，才是保证社会公平的重要内容，同时也是知识经济时代国际人才竞争的需要。

（四）结语

发展少数民族教育是美国社会在特定背景下产生的教育诉求，这为美国的少数民族教育的发展带来了机遇，但是同时我们也要看到由于历史和现实的原因所带来的巨大挑战也是美国各级政府所必须面对的。随着少数族裔人口的不断增加，少数民族的教育问题将会成为影响美国社会乃至国际竞争力的重要因素之一。

参考文献：

［1］［2］2010 Census Data［Z］. http：//2010. census. gov/2010census/data/

［3］滕大春：《美国教育史》，北京：人民教育出版社，1994 年。

［4］Our Future，*Our Teachers：The Obama Administration' s Plan for Teacher Education Reform and Improvement*［Z］. http：//www. ed. gov/teaching/documents/our－future－our－teachers. pdf，2011.

［5］Gloria Landson－Billings. *Education for Everyday People：Obstacles and Opportunities Facing the Obama Administration. Harvard Educational Review* 2009，Vol. 79，Iss. 2：345.

［6］Obama should tout fight for minority education［Z］. http：//www. usatoday. com/news/opinion/forum/011－08－09－obama－education－minority－discrimination_ n. htm，2011－8－8.

［7］*The Health Care and Education Reconciliation Act*，Sec. 2104. pdf，2010－3.

作者简介：王筱蕾（1983— ），女，吉林长春人，中央民族大学教育学院 2011 级博士研究生；清华大学建筑学院辅导员。

第十一章　少数民族文化传承与教育

第一节　民族传统文化教育传承研究

党的十七届六中全会提出了建设社会主义文化强国的战略目标，要推动多民族文化大发展大繁荣。民族文化的发展与繁荣包含了民族传统文化的传承，也必须依赖民族传统文化的传承。教育作为民族文化传承的基本途径，承担着传承民族文化的重任。广大专家学者纷纷从不同视角，就民族传统文化教育传承的作用、渠道与途径、存在的问题、对策等方面进行了广泛的讨论，取得了极有价值的理论成果。回顾和总结我国学界关于民族传统文化教育传承的研究现状，分析研究中存在的问题，提出进一步研究的建议，对更好的继承与发扬民族传统文化具有重要的理论和实践意义。

一、关于教育在民族传统文化传承中的作用研究

教育作为人类社会文化传承方式，在民族传统文化传承中具有重要的作用，已为学术界所公认。

首先，教育具有民族文化纵向传递的功能。这种纵向传递内容广泛，包括民族意识与民族精神的孕育、民族生活与技能的传承、民族文化的保护与传承、民族文化的选择等。民族价值、民族情感、民族审美等民族意识与民族精神的孕育是在长期的民族文化积淀中通过民族心理的传承实现的。民族生活与技能的传承、民族文化的保护与传承都是通过学校、家庭、社区等直接或间接传递的。民族文化的选择一般通过吸取、加工和排斥三种方式：吸取即直接将民族文化中的精华继承并向下一代进行教育与传递；加工则是根据时代变迁和社会、区域、阶级、民族的主流文化需求，对传统民族文化在整合、加工等后的教育与传递；排斥是对民族文化中糟粕部分的否定，以避免其纵向传递。

其次，教育具有对多元民族文化的整合功能。中央民族大学滕星教授提出了著名的“多元文化整合教育理论”（Multicultural Integration Education Theory），认为“多元文化整合教育理论是一个多民族国家的教育在担负人类共同文化成果传递功能的同时，不仅要担负起传递本国主体民族优秀文化传统的功能，同时也要担负起传递本国各少数民族优秀传统文化的功能。多元文化整合教育的内容，除了主体民族文化外，还要含有少数民族文化的内容。少数民族不但要学习本民族优秀传统文化，还要学习主体民族文化，以提高少数民族年轻一代适应主流文化社会的能力，

求得个人最大限度的发展。主体民族成员除了学习本民族文化外，还要适当学习和了解少数民族的优秀传统文化，以增强民族平等和民族大家庭的意识。多元文化整合教育的目的是继承各民族的优秀文化遗产；加强各民族间的文化交流；促进民族大家庭在经济上共同发展，在文化上共同繁荣，在政治上各民族相互尊重、平等、友好、和睦相处，最终实现民族大团结。多元与整合教育是相辅相成的，多元要围绕整合实施，整合要结合多元发展”。在此基础上，学者们具体分析了教育在民族文化整合过程中的作用，包括教育能有效整理民族文化，并按社会的需要选择文化；教育能把社会需要的民族文化按层级差异通过不同渠道逐步有效地进行传递；教育能在传承的同时对民族文化进行整合与创新；教育能使各民族文化进行吸收与融合。

二、关于民族传统文化教育传承的途径研究

任何民族文化的传承都需要一定的传承渠道与途径。学者们几乎都是从学校教育、家庭教育和社区教育三个方面分析民族传统文化教育传承的途径。

（一）学校教育

多数学者认可学校教育为民族文化传承的最佳途径。学校是由教师、学生及校园环境为主组成的教育场。教师的特殊身份及自身素质决定了他是民族文化传承的最重要力量，民族情感的培育、民族审美的形成、民族知识的传递等无一不依赖于教师。学生则是传承民族文化的主力军。学校学生处于青少年时期，是人生观、价值观形成的重要时期，也是包括民族生活方式在内的各种知识吸取的黄金时期。在教师的教育下，青少年学生能逐步接受民族知识、内化民族身份与民族归属感等，从而成为民族文化传递的主体。校园环境是民族文化传承的最好场域。其特殊的文化氛围、人力等资本及传承惯习使得学生能比在其他场域更好的受到民族文化的认同教育与民族精神的培养，并促进多元文化的融合与发展。

关于学校教育传承民族文化的具体实施途径，学者们主要是从以下几方面进行分析与探讨的。一是开发与民族文化相关联的地方课程和校本课程。不少学者认为，编写地方课程或校本课程是传承民族文化的重要途径。他们主张将乡土地理、地方史、民族生存生活方式、风土人情、当地名人、节庆民俗、歌舞表演、民间工艺制作等传统文化纳入地方课程或校本课程内容，突出课程的地方性和民族性特色。

二是在课堂教学中融入民族文化内容。一方面是在部分课程教学中穿插民族文化的内容，利用多媒体等现代教学手段，开展民族歌舞的教学、民族工艺品的制作、民族语言与普通话的比较、民族服饰等的欣赏、民间故事的介绍等。另一方面，在第二课堂中渗透民族文化成分，通过参观、调查、兴趣活动等方式感受和习得民族文化知识和技能。在课堂中实施双语教学也是民族文化传承的重要内容与手段。

三是打造民族特色校园文化。一些学者认为，打造民族特色校园文化对于民族地区的学校具有特别重要的意义，既有利于民族文化的传承，更有益于特色学校的培育。打造民族特色校园文化，形式多样，包括校园精神的培育、校园景观的设计、民族歌舞与民族体育等校园活动的开展、民族艺术团及其活动的开展、民族文化主题班会的召开等。

（二）家庭教育

家庭是包括民族文化传承等在内的教育的第一场所，具有特殊的意义。有学者认为，家庭教育本身就是一种文化，而任何家庭都是民族的家庭，因此，家庭教育与民族文化之间有着天然的联系。

有学者将家庭教育传承民族文化从目的性方面分为两种类型：一是无意识的家庭教育传承活动，即家庭中的长辈在日常的家庭活动中，通过自身的行为将宗教信仰、民族性格、民族语言、民族习惯、民族服饰、民族饮食及生产生活技能等潜移默化地传递给下一代；后辈通过观察等方式，学习和掌握相关生活技能与文化符号，再向下一代传递，如此循环，代代相传。二是有意识的家庭教育传承，即家庭中的长辈通过婚丧嫁娶、传统节日、宗教仪式等活动，有意识有目的的教育后代学习和掌握民族知识、技能、宗教、习俗等，传承民族文化。

从传承方式上，相当多的学者将家庭教育传承方式也分为两种，火塘式与一对一式。火塘式是指家人围绕在火塘周围，由家中的长辈向子孙后辈进行日常行为、生产生活技能、祭祀仪式、民族传说等的教育与讲解，传授民族知识与技能。一对一式是指长辈就某一生产生活技能或某一特殊技能的单一传递，如母亲教授女儿刺绣、服饰制作、做饭菜等技能；父亲向男孩传授耕作、祭祀等技术与礼仪等。少数民族中的一些家庭秘诀的传承也属于此类。

（三）社区教育

社区是相对的空间组成的大小不一的场所。具体到社区教育中的社区是指除学校和家庭以外的文化教育与传承场域，如村寨、寺庙、文体活动中心等。社区教育与民族文化在区域性、对象的确定性、内容的广泛性、形式的多样性等方面有着较高度的吻合，因而成为民族文化传承的重要渠道和学校民族文化教育的重要补充。

学者们分析了社区教育传承民族文化的具体场域与方法：

1. 传统传承场域

主要是寺庙、宗教仪式场地、集市（南方很多地方称为“圩”）、村寨祠堂等。一般是由祭师、僧侣、巫师、民间艺人、政府或村落组织的文艺工作者等通过音乐、舞蹈、戏剧、仪式程序等形式向社区居民传授礼仪、技能和民族面具、服饰、音乐及舞蹈动作等知识，既能丰富社区居民的娱乐生活，调节心理情感，增进相互间的交流与友谊，又可以发挥教育与感化的功能，教化、规范居民的宗教信仰、生产生活技能、习俗、审美等。当然，对于寺庙等场域文化传承中的一些失范现象必须加以改造和规范。

2. 现代社区学习中心场域

主要包括文化站或文化中心、民间艺人文化室、乡村书屋、社区学习中心等，多数是依赖政府设立的。现代社区学习中心场域传承民族文化的方法主要有：一对多或多对多地进行民族文化的传授与活动，促使多数人学习民族文化；开展专题讲座、板报、歌舞表演、对山歌、刺绣比赛等民族文化宣传活动；建立图书和影像资料室，供居民借阅；举办大型的民族传统节日活动。随着社会进步和社会经济发展，现代社区学习中心场域已越来越成为民族文化传承的重要基地。

三、民族传统文化教育传承中存在的问题

虽然我国各类教育在民族文化传承中发挥了重要的积极作用，为保护与开发民族文化资源做出了巨大贡献，但学者们还是感到在传承中存在诸多问题，主要表现在：

1. 认识不足，观念滞后，政策待改进与完善

不少学者做过大量的调研，大都认为当前我国对教育传承民族文化的重要作用认识不足，尤其是学校教育还停留在“应试教育”上，中小学受升学率压力的影响，很少关注民族文化的课程。不少地方政府和教育行政部门也没有认识到教育传承民族文化的责任，很少采取有效措施开展民族文化传承活动。教育传承民族文化方面的政策、法规与法律制度还有待进一步改进与完善，缺乏关于教育传承民族文化内容、方式、资金、人才、考核等方面的有针对性的具体政策措施。

2. 师资缺乏，培养机制不健全

在教育传承民族文化中，学者们几乎都认为师资问题已越来越成为制约传承的主要“瓶颈”之一。从家庭和社区教育中的传承人来看，民族文化大多是口传心授，传承体系相当脆弱，许多民间艺术面临“人亡艺绝”、传承断代的危险；从学校教育中的传承人来看，无论是中小学还是大学，懂民族文化资源知识、技能传授与开发利用的教师非常缺乏，无法适应民族文化教育的需要，难以承担传承任务。师资的匮乏及培养机制不健全，带来了传承中的种种问题，如有些非物质文化资源要依人存续，随着老艺人的逝去和中青年艺人的转业将难以为继，有“曲终人散”之虞；一些地方古老的民间艺术被改头换面，胡编乱造，变成“伪民俗”、“假遗产”。

3. 学校教育传承“无序”，家庭教育与社会教育传承弱化

对于学校教育传承民族文化中存在的问题，学者们大多用“无序”概括，并将这种“无序”归纳为以下几个方面：一是教学内容上的无序，各学校没有相对统一的文化传承内容，或舞蹈或音乐或美术或工艺或文字传承，各自行事；二是教学时间上的“无序”，民族文化课的安排很随意，很多是临时性的，甚至仅象征性安排几次文化活动或艺术表演就代替了；三是教学方法上的“无序”，各学校教学方法不统一，且大多忽视民族文化传承中的特殊性，违背文化“濡化”的传承特

点，仍采取一般知识性教育的教学方法，教学缺乏互动性，使学生难以接受民族文化学习中的民族认同感和民族文化自觉性。此外，单一的“无个性”的评价政策等也是当前民族地区学校民族文化传承的一大障碍，同样标准下的应试教育与升学压力使得传承民族文化在学校教育中处于边缘地位。

相对学校教育，家庭教育与社会教育则在民族文化传承中逐渐弱化。受家庭组织结构的变迁及现代文化的影响，家庭生活的民族文化传承教育弱化趋势明显；同样，受大众传媒等现代文化的影响及民族村落自治组织的变迁，社区生活的民族文化传承教育也逐渐弱化。

4. 资金不足，制约民族文化教育的开展

受制资金不足的影响，无论是学校教育还是社区教育，在传承民族文化中都举步维艰，家庭教育更无从谈起。各级政府和有关部门虽年年组织文化进校下乡，但总是鞭长莫及，难以惠泽八方。许多民族学校没有专门的民族文化传承资金，使得学校很难从有限的资金中再挤出钱来用于“额外”的民族文化传承活动；部分山区农村文化设施陈旧不堪，农民看不到新报纸、新杂志，文化活动方式单调、内容贫乏；投资渠道单一，资金不足也使得城乡社区文化发展较慢，文化活动难以开展，民间艺人濒临断层，民族文化传承受到制约。

四、关于民族传统文化教育传承的对策研究

如何深化民族文化的教育传承，促进民族传统文化循序渐进的、有效的传承，学者们认为，应从政策与法规、管理创新、资金、师资等方面构建学校、家庭、社区教育的民族文化传承机制。

（一）完善民族传统文化教育传承等方面的政策与法规

多数专家学者呼吁，应尽快制订、完善和落实民族传统文化教育传承及民族文化资源保护开发和利用政策。民族传统文化教育传承政策分学校教育、家庭教育和社区教育三个层面，每个层面都在传承的目标、资金、内容、师资、考核评价等方面予以具体规定；民族文化资源保护开发和利用政策包括民族文化资源保护、开发、利用优先政策，民族文化资源开发、规划评估论证政策，重大基础性文化资源项目的开发政策，促进民族文化资源合理利用、充分发挥民族文化资源效益的相关政策，推动民族文化资源资本化的政策，鼓励外部资源与文化资源结合的相关政策等。

（二）推进文化管理机制创新

学者们普遍认为，民族传统文化教育传承离不开整个社会的文化管理大环境，因此，推进文化管理机制创新有利于促进民族传统文化教育的传承。当前，要进一步深化宏观管理体制改革，探索建立调控适度、运行有序、促进发展的民族文化宏观管理体制，形成党委领导、政府管理、行业自律、企事业单位依法运营的格局。

政府部门要进一步转变职能，由“办文化”为主向“管文化”为主转变；要进一步深化微观运行机制改革，加快培育市场主体，建立保证正确导向、适应市场经济、富有活力的微观运行机制；改革和创新公益性民族文化事业单位管理和运行机制，不断提高公共服务能力和水平；坚持区别对待、分类指导、循序渐进、逐步推开的原则，加快文化企事业单位改革；加强对不可再生性文化、文物资源的有效保护，坚持以人为本，保证经济效益与社会效益的双赢，促进民族文化的传承与发展。

（三）建立民族文化教育传承的专项发展资金

要通过多元化投资，扶持民族文化教育的发展。主要是加大公共财政对文化事业的投入，安排民族文化教育传承专项发展资金，确保用于民族文化资源的调查、收集整理、研究、宣传、保护、人才的培养以及民族文化教育的发展，每年民族文化经常性投入增长幅度应不低于经常性财政支出的增长幅度。建立公共财政投入的绩效考核评估制度，加强对民族文化教育重点建设项目的引导和扶持。

（四）加强民族文化教育传承师资队伍建设

针对师资在民族文化教育传承中的瓶颈问题，学者们提出了以下培养建议：要实施民族文化教育师资队伍建设工程，制订中长期民族文化教育师资队伍建设计划，建设民族文化教育师资队伍教育培训基地，完善在职人员培训制度；制订优秀民族文化教育师资奖励办法，积极营造有利于民族文化教育人才脱颖而出的舆论环境、人文环境、生活环境、政策法律环境，构筑民族文化教育师资队伍小高地；系统挖掘民间文化艺人，重视他们的存在，给他们提供施展才艺的场所，加强新一代民间文化艺人的培养，注重民间文化艺术的传承和升华；建立和完善民族文化教育师资队伍使用机制，树立“不求所有，但求所用”观念，促进民族文化教育师资队伍合理流动。

五、进一步研究的建议

应当肯定，已有的研究取得了很大成绩，尤其是提出了“多元文化整合教育”等理论，具有相当的影响。同时，目前的研究也还存在一些不足，需要进一步加强。

一是在研究思路上，要加强宏观及中观层面的研究。目前的文献大多是一些微观层次的个案分析，从宏观及中观层面就整个国家或某一区域、民族如何构建学校、家庭、社区民族文化教育传承体系的研究偏少，而这种研究设计较个体更为重要，值得今后进一步加强。

二是在研究内容上，存在学校教育传承研究偏多，家庭、社区教育传承研究偏少；教育传承渠道、方式偏多，教育传承机制偏少的问题，因此，在今后的研究中，要深入分析教育传承的有效机制，尤其是教育传承政策法规的研究，进一步探讨学校教育、家庭教育、社区教育在民族文化传承中的有效途径。

三是在研究方法上，需要加强理论研究、实证研究和比较研究。已有的研究多采用了定性研究方法，个案研究较多，但不是很规范。今后，要从个别上升到一般，加强理论研究，总结出民族教育文化传承本土化的理论，以加强民族文化传承的指导；要适当加大实证研究力度，深入分析制约民族教育文化传承的主要因素，以加强对策的针对性与有效性；在比较研究上要有突破，包括民族教育文化传承的中外比较、不同民族教育传承内容与方式的比较、民族教育文化传承历时性与共时性的比较等，以寻求具有地域性、民族性的教育传承最佳路径。

参考文献：

［1］滕星：《族群、文化与教育》，北京：民族出版社，2002 年。

［2］袁振国：《当代教育学》，北京：教育科学出版社，2004 年。

［3］吴刚平：《校本课程开发》，成都：四川教育出版社，2002 年。

［4］哈经雄、滕星：《民族教育学通论》，北京：教育科学出版社，2001 年。

［5］王鉴、万明钢：《多元文化教育比较研究》，北京：民族出版社，2006 年。

［6］赵世林：《云南少数民族文化传承论纲》，昆明：云南民族出版社，2002 年。

［7］庞丽娟：《文化传承与幼儿教育》，杭州：浙江教青出版社，2005 年。

［8］夏铸、谭志松：《全面提高民族教育质量，促进民族文化传承与发展》，北京：民族出版社，2010 年。

［9］王鉴：《我国民族地区地方课程开发研究》，载《教育研究》，2006 年第 4 期。

［10］王景：《学校教育传承民族文化初探》，载《当代教育论坛》，2009 年第 1 期。

［11］张飞、曹能秀：《学校教育中的少数民族文化传承研究》，载《云南农业大学学报》，2008 年第 1 期。

［12］井祥贵：《疏离与融合：学校教育视野下的民族文化传承研究》，载《民族教育研究》，2011 年第 5 期。

［13］辛治洋：《当前我国多元文化教育研究存在的问题及思考》，载《贵州师范大学学报（社会科学版）》，2002 年第 3 期。

［14］王鉴：《当前民族文化与民族教育发展所面临的主要问题及对策》，载《民族教育研究》，2010 年第 2 期。

［15］宝乐日：《地方课程——少数民族地区实施多元文化教育的载体》，载《民族教育研究》，2006 年第 2 期。

［16］索晓霞：《贵州少数民族文化传承方式初探》，载《贵州社会科学》，1998 年第 2 期。

［17］马文静：《多元文化整合教育与民族文化传承及发展》，《民族教育研究》，2011年第4期。

［18］张福三：《论民间文化传承》，载《民族艺术研究》，2004年第2期。

［19］唐启秀、潘广成：《"多元文化教育"本土化要慎行》，载《贵州民族研究》，2006年第3期。

［20］孙亚娟：《少数民族地区学校教育传承民族文化的问题与思考》，载《思茅师范高等专科学校学报》，2011年第1期。

［21］赵荣：《我国少数民族文化教育研究的理论视阈开拓》，载《四川省干部函授学院学报》，2011年第3期。

［22］曹能秀、王凌：《论民族文化传承与教育的关系》，载《云南民族大学学报（哲学社会科学版）》，2009年第5期。

作者简介：罗之勇（1962—），男，广西都安人，河池学院教师教育学院副教授，主要研究方向：民族教育。

第二节　论文化传承的教育性

人类文化的发展史，也就是人类社会的发展史。作为复杂的文化现象，有多种多样的表现形式，也有不同的性质。文化中先进的内容有利于丰富人的精神世界、增强人的精神力量、促进人的全面发展，有利于增强民族的生命力、凝聚力和创造力。文化在传承过程中的教育性也随之产生。文化传承是自人类形成以来始终相伴随着人类生产生活的一种活动，在文化传承活动过程中，人类的物质和精神的文化得以不断积累并发扬光大，同时，在人类文化的传承活动中完成了人类下一代的教育过程，这样就形成了有目的、有计划、有组织的教育活动与文化活动的有机统一。文化传承的结果是培养了人，教育活动的结果是传承了文化。由此可见，文化的传承活动与人的教育活动是分不开的，即文化传承活动具有教育性，教育活动具有文化传承性。

一、文化传承与教育活动之关系

关于人、文化、教育的关系问题一直是教育基本理论领域关注的主题。不同时代的哲学家、教育家都曾关注过这一问题，并把这一问题作为教育理论的基本问题。在汉语中，"文化"一词本身就是"人文化成"的意思，《周易·彖传》说："观乎天文，以察时变；观乎人文，以化成天下。"① 即以人文的内容培养社会成员使其成人，可见，"文化"一词本意中就含有教育的意思。中国古代的哲学家、教育家自孔子始，一直都将人文素养作为培养人的重要目标，从"六艺"、"六经"

① 《周易》，长沙：湖南出版社，1993，第102页。

到“四书五经”无一不是以人文为教育内容的。在西文中“Culture”一词原指耕种土地、栽培作物，含有通过劳动而获得作物的意思，是与自然存在之物相对应的创造之物。[①] 从西方先哲至近现代哲学大师们都十分重视人文的教育，形成了教育史上著名的人文主义教育思潮。不论汉语还是西文，“文化”一词本身就含有对人进行教化的意思。文化传承就可以看成是一个教化人的过程，尽管文化的教育性功能是多重的并交织在一起，但我们为了认识的方便，还可以通过对文化形态的分类及文化传承功能的具体分析来审视其特点。随着时代的发展，人们对文化、人、教育三者的关系的认识在不断地深化。在三者之中，人是核心，是文化的创造者和传承者，是教育的主体和对象。人创造了文化，人又成为文化的产物，成为教育的对象。“人创造了文化，反过来文化又作用于人，造就了人。没有人，文化既不存在也没有意义；没有文化，人也不成其为人。文化和人之间的这种紧密关系，使得人们很难截然地说，哪一方是主，哪一方是从；哪一方是本，哪一方是末；哪一方是纲，哪一方是目，而只能说此二者之间是存在着互为本末、互为目的与手段的关系的。”“而教育即是人类文化传承的一种手段。”[②] 在现代社会，没有一个人不是在一定的文化中熏陶和浸润的，同样，没有一个人不是在教育的过程中成长和发展的，家庭和社会中的文化熏陶过程是一般广义上的教育过程，学校中有目的、有计划、有组织的文化传承过程是狭义的学校教育过程。德国哲学家恩斯特·卡西尔指出：“人与其说是理性的动物，不如说是符号的动物，亦即能利用符号去创造文化的动物。”“人只有在创造文化的活动中才能成为真正意义上的人，也只有在文化活动中，人才能获得真正的自由。”[③] 人和文化有两种基本的关系：一是人生活在一定的文化之中，汲取着文化的养料，使人成为一定文化的人，正所谓“人文化成”；二是通过教育这种特殊的途径，使人有目的、有计划、有组织地继承人类的文化成果，从而加速人的社会化过程，使人成为文化传承的载体。基于此，法国教育家涂尔干认为教育的任务在于：培养个人使其具备作为社会成员与特定群体成员所必须具备的身心状况。更确切地说，“教育是年长的几代人对社会生活方面尚未成熟的几代人所施加的影响。其目的在于，使儿童的身体、智力和道德状况都得到某些激励与发展，以适应整个社会在总体上对儿童的要求，并适应儿童将来所处的特定环境的要求。”[④] 正因为这样，人、文化、教育三者不可分，文化人类学家认为：教育是人类社会文化传承方式，在当代文明社会，学校教育是人类文化传承的主渠道，所以当代文化人类学家要研究教育，除了学校教育外，还要研究文化传承的其他所有渠道，如各种形式的家庭教育、社会教育。文化人类学家还认为，每一个社会或民族都有自己文化传承的内容与方式，文化传承既是某一个社会或民族的

① 《辞海》，上海：上海辞书出版社，1993，第1858页。

② 胡德海：《论教育的两个“为本”》，载《当代教育与文化》，2009年第1期。

③ ［德］恩斯特·卡西尔著，甘阳译：《人论》，北京：西苑出版社，2004，第39页。

④ 转引自鲁洁主编：《教育社会学》，北京：人民教育出版社，1994，第8页。

群体行为，也是该社会或民族的个体行为，某一社会或民族的文化就是通过这种群体或个体的行为而得到代际的传承。因此，文化人类学家认为，文化传承就其本质而言不仅是一个文化过程，而且更是一个教育过程。①

二、文化传承的内涵及形式

文化可能是一切概念界定中最为复杂和多样的一个了。广义的文化是指人类在社会历史发展过程中所创造的物质财富和精神财富的总和。狭义的文化是指意识形态所创造的精神财富，包括宗教、信仰、风俗习惯、道德情操、学术思想、文学艺术、科学技术、各种制度等。在学术领域较为公认的界定当属1871年英国文化学家泰勒在《原始文化》一书中提出的经典界说，即文化是包括知识、信仰、艺术、道德、法律、习俗和任何人作为一名社会成员而获得的能力和习惯在内的复杂整体。②

文化是人创造的，是人类集体创造的成果，不管是物质文化还是精神文化，文化一旦创造，就会在社会生产生活之中传递、继承、发扬、扩大，这一过程就是文化的延续与再创造过程，形象地比喻为“滚雪球”，即文化传承不仅仅是将现有的文化传递下去，在传递的过程中一些文化现象因为不适应时代的需要或由于历史的原因，导致文化失传现象发生，而更主要的一面则是文化在传递的过程中，因为人的创造性而不断丰富，是积累与创造的共同作用而使文化像滚雪球一般越来越丰富。可见，文化的传承既指文化的传递与继承，更指文化的创造与发展，也就是文化形成以后的延续与再创造过程。

如果从文化传承的内容来看，我们可以把文化传承分为物态文化的传承、制度文化的传承、行为文化的传承、心态文化的传承等。所谓物态文化层由物化的知识力量构成，是人类物质生产活动及其产品的总和，是可感知的、具有物质实体的文化事物。物态文化的传承主要包括人类创造的物质文化形成的保护与发展，这些文化常常在地上、地下、博物馆等场景中以物的形式存在，内容包括建筑、墓藏、文物、文化遗址、博物馆中的藏品等，形式涉及常常是文化的外在表现形式的方方面面。传承不仅是将这些文化保护好，更要在修复、发掘、整理、保护、创造等方面将其发扬光大，尤其是要提示其中宝贵的精神文化的内涵。制度文化层由人类在社会实践中建立的各种社会规范构成。包括社会经济制度、婚姻制度、家族制度、政治法律制度、家族、民族、国家、经济、政治、宗教社团、教育、科技、艺术组织等。制度文化是维系一个社会中基本的人与人关系的介于物质文化和精神文化之间的文化，它影响和决定了一个民族或国家的公民在政治、经济、文化、教育等方面的心态与行为。制度文化的传承是在人类的政治、经济、文化、教育、宗教、艺术、科技等活动过程中完成的。行为文化以民风民俗形态出现，见之于日常起居活

① 滕星：《民族教育概念新析》，载《民族研究》，1998年第2期。

② 爱德华·泰勒著，连树声译：《原始文化》，桂林：广西师范大学出版社，2005，第1页。

动之中，具有鲜明的民族、地域特色。行为文化的传承多在家庭、社区活动、生产生活之中进行，潜移默化到人的日常生活之中。心态文化又称心理文化，是由人类社会实践和意识活动中经过长期孕育而形成的价值观念、审美情趣、思维方式等构成，是文化的核心部分。心态文化的传承最重要的就是传承一个民族的精神与信仰，使它成为一个民族真正的灵魂。

如果从文化的传承途径来看，我们还可以将文化传承分为物质样态的文化传承、文字样态的文化传承、教育样态的文化传承、精神样态的文化传承等。物质样态的文化传承是对地上地下以物的存在方式而保留下来的文化，最具代表性的就是地上建筑和地下文物，如地面的长城、地下的兵马俑等。文字样态的文化传承就是自有文字以来人类记录下来的所有文化，这种以文字记载的文化样态十分丰富，可以使人们复原文化的本来面目，呈现过去的文化辉煌。教育样态的文化传承就是自人类创造文化以来，先是通过口耳相传，再后来就是专门的教育机构来传承人类的文化，这样，人就成了人类文化的载体，文化成了人类教育活动的内容，在传承人类文化的过程中培养了人，在培养人的过程中传承了人类文化，而且以人为载体传承人类文化最大的特点是“活”性的传承，人类文化在传承中被创造，同样，文化在被传承的过程中充分发挥了它的教育性功能，培养了一代又一代的社会文化人。精神样态的文化传承是在一个民族或国家的人民的生活中不断积淀下来的最能体现一个民族精神生活追求的文化，如中国人的“天道自然”、“天人合一”、“仁义礼智信”、“大丈夫”、“天行健君子以自强不息”等等，几千年来是中华民族精神生活中最高的标准和终极的追求。

如果从文化的构成来看，文化传承可从文化要素构成的角度，以教育内容的方式来传承。如自然生态文化，主要包括：山川、江河、草原、动植物、矿产，民族、政治、经济、教育、社会福利、社会建设等。生产生活文化，主要包括：饮食、生产方式、劳动工具及其制作、节庆等。民风民俗文化，主要包括：婚丧嫁娶、服饰、礼节、饮食，勤劳勇敢等传统美德等。社会历史文化，主要包括：寓言、历史名人、名胜古迹、军事、姓氏、轶事等。传统科学文化，主要包括：天文、历算、医学、建筑工程等。民族艺术文化，主要包括：绘画、建筑、戏曲、陶瓷、器具、民歌等。语言文学文化，主要包括：诗歌、传说、民谣、故事、格言、地理、俚语、谚语、笑话与幽默、小说等。[①] 这些文化的传承主要是零散地传承于社会、家庭生活，系统地传承于地方课程、校本课程或者乡土教材之中。

当然，在所有的文化传承中，还有一种非常重要的传承，那就是非物质文化的传承。根据联合国教科文组织通过的《保护非物质文化遗产公约》中的定义，“非物质文化遗产”指被各群体、团体、有时为个人所视为其文化遗产的各种实践、表演、表现形式、知识体系和技能及其有关的工具、实物、工艺品和文化场所。[②]

① 王鉴：《西北民族地区多元文化与教育问题研究》，载《当代教育与文化》，2009 年第 1 期。

② http：//www. unesco. org/culture/ich/index. php

非物质文化遗产的大部分领域，如口头文学、表演艺术、手工技艺、民间知识等，一般是由传承人的口传心授而得以代代传递、延续和发展的。在这些领域里，传承人是非物质文化遗产的重要承载者和传递者，他们以超人的才智、灵性，贮存着、掌握着、承载着非物质文化遗产相关类别的文化传统和精湛的技艺，他们既是非物质文化遗产的活的宝库，又是非物质文化遗产代代相传的“接力赛”中处在当代起跑点上的“执棒者”和代表人物。[①]

总之，不管哪一种文化传承的方式，其共性在于文化传承的过程不仅是文化传递、保护、发展、创造的过程，更是以文化传承的方式培养社会成员，使其成为文化人的过程，有些文化传承方式的教育性主要在家庭完成，有些文化传承方式的教育性主要在社会完成，而有些文化传承的方式的教育性则在学校完成，文化传承的教育性问题普遍存在。

三、文化传承教育性之特点

文化传承的教育性问题，我们可以从两个方面加以理解。第一个方面是文化传承为什么会出现教育性？也就是说文化传承的过程始终伴随着教育的问题。第二个方面就是文化传承的教育性有何特点。

文化传承中必然伴随教育现象的发生，其主要理论依据就是文化濡化理论。文化濡化（Enculturation）是文化人类学家比较喜欢使用的一个概念，首先由美国文化人类学家赫斯科维茨（M·J·Hoskovits）提出。文化濡化理论认为，文化是人创造的，又是经过人的发展而发展的，文化又是一个种族或民族区别于其他种族或民族的最基本的标志之一。在这种文化的传承过程中，人类完成两种基本的传承功能，一种是生物性传承功能，即人类的生物繁衍，这是人类自身肉体的传承；另一种是人类与动物不同而独有的文化传承，即文化的习得与传承，也就是文化濡化，其本质意义便是人的学习与教育。[②] 试想在人类文化初创的时期，这些文化大都是些生产生活的经验和原始宗教的精神依托，掌握这些文化的年长者需要把这些文化知识传承给年轻的一代，以使他们能更好地应付周围的环境，更好地生存和发展。这时候，人类的文化传承就开始了，早期的教育也启动了，可以说原始社会的生产生活、文化传承、教育活动等都是一回事，三者是融为一体的。这一点也被现代人类学所研究的原始部落的真实状况所证实。正是融为一体的人类文化传承与教育活动，使得教育学研究者不断追问：到底是文化传承培养了人？还是教育活动传承了文化？其实这是一个永远不能剥离的问题的两个方面。至于二者相对的分离乃是学校教育产生之后的事情了，学校教育才成了专门的培养人的机构，文化传承由相应的其他机构来完成，更主要是社会生活活动来完成。但是学校教育的教育内容的确定乃是文化精华的选择，学校教育在某种程度上还是通过文化传承的手段来完成培

① 文化传承人：http：//baike. baidu. com/view/2555156. htm

② 崔延虎：《文化濡化与民族教育研究》，载《新疆师范大学学报》，1995 年第 4 期。

养人的活动。所以，我们就可以得出结论，在任何一种文化传承的活动中，文化继承者就是受教育者，文化传承的过程其实就完成了一种普遍的教育活动。家庭中的文化传承完成了家庭教育的任务，学校中的文化传承更是学校教育课程的核心，社会各方面的文化传承乃是社会教育的重要形式。反过来讲，家庭教育、学校教育和社会教育等都离不开文化的传承，如果没有文化传承，教育将无法进行。

文化传承中的教育性有何特点呢？这是理解文化传承教育性的关键。

如果从文化对个体的人和对群体的人的教育性而言，文化传承的教育性可表述为形成个性民族性和形成民族之个性。人是创造文化的主体，人类在满足自身需求的对象性活动中创造了文化及其丰富多彩的形式，而且，文化一经创造，就具有了相对独立性和自身传承性，并以其特定的方式影响人的认知水平、思维方式、价值观念、实践能力等。若想了解文化传承的教育性，就要理解文化传承过程中对个体的人和对群体的人分别发挥了什么样的教育作用。就人类个体而言，每个人都必须生活在一定的社会文化之中，正因为如此，才可以说人是文化的产物。人类创造的复杂的文化系统中关于自然、社会和人自身的知识，以社会遗传的方式代代相传，并借助语言文字、史书典册等文化符号实现信息、经验、知识、方法、技能等社会遗传。可见文化所承载的信息以延续文明的方式传承而对人类个体产生教育作用。同时，文化的教化功能主要表现在“通过风俗习惯、道德规范、法律制度、价值判断、思维方式等滋润人的心灵、升华人的情感、规范人的行为等，从而使人更好地适应社会，成为社会的人。”① 所以，来自不同文化背景下的人，其一言一行、一举一动均有较大的差异，更主要的差异还表现在交往方式、思维方式、行为方式方面，不同民族不同文化背景塑造了不同文化性格的人。文化传承对个体的教育性还表现在文化中蕴藏的精神文明，如自强不息精神、艰苦奋斗精神、厚德载物的雅量、乐观开朗性格等都可以在传承过程中发挥丰富人的精神生活和增强人的精神力量的功能。文化传承的教育性就人类群体而言，文化本身具有形成民族传统、建构民族心理、塑造民族性格、熔铸民族精神的功能，所以一个民族的文化传承过程中，民族优秀文化对于一个民族的生命力的形成有着十分重要的作用，事实证明，文化的生命力越强，民族的生命力就越强。民族的生命力强还表现在民族凝聚力方面，而文化得以系统的传承就可以增强一个民族的凝聚力，使生活在共同文化背景中的人，产生强烈的民族认同感和民族自豪感，进而增强民族的创造力。由此可见，民族文化的传承不仅对于个体的行为方式、价值观念、交往方式等产生影响，而且还可以对一个民族的精神象征、民族团结、创造发展等发挥重要作用。

如果从文化的主要形态物质文化和精神文化而言，文化传承的教育性表现在教育教化，人文化之。文化传承的形式多种多样，文化传承的教育性也十分丰富。物质文化是文化的外在表现形式，一个民族的物质文化常常表现在其建筑、服饰、饮

① 宋景堂：《论普通高中课程标准实验教科书〈文化生活〉中的文化功能》，载《课程·教材·教法》，2011 年第 6 期。

食、工具等方面，一个人浸润在其文化之中，耳濡目染着本民族的文化，其感情、态度、价值观等都与之相符相陈，这种文化的习得，既是文化的濡化现象，又是教育的潜移默化的影响的结果。精神文化是文化的内核，一个民族的精神文化常常表现在其仪式、信仰、风俗、价值、艺术等方面，它和物质文化相统一，其影响往往渗透于民族成员的血液之中，骨髓里面，影响着民族成员的习惯、态度、道德、价值等，这种精神文化的影响既是文化濡化的关键，又是民族教育的灵魂。如果把文化传承分为学校中的文化传承和学校外的文化传承的话，其教育性就很好理解了，因为这样就可以看清楚文化传承中有目的、有计划、有组织的教育性和真实自然环境中的教育性了。学校教育中文化传承的教育性最大的特点在于有德性和智慧塑造人的精神。文化传承的目的在于将文化中最精华最优秀的内容传递并继承下来，其实最重要的手段就是以人为载体。而这一点最具代表性的活动就是学校教育。在学校教育中，文化中最优秀的内容作为课程的内容被年轻的一代学习并掌握，并一代一代地相传承，在这一代又一代的文化传承过程中，人的教育活动也就完成了。可见，在教育活动中文化传承目的与手段是统一的，在文化传承活动中，教育性的目的与手段也是统一的。除了学校教育，在家庭教育、社会教育中，文化传承的目的和手段同样是统一的，如果传承文化，其结果必然会涉及人的教育，如果发生教育活动，其结果也必然是一定的文化得以传承。从人类文化的存在形态来看，目前的物质的文化让人们了解了过去的历史及人类的创造，是具体而生动的，不管是文化遗址还是文物，都能让人感受历史上曾经有过的辉煌，都能激发人的精神追求。还有以文字形态保存下来的人类文化，更是一切人类文化中的独特存在，人类文明的过去因为文字保存而显得更为丰富，现代科学技术还能够将文字保存的文化样态复原显现，呈现原本的形态。而更为核心的文化就是精神文化，它始终以真善美的形式，激励着人类社会的价值追求，规训着人类的行为准则。这些文化虽然没有学校教育中那样成为有目的的教育内容，但它在传承的过程中必然对人的精神与灵魂的塑造起着十分重要的作用。人生活于一定的文化之中，人就自然而然地受着此文化的教育。人要接受一定的教育，必然是其文化的内容来影响的结果。因此，文化传承教育性的特点在于“人文化成”，即通过文化传承达到培养人的目的，通过培养人达成文化传承的目的，二者犹如一只手的手心和手背、一枚硬币的正面和反面，都是不可分的，是相伴相随的一个有机整体。

参考文献：

[1]《周易》，湖南出版社，1993 年。

[2]《辞海》，上海辞书出版社，1993 年。

[3] 胡德海：《论教育的两个“为本”》，载《当代教育与文化》，2009 年第 1 期。

[4] [德] 恩斯特·卡西尔著，甘阳译：《人论》，北京：西苑出版社，2004 年。

［5］转引自鲁洁主编：《教育社会学》，北京：人民教育出版社，1994 年。

［6］滕星：《民族教育概念新析》，载《民族研究》，1998 年第 2 期。

［7］爱德华·泰勒著，连树声译：《原始文化》，桂林：广西师范大学出版社，2005 年。

［8］王鉴：《西北民族地区多元文化与教育问题研究》，载《当代教育与文化》，2009 年第 1 期。

［9］崔延虎：《文化濡化与民族教育研究》，载《新疆师范大学学报》，1995 年第 4 期。

［10］宋景堂：《论普通高中课程标准实验教科书〈文化生活〉中的文化功能》，载《课程·教材·教法》，2011 年第 6 期。

作者简介：马信，女，中央民族大学教育学院 2010 级博士研究生。

第三节　少数民族语言传承之必要性及政策调整

在一些民族众多、语言众多的民族国家里，许多语言尤其是少数民族语言濒临消失。美国马萨诸塞技术研究所语言学家肯·黑尔于 20 世纪 90 年代初发表的一份报告中估计，全世界 6000 种语言中有 3000 种将会消亡，而只有 300 种语言的前途是比较可靠的[①]。对于我国少数民族语言而言，同样面临着严峻挑战。“据统计，我国目前正在使用的少数民族语言有 120 种以上，但各语言的使用人口极不平衡，约 90% 的少数民族语言使用人口集中在壮语、维吾尔语、彝语、苗语、藏语、蒙古语、布依语、朝鲜语等 15 种语言中。使用人口在 1 万人以下的少数民族语言占少数民族语言总数的一半。其中 20 余种少数民族语言使用人口在千人以内，更是处于濒临消亡的边缘。比如赫哲语，如今能使用它进行交流的只有十几个 60 岁以上的老人；能听懂满语的只有 100 人左右；塔塔尔语的使用人口不足 1000 人；阿昌族一个支系使用的仙岛语也只有 100 人左右能够使用……”[②]

探究语言产生上述困境的原因，除了近年来由全球化、城市化、信息化及市场化潮流对少数民族语言传承的冲击外，少数民族语言困境的形成与这些国家在少数民族语言传承方面未能引起应有重视乃至没能及时进行相关政策调整不无关系。因此，正确认识少数民族语言存在的合理性与少数民族语言传承的必要性 并及时科学地调整少数民族语言传承政策，不但是学术理论界，更是政府部门及社会大众亟需明确并予以妥善解决的重大课题。

本节拟借助于功能主义理论、符号互动理论及理性选择理论，着重从理论的角度探讨少数民族语言传承的必要性及相关政策调整应当遵循的若干原则。

---

① 滕星、苏红：《多元文化社会与多元一体化教育》，载《民族教育研究》，1997 年第 1 期。

② 黄小驹：《部分少数民族语言文字生存堪忧》，载《西部时报》，2007 年第 9 期。

一、功能主义理论、符号互动主义理论及理性选择理论概述

（一）功能主义理论

功能主义理论肇始于19世纪初期由孔德、斯宾塞以及迪尔凯姆等人倡导的有机体论，进而两位人类学家马林诺斯基和拉德克利夫·布朗的著作有力地促进了功能主义理论的发展。此后，默顿和帕森斯分别发展了经验功能主义和分析功能主义。在此基础上，于20世纪80年代出现了新功能主义，代表人物包括卢曼和亚历山大。

功能主义理论是一种强调社会各部分在协同合作的基础上，有秩序地为实现社会的需要而发挥作用的理论观点，亦被称为“和谐论”或“均衡论”。[①] 在社会学中，“功能”一词是指一种社会现象对于其所属的更为广大的体系而言所具有的被断定的客观结果。[②] 功能主义理论认为，每一社会体系都是由众多具有不同性质的规定性的子系统所构成的相对持久和稳定运行的大系统，这些子系统包括各种社会制度系统、社会组织系统、行为模式系统及社会角色系统等，这些子系统也是彼此关联的，其中某一部分的变化将影响到整个体系的变迁。因此功能主义理论强调每一社会子系统特别是社会制度、社会规范以及角色分配等诸方面对于社会整体系统正常运行和健康发展所具有的不可或缺的支持作用。

（二）符号互动理论

符号互动理论又称象征相互作用论或符号互动主义，是一种通过分析在日常环境中人们的互动现象来研究人类群体生活规律的社会学理论派别，它主要关注人们相互作用发生的方式、机制和规律。“符号互动论”这一术语源于赫伯特·布鲁默。[③] 布鲁默认为，要研究个体的社会发展，就必须去思考“婴儿刚刚开始其生活时所具有的资质的本性”。[④] 在《人与社会》一书中，布鲁默确立了符号互动论的基石：即在同一群体中人们所共同使用的一套符号以及对符号的理解。[⑤]

符号互动论本质上属于社会心理学的观点；它主要把个体看做“自我”，同时，它关注个体的内心想法、情感与个体的社会行为之间的互动。这种分析大部分

---

① 张俊豪：《功能主义理论及其对教育的适用》，载《湖北民族学院学报（哲学社会科学版）》，2004年第6期。

② 张俊豪：《功能主义理论及其对教育的适用》，载《湖北民族学院学报（哲学社会科学版）》，2004年第6期。

③ ［美］鲁思·华莱士、［英］艾莉森·沃尔夫著，刘少杰等译：《当代社会学理论：对古典理论的扩展（第六版）》北京：中国人民大学出版社，2008，第177页。

④ 爱默生·P·施密特（Emerson P. Schmidt）主编：《人与社会》，Upper Saddle River，NJ：Prentice hall，1937（5）．安东尼·吉登斯：《社会理论的中心问题》，伯克利：加利福尼亚大学出版社，1979年。

⑤ 爱默生·P·施密特（Emerson P. Schmidt）主编：《人与社会》，Upper Saddle River，NJ：Prentice hall，1937（159）．

是对小范围内人际关系的分析。个体被看成是自身行为的积极建构者，他们解释、评价、界定、设计自己的行动，而不是被外部力量影响的消极的接受者。[①] 符号互动论也十分重视个体做出决定、形成观点的过程。根据符号互动论的观点，形式互动发生在特定的相关环境中。他们所主要关注的是，对于个体的特殊决定和行为的充分解释，以及证明用先前确定的规则和外部影响力去解释这些东西是不可能的。[②]

符号互动理论的基本假定主要有：（1）人对事物所采取的行动是以这些事物对人的意义为基础的；（2）这些事物的意义来源于个体与其同伴的互动，而不存在于这些事物本身之中；（3）人们在处理遇到的事物时，在诠释性过程中可以掌握并修订事物的意义。[③]

（三）理性选择理论

理性选择理论有一个发展过程。传统意义上的理性选择理论中所讲的“理性”是指个人有目的的行动与其所可能达到的结果之间的客观思维逻辑。理性选择理论的主要观点起源于新古典经济学的基本假设，它的核心内容是：人以理性的行动来满足自己的偏好，并使其效用最大化。一般认为，传统理性选择理论的基本理论假设包括：（1）个人是自身最大利益的追求者；（2）在特定情境中有不同的行为策略可供个人选择；（3）人在理智上相信不同的选择会导致不同的结果；（4）人在主观上对不同的选择结果有不同的偏好排列。[④] 依此，所谓理性选择可以概括为对最优化或效用最大化的追求，即理性行动者趋向于采取最优策略从而力求以最小代价取得最大收益。[⑤]

后来，随着研究的深入开展，新古典经济学家、新制度主义者、社会学家、政治学家等对理性选择理论进行了必要的修正与拓展，这些修正与拓展主要体现在如下几方面：（1）“工具理性”向“价值理性”的拓展，相应的，“经济人”扩充到“社会人”[⑥]；（2）用“有限理性”替代“完全理性”[⑦]，以“满意准则”取代“最大化”追求[⑧]；（3）修正了将制度与文化当作理性选择外在变量的立场，把制度与

---

① 侯钧生：《西方社会学教程》，天津：南开大学出版社，2010，第50页。

② ［美］鲁思·华莱士、［英］艾莉森·沃尔夫著，刘少杰等译：《当代社会学理论：对古典理论的扩展（第六版）》，北京：中国人民大学出版社，2008，第178页。

③ ［美］鲁思·华莱士、［英］艾莉森·沃尔夫著，刘少杰等译：《当代社会学理论：对古典理论的扩展（第六版）》，北京：中国人民大学出版社，2008，第151－156页。

④ 侯钧生：《西方社会学教程》，天津：南开大学出版社，2010，第425－426页。

⑤ 侯钧生：《西方社会学教程》，天津：南开大学出版社，2010，第425－426页。

⑥ 乔治·雷瑟（George Ritzer）著，马康庄、陈信木译：《社会学理论》，台湾：台湾巨流图书股份有限公司，1988，第237－238页。

⑦ 卢现祥：《西方新制度经济》，北京：中国发展出版社，1996，第10－11页。

⑧ 赫伯特·西蒙著，杨砾等译，《管理行为：管理组织决策过程的研究》，北京：北京经济学院出版，1988，第20－21页。

文化作为一种内在变量纳入到对个体行动的分析中来；① （4）应从行动者自身立场而非从外部立场来判断行为是否为理性选择。②

以科尔曼为首的社会学家对理性选择理论进行了深入研究，主张以宏观的社会系统行为作为研究的目标，以微观的个人行动作为研究的起点，以合理性说明有目的行动；认为合理性是理性行动者的行动基础，行动者的行动原则是最大限度地获取效益；力求通过研究个人行动的结合如何产生制度结构以及制度结构如何孕育社会系统行为来实现微观——宏观的连接。③

二、三大理论对少数民族语言传承必要性及相关政策调整的重要启示

（一）功能主义理论对少数民族语言传承必要性及相关政策调整的启示

1. 功能主义理论对少数民族语言传承必要性的启示

帕森斯认为某个整体行动系统是由形成信息控制等级结构的文化、社会结构、人格和有机体等四个子系统构成的有机统一体，其中文化控制社会系统，社会结构控制人格系统，人格控制有机体系统，并且每一个系统都为更高一级系统的运行提供着必要的能量条件。新功能主义者强调应关注作为系统的社会中各部分之间的相互关系，关注文化、社会和人格体系的特色，把文化当作社会现实范畴，考察导致社会秩序整合和解体的力量，并且确认社会分化是社会变迁的结果。④ 各个民族世代积累并持续传承着的物质文化与精神文化（包括行为规则、价值观念、风俗习惯、情感态度等）都深深植根并保持于该民族的语言之中，所以我们可以说少数民族语言的传承是该民族文化传承的核心和主要部分。

卢曼认为，在复杂社会系统中，秩序并不是靠对共同价值、信仰及规范的一致性来维护的，所有的社会系统都建立在行动之间沟通的基础上，行动系统由沟通而来。⑤ 由此，因为语言是人们沟通与交流的最主要、最有效的途径，所以说少数民族语言传承是少数民族文化传承的首要任务。

迪尔凯姆强调优先分析整体时，把系统的组成部分看作是完成满足整体功能，满足整体需要的必要条件。⑥ 斯宾塞发展的必要条件功能主义强调，为适应环境，

---

① 乔治·雷瑟（George Ritzer）著，马康庄、陈信木译：《社会学理论》，台湾：台湾巨流图书股份有限公司，1988，第12－16、73页。

② 科尔曼著，邓方译：《社会理论的基础》，北京：社会科学文献出版社，1990，第15页。

③ 丘海雄、张应祥：《理性选择理论述评》，载《中山大学学报（社会科学版）》，1998年第1期。

④ 张俊豪：《功能主义理论及其对教育的适用》，载《湖北民族学院学报（哲学社会科学版）》，2004年第6期。

⑤ 张俊豪：《功能主义理论及其对教育的适用》，载《湖北民族学院学报（哲学社会科学版）》，2004年第6期。

⑥ 张俊豪：《功能主义理论及其对教育的适用》，载《湖北民族学院学报（哲学社会科学版）》，2004年第6期。

有机体和超有机体必须具备某些必要条件。[①] 一方面，作为民族文化重要组成部分的民族语言，体现了该民族独有的民族精神。因此，语言的存在是民族存在的最显著的标志，或者说民族的存在首先是一种语言的存在。[②] 另一方面，作为各民族特有宝贵精神财产的语言具有多种重要的功能，如交际功能、文化功能、心理功能、经济功能、教育功能、政治功能等。[③] 由此可见，语言的健康传承与和谐发展对于构建和谐社会意义重大，语言的重要功能决定了少数民族语言传承的必要性。

2. 功能主义理论对少数民族语言传承与推广普通话之间关系的启示

功能主义理论告诉我们，某一事物的功能往往是多方面的，功能与功能之间存在着矛盾与互补的关系，结构的优化决定着整体功能的优化。

就语言的功能而言，作为特定人群约定俗成的一套符号系统，语言首先表现为人们进行交际和认识世界的一种重要工具，又同时成为特定文化的重要载体与表征。一方面，少数民族语言既是少数民族群众思想信息交流的重要工具、民族优秀文化的重要载体，更是少数民族群众民族尊严的重要体现、民族认同的重要条件，因此做好少数民族语言传承工作意义重大。另一方面，作为全国通用语的汉语普通话是包括汉族及各少数民族在内的全国人民发展生产，提高生活水平，参与社会主义市场经济，尽快步入社会主义现代化的重要条件，同时又更大程度地承载了以汉民族文化为主体的中华民族文化，推广汉语普通话对少数民族经济社会发展以及中华民族文化认同具有不可低估的重要作用。

然而，学好全国通用汉语普通话与传承少数民族语言又形成了“两难”矛盾，此可谓当前我国双语教育所面临的基本矛盾。这主要表现在，一方面，如果过急过快地推广全国通用汉语普通话，势必对少数民族语言传承造成一定程度的冲击和影响，由此引发了人们对少数民族语言传承衰退、少数民族优秀文化断裂以及少数民族人民群众民族情感受到某种程度挫伤的深重忧虑。另一方面，如果仅强调少数民族语言的学习而在全国通用汉语普通话的学习上跟不上形势，很容易对少数民族群众生产发展，生活水平提高带来不利影响。因此，妥善解决这一矛盾是破解我国双语教育教学问题的关键所在。

功能主义理论启示我们，妥善解决双语教育基本矛盾的价值追求应是统筹兼顾，结构优化，实现双赢，达到“两全其美”，即在学好全国通用汉语普通话的同时做好少数民族语言传承工作。关于少数民族语言传承，包括少数民族群众要学好在日常生活生产中发挥重大作用的本民族语言，学者要发挥学科优势通过技术手段保存保护好少数民族语言特别是濒危少数民族语言，汉族群众也要学好与自己工作生活有重要关系的少数民族语言等方面。需要强调指出的是，作为社会主体资源支

① 张俊豪：《功能主义理论及其对教育的适用》，载《湖北民族学院学报（哲学社会科学版）》，2004年第6期。

② 阳小华：《从语言功能看我国少数民族语言的合理性》，载《贵州民族研究》，2005年第3期。

③ 哈经雄、滕星：《民族教育学通论》，北京：教育科学出版社，2001，第174－176页。

配者和社会经济发展全盘规划者的政府在妥善安排少数民族语言传承与推广汉语普通话之间关系上肩负着最基本、最重要的职责。政府要在人力、物力、财力，尤其是在政策支持上切实发挥其应有作用。

3. 功能主义理论对少数民族语言传承相关政策调整措施的启示

基于功能主义理论以及以上关于汉语普通话与少数民族语言关系的认识，笔者认为可通过以下举措妥善协调汉语普通话推广与少数民族语言传承的关系。

（1）加强双语教育的组织领导工作，考虑成立“全国双语教育领导小组”，并将相关规定上升到政策法律层面。双语教育是协调汉语普通话推广及少数民族语言传承的重要途径和关键环节，为科学高效地推进双语教育工作，笔者认为，有必要成立“全国双语教育领导小组”。该小组可以代表政府全面组织、领导双语教育及其科学研究工作，对双语教育实现全国一盘棋，各方兼顾，统筹安排，从而真正体现功能主义理论关于优化工作结构，提高总体工作效率及效果的精神。

（2）强化薄弱环节，大力支持与双语教育有关科学研究与师资培训工作，考虑从技术层面解决双语教育“两难”矛盾。一方面要特别注重开展少数民族语言教学研究工作，加强少数民族语言教材、辅导书、教具学具、教学软件的开发工作；另一方面要继续加强汉语普通话的教学研究工作，在继续加强汉语教材、辅导书改进工作的同时，着重加强汉语教具学具、教学软件的开发工作；在此基础上，加强双语教育教学方法、教学模式的研究工作，加强双语师资培训工作，尽可能提高双语教育的效率效果。由于汉语教学在各方面比较成熟，可以考虑在达到相应汉语普通话教学目标的同时，利用技术手段尽量缩短汉语教学的时间，从而使师生有更多的时间与精力学好本民族通用语。据笔者所知，已经有专家开发了数套可以大幅度提高汉语教学效率的教具学具及教学软件，建议由政府牵头大力推广，从而从技术层面上破解“两难”矛盾。

（3）优化市场结构，充分发挥语言功能优势。市场经济实际上具有生产领域与营销领域两大部类，在营销领域，学好国家通用的汉语普通话是重要条件；而在生产领域，民族语言将发挥其对广大劳动群众进行组织管理与技术指导的优势性作用。为此，须多方举措，大力发展少数民族地区区域经济，在少数民族地区因地制宜地投资建厂，发展当地的优势产业，扭转少数民族地区劳动力向经济发达区流动的趋势，实现少数民族群众当地就业，从而从根源上使少数民族群众认识到学习本民族语言的客观需要并提高他们学习本民族语言的积极主动性。

（二）符号互动理论对少数民族语言传承必要性及其政策调整的启示

1. 符号互动理论对少数民族语言传承必要性的启示

根据符号互动理论，了解个人行为，就必须先了解群体行为。符号互动理论强调社会是一种动态实体，是经由持续的沟通、互动过程形成的。符号互动理论主张在与他人处于互动关系的个体的日常情境中研究人类群体生活。符号互动理论特别重视与强调事物的意义、符号在社会行为中的作用。

我们可以清楚地看到，正是由于语言是所有符号中最丰富、最灵活的一种符号系统，人们才能够通过口头语言、书面语言以及包括表情与体态在内的身体语言传达各种意义与情感，从而实现人与人之间甚或是超越时空的复杂交往。语言在人们的生活、生产中具有不可替代的作用。对于少数民族群众而言，作为其母语或第一语言的少数民族语言同样如此。因此，少数民族语言传承对少数民族群众生活、生产具有重要意义。

2. 符号互动理论对少数民族语言传承相关政策调整的启示

（1）充分沟通，切实做到客观实际。符号互动理论告诉我们，少数民族语言传承相关政策的调整与实施同样是一个持续沟通、互动的过程。因此，在进行调查研究时，要善于采取科学合理的方法，深入广大人民群众做深入细致的工作，注意与调研对象的沟通、互动与交流，从而使得研究成果符合客观实际，具有充分的科学性与合理性，从而为有关决策部门提供可行有效的政策性建议。

（2）尊重意愿，充分调动积极主动性。符号互动论的要旨在于通过沟通、互动达成共识，从而实现从“要我做”到“我要做”的转化。因此，在协调汉语普通话推广与少数民族语言传承问题上，要以充分尊重人民群众意愿为原则，与人民群众做大量、细致、持续的沟通，以充分调动人民群众学习汉语普通话与传承少数民族语言的积极性。

（3）实事求是，因地制宜做好工作。符号互动论强调循序渐进的沟通以及互动双方对行动意义的深入理解。因此，需要通过宣传与鼓励的办法使群众明白推广全国通用普通话的重要意义，坚持从当地生产、生活实际出发的原则，实事求是、因地制宜、循序渐进、多方协调、群策群力搞好普通话推广工作，特别要纠正并防止急于求成、过急过快及不顾实际一刀切的倾向。在推广全国通用的普通话的同时，必须充分做好少数民族语言传承工作，应以两全其美，争取双赢为目标，不可顾此失彼。

（三）理性选择理论对少数民族语言传承必要性及其政策调整的启示

1. 理性选择理论对少数民族语言传承必要性的启示

由理性选择理论可知，对利益与权利的识别与追求是影响并决定人们进行价值选择以及行为选择的关键因素，影响人们抉择的因素直接表现为经济利益，但同时，人们对自身权利、文化价值乃至自我尊严的维护与追求也是人们理性选择举足轻重的因素。无论居于多数的语言群体或其成员，还是居于少数的语言群体或其成员，都有语言权利。① 少数民族语言传承不仅关乎我国各民族沟通交际与信息交流的顺畅进行，也关乎少数民族语言权保障、民族文化传承以及民族尊严维护等重大社会政治问题，在语言传承方面处理不当往往是引发少数民族情绪波动乃至民族地区社会不稳定地的重要因素之一。特别是对于跨境少数民族，语言传承不但关乎社

① 蒋毅：《少数民族语言权初探》，载《知识经济》，2010年第12期。

会稳定，其本民族语言能力逐渐衰减乃至丧失，将对了解境外的状况和进行文化社会交流带来巨大的不利影响。因此，少数民族语言传承是理性社会的必然选择，通过国家语言政策的调整与完善从而保障少数民族语言的传承，是关乎国家安全稳定和扩大对外交流的大事。

2. 理性选择理论对少数民族语言传承相关政策调整的启示

（1）兼顾各方利益，完善调整语言政策

理性选择理论启示我们，对于少数民族语言传承政策的调整与完善，要兼顾各方利益，在充分考虑部分利益的同时考虑整个中华民族的共同利益，本着加强少数民族语言文化传承工作，发展少数民族地区社会经济，提高广大少数民族群众生活水平，维护中华民族团结和谐的原则提出科学合理的政策建议。

从一定程度来说，政策调整就是以公平、正义、均衡为价值追求对相关权益进行调整的问题，涉及广大人民群众多方面的切身利益，涉及种种的权益权衡问题。如升学考试中涉及少数民族语言的加分尺度把握问题、大学预科招生中有关少数民族语言的公平合理性问题、公务员和教师录用中的语言政策问题、职称评审和干部选拔中少数民族语言适用性问题、少数民族语言考试标准问题等方面，都应本着利益平衡、公正合理的原则及时、科学地完善和调整语言相关的各项政策。

（2）少数民族语言考试纳入考核，促进语言公平实现

建议相关部门考虑将少数民族语言考试纳入相关专业升学或相关职业领域就业的考核项目，并使少数民族语言考试通过者具有与外国语考试通过者类似的待遇。建议相关部门考虑在教师等职称晋升考试中与全国研究生入学考试中在政策层面上允许少数民族考生以少数民族语言考试顶替部分外语考试。该项举措对实现语言公平，进而实现教育公平与社会公平具有重要意义。

（3）设立少数民族语言考级制度，利益杠杆调动语言传承积极性

建议相关部门考虑参照既有的语言考级制度设立少数民族语言考级制度，并以政策和法律保证少数民族语言等级证书的拥有者与外国语语言等级证书拥有者类似的在学习深造、就业求职、职称评定、评优评先上享有相应的优先权与优惠条件。少数民族语言考级可以从在生产生活中应用人数广、应用领域重要的少数民族语言开始，逐步推广完善。这样，将会较大程度地提高整个社会参与少数民族语言学习的积极性，从而促进包括少数民族语言在内的我国各民族语言和谐健康的传承与发展。

参考文献：

［1］滕星、苏红：《多元文化社会与多元一体化教育》，载《民族教育研究》，1997 年第 1 期。

［2］黄小驹：《部分少数民族语言文字生存堪忧》，载《西部时报》，2007 年底 9 期。

［3］张俊豪：《功能主义理论及其对教育的适用》，载《湖北民族学院学报

（哲学社会科学版）》，2004 年第 6 期。

［4］［美］鲁思·华莱士、［英］艾莉森·沃尔夫著，刘少杰等译：《当代社会学理论：对古典理论的扩展（第六版）》，北京：中国人民大学出版社，2008 年。

［5］爱默生·P·施密特（Emerson P. Schmidt）主编：《人与社会》，Upper Saddle River，NJ：Prentice hall，1937.

［6］安东尼·吉登斯：《社会理论的中心问题》，伯克利：加利福尼亚大学出版社，1979 年。

［7］侯钧生：《西方社会学教程》，天津：南开大学出版社，2010 年。

［8］乔治·雷瑟（George Ritzer）著，马康庄、陈信木译，《社会学理论》，台湾：台湾巨流图书股份有限公司，1988 年。

［9］卢现祥：《西方新制度经济学》，北京：中国发展出版社，1996 年。

［10］赫伯特·西蒙著，杨砾等译：《管理行为：管理组织决策过程的研究》，北京：北京经济学院出版，1988 年。

［11］科尔曼著，邓方译：《社会理论的基础》，载《社会科学文献出版社》，1990 年。

［12］丘海雄、张应祥：《理性选择理论述评》，载《中山大学学报（社会科学版）》，1998 年第 1 期。

［13］阳小华：《从语言功能看我国少数民族语言的合理性》，载《贵州民族研究》，2005 年第 3 期。

［14］哈经雄，滕星：《民族教育学通论》，北京：教育科学出版社，2001 年。

［15］蒋毅：《少数民族语言权初探》，载《知识经济》，2010 年第 12 期。

作者简介：陈卫亚（1976—），男，汉族，河南省平顶山市人，中央民族大学教育学院中国少数民族教育专业博士研究生，研究方向为文化传承与教育。

第四节　学校教育中民族文化传承的问题及对策

一个民族的文明史就是其文化发展史，文化集中反映了民族精神、民族生活和民族经验。我国是一个多民族国家，各民族在繁衍生息中延续本民族的历史，并在历史延续的过程中形成本民族的文化。它包括这个民族的价值观、行为方式、礼仪习惯及各种物质载体和符号系统。文化是一个民族的灵魂，也是一个民族存在的根基，更是一个民族得以发展的不竭动力。教育是文化的组成部分，是文化传承的主要媒介。

一、民族文化传承的基本内涵

文化传承最核心的问题就是文化的民族性。文化是人类适应生存环境的社会成果，为人的社会群体所共享，所以文化与民族不能分离。我们不用“文化传递”

是因为传递一词寓含着文化的授体与受体的平行关系，往往容易与“文化传播”相含混。虽然说文化传承也是通过符号传递和认同来实现的，但实际上，文化传承不是文化传播，是指文化在一个人们共同体（如民族）的社会成员中作接力棒似的纵向交接的过程。这个过程因受生存环境和文化背景的制约而具有强制性和模式化要求，最终形成文化的传承机制，使人类文化在历史发展中具有稳定性、完整性、延续性等特征。也就是说，文化传承是文化具有民族性的基本机制，也是文化维系民族共同体的内在动因。民族文化传承有广义和狭义之分，广义的民族文化传承是指一个国家（可以是多民族国家也可以是单一民族国家）的文化传承，例如中华民族的文化传承；狭义的民族文化传承是指某单一民族的文化传承，例如汉族或彝族的文化传承。[1]本文所述民族文化传承是狭义的民族文化传承，特指少数民族的文化传承。

二、民族文化传承在学校教育中面临的问题

由于对民族文化传承的忽视和缺少相关的制度保障、片面追求升学率等原因，民族文化传承并未真正成为目前我国学校教育中的重要内容，学校教育中的民族文化传承还面临许多问题与挑战：

（一）缺乏系统安排，传承处于“无序”状态

由于缺乏统一系统安排，目前民族地区学校民族文化传承处于“无序”状态。这主要表现在三个方面：一是教学内容不统一，有的学校侧重文字，有的学校侧重歌舞，还有的侧重美术等。二是教学方法不统一。少数民族文化的根在民间，因此掌握这些文化和运用这些经验的人也多在民间，虽然一些教师参加过民族文化的一些培训，但他们与民间传承人，如纳西东巴、彝族毕摩等比起来只能算是略知一二，未接受过该类教育的学校教师很难适应民族文化的传授任务。因此，很多学校的民族文化传承或者是“摸着石头过河”，或者是有教学任务，而无正常教学活动。三是课时安排不统一，比如，有的学校，尤其是中学，每学期安排一些民族文化活动、艺术表演或图像观摩就算是民族文化进校园了，在民族文化教学活动方面课时安排多流于形式。此外，因许多学校的民族文化课是从校外聘请专家、艺人等，故多是依照他们的闲暇时间而临时安排，无法按课程表正常授课。

（二）忽视民族文化传承课程设置

根据我国新的课程政策，主要反映主流文化的国家课程在总课程中所占的比例为88%—90%，而主要反映民族性、地方性文化知识的地方课程和校本课程在总课程的比例为10%—12%。[2]但事实上，在我国少数民族地区，一些中小学很少或没有设置民族文化传承课程。相比小学来说，中学更少设置民族文化传承的课程。这主要是因为中学有更多的升学率和学习成绩方面压力。尽管其他课程和活动也包含民族文化传承内容，但还是不能代表民族文化传承课程。因为从根本上来说，其

他课程和活动并不可能像民族文化传承课程那样，从设计、进行和结束都围绕着民族文化传承教育来进行。

（三）忽视全部教育活动中的民族文化传承教育

在中小学民族文化传承教育中一般有两种形式，直接方式和间接方式。直接方式是指开设专门的民族文化传承课程，把教育内容编成教材，通过教师的讲授让学生理解并熟记规定的学习内容的方式。间接方式是指不开设专门的民族文化传承课程去传授既定的教育内容，而是通过各学科的教育，同时开展民族文化传承实践及课外活动等全面性的教育活动来实施民族文化传承教育的方式。直接方式和间接方式各有利弊，单靠一种方式往往难以取得理想的效果。直接方式和间接方式的综合运用，理论上可使民族文化传承教育达到理想的教育效果。但事实并非如此，这两种方式的综合运用，也会使二者互相推卸责任，造成形式上的重视而实际上的忽视后果。在我国民族地区的中小学教育中，存在轻视全部教育活动中的民族文化传承教育的现象。这是因为，在设置了民族文化传承课程以后，一些学校的中小学教师在口头上强调民族文化传承教育，但在实践中却嫌麻烦，把民族文化传承教育的重任全部推给民族文化传承课程。与此同时，在未设置民族文化传承课程的一些中小学，学校领导和各科教师也未必重视民族文化传承教育，出现表面上强调全部教育活动中的民族文化传承教育，而实质上忽视民族文化传承教育的倾向。

（四）忽视民族文化传承教育的师资培训

在我国少数民族地区教师的职业培训中，普遍存在重视各专业教学而忽视民族文化传承教育的倾向。无论是综合大学还是师范大学或师范学院，都尚未将民族文化传承教育列为一门学科。民族文化传承教育大多以渗透在各科教学或以专题讲座的形式来进行。这样，民族文化传承教育的师资培训就无法得到时间和质量保证。

三、充分发挥学校教育在传承民族文化中的优势和作用

（一）倡导多元文化整合教育理念

费孝通先生提出中华民族是多元一体的理论认为：一个多民族国家的教育在担负人类共同文化传递功能的同时，不仅要担负传递本国主流文化的功能，而且同时也要担负起传递本国各少数民族优秀传统文化的功能。多元文化整合教育对象不仅包括少数民族成员，也包括主流民族成员。多元民族文化整合教育的内容，既包括主流民族文化的内容也包括少数民族文化的内容。[3]学校教育中我们既要选择人类共通的文化，也义不容辞地要选择各民族优秀的传统文化。为此，在具体的教育活动中要平等地对待每个学生，尊重不同学生的文化风俗。通过民族语言和文化的学习，传承本民族优秀的文化，形成学生的民族归属感，提升民族自尊。在注重文化多元的同时，也要重视“一体”，在教育内容中不仅要让不同文化携带者的生活得

到公正的反映，也要加强文化间的交流与整合[4]，从而使受教育者跨越文化障碍，获得个人的全面发展。

（二）建立健全少数民族文化教育法律法规

在国家教育法律体系里应该对少数民族文化教育进行制度化的规定，使少数民族文化教育具有法律保障，这样才能保证少数民族文化教育能够在国民教育中得到普遍实施。尤其在少数民族自治地方，少数民族文化教育的立法非常必要。通过法律的制定和实施，促使人们重视少数民族文化的发展，自觉地履行传承少数民族文化的义务。

（三）构建多元文化课程体系

要实现学校教育传承少数民族文化的目标，必须重视课程体系建设，在课程中体现“多元文化整合教育”理念。多元文化课程体系要充分关注学生跨文化交往能力的发展以及多元文化的价值观念、态度和行为的形成，进而帮助他们解释和评价不同族群的文化传统和历史形成，使受教育者适应现代社会多元化的发展趋势。具体而言，可以采取以下措施：第一，大力开发地方课程和校本课程。在我国民族地区，体现和包含民族传统文化，尤其是少数民族非物质文化遗产的内容，很少正式编入国家统一编写的教材和课程中。体现国家民族理论和民族政策与普及各少数民族文化基础知识的课程，仅在民族高等院校和少数民族地区的部分高校中开设。因此，开发地方课程和校本课程成为当务之急。第二，选择好教材的内容。课程所选各类教材应明确显示多元整合的价值标准，在吸收主流文化及国外先进文化的基础上，结合民族文化进行区域化改造，如在历史、美术、音乐等课程中融入传统文化中具有合理特点的内容。同时，素材的选择与组织要贴近学生生活，符合学生的兴趣、经验和需要，发展学生的认知、技能和情感等方面的能力。

（四）加强师资队伍建设

师资力量是制约学校教育中传承少数民族文化的一个重要因素。教师的授课内容、方式和对自身价值的认识以及对问题的理解，都会渗透到他所教授的课程和与学生的交往过程中，对学生感知和接受信息，形成自己的人生观、民族观、文化观产生潜移默化的影响。所以，要实现学校教育中的民族文化传承，师资队伍的建设和培养十分重要。具体做法上要明确师资标准，举办教师培训项目，改进培训方式，注重针对性和操作性。要充分发挥师范院校及民族大学在教师培训方面的作用，同时开展校本培训、教学观摩等活动，进行多渠道培养。

（五）改革创新教育教学方式方法

少数民族文化在学校教育中的有效传承需要改革创新教育教学方式方法。随着计算机技术的发展和普及，学校可以利用多媒体等现代教学手段增强教学效果。首先，网络教育是一种具有时代特点、有着独特文化价值的新型文化传播形式。在当代信息社会，学校教育中的民族文化传承必将置于开放的网络环境下，改变教育模式，尽快实施民族传统文化网络教育。其次，充分发挥影像传承的优势和作用。现代化的影像和音像不仅有图形的演示，更有声音的效果，能使民族传统文化表现得更加具有动感性和逼真度，易于引起学生的兴趣。

参考文献：

[1] 曹能秀、王凌：《少数民族地区的学校教育和民族文化传承》，载《云南师范大学学报（哲社版）》，2007 年第 2 期。

[2] 王鉴：《我国民族地区地方课程开发研究》，载《教育研究》，2006 年第 4 期。

[3] 哈经雄、滕星：《民族教育学通论》，北京：教育科学出版社，2001 年。

[4] 辛治洋：《当前我国多元文化教育研究存在的问题及思考》，载《贵州师范大学学报（社科版）》，2002 年第 3 期。

作者简介：黄创（1976—），男，汉族，湖南省益阳市人，中央民族大学教育学院中国少数民族教育专业 2011 级博士研究生，研究方向为文化传承与教育选择。

第五节　蒙古族那达慕大会的文化内涵及其教育价值

人类学家露丝·本尼迪克特认为“个体生活历史首先是适应由他的社区代代相传下来的生活模式和标准。从他出生之日起，他生于其中的风俗就在塑造着他的经验和行为。到他能说话时，他就成了自己文化的小小创造物，而当他长大成人并能够参与这种文化的活动时，其文化的习惯就是他的习惯，其文化的信仰就是他的信仰，其文化的不可能性亦就是他的不可能性。”[①] 那达慕（nagadum）文化是一个由“物态内容”、“动态形式”和“精神心理”三个层次组成的有机系统。它是源于蒙古族传统游牧生活和原始信仰体系，以古老的搏克、赛马、射箭等传统“三项竞技”为标识性内容，融传统体育、宗教、服饰、建筑、文学、艺术、经济、饮食等丰富的文化为一体，通过竞技、仪式、展示、表演、交流等动态模式集中表现蒙古人社会生活的一种重要的民俗文化现象。自古传承至今，它不仅作为“活态博物馆”，承载着丰富的民族文化元素，成为文化传承与交流的发源地，而且又是蒙古族青少年习得民族文化与知识的“特殊课堂”。

蒙古人在那达慕大会的特殊时空和场景中，体现着他们的宗教信仰、神话史诗、群体的价值观、民族性格、认知模式、民族信念和交往礼仪等丰富的文化元素，同时又包容着其他民族的文化交流。蒙古人从小在这种文化环境的熏陶下，长大成人。因此，在学校教育产生之前，那达慕无疑是蒙古人走出孤立的蒙古包接受

① 露丝·本尼迪克特著，何锡章、黄欢译：《文化模式》，北京：华夏出版社，1987，第 2 页。

社会化的第一课堂，即使学校教育产生后它的生活教育和社会化功能也没有被完全取代。它伴随蒙古人近800年，已经成为蒙古族整体文化与生活体系中的重要组成部分，同时又作为一种典型的生活教育资源而备受今天的民族学校所关注。生活中的教育是自然而真实的、深刻而全面的。学校教育回归真实生活、走向人文，从生活中获得教育和启迪成为重要走向。由此，近些年来，蒙古族学校教育和那达慕民俗文化活动之间的固有联系由自然状态逐步走向了自觉建构。

一、学校对那达慕大会的选择及其互动关系的形成

自古以来，只要是蒙古人生活的地方就会举办那达慕大会，尤其改革开放以来，每年夏季，丰美的内蒙古草原都会举办不同规模和类型的那达慕达几百次，吸引方圆几十里、几百里，甚至千里之外的民众广泛参与，参与人员达几千、几万甚至十几万人。其中，学校参与那达慕的现象非常普遍，学校和那达慕之间早已建构了开放互动的关系。每次那达慕上都有相当比例的青少年参与，他们或参加开幕仪式，或参加搏克、赛马、射箭、蒙古象棋等竞技比赛，或者津津有味地观看，沉浸于节日与文化的独特氛围中，从小感受、体验和习得民族文化。例如，2006 年东乌珠穆沁旗旗庆 50 周年大型那达慕上，观众达 7 万人，学生参观者 2 万余人，参与活动者有近3 千人，其中，东乌珠穆沁旗蒙古族中学有 300 多名师生参加了大型舞蹈表演，500 名师生参加了长调表演，连同参观的学生大约有 1000 多人，约占全校学生总数的 85% 。

为更好地了解和深究学生参加那达慕的现状及其重要价值，笔者对锡林郭勒盟的学校参与那达慕的现状进行了调查，问卷发放总数为 1200 份，其中发放中小学生问卷为 850 份，收回问卷 843 份，回收率为 99%；发放教师问卷共 350 份，收回问卷 316 份，回收率为 90%；家长问卷发放 200 份，收回问卷 164 份，回收率为 82%。统计结果表明：

（一）学生参加那达慕具有积极的态度和认识

学生在回答是否喜欢参加那达慕时，选择非常喜欢、比较喜欢、不太喜欢和不喜欢的比例分别为 60%、33%、6%、1%，表明 93% 的学生至少比较喜欢那达慕，而不喜欢和不太喜欢的学生累计百分比只有 7%，说明在锡林郭勒的学生中绝大多数都喜欢参加或观看那达慕大会。

（二）学生从小接触和参与过多次那达慕大会

在对小学、初中、高中不同年级学生第一次接触那达慕的时间的调查结果显示：共 138 位小学生中，选择小学之前的学生有 75 人，选择小学阶段的有 58 人，共 133 人，说明一半以上的小学生在小学之前就接触了那达慕。除了小学之前参加的人和 5 个人未回答之外，其余学生也都在小学阶段接触到了那达慕；共 489 位初中生中，选择小学之前的有 245 位，小学阶段的有 197 位，初中阶段的仅 39 人，

说明一半的初中生也是在入学前就已经接触了那达慕，绝大多数学生都是在初中之前都已经接触了那达慕；195 位高中生中有 104 位学生选择了小学之前，71 位学生选择了小学阶段，而选择初中阶段的只有 12 人，高中阶段的没有，说明一半以上的高中生也是在小学之前就早已经接触了那达慕，其余学生中生绝大多数也是在初中之前就接触了那达慕。说明不论是小学生、初中生还是高中生，绝大多数学生从小就接触了那达慕文化。

同时，学生参加那达慕的次数数据为，20% 的学生参加 10 次以上，25% 的学生参加 5－10 次，5 次以下 38%，1 次也没参加的只有 8%，说明有 53% 的学生参加过 5 次以上的那达慕大会，只有 8% 的学生一次也没有参加。这不仅说明锡林郭勒经常举办那达慕，学生经常参加那达慕大会。而且经常参加那达慕大会对学生了解和习得民族文化知识方面具有重要的作用。如下表数据显示，学生参加那达慕的次数和了解民族文化之间具有显著相关。

学生参加那达慕的次数与他们对本民族文化的了解

		参加那达慕次数					合计
		1 次也没有	5 次以下	5 次到 10 次	10 次以上	未回答	
了解民族历史及文化知识的程度	了解很多	7	56	31	82	1	177
	了解较多	28	174	128	122	2	454
	了解较少	28	89	51	31	2	201
	根本不了解	3	5	0	0	0	8
	未回答	1	0	0	0	2	3
总数		67	324	210	235	7	843

经卡方检验，$P < 0.01$，有显著性差异。因此，参加那达慕的次数和学生了解民族文化程度相关联。

因此，对于民族文化环境薄弱地区的学校，应该创造条件，让学生接触那达慕文化，有利于学生生动直观地习得有关民族文化的丰富信息和认知，从而培养他们的民族认同感和民族文化素养。

（三）教师认为学校有必要组织学生参加那达慕

教师问卷调查中，对学校组织学生参加那达慕大会有没有必要的问题上，有 38%% 的教师选择很有必要，54% 的教师选择有必要，只有 8% 的教师选择没有多大必要，没有一位教师选择根本没必要。而且几乎所有的教师认为学生亲历那达慕是习得民族文化及本土知识的有效途径

（四）教师认为有必要把那达慕开发为校本课程

在调查教师对开发那达慕为校本课程的看法时，选择很有必要、比较有必要、

没有多少必要、没有必要和未回答的比例分别是35%、48%、12%、3%、2%。那么，加起来有83%的教师至少比较赞同把那达慕开发为校本课程。

（五）多数家长都支持并带领孩子参加过那达慕

调查家长对孩子参加那达慕的态度时，选择很支持、比较支持、不太支持、不支持的比例分别是75%、22%、2%、1%，并且数据显示，26%%的家长带领孩子参加过1－2次那达慕，28%的家长带领孩子参加2次以上的那达慕大会，37%的家长带领孩子参加过5次以上的那达慕大会，1次也没有带领孩子参加的只有7%，未回答的2%，那么，加起来65%的家长带领孩子参加过2次以上的那达慕大会，家长普遍认为支持孩子参加那达慕的主要目的是让孩子体验生活，习得民族文化知识。

总之，学生的暑期和那达慕召开的季节恰好吻合，因此，锡林郭勒盟的中小学生参加那达慕大会的现象比较普遍，盟、旗政府、学校、教师、家长以及学生本人都十分重视和支持学生参加那达慕大会。

二、那达慕大会的文化价值及其教育意义

那达慕是蒙古族游牧文化的缩影，集中承载和再现着古老的游牧生产生活方式和丰富的文化元素。古老的社会中，在狩猎和游牧生活条件下，三项竞技是作为重要的生存技能成为男儿必须学习的内容和评价男儿的重要尺度。当今它承载着游牧文化精神，成为那达慕的标志性内容得以世代传承，并依然影响着当今蒙古人的精神和气质。蒙古人对那达慕倾注了美好的理想和信念，同时，也从中获得了民族认同、文化享受和所需的本土知识及观念。正如“文化与人相互映衬、相互蕴含、相互塑造，从而形成了人类历史的基本内容。一方面，文化就是人化，是人的理想和能力的显现，是人类运用自己所创造的符号形式而展示和传播文化价值意识，另一方面，是将这些意识和观念‘教化’为人的普遍性存在的规定性，即外化并塑造人的身心智慧。文化与人之间的同构，目的在于使人类自身获得最大收益”。[①]那达慕竞技项目中，搏克塑造了蒙古人的力量和勇气，赛马不仅建构了蒙古人的速度和效率概念，还拓展了他们的视野，射箭造就了蒙古人的沉稳、耐力和准确定位的能力，蒙古象棋给蒙古人以智慧和谋略。因此，传统竞技项目因有利于人的各方面素质的和谐发展，至今深受草原人民的喜爱和向往。不论是观看还是参赛，只要身处这一特殊的“生活课堂”就会使人在精神的自由中体验智慧的、道德的、审美的、创造的、超越的生活方式，构筑人们的一种文化底蕴和精神气质。

（一）塑造民族性格，传递精神气质

民族性格就是指在一个民族共同的生存环境、生产方式及其文化模式下形成的

① 李燕：《文化释义》，载《哲学研究》，1994年第4期，第14页。

集体性格，存在于每个民族成员身上的稳定的共同特制，即一个民族特有的不同于其他民族的思想、习惯、情操、价值取向和行为方式。游牧文化的自然地理环境以及动态性和不确定性的运作模式、早期不可预测的战争和灾害等现实特点，使得古代蒙古人利用马的速度和力量，建立了自己的帝国、军队、人生和社会秩序，并形成了本民族尚力、尚武、尚智、尚勇的英雄主义性格特征和开放、灵活的思维模式。表现在他们至今喜欢参加搏克、赛马、射箭以及蒙古象棋、布鲁等传统体育竞技，以此增强力量、磨炼意志、增长智慧，砺练勇气。那达慕大会成为承载和集中表现民族性格和精神的重要载体，传统竞技充分激发着每个人身上的活性精神元素，使游牧民族的英雄精神、自由精神、务实精神、开拓精神表现的淋漓尽致，并潜移默化地影响和塑造着蒙古人的世界观、价值观、情感、信念、思维方式和行为方式。

如英雄精神在那达慕大会上表现为对“三项竞技”超群者的颂扬和崇拜。每次那达慕大会上的搏克冠军、赛马冠军不仅在赛场上被最美的语言得以赞颂，而且被人们尊崇为英雄而远近闻名、家喻户晓，成为牧人们长久谈论的焦点，成为家乡父老乡亲的骄傲和荣耀。美丽的姑娘往往喜欢嫁给她们心目中的英雄，视他们为智慧与力量的完美结合；自由精神是在蒙古族生存的自然环境和轮牧生活条件下形成的。这种自由精神在今天的那达慕大会上，表现为民众自由报名参加竞技项目、观看、物资交流、向那达慕大会赠与物品或献礼等，而且那达慕大会以积极的态度欢迎其他各民族的参与，始终保持一种自由开放的精神；开拓精神在那达慕大会上表现为参赛者敢于面对挑战和知难而进的勇敢气质、赛马不需马鞍的冒险精神以及不循规蹈矩的开拓风格，比如，搏克比赛选手不分体重级别，任何人都可以参赛，而且有很多选手明知自己很难胜过对方，但仍然以不服输的精神敢于面对体重大、技术高超的搏克手，并且在搏克赛史上还不乏弱者战胜强者的事例。

（二）建构民族本土知识和独特智慧

“在社会生活中思想和行动之间的关系已经不再能被以专业的知识性来替代智慧性的认知。”① 说明不同的知识有不同的力量，对人的发展提供不同的智慧。每个民族成员都应该认知和掌握本民族本土知识和技能。蒙古族学生除了学好统一的国家课程及教材知识之外，还应该获得有关本民族历史知识、思维方式、游牧知识、地理环境知识、草原生态知识以及生活娱乐方式和生活规则等，只有这样才能形成本民族共同的价值观并融入本民族社会生活。

那达慕大会不仅是一种娱乐形式，而且也可以说是一个获得本土知识和能力的校外课堂，它从仪式、形式到内容形成了一套综合的本土知识体系。比如，入场仪式中会认知到搏克服饰、宫廷服饰、不同部落的服饰、苏勒德、哈达、骑手、马头

① ［美］克利福德□吉尔兹著，王海龙、张家瑄译：《地方性知识：解释人类学论文集》，北京：中央编译出版社，第42页。

琴、勒勒车、蒙古包等文化符号及其意义；会场的色调体系中认知到本民族崇尚大自然色系中的蓝色、白色和绿色的色彩知识；竞技内容中会获得有关赛马、搏克、射箭及蒙古象棋比赛的技巧、规则、知识和智慧，尤其亲自参加比赛更能体验和获得必不可少的技巧和智慧，在现代那达慕大会上通常都设有青少年组的搏克比赛、蒙古象棋比赛，还有参加赛马的一般都是青少年，因此，如果经常参加这些比赛或观看比赛必然会形成相关的知识、技能和智慧的丰富积累。比如，赛马，可以掌握对赛前、赛后对马的养护知识和技能，并通过赛马过程获得速度和效率的概念；射箭比赛中能掌握射靶、射程及拉力之间的物理关系知识，并促进观察力的敏锐性和判断力的准确性；那么搏克比赛中，可以把握搏克的基本技巧知识以及进与退之间合理尺度、如何抓住机会取胜等能力。蒙古民族又是善于用歌舞表达信仰和历史的，因此，参加那达慕大会入场仪式和大型歌舞表演的中小学生，还可以理解每个歌舞所蕴含的民族历史与所表达的民族情感和文化特点，与此同时，通过舞蹈的排练过程也会得到歌舞知识和技能，培养团队协作精神；走进蒙古包学生还会获得有关蒙古包内外结构以及包内所应遵循的许多礼仪知识，这些都是难以从学校和书本上所能学到的知识。还有那达慕上宣传的科技知识和政府的政策等对学生来讲又是相关的一种知识；同时，蒙古族在长期的游牧生活和家庭生计中，积累了优质水草的选择、畜群的繁殖和控制、优良品种的培育、对自然灾害的预防、家畜种类的适度管理、按季节轮牧等，这些知识在那达慕上也能得到广泛的交流和验证。尤其对城市学生来讲这些无疑都是非常难得的本土性、民族性知识的大课堂，对丰富他的情感和知识结构具有重要的价值。因此，学校教育如果能有目的、有组织地把那达慕作为一个民族文化知识教育的“校外课堂”具有深远的意义。

与此同时，那达慕场景的这种开放性、综合性和动态性、直观性的特点，决定了那达慕除了包含以上列举的显性状态的本土知识之外，还包含丰富的具有本土、本文化、本情景特点的缄默知识。正如“实践共同体是知识存在的一个复杂条件，相当重要的原因是，它提供了为其传承的东西赋予意义所必须的阐释性支持。因此，任何知识都存在于文化实践中，参与到这种文化实践中去，是学习的一个认知论原则”。(Lave add Wenger，1991)① 那达慕文化实践中的缄默知识主要表现为，所有项目的竞技比赛，无论是观察还是参赛，都伴随这种不可言传的、但却能分析问题、解决问题的缄默知识。例如，蒙古象棋比赛中，那种妙趣横生的悟性、变化多端的下法和招数中都浸透着超乎我们想象的缄默知识；搏克强对抗赛中，也蕴含特有的缄默知识，表现为捉、拉、扯、推、压以及勾子、坎子、泼子、别子等十三个基本技巧的灵活的演变和运用，只绊子就“大招三十六，小招如牛毛”，那么这些招数和技艺的灵活变幻中更多的都是靠缄默知识。因此，个体通过观察和参赛也都会悟到这种知识，并丰富已有的缄默知识结构；另外，场景中人与人之间的交往不仅建立在那些显性的、定制的社会交往规则和游戏规则，而且也建立在一定的受

① 钟启泉主编：《多维视角下的教育理论与思潮》，北京：教育科学出版社，2004，第 322 页。

文化习俗传统影响的缄默的社会规则和游戏规则上。因此，个体通过体会和感悟会获得缄默性的规则意识和知识。那么个体在那达慕情景中的这种学习机制，可以用美国人类学家莱夫的“实践共同体中合法性边缘参与”的概念来解释，他认为个体在共同体中有机会沿着从旁观者、同伴到成熟实践的示范者这个轨迹前进，即从边缘参与者以至到核心成员。广大牧区的孩子们一开始去那达慕都是作为边缘旁观者出现，达到了一定年龄就可以报名参赛，从边缘走到中心，缄默知识由此进一步充实和丰富。

（三）贴近自然与生活的审美教育意义

蒙古族无论是家庭教育还是学校教育都非常注重审美教育，而且他们的审美教育往往根植于周围环境和生活现实中。对他们来讲，那达慕大会是一个充分展现传统文化之美的动态艺术杰作，是无论如何也不能错过的审美教育大课堂。那达慕大会的审美教育功能表现在，整个会场上所呈现的会场自然环境、建筑装饰、色彩搭配及形状、有节奏的喧嚣、服饰和舞蹈、祝词赞词以及选手形体的线条等依赖感官的作用合并起来产生出一种特殊的情调，成为人们艺术和美感的基本原料，使人产生深切的美感，起到一种自然审美教育的功能。真正的审美教育就应在自然环境中、在现实生活中，而封闭的学校教育只能教给学生一些脱离文化背景和现实的一般审美知识而无法实现真正的激荡心神的审美教育。那达慕大会给予人的不仅是个性化的审美知识，而且更重要的是能够感受和欣赏真、善、美统一的自然与生命之美，它既是一种理想之美，又是一种现实之美。那达慕三项竞技中，矫健跤手们的智慧和力量的较量，骑手骏马腾飞的姿态和节奏，箭羽呼啸凌空的射向，围观人群的激情欢呼，紧张激烈、悬念丛生的场景以及高亢富有韵律的赞词绘成了一幅幅现实美的生动画面。除竞技的动态之美、刚劲之美之外，场景从外到内、从上到下呈现出层次之美、整体之美，和谐之美；会场中人与人之间的团聚之美、共鸣之美；歌舞的豪放之美、悠扬之美，寓意之美；棋类的智慧之美、静态之美；物资交流的互惠之美、简捷之美；祝颂词的韵律之美、壮阔之美；祭祀敖包的古朴之美、虔诚之美；外围蒙古包群落的象征之美、亲切之美；风俗饮食的传统之美、仪式之美等，那达慕无处不存在美的因素，无时不深切感受到蒙古族独特的审美取向，学生从中定会获得具有民族特征的审美标准。同时，也无时无刻不激发人们的审美情趣，并会充分唤起人们创造美的想象和欲望。

那达慕大会的审美价值是通过每个要素的独特审美性表现出来。仅以博克比赛和蒙古包为例就可以说明这种审美教育的独特性。

1. 搏克比赛的审美意蕴

博克比赛融音乐、舞蹈、服装艺术和体育精神为一体，气势恢宏、生动和谐，凝聚着鲜明的民族神韵与性格之光，因而其审美价值远远高于其他种类的摔跤比赛。首先在服饰上，“罩度格”独特的裸臂、袒胸、盖背的款式使博克手宽厚强健的肌肉展现在人们的眼前，使人感受健与美的统一；镶嵌在跤衣上面闪闪发光的铜钉（银钉）更显博克手威武光明和坚韧顽强的风采；腰部围裙（蒙古语称“来布尔”）和肥的摔跤裤和特制的“陶丽亚”靴子搭配在一起，给人一种稳如泰山的力量和气魄；其次，那首古老的摔跤歌“我们的小伙子多么健壮，他已准备好，马上要出场”，搏克手伴随雄壮、深沉和悠扬的摔跤歌（蒙古语：“乌日亚”），模仿凶猛动物的舞步出场，使人回味原始生命力的象征之美。尤其，精湛绝妙和变化多端的摔跤技术以及勇猛角逐中的粗犷强悍，使人惊叹于智慧与力量的和谐之美。同时，搏克比赛的悠久历史上也诞生了都仁扎那等许多美丽凄婉的民间英雄故事及其赞美诗歌，了解和欣赏这些诗歌也让人肃然起敬，深受其精神之美的陶冶。因此，让学生欣赏或体验搏克运动，了解搏克历史能获得其它体育项目替代的审美感受和情感陶冶，加深对生命的感悟，唤起对健美的追求。

2. *蒙古包群落的审美意义*

“敕勒川，阴山下，天似穹庐，笼盖四野……”，这首公元六世纪就流行于北方游牧民族的《敕勒歌》以生动形象的语言描述了游牧民族的居住方式。蒙古包和天地自然融为一体的构造形式既便于游牧搬迁，又有益于保护脆弱的草原植被，体现了蒙古民族传统的环保意识，与此同时，其古朴的生态特点又颇具审美价值。

古希腊毕达哥拉斯学派就已从数学研究中发现和谐之美，称一切立体图形最美的是球形，一切平面图形中最美的是圆形。[①] 因此我们也可以从中理解，古老的蒙古包与自然环境、宇宙天体朴素结合，并适用游牧生产方式固有的审美原则。完整、饱满和简便的造型以及融入自然的色彩和吉祥图案都散发着蒙古包的独特审美价值。有学者认为构成文化传统的内在要素大致有四个方面：民族创造力的表现形态；民族共同的心理素质；民族所特有的思维方式、行为方式；民族所特有的价值观念。那么蒙古包的发明无疑是对这些要素的极富表现力的集中创造，是一种建筑技术和建筑工艺的高度统一。蒙古包的美不仅在于它的简洁生态性构型，而且也在于它不分季节的实用性和坐落天地间守护草原的那份宁静和责任，以及蒙古包内杯酒、奶茶香气四溢的安详、欢乐的生活氛围。尤其夏日的蒙古包显得亲切而优柔，与宽阔如茵的草原和远处的羊群形成一幅幅宁静优美的整体图画，仿佛述说着草原悠婉的历史。如同电视剧《传说》中的主题歌：“风从草原走过，留下了多少传说，留下的只有你的故事，杯酒和奶茶酿成了歌……每一座毡房的梦里，都有你打马走过”。蒙古包的美更在于它的历史感和故事性，它承载着蒙古民族千百年来的传统和故事。那达慕会场周围的蒙古包群落是不可或缺的象征符号，同时又是让人产生美感的重要元素，它不仅给大会增添了生机和活力，而且增加了人们欢聚和归属的情感色彩，让人们感受那种草原生活之美。现在随着牧区游牧生活向定居生活的转变，真正居住蒙古包的牧民少了，因而蒙古包逐渐在减少，将越来越难以实现体验蒙古包生活的愿望，因此，人们可以借助那达慕大会来满足这种独特的审美需求，受到独特的审美启迪。

---

① 科学时报，http：//www. sina. com. cn. 2005 年 8 月 11 日。

（四）锻造体能和坚强的意志品质

意志品质和体能无论何时都是一个人能够立足社会做人做事的最基本的素质。因此，古今中外无论什么民族都把它作为重要的教育内容之一，而且每个民族都形成了与本民族文化相适应的教育手段和目标。蒙古族是一个由狩猎文化转向游牧文化的民族，草原上的游牧生活常常让人们面临严寒雪灾、暴风骤雨、凶禽猛兽，因此，需要人们具备强健的体能和顽强的意志品质。因此，从小让孩子们精于骑射和忍耐艰苦的环境，成为游牧人的重要文化品质。摔跤、射箭和骑马自古以来就是对后代进行体能和意志品质教育的重要内容。顽强的搏斗、颠簸的马背和长途跋涉塑造了游牧人坚忍的身体素质和顽强的意志品质。蒙古族男孩子都十分重视把自己造就成铁一般意志的优秀骑手、跤手和射箭手，因此，那达慕始终是蒙古人展现自我力量和智慧的舞台，也成为今天蒙古族青少年锻炼体能和意志品质教育的课堂。牧区的孩子们十分喜欢三项竞技，广大牧区的家庭教育也很重视这一点，他们唯恐晚辈们丧失强健的身体素质和驾驭马背的能力，因此，家长们经常自觉不自觉地带领孩子体验生活，经历挫折。近几年随着国家和自治区对传统体育文化的重视以及受多元文化教育理念的影响，大小型那达慕大会上都设有少年组或学生组的搏克比赛和蒙古象棋比赛，尤其赛马骑手多数为少年。一些牧业旗县的中小学校还把搏克、蒙古象棋、射箭、马头琴、民族长调、布鲁、莎嘎（俗称嘎拉哈）等传统文化列入学校课程体系当中，或者把那达慕大会当作学校体育的延伸和重要补充。结果也证明了这种举措的良好效应。

每个民族都有自己的传统体育运动项目，并在民族成员意志和耐力的训练和培养方面具有独特的作用。那达慕大会上的竞技比赛，比如“一跤定胜负”和“不分体重级别”的传统搏克比赛对人的知难而进的精神和意志品质的培养具有独特的意义；无需马鞍的远程赛马比赛有助于训练人的耐力和意志；蒙古象棋比赛对培养学生认真严谨的做事态度和缜密的思维品质具有重要的意义。

（五）公平竞争的德性精神

那达慕大会中的道德教育和竞争意识教育内涵交织在一起，既充满着激烈竞争又洋溢着公平与道德，符合了文明社会生活中对人类竞争与道德的追求。那达慕大会的标志性内容搏克运动是一个充满活力，催人奋进的强对抗性传统经济项目，同时，又是具有标识意义的动态文化符号，它可以使人通过参与和观赏来理解其符号的文化意义，并习得竞争意识与道德教育影响。如大多数搏克选手从一开始就知道自己与冠军无缘，但人们还是全身心地投入到这项竞技中。同时，搏克比赛不分体重级别“一跤定胜负”的独特规则，告诫人们现实生活的竞争并非是对等的，机会对每个人只有一次，必须丢掉一切幻想和侥幸心理，充分做好准备，胸有成竹、头脑清醒才能更好地发挥自己的水平和优势。那么现代社会何尝不需要这种信念和理智呢！现代社会竞争的残酷性甚至远远超过古老的生存竞争，而且机会的不可再生性使竞争更加难以预料，只有审时度势抓住机会，顽强拼搏才能获得发展和获胜的机会，否则只会抱憾终生。因此，博克运动的确有利于培养学生的竞争意识、危机意识和认真仔细的态度，激发学生认真对待自己的生活和学习，使他们有勇气面对生活的困难和障碍，善于抓住每次提高和发展的机会，勇于开拓自己的未来、实现自己的理想。与此同时，竞争无论如何激烈，蒙古人的道德体系十分排斥不择手段和“乘人之危”的不道德现象，这种自古以来的公平与诚信的道德准则也在那达慕大会中得以充分体现出来。比如，搏克运动就蕴含着丰富的德性精神，那些著名的搏克手往往是集道德、智慧、力量于一身的英雄而备受广大民众崇拜。

综上所述，那达慕大会几乎涉及了蒙古族传统文化和社会生活的各个方面。如果学校把那达慕大会作为校本课程或地方课程资源来开发和利用，定会弥补学校教育之不足，使学生能够生动直观地学到丰富的本民族文化知识、道德和智慧，形成应有的文化内涵和精神品质，并使这种生活化的知识和德性融入已有的精神体系，铸就完美人格和饱满的人性品格。

参考文献：

［1］露丝·本尼迪克特著，何锡章、黄欢译：《文化模式》，北京：华夏出版社，1987，第2页。

［2］李燕：《文化释义》，载《哲学研究》，1994年第7期，第14页。

［3］［美］克利福德·吉尔兹著，王海龙、张家瑄译：《地方性知识：解释人类学论文集》，北京：中央编译出版社，第42页。

［4］钟启泉主编：《多维视角下的教育理论与思潮》，北京：教育科学出版社，2004，第322页。

作者简介：白红梅，蒙古族，内蒙古民族大学教育科学学院副院长，教授，博士，内蒙古民族大学民族教育研究所所长，主要研究方向：多元文化与民族教育。

第六节　云南纳西族东巴舞蹈文化传承变迁的教育学分析

一、导论

在中国少数民族教育研究领域，文化传承与教育的关系已成为热点问题之一。近来，许多少数民族文化事项趋于濒危。既有的经济、政治、文化保护角度的研究不能完全解释并解决这一问题，且文化传承与教育之间具有天然的内在联系，那么就有必要从教育的视角对文化濒危问题进行分析与解释。

本节运用田野调查和文献研究的方法和文化资本的理论视角，于2008年7－8月在丽江开展田野调查，通过研究纳西族东巴舞蹈文化传承机制变迁与正规学校教育的互动关系，探讨文化濒危的深层原因。

东巴教是纳西族的原生宗教，是其本土文化的核心与根源。东巴具有多重职能，在传统的纳西族社会东巴是宗教的组织者和主持者，是东巴文化的创造者、继承者和传播者（李国文，1993）。东巴身兼劳动者、巫师和教师等多种职能。在传统的纳西族民间社会，东巴可以说是唯一掌握书写技巧，保存并熟读本民族古代经典的“知识分子”群体。对本民族历史、宗教、艺术、制度、古典文学、原始哲学等感兴趣的青少年，唯有求教于东巴。东巴教根植于生活，没有专职东巴，也就没有制度化的东巴授业，一日劳作之后学习者在东巴家里围于火塘边，向东巴学习文字、经典、掌故等，可称之为“火塘教育”。

东巴文化是指在纳西族原生宗教东巴教基础上形成发展而来的文化体系与文化传统，包括文字、经书、仪式、艺术、生产生活知识以及各种物质文化等。东巴文化构成纳西文化的核心，是纳西族人民族认同的基础，集纳西族传统社会历史文化之大成。而东巴舞蹈与东巴音乐都是在东巴教祭仪上使用的本土宗教乐舞，与萨满教祭祀舞蹈属同一范畴。东巴舞蹈文化包括东巴舞的舞谱、物质道具、跳法、内涵等综合内容，是以东巴教为载体的、构成纳西族传统文化核心的东巴文化的一个有机组成部分。

尽管目前学界尚未对“濒危文化”这一概念做出明确的、公认的界定，“相当一部分少数民族传统文化呈濒危趋势”基本是一个公认的事实，政府的普查与相关的研究基本证明了这一点。给濒危文化定义的难度来自于中国广袤土地上众多民族众多文化门类与文化现象的参差庞杂，以及非物质文化量化的难度。在非物质文化遗产保护研究的过程中，众多专家和传统文化的负载者对某些文化事项呈现“濒危”趋势，做出了一致的判断，且越来越频繁地见诸于新闻报道和学术论文。这说明，“濒危”作为文化趋向消亡的状态，虽然无法采用精确阈值进行量化判断，但是是有一个可以判断的标准的。笔者认为判定文化是否濒危至少应采用以下几个指标：⑴传承人数量及其年龄结构呈现明显式微趋势；⑵促使传承人群体对该文化认同与选择的社会结构改变或消失；⑶对该文化的传承呈现非活态、非真实的趋势。在此基础上，笔者对“濒危文化”的定义是——结合所处社会现实和文化发展变迁的动态进行衡量，某文化事项或文化系统仍在生活中有所存续，但其传承速度慢于其流失或突变的速度，具有可预期的即将消亡的趋势，或已处在死亡的临界点上，那么该文化即可称为濒危文化。

将东巴舞蹈冠以“濒危文化”之名进行阐释，并非故作耸人听闻之举，或许会有争议，因为丽江地区的文化产业取得了一定成绩，文化传承实践相对较活跃，给人以文化繁荣之感。但如果采用上述指标进行衡量，通过文中统计的真正的东巴的数量和传世的东巴舞蹈的数量及其变动趋势，就会发现东巴舞蹈文化趋于濒危的现状是不争的事实，这一点为本民族文化专家、文化传承人、当地居民所公认。

本研究以1949年为界，将东巴舞蹈文化的传承划分为传统和现代两个阶段；将东巴舞蹈文化传承分为传承动因，传承人以及传承方式三部分来描述分析。历史上，东巴舞蹈仅在东巴祭祀场所表演，是作为东巴祭仪的一部分进行传承的，不独立于东巴教的其他文化门类之外，因此传统的东巴舞蹈传承依托于东巴文化传承，不可分割。

二、东巴舞蹈文化传承变迁

（一）传统机制：人际传承

1949年以前，纳西族大部分地区已经进入封建社会，与周边汉、藏、白等各民族来往频繁，吸收了许多外民族的文化要素。清朝统治者与纳西上层将东巴文化视作“巫教”不予扶持，且作为移风易俗的对象。东巴不以东巴教活动牟利，东巴活动并无经济产出。重要的是，此时绝大多数民族和地区的萨满范畴的原始宗教都已大大退化，不成规模体系，主要以治病、占卜的形式零星存在。而作为原始宗教的东巴教既不依附于政治也不依附于经济，依然系统的在纳西族中下层得以稳定传承，有其深刻的原因，主要可以归纳为宗教信仰、共同体的维持、教育需要、心理需要和经济回报等。

东巴舞蹈的传承方式主要可分为血缘传承和非血缘传承两大类。老师与其学生之间的关系，可谓亦师徒、亦父子，有着深厚的感情。东巴皆由男子担任，在父子、爷孙、舅甥、叔侄等男性亲属间代际传承，带有明显的父系社会的特点。概言之，这种传承方式就是“熟人圈”中的传承、“面对面”的传承，全面融于社会生活，非组织化、非制度化、无严格标准与规范，传承方式以“言传身授”为主，我们称其为“人际传承”。这种传承是在家庭和社区中、在生产生活实践中得以实现。传播者与受众之间彼此熟悉，往来频繁。传播的方式几乎是清一色的面对面信息传播，即需要传授双方在同一现场把握信息的流向、流量和清晰度、准确度。这种最原始的人际传播不仅使传播者与学习者之间产生了文化信息的互动，同时还使民族内部、家庭内部得到了一种建立、维持和发展关系的润滑剂。实际上，民族文化的积淀往往就是这种面对面的人际传播过程中不知不觉深厚起来的（杨世光，2005）。这种机制保证了东巴文化的职业传承人队伍——东巴形成稳定而紧密的传承网络。

（二）传承现状：人际传承机制解体与多种传承途径的寻求

1949年以后，东巴文化传承不再是自发行为，不断的由或负面或正面的人为干预所左右。20世纪50年代初至70年代末是东巴文化传承的停滞阶段，东巴活动——尤其是舞蹈等与祭祀仪式紧密相连的文化事项被禁绝，断层达30余年；20世纪80年代初到90年代初，主要是解放思想、为东巴文化正名、恢复理论研究的阶段，文化环境逐渐宽松，一些传统文化得以恢复，东巴文化研究加强；从20世纪90年代至今，是东巴文化传承实践和东巴文化产业化阶段。旅游经济与文化产业蓬勃发展，许多东巴文化特别是艺术部分被推入市场，呈现东巴文化艺术热的现象。与此同时，不同领域、不同群体的东巴文化传承教育活动开始涌现。但是大家普遍认为这些传承实践活动并未能从根本上挽回东巴舞蹈等核心文化事项的衰退趋势。

在这个过程中，东巴舞蹈文化传承进入起伏变动的阶段，整体呈现多元化、不稳定、不深入的状态。传承动因由原来的价值诉求变为工具性利用，由以宗教信仰、共同体维持和教育为主，转变为以追求经济收益和文化自觉为主；传承场域由原来的农村山区的传统社区进入城市，以各个传承点、传承机构和部分试点中小学为主；“传之人”与“承之人”都不再有固定的群体，“传之人”由原来的老东巴、大东巴变为现在的东巴、学者、政府和商业机构等，“承之人”由原来的东巴世家子孙或学徒转为不问出处的东巴学员；传承途径与方式各异，还未进入稳定的状态，由原来的言传身授的人际传承、生活教育、终身学习、实践中学习变为班级授课制的集体传承、突击式的短期传承为主。

当前的东巴文化传承方式大致可分为传统人际传承、社会教育传承、学校教育传承三大类。传统的家庭、社区中的“人际传承”模式基本解体，代之以社会教育为主、学校教育为辅的传承方式，复杂零散、不成体系。

传统人际传承机制具有原生性和生活性，主要传承目的乃是宗教性的应用，是东巴文化的植根所在，是东巴舞蹈的活态传承方式。随时间的推移，当前的东巴文化传承基本脱离了纳西族人的日常生活，依托社区生活的活态东巴文化事项大大减少。纳西民族共同体成员不再是东巴文化的唯一服务对象，外来游客、学术团体等占有很大比重。传承不再是自发行为，而趋于理性——文化自觉的价值理性和获取经济效益的工具理性；基本打破了以血缘共同体和地缘共同体为传承主体的乡村社区场域，进入由某个利益共同体为传承主体的包括乡村和城市在内的社会场域。传承人投入的学习时间缩短、内容减少，传统的师徒制的人际传承机制趋于解体，而学识丰富的老东巴屈指可数，且都已高龄，无法亲自示范高难度的舞蹈了。传统的人际传承机制目前已濒临解体。社会传承方式具有针对性和功利性强的特点，目的在于文化普及、职业培训等，是目前东巴文化传承的主要增长点。但是由于东巴舞蹈的学习耗时长、实践性强、应用的场合少，该种传承方式对东巴舞蹈的传承有限。学校传承具有普及性和浅表性，以语言文字和文化知识教育为主。作为一种地方性知识教育和素质教育，目的在于防止纳西语言和传统文化断代，目前仍处在探索发展阶段，不可能把真正的东巴舞蹈作为教学内容。

三、丽江地区学校教育发展脉络

现代学校教育进入纳西社会以前，“历史上道教、佛教、民间信仰与儒家理念与制度相隔离或相避让地长久并存”（庄孔韶，2000）的状况在纳西族的文化与教育体系中集中地有所体现。

纳西族汉文学校教育始于元代。自元至清，以官办义学为代表的传统时期的正规教育是中央政府对民族地方实施“王治教化”，直接施加影响与统摄的主要手段之一，被赋予了特殊的象征意义，是身份地位的文化符号。及至清末，顺应全国废科举、兴学堂的潮流，丽江纳西族地区开办中、小学堂，现代教育制度由此开始。开办之初，百姓持观望态度，并不积极就学。随着丽江教育界人士及知识精英的努力，到20世纪30年代，丽江成为纳西族地区民主进步思想传播的起点和民主革命的摇篮，培养了大批各类少数民族人才和领导人。另外，抗日战争时期，随着内地多所名牌大学南迁，在云南归为西南联合大学；而且，丽江地区地主经济和工商业、贸易相对发达，当地文化人士思想开明重视教育，这些都构成了发展现代文化教育的有利条件和新的风气。到1949年建国之时，丽江全县发展到有完小39所，初等小学247所，在校小学生13860人，教师440人。①

建国以后，学校教育取得了长足进步，但也出现了阶段性的波折。自1949年至1957年是稳定发展阶段，相对于解放前增幅不大。1957年至七十年代末，教育规律与制度被颠覆，政治意识形态和劳动锻炼取代文化知识成为主要教育内容，与全国其他地方一样，丽江教育处于失范混乱的状态，停滞不前。由1978年改革开放至今，解放思想、改善办学条件、建立健全教育体制，到八十年代，基本普及初等教育，于九十年代末期实现了“两基”目标，并不断予以巩固，取得了长足的教育发展。在云南省范围内，丽江地区经济水平相对发达、教育水平相对较高，汉文化普及程度较高，居民、学生对活态东巴文化普遍感到陌生，教学语言基本上使用汉语普通话，不再开展双语教学。

四、东巴舞蹈文化传承与教育的互动关系

教育空间与这些“非教育”的语境联结起来的方式，历史上有两种：其一，教育空间与面对面的社区共同体生活相对全面地勾连在一起，成为地方社会再生产和文化传承的基本手段；其二，教育空间在殖民化和民族－国家的建构过程中，被相对全面地分离于社区共同体生活之外，与更大的社会空间联结起来，推进着社会的“非地方化”（de1ocalizing）的运动。这种联结方式已经发生了一个重大的历史转型，这个转型首先发生在西方，它的轨迹可以被简明扼要地概括为“面对面的社区型社会化”向“超离于面对面社会化的普遍性知识传播”的转化（王铭铭，1999）。

东巴舞蹈文化传承机制属于前者，显然现代学校教育属于后者。

（一）传统时期：相对独立、各自发展

自从木氏土司推崇汉文化教育，部分士人参与科举考试以来，东巴文化逐渐由城区、坝区向山区退却，但速度缓慢，并在汉文化教育传入较少的山区、农村稳定保留下来。清末至解放前，正规教育与东巴文化的本土教育的发展趋势都呈上升态

① 参见丽江县政协文史资料委员会编：《丽江文史资料》（内部资料）；顾明远主编：《教育大辞典（下）》，上海：上海教育出版社，1998，第1125页；丽江纳西族自治县志编纂委员会编纂：《丽江纳西族自治县志》，昆明：云南人民出版社，2001年。

势。东巴文化教育及东巴教规模在解放前达至最高峰，一度在20世纪30年代末至40年代初这一现代学校教育蓬勃发展的时期，也出现了传统东巴文化的繁荣时期。但掌握现代文化知识的东巴极少（冯莉，2007）。

事实上，在以汉文化为主的官方教育得以强制推行的同时，东巴文化并未受到激烈的打压，各种祭仪反而由于社会经济水平的提高而更为频繁的举行。代表中央政权的正规教育体系与东巴文化的本土教育体系各司其职，未构成显著矛盾。因为东巴文化教育满足了基层社区纳西族人民信仰、共同体维系和教育的需要，对于社会稳定发展具有积极意义。

一般认为，当两种文化体系融合碰撞时，强势文化或所谓的先进文化势必对弱势文化或所谓的落后文化形成同化。“外来文化的冲击”成为文化濒危、消亡的一个主要解释，但是解放前，丽江地区传播汉文化的正规教育与东巴文化的人际传承同时发展的现象值得引起我们的注意和思考。

传播官方知识的正规教育是主流文化再生产的场域，由主流社会的文化资本逻辑支配。流利的汉语和汉文化标准下的气质、兴趣、知识技能等构成行动者的身体化文化资本；在正规考试中获得的“功名”、“文凭”等意味着拥有合法的制度化文化资本；所有能够体现身份的学习用具、文化制品构成了物质化文化资本。这些文化资本通用于全国范围，藉此可以在官方体制下获取更高的声望和社会地位，很容易进一步转化为社会资本和经济资本。

包括东巴舞蹈在内的东巴文化传承全面地嵌入纳西传统社区共同体的生活之中，在传统的纳西社会场域中再生产东巴文化，实践性、人际性和生活性是其主要特征。东巴舞蹈文化传承以血缘传承为核心，由具有文化追忆和象征意义的更为广泛的地缘传承为补充，即以家庭、家族为单位的血缘共同体教育为主，社会教育为辅。这种传统的传承机制看似自发无组织，但通过调查研究，我们可以发现，它构成了密切的“熟人间教育”网络。即便有非血缘关系拜师收徒的，其师徒情分也有类血缘关系的性质。这种密切勾连的传承网络构架起纳西族乡土社会的基本框架，赋予东巴文化传承人典型的、丰富的社会资本。东巴的气质、为人、学识等构成其身体化的文化资本；加威灵仪式、社区民众对其东巴威灵的公认等构成其制度化的文化资本；东巴祭仪中用到的各种法器、经书等自然就是物质化的文化资本。东巴获得制度化的文化资本后，有资格主持仪式、授业教徒就会有一定收入，即文化资本转换生成了经济资本。有形的人际网络和无形的资本网络共同构成了对东巴文化传承的双重保障。此时，东巴舞蹈的种类繁多、含义丰富、传承稳定。

总之，在1949年前，正规教育与东巴文化传承教育各有其象征意义与价值，虽有交集和冲突，但未形成明显矛盾，主要原因在于它们各自文化资本的形成与转换在相对独立的场域内进行，各司其职，场域范围大致可按照城市和乡村、社会上层和社会中下层来划分。外来文化，主要是官方知识与思想观念在正规教育场域内进行再生产，虽对本土的东巴文化有所影响，但在乡土社区，即东巴文化“势力范围”内冲击不大。

不同层次和类型的教育赋予不同的个体以一种相对特殊的“身份文化”——一定的社会期望、自我认同、自我期望、知识结构等（顾明远，1997）。这一时期，纳西社会多元文化并存特征明显，汉文化、周边民族文化和本土原生的东巴文化和谐相处，纳西族地区呈现文化多元景象。

传统时期的正规教育跨越社区共同体生活而直接与更大的社会空间——国家——相联系。正规的知识教育制度扩展的过程就是纳西族人社会化方向发生改变的过程。学校教育是国家文化再生产的最有效途径，学校教育普及的过程是国家对各基层加强联系、实现控制的过程。正规学校教育是指向社区外部的，促使人产生对社区外部的向往与认同，以脱离乡村、向上发展为目的。而东巴文化传承，是指向社区内部的，以社区共同体的维护、培养符合传统伦理的人为目的。

在这个相对较长的阶段中，正规教育虽未对传统的东巴文化传承构成直接的威胁，但其比重逐渐加大，其文化生产与再生产纳西社会场域中所占份额逐渐加大，且所处地位更高、应用范围更广。而学校教育体系并未给予传统文化和本土知识以传承空间，相对来说，正规教育扩张的过程就是东巴文化影响范围缩小的过程，也是其文化资本贬值的过程。

（二）现代时期：正规教育的日益普及与文化传承的萎缩与濒危

学校始终是传播知识、传承文化的官方机构，对于整个社会的文化再生产占据主导地位。现代时期的学校教育与东巴文化传承的互动关系是学校教育日趋普及、垄断，东巴文化传承机制衰退、濒危的过程。学校教育与东巴文化传承在内容上不存在交集，在传承人、传承时间上构成了争夺。学校教育实质起到了将受教育者剥离社区生活，到更广大的国家社会空间中寻求认同与生存的作用；而东巴文化传承则培养社区共同体和民族共同体成员，是社区生活中的传统文化、本土知识对受教育者的濡化过程。二者之间出现矛盾时，掌握制度化文化资本权威的学校教育显然处于强势地位，东巴舞蹈这一文化事项的传承出现了危机。

反观东巴文化传承，在改革开放前的近 30 年中，丽江地区以东巴文化为代表的地方性知识资源的文化权力空间基本丧失，由于文化价值观念的改变，其文化资本价值几乎“归零”。即便 20 世纪 80 年代初得以正名，且经济价值与学术价值获得一致认可的情况下，其传承机制依然难以为继。虽然自 80 年代以后东巴活动有所出现，90 年代中后期，开始传承活动渐多，但笔者认为其本质是社会培训或地方性知识教育，远不构成系统稳定的传承机制，不能培养传承意义上的东巴，对东巴祭仪、东巴舞蹈等实践性强的文化事项传承能力较弱。传统的人际传承机制是东巴文化存续发展的内在逻辑、规定与制度，它一直在淡出社会生活，濒临失传的危险。现代传承机制未能形成，只有支离破碎的各种传承实践活动，也就谈不上与传统的接续。

1949 年以后，纳西原来封闭的社会场域被打开，与国家同构，文化资本标准统一，纳西社会成员可以通过学校教育的途径在国家这个大的场域内参与社会竞争和阶层流动。当代社会的现代化运动已经使人们加快了社会流动速率，教育是促进向上社会流动的最重要资本。过去，少数民族地区的教育反映了本民族的需要，因此，教育有着承载、传递和发扬本民族文化的重要功能。现在，各少数民族地区的教育反映的是现代化的需要，因此，少数民族教育也就必然纳入到现代化的进程中。教育现代化的表现就是迅速在少数民族地区建立起现代的学校教育体系。学校教育是现代性的，反映的是现代社会制度和意识形态，以及科学的知识和认知。文化上它是“聚合的”，因此表现形式是一元化的。它对社会起着整合多元文化的功能，对每一个个体来讲，使个体成为具有现代意识、现代知识和技术以及现代生活方式的现代人（钱民辉，2004）。

于是，国家主义的文化资本认定标准通行于整个纳西社会，官方知识和主流文化是学校场域内所公认的“正统文化”，其文化再生产占据主导地位。国家主义的学校教育与本土的东巴文化传承之间形成了事实上的文化冲突，即官方知识与本土知识传承在时间、场所、传承人上的冲突与争夺。由于大部分纳西族儿童接受汉文化知识较早，在学校教育中不存在文化语言上的障碍，因此这一文化冲突不构成学生的学业成就低下的主要原因，而是东巴文化传承机制解体濒危的主要原因。在本土文化、地方性知识被纳入教育评价体系之前，学校教育与本土文化传承相互促进、相互补充的理想状况难以达成。

笔者的访谈调查完全体现了上述判断，各级教育行动者对课程重要性的排序基本是计算机、英语，语文、数学等正规教育课程，然后才是地方性知识。普遍认为能够开设计算机、英语等课程是小学教学质量高、硬件设施先进的标志；能够培养孩子钢琴、芭蕾、英语等特长是家长能力的标志，这些文化来自西方，象征着“先进”。至于东巴舞蹈等地方性知识，由于受访人明了笔者身份，且重视本民族传统文化是一种“政治正确”，所以基本都给出了“地方性知识很重要”的回答。但是随着谈话的深入、气氛的放松，受访人几乎都坦陈还是要以书本知识为主，“毕竟中国还是应试教育”[①]，“读书压力不大、有时间的时候应该学习东巴文化”[②]，“不了解自己民族的文化还是挺遗憾的”（所有家长都这样讲）。还有一部分受访家长表示如果孩子考上了大学（代表着有较好的出路），“不了解东巴文化也没什么遗憾的”。小学生可塑性较强，因为上东巴文化课不用考试又比较轻松，而且在开课之初老师基本都进行过“传承东巴文化有意义”之类的引导与教育，所以一致表示喜欢学习东巴文化。具有一定东巴文化基础的乡村中学生多数表示应该学习东巴文化，但也有少部分学生表示只有考试取得好成绩上大学才能离开农村，实现自己的理想，“如果学习成绩不好再学东巴也来得及”。而城市中学生群体对于东巴文化的看法产生了分歧，或因为有了体育运动、流行歌曲、网络游戏等更为“现代”的兴趣爱好，或因为感到了学习（官方知识）的重要，部分学生对

① 来自2008年8月20日对非纳西族初中女生家长的访谈。

② 来自2008年8月20日对纳西族初中男生家长的访谈。

东巴文化不置可否，没有学习的意愿；还有部分中学生或出于兴趣或接受到了文化保护的宣传，认为在中学也应该开东巴文化课。

义务教育阶段的东巴文化课试点学校试点班级的学生也可以学习到东巴舞蹈。只有个别学校开展了东巴舞蹈传承，由相关老师根据东巴舞蹈的一些基本动作重新编排出两三只舞台化的“东巴舞蹈”作为该校的保留节目，由男女同学共同着东巴服装、持铃鼓等表演。个别接收东巴文化课试点小学学生的中学曾开设过东巴文化课，教学内容也是语言、文字、文化等基本东巴文化常识，不涉及舞蹈。但是由于学业压力等原因，基本都呈停滞状态。所以，目前基础教育阶段的在校生中，东巴舞蹈文化的学习者主要限于个别小学的个别班级，且传承的舞蹈经过了针对小学生的重新创编，与民间祭祀仪式中的东巴舞蹈不同。

另外还有为数不多的学者系统学习东巴祭仪规程和东巴舞，甚至可以达到正规的东巴水平，但为数很少，且主要是从理论研究和组织文化传承的角度学习，他们对东巴活动的参与不属于生命实践的范畴。

总之，学校教育中东巴舞蹈文化传承的阻力主要来自于教育领导者、教师和部分家长，且学生年级越高阻力越大，家长受教育程度越高阻力越大。即便是倡导东巴文化传承的学者也要先保证自己子女的学习成绩，之后才尽量实现传统文化的教育。实质性的原因在于教授年级越高的教师，承受的以学生考试成绩、升学率为主的考核指标的压力越大；越是受教育程度高的家长对子女获取教育资本进而增强社会竞争力的期望越高。

自古以来，我国的正规教育即呈外向型、精英型取向，所谓“学以致用”中的“用”是不包括体力劳动和乡土社会中日常生活的应用的。现代学校教育的课程设置、评价标准等继续延续这一思想，作为“外来因素”的现代学校教育在纳西族社会场域中的存在时间不足百年，其普及也是近20多年的事情。学校教育的体系、内容基本来自西方，其文化再生产不包括本土文化、地方性知识。出于自身实际利益的考虑，为了获取以学历文凭为主要形式的制度化的文化资本，受教育者必须“主动”接受以考试成绩为主的评价标准，选择官方知识与主流文化。于是，与学生的日常生活、血缘历史息息相关的传统民族文化即便作为校本课程或地方知识课程被纳入学校教育内容之中，如果在升学评价制度中不占有权重的话，也就不能成其为制度化的文化资本，那么它依然摆脱不了被边缘化的境地。近年来的“东巴文化进课堂”的尝试在初中以上教育阶段所受到的阻碍恰恰证明了这一点。“高考指挥棒”一词在对教育领导者和教师的访谈中多次出现，是对学校教育“符号暴力”和选拔评价制度单一化的形象体现。

五、结论

综上所述，某种精神文化濒危的根本原因是，在特定社会场域中，该文化事项的文化资本价值贬值，迫使传承人选择更有利于自身生存发展、参与社会竞争的主流文化。而制度化的文化资本的缺失直接决定着该文化事项的整体贬值，因为以学历、证书等为主要形式的制度化文化资本具有权威性、稀缺性和通用性，易于转换为经济资本和社会资本。

东巴舞蹈文化濒危的根本原因在于学校教育资本几乎成为唯一获得制度化认可的文化资本，而丽江地区的学校教育在内容上，尤其是评价制度上未将东巴舞蹈纳入，这就导致东巴舞蹈文化资本缺少制度化的认可，价值贬值。

要真正实现教育的文化传承功能，实现文化传承对学校教育的完善，保证教育公平，就应在民族教育体系中在评价选拔阶段给少数民族优秀传统文化以适当权重，赋予其制度化的文化资本；同时加大校本课程的开发力度，在教育内容中给予其传承空间。

参考文献：

［1］白庚胜：《急剧变化中的纳西族民间文化及其对策》，北京师范大学博士后报告，2001 年。

［2］冯骥才：《最濒危的文化是少数民族文化》，载《中国民族报》，2005 年 3 月 11 日，第 2 版年。

［3］冯莉：《东巴舞蹈传人——习阿牛 阿明东奇》，北京：民族出版社，2007 年。

［4］［美］威廉·A·哈维兰：《文化人类学（第十版）》，上海：上海社会科学院出版社，2006 年。

［5］顾明远主编：《教育大辞典（上）》，上海：上海教育出版社，1997 年。

［6］郭大烈：《东巴文化面临的危机及其学科建设》，北京：社会科学文献出版社，2002 年。

［7］韩英编著：《原始宗教与原始艺术》，西宁：青海人民出版社，2008 年。

［8］和力民：《20 世纪 90 年代东巴文化研究述评》，北京：社会科学文献出版社，2002 年。

［9］李国文：《人神之媒——东巴祭祀面面观》，昆明：云南人民出版社，1993 年。

［10］赵世红：《浅谈东巴文化的保护和抢救》，《东巴文化研究所论文选集》，昆明：云南民族出版社，2003 年。

［11］木丽春著：《东巴文化揭秘》，昆明：云南人民出版社，1995 年。

［12］钱民辉：《教育社会学——现代性的思考与建构》，北京：北京大学出版社，2004 年。

［13］邱天助：《布迪厄文化再制理论》，台北：桂冠图书公司，1998 年。

［14］王铭铭：《非我与我——王铭铭学术自选集》，福州：福建教育出版社，2000 年。

［15］王铭铭：《教育空间的现代性与民间观念》，载《社会学研究》，1999 年第 6 期。

［16］杨德鋆、和发源、和云彩：《纳西族古代舞蹈和舞谱》，北京：文化艺术出版社，1983 年。

［17］杨世光：《东巴文化的自然性》，《丽江第二届国际东巴艺术节学术研讨会论文集》，昆明：云南民族出版社，2005 年。

［18］（法）皮埃尔·布迪厄（美）华康德著，李猛、李康译：《实践与反思》，北京：中央编译出版社，1998 年。

［19］（法）皮埃尔·布迪厄著，包亚明译：《文化资本与社会炼金术》，上海：上海人民出版社，1997 年。

作者简介：胡迪雅，女，中央民族大学教育学院教师。研究方向：文化传承与教育，少数民族教育政策。

第七节　广西龙州县民族教育与民族文化传承的互动研究

民族文化与民族教育相互促进，相辅相成，民族文化丰富了民族教育的教育内容，民族教育传承了民族文化，“民族文化的教育价值，是指将民族文化的一系列具体内容作为学校教育的重要内容，它又具有一般的知识教育、技能教育所不具备的教育功能。”① 广西龙州县壮族的传统文化丰富多彩。龙州县壮族人口达 90% 以上。自古以来，壮族人民创造了“都老制度”来协调族群之间的关系；创造了“那”文化为代表的物质文化来适应自然；创造了绚烂多彩的歌圩文化来愉悦身心。壮族人民创造了各种文化来指导自己处理人与自然、人与人之间的复杂关系。而这些文化需要被一代接一代传承下去，光靠家庭教育远远不够，学校教育也要发挥不可估量的作用。正如龙州县民族中学壮语特色班卢老师所说，每个民族都有每个民族的特征，特征就体现在他们的民风民俗，那这个民风民俗要把它们传承下去，才能把精华传递下去，才能够跟别的民族有区别，这样才能成为一个有民风民俗，有自己文化、自己的历史的民族。

一、龙州县民族文化传承与民族教育的现状分析

（一）龙州县民族文化传承的现状

广西龙州县是一个以壮族为主体，多民族聚居的边境新兴县城，左江流域古骆越壮族先民留下了丰富的文化遗产。他们独具特色的信仰习俗、口头文化、社会风俗、技艺技能和节庆礼仪涉及到天文、地理、生产、生活、信仰等各方面。但是现如今，有些传统文化正在流失。

壮族天琴文化经过世世代代相传，已成为中华民族传统文化的一朵瑰丽奇葩。

① 史文冲：《西部多元民族文化与教育发展》，载《青海民族研究》，2006 年第 3 期。

虽然在 2007 年 1 月，龙州天琴艺术被列入广西第一批非物质文化遗产名录，天琴艺术逐渐被人们关注和重新认识，但是会弹唱天琴的人也并未有所增加。

龙州是典型的喀斯特山地和丘陵地带，广西的大部分喀斯特山地都是壮族聚居区，反映了地理条件的封闭性对壮语方言形成以及稳定起着重要的外部条件作用，可以称得上是一个“喀斯特民族”壮族居住县。龙州县属南壮语方言区，而内部的次方言、土语区又环环相扣。大致分为龙州镇原著土话为主的龙州壮话方言，这种方言在全县以及桂西南地区范围内是相通的。还有较特殊的金龙方言也能与龙州壮话方言相互交流的，应该说长期共处居住的语言频繁交流通融。但是，龙州历史原因和地理位置较为特殊。一是建制早，许多汉民族的官僚长期统治，势必带来汉民族文化习俗，其中包括汉语言的相互渗透与通融。龙州又是历史上水路交通方便，境内早就开辟了左江流域等航道，这就说明了龙州特殊的地理位置给外地的客商提供良好的商机，综上所述，龙州县在漫长的历史长河中已经自觉和不自觉融入了中原民族的文化。龙州当地的民族语言或多或少的受其影响也形成了与其他地区壮话不同的独特的壮族方言。据了解，当地人大部分都讲汉语，没有多少人会读会写壮文，日常生活中也不怎么使用壮语交流。又如每年的歌圩也只有老一辈人参加，年轻人基本不会。可见，龙州县的民族文化传承出现了断层现象。

（二）龙州县民族教育发展的现状

长期以来，龙州县的民族教育作为普通教育的一部分，具有标准化和统一化的倾向，忽略了民族性和地方性。龙州县也建立了一些民族学校，但它们的目标与价值取向是为了升学，照搬普通教育的统一模式，“换汤不换药”，很少涉及民族传统文化，并没有很好地发挥传承和弘扬民族文化的重要功能。

龙州地处广西边境，经济发展晚于内地，教育也发展较迟。可以说在解放前，龙州县民族教育的特点并不突出，并没有和普通的教育有所区分，就像清朝及之前时期以书院和军事学堂为主，传承诗书经典及边防军事，学生并不能从学校教育中学到民族传统文化，只能从家庭教育和社会教育中汲取这些知识。之后民国时期所办的新学堂和小学也有统一的教学内容，对于龙州县壮族所特有的传统文化也没有涉及或涉及很少。

解放后随着推行壮文的高潮掀起，龙州县各级各类学校开设了壮文专业。1954 年，袁家骅教授对壮族聚居的 47 个县 52 个点进行深入调查，经过反复研究、讨论，确定《壮文方案》草案。此阶段的民族教育主要是以学习壮文为主，对壮族传统文化的部分也无涉及。1957 年 11 月 29 日，《壮文方案》经国务院批准推行，从而结束了壮族人民没有自己合法文字的历史，这是值得庆贺的喜事。1958 年起，龙州县与全区一样掀起一股学习壮文的高潮。县成立了壮文学校，负责培训壮文师资，各地选送有文化的知识青年参加壮文培训班学习，结业后充实学校担任教师。各乡镇（公社）各学校都成立了相应的壮文领导机构，各级各类学校也都开设了壮文专业，较大村屯也成立了壮文扫盲班。1959 年，根据上级指示精神，在小学中开办壮文班。当年共开办初级壮文班384个班，学生13486人；高小5个班，学生121人。课程设置除语文授壮文外，其余课程均与普通班一样。一场学习壮文的高潮就在龙州大地如火如荼地进行。但是，这场高潮很快消失在大跃进中。1961年小学壮文班停办。

在80年代之后，小学设立壮语实验班之后，小学也开设了一些其他传承民族文化的课程。1982年3月20日，广西壮族自治区人民政府颁布了《壮文方案》（修订案），并开始在壮族地区全面推行。龙州县积极响应，恢复了县壮文学校，培训了几期的壮文师资。1982年至1985年中，上级分配18名壮校毕业生到龙州县任壮文教师。但是，由于种种原因，主要是家长思想不通，不愿让孩子学壮文。好景不长，到1986年左右，全县的壮文实验班基本消失。最后，就连壮文的母校—县壮校也改为县民族中学。

过去一提起龙州县的民族教育，就是指壮语教育。当然，现阶段民族教育在学校课堂里的体现比起以前更加丰富多彩，除了壮语，还加入了许多民族传统文化，例如民族音乐——天琴班、民族体育——竹杠舞等。

二、龙州县民族文化具有较高的教育价值

虽然现代知识和实用科学是民族地区实现现代化的保证，但它并不能取代民族传统文化。各族人民经过历史的积淀，积累的一些独具特色的信仰习俗、口头文化、社会风俗、技艺技能和节庆礼仪涉及到天文、地理、生产、生活、信仰等各方面的文化经验，造就了每个民族特殊的才能和品质，它们具有一般的知识、技能教育所不具备的教育功能。龙州县内容丰富、形式多样的壮族文化究竟具有怎样的教育价值，是怎样影响当地人们心智的呢？

首先，民族文化影响着人们智力的发展。诚然，以现代化知识为主要内容的学校教育对于智力的开发和发展的作用毋庸置疑，但龙州县丰富的民族文化在其传承过程中也辐射出教育的功能。如天琴艺术不仅能培养音乐素养，作为音乐教育的素材，还能锻炼儿童精细的观察能力、协调能力、配合能力和记忆力；龙州县壮民的歌圩内容、形式灵活多变，人们可以通过对唱的形式自由地交流思想，对人们的交流能力、反应能力有促进作用。

其次，龙州县民族文化的传承过程也是人们自觉接受道德教育的过程。壮族是一个长期没有自己文字的民族，在很长的一段历史时期中，以口述为主要传播形式的民间故事在传统教育中担负着重要的作用，直至今天这些民间故事仍具有深刻的教育意义。例如《两姐妹》中的妹妹好吃懒做，把家产吃空，最后沦为乞丐；《会唱歌的猫》中的“懒哥哥”最后葬身鱼腹。这些故事告诉人们的是勤劳会带来富裕、幸福。《哥哥没有鼻子》则教会了人们取利必须合乎于义，当义与利冲突时，往往应为重义轻利，取义舍利。

三、民族教育是促进龙州县民族文化传承的手段

教育在龙州县这个民族地区迈向现代化的过程中应扮演什么样的角色呢？民族地区教育的发展，应该是建立在了解、保护和传承民族传统文化基础之上的。民族教育想要走出其发展困境，应该实现两个超越：一是实现从民族语言文字的教育到民族传统文化教育的超越，二是实现从单纯传授现代知识到回归民族传统文化的超越。民族地区的人才培养要根据自身特点，培养出能够掌握两种文化的人，使学生既能掌握适应现代社会发展的科学知识，又成为自己民族文化的主体。这样龙州县的民族教育才不至于失去多样性的特点，才不会变成民族地区的现代性教育。学校教育是人们社会化、接受知识的主要场所之一，因此民族文化进入学校教育，是民族地区教育发展的必然趋势，只有学校教育把传承民族传统文化当成一种实实在在的义务时，才能真正推动龙州县民族文化资源的传承与发展。

四、龙州县民族文化传承与教育发展良性互动的探索

如何实现龙州县民族文化传承与民族教育的发展的良性互动呢？如何才能实现民族教育的功能呢？

首先，民族文化的传承需有政策、智力和资金上的支持。民族文化的保护开发和传承，是一个利在当代、福及子孙的工程，需要政府和教育行政部门的统筹支持，需要社会各界的支持参与，需要专家和教师的智力支持。边境民族地区的学校的教育经费比较紧张，开展除了国家正规课程之外的民族文化课程是需要经费保障的。除此之外，从教师自身来讲，要把民族文化相关的内容融入到正规课程中，需要自身的努力和专业培训。并且，学校开设有关民族文化的课程需要得到政府和教育行政机构政策上的支持，才能够鼓励学校和老师保有积极性地担负起保护和开发民族文化，建构民族文化认同感的重任。

其次，加强乡土教材的开发，丰富教育内容。民族教育要得到发展，其课程设置也应该植根于当地丰富的民族文化土壤中，吸收本族传统文化的精华。在我国多元文化教育背景下，多元文化课程设置的理论与实践都在不断成熟和系统化。“多元文化教育的课程主要是将各少数民族的文化精华或特色融入学校现有的课程中，以反映文化多元的观点，并以全体学生为对象，通过融入学校整体课程发展学生认知、技能、情意等方面的能力与态度。”① 龙州县民族地区在校本课程的开发中，要有选择性地把一些优秀的民族文化加入到学校现有的课程体系中。一方面，在学校体育、音乐、美术、语文等课程中，加入民族文化的元素。如壮族的竹杠舞就是很好的体育课素材；天琴艺术、壮族民歌等民族音乐也应加入到音乐课素材之列。另一方面，民族文化以非正式的形式出现在教学中。例如，组织学生进行民族歌舞表演，开展民族诗歌、寓言故事、历史传说的演讲比赛，组织民族工艺品制作比

① 李定仁：《西北民族地区校本课程开发研究》，北京：民族出版社，2006，第5页。

赛等。

五、小结

教育是一种社会现象，起源于劳动，是适应传授生产劳动和社会生活经验的需要而产生，并随着社会的进步而发展起来的。而这生产劳动和社会生活经验又是离不开传统文化的，民族文化对于民族来说所具有的价值犹如鱼与水的关系。各个民族就如同鱼，而文化如同养育整个民族的水，鱼离不开水。一种文化是一个民族长期劳动创造的结果。边境地区办学作为面向少数民族学生的教育，作为一种培养人和塑造人的手段，更加有责任支持学生自身民族的文化。

世界多元文化对于人类的发展发挥着重要作用。民族文化的多元性作为精神创造的一种表达，本身就具有价值；文化多元性有利于人类适应有限的环境资源，有利于人类社会的可持续发展；从美学上说不同的文化序列，令人愉悦；不同的文化模式，可以启迪人们的思想，积累有用的做事方法，保存人类的知识和经验。所以，主体民族文化与各少数民族文化相互影响，相互融合，表现为“你中有我，我中有你”的特点，这就是“多元一体”。要达到多元民族文化共生共存的目标，以塑造人才，传授文化为己任的民族教育，肩负着重要的历史使命。

参考文献：

［1］李富强：《人类学视野中的壮族传统文化》，南宁：广西人民出版社，1999 年。

［2］滕星：《族群、文化与教育》，北京：民族出版社，2002 年。

［3］黄庆印：《壮族哲学思想史》，南宁：广西民族出版社，1996 年。

［4］张声震主编：《壮族通史》，北京：民族出版社，2002 年。

［5］冯增俊：《教育人类学》，南京：江苏教育出版社，2001 年。

［6］史文冲：《西部多元民族文化与教育发展》，载《青海民族研究》，2006 年第 3 期。

［7］李定仁：《西北民族地区校本课程开发研究》，北京：民族出版社，2006，第 5 页。

作者简介：沙尔娜（1984—），女，蒙古族，新疆库尔勒市人，中央民族大学教育学院中国少数民族，教育专业 2010 级博士研究生，研究方向为中国少数民族基础教育。

第六篇

多元文化课程与跨文化教育研究

第十二章　多元文化课程研究

第一节　民族高校多元文化课程研究
——以中央民族大学隐性课程为例

在我国，多元文化教育和课程研究已经成为教育领域普遍关注的问题。多元文化教育的目标是为不同文化背景的学生提供平等的接受教育和发展的机会，使这些学生在继承和创新本民族文化的同时，理解和尊重异民族文化。而多元文化教育的目标必须通过多元文化课程来实现。民族高校的隐性课程作为多元文化课程的重要组成部分，在民族高校多元文化课程建设中发挥着重要的作用。中央民族大学是我国民族教育的最高学府，如何建构有益于各少数民族发展、具有民族优秀文化特质的多元文化课程体系是其隐性课程的根本任务所在。

一、民族高校隐性课程的重要意义

多元文化教育的核心问题是课程问题，[①] 隐性课程是多元文化课程的重要组成部分，在具有多元文化教育情境的民族高校中发挥着不可或缺的重要作用。中央民族大学是中国少数民族教育的最高学府，在培养少数民族优秀人才、促进民族团结教育、传承和发展各民族优秀文化、构建和谐稳定的校园环境等方面发挥着特殊的作用。

（一）在培养具有多元文化素质的各民族人才方面起关键性作用

高素质的人才资源是高等教育迈入大众化发展阶段的最重要的资源。民族高校的建立是党为研究与解决中国民族问题、培养少数民族干部和高级专门人才而创建的。多年来，民族高校始终围绕“培养什么样的人、怎样培养人”的根本问题，把多元文化课程作为多元文化教育的核心问题。隐性课程是民族高校多元文化课程的重要组成部分，独特的多元文化生态环境、各具特色的民族节日、丰富多彩的社团活动等是其重要的表现形式。正是在这样一个多元文化氛围里，各民族学生通过参加由学校引导的、学生参与的一些活动，对多元文化背景和区域背景的学生有所

① 郑金洲：《多元文化教育》，天津：天津教育出版社，2004，第77页。

了解，“了解是信任的基础”。[1] 通过了解，对其文化逐渐产生兴趣，学会了理解和包容，坚定了理想和信念，也训练了各民族学生在多元文化环境中的组织协调、沟通协作、尊重服从的能力，培养了更多的具有多元文化价值观念和高素质的各民族优秀人才。

（二）在促进民族团结教育方面发挥着重要的作用

民族高校是我国五十六个民族团结和谐大家庭的缩影，加强民族团结教育、创新民族团结教育方式是民族高等教育的重要使命，也是构建和谐校园、和谐社会的必然要求。从课程教育来讲，隐性课程是学校教育的一种重要方式，是民族高校多元文化课程不可或缺的部分，对学生的人生观、世界观和价值观等方面起潜移默化的作用，帮助学生树立正确的祖国观、民族观、宗教观和文化观，做维护民族团结和祖国统一的模范。通过各种具有多元文化特色的活动来增进各民族学生彼此间的交流与理解，让他们在日常生活中成为好朋友、好同学，彼此尊重，团结互助，用行动来影响观念，逐步增强他们之间的民族团结意识、民族认同观念，进而增强他们的民族自豪感和凝聚力。

（三）是传承和发展各民族优秀文化的重要途径

“中华民族的传统文化是民族精神的核心。传承民族传统文化是增进民族认同感与归属感的首要条件”。[2] 传承和发展文化，是民族高校隐性课程的一项重要的文化功能。各民族学生生活在多元民族共存的实体中，这个实体中，多元民族文化共融是其特色所在。这种多元民族文化既包括主流社会的传统文化，也包括少数民族的传统文化。隐性课程通过学校的物质情景、制度情景及人际关系等对学生的知识、情感、信念、意志、行为和价值观等方面起潜移默化的作用，培养各民族学生的多元文化自觉意识，使各民族学生通过不同民族文化的学习和认识，进而达到对多种文化的深刻理解和包容，尊重各民族的优秀传统文化，使各民族学生在关注、理解、包容和认同过程中，正确地理解、判断和选择不同的文化。这不仅有利于实现不同文化的和谐相处和文化的多样性共存，这是增强国家文化软实力、实现各民族文化的大发展大繁荣的前提条件。

（四）有助于构建和谐稳定的校园环境

人类社会是统一性与多样性辩证的统一体，和谐社会是人类的需求和理想[3]，和谐稳定的校园环境是实现社会主义核心价值体系的重要载体。中央民族大学是多

---

① 引自胡锦涛在美国耶鲁大学的演讲（2006年4月）。

② 尹可、暨爱民：《论潘光旦教育思想中的民族主义》，载《重庆科技学院学报（社会科学版）》，2011年第23期。

③ 张海洋：《中国的多元文化与中国人的认同》，北京：民族出版社，2006，第1页。

民族师生共融的高等院校，具有开放性、包容性、多元性的特点。各民族学生所习得的包括民族语言、民族习俗、民族性别、民族心理、宗教信仰、价值观念等在内的隐性课程存在着差异性。这种差异性是各民族向人类社会所展示的各自的优长之处，也使人类文明历出现了多姿多彩的相互交错的辉映场景。中国古代社会不仅有“和而不同”的理念，而且也有在“多元”与“差异”中求“和谐”的实践。通过开展隐性课程，学生们在沟通与交流中逐步体会出多元民族文化间的共同性，潜移默化的对这种多元民族文化实现尊重、理解和包容，使这种多元性的价值及其相互之间的依存关系更加和谐，这不仅是构建和谐稳定的校园环境的基本要求，也是构建和谐社会的必然条件。

二、民族高校隐性课程的特征

民族高校隐性课程作为一种课程形态，除了具备一般隐性课程所具有的基本特征外，还具有独特的特征。

（一）差异性与多样性

文化差异和社会生活多样是人类生活所面临的客观现实。[①]“尊重差异，包容多样”是“建设和谐文化”的一个重要理念，也是构建社会和谐、发展社会主义先进文化在观念方面的重要基础。

民族高校是中国共产党和中央人民政府为解决民族问题、培养少数民族干部和高级专门人才而创建的高等学校。由于历史传统、文化底蕴、办学定位和办学特色的不同，在发展中逐步形成了自己独特的历史传统，并随着大学的发展不断丰富与充实，其隐性课程内容丰富多彩、形式多种多样，使不同的大学生所受的影响也表现出较大的差异。即使在同一个教育环境中，由于每个学生所表现出来的个体心灵的独异性，他们会根据自己的认知结构，对隐性课程传递的教育影响进行选择和加工，就会解读出不同意义的隐性课程内涵。

学校教育本身是一个复杂的系统工作，隐性课程是其中的组成部分。民族高校多民族文化荟萃，呈现出多样性和多元化的特点，决定了隐性课程的内容具有多样性。“文化多样性的内涵不仅在于承认不同文化之间的差异，而且在于承认不同文化所具有的价值及其相互之间可共生、共容、共荣性。这是在跨文化的交流、互动中实现相互尊重、相互理解、和谐发展的必要条件”。[②] 主要表现在隐性课程存在的形式和载体的多元性，既包含自然环境、校园建筑、教学设备等物质形态，也包含大学精神、校风学风等隐性因素，又包含社团活动、人际交往等行为规范。其内容丰富多彩、形式灵活多样。这种多元性，使大学生从中获得广泛丰富的教育知识，进而得到全面、和谐、健康发展。

---

① 郝时远：《社会主义和谐社会的重要观念：尊重差异、包容多样》，载《民族研究》，2007年第1期。

② 郝时远：《中国共产党怎样解决民族问题》，南昌：江西人民出版社，2011，第247页。

（二）开放性与包容性

文化的多元化是社会发展的必然趋势，其前提是文化的开放，结果是实现文化包容。各民族在开放的交流中，文化之间可以相互尊重、理解和包容，最终使不同文化都焕发出新的力量。

民族高校隐性课程是反映在非课程计划中的，其教育内容也具有开放性的特点，主要表现在内容选择和时间利用上。因文化类型的差异和文化资源互补的需求，不同民族之间不可避免地进行着广泛的跨文化交流，他们可以根据自己的兴趣爱好组织、参加各项大学生活动，也可以根据自己的兴趣喜好有意或无意地接受隐性课程的影响教育。在不知不觉中受到校园环境的熏陶，从隐性课程中获得教育知识，促进学生身心健康发展。

任何一种文化都有其形成、发展的背景和过程，任何一种文化都有其与其他民族不同的观念和形式。例如，朝鲜族是一个爱吃狗肉的民族，而满族是禁食狗肉的民族，穆斯林民族禁食猪肉，而非穆斯林民族多数喜食猪肉等，这些都属于传统的民族文化范畴，也是学校隐性课程的具体表现形式。民族高校是一个多民族共融的大家庭，各民族学生在与其他民族学生日常交往、参与民族节日、社会团活动中，每个人面对上述问题时，都有意或无意地对他民族的历史、民族习惯、宗教信仰和行为方式的有一定的了解，面对因历史、文化背景等原因造成日常生活中的“禁忌”观念和形式能用宽广的胸襟和豁达的气度来相互尊重和理解，实现文化包容。

（三）整体性与特殊性

马克思辩证唯物主义认为事物是由多个部分组成的有机整体，各个组成部分都具有各自的特点和相对独立性。整体与部分之间是相互依存、相互贯通、相互渗透、相互牵制的辨证关系。

源远流长、博大精深的中华文化是个有机的整体，这个整体是由汉文化和少数民族文化所组成的。在漫长的历史进程中，汉文化和少数民族文化之间相互交流，彼此影响，形成了“你中有我，我中有你”的关系，壮大了各自力量，丰富了中华文化的内容。而少数民族文化是在不同的历史背景和生态环境下所创造出来的，具有特殊性。如民族语言文字、音乐舞蹈、神话故事、民间传说、节日等，各具特色，丰富多彩。正是因为少数民族文化所表现出来的这种特殊性，有利于各民族间彼此尊重、相互理解、相互借鉴、取长补短，使其成为中华文化不可分割的一部分。

民族高校是一个多民族并存、多元文化共融的有机整体，是由各具特色、丰富多彩的多民族文化所构成的。其校园文化作为隐性课程实施的重要载体，始终作为一个整体而存在。从形式上看它是由各民族学生在长期的生活中所形成的物质文化、制度文化和精神文化的综合体；从内容上看它是各民族学生在多元化的校园生态环境中，通过各类社团活动、学生自发的娱乐活动等所体现出来的各民族的特殊性。这种特殊性，既体现在表层文化下，又体现在深层文化中。以少数民族舞蹈为例。同是以牧业为主的少数民族，通过舞蹈所表现出的文化内涵有所不同。如藏族舞蹈腿部和脚部动作多，强调踢踏，铿锵有力，步伐豪迈而粗犷；蒙古族舞则以抖肩、揉臂和各种马步动作为特色，在表现人的同时也表现马的雄姿，有“人不离马，马不离人”的马背民族特点；哈萨克族舞则显得敦厚强健，充满力量热情。在多元化的文化生态环境下，无论是通过何种形式表现出来的隐性课程，对学生的世界观、价值观和人生观的形成都产生潜移默化的影响，使他们接触新鲜事物，增进学识，结交各族朋友，使他们学会尊重、理解和包容。

三、民族高校隐性课程个案研究

中央民族大学是中国少数民族高级人才的摇篮，是中国唯一具有五十六个民族师生员工的高等学校，是实践党中央在“尊重差异、包容多样”的基础上“建设和谐文化，构建和谐社会”的实验地，其隐性课程具有典型性。在这个多元文化氛围里，各民族学生都有各自民族的文化背景，为发展中央民族大学特色民族文化教育，隐性课程研究显得尤为重要。

特色的校园文化是五十六个民族师生在长期发展和教学的实践中所培育出的文化环境和精神氛围的综合表现，具有开放性、包容性、多元性的特点。校园文化是隐性课程的重要表现形式，中央民族大学的隐性课程丰富多彩、形式多种多样，本文将其归纳为学校引导的，学生参与的、学生主导的、学校监督的、学生自发的娱乐活动四个方面。

（一）学校引导且学生参与的隐性课程

在学校引导下，由学生参与其中的校园物质环境是隐性课程的一个组成部分，主要包括主体建设、基础设施、环境布局等。如民族博物馆、民族运动场（朝鲜族打秋千）、校训石等。

以民族博物馆和校训石为例。民族博物馆成立于1951年，是北京高校中唯一的一所民族博物馆，有北方民族服饰文化厅、南方民族服饰文化厅、生活文化厅和宗教文化厅和台湾少数民族文化厅以及校史厅共六个展厅。展厅分别展出了五十六个民族的服饰、生活器物、宗教文化用品等，是我国多元一体格局的象征，是构建和谐社会、维护祖国统一、巩固民族团结、实现中华民族伟大复兴的珍贵资源，是培育民族精神、弘扬民族优秀文化、增强各民族师生民族自豪感和凝聚力的活教材。

校训石是为庆祝建校六十周年而立于民族博物馆前的。它体现了中央民族大学的办学宗旨、办学思想及民大精神，不仅反映了民大富有特色的历史文化传承，也突出了民大的大学文化特质和治学理念，增强了各民族师生对“美美与共，知行合一”校训精神内涵的认知和认同。

民族博物馆和校训石作为隐性课程中物质文化载体，一定程度上体现和反映了学校的办学理念和教育理念，蕴藏着丰富的教育内涵，对大学生产生潜移默化的教育影响。

（二）学生主导且学校监督的隐性课程

在学校监督下，通过学生主导的一些特色活动和组织，如民族节日、校园文艺活动、特色学生社团等，形成了尊重、欣赏、借鉴、包容等各具特色的不同类型的民族文化，是中华民族多元一体文化的一种体现，也是中央民族大学隐性课程的特色所在。

以民族节日和校园文艺活动为例。民族节日是丰富校园文化的元素之一。如蒙古族的“那达慕大会”、维吾尔族的“古尔邦节”、藏族的“藏历年”、满族的“颁金节”、壮族的“三月三”、锡伯族的“西迁节”等，学生们在参与这些民族节日活动过程中，潜移默化的感受着各民族文化的魅力和力量的同时，也感受着民族传统节日所体现的中华民族优秀传统文化的博大精深，这对学生们的精神和心理所产生的影响是难以磨灭的。

由各民族学生主导的各类校园文艺活动，营造了学生全员参与的良好文化氛围，具有着深刻的教育意义。从《舞台》、《家园》到《再见，民大》，每一次校园文艺活动都使“美美与共，知行合一”的校训精神、多元一体的校园文化、民大的优良传统得到了充分的体现。每一次活动都以鲜明的主题思想和极强的艺术感染力感动着每一位到场的观众。每一次活动的舞台都是民族团结教育的现场，加深了各民族师生的爱国爱校之情，增强了民大人的自豪感和责任感。

中央民族大学是一个以加强民族团结、培养民族人才和繁荣各民族文化为方向的多元的、开放的文化系统。无论是民族节日、还是各具民族特色的文艺活动或是各类社团活动，都是各民族学生在尊重差异、包容多样化的基础上，对多元民族文化的认同，也是各民族学生爱学校、爱民族，爱国家的一种教育方式。

（三）学生自发的娱乐活动

学生在学习、生活过程中自发形成的各种小团体是隐性课程的另一种表现形式。这类团体主要是以共同的爱好、兴趣为基础产生的，成员之间的关系比正式团体成员之间的关系更密切，更具有凝聚力和影响力。

以校园锅庄舞为例。据不完全统计，参与民族大学锅庄舞的民族已达10余个，还有一部分没有登记在册。目前，校园锅庄舞已经吸引了来自哥伦比亚等不同国家的外国留学生。校园锅庄舞能够在民族大学长跳不衰，与民大开放、多元的文化特质，“美美与共，知行合一”校训精神分不开。通过在民大校园共跳锅庄舞，不仅达到强身健体的功能，更重要的是通过校园锅庄舞这个平台，使各民族之间的文化得以交流，各民族之间的情感得以沟通，进而增进了各民族之间的相互了解和尊重，实现了各民族的团结与和谐共处。

四、关于民族高校隐性课程在多元文化课程建设中的几点思考

民族高校的办学目的是培养少数民族高级专门人才。如何开发和利用民族高校隐性课程资源，使来自不同地域、不同文化背景、不同的价值观念的各民族学生能够在多元文化生态环境里相互理解、宽容和共存是当前民族高校的一项重要课题，也是多元文化课程建设的必然要求。

（一）加强学校引导，开发和利用具有民族特色的隐性课程资源

隐性课程是指在多民族共融的教育情境中，各民族学生潜移默化地对隐含在学校环境、教学、学习、生活及各种活动中非课程计划内知识的学习。对于大部分学生来讲，其价值观、人生观和世界观尚未形成，因此，在隐性课程建设中，加强学校的引导十分必要。多元文化课程就是要从物质层面、制度层面和精神层面来培养学生多元文化意识和多元文化视角，打造一个富有多民族文化特色的校园环境，展现五十六个民族丰富多彩的传统文化的魅力。从物质层面上来讲，通过学校引导建设具有民族特色的校园雕塑。如在校园建设中，规划设计出象征五十六个民族团结和睦的民族团结柱、民族饰品专卖店或提供一个专门为少数民族学生举办各类活动的场地；从制度层面上来讲，通过学校引导，出台一些有益于加强民族平等、团结、和谐的管理制度或成立一个少数民族学生服务站，专门为少数民族学生和校友提供各类服务的组织机构；从精神层面上来讲，通过学校引导，尽量给学生们提供一个开放、自由的平台，引导学生在校园内举办各类少数民族活动，让其他民族的学生都有机会来观赏，把这类活动变成校园文化的一部分，更好地发挥隐性课程对学生的影响作用。

（二）采取开放式的形式，开发和利用封闭式的隐性课程资源

开放性是民族高校隐性课程的特征之一。民族高校具有丰富、多样的民族文化资源，受显性课程设计的影响，这些民族文化资源往往处于内向交往，局限于内部民族或同一地域交往。如一些建立民族背景集中而清晰的院系，这些院系的学生的外向交往机会较少，一方面是受思想意识和民族习惯的影响，另一方面是显性课程设计的影响，他们没有机会更多的进行外向交往。致使本身具有明显特征的隐性课程封闭起来，使多元文化特色的隐性课程的作用不能发挥出来。通过院系间、校际间、国内外间的交流与合作，采取开放式的形式把封闭的、半封闭的隐性资源进一步提炼和升华。这些具有开放的、多元文化特色的隐性课程资源，让各民族学生之间能够接触和了解、交流与沟通，互相学习，有利于培养学生们的发散思维、创造思维和求异思维如举办少数民族传统节日活动不应只限于本民族成员参加，鼓励全校师生参与进来，引导学生从个体的地缘意识和地缘关系中走出来，避免这类活动变成仅限于本民族成员参加的一种自娱自乐的活动。

（三）以多元文化教育理论为指导，把隐性课程资源的开发变成“实践自觉”

以多元文化教育为核心，培养学生的从“文化自觉”到“实践自觉”的转变，是当前赋予隐性课程的基本任务。本文所指的“实践自觉”包含三层含义，一是把多元文化教育理论作为民族高校隐性课程资源开发的实践指南；二是多元文化背景下的隐性课程无论是从知识的获得者（学生）来说，还是从知识的传播者（学校、教师）来说，本身就是一种实践活动；三是多元文化教育是当代课程教育的必然趋势。民族高校旨在以多元文化教育为各民族师生间的交往提供舆论指导，以隐性课程建设为平台，为各民族师生提供向他民族学习，了解他民族生活习惯和行为习惯的一个公共平台，通过这个平台开发各民族间的公共意识，实践各民族间的自主交往。如非专业的学生自觉的去学习一些具有专业特色的院系开设的课程，如少数民族语言、音乐、舞蹈等。在课程教育层面，上面的例子是以多元文化教育为指导的、面向各民族学生而建立一个相互理解、尊重、包容的公共平台，是“实践自觉”的一个过程。同时，民族高校也是民族文化和思想的传播地，对校园周边商业也产生一种向心力和影响力。在民族高校的影响下，校园周边出现一些具有特色的少数民族建筑和餐饮等，学生在校园周边生活，久而久之也会被这种周边文化所感染，实现了“借少数民族师生的手，达到各民族共享资源”的一种状态，这也是“实践自觉”的一种方式。

参考文献：

[1] 郑金洲：《多元文化教育》，天津：天津教育出版社，2004 年。

[2] 尹可、暨爱民：《论潘光旦教育思想中的民族主义》，载《重庆科技学院学报（社会科学版）》，2011 年第 23 期。

[3] 张海洋：《中国的多元文化与中国人的认同》，北京：民族出版社，2006 年。

[4] 郝时远：《社会主义和谐社会的重要观念：尊重差异、包容多样》，载《民族研究》，2007 年第 1 期。

[5] 郝时远：《中国共产党怎样解决民族问题》，南昌：江西人民出版社，2011 年。

作者简介：丛静（1980—），女（汉族），吉林前郭尔罗斯人，中央民族大学教育学院中国少数民族教育专业 2010 级博士研究生，中央民族大学人事处，研究方向为民族地区学校教育研究。

第二节　多元文化数学课程研究

一、多元文化数学课程研究刍议

由于数学的发展根植于一个民族的文化，作为一个研究领域，多元文化数学被定义为数学与数学教育的人类文化学，也就是说多元文化数学是文化人类学的一部分。多元文化数学家强调并分析了数学的教与学以及数学发展中的社会文化因素，认为数学技术与数学真理都是一种文化产品，并强调指出所有的人——任何文化与子文化都发展起了他们独特的数学，他们一直在寻求其他的文化元素与活动，使之作为学生课堂数学学习的起点。将多种文化的材料整合进课程中，从而给所有学生的文化背景以价值，提高所有学生的自信；并使学生尊重所有人种和文化。这样就能“帮助所有的孩子将来更有效地应付多元文化社会环境”[1]，同时扩大学生对数学是什么以及数学与人类需要和活动间关系的理解。由此可见，多元文化与多元文化数学的研究与中小学数学课程的改革密不可分。

（一）多元文化进入数学课程的价值

“多元文化主义”的概念首次出现于美国犹太裔哲学家喀兰在1915年发表的《民族主义与熔炉》一文中。此时“多元文化”仅指两种文化：一种是指两种差异悬殊的并存文化，即存在于殖民地或后殖民地国家中的欧洲文化为主的统治文化及原居民的种族文化。另一种是指各民族之间以及各民族群体之间其文化特性有着较大的差异且并存的民族文化[2]。自20世纪五六十年代以来，多元文化作为一种社会思潮，被广泛应用于教育领域，即出现了多元文化教育的理念。到20世纪七八十年代，数学教育领域也兴起了数学的多元文化研究。这里的多元文化更多指的是某些特定文化群落或人群（如少数民族或原住民）里所使用与产生的数学思想（简称多元文化数学）。就像Howson所认为的那样，在所有社会文化群落里存在大量的用于分类排序、测量、比较、数量化、处理空间的定向等各种不同的数学工具，但这些工具不是通常严格意义上的标准的数学工具[3]。此后，数学教育中引入多元文化逐渐被重视起来。有“多元文化数学之母”之称的美国学者Claudia Zaslavsky认为，多元文化进入数学课程有如下优点[4]：（1）能使学生了解数学在各种社会中的角色，进而了解数学是出自于人们实际需求；（2）学会对异文化民族之成就的欣赏，以及对自身文化遗产的骄傲；（3）凭借数学与历史、语言、艺术等主题的联结，让学习更有意义；（4）在课程中融入少数民族的文化遗产，可以建立少数民族学生们的自信，也促使他们对数学更有兴趣。

现今学校数学课程存在的问题之一就是没有与学生的文化相联接，使学生误认为数学与他们的生活或未来是毫不相干的，这严重影响了学生学习数学的兴趣和态度。《美国学校数学教育原则与标准》（2000）中的“数学联结”就提出了如下有关要求：学生必须明白在我们多元文化的社会中数学所起的作用及各种不同文化对数学发展的贡献，数学必须与现实相联系。而现实是美国学校所设置的数学课程大多遵循西方传统，特别是在其高级阶段，课程是以那些几乎完全是男性所提出的思想为指导思想的，而这些思想是欧洲知识和科学革命的一部分[5]。数学课堂教学方式、教材的选择、历史典故、甚至术语的名称和定理，几乎都不能使美国大多数学生看到与他们本国文化的联系（二项式展开产生的系数三角的术语名称就是一个很好的例子，所有西方教科书都称之为帕斯卡三角，尽管数学史家早就得知这一形式的发现，在中国比帕氏早400年）[6]。Banks认为，作为一项有成效的教育计划，必须帮助学生为在一个充满竞争的复杂社会中生存做好准备，教会他们有关文化、传统、历史等的认识[7]。

与美国同一年颁布的《英国国家数学课程》也有类似的表述。还有无论是法国和德国及澳大利亚新版的数学教学大纲，还是俄罗斯《教学计划与课程标准(2007)》及葡萄牙《基础教育数学课程标准（2007)》，都指出数学是全人类共同的文化成就。另外，一些西方主要发达国家的数学教材，像英国的初中数学教材Practice Book（Y7A－Y9B，2001）[8]、法国初中数学教材Math（2007）[9]、丹麦和波兰的中学数学课本[10]、美国的高中文科数学教材《直观信息》、美国和荷兰联合开发的初中数学教材《情境数学》[11]等中展现了大量的多元文化的数学素材。

事实上，我国目前的基础教育数学课程的改革已经遇到了多元文化的困境。比如目前我国少数民族地区的数学教科书的使用就出现了不少问题。由于在民族地区普遍使用汉语编写的全国通用的中学数学新课程实验教科书，不考虑我国少数民族学生的数学文化背景，在其使用后对民族地区学生数学学习产生严重的影响。殊不知，我国西南、西北和东北等十多个少数民族的建筑、服饰、绘画、计量单位及天文历法、宗教等生活中以及民族数学史中蕴藏着丰富的数学文化。所以，我国数学课程改革中要充分考虑数学的文化多元性，特别是少数民族地区的数学课程中迫切需要这种多元文化。

另外，我国数学新课程改革已进入深化阶段。特别是2011年，重新修订了2001年颁布的《全日制义务教育数学课程标准（实验稿)》，其中在前言中对于“数学观”的表述为：数学是人类文化的重要组成部分，数学素养是现代社会每一个公民应该具备的基本素养[12]。在其课程基本理念中的义务教育的总目标中，强调使人人都能获得良好的数学教育，不同的人在数学上得到不同的发展。还有在新旧数学课程标准中都强调了知识与技能、过程与方法、情感与价值观作为数学课程的教学目标。然而，这三个教学目标中前两个目标具有可操作性，而最后一个目标情感与价值观，在新修订的课标中表述为：培养学生的好奇心和求知欲，建立学习数学的自信心，让学生了解数学的价值等，因不具有实际的可操作性，实施起来非常困难。然而，多元文化强调学生对世界上不同文化的理解、尊重和认同，所以把多元文化数学融入数学教科书是落实以上这些数学新课程改革理念的良好载体，特别有可能为三维目标中情感态度与价值观这一目标的落实提供了通道。

（二）多元文化数学素材开发

数学是人类的一种文化，是全人类共同努力的结果。但数学语言的普遍特征和数学推理的普遍有效性掩饰了数学的文化特性。作为数学教师，诚如英国学者George Gheverghese Joseph 所说："我们应该认识到可能没有像'主流数学'（主要是欧洲最近三个世纪的文化产物）一样发展得那么好的，'可选择'的算术和几何的存在"[1]。回溯数学发展史，我们便能发现人类先哲们从不同的角度、用不同的方法对相同的主题做出的努力，发现和使用无理数的历程便是其中的一例。张维忠给出了中西不同文化背景下"数"的不同含义[13]；唐恒钧从中西数学文化的视角比较了无理数的发现和使用过程以及数学价值观上的差异[14]；傅赢芳与张维忠从多元文化数学的观点剖析了不尽根数的估算[15]；陈碧芬通过对不同文化中的三角形面积公式及其推导过程的评介，展现其中的文化差异性及其与其他知识的联系，丰富了教师的多元文化数学教学素材[16]；章勤琼则挖掘了麻将中的数学与文化[17]；章勤琼与张维忠从中国传统数学、古埃及与巴比伦、印度与阿拉伯与欧洲等不同文化视角对方程求解作了比较与分析[18]；华崟煜与张维忠从中国算盘、埃及乘法、俄罗斯乘法、格子乘法与纳皮尔乘法比较了多元文化观下的乘法运算[19]。张维忠梳理了我国少数民族生活中数学文化，不仅能让人们感受到民族数学文化的魅力，而且这种题材的挖掘会使我们数学的教与学变得更加丰富多彩[20]。张和平等以黔东南苗族服饰和侗族鼓楼蕴涵数学文化为例讨论了学校研究性学习与原生态民族文化资源开发，案例丰富，很有启示意义[21]。

在自然界，数学可以生动地推理出一些人们无论如何也无法想象的，或者在现实空间认为不可能的事实，而好莱坞也致力于此。陈虹兵与张维忠就从2010年全球热映的《盗梦空间》中发掘出众多数学文化元素。由克里斯托弗·诺兰编剧与导演的好莱坞大片《盗梦空间》，除了扣人心弦的故事情节外，影片中充满众多数学元素，公理体系、不可能图形、分形几何等等，数不胜数[22]。

然而，上述多元文化数学要进入数学课程则还需要进行转换。这是由于存在两个方向上的不适应。首先，从数学史角度挖掘得到的多元文化数学往往过于强调学术抽象，不易教学。其次，从文化角度挖掘得到的多元文化数学又往往过于强调数学背景，数学元素不够突出，数学思想也比较朴素。因此在前一向度上，我们应将过于学术化的数学史转化为教育形态的数学，便于教学；而在后一向度上则需要提炼其中的数学内容，特别是数学思想的挖掘[23]。国内有部分学者对此进行了有益探索[24]，但总体来说，这方面的研究还处于起步阶段。值得向读者推荐的是如下"美国数学课程课标"中所编制的案例在沟通数学与文化方面有重要借鉴价值[25]。

[案例] 一位画家想画一组在一条笔直的路旁均匀放置的电话杆，最前面的两根电话杆的位置已经确定如图1（a）。问第三根电话杆应放在哪里才使这3根电话杆在画中看起来是等距放置的？

做法不难，通过电线杆底部的直线与通过电线杆顶部的直线的交点就是这组相

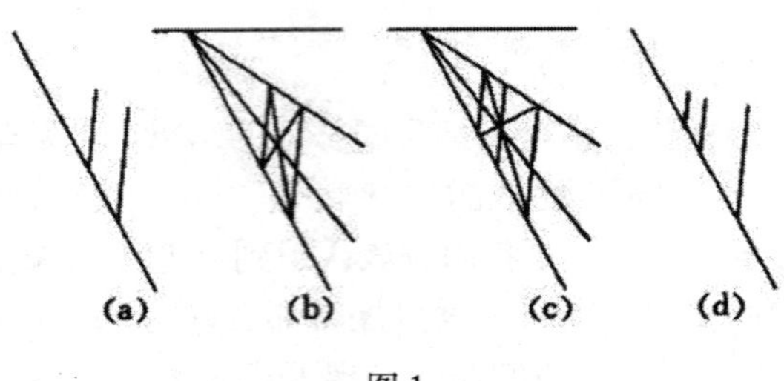

图 1

互平行的电线杆在透视图上的消失点（无穷远点）。因为两电线杆的顶点和底端恰好是矩形的顶点，而且因为用以产生透视图的变换的类型始终保持交叉，划出转换矩形的对角线，其交点就是变换的中心，通过中心与消失点的直线，就决定了电线杆中点的位置，如图 1（*b*）。

第二根电线杆的中点也是由第一根电线杆和第三根电线杆所构成的矩形的中心，如图 1（*c*），就是说，由第一根电线杆的顶点通过第二根电线杆的中点的直线，一定与第三根电线杆相交在该电线杆的底部，类似的，过第三根电线杆的顶点可以类似地产生。最后，用同样的方法移动这些直线，就得到所需要的透视图。对于沿着同一直线的其他电线杆的定位的过程可以用这个方法继续下去。

这个问题事实上是应用了射影几何的知识来解决，在这过程中学生看到数学与艺术之间的内在联系，体会到数学的美。

（三）多元文化数学教科书内容组织

多元文化数学融入数学教科书，具体有三个层次的组织方式：第一个层面是在现行数学教科书的各部分中适当增加多元文化的数学内容，即要素—附加式，目的是促进学生对世界多元文化的理解与认同，培养多元文化的数学观；第二个层面是像新课程改革中提倡的开设《数学史选讲》、《数学文化》等课程一样，开设《多元文化数学》选修专题或课程，可以采用系统—整合式的开设方式；第三个层面是基于目前我国数学教育现实的考虑，走多元文化数学整合数学课程之路，采用“专题研究—问题拓展”（简称专题—拓展）的方式。

1. 要素—附加式

这种组织方式的理论基础来源于美国著名多元文化教育专家班克斯所提出的多元文化课程设计的四种模式，即贡献模式、附加模式、转换模式和社会行动模式中的前两种模式。其中，贡献模式是指着重介绍其他个别文化元素。附加模式强调保留原课程结构，在原课程中加入不同的文化内容及概念、主题和观念[25]。以此为借鉴，所谓要素—附加式，是把多元文化的数学素材作为要素渗透或附加到数学教科书的各个环节的组成部分中。比如可以在数学教科书的引言、章头图、例题、练习题、插图以及阅读材料中，引入不同文化中的数学内容，这种素材只是一种辅助性学习数学知识的手段。

首先，章头图是引入多元文化数学的良好载体。2001 年新课程改革后所出版的数学教科书，几乎都不约而同的在每一章的开头使用了“大气十足”的章头图，这为多元文化数学的引入创造了良好的条件。可以有两种方式呈现：全图式背景和方格图式背景。全图式背景是指以一张完整的大图呈现不同国家、民族、阶层、时代和性别中的数学，并在全书中保持其合理的比例，这种形式目前为各版本教科书采用最多的形式。方格图式背景是指把一张大图分为若干个小格，在每个小格中放入具有多元文化背景的数学图片，这种呈现形式目前是少数版本数学教科书采用的兼顾形式。比如现行青岛出版社（简称“青岛版”）出版的八年级上册数学教科书中第一章“轴对称与轴对称图形”的章头图就采用这种形式，它的背景图是一张大图，内容是广西壮族的桂林山水，下方是个小图，内容是我国六个民族的图案。

其次，现行各版本的数学教科书的引言都采用了言语叙述和问题提出等两种形式引入数学史。比如有研究表明，浙江教育出版社（简称“浙教版”）出版的 6 册初中数学教科书中出现的 53 处数学史料，引言中就出现了 18 处（占 34%）[26]。然而，数学史是多元文化数学研究的重要载体。所以，引言中也是引入多元文化数学内容的重要部分。言语叙述是是以直接文字语言叙述的方式介绍有关的多元文化数学，通常可以介绍不同国家和文化中的数学家的生平成就以及趣闻轶事、重大的数学成果与事件、重要数学思想方法的起源等。问题提出这种呈现形式可以采用“情境 + 问题”的方式引入多元文化数学。

再次，现今的各个版本的数学教科书中都有大量的插图，都极力通过插图来展现数学文化。主要有数学人物类插图、生活类插图、数学类插图以及导读类插图。因此，在各类插图中可以引入多元文化数学。像数学人物类插图就可以选择不同国度和性别的数学名人头像插图等，如人民教育出版社（简称“人教版”）出版的初中数学教科书中就出现了 18 副数学家的名人头像，这些头像涉及到了多个国家[27]。生活类插图就可以选择不同时代和不同国家文化中与数学有关的创造物插图。像人教版初中数学教科书中就展现了 30 多副与数学有关的建筑插图，其中不仅有埃及的金字塔，也有香港的中银大厦，法国的埃菲尔铁塔以及我国的古代赵州桥。还可以选择不同国家和文化中的艺术插图，比如人教版数学教科书的许多插图中，不仅出现了中国的窗花，也出现了古希腊维纳斯雕塑像及荷兰的镶嵌绘画大师 M · C 埃舍尔的镶嵌作品，这些艺术插图从一个侧面展现了数学的文化多元性。

最后，对于例题和练习题中展现的多元文化数学不仅可以直接引出不同文化中的数学经典史料中的数学名题，还可以对其进行加工或重新编排。此外，像“读一读”、“阅读与思考”、“阅读材料”等栏目更是呈现多元文化数学的重要载体。

2. 系统—整合式

无论国外的数学课程改革还是我国的数学新课程改革，都强调注重数学与其他学科的联系与整合。比如像美国的一套数学教材《探索数学》就非常注重通过数学与其他学科的联系的形式展现数学的文化多元性，比如第六册第七章中对位值的介绍，教材通过引用古巴比伦人所使用的楔形文字，对数系的起源做了简单的描述。同时，在整个章节中，教材都把数学内容与艺术、消费、科学和健康等多种学科联系了起来。还有荷兰的 Freudenthal 研究所于 20 世纪 80 年代中期到 90 年代初期成功开发的一套名为 Prof i 的高中数学教材中所选取数学情景中的素材，多取自于物理、化学和生物科学及数学史等[11]。这种设计形式既考虑了数学的文化多元性，又考虑了其他学科中的数学。另外，我国 2001 年颁布的初中数学课程标准中的课程资源开发的建议中也强调关注数学与其他学科之间的综合与联系，要求从自然现象、社会现象和人文遗产等其他学科中挖掘可以利用的资源来创设数学情境。

基于国内外注重在数学课程改革中通过数学与其他学科整合的形式展现数学的文化多元性的理念，提出了多元文化数学融入数学教科书的系统—整合式。主要有两种组织方式：一种是全书的每一章都选择一个多元文化的主题，然后这些主题构成系统。比如 1998 年美国 Wing for learning 出版社出版的一种高中文科用的数学教材《直观信息》(Date Visualization)，全书分共八章，每章都有个多元文化的相关主题，像第一章“世界统计”中的例子，全部用的都是不同文化中的例子，这些主题在全书中构成一个多元文化的系统。另一种是强调以各科知识内容为主线，串联与其他学科相联系的多元文化的数学内容，并以主题单元的形式进行设计。比如“对称”这个数学主题单元，就可以选择以数学中的对称，科学中的对称，建筑中的对称，生活中的对称等为小节标题来展现数学的多元文化。明显的，这些其他学科中的对称知识就以数学对称知识为单元组成了一个系统（图 2)。后一种形式适用于开设多元文化视野下的数学选修课程。

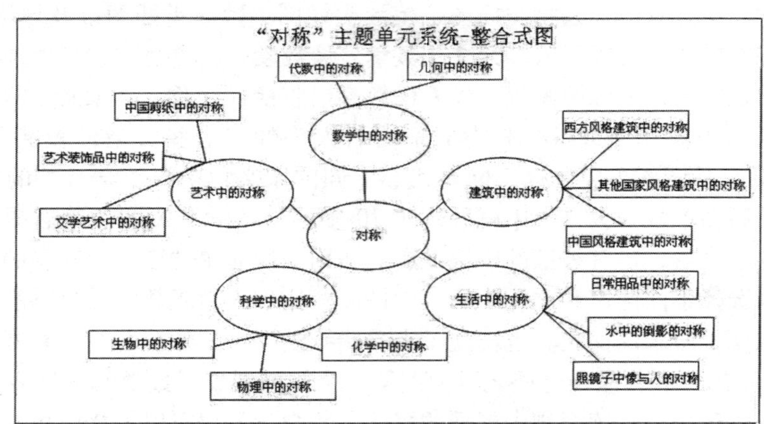

图 2　“对称”单元系统 - 整合式

3. 专题—拓展式

专题—拓展式，即“专题研究—问题拓展”的简称，是指数学教科书中在介绍相关的多元文化的数学专题知识后，提出一定的问题加以拓展。比如“勾股定理”的证明方法有很多种，现行各版本初中数学教科书都注意了这一点，将勾股定理的不同证明方法放到了教科书的各个部分，向学生充分展示了勾股定理证明的文化多元性。然而，教科书已经到此为止。事实上，可以提出这样的问题：请你通过各种途径查阅资料，对不同地区和时期的证明方法加以比较分析，能写一篇介绍勾股定理的文章吗？你能发现类似的其他数学知识的证明方法吗？殊不知，像三角形的面积公式求法、一元二次方程的求根公式都适合此种方法。

首先，完善“数学史话”专题。由于地域、时代和思维方式等的不同，造就了世界上许多国家和民族产生了自己的数学传统，比如以理性为主的古希腊产生了演绎体系的数学，以实用为目的的古代中国等东方国家产生了算法为体系的数学。从数学的发展史上看，对同一数学概念和定理，不同文化中有其有不同的表现形式，这就表现出了数学的文化多元性，像一元二次求根公式及杨辉三角的表示方法就是最好的例证。考察现行数学教科书中的“阅读与思考”、“数学史话”、“阅读材料”等重点呈现数学史的专题，发现其介绍都一定程度的体现了数学文化多元性的理念。然而，所呈现的多元文化数学专题偏少，介绍形式过于机械化的罗列史料。进一步，可以通过下列两种形式完善：第一种在设置方式，连续性和综合性相结合。连续性指以数学课程中一个领域为单位，整体考虑多元文化数学的史料设置。比如对于“数”这个领域就可以从初中的“负数”、“无理数”开始，一直到高中的“复数”的介绍都应从整体上遵循数的文化多元性的规律，这样就能更好的培养学生的多元文化数学意识。综合性是指打破时空的限制，对同一数学内容，展现不同时空下数学家对同一成果的研究，突出数学思想方法。比如对三角形公式的求法与证明，既可以选择我国的出入相补原理，也可以选择西方的演绎几何的证明方法，以便更好的实现多元文化的数学教育目的。第二种在处理形式上，要突破原有的文字叙述的形式，可以增加数学史上的图片，比如邮票上的数学、泥板上的数学等。总之，在原有的体现多元文化数学的史料中，在设置方式和处理形式增加灵活性，以便发挥多元文化的数学史料的应有教育功能。

其次，优化“数学活动”栏目。这里的数学活动分为两个方面，静态的数学活动课程与动态的数学活动课程。前者是指在数学教科书中开设“数学活动”专栏，主要展现体现具有多元文化数学的算法，让学生动脑和动手去效仿、重演历史的过程。后者是指把选取的多元文化数学素材设计成一些有意义的课堂教学活动，比如角色扮演、演讲与讨论等，使学生理解和体会不同文化中的数学对人类的贡献。这个方面国外的多元文化数学教育专家 Claudia Zaslavsky 已在此方面做了大量的研究以及澳大利亚学者 Dickenson—Jones[28] 探讨了将原住民的相关数学活动植入西方课堂的教学方式，都取得了良好的效果。相较而言，我国现行数学教科书中设置的“数学活动”专栏，基本上都还是强调数学知识运用的数学活动，很少注意数学活动素材选取的文化多元性背景。比如考察我国现行人民教育出版社和上海科学技术出版社出版的二套初中数学教科书中的“数学活动”栏目后发现，仅有人教版七年级下册 116 页的数学活动 2 中的素材有点多元文化的背景，其他均很少有所体现。

最后，开发“数学游戏”单元。2011年教育部颁布的《全日制义务教育数学课程标准》中明确要求，教师可以运用讲故事、做游戏、直观演示、模拟表演等教学活动，激发学生对数学的学习兴趣。据此，数学教科书中增加许多数学游戏的知识。比如人教版数学教科书中设置了“填幻方”等5个游戏；青岛版义务教育实验数学教科书也增加了“翻硬币的游戏”等6个游戏；还有北师大版初中数学教科书中也介绍了10多个数学游戏素材。分析发现，这些数学游戏的编排大多以文字叙述式的阅读材料为主，设计形式单一，偏重数学知识的运用。同时，数学游戏题材显得十分单调，很少有体现具有多元文化的数学游戏题材。因此，突显数学游戏题材的文化多元性是未来数学教科书中设置“数学游戏”单元必须考虑的方向。

（四）多元文化数学教学

有大量数据表明，当全世界学校进行数学教学时都关联了欧洲的思想，这给来自不同文化背景的孩子和成人学习数学带来了麻烦。我们在数学教学中的努力主要目的是通过没有偏见方式以提高文化意识的水平和发展自尊心[29]。苏英俊与汪晓勤呼吁把数学多元文化引入课堂[30]。事实上，勾股定理的证明层出不穷，至今已多达近四百种。历史告诉我们：数学是全人类共同的遗产，不同文化背景下的数学思想、数学创造都是根探叶茂的世界数学之树中不可分割的一枝。当我们将多元文化引入数学课堂时，会发现：“谁比谁早多少年”已经不是最重要的了。最重要的是：这会让我们的学生消除民族中心主义的偏见，以更宽阔的视野去认识古代文明的数学成就；同时，通过不同数学思想方法的对比，提高创造性思维能力，并学会欣赏丰富多彩的数学文化[31]。

多元文化数学教学就是要将多元文化的观点纳入数学教学中，在数学教学中恰当地、逻辑地、有效地、有机地结合来自多种文化或不同文化背景下的数学材料，关注学生经验，通过为学生在分析和考察特定问题时提供各种不同的视角，在兼顾基础知识、基本技能的基础上，达到数学思想方法、数学价值观念等的认知与渗透，帮助学生认识数学发展的多元文化性，形成对文化的开放态度，发展批判性思维与多元视角，进而丰富学生的数学经验，发展他们未来生活所需的知识、经验和技能。为了更有效地实现多元文化观下的数学教学，应在教学策略上作到有的放矢。

多元文化数学教学，目前实践中的作法主要是采用主题单元的形式。主题单元教学根据学生的需要、兴趣和经验，把相关的科目联结起来以教导为概念。可以让学生从各种不同的领域，以不同的观点，获得对该主题的整体概念。例如，教导学生三角函数的内容，可以综合数学、信息技术、物理、历史、艺术、地理等科目进行，可以借助三角函数来研究很多物理学、地理学中的现象，追寻历史的足迹，感受三角学引人入胜的发展史，发现艺术作品中的三角函数图像，运用现代信息技术拟合函数，绘制图像。涉及具体的领域和教学内容，可根据内容的性质、特点，找寻更具针对性的方法。例如，在进行方程课程设计时，可以以一个问题如“鸡兔同笼”问题为“主题式”线索，将一元二次方程、二元一次方程组等内容统一编排，一气呵成。再如，在统计课程中，可以采用基于报纸报道的数学教学方法。根据统计学科的特点、数据分析的方法，在具体的教学中采用主题形式改造课堂。选定一个主题，收集可靠的数据，只有可靠的数据才能提供客观的信息，最后，根据这些信息提出想法和建议。讨论诸如教育财政计划、环境保护，拯救地球和节约资源、吸烟等热点问题，收集和分析相关数据，当学生开始投入到这些重要问题之中，他们会发现对于一个问题往往有多种观点存在。这些讨论会刺激出不同的想法，有助于培养学生站在他人角度思考问题的能力，对于一个事物，学生们可能支持，也可能反对。无论他们做什么，他们都在学习数学帮助人们认识世界的力量，学习如何对生命负责。

国内学者对此研究不多，国外学者则开展了大量多元文化数学教学的实证研究，Melisa 等人的论文就介绍了两个美国教师在多元文化教室里开展的数学课堂实证研究，结果发现两个教师一个提供了结合学生生活实际的例子，但没有太多的提升，而另一个则注重提供复杂的、有意义的数学，却没有关注学生的文化背景。因此两人都没能兼顾文化与数学两方面。进一步，作者发现了一个能同时兼顾文化与数学的一个模型，收到了良好的教学效果[32]。

参考文献：

［1］David Nelson，George Gbevergbese Josepb，Julian Williams. *Multicultural Mathematics*. Oxford：Oxford University Press，1993.

［2］郑金洲：《多元文化教育》，天津：天津教育出版社，2004 年。

［3］G. 豪森等，周克希、赵斌译：《数学课程发展》，上海：上海教育出版社，1992 年。

［4］Claudia Zaslavsky. *The Multicultural Math Classroom*：*Bring in the World*［M］. Portsmouth，NH：Heinemann，1996.

［5］全美数学教师理事会，蔡金法等译：《美国学校数学教育的原则与标准》，北京：人民教育出版社，2004 年。

［6］［美］林恩·亚瑟·斯蒂恩，高秋萍译：《面向未来：为每个人的数学》，载《课程·教材·教法》，1991 年第 11 期，第 57 –61 页。

［7］Banks J A. *Multicultural Education*：*Issues and Perspectives*. Boston：Allyn & Bacon，1989：336.

［8］傅赢芳、张维忠：《中英初中数学教材中应用题的情境文化性》，载《外国中小学教育》，2007 年第 2 期，第 29 –31 页。

［9］徐斌、汪晓勤：《法国数学教材中的“平方根”：文化视角》，载《数学教学》，2011 年第 6 期，第 5 –7 页。

［10］王振辉、汪晓勤：《数学史如何融入中学数学素材》，载《数学通报》，

2003 年第 9 期，第 18 – 21 页。

［11］孙晓天：《数学课程发展的国际视野》，北京：高等教育出版社，2003，第 127 – 148 页。

［12］教育部：《全日制义务教育数学课程标准（实验稿）》，北京：北京师范大学出版社，2011 年。

［13］张维忠：《数：中西不同文化背景下的含义》，载《中学数学教学参考》，2003 年第 5 期，第 61 – 62 页。

［14］唐恒钧：《多元文化中的无理数》，载《中学数学杂志（初中）》，2004 年第 4 期，第 63 – 64 页。

［15］傅赢芳、张维忠：《不尽根数的估算：多元文化数学的观点》，载《中学数学教学参考》，2005 年第 5 期，第 63 – 64 页。

［16］陈碧芬：《不同文化中的三角形面积公式》，载《中学教研（数学）》，2006 年第 5 期，第 28 – 30 页。

［17］章勤琼：《麻将中的数学与文化》，载《数学教学》，2007 年第 8 期，第 15、46 页。

［18］章勤琼、张维忠：《多元文化下的方程求解》，载《数学教育学报》，2007 年第 4 期，第 72 – 74 页。

［19］华峯煜、张维忠：《多元文化观下的乘法运算》，载《中学数学教学参考》，2010 年第（1 – 2）（中旬），第 128 – 130 页。

［20］张维忠：《少数民族生活中的数学文化》，载《数学文化》，2011 年第 2 期，第 35 – 40 页。

［21］张和平、罗永超、肖绍菊：《研究性学习与原生态民族文化资源开发实践研究——以黔东南苗族服饰和侗族鼓楼蕴涵数学文化为例》，载《数学教育学报》，2009 第 18 期，第 70 – 73 页。

［22］陈虹兵、张维忠：《〈盗梦空间〉中的数学文化》，载《数学文化》，2011 年第 1 期，第 32 – 34 页。

［23］唐恒钧、陈碧芬、张维忠：《数学教科书中的多元文化问题》，载《现代中小学教育》，2010 年第 7 期，第 28 – 31 页。

［24］张维忠：《文化视野中的数学与数学教育》，北京：人民教育出版社，2005 年。

［25］靳玉乐：《多元文化课程的理论与实践》，重庆：重庆出版社，2006 年。

［26］孙庆括：《浙教版数学教科书中数学史料的分析与建议》，载《中学数学月刊》，2010 年第 10 期，第 14 – 17 页。

［27］陈翠花、周志鹏：《品位初中数学教材的插图文化》，载《数学教育学报》，2008 年第 6 期，第 98 – 99 页。

［28］Dickenson—Jones A. *Transforming ethnomathematical ideas in western mathematics curriculum texts. Mathematics Education Research*，2008（3）.

[29] *Ubiritan D' Ambrosio. Ethnomathematics and its place in the history and pedagogy of mathematics. For the Learning of Mathematics.* 1985，5（1）：44－48

[30] 苏英俊、汪晓勤：《把数学多元文化引入课堂》，载《高中数学教与学》，2005 年第 3 期，第 48－49 页。

[31] 徐群飞、汪晓勤：《数学教学中一个多元文化之例》，载《数学教学》，2003 年第 4 期，第 37－38 页。

[32] Melisa S. Cahnmann；Janine T. Remillard. *What Counts and How：Mathematics Teaching in Culturally，Linguistically，and Socioeconomically Diverse Urban Settings. The Urban Review*，2002，34（3），179－204.

作者简介：张维忠，男，浙江省基础教育研究中心副主任，浙江师范大学教师教育学院教授，教育学博士；研究方向：数学课程与教学论、多元文化与数学教育。

第三节　内地班多元文化教育课程的建构与实施
——山东济南西藏中学的个案调查与反思

在内地办学为西藏、新疆培养人才是中国民族教育政策的新创举。截止到 2010 年底，内地西藏班在校生规模达到 2.18 万人，内地新疆班在校生规模达到 2.2 万人。内地办学已成为西藏和新疆两地教育的重要补充形式，在西藏和新疆人才培养、维护民族团结和祖国统一、促进民族文化交流等方面具有重要意义。提高教学成效，更好的发挥内地班的功能始终是内地办学的中心议题，而多元文化教育课程是实现这一目标的重要途径。济南西藏中学作为山东省唯一一所专门招收西藏自治区初中学生的民族中学和全国唯一一所招收西藏边境班的内地初级中学，在内地办学尤其是多元文化教育方面作了积极探索，积累了较为丰富的经验。本研究以该校为个案，对内地班多元文化教学模式的构建框架和实施路径进行初步探究，旨在为内地班教育教学改革的深入提供借鉴。

一、多元文化教育是落实内地班办学宗旨的重要举措

因为西藏自治区各方面人才缺乏，办学环境比较封闭，很不适应教育事业发展的需要。为了尽快改变这一状况，1984 年，教育部、国家计委下发关于落实中央关于在内地为西藏办学培养人才指示的通知，决定从 1985 年开始，在北京、上海、天津等 16 个省市创办内地西藏班（校），着重为西藏培养中等专业技术人才。《关于在内地筹建西藏学校和举办西藏班培养人才的意见》（1984）中强调，在内地办学，帮助西藏培养人才，有很多优越性：一是内地办学有经验，师资力量强，设备条件好，能保证教育质量。二是经费用得少，见效快。三是环境条件好，世面广，有助于学生的学习。可见，利用内地优质教育资源，为西藏培养人才，这是举办内

地西藏班（校）的初衷。《关于进一步加强内地西藏班工作的意见》（1992）又进一步指出：在内地创办西藏班的根本目的和任务，就是要利用内地学习的办学条件和师资优势，帮助西藏培养一批拥护中国共产党、拥护社会主义，自觉维护祖国统一、民族团结，具有初步的科学世界观和较扎实的科学文化知识以及一定的劳动技能的建设骨干，有效地促进西藏的改革开放、经济的繁荣和事业发展。在内地西藏班办学经验基础上，2000年教育部印发了《关于内地有关城市开办新疆高中班的实施意见》的通知，通知明确指出：利用内地发达地区的经济、教育优势，组织内地发达地区加大对边疆民族地区教育支援的力度，举办内地新疆高中班，着力培养和造就一大批坚定地维护祖国统一，密切联系群众，具有强烈革命事业心和一定业务能力的少数民族优秀人才，促进新疆经济发展和社会进步，增进各民族的大团结和凝聚力，保障国家的安全和边防巩固，意义重大而深远。

以上论述均表明：内地班的学生肩负着艰巨而神圣的历史使命，他们不仅要掌握丰富的科学文化知识，还要成为民族文化传承与开拓创新的主力军，更要承担起民族文化交流与促进民族团结的重任。这一办学宗旨要求内地班教育要融多元文化为一体，一方面这是适应多元文化社会发展的客观要求。全球化和多样化是当今世界的两大时代特征。中国作为一个多民族国家，在发展进程中，尊重文化的多样性，加强文化间的理解、交流和融通显得尤为重要，而教育是促进民族文化交流和融通的重要途径。西藏和新疆文化由于民族、地域、历史等原因，和内地文化差异较大，因此，内地班的教学必须在充分尊重他们民族文化基础上进行。另一方面，多元文化教育也是更好地提高学生学业水平的有效路径。Ladson - Billings（1994）、Depit（1995）和 Heath（1983）的研究和提出的理论表明，如果教师非常了解他的学生的文化、价值观、语言和学习特点的话，就能够促进学生在学校学习上的成功。[①] 我国学者巴登尼玛的研究也指出，在藏族地区现行的义务教育课程脱离了藏区文化背景及藏族儿童的现实生活、认识经验。义务教材缺少藏族文化成分的介绍，让藏族儿童背诵李白、杜甫的诗歌而不谈《格萨尔王》，为培养藏族儿童刻苦钻研的精神只讲“悬梁刺股”却不谈宗喀巴或米拉日巴的艰苦求学，这样的课程很难让藏族儿童感兴趣。[②] 同时，脱离学生民族实际的教学，由于发生了“文化的断裂”可能造就出“文化边缘人”。[③]

基于这样的认识和考量，在内地班实施多元文化教育显得尤为必要和迫切。而课程是使教育理念得以落实的重要载体。因此，在内地班探索多元文化课程的构建与实施具有重要意义。

---

① ［美］James A. Banks：《文化多样性与教育——基本原理、课程与教学》，上海：华东师范大学出版社，2010，第15页。

② 巴登尼玛：《试析现行藏族义务教育课程中存在的几个问题》，载《民族教育研究》，1996年第3期。

③ 滕星、杨红：《西方低学业成就归因理论的本土化阐释———山区拉祜族教育人类学田野工作》，载《广西民族学院学报（哲学社会科学版）》，2004年第3期，第15页。

二、内地西藏班多元文化教育课程的实现路径

济南西藏中学在“笃信宽和”的核心价值观基础上，结合学校的育人目标、学校性质提出了“尚德笃学，爱国兴藏”的办学理念。“尚德”是思想教育方面，“笃学”指教学方面，“爱国兴藏”指情感价值方面。这三方面的内容也正是该校整体提升的校园文化的主题。围绕着这一办学理念，该校在多元文化课程的实施途径上进行了有益的探索。

（一）校本课程是实施多元文化教育课程的重要载体

济南西藏中学在校生600多人，分别来自拉萨、日喀则、那曲、阿里、山南、林芝和昌都七个地区，由于经济文化的区域性导致学生的文化基础、思维方式、行为习惯等与内地学生存在很大差异，统一的国家课程难以满足藏区学生的发展需求。因此，学校决定根据藏族学生实际，开发应用适合学生特点的校本课程。从2007年开始，学校开始着手《汉藏民俗文化》校本课程开发研究，并成功申报了山东省教育科学“十一五”规划课题。该校的《汉藏民族文化》校本课程分为“普及民俗知识、传播传统文化的校本课”与发展学生个性、培养学生能力的“知识技能提高类”两种。在三个年级开设了“汉藏服饰文化、汉藏饮食文化、汉藏地理风情、汉藏节日习俗、汉藏民俗文学、汉藏音乐艺术、汉藏美术对比”等校本课程。经过四年多的实践探索与总结，学校成功开发出《汉藏服饰文化》、《汉藏饮食文化》、《汉藏民居文化》、《汉藏地理风情》、《汉藏节日习俗》、《汉藏民族文学》、《汉藏歌舞艺术》、《汉藏美术比较》、《汉藏历史》等几门校本课程，涵盖了语文、地理、历史、音乐、美术、微机等6个学科，同时还融入了爱国爱家乡、民族团结、行为礼仪等多项内容，形成了具有西藏中学特色的校本课程系列。这些课程以选修课形式开展，每周两课时。校本课程的开发与实施，为内地西藏班的教师和学生提供了一个多元发展的平台，激发起了师生教学的热情和积极性，教师的教学科研能力和学生的学习能力均得到了较大提升，教师依托课题研究有了更多接触和学习和运用藏族文化的机会，多元文化教育的理念和教学能力也随之提高，并在省部级以上刊物发表了多篇教学研究的学术论文，学生通过校本课程的参与学习，对汉、藏民族文化有了更深入的了解，民族自信心也进一步增强，在“上海国际青少年书画摄影大赛”、第十二届全国中小学电脑制作活动以及东南卫视“欢乐欢唱团”等比赛中获得了多个奖项。

（二）课外活动是多元文化教育课程的主要存在形式

课外活动是学生课余生活的重要组成部分，也是多元文化教育课程的主要存在形式。济南西藏中学围绕着多元文化教育搞了一系列课外活动，其中，“心手相连”系列活动、藏舞操活动和“三语”文化艺术节比较典型，已成为该校的特色活动项目。“心手相连”活动在济南市中区教育局教育科的具体指导下，由济南西

藏中学发起，九所普通中小学校参与，藏汉两民族学生相互交流学习。每年的活动分为三个阶段，第一阶段，主题是“汉藏心连心，牵手迎新春”活动期间，济南西藏中学的学生到市区八所中小学开展联谊活动，通过互换“友好班级牌”“花名册”，与汉族学生结成友好班级；丰富的活动中的“歌舞、小品、包饺子、教说藏语、教学藏歌、教跳藏舞”等深受汉藏同学的喜欢，为同学们留下了美好的记忆。第二阶段，主题是“汉藏一家亲，家中度新春”。藏族孩子在年三十到汉族家庭过除夕，他们像一家人一样一起包饺子、帖春联、吃团圆饭，让藏族孩子真正体验到“汉藏一家亲的温暖”。第三个阶段，主题是“汉藏齐欢聚，联欢庆佳节”。大年初一一大早，省、市、区各级领导和市中区八所中小学校的领导、汉族友好班级代表、汉族家庭代表一起与西藏中学的师生及来部分藏族学生家长欢聚一堂，共同庆祝藏历新年。通过这些在节假日开展丰富多彩的活动，增进汉藏学生间的交流与沟通，使藏族学生感受到祖国大家庭的温暖，了解汉民族文化习俗和生活习惯，开阔藏族学生视野，提高藏族学生适应社会、交际等方面的能力；同时也让汉族同学进一步了解西藏民俗文化，了解藏族同学在内地求学的不容易，从小懂得关爱他人，学会自我约束，提高独立生活和生活自理能力，增强社交礼仪方面的知识 。

藏舞操是济南西藏中学的另一项特色活动。藏族是能歌善舞的民族，学校充分发挥学生的这一优势，由藏族学生编创了《藏舞操》，这样学校每天的课间操分为两个环节，第一个环节是做广播体操，第二个环节是藏舞操，学校还每年举行藏舞操比赛，该校的教师也被藏族艺术所感染，很多教师参与到跳操活动中。

为提高学生的综合素质，构建良好的育人环境和和谐的校园文化氛围，学校举办三语文化艺术节，围绕活动主题，开展“日新月异话发展，家乡变化我来说”征文比赛、“我的空间我做主”寝室文化评比、“佳片有约”——爱国主义电影展播、唱响青春——班级合唱比赛、“激扬青春，挑战自我”校园主持人评选活动、“我心中的西藏”书画作品展暨三语书法比赛、“我行我秀”三语运用能力大比拼等，教师和学生的创造性都得到了很好的体现，学生学习的信心和积极性也得到了很好的提升。

（三）隐性课程是实施多元文化教育课程的必要补充

隐性课程对学生的身心发展起着潜移默化的影响，利用隐性课程对师生实施多元文化教育也是重要环节。学校充分考虑到教育任务的特殊性，设计了一系列校园文化标志，有体现西藏和山东济南内涵和谐统一的校标、信纸信封、门牌、胸卡等，还有教师门前走廊、文化长廊、综合楼一楼大厅等都设计了展现民族文化特色的展板，这些美丽丰富的画面，让师生每到一处都能体会到中华民族文化的多姿多彩，做到了著名教育家苏霍姆林斯基所说的“让学校的每面墙壁也会说话”，借这些校园文化对师生进行相应的文化传递和思想教育，起到润物无声的作用。

三、问题与反思

济南西藏中学在多元文化教育课程设置与实施方面做出了很多有益探索，这不仅为内地班教育教学改革提供了很好的借鉴，同时也为我国普通的中小学教育改革与发展提供了很好的参考价值，尊重多样性，尊重差异性，这应该成为教育发展的普世价值。但我们也不得不承认，在多元文化教育方面，内地班的课程与教学还存在很多问题和障碍。

首先，教师的多元文化教育能力欠缺是多元文化教育课程实施的主要障碍。教师是多元文化教育课程能否顺利实施的决定性因素。然而，在我国现有的师范院校和普通高校的教育学院中，除了个别学校或学院加开了多元文化教育课程外，绝大多数院校的师范教育并未涉及多元文化教育，同时在我国的教师培训体系中也极少涉及多元文化教育方面的内容。而在美国，许多大学的师范学院和教育学院（系）都开设了多元文化教育课程，许多州都要求师范生学习一定数量的多元文化教育课程才算达到合格标准。[①] 笔者在济南西藏中学对该校 21 名教师做的调查显示，有 71.4% 的教师没有接受过藏族文化或少数民族教育方面的培训。双语教学应该是多元文化教育的有效教学模式，但在内地班教学中双语教学很难实现。该校除了一名藏语教师外，所有本地教师均不懂藏语。教师在教育教学理念上还存在一些偏差甚至错误观念，比如调查中有 42.0% 的教师认为西藏学生较汉族学生智力水平低。教师多元文化教育理念不足，必然给多元文化教育课程的实施带来极大的障碍。

其次，评价机制不健全是多元文化教育课程实施的关键性制约因素。教育教学评价是教育改革的方向标，目前内地班的教育教学评价尚未形成明确的指标体系，评价总体导向仍未摆脱“成绩至上”的困局，使得内地班（校）仍把主要精力集中在考试成绩和升学排名上，教师们也顺理成章地把目光更多地聚焦在如何提高基础本来就薄弱的西藏学生成绩方面，多元文化教育的想法就被束之高阁了。因此，除了本校课程以外，主导课程的实施仍缺乏多元文化教育的实际介入。

按照班克斯的多元文化教育理论，多元文化教育的重要目标是整体学校改革。“变革整体必须是整个学校环境而不是任一元素，如教学素材、教学策略、测试计划或教师培训。教师教育和授权是很重要的，但是为了学校改革，其他改革措施也同样必须在学校环境中实施。许多教师在暑期工作中有了新的见解、教学素材和多元文化教学策略，他们也渴望在学校中试用这些。然而，当这些教师回到学校时，他们经常会没有勇气这样做，因为在这些学校里，仍然存在着对待种族与文化多样性的传统模式，教师也不能获得来自领导和同行的经常性的支持。没有这种支持，具备新技能、新见地的教师不得不放弃并回归他们传统的态度和行为。”[②] 因此，

---

① 刘华蓉：《多元文化教育面临诸多瓶颈》，人民政协报，2009－05－06（C04）．

② ［美］James A. Banks：《文化多样性与教育——基本原理、课程与教学》，上海：华东师范大学出版社，2010，第53页。

多元文化教育的实施需要教育部门和学校协同起来进行整体改革，才能取得更大的成效。从这个意义上说，内地班实施多元文化教育还有很长的路要走。

参考文献：

［1］［美］James A. Banks：《文化多样性与教育——基本原理、课程与教学》，上海：华东师范大学出版社，2010 年。

［2］巴登尼玛：《试析现行藏族义务教育课程中存在的几个问题》，载《民族教育研究》，1996 年第 3 期。

［3］滕星、杨红：《西方低学业成就归因理论的本土化阐释———山区拉祜族教育人类学田野工作》，载《广西民族学院学报（哲学社会科学版）》，2004 年第 3 期，第 15 页。

［4］刘华蓉：《多元文化教育面临诸多瓶颈》，人民政协报，2009 - 05 - 06（C04）。

作者简介：许丽英，女，汉族，中央民族大学教育学院副教授，研究方向为农村教育。

第四节　海南国兴中学黎族织锦课程实施现状研究

一、海南省国兴中学的基本情况

海南省国兴中学是一所民族性重点中学，也是海南省教育厅直属重点中学，1989 年筹建，1990 年秋正式面向全省招生。多年来，国兴中学认真贯彻、落实党的民族政策，积极开展民族团结教育，采取有效措施促进民族生素质的全面提高。近十年来，国兴中学陆续荣获“全国民族团结进步模范单位”“全国民族中学示范校”等荣誉称号。

根据 2011 年秋季统计数据，国兴中学在校生 2750 人，男生 1527 人，女生 1223 人；民族学生 893 人，男生 393 人，女生 500 人。其中，黎族学生 832 人，男生 358 人，女生 474 人；苗族学生 30 人，男生 18 人，女生 12 人；回族学生 7 人，男生 5 人，女生 2 人；其他少数民族学生 24 人，男生 13 人，女生 11 人。

二、黎族织锦课程发展现状

（一）黎族织锦课程的设置

1. 课程设置没有民族的限制

“我们是黎族的，现在上初二，黎族织锦课都是自愿去的，想去就可以，然后你不懂的话老师也会教一下你。我们从初一到现在，有空就去。”

“像我就是汉族的，因为初一的时候我经过那里，看到就很像是古代的环境，很有古风。所以就想学一下。再看那些裙子啊、包包之类的都很好看，然后我就有一个愿望想要织一条裙子或者包包送给我的家人。”

“我们在一起看不出是黎族和汉族，也不会问人是什么族的。”

在国兴中学，黎族织锦课程的设置是相对灵活适用的。黎族织锦课程面向全校学生开设，在选修黎族织锦课程的学生中，有黎族学生，也有汉族学生。也就是说，无论是哪个民族的学生，均可自愿选修。一部分黎族学生选修黎族织锦课程是因为自身是黎族，一部分汉族学生选修黎族织锦课程则是因为感兴趣。此外，在国兴中学，黎族学生和汉族学生在外表上没有太大的区别，学生在日常交往中也不会刻意进行民族区分。

2. 课程设置没有性别的限制

“女生比较多。目前为止就只有一个男生在学。”“女孩子喜欢编织嘛，就去学了。”

在国兴中学，黎族织锦课程的选修没有性别的限制，但实际情况是，选修黎族织锦课程的学生基本上是女生，男生则很少选修黎族织锦课程。笔者认为，主要有两方面的原因：一是长期形成的性别分工的影响；二是学生们对性别分工的刻板印象。长久以来，“针线活”是女性的专利或者说是专职，男性被认为是不适合或不应该从事“针线活”的，这是受到长期以来形成的性别分工的影响。在学校教育领域，性别分工对课程学习也有着一定的影响。黎族织锦归根结底是一门针织艺术，被认为是女生学习的课程，而男生是不应该学习“女生的课程”的。

3. 课程设置没有年级的限制

“这个是不限年级的，所以你几年级是没关系的。”

黎族织锦课程的设置也没有年级上的限制，只要感兴趣，有足够的时间，都可以选修黎族织锦课程。

4. 课程设置没有时间的限制

“我们有课余时间才去的。”

“有空想去才去。”

黎族织锦课程的课时安排灵活，学生可在周一至周五的空闲时间到织锦教室学习。

5. 黎族织锦课程的教室、教材和师资配备

“在织锦教室上课。”

“没有教材。”

“就一个老师，是黎族的。”

目前，国兴中学为开设黎族织锦课程，专门成立了一间专门的织锦教室，用于织锦课程的教学，并配备了一位黎族的织锦教师。但是目前还没有关于黎族织锦的教材。

黎族织锦课程的灵活设置，满足了对织锦文化感兴趣的同学的需要，同时又不

耽误学生对其他课程的学习。同时，黎族织锦课程并不是强制学校所有学生必须选修或者强制黎族学生必须选修的，而是根据学生的兴趣爱好、学习安排和时间安排，让学生自由选择，充分体现了对学生学习需求的尊重。但目前黎族织锦课程的发展还处于初步阶段，特别是在教材方面，目前还没有可供学生阅读学习的教材。

（二）黎族织锦课程的教学内容

1. 织锦图案的选择与设计

“样图是老师拿去复印出来，然后给我们。有很多，然后让我们看一下哪个好一点，自己再挑一下颜色就开始织。”

“图案有很多啊，比如人、龙、凤之类的。”“就是织的一些黎族图案中的抽象的人物。”“有时候是三角形，有时候是组合图形的。一般都是简单的图案。”

黎族织锦课程的学习内容是丰富多样的。在样图的选择上，织锦教师会给学生提供一定的样图或素材，供学生选择，学生可以根据自己的兴趣和能力，选择合适的样图，并选择合适的颜色的线，进行编织。

在图案的设计上，可以选择人物、龙、凤等。在人物的选择上，可以是抽象的人物，如黎族姑娘或黎族小伙子，这就要求学生发挥自己的想象力去设计；也可以是现实生活中存在的人物，这就要求学生抓住人物的主要特征进行设计。图案的设计也可以是传统的动物图腾，如龙、凤等，也可以是其他的动物。有时候学生也会设计一些抽象的图案，如用圆形、方形进行一些图像组合。总的来说，织锦的图案设计是比较自由的，学生可以根据自己的审美标准和喜好进行设计。

2. 织锦历史文化的介绍

“老师偶尔会讲一下织锦的历史。”

在织锦课程的教学过程中，介绍织锦的历史有助于学生了解织锦的由来与发展历程，了解织锦艺术中隐含的文化意义。每一件织锦作品，都蕴含了一定的文化意义，都是一种对文化的表达。

3. 缺乏织锦作品的介绍与解读

“老师没讲过黎族织锦有些有名的作品。”

在织锦课程的教学过程中，教师并没有专门就黎族织锦课程的著名作品进行介绍，一方面可能是由于教学资源的限制，因为黎族织锦教室内仅陈列了近十幅的织锦作品，而且，目前学校并没有专门的织锦教材。另一方面可能是由于缺乏对黎族织锦著名作品的统计和宣传。

（三）黎族织锦课程的教学过程

1. 织锦机器的操作

“先学使用机器的，因为机器使用比较方便，后来才慢慢教使用胶织机。”

“以前是手把手的教，后来学会了就放手让我们自己练。不懂的再让我们自己提问。”

黎族织锦课程的学习离不开织锦机器的使用，只有学会操作机器，才能进行织锦的编织，这也是学习黎族织锦的关键技术操作过程。如果学生能够熟练使用机器，就可以进一步学习使用胶织机。胶织机是编织黎族织锦的传统机器，可以编织出精美的织锦图案。

在机器的操作与使用过程中，织锦教师常常需要手把手地教学生，待学生掌握初步的使用方法后，教师则在旁边进行指导，并回答学生的提问。

2. 团队合作

“有时候是几个人一起去弄，因为老师是想大家先练习一下。有时候会说这个人先弄完，其他人想要弄的话就接着弄。”

“我们都是一起织的，很少有单独织的。”

“应该说是联合做的，只有一幅是我自已做的，但是现在还没有完成。”

在黎族织锦的教学过程中，教师鼓励团队合作，可以增进同学之间的合作能力，也可以让学生在练习的过程中互相学习。同时，编织一幅黎族织锦要花费大量的时间，而在校学生常常无法在织锦课程中投入大量的时间，采取团队合作的能力可以让学生在一定时间内完成一幅织锦作品。

3. 教师教与老生带新生

“因为还会有新的人过来学，我们就可以代替老师教他们。”

“到目前为止只有一个男生在学，那个龙凤也是他织的。刚进去的时候也是他教我的。”

黎族织锦课程不局限于一般教学意义上的老师教学生，织锦技术比较熟练的学生还可以教刚开始学织锦的学生。笔者认为，这种教学方法有效地解决了师资不足的困难，还能促进学生之间的交流与学习。

（四）黎族织锦课程的教学效果

1. 内容丰富的织锦作品

“做过鱼的图案。还有同学做过公鸡的图案。”

“织两个人的图案，是姐妹吧，都带着耳环的样子，长长的。穿着裙子。”

在黎族织锦教学过程中，学生的织锦作业一般是完成一副动物或人物的图案，这可能是由于这些图案相对比较简单，易于编织。

“基本上我们织完了都是拿给老师的。”“织好的作品都放在教室。”

学生在织锦课上完成的作业，基本上都交由老师保管，或者陈列在织锦教室中。陈列学生的作品，一方面可以鼓励学生继续学习，另一方面也起到了一定的宣传作用。

2. 了解黎族织锦文化

“老师偶尔会讲一下织锦的历史，一开始讲得比较多，然后后面懂了就让我们自己念，不会提问。”

在学习黎族织锦课程的过程中，织锦教师会向学生介绍黎族织锦的发展历史，这是一个帮助学生了解黎族织锦历史与文化的过程，不仅可以让黎族学生了解本民族的织锦文化，也可以促进其他民族的学生对黎族织锦文化的了解。

3. 修身养性与提高审美能力

“上这课修身养性吧。老师说的，呵呵。还比较练耐心。”

“因为这个是需要耐心的。耐心是需要慢慢培养出来的。”

“以前我是个急性子，学了这个之后我变得有耐心了，审美观上也有了一定的改变。织锦需要选择好颜色搭配，才能够织出一副好的作品。”

“以前我没有太大的成就感。现在织好一副这样差不多的织锦后成就感就很好，感觉很满足。有什么烦恼就去织一下作品就会开朗一些。”

上黎族织锦课程可以修身养性，可以培养个人的耐心，可以提高学生的审美能力，还能够提高学生的自信心。由此可知，黎族织锦课程的功能并不局限于文化意义上的了解与传承，对学生的身心发展也具有一定的促进作用。

4. 注入了感情

“我觉得这个和不了解文化没有什么太大的关系，然后我们织会注入我们的感情；织完之后就会感到特别有成就感，会觉得像是自己很珍贵的一样东西，要是破坏了心里会很不好受的样子。我们对它注入了感情，应该是有生命力的。”

学生在学习黎族织锦课程的过程中，投入了一定的时间和精力完成自己的织锦作品，他们认为这样的作品是“注入了感情的”，是“珍贵的”，是“有生命力的”，是有“成就感”的。笔者认为，一门课程除了教给学生基本的知识技能之外，最重要的是让学生对这门课程“注入感情”。这也是一门课程能够达到的“知识目标”和“情感目标”。

5. 对保护织锦文化的意识

学习黎族织锦课程是学生保护织锦文化的一种具体行为，在学习的过程中，又进一步增强了学生保护织锦文化的意识。此外，保护织锦文化还受到学生的民族身份的影响。

“我看报纸上说织锦被列为文化保护遗产，学这个以后可以教给子孙后代，能够更好地保护文化遗产。”

在这次访谈中，学生对织锦文化的保护意识来源于报纸宣传，说明这类宣传对于促进和提高人们对文化遗产的保护意识是有积极作用的。值得进一步思考的是，在学校教育中，如何采取措施来提高学生保护织锦文化的意识呢？笔者认为，在学校教育中，学校应该尽可能地为学生提供有关织锦文化的知识，增进学生对织锦文化的了解。在此基础上，学校应该尽可能多地为学生提供学习织锦的时间和机会，让学生在学习的过程中进一步体会到织锦的文化意义。

“这又不会耽误所有的时间，而且这是自家少数民族嘛。”

大部分学习黎族织锦课程的学生是黎族，他们认为学习黎族织锦并不会花费所有的学习时间，而且自身是黎族，就更应该学习黎族织锦课程。这也说明，学习黎族织锦课程是受到“黎族”这一民族身份的影响的。由此可以看出，对民族身份的认识与认同对于学习与保护民族文化具有重要意义。

三、存在的问题与困难

（一）黎族织锦课程的学习交流

当问及学习黎族织锦课程的同学是否会与其他同学谈论织锦时，他们的回答大多是："不会，很少。"

学习黎族织锦课程的学生很少与其他学生谈及织锦，在宿舍或班级上也很少会谈及织锦。笔者认为，一是由于织锦是一门专门的操作性艺术，专业性和操作性较强，与不熟悉织锦的同学讨论织锦话题具有一定的难度，彼此之间也很难深入交流与学习；二是由于在日常生活中，同学们常常会就彼此都感兴趣的话题进行交流，而织锦并不属于大多数同学都感兴趣的话题。

（二）教材资源不足

"我们那时是得到了老师教，没教材。""没有教材。"

国兴中学开展黎族织锦课程至今，还未编撰一本统一使用的教材。在上课过程中，只有老师教，学生没有可以参考的教材，老师成为了课堂中的"活教材"，也是学生只能在上课时间"阅读"的教材。教材资源的不足，使学生的学习受到了一定的限制，学生只能在课堂学习时间内"使用教材"——老师；也只能在老师在场的情况下得到"教材的指导"。

四、政策建议

（一）保持课程设置的自由灵活

目前，国兴中学的黎族织锦课程采取"兴趣班"的授课方式，没有民族、性别、年级、上课时间的限制，学生根据自己的兴趣自愿选修，课程设置相对自由灵活。笔者认为，自由灵活的课程设置体现了对学生的尊重，让学生根据自身的实际情况安排学习时间，同时又能保证取得一定的教学效果。

（二）加强学生的交流学习

目前黎族织锦课程的交流学习局限在选修织锦课程的学生之间，而且交流基本是在教室内、在教学过程中进行的。笔者认为，这是保证学习与发展黎族织锦的基本条件，但是对黎族织锦的学习与交流不应该仅局限在选修织锦的学生与织锦教室内，应该进一步扩大和延伸黎族织锦交流学习的范围，让更多的学生认识和了解黎族织锦的意义。

（三）加强教材资源建设

教材在课程教学过程中具有重要作用，教材资源的建设是促进课程发展的重要因素。目前，黎族织锦课程尚未有可供使用的教材。教师没有教材进行教学，学生没有教材进行学习，对黎族织锦课程的发展具有一定的阻碍。因而，在今后的课程发展过程中，应该加强教材资源建设。笔者认为，可以在教学过程中，发挥教师与学生的集体智慧，采取师生共同研发教材的形式，让师生共同参与到教材资源建设中。笔者相信，这样的教材具有一定的可读性、操作性和实践性，在教学过程中会取得良好的教学效果。

参考文献：

[1] 滕星：《教育人类学的立论与实践——本土经验与学科建构》，北京：民族出版社，2009 年。

[2] 滕星：《文化变迁与双语教育——凉山彝族社区教育人类学的田野工作与文本撰述》，北京：教育科学出版社，2001 年。

[3] 靳玉乐：《多元文化课程的理论与实践》，重庆：重庆出版社，2006.

[4] 黄淑娉，龚佩华：《文化人类学理论方法研究》，广州：广东高等教育出版社，1996 年。

[5] 王铭铭：《格尔兹的解释人类学》，载《教学与研究》，1999 年。

[6] 刘茜：《多元文化课程的建构与发展——雷山苗族多元文化课程开发的个案研究》，西南大学 2007 年硕士论文。

[7] 刘茜：《贵州省苗族地区中小学民族文化课程开发的现状及对策研究》，载《贵州民族研究》，2005 年第 1 期。

[8] 刘茜、张良：《民族文化课程资源开发的现状及对策研究——基于重庆市石柱土家族自治县中小学的个案调查》，载《当代教育科学》，2011 年第 9 期。

[9] 廖辉：《西南少数民族地区多元文化课程开发的个案研究》，西南师范大学 2004 年硕士论文。

[10] 罗文雄：《黎族织锦艺术的保护与发展》，载《琼州学院学报》，2008 年第 1 期。

[11] 林毅红：《程伟．嬗变·交融·创新——略谈海南黎族织锦艺术的传承与发展》，载《贵州大学学报》，2004 年第 3 期。

[12] 周国耀、吴晓雯：《海南黎族织锦的艺术特点与文化价值》，载《改革与开放》，2009 年第 8 期。

[13] 周赛颖：《从符号学的角度看黎锦工艺的文化内涵》，载《广东技术师范学院学报》，2008 年第 11 期。

[14] 郑新蓉：《多元文化视野中的课程与教材建设》，载《教育研究与实验》，2004 年第 2 期。

[15] 李庶泉：《多元文化课程理论研究》，西北师范大学 2004 年博士论文。

[16] 孟凡丽：《国外多元文化课程开发模式的演进及其启示》，载《比较教育研究》，2003 年第 2 期。

［17］［日］绫部恒雄．《文化人类学的十五种理论》，北京：国际文化出版公司，1988 年。

［18］Spindler，G. D. （Ed.） （1997）. *Education and culture*：*Anthropological approaches*，3rd edition. Prospect Heights，IL：Waveland Press.

［19］James A. Banks：*Multiethnic Education*，*Theory and Practice*，Allyh and Bacon 1981 Third Education.

作者简介：熊和妮（1986—），女（汉族），海南海口人，中央民族大学教育学院 2010 级硕士研究生，研究方向为中国少数民族教育。

第五节　浅析文化人类学视阈下的乡土教育

乡土教育在中国 20 世纪初就已出现，后来却渐渐了无声息。当前随着新课程改革实施、校本课程开发，乡土教育再次成为受关注的话题。然而，乡土文化是实施乡土教育、开发校本课程的重要资源，乡土教育是传承乡土文化的重要途径；通过开发校本课程、乡土教材实现文化传承是乡土教育的重要内容之一。在这样的背景下，本文试图从文化人类学[①]来探究乡土教育，以对乡土教育实施、校本课程及乡土教材开发等实践能有所启迪。

一、对乡土教育阐释和定位

从教育视角而言，乡土教育是要让儿童了解和认识其出生成长的乡土环境。它最初是源自于教学、开发智能的需要，而后扩展到情感、精神和思想意识方面，是乡土文化传承的途径。[②] 虽然乡土教育概念并不是来自于文化人类学，但文化人类学是对人类所有的创造物——产品、知识、信仰、艺术、道德、法律、风俗、社会关系的研究，[③] 因而，虽文化人类学对乡土教育概念名称、呈现方式、表现形式等与教育学等其他学科不同，且早期文化人类学研究中关于教育的思考隐于文化制度体系中而没有得到凸现，但乡土教育始终在其研究视阈内，特别是从人类学把学校教育纳入其研究范围、关注教育背后的文化[④]问题开始，它就以与学校教育所属文化相对应的文化模式的教育形式而出现。随着社会的发展和研究范围的扩大，其对乡土教育定位也在不断变化，主要表现为以下方面。

首先，教育——文化的传承和习得。

文化人类学透过文化来看教育，教育被赋予文化意义。“任何文化都看成是一

① 注：文化人类学侧重不同族群的异文化研究，而很少关注地域差别构成的文化差异；乡土文化涵盖了族群文化和地域文化。

② 刘玉玲：《教育人类学》，台北：扬智文化事业股份有限公司，2006 年。

③ 王铭铭：《人类学是什么》，北京：北京大学出版，2002，第 8 页。

④ 注：人类学往往关注族群异质文化，而非同族群因地域形成的文化差异。

个整合的系统，并且研究作为这个系统各部分的所有制度、习俗和信仰的功能”；[①]任何文化现象都满足人类实际生活需要的作用，即都有一定的功能，它们中的每一个与其他现象都互相关联、互相作用，都是整体中不可分的一部分，而教育是使文化得到延续的工具。[②]“教育的意义在于训练后生如何应用工具及器物，如何接受种种传统习惯，如何使用社会权利及责任”。[③]本尼迪克特也认为，“每个社会都会产生一种理想的成年人的性格，每个社会都会努力以濡化造成某种理想的成年人性格”。[④]所以，教育是训导儿童学会和遵守文化规范、形塑文化人的工具。即使乡土教育内容渗透和包含一定的现代知识与文化，但因其基于乡土文化选择教授内容和强调引导儿童形成对其所生活环境及文化的认识与热爱，因而从人类学视角来看，它被视为是实现儿童文化的基本途径，也是维系乡土文化的重要制度。

其次，学校教育——不同文化的对弈。

随着社会的发展，空间距离的缩小，人们之间交往日益密切，昔日远离“我”的地域、文化与“我”转变为“传统”或“乡土”与“现代”、“地方”或“乡土”与“中央”、“非主流”与“主流”等的对应。现代教育组织——学校也逐渐进驻这些地域、文化。

按照人类学结构功能理论，社会是一个系统，其中各部门既有各自的独特功能，还要服务于社会系统运作；而教育作为社会子系统，必然要为一定社会政治、经济和文化服务；因此，学校教育代表着主流社会的文化，其功能在于规训与教化未成年人，实现其社会化。它被认为破坏了甚至取代了非主流文化的教育，使其功能破碎不全，从而导致非主流社会文化断层和社会失序，使得非主流文化被排斥于学校教育之外，而其原有的教育被迫归隐于街头巷角；甚至它们被定位为学校教育对立面和负面因素，被认为是造成少数族裔学生学业成就低下、文化适应不良等的原因，如学业成就归因中的文化剥夺理论和文化差异理论。学校开始成为文化人类学研究调查的田野，因为它被认为是不同文化冲撞发生的场所和多种权力博弈的场域。因此，乡土教育成为通过社区、家庭及其民间各种仪式、禁忌等作用于儿童来传承非主流文化的与学校教育相对立的教育模式。

第三，多元文化教育——共容并存。

无论是进化论还是传播论，都是文化等级主义，只不过一个是历时的进步过程，另一个是共时的扩散过程。而赫斯科维茨的文化相对论颠覆了它们：每个文化都有它自己的特色和价值，它塑造特定社会的人们的行为和习惯的思维模式，对其各群体所起的作用是相等，文化谈不上进步或落后。因而，要尊重不同文化的相互差异，谋求各种文化并存。人类学认为，教育是文化的传承与习得，学校教育只是

① 拉德克利夫—布朗：《社会人类学方法》，济南：山东人民出版社，1988 年。

② 黄淑娉：《文化人类学理论方法研究》，广州：广东高等教育出版社，1998，第 53 页。

③ 马林诺斯基：《文化论》，北京：华夏出版社，2002，第 31 页。

④ 庄孔韶：《教育人类学》，哈尔滨：黑龙江教育出版社，1989，第 21 页。

教育的一种特殊形式。社会的代际文化传承不仅是在学校中进行，也是在家庭和社区活动中实现的。[①] 非主流文化与非正规教育及其作用获得了正面的认识。人们对学校教育文化观点重新评估，重新认识不同文化的价值，多元文化教育成为主题。以学校教育学业失败问题为例，人类学家驳斥文化剥夺、文化冲突的说法，提出文化中断理论，认为少数族裔学生学业成就低下的原因在于学校中断了他们的传统语言与文化过程，即文化的非连续性导致少数族裔学生的学业失败，而要改变这一情况，就要重新改造学校的文化。因而，社区、学校和教室成为研究教育问题的最佳田野地点，文化、社区与学校成为被探究的主题，学校教育文化再生产、少数族裔学生学业成就、少数族裔学生文化适应、课程与文化选择、教学语言、师生互动、学生思维方式的文化差异等成为被关注的议题。[②] "多元文化教育是一场精心设计的社会改革运动，其目的是改变教育的环境，以便让那些来自不同的种族、民族、性别与阶层的学生在学校获得平等受教育的权力。"[③] 多元文化教育思潮为不同文化进入学校教育、课程内容中提供了合理性和合法性，让乡土文化等非主流文化跻身于学校正规教育课程之中、乡土教育登上大雅之堂。乡土教育因其能够提供儿童学习新知识和发展智力等所需要的、熟悉的经验知识和事例，从而以校本课程、乡土教材等形式成为学校教育的有益补充。同时，它也成为学者、当地人传承和发展乡土文化的途径。

二、对实施乡土教育的启示

如何看待文化特殊性和一般性，是人类学家长期争执不下的重要议题。人类学家往往分化为两派，一派是要以研究不同社会、不同民族和不同群体的文化为己任，而另一派则注重从经验事实中归纳出具有普遍意义的理论。乡土教育也面临是要强调乡土文化认同还是强调人类共同文化的追求的问题，过于强调前者会导致学生不易融入主流社会而陷入文化孤立，而忽视前者则会导致文化单一而社会漠视多元文化存在和发展的需要。不仅如此，现在极少有远离人群的相对封闭的社会，文化也不是铁板一块，它也是动态变迁着，如何选择其中的内容，如何处理地域文化与族群文化选择问题等，而这种选择结果是否是当地人认同的文化、是否适合当地儿童成长所需要呢……甚至涉及国家整合与民族文化多样性、各民族传统文化与现代化等两难问题。

教育目的是促进人的发展，立足于此，客观看待和发展乡土教育。虽文化人类学不同学派持有不同的文化观，但其许多理念对于研究和发展乡土教育具有启迪意

---

① 滕星：《族群、文化与教育》，北京：民族出版社，2001，第8页。

② 参见 *The cultural production of the educated person: critical ethnographies of schooling and local practice. edited by Bradley A. Levinson*, Douglas E. Foley, Dorothy C. Holland. Albany, NY : State University of New York Press, c1996.

③ Jams A. Banks and Cherry A. Mcgee Banks (1993), *Multicultural Education: Issues and Perpectives*, Second Edition, p. 359, Allyn and Bacon.

义，有助于消解实践中可能出现的偏颇，本文主要概述其中两个。

首先是整体观。博厄斯认为，任何一种文化都是由种种组成部分相互制约、相互配合构成一种特定的格局或模式，这种模式又反过来影响和制约其组成部分的形态。因此，不能忽视整体对局部所起的作用，只有了解整体，才能正确地了解局部。① 因而，人类学家把教育现象和问题放置于社会和文化脉络中研究，观察整个环境的人和事，而非只看零零碎碎的东西；关注学校、教室内的研究视野必然扩大于学校围墙内发生的事件，观察（并对照）、分析学校与学校外部之间的互动、学校正规教育与非正规教育之间的关系及计划结果与意外结果。在乡土教育认识上往往存在普适性知识与地方性知识、主流文化与非主流文化、教育性与文化性等二元对立倾向，实践中还涉及如何处理认识乡土教育与学校教育关系、乡土教育内容选择等具体问题。文化人类学的整体观为此提供了一个很好的视角，这利于阐清多种因素和多重关系，使乡土教育的实施利于促进儿童进步、文化传承和社会发展。

其次是“文化互为主体性”。“文化互为主体性”是指我们关怀其他民族、文化，不能是因为猎奇心态使然，要从自身的文化中解放出来，进入“他者的目光”，以“推人及己”而非“推己及人”的方式来看待和研究。② 这有两层含义，一是不要以“我”为中心，而是要以“他”的目光，要使“他”发声；二是要亲历“他”的文化，体验“他”的感受，也要反思“我”。这是要平等看待任何一种文化和尊重当事人的价值观。就乡土教育而言，在文化选择上必须面对两个难题：乡土教育自然挖掘于乡土文化，但乡土文化的构成并不单一，必然要在地域文化和族群文化之间、不同族群文化之间、不同情感、精神和思想意识形态之间等的取舍。二是当事人的意见和选择。研究者和施政者往往怀有保持文化多样性的良好意愿，热衷于推行恢复或意在传承文化的教育活动或开办的教育实验班或增办语言学习班等，但由于忽略了当地人的想法和需要往往归于失败，这样的实例并不乏见。而“文化互为主体性”立场有助于实践者进行思考、判断和选择，避免重蹈覆辙和出现导向偏颇，使乡土教育立于促进人的发展的基石而不断开展。

中国 20 世纪初出现的乡土教育宗旨在于通过乡土教育和爱国主义教育国民对乡土和国家的热爱和归属感，以抵御外辱和增强国力；而当前乡土教育的兴起是依于学校教育课程改革之途；二者都强调教育意义。但即使如此，乡土教育在编纂教材、设置课程等要基于地方文化、乡土知识的挖掘、整理，同时也有文化传承之意，因而，文化性是其一大属性。所以，从文化人类学角度来阐释乡土教育有助于理清实践中的一些偏差，利于推动乡土教育开展。

参考文献：

［1］滕星：《族群、文化与教育》，北京：民族出版社，2001，第 8 页。

① 黄淑娉：《文化人类学理论方法研究》，广州：广东高等教育出版社，1998，第 160 页。

② 王铭铭：《人类学是什么》，北京：北京大学出版，2002，第 21 页。

[2] *The cultural production of the educated person: critical ethnographies of schooling and local practice.* edited by Bradley A. Levinson, Douglas E. Foley, Dorothy C. Holland. Albany, NY : State University of New York Press, c1996.

[3] Jams A. Banks and Cherry A. Mcgee Banks (1993), *Multicultural Education: Issues and perspectives*, Second Edition, p. 359, Allyn and Bacon.

[4] 刘玉玲:《教育人类学》，台北：扬智文化事业股份有限公司，2006 年。

[5] 王铭铭:《人类学是什么》，北京：北京大学出版，2002，第 8 页。

[6] 拉德克利夫—布朗:《社会人类学方法》，济南：山东人民出版社，1988 年。

[7] 黄淑娉：《文化人类学理论方法研究》，广州：广东高等教育出版社，1998，第 53 页。

[8] 庄孔韶:《教育人类学》，哈尔滨：黑龙江教育出版社，1989，第 21 页。

[9] 马林诺斯基:《文化论》，北京：华夏出版社，2002，第 31 页。

[10] 黄淑娉：《文化人类学理论方法研究》，广州：广东高等教育出版社，1998，第 160 页。

[11] 王铭铭:《人类学是什么》，北京：北京大学出版，2002，第 21 页。

作者简介：敖俊梅（1978—），女，达斡尔族，中央民族大学教育学院讲师，研究方向是少数民族教育政策、少数民族性别与教育、教育社会学等。

第六节　晚清黑龙江乡土志实态与“乡土意识”变容

一、乡土志与“乡土意识”再解析

（一）乡土志

“乡土志”一词，从文字角度来解释，可以释作以某一特定范围为记载对象的简明志书。依据这种理解，不同辞典从其编辑时间、目的、内容、应用范围等方面进行定义。如：

“地方志的一种。内容简括，篇幅短小，充满乡土之情，文辞较通俗。清光绪三十四年（1908 年）由学部通令各地编修而兴起，民国 14 年（1925 年）教育部又通知编修，作为当地学校的乡土教材。各地共编成千余种，多数未及刊印。”①
“地方志的一种。大致与风土志类同，但所载范围稍异，大至一省、一州、一县，小至一地一乡……清末至民国初年乡土志多作为蒙学教材编写，一般含历史、舆地、格致三方面内容。下设门类各地多寡不一，有的直接冠以‘教科书’之

① 中国百科大辞典编委会:《中国百科大辞典》，北京：华夏出版社，1990，第 742 页。

名……由于记载详细，这类乡土志也保存了大量珍贵的社会历史资料。”① “清末民初各处编印的乡土教材。州、县乡土志多不分卷，或一二卷，间有三四卷、十余卷者……多数为铅印本、石印本、抄本，刻本甚少。内容虽简略，但其中清代后期以来资料，多可补州、县方志记载所不及。”②

辞典中的解释不止上述诸种，但其解释的角度与内容大同小异，在此就不再一一列举了。实际上，本研究并不完全认同上述定义：乡土志有别于传统的地方志，把“乡土志”等同于乡镇志、风土志，使得乡土志的研究缺乏一个明确的对象，只能泛泛而论，完全混淆了前者和后两者在编纂体例、内容要求之间的本质区别，更忽视了“乡土志”的编纂目的、编纂要求以及这类志书在当时社会教育中所起的特殊作用。故本研究中“乡土志”特指晚清光绪末年以来全国各地编修的乡土志或乡土教材，与浩如烟海的地方志书种类相比，它具有特殊的教育功能，因此是一种比较特殊的地方志。

学界对于“乡土志”的解释较为全面，如“乡土志是乡土教科书之‘名’，乡土志之‘实’，是近代初等小学历史、地理、格致二科的乡土教学内容，它的‘名’与‘实’与地方志有本质的不同，不能与方志同归属”，并指出“乡土志是以学制所规定的教育目标、课程学科的教学目标为编写原则……内容是《奏定初等小学堂章程》明确规定了的教学内容……体例结构是根据课时、教学内容和学生年龄而设计的。”③ 笔者较为认同上述这种观点，这种定义指出了乡土志的本质，并且对乡土志的内容、编写原则、编写体例进行了详细的说明。不过没有对同一时间内使用乡土志、乡土教材、乡土教科书相似称谓的进行特别的说明。

本研究中的“乡土志”是指出现于清末民初的一种特殊的地方志，依据特定时期国家的教育宗旨、设置课程的学科及教学目的为编写原则，以教育教学规律为依据，以实现教学目的所规定的教学内容，按1905年《乡土志例目》规定的十五目体例和教学进度要求的体例和体裁，为初等小学师生教学应用而编写的历史、地理、格致三科的教科书，也是最早的乡土教材。这就是本研究关于“乡土志”概念的具体界定。需要说明的是，从总体上看，“乡土志”、“乡土教材”和“乡土教科书”之名一开始就是并行不悖地存在的，只不过前者多有官办的色彩，后二者多由熟悉新学的民间教育界人士所编，基本上都采用课目体，更具有近代课本的雏形。随着时间的推移，它们在体例、名称之间的区别才逐步弱化。

（二）乡土意识

关于“乡土意识”的概念，学术界没有一个普遍接受的通用界定，似乎这样的概念充满了浪漫主义的想象空间。学者们对“乡土意识”的定义从认识主体、

---

① 中国方志大辞典编辑委员会：《中国方志大辞典》，杭州：浙江人民出版社，1988，第3-4页。

② 郑天挺、吴泽、杨志玖：《中国历史大辞典·上卷》，上海：上海辞书出版社，2000，第250页。

③ 陈碧如：《乡土志的“名”与“实”》，载《中国地方志》，2007年第3期。

内涵外延以及适用范围多个角度给出了不同的解释：罗强烈[①]认为乡土意识是由萦绕在人们内心深处的那种眷恋和偏爱故乡的情感因子——恋乡情结，逐渐归结演变成的一个观念和情感的原型，它主要包括“理想的感情”与“批判的感情”两个基本立场。胡逢清[②]认为“乡土意识”的产生是同“乡土文化”密切相关的。“乡土文化”是指产生和存在于某一地域内的、具有该地域特色的人们创造的物质和精神形态。它包括乡土性的物质产品、文化意识和文化精神。而“乡土意识”则是某一地域内的个体对“乡土文化”全部的认识和情感接受。乡土意识包括个体对该乡土范围圈中的物质资料生产形式和产品及精神价值、意识观念与伦理规范的认同、肯定和接受，个体养成的乡土语言、风俗习惯的内在思维即心理模式。乡土意识具有“价值标准的独特性”、“因子的层次性”、“封闭性和半封闭性”、同类质的乡土意识“各个个体间具有互吸性”。

有学者认为乡土意识是指“以农民为主体、在乡里社会大多数成员中普遍流行的民众意识。这种群体意识直接以乡里社会的经济关系、政治关系和精神环境为根基，受到认识主体在文化传承过程中形成的心理素质和人格特点的制约，从而支配了普通老百姓的思考方式和行为准则”。[③] 有学者认为在传统与现代的对立中，只要在精神、文化上表达出对传统、对农业文明的价值肯定，就算是具有“乡土意识”。[④] 还有学者认为，乡土意识是指“当事人对于自己家族和自己本人出生与生活的家乡故土的特殊的心理、特殊的观念、特殊的感情”，所研究的主体对象，也并不仅限于所谓“以农民为主要构成的乡里群体”以及所谓“文化贫困的群体”，而涉及较广阔的社会层面，其关心与注目的对象，自然也包括所谓“文化层次较高的群体心理”[⑤]。童龙超认为，乡土意识是“乡土文学”的灵魂，它包括了“故乡情结”、“民族意识”、“精神家园意识”三个层面上的意义[⑥]。

综合各种对于“乡土意识”定义的概括，可以发现“乡土意识”其实是一种以地域为基础连接纽带构建而成的对自然环境以及对社会关系的认同，主要表现为：1. 它是人类社会化的一个表征，世界不同地方、不同民族的人都会有或重或轻的乡土意识[⑦]；2. 由于独特地域所具有的自然、社会环境及由此产生的独特乡土文化，乡土意识的表现也各不相同；3. 它会让人们根据所在地域的社会关系来产生“认同”与“排斥”，并形成“你”、“我”、“他”的观念之分；4. 它不仅会让

① 罗强烈：《乡土意识：现当代文学中的一个主题原型》，载《当代文坛》，1988 年第 3 期。

② 胡逢清：《乡土意识与新桂系》，载《江西大学学报》，1990 年第 3 期。

③ 程歗：《晚清乡土意识》，北京：中国人民大学出版社，1990，第 1 页。

④ 木弓：《“乡土意识”与小说创作》，载《文论月刊》，1990 年第 10 期。

⑤ 王子今：《秦汉人的乡土意识》，载《中共中央党校学报》，1997 年第 1 期。

⑥ 童龙超：《乡土意识：“乡土文学”的灵魂》，载《江淮论坛》，2006 年第 3 期。

⑦ 姜萌：《族群意识与历史书写——中国现代历史叙述模式的形成及其在清末的实践》，济南：山东大学，2011 年。

人产生一种恋乡情结，还会让人形成以乡土利益为根本的价值观和思维模式①。本研究认为除去以上特点外，还需要指出“乡土意识”不是一种单纯的空间想象，而是人们在长期的生活体验过程中本能的反应，带有理性选择的成分。随着社会历史的变迁，“乡土意识”会脱离“静态”的母体而产生缓慢的变化，而这种变化足以深刻地改变人们原有的价值观念：当社会激烈动荡时期，“乡土意识”的变迁方向发散而缓慢，会使认识主体感到迷茫与失落；当社会平稳发展时期，“乡土意识”的发展聚焦而深刻，认识主体会产生强烈的归属与寻求安全的需要。“乡土意识”是自发的、带有强烈主观能动性的，它的产生并不局限于某一群体，而是发源于某一特定领域内的全部群体。

根据上面所述，本研究中所谓“乡土意识”就是指在社会变迁过程中，特定地域的人们在其生长的独特的自然环境、社会环境与文化影响下形成的一个观念体系；这个体系包含可以让人们对同一地域的人产生认同，对其他地域的人产生排斥的情感、价值观与思维模式等；它会随着历史环境的变迁而发生缓慢的改变，不同时期具体隐身的含义不尽相同；它产生于“乡土”，却又不局限于“乡土”，它指向于某一特定地域。以上视为本研究对“乡土意识”的描述性定义。

综上所述，在众多研究中关于“乡土意识”与乡土志书关系的研究为数不多，这似乎包括两个方面的因素：一是历史上乡土教材（乡土志书）始终是作为补充地位发展的，其内容丰富、边界模糊，在较长时间内处于弱势、边缘地带，同时它的存在地位始终带有争议，始终缺乏法律有效性，在社会发展的当下，这种不争的事实使乡土教材的探研在学术上的实际意义上颇具争议；二是在某些社会背景的作用下以及特殊地域中，有关乡土教材（乡土志书）的研究显得较为尖锐，甚至具有一定的风险性，不适合作为研究对象，因此有关“乡土意识”与乡土教材关系的研究比较少见。在现有的研究成果中，无论是自历史角度还是教育角度，亦或是文化角度，无论是以时间为序还是以地域为界，都可以看出：基于对乡土教材发展的回溯与研究，需要植根于其最初的发生动机及作用对象，若非如此，乡土教材的研究将难以得到学界理据的支撑，无法走向深远的研究。在这一点上，社会学家和文化学者及历史学家已经走在教育学界的前面。而乡土教材作为一个客观存在且历时百年，是中国教育的独特印记。如上所述，黑龙江独特的地理位置与历史境遇在中国社会历史发展中具有显著的特点，其地方教育发展，特别是乡土教材的建设对于培养国家统一的认同的影响力是不容小觑的，而这一影响力在教育学角度的分析是现有研究中的一个匮乏之处。以上所述为本研究的动力与缘起。

二、晚清黑龙江乡土志实态

学者王兴亮在对1905年以后的“乡土志”——“既是特殊的地方志，又是转

① 姜萌：《族群意识与历史书写——中国现代历史叙述模式的形成及其在清末的实践》，济南：山东大学，2011年。

型时期的教科书”的认定前提下，对清末民初乡土志进行了统计，在其《清末民初乡土志书一览表》[①]中显示：黑龙江省在清末有3本、民国时期有5本，共计8本乡土志书。在全国29个省（王兴亮将广东与海南合并统计）的675种乡土志书中，黑龙江编纂的乡土志书位列第23位，仅略多于北京、天津、内蒙古、宁夏、青海、西藏地区。在查阅相关资料后，本研究调查到清末民初黑龙江编纂的以“乡土志”命名的志书分别为《长寿县乡土志》、《双城县乡土志》、《阿勒楚喀（阿城县）乡土志》、《通河全县乡土略志》、《三姓（依兰）乡土志》、《宁古塔地方乡土志》、《虎林县乡土志草》及《黑龙江乡土志》。

黑龙江地区以“乡土志”作为书名，早在1891年（光绪十七年）就有《宁古塔地方乡土志》、《阿勒楚喀乡土志》及《三姓（依兰）乡土志》，但它们只是应当时纂修省志的需要，收集整理并向上呈报的材料，属于普通的地方志，与后来大量出现、作为小学教材的“乡土志”有本质的区别。当时的乡土志还只是一乡、一镇或一村、一里风土人物的汇编，是一份地道的地方志。而它所涵盖的地域范围由乡、镇、村、里到县、州、府、省的扩展，则在光绪末年。

《黑龙江乡土志》是清政府颁布《乡土志例目》之后，黑龙江近代第一部用于学校课堂的乡土教科书，按照当时尚属新颖的课目体进行编排。本研究选择该志作为研究对象是因为：第一，其出现伴随着黑龙江地区近代新式教育的起步，其本身所承载的思想与内容无疑受到了当时所处的国际情势及其自身发展状况的影响，即在近代中国特殊历史环境下，在面临着民族危机时兴起的，它的产生顺应着救亡图存的时代要求和对青少年进行爱国家、爱乡土教育的需要，对其进行详尽的分析与比较，对于当前的乡土教材编写无疑具有重大的启示；第二，因其内容丰富，体例规范、言语生动、图文并茂、可谓精致，同时该“乡土志之编纂，虽为有教学之用者，但其内容甚谨严，初具志书规模。是志则据此远甚矣”[②]；第三，林氏纂本突破了清廷颁行的《乡土志例目》，远离“按目考查，依例编撰”的惯例，而是注重实用，从实际出发来确定细目，科学地编成三百二十课，内容充实，足见该志书是一本不可多得的、较为优秀的乡土教科书，故本研究拟对其进行详细分解与论述。

《黑龙江乡土志》[③]刻本中共含四卷内容，分别为卷一《龙江历史》、卷二《龙江地理》、卷三《龙江格致》以及卷四《铁路教科书》，卷下分课，各课均有插图。另在该志卷卷四结尾处有林传甲言：“乡土志本应录乡贤，拟分名臣、名

---

① 王兴亮：《清末民初乡土志书的编纂与乡土教育》，载《中国地方志》，2004年第2期。

② 郝瑶甫：《东北地方志考略》，沈阳：辽宁人民出版社，1984，第167页。

③ 林传甲：《黑龙江乡土志．清宣统间刻本（1909－1911）》，该志书于1913年由私立奎恒学校再次出版铅印本（现存于上海图书馆）。该版本为文字集合，省略了原教科书中的绘图，部分措辞及文字略有改动，林传甲在补充序言中指出该版本的样式实为存立图书馆而改写，与彼时学堂中小学生使用的教科书有不同，另有1960年黑龙江省图书馆油印本中也没有插图部分，故本研究使用国家图书馆馆存1909－1911年宣统间刻本为样本进行分析。

儒、循良、节孝、技艺各为小传。刘君潮海请先，采访节孝侯，拟定表格附学报出版。”① 林传甲为昭雪俄军入境，妇女因之殉难者而特别附节孝妇事略。但在该志中仅有印有“承办乡土志刻刷事务刘潮海敬刊”字样的《龙江孝录》空白表格，并无其他内容。本研究推测该项内容可能并没能在短时间内完成，故未能收录进志书中，有关该项内容不做论述。

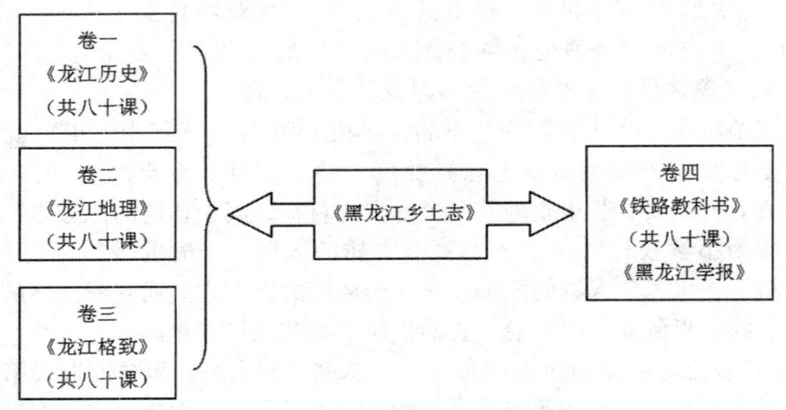

图1　《黑龙江乡土志》内容及体裁分类

（一）序言及凡例

“盛早孀长男传甲甫六岁今之初等学龄耳，次男传树甫三岁今之幼稚园龄耳，三男传臺犹襁褓焉。教养廿年，长男教授京师大学改外官，次男教授黑龙江两级师范，三男教授常德中学。昔吾教子者，今诸子用以教大学、师范、中学。家育教育顧不重舆。吾愿诸儿勿忘少贱，事宜留心。初等小学为端，业养之基。今传甲以近刊黑龙江乡土志寄，妇嘉其服官以后尚不辍学。愿塞北学童师传甲之勤俭自立，其成就必有可观焉。”②

《黑龙江乡土志》《序》由其祖母刘盛（有研究称刘瑾）为其撰写，与其他乡土志序不同之处在于，该序中没有说明此书缘何而写，如何写成等。与其说这是一份序言，不如说是一份有关林传甲家族的小传，通过这份序可以了解林传甲家族在教育事业中的贡献。

在《黑龙江乡土志》第四卷最后，出现了《凡例》介绍，现摘录如下：

> “凡例：
> 宗旨：忠君、尊孔、尚公、尚武、尚实
> 程度：初等小学堂第一二年用
> 分科：历史、地理、格致各位一编

① 林传甲：《黑龙江乡土志·卷四》，载《黑龙江学报》，第二十八期，清宣统间刻本（1909－1911）。

② 林传甲：《黑龙江乡土志·卷四》，载《黑龙江学报》，第四十期，清宣统间刻本（1909－1911）。

定课：编八十课共二百四十课
期限：每星期各一课两年讲毕
体裁：每课有题有解有问有图
文字：简明平近质实而不俚俗
考证：经史子集案档咸有根据
咨访：本省官绅校阅随时改正
校刊：每星期三编各校刊一课
审定：案呈提学使司转详咨部”

上面文字反映出：第一，该乡土志的编写宗旨与清政府颁布的新教育宗旨完全一致，即忠君、尊孔、尚公、尚武、尚实；第二，明确说明该教科书的使用年级，即初等小学堂第一、二年级使用。该乡土志的编写已经接近于近代的分科类教材，将历史、地理及格致分开编写，每门课程各一分册；第三，每门课程各八十课，三门课程共计二百四十课；第四，每星期每门课程1课时，可以在二年级结束时全部讲完；第五，在体裁上，每课分为四部分，即题目、讲解、问题、绘图。这反映出教科书的编写已呈现一定程度上的规范性（见图2）；第六，乡土志的编写语言“由浅韵文出之颇裨发蒙”，“简明、平近、质实”，尽量不使用带有方言的民间语言，反映出该乡土志已经从旧式八股繁琐的文字逻辑中蜕变，向近代规范性教科书发展；第七，在选择内容的规范程度以及真实程度上能做到均有出处；第八，编写过程中出现的问题由“本省官绅校阅随时改正”；第九，随着学堂中乡土志的讲授，每星期三再编写“校刊”一期。本研究发现这份“校刊”中的内容即收藏在该乡土志第四卷后半部分中的《黑龙江学报》中共四十期，内容主要是针对当时的情势编写的劝学歌等歌曲以及各级各类学校的发展状况；第十，该乡土志的审定上交提学使司，然后转呈详咨部，即专门负责教科书审定的部门。

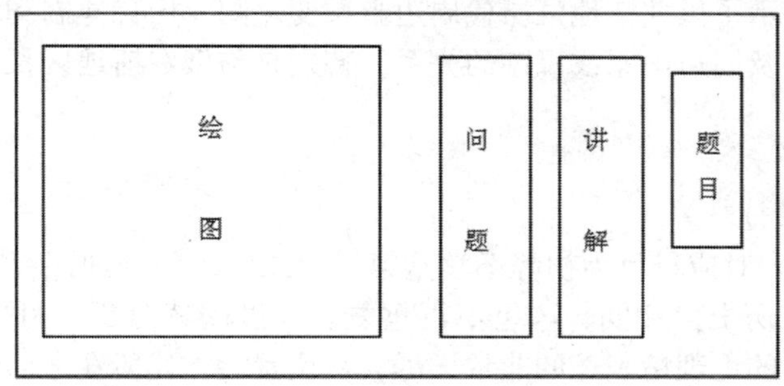

图2　乡土志体裁

通过上述分析，似乎可以得出一个结论：《黑龙江乡土志》虽然仍有“乡土志”这样的志书性质的命名，但其实质却已摆脱了刻板的地方志编写方式，无论从宗旨、内容亦或形式、体裁上，都俨然是一副近代规范教科书的模样了。

（二）《龙江历史》

《龙江历史》第一课的课文中是这样解释该门课程内容的：

“第一课，古史。十口相传为古，有文字记事为史。记本地过去之事，为乡土历史。问一年比十年谁古？问百年比千年谁古？”

紧接着在课文的旁侧上方列出了自上古至明代各时期的历史名称，在列表下方生动地描绘出一群学童围绕着教书先生学习的场景。

《龙江历史》对应科目为初等小学堂第一、二年级的历史课程，共八十课。每课分为四部分：第一部分为题目，即该课主题；第二部分叙述历史发展背景，多以五至七短句讲述，前二至四句将中国之大历史背景交代，后二至三句结合黑龙江历史发展讲述；第三部分为问题，每课含两个问题，根据前面讲述的内容提问；第四部分为图表，根据每课内容绘制出相应的场景，画面栩栩如生，可以极大地提高启蒙儿童的兴趣，还有的根据内容绘制出列表等，如组织、机构名称等。《龙江历史》的全部课程主题依照年代大致划分可以看出第 1—11 课主要内容为古史，除第 1 课对乡土历史的介绍外共 10 课时；第 12—40 课为秦统一后到明朝的时期黑龙江地区的历史，共 29 课时；第 41—80 课全部为清朝时期黑龙江地区的发展历史，共 40 课时，占全部总课时的 50%。课时的分配反映出作者在编写过程中对清史的侧重，也就是说在初等小学一年级学习自上古至明朝时期的黑龙江历史，在第二学年专门学习清朝以来黑龙江地区的历史。

《龙江历史》从多角度陈述历史发展。整体上以时间顺序来讲述，通过历史事件，将黑龙江地区的发展系著于历史的各个节点上，通过围绕在黑龙江地区自上古以来在土地、江河起源、山川位置、地名、人种、生活方式、造字、部族、民族等方面的陈述，表达出“黑龙江”与整个“中国”数千年以来的关系，突出其历史存在，同时也展示了黑龙江地区历代周边疆域变化图、历代建制和名称，反映出各历史时期黑龙江及周边国家或民族的关系，特别是与俄罗斯地区长达数百年的纠结与往来。

（三）《龙江地理》

《龙江地理》对应科目为初等小学堂第一、二年级的地理课程。共八十课。体裁与上述《龙江历史》相同，这里不再重复。经过阅读分析，可以清晰地看出作者将黑龙江省内的地理情表述的非常详尽，自位置始，述所在之西经南纬度数及全国图说、黑龙江省山川城邑与城市设备至宗教风俗共八十课。虽为“乡土地理”，作者并没有完全依照《乡土志》例目将内容一一罗列，而是通过简易的语言及问答的方式呈现。

（四）《龙江格致》

作者在《龙江格致》第一课的课文中是这样解释该门课程内容的：

“第一课，总论。格致自博物始，草木穀果为植物，鸟兽虫鱼为动物，金银铁煤为矿物。问人参为何物？问貂为何物？”

紧接着在课文的旁侧生动地描绘出各种动植物、矿物的图片。作者列举的是黑龙江本地的动植物，让儿童看到觉得亲切易懂。

《龙江格致》对应科目为初等小学堂第一、二年级的格致课程，共八十课。体裁与上述《龙江历史》相同，这里不再重复。经过阅读分析可以清楚地看到作者将内容按照植物、动物、矿物及实业四个方面进行讲述，各方面比重各占约四分之一。所举例子及内容全部是黑龙江本地的实物，学生学习起来既觉得亲切，也可以实际辨认与实践。自博物一课起述及草木谷果、鸟兽虫鱼、金铁煤等矿产，又别立人参、貂二课，为该省特产等共八十课。特别值得注意的是，在《龙江格致》中除了介绍本地动植物及矿物外，作者着重讲述了与其相关的实业即怎样在生活中利用？如何发展？实用性很强，俨然一副生活小百科的模样。

（五）《铁路教科书》及《黑龙江学报》分析

1.《铁路教科书》分析

在《黑龙江乡土志》的第四卷中收录了林传甲、陈谟编撰的《铁路教科书》。因该教材主要内容是针对彼时黑龙江地区铁路发展状况而编写，同时其内容紧密围绕黑龙江地区的地理特征、时势发展进行编写，突出实用主义特色，应用于初等工科学堂，因此该教科书也是本研究需要考察的对象。

关于编写《铁路教科书》的由来与目的，教科书的内容与课时安排，林传甲自叙：

“广西巡抚张坚帅札提学使司撰铁路教科书，又奏请收回京汉铁路，力创全国之交通枢纽。传甲仕桂调江，历粤汉、京汉、京奉、南满、东清各铁路，感外交之棘手，思典学以自奋。张学使注重实业，力为提倡农工。渐后有留东铁路学涩会难过陈谟来江组织铁路肄习社，传甲因得商榷教课体例，分历史、地理、会社、建筑、机关、管理、经费、利害凡八端，各十课，共八十课。若两等小学每星期加课两小时，一年即可毕业，庶速成普及焉。”

林传甲从广西调赴黑龙江途经粤汉、京汉，京奉、南满，东清铁路各线，联想到中国交通落后，而兴修铁路多经洋人之手，且铁路交涉又多棘手。他深感国家缺乏专业人才，亟思兴办铁路学堂以谋自强。到江省后，与留日的铁路学堂毕业生陈谟相识，即共同创办铁路肄学社。《铁路教科书》是林传甲与陈谟共同编撰的针对铁路系统公司与学校用于教学的教材，内容共 8 个部分。在 1909 – 1922 刻本版本第四卷中《铁路教科书》首页注明工业小学附刊版本，可以推定该教材是专门针对黑龙江省工业小学学生的关于铁路相关知识，是一本反映黑龙江地区铁路特色的乡土教科书。

作者在《铁路教科书》中介绍铁路的来源、历史发展以及彼时中国境内的铁路发展状况，介绍了黑龙江地区的铁路发展状况，围绕铁路公司的运营，先后介绍了与之相关的法律、财务、运输、股票等问题，具体教授了铁路运行原理、方法、运输及经费状况，最后陈述了铁路修筑对于各行业乃至社会发展的好处及妨碍铁路发展害处以及铁路相应的礼仪与法律。该教科书的体裁与《黑龙江乡土志》中前三卷历史、地理与格致科目有所不同，注重文字讲述，言语通畅，具有很强的操作性，是一本非常实用的有关铁路相关知识的入门书籍。

2.《黑龙江学报》

在本节内容的前部分有关《黑龙江乡土志》《凡例》介绍的内容中，林传甲提到："校刊：每星期三编各校刊一课。"在查阅相关资料后，本研究认为收录在《黑龙江乡土志》卷四后半部分共计四十期的《黑龙江学报》中的内容即为《凡例》中提到的"校刊"。

《黑龙江学报》相关内容主要为林传甲母亲祝宗梁撰写的讲堂规则歌、私塾改良歌、劝学歌、上学歌、学堂号令歌以及陈謨编撰的铁路歌、齐昂铁路歌、林传甲编撰的京龙铁路歌、幼女学校歌、画图歌等，歌曲形式多为简单、押韵的短句，朗朗上口，易于铭记。

《学报》中还绘制了时势相关的学校发展情况的图表，如省城初等小学区新图、省城学界新图、奏定初等小学课程表、省城女学界、初等小学校图以及铁路肄习社科目、齐昂铁路图、京龙铁路图、幼女学校示、幼女学校图等。在《学报》即"校刊"的第11－25期刊登了仿学部的国文《初等习字贴》；第29－37期中刊登了《论孟说文解》即初等小学参考书的内容。至此《黑龙江乡土志》全四卷内容结束。

三、晚清黑龙江"乡土意识"变容

（一）"爱国至上"

"乡土"与"国家"历来就是知识界热衷的命题。近代乡土志无不贯穿着编者和有识之士这方面的认识，正因此乡土志是爱国思想的重要载体，可以振奋民族精神。中国是个地域辽阔、地方差异极大的国度，"国家"观念的形成就是要正确定位"乡土意识"和"国家意识"的关系，而乡土志的编纂主旨即是如此。根据下面文字，可以总结出编书员在实际操作中何以"守定宗旨"，笔者将之概括为：打造协同一致、爱国如家的道德教育。

> "学堂所诱迪皆尚信义，重亲睦，如修身、伦理、历史、地理等学科无不启合校生徒之感情，以养成其协同一致之性质，故爱国合群之理早植基于蒙养之初……我国学风此省人与彼省人意存畛域，即一州一县乃至一乡一里，一家一族之中亦各分畛域，今欲举支离涣散者凝结，则必于教科书之中使人人皆能使人犹己，爱国如家，盖道德教育莫切于此矣……"①

① 谢岚、李作恒：《黑龙江省教育史资料选编·上编》，哈尔滨：黑龙江教育出版社，1988，第145－146页。

张之洞曾经这样说道："吾闻欲救今日之世变者，其说有三：一曰保国家，一曰保圣教，一曰保华种。夫三事一贯而已矣。保国、保教、保种合为一心，是谓同心。保种必先保教，保教必先保国、种何以存，有智则存。智者教之谓也。教何以行，有力则行，力者并之谓也。故国不威则教不循，国不盛则种不尊。"①

爱乡的思想源自对桑梓的眷恋，并由此而升华为爱国情怀。乡土志正是传统文化的重要组成部分，具有鲜明的地方特色和民族特色，而地方文化与民族文化也正是维系国家与民族凝聚力和向心力的纽带。爱国、爱乡不仅是情感上对家乡、祖国的眷恋和崇敬，而且还是种责任，需要人们为振兴乡邦、复兴国家而付诸行动。乡土志的编者已经意识到这一点，因而乡土志除留心"利权"外，还灌输了一些重要思想，为儿童今后建设家乡、复兴国家指明方向。② 透过乡土志有关"乡土"、"国家"关系的诠释，我们能够感受到当时的时代脉搏，爱国主义教育的热潮激荡。正是在这种爱国主义热潮下，"乡土"和"国家"才更紧密地、有机地连接在一起，"乡土意识"才得到正确的定位。

（二）构建国民

人类对其世代居住的土地，有一种本能的乡土爱。所谓乡土爱，其初始含义即为自然之爱、环境之爱、历史之爱，是对自身之外事物的习惯性依存。这种习惯性依存是以自己为中心向外扩展到家族、村庄等，打个比方，就如同以自己为中心成波纹状向外扩散，其密度与距离呈反比。黑龙江地区因其独特的地理环境与历史进程在遭遇近代化所带来的种种变革之前，想比于土著民族（包括汉族）的家族、村落相比，对具有抽象意义的"国家"概念自然是淡薄的。此时的黑龙江地区，铁路的建设与工业的萌芽日益瓦解着在这片土地上本就缺筋断脉的传统文化信仰，就好像快要脱轨的列车在岔道口，被历史扳了道岔，而改变了行驶的方向。

对近代的黑龙江地区而言，对"国家"的认识正是以一些外部刺激为契机，通过对先存文化的自觉转换，主动抑或被动地将自己纳入近代民族国家的体系中，而这种转换的外部刺激，就是列强各国对黑龙江地区的侵略与瓜分。甲午战败与中东铁路的修筑对黑龙江区域是一种强烈刺激，具体来说：一是由于甲午战争的失败，东北几次落入日本人之手，这极大地刺激了国人，地处边陲的黑龙江人感受颇深，认识到列强已经着手瓜分中国，若不奋起直追，国无亡日；一是随着中东铁路的修筑及黑龙江区域部分地方的开埠通商，西方精神与物质文明逐渐传入这里，国人在惊诧之余，由排斥到接纳到仿效，逐步地开始了由传统向现代的蜕变演进过程。在列强瓜分的重压中，要想使居住在任何地域的民众的头脑里都有国家的思想，即民族国家建设的要求（主动或被动），任何既得利益的一方都将心愿寄托在思想家与教育者的肩头上。对全体居民实施基础教育，这巨大的费用与组织功夫是

① 张之洞：《劝学篇·卷上》，第3页。

② 巴兆祥：《论近代乡土志的几个问题》，载《安徽史学》，2006年第6期。

除了国家以外，任何组织都无法承受的。而作为国家主导的教育，自然地将爱国主义与民族主义摆在了比读经、写作、算数更为重要的地位上。在构建民族国家的历史进程中，这一时期在以铁路和大豆联通世界的黑龙江地区“乡土意识”是与近代中国民族主义的产生相伴生并同向发展的，其主体要素也包含：主权、民族、文化及种族。此时的“乡土”小自一花一木，大自“一个国家”的外在范畴，作为一种现实追求与政治诉求，扩大了民族统和、举国一体的象征性，缩微了民族及文化多样性的存在。

这一时期黑龙江乡土志的个中言词，有些虽失之主观，仍以维护“大清帝国”为核心，但总体而言，仍有值得借鉴的地方。颇值得一提的是，此时期的一些乡土志书，敏锐地觉察到人格养成与经济发展之间互依并重、相辅相成的关系。通过这些文字，可以看出彼时乡土志书的编撰者们绝非仅仅为编志而编志，而是心怀强烈的政治历史责任感，以构造国民为职志，心系国家民族，发奋著书育民，正是这一时期乡土志书的一个重要特点。

（三）疆土意识

乡土志首先明地域，疆土意识在乡土志中表现的尤为明显。它不仅表现在乡土地理的行政管辖、经度纬度、山边河界，更表现在对失地地理历史的记述上。晚清沙俄政府用武力强迫清政府签订的《中俄瑷珲条约》和《中俄北京条约》，将黑龙江以北、乌苏里江以东100多万平方公里的土地割让给了俄国，在乡土地理的记载中，历代疆域的版图绘制图上都多次区域变动其记录下来。以《黑龙江乡土志》为例，这种忧患意识主要体现在：1. 对小学乡土史地教育的特殊性认识清楚；2. 对小学乡土史地教育的目的认识清楚，希望能从儿童乡土史地教育开始，促使不良民俗的转变。乡土史地教育还反对民众抽鸦片、吸烟之陋习。乡土史地教育对当时城市中奢靡之风进行了揭露该书还在课文中把本地民俗的优缺点用表格形式进行对比，希望学生能对此有深刻认识，使优点发扬光大，对缺点移易化导；3. 注重向儿童灌输进化论思想，体现了强烈的爱国忧患意识；4. 注重实业理念的教育。“实业救国”是当时比较流行的一种理念，这在乡土史地教材中也有反映；5. 对地方文化透彻的理解与认识；6. 对多民族生产方式及文化的介绍；7. 对边疆领土与主权的重视。

在今天看来，乡土志作为不可再生资源，仍具有相当的史料、学术文献校勘价值和文物价值。清末大规模的编辑乡土志的目的是很明确的，其一为各地修志筹集资料，以乡土志之名备裁采；其二作为蒙学教材，教育儿童了解和热爱自己的家乡，是一种普及性的教材书。乡土课本的编纂较多地受到官定《例目》以及传统地方志的影响，乡土志书在内容、体例方面大同小异。但是，作为我国历史上初次出现的小学教材，乡土志书在记载了传统方志基本内容的同时，也增加了诸如“实业”等一些新兴的内容。乡土志是历史的产物，它不会再有增加，即使再影印出版，原书所具有的各种时代特征，如装订形式、纸张、墨色等也难以达到原书的模样。线装古籍图书，反映了特定历史时期个人、集体乃至国家的文明程度和科技发展水平。清末民初掀起的纂修乡土志书高潮，虽然其篇幅短小，记载简单，但却是近代中国乡土教育发展，新知识、新观念传播和社会变革深化的见证，为我们留下了宝贵的乡土数据。

参考文献：

［1］中国百科大辞典编委会：《中国百科大辞典》，北京：华夏出版社，1990 年。

［2］中国方志大辞典编辑委员会：《中国方志大辞典》，杭州：浙江人民出版社，1988 年。

［3］郑天挺、吴泽、杨志玖：《中国历史大辞典·上卷》，上海：上海辞书出版社，2000 年。

［4］陈碧如：《乡土志的“名”与“实”》，载《中国地方志》，2007 年第 3 期。

［5］罗强烈：《乡土意识：现当代文学中的一个主题原型》，载《当代文坛》，1988 年第 3 期。

［6］胡逢清：《乡土意识与新桂系》，载《江西大学学报》，1990 年第 3 期。

［7］程歗：《晚清乡土意识》，北京：中国人民大学出版社，1990，第 1 页。

［8］木弓：《“乡土意识”与小说创作》，载《文论月刊》，1990 年第 10 期。

［9］王子今：《秦汉人的乡土意识》，载《中共中央党校学报》，1997 年第 1 期。

［10］童龙超：《乡土意识：“乡土文学”的灵魂》，载《江淮论坛》，2006 年第 3 期。

［11］姜萌：《族群意识与历史书写——中国现代历史叙述模式的形成及其在清末的实践》，济南：山东大学，2011 年。

［12］王兴亮：《清末民初乡土志书的编纂与乡土教育》，载《中国地方志》，2004 年第 2 期。

［13］郝瑶甫：《东北地方志考略》，沈阳：辽宁人民出版社，1984 年。

［14］林传甲：《黑龙江乡土志·卷四》，载《黑龙江学报》，第二十八期、第四十期，清宣统间刻本（1909－1911）。

［15］谢岚、李作恒：《黑龙江省教育史资料选编·上编》，哈尔滨：黑龙江教育出版社，1988 年。

［16］张之洞：《劝学篇·卷上》，第 3 页。

［17］巴兆祥：《论近代乡土志的几个问题》，载《安徽史学》，2006 年第 6 期。

作者简介：刘卓雯，女，汉族，中央民族大学教育学院 2010 级博士研究生，研究方向是教育人类学，少数民族教育。

第十三章　跨文化教育研究

第一节　跨文化视野下的学前儿童教学研究

一、美国社会文化背景下的学前儿童写作教学研究

20 世纪 90 年代末，美国国家研究院早期阅读委员会发布的研究数据表明，美国大约有 256 万阅读困难的学龄儿童，占美国全部 6 至 21 岁学龄人口的 4.43%；大约美国学习困难儿童的 80% 属于阅读困难之列 ①。出于对阅读困难问题的强烈批评，以及对学龄儿童学业成就的高度期待，美国社会各界都一致要求对儿童语言与读写教育进行改革。新世纪以来，美国联邦政府和州政府积极推进阅读教学改革，努力提高儿童的早期阅读和写作能力，其做法和经验对我国幼儿园早期读写教育具有启示和借鉴意义。

（一）美国学前儿童写作教学的研究与实践

美国学前儿童的写作教学和阅读教学是结合在一起进行的。在教学过程中，教师注重在大量阅读的基础上培养儿童写作意识，并进行初步的写作方法和写作过程的指导和训练，重视社会文化因素对学前儿童写作能力发展的影响，把写作教学的内容与学前儿童个人的生活经验紧密联系，体现了美国儿童早期阅读教学的独特之处。

1. 注重学前儿童写作意识的培养，颁布学前儿童写作能力发展的详细课程标准

自 2002 年联邦政府颁布《不让一个孩子掉队》法以来，美国早期阅读教学改革不断深入。各州纷纷颁布详细的学前儿童早期阅读能力发展标准，具体详细的标准成为教师开展早期阅读教学的依据和指导，通过联邦政府的测评也成为早期阅读教学的最主要目标。加利福尼亚州走在各州的前列，该州于 2006 年 4 月正式颁布《加利福尼亚州公立学校阅读课程标准（K－12）》，内容标准分别从“阅读”、“写作”、“口头与书面语言习惯”以及“听和说”四个方面具体列出阶段目标，写作作为该标准的主要部分，共 111 项，占总数的 20%。《加州阅读课程标准》要求从幼儿园开始就对学生进行写作意识（考虑听众和目的）渗透，进行写作方法与过

① 凯瑟琳·斯诺等，胡美华等译：《预防阅读困难》，南京：南京师范大学出版社，2006 年。

程的指导和训练，该标准的“写作”部分包括写作策略和写作应用[①]。康涅狄格州2009年10月重新修订颁布的《康州PK－8英语语言艺术课程标准》对从学前班、幼儿园到8年级儿童的写作发展要求进行了详细说明，分别从一般写作规范，写作过程以及写作的体裁、特点、技巧三个方面对写作技能进行了明确的规定和要求[②]。为了达到课程标准的要求，美国教师注重在大量阅读的基础上培养儿童写作意识，并对初步的写作方法和写作过程进行指导和训练，积极为儿童创造适宜的写作环境，鼓励儿童将自己想象成作家，激发了儿童的写作兴趣，对儿童来讲，这不仅是一种写作学习，也是一种写作游戏。

2. 重视社会文化因素对学前儿童写作能力发展的影响

美国学前儿童写作教学非常强调社会文化因素对学前儿童写作能力发展的影响，在尊重儿童不同文化背景的基础上提供获得高水平写作能力的机会，使他们达到标准中要求的知识和技能。美国国家教育中心数据显示，来自不同社会文化背景的儿童在语言、读写能力上的差距明显，这种差距主要存在于少数民族和非少数民族学生、贫困家庭和非贫困家庭的学生、母语为英语和第一语言非英语的学生、接受特殊教育服务和接受普通教育服务的学生之间[③]。要做到既尊重学生文化的多样性，又要传递主流文化的读写经验，使其融入家庭和文化的读写经验，这对美国教师以及研究者是一个挑战。以美国《加州课程标准》为例，该标准强调面向全体学生，不管其年龄、性别、文化与宗教背景，也不论其学习能力、抱负、兴趣和动机，学校必须给所有学生提供获得高水平的阅读能力的机会，使所有学生都应达到标准中要求的知识和技能。但事实上不同意识形态、个人和文化背景、特殊的文字表达习惯都会影响学校中的语言和读写教育。所以该标准又专门对“有特殊学习需求的学生”提出了界定和教育建议，以体现对不同文化背景儿童的尊重和发展要求上的区分。所谓“有特殊学习需求的学生”是指：第一，有阅读困难的学生或是残疾学生；第二，英语学习者（即第一语言非英语的学生）；第三，学习提前达标的学生。对第一类学生应该考虑到：“内容标准和目标是否恰当？是否采用同样的教材？或者调整教材来提高学生听、说、读、写的竞争力？”对第二类学生应该考虑：“对词汇或其他方面是否需要一些额外的辅导？新知识的教学进度是否恰当？新技能和概念在口语和书面方面的示范是否足够？”而对于第三类学生，应该考虑：“必须确定学生是否真的已掌握所学内容，教学进度是否需要加快，教学内容是否需要再充实？内容与目标是否合适？如果不合适，在内容和要求方面是否需

---

① 李莉：《美国〈加利福尼亚州公立学校阅读课程标准（K－12）〉研究》，成都：西南师范大学，2009年。

② 史大胜：《美国儿童早期阅读教学研究—以康州大哈特福德地区为个案》，长春：东北师范大学，2010年。

③ C. Addison Stone，Elaine R. Silliman，Barbara J. Ehren，Kenn Apel. *Handbook of Language and Literacy：Development and Disorders*. New York：Guilford Press，2004. 49，9，200，205，304，403.

要修改?"[①] 与此对应，标准中还提出一个概念："干预"（intervention），即在进行整体化的班级教学中对第一类和第二类学生采取"补救性"，对第三类学生采取"充实性"的教学活动。由此可见，美国写作教学非常强调在面向全体学生的同时，关注个体差异，满足不同需要，激发学生的学习积极性，力求使每个学生得到充分的发展。

3. 把写作教学的内容与学前儿童个人的生活经验紧密联系，突出写作的应用性

美国学前儿童写作教学重视教学内容与儿童的实际生活相联系，让儿童充分认识到写作都有哪些用途以及带给他们的方便，进而增强学前儿童的写作意识。"早期阅读优先"计划提倡要为儿童创造高质量的文字环境，给儿童提供书写的机会，让儿童尽可能接触多种形式的写作方式[②]，教师可以在生活和学习中有意识的创造这样的环境，让儿童书写各种物品的词汇标签、用儿童的书写作品装饰教室等。在康涅狄格州，有些教师会鼓励儿童使用"便利贴"来记录自己的心情和事情，在实际应用中激发儿童对写作的兴趣。可见，美国学前儿童写作教学非常重视教学内容与儿童生活的紧密联系，注重让儿童在写作中体会写作与自然、人类社会的关系，增强写作的应用意识。

4. 将阅读教学和写作教学有机结合，树立"读写不分"的观念

美国学前儿童写作教学的一个重要表现即是"读写不分"，并将阅读教学和写作教学有机结合。2003 年，美国国家阅读协会提出一项针对优质阅读教师培养计划的研究报告——《优质阅读教学》，该报告中明确指出阅读教学和写作教学是相关联的，教师要教授给学生阅读和写作相结合的策略，例如学生必须学会怎样在文中加标点，怎样造句，怎样安排段落结构，这都有助于他们更准确地表达自己的意思[③]。在康涅狄格州，教师不仅在理论上而且在实践上奉行"读写不分"的理念。他们认为，写作是帮助教师判断儿童语言学习的一个重要工具，教师通过写作了解儿童对词汇、字母等阅读技能的掌握，这为更有针对性的指导阅读实践提供了依据。在实际教学中，教师将写作和阅读相结合，有时是先阅读后写读后感，有时候是先和儿童一起讨论、欣赏，之后鼓励儿童写出自己的想法，或者是找到一个主题，让儿童写出自己的看法，之后教师和儿童一起阅读作品，分析儿童的作品[④]。

（二）对我国的启示

自《幼儿园教育指导纲要（试行）》颁布以来，我国幼儿园日益重视学前儿童

---

① California Department of Education. English Language Arts（Reading）Content Standards for California public Schools（K－l2），2007：10，11ttP：//Www. ede. ea. gov/.

② 张燕、洪明：《从"早期阅读优先"计划看美国学前儿童阅读教育政策的特点与走向》，载《学前教育研究》，2010 年第 2 期。

③ 张燕.：《20 世纪 80 年代以来美国阅读教育改革与发展研究》，福州：福建师范大学，2011 年。

④ 史大胜：《美国儿童早期阅读教学研究—以康州大哈特福德地区为个案》，长春：东北师范大学，2010 年。

的早期阅读，如何正确处理好学前儿童阅读和写作的关系，如何开展幼儿园写作教学是一个至关重要的问题。尽管中美两国国情不同，我们无法简单照搬美国的做法，但其教学中所凸显的教学观念和实践举措仍然给予我们诸多启示。

1. 要正确对待格塞尔的“成熟论”，改变在幼儿园不应该教写作的传统观念，全面开展幼儿园写作教学的研究和实践

美国作为发达的资本主义国家，对儿童早期阅读和写作的关注已经超乎了想象，从联邦政府到各州、学区，从政府研究机构到民间组织，从学前班、幼儿园到小学，从教师到家长都对此付出了努力。幼儿园可以教阅读和写作吗？这是我国早期教育领域中一个长期存在而且迄今为止尚未很好解决的一个问题。由于受格赛尔的“成熟论”的影响，一大批人认为对于不到6周岁的儿童而言，他们的骨骼肌肉没有发展成熟，手、眼、脑的协调能力差，知觉发展不精确等等原因，写作是一件非常困难的事情，写作是儿童进入小学以后的事情，在幼儿园不应该提倡①。这些论据从儿童生理、心理和年龄特点出发，从理论上看很合理，所以很长一段时间幼教界一直坚持这一理论，在幼儿园不能进行写作训练。从上世纪80年代以来，大量的研究证明了儿童早期写作和阅读的重要性。有研究者指出，儿童在学习写字的过程中发展和建构了对书面文字的理解和假设，获得了相当丰富的有关书写的知识、技能和态度。这些知识、技能和态度为他们今后的阅读和写作奠定了重要的基础，并与其在小学的阅读和写作的学习成绩有着较为密切的联系②。从目前我国的早期阅读和写作教育的发展状况看，还处于起步阶段，我们要借鉴美国的经验，全面开展幼儿园写作教学的研究与实践。

2. 政府应尽快研究制定适合我国国情的学前儿童写作教学课程标准

从美国学前儿童写作教学实践看，教学以达成预期标准为基础，教师依据标准对学前儿童进行指导、记录、评价儿童的表现，进而提升儿童的写作能力。从当前我国学前儿童写作教学的现状看，尽管《幼儿园教育指导纲要（试行）》在语言领域的具体教育要求中提出要利用图书和绘画，引发幼儿对阅读和书写的兴趣，培养前阅读和前书写技能，但是和美国的早期阅读教育标准相比，我们还缺乏具体的、详细的说明和指导，对幼儿园的早期阅读教学指导缺乏有效性。我国正是因为缺乏具体详细的早期儿童阅读和写作教学指导标准，使得教师、家长对早期阅读和写作的概念模糊不清，盲目选择早期写作素材，使得早期阅读和写作教学步入歧途，因此政府应该尽快制定详细的、操作性强的符合我国国情的学前儿童写作教学课程标准，为我国的学前儿童写作教学指明方向。

3. 写作教学要与儿童的生活方式和文化情境相联系

美国教师重视结合儿童的实际生活进行写作教学，不同阶层、种族的儿童有不同的生活习惯、语言表述习惯和写作习惯，因此教师首先认识到了他们在课堂上面

① 李文艺，王明辉：《关于幼儿园前书写教育：另一种观点》，载《学前教育研究》，2003年第7期。

② 周欣：《前阅读和前书写能力的发展和培养》，载《早期教育》，2002年第4期。

临的文化多样性，根据儿童的多样性和具体的文化情景进行写作教学，他们坚持认为儿童是在生活、游戏或活动需要时才会阅读和书写，儿童写作的过程都是与他们的生活直接相关的，是真实的，不会出现为阅读而阅读或为书写而书写的现象。有研究表明，儿童的早期读写发生在真实的生活、游戏和其他活动之中，产生于他们与他人交往的需要。在活动中，幼儿并没有明确意识到读写任务，但为了参与活动，他们在无意识中随机地学习着读写①。可见，儿童的早期读写不仅仅是个人尝试运用读写规则的过程，也是学习运用成人常规使用的绘画和文字方式与人交往的过程，这个互动的过程是为了实现与人交流的目的。我国是一个多民族国家，各民族文化差异显著，儿童的发展水平也各不相同，因此我国幼儿园的写作教学也要吸收美国幼儿园写作教学的成功经验，不同文化和民族的幼儿园要根据本民族文化和儿童的特点进行写作教学，教师要始终坚持写作教学，要与儿童的生活和文化相结合的理念，创造出具有本民族特色的早期儿童写作教学方式。

4. 实行科学的学前儿童写作发展水平测评，进行个性化的写作教学

标准化测评和个性化教学紧密结合是美国儿童早期阅读和写作教学的主要特点，目前美国各州都在其课程标准的基础上开展早期阅读和写作的标准化测验，以此来评估学生达到熟练掌握阅读和写作技能的程度和进步情况。以美国康涅狄格州为例，从幼儿园到小学主要有两项测评：康州精熟测试（根据课程框架的要求测试学生掌握的相应技能）、发展性阅读测试（甄别处于阅读困难中的学生），这两项测试包括很多项等级，儿童在初入幼儿园时，教师会对儿童进行一对一的发展性阅读测评，测试他们的阅读水平，以此来决定用什么样的书、什么样的方式进行教学；在写作教学的过程中，幼儿园中的教师通过观察、记录等方式对儿童的写作情况进行测评，教学前和教学中的测评为教师有效开展写作教学提供了依据。另外，在幼儿园结束时对儿童进行全面的测试，测试不达标的儿童表明没有为进入小学做好准备，会继续留在幼儿园学习一年。虽然《不让一个孩子掉队》法案要求每一个儿童进入三年级的时候要获得最基本的阅读和写作能力，但是由于儿童的个体差异明显，实现这个目标存在巨大困难，因此康涅狄格州政府要求教师要因材施教，正视学生的个体差异，尤其是要关注那些测验不达标的儿童，要采取个性化的教学，对他们进行一对一的教学，最大可能的提高阅读困难儿童的阅读和写作水平。在我国的幼儿园，全班孩子阅读同样的教材，书写同样的内容，没有针对不同水平儿童的发展性测评，这种一刀切的教育模式忽视了儿童的个体差异，阻碍了儿童的发展。美国儿童早期教育协会提出的“发展适宜性”实践强调尊重儿童的个体差异，为儿童写作中的个性化教学提供了理论基础，因此我们国家也要借鉴美国的教学经验，因人而异，根据儿童的不同需求，在标准化测试的基础上进行个性化写作教学。

---

① 余珍有：《论早期读写的习得性》，载《幼儿教育（教育科学版）》，2006 年第 2 期。

参考文献：

[1] 凯瑟琳·斯诺等，胡美华等译：《预防阅读困难》，南京：南京师范大学出版社，2006 年。

[2] 李莉：《美国〈加利福尼亚州公立学校阅读课程标准（K－12）〉研究》，成都：西南师范大学，2009 年。

[3] 史大胜：《美国儿童早期阅读教学研究—以康州大哈特福德地区为个案》，长春：东北师范大学，2010 年。

[4] 张燕、洪明：《从“早期阅读优先”计划看美国学前儿童阅读教育政策的特点与走向》，载《学前教育研究》，2010 年第 2 期。

[5] 张燕：《20 世纪 80 年代以来美国阅读教育改革与发展研究》，福州：福建师范大学，2011 年。

[6] 李文艺、王明辉：《关于幼儿园前书写教育：另一种观点》，载《学前教育研究》，2003 年第 7 期。

[7] 周欣：《前阅读和前书写能力的发展和培养》，载《早期教育》，2002 年第 4 期。

[8] 余珍有：《论早期读写的习得性》，载《幼儿教育（教育科学版）》，2006 年第 2 期。

[9] C. Addison Stone, Elaine R. Silliman, Barbara J. Ehren, Kenn Apel. *Handbook of Language and Literacy*: *Development and Disorders*. New York: Guilford Press, 2004.

作者简介：史大胜（1964—），男，山东栖霞人，中央民族大学教育学院教授，研究方向是：多元文化背景下的学前语言、数学、英语研究。

二、傣族、汉族 4－6 岁儿童分享行为的跨文化比较研究

——以西双版纳 M 镇和河北省 B 镇为例

1. 研究缘起

分享的意义在于它是一种积极的社会性行为，是人与人之间形成和维持良好关系的重要基础。4－6 岁儿童思维水平、道德判断在不断发展，但是，社会道德规范、价值观念并没有完全内化为学生自身的观念。4－6 岁儿童身心正处于急速发展时期，也是对亲社会教育的重要时期，因此要及时了解儿童的亲社会行为发展水平。

纵观我国分享行为的研究现状，主要集中在分享观念、分享情境的判断以及分享行为的发生发展等方面，并且大多涉及主流文化即汉族文化背景下的分享行为。至于少数民族文化背景下的分享行为发展状况如何我们无从得知，不同文化背景下

儿童的分享行为研究更为少有。然而，不可忽视的是，分享行为深深地受社会文化的影响，并且大量的跨文化研究已经证实分享行为表现出文化烙印[①]。我国是一个拥有五十六个民族组成的大家庭，很多少数民族在自然环境、经济文化、风俗习惯、民族信仰等方面与汉族相同。其中，傣族有着灿烂的文明和悠久的历史，深受南传佛教的影响，在长期的社会发展和实践中形成了独特的道德伦理念。汉族是我国人口数量最多的民族，深受儒家文化的影响。那么不同的地理环境，文化传统必然导致个体不同的行为表现，因此有必要对两个不同文化背景下的民族的分享行为进行研究。

2. 研究过程

本研究由三个独立的实验组成，分别考察两民族儿童的分享观念，“偶得物”和“拥有物品”情境下的分享行为。这三个独立的实验都是采用2 * 3 的完全被试间设计，同样，三个实验都有两个因素分别是民族（傣族、汉族）和年龄（4 岁、5 岁、6 岁）。

2.1 实验一：傣族、汉族儿童的分享观念

2.1.1 实验对象

从傣族和汉族的幼儿园选取60 人，其中每个民族各30 人，各民族每个年龄阶段各10 人，男女各半。其中，根据幼儿园花名册，将儿童按年龄分为三类，分别是4 岁（出生时间为 2007.01.01 – 2007.12.31）组、5 岁（出生时间为 2006.01.01 –2006.12.31）组、6 岁（出生时间为2005.01.01 –2005.12.31）组。其中平均年龄为4 岁、5 岁、6 岁。两个民族的被试分别参加下列实验。

2.1.2 实验材料

用于故事情境判断的图片，该图片主要描述这样一个故事：班里分糖，每人一块。但是，其中一个小朋友A 将糖掉在地上了，不能吃了。这时候过来另一个小朋友B 笑着说：“你没有糖了”随后就走开了。一会儿小C 过来了，她看见小A 没有糖就将自己的糖给小A 吃了。该图片主要是为了便于儿童看图理解故事，便于主试看图讲故事，故事内容即图片所画的内容。其中，为了便于儿童理解故事，可以将A、B、C 命名为小红、小方、小东等。

2.1.3 实验过程

幼儿园内一个独立、安静的房间，在各年级老师的组织下，每次将一名被试带到安排好的房间，主试拿出图片卡给被试儿童讲故事。现于故事内容一致的图片，以帮助被试理解和记住故事内容。

然后继续问：如果是你，你会像小C 那样将自己的糖给A 吗?

以此来考察儿童在客观情境下，在充当角色时的分享观念。

① 郭力平、杨恒：《年幼儿童分享行为的研究进展及启示》，载《幼儿教育（教育科学）》，2008 年 Z1 期。

2.1.4 编码

第一个问题你会像哪个小朋友一样做？回答小C记2分，回答其他人1分。

2.2 实验二、“偶得物”情境下的分享行为

2.2.1 实验对象

同实验一相似，再从傣族和汉族的幼儿园随机选取60人，其中每个民族各30人，每个民族条件下每个年龄阶段各10人，男女各半。其中，根据花名册选取小班儿童平均年龄为4岁，中班儿童平均年龄为5岁，大班儿童平均年龄为6岁。两个民族的被试分别参加下列实验。

2.2.2 实验材料

一间独立、安静的教室作为实验室；一张桌子，椅子两把；陀螺若干。

2.2.3 实验过程

偶得物情境：主试每次将一名被试带到指定房间，为了避免被试之间的干扰，选取一个被试和一个非被试为一小组，房间中放着一张桌子，被试和非被试分别坐在桌子的两旁，每张桌子坐两个人。作为预热，主试和被试、陪试先交谈一会儿，然后主试假装从自己口袋里发现一个玩具（陀螺），然后说：“老师这有一个小玩具，X X（被试）你拿去玩吧。”然后主试不说话，在一旁观察被试的言语和行为反应。

2.2.4 分享的标准

分享是指儿童将玩具分给陪试玩，自己没有玩具或者让他人占有玩具，自己只是摸摸看看，而无论被试让陪试玩的时间长短，也无论被试是否将小玩具要回。

2.2.5 编码

对“偶得物品”分享行为的编码：拒绝分享者记为1，分享者记为2。

2.3“拥有物”情境下儿童的分享行为

2.3.1 实验对象

同实验二。

2.3.2 实验材料

同实验二。

2.3.3 实验过程

同样一个被试和一个陪试为一组，主试出一个竞赛性的题目，答对了就奖励被试一个玩具（陀螺），由于是奖励物品，儿童大多将这个物品看作是自己应得的，属于自己的物品，我们称之为“拥有物”。被试拿到奖品后，让两个孩子在一起玩5分钟主试不发表任何意见，只观察被试儿童的行为反应。为确保作为被试的儿童能够答对问题而得到奖励，主试事先了解被试儿童的特长，提问时专门挑被试擅长的问题。如果被试没有特长，主试就提前教被试一个英文单词，以保证被试儿童能够答对。这里的“拥有物”性质不同于“偶得物”，笔者在此赋予“拥有物”具有奖品的性质，对被试而言更为珍贵。

3. 结果

3.1 傣族、汉族儿童分享观念的发展状况

3.1.1 儿童分享观念影响因素

表1　不同年龄、民族儿童分享观念影响因素

变异来源	自由度	误差均方	F
年龄	2	5.363	1.890 *
民族	1	6.366	11.176 * *
年龄 * 民族	2	0.4039	0.16

从表1. 不难发现，民族和年龄两个因素对儿童的分享观念有重要影响，不同年龄分享观念差异达到显著水平（$F_{(2,57)}=1.890$，$p<.05$）。其中民族差异非常显著（$F_{(1,57)}=11.176$，$P<.01$），这说明不同民族儿童的分享观念差异十分明显。同时，该表显示出，民族、年龄两个因素不存在交互作用，即民族、年龄两者的交互作用对分享观念的影响差异不显著。

3.1.2 儿童分享观念的年龄特征

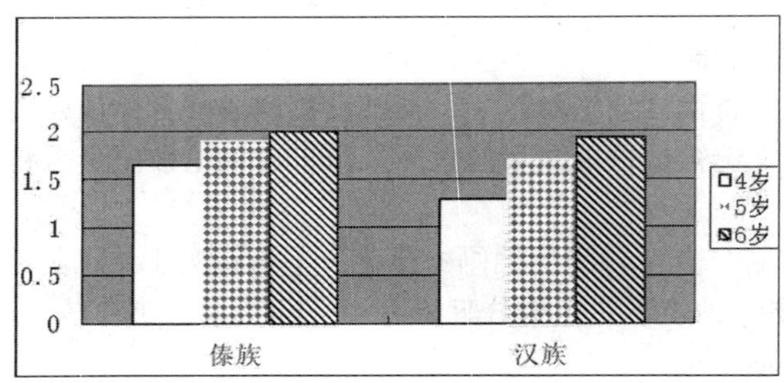

图1　各年龄儿童的分享观念

从图1可以看出，随着年龄的增长傣族和汉族两个民族儿童的分享观念都发生了改变，他们都更懂得拥有的物品要分享给朋友。也就是说，无论汉族儿童还是傣族儿童，4岁儿童的分享观念都低于5岁儿童，同样，5岁儿童的分享观念低于6岁儿童。为了进一步明确不同年龄儿童的分享观念的发展情况，采用N－K检验法即q检验进行事后检验以明确存在差异的组别。其结果如下表所示：

表2　不同年龄儿童的分享观念比较

	4岁		5岁		6岁	
	傣族	汉族	傣族	汉族	傣族	汉族
4岁			0.25 * *	0.4 *	0.35 * *	0.63 *
5岁					0.1 * *	0.23 *

从表2. 可以看出，傣族4岁和5岁、4岁和6岁、5岁和6岁儿童的分享观念在.01水平上差异显著，即傣族各年龄阶段儿童的分享观念差异都很显著。然而，汉族儿童4岁和5岁、5岁和6岁，4岁和6岁的分享观念在.05水平上差异显著。

3.1.3 儿童分享观念的民族特征

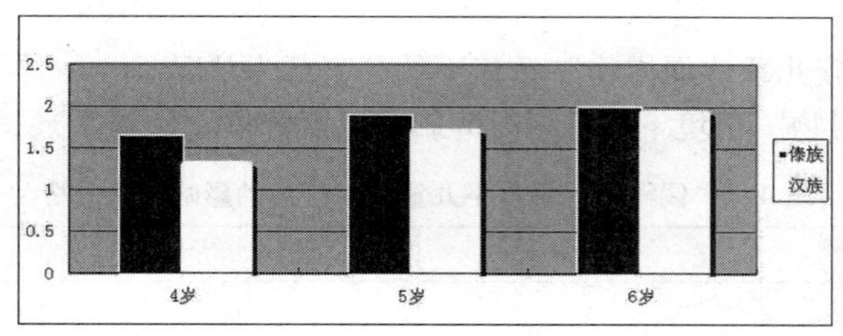

图2 各民族儿童的分享观念

从图2不难看出，不论是4岁、5岁儿童还是6岁儿童，不同民族之间他们的分享观念并不尽一致。其中4岁和5岁儿童组，傣族儿童的分享观念明显高于汉族儿童的分享观念。为了进一步验证不同民族之间儿童的分享行为发展是否存在差异性，对各年龄族儿童的分享观念做平均数差异的显著性检验，结果如下表：

表3 不同民族儿童分享观念的比较

	傣族		汉族		t
	M	*SD*	*M*	*SD*	
4岁	1.65	0.483	1.3	0.516	1.617＊＊
5岁	1.9	0.316	1.7	0.483	11.451＊＊
6岁	2	0	1.93	0.421	1.076

从表3. 可以发现，傣族和汉族儿童在4岁和5岁时分享观念的差异十分显著（$t=1.617$ $p<.01$，$t=11.451$ $p<.01$），傣族儿童的分享观念显著高于汉族儿童。随着年龄到6岁时，两个民族儿童的分享观念差异逐渐不明显，傣族分享观念的平均分数稍高于汉族，但是差异不具有统计学意义。

3.1.4 不同民族儿童分享观念的发展特征比较

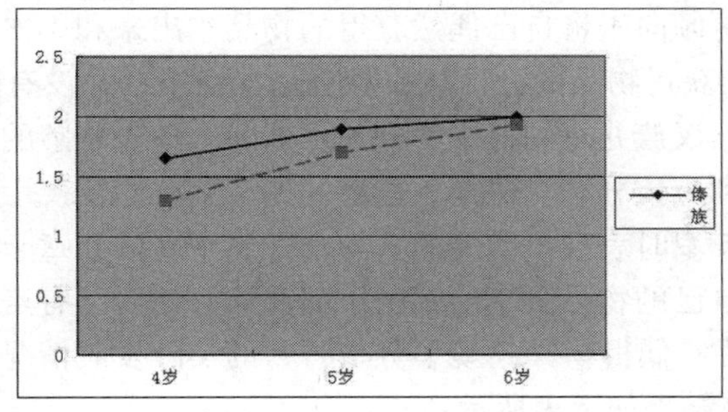

图3 傣族、汉族儿童分享观念比较

从上图可以清楚的看出，就总体发展趋势而言，傣族儿童的分享观念发展在各个年龄阶段都高于汉族儿童的发展。其中，4 岁到 5 岁期间两民族儿童的分享观念发展非常迅速，呈直线上升的趋势。从 5 岁开始儿童分享观念发展渐趋平缓，汉族儿童则相对傣族发展较为迅速，到 6 岁时，两个民族儿童的分享观念发展均达到顶峰（得分趋近 2）。

3.2 傣、汉族儿童“偶得物”情境下的分享行为状况

3.2.1“偶得物”情境下的分享行为影响因素分析

表 4　“偶得物”情境下儿童分享行为的影响因素分析

变异来源	自由度	误差均方	*F*
年龄	2	3.496	10.807 *
民族	1	6.366	9.502 *
年龄 * 民族	2	0.4039	1.452

从上表可以看出，在“偶得物”分享情境下，儿童的分享行为依旧受年龄和民族两个因素的影响，并且年龄和民族两个因素没有产生交互作用。其中，年龄和民族两个因素都在 .05 水平上出现差异（$p<0.5$），F 值分别为 $F_{(2,57)}=10.807$，$F_{(1,58)}=9.502$。即，随着年龄的增长两个民族儿童的实际分享行为同样发生变化，并且这种变化因民族不同而不同。

3.2.2“偶得物”情境下儿童分享行为的年龄特征

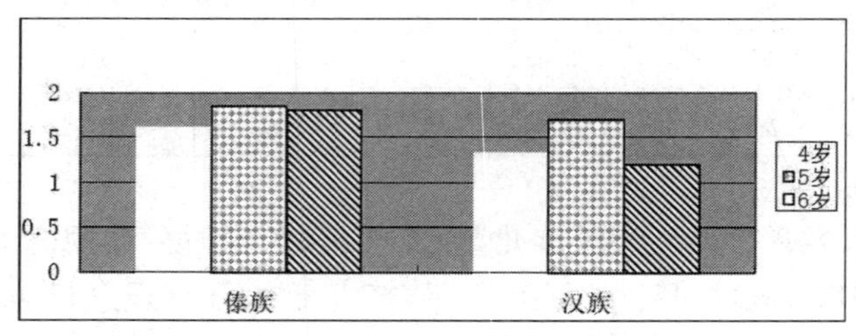

图 4　4 –6 岁儿童“偶得物”分享行为比较

图 4 从整体来看，傣族 4 岁到 5 岁随着年龄的增长更倾向于分享，就是说，5 岁儿童比 4 岁儿童更倾向于将自己偶然获得的物品拿出来和小伙伴一起玩，但是到 6 岁时，儿童对自己获得物品的分享与 5 岁时基本持平，并没有随着年龄增长而继续提高分享的倾向。汉族儿童同样 4 岁到 5 岁期间，随着年龄的增长提高自己的分享行为，能够认识到应该分享。但是，遗憾的是，6 岁时汉族儿童的分享行为不仅没有提高，反而比 5 岁时表现出明显的下降，即到了 6 岁儿童十分珍视自己拥有的物品，不再愿意将自己的物品分享给其他小朋友，开始变得有点自私。为了进一步明确不同年龄儿童在“偶得物”情境下分享行为的实际发展情况，采用平均数配对差异检验，即 q，其结果如下表所示：

表5　4－6岁“偶得物”情境下儿童的分享行为比较

	4岁		5岁		6岁	
	傣族	汉族	傣族	汉族	傣族	汉族
4岁 5岁			0.24＊	0.37＊	0.19＊ 0.05	0.13＊ 0.5＊

从表5中可以看出，傣族4岁与5岁、4岁与6岁儿童在.05水平上分享行为差异显著，5岁和6岁在偶得物情境下差异不显著。汉族儿童4岁、5岁、6岁之间差异显著。其中，5岁和6岁儿童的分享行为在.01水平上差异非常显著。

3.2.3 儿童分享行为民族特征

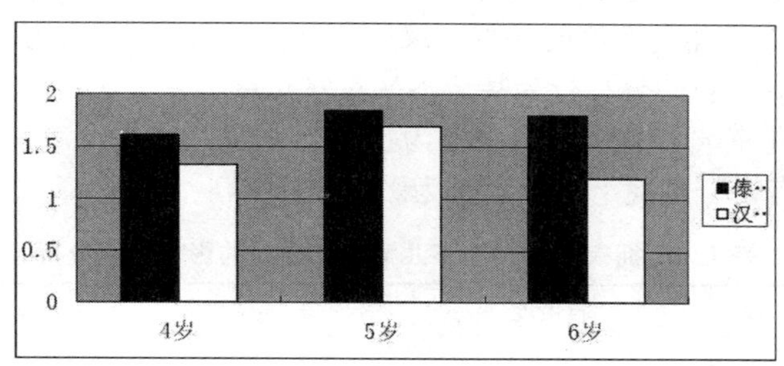

图5　傣族、汉族儿童偶得物分享行为比较

从上图可见，傣族、汉族儿童从4岁到6岁之间，儿童对待自己的“偶得物”是否与小伙伴分享有着不同行为表现。总体而言，傣族儿童比汉族儿童更乐意将自己的“拥有物”分享给其他小朋友，表现在图中每个年龄阶段傣族儿童分享行为得分都高于汉族儿童。为了进一步验证不同民族之间儿童的分享行为发展是否存在差异性，对各年龄族儿童“拥有物”的分享行为做平均数差异的显著性检验，结果如下表：

表6　不同民族儿童分享观念的比较

	傣族		汉族		t
	M	SD	M	SD	
4岁 5岁 6岁	1.61 1.85 1.80	0.42 0.32 0.47	1.33 1.70 1.20	0.52 0.48 0.44	2.480＊ 0.49 1.89＊＊

从上表可见，两个民族儿童在“拥有物”情境下实际分享行为都存在差异。具体表现为，4岁、5岁两民族儿童的实际分享行为差异显著（$p<.05$），6岁儿童分享行为差异非常显著（$p<.01$）。

3.2.4 不同民族儿童分享行为发展特征比较

总体而言，傣族和汉族儿童4－5岁其对拥有物的分享呈现上升的趋势，随着

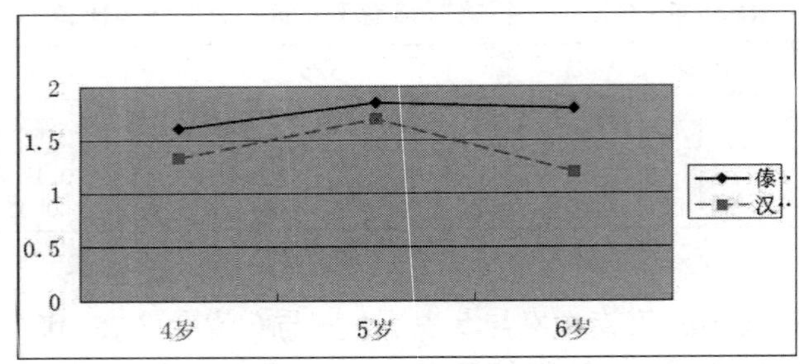

图6　傣族、汉族儿童“偶得物”分享行为发展

年龄的增长，两民族儿童的分享行为都有一定程度的下滑趋势，但是傣族分享行为下滑趋势不明显，基本与5岁时持平。汉族儿童在“拥有物”情境下，分享行为大幅度降低，6岁时儿童的分享行为甚至不如4岁儿童。

3.3 傣、汉儿童“拥有物”分享行为状况

3.3.1 “拥有物”情境下的分享行为影响因素

表7　“拥有物”情境下儿童分享行为的影响因素分析

变异来源	自由度	误差均方	*F*
年龄	2	3.339	2.89 *
民族	1	4.033	2.351 *
年龄 * 民族	2	1.457	0.988

从上表可以看出，在“拥有物”分享情境下，儿童的分享行为依旧受年龄和民族两个因素的影响，并且年龄和民族两个因素没有产生交互作用。其中，年龄和民族两个因素都在.05水平上出现差异（$F_{(2,57)}=2.89$，$F_{(1,58)}=2.351$）。即，随着年龄的增长两个民族儿童对待“拥有物”的实际分享行为同样发生变化，并且表现出显著的民族差异。

3.3.2 儿童分享行为的年龄特征

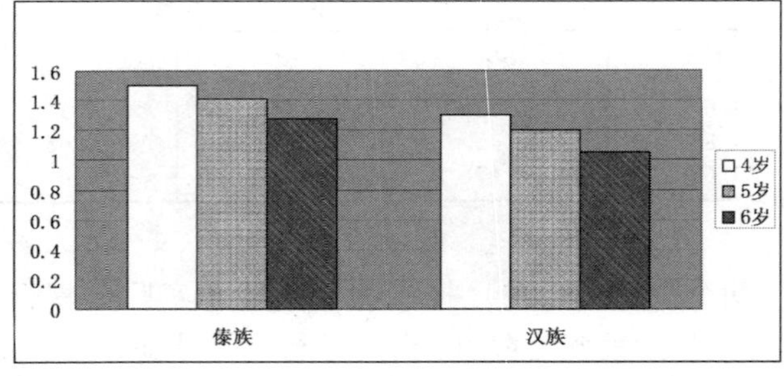

图7　4－6岁儿童拥有物分享行为的比较

图4从整体来看，傣族和汉族儿童无论从4岁到6岁随着年龄的增长，将自己

的“拥有物”分享给伙伴的行为越来越少，说明儿童有了占有的观念，明确了物品的所有权限和处置权。为了进一步明确不同年龄儿童在“拥有物”情境下分享行为的实际发展情况，采用平均数配对差异检验，即N-K检验，也叫Q检验，其结果如下表所示：

表8　4-6岁“拥有物”情境下儿童的分享行为比较

	4岁		5岁		6岁	
	傣族	汉族	傣族	汉族	傣族	汉族
4岁			0.091	0.1 *	0.129 *	0.22 *
5岁					0.129	0.247

从表中可以看出，傣族和汉族4岁和6岁儿童对“拥有物”的分享行为在.05水平上存在差异。其余傣族、汉族各组即4岁和5岁、5岁和6岁儿童之间均差异不显著。

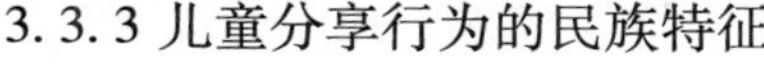
3.3.3 儿童分享行为的民族特征

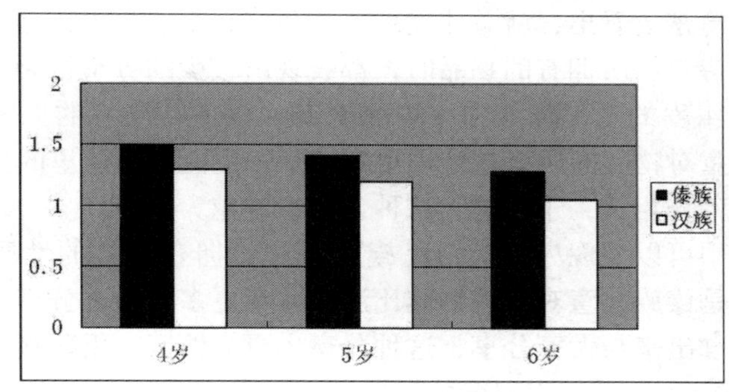

图8　傣族和、汉族儿童拥有物分享行为比较

从图8. 可见，傣族、汉族儿童从4岁到6岁之间，儿童对待自己的“拥有物”是否与小伙伴分享有着不同行为表现。总体而言，傣族儿童比汉族儿童更乐意将自己的“拥有物”分享给其他小朋友，表现在每个年龄阶段，傣族儿童的分享行为得分都高于汉族儿童的分享行为得分。为了进一步验证不同民族之间儿童的分享行为发展是否存在差异性，对各年龄族儿童“拥有物”的分享行为做平均数差异的显著性检验，结果如下表：

表9　“拥有物”情境下不同民族儿童分享行为的比较

	傣族		汉族		*T*
	M	*SD*	*M*	*SD*	
4岁	1.50	0.42	1.30	0.52	0.468 *
5岁	1.41	0.32	1.20	0.48	0.487 *
6岁	1.28	0.47	1.05	0.44	2.066 * *

从表9. 可以发现，在“拥有物”情境下，傣族和汉族儿童在4岁、5岁时分享行为的差异显著（$p<.05$），傣族儿童的分享行为显著高于汉族儿童。当儿童6岁时，对“拥有物”的分享行为差异非常显著（$p<.01$）。

3.3.4 不同民族儿童分享行为发展特征比较

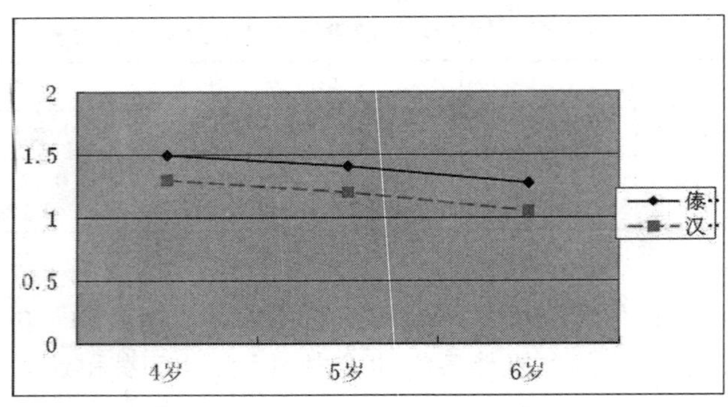

图9　傣族、汉族儿童拥有物分享行为发展

从上图可以清楚的看出，就总体发展趋势而言，不论是傣族还是汉族随着年龄的增长儿童在对待自己所拥有的物品时，都表现出较少的分享行为。其中傣族儿童分享行为得分从4岁的1.5降低到6岁的1.28，汉族从4岁的1.3降低到6岁的1.05。这说明儿童对物品的所有权认识更为清晰，更能明白这里的拥有物带有奖品的性质，与个人荣誉相关，年龄越大这种认识也就越为清晰。

其次，从图中可以发现尽管两个民族儿童对“拥有物”的性质、所有权限认识更为清楚，但是傣族儿童对待该物体比汉族儿童更多的做出分享，即仍能够将奖励给自己的物品拿出来与大家分享，这种分享也更为慷慨，更珍贵。

4. 讨论

4.1.4－6岁儿童道德观念的发展

本实验数据结果表明，儿童的分享观念受年龄和民族两个因素的影响。其中两个民族儿童各年龄阶段之间的分享观念差异显著，随着年龄的增长儿童的分享观念发展呈上升趋势。这与以往的研究结果一致，年龄与分享观念之间呈正相关。这是因为随着儿童年龄的增长，与人交往的逐渐增多，社会经验愈发丰富，能够洞察他人的情绪、需要，所以在问及儿童是否愿意分享时，随着年龄增长回答肯定的人越来越多。

另一方面，研究结果还表明，民族影响着儿童的分享观念，其中傣族儿童的分享观念明显高于汉族儿童，这是因为傣族儿童从小接受傣族传统道德文化和宗教的熏陶和影响，这些因素共同作用使傣族儿童表现出更高的分享倾向。该镇是西双版纳最早接受并传播小乘佛教的地方之一。当地居民历来笃信宗教，有着“村村有佛寺”的美誉，其中曼听村的佛寺和佛塔距今已有1400多年的历史。[①] 傣族是一个全民信仰小乘佛教的民族，宗教对于他们来说，不仅仅是单纯的精神信仰，而且已经渗透到生活的各个方面，如建房、婚丧、嫁娶等。可以说，佛教教义成了当地居民集体意识和文化的基本内容。人们自觉接受佛教的熏陶，严厉的教规与居民日常生活结合起来使当地居民形成传统的伦理道德观念和行为方式，促进当地形成良好的社会道德风尚，对维护傣族积极的伦理道德思想有着非常重要的作用。小乘佛教宣扬忍耐、调和、轮回等思想，主张通过善修来世，最终实现涅槃。如果在世不行善，死后将被打入地狱，转生为恶鬼和畜生，受到惩罚。在“与人为善、善多我德、德多我仙”这一思想的熏陶下，傣族居民大多乐善好施，谦恭和气，在傣族社会里，人们以严格的道德标准约束自己，特别鄙视那些败坏社会道德的人，从而形成了良好的社会道德风尚，这样的道德风尚有利于社会安定团结发展。

同时，西双版纳民间流传着傣文道德手抄本。这些道德专著主要由先人流传下来的格言、训条组成。起初，人们口口相传这些格言，随着格言、训条在不断发展中逐渐丰富，日益增加，傣族人民将这些训条格言汇集起来，用傣文字记录成册并传抄下来，形成了早期的道德教育专著。如《嘎里罗嘎里坦》（即教规）、《布兰栓》（爷爷教训子孙）、《土司对百姓的训条》、《教训儿子处世的道理》、《教训妇女做媳妇的礼节》等。这些训条内容主要涉及做人的品德、社会公德、家庭道德等。其中，《教训儿子处世道理》中教育青年要与人为善、尊老爱幼、助人为乐、善待外乡人。《布朗栓》中有“不拆毁寨门”、“不砍树挡路”、“不抛弃父母”、“不要将丈夫当雇工”、“为人要正直，不要两面派”、“不合法的事不做”等。在生活中该地居民深受传统道德教育的洗礼，人们以严格的道德标准约束自己，特别鄙视那些败坏社会道德的人，从而形成了互帮互助、团结友爱的社会道德风尚。

4.2. 傣族、汉族儿童“偶得物”情境下儿童的分享行为发展

研究结果表明儿童在“偶得物”情境下分享行为受年龄与民族两大因素的影响。两民族儿童4岁到5岁分享行为的发展呈上升趋势，可能是因素随着儿童年龄的增长，社会阅历的增加和信息加工能力的增加，能更好的识别他人需要，于是分享行为越多。

同时，5岁时大部分儿童在中班，中班两个民族都有关于培养儿童分享的课程，也许在教育的作用下，教师的权威影响下儿童能够听从教师的话，表现出更多的分享行为。但是，傣族儿童6岁时分享行为与5岁时差异不显著，汉族儿童6岁时与5岁差异显著，这可能是因为两个民族儿童受文化因素影响不同，所以行为表现不同。首先，西双版纳傣族地区湿热的气候为农作物的生长提供了良好的气候条件，特别是为橡胶的种植创造了得天独厚的优势，傣族经济因橡胶而大大改观，这就为当地形成良好的道德风尚提供了丰富的物质基础。同时，全民信仰小乘佛教，

① 龚锐：《西双版纳傣族宗教生活的世俗化倾向—以嘎洒、勐罕镇、大勐龙三镇为例》，载《民族研究》，2003年第2期。

佛教教义引导和规范着当地居民的行为，他们乐于助人、与人为善、热情好客、乐善好施、团结互助的道德传统，为道德风尚的维持和传承创造了精神基础。此外，傣族居民善良正直、逍遥自在、与世无争、团结互助、乐善好施、勤劳友爱的民族性格，为更好地践行分享、互助、合作等亲社会行为提供了天然优势。相比较而言，汉族人民在文化大革命期间，对传统文化和儒学的批判达到了顶峰。随着时间的流逝儒家理论对家庭道德教育的影响日益弱化，即使这种道德依然存在，也大多数仅仅局限于理论的空谈中。加之该镇地处华北平原，地势平坦、土地肥沃，水资源丰富，优越的自然资源为形成以农业为主的生产方式奠定了基础。就自然环境与人物性格的关系而言，没有荆棘密布的丛林、没有随时出没的野兽，没有恶劣的生存环境。生于富庶之地的居民，温饱问题容易解决，这就造就了其知足常乐、冒险精神不足、安静内敛、老实本分的性格。这些共同造就了两民族儿童分享行为差异的原因。

4.3. 傣族、汉族儿童“拥有物”情境下儿童的分享行为发展

在“拥有物”情境下儿童的分享行为依然受到年龄和民族两个因素的影响。具体说来，随着年龄增长儿童的分享行为减少，这是因为由于年龄等生理因素的限制，儿童的分享行为发展还不稳定，容易受具体情境的影响。在拥有物情境下，儿童随着年龄的增加意识到“拥有物”性质的不一般，知道其具有奖励的意义，代表着一种荣耀，所以儿童会不愿意将这种荣耀分享。

另一个方面，虽然两个民族儿童都意识到“拥有物”性质的不同，但是傣族儿童依然表现出较高的分享行为。同样可以运用傣族传统文化的良好保存和传承来解释两民族儿童分享行为的差异。傣族居民长期受传统文化的影响，注重自律，能够将互帮互助、尊老爱幼、与人为善落实在日常生活中。并且，傣族家长教育儿童的方式较为多样，除言传身教外也会通过民族传统歌谣、故事、传说等，比较注意把握教育时机，注重适时开展道德教育。就经济状况而言，傣族家庭生活水平远远高于汉族，傣族家庭有摇钱树“橡胶树”，有家庭旅馆，挣钱途径多且容易，生活富裕。就家长受教育程度而言，汉族家长文化程度较高，但是在教育中主要表现为重视智育，忽视德育。傣族良好的家庭道德教育内容、教育方式、以及良好的经济条件都有助于傣族儿童表现出更好的分享观念。

5. 结论

本研究发现了一下事实：

就年龄特征而言，两民族儿童的分享观念的发展，深受年龄这一因素的影响，年龄与分享观念的发展呈现出正相关的关系，随着儿童年龄的增长，儿童的分享观念日益增强；傣族、汉族要4岁到5岁随着年龄的增长更倾向于分享，但是到6岁时儿童不再愿意将自己的物品分享给其他小朋友，开始变得有点自私。在拥有物情境下，4岁到6岁随着年龄的增长分享行为减少，儿童有了占有的观念，明确拥有了了物品的所有权限和处置权。

其次，就民族差异而言，傣族儿童的分享观念发展在各个年龄阶段都高于汉族

儿童的发展。傣族和汉族儿童4－5岁其对拥有物的分享呈现上升的趋势，随着年龄的增长，两民族儿童的分享行为都有一定程度的下滑趋势，但是傣族分享行为下滑程度低于汉族。在拥有物品情境下，各年龄阶段傣族儿童比汉族儿童更乐意将自己的“拥有物”分享给其他小朋友。

参考文献：

［1］李幼穗：《儿童发展心理学》，天津：天津科技翻译出版社，1998年。

［2］胡国枢：《生活教育理论—陶行知教育思想研究》，杭州：浙江教育出版社，1991，第169－183页。

［3］教育部基础教育司组织：《幼儿园教育指导纲要（试行）》，南京：江苏教育出版社，2001年。

［4］章志光，金盛华：《社会心理学》，北京：人民教育出版社，2008年。

［5］秦金亮：《儿童发展概论》，北京：高等教育出版社，2008，第245页。

［6］朱智贤，林崇德：《儿童心理学史》，北京：北京师范大学出版社，1988年。

［7］林崇德：《发展心理学》，北京：人民教育出版社，1995，第257页。

［8］吴之清：《云南傣族与小乘佛教》，载《宗教学研究》，2004年第3期。

［9］王春华：《试析南传上座部佛教对西双版纳傣族社会的影响》，载《思茅师范高等专科学校学报》，2005年第1期。

［10］郑筱筠：《历史上中国南传上座部佛教的组织制度与社会组织制度之互动——以云南西双版纳傣族地区为例》，载《世界宗教研究》，2007年第4期。

［11］龚锐：《南传佛教与原始宗教的并存及互通——西双版纳三村调查》，载《民族研究》，2005年第4期。

［12］龚锐：《西双版纳傣族宗教生活的世俗化倾向—以嘎洒、勐罕镇、大勐龙三镇为例》，载《民族研究》，2003年第2期。

［13］廖全明，郑涌：《不同训练方法对小学生分享行为影响的实验研究》，载《心理科学》，2007年第6期。

［14］郭力平、杨恒：《年幼儿童分享行为的研究进展及启示》，载《幼儿教育（教育科学）》，2008年Z1期。

［15］满晶、马欣川：《幼儿互助行为发展的实验研究》，载《心理发展与教育》，1994年。

［16］杨爱莲：《4－7岁儿童在冲突情境下分享行为的研究》，天津：天津师范大学硕士论文，2004年。

［17］李幼穗、赵莹：《4－6岁儿童分享行为的特点及培养策略》，载《学前教育研究》，2008年第2期。

作者简介：高兵（1975—），男，中央民族大学教育学院副教授，研究方向：

跨文化心理学。陈梅，女，北京市通州区台湖镇中心小学教师，研究方向：跨文化心理学。

第二节　学生学业成就的跨文化分析

一、现代化过程中少数民族学生学业失败的社会文化分析
——基于云南省腾冲县和景洪市的田野考察

少数民族学生学业失败问题长期困扰着各国教育事业均衡与整体发展，双语教育教学是民族地区教育发展的难题及其对学生认知发展影响的研究已获得普遍重视。本文在田野考察的基础上，以少数民族学生主体情感体验为中心，从非认知维度的社会文化切入分析并解释学业失败的原因。

（一）田野考察的设计与实施

本文依托于联合国儿基会—教育部“移动教育资源与培训中心”项目田野考察。本次田野考察主要以实地调查为主，采取观察、访谈、听课与座谈相结合的方法，并辅以问卷调查补充定性研究的不足，将定性研究的深入与定量研究的广泛点面结合、相互印证。问卷调查以项目组开发的《教师调查问卷》和《学生调查问卷》为研究工具，以“边境、少数民族聚居、学业成绩落后”为原则，选取云南省腾冲县和景洪市共计 11 所小学的四年级学生和在校教师为调查对象，发放了 414 份《学生调查问卷》，有效回收率为 98.76%；204 份《教师调查问卷》，有效回收率为 97.06%。

（二）社会文化的界定

“社会文化”由美国人类学家克鲁伯于 1936 年首先创用，是指由社会和文化共同形成的超有机形态。人类学家 A·L·克罗伯和 K·戴维斯也曾说过“人类社会的特征是社会文化的，而动物社会的特征却是生物社会的。”社会和文化是不能彼此孤立起来看的。

在本文中社会文化更为关注教师对学生的态度与教育期待，家长与学生间的情感依赖与沟通，学生自身的情绪感受、学习意愿、教育期待、角色认同、文化适应与归属感等，以及由于现代化过程中的社会变迁导致的三者之间的相互作用。

（三）主要发现

1. 社会环境的影响因素——撤点并校

学校区域布局调整政策的初衷是为了调整和优化教育结构，统筹教育资源，促进城乡基础教育的均衡协调发展，满足农村学生享受优质教育资源的需要。然而在实施过程中，浮现出的学生心理问题却愈加严重，以至于影响到学生的学业表现和

发展。

撤点并校以跃进式的步伐迅速推进。以景洪市为例，2011 年 4 月分布在 10 个农业乡镇的 59 所小学中共有 28，131 名学生和 2，070 名教职员工，其中 18，977 名为少数民族学生（占 67.5%），分别来自傣族、基诺族、布朗族、哈尼族等 13 个民族；12，389 名住宿生（占 44%）上学期间在学校住宿。在今后的 3 到 5 年内 59 所农村小学将撤并为 23 所。这意味着少数民族的学生将远离家庭和社区，成为住宿生。

学习环境的巨变与少数民族学生社会文化的发展与学业表现有一定的相关性。大部分少数民族学生成长于熟悉的村落和民族文化氛围中，在村小或教学点学习并度过童年，虽然那里的学习条件和学习资源方面相对较差，但却是学生们心理上真正的乐园。学校联结着师生、家长和整个社区，在民族文化的浸润中，家长和村民的关爱和支持下，学校更像是学生和同伴嬉戏、陪伴和学习的原生态聚所。烧灰坝小学是腾冲县滇滩镇傈僳族村寨的一所村小，学生在课堂上积极参与，在课间自由玩耍嬉戏；教师教学认真耐心富有创造性，为使学生乐于学习，她们自己编创数学儿歌、歌曲，年轻的特岗教师还将一些定律结合现代说唱形式进行教学，极大的激发了学生的学习兴趣和积极性，取得了良好的教学效果；师生关系融洽，学生可以抱着教师的大腿撒娇。而被撤并的学校如同割裂了与社区和家庭的血脉而寄养在现代化钢筋混凝土的破碎牢笼，没有家长的爱和熟悉的文化环境，代替的只有遥远的思念和统一僵化的标准，冷漠的目光和陌生的语言。笔者观察发现，即使在同一间教室，一些少数民族学生也会被某些教师、同学嘲笑或歧视；在课间，有的学生说着刺耳的语言或指手画脚，一个学生在各个教室间奔跑穿梭，大声吼叫着侮辱性语言。而笔者在一名汉族学生（学校教师的孩子）带领参观学校时，该学生自豪地告诉笔者："我们在前面的那些楼上课，傈僳族的（同学）在后面的那些楼。"前面的楼是新建教学楼，后面的楼是简易木房，多数傈僳族学生是被撤并来的并被安排在特定的区域。在走访的其他学校也发现被撤并来的学生很多是单独编班的；而即使是混编班，少数民族的学生，尤其是被撤并来的学生也是被特殊对待，一般坐在教室的最后或者是最边侧。这些做法使得很多少数民族学生倍感恐惧、孤独，沉默地不愿说话。这不仅是空间位置上的边缘化和隔离，更对少数民族学生的心理上造成了极大的负面影响，迫使其边缘化、孤立与抵抗。

在学生问卷中"在学校最害怕的事情"中"打架"出现的频次最高，即"打架"为学生最害怕的事情。据图 1 显示，"同学关系"是学生在学校最关注的事情。而撤点并校迫使学生的同学关系发生剧变并产生不适。

笔者在景洪市勐旺中心小学调研发现，晚饭时间 20 多名学生排队等在学校为学生开通的免费"爱心"电话边，同时笔者也遇到家长千里迢迢赶来学校看望孩子并坦言："不放心呀！想孩子。"当学生在填写问卷中"你最崇拜的三个人"题目时，父母被提到的频次最高，高达 407 次。由此可见，学生对父母的依赖与认同之强，同时也间接反映出在低年龄阶段亲子分离对儿童的亲情交流和情感依赖的巨

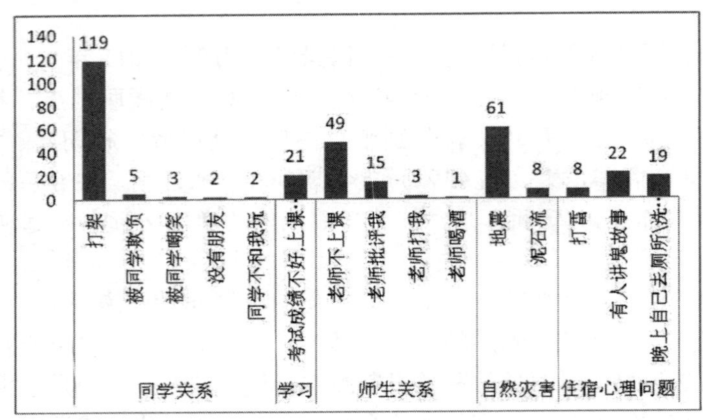

图1　学生“在学校最害怕的事情”频次分布

大伤害，而在孩童时代的心理伤害将会影响其一生。而更在勐旺中心小学不远处建起了一排极其简陋木坯房组成的“基诺族陪读村”。陪读村的木坯房平均7、8平米一间，每间房屋集厨房、起居室、卧室于一体并居住着2-5人不等，没有厕所、没有灯光，陪伴学生的多是家中的“老”和“妇”，学生的基本健康成长难以保证，而心理和学业发展更无从谈及。

而收集到的学生成绩数据也再次证明少数民族学生的学业表现在撤并前明显优于撤并后，以腾冲县烧灰坝小学为例说明，如表1。

表1　烧灰坝小学2011-2012学年第一学期期末成绩统计

		二年级	最高分	最低分	四年级	最高分	最低分
数学	男	83.6	98	66.5	64.2	90	37.8
	女	90.1	100	67	77.6	92	56
	汉	92.6	100	66.5	86	92	87
	少	87.7	99	66.5	72.5	84	37.8
语文	男	86.8	98	73.5	70.6	90.5	65
	女	93.5	96	77	86.3	92.5	69
	汉	94.5	98	86	79.2	92.5	64.5
	少	91.5	98	73.5	78	90.5	72

图2显示，烧灰坝小学二年级分民族、性别统计的成绩均高于两所中心校——猴桥镇的轮马民族小学和蔡家寨民族小学，而且少数民族学生的数学平均分分别高出16.1分和6.1分，语文成绩也分别高出6.2和13.1分。而在烧灰坝小学内部进行比较，发现少数民族学生的成绩略低于汉族学生，但差距较之其他学校最小（在5.5分之内）。未撤并的村小或教学点与撤并后的学校形成鲜明对比，其在友善、文化适切的环境中，各个民族在平等和谐的氛围下，教师公平友善地对待学

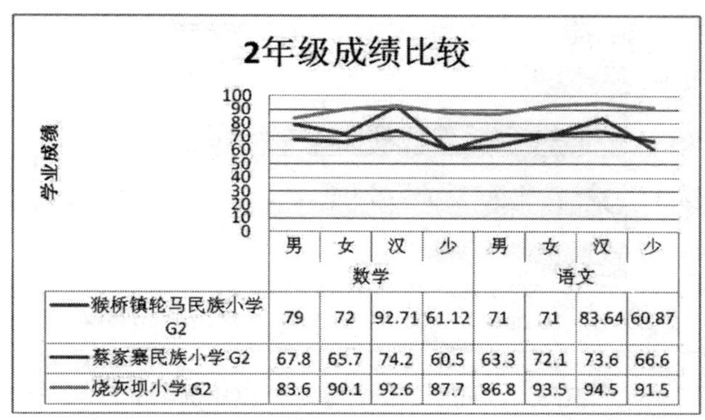

图 2　烧灰坝小学 2 年级学业成绩比较

生，师生关系融洽，学生在适切的社会文化中得到充分发展，保持着对学习、对未知事物的好奇心和求知欲，学业表现较好。

2. 师生互动及影响——评价与期待

（1）学生的学习意愿与教育期待

1）自身教育期待

学生问卷中“长大后是否想考大学”的统计反映，95.7%的学生想考大学。其中，少数民族学生想考大学的比例略高于汉族学生，分别占 96.2% 和 94.5%，说明各族学生对自己的教育期待都很高。

2）语言学习意愿

表 2　更愿意学习哪种语言统计

	你更愿意学习以下哪种语言	
	人数	比例
少数民族语言	64	15.9%
汉语	131	32.5%
英语	173	42.9%
其他	35	8.7%

在选择最愿意学习的语言时，42.9%的学生表示英语是他们最愿意学习的语言，其次分别是汉语（32.5%）和少数民族语言（15.9%）。相对而言（图 3），少数民族学生更愿意学习少数民族语言，汉族学生更愿意选择汉语。当对不同民族学生愿意学习的语言进一步分类显示（图 4），汉族、傣族、哈尼族和瑶族学生最愿意学习的语言均为英语，而傈僳族学生最愿意学习的语言是汉语。当追问学生为何更愿意学习英语和汉语时，学生们解释“因为班里同学有不同民族的，老师讲课用汉语，大家就都能听懂了。”“学习英语可以去外国。”

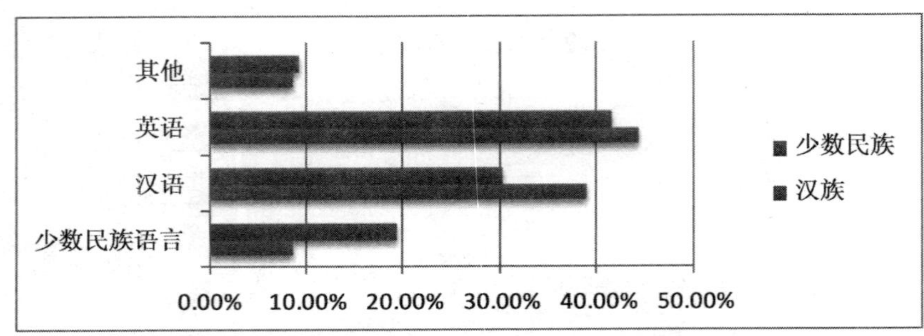

图3　不同民族语言学习意愿比例图1

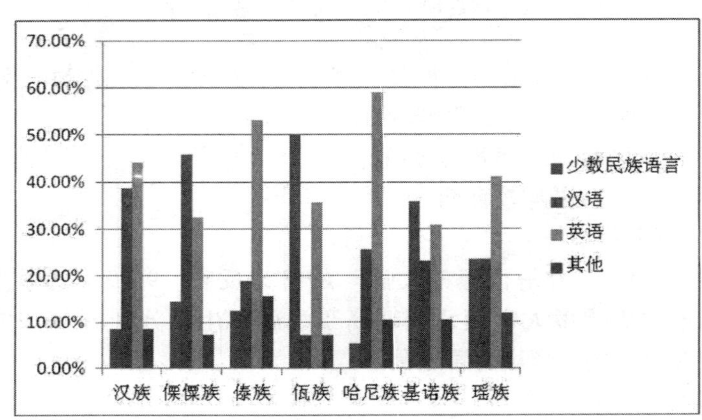

图4　不同民族语言学习意愿比例图2

3）学习困难与努力程度

学生问卷反映，约有33.9%的学生认为学校的作业难度较大。当以地区和民族为自变量，进行独立样本t检验时结果表明（见表3），景洪学生的平均得分低于腾冲学生，少数民族学生的平均得分低于汉族学生，且两者均具有显著性差异，景洪地区学生和少数民族学生认为家庭作业难度更大。进一步根据不同学校进行区分时，发现认为作业难度大学生的主要集中在：腾冲县的羡多完小，景洪县基诺民小和瑶家大寨小学分别有75.1%、60.6%和51.6%的学生认为家庭作业很难或较难。

表3　不同地区、民族学生对作业难度认识的差异

	地区			民族		
我觉得老师布置的家庭作业很难	腾冲（M±D）	景洪（M±D）	Sig.	汉族（M±D）	少数民族（M±D）	Sig.
	3.20±0.979	2.64±0.996	.000***	3.43±0.883	2.77±1.005	.000***

这三所学校分别是傣族、基诺族和瑶族学生比例均达到95%以上；此外，腾

冲县的少数民族人口比例约为10%，景洪市的少数民族人口比例约为40%且分布与聚居较之腾冲更为集中，再次验证学业困难问题主要集中在少数民族学生身上。

学生问卷反映，大多数学生（86.1%）能在一小时内完成家庭作业，超过一半的学生在家庭作业上花费半小时以内，说明家庭作业的负担在学生可承受范围内。少数民族学生认为作业难度更大，且在完成作业方面上所花费的时间普遍多于汉族学生，17%的少数民族学生认为他们需要一个半小时甚至两小时以上来完成作业，高于汉族学生（8.6%）。说明他们花费更多时间，却在学业表现上仍旧欠佳。在统计学生每天放学后用于玩耍的时间时发现，有两小时以上玩耍时间的汉族学生（47.7%）比例高于少数民族学生（19.7%），而只有半小时及以下玩耍时间的少数民族学生占45.4%，高于汉族学生（23.4%）。少数民族学生由于语言问题确实对其学业表现有明显影响，根据问卷及访谈发现：少数民族学生在学习上需要花费更多的时间或负担一定的家务劳动，因而玩耍时间较少；而撤点并校后使得部分少数民族学生的居住地离学校更远，他们在路途上需要的时间更长。

4）在校学习的感受

以“老师是否会偏爱一些学生”为因变量，以地区（腾冲、景洪）、民族（汉族、少数民族）为自变量，进行独立样本t检验。结果表明（见表5），景洪学生的平均得分低于腾冲学生，少数民族学生的平均得分低于汉族学生，且两者均具有显著性差异，景洪学生和少数民族学生感受到的教师偏爱行为更加严重。

表4　不同地区、民族对教师是否公平的差异

	地区			民族		
在我们班上，老师会偏爱一些学生	腾冲（M±D）	景洪（M±D）	Sig.	汉族（M±D）	少数民族（M±D）	Sig.
	3.23±1.197	2.80±1.163	.000＊＊＊	3.69±0.789	2.77±1.237	.000＊＊＊

（注：＊代表P<0.05，＊＊代表P<0.01，＊＊＊代表P<0.001，下同）

学生问卷统计反映，95%的学生表示喜欢或很喜欢上学，75.1%的学生认为自己在别人说学校坏话时会生气。进一步以“你喜不喜欢上学”和“别人说学校坏话我会很生气”为因变量，民族（汉族、少数民族）为自变量进行独立样本t检验发现，少数民族学生在两者上的平均得分均高于汉族学生，且具有显著性差异，说明汉族学生比少数民族学生更喜爱学校，也更有归属感。当再以性别为自变量，进行独立样本t检验。结果表明，男生在两者上的平均得分均高于女生，但差异不显著。

表5　不同民族学生对学校喜爱程度的差异

	汉族（M）	少数民族（M）	F	t	Sig	男生（M）	女生（M）	F	t	Sig
你喜不喜欢上学	1.21	1.46	51.922	−4.617	.000＊＊＊	1.44	1.33	10.102	1.954	.051
别人说学校坏话我会很生气	1.34	2.02	38.119	−6.791	.000＊＊＊	1.89	1.73	2.280	1.512	.131

根据上述数据说明，少数民族学生感受到“教师不公平”更为明显，这也在一定程度上影响他们对学校的喜爱程度及归属感，因此汉族学生比少数民族学生更喜爱学校，更有归属感。

（2）教师的态度与评价

1）教师眼中的少数民族学生家长

县级进校教师和县教育局老师对少数民族学生的学业充满担忧，且没有太高期望。景洪市 X 教师说：“当地的村民种橡胶，每年都有一笔很可观的收入，而且现在国家大力发展汽车工业，对橡胶的需求越来越大，这几年橡胶的价格也在涨，村民们种橡胶的热情越来越高。这里的家长觉得上大学也找不到工作，即使工作，挣的钱也没有种橡胶多。所以，这里的家长对孩子的学习并不重视，觉得上学没什么用。大多数家长就是白天把孩子寄养在学校，国家又有政策，安全还管饭。”腾冲县蔡家寨小学 Y 老师也解释道：“从那个路口开过去就是往缅甸运送木材的公路（离学校距离大约 1 公里），这里的家长不重视学习，种树、砍树，再做一个简单的加工，不需要什么知识，就可以卖到邻国去了，挣钱特别容易。”而对教师问卷中“教学中最大的困难”进行编码后统计显示，“家长不重视教育、家长不支持教育工作”出现频率最高，成为当地教师在教学中最大的困难。而“学生心理（厌学、学习积极性差）”也成为排名第六的主要困难。

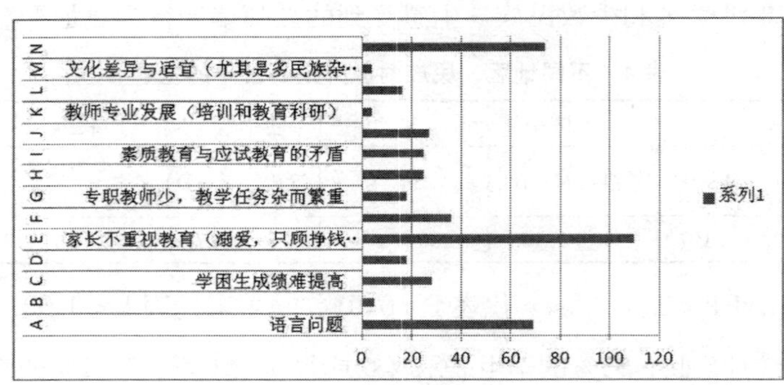

图 5　教学中最大的困难比例分布

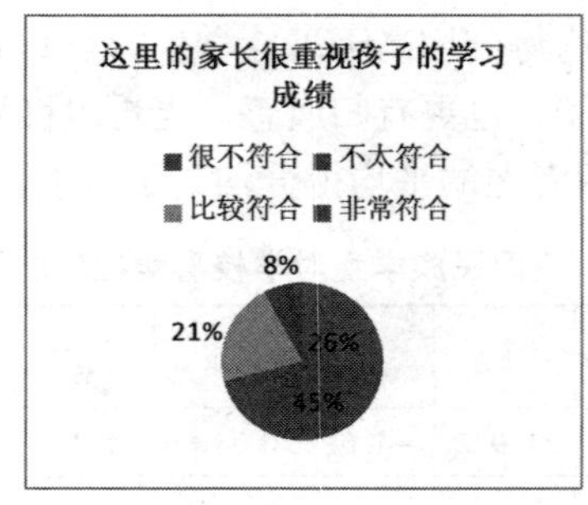

图 6　家长教育观念

而另一道题“这里的家长很重视孩子的学习成绩”的统计显示，高达71%的教师表示当地的家长并不是很重视孩子的学习成绩。这与在访谈中听到教师对家长的许多抱怨再次重合，教师普遍认为有一些家长并不关心孩子的学习，对孩子教育不重视，认为读书没用，很多学生的家长是文盲或半文盲无力辅导学生学习。访谈和问卷均反映出教师对家长有许多无奈和抱怨。

2）教师眼中的少数民族学生

据图5，“学生智力低、理解能力差”被老师认为是排在第二位的教学困难，“学生心理（厌学、孤僻）”问题也是一大主要困难。在与多所学校教师进行座谈时，教师普遍反映少数民族学生“学习习惯差、理解能力差又懒惰、不爱学习、拉全班平均分的后腿”，民族偏见及刻板印象的严重程度不但影响教师对自身价值的认可及职业幸福感，更对少数民族学生的行为和心理造成了巨大的伤害，使得很多少数民族学生自卑、孤僻、厌学辍学、不安等。

（四）分析与反思

1. 撤点并校的负面影响

撤点并校也使学生之间关系发生剧变，在汉族与少数民族之间、不同少数民族之间；乡村小学/教学点与中心校学生之间；住宿生与走读生之间；与父母生活在一起和与非父母生活在一起的学生之间的差异以及由此产生的矛盾与冲突、歧视与自卑、集群与孤立等都对小学生的心理及社会文化产生严重的负面影响，而年龄越小，承受这种关系和环境剧变的心理能力就越差、社会文化的发展受阻越严重。

陪读村——撤点并校的衍生物，相当于城市的学区房，但陪读村是迫于撤点并校的无奈，陪伴学生的多是家中的“老”和“妇”，而学区房的形成则是由于主动选择更好的教育资源，陪伴的也多为父母，甚至是一家三代共同陪伴。陪读村的儿童监护主要为三种：一是祖辈监护。由于祖辈年龄大且文化程度偏低，思想观念与孙辈差异较大，难与孩子交流沟通却又易对孩子溺爱；二是单亲监护，在儿童时期，父爱母爱缺一不可。孩子父亲或母亲一方外出，一方在家照看，缺乏父爱或母爱，导致关爱不健全。一般来说，父亲外出的孩子表现出胆怯、缺乏自信；母亲外出的孩子表现出冷漠、缺乏友爱等；三是其他亲属监护，父母外出把孩子托付给叔、婶、姑、姨或邻里监管，这类监护通常把孩子身体安全放在首位，学业成绩和物质上的满足次之，较少关注孩子行为习惯以及心理、精神的需要。如果这类监护人也有孩子，难免对待不尽公平，陪读村的儿童常因感到自己是“外人”而产生自卑的心理。

故撤点并校不但成为影响学生与家长、家庭沟通和情感发展的外界因素，也间接导致教师数量减少而加剧学生关爱缺失的问题，尤其是住宿生，环境同时与同伴关系的剧变严重限制甚至反作用于学生的心理、认知及情感表达与发展。从村小到中心校的显性距离远不及村小撤并到中心校的隐性距离，在现代化的拓荒途中，大力挖掘民族的沃土并发展高新技术和经济，一切被吸收的、被榨取的、被牺牲的民族教育，都可瞬间被转化为全球化光环下得以炫耀的效率和标准。在这种巨大、疾速、激烈的冲击和变化下，少数民族学生的社会文化纽带被割裂，从而表现出对学校和教师的恐惧和抵触，对同伴的疏远与质疑，不善交流和表达自我，进而产生厌学情绪和“无所谓”心态，影响学生的课堂参与及学业表现。

2. 民族地区教师的教育期待及归因偏差

教师对学生的期待是一种社会文化的表现，也将直接作用于学生的身心发展。而部分教师对少数民族学生的错误评价、低教育期待与民族偏见，无法营造平等、和谐、共同参与的学习环境，既不能体现出对学生的关注与尊重，也伤害了学生学习的积极性与求知欲，严重影响了学生学习的内驱力，并导致其学业成就表现欠佳。教师甚至还给他们贴上了“天生懒惰、不爱学习”等标签，师生互动过程中教师的批评、甚至侮辱性的语言、行为、态度等均对学生造成极大的伤害，使其自我形象和自我角色迷失并迫使其逐渐远离学校教育、主流文化和现代社会，不断边缘化，最终产生恶劣影响。

教师对于少数民族学生学业失败主要归因于学生和家长，也反映出严重偏见、少数民族文化的不适以及职业倦怠与归因的不当。家长的教育期待的确会影响学生的学习动机和学业表现，但家长的教育期待不能简单归因为“家长不重视教育、只顾赚钱、溺爱、没文化、不配合学校工作”，而应看到由于其自身文化资本的限制，也受到“自由、宿命”的宗教与民族传统文化的熏染，加之近年来教育质量和标准的追求，变相强化了以强势群体、主流文化为中心的基于分数和考试的评价、选拔和流动机制，使得少数民族群体通过教育实现向上流动的通道受到越来越严重的挤压，从而间接影响到家长对教育的期待与信任。

教师的期望不仅直接影响学生的成就动机和抱负水平，而且还影响父母的期望和学生同伴的一致评价，形成学生的期望氛围，并直接影响学生学业表现。教师的期望越高，学生非智力因素对学习的促进作用越大。布鲁姆等人认为“认知可以改变情感，情感也能影响认知”，心理学研究也表明：情感的加深能促进知识的生成和能力的提高，非智力因素是动力系统，是学生积极因素的重要源泉。由此可见，教师与家长的沟通及相互理解，将成为可能改善现状的重要途径。在复杂社会迅速发展的背景下的多元文化，对少数民族地区的教师提出了更大挑战，教师不应用统一的标准和指标来评价和对待所有学生，而是应该以全体学生为主体，尊重不同群体、地区、民族、性别、家庭背景等个体的权利、文化及主体感受，从而全面、立体的认识和理解学生，才能合理评价学生并因地制宜、因材施教。在理念、态度和价值观层面改变民族偏见，才能调整教学行为，真正促进少数民族学生的学业成就。

3. 少数民族学生社会文化的挫伤与学业表现失败

少数民族学生的语言学习意愿、学习兴趣、学习动机、文化与环境的适应、自我认知、认同与归属等社会文化在现代化的教育中被忽略，撤点并校带来的社会环境及社会关系的剧变，割断了少数民族学生与家庭、社区的血脉，使其在矛盾混乱的状态下无法健康发展。年龄越小的学生的学习动机往往越不稳定，受外界因素影响越大，而小学生对于学校学习的兴趣最初往往源于对某位老师的喜爱与认同，教师的表扬、认可与激励也是维持其学习动机的重要心理需要。而教师的偏见与误解更严重伤害了少数民族学生的情感，严重阻碍了尤其是小学阶段的少数民族学生社会文化发展，影响其学业表现及发展。当学生连学校都不愿去、连学习和老师都不想提及时，脆弱的心理被伤害、基本的尊重被践踏、原初的学习意愿被磨灭时，谈何教育与学生发展？

努力创造友善、平等、和谐、文化适切的校园环境，在重视边远民族贫困地区的硬件建设与师资补充的同时，更应关注少数民族学生社会文化的发展和心理诉求，以此为出发点，改进教学理念与行为才能促进少数民族学生的全面发展。

参考文献：

［1］《简明文化人类学词典》。

［2］Hong，Huang－Yao；Lin－Siegler，Xiaodong.（2012，May）. *How learning about scientists´struggles influences students´interest and learning in physics. Educational Psychology*，Vol104（2），May 2012，469－484.

［3］滕星：《文化变迁与双语教育——凉山彝族社区教育人类学的田野工作与文本撰述》，北京：教育科学出版社，2001 年。

［4］常永才：《文化变迁与民族地区农村教育革新》，北京：中央民族大学出版社，2007，第 27－91 页，第 307－327 页。

［5］［比利时］威廉·杜瓦斯著，赵蜜、刘宝中译：《社会心理学的解释水平》，北京：中国人民大学出版社，2011，第 30－56 页。

［6］林宇：《家庭文化资本与农民工子女成就动机内驱力》，福建：厦门大学出版社，2011，第 56－87 页。

［7］《社会科学新辞典》。

作者简介：王学男，（1984—），女，北京人，北京师范大学教育基本理论研究院，博士生，研究方向：为教育社会学、科学教育；黄晓晗，（1989－），女，福建莆田人，北京师范大学教育基本理论研究院，硕士生，研究方向为教育社会学；闫予沨（1988－），女，北京人，斯德哥尔摩大学国际与比较教育研究所，硕士生，研究方向为教师教育；罗悦（1990－）女，江西鹰潭人，北京师范大学教育基本理论研究院，硕士生，研究方向为教育社会学。

二、傣族学生的学业质量的现状与对策研究

——以云南省那目村学校为个案

当前，教育质量问题在全世界范围引起了广泛关注，各国教育部门均想方设法提高教育质量。切实提高教育质量已成为我国各级各类教育，尤其是基础教育的主

要任务。当前，我国教育呈现出新的阶段性特征：有学上的问题已经基本解决，上好学的问题成为突出矛盾。民族教育是我国教育事业的重要组成部分，民族教育质量的高低和发展的好坏，不仅影响到整个国家教育质量的提升，而且对于民族地区经济、社会的发展都具有重要的影响。民族教育质量是衡量我国整体教育质量的重要指标，也是我国创建和谐政治，保持社会稳定，促进自然、经济、文化与教育等可持续发展的关键。学生学业质量作为民族教育质量的一个子系统，因此，对学生学业质量现状、影响因素的研究对于学生学业质量的提升和整个民族教育质量的提升都具有重要意义。

（一）傣族学生学业质量的现状

1. 学生的课堂表现与分析

笔者到个案学校后，随课堂听了几节课，下面通过对一个低年级数学课和一个高年级语文课的听课记录来了解学生的听课情况。

通过对低年级数学听课来发现，第一，傣族学生难以理解数学术语。大部分学生对于“时”的两种表示方法：“时”和“：”，难以接受，所以当孩子起来对一个时间点进行表示时，说成“××点”，老师只是简答地纠正他们的错误，并告诉他们应该读“××时”。很明显，好多孩子脸上带着困惑，表现出似懂非懂的表情。笔者也察觉到大部分学生很难理解这些数学术语。第二，低年级傣族学生存在语言障碍。在课堂上，当老师向学生提出应用新知识来写出自己的起居时间的时候，大部分学生的表情很茫然，显然没太听懂老师的要求，手里拿着笔，迟迟不动。等到老师用傣话进行翻译之后，学生们反应过来，动起了笔。

为了进一步了解学生的学习情况，课后笔者与数学老师进行了简单的谈话，他说道“傣族学生学数学比较费劲，让他们懂，更费劲。特别是数学应用题，傣族学生很难读懂其数量关系。数学的概念有时与傣族的思维有差距。汉语和傣语的表达语序好多时候是相反的，像汉语中的‘慢慢吃’，而傣语就是‘吃慢慢’。低年级教学老师使用傣语辅助教学是有必要的，但老师们并不常用。在有必要强调的时候教师用傣话，教学效果是很好的。”

通过对高年级语文听课来发现，第一，学生对语文的学习兴趣高于数学，对数学的阅读理解感到困难。在学生的谈话中，有好几个学生都一致地认为，语文比数学简单得多，同时也说到，他们只有一个男生数学比语文好，其他的学生都是语文比数学好。对语文课来言，阅读题最难，有时候即使老师给我们讲过了，我还不太明白。第二，从整个课堂表现来说，大部分学生表现得特别被动，不积极，松懈懒散。实际上，老师仅与六七位学生进行互动。其他学生都在低着头，并表现出一副沉闷而疲倦的状态。后排几个学生一直在说小话，甚至上课上到半中间，有两三位学生趴在桌子上睡觉了。

课后，笔者对本班的语文老师进行了访谈。“多数学生在写作上存在困难。朗读课文什么的基本上可以，除了个别学生，毕竟从学前班开始汉语教学嘛。让他们在课堂上回答问题还可以，一旦让他们开始写的时候就表达不出来，课堂上老师讲课基本上能听得懂，主要问题还是表达上。傣语的语法和汉语的语法不同，有时也影响学生的理解。学生理解“被”字句时非常困难。比如虫子被公鸡吃掉了等句子的理解上很吃力。低年级时候听和说比较吃力，到三四年级时候基本没有问题。现在电视什么都有，他们也经常看，语文成绩相对来说好点。目前存在的最大问题是学生的学习态度不好，不爱学习，不好管，课堂上不好好听，尤其是男生捣乱、顶嘴。”

2. 傣族学生的学业成绩极其分析

学业考试的主要功能是检查学生对于所学知识、技能的掌握情况，考试也是直接了解学生学业质量现状的重要手段。以下是两个个案小学2008年和2009年毕业考试成绩。

表1　N小学2008年和2009年毕业考试成绩统计

	人数	语文				数学			
		平均分	最高分	最低分	及格率	平均分	最高分	最低分	及格率
2008届毕业生	59	70.21	97.05	8	71.2%	33.65	91.5	6.3	13.6%
2009届毕业生	52	66.46	95	6.8	67.3%	38.05	95	8	21.2%

表2　K小学2008年和2009年毕业考试成绩统计

	人数	语文				数学			
		平均分	最高分	最低分	及格率	平均分	最高分	最低分	及格率
2008届毕业生	28	88.22	96.15	49.1	96.3%	25.52	81	11	3.57%
2009届毕业生	25	76.88	94	21.6	84 %	52.2	90	9	44%

从表1可知，2008年和2009年数学的平均成绩分别为33.65分和38.05；其及格率分别为13.6%和21.2%，数学成绩偏低。看2009年数学成绩有所提高，平均分上涨了4.4分；及格率上涨了7.6个百分点。2008年和2009年语文的平均成绩分别为分70.21和66.46%；其及格率分别为71.2%和67.3%。这说明N小学生语文成绩较好。2009年成绩与2008年成绩比，有所下降：平均分下降7分，及格率也下降了将近4个百分点。

从表2可知，K小学2008年和2009年毕业考试成绩统计显示出（见表8），2008年和2009年数学的平均成绩分别为25.52和52.2，及格率为3.57%和44%。2009年的数学成绩有所提高，平均分上涨了26.68分；及格率上涨了40.43百分点，进步较明显。2008年和2009年的语文平均成绩分别为88.22和76.88；及格率分别为96.3%和84%，可以看出来K小学语文成绩较好。2008和2009年成绩相比有所下降，平均份下降了11.34分，及格率下降了12.3个百分点。

图1显示，N小学2008年毕业班的语文和数学成绩的各分段的人数分布情况。

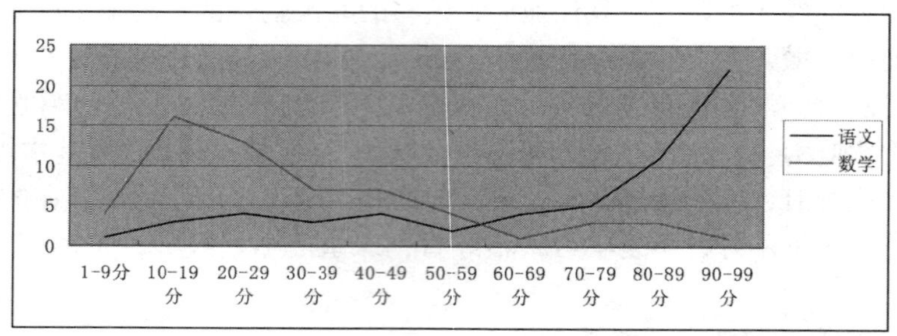

图1　N小学2008年毕业班语文和数学成绩的各分段的人数分布情况表

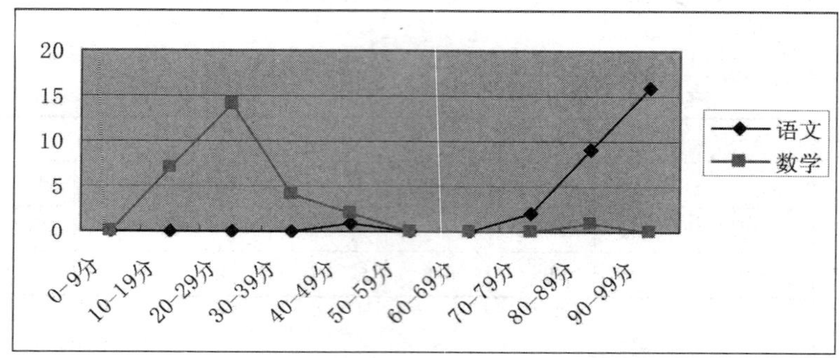

图2　K小学2008年毕业班语文和数学成绩的各分段的人数分布情况表

从图中看出来学生的语文成绩高数学成绩偏低，语文成绩1－79分之间就有5人，大部分集中在79－99分之间。数学成绩分布不均，分布于各分段，60－99分这分段人数比较少，大部分集中在1－39分分段中，从图表中较清楚的看出数学成绩低，而且不均衡的情况。从图2中可知，毕业生的成绩中，各科成绩发展不平衡，学生的语文合格率较高，数学偏低，数学成绩中众数集中在10－39分之间；而语文成绩及格率达到了60%以上，众数集中在70－89分之间。此外，语文成绩来看，稍呈分化的趋势，向上流动与向下流动的比例有所增大。总之，傣族学生的数学成绩普遍偏低，语文成绩较好。

3. 傣族学生对自己学习状况的评价

（1）学生的学习兴趣低

问他们喜不喜欢上学，都说喜欢，为什么喜欢，答案也都一致，学校朋友多。当问及“老师讲课，能不能听懂”时，有个学生说，听不懂的时候很烦啊！如果是傣族老师会用傣话来翻译给我们的。如果没听懂，老师再讲一遍，然后还不明白就会说下课后问同学。放学后，我们也不问同学。大部分学生说喜欢学语文，也觉得语文比数学容易。一提起数学，他们都抱着头说，啊呀，数学太难懂了。再问他们怎么会难学，他们笑着说“学不得”。调研期间，笔者几乎没看见学生来图书室看书或者借书。校园里背着书包出入校门的都是低年级学生，而高年级学生几乎没人带书包。

（2）学生的学习动机较差

在毕业生的访谈中，当笔者问到“快到毕业考试，你们紧张吗”时，几位男生笑着说道“不紧张”、“我们轻松得很”。其中一位男生指着几位女生说，“她们几个天天在学习，她们是准备考州民中和市民中的，我们考镇民中的没有压力。”后来笔者又访了一名毕业班学生，他直接告诉我，“学习不好也不要紧的，都能上初中，只要考试不考零分就行。”

（3）学生对学习的期望低

在毕业班学生的访谈中，发现，大部分学生的未来理想，就是到昆明、深圳等地方打工，或者当厨师、司机，包括班里学习最好的几个女生都这么说。“上高中难得很，我们这里的人都初中毕业就不读了，我不考市民中，我学习不好，数学才考 20 分，现在我们都快毕业了，老师也管不了我们了，不来上学也不怎么管了，能管多少就管多少。”这样的教学现状和学习观念我们非常惊讶，首先惊讶于学生们的回答如此统一，从这样一个侧面我们也可以看到，傣族同学们相互之间的群体影响是非常大的。二者惊讶于同学们信息的闭塞，几乎所有的同学都是希望打工，其他谋生的方式几乎没有，对于生活的多样性，同学们均表示没有想过。

4. 老师对学生学业质量的评价

（1）校长——“学生都怕数学”

在校长的访谈中，校长说道：“数学是我们的学生学不进去的，就像我们六年级的语文都考 80 多、90 多，数学就 30 分 、40 分，怎么也考不了州民中啊。数学的成绩影响学生的整个发展。从三年级开始就会出现数学成绩与语文成绩之间的相差。一二年级不是很明显，有些语文稍微高点，或者两个都差不多，像数学永远比语文好，在这个地方是绝对不可能的（出现的情况）。整体来说，学生都怕数学。”

（2）数学老师——“数学难教”

低年级学生，题型一变就不会了，算数题以填空题的形式来问就不会了。还有就是做应用题，有些根本就不读题意，一般情况下，今天老师讲的是乘法运算，他们直接就把两个数字抄下来，中间加个乘号就算出结果。假如是除法运算，那就套上除法运算法则。其实根本就读不懂题意，久而久之，这就成为习惯，然后在遇到综合题的时候就不会做了。教他们数学太难了。

（3）A 语文老师——“学生厌学，高年级学生更加突出”

低年级的还好，到高年级，特别是五六年级就不爱学习了，也不听话。四五年级就开始变得不想学习，差距很大，特别是到五年级就很明显，我们班数学三年级都还好，一上五年级就开始变了。他们特别懒，我们班上个学期都还做作业，现在有十多个男生基本上都不做作业。高年级和低年级之间的差异就很大了，低年级的时候大多数学生的成绩都很好，当然也有水分，有作弊的，有的考试时竟是乱填乱猜，甚至有的同学还会抓阄，写个小纸条 ABCD 摇一下。

（二）傣族学生学业质量低的原因分析

1. 教育资源短缺对傣族学生学业质量的影响

（1）教育经费的短缺

教育经费投入是提高中小学生学业质量的基础性条件，它关系到学校教学设备的添置和更新，关系到学校教师和管理人员的专业培训。在访谈中，一位校长谈到，学校男生普遍不爱学习，对课堂兴趣不高，不过很喜欢课外活动，并且都有各自的爱好，比如：喜欢打篮球、踢足球等，通过闪光点来激发和鼓励他们吧，可是学校没有固定操场、篮球场，因为没有资金，无法新建。”

（2）办学条件的不足

首先是课程资源严重匮乏。主要表现在教育教学资源的不足。在访谈中，有一位老师说：这个年龄段（小学低年级）的孩子，抽象思维比较薄弱，主要以具体的形象思维为主。可学校也没有什么教具和课程资源，我们想订购一些学习光碟，经费及政策上又不允许，对于在课堂教育教学方法的灵活性上就造成一定的困难。同时，该校校长也认为，缺乏课程资源是当地学生课程成绩（比如数学成绩）偏低的原因之一。如今天早晨你们听课的数学老师讲的那个内容，学习方式方法上，更多的是让学生去动脑筋、去发掘、去探索。但是我们课堂上做不了这个，有些时候是受条件的限制。其次是信息资源缺乏。学校的图书内容比较陈旧，大部分为教材类书籍，仅有少数书籍适合小学生阅读。

（3）教师队伍的不健全

首先，当地教师的专业素质不高，且培训机会少，培训实效性低。教师学历结构来看，老师学历达标率比较高，但是大专以上的学历的取得途径都是假期进修或自考取得的，获取学历的教育过程中也存在质量问题。尽管许多老师达到了国家规定的学历要求，但学历和实际知识水平之间的差距很大。从访谈中发现，教师的培训只是一种形式，其实效性很差。有一位老师说到，参加过新课程培训，总共六七天，回来就忘了。老师在上面讲课，讲完后就考试，就在书上画一画，这种培训没什么用处，回来后也没什么感觉。我们从教师的谈话中可知，教师们所希望的培训是针对性的更具有专业性的培训。其次，教师数量不足，教师的精力容易分散，难以有效管理。据调查，当地缺乏英语、计算机、音乐、体育老师。因此，小学尚未开设英语和计算机等课程，音乐和体育等课程即使在开课，也都由非专业教师，或者班主任来负责。甚至由于教师数量不足，老师们不光教课，还充当着园丁、保安等多种工作。

2. 传统文化与社区风俗对傣族学生学业质量的影响

（1）语言差异显著

据观察，在课间或者课外，学生之间都用傣语交流，包括与傣族老师的交流。由社区、家庭日常应用语言和学校教学语言之间的差异造成学习上的语言障碍，不仅是影响傣族学生学业质量的重要原因，也是影响教师教学积极性的重要原因。孩子因为语言障碍会引起学习困难，也会相应降低他们的学习兴趣和动力。少数民族的学生比起汉族学生在语言上有更大的学习难度。

（2）家长教育观念的陈旧

首先，家长的文化教育水平低，对孩子的教育的关心不够。在家长的访谈中，文化程度低的家长对孩子成绩的关心程度基本上为零，或许偶尔有一两次；而受过教育、有一定文化水平的家长就会经常督促孩子的学习，会经常与教师主动沟通，关心孩子的学习情况。在学生访谈中，有一位六年级学生的话也反映了这点。“我们的父母不像汉族父母，汉族父母都学过点书，汉话都知道，能做辅导，因为我们的长辈都没有读过多少书，我爸妈小时候辅导点，还检查我们的作业，现在就不管了。”其次，家长没有能力和时间照顾孩子的学习。傣族家长一方面是没有辅导能力，另一方面，由于忙于农活，很少有时间督促孩子做作业或学习。有一位老师说，家长有时候也没有时间管他们，特别是农忙的时候，父母早早的上地，晚上才回来，孩子连饭都吃不上。以上因素的影响对一个自我意识发展水平尚未完善，没有具备自我控制的能力小学生的来说，无疑使之没有时间去巩固新学的知识，久而久之，在某一阶段没有完成的学习任务，随着年级的增长是就更难弥补。

（3）民族传统习俗与现代教育理念的反差

在调研过程中，笔者多次感受到傣族人的对凡事随缘、不强求的民族性格，同时，这种性格特征决定着傣族家长的教育观念，即孩子能否升学、能否学好，一切随于孩子自己的缘分，多数家长的观点是如果孩子愿意学习，他们就会全力支持。显然，这种民族传统观念与提倡竞争意识的现代化学校教育观念之间发生冲突，某种程度上导致傣族学生缺乏父母的督促和鼓励，随之他们的求知欲和学习愿望降低，最终难以适应学校教育。此外，自古以来，傣族就有早婚的习俗。这也一定程度上影响着傣族学生的学习积极性。

（4）社区中的不良风俗

云南边境地区是毒品重灾区，教育观念相对落后，社会上的很多青年有不良嗜好，如结成团伙聚餐、酗酒、纹身、打牌、骑摩托兜风，甚至吸毒等，使部分学生的思想和心灵受到了侵蚀，加之社区上的一些不良现象、不健康的影视音像制品，对青少年身心健康不利的营业场所，都对学生造成了极坏的影响。

3. 自然地理与经济生态对傣族学生学业质量的影响

（1）自然地理环境的复杂性

地处偏远山区，信息交通闭塞，经济欠发达。由于交通与信息不便等原因导致傣族学生的智力发展与城镇学生相比，存在巨大的差距，比如，见识不广，思维能力、想象能力和语言表达能力都比发达城镇地区同龄儿童的发展水平要低。

（2）经济生态的单一性

傣族所生活的地区大部分属于坝区，田地较多，农业从业人口占绝大多数，产业发展停留在以农业为主的阶段，产业技术水平低下，农业劳动不需要太多的知识和技术，年轻人不读书照样可以参与劳动。因此，这些落后的思想观念和生产方式仍然影响着当地的教育发展水平。傣族社区与家庭对傣族学生接受现代学校教育需求并不迫切，导致傣族学生对入学以及学业成就的期望水准偏低。

4. 学生自身的因素对傣族学生学业质量的影响

首先，从小学生的心身发展特点来看，小学生正处于成长期，心身发育尚未成熟，容易被外界所吸引。其次，认同差生的标签。傣族学生身上存在文化基础差，知识缺漏多，学习成绩不理想的问题，以使他们在学习上产生了畏难和厌学情绪，并造成很大一部分学生在学习上自信丧失，学习动机弱化，表现出了极强的被动性。

（三）提高和保证傣族学生学业质量的思考与建议

1. 建构一套民族教育教学质量评价体系

政府与教育主管部门应狠抓小学基础教育，不仅要投入更多的人力、财力和物力，而且要加强质量监测工作。国家自从实行“免试入学”制度之后，义务教育质量监控工作严重缺位，这一问题多年以来一直困扰着教育行政部门和基层工作者。这个问题对民族教育来说，其意义更重大。如果只是片面追求“普九”的数量，而长期忽视民族教育的特殊性，会直接影响民族教育的质量。评价是教育管理的重要手段，应该由重数量转向重质量，评价在教育发展及其质量提高具有导向性、基础性和全局性的影响，与学生成长、人才培养、教师发展和学校建设乃至社会、教育的和谐发展直接相关。没有评价的教育是盲目的教育。我们将进一步从课程深入落实角度考虑的话，没有标准，就谈不上有效的评价，没有有效的评价就没有有效的学习和优质的学习质量。因此，构建一套符合民族地区中小学教育教学实际情况的，促进民族学生学业质量不断提高的质量监测体系势在必行。

2. 加强教育科研工作，设定提高学生学业质量专题教学改革实验

教育行政部门加强对民族中小学教育教学改革基础研究工作的资助，结合当地民族教育实际，针对少数民族学生学习过程中存在的问题设立相关领域的学业质量课题、教学改革实验等，如“以阅读为支柱提高少数民族学生写作能力”的中小学语文教学改革实验，“以思维开发促进少数民族学生数学能力”的中小学数学教学改革实验，进一步明确和提高民族学生通过 HSK 的等级标准，从而全面推进素质教育，提高民族中小学教育教学质量。

3. 创设多元文化的校园环境

学校教育是整个社会生活与文化的重要部分，发挥学校教育的主导作用，学校教育应在地方文化和主流文化之间发挥桥梁作用，学校不再秉承单一的行为模式，而应当认可和接受个体和文化族群的差异。因此民族地区学校教育的运行与发展，更是离不开当地的社会生活与文化背景。民族地区办学，应该注重体现民族特色和个性。在学校的整体环境中融入多样化的民族和文化，学生必须获得直接可用的材料，从而鼓励和激发少数民族学生的对校园和学习的积极性。

4. 改善学生的学习环境

学生学习质量与学习水平是衡量教育质量的关键性指标。学生发展不均衡是当前中国民族教育中普遍存在的问题之一，其中学生基础薄弱是少数民族基础教育中突出的问题之一。通过田野调查，我们也发现，难学、读不懂、怕读书、厌学已成了傣族学生的共同感受。学生是教育的主体，教育者不能忽略对学生群体的研究。由于文化背景不同，各个学生的学习动机、兴趣、情感及个性特点各有差别。我们应进一步了解不同特征学生的学习特点。在全面的、科学的分析和研究民族地区学生的学习特征、性格特征及兴趣爱好的基础上，进行针对性教育，绝不是使学生消极地去适应或迁就现有学习特点，而是要使学生依据新的发展的可能性趣促进发展。学校应从实际情况出发，营造良好的校园文化氛围，调节学生的课余生活，开展丰富多彩的课外活动，改善学习环境，提高学生学习质量，从而激发了广大学生的学习热情，增强了学生竞争意识和创新意识。

5. 加强当地小学教育与社区、家长之间的联系

家庭教育、社区教育对少数民族儿童个性社会化能起到学校教育不能替代的重要作用。村委会与学校要相互沟通，共同协助，即政府、学校、村民小组、家长、教师合力、齐抓共管，营造有利于读书学习的环境，树立起良好的学习风气。学校积极主动与村委会和家长取得联系，学校、家庭和社区形成教育合力，构建全方位的监控网路，从各方面形成对学生的约束力量。要通过各种形式的沟通接触来彻底改变家长对于读书上学的认识，督促家长要积极和学校、老师配合共同努力提高孩子的学业水平，从而真正促进学生在校学习的进步，这样一来整个家庭、学校、社会联动为学生创建了优良的学习氛围，势必会促进整个地区民族教育水平的提高。社区、家庭与学校合力，不仅能提高当地村民对教育的认识和关心，提供一定的教育资源，而更重要的是增强孩子的学习兴趣。并且结合民族学生的特点，激发少数民族学生奋发向上，勤学苦练，不断提高自己的学业成绩，农村的家庭教育、学校教育、社会教育三者能有机地结合。

6. 改进双语教学，消除学生语言障碍

语言障碍直接影响师生之间的认知的沟通和情感的交流，既影响了学生对知识的理解和运用，也影响学生思维的发展，同时一定程度上抹杀了学生的学习兴趣；对教师的教学积极性，对学校教学质量的提高也造成不利因素。在本研究中，傣族学生语文的成绩普遍高于数学成绩，且语文学习兴趣远远高于学习数学的兴趣。数学教学中采用少数民族语言辅助教学是提高数学教学质量的一种手段。对数学语言中的一些难理解的文字和术语，尽量用少数民族语言进行辅助与解释，以减少语言和理解方面的障碍。因此，要加强少数民族地区师资队伍建设特别是双语教育能力教师，加强对边远农牧山区教师工资待遇的倾斜。

参考文献：

[1] 苏德：《多元文化教育——一个跨文化研究视角》，载《内蒙古师大学

报》，2004年第1期。

［2］司洪昌：《嵌入村庄的学校——仁村的教育的历史人类学探究》，北京：教育科学出版社，2009年。

［3］袁同凯：《走进竹篱教室——土瑶学校教育的民族志研究》，天津：天津人民出版社，2004年。

［4］马茜、肖亮中：《文化的中断与少数民族教育》，载《陕西师范大学学报》，2002年第1期。

［5］彭亚华：《少数民族女童低学业成就的归因分析与对策》，载《民族教育研究》，2004年第1期。

［6］沈良杰：《凉山彝族女学生低学业成就的归因分析与对策》，载《西南民族大学学报》，2008年第8期。

作者简介：陶格斯（1984—），女，内蒙古师范大学教育科学学院，博士，研究方向为：少数民族教育。

第三节　学生认知能力的跨文化比较研究

一、哈尼族、傣族聚居区初中生“科学概念”获得的比较研究

站在多元文化的人本主义的立场来探究少数民族学生学习心理异同，是民族聚居区基础教育学校教师进行“因材施教”的依据。不同文化历史积淀所产生的文化性格时在影响着少数民族学生们的思维方式和学习态度。教师如果无视这些差异，则有悖于教育对象的充分发展。为寻找不同民族学生认知心理和文化心理的差异，本文以比较法、自然实验法和量化与质性研究相结合的方法，以傣族（云南省德宏州芒市法帕中学）和哈尼族（云南省红河州红河县高级中学）的初中生的概念获得能力作为研究对象，来探讨斯滕伯格（R. J. Sternberg）意义下的“应对新异性”能力和“自动化加工”能力的族际差异，以及文化性格对学习态度的影响的族际差异和有基于此的“因材施教”方式方法。

（一）量化研究

本文通过对傣族和哈尼族聚居区两所学校的实地调查与自然实验，通过观察、课堂参与和问卷收集，截取了相关数据。问卷分为初一、初二、初三年级三类，两族每个年级选择两个班（提高班和普通班）为问卷调查对象。

作为陈述性知识的概念是指静态的概念，即人们通常所说的基础知识；作为程序性知识的概念是指动态的概念，即人们通常所说的基本能力。按斯滕伯格的经验智力理论来划分，可包括概念获得的“应对新异性”能力和“自动化加工”能力。本文主要从“概念获得”这一视角进行跨民族的比较研究，并将“概念获得”限

于初中科学课程的教学过程中，主要包括物理、化学和生物这三门学科中的基本概念。

概念获得一般是一个从概念形成，到概念界定，再到概念应用的过程。本文中的概念获得在此专指概念界定的能力。一般情况下，学科教学过程中学生的概念界定主要包括以下两种：一是教师传授并且学生接收的概念界定，二是师生互动或教师启发学生自己完成的概念界定。在本文中，两族学生的概念获得属于上述第一种情况，并将作为概念界定的概念获得，分为以下三个步骤：①归属——新的概念在性质上属于学科体系中的哪一种类；②定位——新的概念在确定的种类之中处于上位，还是同位，抑或下位；③提纯——界定概念时根据“种＋属差”的形式逻辑，将“属差”的本质特性提炼出来并清楚地加以表述。以上三个步骤的能力将分别以“应对新异性”和“自动化加工”的测度来衡量。

1. 应对新异性

“应对新异性”能力是斯滕伯格提出的“三元智力”理论中经验智力的两个测度中的一个，是个体初遇任务情境时所表现出的即时能力；所谓新任务和新情境是个体以前从未遇到过的，有的人能很好地应对自如，有的人则不知所措。笔者在自然实验提取数据的过程中发现，在“应对新异性”这个测度上，科学概念获得的“归属”、“定位”和“提纯”三项合计，傣族初中生的能力水平高出 0. 23 个百分点，如图 1 所示：

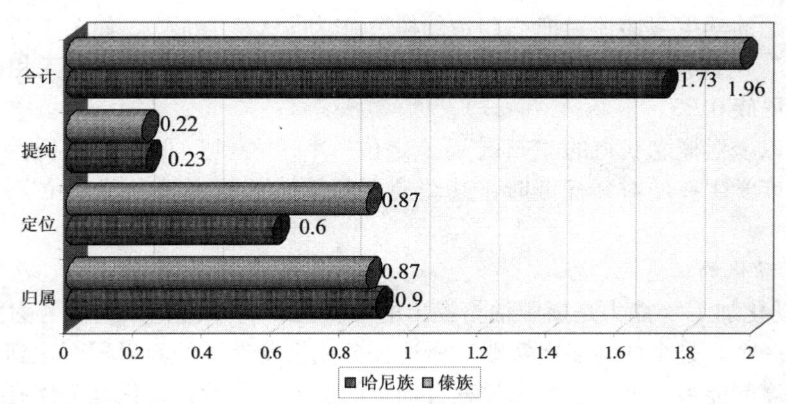

图 1　应对新异性（物理）

关于科学概念在“归属”项上的“应对新异性”能力，笔者所做自然实验的题目是：

指出下列能够发光的物体是哪些？哪些是自然光源？哪些是人造光源？

A. 太阳　　B. 萤火虫　　C. 篝火　　D 蜡烛

E. 油灯　　F. 电灯　　J. 月亮　　H. 星星

这三个小题考查的是与“光源”有关的知识，属于初二上学期的新课内容，对于初一学生来说是不具备“光源”这样的物理知识的。从图 1 可看出，在面对

“归属”的新任务时，傣族和哈尼族学生选择的正确率几乎相同：傣族0.87，哈尼族0.90，仅差0.03。

关于科学概念在“定位”项上的“应对新异性”能力，笔者所做自然实验的题目是：

在空白方块中填入“机械能”知识体系中所缺的内容：

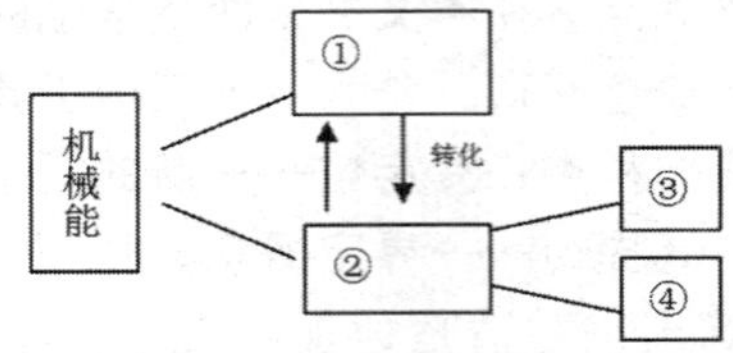

数据统计结果表明，在面对“定位”的新任务时，傣族和哈尼族初中生回答该题的正确率相差较大：傣族0.87，哈尼族0.60，相差0.27。

关于科学概念在“提纯”项上的“应对新异性”能力，笔者所做自然实验的题目是：

某同学坐在行驶的列车内，若说他是静止的，则所选择的参照物是：

A. 铁轨　　B. 在车内走动的乘务员

C. 车窗　　D. 路边的树

这道题的正确选项是C，但大部分学生都选择了D选项。同学们之所以选错，是因为答题的学生习惯地错把“路边的树”作为了“参照物”。如图1所示，在面对“提纯”的新任务时，傣族和哈尼族初中生回答该题的正确率几无相差：傣族0.22，哈尼族0.23。

通过以上对概念获得的“归属”、“定位”和“提纯”的数据分析，可知，傣族和哈尼族学生在面对新任务时，其“应对新异性”能力只在“定位”一项上相差较大。

2. 自动化加工

“自动化加工”能力是斯滕伯格提出的“三元智力”理论中经验智力的两个测度中的另一个，是个体经多次实践对所遇任务或情境有了经验累积而达到某种熟练或稳固程度的能力，即信息加工过程自动化的能力。所谓自动化是个体有效地将一些操作熟练而稳固地运用于复杂问题的解决中。在任务、情境和个体三者关系中，有的人虽然应对新异性的能力很强，但是，“来得快，去得也快”，其自动化加工的能力远不如那些“来得慢，去得也慢”的人。笔者在自然实验提取数据的过程中发现，在“自动化加工”这个测度上，概念获得的“归属”、“定位”和“提纯”三项合计，哈尼族初中生的能力水平高出1.52个百分点，如图2所示：

关于科学概念在“归属”项上的“自动化加工”能力，笔者所做自然实验的两道题目分别是：

①在下列事例中，分别是通过什么介质传播声音的。A ________；B ________；C ________。

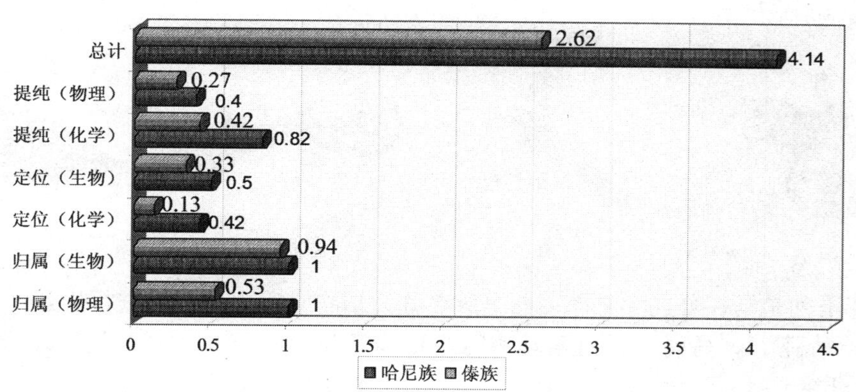

图 2　自动化加工

A. 我们平时听到的讲话的声音

B. 在水中游动的鱼被岸上的脚步声吓跑

C. 人的耳朵紧贴到火车铁轨上（或贴在桌子上）听到远处开动的火车的声音

如图 2 所示，在面对物理概念“归属”的自动化时，傣族和哈尼族初中生回答该题的正确率相差较大：傣族 0. 53，哈尼族 1。该题是初二学生上学期的一个知识点，相隔一个学期来测量，哈尼族和傣族初中生的正确率却相差 0. 47，几乎是一倍。

②下列物体中，不属于生物的是（　　）

A. 蘑菇　　B. 病毒　　C. 被风吹动的窗帘　　D. 不游动的鱼

再如图 2 所示，在面对生物概念“归属”的自动化时，傣族与哈尼族初中生回答该题的正确率水平相差不大，傣族 0. 94，哈尼族 1。该题与学生日常生活较为接近，两族学生的正确率接近。

关于科学概念在“定位”项上的“自动化加工”能力，笔者所做自然实验的四道题目分别是：

①在下列物质中属于混合物的是________，属于纯净物的是________，属于单质的是________，属于化合物的是________，属于氧化物的是________。

A. 硫粉　　B. 洁净的空气　　C. 冰水混合物　　D. 氮气

E. 铜　　F. 水　　G. 氯酸钾　　H. 四氧化三铁

I. 牛奶　　J. 冰红茶

又如图 2 所示，在面对化学概念“定位”的自动化时，傣族和哈尼族初中生回答该题的正确率相差 0. 29 个百分点，傣族 0. 13，哈尼族 0. 42。

②下列各组植物类群名称，哪一组不属于同一个分类等级？

A. 种子植物和裸子植物　　B. 单子叶植物和双子叶植物

C. 苔藓植物和蕨类植物　　D. 裸子植物和被子植物

③下列各种动物，若依据生理功能进行分类，除哪种动物外，其他三种可划为

同一类群？

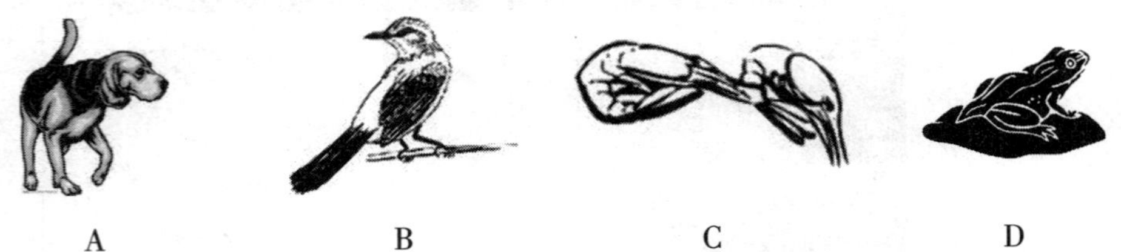

④下列是马在分类学上的一些等级名称，请将它们由大至小进行排列：

a. 马科　b. 马属　c. 脊索动物门　d. 奇蹄目　e. 脊椎动物亚门　f. 哺乳纲

A. b－a－f－c－d－e　　B. e－c－f－d－b－a

C. c－e－d－f－b－a　　D. c－e－f－d－a－b

以上②③④题的数据统计结果表明，在面对生物概念"定位"的自动化时，傣族和哈尼族初中生回答该题的正确率相差 0.17 个百分点，傣族 0.33，哈尼族 0.5。

关于科学概念在"提纯"项上的"自动化加工"能力，笔者所做自然实验的五道题目分别是：

①在 Ca^{2+} 右上角的数字表示的意义是（　　）

A. 钙原子最外层上有 2 个电子　　B. 钙原子有 2 个电子层

C. 钙离子带两个单位正电荷　　D. 2 个钙离子

②关于钠离子和钠原子的认识不正确的是（　　）

A. 它们的质子数相同　　B. 它们的电子层数不同

C. Na 比 Na^+ 少一个电子　　D. Na^+ 的最外层是稳定结构

③蚊子、蜂、蚂蚁等昆虫叮咬人时，会向人体射入一种叫蚁酸（具有酸的性质）的物质使皮肤红肿瘙痒甚至疼痛。要消除这种症状，可在叮咬处涂抹下列物质中的（　　）

A. 牙膏或肥皂水　B. 食盐水　　C. 烧碱　　D. 食醋

以上①②③题的数据统计结果表明，在面对化学概念"提纯"的自动化时，傣族和哈尼族初中生回答该题的正确率相差 0.40 个百分点，傣族 0.42，哈尼族 0.82，如图 2 所示。

④小孩玩荡秋千游戏，在从最低处荡到最高处的过程中，她的动能和重力势能的变化正确的是（　　）

A. 动能增大，重力势能增大　　B. 动能减小，重力势能增大

C. 动能不变，重力势能增大　　D. 动能不变，重力势能不变

⑤请选择下列该现象所属的物态变化，把相应的字母编号写在括号中。

烧开水时冒的"白气"（　　）　　a. 汽化

夏天湿衣服晾干（　　）　　b. 熔化

冬天早晨看到草上的霜（　　）　　c. 凝固

用久了的灯泡钨丝比新时细（　　）　d. 液化
钢水浇铸成火车轮（　　）　e. 凝华
吃冰棒解热（　　）　f. 升华

以上④⑤题的数据统计结果表明，在面对物理概念“提纯”的自动化时，傣族与哈尼族初中生回答该题的正确率相差0.13个百分点，傣族0.27，哈尼族0.40，如图2所示。

通过以上对物理、生物和化学这三门科学课程中的概念获得的“归属”、“定位”和“提纯”的数据分析，总的来说，傣族和哈尼族学生的“自动化加工”能力在“归属”、“定位”和“提纯”三个方面都存在差异，在每一项上哈尼族均高于傣族学生，其中物理“提纯”和化学“归属”两项相差的百分点是其它几项中最高的。生物概念在“归属”和“定位”中两族初中生相差不大。

总之，在面对新任务时，傣族和哈尼族学生的“应对新异性”能力在“定位”、“归属”和“提纯”三项上正确率平均水平，傣族初中生较强，净差为7.7%｛=［（1.96－1.73）÷3］×%｝，然而，傣族和哈尼族学生的“自动化加工”能力在“归属”、“定位”和“提纯”三项上正确率平均水平，哈尼族初中生较强，净差为25.3%｛=［（4.14－2.62）÷6］×%｝。可见，作为同是初中生的哈尼族和傣族，他们的“应对新异性”能力差异（0.077），远远小于其“自动化加工”能力的差异（0.253）。这种差异之所以存在，可以有诸如历史、地理、生存方式和文化性格等多种原因，但直接影响两族初中生学习态度的文化性格则不能回避。

（二）质性研究

五十六个民族五十六朵花，每个民族的文化性格不尽相同。傣族似水，激情和谐；哈尼族如山，坚韧纯朴。“知者动，仁者静”（《论语·雍也》）。山有山的稳重，水有水的自由。“知者乐水，仁者乐山”（《论语·雍也》）。如水的傣族生性自由、思维活跃、反应灵敏，在面对新任务时，其“应对新异性”能力较强；似山的哈尼族生性沉稳、思维清晰，对学过的知识一旦掌握就保持长久，在面对概念获得的自动化时，其“自动化加工”能力较强，如上文数据所显示的那样。正是这样的文化性格，在一定程度上决定了傣族学生的随性的学习态度和哈尼族学生的踏实的学习态度。

1. 文化性格

文化性格由族性差异所决定，而族性差异又是受其生产生活方式的决定，所谓“一方水土养一方人”。生活在不同地域上的族群，主要有民族、言语和宗教三个方面的宗旨及人文历史和思想观念等方面的不同而具有不同的文化性格。在历史进程中，各民族间相互融合，相互学习，但是，在很大程度上仍保留自己独特的文化基因，具有其自身的文化性格。

云南省德宏州傣族聚居区的芒市和红河州哀牢山的哈尼族聚居区的红河县，其各自生存的自然条件不同，族群间净遗传距离[①]较远，其文化性格差异明显：如前文所述，哈尼族坚韧淳朴，傣族激情和谐。哈尼族和傣族皆属农耕民族，只不过哈尼族居山区，气候虽温和湿润，“靠山吃山”，但其交通相对闭塞，而傣族则居坝区，气候炎热、雨量充沛，自然资源相对丰富，“靠水吃水”。哈尼族有语言无文字，属于山地农耕民族，历代先民创造了高达上百级的“梯田文化”，体现着大山坚韧的性格。哈尼族学生大多都很踏实，学习刻苦；如果哈尼族的孩子在学习上遇到了困难而想放弃时，家长就会激励子女说：“不努力，就走不出大山！”傣族生性自由、崇尚自由，傣族的家长对待子女很民主，子女对待学习的态度也很随性。如果傣族的孩子对其父母说：“爸妈，我不想上学了”，其父母一般都会说：“不上就不上吧！”坚韧淳朴的文化性格在哈尼族学生学习态度上的突出表现是踏实进取，激情和谐的文化性格在傣族学生学习态度上的突出表现是趋同随性。

2. 学习态度

傣族学生自由随性，趋同从众倾向明显。傣族家长给予了孩子们很多的自由，孩子们生活得洒脱。自由，决定着他们的趋同和随性，但对其学习也带来一定的负面影响。例如，在进行调研的中学里，笔者经常利用课余时间给傣族学生补习化学，其中，郎月、阿荣、小玉、小乔、阿金在提高班，但其学习成绩在班上属于中下游水平。其中的四个女孩喜欢梳一样的发型，穿一样的衣服款式，喜欢避异求同[②]，她们对补习的事并不热衷，“三天打鱼两天晒网”，其基础知识薄弱，但喜欢挑战做难题，即使中考临近，也无所担心。

哈尼族学生踏实进取。哈尼族聚居在红河南岸哀牢山脉，交通不便，大部分的哈尼族家庭生活并不富裕。在学校里，贫困学生大多都学习踏实，积极主动，成绩较好。例如，笔者在进行调研的中学里认识了一位哈尼族男生名叫大龙，成绩优秀。像他这样成绩优秀的哈尼族男生比其他学生更具主动学习的意识。因为不想回村寨，也不想只是靠打工为生，所以，选择读书来改变命运。该校的教师也反映，与汉族相比，哈尼族学生较为努力。

（三）因材施教

教学有方，但无定法。通过量化研究和质性研究，我们已初步知道傣族和哈尼族学生的思维品质、文化性格以及学习态度。有基于此，我们的教师应在教育教学过程中，具体问题具体分析，因材施教，针对不同民族的不同思维品质和不同的文化性格而采用不同的教学方法。

傣族学生“应对新异性”能力强一些，哈尼族学生“自动化加工”能力强一些。两族学生不同的思维品质，在概念教学中应采取什么样教学方法呢？

关于科学概念获得的“归属”，题目如第一题。该题是让学生判断 A、B、C

① 金力、褚嘉祐：《中华民族遗传多样性研究》，上海：上海科学技术出版社，2006，第 213 页。

② 尹可丽：《傣族的心里与行为研究》，昆明：云南民族出版社，2005，第 17 页。

三个现象中的声音分别是通过哪三种介质传播听到的。答案分别为：空气、水和固体。傣族学生在这道题的正确率仅为0.53，哈尼族学生为1。分析导致傣族学生错误的原因有二：首先不确定声音的传播需要媒介；其次不清楚声音在气、液、固三种介质中的传播机制。针对这样的错误，在概念获得的“归属”这一步骤中，教师要明确指出新的概念属于学科体系中的哪一种类，多让学生接触各种不同的案例，进行归类练习。同时还可以把概念设置在生活场景中，让学生体会知识源于对生活的观察。

关于科学概念获得的“定位”，题目涉及物理、化学和生物。以物理题为例(如题2所示)。该题是让学生把机械能的相关概念补充完整。答案是：机械能包括动能和势能；势能有包括重力势能和弹性势能。哈尼族学生在这道题的正确率0.6，低傣族学生0.27个百分点。分析哈尼族学生做错的主要原因是：学生在脑海里没有一个清晰的机械能的知识树图。虽然对于单个的概念掌握得相对较好（如第十题)，但是机械能、动能、势能、弹性势能、重力势能之间的关系式掌握得比较模糊。针对这样的错误，在概念获得的“定位”这一步骤中，教师可以“知识树图”这样的形式向学生展示概念间的关系，即明确新的概念在原来学习的知识图式中处于上位，还是同位，抑或下位。这样，学生就清楚自己的认知图式中是哪一个概念没有掌握好。

关于科学概念获得的“提纯”，题目涉及物理和化学。以化学题为例（如题7所示)。这道题是让学生说出“Ca^{2+}右上角的数字表示的意义”。答案是C选项：钙离子带两个单位正电荷。傣族学生低了哈尼族学生0.4个百分点，而且三分之一的傣族学生选择了A选项（钙原子最外层上有2个电子)。分析导致傣族学生错误的原因是：首先题目意思未理解透彻，急于做题。题目中出现的是离子形态的钙，而且是失去两个电子的钙。其次化学基础知识掌握不牢。右上角数字的“+”表示失去电子，“2”表示2个电子。“+2”表示失去两个电子。针对这样的错误，在概念获得的“提纯”这一步骤中教师要让学生清楚地理解其中每一个蕴含的概念的涵义。在这道题中需要掌握离子与原子的概念，以及他们之间的关系。

总之，在科学概念获得的教学过程中，教师可以运用归类练习、知识树图等教学方法，使学生清清楚楚地掌握每一个概念。同时，学生的学习态度也会明显地影响到学生的学习成绩，使得两族学生好思维品质得不到很好的发挥。

傣族学生随性趋同的学习态度，使他们很少认真地对待学习，倾向于选择那些自己感兴趣的知识。因此，有些新课的内容是学生们感兴趣的，课堂气氛就会十分活跃。有时一个学生幽默的回答会引起其他同学的积极参与。过后却很少主动地复习。笔者认为，对于随性的傣族学生可以采用苏格拉底（Socrates）的“产婆术”，直击傣族学生的弱点，其目的是让受挫折的傣族学生激起他们进一步求知的欲望。在这个过程中，师生互动是一对一的，当这位被提问的学生不能继续回答下去时，教师立即呈现所学知识的结构框架，点出该学生走到哪一步就停止了，同时激发其他学生接着来挑战这个任务。“产婆术”的教学过程是让被动学习的傣族学生重新点燃求知的欲望，同时，最需要培养的是踏实进取的学习态度。

若是对哈尼族学生同样采用苏格拉底的“产婆术”，会产生两个副作用。一是，直击学生的薄弱处会导致学生自信心的降低；二是容易造成冷场。因为哈尼族学生善于教师系统地教学，并能主动然后对照自己的认知图式，辨别出哪些是自己最薄弱的地方。他们更喜欢自己钻研并利用课后或自习时间向教师请教。笔者认为，同样是启发式教学，对于哈尼族学生可以遵循孔子的“不愤不启，不悱不发”（《论语·述而第七》）的教学原则。教师需等待最佳时机进行启发——等到学生因解答不出来而愤怒才去启发，等到因解答不出来羞红了脸才去启发。这个过程可能会慢一些，但是经过这样一个自发的悟性过程，遗忘是很不容易的。就笔者进行调研的中学来说，大部分的哈尼族学生学习比较踏实进取，教师可以多增加一些一题多解的练习，以增强他们的“应对新异性”的能力 。

综上所述，在科学概念获得教学中，傣族学生善于利用“知识树图”来分析概念间的关系，但随性的学习态度导致他们不愿花费太多精力复习巩固基础知识，相反喜欢攻克一些自己感兴趣的却超出自己能力范围的题。“产婆术”有利于激起傣族学生的求知欲，并且通过问答的方式，了解自己的不足与潜能。哈尼族学生踏实进取的学习态度是非常值得保持的，只要教师在适时的时机给予指导，学生的更能增强自身的自信心。同时，对于哈尼族学生来说可以提高的空间还很大，通过思维训练使学生更能应对新的任务和情境。

参考文献：

[1] 尹可丽：《傣族的心理与行为研究》，昆明：云南民族出版社，2005 年。

[2] 金力、褚嘉祐：《中华民族遗传多样性研究》，上海：上海科学技术出版社，2006 年。

[3] [美] 德里斯科尔，王小明等译：《学习心理学》，上海：华东师范大学，2007 年。

[4] [美] 本特利，红秀敏等译：《科学的探索者》，北京：北京师范大学出版社，2008 年。

[5] [中] 楚江亭：《真理的终结——科学课程的社会学释义》，北京：北京师范大学出版社，2005 年。

[6] [美] 古德：《儿童如何学科学——概念的形成和对教学的建议》，北京：人民教育出版处，2005 年。

[7] 胡卫平：《科学课程与教学论研究》，北京：高等教育出版社，2007 年。

[8] [以] 柯祖林，黄佳芬译：《心理工具》，上海：华东师范大学出版社，2007 年。

[9] 李剑： 《小学生多重智能发展理论的解析》，北京：北京师范大学，2001 年。

[10] 庄孔韶：《人类学通论》，太原：山西教育出版社，2003 年。

［11］张春兴：《教育心理学》，杭州：浙江教育出版社，1998 年。

［12］［英］英国里兹大学儿童科学学习研究组，郭玉英等译：《为“概念转变而教”策略综述》，载《物理教师》，2003 年第 5 期。

作者简介：饶赟（1981—），女，彝族，云南个旧人，2011 年 6 月毕业于中央民族大学比较教育学专业，获硕士学位，现任教于云南师范大学，助讲。研究方向：比较教育学。

二、苗族、侗族初中生英语表象形成能力的比较研究

本文在湖南省通道侗族自治县一所中学与湖南省湘西土家族苗族自治州花垣县一所中学各抽取初中的一个班级（以下简称“通道 A 班”和“花垣 B 班”），进行了为期半年的英语教学田野工作，通过自然实验法，获取相关数据。从中析出两族的比较优势，以建议授课教师针对苗族侗族学生英语表象形成能力的比较优势而采取因材施教的不同教学方法。

表 1　通道 A 班与花垣 B 班的班级构成

班级	人数	性别构成（人）		民族构成（人）			母语（人）		
通道 A 班	51 人	男	女	侗族	苗族	汉族	侗语	苗语	汉语
		23	28	39	8	4	30	8	13
花垣 B 班	44 人	男	女	苗族	土家	汉族	苗语	汉语	
		21	22	41	1	1	41	2	

表象是指当前不存在的事物或事件的一种知识表征，是对具体客体的空间关系、细节特征及抽象观念变化特征所作出的一种表征形式①。表征是信息在头脑中的呈现方式，反映了我们对于现实的主观印象②。境界中有情，是感性作用的结果；境界中有意，即境界中有意志化的思想内容，是知性作用的结果；境界中有智，是非概念化和工具化的理性作用的结果③。本文中的意象指的是意境中的表象，强调景中有情，情中有景，情景交融，理蕴其中。

表征、空间旋转和意象是个体表象能力的三个测度④。为比较侗苗两族初中生在初中生英语表象形成能力的差异，本文对采用比较分析法和作业分析法两种基本的量化方法，分别设计了十道英语名词绘画题、八道英语游戏活动题和八道英语歌

① 吴庆麟：《认知教学心理学》，上海：上海科学技术出版社，2008，第 66 页。

② ［美］罗伯特．L. 索尔所、M. 金伯利・麦克林、奥托．H. 麦克林，邵志芳等译：《认知心理学》，上海：上海人民出版社，2008，第 265 页。

③ 李剑：《教育审美与教育批判——解脱现代性断裂对人之发展的困扰》，北京：北京师范大学，2005，第 1 页。

④ 李剑：《教育审美与教育批判》，北京：中央民族大学出版社，2011，第 134 页。

舞活动题。

（一）表征及其数据统计

本部分列出十个在英语课堂上教授过的英语名词，被试根据所给英语名词画出相应的图画。根据被试所画的图画，按照完整度、准确度、文化特质等指标来评判被试的表征能力。本文作者在“忘却母语”（no Chinese）的英语课堂上将十个教过的英语名词列出在黑板上，被试在一节课40分钟的时间内，在空白纸上画出相应的图画。十个英语名词如下：

buffalo（水牛）；mountain（山）；drum（鼓）；bridge（桥）accessory（头饰）；

house（房屋）；fish（鱼）；dragon（龙）；phoenix（凤）；father or mother（父或母）

该题满分为100分。苗族学生表征能力成绩的平均分是67.73分，侗族学生表征能力成绩的平均分是73.59分，可见，苗族学生和侗族学生在表征能力上不存在非常显著的差异。两个班大部分学生所画的图都与本民族文化相关。例如：在“桥”表征测试当中，有75%的侗族学生所画的桥梁都为侗族所特有的风雨桥，而82%的苗族学生所画的桥梁都为苗族当地常见的石拱桥；在“房屋”的表征测试中，有80%的侗族学生画的是侗族人民居住的两层木质结构房屋，而75%的苗族学生画的是苗族常见的吊脚楼。与来自农村的被测学生相比，生活在县城，比较少有机会接触农村生活的被测学生在测试中所画的图与现代生活相关性更大，如更多县城学生在“房屋”表征测试中画出楼房公寓，在“桥”表征测试中画出立交桥、高架桥。

（二）空间旋转及其数据统计

本部分取材于《意象英语》中的八道英语游戏活动题（双熊跳崖、近指远指、宅内家当、器官方位、佛手陷阱、逢三数数、帽在桌上和人论关系），根据被试八个游戏活动时的完整度、准确度和反应时来评判被试的空间旋转能力。本文还是在“忘却母语”（no Chinese）的英语课堂上，测试的游戏活动由测试者播放动画视频演示，动画演示结束后，测试者用肢体语言进行再次示演，然后由被试完成测试。此部分共分为八个独立测试①。每个测试根据人类个体的短时记忆容量有限，具有“7±2”的可信限，故每个测试题均在5－9句之间②。

八个测试题中的每题满分皆为100分。表2显示的是侗族和苗族空间旋转能力测试平均成绩。由表2可知，侗族学生空间旋转的总平均成绩为56.07分，苗族学

① 李剑：《意象英语》教材说明。http：//www. rgbb. ws/article/1003/2020/94. html.

② 李剑：《教育审美与教育批判》，北京：中央民族大学出版社，2011，第134页。

生空间旋转的总平均成绩为66.55分。在完整度上，侗族学生完整度平均成绩为31.29分，苗族学生完整度平均成绩为27.23分，侗族学生完整度平均成绩高于苗族学生；在准确度上，侗族学生准确度平均成绩为24.05分，苗族学生准确度平均成绩为19.00分，侗族学生完整度平均成绩高于苗族学生；反应时上，侗族学生反应时平均成绩为11.23分，苗族学生反应时平均成绩为9.83分，侗族学生完整度平均成绩仍然高于苗族学生。

表2　苗族侗族学生空间旋转能力平均成绩一览

	完整度		准确度		反应时		平均分	
民族	苗族	侗族	苗族	侗族	苗族	侗族	苗族	侗族
双熊跳崖	29.22	37.77	24.95	35.18	7.88	10.54	62.05	83.49
近指远指	39.22	43.18	35.05	41.33	3.57	3.85	77.84	88.36
宅内家当	13.85	20.13	12.00	18.44	6.32	7.44	32.17	46.00
五官方位	25.59	30.62	23.32	28.64	13.29	14.92	62.2	74.18
佛手陷阱	36.83	37.44	5.85	5.13	15.12	14.62	57.8	57.18
逢三数数	40.00	40.00	24.88	23.59	16.83	17.95	81.71	81.54
帽在桌上	22.32	21.44	16.32	21.13	5.83	7.41	44.46	49.97
人伦关系	10.85	19.72	9.66	18.92	9.83	13.08	30.34	51.72
八项平均	27.23	31.29	19.00	24.05	9.83	11.23	56.07	66.55

由统计结果可知，侗族学生和苗族学生在空间旋转能力上比较，侗族学生成绩高于苗族学生。在空间方位感权重较大的测试题“双熊跳崖”、“宅内家当”、“五官方位”等题中，侗族学生的空间旋转测试成绩明显高于苗族学生的成绩。以小组为单位活动的测试游戏当中，如“人伦关系”、“近指远指”等测试中，侗族学生完成测试的得分高于苗族学生。在“佛手戏法”、“逢三数数”等以考察被试思维能力和反应能力为主的测试中，苗族学生的得分高于侗族学生。

笔者在进行苗族、侗族学生空间旋转操作测量统计的过程中，以“宅内家当”、“五官方位”为代表的考察空间转换、空间表象再认为主的测试中，侗族学生的空间旋转能力成绩较为突出。不靠实际操作，将知觉对象予以旋转获得知觉经验，侗族学生此测试项目的能力较强。以小组合作的测试项目侗族学生的合作意识较强，如“双熊跳崖”测试中，侗族学生组员游戏进行节奏紧凑，默契度高，反应时短，而苗族学生更倾向于角色的扮演，及游戏情节中表情与肢体语言的展示。侗族学生更关注组员之间的合作及自身测试的准确度及完整度，而苗族学生更关注自身的表现情况，个别苗族学生在测试中会以标新立异的动作语言突显自己。

（三）意象及其数据统计

本部分分为八道英语歌舞活动题①。笔者通过学生八个歌舞（八只小鸭、印第安人、划船之歌、身体部位、八色之歌、问候之歌、我的一家和再见之歌）活动的情（美感）、景（场景）和意（意义）来截取数据和评判被试意象形成能力。在“忘却母语”（no Chinese）的英语课堂上，测试的歌舞活动由笔者播放动画视频演示，随后笔者演示，演示结束后，由被试完成测试。该部分共八个测试题，每题满分为100分。表3显示的是侗族和苗族意象能力测试平均成绩。苗族学生意象能力的总平均成绩为67.57，侗族学生意象能力的总平均成绩为62.55。由表3可知，在情（美感）上，苗族学生美感平均成绩是23.54分，侗族学生美感平均成绩是20.28分。苗族学生的美感平均成绩高于侗族学生；在景（场景）上，苗族学生场景平均成绩是22.69分，侗族学生场景平均成绩是19.93分。苗族学生的场景平均成绩高于侗族学生；在意（意义）上，苗族学生意义平均成绩是21.29分，侗族学生意义平均成绩是22.34分。侗族学生的意义平均成绩高于苗族学生。

表3　苗族侗族学生意象能力平均成绩一览

	情（美感）		景（场景）		意（意义）		平均分	
民族	苗族	侗族	苗族	侗族	苗族	侗族	苗族	侗族
八只小鸭	18.44	18.72	17.88	18.18	16.90	16.59	53.22	53.49
印第安人	23.20	19.10	21.88	17.95	16.24	13.51	61.32	50.56
划船之歌	26.63	25.95	26.07	22.72	28.83	26.54	81.54	75.21
身体部位	25.27	27.03	24.59	27.38	25.39	26.97	75.24	81.38
八色之歌	20.68	19.23	19.39	18.69	13.46	15.97	53.54	53.90
问候之歌	24.49	23.46	22.90	23.56	24.95	28.03	72.76	75.05
我的一家	24.00	20.77	23.78	24.38	19.71	25.85	67.49	71.00
再见之歌	25.63	7.97	25.02	6.56	24.80	25.23	75.46	39.77
总平均分	23.54	20.28	22.69	19.93	21.29	22.34	67.57	62.55

由统计结果可知，侗族学生和苗族学生在意象能力上比较，苗族学生的成绩略高于侗族学生。在情景交融权重较大的测试题“划船之歌”和“再见之歌”等题中，苗族学生的意象测试成绩明显高于侗族学生的成绩。以小组合作为单位活动的测试游戏当中，如“我的一家”、“问候之歌”等测试，侗族学生的成绩高于苗族学生。在“身体部位”等强调意义的准确性的测试中，侗族学生成绩高于苗族学生。笔者在进行苗族、侗族学生意象操作测量统计的过程中发现，通过意境设置和形象展示后的意象测试，苗族学生表现出更为浓厚的兴趣，他们能够较快地适应情

① 李剑：《意象英语》教材说明。http：//www.rgbb.ws/article/1003/2020/94.html.

境，由意象来牵引活动。在以男女搭配为主的测试游戏，如在“印第安人”测试中，苗族男女生之间合作自然大方，比较来看，侗族男女生合作较为拘谨。意象测试综合来看，苗族学生在情景交融方面的成绩高于侗族学生，而侗族学生更偏重于对测试题的意义的重视性，更强调自身在测试中的完成情况和准确情况。

综上所述，本研究通过对侗族和苗族学生的表象形成能力进行比较后发现：侗族学生和苗族学生在表征能力上不存在显著差异（5.86 = 73.59 － 67.73），如图1所示。侗族和苗族的基本表征能力相当；苗族学生的初步表征略强于侗族学生；在进一步表征中，侗族学生略强于苗族学生。

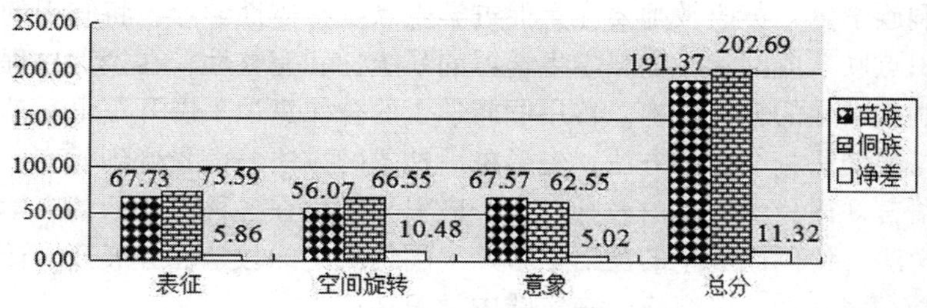

图1　表象形成能力的苗族侗族学生平均成绩

在英语表象的空间旋转能力方面，侗族学生的成绩略高于苗族学生的成绩（10.48 =67.57 －62.55），如图2 －20 所示。侗族学生具有较强的空间方位感及合作意识，他们更关注小组成员之间的合作及自身测试的准确度及完整度，而苗族学生则倾向于角色的扮演以及游戏情节中表情与肢体语言的展示。

在英语表象的意象能力方面，苗族学生的成绩略高于侗族学生的成绩（5.02 =73.59 －67.73），如图1 所示。苗族学生在情景交融这一方面的成绩高于侗族学生。以小组合作为单位活动的测试游戏当中，侗族学生的合作意识表现出优势，而在以男女搭配为主的测试中，苗族男女生较为自然，侗族男女生较为拘谨。

侗族和苗族学生的英语表象形成能力分别在表征、空间旋转、意象三方面的差异（11.32 =202.69 －191.37），可见其在表象形成能力上的认知品质方面存在差异，任课教师应因材施教。

（四）因材施教的建议

每位人类个体都有其比较优势。似水的苗族淳厚奔放，如山的侗族文化含蓄平和。爱自由、好出众和求变通，是苗族学生的共性，而讲合作、易羞涩和守规矩是侗族学生的共性。教育者应扬长避短、因材施教。针对苗族侗族初中生在英语表象形成能力方面的比较优势，本文提出以下建议：

针对苗族学生，英语教师可采用启发式教学法，在教学过程中把苏格拉底提出的“产婆术”与孔子的“不愤不启，不悱不发”相结合，充分发挥苗族学生的主体性，让他们轻松愉快地习得所学内容；可多创设情境，采用情景教学法和角色体验教学法，利用苗族学生好于表现、擅于表现的特点，分配一定的角色，激发学生的兴趣，引发注意，通过情境的创设将枯燥的语言学习形象化、具体化和情境化；可利用苗族学生想象力丰富、善于联想的优势，在英语课堂中多采用意象法的教学，可以在课文当中找出一些重要的意象，同时进行意象关联，让学生深受英语文化的情趣感染，强调学生的情感体验，激发学生的发散性思维和形象思维；可多组织小组活动，培养苗族学生的合作意识与合作能力，发挥苗族学生思维活跃、擅于表现的优势，在不遏制苗族学生爱自由的前提下实施英语活动教学，给苗族学生充分的空间去发挥其想象力。

针对侗族学生，英语教师要注重促进学生系统整体性学习，将知识的抽象性减弱，把知识点联系成网状，加强学生学习的系统性和完整性；在授课过程中应有意识地鼓励侗族学生的合作精神，善用侗族学生的合作意识来展开英语活动课；可采用归纳法与演绎法相结合的方法，先形象后抽象的方法，由量变到质变，以让学生自己总结语言规律，然后再由教师点拨；应引导学生在各种英语活动中学习，采用任务型教学法，使侗族学生的英语学习始终围绕既定的教学任务展开，让学生多参与、多体验、多互动、多交流，在实践中学习知识。

参考文献：

[1] Edward B. Talor. *Primitive Culture*. Harper & Row，1958.

[2] Raymond Scupin：*Culture Anthropology*：*A Global Perspactive*. Englewood Cliffs，New Jersey，Prentice – Hall，1992.

[3] William A. Haviland：*Culture Anthropology*. Orlando，Florida，Harcourt，1993.

[4] [苏] B. M. 科瓦尔金等：《感觉知觉与表象》，北京：科学出版社，1955 年。

[5] [美] H. H. Stern，*Fundamental Concepts of Language Teaching*. 上海：上海外语教育出版社，2009.

[6] [美] H. 加登纳，沈致隆译：《多元智能》，北京：新华出版社，1999.

[7] [美] Kathleen M. Galotti，吴国宏等译：《认知心理学》，西安：陕西师范大学出版社，2005 年。

[8] [美] 罗伯特 . L. 索尔所、M · 金伯利 · 麦克林、奥托 . H. 麦克林，邵志芳等译：《认知心理学》，上海：上海人民出版社，2008 年。

[9] [瑞士] 让 · 皮亚杰，傅统先译：《儿童的心理发展》，济南：山东教育出版社，1982 年。

[10] 李剑：《教育审美与教育批判——解脱现代性断裂对民族教育发展的困扰》，北京：中央民族大学出版社，2011 年。

[11] 李少伶：《少数民族地区英语教学改革研究》，昆明：云南大学出版社，2005 年。

[12] 皮连生：《学与教的心理学》，上海：华东师范大学出版社，2000 年。

[13] 宋丽波：《表象的心理学研究与想象力训练》，北京：北京科学技术出版社，2006 年。

[14] 王甦、汪安圣：《认知心理学》，北京：北京大学出版社，1992 年。

[15] 张世富：《民族心理学》，济南：山东教育出版社，1995 年。

[16] 李剑：《教学过程中小学生多重智能发展理论的解析》，北京：北京师范大学，2001 年。

[17] 祁乐瑛：《表象表征 心理旋转的实证探索》，华东师范大学心理与认知科学学院，2009 年。

[18] 孙博：《意象在大学英语阅读教学中的作用研究》，吉林大学外国语学院，2008 年。

[19] 刘鸣：《表象研究方法论》，载《心理科学》，2004 年。

[20] 郑斌：《表象、思维、情感与艺术创作的想象力》，载《云梦学刊》，2006 年。

[21] 周珍、连四清：《中学生心理旋转能力的发展及其与智力的相关性研究》，载《首都师范大学学报（社会科学版）》，2005 年。

作者简介：龙春来（1984—），女，苗族，湖南吉首人，2011 年 6 月毕业于中央民族大学比较教育学专业，获硕士学位，现从事职前师资培训工作，项目主管。研究方向：比较教育学。

三、傣汉 7—13 岁儿童公正观念发展与教育研究

——基于云南省 M 镇与北京市 H 镇学生的跨文化比较

“公正和仁爱这两种美德，前者约束我们以使我们不去侵害他人的幸福，后者鼓舞我们以使我们去促进他人的幸福。”① （Adam Smith）道德心理学的角度来看，道德观念主要分为两大类，一是公正取向，二是仁慈取向（具体又分为关爱和宽恕两个方面），道德心理学的研究始终围绕公正、关爱和宽恕这三个主题而展开。在这其中，公正观念是道德的基础，人们对规则的意识、是非的判断、责任的界定等等，都与公正观念有关 ②。

关于儿童和青少年的公正观念，Piaget 及其助手研究了儿童对犯过行为的责任、惩罚犯过行为、处置集体行为责任、上苍公正、儿童交往冲突等问题。随后，Kohlberg 及其同事也对“公正判断”进行了大量探讨，认为公正原则是最高的道德原则。Gilligan 论述了与公正取向不同的关怀取向。我国学者从 1985 年起对各民族

① ［英］亚当·斯密，余涌译：《道德情操论》，北京：中国社会科学出版社，2003，第 416 页。

② 乔建中、王辉等：《从公正观念看学生道德发展与学校道德教育》，载《思想·理论·教育》，2004 年第 12 期，第 43－47 页。

儿童的公正观念、惩罚观念、公私观念及行为责任的道德判断的发展进行了大量研究①，取得了丰硕成果。

（一）研究问题的缘起与研究对象的选择

“尽管不同文化的道德行为和道德习俗似乎很不相同，但在这些不同的道德习俗的背后，却存在着一种普遍的判断和评价形式。”②（Kohlberg）道德认知发展的阶段性理论的确揭示了儿童道德发展的一些特征和规律，但是其强调的在各种文化情境下的普遍适用性，就值得商榷了。

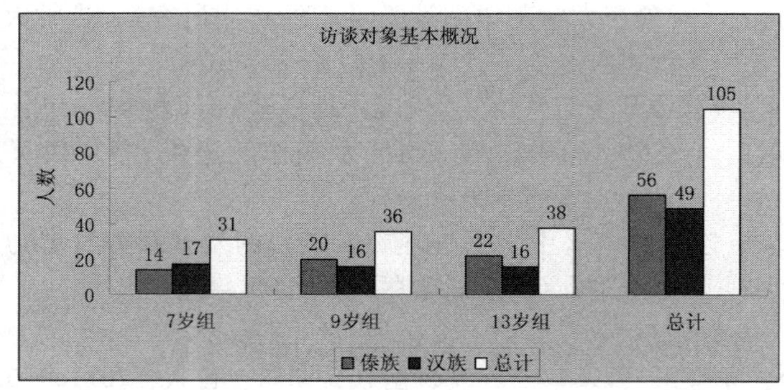

图 1　访谈对象基本概况

本研究共访谈了 105 名傣族和汉族儿童，笔者与每个儿童都完成了全部故事材料的访谈。傣族儿童共 56 人，均来自云南省西双版纳州景洪市 M 镇。汉族儿童共 49 人，均来自北京市大兴区 H 镇。访谈对象的选择均是严格依据儿童的年龄和民族，在各位老师的帮助下，在保证性别比例的前提下，在符合条件的儿童中随机选取。

云南省 M 镇是一个有着傣乡传奇历史和深厚民族文化底蕴的小镇，傣语中是“佛地”的意思③。北京市 H 镇势接西山，形连燕岭，人烟辐辏，市肆繁华，被誉为“京南福地”④。M 镇的傣族学生与 H 镇汉族学生，前者处于祖国的西南边陲，本民族文化传统浓郁而悠久，后者处于祖国的核心，政治、经济、文化、教育的中心，二者所接受的文化教育必然不会是同质的。关于研究对象的年龄，Piaget 在对儿童的公正观念进行了大量研究后指出，7 岁、9 岁，13 岁是儿童公正观念发展的

① 顾海根、岑国桢、李伯黍：《汉族与少数民族儿童道德发展比较研究》，载《心理科学通讯》，1987 年第 5 期，第 1－6 页。

② 李伯黍：《品德心理研究》，上海：华东化工学院出版社，1992，第 454 页。

③ 参见景洪市政务信息网。http：//www. jhs. gov. cn/home/bn_ 53280120301/newshow. aspx? id = 10178

④ 参见北京市大兴区黄村镇政府网站。http：//www. dxhc. gov. cn/web/hcz/

三个主要时期①。因此，笔者分别选择了处于这三个主要时期的儿童作为受试者。

（二）研究设计与展开

1. 研究方法

（1）参与观察法

笔者将 Piaget 使用的故事加以修订，对傣族和汉族的中小学生进行研究。笔者将充分地利用询问，努力检查道德价值的判断而非道德的行为，通过讲故事的方法来向他们进行描述，然后要求儿童仅仅就他听到的那些行为谈谈自己的看法，儿童们谈的这些看法就是本研究要分析的材料。

（2）田野调查

在云南，笔者通过田野调查和访谈，对 Piaget 现有的故事进行修订，改为他们日常生活中经常遇到的故事。西双版纳由于地理原因，终年难见大雪，所以 Piaget 其中一篇描述儿童们打雪仗时用雪球砸碎玻璃的故事就必须要改写。

2. 研究设计

本研究采用的是横向研究设计模式，即是将不同年级、不同年龄的傣族和汉族儿童放在同一时期，进行同样的询问，然后将各年龄组的结果进行比较。

笔者借鉴了 Piaget 对儿童公正观念研究思路，具体故事的设计意图及研究次序如下：

（一）惩罚的公正：复述，将结局的严厉惩罚变为宽宏大量，使之成为对偶故事。

（二）集体的和可交流的责任，法不责众还是惩罚集体？

（三）集体的和可交流的责任，惩罚是预防措施：在该故事中，惩罚不是抵罪的。它是针对一般的个人，而不是针对整个集体的一项预防的措施。

（四）内在公正观念（又称上苍公正），来自事情本身的自动惩罚。

（五）分配的公正。

（六）平等与权威，服从权威还是捍卫公正？

（七）儿童之间的公正，以牙还牙公正吗？儿童间报复性的惩罚公正吗？

（八）儿童之间的公正，同伴之间。

（九）儿童之间的公正，长幼之间。

（三）研究材料的收集与分析

在此过程中，讲故事之前，笔者会询问受试者是否同意录音，经同意之后开始讲故事并全程录音。讲完故事之后，笔者会先确认儿童是否真正了解了该故事，方法是直接询问，并让儿童做一个简要的复述，每一个故事和每一个儿童均是如此。

---

① ［瑞士］让·皮亚杰，傅统先、陆有铨译：《儿童的道德判断》，济南：山东出版社，1984，第 123－400 页。

询问结束之后，笔者会赠送一些小礼品以表谢意。

由故事法所收集上来的材料，大多是些回答和录音。笔者对这些材料进行整理判断、归类和编码，其依据来自于 Piaget 的经典著作《儿童道德判断》，继而运用 SPSS 软件进行统计分析，总结分析出傣族和汉族中小学生公正观念发展的特点和规律。本文要研究的是公正观念，是儿童有关的道德判断及其理由，属于道德认知的层面。如果我们想要理解儿童道德，我们必须要从分析事实入手。这一点上，在道德判断和公正观念的研究中，儿童自发的讲话比世界上的任何问题都更有价值，都值得我们去仔细分析。

（四）对研究结果的总结与讨论

1. 惩罚与宽容

本研究所用故事材料：

A. 一个小男孩在厨房里玩，当时他妈妈不在家。他打碎了一只杯子。他妈妈回到家之后，他说："妈妈，不是我打碎的，是咱家的猫跳过去碰倒了打碎的。"他妈妈心中很明白这是谎话。她很生气，并狠狠地惩罚了这孩子。

B. 现在我再给你讲一个与刚才十分接近但不相同的故事，只是这位妈妈并没有惩罚他。她只是给这个孩子说："孩子啊，撒谎不太好。如果我们对你撒谎，你也会不高兴的。你对我说谎话同这是完全一样的。你撒谎让妈妈感到很伤心。"

几天以后，这两个孩子各自在自家的厨房里玩。这一次，他们在玩打火机，父母是不让孩子在厨房里玩打火机的。当他们的妈妈走进厨房时，这两个孩子中，有一个孩子又说了谎话，另一个孩子却马上就承认了。你认为是哪一个孩子又说了谎话？你认为哪个妈妈更好一些？

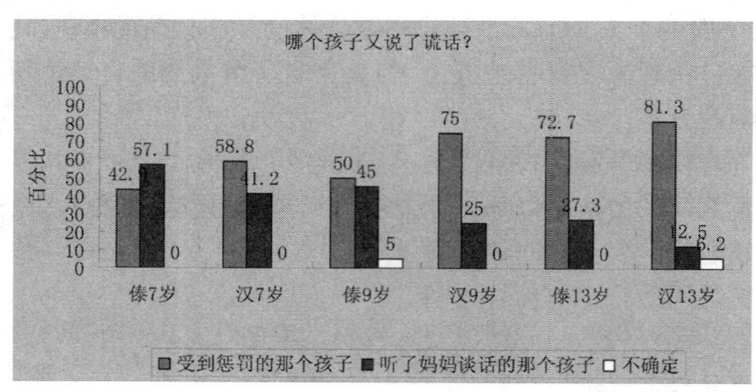

图2　受试者对"哪个孩子又说了谎话"的判断情况

通过对故事一的分析可知，年龄越低的儿童，越是相信严厉惩罚对于孩子撒谎的功效；年龄越高的儿童，越是相信讲道理对于孩子撒谎的功效。

傣族 7 岁组的孩子作"受到惩罚的那个孩子又说谎了"判断的理由大多是故事中儿童的不良行为本身及其后果。傣族 9 岁组的孩子进行推理时，也是关注故事情境中的儿童内部的想法；而汉族7岁组的儿童多数是从妈妈的角度来进行推理分析的。汉族9岁组的大多数儿童则认为受到惩罚的那个孩子又说谎了是因为妈妈做得不好。到了13岁组，傣族和汉族儿童则都是更多地关注到了惩罚本身的效用和母亲的教育方式的优劣。

傣族和汉族7岁组都有一大部分儿童相信孩子犯错误之后应该给予惩戒或批评。傣族9岁组的儿童在对“听了妈妈谈话的那个孩子又说谎了”的判断理由进行分析时，认为她不惩罚孩子可能会产生更多的不良后果。汉族9岁组的儿童多数是从惩罚对于儿童“怎样做是对的”与“怎样做是错的”等价值判断的影响来分析的。傣族13岁组的儿童多从惩罚的预防功效的角度来说明惩罚手段的合法性和必要性。汉族13岁组的儿童则主要是从母亲对孩子的教养方式上来解释，认为孩子之所以再次犯错，是因为妈妈对孩子并不严厉。

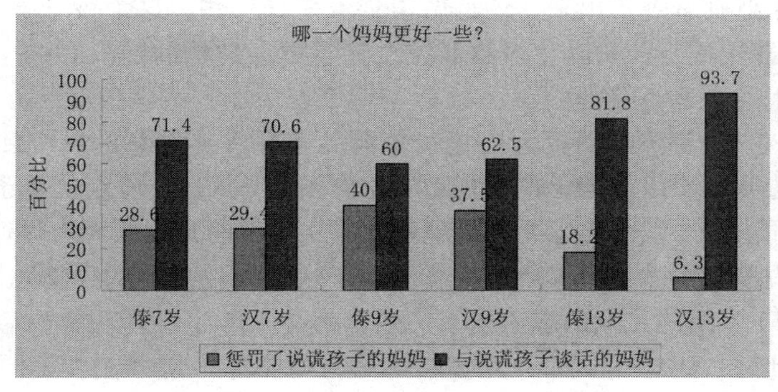

图3　受试者对“哪一个妈妈更好一些”的判断情况

在对“哪一个妈妈更好一些”的回答中，大部分儿童都认为“与说谎的孩子谈话的妈妈更好一些”。7岁儿童都认为不惩罚孩子的母亲更宽容，对孩子更为关爱的母亲更好。9岁儿童大多数都是从孩子犯错后，母亲的教育方式来分析的。不同的是13岁组，傣族13岁组的儿童大多依旧从母亲的教育方法来分析，而汉族13岁组儿童除此之外，还注意到了母亲处理孩子撒谎行为时的心态，认为母亲心平气和地帮孩子改正错误更容易让人接受。

2. 惩罚全体还是法不责众

本研究所用故事材料：

下课后，班上许多孩子在一块玩。一个孩子打碎了一块窗户玻璃。上课后，老师问全班同学，是谁打破了玻璃。但打碎窗玻璃的那个孩子不说，而其他的孩子也不揭发他。老师应该怎么办？他应该一个也不惩罚还是应该惩罚全班？

对于“惩罚全班更为公正”的判定，傣族和汉族7岁组的儿童作此判断的理由很简单，认为惩罚全班也就惩罚了打碎玻璃的那个孩子。傣族9岁组有的儿童是从集体责任的角度来分析，认为集体对于儿童的问题行为应该帮助，而不是袒护。汉族9岁组的儿童认为应该一起惩罚的原因是“他们都不诚实”。傣族13岁组的

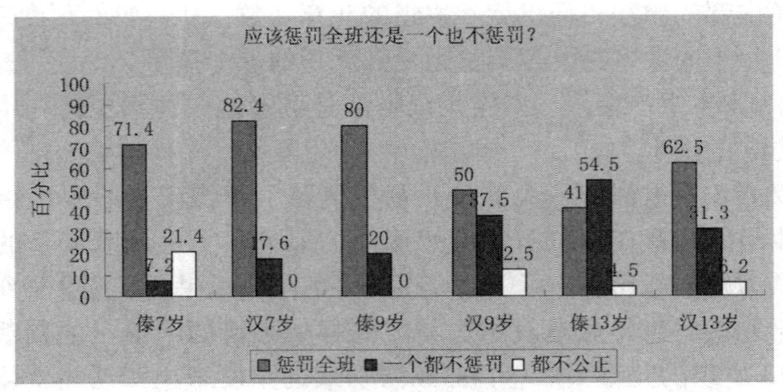

图4　受试者对“应该惩罚全班还是一个也不惩罚？”的判断情况

儿童认为如果老师调查不出来，还是惩罚全班更好一些，这个孩子害了整个集体。汉族13岁的孩子进行分析时，多数都注意到了更为抽象的层次和概念，比如教师的威信，学生的自尊心等等。

判定为“一个都不惩罚更为公正”傣族儿童和汉族儿童的反应和发展也是有所差别的。傣族7岁组的孩子作此判断的比例很低，汉族7岁组的孩子认为这种情况老师不惩罚更好，但是必须要讲道理。傣族9岁组的儿童认为老师查不清楚的情况下，就不应该惩罚学生。汉族9岁组的孩子认为一块玻璃的事情可以不必计较。傣族和汉族13岁组的儿童的理由趋于一致，都是从学生心理和学校后勤保障的角度来分析。此外，还有一少部分儿童坚持认为要想尽一切办法找出打碎玻璃的孩子，无论是教育也好，惩罚也好，都比惩罚全班和一个都不惩罚要公正。

3. 预防为主还是教育为主

本研究所用故事材料：

妈妈给她的三个小孩子一盒很漂亮的彩色铅笔，并告诉他们不要将铅笔掉到地上，以免铅笔摔断。但是，他们中一个不会画图的孩子看到他的兄弟画得比他好，就将所有的彩色铅笔都摔了。当妈妈看到这情况时，她拿走了所有的铅笔。你觉得妈妈她这么做怎么样？为什么？

赞同母亲这种惩罚措施的傣族7岁组儿童的理由是可以先留起来不让他们玩。汉族7岁组的儿童则认为，因为他们三个都不珍惜，应该全部没收。傣族9岁组的儿童有的将画笔当做玩具，不好好玩就没收，而汉族9岁组这一位儿童认为这样做也是为了预防孩子再次损坏物品。傣族13岁组无人作此判断，汉族13岁组也只有一位儿童。

与之相应，大部分儿童都是反对母亲这种做法的。傣族7岁组的儿童认为妈妈这样做对其他孩子不好。汉族7岁组的孩子认为妈妈应该对这个孩子有耐心。傣族9岁组的儿童认为妈妈应该教育那个不会画画的孩子。汉族9岁组的儿童认为妈妈这种做法不妥，不会画不要紧，应该鼓励他好好画。傣族13岁组的儿童认为妈妈这样做不公平，简单粗暴，应该寻求更好的处理方法。汉族13组的儿童则关注到

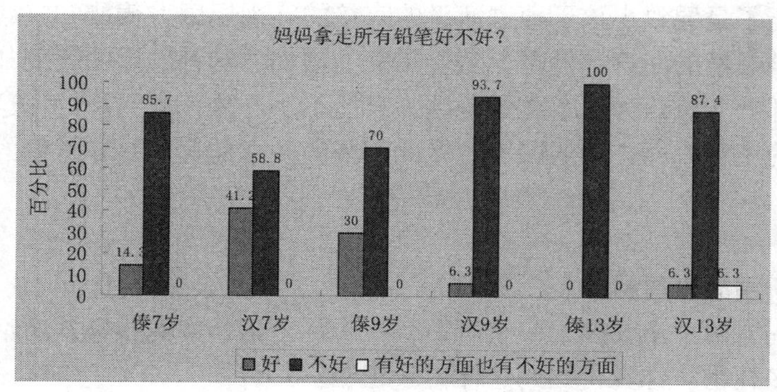

图5　受试者对“妈妈拿走所有铅笔好不好？”的判断情况

了儿童自身的学习兴趣，父母应该支持他做自己喜欢做的事情。

4. 上苍公正

本研究所用故事材料：

一天，有一个小孩，他妈妈要他不要拿剪刀，但他还是拿了。不过，在他妈妈回来之前，他又把剪刀放回了原处，而他妈妈也没有注意到这件事。第二天，他去散步，并走过小河上的一座小桥。但这座桥的桥板腐朽了。桥板一断、他扑通一声掉到河中。他为什么会掉进河里？

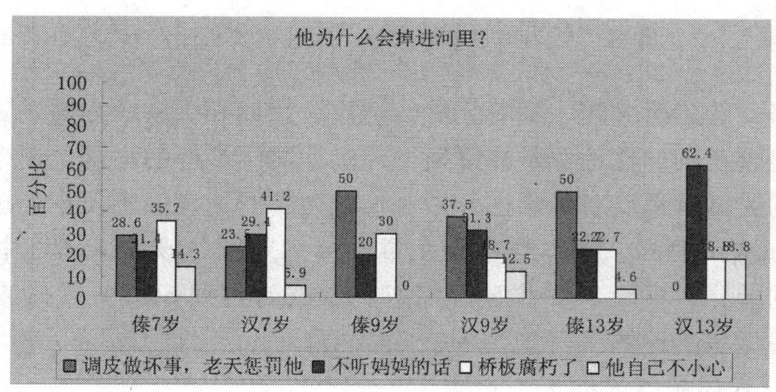

图6　受试者对“他为什么会掉进河里？”的判断情况

在故事四的情境中，儿童对“这个孩子为什么会掉进河里？”的回答，大致集中在以下四种理由上：老天的惩罚、不听妈妈的话、桥板腐朽了、自己不小心。

傣族和汉族7岁组和9岁组的儿童认为这个孩子掉进河里是因为“做了坏事，老天惩罚了他”的比例大体上是一致的。在13岁组的受试者身上发生了显著的不同。我们可以这样认为，由于傣族几乎是全民族信仰佛教的。因此其上苍公正的观念并没有被社会常识等所取代，反而会随着自己对本民族的信仰的了解和认同而不断地加深。而汉族儿童上随着年龄的增长，在各种因素的影响之下，他们放弃了这种信念，从而被从其生活环境中得来的经验所取代。

桥板腐朽了是导致小孩子掉进河里的直接的客观原因，傣族和汉族各年龄组的儿童都有这种类型的回答，但是，随着年龄的增加，这种归因的比例却是逐渐降低的。还有一部分儿童认为这个孩子是因为自己不小心才掉进河里的，这是从故事中主人公本人的主观方面进行的归因。做此归因的儿童的比例是非常低的，而且还是以女孩为主。

5. 分配的公正

本研究所用故事材料：

一个妈妈有两个小女孩，一个听话，一个不听话。妈妈很喜欢听话的这个，并老是给她更多礼物。你觉得妈妈这样做公正吗？

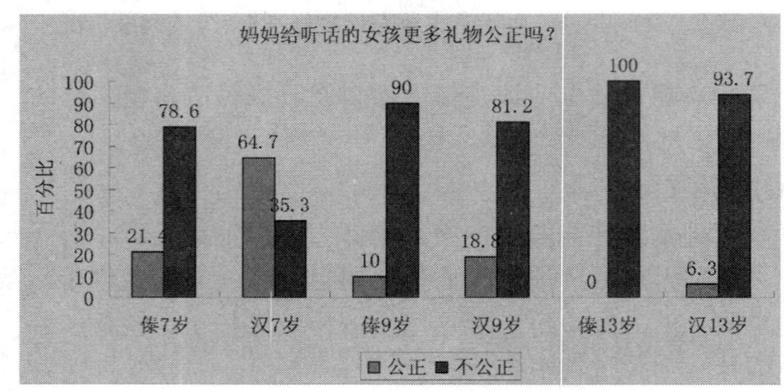

图7　受试者对“妈妈给听话的女孩更多礼物公正吗？”的判断情况

从对故事五的分析可知，随着年龄的增长，傣族和汉族认为妈妈更听话的孩子更多的礼物是公正的的比例都是在逐渐下降的，对于平等的诉求是越来越强的。绝大多数傣族的受试者都反对母亲这种做法，认为妈妈这样做不公正。汉族 9 岁组与 13 岁组的受试者的判断，基本与傣族儿童没什么差别。该故事情境中最值得讨论的是 7 岁组的差异，汉族 7 岁儿童赞同妈妈做法的占到 64.7%，傣族同龄的儿童赞同母亲这种做法的比例仅占 21.4%。

6. 服从权威还是捍卫公正

本研究所用故事材料：

下午，母亲要求她的女孩和男孩帮助她做家务。她安排女孩洗碗擦盘子，要男孩打扫房间。但这个男孩到街上去玩了。于是，母亲便要女孩一个人干这两件事，你觉得她会有些什么想法？

从对故事六的分析可知，随着年龄的增长，傣族和汉族的各年龄组的受试者选择服从命令和不服从命令的比例都是非常一致的。7 岁组的儿童半数以上都倾向于服从成人的权威。九岁组的儿童是最倾向于平等的，选择服从命令的这部分儿童，虽然觉得不公平，不过他们认为帮妈妈做家务也是自己的责任。到了 13 岁组，多数儿童认为听从母亲的安排去做了也没什么，反正都是一家人，活又不重。这种情况下，不去做的话反而显得太幼稚。7 岁组有 40% 左右的儿童会选择不服从。多数

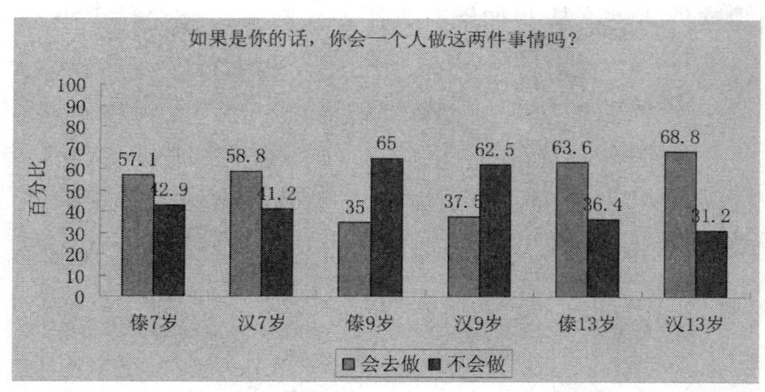

图8　受试者对“如果是你的话，你会一个人做这两件事情吗”的判断情况

9 岁组的儿童都认为故事中的母亲不应该随意修改自己已经下达的命令，对于早已经分配好的任务，还是应该当事人去做。到了 13 岁组，有 30% 左右的儿童会选择不去做两件家务。这部分儿童认为，妈妈这样朝令夕改会损害自己的声望，不太合适。因此可以不做。

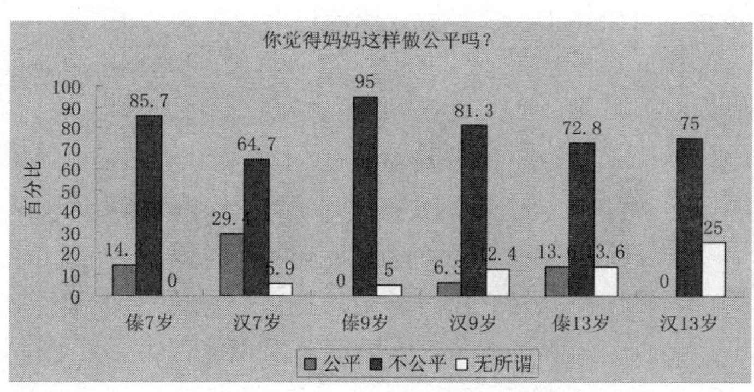

图9　受试者对“你觉得妈妈这样做公平吗？”的判断情况

对于妈妈前后两种不同的安排是否公正，多数的孩子认为是不公正的，只有少数人认为是公正的。公正的判断与服从的决定之间，大多数儿童的表现都是不相符的，7 岁组的大多数儿童都已经认识到了妈妈这样做不好，但还是表现出了服从。在服从和公正之间，9 岁组的孩子出现了比较难得的一致，平等的诉求和反抗性得到了统一，所以孩子很可能不去做这两件事情。随着年龄的增长，傣族和汉族有相当一部分儿童认为在当时的情境下，妈妈的这种做法是很正常的，非常合情合理，上升不到公正与否的高度。

7. 以牙还牙还是诉诸权威

本研究所用故事材料：

学校里有一个大孩子，一天，他打了一个小孩子。那个小孩子无法还手，因为他打不过。这样，在某天休息的时候，他就偷偷地把那个大孩子的书包扔到了垃圾桶里去。你认为这件事怎么样？如果有人用拳头打你，你会还手吗？

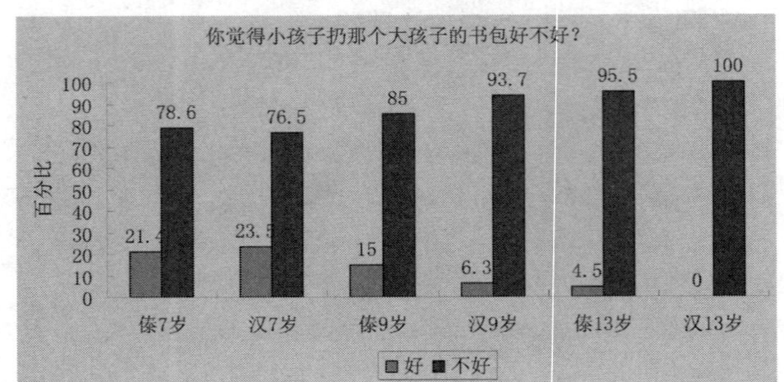

图10　受试者对“你觉得小孩子扔大孩子的书包好不好”的判断情况

从对故事七的分析可知，随着年龄的增长，不管是傣族儿童还是汉族儿童，赞成这个孩子的做法的儿童的比例是越来越低的。

询问中，很多儿童谴责故事中的小孩子，因为偷窃是被禁止的。有些儿童就明确表示，那个小孩子可以还手，这种方式比偷扔书包更为公正。

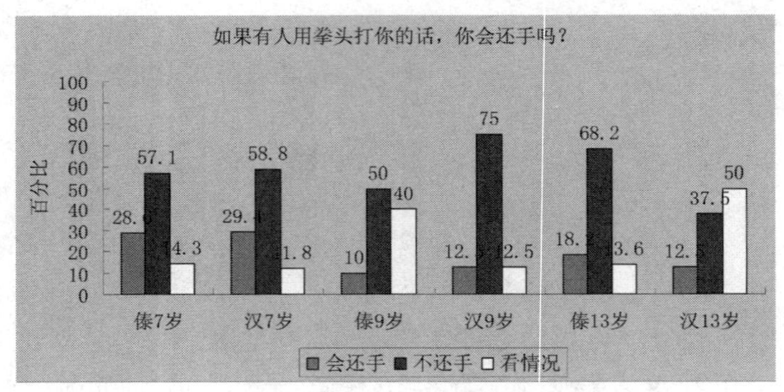

图11　受试者对“如果有人用拳头打你的话，你会还手吗？”的判断情况

对于“如果有人用拳头打你的话，你会还手吗？”的问题，虽然很多儿童坚定不移地认为，以恶还恶是不可以的，但是，如果这种情形发生在自己身上时，适当地还手被认为是完全公正的。

8. 同伴之间的公正

本研究所用故事材料：

几个孩子一起玩球。当球滚到路上时，其中有一孩子自觉自愿地去拾球，他拾了好多次。此后，大家一起玩的时候，都只要他一个人去拾球。你认为这种做法怎么样？你觉得怎样去捡球更公正一些？

在故事八的情境中，在没有权威存在的同伴团体之间，各种年龄段的儿童要求平等的愿望都很强烈。根据傣汉两族各年龄阶段的儿童的回答，儿童们对于“你

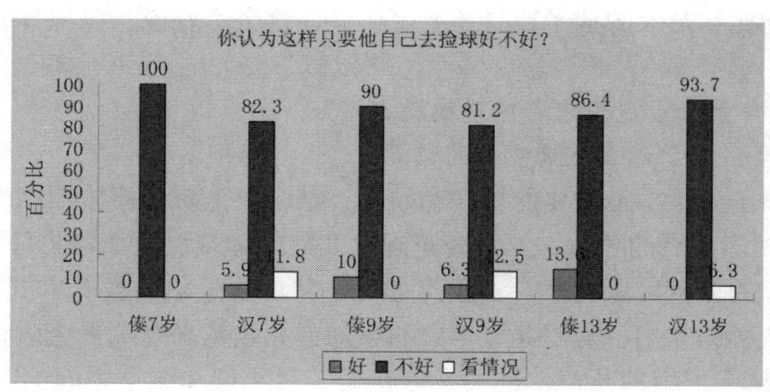

图 12　受试者对“你认为这样只要他自己去捡球好不好？”的判断情况

觉得怎样去捡球更公正一些？”的答案主要集中在了五种方法上：一是谁愿意去捡谁捡；二是一个一个轮流去捡球，持有这种观点的儿童在傣族和汉族的受试者中占据了相当大的比例；三是这个球离谁最近谁去捡，这在年龄较大儿童的游戏中经常会看到；四是谁扔出去的，谁去捡回来；五是大家一起去捡球，持此观点的儿童大多比较年幼。

9. 长幼之间的公正

本研究所用故事材料：

两个孩子赛跑。一个年龄大些，一个年龄小些。你觉得他们该从同一个起跑线上开始跑，还是让年龄小的那个从近一些的地方开始跑？

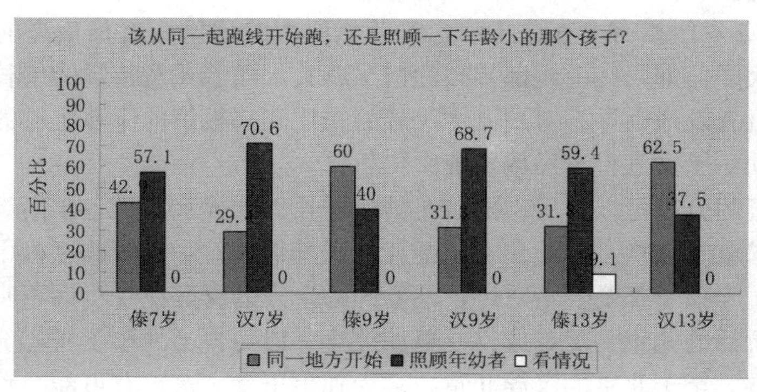

图 13　受试者对“该从同一起跑线开始，还是照顾一下年幼者”的判断情况

随着年龄的增长，认为“这两个儿童应该从同一起跑线上开始跑”的傣族儿童的比例是先增后减的，9 岁组的儿童达到最高。汉族儿童的比例则是随着年龄的增长而增长的。与此相对应的是，认为“这两个儿童赛跑时，应该照顾一下年龄小的那个孩子”的傣族儿童的比例是先减后增的，汉族儿童的比例则是不断递减的。

在询问过程中，有少数傣族 13 岁组的儿童认为，在该故事情境中，因为年龄小的孩子可能比年龄大的孩子跑得还要更快些，这个不好说，要视具体情况而定。

（五）着重于公正观念培养的道德教育

1. 致父母：关于儿女公正观念的培养

父母是孩子人生中最重要的榜样和导师，结合以上对于傣族和汉族儿童7岁至13岁的公正观念发展的分析，儿童公正观念发展的诸多议题都和父母有关。

从故事一的分析可以看出，多数儿童对于父母所采取的教养方式是很关注的。关于惩罚和宽容的效用，随着儿童年龄的增加，儿童越来越重视谈话和交流的教育方式，特别是13岁组的儿童，进入了青春期，对父母和孩子之间的有效合理的沟通的诉求更是强烈。因此父母应该对不同年龄段的儿童采取适当的教育方式。年幼时可以适当进行惩戒。而9岁左右时，随着儿童思维水平、推理能力、儿童公正观念等齐头并进式的发展，父母应该多多通过讲道理的方式进行社会规则的教育。进入青春期之后，父母应注意和孩子多进行交流和沟通，绝对不能用僵化的思维对待孩子。

从故事三的分析中可以看出，父母在对儿童嫉妒和发脾气等等问题进行处理时，也应该保持高度的公正敏感性，拒绝简单粗暴地惩罚。

从故事四的分析可以看出，汉族儿童的上苍公正观念在13岁左右会逐渐让位与"不听妈妈的话会掉入河里"，这是从儿童自身的生存性经验和常识的角度来讲的，变得更为生活化和个性化。因此，父母在常识教育的过程中，一定要注意对儿童进行自我防护的教育，对水、火、电等能够导致灾祸的因素要和儿童讲解清楚。傣族9岁和13岁组持有上苍公正观念的儿童所占的比例一直是最高的，这可能与傣族全民族大多信仰南传上座部佛教的情况有关。随着儿童年龄的增长，父母应该保对孩子进行有效地引导，对自己本民族的文化和宗教信仰应有足够的信心，可以利用各种活动对子女进行本民族传统文化教育。

从故事五的分析可以看出，随着年龄的增长，傣族和汉族各年龄组的受试者对于平等的诉求就越强烈。因此，在分配礼物和其他利益和资源的过程中，父母应该注重对自己每个孩子都要公平对待，不要因为个人的喜好或者听话不听话而有所差异。对待不听话的儿童，父母或许要更加关注，以便自己的孩子身心健康和人格都能够完善发展。至于北京的汉族儿童，多为独生子女，这点有可能会移至幼儿园或者小学中，这对幼儿教师和低年级的小学教师提出了相同的要求。

从故事六中的分析中可以看出，随着年龄的增长，傣族和汉族的各年龄组的受试者选择服从和不服从的比例都是极其相似的。在所有的受试者中，九岁组的儿童是最倾向于平等的，选择服从命令的这部分儿童，虽然觉得不公平，不过他们认为帮妈妈做家务也是自己的责任。公正的判断与服从的决定之间，9岁组的孩子出现了比较难得的一致，平等的诉求和反抗性得到了统一，很可能不去做这两件事情。13岁组有部分孩子认为妈妈这种做法其实是无所谓公平与不公平的。因此傣汉两族的父母要注意不要朝令夕改。9岁组的儿童是最倾向于平等的，并且规则意识最为强烈，多数都认为故事中的母亲不应该随意修改自己已经下达的命令，自己的事情还是应该自己去做，因此很可能不去服从。父母在这个关键阶段应该注意对儿童进行社会规范和道德准则等等的教育，同时也应该注意对孩子个人行为习惯的培养。

从故事七中的分析可以看出，不管是傣族儿童还是汉族儿童，随着年龄的增长，赞成这个孩子报复做法的儿童的比例是越来越低的。随着年龄的增长，傣族和汉族儿童都是倾向于反对小孩子这种做法的，大部分的儿童都认为，小孩子在被人欺负之后，不应该私自进行报复，应该及时寻求老师或者家长的帮助。因此，在该问题上，父母应该给予孩子正确的引导，既要注意适当地培养孩子的反抗精神，也要注意对孩子的支持和关爱，不可漠不关心。

2. 致教师：关于学生公正观念的培养

关于教师对于学生公正观念的培养，笔者提出以下的观点：

从对故事二进行的分析中可以看出，班级经常成为教师对儿童的心理和教育进行调节的场所。在对待犯规者和班集体之间的冲突时，教师应该采取更为人性化的策略解决问题，不应该视而不见，听而不闻，听之任之，更不能不问缘由惩罚全体。在所有的受访者中，在这种情境中，随着年龄的增长，学生对于教师的教育智慧和教育共情心的诉求也是越来越强。

从对故事七进行的分析中可以看出，随着年龄的增长，傣族和汉族大部分的儿童都认为，小孩子在被人欺负之后，不应该私自进行报复，应该及时寻求老师或者家长的帮助，而且更多的人会选择告诉老师，让老师狠狠地惩罚他。因此，对待儿童的欺负行为和被欺负的事情，老师不要简单粗暴地处理这类问题，最好能出面化干戈为玉帛，从此两人成为好朋友。不行的话，也要借此机会对学生进行互助互爱等亲社会品格的教育和引导。

与和父母的权威不同，到了 13 岁左右，儿童希望和老师平等对话和沟通，用一个傣族学生的话就是“玩得要好”，汉族学生说的是“关系好”。良好的师生关系是教师和学生共同的追求。

3. 致学生：关于自我公正观念的培养

接下来，本文将从学生自我的角度对儿童自身公正观念的培养进行论述。

从对故事四进行的分析中可以看出，汉族学生应该通过父母和老师的引导，多进行生活常识的学习和探索，以拓展自己的知识面，树立科学的价值观和世界观。傣族学生应注意传承自己的优良的民族文化和民族传统，积极参与本族的各种宗教活动，保持自己的信仰，同时也应该多学习文化科学知识，在保持民族性的同时也要注意自己国民性的培养。

从对故事五进行的分析中可以看出，在遇到欺负或者不公正待遇时，儿童应该树立一种正确的防卫观念和反抗观念，有一定的反抗意识和反抗精神是很好的，但在学校这个场域之中，应当寻求更有效的解决方法，可以向老师和学校进行反应，寻求老师的帮助，最好不要不择手段，以牙还牙。

从对故事七的分析之中可以看出，在同伴之间的公正的故事情境中，绝大多数的儿童都是要求平等的，很多儿童都一致认为在该故事情境中，总是要求一个人为大家服务是不公正的。在没有权威存在的同伴团体之间，各种年龄段的儿童要求平等的愿望都很强烈。因此，在与同伴一起活动或者游戏的过程中，儿童应该持有高度的公正敏感性，对同伴中的每一个人，都争取做到公平公正。

从对故事八的分析之中可以看出，在长幼之间公正的故事情境中，由于赛跑是一种有组织的活动，因此受到规则的制约和调节。在年龄的差异与规则之间，选择哪一个更为公正，的确是非常有趣的问题。是遵从规则呢，还是照顾幼小者，这是个因人而异的问题。持公正取向的儿童，大多会选择遵从规则，持关爱取向的儿童，则倾向于选择照顾幼小者。儿童在实际的生活和学习中，应该有意识地注意培养自己的道德判断能力，也应该有意识地培养自己的移情能力，提高自己的同情心。

参考文献：

[1]［瑞士］让·皮亚杰，傅统先、陆有铨译：《儿童的道德判断》，济南：山东出版社，1984 年。

[2] 彭凯平、王伊兰：《跨文化沟通心理学》，北京：北京师范大学出版社，2009 年。

[3] 李伯黍：《品德心理研究》，上海：华东化工学院出版社，1992 年。

[4] Jean Piaget. *The moral judgment of the child.* New York，London：Free Press Paperbacks，1997.

[5] Carol Gilligan. *In a different voice：psychological theory and women' s development.* London：Harvard University Press，1993.

[6] Lawrence Kohlberg. *The psychology of moral development.* New York：Harper & Row，Publishers，inc. 1984.

[7] 儿童道德发展研究协作组：《少年儿童公正观念发展调查》，载《心理科学》，1983 年第 1 期。

作者简介：李英源（1987—），男，汉族，2012 年毕业于中央民族大学教育学院，硕士，现工作于国家教育行政学院远程培训部，研究方向：跨文化心理与教育。

四、德宏傣族德昂族英语图式清净能力比较研究

针对教师如何清净（clear & clean）地教学，图式的作用举足轻重。本文作者以一名英语教师的身份置身于真实的教学课堂，在云南省德宏州芒市选择德昂族和傣族的初三学生进行族际比较。

（一）测试的对象和内容

本研究采取非概率抽样中的目标式抽样，抽取了法帕中学和三台山德昂族乡九年制学校初三年级的各一个班（以下简称“傣族 A 班”和“德昂族 B 班”）。样本详情如表 1 所示：

表 1　傣族 A 班与德昂 B 班班级构成情况

班级	人数	性别构成（人）		民族构成（人）				母语（人）			
傣族 A 班	48	男	女	傣	景颇	德昂	汉	傣	景颇	德昂	汉
		27	21	28	1	1	18	28	1	1	18
德昂 B 班	38	男	女	傣	景颇	德昂	汉	傣	景颇	德昂	汉
		14	24	1	2	26	9	0	0	28	10

针对傣族德昂族初三学生英语图式清净能力的测试卷共有 12 套，每套均为初三学生需要掌握的、符合“清净”原则的、“有且仅有”的英语知识点图式：具体的可数名词、时态、语气、语态、动词不定式、语音图式、句子目的图式、句子结构图式、定语从句图式、状语从句图式、名词性从句图式和句型图式等。以上图式又可被划分为以运用倾向为主的独立图式和以识别倾向为主的综合图式。每套试题都以“数量/种类”、“识别”和“应用”三个测量维度，所得两族初三学生英语清净能力结果如图 1 所示。

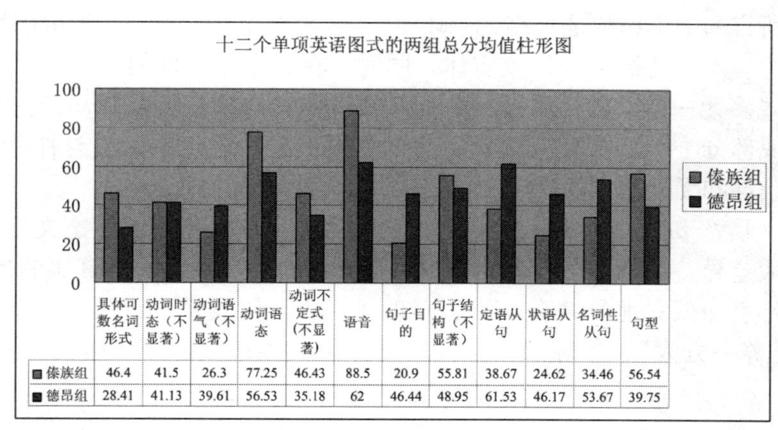

	具体可数名词形式	动词时态（不显著）	动词语气（不显著）	动词语态	动词不定式(不显著)	语音	句子目的	句子结构（不显著）	定语从句	状语从句	名词性从句	句型
傣族组	46.4	41.5	26.3	77.25	46.43	88.5	20.9	55.81	38.67	24.62	34.46	56.54
德昂组	28.41	41.13	39.61	56.53	35.18	62	46.44	48.95	61.53	46.17	53.67	39.75

图 1　傣族德昂族初三学生英语清净能力比较

（二）测试的结果

在以运用倾向为主的独立图式（具体的可数名词、时态、语气、语态、动词不定式和语音）的测试中，傣族在“清”能力上的总分是 326. 38，而“清净”总分是 338. 38，德昂族在“清”能力上的总分是 262. 86，而“清净”总分是

262.71。可见，在以运用倾向为主的独立图式清净能力上，傣族组被试高于德昂组被试（75.67 =338.38 -262.71）；在以识别倾向为主的综合图式（句子目的、句子结构、定语从句、状语从句、名词性从句和句型）的测试中，傣族在“清”能力上的总分是219.07，而“清净”总分是230.92，德昂族在“清”能力上的总分是284.61，而“清净”总分是296.51，可见，在以识别倾向为主的综合图式清净能力上，德昂组被试高于傣族组被试（65.59 =296.51 -230.92）。

总之，傣族学生更善于运用，而德昂族学生更善于识别。运用之灵动似水，而识别之稳静如山。类似的结论在绕赟的硕士学位论文中也有陈述：在“应对新异性”（灵动）方面，傣族初中学生的能力高于哈尼族（其文化性格如山）初中学生的能力（0.07），在“自动化加工”（稳静）方面，哈尼族初中学生的能力高于傣族初中学生的能力（0.23）①。

（三）成因分析与教学建议

如格尔茨（C. Geertz）所说，“若没有文化的构成作用，我们将是毫无用处的怪物……这种欠缺而且不完美的动物用文化对自己进行了补充，从而使得自己完美起来……人类的本性是不能脱离文化而独立存在的。”② 本研究的研究对象处在一个多民族（傣族、德昂族、景颇族、傈僳族、阿昌族、汉族）大杂居、小聚居的多元文化生态系统之中。大杂居有利于不同文化的相互交流与传播，而小聚居有利于保留自身民族的独特性。中华民族经千百年的交融，从汉族胚胎时代开始，经历次蜕化和休养而由蚕蛹进化为美丽的蝴蝶——六大族类混血成中华民族③。正如费孝通先生所言的中华民族是“多元一体格局”。宏观上，“多元”指中国境内的56个民族，“一体”是指中华民族实体。同时，在微观上，即对于每个民族内部而言，也是“多元一体”的格局④。在教育领域中，学校也不是孤岛而是整个文化大陆的组成部分[⑤]。文化是决定行为的重要因素。千年的宗教与神话、世代相传的民俗信仰和无处不在的社区文化都深深影响着个体的行为。

贝里（J. W. Berry，1939 - ）认为人们的认知风格在不同的生态文化环境中可能具有很大差异，因为生态心理学面对的是日常的生活世界，即真实的生活情境，不能脱离环境而孤立地研究有机体的心理或行为。傣族似水，德昂族如山，所谓“一方水土养一方人”，族际的文化性格差异由民族地域的生产生活方式所决定，

---

① 饶赟：《基于傣族哈尼族科学概念获得族际比较的因材施教》，北京：中央民族大学，2011，第31 - 32页。

② ［美］克利福德·格尔茨，韩莉译：《文化的解释》，南京：译林出版社，2008，第49页。

③ 王桐龄：《中国民族史》，北京：吉林出版集团有限责任公司，2010，第3 - 4页。

④ 费孝通：《中华民族多元一体格局（修订本）》，北京：中央民族大学出版社，1999，第253页。

⑤ 程钢：《从〈教育过程〉到〈教育文化〉——布鲁纳教育文化观述评》，载《中国大学教学》，2005年第5期，第21 - 25页。

所谓“知者乐水，仁者乐山”（《论语·雍也》）①。傣族居民主要聚居在坝子上，世世代代滨水而居，水稻种植是傣族农业的基础。水已和傣族人民的灵魂紧密地联系到了一起，其文化性格也似水一样灵动活跃②。国际学术界以及当地学者都把傣族喻为“水的民族”③德昂族居民主要居住在山头，世世代代与大山为邻，民族文化性格也似大山一样深沉孝敬。

傣族A班学生性格大多开朗灵动，课堂上表现比较活跃，接受能力较强、较快，对零散知识点的短时记忆把握较好。德昂族B班学生性格大多深沉内敛，课堂上的表现比较内向静思，反应能力没有傣族A班学生快，但对关联的知识模块的长时记忆把握较好。因此，对于傣族学生，教师可以锻炼其归纳能力，要求学生逐渐养成图式思维的习惯，训练其从零散的知识点中以及中考考点中获取以运用倾向为主的独立图式。进一步而言，便是训练学生在学习的过程中从寻找算子入手。算子是一种子图式，没有上下限，可大可小，伸缩性强，思维敏捷灵动的傣族学生可以借此发挥优势，但是，鉴于傣族学生在总体上“来得快，忘得也快”的特点，教师应加强学生对知识的复习与巩固。对于德昂族学生，教师可以锻炼其演绎能力，要求学生逐渐养成图式思维的习惯，在宏观把握以识别倾向为主的综合图式之后，锻炼学生思维的灵活性。进一步而言，便是训练学生在学习过程中从把握格构入手。格构是一种子图式，也属于算子的一种，但有上下限，即必须提供一种最低限度和最高限度的因素。教师在教学中，适宜先向学生展示知识的整体构架。德昂族学生善于把握以识别倾向为主的综合图式，当某些综合图式是相对来说比较稳定和闭合的图式时，便是格构。当学生把握格构后，再继续深化算子以及其他图式的寻找、识别和记忆。

另外，教师可采取情境教学法和任务教学法，组织学生以小组和团队的方式进行角色扮演，完成任务。这对于傣族学生而言，一方面发挥了其性格与思维优势，另一方面也锻炼了合作能力。对于德昂族学生而言，让其多参与、多体验、发挥了合作能力，锻炼表现力和行动能力。教师还要把图式以直观的方式展示出来，“概念图”是个不错的选择。教师在单元课开始和结束的时候，展示所涉及到的知识脉络，用“概念图”的方式呈现出来。尤其需要重点展示“有且仅有”的图式。这对于傣族学生而言，避免了学生在学习中“只见树木不见森林”的困局，也着力提升了综合图式的水平。对于德昂族学生而言，发挥了善于总体把握知识体系的优势，又使得其掌握的图式符合清净律，也更加系统和牢固。

再者，为缓解学生出现的学习无力感，英语教师最好在教学活动从以下三点入手。首先，要注意知识点难易度的分配。教师在整堂课上要尽量顾及全班学生的英

---

① 李剑：《中国西部女童——西部三十名贫困女童学业成就提高的质性研究》，北京：中央编译出版社，2011，第17页。

② 郑晓云：《全球化背景下的中国及东南亚傣泰民族文化》，北京：民族出版社，2008，第97页。

③ 马向东：《德宏民族文化艺术论》，潞西：德宏民族出版社，2006，第2页。

语接受水平，善于在中高难度的知识点中贯穿讲解基础知识，用简易的基础知识、尤其是有且仅有的知识模块配合成体系的图式教学唤醒后进学生的英语学习情志，让其认识到自己对英语学习控制力的缺失是暂时性的而非永久的，是部分的而非全部的，以此慢慢树立学生的学习信心。其次，要纠正对某些学生群体的刻板印象，改为以发展动态的眼光看待学生的英语学业进步。一些教师出于对不同民族学生预设的刻板印象或者源自部分片段式的经验感受，把学生的学业困难归结为其个人或者民族人格的因素，犯了“基本归因错误”。因此，教师最好通过提升学生图式清净能力的办法，使学生树立信心，扭转自责、自我逃避、自我防御、我不行等消极心态，让学生放下沉重的心理包袱。最后，要努力为学生设计各种任务活动，寓教于乐。教师应积极探索英语课堂教学的创新模式，敢于因人而异、因材施教地合理地改编教材内容，尝试故事、游戏、模仿、歌曲、情景剧、角色扮演等多种教学方法。同时，丰富教学手段，在科学设计板书之外，充分利用学校提供的各种资源，如 PPT、影视作品、图片、模型，实物等。笔者实地教研的两所学校，近年来都获得了政府和社会的财政大力支持，其电教设备、多媒体教室已经开始得到重视和利用，并取得了学生们的喜爱。

综上所述，在生态心理学、宗教与文化（佛教和民间习俗）、家庭教育与同伴影响、学习动机等维度上，民族地区的英语教师应因材施教，锻炼傣族学生的归纳能力，锻炼德昂族学生的演绎能力，培养学生逐渐养成图式思维的习惯。

参考文献：

［1］饶赟：《基于傣族哈尼族科学概念获得族际比较的因材施教》，北京：中央民族大学，2011，第 31 – 32 页。

［2］［美］克利福德·格尔茨，韩莉译：《文化的解释》，南京：译林出版社，2008，第 49 页。

［3］王桐龄：《中国民族史》，北京：吉林出版集团有限责任公司，2010，第 3 – 4 页。

［4］费孝通：《中华民族多元一体格局（修订本）》，北京：中央民族大学出版社，1999，第 253 页。

［5］程钢：《从〈教育过程〉到〈教育文化〉—布鲁纳教育文化观述评》，载《中国大学教学》，2005 年第 5 期。

［6］李剑：《中国西部女童——西部三十名贫困女童学业成就提高的质性研究》，北京：中央编译出版社，2011，第 17 页。

［7］郑晓云：《全球化背景下的中国及东南亚傣泰民族文化》，北京：民族出版社，2008，第 97 页。

［8］马向东：《德宏民族文化艺术论》，潞西：德宏民族出版社，2006，第 2 页。

作者简介：王帅（1982—），男，汉族，2009 年毕业于中央民族大学教育学院比较教育专业，获硕士学位。现任较山东科技职业学院经济管理系教师。研究方向：少数民族教育。

五、“民考民”大学生个性化教学辅导策略研究

——以中央民族大学为例

（一）问题提出

中央民族大学是一所以招收少数民族民族学生为主的高等院校，少数民族学生约占全校学生人数的 60% - 70%，大多数少数民族学生来自于民族地区。我国在民族地区实施双语教育，因此有一部分学生在高考中使用民族文字答卷，一般称之为“民考民”。这部分学生一般分布在少数民族语言文学系，还有一些学生通过预科 1 到 2 年的语言和文化课的提高培训而进入其他院系专业。这些学生在中央民族大学进行本科学习，教学语言发生了很大变化，民族语言专业的学生专业用本民族语言，在全校公共课程的学习中使用汉语，在其他学科专业学习的同学全部课程使用汉语学习。由于“民考民”学生的汉语言水平的差异，因此，少数民族语言专业学生学习公共课成为他们学习上的困难，而在其他院系专业的“民考民”学生，所有的课程学习都是用汉语，因此他们普遍感到学习压力大。这些学生的学业成绩普遍不高，有许多学生“挂科”，有些学生甚至需要老师考虑其语言的特殊性而“照顾”及格，否则可能无法正常毕业。汉语的听说读写技能薄弱，课程考试的及格率低而且由于成绩较低影响到本科生日后的考研、就业、出国深造和晋升职称等现实问题。而这些现象与我们高等教育规律相违背，也影响了少数民族人才的培养质量。

“民考民”大学生由于文化、心理、语言等方面造成了学业成就低下。心理冲突表现出来学习目标不明确、学习积极性和迫切性不高，对认知语言学习产生一定的障碍，以及学习成绩提高缓慢等问题。在新事物面前的固定心理认知模式造成的心理冲突使学生在社会背景的思维形式及情感表达方面的不适应性。民考民大学生汉语水平不高，在学习汉语的过程中，在本族语的干扰下，母语的负迁移作用在汉语学习上是非常明显的。不同语言之间在语言发音，语法规则，语言结构，语用和语境等方面就存在较大的差异。头脑中固有母语系统对汉语学习不可避免的产生干扰作用，从而造成汉语学习的障碍，更造成了运用汉语进行专业课学习的障碍。对于民考民大学生学业成就的其它相关问题，如语言教学、教师水平和教学组织与管理等方面的研究能够从理论和现实方面分析和探讨民考民大学生学习中存在的问题以及解决问题的对策方案。

（二）相关的研究现状

关于学业成就的研究表明，少数民族学生的学业成绩低于汉族学生，如在孟波

镇中学的个案研究中发现，汉族学生成绩最好，傣族学生其次，哈尼族学生成绩最差、最不爱学习（欧群慧，滕星，2010）[1]。郭卫东、韩炯对新疆区内初中班民考民学生与民考汉学生学习适应性进行了对比分析[2]。赵霞以新疆石河子市师范学校为例，对新疆区内初中班民考民学生学业成绩调查分析[3]。

对于少数民族学生学业成绩差的归因研究：从受教育经历方面研究，来自县城的学生的汉语能力要强于来自农牧地区的学生（周涛，2008）[4]；从语言基础方面，对藏族内地班的研究中，学生的汉语口语交际能力比较薄弱（陈永珍，2010）[5]，在对英语专业民考民班学生的课程学习成就的研究中，民考民的学生英语语言基础薄弱（陈华英，2004）[6]；从教师的角度，影响学习成绩的最主要因素是教师（欧群慧，滕星，2010）；从心理学角度，少数民族学生从民族地区到非民族地区，生活环境的变化会影响到学生的学习心理、学习观念、学习动机、学习策略和学习风格的形成和应用，因此出现学业成绩普遍偏低的情况；对学业成就的影响效应依次为，学习效能感，学习策略运用，学习坚持性（张林，张向葵，2003）[7]。

对提高少数民族学生学业成绩的方法研究：培养学生形成有效的学习策略；国家加大基础设施和教师培养的投入力度；重视文化因素的导入，课题设计应具有民族性和多元性；以及集中同一民族学生进行教学。

少数民族高校学生学业成绩及其教育教学的研究：梁芳和邢富冲教授在论文《高校民族班学业问题归因分析与对策研究——以中央民族大学数学与计算机科学学院西藏班为例》中指出，中央民族大学数学与计算机科学学院从1999年开始招收的藏族班，为西藏培养专门的信息人才，取得了很大成绩，然而也有部分学生存在学业成绩欠佳的问题。问题归因主要有数学基础薄弱、语言障碍等。对策建议是对新生进行知识摸底，进行必要的补习；以基础知识为核心重新修订教学大纲等[8]；何英对英语专业民考民学生词汇学习策略进行了研究[9]；闫兴红、张金海新对新疆非英语专业维吾尔族民考民学生英语学习信念进行了调查[10]；杨清霞以中央民族大学预科新疆民考民学生为例，对语言与少数民族学生的数学学习关系进行了分析与思考[11]。

现有研究有三个方面不足：首先是研究对象方面，多数集中在小学、初中阶段，对于民族高等教育的研究不足；其次，在不多的对高等学校民考民学生的研究中多集中在对新疆维吾尔族学生的研究，对其他民族的“民考民”学生研究的少；第三，研究的学科方面，现有研究对民考民大学生学业成就的研究多集中在英语、网络等公共学科，对其他各类专业学科的学习与个性化教学辅导方法的探讨较少；第四，对策措施的研究，研究的解决策略多是从学生个体、以及课程内容方面，较少从教学论中的教学辅导模式方面进行分析，尤其是对如何建立一套符合“民考民”学生特殊学习需要的教学辅导管理制度方面缺乏理论和政策学方面的研究。

目前还没有一个满足这些有特殊教育需求的“民考民”学生的个性化教学辅导体系。中央民族大学作为一所培养少数民族高级人才的大学，应该在人才培养方面探索自己的特殊教育规律与经验，为其他学校提供可借鉴的模式。国外的大学都有针对有特殊教育需要的国际生和本国学生的教育辅导体系，有一套制度化安排，也需要我们加以研究，吸收其有益的经验和做法；另外，中央民族大学在培养“民考民”大学生方面也曾积累了一些经验，有些是教师个人探索对这些有特殊教育需要的“民考民”学生的个别课外指导方法，也有院系在“民考民”学生人才培养的特色办学模式，如理学院的数学专业“藏族班”。这些有益的经验都为本课题的研究提供了坚实的基础。

（三）问题的归因

本研究所涉及的民族有朝鲜族、蒙古族、藏族、维吾尔族和哈萨克族。考察中央民族大学“民考民”大学生的学业成绩现状，并通过对不同专业的任课教师及教学管理人员进行访谈，我们总结出“民考民”学生在学习中主要存在着以下问题：

1. 心理因素研究

在访谈中，学生就指出：进入大学后要与各民族的学生在一起上课，当老师在课堂上提问时，由于基础知识和知识面等原因，“民考民”学生很少能够回答，但是看其他同学似乎都知道答案，于是本来就没有太多争强意识和自信心的同学就开始泄气。还有些同学虽然也努力了，可是由于状况没有得到多少改变，所以认为自己基础差、自己笨、自己不如别人等消极的念头越来越严重，结果就是原来有的一些积极性也被打击掉了。以往研究表明，在面对学习上的困难，自我效能感强的人会比那些对学习缺乏信心的学生投入更多的努力，坚持得更久。同时他们也不容易产生焦虑。调查结果表明民考民大学生缺乏较强的自我效能感。针对民考民大学生这样具有较差的自我效能观念的学生，教师应加强对学生自我效能的认识，采取行之有效的方法提高学生对自己能力的信心。

动机观念涉及学生对学习动机的看法。很多“民考民”的学生表现出竞争意识不强，缺乏主动性和积极性的特点。当笔者问及对于期末考试的态度，有学生反映：反正都不会，就在期末考试前一天晚上准备一下，平时根本不学，学了也不会，考试的时候想起什么就答什么。这些现象都表示学生的心理因素影响了学习成绩，心理因素主要表现在学习目标不明确、学习积极性和迫切性不高，对认知语言学习产生一定的障碍，以及学习成绩提高缓慢等问题。另外，有些学生表示学习专业课对以后就业有帮助，大部分则表示学习专业课只是为了应付期末考试。探究其原因：一是部分“民考民”学生的心理承受能力弱。在中学的时候，他们每个人也都是自己同伴中间的佼佼者，而进入大学之后，没有什么能够让他们取得成功，内心的自尊在不断地受到打击。于是原本缺乏竞争意识的学生就更不会表现积极、主动。二是“民考民”学生很容易达到自我满足，觉得自己的状态很好，周围人的进步是因为人家聪明，与自己没有关系，这一点对于他们的积极主动性有着很深的影响。

2. 语言问题研究

“民考民”学生，这部分学生一般分布在少数民族语言文学系，还有一些学生通过预科1到2年的语言和文化课的提高培训而进入其他院系专业。这些学生在中央民族大学进行本科学习，教学语言发生了很大变化，民族语言专业的学生专业用本民族语言，在全校公共课程的学习中使用汉语，在其他学科专业学习的同学全部课程使用汉语学习。然而由于少数民族语言是他们的母语，特别是许多农牧民的孩子，从小基本上没有接触过汉语，来到内地之后，虽然通过内地班或预科教育学习汉语，可是学生在思维的时候依然是按照少数民族语言思维。事实上，这种语言的障碍严重地影响了学生的思维。因为在课堂上，当老师在讲解教学内容时，学生需要将听到的内容转化为少数民族语言思维，用少数民族语解释之后再回过头用汉语听课。这中间的间隔可能老师已经讲了新的内容，而他们却遗漏了。事实上，有些少数民族语言，例如蒙语、藏语与汉语之间尤其是语法方面有很大的不同。此外，在这些“民考民”学生的语言中，很少有与专业课的概念和术语相对应的语言，这样对于他们的理解就又加重了负担。

另外，有些“民考民”学生在大学之前的第二外语学习的不是英语而是其他语种，比如辽宁省阜新市蒙古自治县学习的是日语，然而在大学的课程中大部分都是涉及到英语的，比如说计算机、物理、生物等，专业课中也有大量英文单词，由于对于英文是完全陌生的，就使这部分学生产生排斥心理，最后导致挂科，并且屡次不过，这就使学生产生强烈的自卑感，认为自己不聪明，学习不好，产生厌学，从而导致学业成就较低。

3. 文化差异

民族文化是人类文化中显著的特征。一般地讲，同一个民族长期共同参与，分享一种文化制度，久而久之，就会形成一个民族的人们共同的精神形态上的特点。民族与其自身的文化特征密不可分，一个民族固有的思想观念与行为方式使得它与其它民族区分开来，具有独立的社会文化意识和精神状态，文化是界定和衡量民族的一个重要指标。文化是一种民族区别与其他民族的最基本的标志。文化传统是形成民族差异的主要因素。民考民大学生从中学升入大学，从少数民族聚居区到非少数民族聚居区，从本民族文化环境到了一个新的文化环境中，这是一个巨变的过程。少数民族聚居区的风俗与信仰，目标与价值以及行为与规范等方面与主流民族学生存在差异。少数民族传统的价值观和主流社会的价值观也不尽相同，这种差异会直接影响教育。在教育中语言与文化有着紧密的联系，社会文化对人的语言行为有客观制约的作用。在高等教育中的课程中，文化与语言交织在一起，教师既要运用主流文化的语言进行教学，也会在叫教学过程中传递主流文化，学生在上课过程中既要对语言掌握到位，也需要了解主流文化。所以对于教育者来说，了解少数民族文化和汉族文化的差异成为教学中必不可少的一面。

4. 教师的职业素养

民考民学生在进入大学之后，面对文化差异和生活学习上的变化，在教育与教学过程中，自然会有跟不上的情况。如果教师在教育的过程中忽视或没有发现少数民族学生的这种文化差异，认为学不好这项简单的内容是由于脑子笨等智力原因或是由于学习不够努力等原因造成的，必然会引起学生的不满从而使学生在教学过程中排斥教师课堂教学并且丧失学习的自信心。在中国少数民族教育和教学过程中，教育者不仅要渗透不同文化习俗的对比，同时在全球化进程中和多元文化背景下使少数民族大学生获得更好的交际能力和获取信息的能力，同时避免不必要的矛盾和冲突。

5. 教学组织与教学管理

中央民族大学现有 23 个学院，有覆盖 10 个学科门类的 55 个本科专业、4 个一级学科博士学位授权点、34 个二级学科博士学位授权点和 132 个硕士学位授权点、8 个专业硕士学位授权点，国家级重点学科 3 个、省部级重点学科 13 个，2 个国家文科基础学科人才培养和科学研究基地，1 个教育部人文社会科学重点研究基地，3 个国家“985 工程”哲学社会科学创新基地。学校现有教职工总数为 1990 人，其中专任教师 1052 人，专任教师中教授、副教授 580 人，占专任教师总数的 55.1%。学校现有全日制在校生 15956 人，其中本科生 11236 人，硕士、博士研究生 4400 人，少数民族预科生 772 人；本科生（含预科生）来自 55 个少数民族的学生保持在 60% 以上。教学管理是研究学校教学计划、组织和规律的一门学科。管理不是单纯指的是具体的组织人事管理，而是指教学过程中的组织与管理的体系。研究包括教学管理理论和教学管理模式；学校组织结构、组织文化、师资管理和建设、教学过程、课程设置理论、教学大纲设计和发展、教学评估和测试手段等。学生人数是很多的，不仅教师人数严重缺乏，教学管理人员更是严重缺乏，在职的管理人员感觉工作压力很大。

6. 生活和学习的适应问题

中学和大学有许多的不同之处：生活环境、学习环境、人际环境等等，对于民考民的学生，每个人都需要调整、改变以适应新的环境，其中肯定会遇到许多困难、承受许多压力。据民考民学生反馈，到大学后，生活环境不适应的有 42.3%，学习方式不适应的有 35.6%，语言环境不适应的有 32.5%，人际关系不适应的有 24.2%，心理上不适应的有 13.9%，身体上不适应的有 12.9%。一些“民考民”学生在中学时是远离父母，来到汉语文化圈中生活，首先在内地班寄宿学习，一般采取封闭式管理。即在学校的时候，除了有专职教师授课外，还配备了专门的生活老师及班主任，照顾学生的方方面面，甚至包括像上自习和睡觉这样的事情，管理也比较严格。因为仍是同民族的生活群体，而且有专门的老师照顾，生活上并没有出现很多适应的问题，而到了大学，这样的照顾和管理都没有了，而且生活的群体是以汉族为主的多民族群体，一开始还觉得自己是获得了极度的自由，可以全身心地享受在大学里获得的这种自由，也充满了新鲜感，然而很快他们就发现，他们不再有任何依靠，有了问题不知道向谁求助。因为大学老师基本上下课就走人。

此外，最初他们也没有认识到大学的学习和中学的学习有着巨大的不同：一方面是大学学习内容远远地超过中学所学的全部内容。比如数学与计算机科学学院的大学一年级学生，在第一学年就要学习数学分析、高等代数、英语、马克思主义哲学原理等；另一方面是学习方法发生了很大的改变。过去在中学里，由于所学习的专业内容相对较少，又有高考在起作用，所以教师还是有足够的时间给他们不断地复习，基本上是教师手把手地教学生，而大学里更多的是靠学生自学，教师处于指导、点拨的地位。这种方法的改变加上其基础薄弱，也使得“民考民”学生措手不及。

（四）个性化教学辅导策略

通过对中央民族大学“民考民”大学生的教学辅导模式现状的调查，其中包括一些优秀教师和典型专业（如数学藏族班）对“民考民”大学生个性化教学辅导的先进经验调查和总结。另外，通过国外高校对有特殊教育需求的国际生和国内生的教育教学辅导模式经验的研究，提出一些对策和建议。

1. 消除学生学习的心理障碍

民考民大学生在学习的过程中会遇到许多因素给他们带来各种各样的心理障碍，如语言的负迁移作用和文化差异等因素。多数学生在遇到问题时，会向他人求助，所以帮助他们减少和消除学习方面的心理障碍有助于民考民大学生提高学业成绩。心理障碍包括畏难情绪、自我效能感低、学习动机弱、学习上自控能力差、学习过程中的紧张和焦虑情绪、缺乏自信心、对学习没兴趣、竞争意识不强、缺乏主动性与积极性等。消除心理障碍的方法有：

首先，重视非智力因素的培养，如动机、意志、性格、兴趣、世界观等；

其次，培养学生学习兴趣，首先教学方法的多样化和教学内容的恰当安排，培养学生独立思维的能力，其次对其学习行为进行强化，再次教师设法建立轻松的学习气氛，创设语言的问题情景来激励学习的学习兴趣，最后开展一些课外活动，给予学生直观的感受；

再次，培养和激励学生的学习动机，教师一定要通过心理辅导去培养、激励学习动机，使他们端正学习动机，避免消极和错误的学习动机，强化积极的学习动机，首先要使学生认识道学习的重要性，其次明确学习目的；

最后，培养学生良好的性格品质，如勤奋、认真、有毅力等，在实践活动中有意识地培养学生通过克服困难达到目的的心理过程，首先培养学生的自觉性，其次培养学生的自控能力，最后帮助学生制定学习计划，养成良好的学习习惯。

2. 训练学生掌握学习策略

（1）了解学生学习现状

对学生，尤其是新生的知识基础和语言基础进行全面摸底。来自不同地区，不同民族的“民考民”学生，在中学阶段学习的内容和水平都不同，汉语水平也不同，在进入专业学习之前，必须有一个摸底和补习的过程，要把在中学未学或者没有学好而大学需要的内容，在一进入大学的时候就要补习，这样才能避免大的落差，使全体学生尽量在同一个起跑线上前进。对此也提出一些个性化教学辅导模式，例如民族语开班、双语教学、民族语辅助和补偿式教育，这些都是为了弥补班级授课制的缺陷，后面会展开探讨。在国外，根据不同学校情况，针对学校特点，采用考试进行分班教学，比如美国俄亥俄州一个大学比较重视写作，到校之后就会有写作考试（placement test），之后会根据考试的分数分到不同等级的课程。

（2）了解学生的学习策略

在开始学习策略训练之前，首先对学习者现有的学习策略及其情况进行诊断，可以采取调查问卷、教师访谈、小组讨论和学习者自我诊断等几种方式。了解学生已经能够使用哪些有效的学习策略、是否使用了消极的策略、学习策略的使用频率和学习策略使用情况与他们学习成就之间的关系。其次帮助学生选择学习策略，第一要考虑学习者的年龄、性别、学习风格、语言潜能、个性特征、学习态度和学习动机等因素；第二在了解民考民大学生的基本情况之后，可以根据学生的需要选择用于培养的策略，学习者现有学习策略存在差异，要因人而异的选择学习策略训练；最后，要在同等条件下优先选择简单直观的、已经使用的、用途广泛的、与学习目标关系密切的、趣味性强的、见效快的和教师比较熟悉并且有把握的学习策略。

（3）具体实践学习策略训练方法

定期让学生写学习总结和考试总结，包括谈学习上的收获和存在的困难、指定学习目标和计划以及对老师的建议。让学生定期做出自我评价和学生间的相互评价。评价内容包括课堂表现、努力程度和出勤情况，目的是培养学生自我评价和自我监控的策略。把具体学习方法和策略的指导和平时的课堂教学结合起来。定期对学习较差的学生单独进行学习方法上的指导。

3. 修订教学大纲

“民考民”学生对于现在的课程教学应改善的有教学内容、教学方式、教学速度等。有些课程的专业词汇和专有名词是学生掌握知识的难点，教师应用的教学方法适用于大多数学生，并没有针对“民考民”大学生的成体系的教学策略，教师的教学速度需要配合教学大纲，而教学大纲是国家教育主管部门对某一门学科的课程教学所提出的统一要求和具体规格，它是以纲要的形式规定有关教学内容的指导性文件，并没有针对“民考民”学生的接受能力和语言能力提出相应安排。一份完备的教学大纲规定学科的目的、任务、内容、范围、体系、教学进度、教学时间安排、教学方法等。针对一个专业的同一个少数民族的情况，例如中央民族大学数学与计算机学院的藏族班，在大学的专业课程中，老师要对“民考民”学生所学习的每一科目进行教学大纲的修订（数学与计算机科学学院教师已经提出），确保以基础知识教学为核心，需要对内容进行删除和精简。通过修订大纲，为“民考民”的藏族学生编制一套适合他们基础的教材，只有这样，授课的老师才有时间在教学中适当放慢讲课的速度，才可以在重点和难点的部分，教师反复教，学生反复练习，直至让学生彻底弄懂、彻底掌握。

4. 课程设计的民族性与多元性

少数民族院校目前所选用的教材多为国家统编教材，有关中国少数民族的文化并不多见。解决办法是在少数民族外语课本中采取多元文化教育者班克斯提出的多元文化教育课程模式中的贡献模式和民族添加式。贡献模式就是将民族英雄，文化要素，假日和庆典纳入课程当中。民族添加式就是在课程中额外增加一些文化内容，概念，主题和观点，但不改变课程的结构。另外，教育者在课上可将不同少数民族的特点融入课程内容当中，贴近民考民学生的生活，减小课程中母语对所学内容的负迁移作用，促进学生的正向迁移。

5. 建立辅导机制

国外高校对有特殊教育需求的国际生和国内生建立了相应的教育教学辅导模式。如果学生有生理缺陷（physical disability）或学习缺陷（learning disability），可以跟老师提出来，进行单独上课，学校的图书馆和计算机实验室有相关规定，要保证这些人可以正常使用，学校会设有“辅导办公室”（office of disability service），学校会专门指派人员对这样的学生进行帮助。比如说盲人想在电脑上写作，会有特殊设计的耳机帮助，这种耳机可以在打字的时候读出声音。学校会有专门的学生助理教会这些学生如何使用这些器材。对于在语言上有障碍的学生，比如国际生语言不过关，会有专门的课程进行辅导。

6. 完善导师制

“民考民”大学生普遍提出，最希望在大学得到学院老师们的帮助，其次是心理咨询老师，再次是课外辅导机构，然后是同年级同学和高年级同学。所以建立导师制，加强班主任工作，进一步完善学生咨询、辅导和管理机制，是提高“民考民”大学生学业成绩的重要途径。大部分“民考民”学生在中学阶段都受到老师的照顾和管理，到了大学，他们虽也有班主任，可是班主任全部是兼职的，他们或者有教学、科研任务，或者有行政任务，都有许多事情要做，所以不可能把全部时间都放在管理、关心学生上。而“民考民”学生又比较封闭，由于学习所处的状况，心中有点自卑，缺乏主动性和积极性，因此有问题不会主动找老师咨询。建议建立导师制，选派若干名任课教师兼做学生导师，每名导师分别指导若干名学生，与班主任一道做好学生的生活、学习、心理等方面的咨询、辅导工作。另外，也可以考虑采取导哥导姐制，就是在学生大一的时候，给他们选配一名优秀的大二或大三学生，作为他们学习和生活中的引导者，有的时候老师管理几十个学生，还有自己的事务，没有那么多精力面面俱到，对于学生的关心也是在教育层面上的，而学生的师哥师姐却让学生更亲近，也有更多的时间可以帮助刚入学的学生，在语言学习和专业学生上都可以给予很多建议和指导。这也相当于在老师和新生中架起一道桥梁，让新生更快地适应陌生的学习和生活环境。

参考文献：

[1] 欧群慧、滕星、王金星：《教师促进少数民族学生学业成绩的一项个案研

究》，载《民族教育研究》，2010 年第 6 期，第 62 – 66 页。

［2］郭卫东、韩炯：《新疆区内初中班民考民学生与民考汉学生学习适应性对比分析》，载《新疆社会科学》，2010 年第 3 期，第 115 – 120 页。

［3］赵霞：《新疆区内初中班民考民学生学业成绩调查分析》，载《新疆大学学报（哲学人文社会科学版）》，2010 年第 3 期。

［4］苏德：《少数民族多元文化教育的内容及其课程建构》，载《中央民族大学学报》，2008 年第 1 期，第 88 – 94 页。

［5］陈永珍：《内地西藏初中班汉语口语交际能力培养的改进策略》，载《价值工程》，2010 年第 12 期，第 199 页。

［6］陈华英：《关于如何对英语专业民考民班学生的课程学习成就进行评价的建议》，载《新疆师范大学学报》，2004 年第 4 期，第 161 – 163 页。

［7］张林、张向荣：《中学生学习策略运用、学习效能感、学习坚持性与学业成就关系的研究》，载《心理科学》，2003 年第 4 期，第 603 – 607 页。

［8］梁芳、邢富冲：《高校民族班学业问题归因分析与对策研究》，载《民族教育研究》，2006 年第 1 期，第 17 – 21 页。

［9］何英：《英语专业民考民学生词汇学习策略研究》，载《外语艺术教育研究》，2011 年第 1 期，第 57 – 61 页。

［10］闫兴红、张金海：《新疆非英语专业维吾尔族民考民学生英语学习信念调查》，载《价值工程》，2010 年第 23 期，第 172 – 173 页。

［11］杨清霞：《语言与少数民族学生的数学学习刍议》，载《民族教育研究》，2011 年第 2 期，第 62 – 65 页。

［12］哈经雄、滕星：《民族教育学通论》，北京：教育科学出扳社，2001 年。

［13］滕星、王军、张俊豪：《2 世纪中国少数民族与教育：理论、实践与创新》，北京：民族出版社，2002 年。

［14］戴庆厦、滕星、关辛秋、董艳：《中国少数民族双语教育概论》，沈阳：辽宁民族出版社，1997 年。

［15］陈向明：《质的研究在社会科学中的运用》，北京：教育科学出版社，2000 年。

［16］常永才：《影响少数民族大学生心理适应的生活事件：对北京高校的调查研究》，载《民族教育研究》，2004 年第 2 期，第 26 – 32 页。

［17］林耀华：《民族学通论》，北京：中央民族大学出版社，2002 年。

［18］丁乃村：《新课程标准下开放式、个性化教学策略的构建》，载《教育探索》，2005 年第 5 期，第 19 – 21 页。

［19］Vaille Maree Dawson，Grady Venville. *Teaching Strategies for Developing Students' Argumentation Skills About Socioscientific Issues in High School Genetics. Research in Science Education*，2010（2），133 – 148.

［20］Ana Iglesias，Paloma Martínez，Ricardo Aler，Fernando Fernández. *Learning teaching strategies in an Adaptive and Intelligent Educational System through Reinforcement Learning. Applied Intelligence*，2009（31）：89－106.

作者简介：李鹤（1987－），女（汉族），辽宁省铁岭市人，中央民族大学教育学院教育学原理专业2010级硕士研究生。研究方向为双语教育方向。

六、傈僳族、傣族聚居区高中生数学问题解决能力的比较研究

傈僳族和傣族主要聚居区分别为云南省怒江傈僳族自治州、云南省西双版纳傣族自治州和德宏景颇族傣族自治州。三地均处中国西南边疆，教育发展缓慢。改革开放以来，各地办学条件得到显著改善，然而，其教育质量，尤其是数学学业成绩仍不容乐观。本文作者所在的课题组于2011年5月前往云南省怒江傈僳族自治州贡山县调研发现，在满分为10分的数学能力测试中，傈僳族初一、初二、高一、高二学生的平均分分别为：5.26、5.00、6.55、20.54，各年级平均分为9.34分，而据课题组相关研究发现，傣族学生在此项数学能力测试中的分数与傈僳族学生的测试分数无显著差异，只是在不同方面的表现有所不同。有基于此，本文深入研究两族学生问题解决能力的比较优势，为当地教师因材施教而提出建议。

（一）问题解决的含义

问题解决是数学教育的核心，“在解决问题方面的成绩如何，将是衡量数学教育成效的有效标准”①。解决问题、制造产品和提供服务是人类智慧的三大表现，解决问题与思维和推理皆属于对现有信息加以利用并产生进一步信息的认知过程②，其基本特征是目的的指向性、子目标的分解和算子的选择。问题解决基于指向良性问题的问题意识，包括敏感性和聚焦度，即“符合逻辑地准确地进行推理，在概念中确定联系，看清问题的所有方面，以最佳方式提出问题，洞察问题核心”③，题解者须在一定的问题空间中进行搜索，即在问题情境迷津中搜索节点的分支数、节点深度和解题路径长度④，欲出迷津，题解者必须找到作为对各种心理状态加以转换的通路，即解题方法。针对专业领域内语义丰富的良性问题，在解题方法上，主要有类比法、消异法、意象法、手段－目的分析法。类比法的关键是规则的迁移，消异法的关键是通过求异来达到求同的目的，意象法的关键是有话不说而用形象的意象或图画来表示抽象的概念或逻辑关系，手段－目的分析法首先要找出尚不能达到的靶目标与目前可达到的子目标之间的差异来消除更难的差异。

① 沈翔：《国际数学教育运动中应用问题概述》，载《数学通讯》，1999年第8期，第1－3页。

② ［美］A. J. Cropley. *Creativity and cognition*：*producing effective novelty from Roeper Review* Vol. 21，No. 4，（May/June 1999）pp. 253－260，from http：//www. firstsearch. global. oclc. org/FSIP.

③ ［美］斯腾伯格，俞晓琳、吴国宏译：《超越IQ——人类智力的三元理论》，上海：华东师范大学出版社，2000，第129页。

④ 辛自强：《问题解决与知识建构》，北京：教育科学出版社，2005，第46页。

（二）问题意识的比较

傈僳族和傣族学生的数学问题解决能力不仅亟待提高，而且各自也表现出来不同的特点。例如：傈僳族学生在问题意识的聚焦度上得分更高，而傣族学生在问题意识的敏感性上有更好的表现。良好的问题意识是学生思维敏捷、思路精准的表现，是学生解决问题的前提和基础。国内外现已非常重视学生问题意识的培养，但由于个体意识的多变性和问题意识的测查难度，现今的研究多是从问题提出这一单维角度来展开论述。提出新颖的和深刻的问题是积极思考的一个表现，但仅仅从提出问题的多寡来评价学生在面对问题情景时的问题意识水平就显得不够客观。举例来看：在面对同样困境时，有的学生意识到的是各种障碍，而有的学生却在敏感地识别、寻找困境的症结所在，将精力聚焦于每一步操作。问题意识是怀疑、困惑、焦虑、探索等心理驱使人类个体积极思维的一种问题性心理品质，其关键在于敏感性（敏感地觉察到问题情境中的有效线索）和聚焦度（直指问题的关键）。本项研究通过对学生的解题记录进行编码来考察学生的问题意识水平在敏感性和聚焦度两个指标上的表现。

本研究设计的问题意识测试题共两题，每题10分，总分20分。傈僳族学生平均得分13.6分，傣族学生平均得分13.3分。可见，傈僳族和傣族学生问题解决能力指标上总体表现有待提高，但两族学生在问题意识的两个二级指标——敏感性和聚焦度上具有显著的差异：傈僳族学生聚焦度得分较高，在总分为10分的聚焦度测试题中，平均分为7.9分，而傣族学生在该项目上的平均得分为5.5分；傣族学生在总分为10分的敏感性测试题中，平均分为7.8分，而傈僳族学生在该项目上的平均得分为5.7分，详见表1。

表1　傈僳族和傣族学生问题意识测试项目得分

问题意识	敏感性	聚焦度	总分
傈僳族	5.7	7.9	13.6
傣　族	7.8	5.5	13.3

由此可以推断，傈僳族学生问题意识的聚焦度能力更强，在接触到问题情境时，能够及时和较为准确地排除干扰信息，将主要精力集中于与解题相关的信息，但是，傈僳族学生问题意识的敏感性指标表现较差，因此，会导致题目条件利用不充分，对解题的关键信息和隐含信息盲视而无法正确认知问题情境，从而使问题空间受到限制，被不恰当地缩小，也影响了解题方法的选择，最终，无法正确解题。与之不同的是，傣族学生恰恰相反，他们能够及时敏锐地认知题目中所有的信息，包括重要信息、次重要信息和隐含信息，正是由于他们感知到的问题情境中的信息太多太杂，而感觉无从下手，不知道先利用哪条信息，从而聚焦度不够，精力分散，问题空间被不恰当地放大，影响了解题方法的选择，同样的结果，解题的效率

和正确率下降。

傈僳族和傣族学生在问题意识敏感性和聚焦度两个指标上的表现，和笔者亲身感受到的其民族文化性格默契地一致，傈僳族长期居住于碧罗雪山和高黎贡山之间的狭长地带——怒江大峡谷，地理环境赋予了他们山的持重，并且由于长期以来地理环境上的局限性，导致傈僳族学生在面临问题情境时，思维受到局限，表现在问题意识测试指标上，聚焦度较好而敏感性不足；傣族长期以来具有云贵高原上的开阔地带——坝子，不管是旱傣、水傣还是花腰傣都各自生活在平坦富饶的热带、亚热带坝子，他们更多的具有水的性格，地理环境赋予了他们水的灵动，开阔的地理环境也带来了开阔的思维，表现在问题意识的测试指标上，就是敏感性较好而聚焦度不足。

（三）问题空间的比较

按照问题空间理论，问题解决的过程就是在问题空间中搜索可能的解决途径的过程。一个客观的问题结构可以被描述成一系列状态，在初始状态和目标状态之间存在着大量的备选路径，这些可能存在的状态和路径就构成了整个问题空间。解决了一个问题就意味着问题解决者通过搜索问题空间找到了一个操作序列，并凭借着这个操作序列把问题的初始状态变为了目标状态。纽厄尔和西蒙把问题空间构想为一些节点的集合，一个节点代表一种知识状态，不同的节点由称为算子的认知过程连接起来，问题解决就是在问题空间中移动节点，以达到或进入不同的知识状态。这种移动的过程就是搜索的过程，它由一个执行系统来控制。一个具体问题可供选择的路径数，每条路径的节点数、节点深度，每个节点的分支数都会随着问题解决者自身条件的差异而不同。

本研究设计的问题空间测试题共三题，每题 10 分，总分 30 分。傈僳族学生平均得分 18.7 分，傣族学生平均得分 17.9 分。可见，傈僳族和傣族学生问题空间测试项目得分普遍偏低，但在路径数、节点数和节点深度三个二级指标上，却表现出各自的特点：傣族学生解题时能够寻找到更多的解题路径，但每条路径的节点数相对较少，深度也不够，距离成功解题有很大差距，而傈僳族学生虽然路径数量较少，但每条路径的节点数更多，节点的位置也更深，更加接近问题的解决。傈僳族和傣族学生这样的问题解决特点，也造成了他们在问题空间测试项目上的得分差异，详见表 2。

表 2　傈僳族和傣族学生问题空间测试项目得分

问题空间	路径数	节点数	节点深度	总分
傈僳族	4.3	7.5	6.9	18.7
傣　族	6.4	5.8	5.7	17.9

由此可见，傈僳族学生在问题空间方面，由问题情境思考出来的解题路径较

少，面临部分需要特殊方法或利用隐含信息才能成功解决的题目局限性较大，但由于每条路径的节点数量及其深度都表现较好，所以，在常规性的问题情境中，他们成功解题的效率更高；傣族学生面临新的问题情境时，思维更具有发散性，能够根据题干中的信息，寻找到更多的解题路径，但是由于其思维特点，每条路径的节点数量较少，深度也较浅，距离问题的解决差距较大，因此，成功解题的效率较低。

（四）解题方法的比较

在问题空间搜索解题路径的策略主要有算法和启发法：算法是指问题解决者尝试各种可能的解题方法，虽然可以保证问题的解决，但费时费力；启发法是人借助相关经验，在问题空间内进行较少搜索，即可达到问题解决的一种方法。针对专业领域内语义丰富的良性问题，在解题方法上，主要有类比法、消异法、意象法、手段－目的分析法。类比法的关键是规则的迁移；消异法的关键是通过求异来达到求同的目的，主要包括寻找反例和逆向思维这两种实际操作方法；意象法是借助形象工具如图画或列表来表示抽象的概念或逻辑关系；手段－目的分析法首先要找出尚不能达到的靶目标与目前可达到的子目标之间的差异来消除更大的差异。在实际的解题过程中，人们可能会结合两种或两种以上的解题方法解决问题，对解题方法的选择与综合使用关系到解题是否成功，也是学生数学问题解决能力的重要表现。

本研究设计的解题方法测试题共四题，每题10分，总分40分。傈僳族学生平均得分22.7分，傣族学生平均得分22.8分。可见，两族学生在解题方法的选择上总体上大致相当，但是，两族学生在四类具体解题方法的选择上，各有千秋又各有不足，傈僳族学生对于类比法和手段－目的分析法的掌握和运用较好，而傣族学生对消异法和意象法的掌握和运用水平更高。详见表3。

表3　傈僳族和傣族学生解题方法测试项目得分

解题方法	类比法	消异法	意象法	手段－目的分析法	总分
傈僳族	5.9	5.7	4.2	6.9	22.7
傣　族	3.2	7.8	7.3	4.5	22.8

由此可见，对于解题方法的正确选择，傈僳族和傣族学生对于不同的解题方法运用水平不同。

（五）因材施教的建议

通过调查和研究发现，傈僳族和傣族学生在数学问题解决能力方面表现出各自的优势与不足，假如能够扬长避短，势必能够增强两族学生的数学问题解决能力，促进学生数学学业成就的提高。笔者结合前期研究中的发现和实地教学中的心得，提出下列因材施教建议，与大家商榷。

1. 针对傈僳族学生聚焦度较高而敏感性较弱，教师应该引导傈僳族学生更加注重题干信息的发掘和充分利用，尤其是隐含信息的发现。针对傣族学生敏感性较高而聚焦度较弱，教师应该培养傣族学生深思熟虑，对题干信息进行去粗取精，主次分明的思考策略，尤其是要培养他们寻找解题切入点的能力。

2. 针对傈僳族学生路径数相对较少的特点，教师应该更加注重引导他们从多角度思考问题，在保证思考深度的同时，拓宽解题视野，尤其需要注重各个知识点之间的联系。针对傣族学生节点数较少和节点深度不够的特点，教师应引导他们学会甄别解题的主要路径和次要路径，对于主要路径，应充分思考，联系题目考查的各个知识点，加深节点深度，直至问题解决。

3. 针对傈僳族学生消异法和意象法掌握和运用水平相对较低的特点，教师应当加强培养学生发现差异性和利用图形、图像解题的能力，尤其是函数和几何题目。针对傣族学生类比法和手段－目的分析法掌握和运用水平相对较低的特点，教师应当注重训练学生思维的缜密性，提高严谨程度。

总之，学生能力的发展是教育教学的逻辑起点，学生问题解决能力的发展，对于培养学生的数学解题能力，具有举足轻重的作用，笔者带着提高学生问题解决能力的心情，结合对傈僳族和傣族学生题解能力的特点和实地支教满一年的体会，提出相应的因材施教建议。不足之处，望大家不吝赐教。

参考文献

[1] A. J. Cropley. Creativity and cognition：producing effective novelty. *Roeper Review*. Vol. 21，No. 4，(May/June 1999).

[2] Anderson J R. *Cognitive Psychological and its Implication*. Carnegie Mellon University W H Freeman and Company. New York. 1982，89 (4).

[3] 白改平：《跨文化数学教育的研究方法应注意的问题》，载《民族教育研究》，2004 年第 1 期。

[4] 陈涛：《课堂教学中培养学生的数学问题意识》，2003 年山东师范大学硕士学位论文。

[5] Cross，J. (2006). *Informal learning：Rediscovering the natural pathways that inspire innovation and performance*. San Francisco：Preifief.

[6] Polya，G. *How to solve it* (2ed.). NJ：Princeton University Press. 1973.

[7] 李剑：《教育审美与教育批判——解脱现代性断裂对民族教育发展的困扰》，北京：中央民族大学出版社，2011 年。

[8] 刘电芝：《解题思维策略训练提高小学生解题能力的实验研究》，载《心理科学通讯》，1989 年第 5 期。

[9] 斯腾伯格，俞晓林、吴国宏译：《超越 IQ—人类智力的三元理论》，上海：华东师范大学出版社，2000 年。

[10] 辛自强：《问题解决与知识建构》，北京：教育科学出版社，2005 年。

作者简介：薛烨（1986—），男，汉族，山东莱芜人，中央民族大学比较教育学专业2010级硕士研究生。研究方向：比较教育学。

七、独龙族怒族学生文学想象力比较的培养建议

文学想象力培养关乎创造性的发挥。我国少数民族学生的文学想象力培养关系到他们的创造性培养，于“提高质量、促进公平”，具有重大意义。本文通过比较独龙族和怒族学生的文学想象力，剖析了独龙族和怒族中小学生文学想象力培养现状，指出在多元文化背景下，学校教育与传统文化不可分割之关系，提出针对这两个民族学生的文学想象力培养的相关建议。

（一）独龙族怒族学生文学想象力培养的现状

针对少数民族文学想象力培养，笔者先是对云南17个少数民族[①]的师生进行了调研，从中发现了很多亟待解决的问题。为此，笔者于2009年深入到独龙族和怒族聚居区进行了为期半年的田野工作和相关的自然实验数据截取，以求少数民族学生文学想象力培养的教育教学方式方法。

目前有七千余人的独龙族是我国的人口较少民族、直过民族、跨境民族，主要聚居在云南省怒江州贡山独龙族怒族自治县独龙江河谷地带，有语言无文字。目前有两万余人的怒族也是我国人口较少民族、直过民族，主要聚居在云南省怒江州泸水、福贡、贡山和兰坪等县，有语言无文字，与独龙族情况相似。笔者分别在上述两族聚居地的独龙族乡九年一贯制学校和丙中洛乡红塔小学进行了关于文学想象力培养的教学实践，以自然实验的研究方法，对两族两校的学生进行了相关数据截取。现以对《巨人的花园》为题材进行想象力写作为例。

《巨人的花园》讲述的是一个巨人外去旅行归来之后，看到孩子们在自己的花园里玩耍，很生气，他在花园周围筑起了高墙，将孩子们拒于墙外，从此花园里花不开，鸟不语，春天不再来，冬天永远留在了这里。后来，孩子们从围墙爬进花园，春天也跟着进来了。巨人终于明白，没有孩子的地方就没有春天。

写作要求：在课文中，只是说了巨人外去旅行好久，然后回来了。要求发挥自己想象，想象一下巨人都去哪里旅行了？在他的旅行途中，都遇到了什么人？发生了什么事？写成一篇作文。

本文将文学想象力的主要指标设为“空间”、“虚构”、“丰富”和“生动”。空间是指想象空间，其范围可设定为：家校、村乡、县城、省城、外省、国内、国外、地球、宇宙、天外，由最近（10分）到最远（100分）分别赋值。虚构是指想象的虚拟程度，即个体的想象在多大程度上背离了其所属的生活空间，可用“约

① 这17个少数民族是：阿昌族、哈尼族、摩梭人、白族、基诺族、怒族、独龙族、傣族、拉祜族、布朗族、纳西族、佤族、傈僳族、普米族、彝族、哈尼族、德昂族。

丹曲线”（Jordan curve）[①] 绕封的两个闭合空间代表生活空间和非生活空间，按背离生活空间核心的远近（域核、域疆、交集、外近、外远、虚幻）来判定虚拟程度，由最近（10 分）到最远（100 分）分别赋值。丰富是指想象的意象在量上的多少（以“叠”来计算，每“叠”10 分）。生动是指想象的意象在质量上如何活灵了人类个体的生命力，其判断标准是在听觉、视觉、味觉、触觉、嗅觉、关系、情感、意志、生命和妙悟这几个测度做到“惟妙惟肖”，每有生动处，则按十分计算。本文按上述四个指标分别对独龙族和怒族中小学生的文学想象力进行了数据采集。在独龙族九年一贯制学校六年级、七年级、八年级的 100 份有效作文中，在同样年级的怒族丙中洛乡红塔小学及丙中洛中学的 154 份有效作文中，按百分制计算，独龙族和怒族学生的想象“空间”能力分别是 54. 1 分和 53. 1 分，其“虚构”能力分别是 48. 7 分和 50. 6 分，其“丰富”能力分别是 33. 9 分和 44. 7 分，其“生动”能力分别是 25 分和 32. 6 分，如图 1 所示：

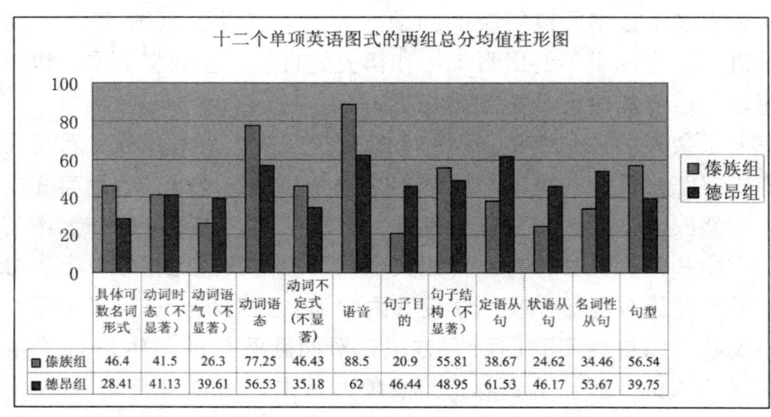

	具体可数名词形式	动词时态（不显著）	动词语气（不显著）	动词语态	动词不定式（不显著）	语音	句子目的	句子结构（不显著）	定语从句	状语从句	名词性从句	句型
傣族组	46.4	41.5	26.3	77.25	46.43	88.5	20.9	55.81	38.67	24.62	34.46	56.54
德昂组	28.41	41.13	39.61	56.53	35.18	62	46.44	48.95	61.53	46.17	53.67	39.75

图 1　独龙族怒族学生文学想象力各项维度平均分对比

（二）独龙族怒族学生文学想象力培养现状的分析

如图 1 所示，在从独龙族九年一贯制学校六年级、七年级、八年级回收的 100 份有效作文中，在从同样年级的怒族丙中洛乡红塔小学及丙中洛中学回收的 154 份有效作文中，笔者发现：在想象的“空间”和“虚构”这两个指标上，独龙族学生和怒族学生的文学想象力表现，没有太大的差别。

首先，在“空间”这个指标上，独龙族和怒族学生的得分，分别是 54. 1 分和 53. 1 分。独龙族和怒族学生在进行空间描写时，大部分学生集中在了“外省”及“国内”这样的区域范围。根据笔者的亲身教学实践，独龙族和怒族学生在这篇作文中写到的最多的故事发生地是昆明和北京。这应该是他们在日常生活中听到的最

① ［德］库尔特·勒温，高觉敷译：《拓扑心理学原理》，上海：商务印书馆，2003，第 91 – 92 页。

多的两个城市，但是，即使是这样，在这种“外省都市”的背景下，独龙族怒族学生也无法成功地构造出具体的故事发生场景，而常常地将他们实际的日常生活环境“移植”到这样的城市背景中，所以，作文中就会出现到了“巨人”在北京帮老奶奶上山砍柴的情节。这也从具体的事实印证了独龙族怒族学生在空间的跨越上表现出来的“无力”。

其次，在“虚构”这个指标上，独龙族和怒族学生的得分，分别是48.7分和50.6分。也就是说，独龙族和怒族学生的想象力作文在虚构程度上，处于现实和完全的虚幻的相交处，即集中在“交集”的范围内，现实生活的痕迹较重，想象力的展现还应有更大的发挥。

综合以上两点，究其原因，我们可以发现：对于独龙族和怒族学生，从文化层面上来说，学校教育中使用的课程内容与独龙族怒族传统文化严重分离，二者很少有重叠，对于生活在本民族传统文化“浸润”中的独龙族和怒族学生来说，书本上描述的事物是全然陌生和在现实中不可见的，想象以现实为基础，没有这一基础，难以搭建想象的楼阁；从社会层次来说，独龙族和怒族的聚居地相对闭塞，接触新信息和新鲜事物的机会少；从学校层次来说，师资贫乏，课外图书资源匮乏，学生的视野没有被充分开拓；从教师教学的层次来看，老师对学生的汉语言学习期望值普遍偏低，认为少数民族学生能够将用汉语将意思表达清楚已经足够，很少意识到可以把其本民族传统文化的元素融入到教学实践中，从文化的视角，发掘出学生在文学想象力这一方面所具有的独特气质；从少数民族学生个人层次来说，汉语是第二外语，当其运用一种他们并不熟悉的语言来进行文字表达时，不能完全地将其文学想象力表现出来。与“空间”和“虚构”两项指标相比，独龙族和怒族学生的想象力在“丰富”和“生动”这两个指标上，呈现出很大差异。

首先，在“丰富”这个指标上，独龙族学生和怒族学生的得分，分别是33.9分和44.7分。也就是说，在想象作文中的意象数量的创造上，怒族学生较独龙族学生，能够创造出更多的意象，从而能够构造更加复杂的故事情节，进而表现出更加丰富的文学想象力。例如，怒族的学生能够借助电视动画和童话书中的情节，为《巨人的旅行》这篇想象作文构造出国王公主乃至正义与邪恶之战这类的情节画面，而独龙族能做到这一点的学生，就相对少很多。

其次，在“生动”这个指标上，独龙族学生和怒族学生的得分，分别是25分和32.6分。这又说明怒族学生较独龙族学生，能够运用更加丰富的词汇和语句对自己由多重意象构造出来的意境进行更加生动的描绘。

综合以上两点，究其原因，依旧是现实生存环境及传统文化的影响。在现实生活中，首先是地理环境方面的差异，比如独龙族每年12月至次年5月的半年封山期，距离县城近100公里，完全的与世隔绝的地理特征，而丙中洛乡离县城只有14公里的路程，并且是“国家森林公园”，属于旅游区的环境相比较，使得怒族学生的确能够有更多的机会接触外界的信息，有更多的机会走出大山；再从人文环境的方面来讲，在学校受教育的过程中，与独龙族学生相比，怒族学生拥有更好的师资条件、丰富一些的图书资源，尤其重要的一点的是，怒族的一线教师大多是本土怒族教师，对学生的期望较高，老师普遍认为，只要学生努力学习，就可以学得很好。而在独龙族，缺乏这样一批在本土培养起来的教师，一线教师绝大部分来自外地及外族，而且这些老师普遍不会讲独龙语，与学生无法很好地沟通，并且一部分教师存在着潜意识里的偏见，致使大多数独龙族学生学习能力弱。此外，传统文化与现实的学校教育的脱离，也成为影响少数民族学生想象力发挥的巨大因素。可见，怒族学生的想象力，因有与独龙族学生不同的地理环境和人文环境，发挥得更为突出。这说明现实的生活环境是发掘和发挥文学想象力的基础，更说明传统文化与学校教育的不可分离。

总之，从对独龙族和怒族学生的文学想象力的数据统计分析结果可以看出，现实的生存环境和传统文化在学校教育中的融合，如果不是决定，至少也是在很大程度上影响了学生文学想象力的发掘和发挥。

（三）独龙族怒族学生文学想象力培养建议

生存环境包括地理环境和人文环境，而教育是人文环境中的重要方面，在对少数民族学生的文学想象力培养上，适切的教育可以摆脱地理环境限制想象力培养的困境，这种适切的教育要涉及学生的人生体验、本质直观、文化性格、人生境界以及意象生动。

1. 从人生体验中累积感性经验

从田野实践分析出来的结论我们可以看出，孩子们的想象力是与其生活的环境，无论是地理环境，还是人文环境，密切相关的。例如，独龙族的孩子在日常的生活中，会帮助家里背柴、洗衣服、做饭，所以，独龙族的小女孩在作文中说，到了北京的巨人，帮助老奶奶背柴、洗衣服、做饭。想象离不开感性经验，而积累感性经验的最重要的途径就是人生体验[①]。不同的人生体验会积累不同的感性经验，只有通过对生活中不同事物的感知，然后将这些不同的感知逐渐积累，提炼，形成丰富的感性经验，这样才能为汪洋肆意的文学想象提供基础，所以，从这个角度来说，为了丰富学生的人生体验，就应该将学生更多地放置在不同的背景环境下，在不同环境中感知更多的不同的事物，形成不同的人生体验。例如，通过与山外的学校联谊，建立兄弟学校联盟，给独龙族和怒族学生提供更多的走出去的机会。

2. 给本质直观以更多的自由

本质直观，在胡塞尔看来，只有通过想象的自由变更，才能达成[②]。在笔者看来，是人内心深处最本质的东西以最无束缚的方式的再现。当一个人的心灵无所拘束的时候，心灵的自由必然带来想象的自由，而想象的自由，又必定给心灵一个更广阔的自由驰骋的空间。一个内心毫无拘束的孩子，才会对着宿舍楼下经过的老师

---

① 张少康：《中国古代文学创作论》，北京：北京大学出版社，1983，第245页。

② 倪梁康、胡塞尔：《现象学概念通释》，上海：三联书店，1999，第100页。

开心大笑大声喊："老师，我爱你！"才会在一堂晚自习，为了写一篇日记，十几遍地跑上讲台，大声说："老师，这个字怎么写？"而这些，都是笔者在独龙族怒族教学实践中遇到的情景，孩子这样自由无拘的天性，弥足珍贵。唯有想象自由，才可达本质直观，唯有给本质直观以更多的自由，才能达想象的自由①。因此，在教学中，老师们应该在课堂内外为孩子们营造自由气氛，让孩子们的心灵上毫无拘束，让其想象得到自由的发挥，激发和培养孩子们的想象力。

3. 彰显儿童的民族文化性格

文化性格，是指个体性格特征中的民族文化特质，即文化基因DNA。笔者认为，在这两个只有语言没有文字的民族，其传统的、流传千百年的先民创造出来的神话传说、宗教信仰、民间故事等等，最能体现其民族文化性格。例如：独龙族的神话传说《洪水滔天》和《人与"布兰"的斗争》等，都体现了独龙族人极富魔幻瑰丽的文学想象，体现了独龙族先民"豪放勇敢、感情充沛"的文化性格。这些民族文化性格，是一代一代地延续下来的，不可磨灭的，构成少数民族学生身上最独特、最本真的气质。在多元文化背景下，和而不同，尊重民族文化，认识到民族传统文化对学生想象力发掘和培养的重要性，培养学生的想象力，要充分发挥学生的想象力，就不能忽略他们身上的民族文化性格。一线教师应借助这些民族资源，利用他们身上的文化性格特质，激发其民族自豪感，在日常的写作练习里，鼓励和引导学生多写一些从小就耳濡目染的本民族的人情世事，帮他们发掘发挥出其独特的具有民族特色的文学想象力。

4. 逐渐涵养儿童的人生境界

人生境界的高低，决定了一个人情感的触感深度和精细度。一个人的文学想象力，在很大程度上决定于其情感，大脑中储存的表象要转化为想象，必须要以情感为动力，情感对表象进行冲击、放大、才能产生丰富的想象，所以，逐渐涵养学生的人生境界，是提高学生的文学想象力的重用途径之一。同样，在独龙族聚居地的独龙江乡，在怒族聚居地的丙中洛乡，因其特殊的地理环境和人文环境使然，要提高学生的人生境界，最可行的方法依旧是通过课堂，老师引导学生多阅读一些情感比较充沛的文学作品，挖掘其中饱含的情感因素和意境，引导学生体会作者的写作心境，写作背景等，然后通过实际的写作训练，让学生学会在文章中融入自己的情感，融入自身的感悟，逐渐地在脑海里形成一幅幅惟妙惟肖的意境，以逐渐提高其人生境界，从而使学生想象的层次也随着人生境界的提高而渐次提高②。

5. 促进儿童鲜活意象的生动

意象是由个体对现实的感受而在头脑中形成的一种能体现个体情感、直觉和鲜活形象的感性形象③。使意象鲜活生动，再融入充沛的情感，是培养学生文学想象

---

① 转引自常青：《扣开想象之，想象思维训练》，北京：教育科学出版社，1993，第6页。

② 参见明娟：《文学阅读教学中学生想象力的培养》，武汉：华中师范大学，2007，第11页。

③ 寇鹏程：《文艺美学》，上海：上海远东出版社，2007，第200页。

力的重要目标。为了达到意象的丰富和生动，在教学中，教师应教导学生从对意象的把握中揣摩到诗人情感的主线，然后再依照情感本身的力量，对意象进行组合，从而实现想象的再创造。这是实现想象力飞跃的绝好途径。在引导学生学会鉴赏他人文学作品中的文学意象并学会自我积累之后，更重要的培养想象力的步骤是实际的创造过程。让学生结合已经积累的意象，铺陈开来，融入自己的情感和感悟，重新组合，创造新的意象，进而形成自我创造的意境，这样的创造性的训练，长期坚持下去，必定收获甚大。具体到独龙族和怒族学生，就笔者已有的数据来看，学生在意象的创造及意象的生动描写方面的能力是相当欠缺的。这就需要一线教师们首先意识到独龙族和怒族学生文学想象力的潜能，然后有意识地在课堂上通过这种强调积累意象和创造意象的教学方法，来培养独龙族和怒族学生的文学想象力。

综上所述，为了更加有效地培养独龙族和怒族学生的文学想象力，一线教师需要从学生本土的地理环境和人文环境等生存环境出发，因地制宜、因人而异地面向不同民族、不同个性的学生，将文学想象力培养落实于学生的人生体验、本质直观、文化性格、人生境界和意象生动等几个重要方面。

参考文献：

［1］［德］库尔特·勒温，高觉敷译：《拓扑心理学原理》，上海：商务印书馆，2003，第91－92页。

［2］倪梁康、胡塞尔：《现象学概念通释》，上海：三联书店，1999年。

［3］寇鹏程：《文艺美学》，上海：上海远东出版社，2007年。

［4］常青：《扣开想象之，想象思维训练》，北京：教育科学出版社，1993年。

［5］明娟：《文学阅读教学中学生想象力的培养》，武汉：华中师范大学，2007年。

［6］张少康：《中国古代文学创作论》，北京：北京大学出版社，1983年。

作者简介：聂优平（1986—），女，汉族，湖南常德人，2011年6月毕业于中央民族大学比较教育学专业，获硕士学位，现任职于内蒙古阿拉善SEE生态协会，项目助理。研究方向：比较教育学。

第四节　学生跨文化适应问题研究

一、多民族地区学校中文化适应的思考

（一）问题的提出

当一个学生很认真地问候你，“祝老师清明节快乐！”，你怎么想？

20世纪30年代文化人类学引入文化适应这一词汇。所谓文化适应指的是由个体所组成，且具有不同文化的两个群体之间，发生持续的、直接的文化接触，导致一方或双方原有文化模式发生变化的现象[1]，是人类对突变的外部环境所做的积极的认知过程。在从一种文化到另一种文化的转换适应过程中，人们原有的世界观、自我特性、思维系统、行动模式、情感知觉、交际模式等无一不受到冲击，文化适应就是对以上几个方面进行重新调整和定位，从“圈外人”变成“自己人”的过程。

人类学家将文化适应看作一个群体过程，心理学家分为个体适应和群体适应，群体适应会导致社会结构变化，个体适应则导致价值观和行为的变迁[2]。学校教育中的文化适应是双重调适，即对自己的调适和对学校的调适，对学校文化的适应不是被动的，而是在相互作用的持续过程中，体现出所有师生的积极努力。

选择这一主题基于以下认识：

1. 学校是文化机构，教师是文化的主体；

2. 双语教育的实施使得课堂中、校园里的文化适应问题凸显；

3. 文化适应是文化认同和教育质量提升的前提和基础。

（二）关于文化适应研究的现状

目前关于文化适应的研究成果是丰富的。主要的进展主要表现在以下几个方面：

1. 文化适应的理论研究

（1）文化适应解析

20世纪30年代美国人类学家罗伯特·雷德菲尔德在《文化适应研究备忘录》中提出了文化适应的一般概念，“用以理解如下一些现象：即当具有不同文化的两个群体进行持续的、直接的接触之后，双方或者一方原有文化模式因之而发生的变迁”[3]。在心理学家的视野中，文化适应是“已完成某文化社会化过程的个体，在不断暴露于另一个全新而陌生的文化之中较长一段时间之后，其内部所发生的变化过程。”是人类对突变的外部环境所做出的积极的认知过程[4]。

文化适应是双重调适，即对自己的调适和对社会的调适，对社会环境的适应不是被动的，而是在相互作用的历史过程中，体现出民族成员的积极努力。Ward提出应包括社会适应和心理适应两个方面（Ward，1994.）。Berry则将之划分为个体适应与群体适应（Berry，1997.）。

（2）文化适应过程的研究

文化适应是一个过程，经历了从不适应到适应的复杂转变过程，不同的学者根据自己的研究划分出了不同的适应阶段。

道格拉斯（1987）提出，大致经历了新奇阶段、文化冲突阶段、复苏阶段和文化融入四个阶段。奥伯格认为文化冲突可以分为四个阶段，蜜月阶段、沮丧阶段、调整阶段、适应阶段。这个过程形如英文字母U，也被称为U型曲线。阿德勒

（1975）提出五阶段模式假说，即接触阶段、不同一阶段、否定性阶段、自律期阶段、独立期阶段[5]。麦哲罗则提出了十个阶段：①面临新环境而产生的困惑；②带有负罪或羞耻感的自省；③对认识途径、社会文化及精神观念的分析和评价；④认识到不满和变化的过程并非自己所独有，他人也同样经历类似的变化；⑤对新的角色、关系和行为的可能性的探索；⑥计划行动方案；⑦掌握实施行动所需要的知识和技能；⑧对新角色的临时性承担；⑨在新角色和关系中建立能力和自信；⑩在新观念的基础上对生活进行重新整合[6]。

（3）影响文化适应的因素

陈辉提出影响文化适应的因素可以分成内外两个部分，外部因素包括生活变化、社会支持、时间、文化距离、歧视与偏见，内部因素包括评价和应对方式、人格、应对资源、人口统计学特征等。李环宇提出学校中的文化适应，影响因素可以分成三个层面，一是学生方面，二是学校方面，三是家长方面。

拜瑞（Berry）等人提出四种文化认同态度模式，整合、同化、分离、边缘化，并提出文化能否适应与文化认同态度有直接关系。整合、同化的态度与社会适应成正相关，分离态度与社会适应成负相关[7]。

（三）对学校中文化适应的思考

在研究中我们发现，对学校的多元文化建设及师生的文化适应关注并不足够。对学生适应的研究成果虽然还比较少，但已经开始出现（胡兴旺等，2005；吴学军，2008；马春花等，2011；袁淑清，2011；赵铭锡，2012），而对教师的文化适应的研究几乎没有，在期刊网的搜索中没有结果。随着现代社会的发展，文化传承仅停留在家庭、公共生活等场域自在发生，显然已经无法经受不断变换的网络文化、时尚文化的冲击，必须经由学校等场域有目的、有计划的进行系统的传承，以保证文化的多元一体。学校已日益成为文化传承的主阵地，随着双语教育的推进更为突出。与此同时，多民族地区学校教育中的多元文化建设困顿也日益突出。文化适应是多民族地区学校教育不可回避的现实问题，只有正面的审视并思考，才能合理地化解文化冲突，顺利地度过适应过程，成为真正的多元文化教育者和学习者，使学校成为文化认同的基地。

1. 教师要了解文化冲突的存在及其适应规律，成为文化适应的引导者

文化是人类赖以生存的方式，也是维护不同社会群体结构的本源力量，是在长期的历史发展中形成的，对生活与统一社会之群体的言行起到引导作用的组合体系。“它是由多种模式相互紧密结合的一个系统，大多数模式被置于意识桎梏之下，而所有模式支配和影响着人们的行为，正如木偶的所有动作是由操线绳所控制一般。”（Condon，1973：4）教师是文化主体的主导方，对学校文化的营造，起着关键的作用；对学生文化适应起着示范和引导的作用。但教师自身也存在着文化适应，这无法忽略不计。

文化具有层次性，处于文化深层的是人类的价值观体系，它根植于文化深层，

具有高度稳定性，支配着个体的信念、态度、看法和行动，是个体在该文化内部的行动指南，也是造成文化不适应的关键所在。由于对他人文化的不甚了解，人们往往无意识地用自己的文化标准去衡量和评价他人文化行为。当别人的行为与自己熟悉的、习以为常的行为模式不相符时，他们倾向于用自己的标准去评价他人的行为，而出现负面评价。这种自我文化中心的思维模式容易导致对他文化先入为主的偏见或成见。（谭志松）

文化适应要经历一个痛苦的过程，期间心理会发生诸多变化。教师了解和明白这些基本过程，对于教师自身的文化适应，对于引导学生的文化适应，都具有重要的意义。文化冲突是两种文化相遇所面临的必然问题，它可能成为文化适应的干扰因素，也要看到，它也是文化适应的契机，允许其在文化交流中经历文化冲突，而不是回避过去，这更有利于文化间的理解、接受和融合。

2. 文化适应不是被动发生的

文化是人类生活的产物，其中蕴含着人类的智慧。当文化需要变迁时，往往是由于外部环境发生了巨大变化，正如“适应是指为了生存和更加繁荣而对变化作出的反应。”文化适应中的个体要面对自己熟悉的文化和新文化的冲突与抗衡，最终形成适应性的文化，可能不是单一的文化，而是一种新的整合文化。无论适应者采取的是整合策略，还是同化策略，亦或是分离或者边缘化策略，不同策略之下的适应区别只在于整合的程度不同而已。而采用哪一种策略去适应新文化，这是深层文化指导下的决策，具有强烈的主观色彩。在学校教育中能否适时的给予及时的适应指导，决定着师生文化适应的程度和走向。

3. 文化适应是复杂的适应体系

文化适应是复杂的分层适应体系。Word 及其同事们认为，文化适应可以分为心理适应和社会适应。心理适应是指情绪情感体验，只要没有或者较少抑郁、焦虑、孤独、失望、过分想家等负面情绪，就算是实现心理层面的适应，主要指向心理健康和生活满意度。社会文化适应指适应所在地文化环境的能力，是否愿意与当地人交流以及交流是否顺畅[9]。斯图尔德对社会分化进行了再次深入的分析，提出文化中包含着文化内核和“次级特质”，文化内核是指民族所处生态环境直接相关联的那些文化要素的组合，文化的次级特质又包括两个层次，意识与文化内核直接相关的技术、技能和生活习惯等，更高一个层次的是道德伦理、宗教信仰和文学艺术等，与文化内核是间接关系。按照这种文化分类法，我们可以把文化适应分成心理适应、行为适应和认知适应三大层面。最容易适应的是行为适应，最难适应的是认知适应。但在现实生活中，我们常常把表层的行为适应等同于文化适应。

而且，文化还存在一个自身的适应问题。罗康隆将文化与生境的适应过程成为“特殊进化”，即在文化控驭能量的总能力不做实质性改变的前提下，由于其生境的导向作用，为更好地利用生境条件而进行的发展。正是这种特殊的进化使得文化日益变得千姿百态。如果这种适应具有多重复合力和内在一致性，就体现为文化的“全适应”。测定适应程度的指标称为“适应度”。不同的文化在与生境的适应过程中也是有程度区分的。人类学家将文化适应看做一个群体过程，心理学家认为，群体适应会导致社会结构变化，个体适应则导致价值观、行为的变迁[10]。

对于学校的师生而言，适应可能是某一方面的，也可能是综合多个方面的，正是这个适应体系的复杂性，导致了“文化休克”的产生，导致了学业成绩不良的现象。节约学生在校学习的宝贵时间，需要文化适应体系的研究和建设。

4. 少数民族文化适应的特殊内容

少数民族在多民族地区发展中都面临文化适应与文化认同的问题。

少数民族离开母体文化群与主流文化群交往时，必然面临文化适应问题。有专家研究后提出，少数民族学生进入学校后，面临三种障碍：1. 文化冲突；2. 身份和符号信息丧失；3. 社交能力减弱[11]。

拜瑞（Berry）在建立文化适应模式时，专门分主流文化群体和少数民族群体分别建模，以保持传统文化和身份的倾向性、与其他民族文化群体交流的倾向性为指标，建成了双维度文化适应模型。其所面临的文化适应的主题是不同的。也可以说，主流文化面对的是如何对待新异文化，而少数民族文化面对的是在强势主流文化中如何保持自己的传统与身份等问题，态度截然不同。

而且少数民族文化群体的文化适应是双重的，一方面是出生后对母体文化的熟悉、学习和传承的适应过程，另一方面是带着熟悉的母体文化进入主流文化后所产生的心理、行为与认知的变化而带来的适应过程。拜瑞（Berry）认为，少数民族文化群体在这种双重适应中，常常必须在下面两个问题上做出抉择：1. 是否保留本民族原有文化特色和民族认同；2. 是否愿意发展与主流文化成员密切的关系，并愿意接受他们的价值观（张京玲）。Kurman 等的研究还发现，少数民族感知到的主流文化群体的积极态度与他们采取同化和整合态度成正相关，而与分离态度有负相关（张京玲）。从这种意义上讲，少数民族文化群体文化适应是否取得良好的效果，很大程度上取决于学校文化教育的能力（罗志华，07）。

学校文化建设是当今学术研究备受关注的话题，要关注文化建设，也要关注文化适应，在少数民族地区，这个问题更显得突出而迫切。

参考文献：

［1］张京玲、张庆林：《少数民族文化认同态度模式与文化适应的关系》，载《中国组织工程研究与临床康复》，2007 年第 52 期。

［2］王亚鹏、李慧：《少数民族的文化适应及其研究》，载《集美大学学报（教育科学版）》，2004 年第 1 期，第 59 – 64 页。

［3］罗康隆：《论文化适应》，载《吉首大学学报（社会科学版）》，2005 年第 2 期，第 67 – 73 页。

［4］蒋永远：《文化图式与文化适应》，载《三明学院学报》，2008 年第 1 期，第 57 – 60 页。

［5］谭志松：《国外跨文化心理适应研究评述》，载《湖北民族学院学报》，

2005 年第 6 期，第 64 – 67 页。

［6］ Mezirow：J. *Transformative Dimensions of Adult Learning*，San Fran – cisco，CA：Jossey – Bass. 1991. 168.

［7］ 黄育馥：《20 世纪兴起的跨学科研究领域》，载《国外社会科学》，1999 年第 6 期，第 19 – 25 页。

［8］ 陈慧、车宏生、朱敏：《跨文化适应影响因素研究述评》，载《心理科学进展》，2003 年第 6 期，第 704 – 780 页。

［9］ 任裕海：《论跨文化适应的可能性及其内在机制》，载《安徽大学学报（哲社版）》，2003 年第 1 期，第 105 – 108 页。

作者简介：孙钰华，女，新疆师范大学教育科学学院院长，教授。

二、中国留学生跨文化适应问题研究综述

随着经济全球化进程提速，教育国际化的进程也随之进入新的快速发展阶段。教育的开放、交流与合作已成为当今各国培养国际型高端人才、提高国际教育竞争力和综合国力的重大发展战略内容与重要手段之一，国际间的学生流动已成为高等教育国际化程度的重要指标①。世界各国依据自身发展全局的需求与客观实际，积极探索适合本国国情的教育国际化道路，各种形式的跨国高等教育模式随之应运而生并蓬勃发展，各国留学生的数量也随之激增。留学生的海外学习与生活不仅仅是新奇与神秘，更多的是压力体验，是一个严峻现实挑战浪漫梦想的历程。诸如语言难关、学业压力、气候和饮食不适、交际方式不同等等由文化差异带来的各种困境和难题势必会在很大程度上影响到学生在新的文化环境下学习和生活的状况好坏。同时，留学生自身对留学所在国的文化的接受与适应程度以及对中国传统文化的自觉意识对于他们的学业成就、心理健康和个人发展有着非常重要的影响。本文针对出国留学的中国学生的跨文化适应状况和问题将主要从基本概念、跨文化适应理论模型以及有关中国留学生跨文化适应问题的实证研究分析三个大的方面进行论述。

（一）核心概念

1. 文化

研究跨文化相关问题，首先应对文化的概念做相应的梳理和界定。英国文化人类学家泰勒（Edward Burnett Tylor）于 1871 年在其《原始文化》一书中提出的文化的定义是人类学的经典文化概念。他认为“文化是一种复合体，它包括知识、信仰、艺术、道德、法律、风俗，以及其他所有作为社会成员的人所获得的能力和习惯。”②后来美国一些社会学家、文化人类学家如奥格本（W. F. Ogburn）等人对

---

① 北京大学教育经济研究所：《高等教育研究所北京论坛教育分论坛简报》，2004，第 22 页。

② Edward Burnett Tylor. *The Origins of Culture*. New York：Haper and Row Publishers，1958. 1.

泰勒的定义作了进一步的修正，补充了实物这一文化现象①，使得文化概念的内涵更加丰富。此外，人类学家克拉克洪（C. K. Kluckhohn）认为“所谓文化指的是历史上创造的所有的生活方式，包括显型的和隐型的，包括合理的、不合理的以及谈不上是合理的或不合理的一切，他们在某一时期作为人们行为的潜在指南而存在。”②这一定义强调了文化的历史继承性，文化显隐型之分，以及文化是人们行为的指南三个重要观点。我国著名学者费孝通先生也非常重视对文化历史性和社会性的思考，他认为“从‘个人和群体’的角度理解文化，‘文化’就是在‘社会’这种群体形式下，把历史上众多个体的、有限的生命的经验积累起来，变成一种社会共有的精神、思想、知识财富，又以各种方式保存在今天一个个活着的个体的生活、思想、态度、行为中，成为一种超越个体的东西”③，“文化在学习、继承中不断有修正和创新，但只有在继承中才可能有创新。”④ 因此，文化可以说是出于一个个人的生死的“差序格局”⑤。

霍夫斯泰德（Geert Hofstede）在其著名的“洋葱皮文化论”（或称多层文化论）中将文化从外到内，从浅层到深层依次分为象征物、民族性格、礼仪和价值观，其中价值观是文化中最核心及最难理解的部分⑥。有研究者认为显型文化，即我们能感受到的文化，如艺术、服饰、食物、建筑等只是文化可见的一小部分，就好像浮于水面之上的冰山一角，而在水面以下还存在着更大更广泛的部分，包括时空观念、交际模式、成就感、控制情感的模式、价值观、世界观等等很多方面，这部分才是“冰山”的根基所在⑦。如果来自不同文化背景的人不明白隐藏在水下的看不见的部分，那么就很容易在之后的互动交往中产生误解甚至冲突。而文化中这些看不见摸不着的因素正是跨文化交往中最为核心也最为困难之处，费孝通先生将这类文化因素称之为“不言而喻，只能意会”的文化部分。它们弥散在日常生活中的各个角落，是特定文化中最基本、最一致、最深刻、最核心的部分，它们在人们生活的每个细节里发生作用，制约着每个人每时每刻的生活，成为一种活生生的、强大的文化力量⑧，其总是以最深刻、最微妙的方式指导和影响着人们的行为和思想。

---

① 转引自：司马云杰：《文化社会学》，北京：中国社会科学出版社，2001，第7页。

② 覃光广等编：《文化学词典》，北京：中央民族学院出版社，1988年。

③ 费孝通：《试探扩展社会学的传统界限》，（收录于）《文化与文化自觉》，北京：群言出版社，2010，第415－416页。

④ 同上 p416.

⑤ 费孝通：《对文化的历史性和社会性的思考》，（收录于）《文化与文化自觉》，北京：群言出版社，2010，第434页。

⑥ Geert Hofstede，*Culture' s Consequences*，Sage Publications，2001，pp9－10

⑦ Amorim，L. *Intercultural Learning：A few awareness tips for US and European Fellows & Host Community Foundation*，2001. [EB/OL].（2011－12－20）Washing D. C.：European Foundation Centre，http://www.angelfire.com/empire/sdebate/TCFF－Intercultural－Learning.pdf

⑧ 费孝通：《试探扩展社会学的传统界限》，（收录于）《文化与文化自觉》，北京：群言出版社，2010，第417－419页。

可以说，一个国家的学生带着满箱的行李和满怀的期望踏出国门时，他们同时也带上了自己的“文化行囊”，行囊中包含着他们长久以来形成并尊崇的价值观念、意识形态，以及自己熟悉但不自觉的思维方式和行为模式，这是他们能与新的社会文化环境展开积极互动的前提条件和思想后盾。通过与属于其他文化的人们的日常交往和学术交流，感受到他们与我们截然不同的价值观念、人际关系、日常交往、行为方式，我们才最有可能意识到自身原有文化的独特性，才会对往日里习而不察的自身文化特质和文化行为进行深刻的反思，从而加深和丰富对中华民族文化的理解，最终获得对自己文化的高度自觉①。

2. 多元文化观与文化间互动观

当今世界全球化已经成为不可逆转的潮流，并且以越来越快的速度席卷世界的每一个角落。不同民族、不同国家人们的交流与合作更加广泛和深入，但同时文化的碰撞和文化价值的冲突也随之而生。总的来说，目前关注文化多样性且较有影响的基本观点有两种，一种是出现较早，且在英语国家，尤其是北美地区影响颇大的多元文化观（multiculturalism）；另一种是成型较晚，多用于欧洲地区，但新近已越来越受到国际上认可和支持的文化互动观（interculturalism）②。多元文化观承认不同文化间存在差异，倡导不同民族、不同文化的人们拥有平等的地位，认为每一种文化都该受到应有的尊重。自出现以来，多元文化主义观念在西方国家的政策、理论和长期实践中对帮助少数民族获得平等机会和权益，保护和发展少数民族传统文化，促进全球各族人民和平共处起到了非常大的作用③。

但随着世界全球化形势的进一步加剧，这种观点也暴露出了一些理论上的局限性。多元文化观在理论上基于本质主义性质的文化概念，倾向于将文化视为一种疆界分明、内部连贯匀质、稳定不变的静态实体，对文化多样性持相对主义立场，将不同的文化机械、静态地并置，甚至单向地突出弱势文化，从而在促进互惠性文化对话和社会整合等方面容易导致误解和质疑。目前全球化进程的加剧促成了不同文化间更大规模、更有深度的接触与碰撞，文化与文化间的界限在互动传递中渐现模糊，多元文化观所持有的静态文化观点显然与这种现实态势不相符④。

与多元文化观相比，文化互动观同样承认文化间的差异，提倡文化平等。但同

---

① 文化自觉只是指生活在一定文化中的人对其文化有“自知之明”，明白它的来历，形成过程，所具的特色和它发展的趋向，不带任何“文化回归”的意思。不是要“复旧”，同时也不主张“全盘西化”或“全盘他化”。自知之明是为了加强对文化转型的自主能力，取得决定适应新环境、新时代时文化选择的自主地位。（费孝通：《反思、对话、文化自觉》，（收录于）《文化与文化自觉》，北京：群言出版社，2010，第195页。）

② 常永才：《当今国际化态势下我国开展跨文化互动教育的根本：文化自觉》，载《世界教育信息》（教育国际化论坛专刊），2011年第3期。

③ Henry Louis Gates Jr. Goodbye, *Columbus? Notes on the Culture of Criticism. American Literacy History*, 1991 (3): 711 – 727.

④ 常永才：《治理文化多样性的教育政策理念：从多元观到互动观》，北京：世界比较教育学论坛，2011年10月。

时，它坚持动力性的文化概念，认为文化具有流动性，重视不同文化中存在的普适性，尤其强调不同文化间的相互尊重、互动交流和融合创新。可以说，文化互动观给人们提供了一个能够“展示”各自真正的文化差异的机会，并在此基础上促成世界不同国家或地区的人们进行文化互换、沟通、借鉴和对话，从而在比较与互动的过程中寻求不断进步的普遍价值观和共有能力①。因此，笔者认为文化互动观更适宜作为目前的探究文化多样性及相关课题的基本立场。

3. 涵化（acculturation）

早期的文化适应研究是由人类学家和社会学家组织进行的，主要关注的是文化交往中群体层面上的变化，如文化群体在经济地位、社会结构和政治组织等方面的变化；不同文化群体的生活方式以及价值观的变化。美国人类学家罗伯特·雷德菲尔德（Robert Redfield）、拉尔夫·林顿（Ralf Linton）和梅尔维尔·赫斯科维茨（Melville Herskovits）等人在1936年发表的《文化适应研究备忘录》中最早给出了对涵化（acculturation）概念的界定，他们认为涵化是指“两种或两种以上的文化群体及其个体成员在持续直接的接触中，一方或双方原有文化模式发生变迁的现象。”② 1954年社会科学研究理事会（Social Science Research Council）在其对涵化的一项探索性研究中也提到，涵化是两种或两种以上自治独立的文化体系互相结合所导致的文化变迁。它是一个动态的过程，包括对价值体系的选择性接受，整合与差异化的过程等③。可以看出，这些定义都强调了涵化的双向性，即文化适应对移民和东道国人员双方都会产生影响。不过从长远来看，移民群体相对来说会经历更大的文化变迁。后者（SSRC的论述）更是将心理维度纳入了涵化的理论框架当中，强调文化互动中文化取向的转变具有选择性，即参与互动的人们可以决定他们愿意放弃原文化中的哪些方面或是愿意接受新文化中的哪些部分。这使得涵化的内涵更加丰富，因此具有重要意义。

整体上看，心理学家对于涵化研究的贡献主要在最近几十年，心理学对于个体差异的关注逐步将文化适应研究拓展到个体层面，包括个体在社会文化、民族认同、价值观、态度和行为方面的变化。约翰森和桑杜（Johnson & Sandhu，2007）在其研究中将涵化定义为“个体在与第二文化的持续接触中导致的价值观和行为的变化。”④荷兰学者霍夫斯泰德（Geert Hofstede）将文化看做是“心智程序”

① Agostino Portera. *Intercultural education in Europe: epistemological and Semantic aspects. Intercultural Education*, 2008, 19 (6): 481 -491.

② Redfield, R., Linton, R., & Herskovits, M. J. *Memorandum on the study of acculturation. American Anthropologist*, 1936 (38), 149—152.

③ *Social Science Research Council Summer Seminar on Acculturation. Acculturation: Exploratory formulation. American Anthropologist*, 1954 (56): 973 -1002.

④ Johnson, L. R., & Sandhu, D. S. *Isolation, adjustment, and acculturation issues of international students: Intervention strategies for counselors. In H. D. Singaravelu & M. Pope (Eds.), A Handbook for Counseling International Students in the United States. Alexandria, VA: American Counseling Association*, 2007: 13.

（mental programming）和“心智的软件”（software of the mind）①。Graves（1967）则创造了“心理涵化”② 这个词来专门指代个体层面的文化变化，他指出，心理涵化主要指参与到文化接触场境中的个体因既直接受到外部文化的影响，又经历到自己所属文化的变迁，而发生于个体身上的变化。

4. 跨文化适应（cross – cultural adaptation）

跨文化适应（cross – cultural adaptation）主要是指个体或群体在回应外部需求过程中，即在重新安排和适应在新社会文化环境下的生活的过程（涵化过程）中，最终形成的较为稳定的变化结果。这种适应结果可能会也可能不会改善个体与他们环境间的“相适”关系。因此，适应并不意味着个体一定会变得更倾向于他们所在的环境，他们也有可能会抵制或试图改变环境。因此，长期涵化的跨文化适应结果具有多样性：从良好到差劲的适应，从个体成功管理好新生活的情况到个体无法在新的社会文化环境下生活下去的情况③。跨文化适应的结果是多层面的。沃德（Ward）及其同事在研究中将其分为心理适应和社会文化适应两个维度，心理适应主要指个体的身心健康，社会文化适应主指涵化个体在新文化场境中有效管理日常生活的程度。他们认为，良好的心理适应可由个性变量、生活变迁事件和社会支持预测，而良好的社会文化适应可有文化知识、社会文化接触程度和正面的文化互动态度预测④⑤。目前研究多依据这种划分方式对涵化个体的跨文化适应结果进行分析研究。

（二）跨文化适应理论模型

跨文化适应的相关理论类型众多，许多跨文化心理学家都提出了他们自己的理论框架。这些理论框架的构建、验证和比较有力地推动了文化适应理论的发展。就目前而言，主要有两种关于跨文化适应研究的维度模型：单维度模型和双维度模型。

1. 单维度模型

单维度模型认为文化适应就是个体从原有文化逐渐被完全同化入东道国文化的过程，这一过程是单向的，而且是不可避免的。个体总是位于从完全的原有文化到

---

① Geert Hofstede & Gert Jan Hofstede. *Cultures and Organizations：software of the mind.* NY：Mc Graw Hill，2005.

② Graves，T. D. *Psychological acculturation in a tri – ethnic community. Southwestern Journal of Anthropology*，1967（23），337 –350.

③ Berry，J. W.，Poortinga，Y. H.，Segall，M. H.，& Dasen，P. R. *Cross – cultural psychology：research and applications*（2nd ed.）. UK：Cambridge University Press，2002：369 – 370.

④ Searle，W.，& Ward，C. *The Prediction of psychological and sociocultural adjustment during cross – cultural transitions. International Journal of Intercultural Relations*，1990（14）：449 –464.

⑤ Ward，C.，Rana – Deuba，A. *Acculturation and adaptation revisited. Journal of Cross – cultural psychology.* 1999（3）：422 –442.

完全的主流文化这样一个连续体的某一点上①，也就是说个体会在逐渐接受东道国文化的各个方面的同时，越来越多的失去其原来所属文化的特征。例如，依据这一理论模型可以预测，随着移民对东道国语言的掌握程度越高，他们的第一语言能力会日渐消失②。美国的“熔炉论”（melting pot）便是这一理论的具体体现。虽然这种单维度模型在20世纪早、中期占据着主要地位，但是自20世纪70年代以来，越来越多的跨文化心理学家③开始对它提出了挑战，纷纷提出了新的跨文化适应理论和研究模型。他们认为，保持个体原有文化与接受主流文化是两个互相独立的维度，一方维度的加强不一定意味着另一方维度的减弱。

2. 双维度模型

现在研究中运用最多的是加拿大跨文化心理学家贝瑞（John Berry）发展出来的双维度模型。贝瑞（John Berry）认为文化适应具有两个基本维度，即保持自身传统文化和身份认同的倾向性，以及和其他文化群体交流的倾向性。这两个维度之间是互相独立的，也就是说对一种文化的高认同并不意味着对其他文化的认同就低。根据这两个基本维度，贝瑞区分出了四种文化适应策略：同化、分离、整合、边缘化。当个体在文化适应的过程中，无意保持自身原有的文化认同，但积极的参与到与其他文化群体的互动交往中，他们所使用的策略就是“同化”；相反，当个体非常重视自己的原有文化，而尽量避免与其他文化群体的接触和交往时，他们采取的就是“分离”策略；当个体既重视保持自身原有的文化与身份认同，又注重与其他群体的互动交往时，他们采用了“整合”策略；而当个体既不重视保持自身文化，又无意与其他文化群体进行交流时，他们的文化适应策略就是“边缘化”。④贝瑞认为个体对文化适应策略的选择对他们跨文化适应结果有很重要的影响。

很多研究者对贝瑞的双维度理论模型进行了验证。多项研究发现⑤，整合策略往往是最佳的文化适应策略，而边缘化是最差的策略选择，同化和分离策略居中。在一项关于来自13个国家的青年移民的跨文化适应状况的比较研究中发现，倾向于运用整合策略的移民在心理和社会文化适应上的状况最好，而那些对于自身文化

---

① 余伟、郑钢：《跨文化心理学中的文化适应研究》，载《心理科学进展》，2005年第6期，第837页。

② Arends - Toth, J. , & Van de Vijver, F. J. R. *Issues in the conceptualization and assessment of acculturation.* In M. H. Bornstein & L. R. Cote (Eds.), *Acculturation and parent - child relationships: measurement and development.* Mahwah, NJ: Lawrence Erlbaum Associates, 2006: 33 - 62.

③ 如LaFromboise, T. , Coleman, H. L. , & Gerton, J. *Psychological impact of biculturalism: Evidence and theory. Psychological Bulletin*, 1993 (114), 395 - 412 ; Sanchez, J. , & Fernandez, D. (1993) . *Acculturative stress among Hispanics: A bi - dimensional model of ethnic identification. Applied Social Psychology*, 1993 (23): 654 - 668.

④ Berry, J. W. *Immigration, acculturation, and adaptation. Applied Psychology*, 1997 (46): 5—68.

⑤ 如Berry, J. W. *Immigration, acculturation, and adaptation. Applied Psychology*, 1997 (46): 5 - 68 ; Dona, G. , Berry, J. W. *Acculturation attitudes and acculturative stress of Central American refugees. International Journal of Psychology*, 1994, 29 (1): 57 - 70 ; Phinney, J. *Ethnic identity and self - esteem: A review and integration. Hispanic Journal of Behavioral Sciences*, 1991 (13): 193 - 208.

取向模糊不清，对自己的生活目标感到茫然的青年移民的适应状况最差①。沃德（Colleen Ward）和拉纳（Rana—Deuba）在她们关于尼泊尔国际义工跨文化适应的一项研究中也得出了类似的结论，即对自身原有文化的高认同能够预测心理层次上更好的适应，而对东道国文化的高认同则意味着更少的社交困难②。此外还有尼奇（Nyguen H. H）等对生活在英美社区的越南青年的跨文化适应研究③，李（Lee）等对韩裔美国人的文化适应状况及策略选择的研究④等都分别从不同的具体文化场域有力地支持了贝瑞的双维度理论模型。

此外应该注意到，文化适应策略的选择还具有一定的情境依赖性，也就是说文化适应中的个体在不同的生活领域不同的时间段可能会选择不同的文化适应策略。例如一个移民或旅居者很可能追求经济和工作上的同化，语言上的整合（双语），婚姻上的分离（族内通婚）策略。阿连兹（Arends—Toth）和维杰威（Van de Vijver）在对荷兰的土耳其移民的文化适应维度的研究中发现，这些土耳其移民可能在公共领域选择同化或整合策略，因为这样做有利于他们获得社会承认和事业上的成功，但是在家庭这种私人领域，他们则更愿意保持自身原有的文化传统⑤。总的来说，在当今的跨文化心理学领域，虽然仍有少部分研究支持单维度模型，但双维度理论模型逐渐得到了越来越多研究者的支持，并对社会舆论和国家政策产生着日益显著的影响。虽然随着心理学家对文化适应研究的深入，又出现了多维度模型和融合模型等多种理论框架，但就现阶段而言后两种模型还缺乏足够的实证性证据⑥。

（三）中国留学生跨文化适应相关研究

留学生群体由于其数量庞大、分布相对集中、取样方便，对接受国和派遣国都具有重要意义等特点向来是跨文化适应研究领域的主题之一。自20世纪初期至今，学者们从跨文化心理学、跨文化交际学、比较教育学、语言学和社会学等各个角度，对国际留学生的跨文化适应状况、适应策略及其影响因素等方面进行了大量研究。

阿尔特巴赫在《从比较的角度看留学生的影响与适应》一文中对第三世界留

---

① Berry, J. W., Phinney, J. S., Sam, D. L., & Vedder, P. *Immigration youth: Acculturation, identity, and adaptation. Applied Psychology*, 2006 (55): 303 – 332.

② Ward, C., & Rana – Deuba, A. (1999). *Acculturation and adaptation revisited. Journal of Cross – Cultural Psychology*, 1999 (30): 422 – 442.

③ Nyguen, H. H., Messe, L. A., & Stollak, G. E. *Toward a more complex understanding of acculturation and adjustment: Cultural involvements and psychosocial functioning in Vietnamese youth. Journal of Cross – Cultural Psychology*, 1999 (30): 5 – 31.

④ Lee S, Sobal J, Frongillo E A. *Comparison of models of acculturation: The case of Korean Americans. Cross – cultural Psychology*, 2003, 34 (3): 282 – 296.

⑤ Arends—Toth J, Van de Vijver F J R. *Domains and dimensions in acculturation: Implicit theories of Turkish—Dutch. International Journal of Intercultural Relations*, 2004, 28: 19—35.

⑥ 余伟、郑钢：《跨文化心理学中的文化适应研究》，载《心理科学进展》，2005年第6期，第836 – 846页。

学生的文化适应困难、适应方式以及历史经验做了阐述。这篇文章不是实证研究，而是概述了当前留学生适应问题的研究现状、文化适应的主要内容，第三世界国家留学生特有的困难、适应方式以及历史经验和启示，并提出了相应的解决措施和建议①。这篇文章发表后产生了很大的反响，成为留学生研究领域中一篇具有指导意义的代表作，之后的很多研究也都借鉴了该文的一些观点和思路。

另外，弗兰海姆（Furnham）与博赫纳（Bochner）对留学生的跨文化适应相关问题也进行了多项研究，其《在外国文化中的社交困难：文化休克实证研究》一文是留学生跨文化适应研究方面的一个非常成功的研究，其中的研究假设都得到了有效验证，为文化休克研究提供了非常好的理论基础，尤其是他们所设计的社会文化适应量表为后续的相关研究提供了非常有价值的借鉴和参考②。

随着中国留学生群体的日益壮大，国外学者以及海外的中国学者针对中国留学生在跨文化适应方面的研究也日渐增多。主要可分为下面几类：

1. 对整体跨文化适应状况的研究

如海伦·斯宾塞和熊赵明对在英中国留学生的心理和社会文化适应状况进行的考察，他们选取了就读某英国高校英语预科课程的两组（two cohorts）中国学生作为调查对象。其研究发现在英中国留学生的整体跨文化适应状况良好，不存在特别严重的心理和社会文化方面的适应困难。但他们与来自其他文化的人们的互动交往方面相对来说存在较大的困难，同时他们在日常生活中的适应状况与心理压力高相关。但文中尚未对中国留学生与其他留学生的适应状况进行比较③。孙伟和陈国明通过对旅美中国内地留学生海外经历的研究，将中国留学生遇到的文化适应问题分为了三个方面，包括语言能力、文化自觉意识以及学业成就。他们在研究中发现外语能力的缺失、文化差异以及对美国学术环境的不熟悉是导致中国留学生学业适应和社会生活适应困难的主要因素④。查塔韦和贝瑞通过对留学加拿大的香港留学生与德国、英国留学生的跨文化适应比较研究发现，与德、英留学生相比，中国留学生存在较高的个性焦虑、更多的适应和交际困难以及较低的社会支持网络⑤。

2. 侧重研究某一个或几个因素对其跨文化适应状况的影响

如黄锦言探讨了语言能力对中国留学生心理与学业适应的影响。他的研究表

① Philip G. Altbach. *Impact and adjustment: foreign students in comparative perspective. Higher Education*, 1991 (21): 305 – 323.

② Furnham, A. & Bochner, S. *Social difficulty in a foreign culture: An empirical analysis of culture shock.* In S. Bochner (Ed.), *Cultures in contact studies in cross – cultural interactions.* Oxford Pergamon, 1982.

③ Spencer – Oatey, H and Z Xiong (2006). *Chinese students' Psychological and socio – cultural adjustments to Britain: An empirical study. Language, Culture and Curriculum*, 2006, 19 (1): 37 – 53.

④ Sun, Wei & Chen, Guo – Ming. *Dimensions of difficulties Mainland Chinese students encounter in the United States. Intercultural Communication Studies*, 1999, 9 (1), 19 – 30.

⑤ Chataway C J, Berry J W. *Acculturation experiences, appraisal, coping, and adaptation: A Comparison of Hong Kong, Chinese, French, and English Students in Canada. Canadian Journal of Behavioural Science/Revue canadienne des sciences du comportement*, 1989, 21 (3): 295 – 309.

明，中国留学生在美高校学习的最大挑战来自外语听力，他们对阅读和语法能力比较自信，但是在听说方面相对较弱。他们对自己的外语发音、词汇量以及写作技巧都不太有信心，而语言能力上的欠缺使得中国留学生普遍存在焦虑情绪和心理压力，不利于学生的学业表现①。尼奇重点考察了中国留学生的心理健康、应对策略与其跨文化适应结果之间的关系。他的研究表明与美国学生相比，在美的中国留学生更倾向于认为心理健康在于保持愉快积极的心态、避免负面情绪的侵扰、坚持锻炼以保持健康的身体，以及拥有朋友、家庭和社会的支持与指导，基于这种心态和认识，中国学生虽可能会因文化、语言、社会经济等问题在日常生活和学业上遇到困难，但是他们往往会倾向于采取健康积极的应对策略和风格来帮助自身更好的适应当地的生活，取得学业上的成功②。严和柏林纳主要侧重对在美中国留学生的学业压力进行了考察。研究发现旅美中国留学生在学业方面承受着很大的压力。这主要是由于他们一方面对自身的学业有很高的要求和期望，但另一方面又难以做到与美国教授进行有效的互动交流，另外还有因交流技巧与外语能力的缺失以及中美教育体系的差异所带来的困惑③。王和马林克罗特对中国及中国台湾留学生心理适应状况的研究，研究发现学生的文化适应压力与其抑郁、孤独、失望等负面情绪正相关。心理焦虑程度较高的中国留学生通常会经历更多的社会文化适应困难④。魏和赫伯等在其研究中也发现了类似的结论⑤。

3. 侧重对中国留学生某一方面的适应状况的研究

如李和斯特杜斯卡对旅美的中国留学生的娱乐休闲生活进行了重点研究，研究发现中国留学生普遍都认同娱乐休闲生活在海外生活中的重要性，也很享受放松的感觉。但是由于繁重的学习和工作（一般为兼职），以及自身社会交往圈的局限，他们实际的休闲方式和时间都大打折扣。大部分被调查到的学生都在访谈中显示出对自己目前的休闲生活不太满意，而且都非常怀念在中国的生活⑥。

4. 对中国留学生跨文化适应影响因素及其相互之间关系的比较研究

如简等人对中国学生对留学生活的期望与在荷兰的中国留学生的实际经历进行了比较研究，并对影响留学生跨文化适应的多种因素及其相互间的关系进行了分析

---

① Huang, Jinyan. *English abilities for academic listening: How confident are Chinese students? College Student Journal*, 2006, 40 (1), 218 –226.

② Nguyen, DQ. *Chinese Students' Views of Mental Health and their Relation to Coping Strategies, Well – being, and Acculturation. US: ProQuest Information & Learning*, 1996.

③ Yan, Kun & Berliner, David C. *Chinese international students' academic stressors in the United States. College Student Journa*l, 2009, 43 (4), 939 –960.

④ Wang, Chia – Chih DC & Mallinckrodt, Brent. *Acculturation, attachment, and psychological adjustment of Chinese/Taiwanese international students. Journal of Counseling Psychology*, 2006, 53 (4) .

⑤ Wei, Meifen; Heppner, P. Paul; Mallen, Michael J.; Ku, Tsun – Yao; Liao, Kelly Yu – Hsin & Wu, Tsui – Feng. *Acculturative stress, perfectionism, years in the United States, and depression among Chinese international students. Journal of Counseling Psychology*, 2007, 54 (4), 385 –394.

⑥ Li, Monica Z. & Stodolska, Monika. *Transnationalism, leisure and Chinese graduate students in the United States. Leisure Sciences*, 2006, 28 (1), 39 –55.

和比较，主要采用了定量研究的方法。研究包括两大部分实证调查，一是有关跨文化互动自我效能感、人格特征、跨文化交际能力以及朋友圈等变量因素与一组还未出国的中国学生（n＝1137）期望中的适应结果（expected adaptation）之间关系的调查；另一个则探讨了同样的变量与已在荷兰居留多年的中国留学生（n＝168）的实际跨文化适应状况之间的关系。研究结果表明：（1）对英语的掌握程度、跨文化交际能力、情感的稳定性对学生的学业表现有显著影响。有趣的是，研究发现灵活性较小（less flexible）的中国学生不论在国内还是国外在学业表现上都相对较好。（2）中国学生对他们的海外留学生活的期望比较接近现实，这有利于他们在实际的海外生活和学习中表现更好。（3）与未出国的中国学生相比，跨文化交际能力对在外留学的中国学生的人际交往与朋友圈的影响更加明显。这一研究的另一个贡献在于对多元文化人格问卷（Multicultural Personality Questionnaire，MPQ）在亚洲学生样本中进行了跨文化有效性的检验，拓展了这一测量工具的适用范围①。

我国国内对中国留学生文化适应的研究主要是国别和个案研究，研究对象主要集中在旅美、日、澳等国家的中国留学生。其中比较具有代表性的学者和观点有：

陈向明在其《旅居者和外国人：留美中国学生跨文化人际交往研究》一书中从跨文化交际学的视角，采用质性研究方法，通过对9位中国留学生在美国最初8个月与美国人交往的经历和感受进行跟踪访谈调查，对学术界关于中国人际交往中的价值（如集体主义与个体主义）差异上的笼统论述进行了更深入的研究，对中美人际交往中的价值与文化差异进行了重新描述和分类，从"交往"、"人情"、"情感交流"、"交友"、"自尊"、"局外人"和"变化"七个重要的主题考察了在美中国留学生的社会交往与跨文化适应之间的关系，并在此基础上得出两个扎根理论：即文化对个体的"自我"和"人我"概念以及人际交往行为具有定向作用；跨文化人际交往具有对个体文化身份重新建构的功能。这两个理论可以统一于一个主题之下，即文化对自我和人我关系的建构。中国留学生们在跨文化交流中的感受和行为方式都与他们对自我和人我关系的文化建构有关。事实上，他们在逐步把握新环境时所作的努力也就是一个重新构建其文化身份的过程。在这一重构过程中，他们习得了美国社会中人际交往的规范，找到了一些处理文化差异的策略，并且对自身的价值观和行为方式做了理性抉择②。

阎琨与David C Berliner教授采用质性研究方法，通过对在美高校的中国留学生的访谈，从师生互动的维度解析了中国留学生在美国大学中的学业压力因素：包括语言功力不足、缺少对学业的自治和自主引领、言语表达的被动型和交流模式的非直接性四个方面。他认为中国学生的压力是中美两种文化模式和教育模式碰撞合

---

① Jan Pieter van Oudenhoven，Jianhua Long and Wenhua Yan. *Expectations and Real Life*：*Cross－cultural Adaptation of Chinese Students in China and the Netherlands.* In Chan－Hoong Leong & J. W. Berry（Eds.），*Intercultural Relations in Asia*：*Migration and Work Effectiveness. World Scientific*：*Singapore*，2010. 215－238.

② 陈向明：《旅居者和"外国人：留美中国学生跨文化人际交往研究》，北京：教育科学出版社，2004年。

力作用的结果。这为反思中国教育的问题提供了有效切入点。总的来说，该研究从英语语言教育和转变人才培养观念两个方面为中国教育提出了相应的建议。并指出中国学生应进行“深层结构性社会文化转化”，充分适应美国大学的学术文化，与美国教授形成良性互动，最终减缓跨文化所带来的压力①。

徐光兴博士主要从跨文化心理学的视角考察了在日本的中国留学生的心理健康和日常生活状况及其影响因素，在此基础上对中日两国文化的差异与关系展开讨论，并针对留学生的跨文化适应过程和心理健康的问题提出援助方法和改善途径。研究发现，与语言问题、修学问题、经济问题相比较，留学生在适应现状中更多面临着人际关系、文化价值观、心理方面的适应问题，其中中国留学生在日本生活中最大的心理烦恼是“孤独无聊”的问题，许多留学生在跨文化适应过程中因“现实的自我”和“理想的自我”产生矛盾，最终导致生活的不安感和不适应感。然而，在日留学生对心理咨询和援助有一种抵制感，他们在遇到问题时，通常倾向于独立解决或求助于与自己同一国家来的留学生。因此，适应援助中最首要的就是对留学生在异文化环境中的自我成长进行援助，同时留学生也应有意识的通过社会援助、心理咨询来促进自我的发展并改善适应状态。此外，徐光兴指出，培养留学生的意义不在于培养“亲日派”，而在于培养“日本通”，使他们通过学习日本文化，接触日本社会而深入理解日本国情，当精神的屏障和歧视得以消除时，人类之间新的友情便开始萌芽，中日人民才可在平等、互利、互助、互相尊重的基础上进行沟通、交流与合作②。

郑雪对于中国留学生跨文化适应相关问题的研究主要集中于选取在澳的中国留学生为调查样本进行考察。如郑雪与桑（David Sang）对157名在澳中国留学生进行问卷调查后发现，在对待主族文化和客族文化的态度上，在澳中国留学生的主族和客族文化认同指标均与心理适应指标有显著的正相关；在心理适应方面，整合者最好，其次为同化者和分离者，最差为边缘者。回归分析后发现，年龄是中国留学生社会文化适应的有效预测因素，主客族认同指标是心理适应的有效预测因素③。

此外，郑雪在另一项与贝瑞（John Berry）的合作研究中对中国留学生健康水平及其与健康信念和健康行为的关系进行了探讨。研究通过纵向和横向比较相结合的方法，采用对在澳中国留学生问卷调查分析，揭示了中国留学生健康水平随旅居时间而变化的U型曲线关系，即在旅居国外的最初半年内，中国留学生的健康水平呈下降趋势（“危机期”）；在其后的半年到一年时间内，健康水平逐渐恢复，与出国前的健康水平大致接平（“回复期”）；在旅居国外2年到5年内，留学生基本

① 阎琨、David C Berliner：《中国留学生在美国的师生互动压力：以美国某大学为例》，载《复旦教育论坛》，2011年第1期，第77－82页。

② 徐光兴：《跨文化适应的留学生活—中国留学生的心理健康与援助》，上海：上海辞书出版社，2000，第184－188页。

③ 郑雪、David Sang：《文化融入与中国留学生的适应》，载《应用心理学》，2003年第1期，第9－13页。

适应了当地的社会文化，健康水平无明显的变化（“平稳适应期”）。研究同时指出健康信念和健康行为是影响留学生健康水平的重要因素。该研究成果对于留学生派出国和接受过制定有关政策，加强留学生出国前培训和留学期间医疗保健的咨询和服务，帮助留学生尽快适应旅居生活，增进健康有一定的指导意义①。

2004年郑雪再次对在澳中国留学生进行了一次问卷调查，运用定量研究的方法重点考察了中国留学生的文化认同、社会取向和主观幸福感以及三者之间的关系。研究表明：（1）居澳时间与主族文化认同有显著正相关，与客族文化认同有显著负相关；（2）居澳时间与中国留学生集体主义取向指标有显著负相关，而与个体主义指标没有显著相关；（3）主族认同、客族认同与积极情感均有显著正相关，其中对主族文化的认同与积极情感和生活满意度产生直接的正效应；（4）个体取向与消极情感负相关，与生活满意度正相关，而集体取向与生活满意度负相关；（5）居澳时间与积极情感、消极情感和生活满意度均存在显著正相关；路径分析表明，居澳时间还通过对主客族文化的认同，间接作用于积极情感和消极情感，还可通过主客族文化认同和集体主义取向，间接作用于生活满意度②。

除上述实证研究外，还有一些关于文化适应方法论的相关研究，如田美的《批判实质主义：中国留学生跨文化经历的方法论研究》，她认为批判实质主义是研究中国留学生跨文化经历的方法论依据，留学生的跨文化经历具有复杂性，因此采用语音日记法为主，包括后续采访、参与者观察、网络交谈、电子信件联系以及网络日志等多种数据搜集方法研究中国留学生的跨文化经历，对个体的差异性、过程的动态性、个人与环境互动关系的把握会更加准确，从而正确反映中国留学生的学习经历，为高等教育国际化政策的制定提供依据③。

（四）小结

根据中国留学生自身的特点与优劣势，对其跨文化适应状况与适应特点进行深入、系统的考察，能够为他们出国前的语言培训、学业和心理准备提供更好的帮助，为高校进一步建设和完善跨文化适应教育提供有效的信息与支持，并为中国留学生群体的跨文化适应研究提供更丰富全面的实证资料与参考。从上述已有的研究成果来看，虽然目前已有不少对中外留学生跨文化适应问题的研究存在，但对中国留学生的相关研究多集中于在北美、欧洲和澳洲等地区的中国留学生的跨文化适应问题与状况分析，对留学第三世界国家的中国留学生的适应现状关注较少。同时，对中国留学生的子类别研究不够，如目前以中外合作办学项目背景下的中国留学生

① 郑雪、J. W. Berry：《中国留学生健康水平及其与健康信念和健康行为的关系》，载《中国社会医学》，1993年第5期，第11－14页。

② 郑雪、王磊：《中国留学生的文化认同、社会取向与主观幸福感》，载《心理发展与教育》，2005年第1期，第48－54页。

③ 田美：《批判实质主义：中国留学生跨文化经历的方法论研究》，载《教育理论与实践》，2011年第1期，第15－17页。

为研究主体的相关实证研究还很少见，就笔者视野所及，仅有少量研究在对留学生跨文化适应问题进行考察时选取了中外合作办学项目留学生为调查对象，如兰州交通大学王电建教授的《影响中国留学生在美大学校园文化学习适应的相关因素研究》一文主要针对某中美“2+2”联合教育项目留学生在美国大学校园生活和学业适应状况及其影响因素和各因素间关系进行了调查分析。这些研究成果为国内大学发展出国留学生适应辅助项目以及跨文化培训提供了数据支持和理论依据①。此外，在有关中国留学生跨文化适应问题的相关研究当中，多运用的是从西方发展而来的较为成熟系统的跨文化心理学及跨文化交际学中的相关理论，而较少结合或运用中国本土跨文化适应相关理论，如费老的文化自觉理论等进行更细致、更符合中国学生实际的深入阐释。这些都将是今后我国跨文化适应相关研究领域需要关注和进一步探究的课题。

参考文献：

[1] Edward Burnett Tylor. *The Origins of Culture*. New York：Haper and Row Publishers，1958. 1.

[2] 转引自：司马云杰：《文化社会学》，北京：中国社会科学出版社，2001，第7页。

[3] 覃光广等编：《文化学词典》，北京：中央民族学院出版社，1988年。

[4] 费孝通：《试探扩展社会学的传统界限》，(收录于)《文化与文化自觉》，北京：群言出版社，2010，第415-416页。

[5] 费孝通：《对文化的历史性和社会性的思考》（收录于）《文化与文化自觉》，北京：群言出版社，2010，第434页。

[6] Geert Hofstede，Culture' s Consequences，Sage Publications，2001，pp9-10.

[7] Amorim，L. *Intercultural Learning*：*A few awareness tips for US and European Fellows & Host Community Foundation*，2001. [EB/OL]. (2011-12-20) Washing D. C.：European Foundation Centre.

[8] 常永才：《当今国际化态势下我国开展跨文化互动教育的根本：文化自觉》，《世界教育信息》（教育国际化论坛专刊），2011年第3期。

[9] Henry Louis Gates Jr. Goodbye，Columbus？Notes on the Culture of Criticism. American Literacy History，1991 (3)：711-727.

[10] 常永才：《治理文化多样性的教育政策理念：从多元观到互动观》，北京：世界比较教育学论坛，2011年。

[11] Agostino Portera. *Intercultural education in Europe*：*epistemological and Seman-*

① 王电建：《影响中国留学生在美大学校园文化学习适应的相关因素研究》，载《兰州交通大学学报》，2011年第2期，第111-115页。

tic aspects. Intercultural Education, 2008, 19 (6): 481 -491.

[12] Redfield, R., Linton, R., & Herskovits, M. J. *Memorandum on the study of acculturation. American Anthropologist*, 1936 (38), 149—152.

[13] *Social Science Research Council Summer Seminar on Acculturation. Acculturation: Exploratory formulation. American Anthropologist*, 1954 (56), 973 -1002.

[14] Johnson, L. R., & Sandhu, D. S. *Isolation, adjustment, and acculturation issues of international students: Intervention strategies for counselors.* In H. D. Singaravelu & M. Pope (Eds.), *A Handbook for Counseling International Students in the United States.* Alexandria, VA: American Counseling Association, 2007: 13.

[15] Geert Hofstede & Gert Jan Hofstede. *Cultures and Organizations: software of the mind.* NY: Mc Graw Hill, 2005.

[16] Graves, T. D. *Psychological acculturation in a tri - ethnic community. Southwestern Journal of Anthropology*, 1967 (23), 337 -350.

[17] Berry, J. W., Poortinga, Y. H., Segall, M. H., & Dasen, P. R. *Cross - cultural psychology: research and applications* (2nd ed.). UK: Cambridge University Press, 2002: 369 -370.

[18] Searle, W., & Ward, C. *The Prediction of psychological and sociocultural adjustment during cross - cultural transitions. International Journal of Intercultural Relations*, 1990 (14): 449 -464.

[19] Ward, C., Rana - Deuba, A. Acculturation and adaptation revisited. Journal of Cross - cultural psychology. 1999 (3): 422 -442.

[20] 余伟，郑钢：《跨文化心理学中的文化适应研究》，载《心理科学进展》，2005 年第 6 期，第 837 页。

[21] Arends - Toth, J., & Van de Vijver, F. J. R. *Issues in the conceptualization and assessment of acculturation.* In M. H. Bornstein & L. R. Cote (Eds.), *Acculturation and parent - child relationships: measurement and development.* Mahwah, NJ: Lawrence Erlbaum Associates, 2006: 33 -62.

[22] 如 LaFromboise, T., Coleman, H. L., & Gerton, J. *Psychological impact of biculturalism: Evidence and theory. Psychological Bulletin*, 1993 (114), 395 -412; Sanchez, J., & Fernandez, D. (1993). *Acculturative stress among Hispanics: A bi - dimensional model of ethnic identification. Applied Social Psychology*, 1993 (23): 654 - 668.

[23] 如 Berry, J. W. *Immigration, acculturation, and adaptation. Applied Psychology*, 1997 (46): 5 - 68; Dona, G., Berry, J. W. *Acculturation attitudes and acculturative stress of Central American refugees. International Journal of Psychology*, 1994, 29 (1): 57 - 70; Phinney, J. *Ethnic identity and self - esteem: A review and integra-*

tion. *Hispanic Journal of Behavioral Sciences*, 1991 (13): 193 -208.

[24] Berry, J. W. , Phinney, J. S. , Sam, D. L. , & Vedder, P. *Immigration youth: Acculturation, identity, and adaptation. Applied Psychology*, 2006 (55): 303 -332.

[25] Ward, C. , & Rana - Deuba, A. (1999) . *Acculturation and adaptation revisited. Journal of Cross - Cultural Psychology*, 1999 (30): 422 -442.

[26] Nyguen, H. H. , Messe, L. A. , & Stollak, G. E. *Toward a more complex understanding of acculturation and adjustment: Cultural involvements and psychosocial functioning in Vietnamese youth. Journal of Cross - Cultural Psychology*, 1999 (30): 5 -31.

[27] Lee S, Sobal J, Frongillo E A. *Comparison of models of acculturation: The case of Korean Americans. Journal of cross - cultural psychology*, 2003, 34 (3): 282 -296.

[28] Arends - Toth J, Van de Vijver F J R. *Domains and dimensions in acculturation: Implicit theories of Turkish - Dutch. International Journal of Intercultural Relations*, 2004, 28: 19—35.

[29] 余伟、郑钢:《跨文化心理学中的文化适应研究》, 载《心理科学进展》, 2005 年第6 期, 第 836 -846 页。

[30] Philip G. Altbach. *Impact and adjustment: foreign students in comparative perspective. Higher Education*, 1991 (21): 305 -323.

[31] Furnham, A. & Bochner, S. *Social difficulty in a foreign culture: An empirical analysis of culture shock.* In S. Bochner (Ed.), *Cultures in contact studies in cross - cultural interactions.* Oxford Pergamon, 1982.

[32] Spencer - Oatey, H and Z Xiong (2006) . *Chinese students' Psychological and socio - cultural adjustments to Britain: An empirical study. Language, Culture and Curriculum*, 2006, 19 (1): 37 -53.

[33] Sun, Wei & Chen, Guo - Ming. *Dimensions of difficulties Mainland Chinese students encounter in the United States. Intercultural Communication Studies*, 1999, 9 (1), 19 -30.

[34] Chataway C J, Berry J W. *Acculturation experiences, appraisal, coping, and adaptation: A Comparison of Hong Kong, Chinese, French, and English Students in Canada. Canadian Journal of Behavioural Science/Revue canadienne des sciences du comportement*, 1989, 21 (3): 295 -309.

[35] Huang, Jinyan. *English abilities for academic listening: How confident are Chinese students? College Student Journal*, 2006, 40 (1), 218 -226.

[36] Nguyen, DQ. *Chinese Students' Views of Mental Health and their Relation to Coping Strategies, Well - being, and Acculturation.* US: ProQuest Information & Learn-

ing, 1996.

[37] Yan, Kun & Berliner, David C. *Chinese international students' academic stressors in the United States. College Student*, 2009, 43 (4), 939 -960.

[38] Wang, Chia - Chih DC & Mallinckrodt, Brent. *Acculturation, attachment, and psychological adjustment of Chinese/Taiwanese international students. Journal of Counseling Psychology*, 2006, 53 (4) .

[39] Wei, Meifen; Heppner, P. Paul; Mallen, Michael J. ; Ku, Tsun - Yao; Liao, Kelly Yu - Hsin &Wu, Tsui - Feng. *Acculturative stress, perfectionism, years in the United States, and depression among Chinese international students. Journal of Counseling Psychology*, 2007, 54 (4), 385 -394.

[40] Li, Monica Z. & Stodolska, Monika. *Transnationalism, leisure and Chinese graduate students in the United States. Leisure Sciences*, 2006, 28 (1), 39 -55.

[41] Jan Pieter van Oudenhoven, Jianhua Long and Wenhua Yan. *Expectations and Real Life: Cross - cultural Adaptation of Chinese Students in China and the Netherlands.* In Chan - Hoong Leong & J. W. Berry (Eds.), *Intercultural Relations in Asia: Migration and Work Effectiveness. World Scientific: Singapore*, 2010. 215 -238.

[42] 陈向明：《旅居者和“外国人：留美中国学生跨文化人际交往研究》，北京：教育科学出版社，2004.

[43] 阎琨、David C Berliner：《中国留学生在美国的师生互动压力：以美国某大学为例》，《复旦教育论坛》，2011 年第 1 期，第 77 -82 页。

[44] 徐光兴：《跨文化适应的留学生活—中国留学生的心理健康与援助》，上海：上海辞书出版社，2000，第 184 -188 页。

[45] 郑雪、David Sang：《文化融入与中国留学生的适应》，载《应用心理学》，2003 年第 1 期，第 9 -13 页。

[46] 郑雪、J. W. Berry：《中国留学生健康水平及其与健康信念和健康行为的关系》，载《中国社会医学》，1993 年第 5 期，第 11 -14 页。

[47] 郑雪、王磊：《中国留学生的文化认同、社会取向与主观幸福感》，载《心理发展与教育》，2005 年第 1 期，第 48 -54 页。

[48] 田美：《批判实质主义：中国留学生跨文化经历的方法论研究》，载《教育理论与实践》，2011 年第 1 期，第 15 -17 页。

[49] 王电建：《影响中国留学生在美大学校园文化学习适应的相关因素研究》，载《兰州交通大学学报》，2011 年第 2 期，第 111 -115 页。

作者简介：谭瑜（1984—），女（土家族），湖北恩施人，中央民族大学教育学院中国少数民族教育专业 2010 级博士研究生，研究方向为跨文化心理与教育研究。

第七篇

经验与展望

第十四章　总　　结

第一节　厚积薄发：民族教育学学科发展的成就与趋势

民族问题是所有民族国家都面临并力求解决的问题。民族问题包括诸如民族经济、民族文化、民族政治、民族教育等许多问题。由于教育是通过培养人而实现一个国家经济社会发展的不可替代作用，因而，民族教育问题在所有其他民族问题中具有基础性的地位和作用。正因为如此，党和国家政府历来重视采取各种专门措施，例如创办以中央民族大学为首的民族院校、单列民族教育科研项目、大力支持民族教育学科发展等，以持续、稳定推动和促进民族教育工作。在国家强有力的支持和扶助下，我国的民族教育事业得到了前所未有的发展。其中，民族教育学科的建设与发展更为突出，不但获得了普遍公认的独立学科身份和地位，而且取得丰硕的研究成果，跻身于其他学科队伍行列之首。当前，民族教育学科面临着进一步发展的极佳机遇，为此，我们认为有必要回眸民族教育学科发展历史过程，以求在民族教育学科的历史过往中找到继续前行的支点和动力。当然，由于民族教育学科建设与发展是一个浩大的系统性工程，其间包含科学研究、人才培养、队伍建设、研究方向凝炼等多个元素，非短时间内能论述清楚。本文主要立足于民族教育学的科学研究，以窥探民族教育学科的发展历史、现状和未来。

一、民族教育研究进展及重要成果

（一）民族教育基本理论

新中国民族教育理论是新中国教育理论不可缺少的重要组成部分，是新中国建立以来极具特色的教育实践活动的探索与总结。这对于总结新中国民族教育理论的发展过程和指导民族教育的新的实践，既有理论意义，又有实践意义。民族教育基本理论是民族教育学学科重要的理论基础，也是民族教育学研究的重要领域，并且取得了丰硕的研究成果。

在民族教育基本理论研究成就突出的课题是：“西部大开发与中国少数民族教育改革和发展研究”（哈经雄，全国教育科学“十五”规划2001年度国家重点招标课题）。立足于教育学和民族学两个基础学科，同时运用社会学、经济学、心理学、语言学、管理学等学科的知识，尤其是充分运用教育人类学学科、社会文化变迁、社区发展、双语教学等领域的先进成果，进行系统深入地分析五个自治区和主要多民族省份民族教育各自面临的主要问题与对策，针对现实中存在的重大问题，积极采取创新性试验，从而探索建设性改革措施，以有效地促进民族教育实践发展。其阶段性成果《民族地区女教师状况的调查研究》，引起了国务院总理温家宝、全国人大副委员长王兆国、国务委员陈自立等领导和有关部门的重视，并责成有关部门迅速解决有关问题，对于推动解决牧区民族女教师工作待遇问题发挥了重要作用。此课题的部分成果有《民族院校藏族大学生英语学习问题研究与理论探讨》、《中国少数民族教育立法新论》、《民族院校教育管理研究》等。其中《民族院校藏族大学生英语学习问题研究与理论探讨》（刘雪莲，中央民族大学出版社，2007 年版）从研究具有代表性的少数民族群体——藏族大学生的英语学习角度入手，反思少数民族外语教育中出现的问题，总结经验，具有一定的创新性和现实性。《中国少数民族教育立法新论》（陈立鹏，中央民族大学出版社，2007 年版）对我国民族教育立法的理论、体系和实践进行了较系统、深入的研究。《民族院校教育管理研究》（李东光，中央民族大学出版社，2008 年版）一书涵盖民族院校党的建设、教育管理体系建设、思想政治教育工作、宣传思想工作、干部和党员的教育管理、工会和教代会工作、离退休干部工作等七个方面。既注重民族工作规律又注重教育工作规律，涉及现实性很强的问题。

与此相关的项目研究还有“民族教育学研究”（苏德，中央民族大学“211 工程”三期重点学科建设项目）、“20 世纪二三十年代新教育中国化研究”（吴冬梅，全国教育科学“十一五”规划教育部青年专项课题）、“比较民族教育学研究”（李剑，中央民族大学 2009 年度自主科研计划项目）等项目。

在代表性论著方面，在 20 世纪 80 年代末，有两本著作汇集了当时民族教育研究的成果。一是《西藏教育研究》（耿金声，王锡宏主编，中央民族学院出版社，1989 年版），二是《民族教育改革与探索》（耿金声，王锡宏主编，中央民族学院出版社，1989 年版）。《西藏教育研究》是国家哲学社会科学“七五规划重点项目——民族教育研究丛书之一”，是一本有关西藏教育的文集，所选文章一部分是赴藏调查组和课题组成员初步整理研究的成果，一部分是西藏教育研究人员和教育工作者的著述，这些文章可以帮助我们从多角度透视西藏教育的发展，了解西藏教育的特殊性。《民族教育改革与探索》是中央民族大学专兼职民族教育研究人员 80 年代有关民族教育改革研究成果的汇集，该书收入有关民族教育改革方面的文章 40 余篇，大多数文章虽然只论述了某一方面的改革，但汇集在一起可以窥见当时民族教育改革的面貌。《中国西藏教育改革与发展的理论研究》（吴德刚，云南教育出版社，1995 年版）是介绍我国西藏教育改革与发展的书籍，该书从理论角度阐述了我国西藏教育应依循的理论、理念和原则。王锡宏教授曾在《西藏民族学院学报（哲学社会科学版）》（1998 年第 4 期）发表书评《一部区域民族教育研究的力作——评吴德刚〈中国西藏教育改革与发展研究〉一书》，提到“吴德刚同志的这部著作与那些论著有很大不同，他抓住了西藏教育的主要矛盾和特殊性。全书的谋篇布局紧紧围绕主要矛盾和特殊性这一主线，写出了西藏教育独具的特色和

‘神韵’，把西藏教育写‘活’了，写‘透’了”。袁华同志撰文《评吴德刚著〈中国西藏教育改革与发展的理论研究〉》（中国教育学刊，1998 年第 1 期）提到“作者提出的发展和改革西藏教育的上述指导思想和对策，有较强的针对性，有的已经影响到了西藏自治区政府的教育决策行为，产生了积极的作用”。

《中国少数民族教育学概论》是国家哲学社会科学“七五”重点科研项目“民族教育研究”的子项目，是在对民族教育的特殊性多年研究的基础上形成的研究成果。该书是一部较侧重于中国少数民族教育宏观研究的著作和教材，体系宏大，内容既涉及民族教育学学科本体研究，如民族教育学的研究对象、任务、特点、范围与方法；又涉及民族教育与外部的关系问题，如少数民族地区的地理环境、社会人口、文化、政治、经济、科技、法律、宗教、语言、哲学、心理等与民族教育的关系；既包括各级各类民族教育的内部现状、整体改革与发展，如民族教育体制、民族基础教育、民族高等教育、民族职业技术教育、民族成人教育和民族师范教育；又包括民族教育中的微观领域学校教育与教学，如民族学校教育和教学中的德育、智育、体育、美育和“双语教学”问题。该书的问世对于民族教育学的发展具有两个方面的意义，一是对建国 40 多年来民族教育的研究和实践做了个系统的总结，二是为进一步开展民族教育研究奠定初步的基础。

《民族教育经济学》（王锡宏，王文长主编，知识出版社，1990 年版）论述了民族教育与民族地区经济发展的关系，它是探讨民族教育经济理论的首次尝试，其目的不仅仅在于创立一门新兴学科，还在于将这些理论应用到少数民族地区的社会实践当中。全书共十章，分别为民族教育经济学导论、民族教育与民族地区经济发展、民族教育资源、民族教育投资、民族教育布局的经济效益、民族教育的经济管理、民族教育结构的经济功能、民族教育经济核算、民族教育经济效率和民族教育经济效益，系统地介绍了民族教育领域的经济问题，为民族教育经济学奠定了最初的理论框架。

《中国边境民族教育》（王锡宏主编，中央民族学院出版社，1990 年版）是国家哲学、社会科学“七五”重点科研项目“民族教育研究”的子课题，也是建国以来第一本详细介绍我国边境地区少数民族教育的专论。本书共四大篇，包含 50 余篇文章，从研究范围看，可以划分为全国边境民族教育总体研究；省区边境民族教育研究；州、专区、盟边境民族教育研究；县（市）边境民族教育研究四个层次，阐述了边境民族教育的“三大障碍”、“八大特性”，有助于深化对社会主义初级阶段民族教育特点的认识；“五维开放，中间进取，内外冲击”，“局部质变，逐次推进”、“循序渐进，适度跳跃”的边境民族教育发展战略和策略，对制定边疆和边境地区的总体战略，具有一定的参考价值。

《中国少数民族教育本体理论研究》（王锡宏著，民族出版社，1998 年版）是旨在探索民族教育基本理论问题的一本著作，是作者对民族教育实践问题进行了长期的调查研究，对民族教育理论问题进行长期探索的基础上形成的，并力求把这些问题提升到理论的高度加以认识和定义。全书共包括五个部分：导论、本质论、特点论、规律论和关系论。在“少数民族教育双重性理论”、“少数民族教育文化背景差异性理论”、“少数民族教育矛盾关系理论”等方面提出了一些新的观点，给之后的民族教育理论和实践研究以启示。

《民族教育学通论》（哈经雄，滕星主编，教育科学出版社，2001年版）是国家民族事务委员会“九五”科研课题。该书是由中央民族大学教育研究所的教学、研究人员经过十几年的潜心研究，充分吸收了国内外有关领域的最新研究成果和方法，并对我国的民族教育进行了大量的田野调查而形成的。本书以通论的形式，基本上概述了民族教育学的主要研究领域，包括：民族教育学基本理论、民族教育学发展史与学业成就归因理论、世界民族教育及跨文化教育理论概述、自然、社会生态环境与民族教育、民族教育法规政策、民族教育体制与管理、民族幼儿教育、民族基础学校教育、民族高等教育、民族职业教育、民族师范教育、民族成人教育、民族教育学研究方法、多元文化社会与多元文化整合教育等。从宏观与微观领域出发进行探索，在理论框架与研究方法上都较以前有了很大的突破，尤其是将西方的教育人类学理论流派引入国内，单列章节进行阐述，在国内著作中较为少见。《民族教育学通论》代表了继20世纪90年代初出版、“标志着民族教育学作为一门独立的学科基本形成”的《中国少数民族教育学概论》之后，结合民族教育学十几年的研究成果，在民族教育学学科发展史上占有重要地位。

王军主编的《教育民族学》（中央民族大学出版社，2007年版）详细全面地分析了教育与民族生态环境、民族传统经济、民族语言、民族宗教信仰、民族游戏、民族体育、民族文学艺术、民族心理、民族道德规范之间的密切关系。作者在专著中阐明的观点是：由于儿童不同的文化背景和民族特点，决定了教育工作者应该采取适宜的态度和方法去对待学生并使他们获得快乐和健康发展。

扎巴、苏德等编写的《蒙古学百科全书·教育卷》（内蒙古人民出版社，2009年版）是一部涉及古今中外蒙古族教育基本理论、教育学基本概念、教育学知识的综合性工具书；整理了蒙古族教育历史典籍，具有知识性、科学性、可读性，在蒙古族教育史上具有里程碑意义。

《民族教育研究》（宝玉柱著，中央民族大学出版社，2009年版）是作者多年从事民族教育研究成果的集萃，全书分为“民族教育理论篇”、“民族高等教育篇”、“蒙古族教育篇”、“学科建设篇”、“学术报告和演讲篇”、“答疑解惑篇”六个部分，收入论文和文稿29篇，内容丰富，涉及范围广，反映了作者在民族教育研究方面的独到见解。

《中国边境民族教育论》（苏德、陈中永等著，2012年版）是中央民族大学教育学院苏德教授和内蒙古师范大学陈中永教授主持的2005年度全国教育科学“十一五”规划国家重点课题“边境农村牧区民族基础教育现状调查与对策研究”的最终研究成果，该成果结合了中央民族大学“211工程”建设项目，对我国的边境民族教育进行了大量的、全面深入的田野调查研究而形成的。该项目主要针对我国边境农牧区民族基础教育的现状进行深入调查，在此基础上为解决边境民族教育中存在的主要问题提出对策和建议。该项目的主要研究目标是：（1）阐明在当今时代背景下，边境农牧区基础教育具有的新特点和应有的新理念与新思维，科学回答新出现的理论与实践问题；（2）针对边境农牧区基础教育的现状及存在的问题，开展认真细致的田野调查，掌握一手资料，并有针对性地做出详细的描述和分析；（3）在田野调查的基础上，针对边境农牧区民族基础教育中的重大实际问题如义务教育均衡发展、民族语言授课、教师专业化发展、中小学布局调整、民族文化传承等，提出具有可操作性的对策和建议。

《民族教育质性研究方法、理论、策略与实例》（苏德主编，教育科学出版社，2013 年版）是针对民族教育研究这一特殊领域而编写的研究方法类著作。与其他的教育科学研究方法著作有所不同的是，从学科维度上讲，该书是在教育学视野下运用教育科学的一般研究方法来探讨民族教育问题，同时借鉴社会学、民族学和人类学等诸多学科的理论方法与范式来研究民族教育问题；从横向维度上讲，该书既具有我国民族教育学科自身独特的内容和特点，还借鉴并参考了国外崭新的社会科学研究方法，从而使本著作突破单一学科与国别的局域，为学生直观呈现了国际上教育质性研究方法上的新视野和国内民族教育理论与实践研究中的生动个案。在内容编写与结构安排上，力求突出指导性与可操作性，既有翔实的理论讲解，又有完整的案例呈现，这些案例既来自于两位外籍编者所亲自参与或完成的课题项目，也来自于中央民族大学教育学院师生近些年来所承担的国家及国际课题项目。整体来说，该书将理论性与实践性完美结合，将国内经验和国外方法融会贯通，是我国民族教育研究方法方面难得的著作。

（二）民族高等教育

少数民族高等教育能否在传承民族文化的同时，发展多元文化，是关系到少数民族能否得到充分发展的重大实践问题。“少数民族高等教育的二重性——民族高等教育的民族性与多元性发展研究”（苏德，2006 年教育部重点课题）在研究蒙古民族高等教育的二重性发展基础上，以内蒙古师范大学的个案研究为例，探讨少数民族高等教育的民族性与多元性协调发展问题，即如何使少数民族高等教育培养既传承民族优秀传统文化，又能够在多元社会生存的复合型人才，具体通过内蒙古师范大学的民族性与多元性发展的历史过程与现状调查研究，了解蒙古民族高等教育的二重性发展历史、现状与存在的问题，为改进提供一定的理论依据，从而促进整个少数民族高等教育的健康发展。“民族院校办学特色与特色发展研究”（吕佩臣，2009 年国家一般课题）分析了民族院校办学特色形成和发展的地区时空环境、制约因素、相关理论基础，认为民族院校只有依照高校自身发展规律，利用好时空环境，在科学定位、确立特色理念、建设特色学科和人才兴校等方面下工夫，才能建设和发展自身的办学特色，发展民族院校办学特色，既是适应新时期新问题的挑战的客观需要，更是民族高等教育事业和民族院校自身发展的必然选择。与此相关的研究还有“教育学专业学生教育教学实践能力培养体系研究”（董艳，北京市教育委员会教学改革项目)、“微格教学优秀课程建设”（丁湘，中央民族大学优秀课程建设项目)、“民族院校提升学生就业竞争力的制度创新研究”（夏仕武，2010 年国家青年基金课题)。

在少数民族高等教育研究领域，最具代表性的第一部著作为哈经雄教授主编的《中国少数民族高等教育学》（广西民族出版社，1991 年版），该书总结了我国民族高等教育的历史经验，探索了民族高等教育发展的一般规律，力图构建具有中国特色的少数民族高等教育学理论。它是探讨民族高等教育理论的首次尝试。在内容上涉及民族高等教育的方方面面，包括民族高等教育学学科的对象、性质、特点、内容、任务和方法；民族高等教育的培养目标、学制与结构、教学、科研、领导与管理、少数民族大学生和教师；还包括民族高等学校的少数民族干部正规培训、研究生教育、预科教育、成人教育等，学科体系比较完备，为人们认识和理解少数民族高等教育学这门学科和进一步的民族高等教育研究奠定了理论基础。

《多民族国家大学的使命—中国大学的功能及其实现研究》（谭志松，民族出版社，2008 年版）是国家社会科学基金资助，全国教育科学“十五”规划国家重点课题成果。这本著作是作者在其博士论文的基础上修改而成的，应时代的要求，选择以中国国情和中国大学为蓝本，探讨现代大学的社会功能及其拓展和实现，以全面认识和把握现代大学的社会影响和作用，从而有助于国家和政府给大学赋予切实的期望和任务。

《亚太地区原住民及少数民族高等教育研究》（陈·巴特尔、Peter Englert，中央民族大学出版社，2009 年版）是中央民族大学国家“十一五”、“211 工程”建设项目，是哈经雄教授担任主席的“亚太地区原住民及少数民族高等教育论坛”的论文集。内容涉及原住民及少数民族高等教育发展理念问题、原住民和少数民族高等教育的案例、少数民族高等教育的优惠政策、多元文化背景下的原住民及少数民族文化与教育的关系问题、少数民族教育的发展战略等。

在智力支持方面，苏德教授在 2010 年 6 月至 8 月期间，作为全国政协教科文卫体委员会组织的调研组专家成员之一，与全国政协教科文卫体委员会委员和有关专家一同前往内蒙古自治区、吉林省延边朝鲜族自治州、新疆维吾尔自治区等进行了为期四周的民族地区教育专题调研，苏德教授在起草撰写了三个地区的分调研报告的基础上，结合自己主持的国家社科基金教育学重点招标课题《民族教育质量保障和特色发展研究》的阶段性成果，撰写了总报告——《关于民族地区高等教育发展与人才培养的调研报告》，报告指出，民族地区高等教育在价值取向上应紧密结合区域经济，服务民族地区，在质量保障上应注重高水平人才队伍建设，在办学特色上应完善“双语”教育。中央政府应对民族地区高等院校加大资金投入力度，缓解高校财务负担，保障民族高校充分发挥培养高层次专门人才、传播科学文化知识的重任，并分析了少数民族地区高等教育发展现状与人才培养问题，并对如何采取相应的改革措施，促进民族地区高等教育事业持续快速发展和民族地区社会经济全面和谐稳定发展提出了很有价值的建议和对策。把该报告以政协全国委员会办公厅名义报送了中共中央办公厅、国务院办公厅。中央有关领导高度重视该报告，全国政协贾庆林主席、全国政协王刚、杜青林副主席、国务院回良玉副总理、中共中央政治局委员刘延东同志分别对该报告做了重要批示。

（三）民族基础教育

目前，我国民族教育发展已经逐渐从促使民族地区少年儿童“有学上”到促进民族地区学生“上好学”的质量观转变，体现出民族教育均衡发展的战略研究转向。“民族教育质量保障和特色发展研究”（苏德，2008 年国家社科基金“十一五”规划教育学重点招标课题）提出，我国民族地区基础教育的质量保障与特色建设问题是制约民族地区教育发展的瓶颈问题，推动少数民族地区基础教育事业的均衡发展，促进少数民族教育的特色建设，是保障少数民族儿童受教育权利的根本途径，是促进人的全面发展、促进我国东西部区域之间、城乡之间经济社会全面协调、缩小贫富差距而最终实现科学发展与社会和谐的基本方式。

“民族地区乡村小学教师队伍建设问题研究”（吴明海，2009 年教育部重点课题）以田野调查为基础，以贵州省黎平县的农村教师队伍现状为例进行分析，并对教师队伍建设进行归类梳理，结合国内学者对教师尤其是农村中小学教师的发展研究，用教育人类学的视角对当今师资队伍建设的研究方法进行深度挖掘，结合现代教育对教师的要求和行政管理者、家长和学生对教师基本素质和能力的要求，以教育学为指导对教师进行师德教育，教师教育心理的指导。在此基础上，用教育人类学的方法分析黎平侗族文化特点，将其与教育进行整合研究，探索出一条符合传统民族文化背景下的教师队伍建设的发展道路。

“中国西部少数民族地区新农村建设与基础教育研究”（滕星，国家“985 工程”二期重点建设项目）主要包括：中国西部少数民族地区经济文化类型与初中地方性校本课程建构；中国西部少数民族地区乡土教材开发的教育人类学田野调查与基础理论研究；中国少数民族新创文字在教育教学中应用状况及存在问题调查研究；中国西部少数民族地区农村基础教育政策、法规与管理体制研究；中国西部少数民族地区农村义务教育投入与效益研究这五项建设内容。

与此相关的研究还有“中国少数民族地区基础教育均衡发展与特色建设研究”（苏德）、“云南少数民族自治地方基础教育现状调查与对策研究”（滕星，云南省教育厅合作项目）、“西部民族地区农牧区师资队伍建设研究”（吴明海，中央民族大学“211 工程”三期重点学科建设项目）、“民族地区城乡师资来源问题研究”（苏德，国家民族事务委员 2009 年度科研项目）“边境农牧区民族基础教育现状调查与对策研究”（苏德，全国教育科学“十一五”规划 2005 年度国家重点课题）、“以师资培训行动研究来提高西部少数民族聚居区贫困儿童学业成就的质性研究”（李剑，全国教育科学“十一五”规划 2010 年度国家一般课题）、“东亚地区少数民族在城市化过程中有关教育问题的日中比较研究”（苏德与日本东京都立大学合作项目）、“西部地区基础教育发展项目”社会评价研究（滕星，世界银行贷款\

英国政府赠款）。

著作方面，西北师范大学王嘉毅、王慧著的《西北地区农村基础教育课程改革研究》（教育科学出版社2009年版），是全国教育科学“十五”规划国家一般项目“西北地区基础教育课程改革研究”的最终成果。该书内容包括当前国内外基础教育课程改革的背景与主要内容、课程改革与农村基础教育发展、西北地区农村中小学教师和校长对新课程的了解情况、新课程及其学科课程标准在西北地区农村中小学的适应情况、西北地区农村中小学实施新课程的主要困难等。此外还将调查问卷、访谈提纲和课堂观察表以及个别的访谈记录和课堂观察实录作为附件予以呈现，以便于读者更好地了解本研究及其结果。

（四）民族教育史

任何学科的发展都离不开史学的基础。民族教育学学科建设十分重视少数民族教育史研究。随着民族教育研究向深层次发展，少数民族教育史教学和研究队伍也在不断成长壮大，中央民族大学教育学院对这一领域的研究也给予了很大的关注。这方面的课题主要有全国哲学社会科学基金“八五”规划中华社会科学基金研究课题、国家“九五”重点图书出版规划项目“中国少数民族教育史”中的“达斡尔族教育史”（苏德主编之一）、“满蒙藏维回五族教育思想史研究”（吴明海）、“中国少数民族教育史教程”（吴明海，北京市高等教育精品教材立项）、“威斯康星理念”的历史研究（吴明海，中央民族大学2009年度自主科研计划项目—自由探索类）、“中国少数民族教育政策的历史研究”（吴明海，中央民族大学青年教师科研基金）、“中国少数民族美术发展史”（苏和平，中央民族大学学术著作出版基金项目）。

在民族教育史研究方面，比较有代表性的研究专著包括韩达主编的《中国少数民族教育史》（多卷本），耿金声、崔斌子著《中国少数民族教育史》（当代卷），吴明海教授的《中外民族教育政策史纲》和《中国少数民族教育史教程》，宝玉柱教授的《清代蒙古族社会转型及语言教育》，周润年著《藏族教育》，吴德刚编著的“中国教育问题研究系列丛书”中《中国西藏教育研究》（教育科学出版社2011年版）和谢佐、何波教授的《藏族古代教育史略》等。

《中外民族教育政策史纲》（吴明海，中央民族大学出版社2006年版）是中央民族大学国家“十五”“211工程”建设项目。本书是第一部全面、详细地介绍少数民族教育政策发展历史的著作，也是一部比较全面的介绍国外民族教育政策的著作。其内容可以分为两个方面，一是中国民族教育政策的发展，包括中国古代、近代中央政府民族教育政策的发展历程和中华人民共和国民族教育政策的发展历程；二是国外典型多民族国家的民族教育政策，包括美国、加拿大、俄罗斯联邦、印度、巴西、英国、澳大利亚、南非、新加坡、印度尼西亚、马来西亚等国家的民族教育政策发展历程。本书以构建平等、团结、互动、和谐的民族关系为宗旨，希望起到古为今用，洋为中用的作用，期望对我国民族教育政策研究和制订起到借鉴作用。

《中国少数民族教育史教程》（吴明海，中央民族大学出版社，2006 年版）是北京市高等教育精品教材立项目，教育部人文社会科学重点研究基地中国少数民族研究中心项目。在滕星教授为本书撰写的序言当中写到“近 20 年来，中国少数民族教育史学科领域取得了以韩达先生等主编的四卷本《中国少数民族教育史》为代表的一大批科研成果，为此领域的教材的编写奠定了雄厚的学术基础。吴明海博士和课题组的同志们全面收集这方面研究成果，分门别类系统整理和研习，对一些史实、观点的不同说法还进行比较和考证。这在《中国少数民族教育史教程》中都有体现。本书共分三编十八章，内容包括中国少数民族古代教育的发展历程、中国少数民族近代教育的发展历程、中国少数民族现代教育的发展历程。涉及从先秦到明清各个朝代以及民国时期和新中国成立以来中央政府的民族教育政策，从东北、西北、北方到西南、中东南等地的契丹、女真、满、匈奴、东胡、蒙、羌、回、哈萨克、维吾尔、苗、瑶等少数民族教育的发展历程。本书在费孝通先生中华民族多元一体格局观点的启发下，按照中华民族形成、发展的历史流程来编写，将从古至今的少数民族教育史贯穿其中，是一部优秀的民族教育史学教程。”

《清代蒙古族社会转型及语言教育》（宝玉柱著，民族出版社，2003 年版）横向涉及社会语言学、教育学、社会学，纵向涉及蒙古史、教育史、语言史，论述了社会转型对语言的影响和强势语言对弱势语言的影响。该书通过社会学的视角分析了我国强势语言和弱势语言的紧密关系，开启了语言学研究的新视角。

《藏族古代教育史略》（青海人民出版社，1994 年版）是全国教育科学“八五”规划重点研究课题之一。该书对藏族古代教育的产生与发展、形式和内容，以及各个历史时期的教育特点加以总结和阐述。内容从青藏高原史前期讲到清王朝末年，作者以藏族教育发展为主线，涉及政治、经济、文化、宗教等领域，纵横捭阖，多层次、多方位地论述了藏族古代教育及其发展规律。以大量确凿的资料，辩证地论述了自古以来藏族与其他民族的关系，并用一定的篇幅与史实论述了从元代起西藏就正式成为祖国的一部分，较系统地评价了一些历史人物在这方面的贡献。

（五）教育人类学

教育人类学是由人类学与教育学相互交叉并通过科际整合而形成的一门综合性边缘学科，其核心研究领域是多民族国家的少数群体教育，包括少数民族教育、乡村教育、移民教育、多元文化教育等方面的内容。当人类进入 21 世纪后，随着国际上对全球一体化与民族文化多样性、文化差异与机会均等、多民族国家中主体民族与少数民族、国家一体化与文化多元化关系的讨论；随着知识经济社会的来临，人们对教育与社会弱势群体倍加关注，教育人类学也日渐成为社会与学术界瞩目的一门重要的学术研究领域。

从多元文化和教育人类学的视角关注民族教育中的民族文化传承问题是近年民族教育研究的一个重要趋势。有关这方面的课题主要有“西方教育人类学理论与实践研究”（滕星，国家社会科学基金1993年度一般项目），主要提出了两大重要观点：多元文化整合教育理论和转换中国教育研究的范式，提倡教育研究的人类学范式。该课题将理论与实践、书斋研究与田野工作有机的结合起来，使研究成果有较强的说服力和解释力，对西方教育人类学的学科历史与现状、田野工作与研究方法及西方教育人类学极富特色的理论——少数民族学生学业成就归因理论作了较为详尽的阐述；同时，在对西方教育人类学理论与实践研究的基础上，结合在中国本土开展的教育人类学研究成果，就中国教育改革的若干重大理论与实践问题、教育学研究的若干问题的展开了描述与阐释。该课题研究成果具有本土化与国际化的双重视野，为西方教育人类学理论的本土化和中国教育人类学研究经验及成果的国际化开创了先例。该课题的研究具有较高的学术价值。教育人类学在中国方兴未艾，但是，大多数研究缺乏对教育人类学学科本体理论的正确认识，不是陷入西方中心主义的“迷思”，就是陷入本土民族主义的“迷思”，加之研究方法的缺陷，使研究结果难以对教育改革的理论与实践产生有益的作用。该课题研究力图避免非此即彼的价值选择与批判，较为客观的描述和阐释了西方教育人类学的理论与方法，结合本土教育人类学研究的经验与成果，对西方教育人类学理论展开了本土化阐释，为中国教育人类学的发展奠定基础，指明方向，以及为本土教育人类学研究的规范化提供了范例。

“世界多元文化教育比较研究”（滕星，霍英东高校青年教师基金）是一项跨学科的综合性研究，运用了教育学、民族学、人类学、社会学、政治学等多学科的知识，其研究主题——多元文化教育也是国内外人文社会科学研究领域关注的热点问题。这项课题坚持以马克思主义辩证唯物主义和历史唯物主义为指导，对20个不同国家和地区的多元文化教育理论和实践做了较为详尽的阐述，资料翔实，叙述精当，得出了一些对我国多元文化教育理论研究与实践，特别是对我国少数民族教育理论研究与实践有现实意义的结论。滕星教授在对国外多元文化教育理论和实践的认真梳理和辩证反思的基础上，提出的“多元一体整合教育理论”极具现实意义，对如何认识和解决少数民族教育问题，以及如何进一步开展少数民族教育研究都具有很强的针对性和现实性。

与此相关的研究还有“多民族社会的族群关系”（常永才，加拿大女王大学国际合作项目）、“少数民族濒危文化传承的教育人类学研究”（胡迪雅，中央民族大学2009年度自主科研计划项目——青年类）、“美国多民族教育比较研究”（滕星，美国富布莱特（Fulbright）高级学者基金项目）。

著作方面，最早的是庄孔韶《教育人类学》（1989）和冯增俊的《教育人类学》（1991），“在介绍西方教育人类学发展的基础上，突出了对研究方法的介绍，并运用这些方法对中国教育的现实进行了初步探讨”。[①] 近些年来，中央民族大学教育学院在教育人类学研究方面最突出的代表是由滕星教授主编的“教育人类学

① 祁进玉：《中国教育人类学研究的现状与反思》，载《湖南师范大学教育科学学报》，2009年第4期。

研究丛书”，关于这套丛书的特点，主编滕星教授在其序言中有很精辟的阐述：“《教育人类学丛书》是一套开放性的学术丛书，它肩负着两个主要任务：一是系统介绍与评价国外教育人类学的理论与实践；二是在批判性继承国外教育人类学的理论与方法的基础上，积累与展示中国本土教育人类学的理论与个案研究的最新和重大研究成果。它提倡走出书斋用文化人类学的理论、观点和田野工作方法去研究当今中国的学校正规教育与社区、家庭的非正规教育。特别关注中国社会少数民族、妇女、残疾人和低社会阶层等弱势群体的教育问题。倡导书斋研究和田野工作相结合，即理论与实践相结合的学风；推崇百花齐放、百家争鸣的学术自由与理论创新的精神。”《丛书》（第一辑）包括：《20 世纪中国少数民族与教育》（香港中文大学与中央民族大学合作项目）、《西部大开发与教育发展博士论坛》、《族群、文化与教育》、《民族高等教育的人类学研究》、《双语教育学概论》共五本著作。

2005 年，由滕星教授担任主任的中央民族大学国家“985 工程”中国少数民族语言文化教育边疆史地研究创新基地——“中国少数民族地区基础教育研究中心”获准成立，在该中心的大力推动下，2008—2009 年，“教育人类学丛书”出版了第二辑，包括：滕星著《教育人类学的理论与实践——本土经验与学科建设》、滕星主编《多元文化教育——全球多元文化社会的政策与实践》、滕星主编《多元文化社会的女童教育——中国少数民族女童教育导论》、王铁志，滕星主编《民族教育理论与政策研究》、滕星，张俊豪主编《多元文化背景下的教育研究》、钱民辉著《多元文化与现代性教育之关系研究——教育人类学的视野与田野工作》、滕星、张俊豪主编《中国民族教育的田野个案研究》等。除以上著作外，《丛书》（第二辑）还引入了来自香港和国外的专家学者对中国内地少数民族教育的研究视角，如（香港）张慧真著《教育与民族认同——贵州石门坎苗族的个案研究》、（香港）罗慧燕著《教育与社会发展——贵州苗族社区个案研究》，N. Ken Shimahara 等主编，滕星、马效义等译《全球视野：教育领域中的族群性、种族与国民性》。

在“985 工程”重点项目的推动下，滕星教授精选了一批优秀的研究成果作为“教育人类学丛书”第三辑出版，这些作品包括：《经济文化类型与校本课程建构》（滕星、巴战龙、欧群慧等著）、《中国农村义务教育财政体制变革与义务教育发展：社会学透视——从税费改革到农村义务教育经费保障新机制》（郭建如著）、《西部民族贫困地区农村义务教育财政、资源配置与效益研究—基于云南、新疆、内蒙古等地贫困县的案例研究》（郭建如著）、《中国少数民族新创文字研究》（滕星、王远新主编）、《中国少数民族新创文字研究论文选集》（滕星、王远新、海路主编）、《在田野中成长——教育人类学田野日志》（滕星主编）、《新创文字在文化变迁中的功能与意义阐释——以哈尼、傈僳和纳西族为例》（马效义著）、《土族、羌族语言及新创文字使用发展研究》（宝乐日著）、《多元文化视野中的“维汉”双语教育研究——新疆和田中小学双语教育的历史、现状与未来》（艾力·伊明著）、《民族学校教育中的文化适应研究——贵州石坎苗族百年学校教育人类学个案考察》（张霜著）、《社会变迁中的壮文教育发展》（张苗苗著）、《中国乡土教材的百年嬗变及其文化功能考察》（李素梅著）、《学校教育·地方知识·现代性——一项家乡人类学研究》（巴战龙著）、《人类学视野中的教育研究》（滕星、海路主编）、《书斋与田野——滕星教授教育人类学访谈录》（滕星等著）、《多元文化视野中的民族院校》（张俊豪著）、《中国乡土教材应用调查研究》（滕星主编）、《无根的社区，悬置的学校——湖南大金村教育人类学考察》（李红婷著）、《文化变迁的文化再制与教育选择——西双版纳傣族和尚生的个案研究》（罗吉华著）、《云南省黎明市孟波镇中学多元文化教师民族志研究》（欧群慧著）。

《守望·自觉·比较—少数民族及原住民教育研究》（陈·巴特尔，Peter. Englert，中央民族大学出版社 2008 年版）是中央民族大学国家“十五”、“211 工程”建设项目。全书对中国民族高等教育的发展战略、民族院校研究生教育思想的转变、民族学院的组织特性进行了探讨。并以蒙古民族为个案，对蒙古民族教育的演变进行了梳理，还对中国与加拿大少数民族高等教育发展模式进行了比较。

（六）跨文化心理与教育研究

当代人类社会发展一体化的趋势凸显，导致了不同文化间史无前例的接触和交流，跨文化心理学的研究探讨的正是不同文化群体的个体因接触而发生的心理变化与适应，因此跨文化心理学为我们研究少数民族教育提供了一个新视角。

“学生所处生态文化场境与其学习指导：对民族地区农村初中生的学习人类学研究”（常永才，2006 年国家青年基金项目）运用跨文化心理学和人类学田野工作深入调查，并从教育内外部文化变迁视角对民族地区初中生的学习状况进行全貌分析，进而对有关决策和实践提供适切性强的心理学支持。研究重点包括：（1）民族文化与学生元认知水平；（2）生态文化环境与认知风格；（3）学生本土文化概念向学校科学概念的发展；（4）民族文化传统与学科学习策略；（5）学生学习投入的影响因素。研究内容紧密结合新课程在民族地区推行这一基础教育重大举措，服务和聚焦于民族地区基础教育发展的现实重大问题。“民族地区中学生心理适应问题和教育对策研究”（常永才，全国教育科学“十五”规划青年基金课题）从个体心理适应、学业适应和文化适应三个维度分析心理问题，能较全面地分析少数民族学生心理世界及其特点，尤其是较深刻分析了文化适应问题。用“心理适应”代替“心理健康问题”，更能反映中学生心理显著具有的动态性、情境性和发展性等特点，也更能克服心理健康概念过于明显的文化定向的价值判断。与此相关的课题还有“边远少数民族中学生心理适应问题及其心理健康教育的行动研究”（常永才，全国教育科学“十五”规划国家青年基金课题）、“当前民族教育发展的跨文化心理学调查与应用研究”（常永才，“211”工程三期重点学科建设项目）、“跨文化心理学导论：生态文化多样性与心理”（常永才，中央民族大学“211 工程”重点学科教材建设项目）、“少数民族大学生心理健康教育研究”（马钟范，中央民族大学“211工程”三期建设项目)、“蒙古族学生数学思维特点与学习策略的研究”(钟志勇，全国教育科学“十一五”规划2010年度教育部重点课题)、“民汉族中学生涵化态度现状与民族团结教育革新的跨文化心理研究”(常永才，中央民族大学2009年度自主科研计划项目)、“维吾尔族、汉族和美国大学生道德认知特点的跨文化研究”(高兵，中央民族大学2009年度自主科研计划项目)、“语言相对论的跨文化心理学研究”(高兵，中央民族大学青年教师科研基金)、“普通话儿童运动事件表述研究”(高兵，中国科学院心理学研究所委托项目)。

中央民族大学教育学院的常永才教授一直在致力于跨文化与心理健康教育的研究，他在这方面的研究成果包括他的博士论文《少数民族大学生心理适应与心理健康教育：对北京高校的调查与研究》(中央民族大学博士论文，2000年)、《文化多样性、心理适应与学生指导：对中国少数民族学生的初步研究》(四川辞书出版社2007年版)等。

少数民族大学生良好的心理适应和心理健康，对于少数民族人力资源的高层次开发具有重大意义。《少数民族大学生心理适应与心理健康教育：对北京高校的调查与研究》探讨了少数民族大学生由于生长环境而形成的特殊的心理适应问题。该论文综合运用心理学、人类学和教育学的理论和方法，遵循有目的的抽样原则，对中央民族大学和北京其他高校的507名各族以及150名高校教师和管理人员，进行了系统深入的研究。主要内容涉及少数民族大学生的心理适应水平、影响少数民族大学生心理适应的主要生活事件、少数民族大学生对心理问题的应付方式、求助倾向、高校教师对少数民族大学生心理适应的感受和重视程度等，研究深入而细致，得出的结论具体而明确，为少数民族大学生心理健康教育的开展提供了心理学依据。

《文化多样性、心理适应与学生指导：对中国少数民族学生的初步研究》是常永才教授所承担的全国教育科学“十五”规划项目《边远民族地区中学生心理适应问题与教育对策研究》的成果。全书内容大致分为五个部分：第一部分是对研究的概述，如研究的问题、概念、方法等；第二部分探讨了不同场景民族学生心理适应问题的异同，并运用生态文化理论、文化人类学和文化概念新近发展等知识，作了进一步阐释；第三部分描述了民族学生心理适应的重要相关因素，并从文化角度进行了分析；第四部分探讨了民族学生心理适应问题的解决，侧重分析了族群认同和通俗知识对学生应对方式的影响，并评述了我国有成效的实践案例和国外多元文化心理咨询；最后作者对本研究进行简要的反思，并从内容、方法等角度，对完善该领域的研究提出了建议。该著作所研究的内容不仅能够提高少数民族学生的心理适应能力，还能帮助我们更好地处理民族文化关系问题。

（七）少数民族双语教育

双语教育是全球化时代人类和谐发展的需要，也是我国民族教育体系特色鲜明的一个领域，是当前民族教育个新的一个重要课题。少数民族双语教育历来是民族教育研究的重点和难点。

1996年至1998年，中央民族大学民族教育研究所与日本福岗教育大学联合实施了日本文部省国际合作研究课题——“中国新疆和田维吾尔族双语双文化教育调查”（滕星，日本文部省项目基金）。调查者两次赴中国新疆和田维吾尔聚居区进行维汉双语教育实地田野调查。该课题的意义在于：在一个多民族国家里，少数民族不仅要保留本民族的语言与文化，同时，还要学好该国主体民族的语言与文化，以便少数民族成员获得更大的发展空间。新疆维吾尔族是中国的少数民族之一，“民汉兼通”的语言与双语教育政策是新疆维吾尔自治区民族政策的重要组成部分，也是包括新疆维吾尔族在内的各少数民族通往现代化的必经之路，而且也是改善维吾尔族青少年生活文化环境的主要措施之一。另外，学校是现代社会传播双语双文化的主要场所。因此，调查者通过对新疆南疆和田地区维吾尔族聚居区三所中小学的实地考察，了解学校教师、教育管理人员、学生及家长对实施民汉双语教育的态度及双语教育的现状，对国家和民族地方政府制定相关语言与文化政策，改善维吾尔族中小学语言与文化环境具有重要的实践意义。与此同时，也可以对日本及其他国家提供一个有益的理论研究的案例。

“内蒙古地区蒙古族中小学双语教学现状、问题与理论研究”（苏德，2008年国家社科基金一般项目）运用多学科的理论和方法，重点抓住影响内蒙古地区的关键因素，通过综合分析、专题研究和实验探索，研究发展内蒙古地区“蒙—汉—外”双语教学的不同类型和模式问题，形成多方案的发展“蒙—汉—外”双语教学的科学思路和因地制宜地发展“蒙—汉—外”双语教学的决策理论，为内蒙古地区“蒙—汉—外”双语教学发展制定科学而有效的政策提供科学的理论依据和咨询服务。

“中国少数民族新创文字在教育教学中应用状况及存在问题调查研究”（滕星，2006年教育部人文社会科学重点研究基地重大项目）调查组分赴云南、贵州、青海、四川、广西、湖南等6省（区），对壮族、苗族、布依族、侗族、哈尼族、纳西族、傈僳族、佤族、景颇族（载瓦支）、土族、羌族、土家族、白族等13个少数民族的双语教育现状和问题进行深入调研，对新创文字在扫盲教育和学校教育中的历史和现状、实际效果和经验教训以及面临的问题进行全面的阐述、评估和总结，并针对不同民族或不同地区，提出发展其双语教育和传承民族文化的具体策略和措施，不仅为新创文字的民族制定扫盲教育、学校教育、双语教育和语言文字政策提供科学依据，为少数民族地区“普六”、“普九”并提高教育教学质量奠定基础，也为政府部门制定相关政策提供具有可操作性的对策和建议。

“文化多样性与壮汉双语教育发展研究”（滕星，2008年国家一般课题）以文化人类学、教育学、历史学和民族语言学等多学科相关理论为基础，采用问卷法、访谈法和实地观察法等研究方法，对广西壮族地区民族中小学双语教育实施现状进行调查，针对广西地区壮汉双语教育实施过程中存在的问题，提出有利于保护壮族优秀文化、顺利实现“壮汉兼通”目标，促进壮汉双语教育进一步发展的对策建议。在少数民族双语教育中，新疆民汉双语教育的研究课题立项居首位，表明了双语教育在新疆民族教育问题中的重要性和敏感性。

与此相关的研究还有传统少数民族文字的双语教育调查研究（董艳）、“中国少数民族双语教育研究”（中央民族大学“211工程”三期重点学科建设项目）。

中央民族大学教育学院致力于少数民族双语教育的学者比较多，这方面的成果也比较丰富。新中国成立几十年来，国家对少数民族双语教育极为重视，制定了很多相关的政策、法规，编写了大量的教材，还为有语言无文字的民族创制了文字。尽管几十年来，中国的少数民族双语实践与理论研究做了大量的工作，然而却未有一部从理论高度系统地介绍和总结中国少数民族双语教育的专门著作，直到由戴庆厦、滕星、关辛秋、董艳著的《中国少数民族双语教育概论》（辽宁民族出版社1997年版）的问世。该书是全国教育科学“八五”规划国家教委级重点研究项目“少数民族地区双语教育研究”终结成果。该书涉及了中国少数民族教育研究对象、特点、内容与方法、历史沿革、双语教育的类型、双语教育体系、双语教育教材、双语教育师资、双语教育教学教法以及双语教育实验评介等内容，系统总结了中国近几十年来少数民族双语教育实践，并在此基础上，形成的一部系统论述中国少数民族双语教育的理论专著，对中国少数民族双语教育理论与实践的发展起到了一定的促进作用。

《文化变迁与双语教育——凉山彝族社区教育人类学的田野工作与文本撰述》作者滕星对教育人类学的田野工作做了大量有益的尝试。本书的研究是在语言教育人类学田野工作的基础上，努力从文化进化论和文化相对论的有机统一的观点，对凉山彝族社区学校彝汉双语教育个案的人类社会意义予以积极的评价与肯定。同时本书还对双语教育在当代社会所面临的理论与实践困境的根源，从人类文化的共性与差异性，文化的普世主义与文化的多元主义，机会均等于文化差异等相关领域进行了尝试性探讨，并表明了研究者的关于人类语言文化应坚持共性与多样性有机统一的基本立场。本书是国内第一部采用文化人类学的理论与研究方法对中国具有异文化背景的少数民族教育进行的细致研究的著作，其研究结果对推进中国本土教育人类学学科建设、对当前中国西部多民族教育的应用研究以及对在教育学领域如何采用文化人类学的研究方法进行教育理论与实验的研究有很好的借鉴意义。本书获得了第三届全国教育图书奖二等奖的佳绩。

中央民族大学教育学院院长苏德教授从事双语教育研究多年，其代表性著作为《多维视野下的双语教学发展观》，以内蒙古地区蒙古族中小学为个案，试图以民族语言学、语言心理学、文化人类学、心理学、教育学（教学论）等多学科的相关理论和方法为基础，重点抓住影响内蒙古地区“蒙—汉—外”双语教育发展的关键因素，通过综合分析、专题研究和实验探索，研究发展内蒙古地区“蒙—汉—外”双语教学的不同类型和模式问题，形成发展“蒙—汉—外”双语教学的科学思路和因地制宜地发展“蒙—汉—外”双语教学的决策理论，力图为内蒙古地区“蒙—汉—外”双语教学发展制定科学而有效的政策提供科学的理论依据和咨询服务。本书首先对研究所涉及的有关概念进行了科学的界定，如文化与文化变迁的概念、民族教育的概念，特别是对“双语”、“双语教育”、“蒙汉双语教学”等基本概念做了全面分析和深入研究，并探讨了中华民族多元一体格局下的蒙古族文化变迁，分析了蒙古族教育发展的历史沿革与现状；其次对蒙古族中小学双语教学改革的现状进行了调查分析，开展了蒙古族中小学双语教学改革的可行性实验；最后对蒙古族中小学双语教学不同模式的进行了理论分析，揭示了影响内蒙古地区实施双语教学的因素与条件，阐述了内蒙古地区“蒙一汉一外”双语教学的前景与策略。本书的突出特点在于从多学科的角度来分析少数民族双语教育的问题，研究视野开阔、理论基础坚实。同时在实践方面又开展了蒙古族中小学双语教学改革的可行性实验，以事实为依据，实践成果丰硕。

《文化环境与双语教育》（董艳著，民族出版社，2002 年版）一书的序言中，戴庆厦教授写到：“董艳博士的《文化环境与双语教育》是目前双语教育研究向理论研究的转型阶段中产生的。这部著作的特色之一是，以景颇族为个案，阐明了文化环境与双语教育的关系。”“双语教育体制的选择以一个民族所处的文化背景，包括该民族的社会生态环境、民族关系、语言社会功能、民族心理、民族教育发展状态等因素为依据。只有在文化环境中对双语教育进行科学的梳理，才能发现双语教育的规律。”从中我们可以了解到该著作的研究背景和重要意义。在内容上，全书共分为三章。分别从共时和历时角度论述了景颇族语言文字使用的概况以及景颇族“大纲型”双语教育体制的内容；从历时角度分析了景颇族双语教育产生和发展的社会生态环境和心理因素；并根据目前景颇族双语教育中存在的问题提出了对策性意见。对文化环境与双语教育的研究，不仅能为中国双语教育研究理论的建设提供有价值的材料，还能为西部大开发过程中如何保持语言和文化的多样性提供可借鉴的个案。

近几年来还有一些双语教育方面优秀的博士论文，如哈经雄教授指导的《文化变迁与双语教育演变——东北地区达斡尔族个案研究》（孙东方，2005 年）从文化变迁的视角对达斡尔族双语教育发展演变的过程及其特点进行解释，以历史学和人类学的理解——解释范式为分析工具，试图通过对达斡尔族自身双语教育演变历程的系统深入的分析，探索属于这一类型少数民族双语教育的发展规律，从民族政策、民族关系、经济类型、教育水平等各个文化层面对制约达斡尔族双语教育形成和发展的各种因素进行历时与共时的分析，揭示双语教育演变与文化变迁的关系，并针对达斡尔族双语教育的具体历史及现实情况，提出促进达斡尔族双语教育发展及濒危语言保护的对策性建议。滕星教授指导的博士论文《多元文化整合教育视野中的“维汉”双语教育研究——新疆和田中小学双语教育的历史、现状与未来》（艾力·伊明，2007 年），以文化人类学、教育学、心理学、历史学和政策学的有关理论为基础，以和田地区中小学为调查点，探讨了教育科学内部的双语教育规律，从该地区教育外部的社会文化背景中去考察其产生和发展的文化生态环境及其历史演变，从民族教育生态环境及其诸因素的关系中进行历史与共时的研究。并基于维汉双语教育的具体历史与现实状况，预测今后的发展趋势，提出了有利于顺利实现“民汉兼通”，改善和发展维汉双语教育的一些理论思考和对策建议。

在智力支持方面，2009 年 11 月，苏德教授作为专家成员受聘加入教育部教育工作专题调研组，在教育部副部长鲁昕同志的带领下随调研组前往新疆南、北疆地区双语教育现状进行了实地考察，并在调研过程中从民族教育学学科理论出发，针对新疆双语教育中关于双语师资、双语教材、双语教学模式等具体问题提出了建议，为教育部调研工作给予了决策咨询。2010 年 4 月，苏德教授再次受聘参与教育部民汉双语教学情况调研组工作，前往西南地区，如四川凉山彝族地区、甘孜藏族地区实地调研彝汉、藏汉双语教育和双语使用情况，并就彝汉双语教育中的主要问题向教育部提交了政策建议。

（八）文化传承与民族教育

文化传承与民族教育研究是中央民族大学教育学院民族教育研究的一个重要领域，这方面主要的课题包括，在少数民族地区课程改革方面，“中国西部少数民族地区经济文化类型与初中地方性校本课程建构”（滕星，美国福特基金会资助项目）以文化人类学的经济文化类型理论为理论基础，通过甘肃省肃南裕固族自治县第二中学和云南省西双版纳傣族自治州景洪市勐罕镇中学地方性校本课程建构的代表性个案研究，在行动研究所获经验的基础上，提出并论证西部少数民族地区初中地方性校本课程建构的一般范式，为少数民族地区基础教育新课程改革提供经验支持和现实参考范例。通过项目实施，在实验学校有效地促进了学校课程和社区文化的适应，提高了入学率和升学率，大大减少了因文化差异给少数民族学生带来的学习困难和心理不适等问题。与此相关的研究还有“青海、甘肃（西蒙古）蒙古族音乐文化传承”（崔玲玲，2005 年度教育部人文社会科学青年基金项目）、“青海、甘肃蒙古族传统音乐考察研究”（崔玲玲，2005 年度全国艺术科学规划委员会立项）。

其中有代表性的著作包括以下几部：

《文化传承与教育选择——中国少数民族高等教育的人类学透视》（王军著，民族出版社 2002 年版）是教育部人文社会科学重点研究基地——中央民族大学中国少数民族研究中心、教育部“211”工程重点学科资助项目。本书通过对各类大学的 800 余名各少数民族大学生的问卷调查与个人访谈，较全面地了解了在社会急剧变革当中，少数民族大学生普遍遇到的各种问题；追根溯源，对少数民族高等教育的发展历史和现行教育制度加以分析，探索这些问题的原因所在，进一步从教育人类学的角度对我国少数民族高等教育赖以存在的基础及其主要文化特征做了较系统的探讨；就我国少数民族高等教育的范畴界定、体系构建和今后的发展方向提出作者的见解。书中的见解对全面、深入科学地探讨我国民族高等教育重大理论和实践问题，无疑具有非常重要的启示作用。

《民族文化传承与教育》（王军，董艳主编，中央民族大学出版社，2007 年版）是中央民族大学国家“十五”“211 工程”建设项目，本书是中央民族大学教育学院多年来培养硕士和博士研究生过程中所进行的一个初步探索，其中既有理论方面的，也有实践方面的；既有导师的研究，又有学生的心血。内容上由总论和专题研究两大部分组成。总论包括：民族文化传承的教育人类学意义、民族文化传承对人的智力因素发展的影响、人类学坐标下的教育评价等；专题研究包括：皮影、蒙古族搏克、藏族热贡艺术、蒙古族安代舞蹈、日本茶道等。本书研究民族文化传承的主要目的在于要将各民族的优秀文化移植到学校教育这个大花园里，为多样化人才的培养提供更多的教材、更多的色彩和教育选择的可能性。

《文化变迁与民族地区农村教育革新》（常永才主编，中央民族大学出版社，2008 年版）是中央民族大学国家“十五”“211”工程建设项目。作者根据我国的国情和社会发展的大势，对面临全球化与本土化、国家一体化与民族文化多元化的国际宏观背景下如何正确认识和把握民族地区农村教育及其发展问题进行了全面系统的研究。以人的发展为研究内容的主线，具体内容包括八个方面：学生职业指导、学生职业生涯准备、教师专业发展、成人教育与乡村社区教育、科教兴国、信息化手段与教育发展、民族传统文化与现代学校教育、建设和谐社会与农村教育均衡化发展。本书是在西部大开发的背景下，探讨了文化变迁对民族农村地区教育发展的影响。

《文化传承与民族教育田野调查：三十三位凉山彝人访谈录 》（阿里瓦萨、刘正发）著，中央民族大学出版社，2010 年版）本访谈录是作者攻读博士学位期间，不断穿梭于云南、四川彝族地区进行实地田野调查的成果，选取了三十三位不同行业、不同学历层次的彝族人进行访谈后整理而成。访谈内容涉及凉山彝族的历史、教育、家支、社会、政治、经济、宗教、婚姻、习俗等方方面面，这些访谈内容多少反映了当地彝族人对传统文化教育和现代教育或对现代学校教育的态度和反思，有一定的理论和实践意义。

（九）民族教育政策

我国作为一个统一的多民族国家，民族教育是我国教育事业的重要组成部分，要发展民族教育，首先要通过政策倾斜和立法规范来保障和加快民族教育的发展。因此，少数民族教育政策研究是中央民族大学教育学院民族教育研究的重中之重。

在课题立项方面，“中国少数民族基础教育政策研究”（苏德，联合国教科文组织西班牙千年发展目标促进基金项目和国家社科基金教育学重点招标课题）一方面通过收集、评估、分析有关少数民族基础教育的政策文件，为这些政策在保障少数民族教育权利和文化敏感性方面提供文本依据，为健全完善现行政策提供理论支持；另一方面通过深入项目省、县（市），基于社区的现场研究，深描政策的实施现状，发现政策实施过程中的成功范例、制约因素和面临的困难。从而分析如何加强政策制定、如何健全政策体系的策略，提出有效的实施政策的建议。该项目周期为三年（2008 年－2011 年），分别对青海、贵州、云南等省区发展少数民族基础教育主要政策进行了描述和分析，包括“两基”政策、“两免一补”政策、农村义务教育保障经费政策、农村寄宿制学校政策、农村中小学教师队伍建设政策、双语教育政策、民族基础教育对口支援政策、“双语”教师培训政策，通过实地调查，介绍了调查点在民族基础教育政策实施过程中的成就，分析了目前存在的相关问题，提出了较有针对性的对策建议。与此相关的课题还有“边疆民族教育研究”（苏德，中央民族大学“211 工程”三期重点学科建设项目）、“民族教育质量保障和特色发展研究”（苏德，全国教育科学“十一五”规划 2008 年度国家重点招标课题）、“新时期民族教育理论与政策研究”（滕星，全国教育科学“十五”规划 2003 年度国家一般课题）“境外文化（宗教）渗透对东北边疆发展稳定的威胁”（董艳，国家民族事务委员会 2008 年度委托项目）、“美国、加拿大、俄罗斯民族教育立法比较研究”（吴明海，全国教育科学“十五”规划课题 2001 年度教育部立项课题）。

这方面的著作以《民族教育理论与政策研究》（滕星和王铁志主编，民族出版社 2002 年版）为代表，它是全国教育科学规划“十五”重点课题。本书坚持以马克思主义民族理论为指导，立足于中国民族教育实际；以中国的理论和经验来探究民族教育的理论和政策，力图实现中国民族教育理论和政策研究的本土化。同时积极吸收国外的民族教育理论成果，在对民族教育理论进行阐释和对中国民族教育政策历史脉络梳理的基础上，用民族教育理论分析民族教育政策，具有理论性、学术性、实践性和系统性的特点。本书由三部分构成，第一、二编是对民族教育理论和民族教育政策的基本概述，第三编试图用民族教育理论对民族教育、民族教育政策以及管理方面存在的典型性现象、问题进行分析和阐释。本书曾作为本科生、研究生的教材经过两年的试讲，既适合作为少数民族教育专业的本科生、研究生的教材，也适合从事民族教育和民族教育政策的工作者和研究者阅读。该书于 2010 年获得全国第四届教育科学优秀科研成果一等奖。

（十）乡土教材

自 2005 年以来，中央民族大学“985 工程”中国民族基础教育研究中心主任滕星教授带领其团队实施了多项研究项目。如“中国乡土教材收藏与研究”（滕星，香港乐施会资助项目）项目主要通过收藏研究我国自民国以来的乡土教材，对乡土教材进行整理、分类。在此基础上，通过收集各地区编写、出版、应用的乡土教材，创建中国第一所“乡土教材收藏与研究中心”及“少数民族地区乡土教材陈列室”，可持续地推动我国乡土教材的建设。项目实施时间为 2007 - 2011 年，目前已取得的成绩是：第一，搜集到各种乡土教材 3000 多册；第二；出版《中国乡土教材的百年嬗变及其文化功能考察》、《中国乡土教材应用调查研究》两部著作，分类整理出乡土教材名录 5 册，包括《乡土教材目录及提要》、《乡土教材有关书目及提要》、《少数民族地区乡土教材目录》等；第三，促使教育部和国家民委相关主管部门出台了相关支持乡土教材搜集的有关政策法规；第四，连续 4 年组织“乡土教材调查研究志愿者”活动，大学生志愿者提交了乡土教材调查报告300余篇，照片、幻灯片2000多张，数码DV10部，访谈资料60多万字。

“中国乡土教材收藏与乡土知识传承研究”（滕星，中央民族大学中国少数民族教育研究创新基地“985工程”三期重点建设项目）主要是在项目团队前期工作基础上，有针对性地加大收藏乡土教材的力度，有计划地开展以省区为单位的地方乡土教材系统理论的中观层面研究，对收藏的珍贵乡土教材编撰《中国百年乡土教材图集》，在有后续经费和场地支持的条件下进行乡土教材的数字化和中国乡土教材陈列室建设。该项目的研究，对于推动民族教育学科的发展和民族地区的经济社会发展与文化繁荣都具有重要的理论和现实意义。

为了交流、推广项目的经验和方法，进一步推动中国基础教育课程改革的进展，2009年10月9日至10日，中央民族大学“985工程”中国民族基础教育研究中心与中国教育学会教学论专业委员会在北京共同主办了“课程与文化：中国乡土知识传承与校本课程开发研讨会”。与会代表讨论了乡土知识传承的内涵与特色，广泛交流了乡土知识传承的经验和方法，并围绕乡土知识传承的文化选择，乡土教育的实施策略等重要议题进行了深入探讨。此次研讨会将进一步推动中国乡土教材和校本课程开发事业的发展，为民族地区基础教育课程改革提供新的发展思路。

这方面代表性的著作《中国乡土教材的百年嬗变及其文化功能考察》（李素梅著，民族出版社，2010年版）勾勒出了我国乡土教材百年发展过程中三大时期五个高峰的发展脉络，并在此基础上对其文化功能进行深入分析。总结出我国乡土教材始终处于变化和发展过程中，它见证了历史的变迁，印证了中国传统文化的价值；乡土教材的文化功能具有教育与自我发展的双重特性；乡土教材与历史同步发展，并展望了乡土教材未来的发展，希望人们能够继承它并发扬光大，通过乡土教材爱好者的广泛合作和资源共享，收集到更多的乡土教材，以保护这份重要的文化。

（十一）民族女童教育

少数民族女童教育问题是我国义务教育中的重点和难点，是普及义务教育、提高整个民族教育水平的关键。因此，少数民族女童教育便成为中央民族大学教育学院教师和学生们研究的重要领域。

课题立项方面主要有“中国云南省澜沧拉祜族女童失学、辍学与教师培训研究”（滕星，美国福特基金会资助项目），其基本目的是找出云南省澜沧县拉祜族女童失学、辍学的主要原因；运用教育人类学的相关理论，给予云南省澜沧县拉祜族女童失学和辍学一个合理的解释；提出解决这一问题的主要途径与方法，构建少数民族社区女童教育模式；资助45名因贫困而失学、辍学的女童完成小学学业；完成云南省澜沧县拉祜族山区女童失学与辍学研究报告，编写社区女童教育培训教材，并对当地的教师进行培训。研究发现：拉祜族女童严重的显性和隐性失学、辍学问题是由多种相互影响的因素造成的，是拉祜族地区的自然生态环境和与此相适应的文化生态环境共同作用的结果。这些因素互为因果，相互影响，制约了山区拉祜族女童教育的发展，特别是传统文化、社区对拉祜族女童教育的影响。要从根本上解决女童发展及其教育问题，需要调动社会各方面的积极性，其中尤为重要的是要调动广大教师的积极性。因此，有必要进行科学有效的女童教育师资培训。

这一研究领域的主要著作是由滕星教授主编的《多元文化社会的女童教育——中国少数民族女童教育导论》（民族出版社，2009 年版）。它是一部女童教育师资培训教材，其出发点为要根本解决女童发展及教育问题，需要调动社会各个方面的积极性，尤为重要的是要调动广大教师的积极性。本书从学术史、可持续发展、政治、法律、文化、健康、教育心理、双语教育、学校教育、社区教育、家庭教育、职业教育、扫盲教育等多角度来阐述我国少数民族女童教育的理论。该书的出版，对我国少数民族女童教育的健康、快速发展起到一定的作用。

（十二）民族传统教育

少数民族传统教育是在多民族国家中，人口居于较少的民族在一定社会文化背景下实施的促使个体传统社会化的社会活动。它是一种包含着过去、现在和将来的教育，具有很强的生命力和再生能力。对少数民族传统教育的研究，能够更好地链接传统教育与现代教育。中央民族大学教育学院的曲木铁西教授、苏德教授一直从事这方面的研究，其代表著作有《少数民族传统教育学》和《凉山彝族社会传统教育与现代教育的发展研究》及系列论文。

《少数民族传统教育学》是全国教育科学“十五”规划教育部重点课题，该书对少数民族传统教育进行了全面而系统的论述。内容包括少数民族传统教育的内涵、少数民族传统社会及其结构、少数民族传统教育的教育形式和教育内容、少数民族传统教育的发展、少数民族近现代学校教育的发展变迁等内容。作者以发展的眼光来看待少数民族的传统教育，既有对传统教育历史的阐述，又有对民族教育现状的分析，在此基础上讨论了传统教育与现代学校教育的关系。本书的最后，作者还介绍了少数民族传统教育的研究方法，既有具体的技术，如制定调查计划的技术、搜集资料的技术、分析资料的技术，又有调查研究时应注意的问题，如不同民族的禁忌等，为学者们的进一步研究少数民族传统教育奠定了基础。

《凉山彝族社会传统教育与现代教育的发展研究》探讨了民族传统教育与现代教育发展的关系问题。这不仅是一个重要的实践课题，而且是一个重大的理论课题。这部著作以一个少数民族为个案，是作者通过长期的实践、调查和思考而形成的。在内容上涉及许多重大而复杂的问题，如旧凉山彝族社会到底有没有学校教育活动；彝族传统家庭教育的特点；彝族传统教育中观念形成教育；彝族文化传统与教育现代化的调适；彝族地区教育结构的调整等问题，作者用详实的资料进行分析与探讨，并提出了自己独到的见解。

（十三）区域民族教育研究

我国是多民族大杂居、小聚居的国家，不同地区的社会历史背景、自然生态环境、生产生活方式、文化传统习俗造就了不同的民族教育的基本状况和发展模式。因此在民族教育学科发展中，形成了具有区域性特点的民族教育研究成果。

以西南大学西南民族教育与心理研究中心为依托的西南民族教育研究是区域性民族教育研究的重要代表。研究中心下设民族跨文化比较研究所、民族基础教育研究所、民族科技与教育研究所、民族心理研究所，目前聚焦西部大开发的背景下，为西部教育发展提供科学决策之咨询基础。

多元文化与民族教育文库是该中心重要研究成果的汇集。包括六卷本：走进西南——西南民族教育考察、言说西南（上）——西部开发与民族教育、言说西南（下）——西部开发与民族教育、教育，在仪式中进行——摩梭人成年礼的教育人类学分析、生育文化的田野调查的教育内涵分析——粘益炎方苗族教育人类学解读、变革的趋向——转型期的学校文化生态研究、错位与抉择——论农村学校教育的主导功能和路向。内容涉及文化交融与冲突中的西部学校道德教育改革；文化传承与冲突中的西南少数民族传统道德的传承与保护；从教育人类的视角对生育文化及其传承方式进行详细分析和研究；摩梭人的成年礼进行教育人类学范畴的研究；中国贫困地区农村学校的路向和主导教育功能；学校文化生态的系统；西部开发与教育等，展现了西南民族地区绚丽多彩的民族文化及其在全球化背景下民族社会所面临的冲突与挑战，为人们走进西南、了解西南打开了一扇大门。

由西南民族教育与心理研究中心主任张诗亚主编的《西南民族文化与教育研究丛书》，是近年来有关西南地区民族教育的代表性丛书。《丛书》第一辑包括七部专著：罗章著《放歌山之阿——重庆酉阳土家山歌教育功能研究》、张新立著《“鹰雏虎崽”——教育人类学视野下的彝族儿童民间游戏研究》、廖冬梅著《节日沉浮问——节日的定义、结构与功能》、李大圣著《百年反思——语文育人功能检视》、孟小军著《断裂与链接——西南民族地区基础教育类型研究》、涂涛著《天地化生——汉字字源语境多媒体再现之教育研究》、倪胜利著《大德曰生——教育世界的生命原理》。这批书都是在博士论文的基础上修改加工而成的，集中体现了重点文科基地的研究特色。研究者从西南独特的人文生态出发，以多种理论视野为指导，在对西南民族传统文化及基础教育现状进行了大规模田野调查和跨学科研究的基础上，推出了这一旨在构建西南民族和谐社会和将西南推向世界的研究成果。《丛书》所关注的，正是使西南诸生灵和合生存的本质所在。每一部专著都有自己研究的主要问题，但无论是偏重田野考察的个案研究，还是重在阐释的理论思考，都在较深的层面触及了西南自然与人文生态之和谐共荣的历史、现状及未来。①

---

① 倪胜利：《坤厚载物 德合无疆——评〈西南民族文化与教育研究丛书〉》，载《民族教育研究》，2008 年第 1 期。

以西北师范大学西北少数民族教育发展研究中心为依托的西北民族教育研究也是区域性民族教育研究的重要代表。该中心在10多年来，培养了80多名硕士研究生和20余名博士研究生，使其成为独具特色的少数民族教育高层次人才培养的中心。近5年来，在学术研究方面，西北少数民族教育发展研究中心取得了一系列标志性的成果：出版少数民族教育专著40余部，其中"西北少数民族教育研究丛书"（2002，6卷本）成果先后获全国教育科学优秀成果一等奖、甘肃省社会科学优秀成果二等奖。2006年，民族出版社出版了中心人员编著的"多元文化与西北民族教育研究丛书"（7卷本），在学术界产生了广泛的影响，被媒体称为西北少数民族教育研究的代表作。

"西北少数民族教育研究丛书"，收录了王鉴著《民族教育学》、万明钢主编《少数民族学生心理发展与教育研究》、李艳红著《东乡族女教师职业生涯发展研究》、金东海主编《少数民族教育政策研究》、马以念主编《西北回族幼儿教育研究》等6本著作。其中《民族教育学》涉及了民族教育基本理论、民族双语教学论、多元文化课程论、民族教育事业管理论等问题；《少数民族学生心理发展与教育研究》讲述了少数民族智力、双语、文化认同、自尊、生活发展等方面的内容。涉及的民族有藏族、回族、东乡族、维吾尔族等少数民族。内容都是在大量的文献检索基础上，进行概念界定，编制或修订量表与问卷、施测、访谈、统计分析，并提出了对民族教育发展的建议；《少数民族教育政策研究》解读了我国当前民族教育政策的基本内容和精神，回顾和总结了新中国成立以来的民族教育发展的经验和教训，分析了少数民族地区，特别是西部少数民族地区教育发展面临的问题和困难，探讨和研究了当前民族教育发展的若干热点问题，并就少数民族教育加快改革和发展的策略、途径进行思考，以期通过这些研究为发展少数民族教育事业做出应有的贡献。其他著作还涉及了少数民族女教师的职业发展问题和回族幼儿教育发展问题等。

"多元文化与西北民族教育研究丛书"包括王嘉毅、吕国光主编《西北少数民族基础教育发展现状与对策研究》、李定仁主编《西北民族地区校本课程开发研究》、王鉴、万明钢著《多元文化教育比较研究》、万明钢主编《多元文化视野价值观与民族认同研究》、杨军著《西北少数民族地区基础教育均衡发展研究》、张学强主编《明清多元文化教育研究》、王兆璟，王春梅著《西方民族主义教育思想研究》7本著作。内容涉及西北少数民族地区教育管理体制、西北少数民族地区基础教育师资、西北少数民族地区女童教育、西北民族地区校本课程开发的基本理论与实践、影响和制约西北少数民族地区基础教育均衡发展的因素、西方民族主义教育思想、藏族大学生的民族与文化认同研究；汉族、藏族和回族大学生的民族认同与族际归因研究；自我概念与宗教意识研究；不同民族中学生主观幸福感的跨文化研究、回族青少年宗教价值观社会化研究、多元文化教育比较研究的历史、方法及对象，多元文化教育概念论争，西方国家的多元文化教育及其批判，中国多元文化教育史略，中国少数民族教育政策等。每一部著作，都从不同的侧面为我们展示了西北民族教育的真实面貌，汇聚在一起，就成为西北民族教育发展的骄人画卷。

二、民族教育学学术前沿和发展趋势

（一）民族教育研究内容的扩展和深化

随着《国家中长期教育改革和规划发展纲要》的颁布和实施，民族教育研究的重点将从少数民族地区教育平等机会的保障和数量发展，转为机会的成功实现和质量的提升。学校教育中的民族文化传承、民族教育领域的国家认同和民族认同、跨文化心理和教育、少数民族地区双语教育等问题也备受社会各界关注。对少数民族教育中重大理论和现实问题开展持续、深入的调查研究，为国家和地方政府部门提供行之有效的对策建议，是民族教育学研究的重要使命，这也意味着民族教育研究在理论研究和宏观研究的基础上，今后更注重加强应用研究和微观研究，为民族地区教育事业的发展和实施西部大开发战略服务。

（二）民族教育研究视角的跨学科性

少数民族教育研究具有显著的复杂性和艰巨性。因此，跨学科的研究视角尤为重要。随着民族学（文化人类学）、心理学、社会学、语言学、生态学、历史学和宗教学等相关研究学科的发展，民族教育学研究应更加重视采用跨学科的研究视角，以心理学、人类学、民族学、教育学为主干学科，并恰当地运用社会学、语言学、生态学、历史学和宗教学等相关学科的知识，以形成有新意的优质成果。其中，教育人类学、跨文化心理、多元文化教育成为民族教育研究中三个最重要的交叉研究领域（交叉学科）。

（三）民族教育研究方法的多元化

从民族教育研究的发展历程来看，研究方法的多元化发展趋势已经成为民族教育研究中突出的特点之一。民族教育研究方法从主要使用经验的定性的描述方法，逐步转变为采用多种多样的研究方法。如在研究中既有定性的研究，也有定量的研究。在定性的研究中有经验描述法、教育叙事法、历史口述法、调查与理性分析法、理性思辨法等；在定量研究中，有数据描述法、问卷测量法、准实验法、科学实验法、数学模型法等。研究方法的多元化还表现在跨文化的比较研究上。如国内、国外两个具有不同文化背景的民族教育的比较或国内不同民族教育的跨文化比较。根据民族教育课题研究的需要，既可以采用人类学、民族学的田野调查法、社区研究法，同时也采用心理学的实验法、教育学的比较法、历史学的文献法等。其中，源于人类学学科的田野工作（Field Work）研究方法目前在民族教育研究中影响日益扩大。基于田野工作的民族志（Ethnography）是人类学的一种研究方法论，通过这种方法论，教育人类学家对解释教育和教育中质的研究的发展做出了重要贡献。参与观察和访谈（包括正式访谈和非正式访谈、口述史研究）是田野工作的主要研究技术，但通常需要其他的质的研究和量的研究的技术来进行补充和完善，这些技术如制图、制表、问卷调查、文献分析和物品分析、生活史分析、叙事和实验。

（四）民族教育研究力量进一步加强

以中央民族大学为例，“十一五”期间，中央民族大学建立了国内“985 工程”高校中第一所民族教育专门研究机构“中国少数民族地区基础教育研究中心”。目前，中央民族大学教育学院在教学科研领域已形成了民族教育学学科（研究方向）学士、硕士、博士、博士后完整的教学科研人才体系，承担了民族教育学各主要方向的人才培养任务。可以预计，随着国家对民族教育研究重视程度的提高，中央民族大学教育学院民族教育的研究力量必然得到进一步加强，在科研经费投入、研究队伍建设、人才培养、信息资料收集以及完善组织机构等方面获得快速发展。

（五）民族教育研究在决策领域的影响逐步扩大

哈经雄主持的“西部大开发与中国少数民族教育改革和发展研究”课题中有关民族女教师和教师待遇的调查，引起了时任国务院总理温家宝、全国人大副委员长王兆国、国务委员陈自立等领导和有关部门的重视，并责成有关部门迅速解决有关问题，对于推动解决牧区民族女教师工作待遇问题发挥了重要作用。

苏德主持的国家社科基金教育学重点招标课题阶段性成果——《关于民族地区高等教育发展与人才培养的调研报告》受到中央领导的高度重视，时任全国政协主席贾庆林、全国政协副主席王刚、全国政协副主席杜青林、国务院副总理回良玉、中共中央政治局委员国务委员刘延东等领导均做出了重要批示。

（六）民族教育研究国际化程度的提升

中央民族大学教育学院学者与国外民族教育学术研究领域学者（含教育人类学、跨文化心理与教育、多元文化教育研究领域）相互学习、合作与发展的关系将更加密切。西方主要发达国家民族教育研究经多年发展，已有大量优秀研究成果，我国的民族教育研究发展刚走过改革开放 30 年，正处于初级阶段，为了完善和加快民族教育学学科建设，急需了解国外相关研究领域理论与优秀成果。我们一方面要“引进来”，即组织有关人员编译一批国外民族教育名著，开展多种国际学术交流活动，并邀请海内外一流学者来华讲学、研究，以资借鉴，拓宽学术视野；另一方面要“走出去”，我国民族教育研究者也应将具有中国本土特色的民族教育学精品研究成果翻译成相关外文，通过国际学术会议及相关学术载体介绍到国外，力图使中国民族教育学在国际相关领域占有一席之地，通过与国际民族教育研究领域的学术交流与对话提升本学科领域的国际化程度。

三、结语

民族教育学学科是一门年轻的学科。因为年轻，所以尽管取得了可以称赞的丰硕成果，但也仍面临着诸多的有待完善和深入的疆域，需要更多的学者去关注和研究；也正是因为年轻，所以即便在现实的困境中，也能感受到学科未来无限希冀的召唤，激励着人们不断地去挖掘和开拓。今天，站在民族教育学科历史与未来的缝合处，对民族教育学科研究的历史回顾与现实概括，是宣扬，是批判，是呼唤，也更是期待！

参考文献：

[1] 哈经雄、滕星主编：《民族教育学通论》，北京：教育科学出版社，2001年第5期。

[2] 孙若穷主编：《中国少数民族教育学概论》，北京：中国劳动出版社，1990年。

[3] 苏德：《中国边境民族教育论》，北京：中央民族大学出版，2012年第3期。

[4] 滕星：《中国民族教育学的产生和发展》，载《民族教育研究》，1999年第12期。

[5] 常永才：《中国少数民族教育学研究：历史、成就与问题》，载《中央民族大学学报》，2000年第1期。

[6] 祁进玉：《中国教育人类学研究的现状与反思》，载《湖南师范大学教育科学学报》，2009年第4期。

[7] 倪胜利：《坤厚载物 德合无疆——评〈西南民族文化与教育研究丛书〉》，载《民族教育研究》，2008年第1期。

作者简介：青克尔（1960—），男，蒙古族，内蒙古民族大学教科院教授，教育学、少数民族教育研究；杨志娟（1984—），女，蒙古族，中央民族大学中国少数民族教育专业在读博士生，研究方向是民族地区学校教育；沙尔娜（1984－），女，蒙古族，新疆库尔勒市人，中央民族大学教育学院中国少数民族教育专业2010级博士研究生；王渊博（1986—），女，汉族，中央民族大学教育学院中国少数民族教育专业2012级博士研究生，研究方向是中国少数民族基础教育。

第二节 当前我国多元文化教育发展现状、问题与展望

西方多元文化教育是国外民族教育中的有效理论，经过近40年的发展与完善，它已由西方教育中的“一种理想”、“一项教育改革运动”和“一个过程”演化为“全球化”的教育理念和世界教育改革潮流，自20世纪80年代末90年代初被引介

到我国以来，受到了众多学者的关注。虽然我国的民族教育与西方多元文化教育在发生的背景、实施的内容与方法、目标等方面均有很大的差异，且研究者对多元文化教育这一概念的定义仍存在意见分歧，但对多元文化教育所倡导的基本观念已取得了基本认同。我国是一个由56个民族组成的典型多民族国家，55个少数民族人口占全国人口的8%左右，少数民族地区在文化形态上均呈现出多元性特征，在中华民族“多元一体”的民族格局以及全球化语境下，要保持文化的多样性、推进教育民主化进程，应在学校教育中深入推行课程改革、积极传承民族文化、大力实施多元文化教育。

一、我国多元文化教育的发展现状

（一）理论研究

任何教育改革总是以一定的理论研究为先导，多元文化教育理论自20世纪80年代末90年代初被引介到我国以来，其理论研究在我国逐渐升温并陆续取得许多成果，为我国民族教育理论的研究注入了新鲜血液。据笔者初步统计，截至2010年底，在国家图书馆可检索到的国内涉及多元文化教育相关研究的硕博论文22篇，国内已出版的中文理论研究专著9本，海外（港台）出版中文图书12本，已发表的各种期刊学术论文700余篇。其中，偏重国外理论介绍和讨论的专著9本；注重教育实践的研究专著与学位论文共6本，探讨多元文化教育理论的具体学科应用研究专著与学位论文共11本，探讨多元文化课程设计与开发的4本，其他为多元文化教育的历史研究、国别研究、比较研究。随着对国外多元文化教育及其课程理论研究和内涵认识的不断深入，一部分学者开始关注国外多元文化教育及课程理论的本土化问题，涌现出许多关于民族文化教育和课程建设的理论著作，如滕星教授的《文化变迁与双语教育》、王鉴教授的《民族教育学》等。

此外，研究者在认识了解西方多元文化教育理论的同时，注意到我国与西方国家在多元文化教育上的差异，从而主动建构富有中国特色的多元文化教育体系理论工具。如根据我国著名学者费孝通先生的研究成果“中华民族多元一体格局理论”，认为我国的多元文化教育就应该是“多元一体的教育”。在此基础上滕星教授研究提出：我国民族教育的发展方向是多元文化整合教育。“多元文化整合教育”的内容，除了主体民族文化外，还要含有少数民族文化的内容。少数民族不但要学习本民族优秀传统文化，还要学习主体民族文化，以提高少数民族年轻一代适应主流文化社会的能力，求得个人最大限度的发展。主体民族成员除了学习本民族文化外，还要适当地学习和了解少数民族的优秀传统文化，以增强民族平等和民族大家庭的意识。[①]

可以看出，我国多元文化教育研究已从90年代初主要译介和评价西方国家多

① 哈经雄、滕星：《民族教育学通论》，北京：教育科学出版社，2001，第580页。

元文化教育理论逐步转向多元文化教育的中国化、本土化研究，即探索中华民族多元一体的教育体系；从关注西方各国、进行国别比较到关注东西方差异，注重与我国民族教育的比较；从单纯理论阐述转向注重理论与实践相结合，关注我国多元文化课程开发、师资培训、学科教学等具体问题。由于理论研究的丰富，使多元文化教育理念不仅在学术界，而且在多民族社会中日益得到认同和确立，人们对多元文化教育从忽视到关注和重视；从被动了解到积极的接受和行动。

（二）制度建设

新中国成立以来，我国针对民族教育制定了大量的优惠政策，在一定程度上促进了民族教育的发展，培养了大批的少数民族人才，推动了民族地区社会经济的发展。这些优惠政策大致可分为三方面：

第一，为了使少数民族学生继承和掌握本民族的语言和文化，在民族地区实施双语教育政策。1950 年 11 月政务院批准的《培养少数民族干部试行方案》首次提出双语教学政策。1951 年经政务院批准的《关于第一次全国民族教育会议的报告》中也对少数民族的语言文字政策与双语教学政策进行了专门规范。在民族地区特别是不通汉语的民族地区大力推进民族“双语”教学，已经成为发展民族教育的政策措施之一。1952 年 8 月颁布的《中华人民共和国民族区域自治实施纲要》及 1953 年 2 月教育部出台《关于兄弟民族应用何种语言教学的意见》都明确了对少数民族实施双语教育的政策。经历文革的曲折发展后，自 20 世纪 80 年代以来，各种形式的双语教育已经成为我国民族教育中的一项基本政策，使用民族语言教学的有关规定载入了 1980 年的《关于加强民族教育工作的意见》、1982 年的《中华人民共和国宪法》和 1984 年 5 月通过的《中华人民共和国民族区域自治法》。双语教育作为中国民族教育的一项基本政策坚持了下来。

第二，面对各民族不同的文化，在课程政策方面非常强调少数民族传统文化的传递和继承。自 20 世纪 50 年代开始，我国政府就根据民族地区特殊的文化与历史状况对民族地区的课程采取了特殊的政策——国家课程 + 民族语文课程，即在国家统一的课程计划基础上，开设民族语文课，其重点在于民族语言与文字的学习。80 年代出台的各项民族教育政策，如 1980 年的《关于加强民族教育工作的意见》、1982 年《宪法》和 1984 年《民族区域自治法》等均对使用民族语言教学做了专门规定，在加强民族语文教学和民族文字教材建设的同时，注重民族文字教材建设要注意结合民族特点，提高质量。民族教育的课程由单一设置语言课程向语言课与文化课相结合过渡，教材也由单一的语言文字教材向地方教材和校本教材的多样化发展。20 世纪 80 年代后期，中国少数民族教育已从课程内容与体系上开始探索多元文化共存下少数民族教育发展的新路子，以多元文化教育作为一种形式和手段来加速少数民族教育事业的发展。实施新课程改革后，又提出了三级课程的管理体制，即国家课程 + 地方课程 + 校本课程。这些特殊的课程政策对保护民族文化、提高课程的适切程度起到了一定的促进作用。

第三，为切实解决少数民族地区教育发展中所碰到的难题，我国在民族教育的发展方面实行特殊政策与优惠政策，如为了解决由于少数民族教育基础差、起步晚、水平低、竞争力弱、孩子上学难的根本问题，国家建立了从小学到大学的完整的民族教育体系，专门为少数民族举办了各类预科学校，设置预科制；其次，在中考、高考中允许少数民族考生使用民族语言答卷，在高考招生方面实行优惠政策，对少数民族学生予以加分或降低分数线录取；在教育投入上对少数民族给予倾斜，实施财政补助，如边疆教育补助、跨境教育补助、“两免一补”等；另外，近年还实行异地而教政策，如在内地办西藏班、新疆班。在1993年颁布的《中国教育改革和发展纲要》中提出了“重视和扶持少数民族教育事业”的宏观指导思想。要求对民族地区的教育采取一系列优惠政策和特殊措施的同时，号召“各民族地区要积极探索适合当地实际的发展教育的路子。”在2010年颁布的《国家中长期教育改革和发展规划纲要（2010－2020年）》再次强调要全面提高少数民族和民族地区教育发展水平。提出“公共教育资源要向民族地区倾斜、中央财政加大对民族教育支持力度”、“国家对双语教学的师资培养培训、教学研究、教材开发和出版给予支持”等优惠政策。这些政策和措施已形成了有利于少数民族教育发展的相当完善的政策体系。

（三）实践层面

近十多年来，中国呼应国际多元文化教育潮流并取得了明显进展。多元文化教育的实践已逐步深入到了教育的各个环节，教育的方针政策、教育目标、教育模式、师资培训及教育的内容选择等都不同程度地体现出多元文化教育的基本理念。

在双语教育及双语教材建设方面，我国自20世纪80年代起开展了大规模的双语教育实验和双语教育研究，形成了一支双语教学和研究队伍，各种形式的双语教育已经成为我国民族教育中的一项基本政策，国家还十分重视民族文字教材和出版物建设，不仅在政策上给予支持和肯定，而且在相关的财力、人力、物力等方面提供了有力的保证。目前已有10个省区建立了民族文字编译机构，每年出版中小学民族文字教材近3500种，近亿册。

除了在少数民族地区推广双语教学外，1994年以来，国家教委和国家民委在全国部分试点省、市的中小学开展了民族团结教育活动，产生了积极的社会影响。在小学阶段开设“民族常识”活动课，在初中阶段开设“民族政策常识”课，目的是使各民族中小学生对我国56个民族的历史、文化、宗教、风俗习惯等有初步的了解，提高增强民族团结、维护祖国统一的自觉性，促进我国各民族平等、团结、互助的社会主义民族观的形成。2009年7月教育部、国家民委印发《全国中小学民族团结教育工作部署视频会议纪要》，把民族团结教育课程列为地方课程的重要专项教育。

在多元文化课程实施方面，2001年教育部颁布的《基础教育课程改革纲要（试行）》中提出建立新的基础教育课程体系，随着新课程改革不断深入，三级

（国家、地方、学校）两类课程（必修、选修）运行机制基本形成并在少数民族地区学校教育中基本被采用，为开发一些民族文化、民族历史方面的课程提供了保障。为了加强多元文化教育课程的研究和开发，许多学者开展了相关研究，如滕星教授主持了“中国西部少数民族地区经济文化类型与初中地方性校本课程建构”和“中国乡土教材收藏与研究”、靳玉乐教授主持的“西南少数民族地区基础教育多元文化课程发展模式研究”、孟凡丽教授主持的“西北少数民族地方课程开发研究”等为我国少数民族地方课程的开发建设提供了依据。目前，如中央民族大学教育学院指导甘肃省肃南裕固族自治县第二中学和云南省西双版纳州景洪市勐罕镇中学开发校本课程的案例；黑龙江省齐齐哈尔市扎龙学校结合湿地自然保护区编写乡土教材的宝贵经验；宁夏北方民族大学开展“校园花儿”乡土文化培训活动；广西地方教材《广西社会》的编写经验；《中国西南地区农村老师培训手册》的视角和理念特色；云南社会科学院“丽江社区乡土知识教育”研究项目；湖北恩施教育科学研究院推行的“民族文化课程化”、“校园文化民族化”等活动都为多元文化教育课程实施提供了宝贵的经验和案例。

但总体看，目前多元文化教育实践在我国民族教育中还比较薄弱。主要表现在主观上重视不够、缺少经费保障、课程研究和开发不足等。当然，多元文化教育的实施是一个漫长的过程，涉及教材编写、教学方法、教师培训、教育体制改革等一系问题，是一个极其复杂的工程。需要教育工作者、政策制定者和理论研究者等各方面共同合作，在实践中不断探索，总结经验。

二、存在的问题

（一）理论困境

1. 多元文化教育理论研究不足，科研成果更多为对国外理论和实践的介绍，而对自身理论的构建相对缺乏

有学者通过检索发现：1991～2000 年我国关于多元文化教育的论文介绍国外的与构建自身的篇数之比为 3∶1；2001～2009 年期间关于多元文化教育研究的 497 篇论文中，介绍国外的与构建自身的篇数之比为 5∶3，而且在介绍国外多元文化教育及课程理论方面还存在国内研究者互相引用的多，真正介绍国外新近理论的少的问题。[①] 而目前关于多元文化教育尚有许多课题，如多元文化的个案研究、行动研究问题；多元文化教育实施的途径、保证的措施、发展的条件等问题研究；多民族国家中多元文化教育与国家政策、法规等相互关系以及多元文化教育如何在学校课程中、教学中反映和体现的问题；多元文化教育如何与国家劳动人事制度、就业制度、社会福利制度等相一致的问题需要进一步研究和探讨。

---

① 安富海：《我国民族文化课程建设存在的问题透视》，载《民族教育研究》，2010 年第 2 期。

2. 对多元文化教育的理解角度及其解释不尽一致，造成概念及其含义误读

有的学者认为多元文化教育在中国即是指少数民族教育，或者等同于民族教育的一种理论，一种方法等，进而把实施多元文化教育等同于开设一门民族文化课程（或进行双语教育）。因此出现把多元文化教育概念与“民族教育”、“跨文化教育”、“国际理解教育”、“异文化间教育”、“全球一体化教育”混用；或者认为多元文化教育等同于“（少数）民族教育”、“多元文化整合教育”、“多元一体教育”等情况。这些概念其含义确有交叉重叠之处，但因其适用对象、产生背景、政策的不同在内涵和外延上又有区别，需根据具体情景进行辨析。

3. 多元文化教育的中国化、本土化亟待落实

西方多元文化教育涉及的领域十分广泛和复杂（种族、民族、性别、社会阶层等），而我国则集中在少数民族教育方面，我国的民族教育与西方多元文化教育在发生的背景、实施的内容与方法、目标等方面均有很大差异，在引进国外多元文化教育理论，关注其最新动态的同时，应立足于中国教育实践的需要来研究自己的问题，以强烈的主体意识来内化国外理论，使之本土化，从而真正构建起自己的理论。近年来，在多元文化课程的理论研究方面我们也取得了许多新的成绩，但还存在着简单照搬国外模式、针对性的个案研究比较少、研究也不够深入具体等问题。使国外多元文化教育理论和经验在中国的发展立足于本土、本国文化的家园是当下亟待落实的课题，不能为引进而引进，为研究而研究。

4. 理论上“一元”与“多元”的关系尚待厘清

多元文化教育强调少数民族文化的独特价值和意义，要求通过教育的改革，反映本民族特殊的文化和历史，但没有说明如何将多元的文化诉求统一到国家层次的“一元”文化当中。对于一个多元化的民族国家而言，实现多元文化的和谐共存、国家的整合一体，不仅需要保护、发展各民族的多元文化，而且还需要一种整合多元文化、为各民族成员共同认同和分享的“一元”文化。至于这种统摄、整合“多元”的“一元”究竟是什么？如何处理“多元”文化认同与“一元”文化认同的关系？多元文化教育没有给出明确的答案，其给出的理论论证也是模糊和不具有说服力的。西方学术界对多元文化教育的批评也主要集中在这个方面。我国学者在“中华民族多元一体”原则下建构我国民族教育本土化的理论，认识到民族成员对本民族的文化认同要与国家认同统一起来，要通过教育培养学生形成文化认同与国家认同的平衡，但对于如何实现文化认同与国家认同的平衡？平衡的机制又是什么？相关的理论仍语焉不详。

（二）实践局限

1. 多元文化教育实践目标偏离。对多元文化教育的实践，我国学者提出“多元一体化教育”的理论构想

其实施对象不仅包括少数民族成员，而且也包括主体民族（汉族）成员，即全体学生。作为载体的多元文化教育课程主要是将各少数民族的文化精华或特色融

入学校现有的课程中，以反映文化多元的观点，并以全体学生（包括汉族和少数民族学生）为对象，通过融入学校整体课程发展学生认知、技能、情意等方面的能力与态度。但具体实践中却存在目标偏离问题：一方面错误地认为多元文化教育的实施对象只是少数民族学生，忽视了对主体民族的多元文化观教育，因此，民族隔阂、偏见、歧视或冲突在社会生活中并未绝迹，大汉族主义或地方民族主义思想仍然存在，这就偏离了多元文化教育使各民族成员在认识群体文化差异的基础上相互尊重、理解、宽容并获得共生的目标。另一方面，当前实际情况是民族地区基本上统一使用“全国中小学九年义务制教材”，即使有些地区使用以少数民族语言编写的教材，也是全国统编教材的翻版，缺少具有地方特色的乡土教材，本民族传统文化的思想和内容没有充分体现在学校所使用教材之中，这种一体化选择其结果是少数民族学生在文化交流和学习中，更多的是学习汉文化，而汉族学生对我国少数民族文化却知之甚少。

2. 双语教育实施难度大。双语教育是多元文化教育的重要手段，但是在全球化背景下，现代学校双语教育如何开展是目前民族地区学校面临的共同难题

首先，使用本民族语言编写的教材面临极大困难。从内容看，大多数双语教育中的文化知识内容缺失民族文化的内容。许多使用少数民族语言编写的教材，也是全国统编教材的翻版，缺乏针对性、多样性和适应性，这就造成另一个问题，由于缺乏生活经历和体验，少数民族学生使用本民族语学习规范汉语（语文）并不成功，常常出现语法上的错误和逻辑不符现象，试图通过双语教育获得知识并对知识进行理解有着相当大的局限性。在教材建设经费方面，双语教学比单语教学的花费多出数倍，经费紧张问题一直是困扰我国少数民族双语教学尤其是双语教材的重要因素。主要有以下原因：第一，经费总体不足。我国对双语教材投入的资金相对于国民收入和民族地区落后的经济来说，比例不小。但资金的绝对数量与实际需求相比是“杯水车薪”。尽管国家对少数民族语言文字教材的编写出版有特殊的补贴，但远远满足不了实际的需要。第二，由于教材使用人数有限，印刷数量少，造成教材成本过高。第三，双语教材需要比单语教材花费几倍的经费。由于经费少、成本高，使得负责双语教材出版工作的出版社入不敷出，加上出版社自负盈亏的管理机制，加剧了双语教材的紧张状况。[①]

其次，从师资方面看，少数民族地区民族中小学双语教师队伍不稳定，其存在的突出问题是“一缺二低”，即数量不足、双语教学水平和汉语运用能力不高。少数民族地区从教育行政管理部门到基层学校，还没有形成一整套双语教师的筛选、考核、评估、资格准入等方面的规范管理办法，教师队伍良莠不齐，优劣难分，教好教坏一个样，而师资管理部门对双语师资培训仍存在明显不足。

再次，由于受到全球一体化和社会一体化的影响，本民族语文的使用范围日益窄小，以本民族语为教学媒介设置课程的学校毕业生面临升学和就业的困难，以本

① 余保华：《双语教学研究——以澜沧拉祜族为个案》，西南师范大学 2005 年硕士学位论文。

民族语为教学媒介设置课程的学校生源日趋短缺。很多少数民族学生的家长担心子女如果学习了本民族的语言，将在高考和就业中处于不利地位，只有学好汉语和英语，才能在就业市场上有竞争力，因而不少家长愿意把子女送到汉语授课的学校去。这种现象在内蒙古、吉林等地尤为突出。[①]

3. 多元文化课程实施问题多。课程作为传播人类文化的重要手段，是多元文化教育的最有效途径

这一关键领域却在长期的一段时间内没有被开发。主要存在以下问题：

（1）偏狭的课程目标

我国的基础教育课程改革在课程理念中强调“大众化”、在课程目标中强调“文化意识”、提倡学习方式的多样化等等，都在一定程度上反映出了多元文化教育的思想。但是，整体的多元文化教育的意识仍然体现得不明显、不充分。从2001年颁布的《全日制义务教育课程标准（试验稿）》中就可以清楚地看出，各科课程标准规定的学习要求和教学资源的利用都是以东部地区重点学校为假想对象，没有很好地考虑到我国地缘和文化都极具多元性。民族地区教育主要是照搬内地模式，在课程设置上忽视民族传统文化，与汉族学生统一要求，同科同目，开展应试教育。在教学方面，对具有民族特色的教学活动探索得非常少。据了解，目前我国仅有艺术教育课程标准（义务教育阶段）提到多元文化教育，并在音乐课教材中收录了一定数量的我国少数民族歌曲和外国歌曲。

（2）汉化的课程内容

长期以来，我国采取了整齐划一的教育政策和教育模式，即以主流文化（汉文化）为核心的“大一统”教育模式，以社会主导性价值观为核心，仅体现社会主流文化，没有尊重和考虑少数民族学生的价值观和宗教信仰等非主流文化。目前，我国汉族地区和绝大多数少数民族地区都使用全国统编教材。这些教材内容大多与汉民族有关，而有关少数民族历史、生活、习俗的内容较少。也有为数不少的民族学校使用民文教材，但是其中大多还是直接翻译汉语教材或是按照汉语课程模式来编译的，真正体现本民族生活和文化的内容的分量明显不足，尤其是除了民族语文教材以外其他科目的民文教材。据对贵州省苗族地区中小学地方课程开发现状的一项调查研究发现，占84.2%的被调查教师所教授的教材是国家统编教材，14%的教材使用省编教材，仅有9%的教师使用的是地方州县所编教材。[②] 可见该地区中小学基本以国家统编教材为单一的课程资源，地方教材或乡土教材开发力度不够。汉化了的课程内容实际上剥夺了少数民族学生文化选择的权利和机会，影响了他们对本民族文化的学习和跨文化交往能力的培养，致使少数民族学生失去了对

① 钱民辉：《多元文化与现代性教育之关系研究：教育人类学的视野与田野工作》，2008，第344页。

② 刘茜：《贵州省苗族地区中小学民族文化课程开发的现状及对策研究》，载《贵州民族研究》，2005年第1期。

本族文化的亲近感、认同感和自豪感。①

(3) 课程实施的功利化

主要表现在两个方面：其一，民族地区的一些学校担心多元文化课程的开设会影响学生的学习成绩以及学校的升学率，因此干脆不开设多元文化课程或仅将其列在课程计划上但不去落实和实施。在部分学校办学思想受到片面追求升学率的影响以及把“应试”当作教育目标和课程目标的背景下，多元文化课程因不符合“应试”的需要而被放弃或闲置起来。其二，民族地区的一些学校把多元文化课程的实施目的片面地理解为传递民族文化和多元文化理论知识，要求学生接受现成的结论，而不是对文化进行思考、诘问、批判和创生。在民族文化的学习过程中不关注学生的情感体验，剥离了文化学习与培养民族亲近感、认同感和自豪感的内在联系。这种“短视”行为是民族地区多元文化课程实施中的“痛疾”。

(4) 师资力量不足

教师素质对民族地区多元文化课程的实施至关重要。然而，目前民族地区教师多元文化教育的素养相当缺乏。首先，民族地区教师缺乏多元文化教育的理论知识。缺乏对本族的历史、文化、语言、风俗的了解和认同，对民族文化的认识是零碎、片段、感性的，对民族传统文化的价值缺乏正确的评价。其次，大部分教师缺乏有意识的学习和研究，很少通过专业化的训练把这种“自在”行动转变为“自觉”的行为，从整体上来把握多元文化课程的建构。再次，民族地区教师往往缺乏系统的民族心理学和民族教育学的理论知识以及现代化信息知识和素养，对少数民族学生心理特点的了解也不够，无法适应跨文化教育的需要。因此，民族地区教师多元文化教育素养的不足，已成为制约民族地区多元文化课程实施的“瓶颈”。

(5) 评价体系单一化

长期以来，民族学校也没有逃脱升学率这一魔棒的指挥，把中考、高考升学率当做唯一的评价标准来评价学生、学校、教师及校长，而且这些考试内容除了语言表述上是民族语言外，题型、涵盖的内容、包含的知识技能等都与普通学校的考试没有什么区别，更谈不上有意识地渗透民族文化内容和培养学生的民族认同感。这种单一评价标准与文化多样性之间的矛盾诱使少数民族只有放弃本民族的文化，积极学习汉文化，才能挤进强势群体，才能在以汉文化一统天下的教育评价体系中获得竞争的优势。这样的结果，便是越来越多的少数民族受功利思想影响，被迫放弃本民族文化，以至于现在越来越多的少数民族不说本民族的语言，不穿本民族的服饰，不了解本民族的历史，不参加本民族的相关民俗活动。另一方面，与汉族相比，少数民族教育水平相对落后，受教育程度低，在考试与评价中被边缘化，多数人成为这种评价制度下的失败者。②

---

① 沈小碚：《我国多元文化课程研究的现状及其发展对策》，载《西南师范大学学报》，2005 年第 6 期。James. A. Banks 著，荀渊等译：《文化多样性与教育》，上海：华东师范大学出版社，2010 年。

② 吴明海：《中外民族教育政策史纲》，北京：中央民族大学出版社，2006 年。

三、多元文化教育的未来展望

在经济全球化、一体化已经成为社会发展大趋势的形势下，不同民族、不同文化背景的人们在各方面的交往日益频繁，那么，如何看待体质特征不同、文化相异的民族？是以我为中心、以自己民族的文化为标准来判断其他民族的文化优劣，还是平等相待，相互尊重，相互学习，构建“各美其美，美人之美，美美与共，世界大同”的理想模式？这些基本态度影响着小到能不能处理好跨文化的人际关系和大到世界和平、国家安全的问题。多元文化教育的全球化及其在民族国家教育中的作用表明，多元化教育可能是给予各民族文化以相对价值认识的真正意义上的保持各文化多样的有效手段之一。在分析总结西方多元文化教育的历史经验，回顾我国民族教育的发展历程中，我国的民族教育可以从中借鉴和吸收些什么呢？

首先，在理念层面应加强多元文化教育的理论研究，树立多元文化教育观。任何教育改革的进行都需要理论的基础。没有理论基础的教育改革可能是盲目的，或者其结果与最初的期望不一致甚至相反。为保证多元文化教育的质量，应设立相应的科研机构，加大对多元文化教育的科研力度。这些机构一方面探讨多元文化教育的规划、管理和实施，给地方政府的立法和经费投入提供有力参考；另一方面担负起课程改革、教育教学方法的研究，给学校教师有益的指导。在教育政策和观念上应引入多元文化理念，才能真正体现我国社会的多元文化性，才能使教育的发展既有国家的一体化又有民族的多元化，通过对汉族与少数民族同样的多元文化教育，整合国家层次的多元文化体系。

其次，在制度层面应给予行政立法、经济投入的保障和支持。政府通过制定正确的多元文化教育政策和民族政策来协调国内外的不同文化和民族关系。课程和教材的变革是多元文化教育目标实现的重要途径，而多元文化课程的发展有赖于专门机构的建立，以为多元文化课程的开发提供组织保障。因此，在我国的基础教育课程改革中，应在国家课程标准和各学科教材中反映多元文化的教育内容；在各级教育行政部门应设置专门的多元文化课程开发中心和机构，专门负责本地区多元文化课程开发的有关事宜；另外，加大教育经费投入力度，为民族地区多元文化课程实施提供有效的经济保障。另外，各民族地方政府在立法时应将多元文化教育规定为政府、学校、社区和家长的共同职责，鼓励社区和家庭参与多元文化教育发展。

再次，在实践层面应培训教师具有进行多元文化教育的素养。教师是一切教育理念与教育改革措施的最终落实者，教师的素质对实施教育多元文化课程至关重要。加强教师培训，一方面使教师对多元文化课程有一个全面、正确、深刻的认识与理解，树立多元文化的理念；另一方面使教师了解和掌握多元文化课程实施的基本程序和操作技能。在知识方面，教师应该具有关于学生文化的知识、课程文化的知识、文化对学生学习影响的知识等；在态度方面，教师应该具有文化关照的态度、文化批判的态度、尊重与欣赏异文化的态度等；在能力方面，教师应该具有文化识别与批判能力、跨文化交往能力，文化协调的能力与多元文化教学能力。①

最后，对个体而言，要求我们每个人必须树立正确的多元文化观和民族观。确立多元文化共存的理念，掌握跨文化交流的知识和技巧，既是适应世界发展对各国政府、企业、学校、事业单位和社会团体进行跨国、跨文化交流的需要，也是提高自身素质使自己在激烈的竞争中获得更好发展机会的需要。学校实施多元文化课程应以全体学生（包括汉族和少数民族学生）为对象，通过融入学校整体课程发展学生认知、技能、情意等方面的能力与态度。

参考文献：

[1] 哈经雄、滕星：《民族教育学通论》，北京：教育科学出版社，2001，第580页。

[2] 安富海：《我国民族文化课程建设存在的问题透视》，载《民族教育研究》，2010年第2期。

[3] 余保华：《双语教学研究》，重庆：西南师范大学，2005年。

[4] 钱民辉：《多元文化与现代性教育之关系研究：教育人类学的视野与田野工作》，2008，第344页。

[5] 刘茜：《贵州省苗族地区中小学民族文化课程开发的现状及对策研究》，载《贵州民族研究》，2005年第1期。

[6] 沈小碚：《我国多元文化课程研究的现状及其发展对策》，载《西南师范大学学报》，2005年第6期。James. A. Banks 著，荀渊等译：《文化多样性与教育》，上海：华东师范大学出版社，2010年。

[7] 吴明海：《中外民族教育政策史纲》，北京：中央民族大学出版社，2006年。

作者简介：谭忠秀（1980—），女（布依族），贵州都匀人，中央民族大学教育学院博士研究生，研究方向为少数民族教育研究。

① 滕星主编：《多元文化教育——全球多元文化社会的政策与实践》，北京：民族出版社，2010年。

后　记

此书能够顺利付梓出版，非常感谢提交论文的国内外专家学者，以及优秀的教师和学生，没有你们的真知灼见和见诸笔端的才华，就不能形成我们今天对多元文化教育的深入交流和探讨。特别感谢中央民族大学副校长宋敏教授、副校长石亚洲教授、发展规划处处长李曦辉教授、国际合作处处长何克勇教授和张瑛副处长、科研处处长游斌教授、宣传部部长朱雄全教授、研究生院院长曲木铁西研究员、校办主任张俊豪研究员、教务处处长白薇教授等学校领导的大力支持！

在本书策划与编辑过程中，教育学院哈经雄教授、滕星教授、董艳教授、常永才教授、吴明海教授、马钟范副教授、李剑副教授、高兵副教授、胡迪雅博士、敖俊梅博士、海路博士、夏仕武博士、乔静老师，以及博士研究生王渊博、林玲、达万吉、杨志娟、塔娜、丛静，硕士研究生袁梅、黄拓、王露、唐婷等付出了辛勤劳动，对此表示衷心的感谢。

该书得以成形，要特别感谢博士研究生王渊博、刘子云、欧阳常青，硕士研究生石梦、张晶蕊、石晶漫、王璐、唐洪全、王静、鲁月、张欣欣和潘欣等同学对书稿的认真编排和校对。没有他们的辛苦，就没有今天的成果。本书能顺利付梓，也非常感谢中央民族大学出版社社长云峰教授和编辑陈子冰老师对此书的大力支持和辛勤劳动。再次表示特别的感谢。

因为时间匆忙，该书存在不足之处，恳请专家、同行批评指正！

苏　德

2012 年 11 月于中央民族大学北智楼